2018 황의방 한국사능력검정시험

기출만이
합격이다

╋ 필기노트 [고급 1·2급]

황의방 한국사연구소 편저

황 의 방

- EBS 한국사능력검정시험 강사
- 실천닷컴 한국사능력검정시험 대표 교수
- 한국경제TV 한국사능력검정시험 대표 교수
- 노량진 임용고시 임고야 한국사 대표 교수
- 법학원 한국사능력검정시험 대표 교수
- (주)시대에듀 공무원 한국사 대표 교수
- 2015년 IPTV 교육방송 공무원 한국사 교수
- 2014~2015년 티처빌 원격교육연수원 직무연수과정 한국사능력검정시험 교수
- 2015년 육군본부 산하기관 강사양성과정
- 한국외국어대학교, 숭실대학교, 한국과학기술대학교, 순천향대학교 한국사능력검정시험 특강

[저서]
- 한국사능력검정시험 고급/중급 기출문제(오스틴북스)
- 공무원 쌈한국사(시대고시기획)
- 공무원 쌈한국사 문제집(시대고시기획)
- 황의방 공무원 기출문제의 재구성(시대고시기획)
- 한국사능력검정시험 고급/ 중급 (법학원)
- 한국사능력검정시험 중급 이론편(교육의창)
- 부사관 국사/근현대사(들샘)

[홈페이지]
(황의방 한국사) http://cafe.naver.com/hubhistory
(블로그) http://blog.naver.com/hub_history

머리말

역사는 우리가 살아가는 삶의 현장이다. 선사 시대부터 현대까지의 한국 역사를 파악하고 이해하는 것은 한국인의 당연한 의무이며, 이를 지킬 줄 아는 것은 한국인의 권리라고 할 수 있다. 하지만 끊이지 않는 주변 국가들의 한국사 왜곡과 우리들 스스로의 한국사 외면은 한국사의 위상을 흔들리게 했으며, 이에 한국사에 대한 올바른 인식이 시급한 상황이다.

한국사에 대한 관심은 각종 시험에서 한국사가 필수 과목이 되면서 높아지기 시작했으며 이와 함께 수험생들의 역사의식도 성장하고 있다. 한국사 교육의 올바른 방향을 제시하고 자발적 역사 학습을 통해 고차원적 사고력과 문제해결 능력을 배양하고자 하는 취지에서 국사편찬위원회에 의해 한국사능력검정시험이 시작되었다.

한국사능력검정시험은 한국사에 대한 기초 상식을 평가하는 초급, 한국사의 흐름을 이해할 수 있는 체계적 지식을 묻는 중급, 그리고 한국사의 통합적 이해력을 평가하는 고급으로 구분된다. 한국사능력검정시험은 각종 시험 응시 자격 및 공사·공단 입사 조건, 기업체 채용·승진, 대학 입학의 가산 요건이 될 수 있어 최근 많은 사람들이 도전하고 있는 시험이다.

최근 몇 년 동안 한국사능력검정시험의 출제방식에도 변화가 있었다. 필자는 이러한 흐름에 따라 새로이 책을 출간하였다. 뿐만 아니라, 역사를 공부하고자 하는 수험생들이 이 책을 통해 좀 더 쉽게 역사에 접근했으면 하는 바람도 덧붙이며, 수험생들의 단 한 번의 학습으로 합격을 이뤄내기를 간절히 기원하는 마음으로 이 책을 집필하였다.

---

1   저자는 그동안 현장에서 들었던 수험생들의 고충을 종합하여 수험생들이 필요로 하는 교재를 연구하던 끝에 필기노트를 완성하게 되었다.

2   이 책은 기본 이론 강의와 함께 들을 수 있도록 저자의 강의 中 판서 그대로를 옮겨 놓은 필기노트다.

3   수험생의 학습 능률을 높이기 위하여 필수 암기 항목은 별색으로 구성하였다.

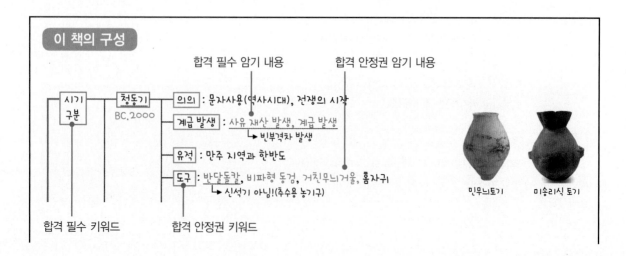

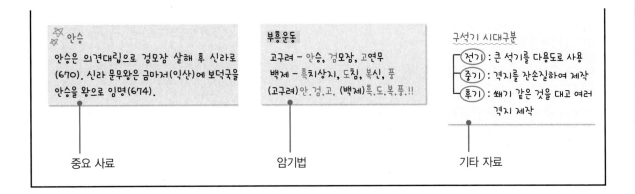

| 중요 사료 | 암기법 | 기타 자료 |

4 수험생들이 필요로 하는 강의 필기노트와 기출 문제를 한권으로 구성하여 이 교재만으로 합격할 수 있는 학습이 가능하도록 하였다.

5 저자는 모두 10회 차의 기출문제를 수록하여 최근의 기출 동향을 파악하여 앞으로의 시험에 대비할 수 있도록 하였다.

6 저자는 수험생들의 효율적인 학습을 위하여 그동안의 기출문제를 심도 있게 분석하였고, 그 결과로 출제자의 의도, 자료 속 힌트, 상세한 해설, 오답 체크 등을 제작하였다.

7 저자는 한국사능력검정시험의 몇 가지 유형을 파악하였고, 현장에서의 경험을 바탕으로 쉽게 풀이할 수 있는 풀이 비법을 소개하여 수험생들에게 도움이 되도록 노력하였다. 또한, 최근 출제 빈도가 높은 지역 및 궁, 유네스코 세계문화유산 등을 한 눈에 볼 수 있도록 따로 부록으로 정리하였다.

이 교재를 통해 많은 수험생들이 합격의 영광을 얻고자 하는 간절한 마음으로 각고의 수고로 책을 편찬하였다. 부디 모든 수험생들이 이 교재를 통해 합격의 그날에 웃을 수 있기를 간절히 바란다.

이 교재는 역사를 다루고 있다. 많은 선배 역사가와 빛난 문화를 물려주신 우리 선조들께 먼저 고개 숙여 감사를 표하고, 어려운 출판 사정 속에서도 흔쾌히 발간을 하도록 도와주신 오스틴북스 사장님과 편집부에게 감사의 마음을 전한다. 그리고 항상 뒤에서 응원해 주는 나의 사랑하는 아내에게 고마움의 마음을 전하며, 항상 노심초사하시며 묵묵히 응원해 주시는 어머니와 세상에서 가장 존경하는 아버지께 이 책을 바친다.

마지막으로 수험생들의 효율적인 학습에 도움이 되기를 바라며 한국사능력검정 시험에 합격하기를 진심으로 기원한다.

2018년 연구소에서
저자 황의방

이 책의 구성과 특징

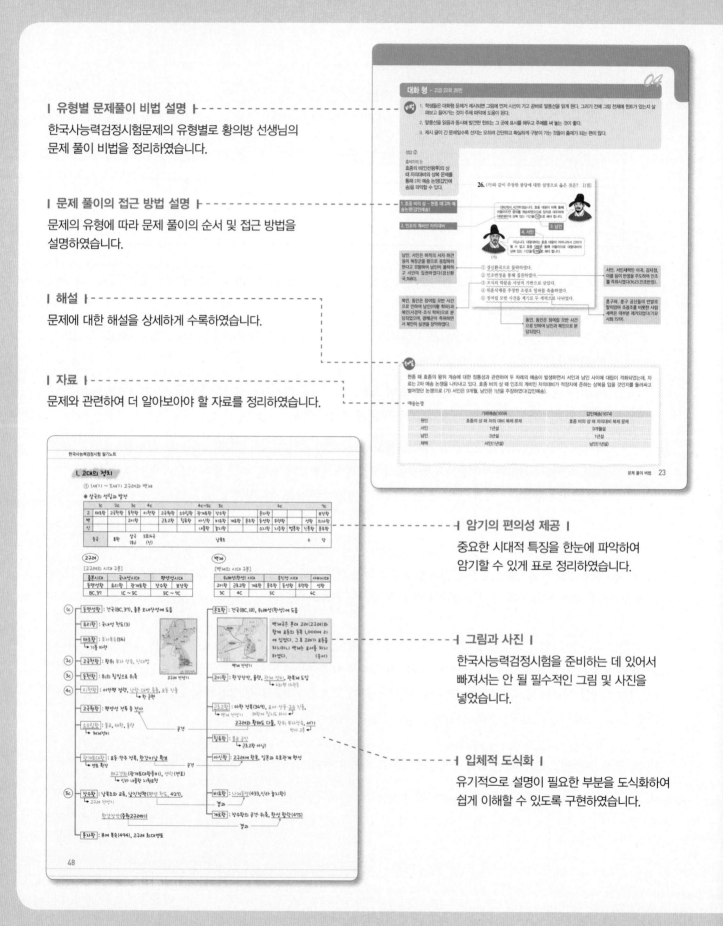

┃ 유형별 문제풀이 비법 설명 ┣
한국사능력검정시험문제의 유형별로 황의방 선생님의
문제 풀이 비법을 정리하였습니다.

┃ 문제 풀이의 접근 방법 설명 ┣
문제의 유형에 따라 문제 풀이의 순서 및 접근 방법을
설명하였습니다.

┃ 해설 ┣
문제에 대한 해설을 상세하게 수록하였습니다.

┃ 자료 ┣
문제와 관련하여 더 알아보아야 할 자료를 정리하였습니다.

┃ 암기의 편의성 제공 ┃
중요한 시대적 특징을 한눈에 파악하여
암기할 수 있게 표로 정리하였습니다.

┃ 그림과 사진 ┃
한국사능력검정시험을 준비하는 데 있어서
빠져서는 안 될 필수적인 그림 및 사진을
넣었습니다.

┃ 입체적 도식화 ┃
유기적으로 설명이 필요한 부분을 도식화하여
쉽게 이해할 수 있도록 구현하였습니다.

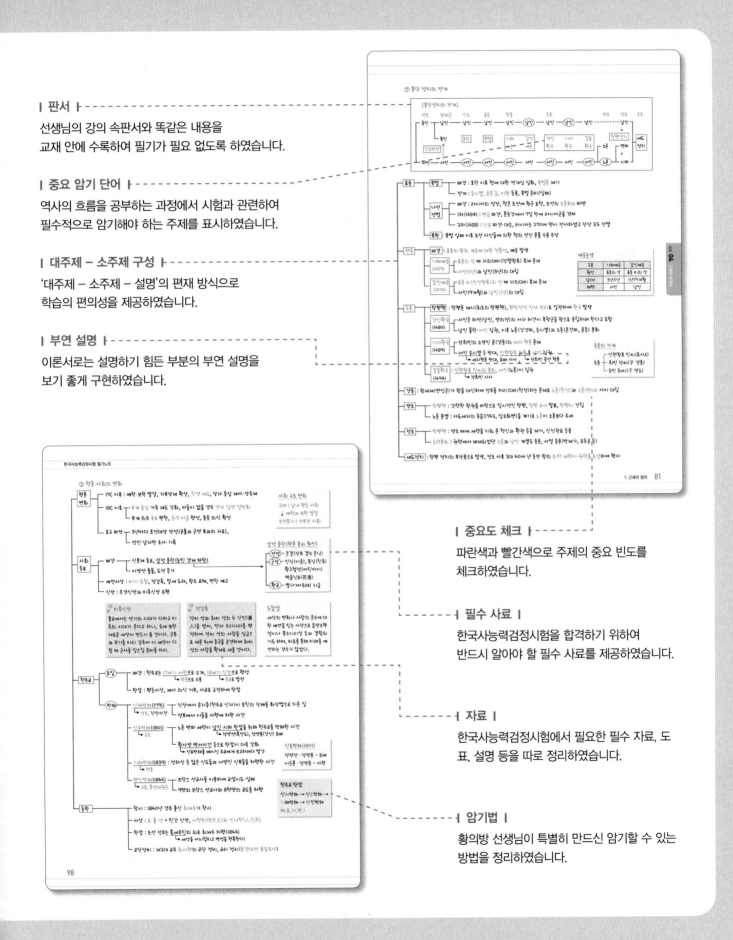

| 판서 |

선생님의 강의 속판서와 똑같은 내용을
교재 안에 수록하여 필기가 필요 없도록 하였습니다.

| 중요 암기 단어 |

역사의 흐름을 공부하는 과정에서 시험과 관련하여
필수적으로 암기해야 하는 주제를 표시하였습니다.

| 대주제 – 소주제 구성 |

'대주제 – 소주제 – 설명'의 편재 방식으로
학습의 편의성을 제공하였습니다.

| 부연 설명 |

이론서로는 설명하기 힘든 부분의 부연 설명을
보기 좋게 구현하였습니다.

| 중요도 체크 |

파란색과 빨간색으로 주제의 중요 빈도를
체크하였습니다.

| 필수 사료 |

한국사능력검정시험을 합격하기 위하여
반드시 알아야 할 필수 사료를 제공하였습니다.

| 자료 |

한국사능력검정시험에서 필요한 필수 자료, 도
표, 설명 등을 따로 정리하였습니다.

| 암기법 |

황의방 선생님이 특별히 만드신 암기할 수 있는
방법을 정리하였습니다.

| 기출문항 분석표 |

최근 5~6회분 기출문제를 문항별로 분석하여 키워드로 정리한 표를 수록하였습니다.

시대별로 한눈에 볼 수 있도록 보기 좋게 정리하여 기출문제의 흐름을 쉽게 파악할 수 있습니다.

| 시대별 정리 |

출제 문항을 선사, 고대사, 중세사, 근세사, 근태사, 근대사, 일강사, 현대사, 복합사로 분류하여 시대별로 어떤 키워드가 자주 출제되었는지 쉽게 확인할 수 있습니다.

역대 고급 기출 문항 분석 | 제38회~제27회

	제38회		제37회		제36회		제35회	
1	구석기	유물·유적	청동기	유물·유적	신석기	유물·유적	구석기	유물·유적
2	고대사	연개소문의 정변	고대사	고조선	고대사	옥저와 동예	고대사	금관가야
3	고대사	부여와 고구려	고대사	금관가야	고대사	장수왕	고대사	법흥왕
4	고대사	원효	고대사	4C 삼국항쟁	고대사	신라 유적지	고대사	7C 고구려
5	고대사	고분양식	고대사	진흥왕	고대사	6C 삼국항쟁	고대사	무령왕릉
6	고대사	가야	고대사	삼국통일과정	고대사	가야	고대사	신라
7	고대사	5C 삼국항쟁	고대사	신라의 통치체제	고대사	신라의 통치체제	고대사	미륵보살반가상
8	고대사	신라의 토지제도	고대사	발해 무왕	고대사	발해의 경제	고대사	백제부흥운동
9	고대사	발해 문왕	고대사	미륵사지석탑	고대사	쌍봉사승탑	고대사	북한산 순수비
10	고대사	신라의 통치체제	중세사	태조 왕건	고대사	후삼국의 발전	고대사	발해
11	고대사	견훤	고대사	신라 말 정세	중세사	서경천도운동	중세사	고려 성종
12	중세사	고려 초 정치발전	중세사	반원정책	중세사	광종의 정치	중세사	귀주대첩
13	중세사	삼별초의 항쟁	근세사	무신정권	중세사	별무반의 활약	중세사	고려의 통치체제
14	중세사	삼국사기 제왕운기	중세사	귀주대첩	중세사	최충헌	복합사	평양(서경)의 역사
15	중세사	전의변정도감	복합사	강화도	중세사	원간섭기	중세사	고려 말 정세
16	근세사	성종의 정치	중세사	통정사극전	중세사	고려 말 정세	중세사	원간섭기
17	근세사	삼봉 정도전	중세사	고려 숙종	중세사	이황	중세사	일반대장경
18	근세사	사화	중세사	의천	근세사	수양대군	중세사	이제현
19	근세사	시전상인	중세사	임진왜란의 전개	복합사	삼정날	중세사	김사미·효심의 난
20	근태사	병자호란	근세사	세종의 정치	복합사	독도	중세사	한식
21	근태사	대동법	근세사	향약	근세사	복발운동	근세사	태종의 정책
22	근태사	조선후기 경제	근세사	사헌부	근세사	조선후기 정치	근세사	정도전
23	근태사	오페르트도굴사건	복합사	입동	근세사	대동법	근세사	서원
24	근태사	영조의 정치	근세사	태종의 정치	근세사	홍대용	근세사	명종의 정치
25	근태사	박지원	근세사	영조의 탕평책	복합사	지역의 역사	근태사	훈련도감
26	근태사	훈련도감	근세사	비변사	근세사	비변사	근태사	광해군의 중립외교
27	근태사	조미수호통상조약	근태사	균역법	근세사	한국의 발생	근세사	정조의 정책
28	근태사	신유박해	근태사	조선후기 경제	근세사	영조의 정치	근태사	조선후기 광산발전
29	근태사	동학농민운동	근태사	정제두	근세사	조선후기 문화	근태사	조선후기 문화
30	근태사	임오군란	근태사	김홍도	근세사	조선후기 사 사상	근태사	홍경래의 난
31	복합사	지역의 역사	근대사	강화도조약	근세사	병인양요	근태사	서얼
32	근대사	원산학사	근대사	민족언론	근대사	최익현	근대사	호포법
33	근대사	광무개혁	근대사	육영공원	근대사	통리기무아문	근대사	신미양요
34	근대사	주시경	근대사	러일전쟁	근대사	조선책략 유포	근대사	방곡령
35	근대사	신민회	근대사	갑오개혁	근대사	동학농민운동	근대사	임오군란
36	근대사	서간도	일강사	울산장터운동	근대사	독립협회	근대사	중립론
37	일강사	간도참변	일강사	의열단	근대사	을미개혁	근대사	교육입국조서
38	일강사	대종교	일강사	이상재	근대사	국채보상운동	일강사	조소앙
39	일강사	민립대학설립운동	일강사	농민·노동운동	일강사	차인유지펩	근대사	원각사
40	일강사	광주학생항일운동	일강사	청산리대첩	일강사	신민회	근대사	한일신협약
41	일강사	박은식 백남운	일강사	신채호	일강사	조선어학회	일강사	3·1운동
42	일강사	지청천	일강사	민족일실동림	일강사	형평운동	일강사	대한민국 임시정부
43	일강사	한인애국단	일강사	천도교	일강사	토지조사령	일강사	연해주
44	일강사	민족말살통치	일강사	한국광복군	일강사	조선혁명선언	복합사	제주도의 역사
45	현대사	여운형	현대사	좌우합작운동	현대사	이상설	일강사	민족말살통치
46	현대사	제1공화국	현대사	제주 4·3사건	현대사	제1공화국	일강사	무장독립투쟁
47	현대사	5·10총선거	현대사	박정희 정부	현대사	한국전쟁	현대사	모스크바3상회의
48	현대사	1970년대 이후	현대사	유신체제	일강사	한중연합작전	현대사	유신체제
49	현대사	김영삼·김대중 정부	현대사	광주민주화운동	현대사	4·19혁명	현대사	6월 민주항쟁
50	현대사	6월 민주항쟁	현대사	노태우 정부	현대사	김대중 정부	현대사	노태우 정부

8

합격을 위한 학습 TIP 3

※ 인증서 유효 기간은 인증서를 요구하는 각 기관에서 별도로 정함

TIP 01 변화하는 출제 경향

단편적인 단원별 문제는 거의 찾아보기 힘들어졌으며, 복합적이고 유기적인 형태로 출제되는 경향을 보이고 있다. 자료를 제시하고 선지에서 찾는 유형이 대부분인데, 제시되는 자료는 사료(옛 문제, 장문), 사진, 도표, 지도 등 다양하게 출제되고 있다. 실제로 예의 고급 문제를 고급 문제에 활용하여 출제하는 모습도 볼 수 있었으며, 아주 오래된 수능 문제가 출급에 나타나는 경우도 간혹 보였다. 이러한 시험에 대비 하려면 기본에 충실한 공부가 반드시 필요하다.

TIP 02 수험방법

① 역사는 흐름 파악이 중요하다 !!

대다수의 수험생들은 국사를 암기라 생각하고 학습하지만 그와는 반대로 전문 강사들은 흐름을 강조한다. 역사는 큰 틀에서 보면 하나의 커다란 이야기이므로 시대 흐름에 따라서 적당한 사이클이 있는 특징을 갖고 있다. 단원을 들어가기에 앞서 항상 시대적 상황을 먼저 추측해보고 들어가는 연습이 필요하다. 흐름을 읽는 순간 그 시대의 사회 및 문화가 영화처럼 그려지게 되기 때문이다.

② 연상하라!

한국사능력검정시험은 단편적인 문제가 출제되지 않기 때문에 절대적인 단순암기는 피해야 한다. 고려와 조선의 공통·차이점 등을 가려낼 수 있는 연계형 비교 학습을 연습해야 한다.

③ 암기하라!

국사의 암기는 생각보다 간단하다. 연도와 집권세력의 변화 대외 관계 등 암기해야 할 것들은 정해져 있으며, 대부분의 강의와 여러 전문 수험 서적 등에 check가 되어 있다. 강의와 교재를 선택했다면 절대적으로 믿고 따라가야 한다.

④ 핵심을 찾아라!

Key-word를 찾는 연습이 무엇보다 중요하다. 지문이 고문이나 장문, 또는 생소한 자료들이기 때문에 막상 시험장에서는 당황하게 된다. 하지만 힌트는 항상 존재한다. 눈에 띄는 그림 및 사진, 탐구학습 등 핵심 단어를 찾는 연습을 꼭 당부하는 바이다.

⑤ 출제 유형을 분석하라!

한국사능력시험에도 출제 유형은 있다. 기출 문제에는 그 시험의 특성과 출제자의 의도가 담겨있다. 철저한 기출 문항 분석은 합격에 다가가기 위한 첫 관문이다. 전에 출제 되었던 문제를 알아야 출제 point를 잡을 수 있기 때문이다.

⑥ 전략적인 수험기간을 설정하여 학습하라!

수험기간은 길게 설정하지 않고 한 달 또는 두 달 정도로 짧고 굵게 계획성 있는 학습을 하는 것이 좋다. 한국사능력검정시험은 시험의 특성상 일정 점수 이상만 획득하면 목표를 달성할 수 있다. 따라서 한국사능력검정시험의 자격을 얻기 위한 학습을 하면 되는 것이다.

| 합격을 위한 Tip! |

한국사능력검정시험 전문가 황의방 교수님의 합격을 위한 세 가지 Tip을 수록하였습니다. 변화하는 출제 경향 파악에서부터 실전문제 풀이비법까지 익힐 수 있습니다.

기출문제

실제 시험지를 그대로 구현하여 실제 시험을 보듯이 문제를 풀 수 있고, 자신의 실력을 점검할 수 있습니다.

출제자의 눈

각 문제를 분석해 출제자의 의도를 간단히 파악할 수 있습니다.

해설

문제에 대한 해설을 상세하게 수록하여 해설만으로도 기본이론 습득이 가능하고, 자신이 부족한 이론에 대해서 확실히 점검하고 넘어갈 수 있습니다.

오답체크

문제의 정답에만 집중하는 것이 아니라 왜 다른 보기들이 정답이 아닌지에 대해 자세히 수록하여 변형된 문제에도 충분히 대비할 수 있습니다.

출제 빈도가 높은 주요 궁

우리나라의 다양한 탑, 건축물은 빼놓지 않고 출제되기 때문에 반드시 학습해야 합니다. 특히 자주 출제되는 국보와 보물을 모아 수록하였습니다.

유네스코 등재유산

매 시험마다 한 문제 이상씩 출제되는 유네스코 등재유산을 수록하여 다양한 유형의 사료 문제에 대비할 수 있습니다.

	제38회		제37회		제36회		제35회	
1	구석기	유물·유적	청동기	유물·유적	신석기	유물·유적	구석기	유물·유적
2	고대사	연개소문의 정변	고대사	고조선	고대사	옥저와 동예	고대사	금관가야
3	고대사	부여와 고구려	고대사	금관가야	고대사	장수왕	고대사	법흥왕
4	고대사	원효	고대사	4C 삼국항쟁	고대사	신라 유적지	고대사	7C 고구려
5	고대사	고분양식	고대사	진흥왕	고대사	6C 삼국항쟁	고대사	무령왕릉
6	고대사	가야	고대사	삼국통일과정	고대사	가야	고대사	신라
7	고대사	5C 삼국항쟁	고대사	신라의 통치체제	고대사	신라의 통치체제	고대사	미륵보살반가상
8	고대사	신라의 토지제도	고대사	발해 무왕	고대사	발해의 경제	고대사	백제부흥운동
9	고대사	발해 문왕	고대사	미륵사지석탑	고대사	쌍봉사승탑	고대사	북한산 순수비
10	고대사	신라의 통치체제	중세사	태조 왕건	고대사	후삼국의 발전	고대사	발해
11	고대사	견훤	고대사	신라 말 정세	중세사	서경천도운동	중세사	고려 성종
12	중세사	고려 초 정치발전	중세사	반원정책	중세사	광종의 정치	중세사	귀주대첩
13	중세사	삼별초의 항쟁	중세사	무신정권	중세사	별무반의 활약	중세사	고려의 통치체제
14	중세사	삼국사기·제왕운기	중세사	귀주대첩	중세사	최충헌	복합사	평양(서경)의 역사
15	중세사	전민변정도감	복합사	강화도	중세사	원간섭기	중세사	고려 말 정세
16	근세사	성종의 정치	중세사	봉정사극락전	중세사	고려 말 정세	중세사	원간섭기
17	근세사	삼봉 정도전	중세사	고려 숙종	근세사	이황	중세사	팔만대장경
18	근세사	사화	중세사	의천	근세사	수양대군	중세사	이제현
19	근세사	시전상인	근세사	임진왜란의 전개	복합사	삼짇날	중세사	김사미·효심의 난
20	근태사	병자호란	근세사	세종의 정치	복합사	독도	중세사	한식
21	근태사	대동법	근세사	향약	근태사	북벌운동	근세사	태종의 정책
22	근태사	조선후기 경제	근세사	사헌부	근태사	조선후기 정치	근세사	정도전
23	근대사	오페르트도굴사건	복합사	입동	근태사	대동법	근세사	서원
24	근태사	영조의 정치	근세사	태종의 정치	근태사	홍대용	근세사	명종의 정치
25	근태사	박지원	근태사	영조의 탕평책	복합사	지역의 역사	근태사	훈련도감
26	근태사	훈련도감	근태사	정약용	근태사	비변사	근태사	광해군의 중립외교
27	근대사	조미수호통상조약	근태사	균역법	근태사	환국의 발생	근태사	정조의 정책
28	근태사	신유박해	근태사	조선후기 경제	근태사	영조의 정치	근태사	조선후기 광산발전
29	근대사	동학농민운동	근태사	정제두	근태사	조선후기 문화	근태사	조선후기 문화
30	근대사	임오군란	근태사	김홍도	근태사	조선후기 사상	근태사	홍경래의 난
31	복합사	지역의 역사	근대사	강화도조약	근대사	병인양요	근태사	서얼
32	근대사	원산학사	근대사	민족언론	근대사	최익현	근대사	호포법
33	근대사	광무개혁	근대사	육영공원	근대사	통리기무아문	근대사	신미양요
34	근대사	주시경	근대사	러일전쟁	근대사	조선책략 유포	근대사	방곡령
35	근대사	신민회	근대사	갑오개혁	근대사	동학농민운동	근대사	임오군란
36	일강사	서간도	일강사	물산장려운동	근대사	독립협회	근대사	중립화론
37	일강사	간도참변	일강사	의열단	근대사	을미개혁	근대사	교육입국조서
38	일강사	대종교	일강사	이상재	근대사	국채보상운동	일강사	조소앙
39	일강사	민립대학설립운동	일강사	농민·노동운동	일강사	치안유지법	근대사	원각사
40	일강사	광주학생항일운동	일강사	청산리대첩	근대사	신민회	근대사	한일신협약
41	일강사	박은식·백남운	일강사	신채호	일강사	조선어학회	일강사	3·1운동
42	일강사	지청천	일강사	민족말살통치	일강사	형평운동	일강사	대한민국 임시정부
43	일강사	한인애국단	일강사	천도교	일강사	토지조사령	일강사	연해주
44	일강사	민족말살통치	일강사	한국광복군	일강사	조선혁명선언	복합사	제주도의 역사
45	현대사	여운형	현대사	좌우합작운동	일강사	이상설	일강사	민족말살통치
46	현대사	제1공화국	현대사	제주 4·3사건	현대사	제1공화국	일강사	무장독립투쟁
47	현대사	5·10총선거	현대사	박정희 정부	현대사	한국전쟁	현대사	모스크바3상회의
48	현대사	1970년대 이후	현대사	유신체제	일강사	한중연합작전	현대사	유신체제
49	현대사	김영삼·김대중 정부	현대사	광주민주화운동	현대사	4·19혁명	현대사	6월 민주항쟁
50	현대사	6월 민주항쟁	현대사	노태우 정부	현대사	김대중 정부	현대사	노태우 정부

#	제34회		제33회		제32회		제31회	
1	신석기	유물·유적	청동기	유물·유적	신석기	유물·유적	구석기	유물·유적
2	고대사	고조선	고대사	고구려, 옥저	고대사	근초고왕	고대사	고구려와 삼한
3	고대사	부여, 동예	복합사	논산	고대사	부여	고대사	금관가야
4	고대사	가야	고대사	지증왕	고대사	결혼동맹	고대사	삼국의 항쟁
5	고대사	광개토대왕	고대사	현무도	고대사	당항성	고대사	진흥왕
6	고대사	설총	고대사	웅진성 시대	고대사	금동대향로	고대사	나제동맹
7	고대사	백제시대구분	고대사	7C 고구려	고대사	신라의 석탑	고대사	백제부흥운동
8	고대사	신라 민정문서	고대사	고국천왕	고대사	부흥운동	고대사	정림사지석탑
9	고대사	화랑도	고대사	북한산비	고대사	경덕왕	고대사	의상
10	고대사	살수대첩	고대사	금관가야	고대사	궁예	고대사	고분양식
11	고대사	최치원	고대사	신라 말 정세	고대사	발해 문왕	고대사	신문왕
12	고대사	발해	고대사	발해	복합사	문화유산	고대사	장보고
13	고대사	견훤	복합사	단오	중세사	전시과	고대사	발해의 문화
14	중세사	광종의 정치	중세사	태조	중세사	성종의 유교정치	중세사	최충헌
15	중세사	숙종의 정치	중세사	묘청	중세사	대외항쟁	중세사	건원중보
16	중세사	삼국사기	중세사	관학진흥책	중세사	무신정변	복합사	익산
17	중세사	지눌	중세사	역사서	중세사	특수행정구역	중세사	광종
18	중세사	삼별초	중세사	공민왕	중세사	의창	중세사	고려의 문화재
19	중세사	원 간섭기	중세사	강동 6주	중세사	불교문화	중세사	원간섭기
20	복합사	동지	중세사	의천	복합사	안동	중세사	이자겸의 난
21	근세사	세종의 정치	복합사	지방제도	근세사	조광조	근세사	정도전
22	근세사	수령	근세사	건축물	근세사	과학기술의 발전	근세사	갑자사화
23	근세사	사화	근세사	대마도 정벌	근태사	광해군	근세사	중인(향리)
24	근세사	자기의 변화	근태사	영정법	근태사	균역법	근세사	조식
25	근세사	조선의 양안	근태사	서인	근태사	조선후기의 경제	근세사	홍문관
26	근세사	의금부, 승정원	근세사	명종	근태사	혼일강리지도	근태사	광해군
27	근세사	임진왜란	근세사	조선의 삼사	근태사	훈련도감	근태사	영조
28	근태사	환국	근태사	시전상인	근태사	기사환국	근태사	화엄사 각황전
29	근태사	조선후기의 문화	근태사	정조	근태사	국학연구	근태사	병인양요
30	근태사	백정	근태사	이익	복합사	삼짇날	근태사	조선후기서화
31	근태사	세도정치기 봉기	근태사	조선책략	근태사	홍경래의 난	근태사	세도정치
32	근대사	흥선대원군	근태사	황사영백서사건	근태사	흥선대원군	근태사	유수원
33	근대사	통상수교거부정책	근태사	오페르트사건	근태사	박규수와 최익현	근대사	임오군란
34	근대사	갑신정변	근대사	보빙사	근대사	강화도조약	근대사	위정척사운동
35	근대사	국권피탈과정	근대사	열강의 침탈	근대사	사절단	근대사	중립론
36	근대사	을미사변	근대사	광무개혁	근대사	갑신정변	근대사	동학농민운동
37	근대사	양기탁	근대사	한성순보	근대사	국채보상운동	근대사	독립협회
38	근대사	을사늑약	근대사	대한자강회	근대사	갑오개혁	근대사	신민회
39	근대사	민족교육기관	근대사	독도	일강사	국학연구	복합사	매사냥
40	근대사	화폐정리사업	복합사	문화유산	근대사	을미의병	일강사	3·1운동
41	일강사	국민대표회의	일강사	임정 건국강령	일강사	김원봉	근대사	서울진공작전
42	일강사	농촌계몽운동	일강사	사상범보호관찰령	일강사	민족말살통치	복합사	해외독립운동
43	일강사	민족말살통치	일강사	3·1운동	일강사	6·10 만세운동	일강사	한국독립군
44	일강사	윤봉길 의거	일강사	조선농지령	일강사	한인애국단	일강사	민족말살통치
45	일강사	6·10만세운동	일강사	1920년대 정세	현대사	좌우합작위원회	일강사	산미증식계획
46	일강사	조선교육령	일강사	항일민족운동	일강사	이승훈	일강사	의열단
47	현대사	사사오입개헌	현대사	김구, 이승만	일강사	산미증식계획	현대사	브라운각서
48	현대사	박정희 정부	현대사	제헌국회	현대사	박정희 정부	현대사	한국전쟁
49	현대사	광주민주항쟁	현대사	대통령 직선제	현대사	김영삼 정부	현대사	4·19혁명
50	현대사	6·15남북공동선언	현대사	민주화운동	현대사	6월 민주항쟁	현대사	김대중 정부

	제30회		제29회		제28회		제27회	
1	청동기	유물·유적	신석기	유물·유적	구석기	유물·유적	청동기	유물·유적
2	고대사	옥저	고대사	부여	고대사	동예	고대사	고조선 8조법
3	고대사	고조선	고대사	중원고구려비	고대사	살수대첩	고대사	연맹국가
4	고대사	대가야	고대사	나제동맹	고대사	광개토대왕	고대사	무령왕릉
5	고대사	정사암회의	고대사	살수대첩	고대사	삼국항쟁	고대사	금관가야
6	고대사	살수대첩	고대사	6두품	고대사	원효	고대사	발해문화
7	고대사	발해 무왕	고대사	신문왕	고대사	백제부흥운동	고대사	지증왕
8	고대사	선종	고대사	발해	고대사	화랑도	고대사	석가탑·다보탑
9	고대사	남북국시대	고대사	문화유산	고대사	분황사석탑	고대사	궁예
10	고대사	연가7년명입상	고대사	견훤	고대사	이불병좌상	중세사	전시과
11	중세사	고려 태조	중세사	고려태조	중세사	고려 성종	중세사	평양의 역사
12	중세사	귀주대첩	중세사	제왕운기	중세사	교정도감	중세사	서경천도운동
13	중세사	별무반	중세사	의천과 지눌	중세사	거란의 침입	중세사	지눌
14	중세사	동명왕편	중세사	서경천도운동	중세사	강화도	중세사	고려 광종
15	중세사	무신정권	중세사	정방	중세사	부석사무량수전	중세사	팔만대장경
16	중세사	개성	중세사	고려청자	중세사	삼국사기	중세사	진포전투
17	근세사	태종	중세사	삼별초의 항쟁	복합사	토지제도	근세사	기묘사화
18	근세사	을사사화	중세사	과전법	복합사	추석	근세사	지방행정구역
19	근세사	몽유도원도	근세사	향약	중세사	활구(은병)	근세사	기사환국
20	근세사	향교	근세사	무오사화	근세사	세조	근세사	보부상
21	근태사	병자호란	근세사	세종	근세사	몽유도원도	근태사	분청사기
22	근태사	경세유표	근태사	훈련도감	근세사	서원	근태사	비변사
23	근태사	통신사	근태사	송시열	근세사	정도전	근태사	균역법
24	근태사	간도	근태사	기유약조	근태사	병자호란	근태사	서양문물수용
25	근태사	예송논쟁	근태사	정조	근태사	북학의	근태사	신해박해
26	근태사	대동법	근태사	대동법	근태사	김홍도	근태사	조선후기경제
27	근태사	중인	근태사	도고	근태사	천주교	근태사	이익
28	근태사	금산사미륵전	근태사	김정희	근태사	갑술환국	근태사	임술농민봉기
29	근태사	양명학	근태사	상평통보	근태사	조선의 상인	근태사	법주사팔상전
30	근태사	박지원	복합사	백제유적지	근태사	삼정문란	근태사	보빙사
31	근태사	병인양요	근대사	대한제국	근대사	전봉준	복합사	공주의 역사
32	근대사	헤이그특사	근대사	한성순보	복합사	강진	근대사	열강의 침략
33	근대사	국문연구소	근대사	갑신정변	근대사	최익현	근대사	독립협회
34	근대사	독립협회	근대사	동학농민운동	근대사	신미양요	근대사	을사늑약
35	근대사	조선책략	근대사	신민회	근대사	근대조약	일강사	토지조사사업
36	근대사	광무개혁	근대사	안중근	근대사	임오군란	일강사	대한광복회
37	근대사	원산학사	일강사	3·1운동	복합사	서울	근대사	국채보상운동
38	일강사	홍범도	일강사	임시정부개헌	일강사	안창호	일강사	3·1운동
39	일강사	대한민국임시정부	일강사	의열단	근대사	을미의병	일강사	청산리전투
40	일강사	광주학생항일운동	일강사	대종교	근대사	화폐정리사업	일강사	대한민국임시정부
41	복합사	대보름	일강사	미주	일강사	한국독립군	일강사	형평운동
42	일강사	천도교	일강사	원산노동자총파업	일강사	6·10만세운동	일강사	민족유일당운동
43	일강사	의거활동	일강사	신간회	일강사	치안유지법	일강사	신채호
44	일강사	조선교육령	일강사	박은식	일강사	연해주	일강사	민족말살정책
45	일강사	토지수탈	일강사	물산장려운동	일강사	민족말살정책	일강사	카이로회담
46	일강사	정부수립과정	복합사	독도	일강사	한국광복군	현대사	모스크바3상회의
47	현대사	개헌사	현대사	남북협상	현대사	제헌헌법	현대사	발췌개헌
48	현대사	삼백산업	현대사	김영삼 정부	현대사	건국준비위원회	현대사	박정희 정부
49	현대사	제3공화국	현대사	사사오입	현대사	4·19혁명	현대사	김영삼 정부
50	현대사	독도	현대사	6월 민주항쟁	현대사	김대중 정부	현대사	시기구분

시험 안내

1. 한국사능력검정시험 개요

한국사능력시험은 우리 역사에 대한 관심을 제고시키고, 한국사 전반에 걸쳐 역사적 사고력을 평가하는 다양한 유형의 평가 문항을 개발하여 시행함으로써 국사 교육의 올바른 방향을 제시하며, 역사학습을 통해 고차원적 사고력과 문제해결능력을 육성한다.

2. 한국사능력검정시험 목적

- 학생 및 일반인을 대상으로 '한국사능력검정시험'을 시행함으로써 우리 역사에 대한 관심을 확산 · 심화시키는 계기를 마련한다.
- 전 국민이 한국사에 대해 폭넓고 올바른 지식을 공유함으로써 균형 잡힌 역사의식을 갖도록 한다.
- 한국사 전반에 걸쳐 역사적 사고력을 평가하는 다양한 유형의 평가 문항을 개발함으로써 역사 교육의 올바른 방향을 제시한다.
- 역사학습을 통해 고차원적 사고력과 문제해결 능력을 육성함으로써 학생 및 일반인들의 학습 능력 향상에 도움을 주도록 한다.

3. 평가등급

구분	고급	중급	초급
인증 등급	1급(70점 이상)	3급(70점 이상)	5급(70점 이상)
	2급(60~69점)	4급(60~69점)	6급(60~69점)
문항수	50문항(5지 택1형)	50문항(5지 택1형)	40문항(4지 택1형)

4. 평가 내용 및 범위

한국사의 출제 범위는 한국사 全단원으로 고대부터 현대까지 입니다. 출제 빈도는 전근대사(개항 이전)는 60~70%, 근현대사(개항이후)는 30~40% 정도 출제되고 있습니다.

구분	등급	평가내용	비고
고급	1,2급	한국사 전문 과정으로 전문적인 역사 지식, 통합적 이해력 및 분석력을 바탕으로 시대의 구조를 파악하고, 현재의 문제를 창의적으로 해결할 수 있는 능력 평가	전공수준
중급	3,4급	한국사 기본 심화과정으로 한국사에 대한 기본적인 이해를 바탕으로 한국사의 흐름을 대략적으로 이해할 수 있는 능력과, 전반적인 이해를 바탕으로 한국사의 개념과 전개 과정을 체계적으로 파악할 수 있는 능력 평가	수능수준
초급	5,6급	한국사 입문과정으로 한국사에 대한 흥미와 관심을 가지고 있으면 누구나 이해할 수 있는 기초적인 역사 상식을 평가	기초수준

5. 역대 한국사능력검정시험 응시현황

회차	고급		중급	
	응시(명)	합격률(1/2)	응시(명)	합격률(3/4)
23	35,222	68.8 %	25,012	56.2 %
24	47,131	58.1 %	35,134	62.6 %
25	31,869	65.8 %	20,127	51.9 %
26	58,996	37.4 %	42,342	61.3 %
27	41,579	63 %	23,498	70.1 %
28	56,464	67.3 %	33,332	52.1 %
29	34,980	54.3 %	20,835	56.3 %
30	64,414	72.5 %	38,625	48.6 %
31	46,165	57.5 %	23,151	76.0 %
32	64,496	55.6 %	32,500	55.4 %
33	37,156	41.4 %	19,142	35.4 %
34	66,430	69.3 %	36,623	64.9 %
35	49,166	56.7 %	21,805	58.4 %
36	67,976	72.1 %	33,933	56.9 %
37	38,767	59.5 %	22,031	54.3 %
38	74,977	63.8 %	44,153	65.2 %

6. 활용 및 특전

- 2012년부터 한국사능력검정시험 2급 이상 합격자에 한해 인사혁신처에서 시행하는 5급 국가공무원 공개경쟁채용시험 및 외교관 후보자 선발시험에 응시자격 부여

- 2013년부터 한국사능력검정시험 3급 이상 합격자에 한해 교원임용시험 응시자격 부여

- 국비 유학생, 해외파견 공무원, 이공계 전문연구요원(병역) 선발 시 국사시험을 한국사능력검정시험(3급 이상 합격)으로 대체

- 일부 공기업 및 민간기업의 사원 채용이나 승진시 반영

- 2014년부터 한국사능력검정시험 2급 이상 합격자에 한해 인사혁신처에서 시행하는 지역인재 7급 수습직원 선발시험에 추천 자격 요건 부여

- 대학의 수시모집 및 공군 · 육군 · 해군 · 국군간호사관학교 입시 가산점 부여

- 공무원연금공단, 대한무역투자진흥공사, 한국철도공사 등 다수 공기업 채용 시 가산점 부여

- GS칼텍스 인턴, 신입, 경력사원 채용 시 한국사능력검정시험 2급 이상 합격을 필수로 함

- 롯데백화점, 우리은행, 한국콜마, 호남석유화학 사원 채용 또는 승진 시 우대

- 한일고등학교, 민족사관고등학교, 안양외국어고등학교, 상산고등학교 입학 전형 시 활용

- 경상대학교, 동덕여자대학교, 부산대학교, 성균관대학교, 안동대학교, 전주대학교 입학 전형 시 활용

- 한국중고등학교농구연맹, 한국사능력검정시험 6급 합격자에 한해 대회 출전 자격 부여

- 한국지도자육성장학재단 장학생 선발 시 한국사능력검정시험 2급 이상 합격자 가산점 부여

- 서울특별시 동작구청, 대전광역시청 공무원 승진 시 가산점 부여

- 문화체육관광부 문화관광해설사 교육대상자 선발 시 우대

합격을 위한 학습 TIP 3

※ 인증서 유효 기간은 인증서를 요구하는 각 기관에서 별도로 정함

TIP 01 변화하는 출제 경향

단편적인 단원별 문제는 거의 찾아보기 힘들어졌으며, 복합적이고 유기적인 형태로 출제되는 경향을 보이고 있다. 자료를 제시하고 선지에서 찾는 유형이 대부분인데, 제시되는 자료는 사료(옛 문제, 장문), 사진, 도표, 지도 등 다양하게 출제되고 있다. 실례로 예년의 중급 문제를 고급 문제로 활용하여 출제하는 모습도 볼 수 있었으며, 아주 오래된 수능 문제가 중급에 나타나는 경우도 간혹 보였다. 이러한 시험에 대비 하려면 기본에 충실한 공부가 반드시 필요하다.

TIP 02 수험방법

① 역사는 흐름 파악이 중요하다 !!
대다수의 수험생들은 국사를 암기라 생각하고 학습하지만 그와는 반대로 전문 강사들은 흐름을 강조한다. 역사는 큰 틀에서 보면 하나의 커다란 이야기이므로 시대 흐름에 따라서 적당한 사이클이 있는 특징을 지니고 있다. 단원을 들어가기에 앞서 항상 시대적 상황을 먼저 추측해보고 들어가는 연습이 필요하다. 흐름을 잡는 순간 그 시대의 사회 및 문화가 영화처럼 그려지게 되기 때문이다.

② 연상하라!
한국사능력검정시험은 단편적인 문제가 출제되지 않기 때문에 절대적인 단순암기는 피해야 한다. 고려와 조선의 공통·차이점 등을 가려낼 수 있는 연계형 비교 학습을 연습해야 한다.

③ 암기하라!
국사의 암기는 생각보다 간단하다. 연도와 집권세력의 변화, 대외 관계 등 암기해야 할 것들은 정해져 있으며, 대부분의 강의와 여러 전문 수험 서적 등에 check가 되어 있다. 강의와 교재를 선택했다면 절대적으로 믿고 따라가야 한다.

④ 핵심을 찾아라!
Key-word를 찾는 연습이 무엇보다 중요하다. 지문이 고문이나 장문, 또는 생소한 자료들이기 때문에 막상 시험장에서는 당황하게 된다. 하지만 힌트는 항상 존재한다. 눈에 띄는 그림 및 사진, 탐구학습 등 핵심 단어를 찾는 연습을 꼭 당부하는 바이다.

⑤ 출제 유형을 분석하라!
한국사능력시험에도 출제 유형은 있다! 기출 문제에는 그 시험의 특성과 출제자의 의도가 담겨있다. 철저한 기출 문항 분석은 합격에 다가가기 위한 첫 관문이다. 전에 출제 되었던 문제를 알아야 출제 point를 잡을 수 있기 때문이다.

⑥ 전략적인 수험기간을 설정하여 학습하라!
수험기간은 길게 설정하지 말고 한 달 또는 두 달 정도로 짧고 굵게 계획성 있는 학습을 하는 것이 좋다. 한국사능력검정시험은 시험의 특성상 일정 점수 이상만 획득하면 목표를 달성 할 수 있다. 따라서 한국사능력검정시험의 자격을 얻기 위한 학습을 하면 되는 것이다.

TIP 03 시험장 실전 문제풀이 요령

① 보이는 것부터 풀어라

처음 시험을 접하는 수험생이라면 현장에서 시험지를 받은 후 생각보다 많은 두께에 당황하게 된다. 하지만 한 페이지 당 4문제 정도이기 때문에 심적 동요를 일으킬 일은 아니다. 페이지를 확인차 넘겨보다 보면 눈에 들어오는 문제들이 있는데, 그런 문제는 일단 풀고 확인한다면 시간을 절약할 수 있다.

② 모르는 문제, 낯선 문제, 다시 읽게 되는 문제 등은 check하고 넘어가라

1번부터 문제를 차례로 풀다보면, 알듯 말듯 한 문제들이 보이기 마련이다. 혼란스러운 문제일수록 다시 한 번 읽게 되지만 그러한 문제들은 번호에 check 해 두고 넘어가는 것이 좋다. 50번을 다 풀고 난 후에 그 문제를 다시 풀 수 있는 시간은 충분하다.

③ 항상 70점이 넘었는지를 계산하라

많은 수험생들이 이것을 간과하고 문제를 접하게 된다. 문제를 중간쯤 풀다보면 합격과 불합격의 감이 오게 된다. 불합격에 느낌이 오는 수험생이라면 30 번쯤 풀이가 진행 될 때, 대충 취득한 점수를 확인하고 진행하는 것이 좋다. 시간이 어느 정도 지난 그 시점에는 한 문제가 소중하기 때문이다. 그 시간에는 자신의 취득점수를 생각하며 문제풀이를 하는 것이 오히려 도움이 될 수 있다.

차례

I 한국사의 시작

II 고대의 한국사

III 중세의 한국사

차례

사료 형(괄호 형) – 고급 22회 13번

1. 학생들은 사료와 그림이 제시되면 그림으로 먼저 시선이 가게 된다. 올바른 대처요령이 아니다. 처음 문제를 접할 때 출제자가 요구하는 것이 무엇인지를 파악하는 것이 가장 중요하다.

2. 자료와 선지를 훑어보았을 때 (가)를 찾아서 적용하는 방법이 좋은 해결 방법이다.

3. 사료에 힌트를 찾아라! 사료가 길면 길수록 수험생들에게는 좋은 문제이다. 수험생들은 긴 사료가 출제되면 당황하기 쉬우나 길면 길수록 힌트가 많은 법이다.

정답 ②

출제자의 눈
고려 태조의 비 장화왕후를 통해 왕건의 정책을 파악할 수 있다.

고려 성종은 중앙관제를 2성6부로 개편하여 독자적으로 운영하였다.

전시과는 전지와 땔감을 얻을 수 있는 시지를 주었는데 지급된 토지는 수조권만 지급했던 토지였다. 고려 경종(시정전시과), 고려 목종(개정전시과), 고려 문종(경정전시과) 때 시행되었다.

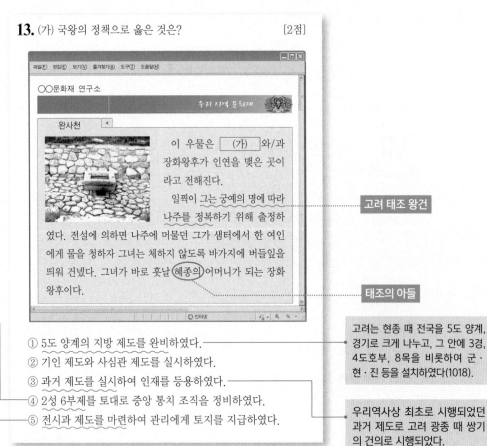

13. (가) 국왕의 정책으로 옳은 것은? [2점]

○○문화재 연구소

우리 지역 문화재

완사천

이 우물은 (가) 와/과 장화왕후가 인연을 맺은 곳이라고 전해진다.
일찍이 그는 궁예의 명에 따라 나주를 정복하기 위해 출정하였다. 전설에 의하면 나주에 머물던 그가 샘터에서 한 여인에게 물을 청하자 그녀는 체하지 않도록 바가지에 버들잎을 띄워 건넸다. 그녀가 바로 훗날 혜종의 어머니가 되는 장화왕후이다.

→ 고려 태조 왕건

→ 태조의 아들

① 5도 양계의 지방 제도를 완비하였다.
② 기인 제도와 사심관 제도를 실시하였다.
③ 과거 제도를 실시하여 인재를 등용하였다.
④ 2성 6부제를 토대로 중앙 통치 조직을 정비하였다.
⑤ 전시과 제도를 마련하여 관리에게 토지를 지급하였다.

고려는 현종 때 전국을 5도 양계, 경기로 크게 나누고, 그 안에 3경, 4도호부, 8목을 비롯하여 군·현·진 등을 설치하였다(1018).

우리역사상 최초로 시행되었던 과거 제도로 고려 광종 때 쌍기의 건의로 시행되었다.

해설

(가) 고려 태조 왕건의 정책은 다음과 같다.

1. 민생안정 정책: 조세 제도를 합리적으로 조정하여 세율을 1/10로 경감하였으며 빈민을 구제하기 위하여 흑창을 설치하기도 하였다.

2. 호족통합 정책: 개국 공신과 지방 호족을 관리로 등용하였고, 역분전을 지급하여 경제적 기반도 마련하여 주었다. 또한, 지방의 유력한 호족과는 혼인을 통하여 관계를 다졌고, 지방 호족의 자치권도 인정하는 등의 왕권강화를 꾀하였다.

3. 왕권강화 정책: 정계와 계백료서를 통해 임금에 대한 신하들의 도리를 강조하였고, 후대의 왕들에게도 지켜야 할 정책 방향을 훈요10조를 통하여 제시하였다. 사심관과 기인제도를 활용하여, 지방 호족을 견제하고 지방 통치를 보완하려 하였다.

4. 민족융합 정책: 발해가 거란에 멸망했을 때 고구려계 유민들을 비롯한 많은 이들이 고려로 망명해 왔는데, 태조는 발해·신라·후백제의 유민들을 적극 수용하였고 적재적소에 이들을 임명하여 민족의 완전한 통합을 꾀하였다.

5. 북진 정책: 고구려의 옛 땅을 찾고자 강력한 북진 정책을 추진하여 서경(평양)을 중시하였고, 북진 정책의 전진 기지로 개발하였다. 이 결과로 청천강에서 영흥만까지의 국경선을 확보할 수 있었다.

사료 형(출처 제시 형) – 고급 24회 42번

 1. 사료가 제시되면 자연스레 본문 내용을 먼저 읽게 된다. 하지만, 본문을 읽기 전에 먼저 한 눈에 사료를 담는다면 사료가 발췌되어 있는 문헌이 제시되어 있는 경우가 있는데, 이를 먼저 파악하는 것이 더욱 중요하다.

2. 사료를 전체적으로 속독하고 그 곳에서 눈에 띄는 몇 가지를 바로 체크하는 것이 좋다.

3. 사료에 힌트를 찾았다면 선지를 파악하는데, 선지 옆에 바로 해당되는 것을 써 놓는 것을 습관화하여야 한다. 그래야 나중에 두 번 보지 않는다.

정답 ①

출제자의 눈
한국통사의 내용을 통해 박은식 선생의 활동을 추론할 수 있다.

42. 다음 역사서를 저술한 인물의 활동으로 옳은 것은? [2점]

> 옛 사람이 이르기를, 나라는 없어질 수 있으나 역사는 없어질 수 없다고 하였으니, 그것은 나라는 형체이고 역사는 정신이기 때문이다. 이제 한국의 형체는 허물어졌지만, 정신만이라도 오로지 남아 있을 수 없는 것인가? 이것이 통사를 저술하는 까닭이다.
> ─ 한국통사 ─

박은식의 혼사상

박은식은 민족정신을 '혼'으로 파악하였고, 혼이 담겨 있는 민족사의 중요성을 강조하였다.

박은식은 19세기 이후 민족의 수난을 밝힌 한국통사를 저술하였다.

조선어학회(1931~1942)는 한글 교육에 힘써 한글 교재를 출판하였으며, 한글 맞춤법 통일안과 표준어를 제정하고 한글의 연구와 보급에 크게 기여하였다. 이윤재, 한징 등이 참여하였다.

① 대한민국 임시 정부 대통령으로 활동하였다.
② 조선어 학회에 가입하여 한글을 연구하였다.
③ 실증주의 사학을 추구한 진단 학회를 조직하였다.
④ 독사신론을 저술하여 민족주의 사관의 기초를 마련하였다.
⑤ 여유당전서 간행 사업을 계기로 조선학 운동을 전개하였다.

신채호는 대한매일신보에 독사신론을 발표하여 근대 민족주의 역사학의 방향을 제시하였다.

손진태, 이윤재 등은 진단학회(1934)를 조직하여 한국사 연구에 힘썼다.

정인보, 문일평, 안재홍 등은 1934년 여유당전서의 간행을 계기로 조선학 운동을 전개하였다.

자료는 한국통사의 서문이다.

박은식은 주자학 중심의 유학을 비판하고, 양명학과 사회 진화론의 진보원리를 조화시킨 대동사상을 주장하였으며, 대동사상을 기반으로 민족 종교인 대동교를 창설하였다. 1910년에는 최남선과 함께 조선 광문회를 만들어 역사·지리·고전 등을 정리·간행하였다. 박은식은 19세기 이후 민족의 수난을 밝힌 '한국통사'와 우리의 항일 투쟁을 다룬 '한국독립운동지혈사'를 저술하였으며, '연개소문전', '안중근전' 등을 저술하였다.

박은식은 '나라는 형이요, 역사는 정신'이라고 하여 우리의 민족정신을 '혼'으로 파악하였으며, 혼이 담겨 있는 민족사의 중요성을 강조하였고, 신규식과 동제사(1912)를 조직하였으며, 대동보국단(1915)을 결성하여 '진단'이라는 잡지를 발간하고 신한혁명당과의 연대를 모색하기도 하였다. 1918년에는 길림의 민족지도자 39인이 대한 독립선언서를 발표하여 독립을 위한 투쟁을 계속하였다.

1923년 대한민국임시정부에서 열린 국민대표회의에서는 무장 투쟁을 주장하는 창조파의 입장에서 임시정부를 해체하고, 연해주에 새로운 조선 공화국 수립하자고 주장하였으며, 임시정부 제2대 대통령으로 활동하기도 하였다.

03

사료 형(출처 미제시 형) – 고급 18회 25번

1. 발췌 문헌이 제시가 되지 않은 사료의 경우에는 선지를 먼저 보는 것이 좋다.

2. 선지를 전체적으로 보고 나면 제시된 사료가 어떠한 주제인지 대체로 감이 오게 된다.

3. 사료를 읽을 때 주의할 점은 (가)부근에 힌트가 있다는 것이다. 맨 앞줄에 오는 문장에 현혹되지 않도록 주의를 기울여야 한다.

정답 ③

출제자의 눈
임진왜란 중 창설한 중앙군의 내용을 통해 훈련도감을 파악할 수 있다.

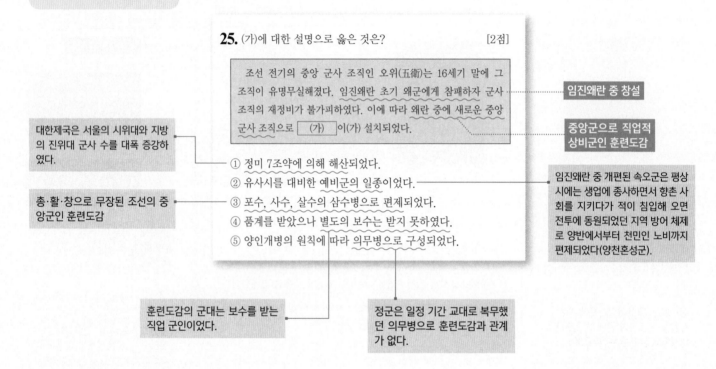

25. (가)에 대한 설명으로 옳은 것은?　　　　[2점]

조선 전기의 중앙 군사 조직인 오위(五衛)는 16세기 말에 그 조직이 유명무실해졌다. 임진왜란 초기 왜군에게 참패하자 군사 조직의 재정비가 불가피하였다. 이에 따라 왜란 중에 새로운 중앙 군사 조직으로 　(가)　 이(가) 설치되었다.

임진왜란 중 창설

중앙군으로 직업적 상비군인 훈련도감

① 정미 7조약에 의해 해산되었다.
② 유사시를 대비한 예비군의 일종이었다.
③ 포수, 사수, 살수의 삼수병으로 편제되었다.
④ 품계를 받았으나 별도의 보수는 받지 못하였다.
⑤ 양인개병의 원칙에 따라 의무병으로 구성되었다.

대한제국은 서울의 시위대와 지방의 진위대 군사 수를 대폭 증강하였다.

총·활·창으로 무장된 조선의 중앙군인 훈련도감

임진왜란 중 개편된 속오군은 평상시에는 생업에 종사하면서 향촌 사회를 지키다가 적이 침입해 오면 전투에 동원되었던 지역 방어 체제로 양반에서부터 천민인 노비까지 편제되었다(양천혼성군).

훈련도감의 군대는 보수를 받는 직업 군인이었다.

정군은 일정 기간 교대로 복무했던 의무병으로 훈련도감과 관계가 없다.

자료는 훈련도감의 설명이다. 임진왜란 때 왜군의 조총 부대에 대항하기 위하여 기존의 활과 창으로 무장한 부대 외에 조총으로 무장한 부대인 훈련도감을 만들었는데, 훈련도감은 포수, 사수, 살수의 삼수병으로 편제되었다. 이들은 장기간 근무를 하고 일정한 급료를 받는 상비군으로서, 의무병이 아닌 직업 군인의 성격을 가진 군인이었다.

중앙군

	구성	내용
고려	2군	국왕의 친위부대, 응양군, 용호군의 2군
	6위	수도와 국경 방위, 좌우위·신호위·흥위위(수도·국경), 금오위(경찰 업무), 천우위(儀仗 업무), 감문위(궁성 수비) 등 6위
조선	선조	훈련도감 – 직업적 상비군, 서울의 경비 담당, 삼수병(포수, 사수, 살수)로 구성
	인조	서인의 군사적 기반, 어영청(수도)·총융청(북한산성)·수어청(남한산성)
	숙종	금위영 – 수도 방어 임무

대화 형 – 고급 22회 26번

1. 학생들은 대화형 문제가 제시되면 그림에 먼저 시선이 가고 곧바로 말풍선을 읽게 된다. 그러기 전에 그림 전체에 힌트가 있는지 살펴보고 들어가는 것이 주제 파악에 도움이 된다.

2. 말풍선을 읽음과 동시에 발견한 힌트는 그 곳에 표시를 해두고 주제를 써 놓는 것이 좋다.

3. 제시 글이 긴 문제일수록 선지는 오히려 간단하고 확실하게 구분이 가는 것들이 출제가 되는 편이 많다.

정답 ②

출제자의 눈
효종의 비(인선왕후)의 상 때 자의대비의 상복 문제를 통해 2차 예송 논쟁(갑인예송)을 파악할 수 있다.

1. 효종 비의 상 – 현종 때 2차 예송논쟁(갑인예송)

2. 인조의 계비인 자의대비

26. (가)와 같이 주장한 붕당에 대한 설명으로 옳은 것은? [1점]

대비께서 서거하셨습니다. 효종 대왕이 비록 둘째 아들이지만 왕위를 계승하였으므로 장자로 대우하여 대왕대비의 상복 입는 기간을 1년으로 해야 합니다.

3. 남인

4. 서인

아닙니다. 대왕대비는 효종 대왕의 어머니라서 신하가 될 수 없고 효종 대왕은 둘째 아들이므로 대왕대비의 상복 입는 기간을 9개월로 해야 합니다.

(가)

남인. 서인은 허적의 서자 허견 등이 복창군을 왕으로 옹립하려 한다고 모함하여 남인이 몰락하고 서인이 집권하였다(경신환국,1680).

① 경신환국으로 몰락하였다.
② 인조반정을 통해 집권하였다.
③ 조식의 학문을 사상적 기반으로 삼았다.
④ 위훈삭제를 주장한 조광조 일파를 축출하였다.
⑤ 정여립 모반 사건을 계기로 두 세력으로 나뉘었다.

서인. 서인세력인 이귀, 김자점, 이괄 등이 반정을 주도하여 인조를 즉위시켰다(1623.인조반정).

훈구파. 훈구 공신들의 반발로 말미암아 조광조를 비롯한 사림 세력은 대부분 제거되었다(기묘사화.1519).

북인. 동인은 정여립 모반 사건으로 인하여 남인(이황 학파)과 북인(서경덕·조식 학파)으로 분당되었으며, 광해군이 즉위하면서 북인이 실권을 장악하였다.

동인. 동인은 정여립 모반 사건으로 인하여 남인과 북인으로 분당되었다.

현종 때 효종의 왕위 계승에 대한 정통성과 관련하여 두 차례의 예송이 발생하면서 서인과 남인 사이에 대립이 격화되었는데, 자료는 2차 예송 논쟁을 나타내고 있다. 효종 비의 상 때 인조의 계비인 자의대비가 적장자에 준하는 상복을 입을 것인지를 둘러싸고 벌어졌던 논쟁으로 (가) 서인은 9개월, 남인은 1년을 주장하였다(갑인예송).

예송논쟁

	기해예송(1659)	갑인예송(1674)
원인	효종의 상 때 자의 대비 복제 문제	효종 비의 상 때 자의대비 복제 문제
서인	1년설	9개월설
남인	3년설	1년설
채택	서인(1년설)	남인(1년설)

대화 형 – 고급 24회 15번

비법
1. 두 명 이상의 대화형 문제에는 두 가지 이상의 힌트가 등장하는 경우가 많다. 하나의 힌트를 발견할 때마다 말풍선 위에 체크해 두는 습관을 기르도록 하여야 시간을 줄일 수 있다.

2. 말풍선의 내용이 짧을수록 선지의 내용이 복잡하고 어려운 것들이 출제되는 편이 많다.

3. 선지를 읽고 나서 바로 옆에 시기와 내용을 짧게라도 표시해 두어야 나중에 두 번 읽는 수고를 덜 수 있다.

정답 ④

출제자의 눈
최우의 인사행정 내용을 통하여 무신정권의 정방을 파악할 수 있다.

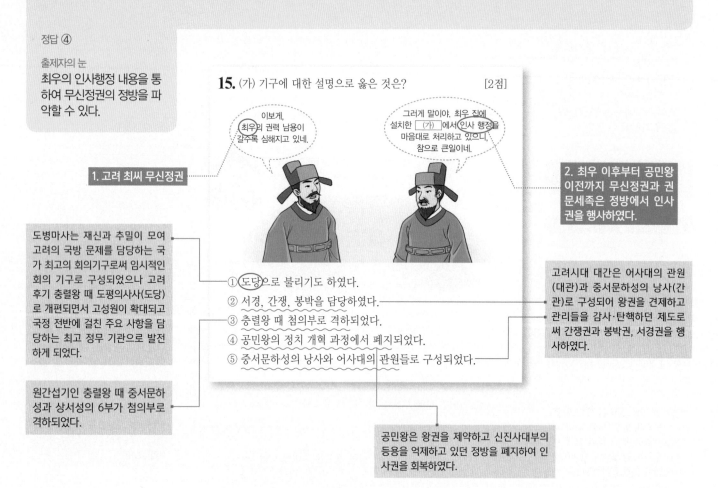

1. 고려 최씨 무신정권

2. 최우 이후부터 공민왕 이전까지 무신정권과 권문세족은 정방에서 인사권을 행사하였다.

15. (가) 기구에 대한 설명으로 옳은 것은?　　　　　[2점]

이보게, 최우의 권력 남용이 갈수록 심해지고 있네.

그러게 말이야. 최우 집에 설치한 (가) 에서 인사 행정을 마음대로 처리하고 있으니, 참으로 큰일이네.

도병마사는 재신과 추밀이 모여 고려의 국방 문제를 담당하는 국가 최고의 회의기구로써 임시적인 회의 기구로 구성되었으나 고려 후기 충렬왕 때 도평의사사(도당)로 개편되면서 고성원이 확대되고 국정 전반에 걸친 주요 사항을 담당하는 최고 정무 기관으로 발전하게 되었다.

① 도당으로 불리기도 하였다.
② 서경, 간쟁, 봉박을 담당하였다.
③ 충렬왕 때 첨의부로 격하되었다.
④ 공민왕의 정치 개혁 과정에서 폐지되었다.
⑤ 중서문하성의 낭사와 어사대의 관원들로 구성되었다.

고려시대 대간은 어사대의 관원(대관)과 중서문하성의 낭사(간관)로 구성되어 왕권을 견제하고 관리들을 감사·탄핵하던 제도로써 간쟁권과 봉박권, 서경권을 행사하였다.

원간섭기인 충렬왕 때 중서문하성과 상서성의 6부가 첨의부로 격하되었다.

공민왕은 왕권을 제약하고 신진사대부의 등용을 억제하고 있던 정방을 폐지하여 인사권을 회복하였다.

 해설

자료에서는 최우 집권기에 인사행정을 담당한 (가) 정방에 대한 내용을 제시하고 있다.

고려 시대 정변을 일으켜 정권을 장악한 무신들은 중방을 중심으로 권력을 행사하였고, 무신들의 대부분은 부를 축적해가며 점차 권력 쟁탈전으로 전개되어 갔으며, 최충헌의 집권 이후 4대, 60여 년간의 최씨 무신 정권이 지속된다. 최우(1219~1249)는 교정도감을 통하여 정치권력을 행사하였고 독자적인 인사기구인 정방을 설치하여 모든 관직에 대한 인사권을 장악하였으며(1225), 서방을 설치하여 문신을 우대하였다(1227).

무신 정권의 전개

집권자	정 치	권력기구
정중부	이의방, 이고 등을 제거하고 중방을 중심으로 정권 장악	중 방
경대승	정중부를 제거하고, 신변 보호를 위한 사병 집단인 도방을 설치하였다.	도 방
이의민	천민 출신으로 이의방의 측근 장수였으며 정계에 진출하여 경대승 사후 정권을 잡았고, 최충헌에게 피살되었다.	중 방
최충헌	이의민을 제거한 후 정권을 장악하여 무신 정권 초기의 혼란을 수습하였다. 이후 4대 60여년에 걸친 최씨 정권을 지속한다.	도방, 교정도감
최 우	몽골과의 항전에 대비하여 강화도로 천도하였고, 문신도 등용하여 정책에 반영하였다.	삼별초, 정방, 서방, 교정도감

대화 형 - 고급 25회 22번

1. 대화형 문제에서의 힌트는 선지를 통해 파악하는 것도 나쁘지 않은 방법이다. 다섯 개의 선지들에는 공통점이 존재한다. 역사적 시기를 파악할 수도 있고, 문제에서 요구하는 주제가 정치 · 경제 · 사회 · 문화 중에서 어떤 것인지 감을 잡게 해 줄 수 있다.

2. 선지를 통독할 때도 눈에 걸리는 내용들이 있다. 보이는 대로 표시해 두어야 대화 내용을 읽으면서 바로 답을 골라낼 수 있다.

3. 1과 2번을 거친 후 대화의 내용을 본다면 역사적 시기나 먼저 통독했었던 선지에서의 주제가 바로 보이게 되어 있다.

정답 ④

출제자의 눈
장희빈과 급격하게 변화하는 정치 변화를 통해 숙종 때 발생한 환국을 도출할 수 있다.

22. 다음 대화에 나타난 사건의 설명으로 옳은 것은? [2점]

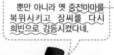

2. 갑술환국(1694)으로 남인이 몰락하고 서인이 집권하게 된다.

1. 급격한 국정 변화 – 환국

동인은 정여립 모반 사건의 처리 문제를 두고 남인과 북인으로 분당되었다.

① 정여립 모반 사건으로 촉발되었다.
② 사초에 조의제문을 실은 것이 발단이 되어 일어났다.
③ 서인은 기년복을, 남인은 3년복을 주장하여 일어났다.
④ 남인이 축출되고 노론과 소론이 정국을 주도하게 되었다.
⑤ 왕실의 외척인 안동 김씨 가문이 권력을 장악하게 되었다.

현종 때 있었던 기해예송으로 효종의 상 때 자의대비의 복제 문제로 남인은 3년, 서인은 1년설을 주장하였다(1659, 기해예송).

연산군 때 일어난 무오사화는 김종직의 조의제문이 발단이 되었다.

정조 사후에 왕의 외척 세력인 안동 김씨가 권력을 독점하여 행사하는 세도정치가 출현하게 되었다.

자료의 대화에서 인현왕후의 복위와 희빈 장씨의 강등 등의 내용을 통하여 갑술환국을 나타내고 있는 것을 파악할 수 있다(1694). 숙종 때 서인 김춘택 등이 인현왕후 민씨의 복위운동을 전개하였고, 남인이 서인을 무고하다 도리어 축출되어 소론(서인)이 집권하였다. 이후 서인은 노론과 소론으로 분리된 후 노론이 정국을 이끌어간다.

환국
· 경신환국(1680, 숙종6). 남인인 영의정 허적이 군사용 천막을 허락 없이 사용한 사건으로 왕의 불신을 사고 서인과의 갈등이 깊어졌다. 이에 서인은 허적의 서자 허견 등이 복창군을 왕으로 옹립하려 한다고 모함하여 남인이 몰락하고 서인이 집권하였다.

· 기사환국(1689, 숙종15). 장희빈의 소생인 균(경종)의 세자 책봉을 둘러싸고 서인인 송시열 등이 반대하다 사사되었고 인현왕후가 폐출되면서(민씨폐출) 남인이 집권하였다.

· 갑술환국(1694, 숙종20). 서인 김춘택 등이 인현왕후 민씨의 복위운동을 전개하였고, 남인이 서인을 무고하다 도리어 축출되어 소론(서인)이 집권하였다. 이후 서인은 노론과 소론으로 분리된 후 노론이 정국을 이끌어간다.

사진 형 – 고급 22회 8번

1. 사진 제시형 문제가 출제될 경우에 눈에 보이는 사진 옆에 바로 생각나는 것들을 적어 놓는 경우가 좋다. 만약 모른다거나 혼란스러운 사진은 그대로 두고 정리하는 것이 좋다.

2. 정리한 사진을 다시 보았을 때 서화의 시기와 특징 등이 나타날 것이다. 고려와 조선, 조선전기와 조선후기 등 분류가 가능한 경우가 많다.

3. 보기의 내용을 보았을 때, 각각의 사진과 연관된 내용을 찾는 문제라면 (가)~(다)를 무시하고 문장만 해석하여 옆에 바로 적어 놓고, 나중에 (가)와 ㄱ을 적용 시켜보는 것이 두 번 이상 보지 않는 방법이다.

정답 ②

출제자의 눈
시대별 석탑을 구분하여 특징을 학습하여야 한다.

2. 백제 7C 무왕 때 건립한 것으로 추정(부여)

1. 신라 말 선종의 영향으로 승탑이 발달

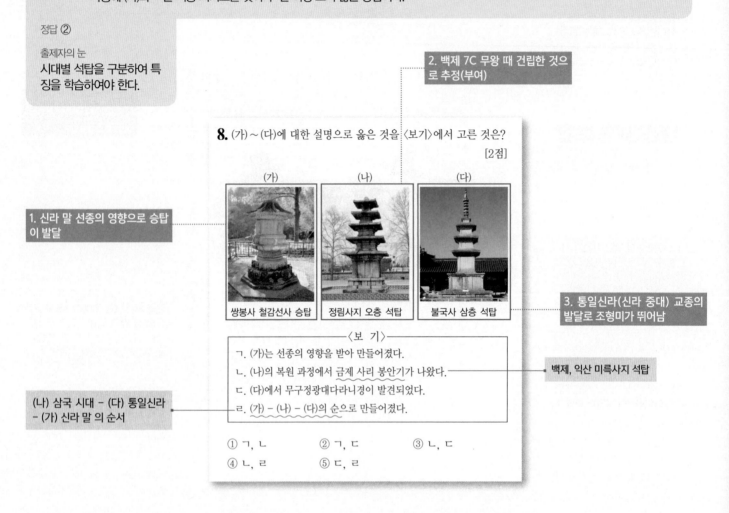

8. (가)~(다)에 대한 설명으로 옳은 것을 〈보기〉에서 고른 것은?
[2점]

(가)   (나)   (다)

쌍봉사 철감선사 승탑   정림사지 오층 석탑   불국사 삼층 석탑

3. 통일신라(신라 중대) 교종의 발달로 조형미가 뛰어남

〈 보 기 〉
ㄱ. (가)는 선종의 영향을 받아 만들어졌다.
ㄴ. (나)의 복원 과정에서 금제 사리 봉안기가 나왔다.
ㄷ. (다)에서 무구정광대다라니경이 발견되었다.
ㄹ. (가) - (나) - (다)의 순으로 만들어졌다.

백제, 익산 미륵사지 석탑

(나) 삼국 시대 - (다) 통일신라 - (가) 신라 말 의 순서

① ㄱ, ㄴ   ② ㄱ, ㄷ   ③ ㄴ, ㄷ
④ ㄴ, ㄹ   ⑤ ㄷ, ㄹ

 해설

(가) 쌍봉사 철감선사 승탑, 통일 전후에 전래된 선종은 신라 말기에 유행한다. 불교의 분파 중 실천적 경향을 띤 선종이 널리 퍼지면서 승려의 사리를 봉안하는 승탑이 유행하였는데, 쌍봉사 철감선사 승탑은 팔각원당형을 기본형으로 삼고 있는 특징을 보인다.

(나) 정림사지 5층 석탑, 7C 백제 무왕 때 건립한 것으로 추정되는 부여의 정림사지 5층 석탑은 안정적인 모습을 보여준다.

(다) 불국사 3층 석탑, 2층 기단에 3층 탑신부를 올린 통일신라 석탑의 전형으로 전체의 균형이 잘 잡힌 뛰어난 석탑이다. 창건 후 원형대로 보존되어 왔으나, 1966년 도굴꾼들에 의해 석탑이 훼손되는 사건이 발생하기도 하였고, 정부는 도굴꾼이 훼손한 탑을 복원하기 위해 탑신부를 해체했는데, 8세기 초에 제작된 세계에서 가장 오래된 목판 인쇄물인 무구정광대다라니경이 불국사 3층 석탑에서 발견되었다. 2013년 재차 복원 작업에 들어갔으며 사리보관함과 금동불 입상이 추가로 발견되었다.

비법

1. 두 개 이상 사진이 제시되는 문제에는 두 가지 이상의 힌트가 등장하는 경우가 많다. 하나의 사진을 보고 머릿속에 무엇이든 떠오를 때마다 사진 위에 적어 두는 습관을 기르도록 하여야 시간을 줄일 수 있다.

2. 정리한 사진을 다시 보게 되면 시기와 특징 등의 공통점이 나타날 것이다. 단순하게 제시된 두 가지의 사진이라면 공통점을 묻는 문제가 많다.

3. 사진의 공통점을 묻는 문제의 선지는 간단하고 확실하게 구분이 가는 것들이 출제가 되는 편이 많다.

정답 ③

출제자의 눈
주요 사건을 통해 박정희 정부(제3·4공화국, 1963~1979)를 도출할 수 있다.

1. 베트남파병(1965~1973)

4. 수출 100억불 달성(1977)

2. 경부고속도로 준공(1970)

3. 유신헌법(1972)

5. 부·마 항쟁(1979)

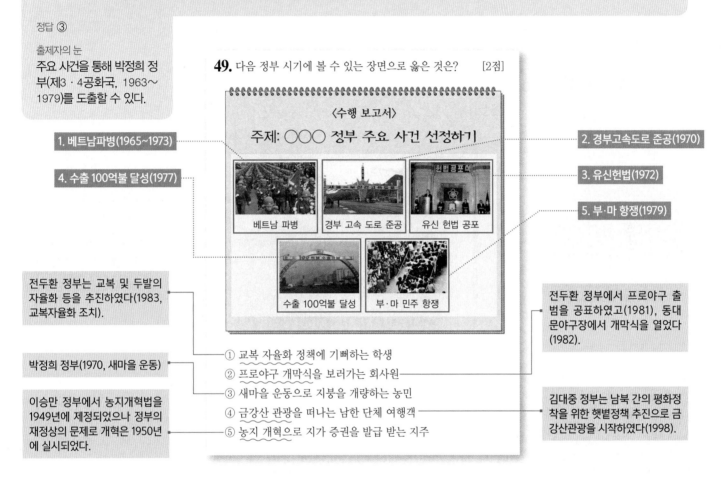

49. 다음 정부 시기에 볼 수 있는 장면으로 옳은 것은? [2점]

〈수행 보고서〉
주제: ○○○ 정부 주요 사건 선정하기

베트남 파병 / 경부 고속 도로 준공 / 유신 헌법 공포 / 수출 100억불 달성 / 부·마 민주 항쟁

전두환 정부는 교복 및 두발의 자율화 등을 추진하였다(1983, 교복자율화 조치).

박정희 정부(1970, 새마을 운동)

이승만 정부에서 농지개혁법을 1949년에 제정되었으나 정부의 재정상의 문제로 개혁은 1950년에 실시되었다.

전두환 정부에서 프로야구 출범을 공표하였고(1981), 동대문야구장에서 개막식을 열었다(1982).

김대중 정부는 남북 간의 평화정착을 위한 햇볕정책 추진으로 금강산관광을 시작하였다(1998).

① 교복 자율화 정책에 기뻐하는 학생
② 프로야구 개막식을 보러가는 회사원
③ 새마을 운동으로 지붕을 개량하는 농민
④ 금강산 관광을 떠나는 남한 단체 여행객
⑤ 농지 개혁으로 지가 증권을 발급 받는 지주

해설

자료는 박정희 정부(제3·4공화국, 1963~1979)가 집권할 당시의 사건들을 나열한 것으로 베트남파병(1965~1973), 경부고속도로 준공(1970), 유신헌법(1972), 수출 100억불 달성(1977), 부·마 항쟁(1979) 등의 사건이 있었다.

새마을 운동
1970년에 시작된 새마을 사업은 근면, 자조, 협동을 바탕으로 한 지역 사회 개발 운동으로 전개되었다. '잘 살아 보세'라는 구호를 내걸고 농어촌을 발전시키기 위해 1970년대 박정희 정부에서 실시한 경제 운동으로 주택 개량, 농로 개설, 도로와 전기 시설의 확충 등 농촌의 근대화와 농민의 소득 증대를 목적으로 시작되었으나 점차 전국적인 의식 개혁 운동으로 확산되었다. 새마을 사업은 겉으로는 민간의 자발적인 운동이었으나, 실제로는 정부가 주도하였다. 그 결과 박정희 정부의 독재와 유신 체제를 정당화하는 데 이용되기도 하였다.

사진 형 – 고급 18회 24번

1. 주어진 사진이 세 개 정도라면 공통점을 물어보는 경우가 많으니 그림만 보아도 문제를 대략적으로 짐작할 수 있다.

2. 얼핏 사진을 보았을 때 공통점이 보이지 않는다면 선지를 먼저 보는 것도 좋다. 선지는 반드시 답이 있다. 다시 말하자면 그림을 보고 바로 생각이 나지 않고 애매할 경우에는 선지에서 답을 보여주게 되는 경우가 되는 것이다.

3. 도저히 모르겠다면, 선지를 1번부터 5번까지 하나하나 대입해 보는 것이다. 1번 선지를 보고 사진 세 개를 보고, 그렇게 5번까지 대입해 본다면 하나는 적용되게 되어있다.

정답 ④

출제자의 눈
19C 예언사상의 등장을 통해 당시의 정세를 추론할 수 있다.

24. 다음과 관련된 사회 현상으로 적절하지 <u>않은</u> 것은?   [1점]

> 주제: 19세기 예언 사상의 대두
>
> 정감록
>
> 선운사 도솔암 마애불

19C 조선
① 탐관오리의 횡포
② 재난, 질병의 증가
③ 도적의 증가
④ 이양선 출몰-민심동요

민간에서 유행한 예언서

선운사 도솔암 마애불 전설: 선운사 마애불의 배꼽 부분에 신기한 비결이 들어있다는 전설이 있는데, 이 비기가 세상에 나오는 날 한양이 망하고 손대는 자는 벼락을 맞는다는 설이 유행하였다.

양난 이후 장기간 평화가 지속되면서 관청이나 군대에서 군역에 복무해야 할 사람에게 포를 받고 군역을 면제해 주는 방군수포와 다른 사람을 사서 군역을 대신하게 하는 대립이 불법적으로 행해졌다. 18C 이를 시정하기 위해 균역법이 시행되었다(1750).

① 서양의 이양선이 출몰하였다.
② 탐관오리의 횡포가 심해졌다.
③ 각처에서 도적이 크게 일어났다.
④ 군역의 요역화로 대립(代立)이 성행하였다.
⑤ 수해와 전염병으로 많은 사람이 목숨을 잃었다.

해설

자료는 조선후기 미륵신앙과 예언사상의 정감록이다. 19C 탐관오리의 탐학과 횡포는 날로 심해 갔고, 재난과 질병이 거듭 되었으며, 서양의 이양선까지 연해에 출몰하자 민심은 극도로 흉흉해져 갔다. 사회 불안이 점점 더해 감에 따라 각처에서는 도적이 크게 일어났으며, 백성 사이에는 비기·도참 등이 유행하였다.

미륵신앙과 정감록
불교에서는 석가의 시대가 다하고 미륵의 시대가 온다고 하니, 속세 또한 새로운 세상이 반드시 올 것이다. 군복과 무기를 미리 갖추어 이 세상이 다할 때 군사를 일으킬 준비를 하라.

정씨 성과 최씨 성의 두 진인(眞人)을 얻어, 먼저 우리나라를 평정하여 정씨 성의 사람을 임금으로 세운 뒤에 중국을 공격하여 최씨 성의 사람을 황제로 세울 것이다.

지도 형 - 고급 25회 31번

비법

1. 지도 문제가 출제되면 시선이 지도의 위치를 찾는 것으로 가게 된다. 지도 제시 문제는 올바른 접근법이다. 일단 문제를 읽기 전에 지도에 제시된 위치를 훑어보면 제시된 자료가 예상이 된다.

2. 지도의 위치를 파악했다면 자료를 보아야 한다. 자료는 하나 이상이 주어지게 된다. 보통 2~3개정도의 자료를 제시하는데, 그 중 하나만 알아도 접근하기가 수월해진다.

3. 자료 해결 – 주어진 제시 자료에서 확실한 것 한 개는 무조건 주어지게 되어 있다. 해결 과정에서 어떤 것이든 머릿속에 그려진다면 시험지 옆에 과감하게 표시를 해 두는 것이 좋다.

정답 ⑤

출제자의 눈
지도에 표시된 지역을 통하여 그곳의 역사적 사실을 학습하여야 한다.

31. 지도에 표시된 (가)~(마) 지역에 대한 사실로 옳은 것은?

[2점]

(가) 강화도
- 병인양요, 신미양요, 강화도조약

(나) 제주도 – 삼별초의 항쟁

(다) 거문도 – 영국의 거문도 불법점령

(마) 독도
– 일본의 억지 주장 관련

(라) 절영도
– 러시아의 조차 요구

(다) 거문도. 러시아의 한반도 남하를 견제한다는 구실로 영국은 거문도를 해밀턴 항이라 명명하고 불법 점령한 후 포대를 설치하였다(거문도사건. 1885).

(나) 제주도. 삼별초가 끝까지 저항하였지만 제주도에서 제압당하였다(1273).

절영도. 러시아가 절영도의 조차를 요구하자 독립협회는 만민공동회를 배경으로 구국 운동 상소 운동(1898)을 전개하여 러시아의 요구를 좌절시켰다.

① (가) – 영국군이 불법으로 점령하였다.
② (나) – 독립 협회가 러시아의 조차 요구를 저지시켰다.
③ (다) – 삼별초가 최후의 항쟁을 전개하였다.
④ (라) – 조선왕조실록을 보관한 사고(史庫)가 설치되었다.
⑤ (마) – 대한 제국은 칙령 제41호를 통해 관할 영토임을 명시했다.

사고는 춘추관, 오대산, 태백산, 마니산, 묘향산에 설치하여 역사서를 보관하였다.

(마) 독도

대한제국은 칙령 제 41호를 통하여 울릉도를 울릉군으로 승격시키고, 독도를 관할 구역에 포함하였다.

지역의 역사

1. 인천 강화도: 고인돌 유적지. 유네스코 세계 문화유산 지정, 마니산 참성단. 단군이 하늘에 제사(초제), 양명학 연구(강화학파, 정제두, 가학의 형태로 계승 발전), 정족산성(1866, 병인양요, 양헌수). 광성보(1871, 신미양요, 어재연, 미국). 강화도 조약(1876)

2. 제주도: 삼별초의 대몽항쟁 전개(1271~1273, 김통정), 원 간섭기 탐라총관부 설치, 벨테브레이가 귀화하여 훈련도감에서 훈련 지도(1628), 하멜 표착(1653), 우리나라를 최초로 서양에 소개, 하멜표류기), 김만덕(관기출신 거상, 제주 빈민구제), 4·3 사건 (1948, 남한의 단독정부 수립 반대)

3. 전남 여수: 러시아 견제를 구실로 영국이 거문도 불법 점령(1885, 거문도 사건)

4. 절영도: 러시아의 절영도 조차 요구

지도 형 – 고급 24회 44번

비법

1. 지도 문제가 출제 되었을 때 거꾸로 푸는 방법도 좋을 수 있다. 선지를 먼저보고 자료의 내용을 판단하는 것이다.

2. 선지에서 제시한 다섯 개의 지역을 보자마자 떠오르는 역사적 사실들을 시험지에 먼저 써 놓는다. 본 책에 부록으로 수록되어 있는 지역의 역사를 학습하였다면 도움이 많이 될 것이다.

3. 다섯 개의 선지를 읽기 시작할 때 자료에 체크 해 둔 것이 힌트가 될 것이다. 이렇게 풀어 나간다면 시간을 줄일 수 있기 때문에 정답 확률이 더욱 높아지게 된다.

정답 ⑤

출제자의 눈
지도에 표시된 지역을 통하여 그곳의 역사적 사실을 학습하여야 한다.

2. 평양: 장수왕 천도, 묘청, 홍경래, 제너럴셔먼호, 대성학교, 물산장려운동

3. 서울: 석촌동 고분, 조선물산장려회, 국채보상기성회, 보안회

4. 진주: 가야, 임술 농민 봉기. 형평운동

44. (가)~(마) 지역에서 일어난 사실로 옳지 않은 것은? [3점]

1. 원산: 진흥왕 영토, 공민왕 영토, 개항, 원산학사, 경원선, 원산 노동자 총파업

5. 부산: 동래(무역항), 강화도조약(개항)

① (가) – 외국 기업의 착취에 저항한 노동자 총파업이 일어났다.
② (나) – 토산품 애용을 위한 조선 물산 장려회가 발족되었다.
③ (다) – 본격적 노동 운동 조직인 조선 노동 공제회가 결성되었다.
④ (라) – 차별 대우 철폐를 위해 백정들이 조선 형평사를 창립하였다.
⑤ (마) – 일본의 황무지 개간권 요구 저지를 위해 보안회가 출범하였다.

일본의 황무지 개간권 요구에 대항하여 송수만, 원세성이 중심이 되어 항일 운동 단체인 보안회(1904)를 서울에서 조직하여 활동하였고, 일본의 요구를 철회시켰다. 보안회는 이상설을 회장으로 하는 협동회로 발전하였으나 일제의 탄압으로 해산되었다. (마) 부산이 아닌 (다) 서울이다.

해설

(가) 원산 노동자 총파업(1929). 원산의 한 석유 회사의 일본인 감독이 한국인 노동자를 구타한 사건을 계기로 3,000여 명이 참가한 원산 노동자 총업업은 일제 강점기 노동 운동에서 가장 규모가 큰 것이었다.

(나) 평양의 물산장려운동(1920년대). 물산장려운동은 '내 살림 내 것으로', '조선 사람 조선 것'의 구호를 통해 1920년대 실력 양성 운동의 일환으로 전개된 토산품 애용 운동이었다. 평양에서 처음 시작되었으며 서울에서 조선 물산 장려회가 조직(1923)됨으로써 활기를 띠게 되었으나 일제의 방해로 성과는 거둘 수 없었다.

(다) 서울의 조선노동공제회(1920). 주로 소작인 조합이 중심이 된 소작 쟁의로 50% 이상이었던 고율의 소작료 인하와 소작권 이전 반대 등을 요구하는 생존권 투쟁으로 시작되었고, 서울에 조선 노동 공제회를 조직하였다(1920).

(라) 진주의 형평운동(1923). 백정들은 진주에서 이학찬을 중심으로 조선 형평사를 창립하고(1923), 평등한 대우를 요구하는 형평운동을 전개하였다. 1928년의 형평 운동은 신분 해방 운동을 넘어서 민족 해방 운동의 성격까지 내포하게 되었다.

검색 형 – 고급 25회 19번

비법

1. 최근의 경향은 인터넷 검색과 같은 형태로도 출제가 되는데 주제나 인물들을 묻고있는 문제들이 많다. 검색 문제가 등장한다면 주제나 인물을 머릿속에 떠올리면 도움이 될 것이다.

2. 검색한 내용은 전체적인 그림을 그려야 한다. 지엽적인 내용보다는 큰 테마를 찾아 세부적으로 확인해 보는 것이 좋다.

3. 검색 형태의 문제는 자료의 내용을 바탕으로 선지를 파악해야 하는 2중의 구조로 되어있기 때문에 검색어에 대한 것들은 대개가 간단한 것들이 많다.

정답 ⑤

출제자의 눈
성종 때 집현전을 계승한 내용을 통해 홍문관을 추론할 수 있다.

1. 검색어는 기관으로 자료에서 기관을 파악한 후 선지 옆에 바로 적어두는 것이 좋다.

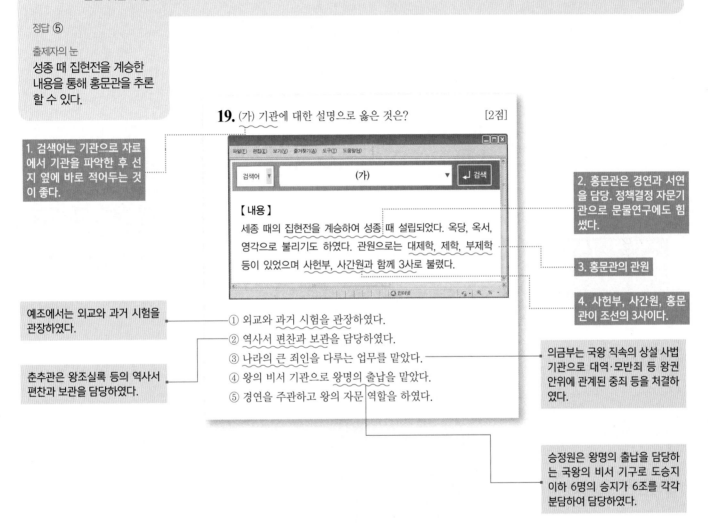

19. (가) 기관에 대한 설명으로 옳은 것은? [2점]

검색어 [(가)   ] ↵ 검색

【내용】
세종 때의 집현전을 계승하여 성종 때 설립되었다. 옥당, 옥서, 영각으로 불리기도 하였다. 관원으로는 대제학, 제학, 부제학 등이 있었으며 사헌부, 사간원과 함께 3사로 불렸다.

2. 홍문관은 경연과 서연을 담당. 정책결정 자문기관으로 문물연구에도 힘썼다.

3. 홍문관의 관원

4. 사헌부, 사간원, 홍문관이 조선의 3사이다.

예조에서는 외교와 과거 시험을 관장하였다.

① 외교와 과거 시험을 관장하였다.
② 역사서 편찬과 보관을 담당하였다.
③ 나라의 큰 죄인을 다루는 업무를 맡았다.
④ 왕의 비서 기관으로 왕명의 출납을 맡았다.
⑤ 경연을 주관하고 왕의 자문 역할을 하였다.

춘추관은 왕조실록 등의 역사서 편찬과 보관을 담당하였다.

의금부는 국왕 직속의 상설 사법 기관으로 대역·모반죄 등 왕권 안위에 관계된 중죄 등을 처결하였다.

승정원은 왕명의 출납을 담당하는 국왕의 비서 기구로 도승지 이하 6명의 승지가 6조를 각각 분담하여 담당하였다.

해설

홍문관은 성종 때 집현전을 대체하여 설치된 기구로 왕의 정치 자문 역할도 하였고, 경연과 서연을 담당하였는데, 왕과 대신들이 참여하는 학술 세미나인 경연을 주최하였고, 정책 자문과 정책 협의를 통해 정책을 결정하였으며, 정승을 비롯한 주요 관리도 다수 경연에 참여하였다.

홍문관

기능: 성종 때 홍문관을 설치하여 관원 모두에게 경연관을 겸하게 함으로써 집현전을 계승하였으며, 왕의 정치 자문 역할도 하였다. 정승을 비롯한 주요 관리도 다수 경연에 참여할 수 있게 하였다. 옥당(玉堂)·옥서(玉署)·영각(瀛閣)이라고도 하며, 사헌부·사간원과 더불어 이른바 삼사라고 하였다.

구성원: 영사(정1품)·대제학(정2품)·제학(종2품)·부제학(정3품)·직제학(정3품)·전한(종3품)·응교(정4품)·부응교(종4품)·교리(정5품)·부교리(종5품)·수찬(정6품)·부수찬(종6품)·박사(정7품)·저작(정8품)·정자(정9품) 등

1. 최근의 경향은 신문과 같은 형태로도 출제가 되는데 주제, 배경, 결과 및 영향 등을 묻는 문제들이 많다. 가상의 신문을 읽어가면서 힌트가 될 만한 것들은 바로 체크해 놓고 옆에 어떤 것이든 적어 놓는 것이 좋다.

2. 신문 형태의 문제가 경우에 따라서 쉽게 출제가 될 때에는 작성 일자도 제시하는 경우가 있으니 큰 힌트가 될 수 있다. 절대 놓치면 안 된다.

3. 신문 기사의 내용이 어렵다면 선지가 쉬울 것이고, 기사의 내용이 쉽게 도출 된다면 선지는 어려워 질 수 있으니 기사를 읽으면서 선지 파악을 대비할 수 있다.

정답 ⑤

출제자의 눈
신윤복에 대한 설명을 통해 그의 작품을 알아볼 수 있다.

신문 형 – 고급 25회 27번

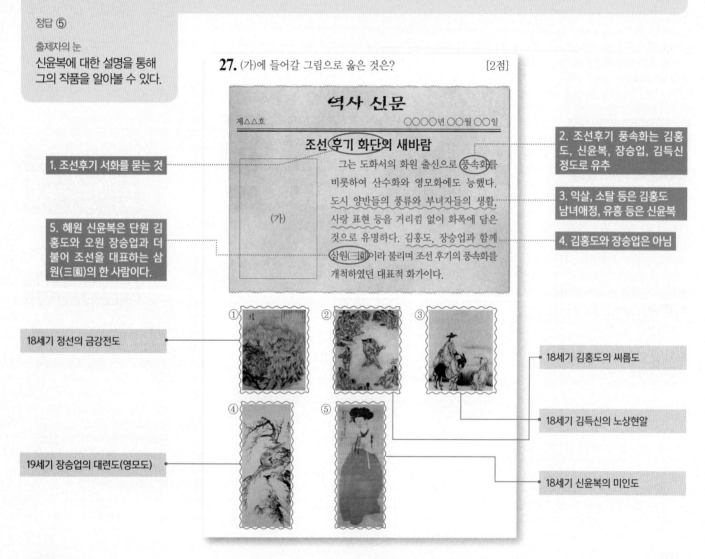

27. (가)에 들어갈 그림으로 옳은 것은? [2점]

1. 조선후기 서화를 묻는 것

5. 혜원 신윤복은 단원 김홍도와 오원 장승업과 더불어 조선을 대표하는 삼원(三園)의 한 사람이다.

2. 조선후기 풍속화는 김홍도, 신윤복, 장승업, 김득신 정도로 유추

3. 익살, 소탈 등은 김홍도 남녀애정, 유흥 등은 신윤복

4. 김홍도와 장승업은 아님

18세기 정선의 금강전도

19세기 장승업의 대련도(영모도)

18세기 김홍도의 씨름도

18세기 김득신의 노상현알

18세기 신윤복의 미인도

조선후기 그림에서 나타난 가장 두드러진 새 경향은 진경산수화와 풍속화의 유행이었고, 서예에서는 우리의 정서를 담은 글씨의 등장이었다. 진경산수화는 우리의 자연을 사실적으로 그려 회화의 토착화를 이룩하였으며, 풍속화는 당시 사람들의 생활 정경과 일상적인 모습을 생동감 있게 나타내어 회화의 폭을 확대하였다.

풍속화에 새 경지를 열어 놓은 화가는 김홍도였다. 그는 산수화, 기록화, 신선도 등을 많이 그렸지만, 정감어린 풍속화를 그린 것으로 유명하다. 그는 밭갈이, 추수, 씨름, 서당 등에서 자신의 일에 몰두하는 사람들의 특징을 소탈하고 익살스러운 필치로 묘사하였다. 이런 그림에서 18세기 후반의 생활상과 활기찬 사회의 모습을 살필 수 있다.

김홍도에 버금가는 풍속화가로는 신윤복이 있었다. 신윤복은 주로 도시 양반의 풍류생활과 부녀자의 생활과 유흥, 남녀 사이의 애정 등을 감각적이고 해학적으로 묘사하였다. 18세기 신윤복의 대표 작품으로 한양 기생의 초상화로 추정되는 '미인도'는 간송미술관에 소장되어 있다.

시나리오 형 – 고급 25회 24번

1. 최근의 경향은 시나리오와 같은 형태로도 출제가 되는데 주제, 배경, 결과 및 영향 등을 묻는 문제들이 많다. 시나리오를 읽어가면서 힌트가 될 만한 것들은 바로 체크해 놓고 옆에 어떤 것이든 적어 놓는 것이 좋다.

2. 시나리오는 최근 몇 년 동안 개봉을 했거나 TV에 방영이 되었던 사극 등에서 출제가 될 가능성이 높으니 관심을 조금만 기울이면 시험장에서 당황하지 않을 것이다.

3. 시나리오의 내용이 어렵다면 선지가 쉬울 것이고, 시나리오의 내용이 쉽게 도출 된다면 선지는 어려워 질 수 있으니 자료를 읽으면서 선지 파악을 대비할 수 있다.

정답 ④

출제자의 눈
명과 후금 사이의 중립외교의 내용을 통해 광해군의 정책임을 파악할 수 있다.

1. 왕의 정책을 묻는 것으로 시나리오의 세부적인 부분에서 내용을 파악하는 데에 주력하여야 한다.

3. 후금에 어쩔 수 없이 파병을 하게 되는 경위를 설명하는 것으로 보아 광해군의 중립외교 정도로 추론이 가능하다.

영조 때 균역법을 시행하였는데, 농민은 1년에 군포 1필만 부담하게 되었다(1750). 균역법의 시행으로 감소된 재정은 지주에게 결작이라고 하여 토지 1결당 미곡 2두를 부담시키고, 선무군관포 및 어장세, 선박세 등 잡세 수입으로 보충하게 하였다.

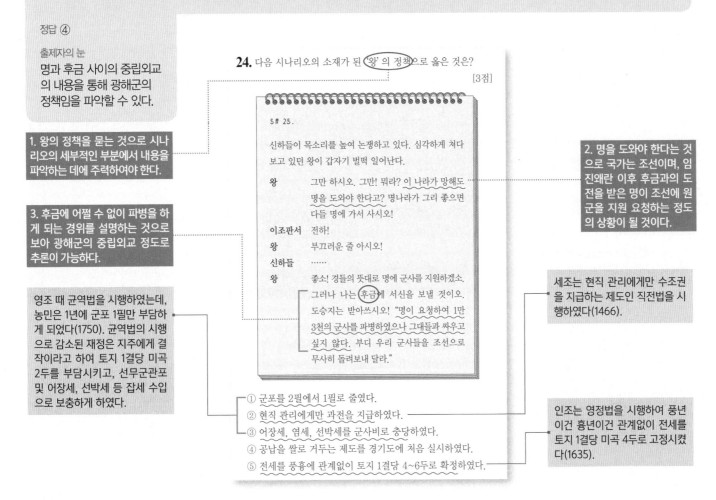

24. 다음 시나리오의 소재가 된 '왕'의 정책으로 옳은 것은? [3점]

S# 25.

신하들이 목소리를 높여 논쟁하고 있다. 심각하게 쳐다보고 있던 왕이 갑자기 벌떡 일어난다.

왕　　그만 하시오. 그만! 뭐라? 이 나라가 망해도 명을 도와야 한다고? 명나라가 그리 좋으면 다들 명에 가서 사시오!

이조판서　전하!

왕　　부끄러운 줄 아시오!

신하들　……

왕　　좋소! 경들의 뜻대로 명에 군사를 지원하겠소. 그러나 나는 후금에 서신을 보낼 것이오. 도승지는 받아쓰시오! "명이 요청하여 1만 3천의 군사를 파병하였으나 그대들과 싸우고 싶지 않다. 부디 우리 군사들을 조선으로 무사히 돌려보내 달라."

① 군포를 2필에서 1필로 줄였다.
② 현직 관리에게만 과전을 지급하였다.
③ 어장세, 염세, 선박세를 군사비로 충당하였다.
④ 공납을 쌀로 거두는 제도를 경기도에 처음 실시하였다.
⑤ 전세를 풍흉에 관계없이 토지 1결당 4~6두로 확정하였다.

2. 명을 도와야 한다는 것으로 국가는 조선이며, 임진왜란 이후 후금과의 도전을 받은 명이 조선에 원군을 지원 요청하는 정도의 상황이 될 것이다.

세조는 현직 관리에게만 수조권을 지급하는 제도인 직전법을 시행하였다(1466).

인조는 영정법을 시행하여 풍년이건 흉년이건 관계없이 전세를 토지 1결당 미곡 4두로 고정시켰다(1635).

선조의 뒤를 이어 광해군이 즉위하면서 북인이 집권하게 되었고, 이들은 전후 복구 사업에 힘을 쏟았다. 광해군은 양전사업과 호적 정리를 통하여 국가 재정을 확충하려 노력하였고, 납속책과 공명첩을 시행하여 국가 재정을 확보하려 하였다. 또한, 이원익, 한백겸의 주장으로 선혜청을 설치하고 처음으로 경기도에서 시행되었다(1608).

광해군의 중립외교

1. **후금의 건국:** 임진왜란을 겪는 동안에 압록강 북쪽에 살던 여진족의 누르하치가 후금을 건국하였다(1616). 후금은 명에 대하여 전쟁을 포고하였고 명은 후금을 공격하는 한편, 조선에 원군을 요청하였다.

2. **광해군의 중립외교:** 광해군은 대내적으로 전쟁의 뒷수습을 위한 정책을 실시하면서 대외적으로는 명과 후금 사이에서 신중한 중립 외교 정책으로 대처하였다. 임진왜란 때 명의 도움을 받은 조선은 명의 후금 공격 요구를 거절할 수 없었고, 새롭게 성장하는 후금과 적대 관계를 맺을 수도 없었다. 광해군은 강홍립을 도원수로 삼아 1만 3,000명의 군대를 이끌고 명을 지원하게 하되, 적극적으로 나서지 말고 상황에 따라 대처하도록 명령하였다. 결국 조명 연합군은 후금군에게 패하였고, 광해군의 밀명을 받은 조선군 사령관 강홍립은 후금에 항복하였다. 이후에도 명의 원군 요청은 계속되었지만, 광해군은 이를 적절히 거절하면서 후금과 친선을 꾀하는 중립적인 정책을 취하였다.

15

수행평가 형 – 고급 25회 40번

비법
1. 수행평가 형태의 문제는 자주 출제가 되는데 주제, 내용, 활동 등 여러 주제를 물을 때 출제한다. 이러한 형태는 사료 제시형태의 문제와 비슷하게 풀어야 한다.

2. 힌트도 여러 곳에 산재되어 있으니 곳곳에 있는 문양이나 글자, 숫자 등에도 주의를 기울이면 우연치 않게 쉬운 힌트를 발견할 수 있다.

3. 수행평가의 내용에서 도출하는 것들은 간단한 형태로 파악되는 것이 많기 때문에 선지도 간단한 형태로 도출되는 것들이 많다. 이 역시 선지에 바로 적어두는 것이 두 번 확인하지 않는 방법이다.

정답 ⑤

출제자의 눈
지도와 만주 지역의 설명을 통해 그곳의 역사를 파악할 수 있다.

3. 안중근 의거(1909, 북만주 하얼빈)

4. 고구려 유리왕이 졸본(환인)에서 국내성으로 천도(A.D. 3)

5. 청산리 대첩지

간도와 연해주에서 의병으로 활약하던 안중근은 만주 하얼빈 역에서 한국 침략의 원흉인 초대 통감 이토 히로부미를 처단하였다(1909).

신흥무관학교는 교육 인재 양성과 무관 양성을 목표로 하여 서간도에 설립하였다.

최익현은 1906년 관군과 대치하였을 때 싸움을 중단하고 포로가 되었고, 일본군에 의하여 대마도에 유배되어 순국하였다.

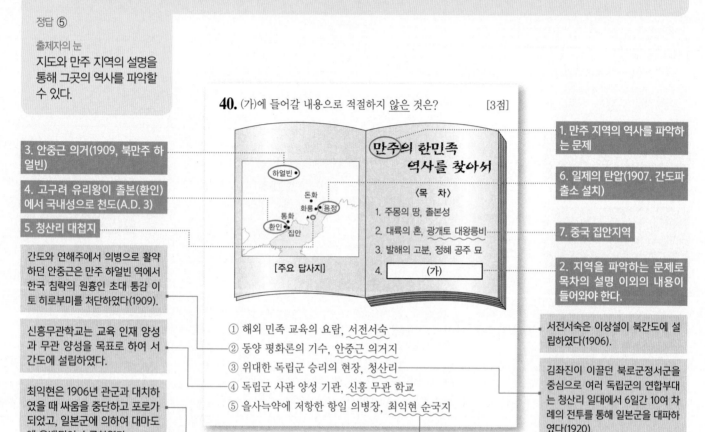

40. (가)에 들어갈 내용으로 적절하지 않은 것은? [3점]

만주의 **한민족 역사를 찾아서**
〈목 차〉
1. 주몽의 땅, 졸본성
2. 대륙의 혼, 광개토 대왕릉비
3. 발해의 고분, 정혜 공주 묘
4. (가)

[주요 답사지]
하얼빈 / 돈화 / 화룡·용정 / 통화 / 환인·집안

① 해외 민족 교육의 요람, 서전서숙
② 동양 평화론의 기수, 안중근 의거지
③ 위대한 독립군 승리의 현장, 청산리
④ 독립군 사관 양성 기관, 신흥 무관 학교
⑤ 을사늑약에 저항한 항일 의병장, 최익현 순국지

1. 만주 지역의 역사를 파악하는 문제

6. 일제의 탄압(1907. 간도파출소 설치)

7. 중국 집안지역

2. 지역을 파악하는 문제로 목차의 설명 이외의 내용이 들어와야 한다.

서전서숙은 이상설이 북간도에 설립하였다(1906).

김좌진이 이끌던 북로군정서군을 중심으로 여러 독립군의 연합부대는 청산리 일대에서 6일간 10여 차례의 전투를 통해 일본군을 대파하였다(1920).

해설

만주 지역의 역사
고구려. 유리왕이 졸본에서 국내성으로 천도(A.D. 3)　　고구려. 광개토대왕릉비(414)
만주 길림 – 장군총, 각저총　　일제의 탄압(1907. 간도파출소 설치)
안중근 의거(1909, 북만주 하얼빈)　　의열단 조직(1919, 김원봉)

애국지사 최익현
최익현은 조선 말 위정척사사상가의 대표자로 철종 때 명경과에 급제해 승문원부정자로 관직생활을 시작하였고 고종 때(1870)에 승정원동부승지를 지냈다. 흥선대원군의 경복궁 재건 사업을 비판하여 시정을 건의하는 상소문을 올리기도 하였고(1868), 흥선대원군이 만동묘와 서원의 철폐를 대거 단행하자 그 시정을 건의하여 고종에게 상소를 올려 흥선 대원군이 물러나고 고종이 친정을 선포하였다(1873.계유상소). 일본이 운요호사건을 빌미로 강화도 조약을 요구하였을 때 최익현을 비롯한 유생들은 왜양일체론, 개항 불가론을 들어 개항 반대 운동을 전개하였고, 1895년 단발령이 내려지자, 최익현은 '내 목은 자를지언정 내 머리카락은 자를 수 없다.'라는 강경한 자세로 반발하기도 하였다. 1905년 을사늑약이 체결되자 최익현은 을사늑약에 서명한 대신들의 처벌과 강제로 체결된 조약의 폐기를 황제에게 요구하는 상소운동을 벌였고, 곧 의병운동으로 전환하였다. 1906년 전북 태인에서 의병을 이끌고 순창에 입성하여 관군과 대치하게 되었을 때, "왜적이 아닌 동족을 죽이는 일은 차마 못하겠다." 라고 하여 싸움을 중단하고 포로가 되었고, 일본군에 의하여 대마도에 유배되어 순국하였다.

설명 제시 형 – 고급 21회 25번

비법
1. 설명 제시 형태의 문제는 주제를 찾는 것 또는 괄호 안의 내용을 찾아 풀이하는 것들이 대부분이다.

2. 설명 제시형의 형태는 설명 자체에 힌트가 있는 경우나 사진 또는 칠판 등을 같이 제시하여 주기 때문에 힌트가 두 개 이상 내재되어 있는 것들이 많다.

3. 설명 제시에서의 주제를 파악한 후 선지에 대입하는 것이 시간 절약에 효율적이다.

정답 ②

출제자의 눈
정여립 모반사건으로 인해 남인과 북인의 분당을 파악할 수 있다.

1. 괄호형은 설명에서 먼저 파악한 후 옆에 바로 체크한다.

3. 강경파는 서인이 집권한 이후에 몰락하였을 것이므로 북인으로 유추가 가능하다.

25. (가), (나)에 대한 설명으로 옳은 것은? [3점]

여기는 정여립이 죽은 진안의 죽도입니다. 정여립 모반사건으로 서인에 의해 옥사가 일어나 동인이 많이 죽었습니다. 이후 동인은 서인에 대한 강경파인 (가) 와/과 온건파인 (나) 으로 분열되었습니다.

① (가) – 경종의 즉위를 적극 후원하였다.
② (가) – 광해군 시기에 국정을 주도하였다.
③ (나) – 이이와 성혼의 학문을 계승하였다.
④ (나) – 경신환국으로 정치적 주도권을 장악하였다.
⑤ (가), (나) – 2차에 걸쳐 예송 논쟁을 벌였다.

2. 정여립 모반사건으로 동인의 분당을 파악할 수 있다. 동인에서 북인과 남인으로 분당한다.
• 동인(서경덕,조식 학파): 광해군 때 집권
• 남인(이황 학파): 갑인예송과 기사환국 때 집권

장희빈의 소생인 균(경종)의 세자책봉 문제로 서인인 송시열이 반대하다 쫓겨나고 (나)남인이 집권(1689)

서인

현종 때 효종의 왕위 계승에 대한 정통성과 관련하여 두 차례의 예송이 발생하면서 서인과 남인 사이에 대립이 격화되었다.
· 기해예송: 효종의 상 때 자의대비의 복제 문제(서인집권)
· 갑인예송: 효종 비의 상 때 자의대비의 복제 문제(남인집권)

해설

선조 이후 사림은 동인과 서인으로 나뉜 후, 처음에는 동인이 우세한 가운데 정국이 운영되었으나 정여립 모반 사건 등을 계기로 급진파인 (가) 북인과 온건파인 (나) 남인으로 나뉘었다. 처음에는 남인이 정국을 주도하였으나, 임진왜란이 끝난 뒤 북인이 집권하여 광해군 때까지 정국을 주도하였고, 이후 남인은 갑인예송과 기사환국 때 집권하여 정계를 주도하였다.

학파의 형성 과정

1. 동인과 서인 ① 동인: 선조 때에 서경덕 학파와 이황 학파, 조식 학파가 동인을 형성하였다.

② 서인의 성향: 이이 학파와 성혼 학파가 서인을 형성하였다. 서인은 이이 학문이 사상계를 주도하게 되고, 광해군 때에는 남인과 함께 명에 대한 의리 명분론과 반청 정책을 추진하기도 한다.

2. 동인의 분당 ① 원인: 동인은 정여립 모반 사건으로 인하여 남인(이황 학파)과 북인(서경덕·조식 학파)으로 분당되었으며, 광해군이 즉위하면서 북인이 실권을 장악하였다.

② 북인의 중립 외교: 광해군 때, 북인은 중립 외교를 취하는 등 성리학적 의리 명분론에 크게 구애받지 않았다. 이는 서인과 남인의 반발을 불러일으켰다.

3. 서인의 집권 집권 세력인 북인은 서인과 남인 등을 배제한 채 정권을 독점하려 하였고, 광해군의 중립외교 등을 명분으로 서인이 인조반정(1623)을 주도하여 집권하였다. 집권한 서인은 남인 일부와 연합하여 정국을 운영해 나갔다.

순서 형 – 고급 19회 7번

1. 순서 형태의 문제는 단순한 순서 나열 형태와 순서의 세부적 내용을 묻는 문제로 구성되어 있다. 순서 형태의 문제는 읽는 순간 바로 옆에 연도를 비롯한 주요 내용을 적어 놓아야 한다.

2. 단순한 나열 형태의 문제는 문제될 것이 없지만 세부적인 내용을 묻는 문제는 그렇지 않다. 절대적으로 연도를 파악하여야 하고, 연도 사이에 있었던 사실을 파악해야하기 때문에 주의를 요한다.

3. 자료의 A와 B 사건 사이에 연도를 파악하고 바로 적어 놓은 후 A와 B사이에 머릿속에 떠오르는 사건을 무한정 기록하는 것이 중요하다. 그곳에 적어 놓은 사건을 보기에서 찾는 것이 시간을 절약하는 데에 도움이 된다.

정답 ①

출제자의 눈
자료를 분석하여 신라 중대의 문화재를 찾아낼 수 있다.

1. 문화유산을 찾는 문제로 (가)의 앞뒤 사이의 사건을 찾아야 한다.

3. 감은사지석탑은 신문왕 때 건립하였다(682).

에밀레종이라고도 하며, 경덕왕이 아버지 성덕왕의 명복을 위해 제작하던 중 죽고 그 아들 혜공왕이 8C에 완성(771)

현존하는 가장 오래된 신라 석탑으로 전탑형식이며 9층 원형에서 3층만이 남아 있다. 7C 선덕여왕 때 건립(634)

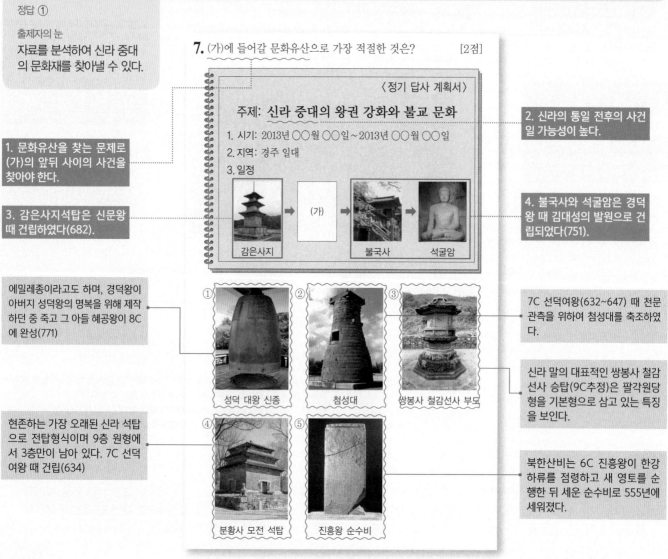

7. (가)에 들어갈 문화유산으로 가장 적절한 것은? [2점]

〈정기 답사 계획서〉

주제: **신라 중대의 왕권 강화와 불교 문화**

1. 시기: 2013년 ○○월 ○○일 ~ 2013년 ○○월 ○○일
2. 지역: 경주 일대
3. 일정

감은사지 → (가) → 불국사 → 석굴암

① 성덕 대왕 신종
② 첨성대
③ 쌍봉사 철감선사 부도
④ 분황사 모전 석탑
⑤ 진흥왕 순수비

2. 신라의 통일 전후의 사건일 가능성이 높다.

4. 불국사와 석굴암은 경덕왕 때 김대성의 발원으로 건립되었다(751).

7C 선덕여왕(632~647) 때 천문 관측을 위하여 첨성대를 축조하였다.

신라 말의 대표적인 쌍봉사 철감선사 승탑(9C추정)은 팔각원당형을 기본형으로 삼고 있는 특징을 보인다.

북한산비는 6C 진흥왕이 한강 하류를 점령하고 새 영토를 순행한 뒤 세운 순수비로 555년에 세워졌다.

해설

자료에서 제시된 시기는 신라 중대이며, 감은사지 3층탑을 통해 신문왕 이후인 통일신라임을 알아낼 수 있다. 감은사지 3층탑은 7C 신문왕 때 건립되었으며, 불국사는 8C 경덕왕 때 건립되었으므로 (가)에는 경덕왕이 아버지인 성덕왕의 명복을 위해 제작한 성덕대왕 신종이 들어가야 한다.

감은사지석탑(682) ➡ (가) ➡ 불국사(751)

성덕대왕신종(에밀레종)

경덕왕이 아버지 성덕왕의 명복을 위해 제작하였으나 완성하지 못하고, 그의 아들 혜공왕이 완성하였다. 혜공왕 때 제작한 성덕대왕 신종(771)은 아연이 첨가된 청동으로 만들어 맑고 장중한 소리와 경쾌하고 아름다운 비천상으로 유명하다.

짝 맞추기 형 – 고급 11회 43번

1. 짝 맞추기 형태의 문제는 수험생들이 가장 싫어하는 문제 중에 하나로 자주 출제가 된다. 하지만 풀이 비법은 간단하기 때문에 성실하게 학습한 수험생들에게는 오히려 득점에 유리하다.

2. 자료에서는 보통 (가), (나) 등을 제시하게 되는데, 보는 즉시 파악할 수 있는 것들이 주어진다. 무엇이든지 생각이 나는 대로 자료 옆에 바로 적어놓아야 한다.

3. (가), (나)에 자신이 적어 놓은 단어들을 선지에 대입하여 푸는 것이 가장 좋다. 선지에서 제시하는 것들을 적어놓고 풀게 되면 두 번, 세 번 읽게 되기 때문에 문제 풀이 시간이 오히려 배가 되기 때문에 주의하여야 한다.

정답 ①

출제자의 눈
제시된 조선태형령과 치안유지법을 파악한 후 내용을 알아본다.

43. 다음은 일제가 제정한 법령의 일부이다. (가), (나)에 대한 설명으로 옳은 것은? [3점]

> (가) 제1조 3개월 이하의 징역 또는 구류에 처하여야 할 자는 그 정상에 따라 태형에 처할 수 있다.
> 제11조 태형은 감옥 또는 즉결 관서에서 비밀리에 행한다.
>
> (나) 제1조 국체를 변혁 또는 사유 재산 제도를 부인할 목적으로 결사를 조직하거나 또 그 사정을 알고 이에 가입한 자는 10년 이하의 징역 또는 금고에 처한다.
> 제2조 전조의 제1항의 목적으로 그 목적한 사항의 실행에 관하여 협의한 자는 7년 이하의 징역 또는 금고에 처한다.

① (가)는 문화 통치 시기에 폐지되었다.
② (가)는 사상 전향을 강요하기 위해 제정되었다.
③ (나)는 정식 재판 없이 즉결 처분이 가능하였다.
④ (나)는 3 · 1 운동 참여자를 처벌하기 위해 제정되었다.
⑤ (가), (나)는 한국인에게만 적용되었다.

1. (가), (나)의 주제를 파악하는 문제로 확인 후 바로 체크하여야 한다.

2. (가) 조선태형령(1912~1920). 무단통치의 서정개혁의 일환(기만적 술책)

3. 태형부과

4. 즉결처분권

5. 치안유지법(1925). 사회주의 독립운동가의 탄압목적으로 제정

(나) 치안유지법

(가) 조선태형령

기만적 문화통치(1919~1931)

치안유지법은 사회주의 독립운동 탄압의 목적이었다.

한국인만 해당

사회주의로부터 일본을 지키기 위한 의도로 한국인과 일본이 모두에 적용하였다.

(가) 조선태형령(1912)은 한국인의 처벌을 위해 제정한 것으로 갑오개혁에서 폐지한 태형을 부활시켜 조선인에게만 적용하였다.

(나) 1920년대 사회주의 독립운동이 일어나자, 일제는 이를 탄압하기 위해 국내 치안 유지를 빙자해 1925년 (나) 치안유지법을 제정·공포하였는데, 이는 우리 민족의 독립 운동을 억압하려는 수단이었다. 치안유지법은 '일본의 국체 및 정체의 변혁과 사유 재산을 부인하는 자는 징역 10년에 처한다.'라는 등 총독부가 식민 체제를 부인하는 반정부·반체제 운동 또는 사유 재산제를 부인하는 사회주의 단체의 조직과 활동을 금지하고 탄압하는 법이다. 원래 일본 본토를 지키기 위해 일본에서 시행한 법이었지만 1945년까지 한국에서도 적용되어 독립운동을 탄압하는 수단으로 이용하였다.

1910년대 사법권 제도

- 범죄즉결례(1910): 경찰서장 및 헌병대장이 징역 3月 이하, 벌금 100원 이하에 해당하는 형벌을 재판없이 즉결할 수 있다.

- 조선 민·형사령(1912): 일제강점기에 조선인에게 적용되었던 민·형사에 관한 사항을 규정한 기본법규이다.

- 조선태형령(1912): 갑오개혁에서 폐지한 태형을 부활시켜 조선인에게만 적용하였다.

그래프 형 - 고급 21회 22번

1. 그래프 형태의 문제는 수험생들이 가장 혼란스러워하는 문제 중에 하나로 가끔 출제가 된다. 하지만 풀이 비법은 간단하기 때문에 침착하게 문제를 접한 수험생들은 득점이 용이하다.

2. 제시되는 그래프는 대부분의 특징이 있다. 갑자기 상승 및 하락을 하는 부분이 출제 포인트이다. 시험지에 크게 표시를 하는 경우가 좋다. 그 곳에 연도 및 수량 등의 숫자를 잘 표기해 놓아야 한다.

3. 경우에 따라서는 문제에 모든 의미를 담아 놓는 것들이 출제될 수가 있는데, 그래프를 활용하지 않아도 풀 수 있는 것들이 있으니 문제를 잘 읽어보는 것이 필요하다. 이 경우 그래프는 함정일 수 있다.

4. 자료에 표시한 숫자를 보면 우리가 학습할 때 중요하게 여겼던 것들이 표시가 되어있는 경우가 많다. 조선시대 인구 증가나 일제강점기의 시기구분 혹은 현대사의 공화국 등에 이러한 요소들이 산재되어 있으니 주의를 요한다.

정답 ③

출제자의 눈
조선후기의 양반의 증가와 노비의 감소를 나타내는 그래프를 통해 신분제의 동요를 짐작할 수 있다.

4. (가)는 점차 증가 ⇨ 양반(납속책, 공명첩 등)

5. (나)는 점차 감소 ⇨ 노비(도망, 신분상승 등)

ㄱ 신분은 양인이지만 천한 역을 담당 했던 신분으로 칠반천역(칠반천천)이라고도 한다. 수군, 조례 (관청의 잡역 담당), 나장(형사 업무 담당), 일수(지방 고을 잡역), 봉수군(봉수 업무), 역졸(역에 근무), 조졸(조운 업무) 등 힘든 일에 종사한 일곱 가지 부류를 말한다.

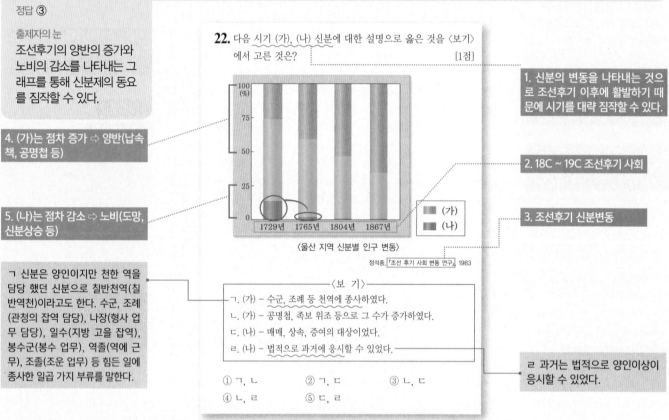

22. 다음 시기 (가), (나) 신분에 대한 설명으로 옳은 것을 〈보기〉에서 고른 것은? [1점]

〈울산 지역 신분별 인구 변동〉

정석종, 『조선 후기 사회 변동 연구』, 1983

〈보 기〉
ㄱ. (가) - 수군, 조례 등 천역에 종사하였다.
ㄴ. (가) - 공명첩, 족보 위조 등으로 그 수가 증가하였다.
ㄷ. (나) - 매매, 상속, 증여의 대상이었다.
ㄹ. (나) - 법적으로 과거에 응시할 수 있었다.

① ㄱ, ㄴ   ② ㄱ, ㄷ   ③ ㄴ, ㄷ
④ ㄴ, ㄹ   ⑤ ㄷ, ㄹ

1. 신분의 변동을 나타내는 것으로 조선후기 이후에 활발하기 때문에 시기를 대략 짐작할 수 있다.

2. 18C ~ 19C 조선후기 사회

3. 조선후기 신분변동

ㄹ 과거는 법적으로 양인이상이 응시할 수 있었다.

해설

임진왜란 이후 조선은 납속책과 공명첩 등으로 신분간의 이동이 활발하였는데, (가) 양반의 수는 더욱 늘어나고, 상민과 (나) 노비의 수는 갈수록 줄어들었다. 특히 부를 축적한 농민들은 지위를 높이거나 역의 부담을 모면하려고 양반 신분을 사거나 족보를 위조하여 양반으로 행세하는 경우가 많았다. 또한, 18세기 후반에는 공노비의 노비안이 도망과 합법적인 신분 상승으로 이름만 있을 뿐 신공을 받아 낼 수 없게 되자, 순조 때에 중앙 관서의 노비 6만6000여 명을 해방(1801)시켜 (나) 노비의 수가 감소하기도 하였다.

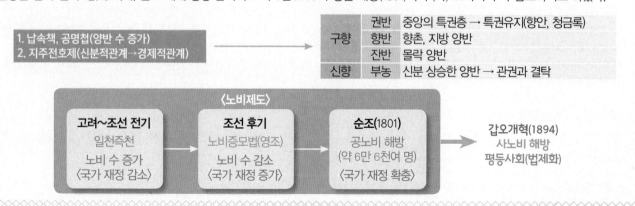

1. 납속책, 공명첩(양반 수 증가)
2. 지주전호제(신분적관계→경제적관계)

	권반	중앙의 특권층 → 특권유지(향안, 청금록)
구향	향반	향촌, 지방 양반
	잔반	몰락 양반
신향	부농	신분 상승한 양반 → 관권과 결탁

〈노비제도〉

고려~조선 전기	조선 후기	순조(1801)	갑오개혁(1894)
일천즉천 노비 수 증가 〈국가 재정 감소〉	노비증모법(영조) 노비 수 감소 〈국가 재정 증가〉	공노비 해방 (약 6만 6천여 명) 〈국가 재정 확충〉	사노비 해방 평등사회(법제화)

시사 형 – 고급 20회 8번

비법

1. 최근 시사 형태의 문제는 바쁜 수험생들이 힘들어하는 문제 중에 하나로 가끔 출제가 된다. 하지만 풀이 비법은 간단하기 때문에 침착하게 문제를 접한 수험생들은 득점이 용이하다. 꼼꼼하게 살펴보아야 한다.

2. 제시되는 시사형태의 문제들은 힌트가 많이 산재되어 있다. 수험생들은 시간적 여유가 없어 각종 매체를 접하기 힘들기 때문에 출제자들 또한 힌트를 많이 제시하여 준다.

3. 자료에 연도가 표시되어 있다면 더욱 주제 파악에 도움이 된다. 또한, 곳곳에 역사적 사건, 사건과 관련한 지역 등을 표시하여 주기 때문에 읽는 도중 사건과 지역이 나타나는 지도 중요하게 파악하여 체크하여야 한다.

4. 만약 간단한 자료를 제시해 준다고 해도 대화형과 같이 선지가 어렵게 출제되지 않는다. 시사 형태의 문제 대부분은 선지도 간단하게 출제되는 경향이 있으니 참고하여야 한다.

정답 ④

출제자의 눈
무구정광대다리경이 발견된 내용을 통하여 불국사 3층 석탑을 파악할 수 있다.

1. 문화재를 찾는 문제

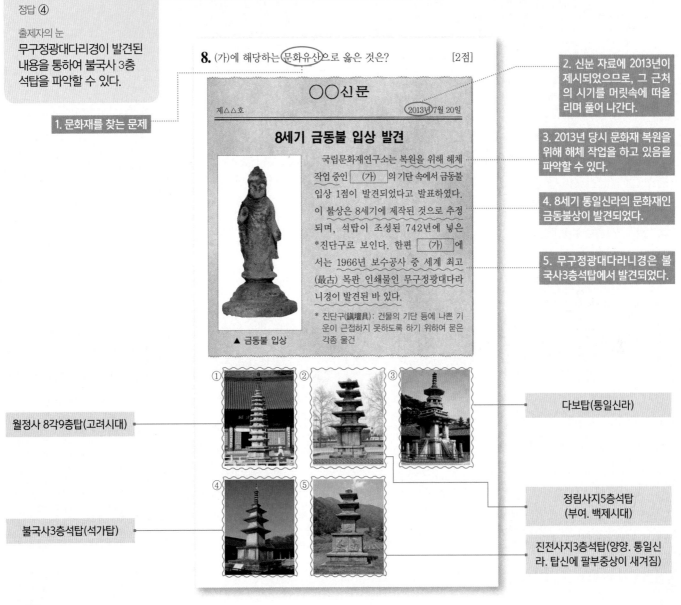

2. 신분 자료에 2013년이 제시되었으므로, 그 근처의 시기를 머릿속에 떠올리며 풀어 나간다.

3. 2013년 당시 문화재 복원을 위해 해체 작업을 하고 있음을 파악할 수 있다.

4. 8세기 통일신라의 문화재인 금동불상이 발견되었다.

5. 무구정광대다라니경은 불국사3층석탑에서 발견되었다.

월정사 8각9층탑(고려시대)

불국사3층석탑(석가탑)

다보탑(통일신라)

정림사지5층석탑
(부여. 백제시대)

진전사지3층석탑(양양. 통일신라. 탑신에 팔부중상이 새겨짐)

해설

불국사 3층 석탑(석가탑)은 2층 기단에 3층 탑신부를 올린 통일 신라 석탑의 전형으로 전체의 균형이 잘 잡힌 뛰어난 작품이다. 석가탑은 창건 후 원형대로 보존되어 왔으나, 1966년 도굴꾼들에 의해 석탑이 훼손되는 안타까운 사건이 발생하기도 하였다. 정부는 도굴꾼이 훼손한 탑을 복원하기 위해 탑신부를 해체했는데, 이 과정에서 현존하는 세계에서 가장 오래 된 목판 인쇄물인 무구정광대다라니경을 발견할 수 있었다. 2013년에도 복원작업이 있었는데 같은 해 4월 금동불상과 사리보관함이 추가로 발견되었다.

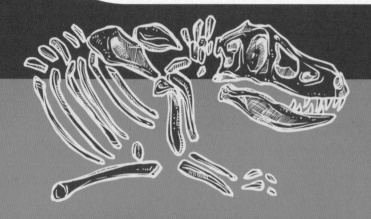

출제 경향

선사 시대와 관련된 문제는 당시 생활모습, 풍습과 관련된 유물과 유적을 잘 파악
하는 것이 포인트이다. 최근에는 유적지와 그 내용을 자세하게 묻는 문제가 많다.
고조선이 가지고 있는 특징과 더불어 각 연맹국가의 위치와 사회 풍습을 연결시킬
수 있어야 한다.

출제 포인트

1. 구석기, 신석기, 청동기, 철기 시대의 유물 및 유적의 공통점과 차이점
2. 단군신화로부터 도출한 고조선의 건국과 특징
3. 고조선의 세력 범위와 고인돌과 비파형동검의 출토지역의 관계
4. 단군조선과 위만조선의 발전과정 및 외침, 8조법으로 사회상 도출, 경제 발전으
   로 인한 중국 세력과의 세력 관계 파악
5. 각 연맹국가의 위치 및 풍습으로 연맹왕국, 중앙집권 체제로 발전한 국가 구분

PART

I

한국사의 시작

1. 역사의 의미

- 사실로서의 역사 : 사실을 객관적으로 서술, 객관적 의미의 역사(독: L.V.Ranke)
- 기록으로서의 역사 : 역사가의 주관 개입, 주관적 의미의 역사(영: E.H.Carr)
  → 역사는 과거와 현재의 끊임없는 대화이다.

2. 선사 시대

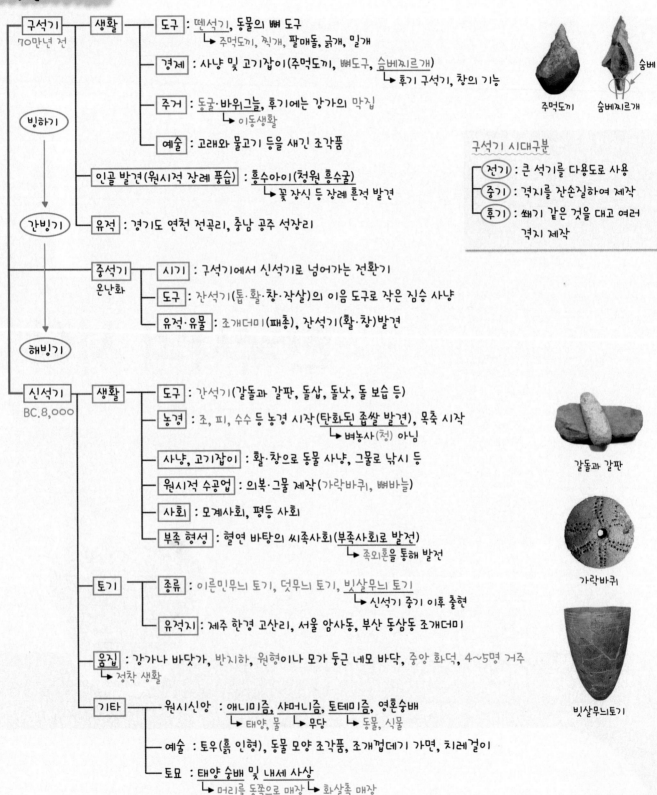

구석기 (70만년 전)

- **생활**
  - **도구** : 뗀석기, 동물의 뼈 도구
    → 주먹도끼, 찍개, 팔매돌, 긁개, 밀개
  - **경제** : 사냥 및 고기잡이(주먹도끼, 뼈도구, 슴베찌르개)
    → 후기 구석기, 창의 기능
  - **주거** : 동굴·바위그늘, 후기에는 강가의 막집
    → 이동생활
  - **예술** : 고래와 물고기 등을 새긴 조각품
- **인골 발견(원시적 장례 풍습)** : 흥수아이(청원 흥수굴)
  → 꽃 장식 등 장례 흔적 발견
- **유적** : 경기도 연천 전곡리, 충남 공주 석장리

숨베
주먹도끼   숨베찌르개

구석기 시대구분
- 전기 : 큰 석기를 다용도로 사용
- 중기 : 격지를 잔손질하여 제작
- 후기 : 쐐기 같은 것을 대고 여러 격지 제작

빙하기 → 간빙기 → 해빙기

- **중석기** (온난화)
  - **시기** : 구석기에서 신석기로 넘어가는 전환기
  - **도구** : 잔석기(톱·활·창·작살)의 이음 도구로 작은 짐승 사냥
  - **유적·유물** : 조개더미(패총), 잔석기(활·창)발견

신석기 (BC.8,000)

- **생활**
  - **도구** : 간석기(갈돌과 갈판, 돌삽, 돌낫, 돌 보습 등)
  - **농경** : 조, 피, 수수 등 농경 시작(탄화된 좁쌀 발견), 목축 시작
    → 벼농사(청) 아님
  - **사냥, 고기잡이** : 활·창으로 동물 사냥, 그물로 낚시 등
  - **원시적 수공업** : 의복·그물 제작(가락바퀴, 뼈바늘)
  - **사회** : 모계사회, 평등 사회
  - **부족 형성** : 혈연 바탕의 씨족사회(부족사회로 발전)
    → 족외혼을 통해 발전
- **토기**
  - **종류** : 이른민무늬 토기, 덧무늬 토기, 빗살무늬 토기
    → 신석기 중기 이후 출현
  - **유적지** : 제주 한경 고산리, 서울 암사동, 부산 동삼동 조개더미
- **움집** : 강가나 바닷가, 반지하, 원형이나 모가 둥근 네모 바닥, 중앙 화덕, 4~5명 거주
  → 정착 생활
- **기타**
  - **원시신앙** : 애니미즘, 샤머니즘, 토테미즘, 영혼숭배
    → 태양, 물 → 무당 → 동물, 식물
  - **예술** : 토우(흙 인형), 동물 모양 조각품, 조개껍데기 가면, 치레걸이
  - **토묘** : 태양 숭배 및 내세 사상
    → 머리를 동쪽으로 매장 → 화살촉 매장

갈돌과 갈판

가락바퀴

빗살무늬토기

3. 국가의 형성

① 역사시대의 개막

- **시기 구분**
  - **청동기** BC.2000
    - 의의 : 문자사용(역사시대), 전쟁의 시작
    - 계급 발생 : <u>사유 재산 발생, 계급 발생</u>
      - ↳ 빈부격차 발생
    - 유적 : 만주 지역과 한반도
    - 도구 : <u>반달돌칼</u>, 비파형 동검, 거친무늬거울, 홈자귀
      - ↳ 신석기 아님!(추수용 농기구)
    - 토기 : 민무늬토기, 미송리식 토기, 붉은간토기 등
    - 무덤
      - 고인돌 ↳ 지배층의 무덤
        - 종류 : 탁자식(북방식), 바둑판식(남방식)
        - 분포 : <u>강화, 화순, 고창</u>
          - ↳ 유네스코 세계 문화유산
      - 기타 : 돌널무덤, 돌무지무덤
  - **철기** BC.4C
    - 철제 도구 : 철제 농기구, <u>철제 무기</u>, 정복 전쟁 활발
      - ↳ 청동기 의기화
    - 유물 : <u>세형동검, 거푸집,</u> 잔무늬 거울
      - ↳ 독자적 문화 형성
    - 토기 : 민무늬토기, 덧띠토기, 검은간토기 등
    - 무덤 : 널무덤, 독무덤
    - 중국과 교류 : <u>명도전, 오수전, 반량전,</u> 붓
      - ↳ 중국 화폐 발견(화폐사용) ↳ 한자 사용(창원 다호리 유적)
- **청동기·철기의 생활**
  - **경제**
    - 농경 발전
      - 벼농사 : 돌·나무 농기구, 반달돌칼
        - ↳ 청동 농기구는 존재하지 않았음
      - 밭농사 : <u>조·보리·콩·수수</u>
        - ↳ 비교) 신석기(조, 피, 수수)
    - 가축 사육 : 돼지·소·말 등
  - **사회**
    - 계급의 발생 : 사유재산·계급 발생, 족장(군장)의 등장
    - 고인돌 : 당시 지배층의 정치권력과 경제력 반영 (군장의 권력 가늠)
    - 선돌 : 거석 숭배(신성지역·부족 경계 표시)
    - 사상
      - 선민사상 : 하늘의 자손
      - 제정일치 : 정치적 군장과 제사장이 일치
  - **주거**
    - 위치 : 배산임수, 산간, 구릉지대 위치
      - ↳ 풍수지리 아님!(풍수지리는 신라 말 도선이 전래)
    - 움집
      - ─ 직사각형 바닥, 지상 가옥, 주춧돌, 벽쪽 화덕,
      - ─ 저장 구덩이 따로 설치, 창고, 공동 작업장, 공동 의식 장소
      - ─ 점차 집단 취락 형태로 변화(4~8명 정도 거주)
  - **예술**
    - 청동제 모양의 장식, 토우
      - ↳ 농경무늬 청동기
    - 바위그림 : 울주 반구대 바위 그림, 고령 양전동 알터 바위 그림
      - ↳ 사냥의 성공 기원 ↳ 기하학 무늬(태양숭배)
  - **방어 시설**
    - 목책 : 말뚝을 박아 만든 울타리
    - 환호 : 취락 주변에 시설한 도랑

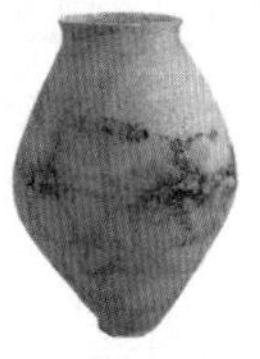

민무늬토기    미송리식 토기

비파형동검    세형동검

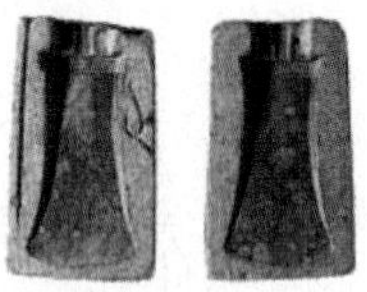

거푸집

명도전

반달돌칼

탁자식 고인돌

울주 반구대 암각화

② 고조선

고조선 발전 — 단군 조선 BC.2333

- 건국 : BC. 2333년에 단군왕검이 건국(청동기)
- 수록문헌 : 삼국유사(일연), 제왕운기(이승휴), 세종실록지리지(실록청)
- 세력범위 : 요령 지방~대동강 유역, 비파형동검·고인돌 출토 지역과 일치
- 정치
  - BC. 4C경 : 요서 지방을 경계로 하여 연과 대립할 만큼 강성
  - 연의 공격 : 연나라 장수 진개의 공격을 받아 요동지역 상실, 위축(BC.283)
  - BC. 3C경 : 부왕, 준왕과 같은 왕이 등장하여 왕위를 세습
  - 체제 : 왕 밑에 상·대부·장군 등의 관직이 존재

고조선의 세력

※ 단군이야기

옛날 환인의 아들 환웅이 천부인 3개와 3,000의 무리를 이끌고(천신사상, 선민사상) 태백산 신단수(구릉지대 거주) 밑에 내려왔는데 이곳을 신시라 하였다. 그는 풍백, 우사, 운사(농경사회)로 하여금 인간의 360여 가지의 일을 주관하게 하였는데(계급 분화) 그 중에서 곡식, 생명, 질병, 형벌, 선악 등 다섯 가지 일이 가장 중요한 것이었다. 이로써 인간 세상을 교화시키고 인간을 널리 이롭게 하였다(홍익인간). 이 때 곰과 호랑이(토템사상, 연맹국가)가 사람이 되기를 원하므로 환웅은 쑥과 마늘을 주고 이것을 먹으면서 100일 간 햇빛을 보지 않는다며 사람이 될 것이라고 하였다. 곰은 금기를 지켜 21일 만에 여자로 태어났고 환웅과 혼인(선민사상)하여 아들을 낳았다. 이가 곧 단군왕검(제정일치) 이었다.   -삼국유사-

위만 조선 BC.194

- 성립 : 군사 1,000여명과 위만이 입국, 고조선 서쪽 변경을 수비, 이후 고조선의 왕이 됨
  └ 위만 입국 당시 준왕 신임
- 사회 : 철기 문화의 본격적 수용, 활발한 정복 사업, 상업발달
- 중계무역 : 예(동방), 진(남방), 한 사이의 직접교역 차단
  └ 고조선과 한의 갈등

위만의 조선인 근거
① 상투 ② 조선인 복장
③ 조선 국호 사용
④ 토착인 관리

멸망 BC.108

- 한 무제 공격·지배층의 내분(BC.108) → 한 군현 설치
  └ 왕검성 함락   └ 4C 고구려 미천왕 때 소멸
- 역계경의 건의 : 고조선의 상(대신), 한 침략 직전 우거왕에게 모종의 건의, 이후 진국 망명
- 유민 탄압 : 한나라는 고조선 유민들의 탄압을 위해 8개의 법 조항을 60여개로 증가
  └ 풍속이 점차로 각박해 짐

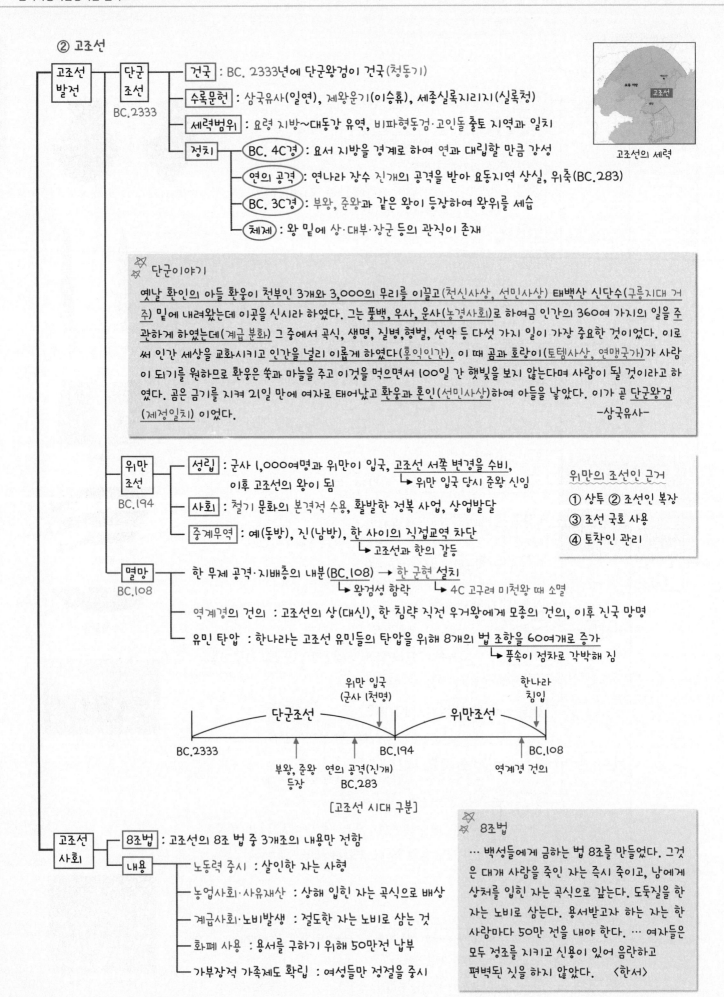

[고조선 시대 구분]

위만 입국 (군사 1천명)
한나라 침입
단군조선   위만조선
BC.2333   BC.194   BC.108
부왕, 준왕 등장   연의 공격(진개) BC.283   역계경 건의

고조선 사회

- 8조법 : 고조선의 8조 법 중 3개조의 내용만 전함
- 내용
  - 노동력 중시 : 살인한 자는 사형
  - 농업사회·사유재산 : 상해 입힌 자는 곡식으로 배상
  - 계급사회·노비발생 : 절도한 자는 노비로 삼는 것
  - 화폐 사용 : 용서를 구하기 위해 50만전 납부
  - 가부장적 가족제도 확립 : 여성들만 정절을 중시

※ 8조법

… 백성들에게 금하는 법 8조를 만들었다. 그것은 대개 사람을 죽인 자는 즉시 죽이고, 남에게 상처를 입힌 자는 곡식으로 갚는다. 도둑질을 한 자는 노비로 삼는다. 용서받고자 하는 자는 한 사람마다 50만 전을 내야 한다. … 여자들은 모두 정조를 지키고 신용이 있어 음란하고 편벽된 짓을 하지 않았다. 〈한서〉

③ 여러 나라의 성장 (연맹국가)

부여 ─ 발전 ─ 초기 : 송화강 유역의 평야 지대에서 건국, IC 초 왕호 사용,
                      중국과 외교 관계 체결
             └ 후기 ─ 3C 말 선비족의 침입으로 쇠퇴, 4C 말 연의 침입
                     └ 5C 고구려에 편입(494. 문자왕)
     ├ 체제 ─ 5부족 연맹체 : 왕 아래 마가·우가·저가·구가들이 사출도를 지배
             └ 왕의 권한 : 왕권 미약, 왕 부족은 궁궐, 성책, 감옥, 창고 등 보유
                         └→ 왕에게 자연재해 및 패전의 책임을 전가
     ├ 경제 : 반농반목, 특산물(말·주옥·모피)
             └→ 기후적 요인 때문
     └ 기타 ─ 풍습 : 순장·후장, 우제점법, 형사취수제, 영고(12월)
                     └→ 소를 죽여 굽으로 길흉의 점   └→ 제천행사(수렵사회의 전통)
             └ 법률 ─ 살인자는 사형, 그 가족은 노비로 삼음(연좌제)
                     └ 1책 12법, 간음자와 투기한 부인 사형

여러나라의 성장

위치
부여 → 고구려 →
(옥 → 동)자! → 마
→ 변 → 진

고구려 ─ 발전 : 주몽이 동가강 유역의 졸본(환인)지방 건국(BC.37), 국내성 천도, 옥저 복속
                                └→ 유리왕(AD.3) └→ 태조왕(56). 소금·어물 등 공납
       ├ 5부족 연맹체 : 왕 밑의 상가·고추가, 사자·조의·선인 등 관리
       ├ 경제 : 대부분 산악지대, 약탈 경제 발달, 특산물(맥궁), 부경(작은 창고)
       └ 기타 ─ 풍습 : 엄격한 법률, 중대한 범죄자는 제가회의, 1책12법, 서옥제
                      └→ 뇌옥(감옥)이 없었음   └→ 혼인 풍습, 데릴사위제
               └ 제천행사 : 동맹(10월, 국동대혈), 주몽과 그 어머니인 유화부인 제사(조상신)
                          └→ 중국 길림성. 고구려人이 하늘에 제사 지낸 곳.

옥저 ─ 발전 : 함경도 지역 동해안 지방에 위치, 읍군이나 삼로 등 군장이 지배
     ├ 경제 : 해산물 풍부, 농경 발달(토지 비옥), 고구려에 공납
     └ 기타 ─ 가족 공동 묘 : 가족이 죽으면 가매장 한 후 뼈를 추려 목곽에 매장하는 장례 풍습
                                            └→ 목곽 입구에 쌀 항아리를 매달아 놓음
             └ 민며느리제 : 여자가 남자 집에 가서 성장한 후, 남자가 예물을 치르고 혼인 하는 풍습

동예 ─ 발전 : 강원도 북부의 동해안 지방에 위치, 읍군이나 삼로 등 군장이 지배
     ├ 경제 : 해산물 풍부, 농경 발달(토지 비옥), 특산품(단궁, 과하마, 반어피)
                           짧은 활 ←┘ 작은 말 ←┘   └→ 바다표범 가죽
     └ 기타 ─ 풍습 : 무천(10월, 제천행사), 책화, 엄격한 족외혼, 방직 기술 발달
                                 └→ 다른 부족이 침범하면 노비·소·말로 변상
             └ 집터 : 철(凸)자와 여(呂)자 바닥 형태의 가옥

동예
(단궁, 과하마, 반어피)
단과반! ' ㄷ '연상

삼한 ─ 발전 ─ 삼한의 형성 : 한반도의 남쪽 지역의 진(辰)에서 마한, 변한, 진한의 국가들이 출현
                              54개 소국(목지국 발전) ←┘   └→ 12개 소국(사로국 발전)
                                           ┌→ 12개 소국(가야 발전)
             └ 정치 체제 : 대족장(신지, 견지), 소족장(읍차, 부례)
     ├ 제정 분리 : 제사장인 천군이 신성지역인 소도를 지배
     ├ 경제 : 벼농사 중심, 변한(철의 생산, 낙랑·왜 사이 중계무역)
             └→ 저수지 축조 多   └→ 철은 화폐처럼 사용
     └ 풍습 : 5월 수릿날, 10월 상달제(계절제), 반움집이나 귀틀집에서 생활, 두레 조직

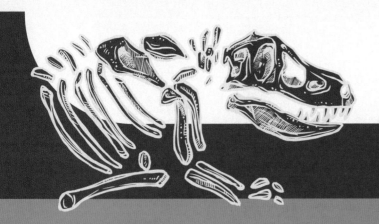

고대 국가가 시작되면서 한강 유역을 차지하여 삼국의 전성기를 이룬 왕들의 업적을 비롯한 정치적 상황, 각국의 사회, 경제적 특징을 구분할 수 있어야 한다. 그리고 불교와 관련된 문화, 가야의 정치적 변화, 고구려를 계승한 발해의 정치 구조와 더불어 이후 후삼국 시대에 대해서도 잘 알아두어야 한다.

출제 포인트

〈정치〉

1. 삼국의 전성기를 파악하여 각 국의 정치적 상황을 도출
2. 삼국의 항쟁 과정에서의 친교와 견제 관계
3. 외세의 침략에 대응한 삼국의 정세
4. 고구려와 백제의 천도 배경(시기구분) 및 결과
5. 고구려와 중국(수·당)과의 항쟁
6. 나당전쟁의 전개 과정 및 결과
7. 신라의 통일 직후의 왕권 강화를 통한 정치 변화
8. 발해의 건국이념과 대외 항쟁 및 친교 관계 파악
9. 신라, 발해와 당의 중앙 통치체제의 공통점 및 차이점
10. 신라 말 사회 변화를 통한 정치세력의 변화

〈경제 및 사회〉

1. 녹읍, 식읍, 관료전 등의 토지제도와 권력의 상관관계
2. 민정문서를 통한 신라의 사회 및 경제 상황 추론
3. 각 나라의 대외적 무역활동
4. 신라의 골품제로 인한 사회 변화와 그들의 대항 세력의 성장

〈문화〉

1. 국외에 있는 고대의 문화재 파악
2. 고구려, 백제의 수도 이전에 따른 문화재 파악
3. 각 나라의 고분양식 및 변화를 파악하고 특성 알기
4. 현재 보수작업 중인 고대 문화재 파악 및 발견된 문화재의 연관 관계
5. 불교, 도교, 유교 사상의 철저한 이해로 관련 문화재 파악
6. 당과 고구려의 영향을 받은 발해의 유물 및 유적 파악하기
7. 삼국과 외세의 문화를 통하여 고대 국가 관계 파악
8. 일본에 영향을 준 우리의 고대 문화

PART **II**

고대의 한국사

I. 고대의 정치

① 1세기 ~ 5세기 고구려와 백제

※ 삼국의 성립과 발전

	1c	2c	3c	4c		4c~5c	5c					6c				7c
고	태조왕	고국천왕	동천왕	미천왕	고국원왕	소수림왕	광개토왕	장수왕				문자왕				보장왕
백			고이왕		근초고왕	침류왕	아신왕	비유왕	개로왕	문주왕		동성왕	무령왕		성왕	의자왕
신							내물왕	눌지왕				소지왕	지증왕	법흥왕	진흥왕	문무왕
중국	후한	삼국 (위)	5호16국 (진)				남북조								수	당

고구려

[고구려의 시대 구분]

졸본시대	국내성시대		평양성시대	
동명성왕	유리왕	광개토왕	장수왕	보장왕
BC.37	1C ~ 5C		5C ~ 7C	

백제

[백제의 시대 구분]

위례성(한성) 시대			웅진성 시대			사비시대
고이왕	근초고왕	개로왕	문주왕	동성왕	무령왕	성왕
3C	4C		5C			6C

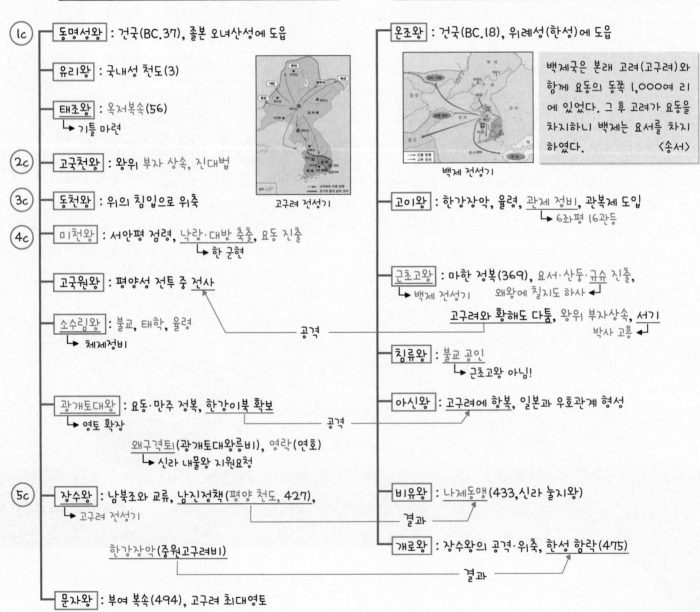

1c ── 동명성왕 : 건국(BC.37), 졸본 오녀산성에 도읍

── 유리왕 : 국내성 천도(3)

── 태조왕 : 옥저복속(56)
    └→ 기틀 마련

2c ── 고국천왕 : 왕위 부자 상속, 진대법

3c ── 동천왕 : 위의 침입으로 위축

고구려 전성기

4c ── 미천왕 : 서안평 점령, 낙랑·대방 축출, 요동 진출
    └→ 한 군현

── 고국원왕 : 평양성 전투 중 전사

── 소수림왕 : 불교, 태학, 율령
    └→ 체제정비

── 광개토대왕 : 요동·만주 정복, 한강이북 확보
    └→ 영토 확장

    왜구격퇴(광개토대왕릉비), 영락(연호)
    └→ 신라 내물왕 지원요청

5c ── 장수왕 : 남북조와 교류, 남진정책(평양 천도, 427),
    └→ 고구려 전성기

    한강장악(중원고구려비)

── 문자왕 : 부여 복속(494), 고구려 최대영토

온조왕 : 건국(BC.18), 위례성(한성)에 도읍

> 백제국은 본래 고려(고구려)와 함께 요동의 동쪽 1,000여 리에 있었다. 그 후 고려가 요동을 차지하니 백제는 요서를 차지하였다. 〈송서〉

백제 전성기

고이왕 : 한강장악, 율령, 관제 정비, 관복제 도입
    └→ 6좌평 16관등

근초고왕 : 마한 정복(369), 요서·산둥·규슈 진출,
    └→ 백제 전성기   왜왕에 칠지도 하사
    고구려와 황해도 다툼, 왕위 부자상속, 서기
    └→ 박사 고흥

침류왕 : 불교 공인
    └→ 근초고왕 아님!

아신왕 : 고구려에 항복, 일본과 우호관계 형성

공격

비유왕 : 나제동맹(433, 신라 눌지왕)
    결과

개로왕 : 장수왕의 공격·위축, 한성 함락(475)
    결과

② 4세기~7세기 백제와 신라

(백제)

(신라)

[나제동맹의 성립과 결렬]

구분	성립(433)	강화(493)	결렬(553)
신라	눌지왕	소지왕	진흥왕
백제	비유왕	동성왕	성 왕

박혁거세 : 건국(BC.57), 경주에 도읍

(4c)

내물왕 ─ 김씨 왕위 계승, 마립간 시용,

왜구격퇴(광개토대왕릉비, 호우명그릇)
왜구격퇴 기록 ← ㉠와 활발한 교류 ←

거서간
↓
차차웅
↓
이사금
(연맹장)
↓
마립간
(대군장)
↓
왕

(5c) 비유왕 : 나제동맹(신라 눌지왕)
────── 최초 동맹(433) ──────

눌지왕 : 나제동맹(비유왕), 왕위 부자상속

문주왕 : 웅진(공주) 천도(475), 왕권 약화

동성왕 : 결혼동맹(소지왕), 탐라 복속
────── 동맹 강화(493) ──────

소지왕 : 6부 개편, 결혼동맹(동성왕)

(6c) 무령왕 : 22담로(왕족파견), 양나라와 교류
             무령왕릉(벽돌무덤)

지증왕 : 신라, 왕 칭호, 우경, 동시전, 우산국 복속
          시장 감독관청 ←   → 이사부

법흥왕 : 병부, 17관등, 공복제정, 율령, 불교 공인.
                                    → 이차돈 순교

건원, 금관가야 정복

※ 무령왕릉: 벽돌무덤 양식, 무령왕과 왕비의
   무덤을 알리는 지석 발견, 당시 백제가 중국
   남조와 교류했음을 증명

진흥왕 ─ 화랑도 공인, 연호(개국)
       → 신라 전성기

※ 화랑도: 화랑(귀족 子)과 낭도(귀족+
   평민)로 구성된 청소년 집단을 국가적
   인 조직으로 정비

성왕 ─ 사비(부여) 천도, 남부여 개칭(538), 5부(수도)·
        5방(지방), 22부 실무관청
              → 무령왕의 22담로와 구분!

─ 일본에 불교 전파(노리사치계)

─ 한강 유역 일시적 수복(551), 나제동맹 결렬,
   관산성 전투(554)에서 전사 ←

─ 나제동맹 결렬, 성왕 전사시킴

결과

─ 한강장악(상류-단양적성비, 하류-북한산비),
   대가야 정복(창녕비), 함경도 진출(황초령비·
   마운령비)

(7c) 의자왕 : 대야성 공격

선덕여왕 : 분황사, 황룡사 9층목탑 건립
                → 자장의 건의(호국 불교)

진덕여왕 : 나당연합(648, 김춘추의 활약)

※ 의자왕 : 집권 직후 신라 공격, 40여개의
   성을 빼앗고, 대야성 함락시킴(642).

③ 가야 연맹(AD.44. 김수로)

발전 ─ (3c) : 김해 금관가야 중심 발전, 벼농사 발달, 철 생산, 중계무역
              → 전기가야 연맹   → 낙랑과 왜

─ (4c~5c 초) : 4C 초부터 약화 → 고구려 공격 → 낙동강 서쪽 연안으로 축소
                                                    → 금관가야 멸망 아님!

─ (5c 후반) : 고령 대가야가 새로운 가야의 맹주로 부상
               → 후기가야 연맹

─ (6c 초) : 백제·신라와 대등한 세력 → 신라(법흥왕)와 결혼 동맹
                                       → 대가야 이뇌왕

멸망 : 금관가야는 신라 법흥왕, 대가야는 신라 진흥왕에게 멸망
한계 : 중앙집권국가로서의 발전을 이룩하지 못하고 해체 됨
유적 : 김해 대성동 고분(금관가야), 고령 지산동 고분(대가야)

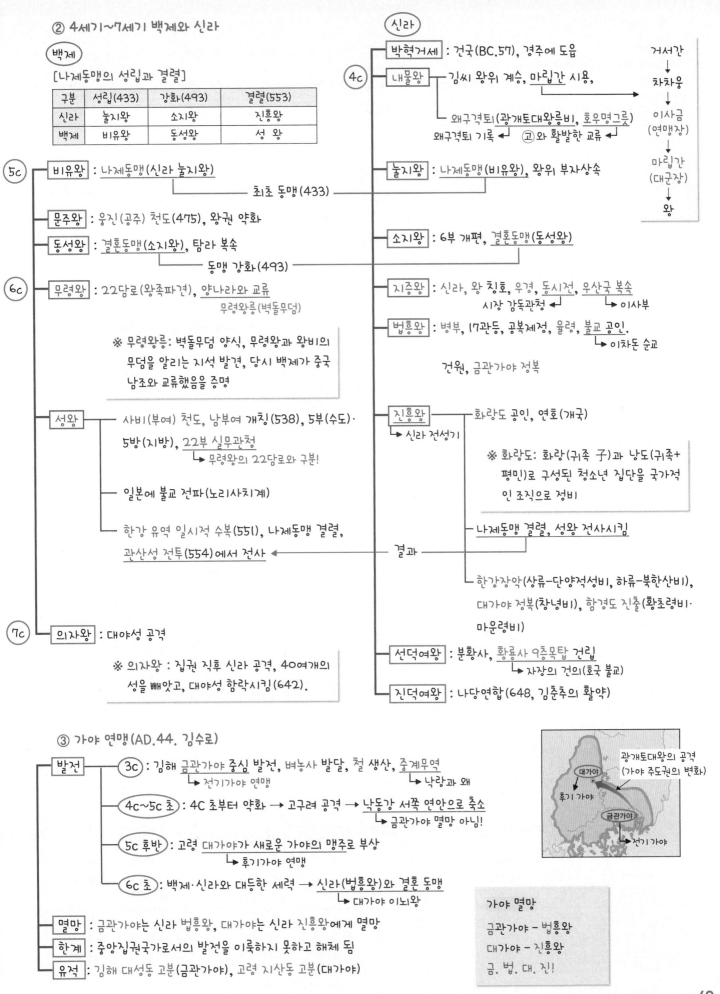

광개토대왕의 공격
(가야 주도권의 변화)

대가야
후기 가야
금관가야
전기 가야

가야 멸망

금관가야 - 법흥왕

대가야 - 진흥왕

금. 법. 대. 진!

④ 삼국 통일 과정

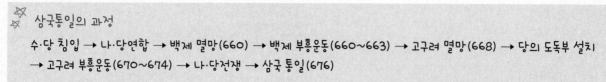

✗ 삼국통일의 과정

수·당 침입 → 나·당연합 → 백제 멸망(660) → 백제 부흥운동(660~663) → 고구려 멸망(668) → 당의 도독부 설치
→ 고구려 부흥운동(670~674) → 나·당전쟁 → 삼국 통일(676)

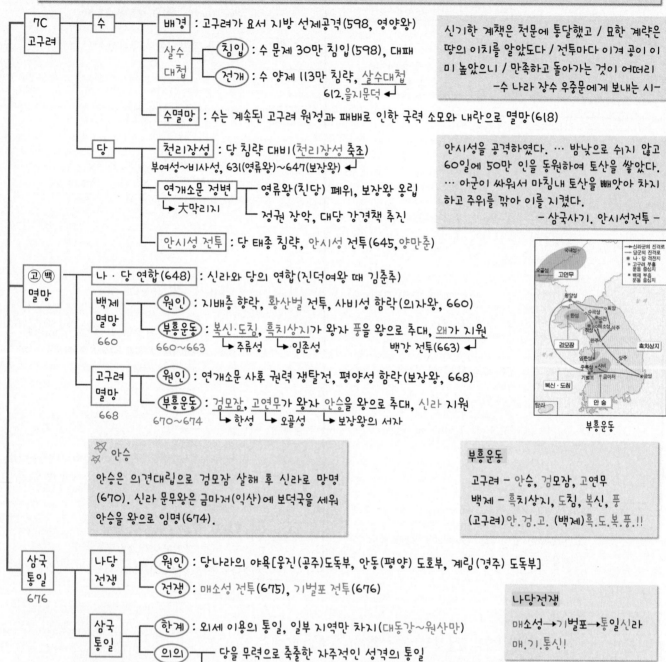

7C 고구려

- **수**
  - 배경 : 고구려가 요서 지방 선제공격(598, 영양왕)
  - **살수대첩**
    - 침입 : 수 문제 30만 침입(598), 대패
    - 전개 : 수 양제 113만 침략, 살수대첩
      612. 을지문덕 ↵
  - 수멸망 : 수는 계속된 고구려 원정과 패배로 인한 국력 소모와 내란으로 멸망(618)

  > 신기한 계책은 천문에 통달했고 / 묘한 계략은 땅의 이치를 알았도다 / 전투마다 이겨 공이 이미 높았으니 / 만족하고 돌아가는 것이 어떠리
  > －수 나라 장수 우중문에게 보내는 시－

- **당**
  - 천리장성 : 당 침략 대비(천리장성 축조)
    부여성~비사성, 631(영류왕)~647(보장왕) ↵
  - 연개소문 정변
    ↳ 大막리지
    - 영류왕(친당) 폐위, 보장왕 옹립
    - 정권 장악, 대당 강경책 추진
  - 안시성 전투 : 당 태종 침략, 안시성 전투(645,양만춘)

  > 안시성을 공격하였다. … 밤낮으로 쉬지 않고 60일에 50만 인을 동원하여 토산을 쌓았다. … 아군이 싸워서 마침내 토산을 빼앗아 차지하고 주위를 깎아 이를 지켰다.
  > － 삼국사기. 안시성전투 －

고·백 멸망

- 나·당 연합(648) : 신라와 당의 연합(진덕여왕 때 김춘추)
- **백제 멸망 660**
  - 원인 : 지배층 향락, 황산벌 전투, 사비성 함락(의자왕, 660)
  - 부흥운동 : 복신·도침, 흑치상지가 왕자 풍을 왕으로 추대, 왜가 지원
    660~663   ↳ 주류성 ↳ 임존성   백강 전투(663) ↵
- **고구려 멸망 668**
  - 원인 : 연개소문 사후 권력 쟁탈전, 평양성 함락(보장왕, 668)
  - 부흥운동 : 검모잠, 고연무가 왕자 안승을 왕으로 추대, 신라 지원
    670~674   ↳ 한성 ↳ 오골성 ↳ 보장왕의 서자

✗ 안승

안승은 의견대립으로 검모잠 살해 후 신라로 망명(670). 신라 문무왕은 금마저(익산)에 보덕국을 세워 안승을 왕으로 임명(674).

부흥운동

고구려 － 안승, 검모잠, 고연무
백제 － 흑치상지, 도침, 복신, 풍
(고구려)안.검.고. (백제)흑.도.복.풍.!!

부흥운동

삼국 통일 676

- **나당 전쟁**
  - 원인 : 당나라의 야욕[웅진(공주)도독부, 안동(평양) 도호부, 계림(경주) 도독부]
  - 전쟁 : 매소성 전투(675), 기벌포 전투(676)
- **삼국 통일**
  - 한계 : 외세 이용의 통일, 일부 지역만 차지(대동강~원산만)
  - 의의
    - 당을 무력으로 축출한 자주적인 성격의 통일
    - 고구려와 백제 문화의 전통을 수용하고 민족 문화 발전의 토대를 마련

나당전쟁

매소성→기벌포→통일신라
매.기.통신!

[주요 왕들의 업적 정리]

구분	고구려	백제	신라
중앙집권	소수림왕	근초고왕	법흥왕
한강차지	장수왕	고이왕	진흥왕
전성기	장수왕	근초고왕	진흥왕
율령	소수림왕	고이왕	법흥왕
불교	소수림왕	침류왕	법흥왕

[고대 정치 조직 정리]

구분	고구려	백제	신라
수도/지방	5부/5부(욕살)	5부/5방(방령)	6부/5주(군주)
수상	대대로(막리지)	좌평	상대등
관등	10여 관등	16관등	17관등
합의제도	제가회의	정사암회의	화백회의
기타	태학, 경당	22담로	골품제

⑤ 남북국 시대

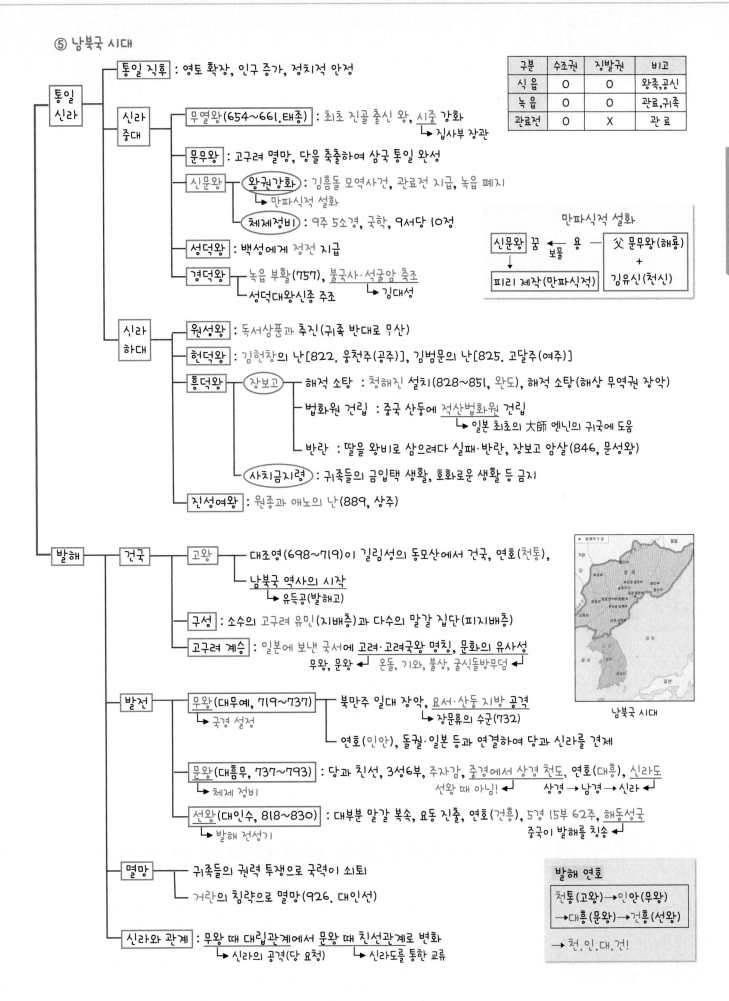

구분	수조권	징발권	비고
식읍	O	O	왕족,공신
녹읍	O	O	관료,귀족
관료전	O	X	관료

통일신라

통일 직후 : 영토 확장, 인구 증가, 정치적 안정

신라 중대
- **무열왕(654~661.태종)** : 최초 진골 출신 왕, 시중 강화
  └ 집사부 장관
- **문무왕** : 고구려 멸망, 당을 축출하여 삼국 통일 완성
- **신문왕**
  - 왕권강화 : 김흠돌 모역사건, 관료전 지급, 녹읍 폐지
    └ 만파식적 설화
  - 체계정비 : 9주 5소경, 국학, 9서당 10정
- **성덕왕** : 백성에게 정전 지급
- **경덕왕** : 녹읍 부활(757), 불국사·석굴암 축조
  - 성덕대왕신종 주조   └ 김대성

만파식적 설화

신문왕 꿈 ← 보물 — 용 — 父 문무왕(해룡) + 김유신(천신)
피리 제작(만파식적)

신라 하대
- **원성왕** : 독서삼품과 추진(귀족 반대로 무산)
- **헌덕왕** : 김헌창의 난[822. 웅천주(공주)], 김범문의 난[825. 고달주(여주)]
- **흥덕왕**
  - 장보고
    - 해적 소탕 : 청해진 설치(828~851, 완도), 해적 소탕(해상 무역권 장악)
    - 법화원 건립 : 중국 산둥에 적산법화원 건립
      └ 일본 최초의 大師 엔닌의 귀국에 도움
    - 반란 : 딸을 왕비로 삼으려다 실패·반란, 장보고 암살(846, 문성왕)
  - 사치금지령 : 귀족들의 금입택 생활, 호화로운 생활 등 금지
- **진성여왕** : 원종과 애노의 난(889, 상주)

발해

건국
- **고왕** — 대조영(698~719)이 길림성의 동모산에서 건국, 연호(천통),
  - 남북국 역사의 시작
    └ 유득공(발해고)
- **구성** : 소수의 고구려 유민(지배층)과 다수의 말갈 집단(피지배층)
- **고구려 계승** : 일본에 보낸 국서에 고려·고려국왕 명칭, 문화의 유사성
  - 무왕, 문왕 ← 온돌, 기와, 불상, 굴식돌방무덤 →

발전
- **무왕(대무예, 719~737)** — 북만주 일대 장악, 요서·산둥 지방 공격
  - └ 국경 설정   └ 장문휴의 수군(732)
  - 연호(인안), 돌궐·일본 등과 연결하여 당과 신라를 견제
- **문왕(대흠무, 737~793)** : 당과 친선, 3성6부, 주자감, 중경에서 상경 천도, 연호(대흥), 신라도
  - └ 체계 정비   선왕 때 아님! ←   상경→남경→신라 ←
- **선왕(대인수, 818~830)** : 대부분 말갈 복속, 요동 진출, 연호(건흥), 5경 15부 62주, 해동성국
  - └ 발해 전성기   중국이 발해를 칭송 ←

멸망
- 귀족들의 권력 투쟁으로 국력이 쇠퇴
- 거란의 침략으로 멸망(926. 대인선)

신라와 관계 : 무왕 때 대립관계에서 문왕 때 친선관계로 변화
  - └ 신라의 공격(당 요청)   └ 신라도를 통한 교류

발해 연호

천통(고왕)→인안(무왕)
→대흥(문왕)→건흥(선왕)

→ 천.인.대.건!

남북국 시대

⑥ 남북국 시대의 통치체제 및 사회변동

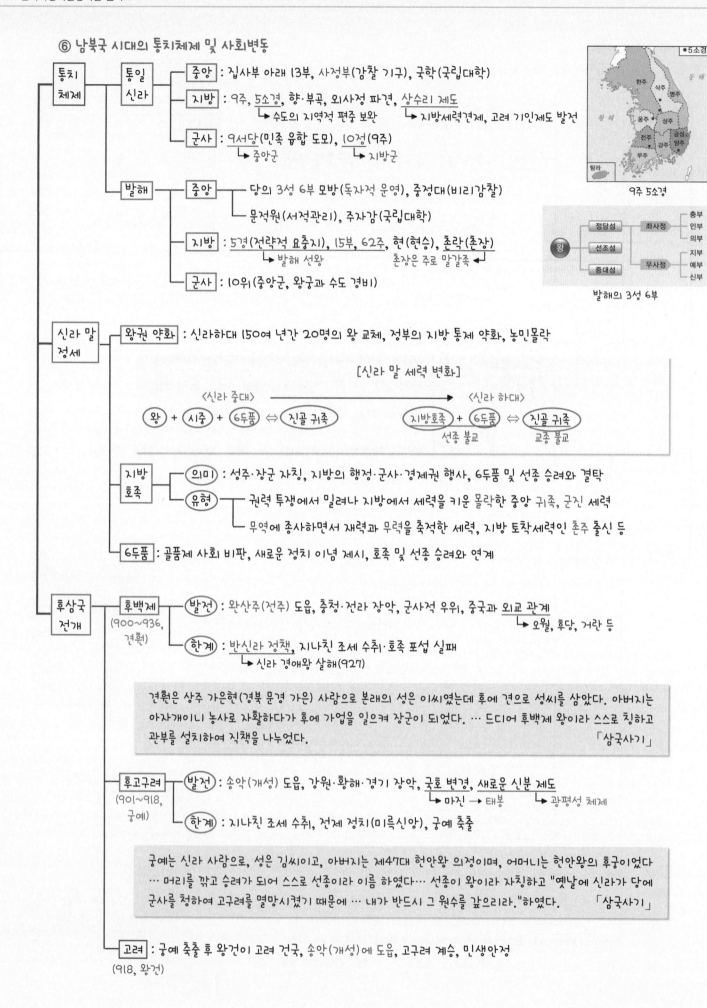

통치 체제
- 통일 신라
  - 중앙 : 집사부 아래 13부, 사정부(감찰 기구), 국학(국립대학)
  - 지방 : 9주, 5소경, 향·부곡, 외사정 파견, 상수리 제도
    - → 수도의 지역적 편중 보완
    - → 지방세력견제, 고려 기인제도 발전
  - 군사 : 9서당(민족 융합 도모), 10정(9주)
    - → 중앙군
    - → 지방군
- 발해
  - 중앙
    - 당의 3성 6부 모방(독자적 운영), 중정대(비리감찰)
    - 문적원(서적관리), 주자감(국립대학)
  - 지방 : 5경(전략적 요충지), 15부, 62주, 현(현승), 촌락(촌장)
    - → 발해 선왕
    - 촌장은 주로 말갈족 ←
  - 군사 : 10위(중앙군, 왕궁과 수도 경비)

9주 5소경

발해의 3성 6부

신라 말 정세
- 왕권 약화 : 신라하대 150여 년간 20명의 왕 교체, 정부의 지방 통제 약화, 농민몰락

[신라 말 세력 변화]

〈신라 중대〉 ───────────→ 〈신라 하대〉

(왕) + (시중) + (6두품) ⇔ (진골 귀족)   (지방호족) + (6두품) ⇔ (진골 귀족)
                                              선종 불교   교종 불교

- 지방 호족
  - 의미 : 성주·장군 자칭, 지방의 행정·군사·경제권 행사, 6두품 및 선종 승려와 결탁
  - 유형
    - 권력 투쟁에서 밀려나 지방에서 세력을 키운 몰락한 중앙 귀족, 군진 세력
    - 무역에 종사하면서 재력과 무력을 축적한 세력, 지방 토착세력인 촌주 출신 등
- 6두품 : 골품제 사회 비판, 새로운 정치 이념 제시, 호족 및 선종 승려와 연계

후삼국 전개
- 후백제 (900~936, 견훤)
  - 발전 : 완산주(전주) 도읍, 충청·전라 장악, 군사적 우위, 중국과 외교 관계
    - → 오월, 후당, 거란 등
  - 한계 : 반신라 정책, 지나친 조세 수취·호족 포섭 실패
    - → 신라 경애왕 살해(927)

  견훤은 상주 가은현(경북 문경 가은) 사람으로 본래의 성은 이씨였는데 후에 견으로 성씨를 삼았다. 아버지는 아자개이니 농사로 자활하다가 후에 가업을 일으켜 장군이 되었다. … 드디어 후백제 왕이라 스스로 칭하고 관부를 설치하여 직책을 나누었다.   「삼국사기」

- 후고구려 (901~918, 궁예)
  - 발전 : 송악(개성) 도읍, 강원·황해·경기 장악, 국호 변경, 새로운 신분 제도
    - → 마진 → 태봉
    - → 광평성 체제
  - 한계 : 지나친 조세 수취, 전제 정치(미륵신앙), 궁예 축출

  궁예는 신라 사람으로, 성은 김씨이고, 아버지는 제47대 헌안왕 의정이며, 어머니는 헌안왕의 후궁이었다 … 머리를 깎고 승려가 되어 스스로 선종이라 이름 하였다… 선종이 왕이라 자칭하고 "옛날에 신라가 당에 군사를 청하여 고구려를 멸망시켰기 때문에 … 내가 반드시 그 원수를 갚으리라."하였다.   「삼국사기」

- 고려 (918, 왕건) : 궁예 축출 후 왕건이 고려 건국, 송악(개성)에 도읍, 고구려 계승, 민생안정

2. 고대의 경제

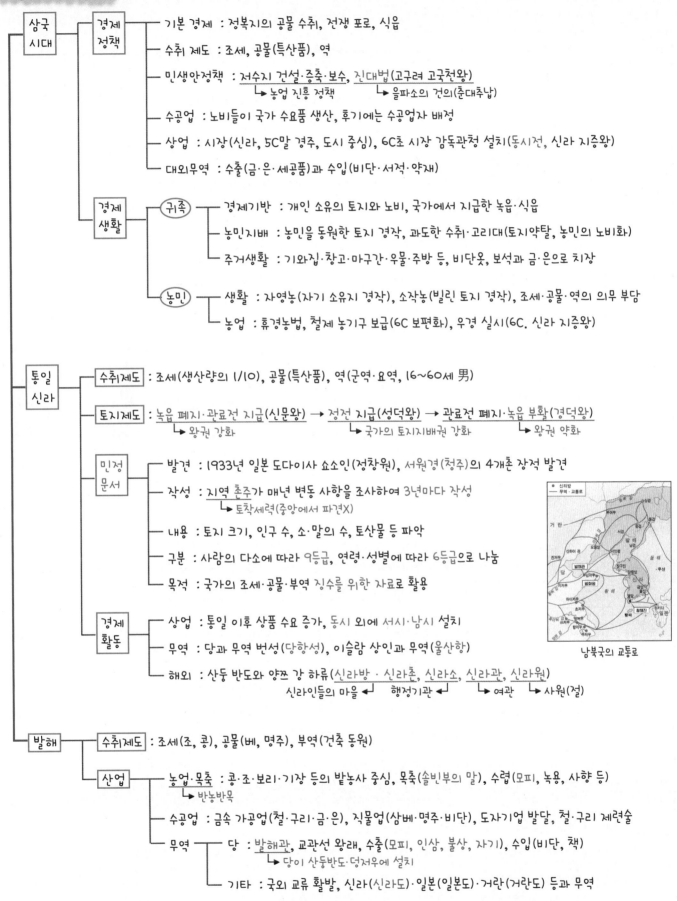

- **삼국시대**
  - **경제정책**
    - 기본 경제 : 정복지의 공물 수취, 전쟁 포로, 식읍
    - 수취 제도 : 조세, 공물(특산품), 역
    - 민생안정책 : 저수지 건설·증축·보수, 진대법(고구려 고국천왕)
      - ↳ 농업 진흥 정책
      - ↳ 을파소의 건의(춘대추납)
    - 수공업 : 노비들이 국가 수요품 생산, 후기에는 수공업자 배정
    - 상업 : 시장(신라, 5C말 경주, 도시 중심), 6C초 시장 감독관청 설치(동시전, 신라 지증왕)
    - 대외무역 : 수출(금·은·세공품)과 수입(비단·서적·약재)
  - **경제생활**
    - (귀족)
      - 경제기반 : 개인 소유의 토지와 노비, 국가에서 지급한 녹읍·식읍
      - 농민지배 : 농민을 동원한 토지 경작, 과도한 수취·고리대(토지약탈, 농민의 노비화)
      - 주거생활 : 기와집·창고·마구간·우물·주방 등, 비단옷, 보석과 금·은으로 치장
    - (농민)
      - 생활 : 자영농(자기 소유지 경작), 소작농(빌린 토지 경작), 조세·공물·역의 의무 부담
      - 농업 : 휴경농법, 철제 농기구 보급(6C 보편화), 우경 실시(6C. 신라 지증왕)

- **통일신라**
  - **수취제도** : 조세(생산량의 1/10), 공물(특산품), 역(군역·요역, 16~60세 男)
  - **토지제도** : 녹읍 폐지·관료전 지급(신문왕) → 정전 지급(성덕왕) → 관료전 폐지·녹읍 부활(경덕왕)
    - ↳ 왕권 강화
    - ↳ 국가의 토지지배권 강화
    - ↳ 왕권 약화
  - **민정문서**
    - 발견 : 1933년 일본 도다이사 쇼소인(정창원), 서원경(청주)의 4개촌 장적 발견
    - 작성 : 지역 촌주가 매년 변동 사항을 조사하여 3년마다 작성
      - ↳ 토착세력(중앙에서 파견X)
    - 내용 : 토지 크기, 인구 수, 소·말의 수, 토산물 등 파악
    - 구분 : 사람의 다소에 따라 9등급, 연령·성별에 따라 6등급으로 나눔
    - 목적 : 국가의 조세·공물·부역 징수를 위한 자료로 활용
  - **경제활동**
    - 상업 : 통일 이후 상품 수요 증가, 동시 외에 서시·남시 설치
    - 무역 : 당과 무역 번성(당항성), 이슬람 상인과 무역(울산항)
    - 해외 : 산둥 반도와 양쯔 강 하류(신라방·신라촌, 신라소, 신라관, 신라원)
      - 신라인들의 마을 ← 행정기관 ← → 여관 → 사원(절)

남북국의 교통로

- **발해**
  - **수취제도** : 조세(조, 콩), 공물(베, 명주), 부역(건축 동원)
  - **산업**
    - 농업·목축 : 콩·조·보리·기장 등의 밭농사 중심, 목축(솔빈부의 말), 수렵(모피, 녹용, 사향 등)
      - ↳ 반농반목
    - 수공업 : 금속 가공업(철·구리·금·은), 직물업(삼베·명주·비단), 도자기업 발달, 철·구리 제련술
    - 무역
      - 당 : 발해관, 교관선 왕래, 수출(모피, 인삼, 불상, 자기), 수입(비단, 책)
        - ↳ 당이 산둥반도·덩저우에 설치
      - 기타 : 국외 교류 활발, 신라(신라도)·일본(일본도)·거란(거란도) 등과 무역

3. 고대의 사회

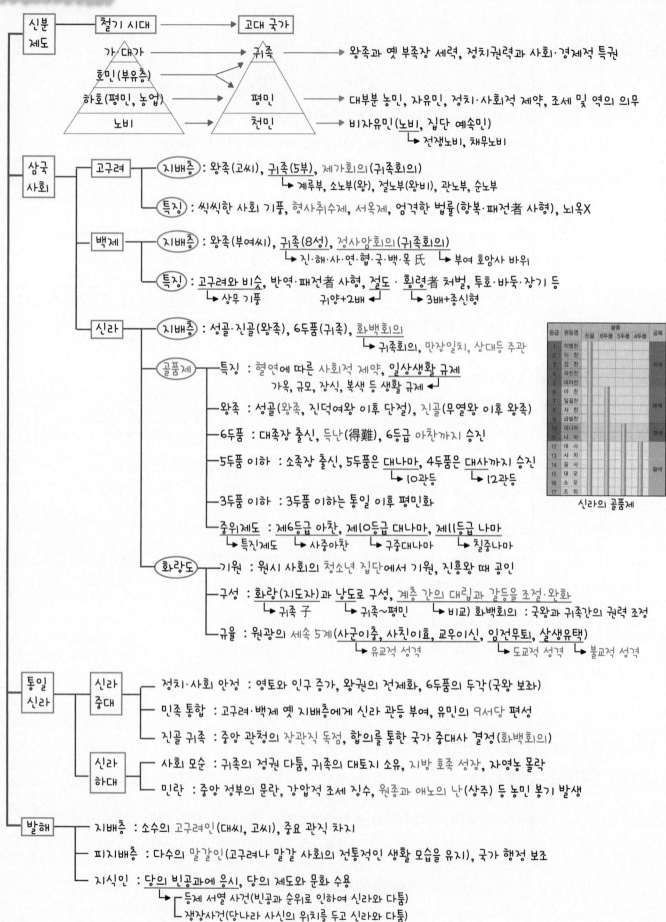

신분 제도

철기 시대 → 고대 국가

가·대가 → 귀족 → 왕족과 옛 부족장 세력, 정치권력과 사회·경제적 특권
호민(부유층)
하호(평민, 농업) → 평민 → 대부분 농민, 자유민, 정치·사회적 제약, 조세 및 역의 의무
노비 → 천민 → 비자유민(노비, 집단 예속민)
  └ 전쟁노비, 채무노비

삼국 사회

고구려
- 지배층 : 왕족(고씨), 귀족(5부), 제가회의(귀족회의)
  └ 계루부, 소노부(왕), 절노부(왕비), 관노부, 순노부
- 특징 : 씩씩한 사회 기풍, 형사취수제, 서옥제, 엄격한 법률(항복·패전者 사형), 뇌옥X

백제
- 지배층 : 왕족(부여씨), 귀족(8성), 정사암회의(귀족회의)
  └ 진·해·사·연·협·국·백·목 氏   └ 부여 호암사 바위
- 특징 : 고구려와 비슷, 반역·패전者 사형, 절도 · 횡령者 처벌, 투호·바둑·장기 등
  └ 상무 기풍   귀양+2배 ◄   3배+종신형

신라
- 지배층 : 성골·진골(왕족), 6두품(귀족), 화백회의
  └ 귀족회의, 만장일치, 상대등 주관

골품제
- 특징 : 혈연에 따른 사회적 제약, 일상생활 규제
  가옥, 규모, 장식, 복색 등 생활 규제 ◄
- 왕족 : 성골(왕족, 진덕여왕 이후 단절), 진골(무열왕 이후 왕족)
- 6두품 : 대족장 출신, 득난(得難), 6등급 아찬까지 승진
- 5두품 이하 : 소족장 출신, 5두품은 대나마, 4두품은 대사까지 승진
  └ 10관등   └ 12관등
- 3두품 이하 : 3두품 이하는 통일 이후 평민화
- 중위제도 : 제6등급 아찬, 제10등급 대나마, 제11등급 나마
  └ 특진제도   └ 사중아찬   └ 구중대나마   └ 칠중나마

화랑도
- 기원 : 원시 사회의 청소년 집단에서 기원, 진흥왕 때 공인
- 구성 : 화랑(지도자)과 낭도로 구성, 계층 간의 대립과 갈등을 조절·완화
  └ 귀족 子   └ 귀족~평민   └ 비교) 화백회의 : 국왕과 귀족간의 권력 조정
- 규율 : 원광의 세속 5계(사군이충, 사친이효, 교우이신, 임전무퇴, 살생유택)
  └ 유교적 성격   └ 도교적 성격   └ 불교적 성격

신라의 골품제

통일 신라

신라 중대
- 정치·사회 안정 : 영토와 인구 증가, 왕권의 전제화, 6두품의 두각(국왕 보좌)
- 민족 통합 : 고구려·백제 옛 지배층에게 신라 관등 부여, 유민의 9서당 편성
- 진골 귀족 : 중앙 관청의 장관직 독점, 합의를 통한 국가 중대사 결정(화백회의)

신라 하대
- 사회 모순 : 귀족의 정권 다툼, 귀족의 대토지 소유, 지방 호족 성장, 자영농 몰락
- 민란 : 중앙 정부의 문란, 강압적 조세 징수, 원종과 애노의 난(상주) 등 농민 봉기 발생

발해
- 지배층 : 소수의 고구려인(대씨, 고씨), 중요 관직 차지
- 피지배층 : 다수의 말갈인(고구려나 말갈 사회의 전통적인 생활 모습을 유지), 국가 행정 보조
- 지식인 : 당의 빈공과에 응시, 당의 제도와 문화 수용
  └ 등제 서열 사건(빈공과 순위로 인하여 신라와 다툼)
  └ 쟁장사건(당나라 사신의 위치를 두고 신라와 다툼)

4. 고대의 문화

① 학문과 사상·종교

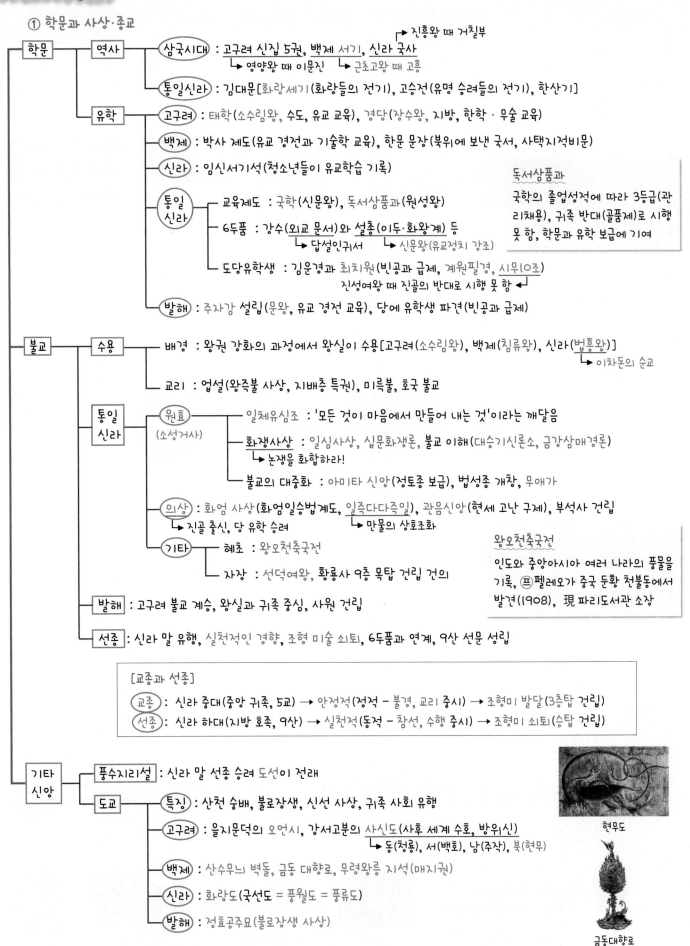

학문

- **역사**
  - **삼국시대** : 고구려 신집 5권, 백제 서기, 신라 국사
    - → 진흥왕 때 거칠부
    - → 영양왕 때 이문진
    - → 근초고왕 때 고흥
  - **통일신라** : 김대문[화랑세기(화랑들의 전기), 고승전(유명 승려들의 전기), 한산기]
- **유학**
  - **고구려** : 태학(소수림왕, 수도, 유교 교육), 경당(장수왕, 지방, 한학·무술 교육)
  - **백제** : 박사 제도(유교 경전과 기술학 교육), 한문 문장(북위에 보낸 국서, 사택지적비문)
  - **신라** : 임신서기석(청소년들이 유교학습 기록)
  - **통일신라**
    - 교육제도 : 국학(신문왕), 독서상품과(원성왕)
    - 6두품 : 강수(외교 문서)와 설총(이두·화왕계) 등
      - → 답설인귀서
      - → 신문왕(유교정치 강조)
    - 도당유학생 : 김운경과 최치원(빈공과 급제, 계원필경, 시무10조)
      - 진성여왕 때 진골의 반대로 시행 못 함 ←
  - **발해** : 주자감 설립(문왕, 유교 경전 교육), 당에 유학생 파견(빈공과 급제)

> **독서상품과**
> 국학의 졸업성적에 따라 3등급(관리채용), 귀족 반대(골품제)로 시행 못 함, 학문과 유학 보급에 기여

불교

- **수용**
  - 배경 : 왕권 강화의 과정에서 왕실이 수용[고구려(소수림왕), 백제(침류왕), 신라(법흥왕)]
    - → 이차돈의 순교
  - 교리 : 업설(왕즉불 사상, 지배층 특권), 미륵불, 호국 불교
- **통일신라**
  - **원효** (소성거사)
    - 일체유심조 : '모든 것이 마음에서 만들어 내는 것'이라는 깨달음
    - 화쟁사상 : 일심사상, 십문화쟁론, 불교 이해(대승기신론소, 금강삼매경론)
      - → 논쟁을 화합하라!
    - 불교의 대중화 : 아미타 신앙(정토종 보급), 법성종 개창, 무애가
  - **의상** : 화엄 사상(화엄일승법계도, 일즉다다즉일), 관음신앙(현세 고난 구제), 부석사 건립
    - → 진골 출신, 당 유학 승려
    - → 만물의 상호조화
  - **기타**
    - 혜초 : 왕오천축국전
    - 자장 : 선덕여왕, 황룡사 9층 목탑 건립 건의
- **발해** : 고구려 불교 계승, 왕실과 귀족 중심, 사원 건립
- **선종** : 신라 말 유행, 실천적인 경향, 조형 미술 쇠퇴, 6두품과 연계, 9산 선문 성립

> **왕오천축국전**
> 인도와 중앙아시아 여러 나라의 풍물을 기록, 프 펠레오가 중국 둔황 천불동에서 발견(1908), 現 파리도서관 소장

[교종과 선종]
- **교종** : 신라 중대(중앙 귀족, 5교) → 안정적(정적 - 불경, 교리 중시) → 조형미 발달(3층탑 건립)
- **선종** : 신라 하대(지방 호족, 9산) → 실천적(동적 - 참선, 수행 중시) → 조형미 쇠퇴(승탑 건립)

기타 신앙

- **풍수지리설** : 신라 말 선종 승려 도선이 전래
- **도교**
  - **특징** : 산천 숭배, 불로장생, 신선 사상, 귀족 사회 유행
  - **고구려** : 을지문덕의 오언시, 강서고분의 사신도(사후 세계 수호, 방위신)
    - → 동(청룡), 서(백호), 남(주작), 북(현무)
  - **백제** : 산수무늬 벽돌, 금동 대향로, 무령왕릉 지석(매지권)
  - **신라** : 화랑도(국선도 = 풍월도 = 풍류도)
  - **발해** : 정효공주묘(불로장생 사상)

현무도

금동대향로

② 고대국가의 고분

고구려 ─ 돌무지 ─┬─ 특징 : 돌을 계단식으로 정밀하게 7층까지 쌓은 무덤, 만주의 집안(지안) 지역(1만여 기)
                 └─ 유적지 : 장군총(장수왕릉으로 추정)
      └─ 굴식돌방 ─┬─ 특징 : 돌로 널방을 짜고 그 위에 흙으로 덮어 봉분을 만든 형태
                     ↳ 벽화 존재, 모줄임 천장구조, 도굴이 용이
                  └─ 유적지 : 강서고분(사신도), 무용총(무용도, 수렵도), 각저총(씨름도, 서역과 교류)

장군총 　 굴식돌방무덤 　 씨름도(각저총) 　 시녀도(수산리벽화) 　 접객도(무용총)

백제 ─┬─ 한성시대 ─┬─ 특징 : 백제 건국의 주도 세력이 고구려와 같은 계통이었음을 증명
                   └─ 유적지 : 서울 송파 석촌동 고분(돌무지무덤)
      ├─ 웅진시대 ─┬─ 굴식돌방무덤 : 공주 송산리 고분(큰 규모의 고분)
                   └─ 벽돌무덤 : 무령왕릉[남조(양)와의 교류 사실 증명, 지석 발견, 금제관식·석수 출토]
                    ↳ 연꽃무늬　↳ 영동 대장군 백제 사마왕+왕비　↳ 매지권(산신에게 땅을 매입)
      └─ 사비시대 : 부여의 능산리 고분(굴식돌방무덤)

서울 송파 석촌동 고분 　 무령왕릉 　 석수(무령왕릉) 　 산수무늬 벽돌 　 금관장식

신라 ─┬─ 돌무지덧널 : 나무널을 만든 후 큰 덧널을 만들고, 그 위에 돌을 쌓은 다음 봉분을 덮어 완성, 도굴이 어려워 많은
                                       껴묻거리가 그대로 보존
      └─ 유적지 : 천마총(천마도), 호우총(호우명 그릇), 미추왕릉(금제감장보검)
                                    ↳ 황금보검, 서역과 교류

가야 ─┬─ 대성동 고분(김해) : 금관가야 고분, 널무덤, 덧널무덤 등 다양
      ├─ 지산동 고분(고령) : 대가야 고분, 돌덧널 무덤
      └─ 유물 : 금동관, 철제 무기와 갑옷, 수레형토기, 철 장식 등의 유물이 출토

통일신라 ─┬─ 굴식돌방 ─┬─ 특징 : 봉토 주위를 둘레돌로 두른 양식
                           ↳ 12지 신상 조각
                  └─ 대표적 유적지 : 김유신 묘(흥무대왕)
      └─ 화장법 : 불교의 영향으로 화장법 유행(문무왕릉)

> **김유신**
> 금관가야의 왕족, 가야 멸망 후 진골 귀족 편입, 김춘추 왕으로 추대, 백제 멸망(대각간), 고구려 멸망(태대각간), 흥덕왕 때 흥무대왕 추봉

발해 ─┬─ 굴식돌방무덤(정혜공주 묘) : 모줄임 천장구조, 돌사자상
         ↳ 고구려의 영향　↳ 문왕의 둘째 딸
      └─ 벽돌무덤(정효공주 묘) : 묘지(墓誌, 불로장생 사상) 발견
         ↳ 당 영향　↳ 문왕의 넷째 딸

> **발해공주묘**
> 정혜공주 - (고)영향
> 정효공주 - 당 영향
> 한숨 혜(고)~ 휴(당)~

돌무지덧널무덤 　 천마도 　 금제감장보검 　 김유신묘(통일신라) 　 돌사자상(발해)

③ 조형 문화와 공예

- 건축
  - 삼국 : 고구려 안학궁, 백제 미륵사(무왕), 신라 황룡사(진흥왕), 첨성대(천문대, 천체 관측)
  - 남북국 : 통일신라 불국사(경덕왕)·석굴암(경덕왕)·안압지, 발해 상경 궁궐 터
- 탑
  - 고구려 : 주로 목탑 건립, 현존하는 것 없음
  - 백제
    - 익산 미륵사지 석탑 : 7C 백제 무왕, 서탑 일부 현존, 목탑 양식, 현존 最古탑, 사리봉안기 발견
    - 부여 정림사지 5층 석탑 : 7C 백제 무왕, 익산 미륵사지 석탑 계승
  - 신라
    - 경주 황룡사 9층 목탑 : 호국불교, 선덕여왕 때 자장 건의, 13세기 몽골의 침입으로 소실
    - 경주 분황사 모전 석탑 : 신라에서 가장 오래된 탑(634, 선덕여왕 때 건립), 전탑(벽돌모양) 형식, 9층으로 추정되나 3층만 현존
  - 통일 신라
    - 특징 : 2중 기단 위에 3층 석탑 유행
    - 경주 감은사지 3층 석탑 : 신라 중대 신문왕 때에 건립된 것으로 추정
    - 경주 불국사 3층 석탑(석가탑) : 신라 전형 탑, 무구정광대다라니경, 금동불상, 사리보관함 발견
    - 경주 불국사 다보탑 : 복잡하고 화려함, 신라의 아름다움 표현
    - 양양 진전사지 3층 석탑 : 양양의 진전사지 3층 석탑에는 탑신에 팔부중상을 새김
    - 구례 화엄사 4사자 3층 석탑 : 네 마리의 사자가 탑을 이고 있는 형태의 석탑
    - 승탑·탑비 : 선종의 유행과 관련, 화순 쌍봉사 철감선사 승탑(팔각원당형)
  - 발해 : 승탑, 영광탑(전탑, 중국, 길림성 장백현)

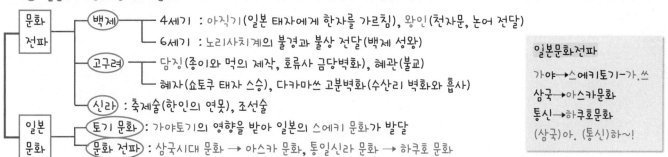

| 분황사모전석탑 | 미륵사지석탑 | 정림사지5층석탑 | 석가탑 | 진전사지3층석탑 | 영광탑 | 쌍봉사승탑 |

- 불상
  - 삼국
    - 금동미륵보살반가상, 고구려 연가 7년명 금동 여래 입상(강인한 인상과 은은한 미소)
      - ↳ 국보 제78호(금동관), 국보 제83호(삼산관) ↳ 광배 뒤 글자(연가 7년~)
    - 백제 서산 마애 삼존 불상(온화한 미소), 신라 경주 배리 석불 입상(은은한 미소)
  - 통일신라 : 석굴암 본존불과 보살상, 철원 도피안사 철조 비로자나불 좌상
  - 발해 : 이불병좌상(흙을 구워 제작, 고구려 양식 계승)

| 미륵보살반가상 | 연가7년명금동입상 | 서산마애삼존불 | 이불병좌상 | 발해 석등(상경) | 첨성대 | 칠지도 |

- 기타
  - 백제의 칠지도와 금동대향로, 신라의 금관과 성덕대왕 신종(경덕왕~혜공왕)
  - 통일신라의 법주사 쌍사자 석등, 발해 상경의 석등과 돌사자상(정혜공주묘)

④ 일본으로 건너간 우리 문화

- 문화 전파
  - 백제
    - 4세기 : 아직기(일본 태자에게 한자를 가르침), 왕인(천자문, 논어 전달)
    - 6세기 : 노리사치계의 불경과 불상 전달(백제 성왕)
  - 고구려
    - 담징(종이와 먹의 제작, 호류사 금당벽화), 혜관(불교)
    - 혜자(쇼토쿠 태자 스승), 다카마쓰 고분벽화(수산리 벽화와 흡사)
  - 신라 : 축제술(한인의 연못), 조선술
- 일본 문화
  - 토기 문화 : 가야토기의 영향을 받아 일본의 스에키 문화가 발달
  - 문화 전파 : 삼국시대 문화 → 아스카 문화, 통일신라 문화 → 하쿠호 문화

고려의 건국으로 새로운 통치체제가 성립하면서 태조, 광종, 성종, 원간섭기의 왕, 공민왕 등의 주요 왕의 정책을 중점으로 학습해야 하고 그에 따른 정치 제도, 사회 정책을 잘 알아두어야 한다. 고려의 토지제도 및 농업 정책의 변화 양상을 숙지하도록 하여야 하며, 특히, 문화면에서는 불교문화와 건축물을 지역과 관련하여 파악하여야 한다.

출제 포인트

〈정치〉
1. 고려의 건국 과정을 통하여 건국이념과 초기 정치 파악
2. 고려 초 왕들의 업적을 통하여 고려의 정치 발전 이해
3. 고려의 통치체제를 숙지하여 각 기구의 특성 파악
4. 성종이 추진하였던 유교정책으로 인한 세부 정책 파악
5. 고려의 2성 6부 각각의 기구 성격 및 권한 이해
6. 문벌귀족으로 시작된 집권 세력의 변화 및 특성 파악
7. 무신 정권의 정세 파악과 몽골의 침략에 따른 항쟁과정 파악
8. 거란, 여진, 몽골, 홍건적, 왜구 등의 이민족이 침입한 배경과 결과 및 국제 정세 이해
9. 원 간섭기 왕들의 개혁정책과 시기구분
10. 집권세력에 따른 반정부 봉기 파악
11. 공민왕이 추진하였던 각각의 개혁정치 파악
12. 여말선초 국내외 정세 파악

〈경제〉
1. 고려의 기본적인 토지제도와 수취제도의 파악
2. 고려의 정치 변화를 이해하여 그에 따른 경제 및 무역 변화 파악
3. 경제의 성장에 따른 무역항과 화폐의 발행 및 변천

〈사회〉
1. 고려의 신분제도를 숙지하여 고려 사회 이해
2. 고려의 일반 행정구역과 특수 행정구역에 거주하였던 주민의 생활 파악
3. 고려의 공노비와 사노비의 법적인 신분과 그들의 생활 파악
4. 여성의 지위와 사회 제도의 변화

〈문화〉
1. 최충의 9재 학당과 고려 정부의 관학진흥책 숙지
2. 삼국유사, 제왕운기 등 자주적 역사서의 특성 파악 및 등장 배경 숙지
3. 고려 불교의 타락과 지눌, 요세, 혜심 등의 불교 통합 운동 특성 파악
4. 고려의 건축물, 불상, 활판 인쇄물 등 불교문화의 특성 파악

PART III

중세의 한국사

I. 중세의 정치

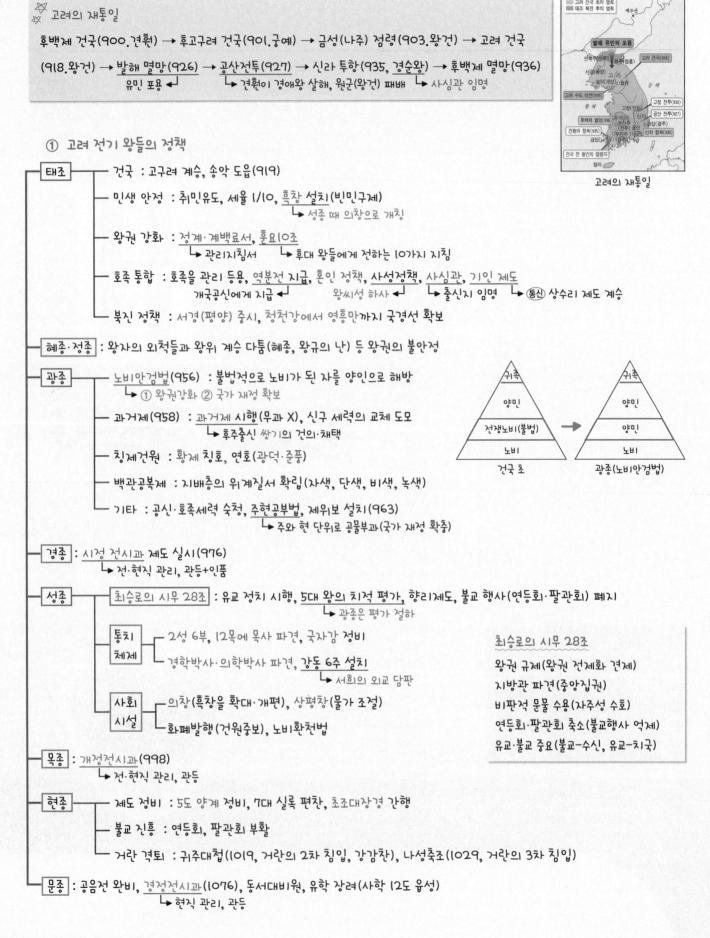

✦ 고려의 재통일

후백제 건국(900.견훤) → 후고구려 건국(901.궁예) → 금성(나주) 점령(903.왕건) → 고려 건국

(918.왕건) → 발해 멸망(926) → 공산전투(927) → 신라 투항(935, 경순왕) → 후백제 멸망(936)
유민 포용 ←   ┗ 견훤이 경애왕 살해, 원군(왕건) 패배 ┗ 사심관 임명

고려의 재통일

① 고려 전기 왕들의 정책

태조
- 건국 : 고구려 계승, 송악 도읍(919)
- 민생 안정 : 취민유도, 세율 1/10, 흑창 설치(빈민구제)
  ┗ 성종 때 의창으로 개칭
- 왕권 강화 : 정계·계백료서, 훈요10조
  ┗ 관리지침서   ┗ 후대 왕들에게 전하는 10가지 지침
- 호족 통합 : 호족을 관리 등용, 역분전 지급, 혼인 정책, 사성정책, 사심관, 기인 제도
  개국공신에게 지급 ←   왕씨성 하사 ←   ┗ 출신지 임명 ┗ (통신) 상수리 제도 계승
- 북진 정책 : 서경(평양) 중시, 청천강에서 영흥만까지 국경선 확보

혜종·정종 : 왕자의 외척들과 왕위 계승 다툼(혜종, 왕규의 난) 등 왕권의 불안정

광종
- 노비안검법(956) : 불법적으로 노비가 된 자를 양인으로 해방
  ┗ ① 왕권강화 ② 국가 재정 확보
- 과거제(958) : 과거제 시행(무과 X), 신구 세력의 교체 도모
  ┗ 후주출신 쌍기의 건의·채택
- 칭제건원 : 황제 칭호, 연호(광덕·준풍)
- 백관공복제 : 지배층의 위계질서 확립(자색, 단색, 비색, 녹색)
- 기타 : 공신·호족세력 숙청, 주현공부법, 제위보 설치(963)
  ┗ 주와 현 단위로 공물부과(국가 재정 확충)

경종 : 시정 전시과 제도 실시(976)
  ┗ 전·현직 관리, 관등+인품

성종
- 최승로의 시무 28조 : 유교 정치 시행, 5대 왕의 치적 평가, 향리제도, 불교 행사(연등회·팔관회) 폐지
  ┗ 광종은 평가 절하
- **통치체제**
  - 2성 6부, 12목에 목사 파견, 국자감 정비
  - 경학박사·의학박사 파견, 강동 6주 설치
    ┗ 서희의 외교 담판
- **사회시설**
  - 의창(흑창을 확대·개편), 상평창(물가 조절)
  - 화폐발행(건원중보), 노비환천법

목종 : 개정전시과(998)
  ┗ 전·현직 관리, 관등

현종
- 제도 정비 : 5도 양계 정비, 7대 실록 편찬, 초조대장경 간행
- 불교 진흥 : 연등회, 팔관회 부활
- 거란 격퇴 : 귀주대첩(1019, 거란의 2차 침입, 강감찬), 나성축조(1029, 거란의 3차 침입)

문종 : 공음전 완비, 경정전시과(1076), 동서대비원, 유학 장려(사학 12도 융성)
  ┗ 현직 관리, 관등

최승로의 시무 28조

왕권 규제(왕권 전제화 견제)
지방관 파견(중앙집권)
비판적 문물 수용(자주성 수호)
연등회·팔관회 축소(불교행사 억제)
유교·불교 중요(불교-수신, 유교-치국)

② 통치체제의 정비

중앙 행정 조직 (2성 6부)

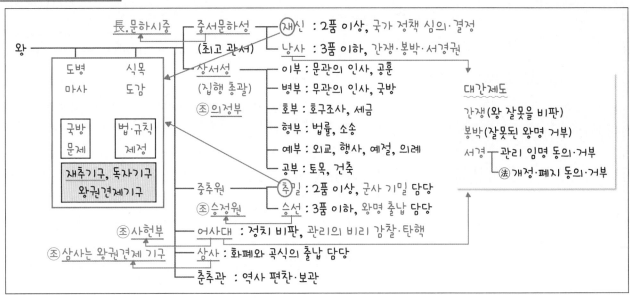

왕 ── 중서문하성 ── 長. 문하시중
　　　　(최고 관서)
　　　　├ 재신 : 2품 이상, 국가 정책 심의·결정
　　　　└ 낭사 : 3품 이하, 간쟁·봉박·서경권

상서성 (집행 총괄) / ㉑ 의정부
　├ 이부 : 문관의 인사, 공훈
　├ 병부 : 무관의 인사, 국방
　├ 호부 : 호구조사, 세금
　├ 형부 : 법률, 소송
　├ 예부 : 외교, 행사, 예절, 의례
　└ 공부 : 토목, 건축

도병마사 / 식목도감
국방 문제 / 법·규칙 제정
재추기구, 독자기구
왕권견제기구

중추원 / ㉑ 승정원
　├ 추밀 : 2품 이상, 군사 기밀 담당
　└ 승선 : 3품 이하, 왕명 출납 담당

㉑ 사헌부 ── 어사대 : 정치 비판, 관리의 비리 감찰·탄핵
㉑ 삼사는 왕권견제 기구 ── 삼사 : 화폐와 곡식의 출납 담당
춘추관 : 역사 편찬·보관

대간제도
간쟁 (왕 잘못을 비판)
봉박 (잘못된 왕명 거부)
서경 ┬ 관리 임명 동의·거부
　　　└ (法) 개정·폐지 동의·거부

지방 행정 조직

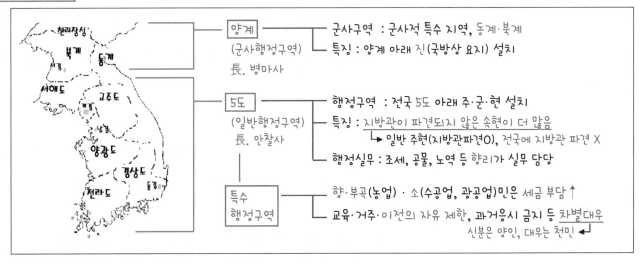

양계 (군사행정구역) 長. 병마사
　├ 군사구역 : 군사적 특수 지역, 동계·북계
　└ 특징 : 양계 아래 진 (국방상 요지) 설치

5도 (일반행정구역) 長. 안찰사
　├ 행정구역 : 전국 5도 아래 주·군·현 설치
　├ 특징 : 지방관이 파견되지 않은 속현이 더 많음
　│　　→ 일반 주현(지방관파견O), 전국에 지방관 파견 X
　└ 행정실무 : 조세, 공물, 노역 등 향리가 실무 담당

특수 행정구역
　├ 향·부곡(농업)·소(수공업, 광공업)민은 세금 부담↑
　└ 교육·거주·이전의 자유 제한, 과거응시 금지 등 차별대우
　　　신분은 양인, 대우는 천민 ↙

군사
　├ 중앙군 : 2군(국왕 친위부대)·6위(수도·국경 방위), 군적 등록, 군인전 지급, 역은 세습
　└ 기타 : 지방군[주진군(양계), 주현군(5도)], 특수군[광군(거란), 별무반(여진), 삼별초(몽골), 연호군(왜구)]
　　　　　　　　　　　　　　　　　　　　→ 정종　　　→ 숙종　　　→ 고종 때 최우　　→ 공민왕

관리 등용
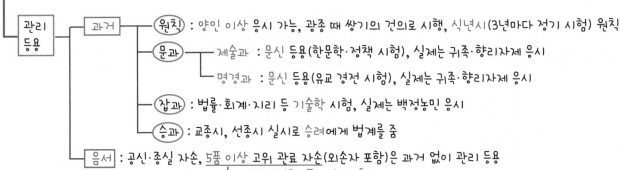

과거
　├ 원칙 : 양인 이상 응시 가능, 광종 때 쌍기의 건의로 시행, 식년시(3년마다 정기 시험) 원칙
　├ 문과 ┬ 제술과 : 문신 등용(한문학·정책 시험), 실제는 귀족·향리자제 응시
　│　　　└ 명경과 : 문신 등용(유교 경전 시험), 실제는 귀족·향리자제 응시
　├ 잡과 : 법률·회계·지리 등 기술학 시험, 실제는 백정농민 응시
　└ 승과 : 교종시, 선종시 실시로 승려에게 법계를 줌

음서 : 공신·종실 자손, 5품 이상 고위 관료 자손(외손자 포함)은 과거 없이 관리 등용
　　　　→ 비교) 조선은 2품 이상으로 축소

③ 문벌귀족 사회의 성립과 동요(10C~12C)

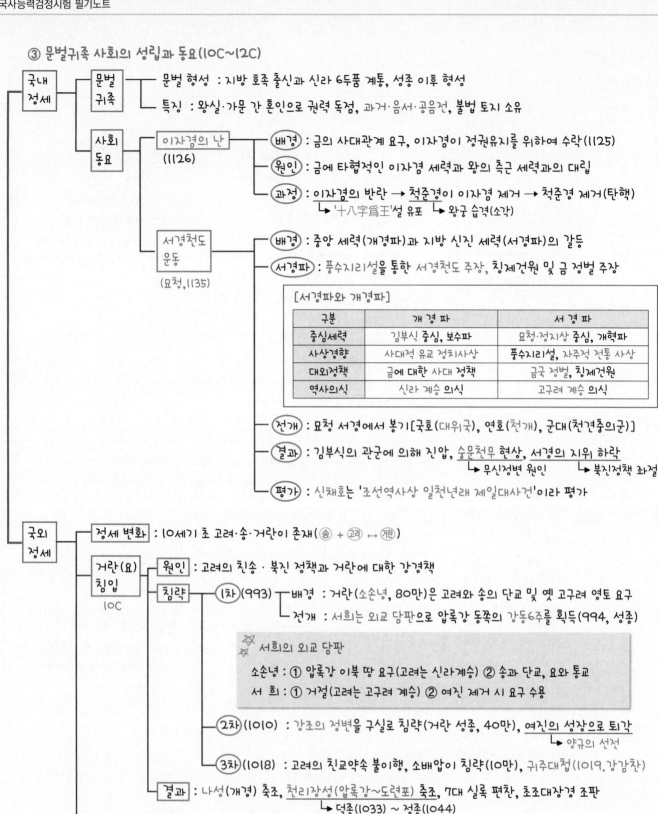

```
국내     문벌 ── 문벌 형성 : 지방 호족 출신과 신라 6두품 계통, 성종 이후 형성
정세     귀족 ── 특징 : 왕실·가문 간 혼인으로 권력 독점, 과거·음서·공음전, 불법 토지 소유
```

```
       사회 ── 이자겸의 난 ── (배경) : 금의 사대관계 요구, 이자겸이 정권유지를 위하여 수락(1125)
       동요    (1126)      ── (원인) : 금에 타협적인 이자겸 세력과 왕의 측근 세력과의 대립
                          ── (과정) : 이자겸의 반란 → 척준경이 이자겸 제거 → 척준경 제거(탄핵)
                                     └ '十八字爲王'설 유포  └ 왕궁 습격(소각)
```

서경천도
운동

(묘청,1135)

── (배경) : 중앙 세력(개경파)과 지방 신진 세력(서경파)의 갈등
── (서경파) : 풍수지리설을 통한 서경천도 주장, 칭제건원 및 금 정벌 주장

[서경파와 개경파]

구분	개 경 파	서 경 파
중심세력	김부식 중심, 보수파	묘청·정지상 중심, 개혁파
사상경향	사대적 유교 정치사상	풍수지리설, 자주적 전통 사상
대외정책	금에 대한 사대 정책	금국 정벌, 칭제건원
역사의식	신라 계승 의식	고구려 계승 의식

── (전개) : 묘청 서경에서 봉기[국호(대위국), 연호(천개), 군대(천견충의군)]
── (결과) : 김부식의 관군에 의해 진압, 숭문천무 현상, 서경의 지위 하락
            └ 무신정변 원인   └ 북진정책 좌절
── (평가) : 신채호는 '조선역사상 일천년래 제일대사건'이라 평가

```
국외     정세 변화 ── 10세기 초 고려·송·거란이 존재( 송 + 고려 ↔ 거란 )
정세
       거란(요) ── 원인 : 고려의 친송·북진 정책과 거란에 대한 강경책
       침입
       10C     ── 침략 ── 1차(993) ┬ 배경 : 거란(소손녕, 80만)은 고려와 송의 단교 및 옛 고구려 영토 요구
                                  └ 전개 : 서희는 외교 담판으로 압록강 동쪽의 강동6주를 획득(994, 성종)
```

✿ 서희의 외교 담판

소손녕 : ① 압록강 이북 땅 요구 (고려는 신라계승) ② 송과 단교, 요와 통교
서 희 : ① 거절 (고려는 고구려 계승) ② 여진 제거 시 요구 수용

```
                ── 2차(1010) : 강조의 정변을 구실로 침략(거란 성종, 40만), 여진의 성장으로 퇴각
                                                                        └ 양규의 선전
                ── 3차(1018) : 고려의 친교약속 불이행, 소배압이 침략(10만), 귀주대첩(1019.강감찬)
       ── 결과 : 나성(개경) 축조, 천리장성(압록강~도련포) 축조, 7대 실록 편찬, 초조대장경 조판
                 └ 덕종(1033) ~ 정종(1044)
```

```
       여진(금) ── 배경 : 12세기 초 여진족은 고려로 남하하여 자주 충돌
       침입    ── 별무반 : 윤관이 숙종에게 건의하여 편성, 신기군(기병), 항마군(승병), 신보군(보병)
       12C
              동북 ── 축조 : 여진족을 북방으로 몰아내고 동북9성 축조(1107.예종)
              9성  ── 반환 : 방비의 어려움으로 반환(1109.예종)
              정세 ── 변화 : 이자겸이 정권 유지를 위해 금의 사대요구 수용(1125)
              변화 ── 영향 : 이자겸의 난, 묘청의 서경천도 운동, 북진 정책 좌절, 무신정권 성립(1170)
```

④ 고려후기의 정치 변동

무신
정권
1170
~1270

- 무신
  정변
  - 배경 : 의종의 실정, 무신 천시(군인전 미지급, 무과 미시행)
  - 정변 : 무신정변(1170) → 중방 중심의 권력 행사
    - ↳ 이의방·정중부   ↳ 권력 쟁탈전 전개
  - 변화 : 정중부 → 경대승 → 이의민 → 최충헌 → 최우
    → 최항 → 최의 → 김준 → 임연 → 임유무

- 최씨
  정권
  - 최충헌 : 교정도감(최고집정부), 도방(신변경호), 봉사 10조(개혁 미비)
  - 최우 : 교정도감, 정방(인사 기구), 서방(문신 등용), 강화도 천도(1232), 삼별초
  - 정권의 한계 : 권력 유지에 집착, 국가의 발전과 민생에 소홀

- 봉기
  - 지배층 : 서경 유수 조위총의 난
  - 양민 : 망이·망소이의 봉기(공주 명학소의 난), 김사미·효심의 봉기(운문·초전)
  - 천민 : 만적의 봉기(개경, 천민들의 신분해방운동)

몽골
침입
13C

- 몽골의 성장 : 13세기 초 몽골족이 대제국 건설, 몽골에 쫓긴 거란이 고려에 다시 침입
  - ↳ 강동의 역(1219, 고려와 몽골의 첫 접촉)

- 침략
  - 제1차(1231) : 저고여 피살 사건(1225), 귀주성 전투(박서 항전, 몽골 요구 수용)
  - 제2차(1232) : 강화도 천도, 김윤후의 처인성(용인) 전투
    - ↳ 최우 정권   ↳ 처인부곡, 살리타 사살
  - 제3~6차 : 경주 황룡사 9층 목탑 소실(3차, 1235), 팔만대장경 조판 시작(1236~1251)
    - 충주 전투 승리(5차, 1252, 김윤후), 충주 다인철소의 몽골 항전(6차, 1254)

- 영향
  - 원 간섭기 : 정부는 몽골과 강화 후 개경으로 환도(1270), 부마(사위)국 지위
    - ↳ 주화파 득세, 최씨 정권 몰락(권문세족 성장)
  - 삼별초 항쟁 : 강화도에서 몽골과의 항전 → 진도 용장성 → 제주도, 여몽연합군에 진압 당함
    1270~1273   ↳ 배중손   김통정, 항파두리성 ↲   ↳ 몽골과의 강화 이후

    | 야별초 (최우 사병) | | 삼별초는 강화도에서 조직! |
    | ↙ ↘ | | |
    | 좌별초 + 우별초 + 신의군(몽골 탈출군) → 삼별초 | | |

  - 일본과 연합시도 : 삼별초가 일본에 대몽연합 제의를 위해 국서 전달(고려첩장불심조조)

원
간섭기

- 영토 상실 : 쌍성총관부(화주, 철령 이북), 동녕부(서경, 자비령 이북), 탐라총관부(제주도) 설치

- 관계
  변화
  - 배경 : 원의 부마국(사위의 나라)이 되면서 왕실의 호칭과 관제 변화
  - 변화 ─ 3성 6부 : 2성(중서문하성·상서성)은 첨의부, 6부는 4사
    └ 권력기구 : 도병마사(→도평의사사), 중추원(→밀직사)
  - 용어 : 짐(→고), 폐하(→전하), 태자(→세자), ('~조', '~종'→충○왕)
  - 내정간섭 ┬ 정동행성(개경, 일본 원정→내정간섭), 이문소(사법기관)
    ├ 다루가치(감찰관), 순마소(몽골군의 경찰),
    └ 만호부(군사 간섭), 심양왕

- 영향
  - 자원수탈 : 결혼도감(공녀, 조혼 풍속), 응방(매), 특산물 징발
  - 몽골풍 : 몽골어·몽골식 의복·머리·성명 사용 등 몽골풍 유행
  - 고려양 : 고려인들에 의해 몽골에 고려의 풍습이 유행
  - 친원파 : 전공을 세운 자, 몽골의 귀족과 혼인한 자, 능숙한 몽골어를 구사하는 자

⑤ 고려 말 정치 변동

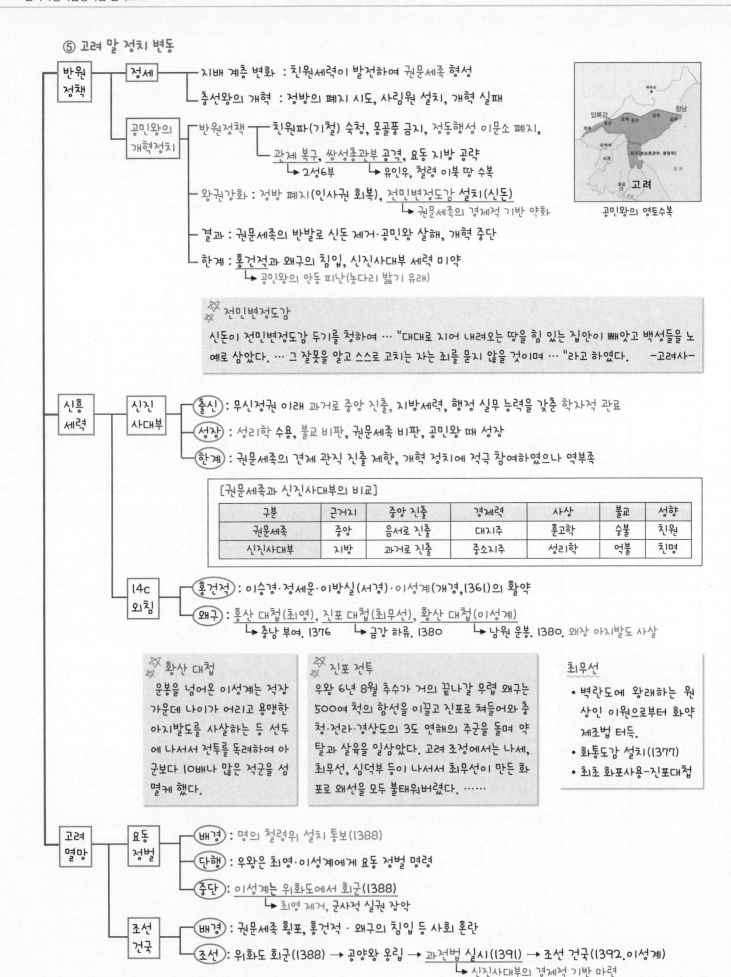

반원 정책

- **정세**
  - 지배 계층 변화 : 친원세력이 발전하여 권문세족 형성
  - 충선왕의 개혁 : 정방의 폐지 시도, 사림원 설치, 개혁 실패

- **공민왕의 개혁정치**
  - 반원정책 ── 친원파(기철) 숙청, 몽골풍 금지, 정동행성 이문소 폐지,
    - └ 관제 복구, 쌍성총관부 공격, 요동 지방 공략
      - └ 2성6부 └ 유인우, 철령 이북 땅 수복
  - 왕권강화 : 정방 폐지(인사권 회복), 전민변정도감 설치(신돈)
    - └ 권문세족의 경제적 기반 약화
  - 결과 : 권문세족의 반발로 신돈 제거·공민왕 살해, 개혁 중단
  - 한계 : 홍건적과 왜구의 침입, 신진사대부 세력 미약
    - └ 공민왕의 안동 피난(놋다리 밟기 유래)

공민왕의 영토수복

> ✲ 전민변정도감
>
> 신돈이 전민변정도감 두기를 청하여 … "대대로 지어 내려오는 땅을 힘 있는 집안이 빼앗고 백성들을 노예로 삼았다. … 그 잘못을 알고 스스로 고치는 자는 죄를 묻지 않을 것이며 … "라고 하였다. -고려사-

신흥 세력

- **신진 사대부**
  - 출신 : 무신정권 이래 과거로 중앙 진출, 지방세력, 행정 실무 능력을 갖춘 학자적 관료
  - 성장 : 성리학 수용, 불교 비판, 권문세족 비판, 공민왕 때 성장
  - 한계 : 권문세족의 견제 관직 진출 제한, 개혁 정치에 적극 참여하였으나 역부족

[권문세족과 신진사대부의 비교]

구분	근거지	중앙 진출	경제력	사상	불교	성향
권문세족	중앙	음서로 진출	대지주	훈고학	숭불	친원
신진사대부	지방	과거로 진출	중소지주	성리학	억불	친명

- **14c 외침**
  - 홍건적 : 이승경·정세운·이방실(서경)·이성계(개경,1361)의 활약
  - 왜구 : 홍산 대첩(최영), 진포 대첩(최무선), 황산 대첩(이성계)
    - └ 충남 부여. 1376 └ 금강 하류. 1380 └ 남원 운봉. 1380. 왜장 아지발도 사살

> ✲ 황산 대첩
>
> 운봉을 넘어온 이성계는 적장 가운데 나이가 어리고 용맹한 아지발도를 사살하는 등 선두에 나서서 전투를 독려하여 아군보다 10배나 많은 적군을 섬멸케 했다.

> ✲ 진포 전투
>
> 우왕 6년 8월 추수가 거의 끝나갈 무렵 왜구는 500여 척의 함선을 이끌고 진포로 쳐들어와 충청·전라·경상도의 3도 연해의 주군을 돌며 약탈과 살육을 일삼았다. 고려 조정에서는 나세, 최무선, 심덕부 등이 나서서 최무선이 만든 화포로 왜선을 모두 불태워버렸다. ……

최무선
- 벽란도에 왕래하는 원 상인 이원으로부터 화약 제조법 터득.
- 화통도감 설치(1377)
- 최초 화포사용-진포대첩

고려 멸망

- **요동 정벌**
  - 배경 : 명의 철령위 설치 통보(1388)
  - 단행 : 우왕은 최영·이성계에게 요동 정벌 명령
  - 중단 : 이성계는 위화도에서 회군(1388)
    - └ 최영 제거, 군사적 실권 장악

- **조선 건국**
  - 배경 : 권문세족 횡포, 홍건적·왜구의 침입 등 사회 혼란
  - 조선 : 위화도 회군(1388) → 공양왕 옹립 → 과전법 실시(1391) → 조선 건국(1392.이성계)
    - └ 신진사대부의 경제적 기반 마련

2. 중세의 경제

① 고려의 경제 정책

중농 정책
- 농업 : 중농 정책, 개간 지역은 일정 기간 면세
- 민생안정 : 농번기 잡역 동원 금지, 재해 시 세금 감면, 의창제
- 산업 : 시전 설치(개경), 국영 점포 운영, 화폐 유통, 관영·소수공업
- 한계 : 자급자족적인 농업 경제 기반으로 산업 발달 부진

> **황무지 개간**
> 황무지 개간 시
> 주인 有 - 소작료 감면
> 주인 無 - 개간지 소유

국가 재정
- 재정정비 : 양안(20년 주기, 토지 대장), 호적(3년 주기, 호구 장부)
- 재정관리 : 호부(호적·양안 작성), 삼사(재정 관련 사무)
  - └→ 인구와 토지 관리 └→ 화폐, 곡식 출납

수취 제도
- 조세 : 토지 비옥도에 따라 3등급 부과, 생산량의 1/10 납부(조운제도)
  - └→ 태조 왕건의 민생 안정책
- 공물
  - 원칙 : 집집마다 토산물 징수, 주현공부법
    - └→ 주와 현 단위의 세금 징수
  - 종류 : 매년 내어야 하는 상공과 필요에 따라 수시로 거두는 별공
- 역 : 16~60세까지의 정남에게 부과, 군역과 요역 부과

> **조운제도**
> 각 군현의 농민이 조창으로 운반, 조운을 통해 경창(개경)으로 운송하여 보관

토지 제도
- 역분전 : 태조 때 공신전, 통일과정의 논공행상적 성격(인품 + 경기 지역)
- 전시과
  - (지급) : 관리 등급에 따라 전지(토지, 곡물 수취)와 시지(임야, 땔감 조달)를 지급
  - (성격) : 소유권이 아닌 수조권만 지급했던 토지, 원칙적 세습 불가
    - └→ 사망·퇴직시 반납
  - (종류)
    - 과전(일반 문무 관리), 공음전(5품 이상 관료)
    - 공신전(공신), 군인전(군역의 대가), 구분전(하급관료와 군인의 유가족)
    - 외역전(향리), 한인전(6품 이하 하급 관리의 子, 관직에 오르지 못한 사람)
    - 내장전(왕실 경비), 공해전(관청 운영), 사원전(사원 운영)
  - (변화)
    - 변천 : 시정전시과(경종,976) → 개정전시과(목종,998) → 경정전시과(문종,1076)
    - 붕괴 : 귀족들의 토지 독점·세습 → 무신 정변 이후 악화 → 농민 몰락

[고려 토지제도 정리]

역분전	전시과		
	시정(경종)	개정(목종)	경정(문종)
전·현직관리	전·현직관리	전·현직관리	현직관리
인품+품계	※ 인품+품계	인품X,품계O	품계

※ 인품 : 사람의 됨됨이(성인, 대현, 군자, 선인, 속인, 소인)

  - (민전) : 매매, 상속, 기증, 임대 등이 가능한 소유권이 보장된 농민의 사유지
    - └→ 비교) 정전(신라 성덕왕)
- 과전법 : 경기 지역, 수조권 지급, 전·현직 관리 지급, 신진사대부의 경제적 기반 마련

② 고려의 경제 발전

경제
생활 ─ 귀족 ─ 과전 : 관직에 대한 반대급부, 조세 징수(1/10), 사유지로 수확량의 1/2 징수
                                      ↳ 소작인을 통한 소작료

                ─ 녹봉 : 현직관리에게 쌀·보리·베·비단을 지급

                ─ 생활 : 화려하고 사치스러운 생활, 누각·별장·시종을 거느림, 대농장 소유, 소작 경영

                ─ 재산형성 : 노비 증산(신공 납부), 농장 형성, 고리대를 통한 농민 수탈, 지대 징수

        ─ 농민 ─ 생계유지 : 민전 또는 소작지 경작, 품팔이, 가내 수공업 등

                ─ 농업
                  기술 ─ 전기 ─ 소를 이용한 깊이갈이의 일반화, 시비법 발달, 2년 3작 윤작법 보급
                                        ↳ 휴경지 감소O, 소멸X

                            ─ 2년 동안 보리·조·콩 돌려짓기 발달, 남부 일부 모내기법(이앙법) 보급

                      ─ 후기 : 농상집요 소개(이암. 원 농법서), 목화 재배(1363. 공민왕 때 문익점)

                ─ 몰락 : 고려후기 권문세족들의 대농장, 과도한 수취로 인해 소작인·노비로 전락

산업
발달 ─ 상업 ─ 전기 ─ 도시 : 개경에 시전, 대도시에 관영 상점, 경시서(상행위 감독)

                        ─ 지방 : 관아 근처의 임시 시장, 행상, 수공업 제품의 민간 판매

                ─ 후기 : 시전 확대, 업종별 전문화, 도성 밖으로 상권 확대

        ─ 수공업 ─ 전기 ─ 관영수공업 : 관청에서는 기술자를 공장안에 올려 물품을 생산

                         ─ 소수공업 : 금, 은, 철, 구리, 실, 옷감, 종이, 먹, 차, 생강 등 생산

                ─ 후기 : 사원(寺院) 수공업(베·모시·기와·술·소금)과 민간수공업
                      ↳ 불교의 타락과 연관

        ─ 화폐 ─ 발행 : 건원중보(성종), 삼한통보·해동통보·해동중보·활구(숙종)

⟨고려의 화폐⟩	
화 폐	발 행
건원중보	성 종
삼한통보	숙 종
해동통보	숙 종
은병(활구)	숙 종
쇄 은	충렬왕
저화(지폐)	공양왕

                 ✗ 활구 : 의천의 주장으로 우리나라 지형을 본떠서 은근으로
              만든 고가의 화폐로, 은병 하나의 값은 포 100여 필이나 되
              었다.

                ─ 한계 : 자급자족 경제로 화폐 필요성 X → 유통 부진

        ─ 고리대 : 왕실·귀족·사원 등의 재산 증식 방법으로 고리대 이용, 보(寶, 제위보·학보·경보·팔관보)

무역
발달 ─ 국제무역 : 고려 초기의 공무역 중심, 벽란도에는 이슬람 상인이 왕래
                                ↳ 고려의 국제무역항. 비교) 당항성(신라)

        ─ 전기 ─ 對송무역 : 가장 큰 비중, 수입과 수출 활발
                          비단·서적·자기 ←┘ └→ 종이·인삼

                  ─ 對거란·여진 : 수입(은), 수출(농기구·식량)

                  ─ 對일본 : 수입(수은·황), 수출(식량·인삼·서적)

                  ─ 對아라비아 : 서역과의 교류 활발, 고려(Corea)가 알려짐
                          ↳ 수입(수은·향료·산호)

        ─ 후기 : 공무역과 사무역 활발, 금·은·소·말 등의 지나친 유출

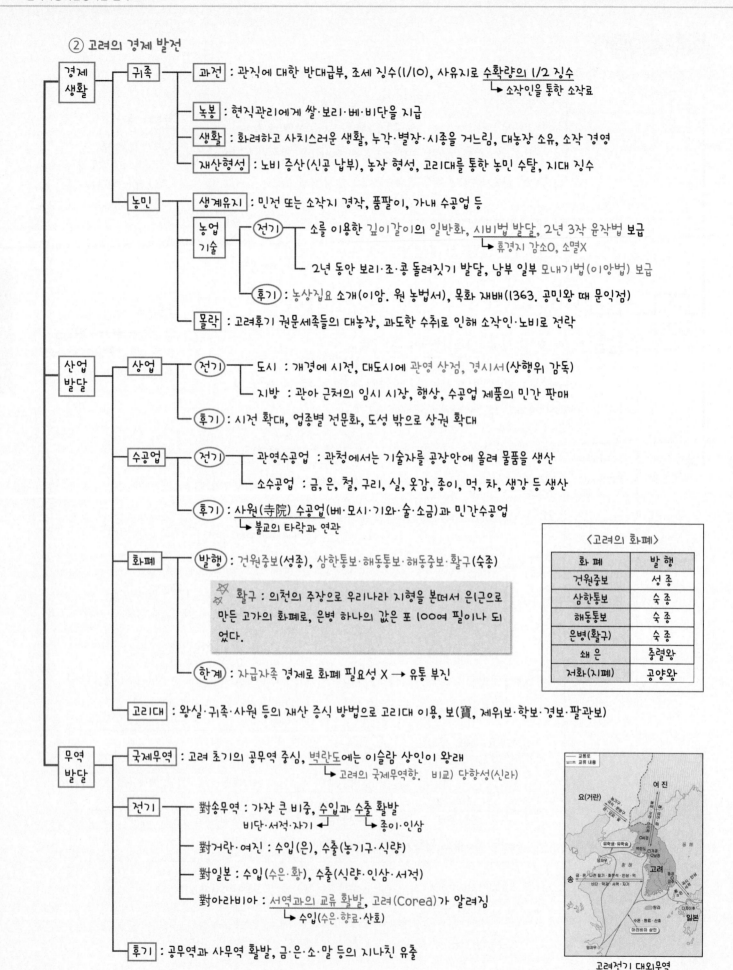

고려전기 대외무역

3. 중세의 사회

① 고려의 신분 제도

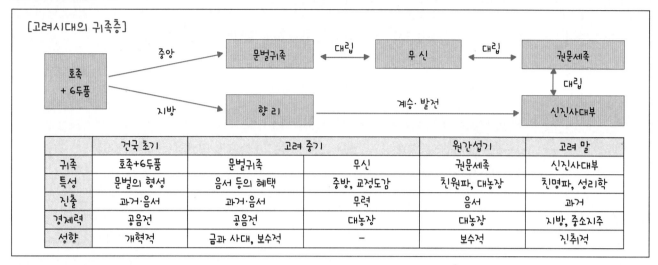

[고려시대의 귀족층]

	건국 초기	고려 중기		원간섭기	고려 말
귀족	호족+6두품	문벌귀족	무신	권문세족	신진사대부
특성	문벌의 형성	음서 등의 혜택	중방, 교정도감	친원파, 대농장	친명파, 성리학
진출	과거·음서	과거·음서	무력	음서	과거
경제력	공음전	공음전	대농장	대농장	지방, 중소지주
성향	개혁적	금과 사대, 보수적	–	보수적	진취적

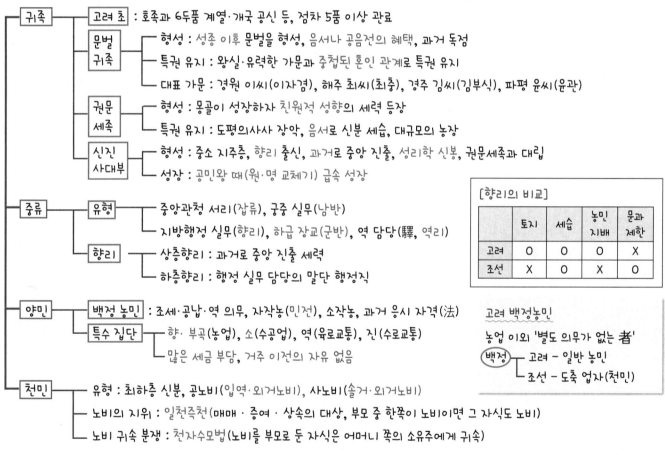

- 귀족
  - 고려 초 : 호족과 6두품 계열·개국 공신 등, 점차 5품 이상 관료
  - 문벌귀족
    - 형성 : 성종 이후 문벌을 형성, 음서나 공음전의 혜택, 과거 독점
    - 특권 유지 : 왕실·유력한 가문과 중첩된 혼인 관계로 특권 유지
    - 대표 가문 : 경원 이씨(이자겸), 해주 최씨(최충), 경주 김씨(김부식), 파평 윤씨(윤관)
  - 권문세족
    - 형성 : 몽골이 성장하자 친원적 성향의 세력 등장
    - 특권 유지 : 도평의사사 장악, 음서로 신분 세습, 대규모의 농장
  - 신진사대부
    - 형성 : 중소 지주층, 향리 출신, 과거로 중앙 진출, 성리학 신봉, 권문세족과 대립
    - 성장 : 공민왕 때(원·명 교체기) 급속 성장
- 중류
  - 유형
    - 중앙관청 서리(잡류), 궁중 실무(남반)
    - 지방행정 실무(향리), 하급 장교(군반), 역 담당(驛, 역리)
  - 향리
    - 상층향리 : 과거로 중앙 진출 세력
    - 하층향리 : 행정 실무 담당의 말단 행정직

[향리의 비교]

	토지	세습	농민 지배	문과 제한
고려	O	O	O	X
조선	X	O	X	O

- 양민
  - 백정 농민 : 조세·공납·역 의무, 자작농(민전), 소작농, 과거 응시 자격(法)
  - 특수 집단
    - 향·부곡(농업), 소(수공업), 역(육로교통), 진(수로교통)
    - 많은 세금 부담, 거주 이전의 자유 없음

고려 백정농민

농업 이외 '별도 의무가 없는 者'
- 백정
  - 고려 – 일반 농민
  - 조선 – 도축 업자(천민)

- 천민
  - 유형 : 최하층 신분, 공노비(입역·외거노비), 사노비(솔거·외거노비)
  - 노비의 지위 : 일천즉천(매매·증여·상속의 대상, 부모 중 한쪽이 노비이면 그 자식도 노비)
  - 노비 귀속 분쟁 : 천자수모법(노비를 부모로 둔 자식은 어머니 쪽의 소유주에게 귀속)

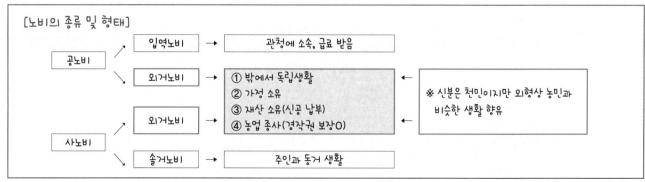

[노비의 종류 및 형태]

- 공노비
  - 입역노비 → 관청에 소속, 급료 받음
  - 외거노비 →
- 사노비
  - 외거노비 →
    - ① 밖에서 독립생활
    - ② 가정 소유
    - ③ 재산 소유(신공 납부)
    - ④ 농업 종사(경작권 보장O)
    - ※ 신분은 천민이지만 외형상 농민과 비슷한 생활 향유
  - 솔거노비 → 주인과 동거 생활

② 고려 사회의 제도와 변화

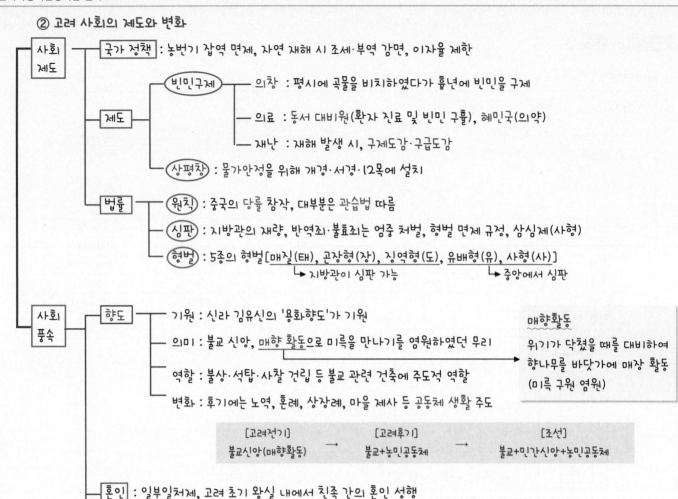

- 사회 제도
  - 국가 정책 : 농번기 잡역 면제, 자연 재해 시 조세·부역 감면, 이자율 제한
  - 제도
    - 빈민구제
      - 의창 : 평시에 곡물을 비치하였다가 흉년에 빈민을 구제
      - 의료 : 동서 대비원(환자 진료 및 빈민 구휼), 혜민국(의약)
      - 재난 : 재해 발생 시, 구제도감·구급도감
    - 상평창 : 물가안정을 위해 개경·서경·12목에 설치
  - 법률
    - 원칙 : 중국의 당률 참작, 대부분은 관습법 따름
    - 심판 : 지방관의 재량, 반역죄·불효죄는 엄중 처벌, 형벌 면제 규정, 삼심제(사형)
    - 형벌 : 5종의 형벌[매질(태), 곤장형(장), 징역형(도), 유배형(유), 사형(사)]
      - → 지방관이 심판 가능
      - → 중앙에서 심판
- 사회 풍속
  - 향도
    - 기원 : 신라 김유신의 '용화향도'가 기원
    - 의미 : 불교 신앙, 매향 활동으로 미륵을 만나기를 염원하였던 무리
    - 역할 : 불상·석탑·사찰 건립 등 불교 관련 건축에 주도적 역할
    - 변화 : 후기에는 노역, 혼례, 상장례, 마을 제사 등 공동체 생활 주도

매향활동
위기가 닥쳤을 때를 대비하여 향나무를 바닷가에 매장 활동
(미륵 구원 염원)

[고려전기]		[고려후기]		[조선]
불교신앙(매향활동)	→	불교+농민공동체	→	불교+민간신앙+농민공동체

  - 혼인 : 일부일처제, 고려 초기 왕실 내에서 친족 간의 혼인 성행
  - 여성의 지위
    - 자녀 균분 재산 상속, 연령순 호적 기재, 양자 없이 딸이 제사, 호주 가능
    - 사위·외손자까지 음서 혜택, 사위가 처가의 호적에 입적, 여성의 재가 허용
    - → 조선과 비교하여 자주 출제
  - 민족 명절 : 유교적 규범 장려, 민간에서는 토착신앙·불교·도교 신앙의 융합 풍속

[민족 명절과 풍습]

명절	일자	풍습
설날	1월 1일	차례, 세배, 씨름 등 민속놀이
대보름	1월 15일	달맞이, 쥐불놀이, 다리밟기, 부럼깨기, 달집태우기, 귀밝이술 마시기
연등회	2월 15일	불교행사
삼짇날	3월 3일	화전놀이, 화전(진달래꽃) 만들어 먹기
단오	5월 5일	창포에 머리감기, 쑥과 익모초 뜯기, 수리떡 먹기, 대추나무 시집보내기, 그네뛰기·격구·씨름·석전(石戰)·활쏘기 등 민속놀이
유두	6월 6일	동쪽으로 흐르는 물에 머리감기
칠석	7월 7일	칠성맞이 굿, 밭제, 별보며 글짓기, 걸교제(바느질 솜씨 늘기 기원)
한가위	8월 15일	차례, 성묘, 민속놀이(강강술래, 씨름 소싸움 등), 송편, 토란국, 추석(古. 가배)
팔관회	가을	개경 11월 15일, 서경 10월 15일, 불교행사, 토착신앙
동지	양12월 22일	밤이 가장 긴 날. 팥죽 먹기. 차례 지내기
한식	동지후 105일	찬 음식을 먹기. 차례·성묘하기. 농작물의 씨 뿌리기

※ 팔관회 : 국가와 왕실 태평 기원, 불교·도교·민간신앙이 융합된 국가적 행사, 여진·송·일본 상인 참여, 태조는 불교행사 강조(훈요10조), 성종 때 최승로의 건의로 폐지되었다가 현종 때 부활

4. 중세의 문화

① 유학과 역사 인식의 성장

역사서

- **편찬 사서**
  - **전기**
    - 사관 : 6두품·호족의 집권기 자주적 사관
    - 역사서 : 왕조실록 · 7대실록(태조~목종, 황주량, 편년체, 현존X)
  - **중기**
    - 사관 : 문벌귀족 집권기 사대적 유교사관
    - 역사서 : 김부식의 삼국사기(현존 最古 역사서, 유교적 합리주의, 기전체, 신라 계승)
  - **후기**
    - 사관 : 무신·권문세족 집권기 자주적 사관
    - 무신집권기 : 동명왕편(이규보, 영웅 서사시), 해동고승전(각훈, 삼국시대 승려 전기
      - └▶ 고구려 계승의식
    - 원간섭기
      - 삼국유사(일연) : 불교사 중심 서술, 단군을 민족의 시조로 파악
        - └▶ 고조선 계승의식
      - 제왕운기(이승휴) : 단군으로부터 역사 서술, 자주성
        - └▶ 상권(중국사), 하권(한국사)   └▶ 고조선 계승의식
  - **고려 말**
    - 사관 : 신진사대부 집권기, 성리학적 유교사관
    - 역사서 : 이제현의 사략
  - **서술 방법**
    - 기전체 : 인물을 중심으로 본기, 열전, 세가, 지, 표 등으로 구분(삼국사기, 고려사)
      - 왕의 업적 ◀┘   └▶ 위인들의 업적
    - 편년체 : 연도(연월)을 중심으로 편찬(고려사절요, 동국통감, 조선왕조실록)
    - 기사본말체 : 원인과 결과를 구분하여 편찬(연려실기술, 삼국유사)
    - 강목체 : 강(대목)과 목(세목)으로 나누어 서술(동사강목)

유학

- **전기** : 태조(6두품 유학자 활약), 광종(과거 실시), 성종(유교정치, 국자감 정비)
  - └▶ 자주적   └▶최언위, 최지몽   └▶ 최승로의 시무 28조 채택
- **중기**
  - └▶ 보수적
  - 최충 : 문종 때 활동, 해동공자, 9재 학당, 훈고학적 유학+철학적 경향
  - 김부식 : 인종 때 활동, 유교사관(보수적·현실적 유학), 삼국사기(기전체)
- **후기** : 무신정변으로 한동안 크게 위축, 원 간섭기 이후 성리학 발달

교육

- **교육 발전**
  - 태조 : 개경·서경 학교 설립, 학보(장학재단)
  - 성종
    - 지방 : 향교(지방 관리·서민 자제 교육)
    - 중앙 : 국자감(국립대학, 신분별 입학)
  - 문종
    - 관학 위축 : 사학의 발달(12공도)
    - 최충 : 9재 학당 번성, 문헌공도

> **국자감**
> - 유학부 ┬ 국자학(3품↑ 子)
>   │ ├ 태학(5품↑ 子)
>   │ └ 사문학(7품↑ 子)
>   └ 기술학부 : 기술학(8품↓ 子)

> 12공도 : 최충의 9재 학당을 모방하여 11인의 귀족이 사학을 열었는데, 이를 12공도라 함.

- **관학 진흥**
  - 숙종 : 서적포(서적 간행 활성화)
  - 예종 : 국학 7재(국자감 개칭), 양현고(장학 재단), 청연각·보문각(학문연구소)
  - 인종 : 국학 7재를 경사 6학으로 정비, 향교 증설(지방 교육 확대)
  - 충렬왕 : 국학을 성균관으로 개칭, 공자 사당인 문묘를 건립, 섬학전(장학재단)
  - 공민왕 : 성균관을 순수한 유교 교육 기관으로 개편, 유학 교육 강화(기술 교육 X)
- **성리학 발전**
  - 성격 : 인간 심성과 우주 원리 문제를 철학적으로 탐구하는 신유학
  - 전래 : 충렬왕 때 안향의 소개 → 이제현의 심화 → 이색 → 정몽주(동방 이학의 조)·정도전
  - 영향 : 권문세족과 불교 비판, 새로운 국가 지도 이념으로 발전

② 불교와 기타 신앙

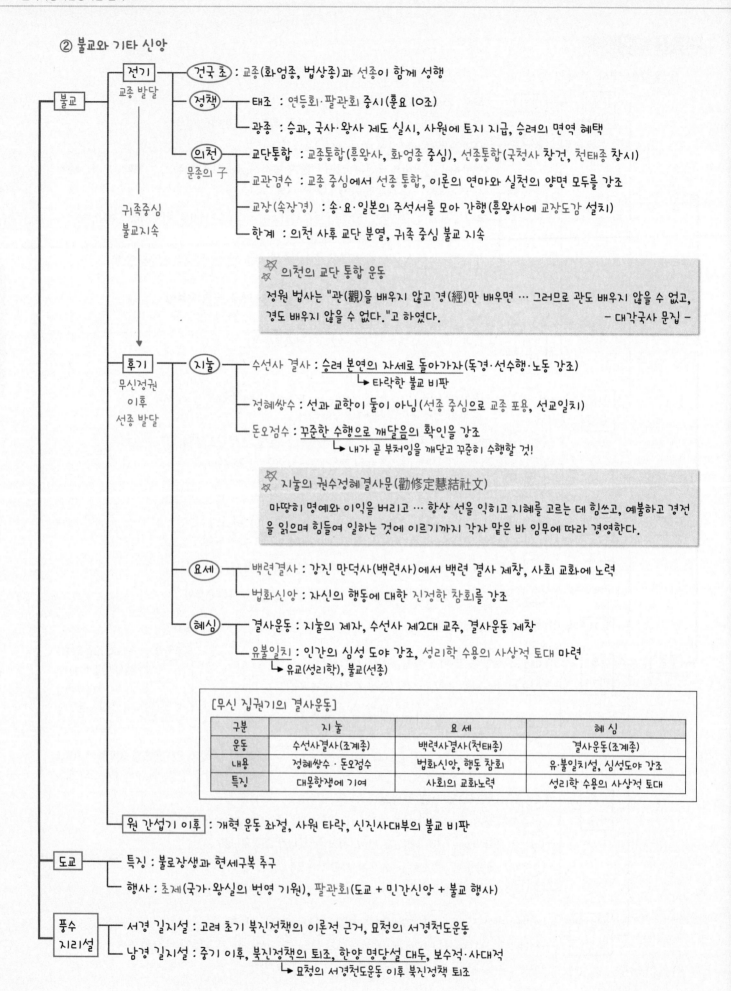

불교

전기 (교종 발달)

- **건국 초** : 교종(화엄종, 법상종)과 선종이 함께 성행
- **정책**
  - 태조 : 연등회·팔관회 중시(훈요 10조)
  - 광종 : 승과, 국사·왕사 제도 실시, 사원에 토지 지급, 승려의 면역 혜택
- **의천** (문종의 子)
  - 교단통합 : 교종통합(흥왕사, 화엄종 중심), 선종통합(국청사 창건, 천태종 창시)
  - 교관겸수 : 교종 중심에서 선종 통합, 이론의 연마와 실천의 양면 모두를 강조
  - 교장(속장경) : 송·요·일본의 주석서를 모아 간행(흥왕사에 교장도감 설치)
  - 한계 : 의천 사후 교단 분열, 귀족 중심 불교 지속

귀족중심
불교지속

> ✡ 의천의 교단 통합 운동
>
> 정원 법사는 "관(觀)을 배우지 않고 경(經)만 배우면 … 그러므로 관도 배우지 않을 수 없고, 경도 배우지 않을 수 없다."고 하였다.
> — 대각국사 문집 —

후기 (무신정권 이후 선종 발달)

- **지눌**
  - 수선사 결사 : 승려 본연의 자세로 돌아가자(독경·선수행·노동 강조)
    └→ 타락한 불교 비판
  - 정혜쌍수 : 선과 교학이 둘이 아님(선종 중심으로 교종 포용, 선교일치)
  - 돈오점수 : 꾸준한 수행으로 깨달음의 확인을 강조
    └→ 내가 곧 부처임을 깨닫고 꾸준히 수행할 것!

> ✡ 지눌의 권수정혜결사문(勸修定慧結社文)
>
> 마땅히 명예와 이익을 버리고 … 항상 선을 익히고 지혜를 고르는 데 힘쓰고, 예불하고 경전을 읽으며 힘들여 일하는 것에 이르기까지 각자 맡은 바 임무에 따라 경영한다.

- **요세**
  - 백련결사 : 강진 만덕사(백련사)에서 백련 결사 제창, 사회 교화에 노력
  - 법화신앙 : 자신의 행동에 대한 진정한 참회를 강조
- **혜심**
  - 결사운동 : 지눌의 제자, 수선사 제2대 교주, 결사운동 제창
  - 유불일치 : 인간의 심성 도야 강조, 성리학 수용의 사상적 토대 마련
    └→ 유교(성리학), 불교(선종)

[무신 집권기의 결사운동]

구분	지 눌	요 세	혜 심
운동	수선사결사(조계종)	백련사결사(천태종)	결사운동(조계종)
내용	정혜쌍수·돈오점수	법화신앙, 행동 참회	유·불일치설, 심성도야 강조
특징	대몽항쟁에 기여	사회의 교화노력	성리학 수용의 사상적 토대

원 간섭기 이후 : 개혁 운동 좌절, 사원 타락, 신진사대부의 불교 비판

도교
- 특징 : 불로장생과 현세구복 추구
- 행사 : 초제(국가·왕실의 번영 기원), 팔관회(도교 + 민간신앙 + 불교 행사)

풍수 지리설
- 서경 길지설 : 고려 초기 북진정책의 이론적 근거, 묘청의 서경천도운동
- 남경 길지설 : 중기 이후, 북진정책의 퇴조, 한양 명당설 대두, 보수적·사대적
  └→ 묘청의 서경천도운동 이후 북진정책 퇴조

③ 과학 기술의 발달

인쇄술

- **목판**
  - 초조대장경 : 현종 때 거란의 침입 격퇴 염원, 몽골 침입 때 소실, 인쇄본 일부 현존
  - 속장경 : 의천이 고려·송·요의 주석서를 수집·간행, 교장도감 설치(흥왕사), 몽골 침입 때 소실
    (교장)　　　↳ 10여 년에 걸쳐 4,700여권 간행
  - 재조대장경(팔만대장경) : 고종 때 몽골 격퇴 기원, 강화도에서 조판(대장도감)

> ✗ **팔만대장경(재조대장경)**
>
> 국보 제32호로, 고려가 몽골의 침입을 부처의 힘으로 막아내고자 수기 승통의 총괄하에 진행되었다. 고려 고종23년(1236) 강화에서 조판에 착수하여 고종 38년(1251) 완성한 고려의 대장경은 2007년 세계 기록유산으로 지정 되어 현재는 합천 해인사에 보관되어 있다.

- **금속**
  - 상정고금예문
    (1234)
    - 기록 : 12C 강화도에서 금속활자로 인쇄하였다는 기록(동국이상국집)
    - 한계 : 오늘날 전하지 않아 세계 최초의 활판인쇄술로 공인받지 못함
  - 직지심체요절
    (1977. 우왕)
    - 간행 : 청주 흥덕사 백운 화상(法名.경한)이 금속활자로 인쇄
      ↳ 현존 最古 금속활자본
    - 유출 : 1887년 프랑스 대리공사 콜랭드 플랑시가 유출
      병인양요와 관련 없음 (現 프랑스 국립도서관 소장) ↲

과학 기술

- **기술 교육**
  - 국자감 : 국자감 잡학(율학·서학·산학) 교육, 잡과 실시
  - 의학 : 태의감에서 의학 교육 실시, 향약구급방(1236, 우리나라 最古의 자주적 의학 서적)
    ↳ 각종 질병에 대한 처방과 국산 약재 18여 종 소개
- **천문학**
  - 천문 : 사천대(서운관, 천문과 역법담당)
  - 역법 : 고려후기의 충선왕 때에는 원의 수시력 채용
- **기타**
  - 농업기술 : 이암이 원의 농상집요 소개, 공민왕 때 목화씨(문익점) 유입, 목화 재배 시작
  - 무기 : 최무선의 건의로 화통도감 설치(왜구 격퇴, 진포전투)
  - 선박 : 대형 범선, 조운선, 누전선(전함)
    ↳ 송과 무역　　　 ↳ 왜구 격퇴에 활용
  - 글씨 : 전기(구양순체,신품 4현), 후기(송설체,이암)
  - 제지술 : 닥나무 재배, 제조 전담 관서 설치
  - 회화 : 예성강도(이령), 천산대렵도(공민왕)
  - 불화 : 양류관음도(혜허), 아미타불도, 관음보살도

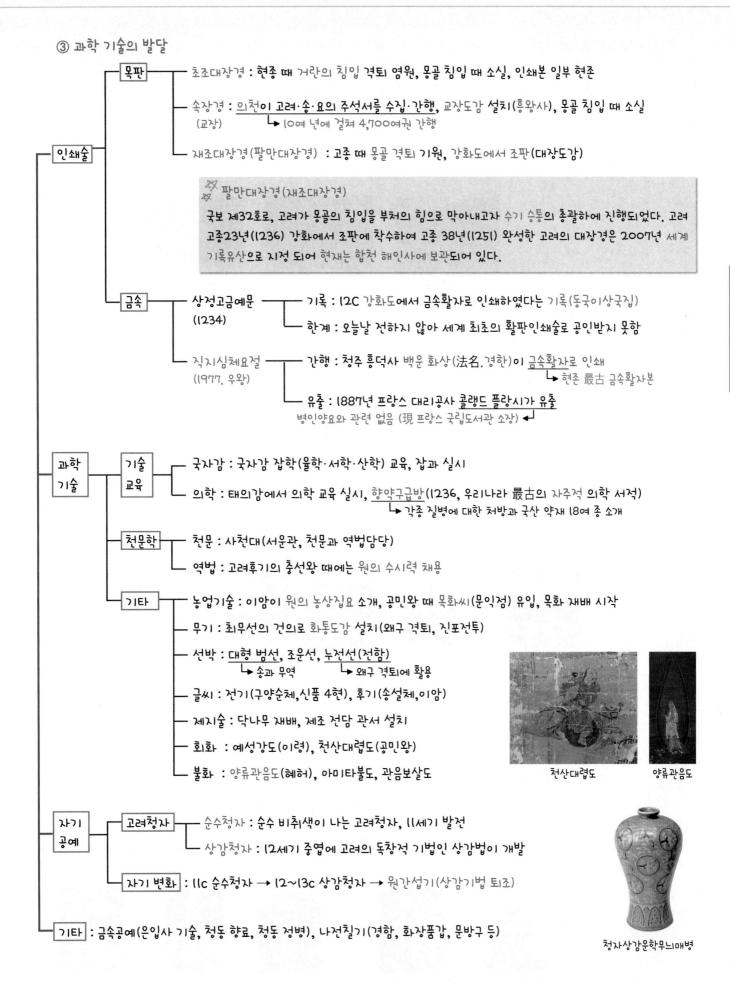

천산대렵도　　　양류관음도

자기 공예

- **고려청자**
  - 순수청자 : 순수 비취색이 나는 고려청자, 11세기 발전
  - 상감청자 : 12세기 중엽에 고려의 독창적 기법인 상감법이 개발
- **자기 변화** : 11c 순수청자 → 12~13c 상감청자 → 원간섭기(상감기법 퇴조)

청자상감운학무늬매병

기타 : 금속공예(은입사 기술, 청동 향료, 청동 정병), 나전칠기(경함, 화장품갑, 문방구 등)

④ 건축 및 조형 미술의 발달

- **건축**
  - **주심포 양식**
    - 형태 : 공포가 기둥 위에 설치, 대개 기둥이 굵고 배흘림 양식
    - 건물 : 봉정사 극락전, 부석사 무량수전, 수덕사 대웅전
  - **다포 양식**
    - 형태 : 건물이 웅장해짐에 따라 공포가 기둥 사이에 설치
    - 건물 : 성불사 응진전 (조선시대 건축 양식에 영향)

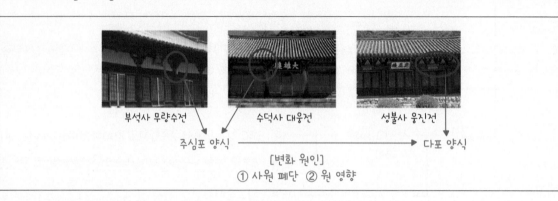

부석사 무량수전   수덕사 대웅전   성불사 응진전

주심포 양식 ──────────────→ 다포 양식

[변화 원인]
① 사원 폐단   ② 원 영향

- **탑**
  - **석탑**
    - 특징 : 독자적인 조형 감각 가미, 다각 다층탑, 안정감 부족
    - 유적 : 월정사 팔각 9층 석탑, 경천사지 10층 석탑 (원의 양식)

    [고려의 석탑 특징]

고려전기	→	고려중기	→	고려후기
기단의 보편화		송의 영향		원의 영향, 목조양식
대부분 5층 탑		월정사 8각 9층탑		경천사 10층 석탑

월정사 팔각 9층 석탑(평창) 경천사지 10층 석탑 고달사지 승탑 지광국사 현묘탑

경천사지 10층 석탑

시기	내용
충목왕	석탑 건립(1348)
1907	일본으로 밀반출
1918	반환(경복궁 보관)
1959	복원 작업(경복궁)
2005	국립 중앙 박물관

  - **승탑**
    - 특징 : 신라 말 선종 유행과 관련하여 발달
    - 유적 : 고달사지 승탑(팔각원당형), 법천사 지광국사 현묘탑(4각형)

- **불상**
  - 특징 : 대체로 조형미는 부족, 거대 불상, 지역미·향토미
  - 유적
    - 부석사 소조아미타여래 좌상, 광주 춘궁리 철불(하남하사창동 철조석가여래좌상)
      - → 조형미(신라 양식 계승)   → 대형 철불 조성
    - 관촉사 석조미륵보살, 입상 · 안동 이천동 석불 · 파주 용미리 마애이불입상
      - → 거대 불상(미륵신앙 영향, 선종의 영향, 향토미)

광주 춘궁리 철불 부석사 소조아미타여래좌상 관촉사석조미륵보살입상 안동 이천동 석불 파주 용미리 마애이불입상

● 훈요 10조

3조 왕위계승은 적자적손 원칙이며, 형편이 안 되면 형제 상속도 가능하게 하라.

4조 거란은 금수(짐승)의 나라이니 그 풍속을 따르지 말라.

5조 서경의 수덕은 순조로워 대업을 누릴 만한 곳이니, 100일을 머물러 안녕(태평)을 이루게 하라.

6조 연등은 부처를 제사하고, 팔관은 하늘과 5악·명산·대천·용신 등을 봉사하는 것이니, 후세의 간신이 의식절차의 가감(加減)을 건의하지 못하게 하라.
　　「고려사」

● 최승로의 시무 28조

7조 태조께서 나라를 통일한 후에 외관(外官)을 두고자 하였으나 … 청컨대 외관을 두소서.

13조 봄에는 연등을 설치하고 겨울에는 팔관(八關)을 베푸는데, 사람을 많이 동원하고 노역이 심히 번다하니, 원컨대 이를 더 덜어서 백성의 힘을 펴주소서.

20조 불교를 행하는 것은 수신의 근본이며, 유교를 행하는 것은 치국의 근원이니, 수신은 내세를 위한 것이며, 치국은 곧 현세의 일입니다.

● 서희의 외교 담판

소손녕 고려는 신라의 땅에서 일어났는데도 우리가 소유하고 있는 고구려 땅을 침식하고 있으니 고려가 차지한 고구려의 옛 땅을 내놓아라. 또한 고려는 우리나라와 땅을 연접하고 있으면서도 바다를 건어 송을 섬기고 있으니 송과 단교한 뒤 요와 통교하라.

서　희 우리나라는 고구려하여 고려라 하고 평양에 도읍하였으니, …어찌 침식 했다고 할 수 있느냐? 또한, 압록강 내외도 우리의 경내인데, 지금 여진족이 할거하여 그대 나라와 조빙을 통하지 못하고 있으니, 만약에 여진을 내쫓고 우리 땅을 되찾아 성보를 쌓고 도로가 통하면 조빙을 닦겠다.
　　「고려사」

● 공주 명학소의 난

이미 우리 고을(공주 명학소)을 현으로 승격시키고 수령을 두어(백성의 사정을 살펴) 위로 하다가, 다시 군사를 보내 우리 어머니와 처를 붙잡아 가두니 그 뜻이 어디에 있는가. 차라리 창칼 아래 죽을지언정 항복하여 포로는 되지 않을 것이며, 반드시 왕경(개경)에 쳐들어가고야 말 것이다.
　　「고려사」

● 만적의 난

사노비인 만적이 공·사의 노비들을 불러 모아 말하기를 "경계의 난 이래로 고관이 천한 노예들 가운데서 많이 나왔다. 장수와 재상의 씨가 따로 있는 것이 아니다. 때가 오면 누구나 할 수 있는 것이다. 우리들 노비만이 어찌 채찍질 밑에서 고생하라는 법이 있는가."라고 하였다. 이에 노비들이 모두 찬성하였다.
　　「고려사」

● 김윤후의 활약

김윤후는 일찍이 중이 되어 백현원에 있었다. 몽골병이 이르자, 윤후가 처인성으로 난을 피하였는데, 몽골의 장수 살리타가 와서 성을 치매 윤후가 이를 사살하였다. 왕은 그 공을 가상히 여겨 상장군의 벼슬을 주었으나 이를 사양하고 받지 않았다.
　　「고려사」

● 고려첩장불심조조(高麗牒狀不審條條)

1270년 몽골과 강화한 고려정부와 이에 반대한 삼별초의 정부로 나뉘게 되는데, 삼별초의 진도 정부가 일본에 국서를 보내 대몽 연합을 구축할 것을 제의하였다. 일본은 성격이 다른 두 주체의 외교문서에 대해 이해가 되지 않는 점들을 조목별로 정리하였는데 이것이 고려첩장불심조조(1271)이다.

● 진포 대첩

우왕 6년 8월 추수가 거의 끝나갈 무렵 왜구는 500여 척의 함선을 이끌고 진포로 쳐들어와 충청·전라·경상도의 3도 연해의 주군을 돌며 약탈과 살육을 일삼았다. 고려 조정에서는 나세, 최무선, 심덕부 등이 나서서 최무선이 만든 화포로 왜선을 모두 불태워버렸다. ……
　　「고려사」

● 황산 대첩

운봉을 넘어온 이성계는 적장 가운데 나이가 어리고 용맹한 아지발도를 사살하는 등 선두에 나서서 전투를 독려하여 아군보다 10배나 많은 적군을 섬멸케 했다. 이 싸움에서 아군은 1,600여 필의 군마와 여러 병기를 노획하였다고 하며 살아 도망간 왜구는 70여명밖에 없었다고 한다.
　　「고려사」

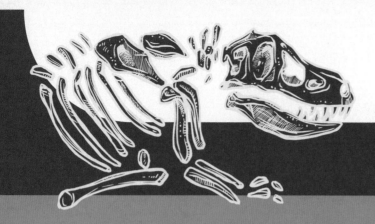

조선 시대의 각 정치 체제와 함께 경제적 상황을 파악하고, 교육과 관리등용제도 내용을 기억해야 한
다. 사림이 대두하면서 펼쳐진 갈등 양상을 잘 알아두어야 하며, 조세, 공납, 역 등의 조선 시대의 수
취제도는 특히 중요하다.

출제 포인트

〈정치〉
1. 고려 말 신진사대부의 분화로 인한 온건·혁명
   파 사대부의 공통점 및 차이점
2. 조선의 건국 과정을 통하여 건국이념과 초기
   정치 파악
3. 조선 초 왕들의 업적을 통하여 정치 발전 이해
4. 6조직계제와 의정부서사제의 차이점
5. 고려와 조선의 통치체제·과거제도의 공통점
   및 차이점
6. 훈구파와 사림파의 특성을 파악하여 사화의 배
   경 및 결과 숙지
7. 선조 때 사림의 분화로 인한 동인과 서인의 특
   성 파악
8. 왜란과 호란의 전개과정 및 결과를 파악하여
   정치 및 사회 변화 추론

〈경제〉
1. 중농억상 정책으로 인한 조선의 경제 변화 파악
2. 수조권의 변화로 인하여 변화하는 토지제도 이해
3. 조선전기의 상업 발전에 따른 상인들의 활동

〈사회〉
1. 조선의 신분제인 양천제와 반상제의 구성과 그
   특성 파악
2. 수령과 향리의 특성 및 권한 파악
3. 지방에서 성장한 사림들의 성향을 파악하여 향
   촌의 사회 변화 도출
4. 성리학의 발전에 따른 가부장적 사회로의 변화

〈문화〉
1. 훈구파와 사림파의 특성을 이해하여 15~16세
   기의 문화 동향 파악
2. 조선전기의 역사서, 지리서, 윤리서 등의 서적
   파악
3. 조정의 중농정책에 따른 과학기술의 변화
4. 이황과 이이의 공통점과 차이점 등 성리학의
   발전 숙지
5. 15세기와 16세기의 건축 및 서화의 특징 변화
   파악

PART IV

근세의 한국사

I. 근세의 정치

① 근세 사회의 성립과 전개

조선 건국 ┬ 과정 ┬ 철령위 통보(명) → 요동정벌 → 위화도 회군(1388) → 신진사대부 분열 → 과전법 시행(1391)
   │   └ → 혁명파의 온건 개혁파 제거 → 조선 건국(1392) → 한양 천도(1394)
   └ 사대부의 분열 : 고려 말 개혁의 방향을 두고 온건파와 혁명파로 분화

[신진사대부의 분화]

구 분	급진 개혁파 (혁명파)	온건 개혁파(온건파)
주 장	왕조 개창(역성혁명) - 정도전	고려 왕조 내 점진적 개혁 - 정몽주
개혁주장	권세가의 사유지 축소	전면적 토지개혁 반대
경제/군사	미약함/강세(신흥 무인 세력과 연합)	우세함/미약

✗ 하여가(何如歌) - 이방원

이런들 어떠하며 저런들 어떠하리
만수산 드렁칡이 얽어진들 어떠하리
우리도 이같이 얽어져 백년까지 누리리라.

✗ 단심가(丹心歌) - 정몽주

이 몸이 죽어죽어 일백 번 고쳐죽어
백골이 진토되어 넋이라도 있고 없고
님 향한 일편단심이야 가실 줄이 있으랴.

정치 발전 ┬ 태조 ┬ 제도개편 ┬ 한양천도, 도성·궁궐·종묘·사직 건설
   │   │   └ 관아·학교·시장·도로 등 건설, 억불숭유
   │   └ 정도전 ┬ 조선경국전·경제문감 저술, 불씨잡변
   │   └ 재상 중심의 정치 주장, 요동 정벌 추진

삼봉 정도전의 저서
┌ 법전 - 조선경국전, 경제문감
├ 역사서 - 고려국사(건국 정당성)
├ 정치서 - 삼봉집(재상중심정치)
└ 기타 - 불씨잡변(불교비판)

   ├ 정종 : 제차 왕자의 난(정종 즉위), 제2차 왕자의 난(이방원의 세자 책봉·양위)

   ├ 태종 ┬ 왕권 강화 : 6조직계제, 사원전 몰수, 사간원 독립, 사병 철폐, 처남 숙청
   │   │   └ 대신 견제 └ 군사권 장악 └ 민무구·민무질
   │   ├ 사회·문화제도 정비 : 신문고 설치, 억울한 노비 해방
   │   └ 호패법 ┬ 원칙 : 신분증, 16세 ~ 60세 남자, 양반~천민(노비)의 모든 남자에게 적용
   │   (1413) └ 목적 : 왕권 강화, 국가 재정 확보

   ├ 세종 ┬ 왕권과 신권의 조화 : 집현전 설치, 의정부 서사제, 인사·군사권은 왕이 직접 행사
   │   ├ 유교 정치 : 유교적 민본 사상(왕도정치)을 추구, 여론 존중
   │   ├ 민생 안정 : 전분6등법(토지비옥도)과 연분9등법(풍흉) 시행
   │   └ 기타 : 4군(최윤덕) 6진(김종서) 개척, 대마도 정벌(이종무), 훈민정음 창제, 측우기·앙부일구·자격루·
   │   혼천의 발명, 농사직설·의방유취·향약집성방·용비어천가·삼강행실도·총통등록·칠정산 내외편
   │   등 편찬

   ├ 단종 : 왕권 약화, 수양대군의 계유정난(1453, 황보인, 김종서 등 제거)

   ├ 세조 ┬ 왕권 강화 : 6조직계제 복귀, 집현전 폐지, 경연 폐지, 종친 등용
   │   ├ 안정 노력 : 경국대전 편찬 시작, 직전법, 5위제 및 진관 체제, 보법
   │   │   수신전, 휼양전 폐지 ←   정군 + 보인 ←
   │   └ 불교 진흥 : 월인석보 간행(간경도감), 원각사지 10층 석탑 건립

국왕 ← 명령 / 보고 → 의정부 ← 명령 / 보고 → 6조
6조직계제

국왕 ← 재가 / 건의 → 의정부 ← 명령 / 보고 → 6조
의정부 서사제

   └ 성종 ┬ 통치체제의 확립 : 경국대전 완성·반포
        ├ 홍문관 : 집현전 계승, 왕의 정치적 자문 역할, 경연 부활
        ├ 관수관급제 : 국가가 직접 수조권 행사, 국가의 토지지배권 강화
        └ 편찬사업 : 동국여지승람, 동국통감, 악학궤범, 국조오례의 등

홍문관
┌ 집현전 계승 기구
├ 옥당·옥서·영각
└ 경연 주관, 삼사 구성

② 통치체계의 정비

중앙 ─┬─ 정비 : 경국대전의 완성(법제화)
      └─ 관리 조직 : 문반·무반(30등급, 18품 30계)

왕 ─── 의정부(국정총괄, 재상 합의제) ─────────── 6조 ─┬─ 이조(문관인사)
⑦ 중추원 ─┬─ 승정원(왕명 출납)   (실무) ├─ 호조(호구, 조세)
          │─ 의금부(중대범죄)   →왕권강화   ├─ 병조(무관인사, 국방, 봉수)
⑦ 어사대 ─┼─ 사헌부(감찰기구) ─┬─ 양사   ┌──────────┐   ├─ 예조(외교, 과거)
          │─ 사간원(간쟁, 서경)─┘ (서경권) │왕권과 신권의 조화│   ├─ 형조(법률, 소송, 노비)
          │─ 홍문관 ─┬─ 자문기관, 문물연구 └──────────┘   └─ 공조(토목, 건축, 수공업, 파발)
          │   └─ 정책결정, 경연   →왕권견제
          │   →⑦삼사-회계담당
          ├─ 춘추관(역사 편찬 및 보관)
          ├─ 성균관(국립대학교)
          └─ 한성부(서울의 행정·치안담당)

지방 ─┬─ 행정구역 : 8도 아래 부·목·군·현 설치, 현 아래에 면·리·통 설치, 전국 약 330여 개의 군현
      │   └→ 태종 때 전국 8도 획정(1413)
      │─ 특징 : 전국에 지방관 파견, 지방관 권한 강화
      │─ 관찰사 : 8도 파견, 수령 지휘, 감독
      │─ 수령 ─┬─ 권한 : 부·목·군·현 파견, 향리 지휘·감독
      │   └─ 수령7사 ─┬─ 농상성(農桑盛), 사송간(詞訟簡), 간활식(奸猾息)
      │   └─ 호구증(戶口增), 학교흥(學校興), 군정수(軍政修), 부역균(賦役均)
      └─ 유향소 : 향촌 자치 기구, 수령보좌, 향리 감찰, 향약 제정
                    └→ 향촌 사회의 풍속 교정, 교화

수령
임명 – 문무양반 중
품계 – 종2품 ~ 종6품
         └→ 당상관 └→ 참상관
자격 – 문과·무과·음과 급제

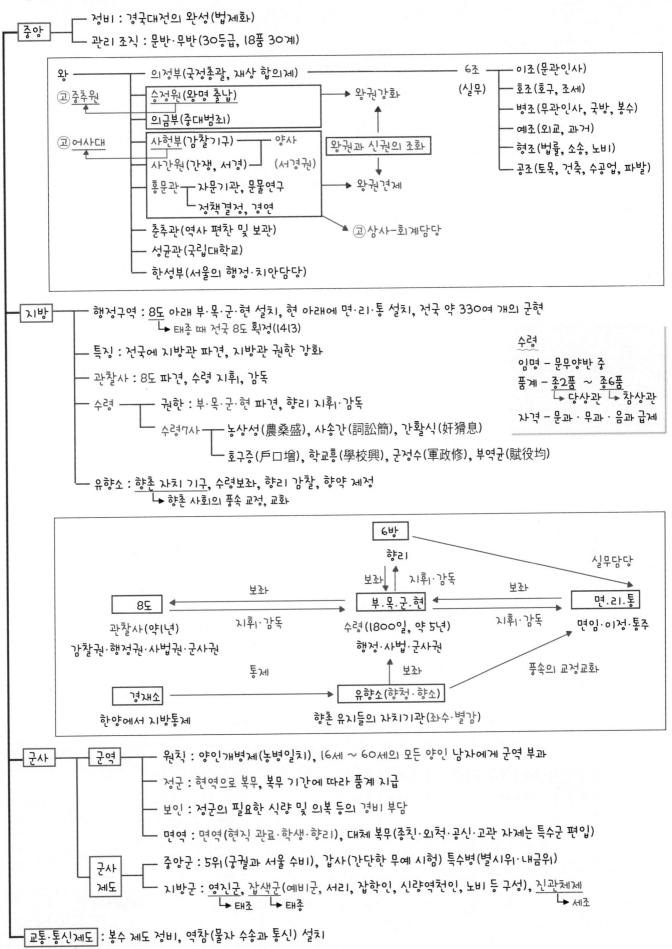

군사 ─┬─ 군역 ─┬─ 원칙 : 양인개병제(농병일치), 16세 ~ 60세의 모든 양인 남자에게 군역 부과
      │   │─ 정군 : 현역으로 복무, 복무 기간에 따라 품계 지급
      │   │─ 보인 : 정군의 필요한 식량 및 의복 등의 경비 부담
      │   └─ 면역 : 면역(현직 관료·학생·향리), 대체 복무(종친·외척·공신·고관 자제는 특수군 편입)
      └─ 군사
         제도 ─┬─ 중앙군 : 5위(궁궐과 서울 수비), 갑사(간단한 무예 시험) 특수병(별시위·내금위)
               └─ 지방군 : 영진군, 잡색군(예비군, 서리, 잡학인, 신량역천인, 노비 등 구성), 진관체제
                           └→ 태조 └→ 태종   └→ 세조

교통·통신제도 : 봉수 제도 정비, 역참(물자 수송과 통신) 설치

③ 관리 등용 제도

- **과거 시험**
  - 원칙 : 문과(문관)·무과(무관)·잡과(기술관), 천민을 제외하고는 법적으로 특별한 제한이 없음
  - 예외 : 문과의 경우 탐관오리의 아들, 재가한 여자의 자손, 서얼에게는 응시가 제한 됨
  - 시기 : 식년시(3년 마다 실시하는 정기 시험), 별시(부정기 시험, 증광시·알성시)

- **과거 종류**
  - 소과 : 생원과·진사과(성균관 입학, 문과 응시 가능)
  - 문과(대과) : 생원·진사, 성균관 학생이 응시, 33명 선발
  - 무과 : 고려에 비해 문무 양반 제도의 확립, 28명 선발
  - 잡과 : 3년마다 실시(역과·의과·음양과·율과), 각 해당관청에서 교육

- **특별 채용** : 취재(하급관리 선발), 음서(2품 이상 고관 子), 천거(기존관 추천)

- **인사 제도**
  - 상피제 : 고관을 출신지에 임명하지 않는 제도
  - 서경제 : 관리 등용 시 양사(사간원, 사헌부)에 관리 임명 동의

> **합격증서**
> 문과(대과), 무과 – 홍패
> 소과, 잡과 – 백패

> **지방 통제 기구**
> 통신 – 상수리제도
> 고려 – 기인제도
> 조선 – 경재소

④ 사림의 대두와 붕당 정치의 시작

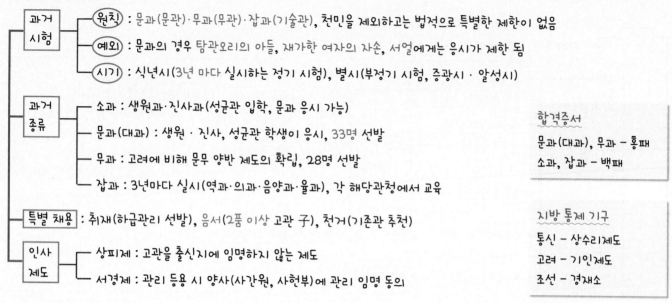

	[고려 말]		[여말선초]		[단종]	[세조]		[성종]
15C	신진사대부	↗	급진개혁파	→	계유정난 참여 →	훈구파	←	사림파 중앙 진출
	분열	↘	온건개혁파	→	계유정난 불참 →	사림파	←	훈구파 VS 사림파

- **사화**
  - 무오사화(1498, 연산군) : 김종직의 조의제문(弔義帝文) → 김일손이 사초 수록 → 사림피해
    - └→ 항우와 의제를 세조와 단종으로 비유
  - 갑자사화(1504, 연산군) : 윤비 폐출 사건(윤씨 폐출·사사 사건)
  - 기묘사화 (1519, 중종)
    - 배경 : 중종 때 조광조의 급진적 개혁으로 훈구의 반발
    - 내용 ─ 현량과의 실시, 불교·도교 행사 폐지, 소학 교육 장려, 방납의 폐단 시정
      - └→ 관리 추천제(사림 등용) └→ 소격서 폐지 └→ 수미법 건의
      - 경연 강화, 위훈 삭제 추진, 향약 시행
        - └→ 공훈 2/3 삭제
    - 결과 : 주초위왕[走+肖 → 趙(사사)] → 조광조를 비롯한 사림 세력 대부분 제거
  - 을사사화(1545, 명종) : (중종) ─ 장경윤씨(子 인종) – 외척(대윤, 윤임 일파) ← 탄압·제거
    - └→ 외척 간 왕위 다툼 └ 문정윤씨(子 명종) – 외척(소윤, 윤원형 일파) ──┘

- **붕당 정치**
  - 배경 ─ 집권 : 선조 즉위 이후 사림 세력을 대거 등용, 중앙 정계로 진출하여 정권 장악
    - 대립 : 척신정치의 개혁에 소극적인 기성 사림과 적극적인 신진 사림의 대립
  - 의미 : 복수 붕당의 견제와 협력 정치
  - 성격 : 정치 이념과 학문적 경향에 따라 결집
  - 전개 ─ 분당 ─ 배경 : 이조전랑직의 대립·갈등
    - 동인 : 이황과 조식·서경덕 학문 계승
    - 서인 : 이이와 성혼의 문인이 가담
    - 동인의 분열 : 남인(온건파)과 북인(급진파) 분당
      - └→ 정여립 모반 사건(1589)

> **동인과 서인**
>
> | 구분 | 동인(김효원세력) | 서인(심의겸 세력) |
> |---|---|---|
> | 성향 | 적극개혁(신진사림) | 소극개혁(기성사림) |
> | 학통 | 이황, 조식·서경덕 | 이이, 성혼 |
> | 사상 | 원칙 중시 | 개혁, 현실 중시 |

> **동인과 서인**
> '심'의겸 세력은 '서'인
> 'ㅅ'으로 기억!

⑤ 조선 초 대외 관계와 임진왜란

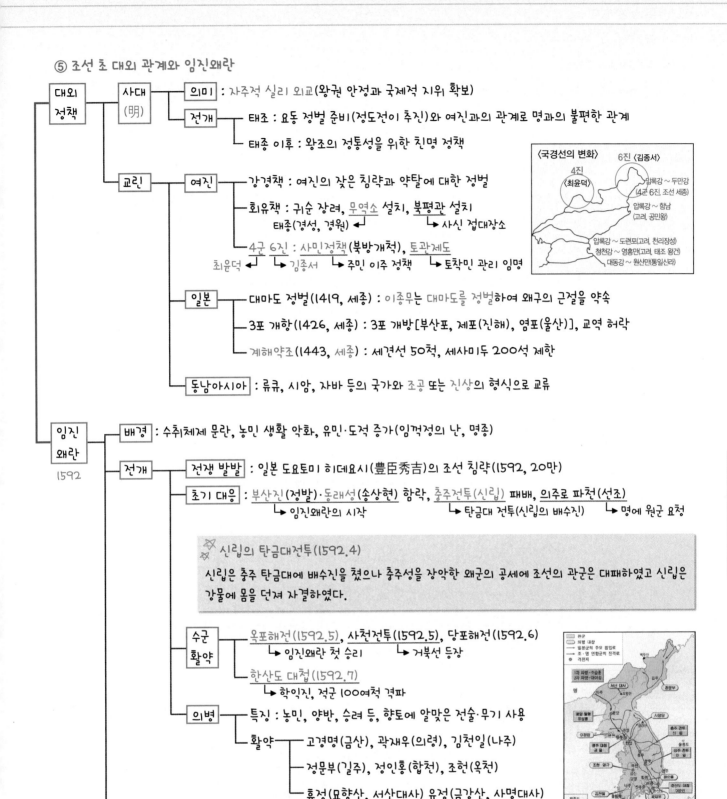

대외
정책
├─ 사대(明)
│   ├─ 의미 : 자주적 실리 외교(왕권 안정과 국제적 지위 확보)
│   └─ 전개 ┬─ 태조 : 요동 정벌 준비(정도전이 추진)와 여진과의 관계로 명과의 불편한 관계
│   └─ 태종 이후 : 왕조의 정통성을 위한 친명 정책
│
├─ 교린
│   ├─ 여진 ┬─ 강경책 : 여진의 잦은 침략과 약탈에 대한 정벌
│   │   ├─ 회유책 : 귀순 장려, 무역소 설치, 북평관 설치
│   │   │   태종(경성, 경원) ←   └→ 사신 접대장소
│   │   └─ 4군 6진 : 사민정책(북방개척), 토관제도
│   │   최윤덕 ← └→ 김종서 └→ 주민 이주 정책   └→ 토착민 관리 임명
│   ├─ 일본 ┬─ 대마도 정벌(1419, 세종) : 이종무는 대마도를 정벌하여 왜구의 근절을 약속
│   │   ├─ 3포 개항(1426, 세종) : 3포 개방[부산포, 제포(진해), 염포(울산)], 교역 허락
│   │   └─ 계해약조(1443, 세종) : 세견선 50척, 세사미두 200석 제한
│   └─ 동남아시아 : 류큐, 시암, 자바 등의 국가와 조공 또는 진상의 형식으로 교류

〈국경선의 변화〉
6진〈김종서〉
4진〈최윤덕〉
압록강 ~ 두만강
(4군 6진 조선 세종)
압록강 ~ 함남
(고려, 공민왕)
압록강 ~ 도련포(고려, 천리장성)
청천강 ~ 영흥만(고려, 태조 왕건)
대동강 ~ 원산만(통일신라)

임진
왜란
1592
├─ 배경 : 수취체제 문란, 농민 생활 악화, 유민·도적 증가(임꺽정의 난, 명종)
├─ 전개
│   ├─ 전쟁 발발 : 일본 도요토미 히데요시(豊臣秀吉)의 조선 침략(1592, 20만)
│   ├─ 초기 대응 : 부산진(정발)·동래성(송상현) 함락, 충주전투(신립) 패배, 의주로 파천(선조)
│   │   └→ 임진왜란의 시작   └→ 탄금대 전투(신립의 배수진) └→ 명에 원군 요청
│
│   ☆ 신립의 탄금대전투(1592.4)
│   신립은 충주 탄금대에 배수진을 쳤으나 충주성을 장악한 왜군의 공세에 조선의 관군은 대패하였고 신립은
│   강물에 몸을 던져 자결하였다.
│
│   ├─ 수군 활약 ┬─ 옥포해전(1592.5), 사천전투(1592.5), 당포해전(1592.6)
│   │   │   └→ 임진왜란 첫 승리   └→ 거북선 등장
│   │   └─ 한산도 대첩(1592.7)
│   │   └→ 학익진, 적군 100여척 격파
│   └─ 의병 ┬─ 특징 : 농민, 양반, 승려 등, 향토에 알맞은 전술·무기 사용
│   └─ 활약 ┬─ 고경명(금산), 곽재우(의령), 김천일(나주)
│   ├─ 정문부(길주), 정인홍(합천), 조헌(옥천)
│   └─ 휴정(묘향산, 서산대사) 유정(금강산, 사명대사)

관군과 의병의 활동

└─ 역전 ┬─ 명의 참전 : 수군과 의병의 활약, 명의 참전으로 전세 역전
        └─ 전세 전환 : 평양성 탈환(유성룡, 조명연합군), 행주산성 승리(권율), 진주대첩
                       └→ 1593.1   └→ 1593.2   └→ 1593.6

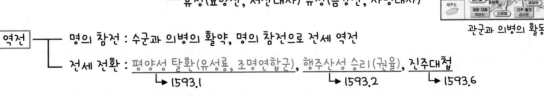

☆ 임진왜란 3대 대첩
한산도 대첩(1592.7) : 이순신 장군이 학익진을 펼쳐 100여척의 적선을 격파
행주 대첩(1593.2) : 전라 순찰사 권율이 행주산성에서 왜적을 크게 격파
진주대첩(1593.6) : 5만의 왜군이 진주성 공격했던 치열했던 전투(양국 6만의 피해)

부록 04 : 근세의 한국사

⑥ 정유재란과 호란

정유재란

휴전협상
- 배경 : 경상도 해안으로 후퇴한 왜군은 명에게 휴전을 제의하여 휴전협상이 시작
- 군사 개편 : 훈련도감 설치(삼수병 양성), 속오법 실시, 무기 보완
  - ↳ 유성룡의 건의(포수, 사수, 살수)   ↳ 양반~천민(노비)

> **속오법**
> 속오군은 진관 체제를 기본으로 하였고, 위로는 양반에서부터 아래로는 천민인 노비까지 편제되었다(양천혼성군). 그동안 중앙에서 받았던 군사 훈련을 지방에서 받게 하여 향토방위 군사력의 공백 상태를 없앴고, 평상시 생업에 종사하면서 지역을 지키다가 적이 침입해 오면 동원되었던 방어 체제였다.

재침
- 도발 : 명과 일본 사이의 휴전 회담이 결렬되자 왜군이 다시 침입(1597)
- 경과 : 조·명 연합군이 왜군 격퇴, 이순신의 명량해전 · 노량해전 승리
  - 13척으로 적선 330척 격파(1597.9) ↩   ↳ 이순신 전사(1598.11)

결과
- 국내 : 국가재정 궁핍(신분제 동요, 공명첩 발급), 문화재(경복궁·불국사·사고) 손실, 비변사 강화
- 국외 : 일본의 문화 발전(성리학, 도자기), 명의 쇠퇴와 여진족 성장(명·청 교체기)

임란 이후

광해군
- 북인정권 : 북인 집권, 전후 복구 사업(성곽수리, 양전사업, 동의보감 편찬)
- 중립외교
  - 배경 : 여진족이 후금 건국 후 명에 선전포고, 명은 조선에 원군 요청
  - 전개 : 강홍립이 광해군의 밀명으로 후금에 항복 → 후금과 친선 관계 추구
- 실정 : 영창대군 살해(1614), 인목대비를 폐위(1618)하여 서궁에 유폐
  - ↳ 강화도 유배(위리안치)   ↳ 現.덕수궁
- 인조반정 : 서인이 반정을 주도하여 서인 정권을 성립(1623)

인조
- 정치 : 서인의 우세 속에 남인 세력 연합
- 정묘호란 (1627, 후금)
  - 배경 : 서인이 친명배금 정책을 추진하여 후금을 자극
  - 전개 : 후금의 침입, 강화도 피난, 이립(의주)과 정봉수(철산)의 활약
  - 결과 : 조선과 후금의 형제관계가 체결
- 병자호란 (1636, 청)
  - 배경 : 청 건국 후 조선에 군신관계 요구, 청 침입(12만)
    - ↳ 조선의 거절   ↳ 임경업(백마산성)
  - 전개 : 인조의 남한산성 피난, 남한산성 포위(40여일 항전)
    - ↳ 왕족은 강화도 피난
  - 갈등 : 조정에서 주화론과 척화론의 대립·갈등
    - 화친주장(최명길)   척화주장(김상헌, 윤집)
  - 결과 : 청에 항복(1637. 삼전도 굴욕), 군신관계, 소현세자·봉림대군 납치
    - ↳ 삼배구고두례   귀국 후 급사 ↩   ↳ 효종 즉위

> 군량을 저축하여 방어를 더욱 든든하게 하여 적의 허점을 노리는 것이 우리로서는 최상의 계책일 것입니다.
> 〈최명길, 주화론〉

> 차라리 나라가 없어질지라도 의리는 저버릴 수가 없습니다. … 어찌 차마 화의를 주장하는 것입니까?
> 〈윤집, 주전론〉

주화파와 척화파

구분	척화파	주화파
주장	주전론	강화론
성향	대의명분	현실·실리
인물	김상헌·윤집	최명길

⑦ 붕당 정치의 전개

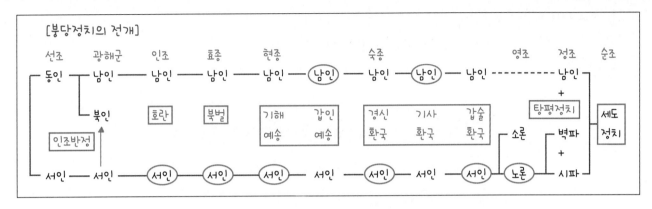

[붕당정치의 전개]

효종 ─── 북벌 ─── 배경 : 호란 이후 청에 대한 적개심 심화, 북벌론 제기
       │   └── 전개 : 송시열, 송준길, 이완 등용, 북벌 준비(실패)
       │
       ├── 나선 ─── 배경 : 러시아의 성장, 청은 조선에 원군 요청, 조선의 조총부대 파병
       │   정벌   ├── 1차(1654) : 변급 파견, 혼동강에서 7일 만에 러시아군을 격파
       │   └── 2차(1658) : 신유 파견·대승, 러시아는 270여 명이 전사하였고 잔당 모두 전멸
       │
       └── 북학 : 북벌 실패 이후 조선 사신들에 의한 청의 선진 문물 수용 주장

현종 ─── 배경 : 효종의 왕위 계승에 대한 정통성, 예송 발생
       │
       ├── 기해예송 ─── 효종의 상 때 자의대비(장렬왕후) 복제 문제
       │   (1659)   └── 서인(1년)과 남인(3년)의 대립
       │
       └── 갑인예송 ─── 효종 비(인선왕후)의 상 때 자의대비 복제 문제
           (1674)   └── 서인(9개월)과 남인(1년)의 대립

예송논쟁

구분	기해예송	갑인예송
원인	효종의 상	효종 비의 상
남/서	3년/1년	1년/9개월
채택	서인	남인

숙종 ─── 탕평책 : 탕평론 제시(최초의 탕평책), 편당적인 인사 관리로 일관하여 환국 발생
       │
       ├── 경신환국 ─── 서인은 허적(남인, 영의정)의 서자 허견이 복창군을 왕으로 옹립하려 한다고 모함
       │   (1680)   └── 남인 몰락·서인 집권, 이후 노론(강경파, 송시열)과 소론(온건파, 윤증) 분화
       │
       ├── 기사환국 ─── 장희빈의 소생인 윤(경종)의 세자 책봉 문제
       │   (1689)   └── 서인 송시열 등 반대, 인현왕후 폐출 후 남인 집권
       │   └─→ 세자책봉 반대, 유배·사사   └─→ 장희빈 중전 책봉
       │
       └── 갑술환국 ─── 인현왕후 민씨의 복위, 서인(노론)이 집권
           (1694)   └─→ 장희빈 사사

숙종의 가계

숙종 ─── 인현왕후 민씨(후사X)
      ├── 희빈 장씨(子 경종)
      └── 숙빈 최씨(子 영조)

경종 : 왕세제(연잉군)가 왕을 대신하여 정무를 처리(대리청정)하는 문제로 노론(찬성)과 소론(반대) 사이 대립

영조 ─── 탕평책 : 강력한 왕권을 바탕으로 일시적인 탕평, 탕평 교서 발표, 탕평비 건립
       └── 노론 분열 : 사도세자의 죽음(1762, 임오화변)을 계기로 노론이 소론보다 우세

정조 ─── 탕평책 : 영조 때에 세력을 키워 온 척신과 환관 등을 제거, 신진관료 등용
       └── 능력본위 : 권력에서 배제되었던 소론과 남인 계열도 중용, 서얼 중용(박제가, 유득공 등)

세도정치 : 탕평 정치의 부작용으로 발생, 정조 사후 3대 60여 년 동안 왕의 외척 세력이 권력을 독점하여 행사

2. 근세의 경제

① 경제 정책과 토지 제도

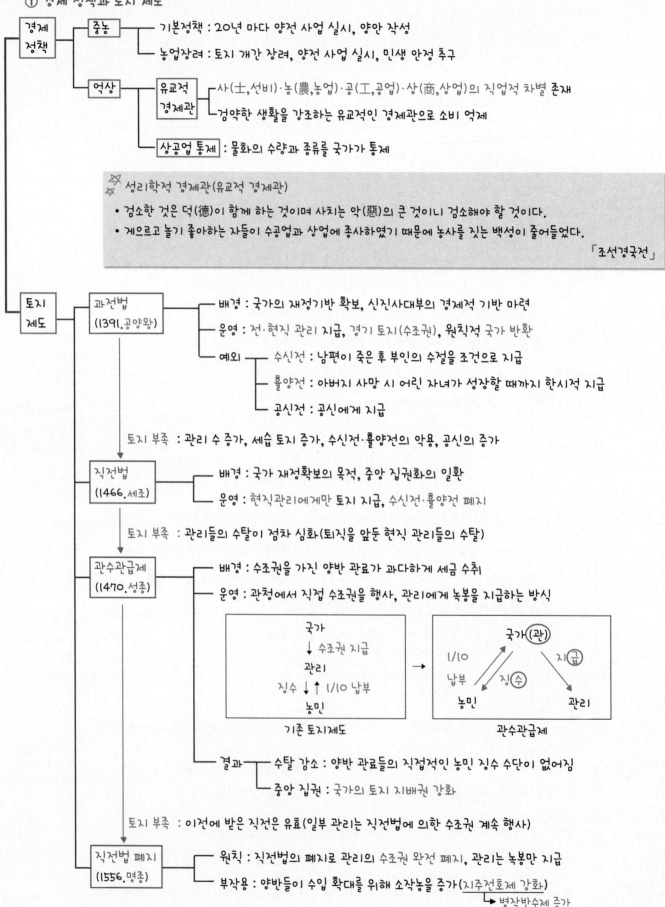

경제 정책

- **중농**
  - 기본정책 : 20년 마다 양전 사업 실시, 양안 작성
  - 농업장려 : 토지 개간 장려, 양전 사업 실시, 민생 안정 추구
- **억상**
  - **유교적 경제관**
    - 사(士,선비)·농(農,농업)·공(工,공업)·상(商,상업)의 직업적 차별 존재
    - 검약한 생활을 강조하는 유교적인 경제관으로 소비 억제
  - **상공업 통제** : 물화의 수량과 종류를 국가가 통제

> ⚝ 성리학적 경제관(유교적 경제관)
> - 검소한 것은 덕(德)이 함께 하는 것이며 사치는 악(惡)의 큰 것이니 검소해야 할 것이다.
> - 게으르고 놀기 좋아하는 자들이 수공업과 상업에 종사하였기 때문에 농사를 짓는 백성이 줄어들었다.
> 「조선경국전」

토지 제도

- **과전법 (1391.공양왕)**
  - 배경 : 국가의 재정기반 확보, 신진사대부의 경제적 기반 마련
  - 운영 : 전·현직 관리 지급, 경기 토지(수조권), 원칙적 국가 반환
  - 예외
    - 수신전 : 남편이 죽은 후 부인의 수절을 조건으로 지급
    - 휼양전 : 아버지 사망 시 어린 자녀가 성장할 때까지 한시적 지급
    - 공신전 : 공신에게 지급

  ↓ 토지 부족 : 관리 수 증가, 세습 토지 증가, 수신전·휼양전의 악용, 공신의 증가

- **직전법 (1466.세조)**
  - 배경 : 국가 재정확보의 목적, 중앙 집권화의 일환
  - 운영 : 현직관리에게만 토지 지급, 수신전·휼양전 폐지

  ↓ 토지 부족 : 관리들의 수탈이 점차 심화(퇴직을 앞둔 현직 관리들의 수탈)

- **관수관급제 (1470.성종)**
  - 배경 : 수조권을 가진 양반 관료가 과다하게 세금 수취
  - 운영 : 관청에서 직접 수조권을 행사, 관리에게 녹봉을 지급하는 방식

  기존 토지제도
  국가
  ↓ 수조권 지급
  관리
  징수 ↓ ↑ 1/10 납부
  농민

  → **관수관급제**
  국가(관)
  1/10 납부 ↗ 징수 ↘ ↗ 지급
  농민   관리

  - 결과
    - 수탈 감소 : 양반 관료들의 직접적인 농민 징수 수단이 없어짐
    - 중앙 집권 : 국가의 토지 지배권 강화

  ↓ 토지 부족 : 이전에 받은 직전은 유효(일부 관리는 직전법에 의한 수조권 계속 행사)

- **직전법 폐지 (1556.명종)**
  - 원칙 : 직전법의 폐지로 관리의 수조권 완전 폐지, 관리는 녹봉만 지급
  - 부작용 : 양반들이 수입 확대를 위해 소작농을 증가(지주전호제 강화)
    → 병작반수제 증가

② 수취제도 및 산업 발달

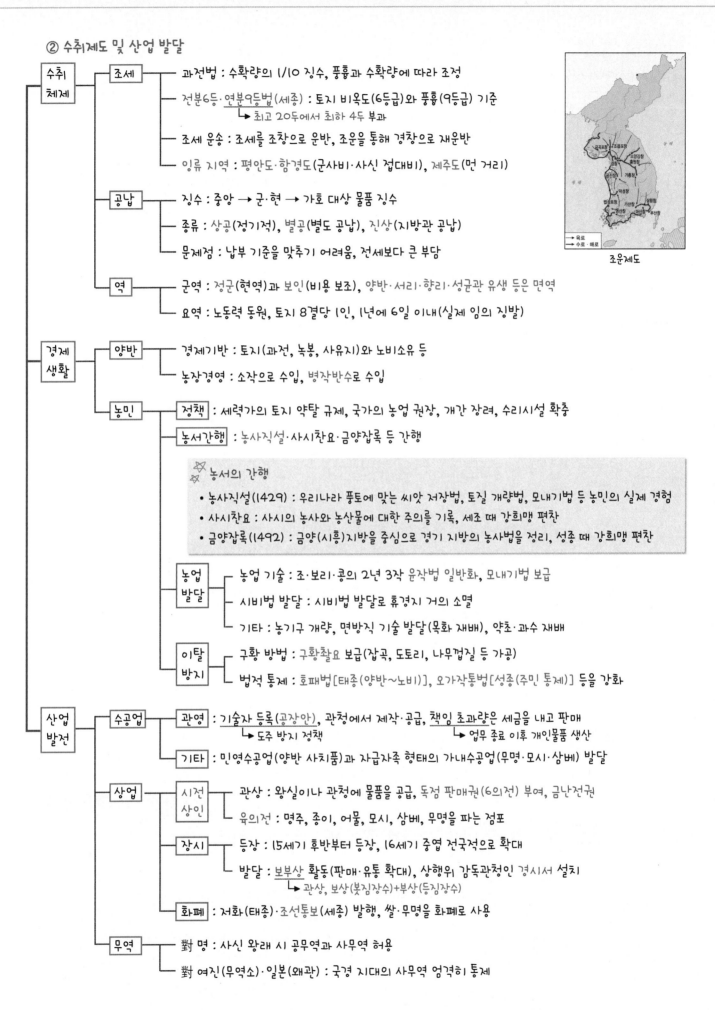

수취체제

- **조세**
  - 과전법 : 수확량의 1/10 징수, 풍흉과 수확량에 따라 조정
  - 전분6등·연분9등법(세종) : 토지 비옥도(6등급)와 풍흉(9등급) 기준
    ↳ 최고 20두에서 최하 4두 부과
  - 조세 운송 : 조세를 조창으로 운반, 조운을 통해 경창으로 재운반
  - 잉류 지역 : 평안도·함경도(군사비·사신 접대비), 제주도(먼 거리)

- **공납**
  - 징수 : 중앙 → 군·현 → 가호 대상 물품 징수
  - 종류 : 상공(정기적), 별공(별도 공납), 진상(지방관 공납)
  - 문제점 : 납부 기준을 맞추기 어려움, 전세보다 큰 부담

- **역**
  - 군역 : 정군(현역)과 보인(비용 보조), 양반·서리·향리·성균관 유생 등은 면역
  - 요역 : 노동력 동원, 토지 8결당 1인, 1년에 6일 이내(실제 임의 징발)

조운제도

경제생활

- **양반**
  - 경제기반 : 토지(과전, 녹봉, 사유지)와 노비소유 등
  - 농장경영 : 소작으로 수입, 병작반수로 수입

- **농민**
  - 정책 : 세력가의 토지 약탈 규제, 국가의 농업 권장, 개간 장려, 수리시설 확충
  - 농서간행 : 농사직설·사시찬요·금양잡록 등 간행

  > ☆ 농서의 간행
  > - 농사직설(1429) : 우리나라 풍토에 맞는 씨앗 저장법, 토질 개량법, 모내기법 등 농민의 실제 경험
  > - 사시찬요 : 사시의 농사와 농산물에 대한 주의를 기록, 세조 때 강희맹 편찬
  > - 금양잡록(1492) : 금양(시흥)지방을 중심으로 경기 지방의 농사법을 정리, 성종 때 강희맹 편찬

  - **농업 발달**
    - 농업 기술 : 조·보리·콩의 2년 3작 윤작법 일반화, 모내기법 보급
    - 시비법 발달 : 시비법 발달로 휴경지 거의 소멸
    - 기타 : 농기구 개량, 면방직 기술 발달(목화 재배), 약초·과수 재배
  - **이탈 방지**
    - 구황 방법 : 구황촬요 보급(잡곡, 도토리, 나무껍질 등 가공)
    - 법적 통제 : 호패법[태종(양반~노비)], 오가작통법[성종(주민 통제)] 등을 강화

산업 발전

- **수공업**
  - 관영 : 기술자 등록(공장안), 관청에서 제작·공급, 책임 초과량은 세금을 내고 판매
    ↳ 도주 방지 정책   ↳ 업무 종료 이후 개인물품 생산
  - 기타 : 민영수공업(양반 사치품)과 자급자족 형태의 가내수공업(무명·모시·삼베) 발달

- **상업**
  - **시전 상인**
    - 관상 : 왕실이나 관청에 물품을 공급, 독점 판매권(6의전) 부여, 금난전권
    - 육의전 : 명주, 종이, 어물, 모시, 삼베, 무명을 파는 점포
  - **장시**
    - 등장 : 15세기 후반부터 등장, 16세기 중엽 전국적으로 확대
    - 발달 : 보부상 활동(판매·유통 확대), 상행위 감독관청인 경시서 설치
      ↳ 관상, 보상(봇짐장수)+부상(등짐장수)
  - 화폐 : 저화(태종)·조선통보(세종) 발행, 쌀·무명을 화폐로 사용

- **무역**
  - 對 명 : 사신 왕래 시 공무역과 사무역 허용
  - 對 여진(무역소)·일본(왜관) : 국경 지대의 사무역 엄격히 통제

3. 근세의 사회

① 조선전기의 신분제도

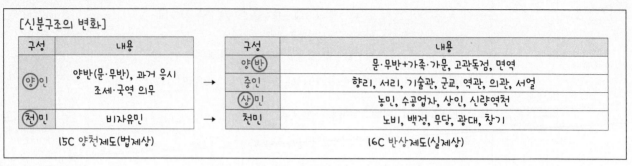

[신분구조의 변화]

구성	내용		구성	내용
양인	양반(문·무반), 과거 응시 조세·국역 의무	→	양반	문·무반+가족·가문, 고관독점, 면역
			중인	향리, 서리, 기술관, 군교, 역관, 의관, 서얼
			상민	농민, 수공업자, 상인, 신량역천
천민	비자유민	→	천민	노비, 백정, 무당, 광대, 창기

15C 양천제도(법제상)　　　　　　　　16C 반상제도(실제상)

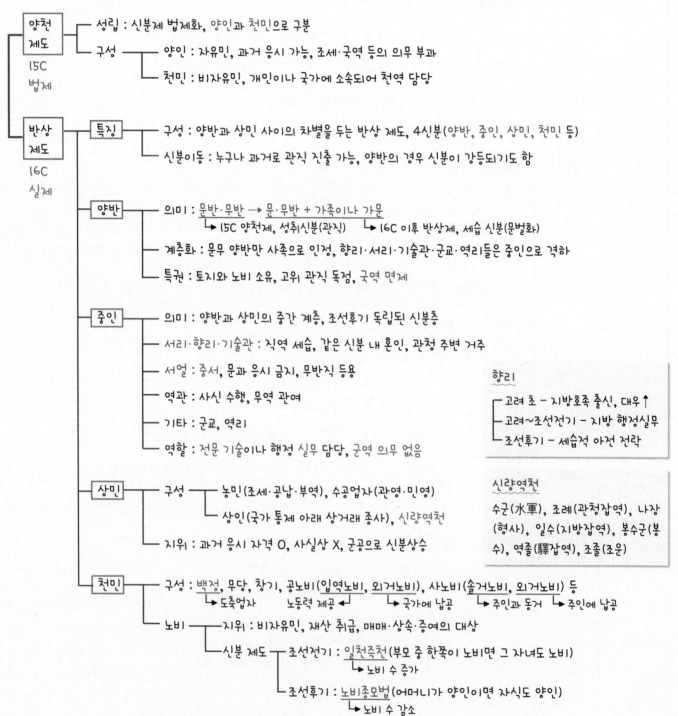

양천제도 15C 법제
- 성립 : 신분제 법제화, 양인과 천민으로 구분
- 구성
  - 양인 : 자유민, 과거 응시 가능, 조세·국역 등의 의무 부과
  - 천민 : 비자유민, 개인이나 국가에 소속되어 천역 담당

반상제도 16C 실제

특징
- 구성 : 양반과 상민 사이의 차별을 두는 반상 제도, 4신분(양반, 중인, 상민, 천민 등)
- 신분이동 : 누구나 과거로 관직 진출 가능, 양반의 경우 신분이 강등되기도 함

양반
- 의미 : 문반·무반 → 문·무반 + 가족이나 가문
  - ↳ 15C 양천제, 성취신분(관직)　↳ 16C 이후 반상제, 세습 신분(문벌화)
- 계층화 : 문무 양반만 사족으로 인정, 향리·서리·기술관·군교·역리들은 중인으로 격하
- 특권 : 토지와 노비 소유, 고위 관직 독점, 국역 면제

중인
- 의미 : 양반과 상민의 중간 계층, 조선후기 독립된 신분층
- 서리·향리·기술관 : 직역 세습, 같은 신분 내 혼인, 관청 주변 거주
- 서얼 : 중서, 문과 응시 금지, 무반직 등용
- 역관 : 사신 수행, 무역 관여
- 기타 : 군교, 역리
- 역할 : 전문 기술이나 행정 실무 담당, 군역 의무 없음

향리
- 고려 초 - 지방호족 출신, 대우↑
- 고려~조선전기 - 지방 행정실무
- 조선후기 - 세습적 아전 전락

상민
- 구성
  - 농민(조세·공납·부역), 수공업자(관영·민영)
  - 상인(국가 통제 아래 상거래 종사), 신량역천
- 지위 : 과거 응시 자격 O, 사실상 X, 군공으로 신분상승

신량역천
수군(水軍), 조례(관청잡역), 나장(형사), 일수(지방잡역), 봉수군(봉수), 역졸(驛잡역), 조졸(조운)

천민
- 구성 : 백정, 무당, 창기, 공노비(입역노비, 외거노비), 사노비(솔거노비, 외거노비) 등
  - ↳도축업자　노동력 제공↙　↳국가에 납공　↳주인과 동거　↳주인에 납공
- 노비
  - 지위 : 비자유민, 재산 취급, 매매·상속·증여의 대상
  - 신분 제도
    - 조선전기 : 일천즉천(부모 중 한쪽이 노비면 그 자녀도 노비)
      - ↳ 노비 수 증가
    - 조선후기 : 노비종모법(어머니가 양인이면 자식도 양인)
      - ↳ 노비 수 감소

② 조선전기의 사회와 제도

국가 정책
- **중농정책** : 민생 안정을 위한 농본 정책 실시(국가안정, 재정확보)
- **사회정책**
  - 환곡제 : 의창, 상평창 등을 설치하여 환곡제 시행
    - → 조선시대 물가 조절과 빈민구제 함께 담당
  - 의료시설
    - 중앙 : 혜민국(약재), 동·서 대비원(환자 구제)
    - 지방 : 제생원(지방민 진료), 동서 활인서(유랑자 구휼)

사법 제도
- **법률**
  - 형법 : 경국대전·대명률 적용, 반역죄·강상죄는 중죄(연좌제)
  - 형벌 : 태·장·도·유·사의 형벌
  - 민법 : 지방관이 처리, 16세기 이후 산송, 상속(종법 적용)
    - → 관습법 중심 적용   → 묘자리 소송
- **사법 기관**
  - 중앙 : 사헌부, 의금부, 형조, 한성부(수도 치안), 장례원(노비 관련)
  - 지방 : 관찰사·수령이 사법권 행사
  - 불복수단 : 재판 불복 시 상부관청이나 다른 관청에 소 제기(상소), 신문고 활용

> **종법 제도**
> 유교적 가족 제도(가부장제)
> 적자·서자의 구분
> 장자 우선 상속 등

향촌 조직
- 편제 : 향(군현 단위), 촌(촌락이나 마을)
- 변화 : 경재소 혁파(1603) 이후 유향소는 향소·향청으로 개칭, 사족이 향안 작성·향규 제정
- 운영
  - 촌락 : 농민 생활 및 향촌 구성의 기본 단위, 자연촌(동·이로 편제)
  - 정부 지배 : 오가작통제(성종 때 법제화, 다섯 집을 하나의 통으로 편재)
  - 촌락 분화
    - 반촌 : 양반 거주 → 18세기 이후 동성 촌락으로 발전
    - 기타 : 민촌(평민 거주, 소작농 생활), 특수촌락(역·진·원·어·점촌)
  - 농민조직 : 두레(공동 노동의 작업 공동체), 향도, 향도계·동리계(자생적 조직)

유교 질서
- **향약**
  - 전래 : 중국의 '여씨향약'으로부터 전래, 향촌의 자치규약
    - 중종 때 조광조가 최초 시행 ←
  - 형성 : 전통적 공동 조직과 미풍양속 계승(삼강오륜 중심)
  - 기능 : 향촌의 풍속 교화·질서 유지·치안 담당, 사림의 지위 강화
  - 단점 : 토호와 향반이 지방민을 수탈하는 배경 제공
- **서원**
  - 최초 : 중종 때 풍기군수 주세붕이 세운 백운동 서원(1543)
    - 이황의 건의로 사액(소수서원, 최초 사액서원) ←
  - 향촌 교화 : 유생들의 학문 연구, 사회 교화 공헌
  - 선현 제사 : 후진 양성을 위한 교육, 선현 숭배, 덕행 추모
- **예학**
  - 역할 : 성리학적 도덕 윤리 강조, 삼강오륜 강조, 가부장 종법질서
  - 영향 : 향촌의 지배력 강화, 사림 정쟁 이용, 우월적 신분 강조
    - → 예송 논쟁
- **보학**
  - 의미 : 가족의 내력을 기록·암기, 족보편찬(종족 내력 기록), 양반 문벌제도 강화
  - 문벌형성 : 친족 공동체 유대, 신분적 우위 확보

> **향약의 4대 덕목**
> ① 덕업상권(德業相勸)
> ② 과실상규(過失相規)
> ③ 예속상교(禮俗相交)
> ④ 환난상휼(患難相恤)

> **사액서원**
> 국왕으로부터 현판을 직접 하사 받은 서원, 토지, 노비, 면세 등의 특혜를 받았다.

> **예학과 보학의 기능**
> ① 상하관계 중시
> ② 신분제 사회질서 유지

4. 근세의 문화

① 민족 문화의 융성

문화 특징
- **15세기** : 조선 초 국가적 지원으로 자주적·민족적·실용적 학문 및 과학 기술의 발명
- **16세기** : 사림 집권 이후 과학 기술에 대한 경시 풍조로 과학기술의 쇠퇴
- **한글 창제**
  - 훈민정음(세종) : 백성들도 문자 생활 가능
    - ↳ 창제(1443), 반포(1446), 유네스코 지정 세계기록유산
  - 보급 : 용비어천가·월인천강지곡·불경·농서·윤리서·병서 간행

훈민정음

역사서
- 왕조실록 : 조선왕조실록(태조~철종), 춘추관 내 실록청, 편년체

> ☆ 조선왕조실록(태조~철종)
> - 실록 : 국왕 사후 춘추관의 실록청에서 편찬
> - 편찬 : 사초(국왕 앞에서 사관이 기록)와 시정기(관청 문서)를 중심으로 승정원일기·의정부등록·비변사등록· 일성록(정조 이후) 등을 정리하여 편년체로 편찬
> - 세계유산 : 1997년 유네스코 세계 기록문화유산으로 지정

- 의궤 : 국가 주요 행사의 기록을 그림과 함께 기록, 임란 이후 의궤만 현존
- 건국초 : 조선 건국의 정당성 확보·성리학적 통치 규범 정착 (고려국사)
  - ↳ 태조 때 정도전
- 15C : 고려사(기전체), 고려사절요(편년체), 동국통감(편년체)
  - ↳ 김종서, 정인지 ↳ 고려 역사 정리 ↳ 성종 때 서거정, 고조선~고려 말까지의 역사 정리
- 16C : 기자실기(이이, 존화주의적 사상)

지도
- 15C
  - 혼일강리역대국도지도 : 15C 태종 때 세계 지도 제작(1402)
    - ↳ 현존하는 세계 지도 중 동양에서 가장 오래(最古) 된 지도
  - 팔도도(15C 태종), 동국지도(15C 세조, 양성지)
    - ↳ 과학 기구(인지의·규형)를 이용한 실측지도
- 16C : 조선방역지도(16C 명종, 만주와 대마도 표기)

혼일강리역대국도지도

지리지 : 신찬팔도지리지(세종), 세종실록지리지(단종), 동국여지승람(성종), 신증동국여지승람(중종)
- ↳ 군현의 인문지리서

윤리서
- 15C
  - 삼강행실도(세종) : 충신, 효자, 열녀 등의 행적을 그림으로 그리고 설명
  - 국조오례의(성종) : 국가 행사에 필요한 의례(길례 · 가례 · 빈례 · 군례 · 흉례)
    - 제사 ← 혼례 ← / → 사신접대 / ┌ 군사 / → 장례
- 16C
  - 이륜행실도(중종) : 연장자와 연소자, 친구 사이에서 지켜야 할 윤리
  - 동몽수지(중종) : 어린이가 지켜야 할 예절

법전
- 조선 초기 : 조선경국전(정도전, 조례정리), 경제육전(조준, 여말선초 조례정리)
- 경국대전(세조~성종) : 조선의 기본법전, 이·호·예·병·형·공전의 6전으로 구성
  - 편찬 시작 ← ↳ 완성·반포

② 성리학과 사상의 발달

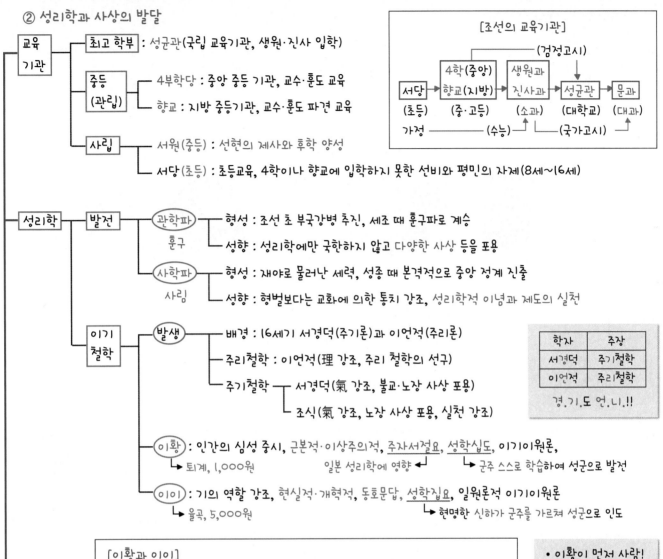

교육
기관
- 최고 학부 : 성균관(국립 교육기관, 생원·진사 입학)
- 중등
(관립)
  - 4부학당 : 중앙 중등 기관, 교수·훈도 교육
  - 향교 : 지방 중등기관, 교수·훈도 파견 교육
- 사립
  - 서원(중등) : 선현의 제사와 후학 양성
  - 서당(초등) : 초등교육, 4학이나 향교에 입학하지 못한 선비와 평민의 자제(8세~16세)

[조선의 교육기관]

서당	4학(중앙) 향교(지방)	생원과 진사과	성균관	문과
(초등)	(중·고등)	(소과)	(대학교)	(대과)
(검정고시)
가정 ──────── (수능) ──── (국가고시)

성리학
- 발전
  - 관학파 (훈구)
    - 형성 : 조선 초 부국강병 추진, 세조 때 훈구파로 계승
    - 성향 : 성리학에만 국한하지 않고 다양한 사상 등을 포용
  - 사학파 (사림)
    - 형성 : 재야로 물러난 세력, 성종 때 본격적으로 중앙 정계 진출
    - 성향 : 형벌보다는 교화에 의한 통치 강조, 성리학적 이념과 제도의 실천
- 이기
  철학
  - 발생
    - 배경 : 16세기 서경덕(주기론)과 이언적(주리론)
    - 주리철학 : 이언적(理 강조, 주리 철학의 선구)
    - 주기철학
      - 서경덕(氣 강조, 불교·노장 사상 포용)
      - 조식(氣 강조, 노장 사상 포용, 실천 강조)

학자	주장
서경덕	주기철학
이언적	주리철학

경.기.도 언.니.!!

  - 이황 : 인간의 심성 중시, 근본적·이상주의적, 주자서절요, 성학십도, 이기이원론,
    → 퇴계, 1,000원   일본 성리학에 영향 ←   → 군주 스스로 학습하여 성군으로 발전
  - 이이 : 기의 역할 강조, 현실적·개혁적, 동호문답, 성학집요, 일원론적 이기이원론
    → 율곡, 5,000원   → 현명한 신하가 군주를 가르쳐 성군으로 인도

[이황과 이이]

구분	이황(1501~1570)	이이(1536~1584)
주장	주리론(主理論) / 영남학파(동인)	주기론(主氣論) / 기호학파(서인)
학문	관념적 도덕 세계 중시, 근본적·이상적	경험적 현실 세계 중시, 현실적·개혁적
논쟁	기대승과 사단칠정 논쟁	성혼과의 인심도심논쟁
영향	위정척사사상, 일본 성리학	실학사상, 개화사상
저서	주자서절요, 성학십도, 전습록변	동호문답, 성학집요, 만언봉사
칭송	동방의 주자	동방의 공자

• 이황이 먼저 사람!
자음 순 먼저!
이황 – 성학십도
이이 – 성학집요
• 성학집요 : 신하가
군주를 집요하게 가르
쳐야 한다!!

사상
- 불교
  - 억불
    - 태조(도첩제 실시), 태종(사원정리, 토지·노비 몰수)
    - 세종(선·교 양종의 36개 사원만 인정), 성종(도첩제 폐지), 중종(승과 폐지)
  - 보호
    - 세종(월인천강지곡, 석보상절 간행), 세조(간경도감, 월인석보, 원각사·원각사(10층탑)
      → 월인천강지곡+석보상절
    - 명종(승과 일시적 부활), 임란 이후(승병들의 활약으로 억불 정책 중단)
- 도교 : 15세기(소격서 설치, 초제 시행), 16세기(사림 집권, 도교 행사 폐지)
- 풍수지리설 : 한양 천도에 반영, 16세기 산송 문제가 많이 발생(명당 선호)
- 기타 : 무격신앙, 산신신앙, 촌락제, 세시풍속, 유교, 삼신(환인·환웅·단군) 숭배

③ 조선전기 기술의 발달과 문예

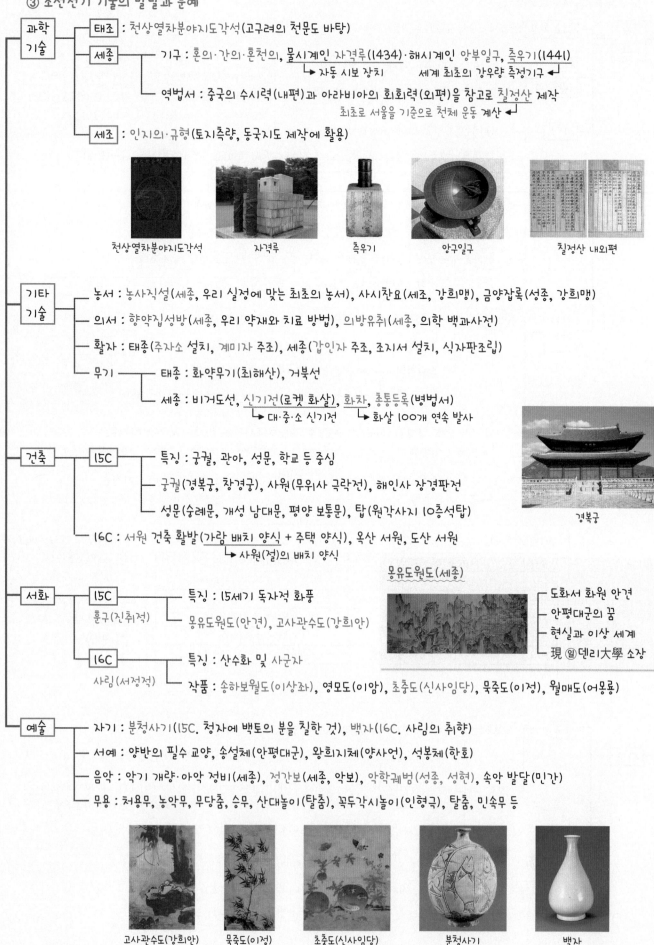

과학기술
- **태조** : 천상열차분야지도각석(고구려의 천문도 바탕)
- **세종**
  - 기구 : 혼의·간의·혼천의, 물시계인 자격루(1434)·해시계인 앙부일구, 측우기(1441)
    - └→ 자동 시보 장치   세계 최초의 강우량 측정기구 ←┘
  - 역법서 : 중국의 수시력(내편)과 아라비아의 회회력(외편)을 참고로 칠정산 제작
    - 최초로 서울을 기준으로 천체 운동 계산 ←┘
- **세조** : 인지의·규형(토지측량, 동국지도 제작에 활용)

천상열차분야지도각석 　 자격루 　 측우기 　 앙구일구 　 칠정산 내외편

기타기술
- 농서 : 농사직설(세종, 우리 실정에 맞는 최초의 농서), 사시찬요(세조, 강희맹), 금양잡록(성종, 강희맹)
- 의서 : 향약집성방(세종, 우리 약재와 치료 방법), 의방유취(세종, 의학 백과사전)
- 활자 : 태종(주자소 설치, 계미자 주조), 세종(갑인자 주조, 조지서 설치, 식자판조립)
- 무기
  - 태종 : 화약무기(최해산), 거북선
  - 세종 : 비거도선, 신기전(로켓 화살), 화차, 총통등록(병법서)
    - └→ 대·중·소 신기전   └→ 화살 100개 연속 발사

건축
- **15C**
  - 특징 : 궁궐, 관아, 성문, 학교 등 중심
  - 궁궐(경복궁, 창경궁), 사원(무위사 극락전), 해인사 장경판전
  - 성문(숭례문, 개성 남대문, 평양 보통문), 탑(원각사지 10층석탑)
- **16C** : 서원 건축 활발(가람 배치 양식 + 주택 양식), 옥산 서원, 도산 서원
  - └→ 사원(절)의 배치 양식

경복궁

서화
- **15C** 훈구(진취적)
  - 특징 : 15세기 독자적 화풍
  - 몽유도원도(안견), 고사관수도(강희안)
- **16C** 사림(서정적)
  - 특징 : 산수화 및 사군자
  - 작품 : 송하보월도(이상좌), 영모도(이암), 초충도(신사임당), 묵죽도(이정), 월매도(어몽룡)

몽유도원도(세종)
- 도화서 화원 안견
- 안평대군의 꿈
- 현실과 이상 세계
- 現 ⑪덴리大學 소장

예술
- 자기 : 분청사기(15C. 청자에 백토의 분을 칠한 것), 백자(16C. 사림의 취향)
- 서예 : 양반의 필수 교양, 송설체(안평대군), 왕희지체(양사언), 석봉체(한호)
- 음악 : 악기 개량·아악 정비(세종), 정간보(세종, 악보), 악학궤범(성종, 성현), 속악 발달(민간)
- 무용 : 처용무, 농악무, 무당춤, 승무, 산대놀이(탈춤), 꼭두각시놀이(인형극), 탈춤, 민속무 등

고사관수도(강희안) 　 묵죽도(이정) 　 초충도(신사임당) 　 분청사기 　 백자

● 의정부 서사제

6조는 각기 모든 직무를 먼저 의정부에 품의하고, 의정부는 가부를 헤아린 뒤에 왕에게 아뢰어 (왕의) 전지를 받아 6조에 내려 보내어 시행한다. 다만 이조·병조의 제수, 병조의 군사 업무, 형조의 사형수를 제외한 판결 등은 종래와 같이 각 조에서 직접 아뢰어 시행하고 곧바로 의정부에 보고한다. 만약 타당하지 않으면 의정부가 맡아 심의 논박하고 다시 아뢰어 시행토록 한다.   「세종실록」

● 6조직계제

상왕(단종)이 어려서 무릇 조치하는 바는 모두 대신에게 맡겨 논의 시행하였다. 지금 내(세조)가 명을 받아 왕통을 계승하여 군국 서무를 아울러 모두 처리하며 조종의 옛 제도를 모두 복구한다. 지금부터 형조의 사형수를 제외한 모든 서무는 6조가 각각 그 직무를 담당하여 직계한다.   「세조실록」

● 유향소

지금까지 고을에서 백성을 예속(禮俗)으로 이끈 사람이 몇이나 되는가. 수령은 장부 처리에 바빠서 그럴 틈이 없었고, 선비들은 풍속을 교화시킬 방법은 있었으나 지위가 없어서 사람들이 따르지 않았다. 이제 우리 전하께서 전에 폐지되었던 유향소를 다시 두게 하셨으니, 나이와 덕망이 높은 자를 추대하여 좌수(座首)라고 일컫고, 그 다음을 별감(別監)이라고 일컬었다.

● 김종직의 조의제문

정축 10월 어느 날에 나는 밀성으로부터 경산으로 향하면서 답계역에서 자는데, 그날 밤 꿈에 한 신인(神人)이 나타나, "나는 초나라 회왕의 손자인데 우리 조부께서 항우에게 죽임을 당하였다." 라고 말하고는 갑자기 사라져 보이지 않았다. 나는 꿈을 깨어 놀라 '회왕은 남초 사람이요, 나는 동이 사람으로, 거리가 만여 리가 될 뿐만 아니라, 세대의 전후도 역시 천 년이 훨씬 넘는데, 꿈속에 나오다니, 이것이 무슨 일일까?'라고 생각하였다.

● 기묘사화

남곤은 나뭇잎의 감즙(甘汁)을 갉아 먹는 벌레를 잡아 모으고 꿀로 나뭇잎에다 '주초위왕(走肖爲王)' 네 글자를 쓰고서 벌레를 놓아 갉아 먹게 하였다. … 중종에게 보여 화(禍)를 조성하였다.

● 동인, 서인의 분당

김효원이 알성 과거에 장원으로 합격하여 이조전랑의 물망에 올랐으나, 그가 윤원형의 문객이었다 하여 심의겸이 반대하였다. 그 후에 심의겸의 동생 심충겸이 장원급제하여 전랑으로 천거되었으나, 외척이라 하여 효원이 반대하였다. 이때, 양편 친지들이 각기 다른 주장을 내세우면서 서로 배척하여 동인, 서인의 말이 여기서 비롯하였다. 효원의 집이 동쪽 건천동에 있고 의겸의 집이 서쪽 정동에 있기 때문이었다. 동인의 생각은 결코 외척을 등용할 수 없다는 것이었고, 서인의 생각은 의겸이 공로가 많을뿐더러 선비인데 어찌 앞길을 막느냐는 것이었다.   「연려실기술」

● 인조반정

광해군의 정책(중립외교)은 일부 사림 세력과 충돌을 빚었다. 더구나 광해군은 선조의 왕비였던 인목 대비와 갈등을 빚고 있었다. 광해군은 인목 대비의 아들인 영창 대군을 죽이고, 인목 대비를 궁궐에 가두어 버렸다. 사림 세력은 광해군의 이러한 패륜 행위와 명에 대해 의리를 지키지 않은 것을 비난하였다. 결국 서인 세력은 정변을 일으켜 광해군을 몰아내고 새롭게 인조를 왕위에 앉혔다(인조반정 1623).

● 주화론과 척화론

자기의 힘을 헤아리지 아니하고 경망하게 큰 소리를 쳐서 오랑캐들의 노여움을 도발, 마침내는 백성이 도탄에 빠지고 종묘와 사직에 제사지내지 못하게 된다면 그 허물이 이보다 클 수 있겠습니까 … 군량을 저축하여 방어를 더욱 든든하게 하되 군사를 집합시켜 일사분란하게 하여 적의 허점을 노리는 것이 우리로서는 최상의 계책일 것입니다.   「최명길, 주화론」

중국(명)은 우리나라에 있어서 곧 부모요, 오랑캐(청)는 우리 나라에 있어서 곧 부모의 원수입니다. … 차라리 나라가 없어질지라도 의리는 저버릴 수가 없습니다. … 어찌 차마 화의를 주장하는 것입니까?   「윤집, 주전론」

파트 04 : 근세의 한국사

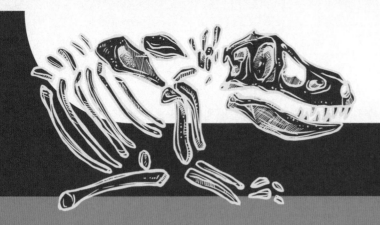

출제 포인트

〈정치〉

1. 붕당정치의 발전 과정을 통하여 조선 정치의 변화 파악
2. 숙종, 영조, 정조 등의 정책을 통하여 탕평정치의 발전 및 변화 파악
3. 세도정치 시기 삼정의 문란과 민란의 발생
4. 홍경래의 난과 임술농민봉기의 공통점과 차이점

〈경제〉

1. 수취체제의 시행 배경과 과정 및 결과
2. 대동법과 관련한 상업의 발달과 상인의 종류 및 화폐 유통 과정
3. 고려와 조선전기 및 조선후기 농업 기술의 변화 과정
4. 조선후기 산업의 발달로 인한 관상, 사상 등의 상업과 수공업 및 광업 등의 발전 이해
5. 조선후기 무역활동의 발전과 포구 상업의 등장, 시장의 번성으로 인한 경제 변화

〈사회〉

1. 조선후기 신분제 동요에 따른 양반, 농민의 분화 및 향촌 사회의 변화
2. 예학과 보학의 발달로 인한 가족 제도의 변화
3. 새로운 사상의 유입과 민간신앙의 발전

〈문화〉

1. 양명학, 실학 등 성리학의 비판적 경향으로 인한 사회 변화
2. 조선후기 사회의 변화에 따른 비기·도참·예언 사상 등의 사상적 변화
3. 중농주의 실학자와 중상주의 실학자의 공통점과 차이점
4. 서양 과학의 등장으로 인한 과학기술의 발전 및 성리학적 세계관의 변화 확인
5. 서민 문화의 발전에 따른 문학, 서화 등의 사회 변화 확인

PART

V

근대태동기의 한국사

I. 근대 태동기의 정치

① 조선후기 정치 변동

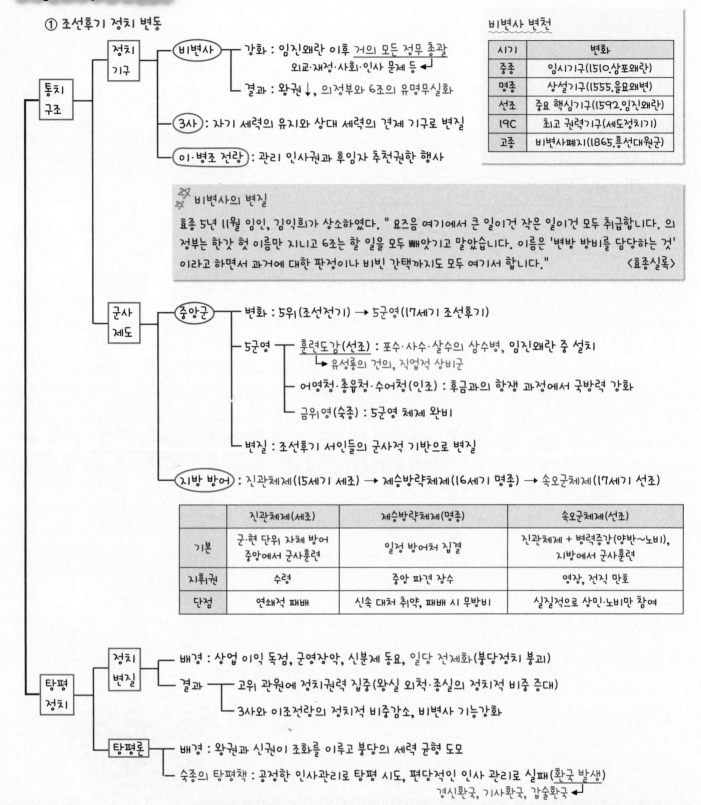

비변사 변천

시기	변화
중종	임시기구(1510.삼포왜란)
명종	상설기구(1555.을묘왜변)
선조	중요 핵심기구(1592.임진왜란)
19C	최고 권력기구(세도정치기)
고종	비변사폐지(1865.흥선대원군)

통치구조

- **정치기구**
  - **비변사**
    - 강화 : 임진왜란 이후 거의 모든 정무 총괄
      - 외교·재정·사회·인사 문제 등
    - 결과 : 왕권↓, 의정부와 6조의 유명무실화
  - **3사** : 자기 세력의 유지와 상대 세력의 견제 기구로 변질
  - **이·병조 전랑** : 관리 인사권과 후임자 추천권한 행사

※ **비변사의 변질**
효종 5년 11월 임인, 김익희가 상소하였다. "요즈음 여기에서 큰 일이건 작은 일이건 모두 취급합니다. 의정부는 한갓 헛 이름만 지니고 6조는 할 일을 모두 빼앗기고 말았습니다. 이름은 '변방 방비를 담당하는 것'이라고 하면서 과거에 대한 판정이나 비빈 간택까지도 모두 여기서 합니다." 〈효종실록〉

- **군사제도**
  - **중앙군**
    - 변화 : 5위(조선전기) → 5군영(17세기 조선후기)
    - 5군영
      - 훈련도감(선조) : 포수·사수·살수의 삼수병, 임진왜란 중 설치
        - → 유성룡의 건의, 직업적 상비군
      - 어영청·총융청·수어청(인조) : 후금과의 항쟁 과정에서 국방력 강화
      - 금위영(숙종) : 5군영 체제 완비
    - 변질 : 조선후기 서인들의 군사적 기반으로 변질
  - **지방 방어** : 진관체제(15세기 세조) → 제승방략체제(16세기 명종) → 속오군체제(17세기 선조)

	진관체제(세조)	제승방략체제(명종)	속오군체제(선조)
기본	군·현 단위 자체 방어 중앙에서 군사훈련	일정 방어처 집결	진관체제 + 병력증강(양반~노비), 지방에서 군사훈련
지휘권	수령	중앙 파견 장수	영장, 전직 만호
단점	연쇄적 패배	신속 대처 취약, 패배 시 무방비	실질적으로 상민·노비만 참여

- **탐평정치**
  - **정치변질**
    - 배경 : 상업 이익 독점, 군영장악, 신분제 동요, 일당 전제화(붕당정치 붕괴)
    - 결과
      - 고위 관원에 정치권력 집중(왕실 외척·종실의 정치적 비중 증대)
      - 3사와 이조전랑의 정치적 비중감소, 비변사 기능강화
  - **탐평론**
    - 배경 : 왕권과 신권이 조화를 이루고 붕당의 세력 균형 도모
    - 숙종의 탐평책 : 공정한 인사관리로 탕평 시도, 편당적인 인사 관리로 실패(환국 발생)
      - 경신환국, 기사환국, 갑술환국

※ **숙종의 탕평책**
당파의 습성이 고질화되어 손 쓸 방법이 없었기 때문에 그 당시 성상께서는 이쪽이 낫다고 생각되면 오로지 이쪽만을 등용하였고, 저쪽이 낫다고 생각되면 다시 저쪽만을 등용하였다. … 이에 선왕이 탕평책의 정사를 행하여 후손을 위한 좋은 계책을 나에게 남겨주었다. 「숙종실록」

② 탕평정치와 세도정치

영조 (완론탕평)

탕평정치
- 탕평 교서 발표, 탕평비 건립, 탕평채, 이인좌의 난
- 탕평파 중심 국정 운영, 서원 정리
  └▶ 붕당을 궁극적으로 제거하려 함
- 이조전랑의 후임자 천거권과 3사의 관리 선발 관행 폐지

이인좌의 난 (1728)
경종의 죽음이 영조와 노론이 관계되어 있다고 하여 탕평책에 반발하여 일으킨 반란

개혁정치
- 속대전 편찬, 가혹한 형벌 폐지, 엄격한 삼심제 (사형수)
- 균역법 실시 (1750, 군포 2필→1필), 신문고 부활

한계 : 강력한 왕권을 바탕으로 일시적인 탕평

탕평채
영조가 탕평책을 논하는 자리에서 내 놓은 음식으로 김 (북인), 미나리 (동인), 소고기 (남인), 청포묵 (서인) 등을 섞은 것

정조 (준론탕평)

탕평정치
- 시파·벽파의 갈등 경험 후 강한 탕평책 추진
- 탕평책 : 척신·환관 제거, 소론·남인 계열 중용

개혁정치
- 규장각 : 규장각 (왕실도서관)을 정치 기구로 육성, 박제가·유득공·정약용 등 검서관 등용
- 장용영 : 친위 부대인 장용영 설치
- 초계문신제도 : 37세 이하의 당하관 중 선정, 40세까지 재교육
- 화성 건설 : 왕권 강화를 위한 신도시, 거중기 사용, 정치적·군사적 기능, 상공인 육성
- 지방통치 : 수령 권한 강화 (수령이 향약 주관)
- 사회개혁 : 서얼·노비 차별 완화, 금난전권 폐지 (1791, 신해통공), 문체반정
  └▶ 채제공 건의, 자유 상공업 허용
- 편찬사업 : 대전통편 (법전), 동문휘고 (외교), 탁지지, 추관지, 무예도보통지 (병법서)

세도정치

정의 : 왕의 외척 세력 (안동 김씨·풍양 조씨)이 권력 독점
  └▶ 소론과 남인 배제

전개 : 순조 (1800~1834) → 헌종 (1834~1849) → 철종 (1849~1863)
  └▶ 11세, 안동 김씨   └▶ 8세, 풍양 조씨   └▶ 19세, 안동 김씨

폐단
- 붕당정치의 붕괴 : 붕당은 없어지고, 소수가문이 정치 독점
- 권력구조변질 : 의정부와 6조의 유명무실화, 비변사 권한 강화, 수령직의 매관매직
  └▶ 과거제의 부정부패

농민봉기
- [19C 사회] : 삼정의 문란, 농민의 항거, 소청·벽서·괘서 사건 발생
  └▶ 전정, 군정, 환곡
- [홍경래의 난] (1811, 순조)
  - 배경 : 삼정의 문란, 서북민에 대한 차별 대우 등
  - 전개 ─ 몰락 양반 홍경래 중심 ('평서대원수' 자칭)
          └ 영세 농민·중소 상인·광산 노동자 등 봉기
  - 경과 : 청천강 이북 지역 장악, 5개월 만에 평정
- [임술농민봉기] (1862. 철종) 진주 봉기
  - 원인 : 경상 우병사 백낙신의 수탈, 유계춘 중심 봉기
  - 경과 : 진주성 점령, 전국적으로 확대 (함흥~제주도)
  - 결과 : 삼정이정청 설치 (1862) - 실효성 미비
- [공통점] : 세도 정치 시기 봉기, 삼정의 문란에 대한 봉기

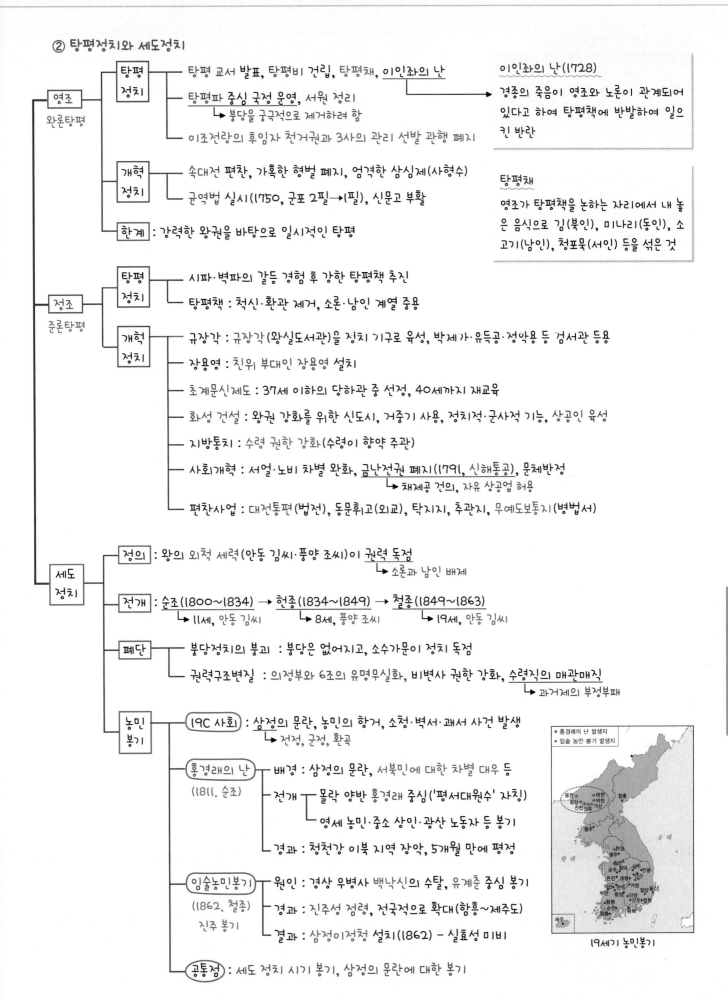

● 홍경래의 난 발생지
● 임술 농민 봉기 발생지

19세기 농민봉기

2. 근대 태동기의 경제

① 수취체제의 개편

영정법
1635
인조

- 배경 : 농경지 황폐화, 토지 제도 문란 → 양안에서 빠진 은결 색출, 영정법 시행
- 내용 : 풍·흉에 관계없이 전세를 토지 1결당 미곡 4두로 고정하여 징수(전세의 정액화)
  - ↳ 주의) 지역에 따라 4~6두를 받기도 함

[전세의 변화]

과전법	→	연분9등법(세종)	→	영정법(1635, 인조)	
토지 1결당 30두		토지 1결당 4~20두 (풍흉기준)		토지 1결당 4두 (풍흉X, 전세 정액화)	→ 전세 비율 감소 (수수료, 운송비, 보충비 등 징수)

- 결과 : 전세 비율 감소, 수수료·운송비·보충비 등이 부과, 농민 부담 가중
  - ↳ 대부분의 농민은 땅이 없어 혜택을 받지 못함!

대동법
광해군
~숙종

- 배경 : 방납의 폐단, 농촌경제의 파탄, 농민의 향촌 이탈
- 시행 : 광해군이 경기도에 처음 시행(1608), 숙종 때 전국에서 실시(1708)
  - ↳ 선혜청 설치(대동법 관리)
- 내용 : 현물 대신 쌀, 삼베·무명, 동전으로 납부, 토지 1결당 미곡 12두
  - ↳ 조세의 금납화   ↳ 공납 전세화
- 시행 지연 : 지주들의 반대로 전국적으로 실시되는데 100여 년 소요
- 영향 : 공인 등장, 상품 수요 증가, 지방 장시 발달, 도고 등장
  - ↳ 현물 구매 상인   ↳ 독점적 도매 상인
- 한계 : 진상과 별공은 계속 부담, 지방 관아의 토산물 현물 징수 계속
  - ↳ 대동법은 '상공'만 해당

대동법 건의(시행)
- 광해군 - 이원익(경기)
- 인조 - 조익(강원)
- 효종 - 김육(충청, 전라)
- 숙종 - 허적(경상, 황해)

[공납의 변화]

상공 별공 진상	타지에서 구입·납부	방납	서리 대납	폐단	대동법
					1결당 16두(1608,광해군) ~ 1결당 12두(1708,숙종) 토지기준(米,布,錢), 지주 반대로 100여년 소요

→	공인등장 특산품 구입 者	상품 화폐 경제 발달	장시 발달	→	도고 등장 독점적 도매상인

균역법
1750
영조

- 배경 : 군포의 차별 징수, 백골징포·황구첨정·인징·족징 등의 폐단
- 내용 : 1년에 군포 1필만 부담하면 되는 균역법 시행
- 보충 : 지주에게 결작(1결당 미곡 2두) 부담, 선무군관포, 어장세, 선박세 등 잡세 수입으로 보충
  - ↳ 부유한 평민에게 부여한 특전(+1필)

[군역의 변화]

보법	→	대립제	→	군적수포제		균역법(영조)
양인개병제 병농일치제		불법 성행		1년 2필~3필 군적 등재	차별 징수	1년에 군포 2필 → 1필 결작, 선무군관포, 어세, 염세, 선세

- 결과 : 일시적 경감, 지주는 농민에게 결작 부담 강요
  - ↳ 신향이 증가하면서 농민들의 부담이 증가 함

② 조선후기 농업의 발전

농업 발전
— 모내기법(이앙법) : 모내기법 전국적 확대, 수확량 증대
— 이모작 : 벼와 보리의 이모작확대(17세기 금지령), 저수지 확충
  └→ '가뭄에 취약하다'는 이유로 금지
— 견종법 : 밭고랑에 씨를 뿌리는 견종법 보급
— 구황작물 : 고구마(18C 영조, 일본), 감자(19C 헌종, 청) 전래

구황작물
고구마(일본), 감자(청)
고(高).일(l).감.청. !

[농업 기술의 변화]

구분	고 려	조선전기	조선후기
심경법	깊이갈이(심경법)의 일반화	-	
윤작법	2년3작 윤작법 시작	윤작법의 일반화	광작, 농업기술 발달 상업작물·구황작물
시비법	시비법 실시	시비법 발달	
확대	이앙법 일부 실시	이모작 일부 실시	이앙법·이모작 전국시행
면방직	원의 목화 전래	면방직 기술 발달	농가집성, 색경, 산림경제, 해동농서, 임원경제지
농서	농상집요 소개(이앙)	농사직설, 금양잡록	

광작 : l인당 경작지 확대, 부농 등장, 다수의 임노동자화, 농민 분화

상품작물
— 밭농사 중심 : 목화·채소·담배·약초 재배
— 일부 논농사 : 쌀의 상품화 → 밭을 논으로 바꾸는 현상 활발

✖ 상품작물의 발전
농민들이 밭에 심는 것은 곡물만이 아니다. 모시, 오이, 배추, 도라지 등의 농사도 잘 지으면 그 이익이 헤아릴 수 없이 크다. 도회지 주변에는 파 밭, 마늘 밭, 배추 밭, 오이 밭 등이 많다. 특히 서도 지방의 담배 밭, 북도 지방의 삼 밭, 한산의 모시 밭, 전주의 생강 밭, 강진의 고구마 밭, 황주의 지황 밭에서의 수확은 모두 상상등전(上上等田)의 논에서 나는 수확보다 그 이익이 l0배에 이른다.
「경세유표」

농민변화 : 일부 농민 부농화 → 다수 농민은 상공업자·임노동자로 전락, 광산·포구로 이동

지대 변화
— 지주전호제 강화 : 지주 전호제의 일반화, 소작인의 소작쟁의 전개
— 소작쟁의 증가 : 소작인의 저항 → 소작권 인정, 소작료 인하
— 방식 ┬ 타조법 : 소작인이 수확량의 절반 납부, 종자·농기구 소작인 부담
       └ 도조법 : 18세기 일부 지방 시행, 소작인이 매년 일정 지대액 납부

소작료 변화
타조법 → 도조법
소작료를 타.도.하자!

[도조법과 타조법]

구분	타조법	도조법
지대	정율지대 (당해 수확량 l/2)	정액지대 (일정 소작료, 평균수확량l/3)
특징	소작인 불리, 지주 간섭 있음 전세 종자, 농기구 소작인 부담	소작인 유리, 지주 간섭 없음 도지권은 매매, 양도, 전매 가능
관계	지주와 전호의 신분적 예속관계	지주와 전호의 경제적 계약관계

— 영향 : 도조법의 등장으로 인하여 소작농이라도 소득 증가 가능

③ 조선후기의 산업 발전

상업 ─ 경제 발전 ─┬─ 배경 : 생산력 증대, 부세 및 소작료의 금납화, 이촌향도, 신해통공
 └─ 장시 : 15C 개설, 16C 전국 확대, 18C 전국 1,000여 개소 개설

농업발달·수공업 발달 인구의 도시이동	→	사상의 발달	→	장시의 확대 5일장 등 1,000여개 장시 발달 전국적 유통망·지역적 시장 형성
부세·조세 급납화	→	공인의 등장 → 도고 발달		

상인 ─┬─ (관상) ─┬─ 시전상인 : 특정 품목 독점 판매, 육의전, 금난전권 소유 (금난전권 이전)
 │ ├─ 공인 : 대동법 시행으로 등장, 국가 수요품 조달 역할, 도고로 성장
 │ └─ 보부상 : 농촌의 장시를 하나의 유통망으로 연계 (장돌뱅이)
 └─ (사상) ─┬─ 중앙 (난전) : 장부에 등록 되지 않은 무허가 상인, 이현 (동대문), 칠패 (남대문), 송파
 └─ 지방 : 만상 (의주), 유상 (평양), 송상 (개성), 경강상인 (한양), 내상 (동래)

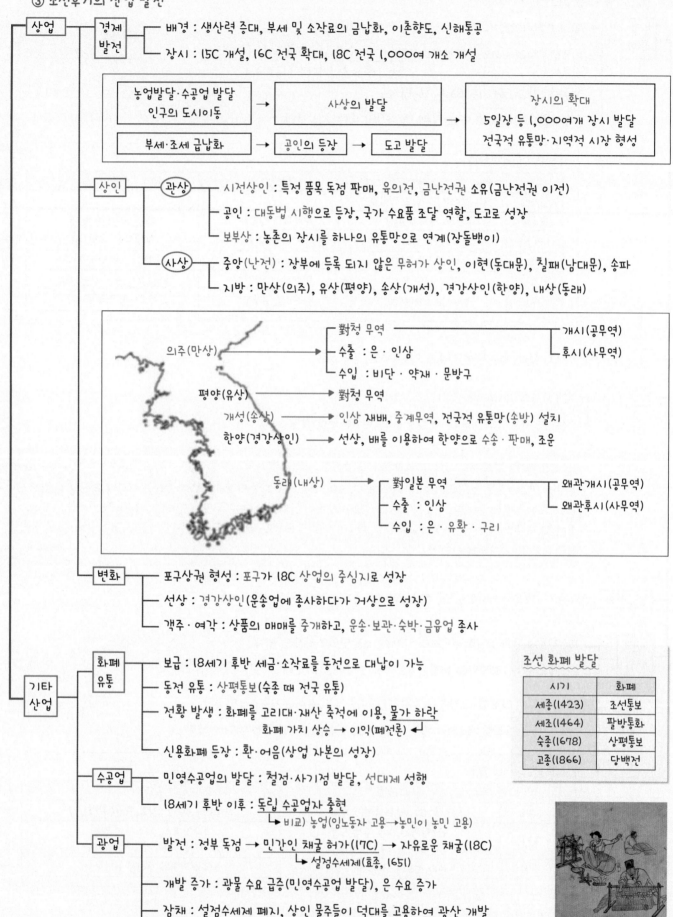

의주 (만상) ─→ ┬─ 對청 무역 ──────┬─ 개시 (공무역)
 │ └─ 후시 (사무역)
 ├─ 수출 : 은·인삼
 └─ 수입 : 비단·약재·문방구

평양 (유상) ─→ 對청 무역

개성 (송상) ─→ 인삼 재배, 중계무역, 전국적 유통망 (송방) 설치

한양 (경강상인) ─→ 선상, 배를 이용하여 한양으로 수송·판매, 조운

동래 (내상) ─→ ┬─ 對일본 무역 ─────┬─ 왜관개시 (공무역)
 │ └─ 왜관후시 (사무역)
 ├─ 수출 : 인삼
 └─ 수입 : 은·유황·구리

변화 ─┬─ 포구상권 형성 : 포구가 18C 상업의 중심지로 성장
 ├─ 선상 : 경강상인 (운송업에 종사하다가 거상으로 성장)
 └─ 객주·여각 : 상품의 매매를 중개하고, 운송·보관·숙박·금융업 종사

기타 산업 ─┬─ 화폐 유통 ─┬─ 보급 : 18세기 후반 세금·소작료를 동전으로 대납이 가능
 │ ├─ 동전 유통 : 상평통보 (숙종 때 전국 유통)
 │ ├─ 전황 발생 : 화폐를 고리대·재산 축적에 이용, 물가 하락
 │ │ 화폐 가치 상승 → 이익 (폐전론)
 │ └─ 신용화폐 등장 : 환·어음 (상업 자본의 성장)
 ├─ 수공업 ─┬─ 민영수공업의 발달 : 철점·사기점 발달, 선대제 성행
 │ └─ 18세기 후반 이후 : 독립 수공업자 출현
 │ └ 비교) 농업 (임노동자 고용→농민이 농민 고용)
 └─ 광업 ─┬─ 발전 : 정부 독점 → 민간인 채굴 허가 (17C) → 자유로운 채굴 (18C)
 │ └ 설점수세제 (효종, 1651)
 ├─ 개발 증가 : 광물 수요 급증 (민영수공업 발달), 은 수요 증가
 ├─ 잠채 : 설점수세제 폐지, 상인 물주들이 덕대를 고용하여 광산 개발
 └─ 광산 운영 변화 : 덕대 (경영전문가) 출현, 분업에 토대를 둔 협업으로 진행

조선 화폐 발달

시기	화폐
세종 (1423)	조선통보
세조 (1464)	팔방통화
숙종 (1678)	상평통보
고종 (1866)	당백전

자리짜기 (김홍도)

3. 근대 태동기의 사회

① 사회 구조의 변동

신분동요 : 임진왜란 이후 납속책과 공명첩의 발급, 양반 수 ↑, 상민·노비 수 ↓, 신분 체제 동요

양반

분화 : 구향(권반, 향반, 잔반)과 신향

원인	분화	내용
1. 납속책, 공명첩 (양반 수 증가) 2. 지주전호제 강화 (신분관계 → 경제관계)	구향	권반 : 중앙의 특권층 → 특권유지(향안, 청금록)
		향반 : 향촌에서 겨우 위세 유지 세력
		잔반 : 몰락 양반
	신향	부농 : 양반 신분 획득(신분 매매·족보 위조), 관권과 결탁

구향의 노력
- 양반 권위 약화 : 신분제 붕괴, 양반의 계층 분화, 구향에 대한 신향의 도전(향전)
- 동약 : 촌락 단위의 동약 실시, 동족(동성) 마을 형성, 서원·사우 건립
- 청금록 : 서원 및 향교에 출입하는 명단인 청금록 작성
- 향안 : 지방 사족의 명부인 향안을 작성

중인

불만 : 사회적 역할에 비하여 고급 관료로 진출 제한(성리학적 명분론)

활동
- 상소운동 : 영조 때 상소 운동 전개(실패)
- 서얼 : 문과 응시 금지, 무반직 등용, 정조 때 규장각 검서관 기용(유득공, 이덕무, 박제가)
- 역관 : 청과 외교 업무, 서학 및 외래문화 수용 주도, 새로운 사회 추구
- 신해허통 : 철종 때 문과급제자에 대한 서얼차별 폐지

농민

분화 : 상층(중소지주층, 소작제 경영), 자영농, 소작농

양반화 원인 : 군역 면제, 양반 지배층의 수탈 회피, 경제 활동 각종 편의 제공, 향촌에서 영향력 행사

배경	변화		내용	
농업 기술↑ →생산력↑	광작 농민 분화	상층	신향(부농들의 양반 신분 획득), 지주층(소작 경영)	
		중층	자영농, 소작농	
		하층	임노동자, 농민 이탈(광·어촌, 유랑민)	

노비

제도 변화
- 신분상승 : 군공이나 납속을 통해 신분 상승
- 납공노비 전환 : 공노비를 입역 노비에서 신공을 바치는 납공 노비로 전환
  └➤ 노동력 제공 노비
- 노비종모법 : 노비의 어머니가 양민이면 양민으로 삼는 법

노비 해방
- 공노비 해방(1801) : 순조 때 중앙 관서의 노비 6만 6천여 명의 해방(1801)
- 갑오개혁(1894) : 신분제가 폐지되면서 사노비 해방 (노비제 폐지)

고려~조선전기	조선후기(영조)	순조	고종
일천즉천	노비종모법	공노비 해방	사노비 해방
노비 수 증가	노비 수 감소	약66,000여명	갑오개혁
(국가 재정 감소)	(국가 재정 증가)	(국가 재정 확충)	(평등사회)

② 향촌 사회의 변화

향촌 변화
- 17C 이후 : 예학·보학 발달, 가부장제 확산, 친영 제도, 장자 중심 제사·상속제
- 18C 이후
  - 부계 중심 가족 제도 강화, 아들이 없을 경우 양자 입양 일반화
  - 부계 위주 족보 편찬, 동성 마을 형성, 종중 의식 확산
- 호구 파악
  - 3년마다 호적대장 작성(공물과 군역 부과의 자료),
  - 성인 남자만 조사·기록

사회 구조 변화
> 고려 : 남녀 평등 사회
> ↓ 예학과 보학 발달
> 조선후기 : 가부장 사회

사회 동요
- 배경
  - 신분제 동요, 상정 문란(농민 경계 파탄)
  - 이양선 출몰, 도적 증가
- 예언사상 : 비기·도참, 정감록, 말세 도래, 왕조 교체, 변란 예고
- 신앙 : 무격신앙과 미륵신앙 유행

삼정 문란(향촌 붕괴 원인)
- 전정 — 은결(장부 결수 은닉)
- 군정 — 인징(이웃), 족징(친족)
  - 황구첨정(어린아이)
  - 백골징포(死者)
- 환곡 — 쌀(+겨+모래) 지급

✡ **미륵신앙**
불교에서는 석가의 시대가 다하고 미륵의 시대가 온다고 하니, 속세 또한 새로운 세상이 반드시 올 것이다. 군복과 무기를 미리 갖추어 이 세상이 다할 때 군사를 일으킬 준비를 하라.

✡ **정감록**
정씨 성과 최씨 성의 두 진인(眞人)을 얻어, 먼저 우리나라를 평정하여 정씨 성의 사람을 임금으로 세운 뒤에 중국을 공격하여 최씨 성의 사람을 황제로 세울 것이다.

도참설
세상의 변화나 사람의 운수에 대한 예언을 믿는 사상으로 음양오행설이나 풍수지리설 등과 결합되기도 하며, 비유를 통해 미래를 예언하는 경우가 많았다.

천주교
- 유입
  - 배경 : 천주교는 17세기 서학으로 소개, 18세기 신앙으로 형성
    - ↳ 학문으로 수용 ↳ 종교로 발전
  - 탄압 : 평등사상, 제사 의식 거부, 사교로 규정하여 탄압
- 박해
  - 신해박해(1791) ↳ 정조, 진산사건
    - 진산에서 윤지충(천주교 신자)이 모친의 장례를 화장법으로 치른 일
    - 정부에서 이들을 사형에 처한 사건
  - 신유박해(1801) ↳ 순조
    - 노론 벽파 세력이 남인 시파 탄압을 위해 천주교를 박해한 사건
      - ↳ 정약전(흑산도), 정약용(강진) 유배
    - 황사영 백서사건 등으로 탄압이 더욱 강화
      - ↳ 신유박해를 베이징 주교에게 보고하려다 발각
  - 기해박해(1839) : 정하상 등 많은 신도들과 서양인 신부들을 처형한 사건
    - ↳ 헌종
  - 병인박해(1866) ↳ 고종, 흥선대원군
    - 프랑스 선교사를 이용하여 교섭시도·실패
    - 9명의 프랑스 선교사와 8천명의 교도를 처형

신유박해(1801)
정약전 · 정약용 – 유배
이승훈 · 정약종 – 사형

천주교 탄압
신해박해 → 신유박해 → 기해박해 → 병인박해
해.유.기.병.!

동학
- 창시 : 1860년 경주 출신 최제우가 창시
- 사상 : 유·불·선 + 민간 신앙, 시천주(侍天主)와 인내천(人乃天)
- 탄압 : 조선 정부는 혹세무민의 죄로 최제우 처형(1864)
  - ↳ 세상을 어지럽히고 백성을 현혹한다!
- 교단정비 : 제2대 교주 최시형의 교단 정비, 교리 정리(동경대전·용담유사)

4. 근대 태동기의 문화

① 성리학과 양명학

성리학 심화
- **절대화** : 서인들의 의리 명분론, 사회 모순 해결을 위한 성리학 절대화(송시열)
- **호락 논쟁**
  - 배경 : 노론 중심 심성론(인간과 사물의 본성에 대한 논쟁)
  - 호론 : 인물성 이론(인간과 사물의 본성이 다름)
  - 낙론 : 인물성 동론(인간과 사물의 본성이 같음)

지역	충청도(호론)	서울(낙론)
주장	인물성 이론. 주기론 주장	인물성 동론. 주기론 중심 주리론 수용
성격	청, 서양에 배타적 성향	청, 서양 등 이질적인 것을 포용
계승	위정척사 사상 → 의병운동	개화사상 → 애국계몽운동

성리학 비판
- 배경 : 성리학 상대화, 사회 모순 해결의 사상적 기반 모색(17세기 후반)
- 대표적 학자 : 윤휴(경전에 대한 독자적 해석), 박세당(사변록, 주자의 학설 비판), 정약용(여유당전서), 이익(성호사설), 안정복(동사강목), 정제두·최한기(명남루총서) 등 성리학 비판

> ☆ 유교경전의 독자적 해석(윤휴)
>
> 천하의 많은 이치를 어찌하여 주자만 알고 나는 모른단 말인가, 주자는 다시 태어나도 내 학설은 인정하지 않겠지만, 공자나 맹자가 다시 태어난다면 내 학설이 승리할 것이다.

- 결과 : 서인(노론)의 공격을 받아 사문난적으로 몰림

양명학
- 수용 : 성리학의 절대화·형식화 비판, 실천성 강조
- 발전 : 17C 후반 소론 학자들의 수용
- 강화학파 : 18세기 초 정제두, 강화도에서 양명학 연구(강화학파)
- 활동 : 가학(家學)의 형태로 계승, 정제두의 제자(소론)
- 내용 : 심즉리(心卽理), 지행합일설(知行合一說), 치양지설(致良知說)
  - └→ '인간의 마음이 곧 이(理)'
- 영향 : 실학자들과 교류, 한 말 이후 박은식, 정인보 등이 계승

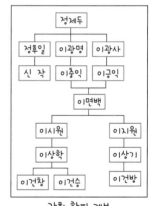

강화 학파 계보

실학 등장
- 배경 : 17·18세기 사회·경제적 변동에 따른 사회 개혁론
- 대두 : 이수광의 지봉유설과 한백겸의 동국지리지를 통하여 실학 주장
  - └→ 백과사전, 천주실의 소개   └→ 우리 역사를 고증
- 확대 : 민생 안정과 부국강병을 목표로 사회 개혁론 제시
- 학파의 등장 : 중농학파와 중상학파

	중농주의(18세기 전반)	중상주의(18세기 후반)
학파	경세치용	이용후생, 북학파
목표	농촌사회 안정	적극적 부국강병
계보	유형원, 이익, 정약용	유수원, 홍대용, 박지원, 박제가
문제점	대토지 소유 증가 → 자영농 몰락	소극적 경제 발전 → 상업 발전 미약
해결책	토지의 균등 분배, 자영농 육성, 지주제 부정적, 화폐사용 부정적	청과 교역 증가, 수레와 선박의 이용, 지주제 긍정적, 화폐사용 긍정적
공통점	부국강병, 민생안정, 농업 진흥	

② 실학의 발전

중농학파 (18C 전)

유형원 (반계)
- 반계수록, 균전론(신분에 따른 차등 분배), 자영농 육성
- 양반 문벌제도, 과거 제도, 노비 제도의 모순 비판
- 사·농·공·상의 직업적인 우열과 상민과 노비의 차별(유교적 한계성)

이익 (성호)
- 성호학파 : 성호사설, 곽우록
- 한전론 : 영업전은 법으로 매매를 금지하고, 나머지 토지만 매매를 허용하자는 주장

> ✦ 한전론
> 농토 몇 부(負)를 한 집의 영업전으로 만들어 주어 농토가 있어서 팔려고 하는 사람은 영업전 몇 부를 제외하고 역시 허락한다. 「성호집」

- 육두론 : 노비 제도, 과거 제도, 양반 문벌제도, 사치와 미신, 승려, 게으름 지적
  └▶ 나라를 좀먹는 여섯 가지의 폐단
- 기타 : 화폐의 폐단(고리대)을 지적하여 폐전론 주장

정약용 (다산, 여유당)
- 실학의 집대성 : 신유박해 때 연루, 강진으로 유배, 여유당전서 편찬
- 여전제(閭田制) : 마을 단위 공동 농장·공동 경작, 수확량에 따른 분배
- 정전제(井田制) : 농민이 공전 1구역을 공동 경작, 소출을 세금으로 지급
- 여유당전서 : 목민심서, 경세유표, 흠흠신서, 기예론, 마과회통

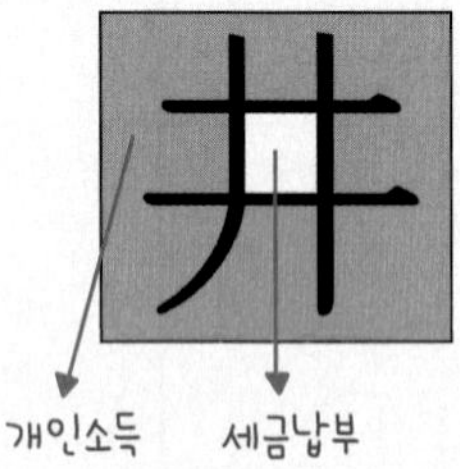

井
개인소득 세금납부

[정약용의 저서 (여유당전서)]

저서	내용	저서	내용
목민심서	지방관(목민)의 정치적 도리	기예론	기술의 중요성, 거중기·배다리 창안
경세유표	중앙 정치제도의 폐단·개혁	마과회통	홍역 연구, 종두법 연구
흠흠신서	형옥 관리의 지침서		

중상학파 (18C 후)

유수원 (농암)
- 성향 : 우서, 상공업 진흥·기술 혁신 강조
- 사농공상의 직업 평등·전문화 주장, 선대제 수공업 주장

홍대용 (담헌)
- 성향 : 담헌서(임하경륜, 의산문답), 기술 혁신·문벌제도 철폐 주장
- 중화사상 비판 : 성리학의 극복이 부국강병의 근본, 지전설 주장(무한우주론)

박지원 (연암)
- 상공업 진흥 : 열하일기, 과농소초, 상공업 진흥 강조, 수레와 선박의 이용, 화폐유통
- 양반 문벌 비판 : 대토지 소유 비판, 양반의 비생산성 비판(양반전·허생전·호질)
  └▶ 농업 생산력 증대에 관심   └▶ 한문 소설

박제가 (초정)
- 문물 수용 : 북학의, 청 문물의 적극적 수용
- 상공업 진흥 : 상공업 발달, 수레와 선박의 이용 등 주장
  └▶ 박제가는 박지원의 제자
- 소비권장 : '절약보다 소비 권장' 주장(우물물 비유)

> ✦ 소비의 권장
> 비유하건대 재물은 대체로 샘과 같은 것이다. 퍼내면 차고, 버려두면 말라 버린다. 「북학의」

영향
- 의의 : 과학적·객관적·실증적 학문, 우리 문화에 대한 독자적인 민족적 학문, 개화사상으로 계승
- 한계 : 실학자 대부분은 정치적 비주류, 개혁론들이 당시 정책에 반영되지 못함

③ 국학 연구와 과학 기술의 발전

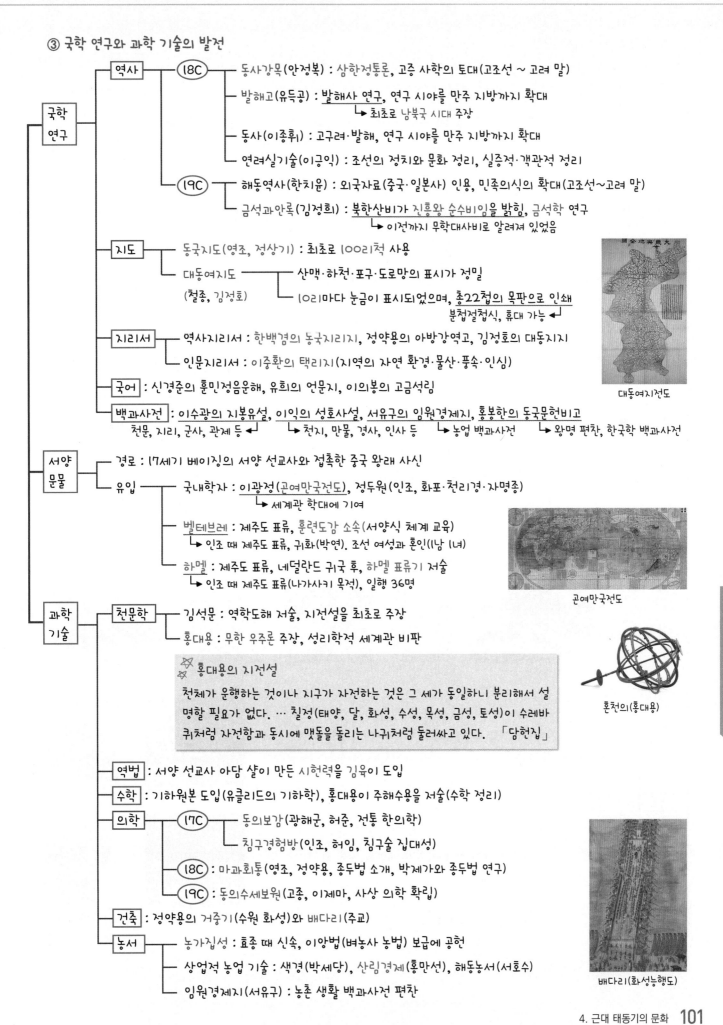

국학 연구
- 역사
  - 18C
    - 동사강목(안정복) : 삼한정통론, 고증 사학의 토대(고조선 ~ 고려 말)
    - 발해고(유득공) : 발해사 연구, 연구 시야를 만주 지방까지 확대
      - ↳ 최초로 남북국 시대 주장
    - 동사(이종휘) : 고구려·발해, 연구 시야를 만주 지방까지 확대
    - 연려실기술(이긍익) : 조선의 정치와 문화 정리, 실증적·객관적 정리
  - 19C
    - 해동역사(한치윤) : 외국자료(중국·일본사) 인용, 민족의식의 확대(고조선~고려 말)
    - 금석과안록(김정희) : 북한산비가 진흥왕 순수비임을 밝힘, 금석학 연구
      - ↳ 이전까지 무학대사비로 알려져 있었음
- 지도
  - 동국지도(영조, 정상기) : 최초로 100리척 사용
  - 대동여지도 (철종, 김정호)
    - 산맥·하천·포구·도로망의 표시가 정밀
    - 100리마다 눈금이 표시되었으며, 총22첩의 목판으로 인쇄
      - 분첩절첩식, 휴대 가능 ↵
- 지리서
  - 역사지리서 : 한백겸의 동국지리지, 정약용의 아방강역고, 김정호의 대동지지
  - 인문지리서 : 이중환의 택리지(지역의 자연 환경·물산·풍속·인심)
- 국어 : 신경준의 훈민정음운해, 유희의 언문지, 이의봉의 고금석림
- 백과사전 : 이수광의 지봉유설, 이익의 성호사설, 서유구의 임원경제지, 홍봉한의 동국문헌비고
  - 천문, 지리, 군사, 관제 등 ↵ ↳ 천지, 만물, 경사, 인사 등 ↳ 농업 백과사전 ↳ 왕명 편찬, 한국학 백과사전

대동여지전도

서양 문물
- 경로 : 17세기 베이징의 서양 선교사와 접촉한 중국 왕래 사신
- 유입
  - 국내학자 : 이광정(곤여만국전도), 정두원(인조, 화포·천리경·자명종)
    - ↳ 세계관 학대에 기여
  - 벨테브레 : 제주도 표류, 훈련도감 소속(서양식 체계 교육)
    - ↳ 인조 때 제주도 표류, 귀화(박연). 조선 여성과 혼인(1남 1녀)
  - 하멜 : 제주도 표류, 네덜란드 귀국 후, 하멜 표류기 저술
    - ↳ 인조 때 제주도 표류(나가사키 목적), 일행 36명

곤여만국전도

과학 기술
- 천문학
  - 김석문 : 역학도해 저술, 지전설을 최초로 주장
  - 홍대용 : 무한 우주론 주장, 성리학적 세계관 비판

  ⚛ 홍대용의 지전설
  천체가 운행하는 것이나 지구가 자전하는 것은 그 세가 동일하니 분리해서 설명할 필요가 없다. … 칠정(태양, 달, 화성, 수성, 목성, 금성, 토성)이 수레바퀴처럼 자전함과 동시에 맷돌을 돌리는 나귀처럼 둘러싸고 있다. 「담헌집」

혼천의(홍대용)

- 역법 : 서양 선교사 아담 샬이 만든 시헌력을 김육이 도입
- 수학 : 기하원본 도입(유클리드의 기하학), 홍대용이 주해수용을 저술(수학 정리)
- 의학
  - 17C
    - 동의보감(광해군, 허준, 전통 한의학)
    - 침구경험방(인조, 허임, 침구술 집대성)
  - 18C : 마과회통(영조, 정약용, 종두법 소개, 박제가와 종두법 연구)
  - 19C : 동의수세보원(고종, 이제마, 사상 의학 확립)
- 건축 : 정약용의 거중기(수원 화성)와 배다리(주교)
- 농서
  - 농가집성 : 효종 때 신속, 이앙법(벼농사 농법) 보급에 공헌
  - 상업적 농업 기술 : 색경(박세당), 산림경제(홍만선), 해동농서(서호수)
  - 임원경제지(서유구) : 농촌 생활 백과사전 편찬

배다리(화성능행도)

④ 문학과 예술의 새 경향

서민문화
- 배경 : 상공업과 농업 생산력의 증대로 인해 서민의 경제적·신분적 지위가 향상
- 특징 : 양반의 위선적인 모습 비판, 부정과 비리를 풍자·고발
- 종류
  - 판소리 : 서민 문화의 중심, 19세기 후반 신재효가 판소리 사설의 창작·정리
    → 춘향가, 심청가, 흥보가, 적벽가, 수궁가 전래
  - 탈춤 : 탈놀이(향촌) · 산대놀이(도시에서 성행) · 사회적 모순 풍자
  - 한글소설 : 홍길동전, 춘향전, 별주부전, 심청전, 장화홍련전
  - 사설시조 : 서민들의 솔직한 감정 표현, 남녀 간의 사랑, 현실 비판

한문학
- 향유층 : 중인층(역관, 서리) 및 서민층
- 한시 : 정약용(삼정 문란을 비판하는 한시), 시사 조직(중인·서민층), 풍자시인 등장
    → 김삿갓(김병연), 정수동
- 한문소설 : 박지원(양반전·허생전·호질, 양반 사회 풍자)

서화
- 18C 전 : 정선의 진경산수화(인왕제색도, 금강전도)
- 18C 후
  - 김홍도 : 밭갈이, 추수, 씨름, 서당 등
    → 소탈·익살스러운 필치
  - 신윤복 : 단오풍정, 월하정인, 미인도 등
    → 양반의 유흥, 남녀 간의 애정
  - 김득신 : 김홍도 화풍 계승, 파적도
    → 묘박계추도
  - 강세황 : 영통동구도(영통골 입구도)
    → 김홍도의 스승 → 서양화 기법
- 민화 : 민중의 미적 감각, 소원 기원, 해·달·나무·꽃·동물·물고기 등

조선시대 서화 정리

구분	내용
15C	고사관수도, 몽유도원도
16C	서정적, 사군자
18C	진경산수화(정선), 서양화(강세황) 풍속화(김홍도·신윤복)
19C	민화(까치호랑이)

인왕제색도(정선)

씨름도(김홍도)

단오풍정(신윤복)

파적도(김득신)

영통골입구도(강세황)

서예
- 김정희의 추사체
    → 그림) 세한도
- 이광사의 동국진체

세한도(김정희)

건축
- 특징 : 외관 다층, 내관 단층의 구조
- 17C : 금산사 미륵전, 법주사 팔상전
- 18C : 화엄사 각황전, 논산 쌍개사, 부안 개암사, 수원 화성
- 19C : 경복궁 근정전, 경회루

금산사 미륵전

법주사 팔상전

화엄사 각황전

청화백자

자기 : 청화백자 유행, 다양한 형태의 공예품 출현

음악 : 양반층(가곡, 시조), 서민(민요), 광대·기생(판소리, 산조, 잡가), 백자와 생활 공예, 음악

● 비변사의 변질

효종 5년 11월 임인, 김익희가 상소하였다. " 요즈음 여기에서 큰 일이건 작은 일이건 모두 취급합니다. 의정부는 한갓 헛 이름만 지니고 6조는 할 일을 모두 빼앗기고 말았습니다. 이름은 '변방 방비를 담당하는 것'이라고 하면서 과거에 대한 판정이나 비빈 간택까지도 모두 여기서 합니다."

「효종실록」

● 규장각

창덕궁 후원의 주합루 1층은 규장각, 2층은 열람실로 사용하였다. 정조는 붕당의 비대화를 막고 자신의 권력과 정책을 뒷받침하기 위하여 인재를 육성하였는데, 규장각을 창덕궁 후원에 설치(1776)하여 강력한 정치 기구로 육성시켰다. 규장각은 본래 역대 왕의 글과 책을 수집, 보관하기 위한 왕실 도서관의 기능을 가지는 기구로 설치되었으나 정조는 여기에 비서실의 기능과 문한 기능을 통합적으로 부여하고, 과거 시험의 주관과 문신 교육의 임무까지 부여하였다.

● 세도 정치의 폐단

가을에 한 늙은 아전이 대궐에서 돌아와서 처와 자식에게 "요즘 이름 있는 관리들이 모여서 하루 종일 이야기를 하여도 나랏일에 대한 계획이나 백성을 위한 걱정은 전혀 하지 않는다. … 이름 있는 관리들이 말하는 것이 이러하다면 지방에서 거둬들이는 것이 반드시 늘어날 것이다. 나라가 어찌 망하지 않겠는가."하고 한탄하면서 눈물을 흘려 마지 않았다. – 박제형, 「근세조선정감」

● 홍경래의 격문

평서대원수는 급히 격문을 띄우노니 … 그러나 조정에서는 관서를 버림이 분토와 다름없다. 심지어 권문의 노비들도 서토의 사람을 보면 반드시 평안도 놈이라 한다. 서토에 있는 자 어찌 억울하고 원통하지 않은 자 있겠는가. … 지금, 임금이 나이가 어려 권세 있는 간신배가 그 세를 날로 떨치고 김조순·박종경의 무리가 국가 권력을 오로지 갖고 노니 어진 하늘이 재앙을 내린다. 「순조실록」

● 임술 농민 봉기

임술년 2월, 진주민 수만 명이 머리에 흰 수건을 두르고 손에는 몽둥이를 들고 무리를 지어 진주 읍내에 모여 … 백성들의 재물을 횡령한 조목, 아전들이 세금을 포탈하고 강제로 징수한 일들을 면전에서 여러 번 문책하는데, 그 능멸하고 핍박함이 조금도 거리낌이 없었다.

● 조선후기의 농촌 사회

부농층은 땅이 넓어서 빈민을 농업 노동에 고용함으로써 농사를 짓지 않고서도 향락을 누릴 수 있으며, 빈농층 가운데 어떤 농민은 지주의 농지를 빌려 경작함으로써 살아갈 수 있으며, 그들 가운데 어떤 자는 농지를 얻을 수가 없으므로 임노동자가 되어 타인에게 고용됨으로써 생계를 유지한다. 그리고 그것도 할 수 없는 농민들은 농촌을 떠나 유리걸식하게 된다. 「농포문답」

● 상품작물의 재배

농민들이 밭에 심는 것은 곡물만이 아니다. 모시, 오이, 배추, 도라지 등의 농사도 잘 지으면 그 이익이 헤아릴 수 없이 크다. 도회지 주변에는 파 밭, 마늘 밭, 배추 밭, 오이 밭 등이 많다. 특히 서도 지방의 담배 밭, 북도 지방의 삼 밭, 한산의 모시 밭, 전주의 생강 밭, 강진의 고구마 밭, 황주의 지황 밭에서의 수학은 모두 상상등전(上上等田)의 논에서 나는 수확보다 그 이익이 10배에 이른다.

「경세유표」

● 조선후기 신분제의 동요

근래 아전의 풍속이 나날이 변하여 하찮은 아전이 길에서 양반을 만나도 절을 하지 않으려 한다. 아전의 아들·손자로서 아전의 역을 맡지 않은 자가 고을 안의 양반을 대할 때 맞먹듯이 너 나 하며 자(字)를 부르고 예의를 차리지 않는다. 「목민심서」

● 재가 금지

경전에 이르기를 '믿음은 부인의 덕이다. 한 번 남편과 결혼하면 종신토록 고치지 않는다.' 하였다. 이 때문에 삼종의 의가 있고 한 번이라도 어기는 예가 없는 것이다. … 만일 엄하게 금령을 세우지 않으면 음란한 행동을 막기 어렵다. 이제부터는 재가한 여자의 자손들은 관료가 되지 못하게 풍속을 바르게 하라. 「성종실록」

● 미륵신앙과 정감록

• 불교에서는 석가의 시대가 다하고 미륵의 시대가 온다고 하니, 속세 또한 새로운 세상이 반드시 올 것이다. 군복과 무기를 미리 갖추어 이 세상이 다할 때 군사를 일으킬 준비를 하라.
• 정씨 성과 최씨 성의 두 진인(眞人)을 얻어, 먼저 우리나라를 평정하여 정씨 성의 사람을 임금으로 세운 뒤에 중국을 공격하여 최씨 성의 사람을 황제로 세울 것이다.

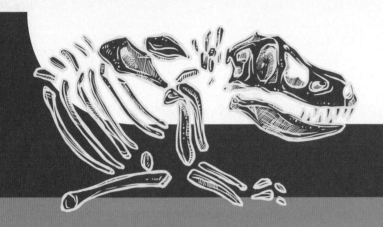

세도정치 당시의 상황과 흥선대원군의 정책을 파악해야 한다. 근대화 추진 과정과 함께 임오군란, 갑신정변의 배경과 결과를 잘 알아두자. 그리고 자주 출제되는 동학농민운동의 과정을 숙지하고 있어야 하며 독립협회의 활동 내용과 대한제국의 성립 과정 또한 잘 이해해야 한다.

〈개항 이후의 근대사〉

1. 흥선대원군의 왕권강화 정책 및 통상수교 거부 정책의 숙지
2. 1860년대 통상수교 요구에 대응했던 우리 민족의 활약 및 전개 과정 파악
3. 1860년대에서부터 1890년대까지의 위정척사파의 개화 반대 운동 과정
4. 1880년대 조선 정부가 추진한 각각의 개화 정책 숙지
5. 조선책략 유입으로 인한 국내 개화파와 위정척사파의 대립 확인
6. 강화도 조약, 조일수호조규 부록, 조일통상장정, 조미수호통상조약 내용 숙지
7. 임오군란과 갑신정변, 동학농민운동의 배경, 과정 및 결과의 내용 숙지
8. 조청상민수륙무역장정 체결이후 청과 일본 상인의 경쟁적인 상권침탈
9. 방곡령 사건의 배경, 과정 및 결과의 내용 숙지

〈갑오개혁 이후의 근대사〉

1. 갑오개혁, 을미개혁, 광무개혁 등의 시행 배경 및 내용의 숙지
2. 갑신정변, 동학농민운동, 갑오개혁 등의 개혁 요구 내용의 공통점과 차이점
3. 을미사변과 을미개혁의 내용과 그 결과로 나타난 을미의병의 내용 및 영향 숙지
4. 독립협회의 민권 신장, 외세의 이권침탈에 대응한 활동 사항 파악
5. 국권피탈 과정에서의 일본과의 조약 내용과 영향 숙지
6. 을사늑약에 대응한 우리 민족 단체 및 의사들의 활동 내용 숙지
7. 일제의 불법적인 고종 강제퇴위 배경 및 영향 파악
8. 을미의병, 을사의병, 정미의병의 배경, 전개과정 및 영향 숙지
9. 일본의 침탈로 인한 우리 민족 언론의 애국계몽운동
10. 일본의 토지 침탈, 화폐정리 사업 등 경제적 침탈
11. 국채보상운동의 배경 및 영향 파악
12. 개항 이후 서양 문물의 유입과 그로 인한 사회·문화의 변화 내용 파악

PART VI

근대의 한국사

I. 근대사회로의 진전

① 흥선대원군의 집권(1863~1873)

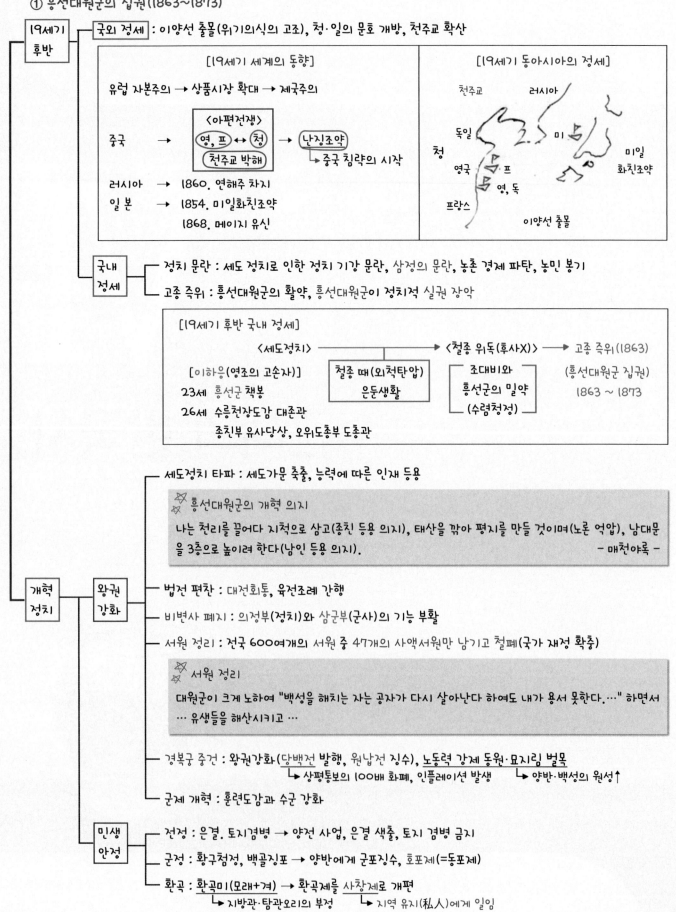

19세기 후반

국외 정세 : 이양선 출몰(위기의식의 고조), 청·일의 문호 개방, 천주교 확산

[19세기 세계의 동향]

유럽 자본주의 → 상품시장 확대 → 제국주의

중국 → 〈아편전쟁〉 영, 프 ↔ 청 / 천주교 박해 → 난징조약 → 중국 침략의 시작

러시아 → 1860. 연해주 차지

일본 → 1854. 미일화친조약
1868. 메이지 유신

[19세기 동아시아의 정세]

천주교 / 러시아 / 독일 / 미 / 미일 화친조약 / 청 / 영국 / 프 / 영, 독 / 프랑스

이양선 출몰

국내 정세
- 정치 문란 : 세도 정치로 인한 정치 기강 문란, 삼정의 문란, 농촌 경제 파탄, 농민 봉기
- 고종 즉위 : 흥선대원군의 활약, 흥선대원군이 정치적 실권 장악

[19세기 후반 국내 정세]

〈세도정치〉 → 〈철종 위독(후사X)〉 → 고종 즉위(1863)

[이하응(영조의 고손자)]
23세 흥선군 책봉
26세 수릉천장도감 대존관
종친부 유사당상, 오위도총부 도총관

철종 때(외척탄압) 은둔생활

조대비와 흥선군의 밀약 (수렴청정)

(흥선대원군 집권) 1863 ~ 1873

개혁 정치

왕권 강화
- 세도정치 타파 : 세도가문 축출, 능력에 따른 인재 등용

  > ✧ 흥선대원군의 개혁 의지
  > 나는 천리를 끌어다 지척으로 삼고(종친 등용 의지), 태산을 깎아 평지를 만들 것이며(노론 억압), 남대문을 3층으로 높이려 한다(남인 등용 의지).　　　　　　　　　　　　　　　－ 매천야록 －

- 법전 편찬 : 대전회통, 육전조례 간행
- 비변사 폐지 : 의정부(정치)와 삼군부(군사)의 기능 부활
- 서원 정리 : 전국 600여개의 서원 중 47개의 사액서원만 남기고 철폐(국가 재정 확충)

  > ✧ 서원 정리
  > 대원군이 크게 노하여 "백성을 해치는 자는 공자가 다시 살아난다 하여도 내가 용서 못한다.…" 하면서 … 유생들을 해산시키고 …

- 경복궁 중건 : 왕권강화(당백전 발행, 원납전 징수), 노동력 강제 동원·묘지림 벌목
  - → 상평통보의 100배 화폐, 인플레이션 발생
  - → 양반·백성의 원성↑
- 군제 개혁 : 훈련도감과 수군 강화

민생 안정
- 전정 : 은결, 토지겸병 → 양전 사업, 은결 색출, 토지 겸병 금지
- 군정 : 황구첨정, 백골징포 → 양반에게 군포징수, 호포제(=동포제)
- 환곡 : 환곡미(모래+겨) → 환곡제를 사창제로 개편
  - → 지방관·탐관오리의 부정
  - → 지역 유지(私人)에게 일임

② 통상 수교 거부 정책

최초의 통상 요구 : 영국의 로드 암허스트 호의 통상 요구(1832), 치외법권 문제로 거절

병인박해 (1866.1)
- 배경 : 천주교 확산, 프랑스 선교사를 통하여 프랑스 세력으로 러시아 남하 견제의도
- 과정 : 교섭 실패, 유생들의 탄압 요구, 9명의 프랑스 선교사와 8천명의 교도 처형
  - ↳ 유생들의 상소 운동

제너럴셔먼호 사건(1866.8)
- 배경 : 미국 상선 제너럴셔먼호가 대동강을 거슬러 올라와 평양 근처에서 통상 요구, 약탈 자행
  - ↳ 강화도 아님(평양)
- 결과 : 평양의 관군(평안도 관찰사 박규수)과 주민에 의하여 화공으로 소각시킴

병인양요 (1866.9)
- 배경 : 병인박해의 구실로 로즈 제독의 프랑스 군함 7척이 침략
- 과정 : 문수산성의 한성근, 정족산성의 양헌수 부대가 프랑스군 격퇴
- 결과 : 프랑스는 외규장각의 문화재 및 서적과 병기들을 약탈

> **병인양요**
> 병인년에 프랑스 배들이 강화도를 향해 돌진하여 포를 터트리니 소리가 천지를 진동시켰다. 여러 진(鎭)이 공격을 받아 불꽃이 하늘로 치솟았다.
> 「근세 조선 정감」

> **외규장각도서**
> 2010년 G20 서울정상회의에서 5년 단위 갱신이 가능한 대여 방식의 반환에 합의함으로써 2011년 4월 임대형식으로 국내로 반환되었다.

> **병인양요**
> 한성근(문수산성)
> 정족산성(양헌수)
> 한.문.은 정.양.이 최고!

오페르트 도굴 미수사건(1868)
- 배경 : 독일 상인 오페르트의 통상요구 거절
- 경과 : 흥선대원군의 아버지인 남연군 묘 도굴 미수 사건
  - ↳ 충남 덕산, 부장품을 미끼로 통상조약 체결 목적
- 결과 : 흥선대원군의 통상수교 거부 의지 강화, 존화양이 인식의 확산

> **오페르트도굴사건**
> (오페르트독일사건)

신미양요 (1871.4)
- 배경 : 제너럴셔먼호 사건을 구실로 로저스의 미국 군함 5척이 강화도 공격
- 과정 : 미군의 강화도 침입, 어재연의 조선 수비대가 광성보(진)와 갑곶에서 결사항쟁
- 결과 : 40여 일만에 퇴각, 미국은 수자기와 문화재를 약탈

> **어재연의 수자기**
> 2007년 미국으로부터 2년에서 10년간의 대여 방식으로 반환받았다.

> **신미양요**
> 미국, 어재연, 광성보
> 광.어.미.

> **통상수교 거부**
> 병인박해 → 제너럴셔먼호(미) → 병인양요 → 오페르트도굴사건 → 신미양요 → 척화비
> 병.미.병.오.신.척.

척화비(1871)
- 건립 : 신미양요 직후 전국 각지에 척화비 건립, 통상 거부 의지 천명, 쇄국 정책 강화
- 한계 : 조선의 문호 개방이 늦어지는 결과

> **척화비**
> '洋夷侵犯非戰則和主和賣國(戒我萬年子孫 丙寅作 辛未立)'
> 서양 오랑캐가 침범하는 데 싸우지 않으면 화친하는 것이요, 화친을 주장하는 것은 매국하는 것이다. 이를 자손만대에 경계하노라. 병인년에 비문을 짓고 신미년에 비석을 세운다.

③ 개항과 불평등 조약

개항 (1876)

- **배경**
  - 대원군 하야(1873) : 양반 유생들의 비판(토목공사, 서원 철폐 등), 고종의 친정 선언

  > ✗ 최익현의 상소 (흥선대원군의 하야)
  > 최익현이 "지금의 국사를 보건대 만동묘를 철거한 것은 임금님과 신하의 윤리가 무너진 것이요, 서원의 혁파는 스승과 제자 간의 의리가 끊어진 것이며, … 토목 공사와 원납전 따위까지 …"라고 하였다.
  > – 최익현, 계유상소(癸酉上疏) –

  - 고종 친정 : 민씨정권, 구제도 복원, 민심수습, 개방정책 추진
    - 구제도 복원 → 서원복구
    - 개방정책 추진 → 일본에 유화정책, 통상개화론자 등장

- **운요호 사건 (1875)**
  - 배경 : 조선이 일본의 국교 수립 요청 거부, 일본 내 정한론 고조
    - 정한론 → 한반도를 무력으로 정벌하자는 논의
  - 전개 : 운요호가 강화도에서 군사 도발, 강화도의 초지진 포대가 운요호에 경고 사격
  - 결과 : 포함의 위협 하에 강화도 조약 체결(1876, 포함 외교), 문호 개방

강화도 조약 (1876)

- **의미** : 최초의 근대적 조약, 불평등 조약, 일본의 경제·정치·군사적 침략 발판 마련
- **내용** : 3개 항구 개방(부산, 인천, 원산), 개항장에서의 치외법권, 일본의 해안측량권 허가

  > ✗ 강화도조약
  > 1관 – 조선국은 자주의 나라이며 일본국과 평등한 권리를 가진다. (조선 침략 의도)
  > 4관 – 조선국은 부산(1876.경제침략) 외 두 곳[인천(1883.정치침략), 원산(1880.군사침략)] 항구를 개항한다.
  > 7관 – 일본국의 항해자가 자유롭게 해안을 측량하도록 허가한다. (해안측량권)
  > 10관 – 일본인이 죄를 범한 사건일 때는 모두 일본국 관원이 심판한다. (치외법권)

- **부속 조약**
  - 일수호조규 부록(7月) : 일본 외교관 여행 자유, 거류지역 설정(10리), 일본 화폐 유통
  - 조·일 무역규칙(7月) : 양곡의 무제한 유출, 일본의 무항세, 일본 상품의 무관세
    - 조·일 통상장정 → 1883년 개정(관세부과, 방곡령, 최혜국대우)

조미수호 통상조약 (1882)

- **배경** : 황준헌의 조선책략이 2차 수신사 김홍집에 의해 국내 유포

  > 조선의 땅은 실로 아시아의 요충을 차지하고 있어 … 러시아가 영토를 넓히려고 한다면 반드시 조선으로부터 시작할 것이다. … 러시아를 막는 책략은 무엇인가? 중국과 친하고(親中國), 일본과 맺고(結日本), 미국과 이어짐(聯美邦)으로써 자강을 도모해야 한다.
  > –황준헌, 〈조선책략〉–

- **체결** : 대미수교 분위기 형성, 청의 알선으로 체결, 서양과 맺은 최초의 불평등 조약
  - 청의 알선 → 조선이 청의 종주국임을 전세계에 알릴 의도

  [조미 수호통상조약 체결]
  - 2차 수신사 김홍집 / 황쭌셴의 조선책략 국내 유입
    1. 러시아 남하견제 → 친중국, 결일본, 연미방
    2. 서양 기술 도입 → 개화정책
  - 국내 반응
    - [위정척사파] / [개화파]
      1. 영남만인소(이만손) / 미국과 수교 주장
      2. 만언척사상소(홍재학)
    - VS
  - 정부의 개화정책 → 미국과 수교(청의 알선) / 조미 수호통상조약 체결

- **내용** : 치외법권, 최혜국 대우, 거중조정, 관세협정

  > 최혜국 대우
  > 미국 이후에 맺은 조약에 의해 상대국에 이권을 준다면 미국에도 동등한 조건을 부여하는 대우

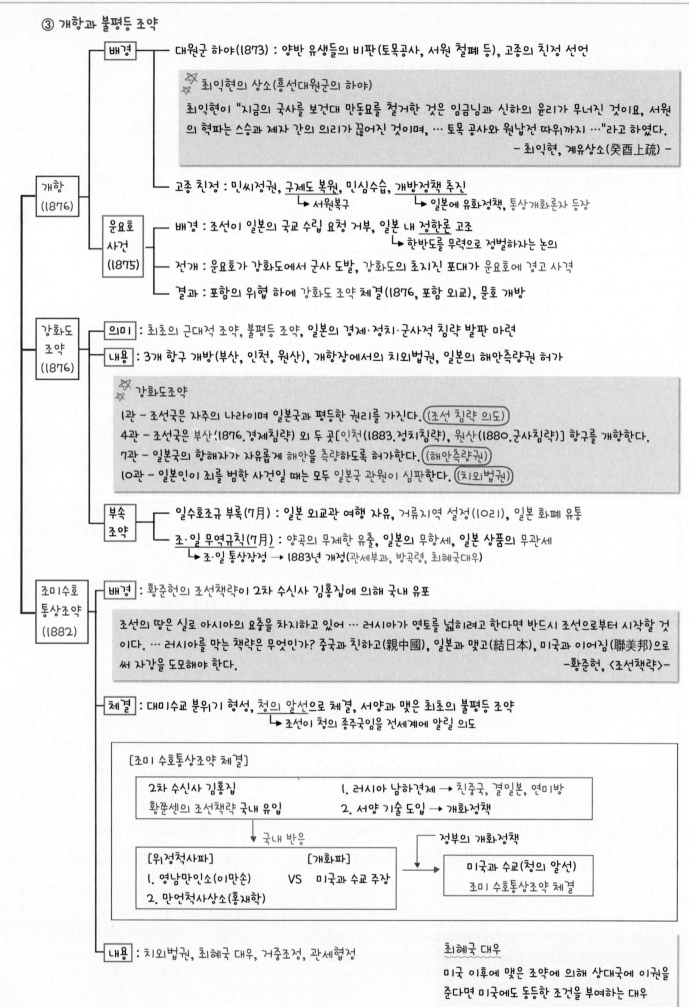

2. 개화 운동의 추진

① 근대화의 움직임

개화 정책

개화 사상

- **박규수** : 양반 출신, 청의 양무운동 견학, 개화사상의 선각자
  - ↳ 진주농민봉기(안핵사), 제너럴셔먼호(평안도 관찰사) ↳ 오경석, 유홍기에 영향
- **오경석** : 중인(역관) 출신, 청 왕래, 해국도지(위원), 영환지략(서계여) 유입
- **유홍기** : 중인(한의사) 출신, 오경석을 통해 개화사상, 김옥균, 홍영식 등 지도

정부 정책

- **수신사**
  - 파견 : 강화도조약 이후 일본의 개화 상황과 문물 시찰
  - 1차 : 김기수(1876), '일동기유'를 저술하여 근대 문물을 소개
  - 2차 : 김홍집(1880), 황준헌 '조선책략'을 국내 유입, 미국과의 수교에 영향
    - 조미수호통상 조약(1882) ◀
- **개혁 기구** : 통리기무아문 설치(1880), 12사 설치(외교·군사·산업)
- **군제 개편** : 5군영을 2영(무위영, 장어영)으로 통합, 신식 군대인 별기군 창설(1881)

시찰단 파견

- **조사시찰단**(1881) : 일본의 정부·산업·군사시설 시찰, 귀국 후 박문국·전환국 설치
  - ↳ 비밀리에 파견(박정양, 홍영식 등 62명)   출판소 ◀   화폐 주조 ◀
- **영선사** (1881.청)
  - 김윤식, 근대 무기 제조·군사 훈련법 습득
  - 정부의 재정부족으로 1년 만에 귀국
  - 귀국 후 기기창(무기제조) 설치
- **보빙사** (1883.미)
  - 민영익, 최초의 구미 사절단
  - 조미수호통상조약 체결 후 파견, 일부는 유럽시찰(유길준)
    - 최초 국비 유학생(미국 보스턴대학교), 중립론 주장, 서유견문 저술 ◀

> **시찰단**
> 영선사(1881.청.김윤식)
> → 청.식.이.형(영.).!
> 보빙사(1883.미.민영익)
> → 미.민.보.!

위정 척사

- **의미** : 성리학을 수호하고 성리학 이외의 모든 종교와 사상을 사학(邪學)으로 규정하여 배척
- **전개**
  - <u>1860년대</u> : 통상반대운동(이항로, 기정진), 대원군의 정책 지지(척화주전론)
    - ↳ 이양선 출몰, 서양의 통상 요구 증가

> 서양 오랑캐의 화가 오늘날에 이르러서는 홍수나 맹수의 해보다 더 심합니다. 전하께서는 사학의 무리를 잡아 베게 하시고 밖으로는 장병으로 하여금 바다를 건너오는 적을 정벌케 하소서.
> – 이항로, 척화주전론 –

  - <u>1870년대</u> : 개항반대운동(최익현, 유인석), 왜양일체론(倭洋一體論), 개항 불가론
    - ↳ 외세의 개항 요구(강화도 조약)

> 일단 강화를 맺고 나면 저들은 물화를 교역하는 데 욕심을 낼 것입니다.…저들이 비록 왜인이라고 하나 실은 양적입니다.
> – 최익현, 왜양일체론 –

  - <u>1880년대</u> : 개화반대운동(홍재학, 이만손), 집단 상소 운동, 영남 만인소(이만손)
    - ↳ 조선책략 유포

> 러시아·미국·일본은 같은 오랑캐입니다. … 만일 저마다 이익을 추구하여 땅이나 물품을 교구하기를 마치 일본과 같이 한다면, 전하께서는 어떻게 이를 막아내시겠습니까?   – 이만손, 영남만인소 –

  - <u>1890년대</u> : 항일의병운동(문석봉, 이소응), 일본의 침략에 대한 항일 의병(을미의병)
    - ↳ 을미사변, 을미개혁 등 일본의 내정 간섭 증가

② 임오군란(1882)과 갑신정변(1884)

임오군란 1882

─ 배경 : 구식 군인에 대한 차별 대우, 민씨 정권과 개화정책에 대한 반발, 곡물 가격 폭등

─ 전개 :

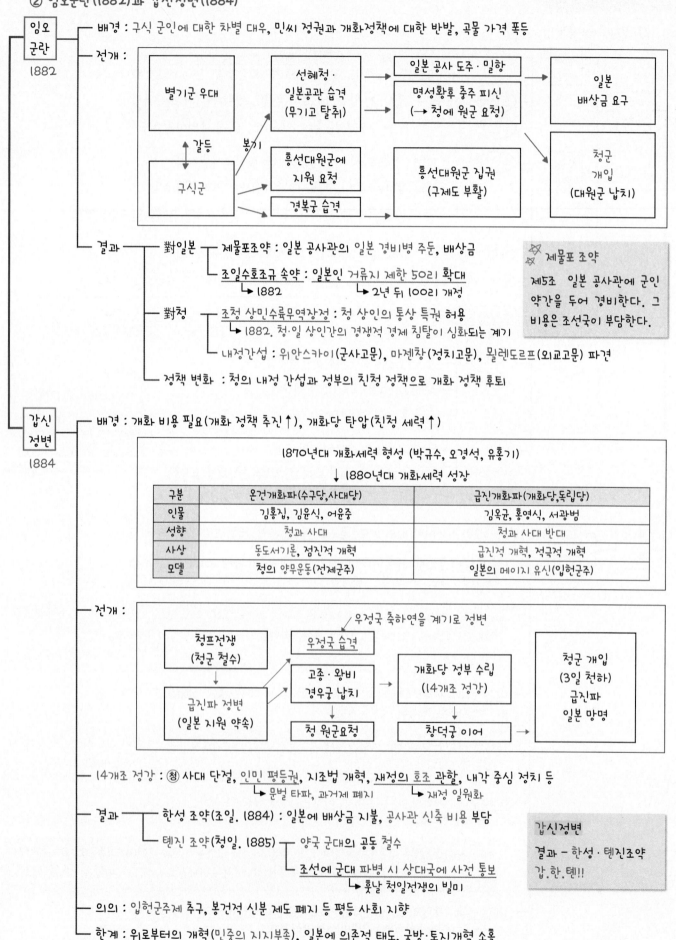

```
별기군 우대
        ↕ 갈등        봉기 →   선혜청·
구식군                        일본공관 습격      →   일본 공사 도주·밀항
                             (무기고 탈취)          명성황후 충주 피신   →   일본
                                                   (→ 청에 원군 요청)        배상금 요구

                    흥선대원군에
                    지원 요청
                                        흥선대원군 집권             청군
                    경복궁 습격          (구제도 부활)              개입
                                                                 (대원군 납치)
```

─ 결과 ─┬─ 對일본 ─┬─ 제물포조약 : 일본 공사관의 일본 경비병 주둔, 배상금
        │   └─ 조일수호조규 속약 : 일본인 거류지 제한 50리 확대
        │   └→ 1882   └→ 2년 뒤 100리 개정
        │
        ├─ 對청 ─┬─ 조청 상민수륙무역장정 : 청 상인의 통상 특권 허용
        │   │   └→ 1882. 청·일 상인간의 경쟁적 경제 침탈이 심화되는 계기
        │   └─ 내정간섭 : 위안스카이(군사고문), 마젠창(정치고문), 묄렌도르프(외교고문) 파견
        │
        └─ 정책 변화 : 청의 내정 간섭과 정부의 친청 정책으로 개화 정책 후퇴

> ✄ **제물포 조약**
> 제5조 일본 공사관에 군인 약간을 두어 경비한다. 그 비용은 조선국이 부담한다.

갑신정변 1884

─ 배경 : 개화 비용 필요(개화 정책 추진↑), 개화당 탄압(친청 세력↑)

1870년대 개화세력 형성 (박규수, 오경석, 유홍기)
↓ 1880년대 개화세력 성장

구분	온건개화파(수구당,사대당)	급진개화파(개화당,독립당)
인물	김홍집, 김윤식, 어윤중	김옥균, 홍영식, 서광범
성향	청과 사대	청과 사대 반대
사상	동도서기론, 점진적 개혁	급진적 개혁, 적극적 개혁
모델	청의 양무운동(전제군주)	일본의 메이지 유신(입헌군주)

─ 전개 :

```
                        우정국 축하연을 계기로 정변
청프전쟁              우정국 습격
(청군 철수)
    ↓                고종·왕비          개화당 정부 수립       청군 개입
급진파 정변           경우궁 납치   →    (14개조 정강)        (3일 천하)
(일본 지원 약속)                                            급진파
                     청 원군요청         창덕궁 이어          일본 망명
```

─ 14개조 정강 : 청 사대 단절, 인민 평등권, 지조법 개혁, 재정의 호조 관할, 내각 중심 정치 등
                        └→ 문벌 타파, 과거제 폐지   └→ 재정 일원화

─ 결과 ─┬─ 한성 조약(조일. 1884) : 일본에 배상금 지불, 공사관 신축 비용 부담
        └─ 톈진 조약(청일. 1885) ─┬─ 양국 군대의 공동 철수
                                  └─ 조선에 군대 파병 시 상대국에 사전 통보
                                      └→ 훗날 청일전쟁의 빌미

─ 의의 : 입헌군주제 추구, 봉건적 신분 제도 폐지 등 평등 사회 지향

─ 한계 : 위로부터의 개혁(민중의 지지부족), 일본에 의존적 태도, 국방·토지개혁 소홀

> **갑신정변**
> 결과 - 한성·톈진조약
> 갑.한.톈!!

③ 갑신정변 직후의 정세와 경제 침탈

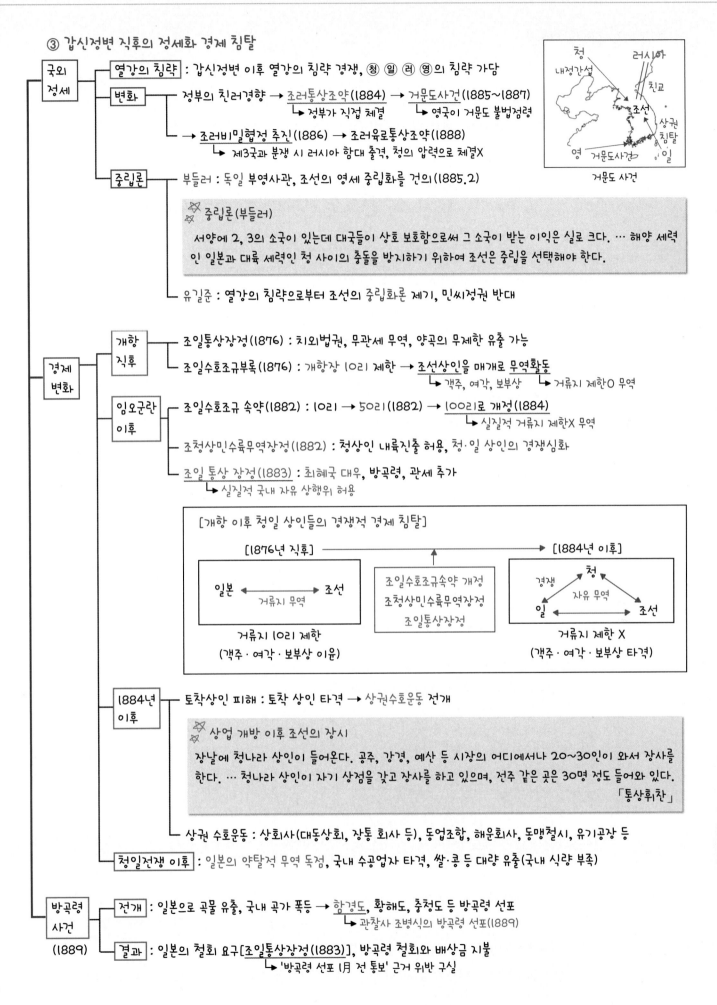

국외
정세

- 열강의 침략 : 갑신정변 이후 열강의 침략 경쟁, 청 일 러 영의 침략 가담
- 변화 ─ 정부의 친러경향 → 조러통상조약(1884) → 거문도사건(1885~1887)
  └→ 정부가 직접 체결   └→ 영국이 거문도 불법점령
  └ → 조러비밀협정 추진(1886) → 조러육로통상조약(1888)
    └→ 제3국과 분쟁 시 러시아 함대 출격, 청의 압력으로 체결X
- 중립론 ─ 부들러 : 독일 부영사관, 조선의 영세 중립화를 건의(1885.2)

  ※ 중립론(부들러)

  서양에 2, 3의 소국이 있는데 대국들이 상호 보호함으로써 그 소국이 받는 이익은 실로 크다. … 해양 세력인 일본과 대륙 세력인 청 사이의 충돌을 방지하기 위하여 조선은 중립을 선택해야 한다.

  └ 유길준 : 열강의 침략으로부터 조선의 중립화론 제기, 민씨정권 반대

거문도 사건

경제
변화

- 개항
  직후 ─ 조일통상장정(1876) : 치외법권, 무관세 무역, 양곡의 무제한 유출 가능
  └ 조일수호조규부록(1876) : 개항장 10리 제한 → 조선상인을 매개로 무역활동
    └→ 객주, 여각, 보부상 └→ 거류지 제한O 무역
- 임오군란
  이후 ─ 조일수호조규 속약(1882) : 10리 → 50리(1882) → 100리로 개정(1884)
    └→ 실질적 거류지 제한X 무역
  ├ 조청상민수륙무역장정(1882) : 청상인 내륙진출 허용, 청·일 상인의 경쟁심화
  └ 조일 통상 장정(1883) : 최혜국 대우, 방곡령, 관세 추가
    └→ 실질적 국내 자유 상행위 허용

  [개항 이후 청일 상인들의 경쟁적 경제 침탈]

  [1876년 직후] ─────────────────→ [1884년 이후]

  일본 ←─────→ 조선
       거류지 무역

  조일수호조규속약 개정
  조청상민수륙무역장정
  조일통상장정

        청
  경쟁 자유 무역
  일 ←─────→ 조선

  거류지 10리 제한   거류지 제한 X
  (객주·여각·보부상 이윤)   (객주·여각·보부상 타격)

- 1884년
  이후 ─ 토착상인 피해 : 토착 상인 타격 → 상권수호운동 전개

  ※ 상업 개방 이후 조선의 장시

  장날에 청나라 상인이 들어온다. 공주, 강경, 예산 등 시장의 어디에서나 20~30인이 와서 장사를 한다. … 청나라 상인이 자기 상점을 갖고 장사를 하고 있으며, 전주 같은 곳은 30명 정도 들어와 있다.
  「통상휘찬」

  └ 상권 수호운동 : 상회사(대동상회, 장통 회사 등), 동업조합, 해운회사, 동맹철시, 유기공장 등
- 청일전쟁 이후 : 일본의 약탈적 무역 독점, 국내 수공업자 타격, 쌀·콩 등 대량 유출(국내 식량 부족)

방곡령
사건

(1889)

- 전개 : 일본으로 곡물 유출, 국내 곡가 폭등 → 함경도, 황해도, 충청도 등 방곡령 선포
  └→ 관찰사 조병식의 방곡령 선포(1889)
- 결과 : 일본의 철회 요구[조일통상장정(1883)], 방곡령 철회와 배상금 지불
  └→ '방곡령 선포 1月 전 통보' 근거 위반 구실

3. 구국 민족 운동의 전개

① 동학농민운동

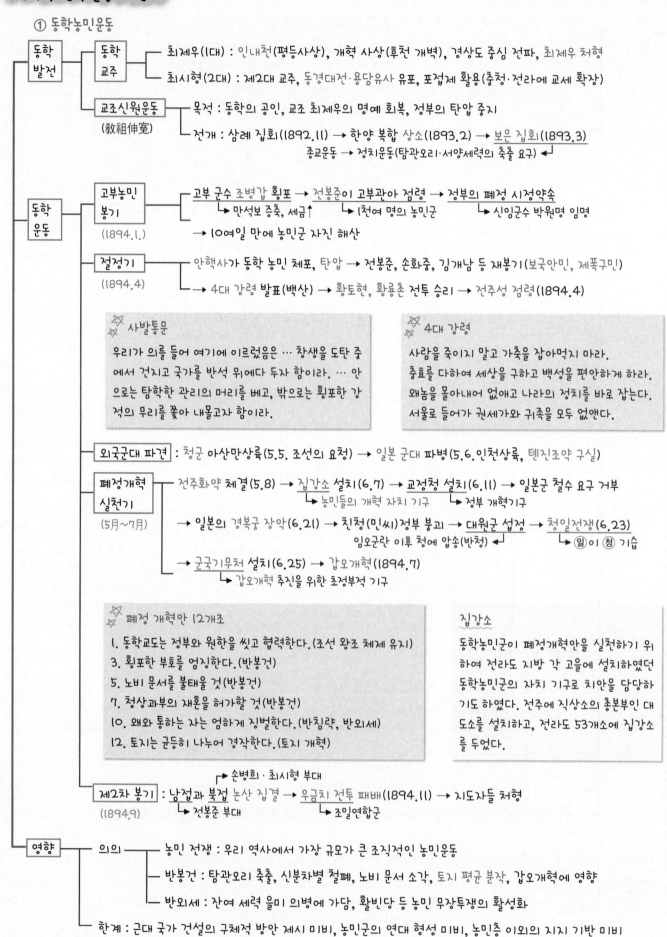

동학 발전
- **동학 교주**
  - 최제우(1대) : 인내천(평등사상), 개혁 사상(후천 개벽), 경상도 중심 전파, 최제우 처형
  - 최시형(2대) : 제2대 교주, 동경대전·용담유사 유포, 포접제 활용(충청·전라에 교세 확장)
- **교조신원운동**
  (教祖伸寃)
  - 목적 : 동학의 공인, 교조 최제우의 명예 회복, 정부의 탄압 중지
  - 전개 : 삼례 집회(1892.11) → 한양 복합 상소(1893.2) → 보은 집회(1893.3)
    종교운동 → 정치운동(탐관오리·서양세력의 축출 요구)

동학 운동
- **고부농민 봉기**
  (1894.1.)
  - 고부 군수 조병갑 횡포 → 전봉준이 고부관아 점령 → 정부의 폐정 시정약속
    - └ 만석보 증축, 세금↑   └ 1천여 명의 농민군   └ 신임군수 박원명 임명
  - → 10여일 만에 농민군 자진 해산
- **절정기**
  (1894.4)
  - 안핵사가 동학 농민 체포, 탄압 → 전봉준, 손화중, 김개남 등 재봉기(보국안민, 제폭구민)
  - → 4대 강령 발표(백산) → 황토현, 황룡촌 전투 승리 → 전주성 점령(1894.4)

  ☆ 사발통문
  우리가 의를 들어 여기에 이르렀음은 … 창생을 도탄 중에서 건지고 국가를 반석 위에다 두자 함이라. … 안으로는 탐학한 관리의 머리를 베고, 밖으로는 횡포한 강적의 무리를 쫓아 내몰고자 함이라.

  ☆ 4대 강령
  사람을 죽이지 말고 가축을 잡아먹지 마라.
  충효를 다하여 세상을 구하고 백성을 편안하게 하라.
  왜놈을 몰아내어 없애고 나라의 정치를 바로 잡는다.
  서울로 들어가 권세가와 귀족을 모두 없앤다.

- **외국군대 파견** : 청군 아산만상륙(5.5. 조선의 요청) → 일본 군대 파병(5.6.인천상륙, 텐진조약 구실)
- **폐정개혁 실천기**
  (5月~7月)
  - 전주화약 체결(5.8) → 집강소 설치(6.7) → 교정청 설치(6.11) → 일본군 철수 요구 거부
    - └ 농민들의 개혁 자치 기구   └ 정부 개혁기구
  - → 일본의 경복궁 장악(6.21) → 친청(민씨)정부 붕괴 → 대원군 섭정 → 청일전쟁(6.23)
    임오군란 이후 청에 압송(반청)   └ 일이 청 기습
  - → 군국기무처 설치(6.25) → 갑오개혁(1894.7)
    └ 갑오개혁 추진을 위한 초정부적 기구

  ☆ 폐정 개혁안 12개조
  1. 동학교도는 정부와 원한을 씻고 협력한다.(조선 왕조 체제 유지)
  3. 횡포한 부호를 엄징한다.(반봉건)
  5. 노비 문서를 불태울 것(반봉건)
  7. 청상과부의 재혼을 허가할 것(반봉건)
  10. 왜와 통하는 자는 엄하게 징벌한다.(반침략, 반외세)
  12. 토지는 균등히 나누어 경작한다.(토지 개혁)

  집강소
  동학농민군이 폐정개혁안을 실천하기 위하여 전라도 지방 각 고을에 설치하였던 동학농민군의 자치 기구로 치안을 담당하기도 하였다. 전주에 직상소의 총본부인 대도소를 설치하고, 전라도 53개소에 집강소를 두었다.

- **제2차 봉기**
  (1894.9)
  : 남접과 북접 논산 집결 → 우금치 전투 패배(1894.11) → 지도자들 처형
    - ┌ 손병희·최시형 부대
    - └ 전봉준 부대   └ 조일연합군

영향
- 의의
  - 농민 전쟁 : 우리 역사에서 가장 규모가 큰 조직적인 농민운동
  - 반봉건 : 탐관오리 축출, 신분차별 철폐, 노비 문서 소각, 토지 평균 분작, 갑오개혁에 영향
  - 반외세 : 잔여 세력 을미 의병에 가담, 활빈당 등 농민 무장투쟁의 활성화
- 한계 : 근대 국가 건설의 구체적 방안 제시 미비, 농민군의 연대 형성 미비, 농민층 이외의 지지 기반 미비

② 갑오·을미개혁의 추진 (1894~1895)

1차 갑오개혁

- (전개) : 1차 김홍집 내각 수립(친일), 군국기무처 설치(1894.6. 갑오개혁 추진, 초정부 기구)
- (정치) : 왕실사무(궁내부)과 국정사무(의정부) 분리, 8아문, 개국기원, 경무청, 과거제 폐지
  - 조선의 6조 ← ↳ 조선 건국 기준의 연호(1392)
- (경제) : 재정 일원화(탁지아문), 은본위제, 조세의 금납화, 도량형 통일
- (사회) : 신분제 철폐(평등사회), 공·사 노비 제도 폐지, 조혼 금지, 과부 재가 허용, 고문·연좌제 폐지

2차 갑오개혁

- (전개) : 제2차 김홍집·박영효 내각(친일) → 군국기무처 폐지, 홍범 14조 → 삼국간섭 이후 제2차 개혁 중단
  - ↳ 고종이 독립서고문 낭독, 홍범14조 선포

☆ 홍범 14조
1. 청에 의존하는 생각을 버리고 자주 독립의 기초를 세운다.
4. 왕실 사무와 국정 사무를 나누어 서로 혼동하지 않는다.
6. 납세는 법으로 정하고 함부로 세금을 거두지 않는다.
7. 조세의 징수와 경비 지출은 모두 탁지아문의 관할에 속한다.
10. 지방 제도를 개정하여 지방 관리의 직권을 제한한다.
13. 민법, 형법을 제정하여 국민의 생명과 재산을 보전한다.
14. 문벌을 가리지 않고 인재 등용의 길을 넓힌다.

시모노세키 조약(1895.4)
청일전쟁의 결과 체결 조약. 일본은 청으로부터 (요동반도, 타이완 할양)

삼국간섭(1895)
(러시아, 프랑스, 독일)의 삼국간섭으로 일본은 요동반도를 청에게 반환

- (정치) : 중앙(8아문 → 7부)·지방(8도 → 23부 337군), 사법권 독립, 지방관 권한 축소(행정권만 유지)
- (경제 / 군사) : 탁지부 산하에 관세사, 징세사 설치, 훈련대와 시위대만 설치(군사 개혁 미비)
- (교육) : 교육입국조서 발표(1895. 한성사범학교 설립)
  - ↳ 갑오개혁의 일환, 광무개혁 아님!

갑오개혁 중단 : 청일전쟁 종결 → 시모노세키 조약 → 삼국간섭(1895) → 친러파 득세 → 제2차 개혁 중단
  - ↳ 제3차 김홍집 내각(친러)

을미개혁

- (변화) : 삼국간섭 후 친러파 득세 → 을미사변 → 제4차 김홍집 내각(친일)
  - ↳ 명성황후가 일본 낭인들에게 살해(1895.8)
- (내용)
  - 태양력 사용, 연호 제정(건양), 소학교 설치
  - 친위대(중앙군)·진위대(지방군) 설치, 단발령 실시
  - 우편사무재개, 종두법 실시

[근대화 운동의 공통 주장]

개혁내용	갑신정변	동학운동	갑오개혁
평등	O	O	O
관리채용	O	O	O
입헌군주	O	X	O
재정일원	O	X	O
여성재가	X	O	O
토지개혁	X	O	X

영향

- (근대 개혁) : 사실상 자주적 근대 개혁(봉건제 타파), 민중과 유리된 개혁(상공업·국방 개혁 소홀)
- (을미의병) (1895)
  - 배경 : 을미사변과 단발령
  - 세력 : 양반 유생 주도(유인석, 이소응), 일반 농민·동학 농민군 잔여 세력 가담
  - 해산 : 아관파천 후 단발령 철회, 고종의 의병 해산 권고 조직으로 자진 해산
    - ↳ 당시 의병 주도층은 대부분 양반 유생
- (활빈당) (1900~1904) : 해산된 농민군, 행상, 유민, 노동자, 걸인 등의 무장 조직
  - ↳ 의적 활동, 대한 사민 논설 게재

4. 주권 수호 운동의 전개

① 독립협회와 대한제국

독립협회

- **창립**
  - 배경 : <u>아관파천</u> 이후 국가 위신 추락, 근대 문물의 필요성, 열강의 이권 침탈 심화
    - ↳ 고종을 러시아 공사관으로 옮김(1896.2)
  - 창립 : 서재필, 윤치호, 이상재, 남궁억 등 <u>개혁적 정부 관료와 개화 지식인들이 주도</u>
    - 시민·학생·노동자·여성·천민 등 각계계층 참여 ◀
  - 과정 : 독립신문 발간(1896.4) → 독립협회 창립(1896.7) → 독립문 및 독립관 건립

- **활동**
  - (자주국권)
    - 독립문 : <u>영은문</u>이 있던 자리에 독립문 건립
      - ↳ 청 사신의 왕래문
    - 고종 환궁 요구(1897.2) : 고종 환궁(경운궁) → 대한제국 선포
    - 구국 운동 상소문(1898.2) : 러시아의 절영도조차요구 저지
    - 만민공동회(1898.3) : (러) 군사·재정고문단 철수, 한·러 은행 폐쇄
  - (자유민권) : 민권 보호 운동(1898.3), 국민 참정권 운동
    - ↳ 신체 자유, 재산권 보장, 언론·출판·집회·결사의 자유
  - (자강개혁)
    - 박정양 내각 수립(1898.10) : 진보내각 설립, 의회설립운동 추진
    - 관민공동회(1898.10) : <u>헌의 6조</u> 결의, 정부관료·학생·시민 등 여러 단체의 참여
      - ↳ 백정 박성춘의 연설   ↳ 입헌군주제
    - 중추원 관제 반포(1898.11) : <u>우리나라 최초의 의회가 설립될 단계((관)25 (민)25)에 이름</u>
      - ↳ 의회 설립 완성X

독립문

> ✡ 헌의 6조
> 1. 외국인에게 의지하지 말고 관민이 합심하여 황제권을 공고히 할 것
> 2. 외국과의 계약과 조약은 해당 부처의 대신과 중추원 의장이 함께 날인하여 시행할 것
> 3. 재정은 탁지부에서 전담하여 맡고, 예산과 결산을 국민에게 공포할 것

- **해산** (1898.12) : 보수 세력의 모함, 정부에서 <u>황국협회</u>와 군대를 동원하여 강제 해산
  - ↳ 전국 보부상 단체(1898)
- **의의** : 민권신장, 근대적 민족주의 사상, 애국계몽운동의 밑거름

대한제국

- **선포**
  - 배경 : 독립협회의 환궁요구, 고종의 경운궁 환궁, 대한제국 선포(1897.10~1910.8)
    - ↳ (러) 공사관에서 가장 가까운 경운궁(現 덕수궁) 환궁
  - 칭제건원 : 국호는 대한제국, 연호는 광무, 원(환)구단에서 황제 즉위식
- **광무개혁**
  - 성향 : <u>구본신참(舊本新參)</u>, 전제 황권 강화, 교정소 설치(입법)
    - ↳ 옛 것을 근본으로 하여 새로운 것을 참고한다!
  - 정치 : 대한국 국제 반포(1899), 지방제도 개편(23부 → 13도)
  - 경제 : 양전사업(지계 발급), 황실 중심의 상공업 진흥(근대적 공장·회사 설립)
  - 사회 : 각종 학교(소학교·중학교·사범학교·실업학교), 근대 시설 확충(광제원·혜민원)
  - 사법 : 고등재판소를 평리원으로 개칭, 순회재판소 설치
  - 군사 : 원수부 설치(황제의 군권 장악), 무관학교 설립(장교 양성)
  - 외교 : 간도 관리사 파견(1902. <u>이범윤</u>), <u>한청통상조약(1899)</u>, <u>울릉도를 군으로 승격(1902)</u>
    - 간도시찰원(1902), 간도관리사(1903) ◀   ↳ 청과 대등한 관계   ↳ 독도를 관할 구역에 포함

환(원)구단

- **의의** : 근대 주권 국가 지향, 국방·산업·교육 등의 분야에 성과
- **한계** : 전제군주제 확립(복고주의), 독립협회의 민권 운동 탄압, 집권층의 보수적 성향, 열강의 간섭

② 대외 관계의 변화(간도와 독도)

간도 (청)
- 귀속
  - 배경 : 만주 지역에서 국경 문제 발생, 백두산정계비 건립(1712)
    - → 청의 요구로 국경설정(조선 박권 - 청 목극등)
  - 내용 : 서쪽으로는 압록강, 동쪽으로는 토문강을 경계로 함
    - → 우리 주장(송화강 상류), 중국 주장(두만강)

    > ✧ 西爲鴨綠, 東爲土門, 故於分水嶺, 勒石爲記, 康熙 五十一年 五月十五日
    > 서쪽은 압록강, 동쪽은 토문강으로 경계를 삼고, 물이 나뉘는 고개 위에 돌을 새겨 기록한다. 강희 51년 (1712) 5월 15일

- 대외 정세
  - 간도 관리사 파견(1902, 이범윤) : 대한제국 때 간도는 함경도 행정 구역으로 관할
  - 간도파출소 설치(1907) : 지역의 치안유지 명목, 일본이 설치하여 관할(독립운동 탄압목적)
  - 간도협약(1909) : 청과 일본 사이의 불법 협약, 국제법상 원천 무효
    - → 일 안봉선(남만주) 철도부설권 - 청 간도 영토 인정

독도 (일본)
- 조선 후기
  - 임란직후 : 일본의 에도 막부는 조선에 국교를 재개하자고 요청
  - 포로송환 : 유정(사명대사)을 파견하여 일본과 강화하고 조선인 포로 3,500여 명을 귀환(1604)
  - 기유약조 : 광해군 때 기유약조를 맺어 부산포에 다시 왜관 설치
    1609
    - → 제한된 범위의 교섭 허용(세견석20척, 세사미두100석)
  - 통신사 ┬ 일본 막부의 쇼군(將軍)이 바뀔 때 권위를 국제적으로 인정받기 위하여 요청
         └ 조선의 문화를 일본에 전파(1607~1811, 12회 파견), 국빈으로 예우

- 독도 기록
  - 삼국사기 : 신라 지증왕 13년 이사부가 울릉도를 흡수하였다고 기록(512)
  - 세종실록지리지 : 강원도 울진현, 무릉도(울릉도)와 우산도(독도)를 섬으로 처음 기록
  - 동국여지승람(1481) : 독도와 울릉도는 행정구역상 강원도 울진현에 속한다고 명시
  - 신증동국여지승람의 팔도총도(1531) : 울릉도와 우산도를 두 섬으로 기록
  - 안용복(1693, 숙종) : 일본 호끼주 태수에게 항의, 정식으로 사과 받고 귀국
  - 동국문헌비고 여지고(1770) : 울릉(울릉도)과 우산(독도)을 우산국의 땅으로 기록
  - 만기요람(1808) : 독도가 울릉도와 함께 우산국의 영토였다는 내용이 기록
  - 메이지정부 : 태정관은 울릉도와 독도는 일본과 관계가 없다고 내무성에 지시
    - → 일본 메이지정부 최고행정기관   → 일본 영토가 아님을 공식 확인!
  - 대한제국 칙령 제41호 : 울릉군으로 승격, 죽도(울릉도 옆 섬)와 석도(독도) 관할

    > ✧ 대한제국 칙령 제41호(1900.10.27.)
    > 황제의 재가를 받아 울릉도를 울도로 개칭하고 도감을 군수로 승격, 울릉도의 관할 구역을 '울릉전도 및 죽도, 석도(石島)'로 명시하였다.

  - 러일전쟁 직후 : 일본의 독도 편입 추진, 한일의정서 체결 직후 강탈
  - 러일전쟁 중 : 군사적 목적을 위해 조선 정부 몰래 시마네 현에 불법 편입
  - 광복 이후(1946.1) : 연합국총사령부는 훈령 제677호에서 울릉도와 독도를 일본 영역에서 제외
  - 샌프란시스코 강화조약(1951) 제2조 : '일본은 한국에 대한 모든 권리 및 청구를 포기한다.'

    > ✧ 샌프란시스코 강화조약(1951) 제2조
    > 일본은 한국의 독립을 인정하고, 제주도, 거문도 및 울릉도를 포함 한 한국에 대한 모든 권리, 권원 및 청구를 포기한다.

  - 독도의용수비대 : 독도를 수호하기 위해 조직한 민간단체
    - → 1953.4~1956.12   → 일과 총격전, 일 어선 및 순시선으로부터 독도를 수호함

5. 개항 이후의 경제와 사회

① 개항 이후의 경제

열강 침탈
- **배경** : 아관 파천(1896) 이후 열강의 이권침탈 본격화
- **전개**
  - 러시아(압록강·두만강·울릉도 산림 채벌권)
  - 미국(운산 광산 채굴권), 독일(당현 광산 채굴권)
  - 일본(직산 광산 채굴권, 경부선·경원선 철도부설권)
  - 영국(은산 채굴권)

열강의 이권침탈

일제 침탈

토지 약탈
- **배경** : 일제가 황무지 개간권 요구, 적극적인 반대 운동 전개
- **저항**
  - 보안회(1904) : 원세성, 송수만 중심, 日의 개간 반대
  - 농광회사 : 우리 민족의 황무지 개간 주장
- **결과** : 국민적 호응으로 황무지 개간권 요구를 철회

화폐정리 사업(1905)
메가타
- **내용** : 대한제국 화폐를 일본 화폐로 교환, 3일 전 공고, 1주일간 한시적 교환
- **원칙** : 상태에 따른 차등 교환, 소액 화폐 교환 거부

> ☆ 화폐정리사업
>
> 상태가 매우 양호한 갑종 백동화는 개당 2전 5리의 가격으로 새 돈과 교환하여 주고, 상태가 좋지 않은 을종 백동화는 개당 1전의 가격으로 정부에서 매수하며, …… 단, 형질이 조악하여 화폐로 인정하기 어려운 병종 백동화는 매수하지 않는다.　　　〈탁지부령 제1호, 1905년 6월〉

- **결과** : 화폐부족현상(<u>금융공황</u>), 상공업자와 금융기관에 큰 타격
  - ↳ 대한제국은 일본의 차관을 제공 받음

[화폐정리사업]

화폐정리사업	교환 원칙	결과
대한제국 화폐 ↓ [3일전 공고 / 한시적 교환] 일본 화폐	1. 소액교환 X 2. 차별교환 → (상태) [갑종 → 100% / 을종 → 40% / 병종 → 교환X]	상공업자 몰락 화폐부족(금융공황) 국가 채무 급증

국채보상 운동 (1907)
- **목적** : <u>국민의 힘으로 국채를 상환하려는 운동</u>
  - ↳ IMF 당시 금모으기 운동과 유사
- **전개** : 대구에서 시작(서상돈) → 국채 보상 기성회 조직(서울), 전국 확대
- **모금** : 금주·금연운동, 여성들의 패물 납부
- **언론 기관 참여** : 대한매일신보, 황성신문, 제국신문 등

> ☆ 국채보상운동
>
> 국채 1300만 원은 우리 대한의 존망에 관계가 있는 것이다. 갚아 버리면 나라가 존재하고 갚지 못하면 나라가 망하는 것은 대세가 반드시 그렇게 이르는 것이다. …　「대한매일신보」, 1907. 2. 22.

- **결과** : 양기탁 구속(횡령 누명), 일제의 강제차관 공급(1908. 2,000만원)

민족 경제
- **상업**
  - 상권 수호 운동 : 시전상인(1898, 황국 중앙총상회 조직), 경강상인(증기선 도입)
  - 상회사 설립 : 대동상회(평양), 장통회사(서울), 종삼회사, 호상상회, 1890년대 전국 40여개
- **사업** : 유기제조 공장(안성), 조선유기상회(서울), 종로 직조사
- **민간은행** : 조선은행(1896~1901. 최초 민간은행), 한성은행, 천일은행 등

② 민족 언론과 민족 교육

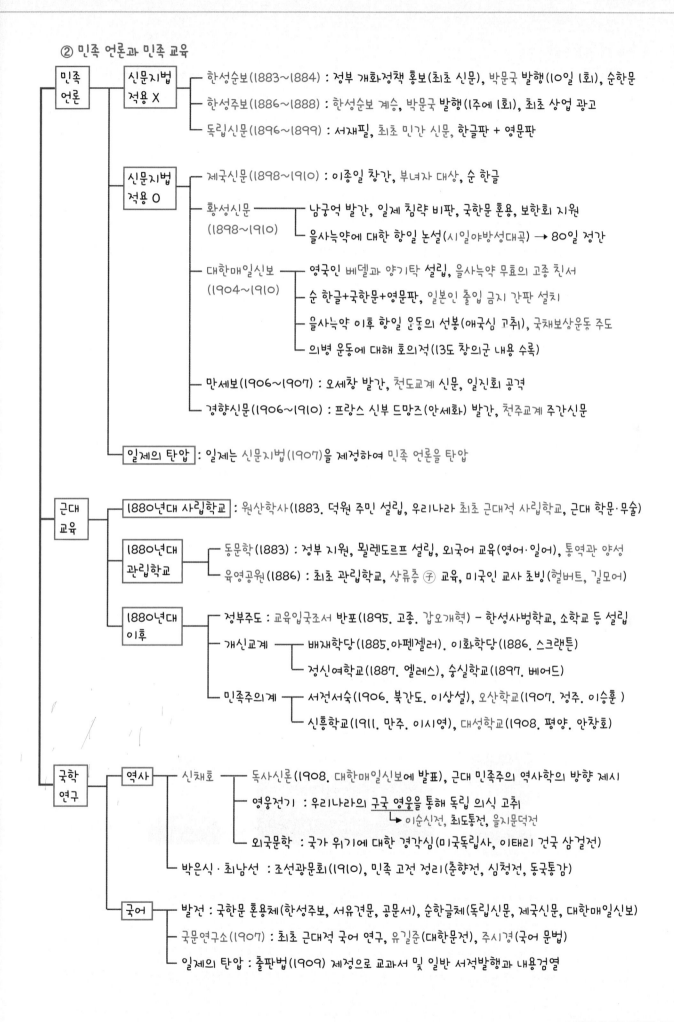

민족 언론

신문지법 적용 X
- 한성순보(1883~1884) : 정부 개화정책 홍보(최초 신문), 박문국 발행(10일 1회), 순한문
- 한성주보(1886~1888) : 한성순보 계승, 박문국 발행(1주에 1회), 최초 상업 광고
- 독립신문(1896~1899) : 서재필, 최초 민간 신문, 한글판 + 영문판

신문지법 적용 O
- 제국신문(1898~1910) : 이종일 창간, 부녀자 대상, 순 한글
- 황성신문(1898~1910)
  - 남궁억 발간, 일제 침략 비판, 국한문 혼용, 보안회 지원
  - 을사늑약에 대한 항일 논설(시일야방성대곡) → 80일 정간
- 대한매일신보(1904~1910)
  - 영국인 베델과 양기탁 설립, 을사늑약 무효의 고종 친서
  - 순 한글+국한문+영문판, 일본인 출입 금지 간판 설치
  - 을사늑약 이후 항일 운동의 선봉(애국심 고취), 국채보상운동 주도
  - 의병 운동에 대해 호의적(13도 창의군 내용 수록)
- 만세보(1906~1907) : 오세창 발간, 천도교계 신문, 일진회 공격
- 경향신문(1906~1910) : 프랑스 신부 드망즈(안세화) 발간, 천주교계 주간신문

일제의 탄압 : 일제는 신문지법(1907)을 제정하여 민족 언론을 탄압

근대 교육

1880년대 사립학교 : 원산학사(1883. 덕원 주민 설립, 우리나라 최초 근대적 사립학교, 근대 학문·무술)

1880년대 관립학교
- 동문학(1883) : 정부 지원, 묄렌도르프 설립, 외국어 교육(영어·일어), 통역관 양성
- 육영공원(1886) : 최초 관립학교, 상류층 ㉤ 교육, 미국인 교사 초빙(헐버트, 길모어)

1880년대 이후
- 정부주도 : 교육입국조서 반포(1895. 고종. 갑오개혁) - 한성사범학교, 소학교 등 설립
- 개신교계
  - 배재학당(1885.아펜젤러), 이화학당(1886. 스크랜튼)
  - 정신여학교(1887. 엘레스), 숭실학교(1897. 베어드)
- 민족주의계
  - 서전서숙(1906. 북간도. 이상설), 오산학교(1907. 정주. 이승훈)
  - 신흥학교(1911. 만주. 이시영), 대성학교(1908. 평양. 안창호)

국학 연구

역사
- 신채호
  - 독사신론(1908. 대한매일신보에 발표), 근대 민족주의 역사학의 방향 제시
  - 영웅전기 : 우리나라의 구국 영웅을 통해 독립 의식 고취
    → 이순신전, 최도통전, 을지문덕전
  - 외국문학 : 국가 위기에 대한 경각심(미국독립사, 이태리 건국 삼걸전)
- 박은식·최남선 : 조선광문회(1910), 민족 고전 정리(춘향전, 심청전, 동국통감)

국어
- 발전 : 국한문 혼용체(한성주보, 서유견문, 공문서), 순한글체(독립신문, 제국신문, 대한매일신보)
- 국문연구소(1907) : 최초 근대적 국어 연구, 유길준(대한문전), 주시경(국어 문법)
- 일제의 탄압 : 출판법(1909) 제정으로 교과서 및 일반 서적발행과 내용검열

③ 민족 문화와 근대 문물의 수용

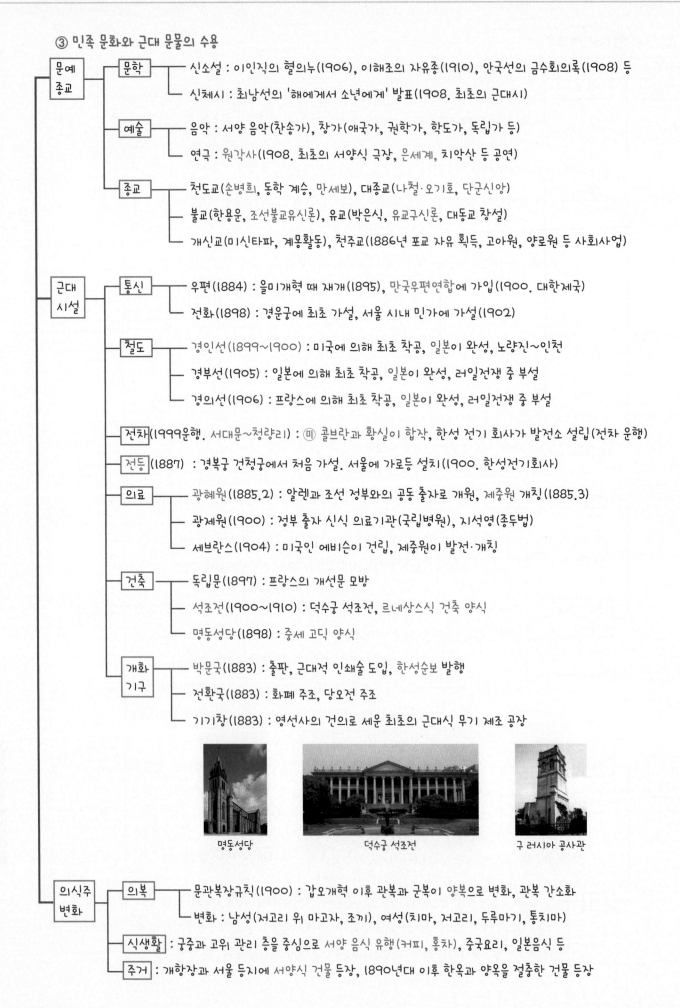

문예 종교

문학
- 신소설 : 이인직의 혈의누(1906), 이해조의 자유종(1910), 안국선의 금수회의록(1908) 등
- 신체시 : 최남선의 '해에게서 소년에게' 발표(1908. 최초의 근대시)

예술
- 음악 : 서양 음악(찬송가), 창가(애국가, 권학가, 학도가, 독립가 등)
- 연극 : 원각사(1908. 최초의 서양식 극장, 은세계, 치악산 등 공연)

종교
- 천도교(손병희, 동학 계승, 만세보), 대종교(나철·오기호, 단군신앙)
- 불교(한용운, 조선불교유신론), 유교(박은식, 유교구신론, 대동교 창설)
- 개신교(미신타파, 계몽활동), 천주교(1886년 포교 자유 획득, 고아원, 양로원 등 사회사업)

근대 시설

통신
- 우편(1884) : 을미개혁 때 재개(1895), 만국우편연합에 가입(1900. 대한제국)
- 전화(1898) : 경운궁에 최초 가설, 서울 시내 민가에 가설(1902)

철도
- 경인선(1899~1900) : 미국에 의해 최초 착공, 일본이 완성, 노량진~인천
- 경부선(1905) : 일본에 의해 최초 착공, 일본이 완성, 러일전쟁 중 부설
- 경의선(1906) : 프랑스에 의해 최초 착공, 일본이 완성, 러일전쟁 중 부설

전차(1999운행. 서대문~청량리) : 콜브란과 황실이 합작, 한성 전기 회사가 발전소 설립(전차 운행)

전등(1887) : 경복궁 건청궁에서 처음 가설. 서울에 가로등 설치(1900. 한성전기회사)

의료
- 광혜원(1885.2) : 알렌과 조선 정부와의 공동 출자로 개원, 제중원 개칭(1885.3)
- 광제원(1900) : 정부 출자 신식 의료기관(국립병원), 지석영(종두법)
- 세브란스(1904) : 미국인 에비슨이 건립, 제중원이 발전·개칭

건축
- 독립문(1897) : 프랑스의 개선문 모방
- 석조전(1900~1910) : 덕수궁 석조전, 르네상스식 건축 양식
- 명동성당(1898) : 중세 고딕 양식

개화 기구
- 박문국(1883) : 출판, 근대적 인쇄술 도입, 한성순보 발행
- 전환국(1883) : 화폐 주조, 당오전 주조
- 기기창(1883) : 영선사의 건의로 세운 최초의 근대식 무기 제조 공장

명동성당   덕수궁 석조전   구 러시아 공사관

의식주 변화

의복
- 문관복장규칙(1900) : 갑오개혁 이후 관복과 군복이 양복으로 변화, 관복 간소화
- 변화 : 남성(저고리 위 마고자, 조끼), 여성(치마, 저고리, 두루마기, 통치마)

식생활 : 궁중과 고위 관리 층을 중심으로 서양 음식 유행(커피, 홍차), 중국요리, 일본음식 등

주거 : 개항장과 서울 등지에 서양식 건물 등장, 1890년대 이후 한옥과 양옥을 절충한 건물 등장

6. 국권 피탈과 항일운동

① 국권 피탈 과정

한반도 분할 논의		⇒ 38° 이북과 이남을 일본과 러시아가 이권 확보 경쟁	일본과 러시아의 경쟁
1902.1	영일동맹	⇒ 영국(청 이권 승인) – 일본(대한제국 이권 승인), 상호 협조	
이후 ↓	⇒	러시아가 일본에 한반도 분할점령을 제의했으나 일본이 거절	

1904.1	대한제국의 국외 중립 선언(고종. 러일 전쟁 직전)		러일 전쟁
1904.2	러일전쟁(~1905.9) ⇒ 일본의 기습(→ 1905.5. 발틱함대 전멸)		
1904.2	한일의정서	⇒ 러일전쟁 중 공수동맹 강요	
	→	① 충고권 ② 국외중립 무효 ③ 군사요충지 사용권 ④ 외교권 제한 ⑤ 황무지 개척권	
1904.8	제1차 한일협약 (한일협정서)	⇒ 일 전쟁우세, 고문 초빙 강요 → 고문통치(외교-스티븐스/재정-메가타)	

일본의 한국 지배를 국제적으로 묵인한 늑약			일본의 침탈을 묵인한 국제조약
1905.7	가쓰라 · 태프트밀약	⇒ 미국(필리핀 지배) – 일본(대한제국 지배)	
1905.8	제2차 영 · 일동맹	⇒ 영국(인도 지배) – 일본(대한제국 지배)	
1905.9	포츠머스강화조약	⇒ 러시아가 일본의 대한제국 지배 인정 → 러시아와 일본의 전쟁을 미국이 중재(포츠머스 = 미 항구도시)	

1905.11	제2차 한일협약 (을사늑약)	⇒ 외교권 피탈, 통감부 설치 → 통감통치(초대통감-이토히로부미)	

1907.6	헤이그 특사파견 → 일 · 영 방해로 실패	⇒ 제2차 만국평화회의에 헤이그 특사 파견 → 이준 · 이상설 · 이위종	1907년 상황은 모두중요
1907.7	고종의 강제 퇴위(1907.7)	⇒ 헤이그 특사 파견 구실, 순종 즉위	
1907.7	한일신협약 (정미7조약)	⇒ 헤이그 특사 파견 구실, 차관통치, 일 외교권 장악 → 통감부가 행정권(인사권) 장악	
1907.8	군대해산 ⇒ 한일신협약의 부수각서, 해산군인은 의병 가담 → 이후 항일 의병 운동 증가 → 정미의병		

1909.7	기유각서	⇒ 사법권 및 감옥사무권 피탈, 언론 · 출판 · 집회 · 결사 자유 박탈	

1910.6	경찰권 피탈	⇒ 경찰권 위탁 각서로 경찰권 강탈	
1910.8	경술국치	⇒ 한 · 일 강제 병합, 국권피탈, 조선총독부 설치 총독 통치, 헌병 무단경찰제 실시 ◄	

06: 근현대사

② 항일 의병 운동

을사늑약 반대운동
- 상소운동(조병세·이상설·안병찬), 항일순국(민영환·조병세), 5적 암살단(나철, 오기호)
- 항일언론운동(장지연), 무효선언(고종, 대한매일신보)
  - └ 황성신문(시일야방성대곡)
  - └ 고종의 친서 게재

> ✗ 시일야방성대곡
> 그러나 슬프도다. 저 개돼지만도 못한 소위 우리 정부의 대신이란 자들은 자기 일신의 영달과 이익이
> 나 바라면서 위협에 겁먹어 머뭇대거나 벌벌 떨며 나라를 팔아먹는 도적이 되기를 감수했던 것이다.
> … 아! 분한지고. 우리 2천만 동포여, 노예된 동포여! 살았는가, 죽었는가? … 원통하고 원통하다. 동포여!
> 장지연, '시일야 방성대곡'

을사·병오의병 (1905~1906)
- 배경 : 러·일 전쟁 직후 을사늑약 체결
- 특징 : 무장 투쟁, 국권회복, 평민 의병장 등장, 반침략 운동
- 의병장
  - 민종식 : 전직 관리, 충남 홍주성 점령
  - 최익현 : 유생, 전북 태인·순창, 대마도 유배·순국
  - 신돌석(평민 의병장) : 경북·강원도 일대(평해·울진)
    - └ 태백산 호랑이

최익현
순창에서 "왜적이 아닌 동족을 죽이는 일은 차마 못하겠다." 라고 하여 투항. 대마도에 유배되어 왜적이 주는 음식을 거절하고 단식을 계속하다가 순국(아사)하였다.

정미의병 (1907)
- 배경 : 고종의 강제 퇴위, 군대 해산
- 확산 : 해산 군인의 의병 가담으로 전투력 향상, 전국으로 확산, 의병 전쟁의 양상
- 전개
  - 13도 창의군 : 이인영, 허위 등 유생 의병장의 주도로 13도 창의군 결성
  - 서울 진공 작전 : 양주 집결, 서울 근교 진격, 이인영 낙향
    - (1908.1) └ 1만의 의병부대   └ 부친상(유교적 한계)
- 탄압(1909.9) : 일제의 남한 대토벌 작전, 의병은 만주와 연해주로 이동(국외투쟁 전개)
- 특징 : 서울 주재 각 영사관에 서신 발송(국제법상 교전단체로 승인해 줄 것을 요구)
  - └ 의병은 스스로 '독립군' 이라 천명!
- 한계 : 유교적 한계(신돌석·홍범도 부대는 독자적 투쟁), 日에 화력 열세, 국제적 고립상태 투쟁
  - └ 13도 창의군에 참여 못함   └ 외교권 피탈

의거 활동
- 장인환, 전명운 : 미국인 외교 고문 스티븐스를 샌프란시스코에서 처단(1908)
  - └ '한국 국민은 일본의 보호정치를 환영하고 있다.'는 망언
- 안중근
  - 단지 동맹 : 12명의 독립 운동가들이 모여 러시아에서 단지동맹 결성(1909.2)
  - 하얼빈 의거 : 만주 하얼빈 역에서 초대 통감 이토 히로부미를 처단(1909.10)
    - └ 일제 강점기 아님(통감부의 탄압)!
  - 안중근 유묵 : 옥중 논책인 동양 평화론 저술, '위국헌신군인본분' 등의 유묵을 남김

단지회의 결의
안중근 의사는 11명의 동지들과 함께 단지동맹(斷指同盟)을 결성하고 왼손 넷째 손가락(무명지) 첫 관절을 잘라, 혈서로 '大韓獨立'이라 쓰며, 독립운동에의 헌신을 다졌다.

동양평화론
안중근은 이토 히로부미를 처단하고 옥중에서 동양평화론을 집필하였는데, 하얼빈 의거를 동양 평화를 위한 전쟁의 시작이라고 하였다.

爲國獻身軍人本分
뤼순 감옥에서 수감 당시 간수 지바도시치에게 준 안의사의 유묵. 지바 도시치는 안의사의 위패를 사찰에 모셨다. 1980년 지바도시치 가문은 이 유묵을 우리나라에 기증하였다.

- 이재명 : 명동성당에서 벨기에 황제 추도식을 마치고 나오는 이완용을 찔러 복부와 어깨에 중상(1909)

③ 애국계몽운동

보안회
(1904)
- 활동 : 송수만, 원세성 중심, <u>일본의 황무지 개간권 요구를 저지 운동</u>
  - ↳ 한일 의정서(1904)
- 농광회사 : 자주적인 황무지 개간을 위한 농광회사 설립
- 해산 : 일제의 탄압으로 해산

헌정연구회
(1905)
- 활동 ┬ 독립협회 계승, 국민의 정치의식 고취
       └ 의회설립을 통한 입헌적 정치 체제의 수립
- 해체 : 일진회의 반민족적 친일 행위를 규탄하다 해산

대한자강회
(1906)
- 창립 : 헌정연구회 계승, 사회단체와 언론 기관을 주축으로 창립

※ 대한 자강회 취지서
무릇 우리나라의 독립은 오직 자강의 여하에 있을 따름이다. … 자강의 방법을 생각해 보면 다름 아니라 교육을 진작함과 식산흥업(殖産興業)에 있다. 무릇 교육이 일어나지 못하면 민지(民智)가 열리지 못하고 산업이 늘지 못하면 국부가 증가하지 못한다.
「대한 자강회 월보」제1호, 1906년 7월

대한자강회 월보

- 활동 : 교육과 산업의 진흥, 전국에 지회 설치, 월보 간행·연설회 개최 등
- 해체(1907) : 고종의 강제 퇴위 반대 운동, 군대 해산 반대 운동

대한협회(1907) : 대한 자강회 계승 → 친일화(회장 윤효정은 이토 히로부미 극찬)

신민회
(1907~1911)
- 성립 : 안창호, 양기탁, 이동휘, 신채호 등이 중심, 민족 운동가들의 항일 비밀 결사
- 목표 : 실력 양성을 통한 국권 회복과 공화 정체의 근대 국민 국가 수립

※ 신민회 취지서
무릇 대한인은 내외를 막론하고 통일 연합으로써 그 진로를 정하고 독립 자유로써 그 목적을 세움이니…… 오직 신정신을 불러 깨우쳐서 신단체를 조직한 후에 신국가를 건설할 뿐이다.   〈신민회 취지서〉

- 활동 ┬ 국내 : 민족주의 교육 실시(대성학교, 오산학교), 민족 산업 육성(자기 회사, 태극 서관)
       │   ↳ 인재 육성(애국 계몽 운동)   ↳ 독립 자금 마련(무장 투쟁)
       └ 국외 : 만주에 독립운동기지 건설(삼원보), 신흥 강습소 설립
- 해산 : 일제가 날조한 105인 사건(1911)으로 와해

※ 105인 사건(1911)
안중근의 사촌 동생 안명근의 모금 운동을 데라우치 총독 암살 미수 사건으로 일제가 날조하여 안악군을 중심으로 황해도 유력 인사 600여 명의 민족 지도자를 검거하였다(안악사건). 일제는 122명을 기소하였고, 105명이 유죄판결을 받는데 대부분 신민회의 회원이었다(105인 사건). 1913년 항소하여 105명 중 99명은 무죄로 석방되었다.

기타 교육 운동 : 국권 회복을 위한 구국 교육 운동, 서북학회, 기호흥학회 등

의의
- 발전 : 국권 회복과 근대 국민 국가 건설을 동시에 추구, 실력 양성 운동으로 계승
- 한계 : 일본의 방해와 탄압, 실질적인 성과를 거두는 데에 어려움

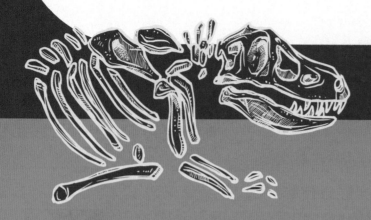

일제의 침탈을 시대별로 구분하여 정리해 두어야하고 일제 강점기에 국내외에서 전
개된 항일 독립운동의 전개 사항을 시기 순으로 파악할 수 있어야 한다.

1. 1910년부터 1945년까지 일제의 불법적인 식민 통치의 내용 및 시기구분 숙지

2. 3·1운동의 배경, 전개과정 및 영향

3. 대한민국 임시정부의 창설 배경과 활동 전개과정 파악

4. 1910년대 국내외 항일 단체 파악

5. 1920년대의 학생 주도의 민족운동과 민족유일당운동의 내용 파악

6. 중일 전쟁 이후 일제의 강제 통치 방법의 변화 내용

7. 사회주의의 유입으로 인한 민족 독립운동의 활성화

8. 물산장려운동, 농촌 계몽운동, 노동·소작쟁의 등 1920년대의 민족운동 파악

9. 일제의 국학 말살 정책에 대응한 민족주의사학, 사회경제사학, 실증사학 등 민족
   사학자들의 민족운동 파악

10. 의열단, 한인애국단 소속 열사들의 항일 투쟁 숙지

11. 3부의 통합, 대한민국 임시정부의 통합 등 항일 무장 투쟁의 조직화 정리

12. 조선의용대, 한국광복군 등 무장 독립 전쟁의 정리

일제강점기의 한국사

I. 일제의 침략과 민족의 수난

① 20세기 초의 세계

제1차 대전
- 전개 : 사라예보 사건 → 무제한 잠수함 사건 → 미국참전 → 오스트리아 항복 → 동맹국 항복
- 파리 강화 회의(1919) : 윌슨의 14개조 평화 원칙, 군비 축소, 민족 자결, 국제 연맹창설
  '각 민족의 정치적 운명은 스스로 결정', 패전국만 적용 ↵

> ✳ 14개조 평화 원칙
>
> 제5조 식민지주권 문제를 결정함에 있어서 이 문제와 관련된 주민들의 이해관계가 장래에 그 주권을 결정하게 될 정부의 정당한 주장과 같은 비중으로 고려되어야 한다.
>
> 제14조 강대국과 약소국을 막론하고 여러 국가 상호간에 정치적 독립, 영토의 상호 보장을 목적으로 한 국가 간의 연합 조직이 특별한 규약 밑에 형성되어야 한다.

소련
- 러시아 혁명 ─ 피의 일요일(1905) → 3월 혁명(1917)
  └→ 10월 혁명(1917, 레닌, 소비에트 정부 수립)
- 변화 : 사회주의 개혁(레닌) → 소비에트사회주의공화국연방 수립(1922)

> 레닌의 약소국 해방 선언
> 레닌은 러시아 내의 100여 소수 민족에게 민족자결을 선언하고 세계 약소 민족의 해방을 지원하겠다고 약속 함.

중국
- 신해혁명(1911) : 청조의 붕괴, 중화민국 수립(쑨원, 1912)
- 5.4운동(1919) : 반제국주의, 국권회복을 위한 민족 운동 전개
- 국공합작 ─ 제1차(1924) : 반제국주의와 군벌 타도를 위해 국민당과 공산당 합작
             └ 제2차(1928) : 항일 통일 전선 형성

인도의 민족운동 : 간디(완전자치 주장. 비폭력, 불복종 운동), 네루(완전독립 주장)

한국의 일제 강점기 시대 구분

시기구분		식민통치 내용
무단통치 (1910~1919) [3·1운동]	정치	총독이 행정·입법·사법·군통수권 등 전권 장악, 헌병 경찰제, 태형·즉결심판권, 언론 집회의 자유 박탈, 관리·교사들도 제복과 착검
	경제	토지조사사업을 통한 토지 약탈, 회사령(허가제) 시행, 산업 각 부분에 대한 침탈 체제 구축
	교육	일본어 학습. 조선어 수업 축소. 중등교육제한. 역사 지리 교육 금지
문화통치 (1919~1931) [만주사변]	정치	기만적 문화통치(가혹한 식민통치 은폐), 친일파 양성을 통한 민족 분열책, 보통경찰제
	경제	산미증식계획(농민층 몰락), 회사령 폐지(신고제), 일본 자본 진출, 관세 철폐
	교육	조선어·역사 지리 교육 허용(표면상 일시적 회유), 경성 제국 대학 설립(민족교육억압)
민족말살통치 (1931~1945)	정치	황국신민화 강요, 황국신민의 서사암송, 신사 참배·일본식 성명 강요, 학술 언론 단체 해산
	경제	병참기지화, 인적 수탈(국가총동원법, 지원병제, 징병제, 징용제, 정신대) 물적 수탈(전쟁물자·식량공출, 식량배급제, 산미증식재개, 가축증식계획)
	교육	우리말 사용 금지, 학도 군사 훈련, 조선어 조선역사 조선 지리 과목 폐지

무단통치(1910~1919)
국권 강탈 직후 일본 헌병이 행정과 경찰 업무까지 담당하였던 강압적이고 비인도적인 무단통치였다.

문화통치(1919~1931)
3·1운동 이후 일제가 변경한 외형상의 유화정책으로 친일파 양성 등 민족 분열을 위한 고도의 기만 통치였다.

민족말살통치(1931~1945)
일제가 대륙침략을 본격화하면서 추진한 무자비한 식민통치로 우리 민족의 전통과 문화를 말살하려 하였다.

② 헌병무단통치(1910~1919)

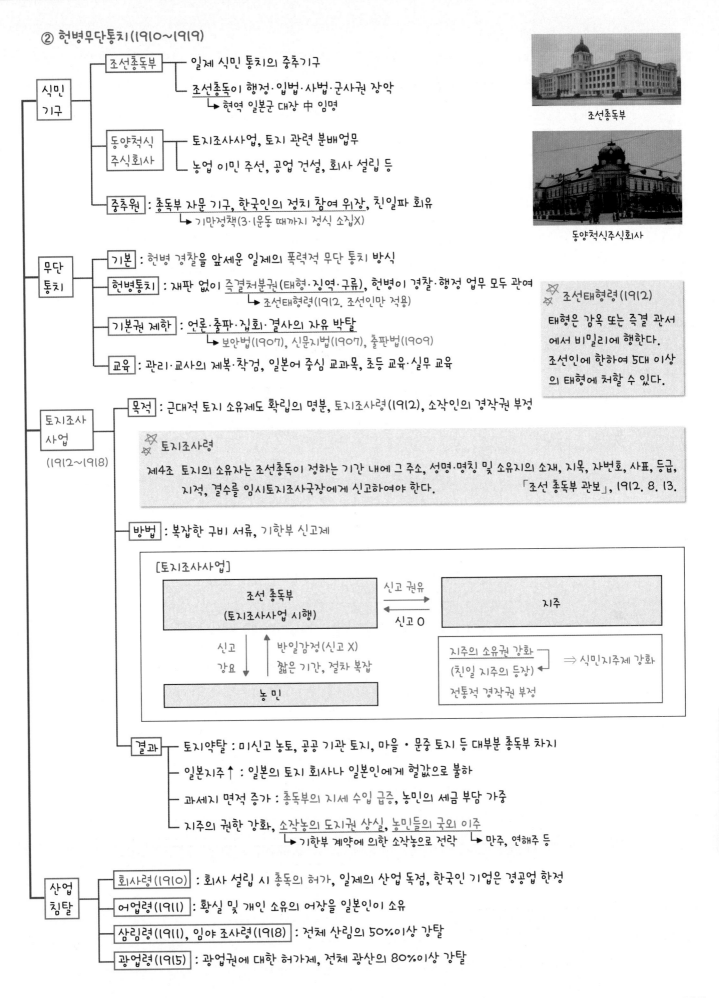

조선총독부

동양척식주식회사

식민 기구
- **조선총독부** — 일제 식민 통치의 중추기구
  - 조선총독이 행정·입법·사법·군사권 장악
    - ↳ 현역 일본군 대장 中 임명
- **동양척식 주식회사** — 토지조사사업, 토지 관련 분배업무
  - 농업 이민 주선, 공업 건설, 회사 설립 등
- **중추원** : 총독부 자문 기구, 한국인의 정치 참여 위장, 친일파 회유
  - ↳ 기만정책(3·1운동 때까지 정식 소집X)

무단 통치
- **기본** : 헌병 경찰을 앞세운 일제의 폭력적 무단 통치 방식
- **헌병통치** : 재판 없이 즉결처분권(태형·징역·구류), 헌병이 경찰·행정 업무 모두 관여
  - ↳ 조선태형령(1912. 조선인만 적용)
- **기본권 제한** : 언론·출판·집회·결사의 자유 박탈
  - ↳ 보안법(1907), 신문지법(1907), 출판법(1909)
- **교육** : 관리·교사의 제복·착검, 일본어 중심 교과목, 초등 교육·실무 교육

> ✕ 조선태형령(1912)
> 태형은 감옥 또는 즉결 관서에서 비밀리에 행한다.
> 조선인에 한하여 5대 이상의 태형에 처할 수 있다.

토지조사 사업 (1912~1918)
- **목적** : 근대적 토지 소유제도 확립의 명분, 토지조사령(1912), 소작인의 경작권 부정

> ✕ 토지조사령
> 제4조 토지의 소유자는 조선총독이 정하는 기간 내에 그 주소, 성명·명칭 및 소유지의 소재, 지목, 자번호, 사표, 등급, 지적, 결수를 임시토지조사국장에게 신고하여야 한다. 「조선 총독부 관보」, 1912. 8. 13.

- **방법** : 복잡한 구비 서류, 기한부 신고제

[토지조사사업]

| 조선 총독부 (토지조사사업 시행) | → 신고 권유 / ← 신고 O | 지주 |

신고 강요 ↓ / ↑ 반일감정(신고 X) 짧은 기간, 절차 복잡

농민

지주의 소유권 강화 (친일 지주의 등장) 전통적 경작권 부정 ┐ ⇒ 식민지주제 강화

- **결과**
  - 토지약탈 : 미신고 농토, 공공 기관 토지, 마을·문중 토지 등 대부분 총독부 차지
  - 일본지주↑ : 일본의 토지 회사나 일본인에게 헐값으로 불하
  - 과세지 면적 증가 : 총독부의 지세 수입 급증, 농민의 세금 부담 가중
  - 지주의 권한 강화, 소작농의 도지권 상실, 농민들의 국외 이주
    - ↳ 기한부 계약에 의한 소작농으로 전락   ↳ 만주, 연해주 등

산업 침탈
- **회사령(1910)** : 회사 설립 시 총독의 허가, 일제의 산업 독점, 한국인 기업은 경공업 한정
- **어업령(1911)** : 황실 및 개인 소유의 어장을 일본인이 소유
- **삼림령(1911), 임야 조사령(1918)** : 전체 산림의 50%이상 강탈
- **광업령(1915)** : 광업권에 대한 허가제, 전체 광산의 80%이상 강탈

③ 기만적 문화 통치 (1919~1931)

문화 통치
- 배경 : 한국인의 3·1운동 영향(국제 여론의 악화)
- 본질 : 유화적인 식민통치 방식을 제시한 고도의 기만책, 민족 분열책(친일파 양성)
- 내용
  - 총독 : 문관 총독 임명 가능(→ 광복까지 한 번도 임명된 적 없음)
  - 경찰 : 헌병을 보통경찰로 전환(→ 인원·예산 3배 ↑), 감옥 ↑, 고등경찰제, 치안유지법 제정
  - 언론 : 민족 신문 발행 허용(→ 철저한 사전 검열, 기사삭제·압수·정간·폐간 ↑)
  - 교육 : 한국인 교육 기회 확대(→ 초등·실업 교육 치중, 일어 교육 강조)

기만 통치의 증거
  일본 관동(1923.9.도쿄, 요코하마)에 대지진이 발생하자, 그의 여파로 사회혼란이 발생하였고, 이를 선동한 것은 한국인이라고 몰아 한국인 6천여 명을 학살하였다.

치안 유지법(1925~1945)
  총독부가 식민 체제를 부인하는 반정부·반체제 운동 또는 사유 재산제를 부인하는 사회주의 단체의 조직과 활동을 금지하고 탄압하는 법이다.

산미증식 계획
(1920~1934)
- 배경 : 일본 내 이촌향도 현상심화 → 쌀 수요 증가, 쌀 값 폭등 → 산미증식계획
- 내용 : 한국에 대규모 농업 투자, 개간과 간척 사업, 수리 시설 개선, 종자 개량 등
- 중단 : 일본 지주들이 한국 쌀 수입을 반대하여 1934년에 중단
  └→ 일본 농민 보호를 위해 중단

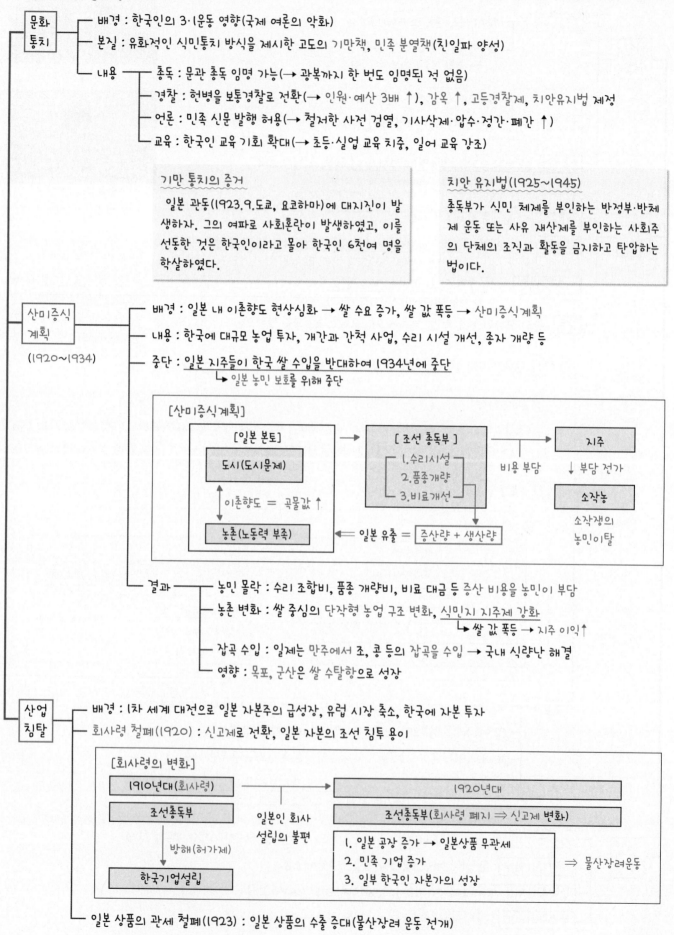

- 결과
  - 농민 몰락 : 수리 조합비, 품종 개량비, 비료 대금 등 증산 비용을 농민이 부담
  - 농촌 변화 : 쌀 중심의 단작형 농업 구조 변화, 식민지 지주제 강화
    └→ 쌀 값 폭등 → 지주 이익↑
  - 잡곡 수입 : 일제는 만주에서 조, 콩 등의 잡곡을 수입 → 국내 식량난 해결
  - 영향 : 목포, 군산은 쌀 수탈항으로 성장

산업 침탈
- 배경 : 1차 세계 대전으로 일본 자본주의 급성장, 유럽 시장 축소, 한국에 자본 투자
- 회사령 철폐(1920) : 신고제로 전환, 일본 자본의 조선 침투 용이

[회사령의 변화]
1910년대(회사령)	→	1920년대
조선총독부	일본인 회사 설립의 불편	조선총독부(회사령 폐지 ⇒ 신고제 변화)
↓ 방해(허가제)		1. 일본 공장 증가 → 일본상품 무관세
한국기업설립		2. 민족 기업 증가 ⇒ 물산장려운동
		3. 일부 한국인 자본가의 성장

- 일본 상품의 관세 철폐(1923) : 일본 상품의 수출 증대(물산장려 운동 전개)

④ 민족 말살 통치 (1931~1945)

민족말살
통치
├─ 배경 : 세계 경제 공황, 일제의 군국주의 확립, 침략 전쟁의 확대
│   └▶ 만주사변(1931), 중일전쟁(1937), 태평양전쟁(1941)
├─ 목적 : 한국인을 침략 전쟁에 동원할 목적으로 한국인의 민족 말살 추진
└─ 내용
    ├─ 정책 : 민족 운동 봉쇄를 위한 각종 악법 제정, 언론 탄압, 군과 경찰력 증강
    ├─ 황국신민화 : 내선일체·일선동조론, 신사참배·황국신민서사 암송·궁성요배 강요

✿ 황국 신민 서사
우리들은 대일본 제국의 신민입니다. / 우리들의 마음을 합해 천황 폐하께 충의를 다 하겠습니다 / 우리들은 인고단련하여 훌륭하고 강한 국민이 되겠습니다.

    ├─ 교육 : 우리말·역사 교육 금지, 일본식 성명 강요(1938), 학술·언론 단체해산
    └─ 악법제정 ┬─ 조선사상범보호관찰령(1936), 사상범예방구금령(1941)
               └─ 국민정신총동원조선연맹(1938, 10호 단위 애국반) 조직
                  └▶ 조선총독부 주도(중앙+지방 통제)

경제
수탈
├─ 남면북양(南綿北羊) 정책(1934) : 공업원료 증산정책(남부에는 면화, 북부에는 면양)
├─ 농촌진흥 운동 (1932)
│   ├─ 배경 : 소작쟁의 증가, 농촌 경제 파탄, 일본의 농민 회유책
│   ├─ 시행 : 자작농지 설정사업(1932), 조선소작조정령(1933), 조선농지령·소작령(1934)
│   └─ 내용 : 농촌 수탈 정책, 농민들의 통제 강화
└─ 병참 기지화
    ├─ 배경 : 침략 전쟁에 필요한 인적·물적 수탈, 한반도를 전쟁 기지로 이용
    ├─ 영향 : 군수 공업 발전으로 농·공업의 불균형 심화, 한국인 노동자에 대한 가혹한 착취
    ├─ 인적 수탈
    │   ├─ 배경 : 중·일 전쟁 이후(1937) 인력과 자원의 수탈 강화(1938, 국가총동원법)
    │   ├─ 노동력 : 국민 징용령(1939), 탄광·철도 건설·군수 공장 등에 청년 동원
    │   ├─ 병력 : 지원병제(1938), 학도지원병제(1943), 징병제(1944), 전쟁에 청년 동원

✿ 국가총동원령
제4조 정부는 국가총동원상 필요할 때는 칙령이 정하는 바에 따라 제국 신민을 징용하여 총동원 업무에 종사하게 할 수 있다.

[1930년대 청년 수탈

시기	내용
1938	지원병제 실시(약 1,8000명)
1939	국민 징용령(약 100만 여명)
1943	학도 지원병제 실시(약 4,500명)
1944	징병제 실시(약 20만명)

    │   ├─ 정신대 근로령(1944) : 12~40세의 배우자 없는 여성 강제 동원, 군수 공장 종사
    │   └─ 일본군 위안부(성노예) : 조직적 동원(일본 정부 관여), 반인권적·반인륜적 범죄

몸뻬 바지
1930년대 후반부터 전시 동원 체제로 식민정책을 전환하면서 일제가 여성들의 노동력 동원을 위하여 강제한 옷으로 여성들이 일할 때 입는 헐렁한 바지

일본군 위안부(성노예)
일제의 노동력 강제 동원과 착취에 대한 한·일 국교 정상화 과정에서 배상과 보상이 논의되지 않았으며, 아직까지 일본 정부는 공식적인 사과를 하지 않고 있다.

    └─ 물적 수탈
        ├─ 식량 ┬─ 산미증식계획 재개(1940), 가축증식계획(1939)
        │   │   └▶ 비교) 산미증식계획 실시(1920)년대
        │   └─ 식량배급제도 실시(1939), 식량공출제도(식량관리법,1942)
        └─ 전쟁 물자 : 쇠붙이 공출(농기구, 식기, 제기, 교회나 사원의 종까지 징발)

2. 3·1 운동과 대한민국 임시정부

① 1910년대 민족 운동

국내 단체

독립의군부 (1912)
- 조직 : 유생 의병장 출신 임병찬이 고종의 밀명을 받아 조직 (복벽주의)
- 활동 : 일본의 총리대신과 조선 총독에게 국권 반환 요구서 제출
- 중단 : 전국 의병 봉기 계획, 사전 발각·해체

대한광복회 (1915. 대구)
- 조직 : 대한광복단(1913. 채기중) 개편, 박상진이 군대식으로 비밀리에 조직
- 확대 : 김좌진 가입, 점차 확산되어 전국적인 조직으로 발전
- 활동 : 공화 정체 주장, 군자금 모집 (의연금 납부), 친일파 처단 활동

기타 : 대한광복단(1913), 송죽회(1913), 조선국민회(1915), 조선국권회복단(1915)
- ↳ 채기중
- ↳ 평양 숭의여학교 여교사·학생
- ↳ 평양숭실학교 학생·졸업생

국외 단체

서간도 (삼원보)
- 경학사(1911) : 이회영, 이시영, 최초의 자치 기구, 신흥 강습소 설치
- 부민단(1912) : 경학사 계승, 백서 농장 조직 (1917, 군대)
- 서로군정서(1919) : 한족회가 상하이 임시정부와 연합하여 서로군정서로 개편

> 이회영·이시영 형제 7형제 및 일가족 전체가 만주로 망명. 전 재산(약 600억 원)을 독립자금으로 운용. 서전서숙, 신민회, 신흥무관학교 등 설립

북간도
- 중광단(1911) : 대종교 계열, 무오독립선언서 발표, 북로군정서군 개편(1919.김좌진)
  - ↳ 만주 길림, 민족 지도자 39인(1918)
- 사립학교 : 서전서숙(1906. 이상설), 명동학교(1908. 김약연) 등 민족 학교 건립

중국
- 신한청년당(1918. 상해) : 여운형, 신채호 중심, 파리 강화 회의에 김규식 파견

연해주 (신한촌)
- 권업회(1911) : 유인석, 이상설 중심, 민족 교육 운동, 권업신문 발행
- 대한광복군 정부(1914) : 이상설(정통령)·이동휘(부통령), 무장 항일 운동의 터전
- 대한국민의회(1919) : 정부 수립(대통령 손병희), 파리 강화 회의 파견(고창일)

[1910년대 서간도 독립 활동]

시기	1911		1919
단체	경학사	--계승-->	한족회
	↓ 설치		↓ 개편
군대	신흥강습소	--발전-->	서로군정서

[1910년대 연해주 독립 활동]

권업회(1911)
- 대한광복군 정부(1914)
  - 정통령(이상설)
  - 부통령(이동휘)
- 전로한족회 중앙총회(1917)
  - ↓
  - 대한국민의회(1919)
  - 대통령(손병희)

미주
- 하와이 : 하와이 공식 이민(1903. 대한 제국 후원), 사탕수수 농장 노동. 사진신부
- 대한인국민회(1910) : 안창호, 박용만, 이승만 중심, 외교 활동, 의연금, 신한민보
- 흥사단(1913) : 안창호, 미국 교포 및 유학생 중심(샌프란시스코), 군인양성, 교민 교화
- 대조선국민군단(1914) : 박용만, 하와이에 가장 큰 군사 조직
- 구미위원부(1919) : 이승만, 대한민국 임시정부의 외교 사무소(워싱턴D.C.)

② 3·1운동의 전개

배경
- 국제정세 : 민족자결주의(1918, 파리강화회의, 윌슨), 소수민족 해방운동지지 선언(소련)
- 무오독립선언(1918) : 길림의 민족지도자 39인의 독립선언, 무장 투쟁을 통한 독립 주장
  ↳ 박은식, 신채호 등 39인 → 2·8 독립선언과 3·1운동에 영향
- 고종황제 승하(1919.1.21) : 고종의 의문사(독살설 유포)
- 외교활동 : 파리 강화 회의에 김규식을 대표로 파견(1919.2, 신한청년단), 독립청원서
- 2.8독립선언(1919) : 도쿄, 조선청년독립단이 독립 선언서 발표, 만세운동 전개

전개 과정
- 기미독립선언서 : 민족 독립 의지 표명, 비폭력 원칙 표방
  ↳ 최남선 작성, 한용운의 공약 3장 추가
- 민족대표 : 33인 구성, 고종의 인산일(3.3)을 기하여 만세 운동 준비, 3월 1일을 거사일로 준비
  ↳ 왕의 장례일(3月~5月)
- 독립선언 : 태화관에서 독립 선언서를 낭독하고 자진 체포

  ☆ 기미독립선언서
  우리조선은 이에 우리조선이 독립한 나라임과 조선 사람이 자주적인 민족임을 선언한다. 이로써 세계 모든 나라에 알려 인류가 평등하다는 큰 뜻을 똑똑히 밝히며, … 아아! 새 천지가 눈앞에 펼쳐지는 도다. 힘의 시대가 가고 도의의 시대가 오는 도다. … 우리가 이에 떨쳐 일어선다.

- 만세운동 : 탑골공원에서 학생과 시민의 독립 선언서 낭독한 후 서울 시내로 만세운동 확산

  3·1운동의 전개(도심→농촌)

과정	1단계	2단계	3단계
주축	종교계 대표, 학생	학생, 종교인, 상인, 노동자	농민층
전개	도시(서울) 중심	전국 도시 확산	전국(농촌) 규모 확대
특징	비폭력 만세운동	상인 철시·노동자 파업 운동	무력 저항 운동

- 일제의 탄압 : 일본 본토의 군대 동원 탄압, 유관순 순국, 제암리 학살 사건

  유관순
  1919년 3·1운동 중 일제에 의해 부모가 피살되고 유관순은 체포되었다. 1심에서 3년 징역형을 선고 받았고 항소심 재판정에서 만세를 외쳐 7년형을 선고 받았다. 복역 중에도 만세를 외쳐 숱한 고문을 받았고, 19세의 어린 나이에 서대문 형무소에서 순국하였다.

  화성 제암리 학살 사건(1919.4)
  화성 제암리에 파견한 일본군은 30여 명의 제암리 기독교도들을 교회에 모아 놓고 문을 잠근 뒤, 무차별 사격 후에 불을 질러 증거를 인멸하려고 한 비인간적인 만행을 벌였다.

의의 : 민족의 정통성 회복, 독립운동의 조직화·체계화 필요성 대두, 대한민국 임시정부의 수립 계기
  ↳ 1919.4, 상하이

영향
- 국외 : 만주·연해주 지역 및 미국(필라델피아, 독립선언)·일본 동포들의 만세 운동
- 국내 : 실력양성 운동의 적극 전개, 농민·노동운동의 활성화
- 독립 운동 확산 : 기존의 복벽주의를 타파하고 모든 국민이 주인이 되는 공화정체 주장
- 반제국주의 민족운동 : 중국의 5·4 운동, 인도의 비폭력·불복종 운동에 영향
- 통치방식 변화 : 일제의 무단통치방식이 기만적인 문화통치 방향으로 전환
  ↳ 국제 사회의 여론 악화

③ 대한민국 임시정부

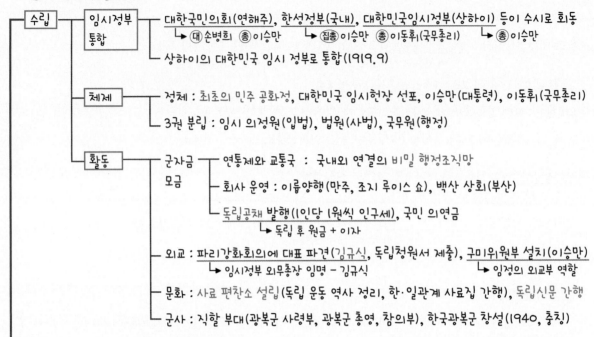

- **수립**
  - **임시정부 통합**
    - 대한국민의회(연해주), 한성정부(국내), 대한민국임시정부(상하이) 등이 수시로 회동
      - ↳ ㉐손병희 ㉚이승만 ↳ ㉛㉚이승만 ㉚이동휘(국무총리) ↳ ㉚이승만
    - 상하이의 대한민국 임시 정부로 통합(1919.9)
  - **체제**
    - 정체 : 최초의 민주 공화정, 대한민국 임시헌장 선포, 이승만(대통령), 이동휘(국무총리)
    - 3권 분립 : 임시 의정원(입법), 법원(사법), 국무원(행정)
  - **활동**
    - 군자금 모금
      - 연통제와 교통국 : 국내외 연결의 비밀 행정조직망
      - 회사 운영 : 이륭양행(만주, 조지 루이스 쇼), 백산 상회(부산)
      - 독립공채 발행(1인당 1원씩 인구세), 국민 의연금
        - ↳ 독립 후 원금 + 이자
    - 외교 : 파리강화회의에 대표 파견(김규식, 독립청원서 제출), 구미위원부 설치(이승만)
      - ↳ 임시정부 외무총장 임명 – 김규식 ↳ 임정의 외교부 역할
    - 문화 : 사료 편찬소 설립(독립 운동 역사 정리, 한·일관계 사료집 간행), 독립신문 간행
    - 군사 : 직할 부대(광복군 사령부, 광복군 총영, 참의부), 한국광복군 창설(1940, 충칭)

임시정부의 헌정 변화

구분	체제	내용
임정 헌장(1919.4.)	임시의정원 중심	의장(이동녕), 국무총리(이승만)
1차 개헌(1919.9. 이승만)	대통령 정치 체제, 3권 분립	민족운동 통합, 외교활동
국민대표회의(1923)	창조파 VS 개조파 VS 현상유지파	
2차 개헌(1925.3. 김구)	국무령 중심의 내각 책임 지도제	임시정부 내부 혼란 수습
3차 개헌(1927.3.)	국무 위원 중심 집단 지도 체제	좌익, 우익 대립 통합
4차 개헌(1940.10. 김구)	주석 중심제	대일 항전
5차 개헌(1944.4. 김구, 김규식)	주석·부주석 중심제	광복 대비

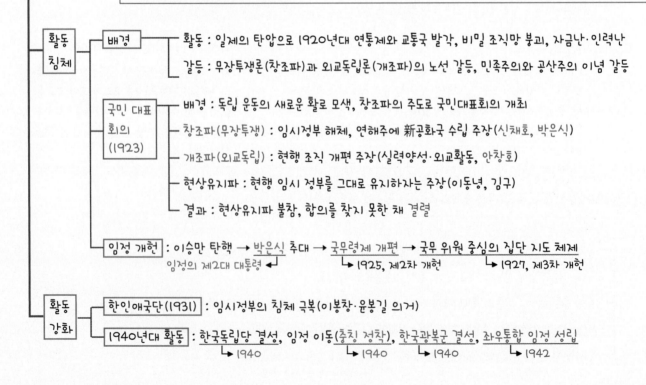

- **활동 침체**
  - **배경**
    - 활동 : 일제의 탄압으로 1920년대 연통제와 교통국 발각, 비밀 조직망 붕괴, 자금난·인력난
    - 갈등 : 무장투쟁론(창조파)과 외교독립론(개조파)의 노선 갈등, 민족주의와 공산주의 이념 갈등
  - **국민 대표 회의 (1923)**
    - 배경 : 독립 운동의 새로운 활로 모색, 창조파의 주도로 국민대표회의 개최
    - 창조파(무장투쟁) : 임시정부 해체, 연해주에 新공화국 수립 주장(신채호, 박은식)
    - 개조파(외교독립) : 현행 조직 개편 주장(실력양성·외교활동, 안창호)
    - 현상유지파 : 현행 임시 정부를 그대로 유지하자는 주장(이동녕, 김구)
    - 결과 : 현상유지파 불참, 합의를 찾지 못한 채 결렬
  - **임정 개헌** : 이승만 탄핵 → 박은식 추대 → 국무령제 개편 → 국무 위원 중심의 집단 지도 체제
    - 임정의 제2대 대통령 ↵ ↳ 1925, 제2차 개헌 ↳ 1927, 제3차 개헌

- **활동 강화**
  - **한인애국단(1931)** : 임시정부의 침체 극복(이봉창·윤봉길 의거)
  - **1940년대 활동** : 한국독립당 결성, 임정 이동(충칭 정착), 한국광복군 결성, 좌우통합 임정 성립
    - ↳ 1940 ↳ 1940 ↳ 1940 ↳ 1942

3. 국내 항일 운동의 전개

① 사회적 항일 운동

┌─ [사회주의 사상의 유입] : 3·1운동 이후 지식층 중심으로 사회주의 유입

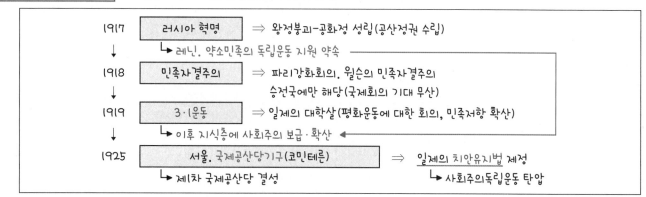

```
        1917    [러시아 혁명]      ⇒ 왕정붕괴-공화정 성립(공산정권 수립)
          ↓     └→ 레닌. 약소민족의 독립운동 지원 약속 ─────
        1918    [민족자결주의]     ⇒ 파리강화회의. 윌슨의 민족자결주의
          ↓                          승전국에만 해당(국제회의 기대 무산)
        1919    [3·1운동]         ⇒ 일제의 대학살(평화운동에 대한 회의, 민족저항 확산)
          ↓     └→ 이후 지식층에 사회주의 보급·확산 ◄─
        1925    [서울. 국제공산당기구(코민테른)]      ⇒ 일제의 치안유지법 제정
                └→ 제1차 국제공산당 결성              └→ 사회주의독립운동 탄압
```

┌─ [학생 운동] ─┬─ 6·10 만세 운동(1926) ─┬─ 배경 : 식민교육의 반발, 만세운동 준비
│   │   │   └→ 순종 인산일
│   │   ├─ 전개 ─┬─ 학생과 사회주의계 주도
│   │   │   │   └→ 사회주의계 사전 발각
│   │   │   └─ 순종 장례 행렬, 만세운동 전개
│   │   │   └→ 학생들의 주도
│   │   ├─ 의의 : 민족주의와 사회주의 계열의 연대 가능성 제시
│   │   └─ 영향 : 민족유일당 운동과 신간회 결성에 영향

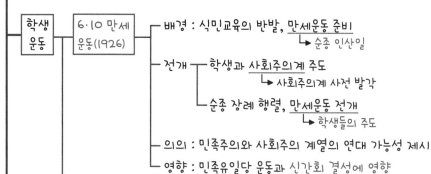

[3·1운동(1919)과 6·10만세운동(1926)]

	3·1운동	6·10만세운동
계기	고종 인산일	순종 인산일
참여	학생 + 지식인 + 농민 + 상공업자	학생 + 시민 + 사회지도자
영향	국내외 투쟁 변화	민족유일당 운동 발전

│   └─ 광주학생항일 운동(1929) ─┬─ 배경 : 한·일 학생 간의 충돌(나주·광주 통학열차에서 여학생희롱 사건)
│   ├─ 전개 : 일본의 편파적인 사법 처리 → 신간회(광주 지회)에서 진상 조사단 파견

> ✗ 광주 학생 운동
>
> … 나는 분노를 느꼈다. … 그자들이 우리 여학생들을 희롱하였으니 …그의 입에서 센징이라는 말이 떨어지기가 무섭게 나의 주먹은 그자의 면상에 날아가 작렬하였다.
>
> — 신동아, 1929.9. 박준채 —

│   ├─ 발전 : 학생과 시민의 전국적 투쟁으로 발전(1929.11.3.)
│   └─ 의의 : 3·1운동 이후 최대의 항일 민족 운동

└─ [기타 활동] ─┬─ 청년 운동 : 청년단체(조선 청년 총동맹) 조직
                │   └→ 1924, 회원수 3만7천명의 전국적 조직
                ├─ 소년 운동 ─┬─ 어린이 날 제정(방정환)
                │   └─ 잡지 "어린이", 조선 소년연합회 설립(1927)
                └─ 형평 운동 ─┬─ 배경 : 백정들의 사회적 신분 차별, 신분 해방 운동
                              └─ 활동 : 조선형평사(1923, 진주), 민족운동의 성격으로 변화하여 전국으로 확대
                                         └→ 신분 해방 운동(1923) → 민족운동(1928)

방정환
- 손병희의 사위
- 천도교소년회 설립(1921.서울)
- 전국 강연
- 어린이날 제정(1922.5.1.)
- 잡지 '어린이' 발간

조선 형평사 취지문
지금까지 조선의 백정은 어떠한 지위와 압박을 받아왔는가? … 직업의 구별이 있다고 한다면 금수의 생명을 빼앗는 자는 우리들만이 아니다.

백정의 신분 차별
총독부는 백정출신의 호적에 '도한(屠漢)'이라고 기록하거나 붉은 점을 찍어 차별하였고, 보통학교 입학 통지서에도 신분을 기재하였다.

② 민족유일당 운동

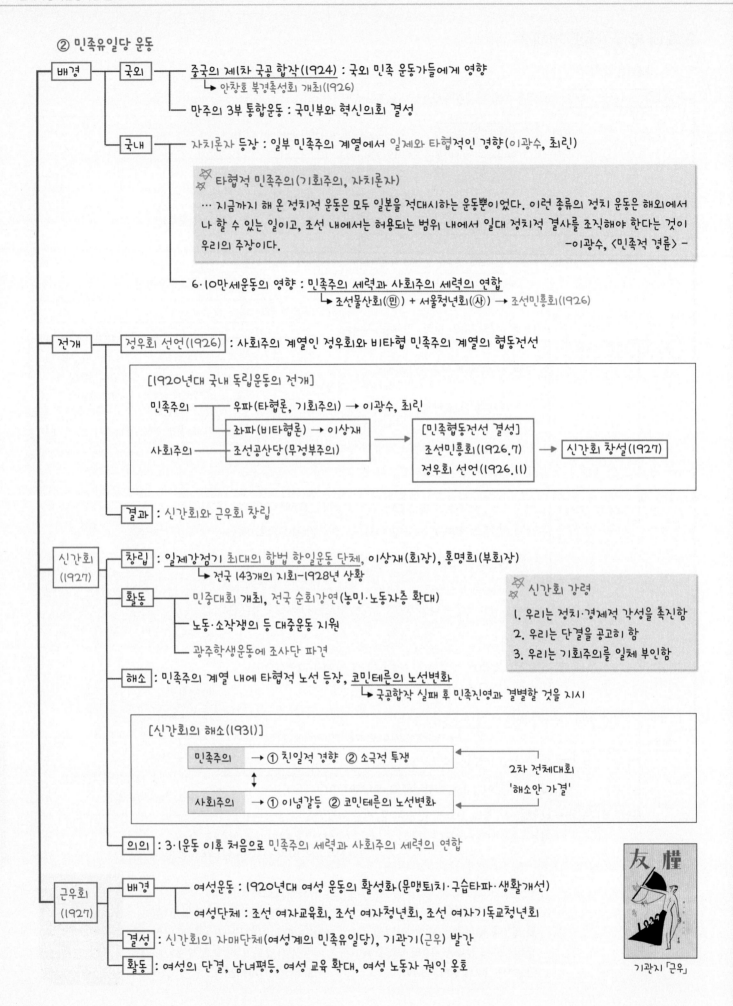

- 배경
  - 국외
    - 중국의 제1차 국공 합작(1924) : 국외 민족 운동가들에게 영향
      - ↳ 안창호 북경촉성회 개최(1926)
    - 만주의 3부 통합운동 : 국민부와 혁신의회 결성
  - 국내
    - 자치론자 등장 : 일부 민족주의 계열에서 일제와 타협적인 경향(이광수, 최린)

      > ☒ 타협적 민족주의(기회주의, 자치론자)
      >
      > … 지금까지 해 온 정치적 운동은 모두 일본을 적대시하는 운동뿐이었다. 이런 종류의 정치 운동은 해외에서나 할 수 있는 일이고, 조선 내에서는 허용되는 범위 내에서 일대 정치적 결사를 조직해야 한다는 것이 우리의 주장이다.　　　　-이광수, 〈민족적 경륜〉 -

    - 6·10만세운동의 영향 : 민족주의 세력과 사회주의 세력의 연합
      - ↳ 조선물산회((민)) + 서울청년회((사)) → 조선민흥회(1926)

- 전개
  - 정우회 선언(1926) : 사회주의 계열인 정우회와 비타협 민족주의 계열의 협동전선

    [1920년대 국내 독립운동의 전개]

    민족주의 ─┬─ 우파(타협론, 기회주의) → 이광수, 최린
    　　　　　└─ 좌파(비타협론) → 이상재　　┐
    사회주의 ─── 조선공산당(무정부주의)　　┘ → [민족협동전선 결성]
    　　　　　　　　　　　　　　　　　　　　조선민흥회(1926.7)　→ [신간회 창설(1927)]
    　　　　　　　　　　　　　　　　　　　　정우회 선언(1926.11)

  - 결과 : 신간회와 근우회 창립

- 신간회 (1927)
  - 창립 : 일제강점기 최대의 합법 항일운동 단체, 이상재(회장), 홍명희(부회장)
    - ↳ 전국 143개의 지회-1928년 상황

    > ☒ 신간회 강령
    > 1. 우리는 정치·경제적 각성을 촉진함
    > 2. 우리는 단결을 공고히 함
    > 3. 우리는 기회주의를 일체 부인함

  - 활동
    - 민중대회 개최, 전국 순회강연(농민·노동자층 확대)
    - 노동·소작쟁의 등 대중운동 지원
    - 광주학생운동에 조사단 파견
  - 해소 : 민족주의 계열 내에 타협적 노선 등장, 코민테른의 노선변화
    - ↳ 국공합작 실패 후 민족진영과 결별할 것을 지시

    [신간회의 해소(1931)]

    | 민족주의 | → ① 친일적 경향　② 소극적 투쟁 |
    | 사회주의 | → ① 이념갈등　② 코민테른의 노선변화 |

    ↕ (두 항목 사이) ← 2차 전체대회 '해소안 가결'

  - 의의 : 3·1운동 이후 처음으로 민족주의 세력과 사회주의 세력의 연합

- 근우회 (1927)
  - 배경
    - 여성운동 : 1920년대 여성 운동의 활성화(문맹퇴치·구습타파·생활개선)
    - 여성단체 : 조선 여자교육회, 조선 여자청년회, 조선 여자기독교청년회
  - 결성 : 신간회의 자매단체(여성계의 민족유일당), 기관지(근우) 발간
  - 활동 : 여성의 단결, 남녀평등, 여성 교육 확대, 여성 노동자 권익 옹호

友權

기관지 「근우」

③ 실력 양성 운동

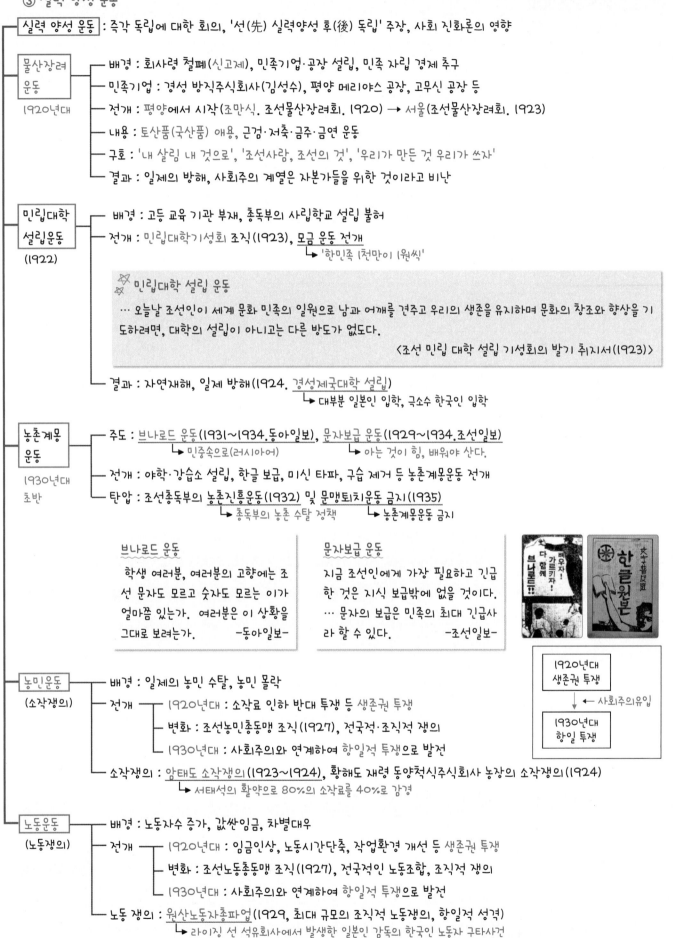

실력 양성 운동 : 즉각 독립에 대한 회의, '선(先) 실력양성 후(後) 독립' 주장, 사회 진화론의 영향

물산장려 운동
(1920년대)
- 배경 : 회사령 철폐(신고제), 민족기업·공장 설립, 민족 자립 경제 추구
- 민족기업 : 경성 방직주식회사(김성수), 평양 메리야스 공장, 고무신 공장 등
- 전개 : 평양에서 시작(조만식. 조선물산장려회. 1920) → 서울(조선물산장려회. 1923)
- 내용 : 토산품(국산품) 애용, 근검·저축·금주·금연 운동
- 구호 : '내 살림 내 것으로', '조선사람, 조선의 것', '우리가 만든 것 우리가 쓰자'
- 결과 : 일제의 방해, 사회주의 계열은 자본가들을 위한 것이라고 비난

민립대학 설립운동
(1922)
- 배경 : 고등 교육 기관 부재, 총독부의 사립학교 설립 불허
- 전개 : 민립대학기성회 조직(1923), 모금 운동 전개
  └▶ '한민족 1천만이 1원씩'

> ✪ 민립대학 설립 운동
> … 오늘날 조선인이 세계 문화 민족의 일원으로 남과 어깨를 견주고 우리의 생존을 유지하며 문화의 창조와 향상을 기도하려면, 대학의 설립이 아니고는 다른 방도가 없도다.
> <조선 민립 대학 설립 기성회의 발기 취지서(1923)>

- 결과 : 자연재해, 일제 방해(1924. 경성제국대학 설립)
  └▶ 대부분 일본인 입학, 극소수 한국인 입학

농촌계몽 운동
(1930년대 초반)
- 주도 : 브나로드 운동(1931~1934.동아일보), 문자보급 운동(1929~1934.조선일보)
  └▶ 민중속으로(러시아어)   └▶ 아는 것이 힘, 배워야 산다.
- 전개 : 야학·강습소 설립, 한글 보급, 미신 타파, 구습 제거 등 농촌계몽운동 전개
- 탄압 : 조선총독부의 농촌진흥운동(1932) 및 문맹퇴치운동 금지(1935)
  └▶ 총독부의 농촌 수탈 정책   └▶ 농촌계몽운동 금지

브나로드 운동	문자보급 운동
학생 여러분, 여러분의 고향에는 조선 문자도 모르고 숫자도 모르는 이가 얼마쯤 있는가. 여러분은 이 상황을 그대로 보려는가.　-동아일보-	지금 조선인에게 가장 필요하고 긴급한 것은 지식 보급밖에 없을 것이다. … 문자의 보급은 민족의 최대 긴급사라 할 수 있다.　-조선일보-

1920년대 생존권 투쟁
↓ ← 사회주의유입
1930년대 항일 투쟁

농민운동
(소작쟁의)
- 배경 : 일제의 농민 수탈, 농민 몰락
- 전개 ┬ 1920년대 : 소작료 인하 반대 투쟁 등 생존권 투쟁
　　　├ 변화 : 조선농민총동맹 조직(1927), 전국적·조직적 쟁의
　　　└ 1930년대 : 사회주의와 연계하여 항일적 투쟁으로 발전
- 소작쟁의 : 암태도 소작쟁의(1923~1924), 황해도 재령 동양척식주식회사 농장의 소작쟁의(1924)
  └▶ 서태석의 활약으로 80%의 소작료를 40%로 감경

노동운동
(노동쟁의)
- 배경 : 노동자수 증가, 값싼임금, 차별대우
- 전개 ┬ 1920년대 : 임금인상, 노동시간단축, 작업환경 개선 등 생존권 투쟁
　　　├ 변화 : 조선노동총동맹 조직(1927), 전국적인 노동조합, 조직적 쟁의
　　　└ 1930년대 : 사회주의와 연계하여 항일적 투쟁으로 발전
- 노동 쟁의 : 원산노동자총파업(1929, 최대 규모의 조직적 노동쟁의, 항일적 성격)
  └▶ 라이징 선 석유회사에서 발생한 일본인 감독의 한국인 노동자 구타사건

4. 민족 문화 수호 운동

① 민족 교육 수호 활동

일제의 식민 교육 : 일제에 순응하는 국민 양성(황국 신민화), 조선교육령(제1~4차 교육령) 제정

제1차(1911) → 일본어 학습 강요, 실업 교육, 보통학교(4년), 사립학교 규칙(1911), 서당규칙(1918.허가제)
　　　　　　　↳ 지리·역사·한글 교육 금지
↓
제2차(1922) → 조선어·역사·지리 교육 허용, 보통학교(4년→6년), 고등보통학교(5년), 민족 대학 설립 탄압
　　　　　　　　　　　　　　　　　　　　　　　　　　　　　　　　↳ 1924. 경성제국대학
↓
제3차(1938) → 내선일체 일선동조론 강요, 심상소학교, 중학교, 국민학교령(1941.4년제)
　　　　　　　보통학교＋소학교 ↙　　　　↳ 고등보통학교 개편
↓
제4차(1943) → 전시 비상조치령, 전시교육 체제, 학도근로령, 조선어·역사 과목 폐지

국학 운동

국어 연구

1907　국문연구소 → 최초의 국어기관, 주시경·지석영
↓ 계승
1921　조선어연구회 → 한글 보급 운동과 대중화 노력
　　　　　　　　　　한글날(가갸날) 제정, 잡지 '한글' 간행
↓ 계승
1931　조선어학회 → '한글 맞춤법 통일안'과 '조선어 표준어' 제정
↓ 일제 탄압　　　우리말 큰 사전 편찬 착수(성공X)
1942　조선어학회 사건

조선어학회사건
우리말큰사전 편찬을 준비하던 회원 30명을 일제가 치안유지법 위반으로 검거한 사건. 고문으로 이윤재, 한징 등 옥사, 11명 실형 선고

국사 연구

민족주의 사학

박은식 : 혼(魂)사상, 한국통사, 한국독립운동지혈사, 유교구신론(구한말)

> 옛 사람들이 말하기를 나라는 가히 멸할 수 있으나, 역사는 가히 멸할 수 없으니, 대개 나라는 형(形)이나 역사는 신(神)이기 때문이다.　　　－박은식 〈한국통사〉서문－

신채호 : 낭가사상, 조선상고사, 조선사연구초, 고대사 연구, 민족정신 강조

> 역사란 무엇이뇨. … 무릇 주체적 위치에 선 자를 아라 하고, 그 밖에는 비아라 하는데, 이를테면 조선 사람은 조선을 아라 하고, … 그러므로 역사는 아(我)와 비아(非我)의 투쟁의 기록인 것이다.　　　－신채호. 조선상고사 총론－

정인보 : 얼사상, 조선사 연구, 5천년간 조선의 얼 저술
문일평 : 심사상, 역사학의 대중화에 관심
조선학운동 ┬ 정인보·안재홍, 여유당전서 간행 계기
　　　　　　└ 실학에서 주체성 파악

민족 사학
박은식(혼), 신채호(낭가),
정인보(얼), 문일평(심)
은.혼.식, 신. 낭,
인. 얼, 일.심

사회·경제 사학

백남운이 사적유물론에 바탕을 둔 한국사가 세계사적 발전 과정과 같다고 강조

식민사관의 정체성론 비판, 조선사회경제사·조선봉건사회경제사 저술

> 우리 조선의 역사적 발전의 전 과정은 … 세계사적인 일원론적 역사 법칙에 의해 다른 민족과 거의 같은 궤도로 발전 과정을 거쳐 온 것이다. 그 발전 과정의 완만한 템포, 문화의 특수적인 농담(濃淡)은 결코 본질적인 특수성이 아니다.　　　－ 백남운 〈조선 사회 경제사〉－

실증 사학 : 손진태, 이윤재, 문헌 고증을 통해 한국사 연구, 진단학회(1934), 진단학보 발간

② 민족 종교와 민족 문화 활동

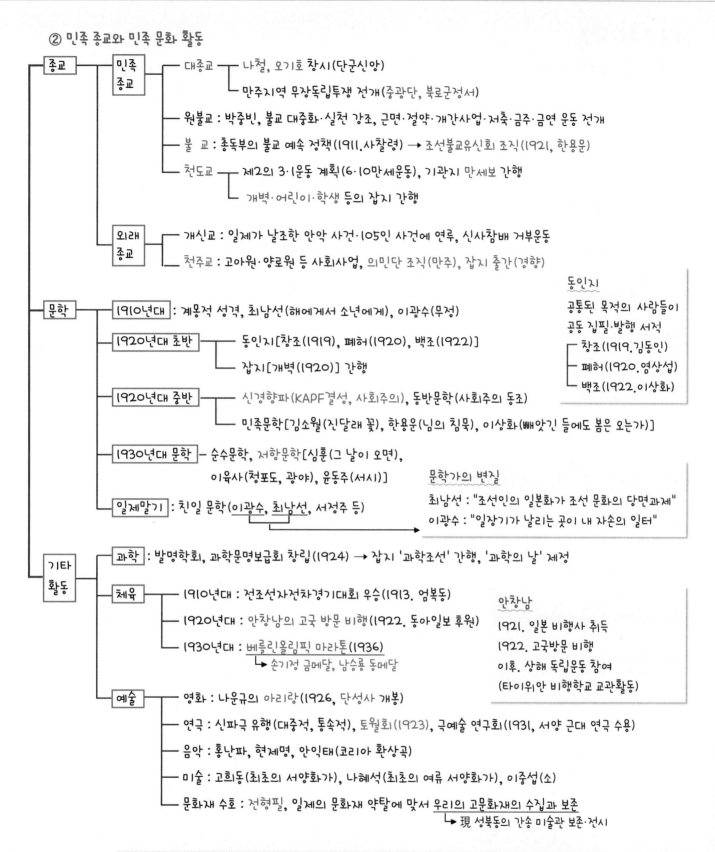

종교
- **민족 종교**
  - 대종교 ── 나철, 오기호 창시(단군신앙)
    └ 만주지역 무장독립투쟁 전개(중광단, 북로군정서)
  - 원불교 : 박중빈, 불교 대중화·실천 강조, 근면·절약·개간사업·저축·금주·금연 운동 전개
  - 불 교 : 총독부의 불교 예속 정책(1911.사찰령) → 조선불교유신회 조직(1921, 한용운)
  - 천도교 ── 제2의 3·1운동 계획(6·10만세운동), 기관지 만세보 간행
    └ 개벽·어린이·학생 등의 잡지 간행
- **외래 종교**
  - 개신교 : 일제가 날조한 안악 사건·105인 사건에 연루, 신사참배 거부운동
  - 천주교 : 고아원·양로원 등 사회사업, 의민단 조직(만주), 잡지 출간(경향)

동인지
공통된 목적의 사람들이
공동 집필·발행 서적
- 창조(1919.김동인)
- 폐허(1920.염상섭)
- 백조(1922.이상화)

문학
- 1910년대 : 계몽적 성격, 최남선(해에게서 소년에게), 이광수(무정)
- 1920년대 초반 ── 동인지[창조(1919), 폐허(1920), 백조(1922)]
  └ 잡지[개벽(1920)] 간행
- 1920년대 중반 ── 신경향파(KAPF결성, 사회주의), 동반문학(사회주의 동조)
  └ 민족문학[김소월(진달래 꽃), 한용운(님의 침묵), 이상화(빼앗긴 들에도 봄은 오는가)]
- 1930년대 문학 ── 순수문학, 저항문학[심훈(그 날이 오면),
  이육사(청포도, 광야), 윤동주(서시)]
- 일제말기 : 친일 문학(이광수, 최남선, 서정주 등)

문학가의 변질
최남선 : "조선인의 일본화가 조선 문화의 당면과제"
이광수 : "일장기가 날리는 곳이 내 자손의 일터"

기타 활동
- 과학 : 발명학회, 과학문명보급회 창립(1924) → 잡지 '과학조선' 간행, '과학의 날' 제정
- 체육 ── 1910년대 : 전조선자전차경기대회 우승(1913. 엄복동)
  ── 1920년대 : 안창남의 고국 방문 비행(1922. 동아일보 후원)
  └ 1930년대 : 베를린올림픽 마라톤(1936)
    → 손기정 금메달, 남승룡 동메달

안창남
1921. 일본 비행사 취득
1922. 고국방문 비행
이후. 상해 독립운동 참여
(타이위안 비행학교 교관활동)

- 예술 ── 영화 : 나운규의 아리랑(1926, 단성사 개봉)
  ── 연극 : 신파극 유행(대중적, 통속적), 토월회(1923), 극예술 연구회(1931, 서양 근대 연극 수용)
  ── 음악 : 홍난파, 현제명, 안익태(코리아 환상곡)
  ── 미술 : 고희동(최초의 서양화가), 나혜석(최초의 여류 서양화가), 이중섭(소)
  └ 문화재 수호 : 전형필, 일제의 문화재 약탈에 맞서 우리의 고문화재의 수집과 보존
    → 現 성북동의 간송 미술관 보존·전시

✡ **간송 전형필**

일제 강점기에 전형필은 일본으로 유출되는 민족 문화유산을 지키기 위해 노력하였고, 박물관인 보화각(現.간송 미술관)을 건립하였다. 전형필이 수집한 문화유산에는 훈민정음 해례본, 청자 상감 운학무늬 매병, 겸선, 신윤복, 김홍도, 장승업 등의 작품이 있다. 광복 이후 전형필은 보성중학교장, 문화재 보존위원회 위원을 역임하였다. 사후 1964년 대한민국 문화훈장 국민장이 추서되었고, 2014년 대한민국 금관문화훈장에 추서되었다.

5. 무장 독립 투쟁

① 의열단과 한인애국단

3·1운동 후 국내
- 천마산대(1919) : 평안북도 의주 천마산 중심, 만주의 광복군 사령부와 협조
- 보합단(1919) : 평안북도 의주 동암산 중심, 군자금 모금 전개
- 월산대(1920) : 황해도 구월산을 중심, 독립 운동을 방해하는 은율군수 처단

의열단 (1919)
- **결성** : 만주 지린성(길림), 김원봉, 비밀 결사
- **목표**
  - 민중의 직접 혁명을 통한 일제 타도, 조선총독부 고위관리와 친일파처단
  - 조선총독부·경찰서·동양척식주식회사 등 식민지배 기구의 파괴
- **행동강령** : 신채호의 조선혁명선언(1923, 김원봉의 부탁으로 작성)

☆ **조선혁명 선언(1923, 의열단 선언)**

민중은 우리 혁명의 대본영(大本營)이다. … 우리는 민중 속에 가서 민중과 손을 잡고 끊임없는 암살·파괴·폭동으로써, 강도 일본의 통치를 타도하고 …

5파괴 7가살
- 5파괴 : 조선총독부, 동양척식 주식회사, 매일신보사, 경찰서, 조선식산은행
- 7가살 : 조선총독 및 고관, 일본군 수뇌부, 타이완 총독, 매국노, 친일파거두, 반민족토호, 밀정

- **변화**
  - 조직화 : 일부 단원은 황푸군관학교 입학(군사·정치 훈련), 조선혁명간부학교(1932)설립·운영
  - 민족혁명당(1935) : 당 조직을 결성하여 보다 대중적인 투쟁 시도

☆ **1920년대의 대표적 의열단 활동**

인물	시기	의 열 투 쟁 내 용
박재혁	1920	부산 경찰서에 투탄
최수봉	1920	밀양 경찰서에 투탄
김익상	1921	조선 총독부에 투탄
김상옥	1923	종로 경찰서에 투탄·교전
김지섭	1924	일본 왕궁(이중교)에 투탄
나석주	1926	동양척식 주식회사 투탄

의열단의 활동 변화

1919 - 만주비밀결사
↓
1920년대 - 개별적 투쟁
↓
1920년대 후반 - 조직적변화
1930년대 ┬ 조선혁명간부학교
└ 민족혁명당

한인 애국단 (1931)
- **결성** : 김구가 중심이 되어 상하이에서 조직, 임시 정부의 위기를 타개하고자 항일 무력 단체 결성
- **이봉창 의거 (1932.1)** : 도쿄에서 일본 국왕에게 폭탄 투척(1932.1) → 상하이 침략(상하이사변)
  - ↳ 사쿠라다 문 의거(일왕, 히로히토 폭살 시도)
- **윤봉길 의거 (1932.4)**
  - 전개 : 상하이 점령 기념식장(훙커우 공원)에 투탄, 일본군 장성과 고관들 처단
  - 영향 : 장졔스, '중국의 1억 인구가 해 내지 못한 일을 한국의 한 청년이 단행하였다.'
  - 변화 : 중국 국민당 정부가 임시정부를 지원하는 계기, 한국광복군 탄생의 계기

[한인애국단의 활동]

1931	만주사변	→ 일제의 만주국 수립, 중국인의 반일감정 심화
↓		
1932	이봉창의거	→ 일본 도쿄에서 일본 국왕에 투탄·실패
↓ ↳ 중국 언론, '이봉창 거사가 아쉽게 실패로 돌아가…'		→ **상하이 사변**
1932	윤봉길의거	→ 훙커우 공원, 상하이 점령기념식장 투탄, 일본 장성·고관처단
↳ 장졔스 극찬		→ 중국국민당 정부의 지원(한중연합작전) → **한국광복군 창설(1940)**

② 1920년대 독립전쟁의 전개

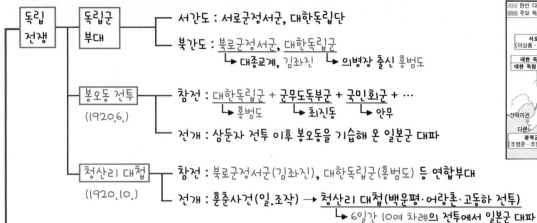

```
독립     독립군    ┌ 서간도 : 서로군정서군, 대한독립단
전쟁     부대      │
                  └ 북간도 : 북로군정서군, 대한독립군
                          ↳ 대종교계, 김좌진   ↳ 의병장 출신 홍범도

         봉오동 전투 ┌ 참전 : 대한독립군 + 군무도독부군 + 국민회군 + …
         (1920.6.)  │        ↳ 홍범도      ↳ 최진동    ↳ 안무
                    └ 전개 : 삼둔자 전투 이후 봉오동을 기습해 온 일본군 대파

         청산리 대첩 ┌ 참전 : 북로군정서군(김좌진), 대한독립군(홍범도) 등 연합부대
         (1920.10.) └ 전개 : 훈춘사건(일.조작) → 청산리 대첩(백운평·어랑촌·고동하 전투)
                             ↳ 6일간 10여 차례의 전투에서 일본군 대파
```

독립군의 활동

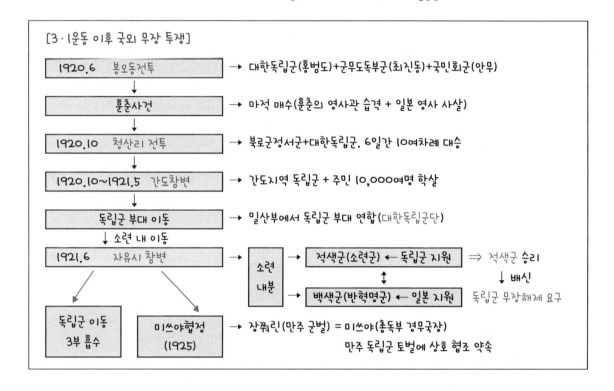

[3·1운동 이후 국외 무장 투쟁]

1920.6 봉오동전투	→ 대한독립군(홍범도)+군무도독부군(최진동)+국민회군(안무)
훈춘사건	→ 마적 매수(훈춘의 영사관 습격 + 일본 영사 사살)
1920.10 청산리 전투	→ 북로군정서군+대한독립군. 6일간 10여차례 대승
1920.10~1921.5 간도참변	→ 간도지역 독립군 + 주민 10,000여명 학살
독립군 부대 이동	→ 밀산부에서 독립군 부대 연합(대한독립군단)

↓ 소련 내 이동

| 1921.6 자유시 참변 | → |

소련 내분 → 적색군(소련군) ← 독립군 지원 ⇒ 적색군 승리
                ↕   ↓ 배신
         백색군(반혁명군) ← 일본 지원   독립군 무장해제 요구

독립군 이동 3부 흡수

미쓰야협정 (1925) → 장쭤린(만주 군벌) = 미쓰야(총독부 경무국장)
                    만주 독립군 토벌에 상호 협조 약속

3부   성립 : 만주 한인사회를 통치하는 자치 조직, 민정 기관과 군정기관을 갖춤
            ↳ 3개의 자치정부 성립(1923~1925) ↳ 자치행정 ↳ 독립군 훈련·작전

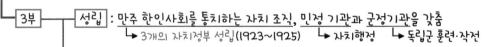

신민부 —— 북만주 일대, 소련 영토에서 자유시참변을 겪고 돌아온 독립군 중심
정의부 —— 하얼빈 이남 지린 중심, 3부 통합운동 주도
참의부 —— 압록강 연안의 임시 정부 직할 단체 표방

      통합 운동 : 민족유일당 운동의 영향 → 2개의 정부(혁신의회, 국민부)로 통합·분리

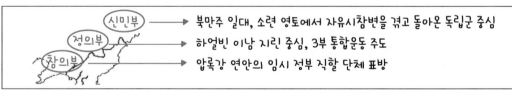

혁신의회(1928) → 한국독립당 조직, 군사조직으로 한국독립군 결성
국민부(1929) → 조선혁명당 조직, 군사조직으로 조선혁명군 결성

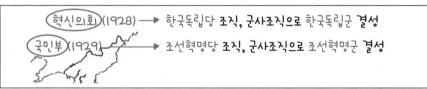

표 07 : 일제강점기의 한국사

③ 1930년대 독립 전쟁의 전개

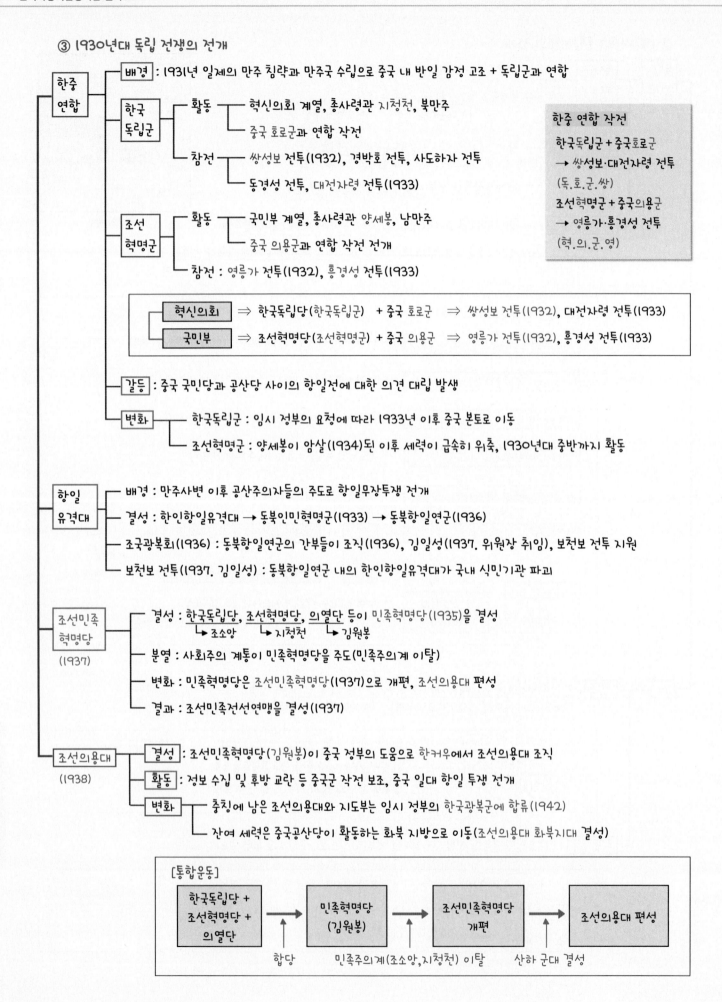

한중 연합

배경 : 1931년 일제의 만주 침략과 만주국 수립으로 중국 내 반일 감정 고조 + 독립군과 연합

한국 독립군
- 활동
  - 혁신의회 계열, 총사령관 지청천, 북만주
  - 중국 호로군과 연합 작전
- 참전
  - 쌍성보 전투(1932), 경박호 전투, 사도하자 전투
  - 동경성 전투, 대전자령 전투(1933)

조선 혁명군
- 활동
  - 국민부 계열, 총사령관 양세봉, 남만주
  - 중국 의용군과 연합 작전 전개
- 참전 : 영릉가 전투(1932), 흥경성 전투(1933)

> **한중 연합 작전**
> 한국독립군 + 중국호로군
> → 쌍성보·대전자령 전투
> (독.호.군.쌍)
> 조선혁명군 + 중국의용군
> → 영릉가·흥경성 전투
> (혁.의.군.영)

| 혁신의회 | ⇒ 한국독립당(한국독립군) + 중국 호로군 ⇒ 쌍성보 전투(1932), 대전자령 전투(1933) |
| 국민부 | ⇒ 조선혁명당(조선혁명군) + 중국 의용군 ⇒ 영릉가 전투(1932), 흥경성 전투(1933) |

갈등 : 중국 국민당과 공산당 사이의 항일전에 대한 의견 대립 발생

변화
- 한국독립군 : 임시 정부의 요청에 따라 1933년 이후 중국 본토로 이동
- 조선혁명군 : 양세봉이 암살(1934)된 이후 세력이 급속히 위축, 1930년대 중반까지 활동

항일 유격대
- 배경 : 만주사변 이후 공산주의자들의 주도로 항일무장투쟁 전개
- 결성 : 한인항일유격대 → 동북인민혁명군(1933) → 동북항일연군(1936)
- 조국광복회(1936) : 동북항일연군의 간부들이 조직(1936), 김일성(1937. 위원장 취임), 보천보 전투 지원
- 보천보 전투(1937. 김일성) : 동북항일연군 내의 한인항일유격대가 국내 식민기관 파괴

조선민족 혁명당 (1937)
- 결성 : 한국독립당, 조선혁명당, 의열단 등이 민족혁명당(1935)을 결성
  - ↳ 조소앙 ↳ 지청천 ↳ 김원봉
- 분열 : 사회주의 계통이 민족혁명당을 주도(민족주의계 이탈)
- 변화 : 민족혁명당은 조선민족혁명당(1937)으로 개편, 조선의용대 편성
- 결과 : 조선민족전선연맹을 결성(1937)

조선의용대 (1938)
- **결성** : 조선민족혁명당(김원봉)이 중국 정부의 도움으로 한커우에서 조선의용대 조직
- **활동** : 정보 수집 및 후방 교란 등 중국군 작전 보조, 중국 일대 항일 투쟁 전개
- **변화**
  - 충칭에 남은 조선의용대와 지도부는 임시 정부의 한국광복군에 합류(1942)
  - 잔여 세력은 중국공산당이 활동하는 화북 지방으로 이동(조선의용대 화북지대 결성)

[통합운동]

| 한국독립당 + 조선혁명당 + 의열단 | → | 민족혁명당 (김원봉) | → | 조선민족혁명당 개편 | → | 조선의용대 편성 |
| | 합당 | | 민족주의계(조소앙,지청천) 이탈 | | 산하 군대 결성 | |

④ 1940년대 독립전쟁의 확대

```
임정의 이동 ─┬─ 1930년대 임시정부 이동, 많은 민족주의 계열의 여당이 창당
            └─ 조선혁명당(지청천), 한국국민당(김구), 한국독립당(조소앙) 등
```

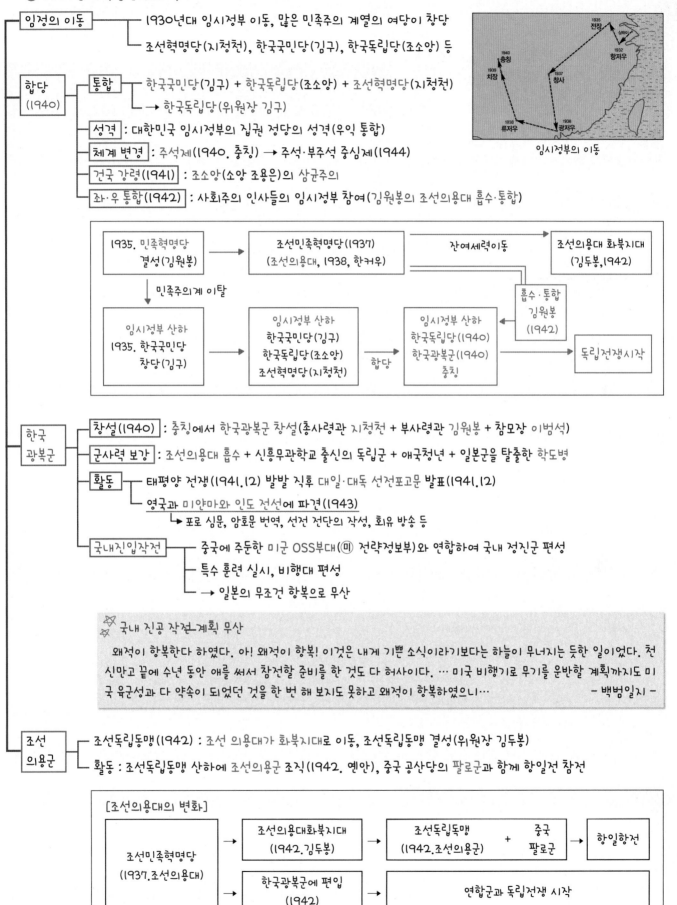

임시정부의 이동

```
합당      ─┬─ 통합 ─┬─ 한국국민당(김구) + 한국독립당(조소앙) + 조선혁명당(지청천)
(1940)    │        └─ → 한국독립당(위원장 김구)
          ├─ 성격 : 대한민국 임시정부의 집권 정당의 성격(우익 통합)
          ├─ 체계 변경 : 주석제(1940. 충칭) → 주석·부주석 중심제(1944)
          ├─ 건국 강령(1941) : 조소앙(소앙 조용은)의 삼균주의
          └─ 좌·우 통합(1942) : 사회주의 인사들의 임시정부 참여(김원봉의 조선의용대 흡수·통합)
```

```
┌─────────────┐      ┌─────────────┐                     ┌─────────────┐
│1935. 민족혁명당│─────→│조선민족혁명당(1937)│──잔여세력이동──→│조선의용대 화북지대│
│결성(김원봉)   │      │(조선의용대, 1938, 한커우)│              │(김두봉,1942)   │
└─────────────┘      └─────────────┘                     └─────────────┘
      │                                                          │
   민족주의계 이탈                                         ┌─────────┐
      ↓                                                 │흡수·통합  │
┌─────────────┐      ┌─────────────┐      ┌─────────────┐│김원봉     │
│임시정부 산하  │      │임시정부 산하  │      │임시정부 산하  ││(1942)    │
│1935. 한국국민당│─────→│한국국민당(김구)│──합당→│한국독립당(1940)│└─────────┘
│창당(김구)    │      │한국독립당(조소앙)│      │한국광복군(1940)│      ┌─────────┐
└─────────────┘      │조선혁명당(지청천)│      │충칭          │─────→│독립전쟁시작│
                     └─────────────┘      └─────────────┘      └─────────┘
```

```
한국      ─┬─ 창설(1940) : 충칭에서 한국광복군 창설(총사령관 지청천 + 부사령관 김원봉 + 참모장 이범석)
광복군     ├─ 군사력 보강 : 조선의용대 흡수 + 신흥무관학교 출신의 독립군 + 애국청년 + 일본군을 탈출한 학도병
          ├─ 활동 ─┬─ 태평양 전쟁(1941.12) 발발 직후 대일·대독 선전포고문 발표(1941.12)
          │        └─ 영국과 미얀마와 인도 전선에 파견(1943)
          │              └ 포로 심문, 암호문 번역, 선전 전단의 작성, 회유 방송 등
          └─ 국내진입작전 ─┬─ 중국에 주둔한 미군 OSS부대(⑩ 전략정보부)와 연합하여 국내 정진군 편성
                          ├─ 특수 훈련 실시, 비행대 편성
                          └─ → 일본의 무조건 항복으로 무산
```

✿ 국내 진공 작전계획 무산

왜적이 항복한다 하였다. 아! 왜적이 항복! 이것은 내게 기쁜 소식이라기보다는 하늘이 무너지는 듯한 일이었다. 천신만고 끝에 수년 동안 애를 써서 참전할 준비를 한 것도 다 허사이다. … 미국 비행기로 무기를 운반할 계획까지도 미국 육군성과 다 약속이 되었던 것을 한 번 해 보지도 못하고 왜적이 항복하였으니…
─ 백범일지 ─

```
조선      ─┬─ 조선독립동맹(1942) : 조선 의용대가 화북지대로 이동, 조선독립동맹 결성(위원장 김두봉)
의용군     └─ 활동 : 조선독립동맹 산하에 조선의용군 조직(1942. 옌안), 중국 공산당의 팔로군과 함께 항일전 참전
```

```
[조선의용대의 변화]
                      ┌─────────────┐      ┌─────────────┐ ┌────┐   ┌──────┐
                      │조선의용대화북지대│─────→│조선독립동맹   │+│중국 │──→│항일항전│
┌─────────────┐      │(1942.김두봉)  │      │(1942.조선의용군)││팔로군│   └──────┘
│조선민족혁명당  │──→  └─────────────┘      └─────────────┘ └────┘
│(1937.조선의용대)│      ┌─────────────┐      ┌───────────────────────┐
└─────────────┘      │한국광복군에 편입│─────→│연합군과 독립전쟁 시작        │
                      │(1942)        │      └───────────────────────┘
                      └─────────────┘
```

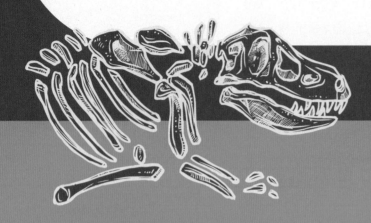

출제 경향

대한민국 정부가 수립된 과정과 그 과정 속에서의 대립 양상을 알아두자. 또한 민주
주의를 이루어 가면서 겪은 독재정치, 이를 극복하기 위한 운동 등을 파악하고 각
전부에서 일어난 사건을 구별할 수 있어야 한다.

출제 포인트

1. 광복 직전 세계열강의 국제 협약 정리

2. 광복 전후의 국내외 정치 단체 파악

3. 모스크바 3국 외상회의의 배경과 영향 숙지

4. 광복 직후 좌우합작운동의 배경, 과정 및 영향 파악

5. 대한민국 정부 수립 과정 숙지

6. 북한 정권의 성립 과정 파악

7. 반민족행위 청산 활동과 농지개혁 등 제헌 국회의 활동사항 정리

8. 6·25 한국 전쟁의 발발 배경과 전개 과정 파악

9. 현대의 각 공화국 정책 및 개헌 내용 파악

10. 유신 헌법, 신군부 등 민주화 유린 내용과 현대의 민주화 운동 전개 과정 숙지

11. 각 공화국의 경제 발전 과정 및 내용 파악

12. 각 공화국의 남북한 교류 내용 파악

PART

VIII

현대의 한국사

Ⅰ. 광복 직후의 정세

① 광복 전후의 정세

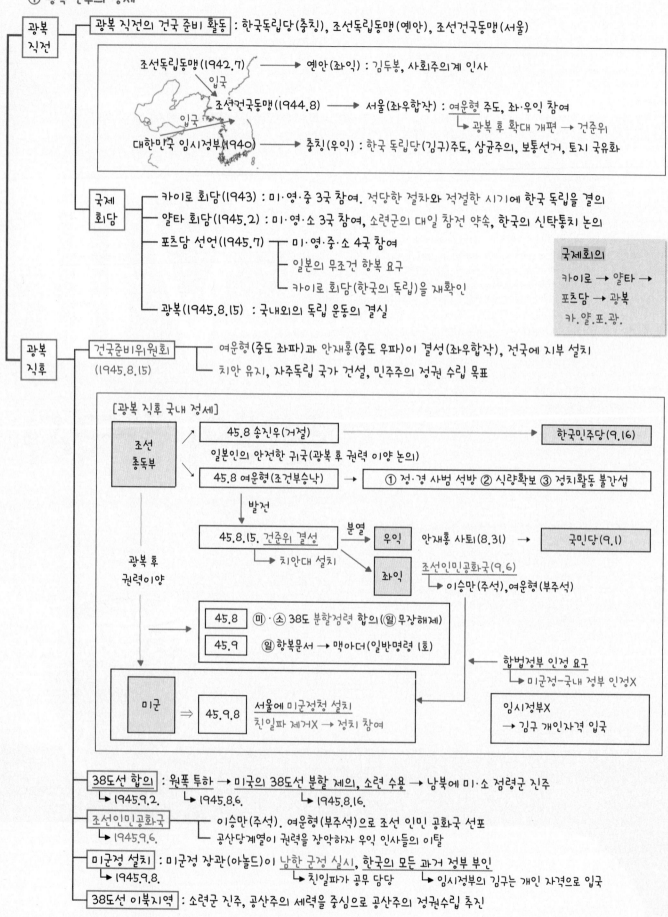

광복 직전

광복 직전의 건국 준비 활동 : 한국독립당(충칭), 조선독립동맹(옌안), 조선건국동맹(서울)

- 조선독립동맹(1942.7) → 옌안(좌익) : 김두봉, 사회주의계 인사
  - 입국
- 조선건국동맹(1944.8) → 서울(좌우합작) : 여운형 주도, 좌·우익 참여
  - 입국 → 광복 후 확대 개편 → 건준위
- 대한민국 임시정부(1940) → 충칭(우익) : 한국 독립당(김구)주도, 삼균주의, 보통선거, 토지 국유화

국제 회담
- 카이로 회담(1943) : 미·영·중 3국 참여. 적당한 절차와 적절한 시기에 한국 독립을 결의
- 얄타 회담(1945.2) : 미·영·소 3국 참여, 소련군의 대일 참전 약속, 한국의 신탁통치 논의
- 포츠담 선언(1945.7) ┬ 미·영·중·소 4국 참여
  - ├ 일본의 무조건 항복 요구
  - └ 카이로 회담(한국의 독립)을 재확인
- 광복(1945.8.15) : 국내외의 독립 운동의 결실

> **국제회의**
> 카이로 → 얄타 →
> 포츠담 → 광복
> 카.얄.포.광.

광복 직후

건국준비위원회 (1945.8.15)
- 여운형(중도 좌파)과 안재홍(중도 우파)이 결성(좌우합작), 전국에 지부 설치
- 치안 유지, 자주독립 국가 건설, 민주주의 정권 수립 목표

[광복 직후 국내 정세]

- 조선 총독부
  - → 45.8 송진우(거절) ─────────→ 한국민주당(9.16)
  - 일본인의 안전한 귀국(광복 후 권력 이양 논의)
  - → 45.8 여운형(조건부승낙) → ① 정·경 사범 석방 ② 식량확보 ③ 정치활동 불간섭
    - ↓ 발전
    - 45.8.15. 건준위 결성 ─분열→ 우익 안재홍 사퇴(8.31) → 국민당(9.1)
      - └ 치안대 설치   좌익 조선인민공화국(9.6)
        - └ 이승만(주석), 여운형(부주석)

- 광복 후 권력이양
  - 45.8 미·소 38도 분할점령 합의(일 무장해제)
  - 45.9 일 항복문서 → 맥아더(일반명령 1호)
  - 미군 ⇒ 45.9.8 서울에 미군정청 설치
    - 친일파 제거X → 정치 참여
  - 합법정부 인정 요구
    - └ 미군정-국내 정부 인정X
  - 임시정부X
    - → 김구 개인자격 입국

- **38도선 합의** : 원폭 투하 → 미국의 38도선 분할 제의, 소련 수용 → 남북에 미·소 점령군 진주
  - └ 1945.9.2. └ 1945.8.6. └ 1945.8.16.
- **조선인민공화국** ┬ 이승만(주석), 여운형(부주석)으로 조선 인민 공화국 선포
  - └ 1945.9.6. └ 공산당계열이 권력을 장악하자 우익 인사들의 이탈
- **미군정 설치** : 미군정 장관(아놀드)이 남한 군정 실시, 한국의 모든 과거 정부 부인
  - └ 1945.9.8. └ 친일파가 공무 담당 └ 임시정부의 김구는 개인 자격으로 입국
- **38도선 이북지역** : 소련군 진주, 공산주의 세력을 중심으로 공산주의 정권수립 추진

② 모스크바 3국 외상 회의

정당 활동 ─┬─ 우익 ─┬─ 한국민주당 : 송진우, 김성수 등 민족주의 계열, 미군정과 긴밀한 관계 유지
　　　　　　│　　　├─ 독립촉성중앙협의회 : 이승만 중심, 우익 정당들을 잠정적으로 통합
　　　　　　│　　　└─ 한국독립당 : 김구는 개인 자격으로 귀국, 남북한 통일정부 수립 활동
　　　　　　├─ 중도 ─┬─ 국민당(중도우) : 안재홍, 김규식 등 중심, 임시 정부에 대한 지지
　　　　　　│　　　└─ 조선인민당(중도좌) : 여운형 중심, 미소의 원조와 민족 국가 건설, 진보적 민주주의 표방
　　　　　　└─ 좌익(조선공산당) : 박헌영 중심, 미군정의 탄압(남조선노동당으로 개편)

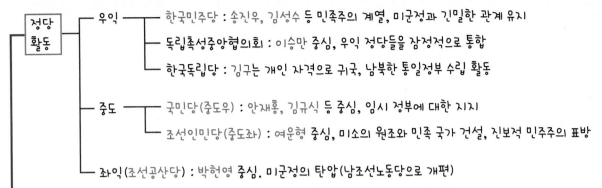

[광복 직후의 정당]

좌파	중도		우파
박헌영(남조선노동당)			이승만(독립촉성중앙협의회)
김일성(북조선공산당)	여운형 (조선인민당)	김규식, 안재홍 (국민당)	송진우, 김성수(한국민주당)
김두봉(조선독립동맹)			김구(한국독립당)

모 3상 회의 ─┬─ 목적 : 미국, 영국, 소련 3국 외무장관이 한반도 문제 논의(모스크바 3국 외상 회의, 1945.12)
　　　　　　├─ 결정 ─┬─ 한국에 임시민주정부 수립, 미·소 공동위원회 설치
　　　　　　│　　　└─ 미·영·중·소에 의한 최고 5년간의 한반도 신탁 통치 실시

> ☆ 모스크바 3국 외상 회의 결정서
> 1. 조선을 독립 국가로 재건설하며, … 조선 인민의 민족 문화 발전에 필요한 모든 시설을 취할 임시 조선민주주의 정부를 수립할 것이다.
> 2. 조선임시정부 구성을 위해 남조선 미합중국 관할구와 북조선 소련 관할구의 대표들이 공동위원회를 설치한다.
> 3. 공동 위원회의 역할은 … 공동 위원회는 미, 영, 중, 소 4국 정부가 최고 5년 기한의 4개국 통치 협약을 작성하는 데 공동으로 참작할 수 있는 제안을 조선 임시정부와 협의하여 제출해야 한다.

　　　　　　└─ 여론 ─┬─ 우익 : 신탁통치 결정을 민족적 모독이라고 보고 반탁운동(김구·이승만)
　　　　　　　　　　├─ 좌익 : '협정의 본질은 임시 정부 수립에 있다'고 파악, 반탁에서 찬탁으로 태도 변경
　　　　　　　　　　└─ 중도 : 모스크바 3상 회의 결정을 지지, 신탁통치문제는 정부수립 후 결정하자고 주장

미소 공동위 ─┬─ 개최 : 덕수궁 석조전에서 정부 수립 논의를 위하여 미소공동위원회 개최
　　　　　　├─ 제1차 회의 ─┬─ 소련 주장 : 모스크바 3상 외상 회의에 반대하는 정당이나 단체를 제외하자는 주장
　　　　　　│ (1946.3月~5月) └─ 미국 주장 : 모든 단체를 포함하자는 주장
　　　　　　├─ 제2차 회의 : 자국에 우호적인 정부를 세우려는 미·소의 정책으로 결렬
　　　　　　│ (1947.5月~8月) 　　　　　　　└▶ 미국이 한반도 문제 UN에 상정(1947.9)
　　　　　　└─ 영향 ─┬─ 대립 격화 : 국내세력이 좌·우익으로 양분하여 대립
　　　　　　　　　　└─ 결과 : 모스크바 3국회의 결정사항은 실행 못함
　　　　　　　　　　　　└▶ 신탁통치는 결국 시행하지 못함

2. 대한민국 정부 수립과 한국 전쟁

① 5·10 총선거의 실시

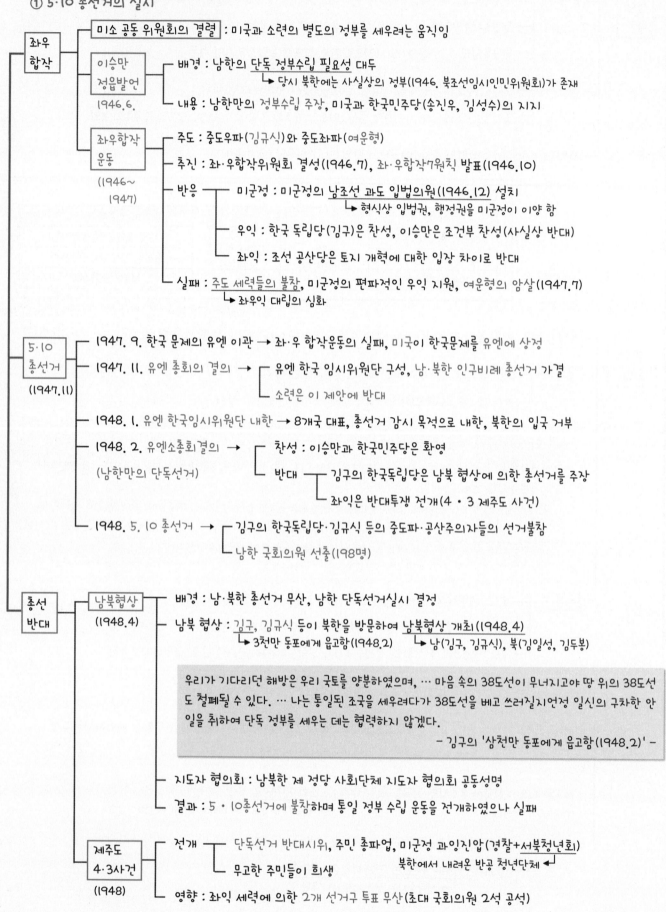

좌우합작

- **미소 공동 위원회의 결렬** : 미국과 소련의 별도의 정부를 세우려는 움직임
- **이승만 정읍발언** (1946.6.)
  - 배경 : 남한의 단독 정부수립 필요성 대두
    - ↳ 당시 북한에는 사실상의 정부(1946. 북조선임시인민위원회)가 존재
  - 내용 : 남한만의 정부수립 주장, 미국과 한국민주당(송진우, 김성수)의 지지
- **좌우합작 운동** (1946~1947)
  - 주도 : 중도우파(김규식)와 중도좌파(여운형)
  - 추진 : 좌·우합작위원회 결성(1946.7), 좌·우합작7원칙 발표(1946.10)
  - 반응
    - 미군정 : 미군정의 남조선 과도 입법의원(1946.12) 설치
      - ↳ 형식상 입법권, 행정권을 미군정이 이양 함
    - 우익 : 한국 독립당(김구)은 찬성, 이승만은 조건부 찬성(사실상 반대)
    - 좌익 : 조선 공산당은 토지 개혁에 대한 입장 차이로 반대
  - 실패 : 주도 세력들의 불참, 미군정의 편파적인 우익 지원, 여운형의 암살(1947.7)
    - ↳ 좌우익 대립의 심화

5·10 총선거 (1947.11)

- 1947. 9. 한국 문제의 유엔 이관 → 좌·우 합작운동의 실패, 미국이 한국문제를 유엔에 상정
- 1947. 11. 유엔 총회의 결의 →
  - 유엔 한국 임시위원단 구성, 남·북한 인구비례 총선거 가결
  - 소련은 이 제안에 반대
- 1948. 1. 유엔 한국임시위원단 내한 → 8개국 대표, 총선거 감시 목적으로 내한, 북한의 입국 거부
- 1948. 2. 유엔소총회결의 → (남한만의 단독선거)
  - 찬성 : 이승만과 한국민주당은 환영
  - 반대
    - 김구의 한국독립당은 남북 협상에 의한 총선거를 주장
    - 좌익은 반대투쟁 전개(4·3 제주도 사건)
- 1948. 5. 10 총선거 →
  - 김구의 한국독립당·김규식 등의 중도파·공산주의자들의 선거불참
  - 남한 국회의원 선출(198명)

총선 반대

- **남북협상** (1948.4)
  - 배경 : 남·북한 총선거 무산, 남한 단독선거실시 결정
  - 남북 협상 : 김구, 김규식 등이 북한을 방문하여 남북협상 개최(1948.4)
    - ↳ 3천만 동포에게 읍고함(1948.2)   ↳ 남(김구, 김규식), 북(김일성, 김두봉)

    > 우리가 기다리던 해방은 우리 국토를 양분하였으며, … 마음 속의 38도선이 무너지고야 땅 위의 38도선
    > 도 철폐될 수 있다. … 나는 통일된 조국을 세우려다가 38도선을 베고 쓰러질지언정 일신의 구차한 안
    > 일을 취하여 단독 정부를 세우는 데는 협력하지 않겠다.
    > — 김구의 '삼천만 동포에게 읍고함(1948.2)' —

  - 지도자 협의회 : 남북한 제 정당 사회단체 지도자 협의회 공동성명
  - 결과 : 5·10총선거에 불참하며 통일 정부 수립 운동을 전개하였으나 실패
- **제주도 4·3사건** (1948)
  - 전개
    - 단독선거 반대시위, 주민 총파업, 미군정 과잉진압(경찰+서북청년회)
      - 북한에서 내려온 반공 청년단체 ←
    - 무고한 주민들이 희생
  - 영향 : 좌익 세력에 의한 2개 선거구 투표 무산(초대 국회의원 2석 공석)

② 대한민국 정부의 수립

국회 출범
- 5·10 총선거(1948.5.10) : 독립촉성계열과 한민당 계열 압승
- 제헌 국회 : 198명 국회의원 선출(임기 2년, 초대 국회의원), 제헌국회 소집(1948.5.31)
  - ↳ 총의석 300석, 공석 102석(북 100석, 제주 2석)

정부 수립
- 헌법 제정(1948.7.17) : 민주공화국의 헌법 제정(임기 4년의 대통령 간선제, 단원제 국회)
- 정부출범(1948.8.15) : 이승만을 대통령·이시영을 부통령으로 선출, 대한민국 정부 수립 선포

> ☆ 제헌 헌법 전문(前文)
> 유구한 역사와 전통에 빛나는 우리들 대한국민은 기미 삼일운동으로 대한민국을 건립하여 세계에 선포한 위대한 독립정신을 계승하여 … 국회에서 단기 4281년 7월 12일 이 헌법을 제정한다.

- 유엔 총회 승인(1948.12.12) : 유엔총회에서 한반도에서 수립된 유일한 합법 정부로 승인
  - ↳ 북한 정권은 인정 안함

친일파 청산
- 필요성 : 광복 후 우리민족의 과제, 북한은 친일파 제거 완료(1946)
- 제헌국회 : 반민족행위 처벌법(반민법) 제정·공포, 반민족행위 특별조사위원회 구성
  - ↳ 1948.9 (특별소급법 적용. 공소시효 2년) ↳ 반민특위(1948.10)
- 반민특위 활동 : 반민특위는 박흥식·노덕술·최린·최남선·이광수 등 구속·수사
- 결과 ─ 정부 방해 : 이승만 정부의 비협조, 정부 및 경찰 요직에 자리 잡은 친일파의 방해
  - ↳ 총 680여건 조사, 실형선고 12명(→ 집행유예, 집행정지, 감형 등으로 모두 석방)

> ☆ 반민특위에 대한 소극적 자세
> 국회에서는 치안 혼란을 선봉하고 있다. 즉 경찰을 체포하여 경찰의 동요를 일으킴은 치안의 혼란을 조장하는 것이다. … 기나긴 군정 3년 동안에 못한 것을 지금에 와서 단행하면 앞으로 우리나라가 해나갈 일에 여러 가지 지장이 많을 것이다.
>   - 이승만 대통령 담화, 1949 -

- 해체 ─ 정부는 간첩혐의로 특위위원 구속, 경찰의 반민특위 습격(6.6사건)
  - └ 반민법 공소시효 단축 및 반민특위 해체(1949.8.31.)

농지 개혁
- 배경 : 농지 개혁법(1949.6), 농지개혁 시행(1950.3)
  - ↳ 국가 재정 악화로 1년 뒤 농지개혁 시행
- 대상 : 산림과 임야를 제외한 3정보 이상의 농지
- 내용 : 국가에서 유상매입, 농민에게 유상분배
  - ↳ 5년간 수확량 30%씩 상환
- 결과 : 개혁토지 감소(소작 농민들이 농토 소유), 미진한 개혁
  - (지주 중심의 개혁, 한국전쟁)

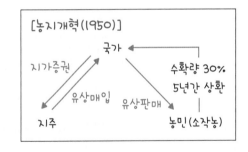

[농지개혁(1950)]

[남북한의 농지 개혁 비교]

구 분	북한 (토지 개혁)	남한 (농지 개혁)
실시연도	1946 (산림, 임야, 농경지 모두 포함)	1950 (산림 및 임야를 제외한 농경지)
원 칙	무상 몰수, 무상 분배	유상 매수, 유상 분배
토지 소유상한선	5정보	3정보

귀속재산 처리법
- 신한공사(1946.2) : 동양척식 주식회사의 재산과 일본이 소유한 농지 관리
- 재산권 이전 : 대한민국 정부와 미국 정부 간의 재정 및 재산에 관한 협정(1948.9)

③ 한국 전쟁(6·25 전쟁)

배경 ─ 국내 정세 ─ 갈등의 심화 : 38도선 설정과 미·소의 진주, 남한 정부와 북한 정권 성립
              └ 북한의 전쟁 준비 : 화전 양면, 소련과 중국의 군사 지원, 38도선에서 군사적 충돌 유도

     ─ 국제 정세 ─ 공산 국가 성장 : 중국 대륙의 공산화(1949.10), 소련의 핵무기 개발 성공(1949)
              └ 미국 변화 : 주한 미군 철수(1949.6)와 애치슨 선언(1950.1)

애치슨 선언

"… 이 방위선은 알류산 열도로부터 일본의 오키나와를 거쳐 필리핀을 통과한다. 이 방위선 밖의 국가가 제3국의 침략을 받는다면, 침략을 받은 국가는 그 국가 자체의 방위력과 국제 연합 헌장의 발동으로 침략에 대항해야 한다."

전개 과정

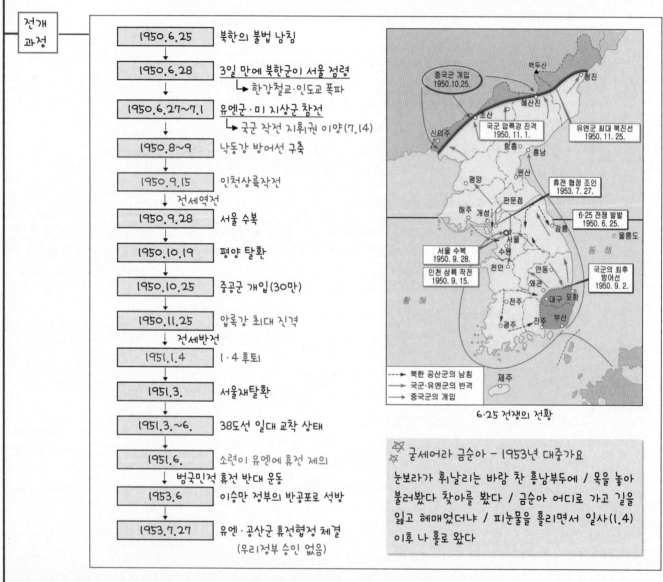

1950.6.25	북한의 불법 남침
↓	
1950.6.28	3일 만에 북한군이 서울 점령 └ 한강철교·인도교 폭파
↓	
1950.6.27~7.1	유엔군·미 지상군 참전 └ 국군 작전 지휘권 이양(7.14)
↓	
1950.8~9	낙동강 방어선 구축
↓	
1950.9.15	인천상륙작전
↓ 전세역전	
1950.9.28	서울 수복
↓	
1950.10.19	평양 탈환
↓	
1950.10.25	중공군 개입(30만)
↓	
1950.11.25	압록강 최대 진격
↓ 전세반전	
1951.1.4	1·4 후퇴
↓	
1951.3.	서울재탈환
↓	
1951.3.~6.	38도선 일대 교착 상태
↓	
1951.6.	소련이 유엔에 휴전 제의
↓ 범국민적 휴전 반대 운동	
1953.6	이승만 정부의 반공포로 석방
↓	
1953.7.27	유엔·공산군 휴전협정 체결 (우리정부 승인 없음)

6·25 전쟁의 전황

굳세어라 금순아 - 1953년 대중가요

눈보라가 휘날리는 바람 찬 흥남부두에 / 목을 놓아 불러봤다 찾아를 봤다 / 금순아 어디로 가고 길을 잃고 헤매었더냐 / 피눈물을 흘리면서 일사(1.4) 이후 나 홀로 왔다

결과 ─ 인적 피해 : 전쟁으로 인해 수많은 사상자와 이산가족, 전쟁고아 발생
     └ 물적 피해 : 도로, 주택, 철도, 항만 등 사회 간접시설의 파괴, 한반도 약 80%가 전장 피해

영향 ─ 분단 고착 : 적대 감정 심화, 남북 무력 대결 상태 지속, 자유진영과 공산진영의 냉전 격화
     ─ 남북한 독재체제 강화 : 이승만(반공 이용, 독재정권 강화), 김일성(반대파 숙청)
     └ 한미 상호방위조약의 체결(1953.10) : 한국과 미국의 군사 동맹 강화의 계기

3. 대한민국 정부의 발전

① 제1·2공화국

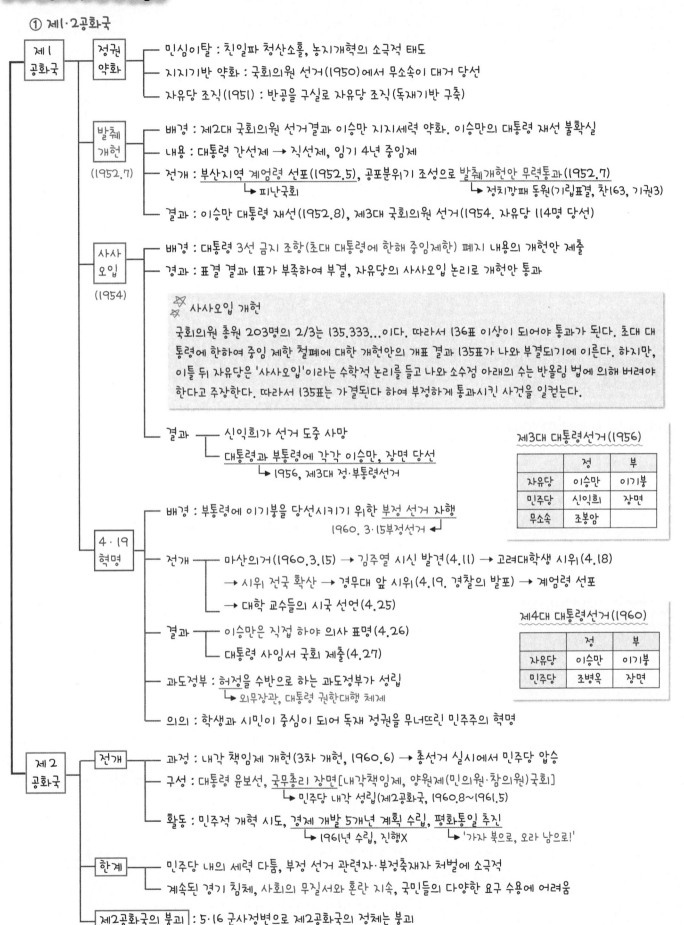

제1공화국

정권 약화
- 민심이탈 : 친일파 청산소홀, 농지개혁의 소극적 태도
- 지지기반 약화 : 국회의원 선거(1950)에서 무소속이 대거 당선
- 자유당 조직(1951) : 반공을 구실로 자유당 조직(독재기반 구축)

발췌 개헌 (1952.7)
- 배경 : 제2대 국회의원 선거결과 이승만 지지세력 약화, 이승만의 대통령 재선 불확실
- 내용 : 대통령 간선제 → 직선제, 임기 4년 중임제
- 전개 : 부산지역 계엄령 선포(1952.5), 공포분위기 조성으로 발췌개헌안 무력통과(1952.7)
  - └→ 피난국회
  - └→ 정치깡패 동원(기립표결, 찬163, 기권3)
- 결과 : 이승만 대통령 재선(1952.8), 제3대 국회의원 선거(1954. 자유당 114명 당선)

사사오입 (1954)
- 배경 : 대통령 3선 금지 조항(초대 대통령에 한해 중임제한) 폐지 내용의 개헌안 제출
- 경과 : 표결 결과 1표가 부족하여 부결, 자유당의 사사오입 논리로 개헌안 통과

> ✖ **사사오입 개헌**
>
> 국회의원 총원 203명의 2/3는 135.333...이다. 따라서 136표 이상이 되어야 통과가 된다. 초대 대통령에 한하여 중임 제한 철폐에 대한 개헌안의 개표 결과 135표가 나와 부결되기에 이른다. 하지만, 이틀 뒤 자유당은 '사사오입'이라는 수학적 논리를 들고 나와 소수점 아래의 수는 반올림 법에 의해 버려야 한다고 주장한다. 따라서 135표는 가결된다 하여 부정하게 통과시킨 사건을 일컫는다.

- 결과
  - 신익희가 선거 도중 사망
  - 대통령과 부통령에 각각 이승만, 장면 당선
    - └→ 1956, 제3대 정·부통령선거

제3대 대통령선거(1956)

	정	부
자유당	이승만	이기붕
민주당	신익희	장면
무소속	조봉암	

4·19 혁명
- 배경 : 부통령에 이기붕을 당선시키기 위한 부정 선거 자행
  - 1960. 3·15부정선거 ←
- 전개
  - 마산의거(1960.3.15) → 김주열 시신 발견(4.11) → 고려대학생 시위(4.18)
  - → 시위 전국 확산 → 경무대 앞 시위(4.19. 경찰의 발포) → 계엄령 선포
  - → 대학 교수들의 시국 선언(4.25)
- 결과
  - 이승만은 직접 하야 의사 표명(4.26)
  - 대통령 사임서 국회 제출(4.27)

제4대 대통령선거(1960)

	정	부
자유당	이승만	이기붕
민주당	조병옥	장면

- 과도정부 : 허정을 수반으로 하는 과도정부가 성립
  - └→ 외무장관, 대통령 권한대행 체제
- 의의 : 학생과 시민이 중심이 되어 독재 정권을 무너뜨린 민주주의 혁명

제2공화국

전개
- 과정 : 내각 책임제 개헌(3차 개헌, 1960.6) → 총선거 실시에서 민주당 압승
- 구성 : 대통령 윤보선, 국무총리 장면[내각책임제, 양원제(민의원·참의원)국회]
  - └→ 민주당 내각 성립(제2공화국, 1960.8~1961.5)
- 활동 : 민주적 개혁 시도, 경제 개발 5개년 계획 수립, 평화통일 추진
  - └→ 1961년 수립, 진행X └→ '가자 북으로, 오라 남으로!'

한계
- 민주당 내의 세력 다툼, 부정 선거 관련자·부정축재자 처벌에 소극적
- 계속된 경기 침체, 사회의 무질서와 혼란 지속, 국민들의 다양한 요구 수용에 어려움

제2공화국의 붕괴 : 5·16 군사정변으로 제2공화국의 정체는 붕괴

② 제3·4공화국

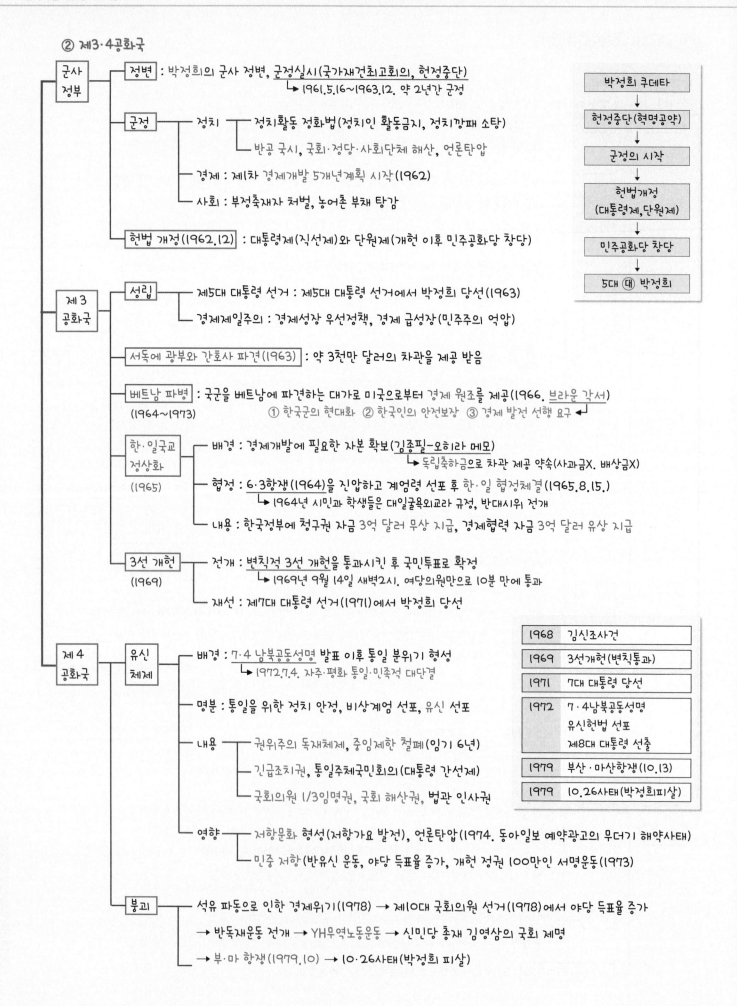

군사정부

정변 : 박정희의 군사 정변, 군정실시(국가재건최고회의, 헌정중단)
→ 1961.5.16~1963.12. 약 2년간 군정

군정 ─ 정치 ┬ 정치활동 정화법(정치인 활동금지, 정치깡패 소탕)
             └ 반공 국시, 국회·정당·사회단체 해산, 언론탄압
      ├ 경제 : 제1차 경제개발 5개년계획 시작(1962)
      └ 사회 : 부정축재자 처벌, 농어촌 부채 탕감

헌법 개정(1962.12) : 대통령제(직선제)와 단원제(개헌 이후 민주공화당 창당)

다음 도표:
박정희 쿠데타 ↓
헌정중단(혁명공약) ↓
군정의 시작 ↓
헌법개정(대통령제, 단원제) ↓
민주공화당 창당 ↓
5대 (대) 박정희

제3공화국

성립 ┬ 제5대 대통령 선거 : 제5대 대통령 선거에서 박정희 당선(1963)
     └ 경제제일주의 : 경제성장 우선정책, 경제 급성장(민주주의 억압)

서독에 광부와 간호사 파견(1963) : 약 3천만 달러의 차관을 제공 받음

베트남 파병 : 국군을 베트남에 파견하는 대가로 미국으로부터 경제 원조를 제공(1966. 브라운 각서)
(1964~1973) ① 한국군의 현대화 ② 한국인의 안전보장 ③ 경제 발전 선행 요구 ↵

한·일국교정상화 ┬ 배경 : 경제개발에 필요한 자본 확보(김종필-오히라 메모)
(1965)   │   → 독립축하금으로 차관 제공 약속(사과금X. 배상금X)
                ├ 협정 : 6·3항쟁(1964)을 진압하고 계엄령 선포 후 한·일 협정체결(1965.8.15.)
                │   → 1964년 시민과 학생들은 대일굴욕외교라 규정, 반대시위 전개
                └ 내용 : 한국정부에 청구권 자금 3억 달러 무상 지급, 경제협력 자금 3억 달러 유상 지급

3선 개헌 ┬ 전개 : 변칙적 3선 개헌을 통과시킨 후 국민투표로 확정
(1969)   │   → 1969년 9월 14일 새벽2시, 여당의원만으로 10분 만에 통과
         └ 재선 : 제7대 대통령 선거(1971)에서 박정희 당선

제4공화국

유신체제 ┬ 배경 : 7.4 남북공동성명 발표 이후 통일 분위기 형성
         │   → 1972.7.4. 자주·평화 통일·민족적 대단결
         ├ 명분 : 통일을 위한 정치 안정, 비상계엄 선포, 유신 선포
         ├ 내용 ┬ 권위주의 독재체제, 중임제한 철폐(임기 6년)
         │   ├ 긴급조치권, 통일주체국민회의(대통령 간선제)
         │   └ 국회의원 1/3임명권, 국회 해산권, 법관 인사권
         └ 영향 ┬ 저항문화 형성(저항가요 발전), 언론탄압(1974. 동아일보 예약광고의 무더기 해약사태)
                └ 민중 저항(반유신 운동, 야당 득표율 증가, 개헌 정권 100만인 서명운동(1973)

1968	김신조사건
1969	3선개헌(변칙통과)
1971	7대 대통령 당선
1972	7·4남북공동성명 유신헌법 선포 제8대 대통령 선출
1979	부산·마산항쟁(10.13)
1979	10.26사태(박정희피살)

붕괴 ┬ 석유 파동으로 인한 경제위기(1978) → 제10대 국회의원 선거(1978)에서 야당 득표율 증가
     │ → 반독재운동 전개 → YH무역노동운동 → 신민당 총재 김영삼의 국회 제명
     └ → 부·마 항쟁(1979.10) → 10.26사태(박정희 피살)

③ 제5공화국

5·18 민주화 운동 (1980)

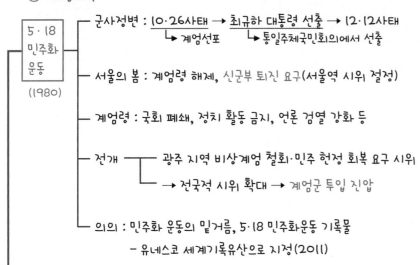

- 군사정변 : 10·26사태 → 최규하 대통령 선출 → 12·12사태
  - ↳ 계엄선포   ↳ 통일주체국민회의에서 선출

- 서울의 봄 : 계엄령 해제, 신군부 퇴진 요구(서울역 시위 절정)

- 계엄령 : 국회 폐쇄, 정치 활동 금지, 언론 검열 강화 등

- 전개 ┬ 광주 지역 비상계엄 철회·민주 헌정 회복 요구 시위
      └ → 전국적 시위 확대 → 계엄군 투입 진압

- 의의 : 민주화 운동의 밑거름, 5·18 민주화운동 기록물
  - 유네스코 세계기록유산으로 지정(2011)

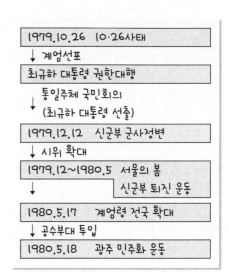

1979.10.26	10·26사태
↓ 계엄선포	
최규하 대통령 권한대행	
↓ 통일주체 국민회의 (최규하 대통령 선출)	
1979.12.12	신군부 군사정변
↓ 시위 확대	
1979.12~1980.5	서울의 봄 신군부 퇴진 운동
↓	
1980.5.17	계엄령 전국 확대
↓ 공수부대 투입	
1980.5.18	광주 민주화 운동

제5 공화국 (1981.2)

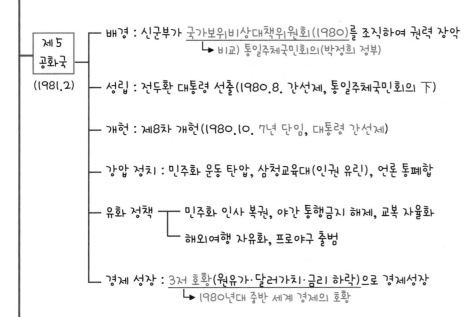

- 배경 : 신군부가 국가보위비상대책위원회(1980)를 조직하여 권력 장악
  - ↳ 비교) 통일주체국민회의(박정희 정부)

- 성립 : 전두환 대통령 선출(1980.8. 간선제, 통일주체국민회의 下)

- 개헌 : 제8차 개헌(1980.10. 7년 단임, 대통령 간선제)

- 강압 정치 : 민주화 운동 탄압, 삼청교육대(인권 유린), 언론 통폐합

- 유화 정책 ┬ 민주화 인사 복권, 야간 통행금지 해제, 교복 자율화
          └ 해외여행 자유화, 프로야구 출범

- 경제 성장 : 3저 호황(원유가·달러가치·금리 하락)으로 경제성장
  - ↳ 1980년대 중반 세계 경제의 호황

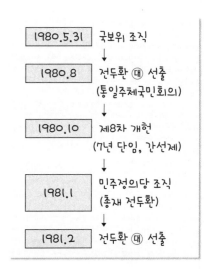

1980.5.31	국보위 조직
↓	
1980.8	전두환 ㉝ 선출 (통일주체국민회의)
↓	
1980.10	제8차 개헌 (7년 단임, 간선제)
↓	
1981.1	민주정의당 조직 (총재 전두환)
↓	
1981.2	전두환 ㉝ 선출

6월 민주 항쟁

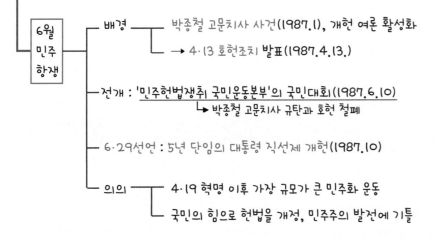

- 배경 ┬ 박종철 고문치사 사건(1987.1), 개헌 여론 활성화
      └ → 4·13 호헌조치 발표(1987.4.13.)

- 전개 : '민주헌법쟁취 국민운동본부'의 국민대회(1987.6.10)
  - ↳ 박종철 고문치사 규탄과 호헌 철폐

- 6·29선언 : 5년 단임의 대통령 직선제 개헌(1987.10)

- 의의 ┬ 4·19 혁명 이후 가장 규모가 큰 민주화 운동
      └ 국민의 힘으로 헌법을 개정, 민주주의 발전에 기틀

1987.1	박종철 고문치사 사건
↓ 개헌여론 활성화	
1987.4	4·13 호헌 조치
↓ 시위 확대	
1987.6.9.	이한열 부상 후송 (중태, 7월 5일 사망)
↓	
1987.6.10.	6월민주항쟁 (민주헌법 쟁취 국민운동본부)
↓ 범국민적 투쟁	
1987.6.29	6·29선언 발표
↓	
1987.10.29	제9차 개헌 (5년 단임제, 직선제)

④ 제6공화국

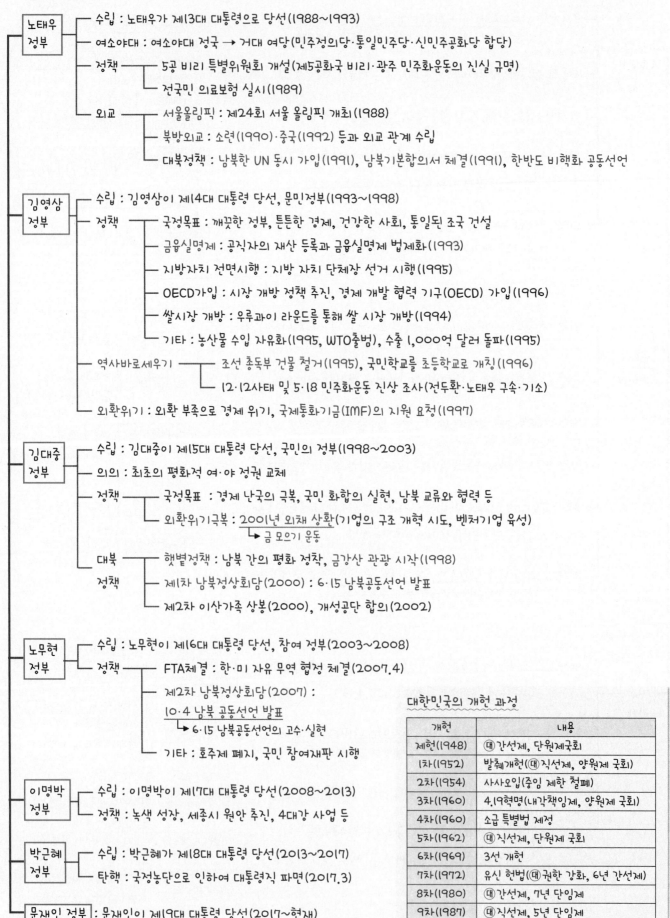

노태우 정부
- 수립 : 노태우가 제13대 대통령으로 당선(1988~1993)
- 여소야대 : 여소야대 정국 → 거대 여당(민주정의당·통일민주당·신민주공화당 합당)
- 정책
  - 5공 비리 특별위원회 개설(제5공화국 비리·광주 민주화운동의 진실 규명)
  - 전국민 의료보험 실시(1989)
- 외교
  - 서울올림픽 : 제24회 서울 올림픽 개최(1988)
  - 북방외교 : 소련(1990)·중국(1992) 등과 외교 관계 수립
  - 대북정책 : 남북한 UN 동시 가입(1991), 남북기본합의서 체결(1991), 한반도 비핵화 공동선언

김영삼 정부
- 수립 : 김영삼이 제14대 대통령 당선, 문민정부(1993~1998)
- 정책
  - 국정목표 : 깨끗한 정부, 튼튼한 경제, 건강한 사회, 통일된 조국 건설
  - 금융실명제 : 공직자의 재산 등록과 금융실명제 법제화(1993)
  - 지방자치 전면시행 : 지방 자치 단체장 선거 시행(1995)
  - OECD가입 : 시장 개방 정책 추진, 경제 개발 협력 기구(OECD) 가입(1996)
  - 쌀시장 개방 : 우루과이 라운드를 통해 쌀 시장 개방(1994)
  - 기타 : 농산물 수입 자유화(1995, WTO출범), 수출 1,000억 달러 돌파(1995)
- 역사바로세우기
  - 조선 총독부 건물 철거(1995), 국민학교를 초등학교로 개칭(1996)
  - 12·12사태 및 5·18 민주화운동 진상 조사(전두환·노태우 구속·기소)
- 외환위기 : 외환 부족으로 경제 위기, 국제통화기금(IMF)의 지원 요청(1997)

김대중 정부
- 수립 : 김대중이 제15대 대통령 당선, 국민의 정부(1998~2003)
- 의의 : 최초의 평화적 여·야 정권 교체
- 정책
  - 국정목표 : 경제 난국의 극복, 국민 화합의 실현, 남북 교류와 협력 등
  - 외환위기극복 : 2001년 외채 상환(기업의 구조 개혁 시도, 벤처기업 육성)
    - → 금 모으기 운동
- 대북정책
  - 햇볕정책 : 남북 간의 평화 정착, 금강산 관광 시작(1998)
  - 제1차 남북정상회담(2000) : 6·15 남북공동선언 발표
  - 제2차 이산가족 상봉(2000), 개성공단 합의(2002)

노무현 정부
- 수립 : 노무현이 제16대 대통령 당선, 참여 정부(2003~2008)
- 정책
  - FTA체결 : 한·미 자유 무역 협정 체결(2007.4)
  - 제2차 남북정상회담(2007) : 10·4 남북 공동선언 발표
    - → 6·15 남북공동선언의 고수·실현
  - 기타 : 호주제 폐지, 국민 참여재판 시행

이명박 정부
- 수립 : 이명박이 제17대 대통령 당선(2008~2013)
- 정책 : 녹색 성장, 세종시 원안 추진, 4대강 사업 등

박근혜 정부
- 수립 : 박근혜가 제18대 대통령 당선(2013~2017)
- 탄핵 : 국정농단으로 인하여 대통령직 파면(2017.3)

문재인 정부 : 문재인이 제19대 대통령 당선(2017~현재)

대한민국의 개헌 과정

개헌	내용
제헌(1948)	(대)간선제, 단원제국회
1차(1952)	발췌개헌((대)직선제, 양원제 국회)
2차(1954)	사사오입(중임 제한 철폐)
3차(1960)	4.19혁명(내각책임제, 양원제 국회)
4차(1960)	소급 특별법 제정
5차(1962)	(대)직선제, 단원제 국회
6차(1969)	3선 개헌
7차(1972)	유신 헌법((대)권한 강화, 6년 간선제)
8차(1980)	(대)간선제, 7년 단임제
9차(1987)	(대)직선제, 5년 단임제

4. 북한정권과 통일정책

① 북한 정권

북한 성립 ── 조선민주주의 인민공화국의 성립(1948.9.9.)

구분	내 용
1945.8	평남 건국준비위원회(위원장 조만식)
1946.3	북조선임시인민위원회 조직(중앙행정기관의 모태), 토지개혁법(1946) 제정
1947.2	북조선인민회의(입법기관)는 정권수립을 위한 제반 준비작업 진행(위원장 김일성)
1948.9	조선민주주의 인민공화국 선포(1948.9.9. 김일성이 내각수상에 취임)

집권 체제

김일성 체제
- 독재기반강화 : 김일성은 반대 세력들을 숙청하여 1인 독재의 기반을 강화
- 권력 장악 : 김일성 1인 지배체제 구축, 김일성파 권력 독점
- 군사노선(1960년대) : 1960년대 북한은 4대 군사 노선 채택, 군수공업 발전

  ※ 4대 군사노선 : 전인민의 무장화, 전국토의 요새화, 전군의 간부화, 전군의 현대화

- 주체사상 강조(1970년대) : 자주 노선 확립, 북한의 통치 이념(김일성에 대한 우상 숭배)

김정일 체제
- 정권 2세대 : 김정일을 비롯한 김일성의 친인척이 권력장악
- 사회주의 헌법제정 : 사회주의 헌법 제정(1972.12), 김정일을 김일성의 유일한 후계자로 공인

[김정일의 권력 승계 과정]

구분	내 용
1972	사회주의 헌법 제정 - 국가 권력 구조를 주석 중심으로 개편(주석 - 김일성)
1973	노동당 총비서 선출
1974	김정일을 유일한 후계자로 내정
1991	김정일이 인민군 최고 사령관에 취임, 2년 뒤 위상이 격상된 국방위원장에 취임
1994	김일성 사망 후 유훈통치 전개
1998	헌법 개정을 통해 국방위원회 중심으로 권력을 개편, 사실상 국가수반인 국방위원장에 다시 취임

김정은 체제 : 김정일 사망 후 김정은이 권력 승계(2011)

[김정은 체제의 형성]

구분	내 용
2010	김정은의 후계체제 구축과 우상화 작업 시작, 당 중앙 군사위 부위원장 임명
2011	김정일 사망 후 권력 승계
2012	당 제1비서, 당 중앙군사위원회 위원장, 국방위원회 제1위원장 등 김정일의 직책을 모두 승계
2012 이후	당의 유일지도사상으로 주체사상 대신 '김일성 - 김정일 주의' 표방

북한 경제

농업협동화 운동(1953) : 식량·원료 공급의 증가, 농촌 노동력을 공업 부문으로 이전하는 정책

천리마 운동(1957)
- 배경 : 노동 성적이 좋은 사람을 영웅으로 만들어 대중의 생산 경쟁 유도
- 경제 발전 : 노동 참여 독려, 중공업 우선시, 농업과 상업 분야의 협동화

개방 정책
- 합영법과 합작법(1984) : 외국인 투자 유치, 외국 기업·자본 도입 추진
- 외국인 투자법(1992) : 외국인 투자기업을 창설·운영하는 제도와 원칙 규정
- 자유무역 추진 : 나진·선봉 무역지대 개발(2010)

② 통일 정책의 추진

1950년대(제1공화국) : 한국 전쟁 이후 남북한 상호 적대감과 증오감, 남북한 사이 대화 단절

1960년대
- 정세 : 학생들과 일부 정치인들을 중심으로 통일 논의가 활발(평화통일 주장)
- 정부여당 : 북진 통일론 철회, 유엔 감시 아래 남북한 총선거 실시 주장
- 학생 : 일부 학생들은 판문점에서 남북 학생 회담 개최를 추진(1961)
  └▸ '가자 북으로, 오라 남으로'
- 한계 : 5.16군사 정변(박정희 정부의 반공 정책), 남북한 간의 대립으로 통일 논의 곤란

1970년대
- 8.15 선언(1970) : 한반도 평화 정착. 남북 교류 협력. 북한을 대화와 협력 대상으로 인정
- 7.4 남북공동 성명(1972)
  - 내용 : 자주 통일, 평화 통일, 민족적 대단결의 3대 원칙을 성명
  - 전개 : 통일 문제를 협의하기 위한 남북 조절 위원회의 설치 합의

> ✄ [7·4 남북 공동 성명]
> 첫째, 통일은 외세에 의존하거나 외세의 간섭을 받음이 없이 자주적으로 해결하여야 한다.
> 둘째, 통일은 서로 상대방을 반대하는 무력 행상에 의거하지 않고 평화적 방법으로 실현하여야 한다.
> 셋째, 사상과 이념, 제도의 차이를 초월하여 우선 하나의 민족으로서 민족적 대단결을 도모하여야 한다.

- 6.23평화통일 선언(1973) : 남북 유엔 동시 가입제의

1980년대
- 이산가족 상봉(1985.9. 전두환 정부) : 남북한 고향방문단과 예술 공연단이 서울과 평양을 각각 방문
- 7.7선언(1988) : 남북한 관계를 동반 관계, 민족 공동체 관계로 규정
- 한민족공동체 통일방안(1989) : 남북연합 → 헌법제정(남북 평의회) → 총선거 → 통일 국가

1990년대
- 남북 유엔동시가입 : 남북 고위급 회담 시작(1990), 남북이 유엔에 동시 가입(1991.9)
- 남북 기본 합의서 채택 (1991.12.13)
  - 최초의 남북한 공식 합의(화해, 불가침, 민족 내부의 교류)
  - 한반도의 비핵화에 관한 공동선언(1991.12.31) 채택
- 민족공동체통일 방안(1994) : 화해·협력, 남북연합, 통일국가 완성의 3단계 통일방안
- 정상 회담 무산(1994) : 김일성의 사망으로 정상회담 무산, 김일성 조문 문제로 남북관계는 다시 냉각
- 남북 관계 급진전(1998) : 남북 화해·협력 정책(햇볕정책)을 추진, 민간 차원의 교류 확대

2000년대
- 6·15남북공동 선언(2000) 김대중 정부
  - 의의 : 평양에서 제1차 남북 정상회담, 긴장 완화·화해
  - 내용 : 남측의 연합제와 북측의 낮은 단계의 연방제 사이의 공통성 인정
  - 영향
    - 이산가족 방문단 교환
    - 경의선·동해선 연결 합의, 개성공단
      └▸ 2000.7 └▸ 2002.4 └▸ 2002
- 평화 번영을 위한 선언(2007) 노무현 정부
  - 배경 : 평양에서 제2차 남북 정상회담
    └▸ 2007. 10·4 남북공동선언
  - 내용 : 6·15 공동선언 고수·실현, 한반도의 종전 선언에 대한 협력

개성공단
합의(2002. 김대중 정부)
개성공업지구법(2002. 北法)
착공(2003. 노무현 정부)
완공(2007. 노무현 정부)

5. 경제 성장과 사회 변화

① 현대의 경제·사회 변화

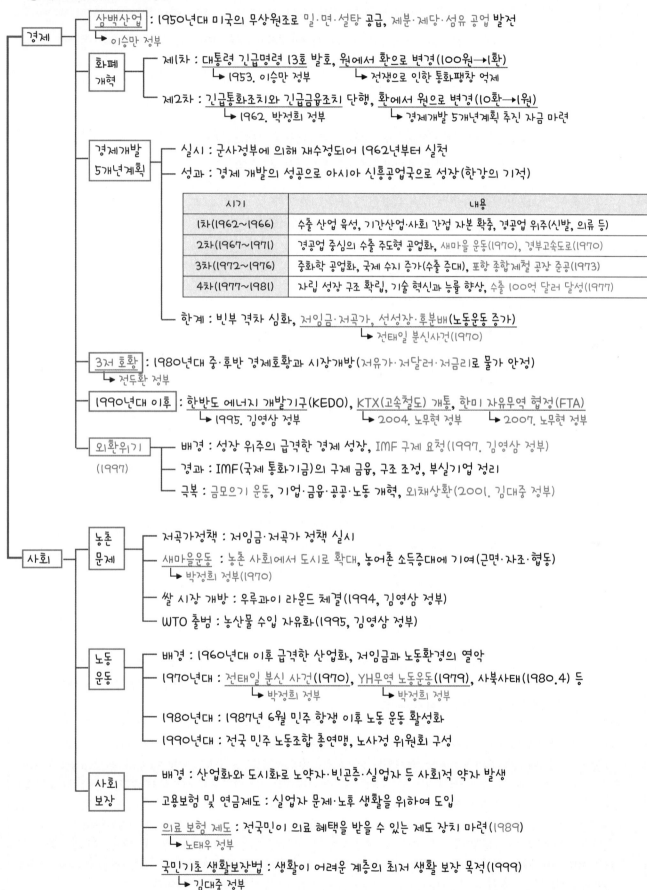

경제

삼백산업 : 1950년대 미국의 무상원조로 밀·면·설탕 공급, 제분·제당·섬유 공업 발전
└▶ 이승만 정부

화폐 개혁
- 제1차 : 대통령 긴급명령 13호 발호, 원에서 환으로 변경(100원→1환)
  └▶ 1953. 이승만 정부   └▶ 전쟁으로 인한 통화팽창 억제
- 제2차 : 긴급통화조치와 긴급금융조치 단행, 환에서 원으로 변경(10환→1원)
  └▶ 1962. 박정희 정부   └▶ 경제개발 5개년계획 추진 자금 마련

경제개발 5개년계획
- 실시 : 군사정부에 의해 재수정되어 1962년부터 실천
- 성과 : 경제 개발의 성공으로 아시아 신흥공업국으로 성장(한강의 기적)

시기	내용
1차(1962~1966)	수출 산업 육성, 기간산업·사회 간접 자본 확충, 경공업 위주(신발, 의류 등)
2차(1967~1971)	경공업 중심의 수출 주도형 공업화, 새마을 운동(1970), 경부고속도로(1970)
3차(1972~1976)	중화학 공업화, 국제 수지 증가(수출 증대), 포항 종합제철 공장 준공(1973)
4차(1977~1981)	자립 성장 구조 확립, 기술 혁신과 능률 향상, 수출 100억 달러 달성(1977)

- 한계 : 빈부 격차 심화, 저임금·저곡가, 선성장·후분배(노동운동 증가)
  └▶ 전태일 분신사건(1970)

3저 호황 : 1980년대 중·후반 경제호황과 시장개방(저유가·저달러·저금리로 물가 안정)
└▶ 전두환 정부

1990년대 이후 : 한반도 에너지 개발기구(KEDO), KTX(고속철도) 개통, 한미 자유무역 협정(FTA)
  └▶ 1995. 김영삼 정부   └▶ 2004. 노무현 정부 └▶ 2007. 노무현 정부

외환위기 (1997)
- 배경 : 성장 위주의 급격한 경제 성장, IMF 구제 요청(1997. 김영삼 정부)
- 경과 : IMF(국제 통화기금)의 구제 금융, 구조 조정, 부실기업 정리
- 극복 : 금모으기 운동, 기업·금융·공공·노동 개혁, 외채상환(2001. 김대중 정부)

사회

농촌 문제
- 저곡가정책 : 저임금·저곡가 정책 실시
- 새마을운동 : 농촌 사회에서 도시로 확대, 농어촌 소득증대에 기여(근면·자조·협동)
  └▶ 박정희 정부(1970)
- 쌀 시장 개방 : 우루과이 라운드 체결(1994, 김영삼 정부)
- WTO 출범 : 농산물 수입 자유화(1995, 김영삼 정부)

노동 운동
- 배경 : 1960년대 이후 급격한 산업화, 저임금과 노동환경의 열악
- 1970년대 : 전태일 분신 사건(1970), YH무역 노동운동(1979), 사북사태(1980.4) 등
  └▶ 박정희 정부   └▶ 박정희 정부
- 1980년대 : 1987년 6월 민주 항쟁 이후 노동 운동 활성화
- 1990년대 : 전국 민주 노동조합 총연맹, 노사정 위원회 구성

사회 보장
- 배경 : 산업화와 도시화로 노약자·빈곤층·실업자 등 사회적 약자 발생
- 고용보험 및 연금제도 : 실업자 문제·노후 생활을 위하여 도입
- 의료 보험 제도 : 전국민이 의료 혜택을 받을 수 있는 제도 장치 마련(1989)
  └▶ 노태우 정부
- 국민기초 생활보장법 : 생활이 어려운 계층의 최저 생활 보장 목적(1999)
  └▶ 김대중 정부

② 현대 문화의 동향

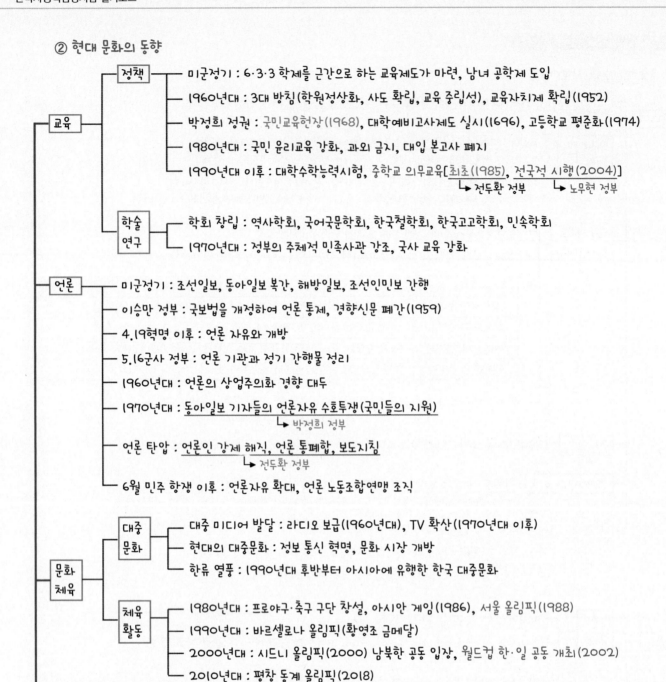

교육
　정책
　　— 미군정기 : 6·3·3 학제를 근간으로 하는 교육제도가 마련, 남녀 공학제 도입
　　— 1960년대 : 3대 방침(학원정상화, 사도 확립, 교육 중립성), 교육자치제 확립(1952)
　　— 박정희 정권 : 국민교육헌장(1968), 대학예비고사제도 실시(1696), 고등학교 평준화(1974)
　　— 1980년대 : 국민 윤리교육 강화, 과외 금지, 대입 본고사 폐지
　　— 1990년대 이후 : 대학수학능력시험, 중학교 의무교육[최초(1985), 전국적 시행(2004)]
　　　　　　　　　　　　　　　　　　　　　　　　　　　┗→ 전두환 정부　┗→ 노무현 정부
　학술연구
　　— 학회 창립 : 역사학회, 국어국문학회, 한국철학회, 한국고고학회, 민속학회
　　— 1970년대 : 정부의 주체적 민족사관 강조, 국사 교육 강화

언론
　— 미군정기 : 조선일보, 동아일보 복간, 해방일보, 조선인민보 간행
　— 이승만 정부 : 국보법을 개정하여 언론 통제, 경향신문 폐간(1959)
　— 4.19혁명 이후 : 언론 자유와 개방
　— 5.16군사 정부 : 언론 기관과 정기 간행물 정리
　— 1960년대 : 언론의 상업주의화 경향 대두
　— 1970년대 : 동아일보 기자들의 언론자유 수호투쟁(국민들의 지원)
　　　　　　　　┗→ 박정희 정부
　— 언론 탄압 : 언론인 강제 해직, 언론 통폐합, 보도지침
　　　　　　　　┗→ 전두환 정부
　— 6월 민주 항쟁 이후 : 언론자유 확대, 언론 노동조합연맹 조직

문화체육
　대중문화
　　— 대중 미디어 발달 : 라디오 보급(1960년대), TV 확산(1970년대 이후)
　　— 현대의 대중문화 : 정보 통신 혁명, 문화 시장 개방
　　— 한류 열풍 : 1990년대 후반부터 아시아에 유행한 한국 대중문화
　체육활동
　　— 1980년대 : 프로야구·축구 구단 창설, 아시안 게임(1986), 서울 올림픽(1988)
　　— 1990년대 : 바르셀로나 올림픽(황영조 금메달)
　　— 2000년대 : 시드니 올림픽(2000) 남북한 공동 입장, 월드컵 한·일 공동 개최(2002)
　　— 2010년대 : 평창 동계 올림픽(2018)

유네스코지정 세계유산(2018년 3월 기준)

1. 세계 유산 : 해인사 장경판전(1995), 종묘(1995), 석굴암과 불국사(1995), 창덕궁(1997), 수원화성(1997), 고창·화순·강화의 고인돌 유적(2000), 경주 역사 지구(2000), 제주 화산섬과 용암 동굴(2007), 조선 왕릉(2009), 한국의 역사마을(하회와 양동, 2010), 남한산성(2014), 백제역사유적지구(2015)

2. 인류 무형구전 및 무형 유산 걸작 : 종묘제례(宗廟祭禮) 및 종묘제례악(宗廟祭禮樂)(2001), 판소리(2003), 강릉단오제(2005), 처용무(2009), 강강술래(2009), 제주 칠머리당 영등굿(2009), 남사당놀이(2009), 영산재(2009), 대목장(大木匠)·한국의 전통 목조 건축(2010), 매사냥, 살아있는 인류 유산(2010), 가곡(歌曲)·국악 관현반주로 부르는 서정적 노래(2010), 줄타기(2011), 택견·한국의 전통 무술(2011), 한산(韓山) 모시짜기(2011), 아리랑·한국의 서정민요(2012), 김장·김치를 담고고 나누는 문화(2013), 농악(2014), 줄다리기(2001), 제주 해녀 문화(2016)

3. 세계 기록 유산 : 조선왕조실록(1997), 훈민정음(해례본)(1997), 불조직지심체요절 하권(2001), 승정원일기(2001), 고려대장경판 및 제경판(2007), 조선왕조의궤(2007), 동의보감(2009), 1980년 인권기록유산 5·18 광주 민주화운동 기록물(2011), 일성록(2011), 새마을운동 기록물(2013), 난중일기(2013), 한국의 유교책판(2015), KBS특별생방송 '이산가족을 찾습니다' 기록물(2015), 국채보상운동 기록물(2017), 조선통신사에 관한 기록(2017), 조선왕실 어보와 어책(2017)

● 일제 강점기에 활동한 민족 문학인

김유정(1908~1937)은 봄봄, 금 따는 콩밭, 동백꽃 등의 30편에 가까운 작품을 발표했다.

나운규(1902~1937)는 영화 아리랑을 제작하여 1926년 단성사에서 개봉하였다.

이중섭(1916~1956)은 민족정서를 대변하는 '소' 등의 작품을 제작하여 독특한 문화를 이루었다.

윤동주(1917~1945)는 명동소학교, 용정 대성중학교, 연희전문학교, 일본 릿쿄대학, 도지샤대학 등을 졸업하였다. 연희 전문학교에 진학 당시 송몽규 등과 함께 민족정신과 조국의 독립에 대하여 토론하였다. 이후, 1943년 조선인 유학생을 모아 놓고 조선의 독립과 민족 문화의 수호를 선동했다는 죄목으로 체포되어 후쿠오카 형무소에서 옥고를 치르던 중 1945년 2월 순국하였다. 서시, 자화상, 또 다른 고향, 별 헤는 밤, 쉽게 쓰여진 시 등의 작품을 남겼으며, 일제 말기의 암흑기 시대를 살면서도 순수하게 살아가고자 하는 내면의 의지를 노래하였다.

김소월(1902~1934)은 1920년대 활동한 시인으로 금잔디, 엄마야 누나야, 진달래꽃, 개여울, 강촌, 왕십리, 산유화 등의 작품을 남겼다. 김소월의 아름다운 서정시는 많은 사람들이 널리 낭송되었다.

이상화(1901~1943)는 백조(1922) 등의 동인으로 활동하였던 1920~30년대 시인으로 현실 타파와 현실 개조의 의지를 표현하였다. 말세의 희탄, 단조, 가을의 풍경, 나의 침실로, 몽환병, 가상, 구루마꾼, 빼앗긴 들에도 봄은 오는가 등의 작품을 남겼다.

한용운(1879~1944)은 조선불교유신론에서 미신적 요소의 배격을 통해 불교의 쇄신을 주장하여 불교의 자주성 회복과 근대화를 위한 운동을 추진하였으며, 한국 불교를 일본 불교에 예속시키려는 총독부 정책(사찰령.1911)에 맞서 조선불교유신회를 조직(1921)하여 민족 종교의 전통을 지키려고 노력하였다. 또한, 님의 침묵을 통하여 한민족에게 자주독립의 신념을 고취시켜 주었다.

이육사(이원록. 1904~1944)는 항일운동가로서 1925년에 대구에서 의열단에 가입하였고, 1927년에 조선은행 대구지점 폭파사건, 1929년 광주학생항일운동 등에 연루되어 모두 17차례에 걸쳐서 옥고를 치렀으며, 계속된 항일 독립운동으로 인하여 체포되어 1944년 북경 감옥에서 생을 마쳤다. 황혼, 청포도, 절정, 광야, 꽃 등의 작품을 남겼고, 잡지 문장(1939~1941)을 창간하였다.

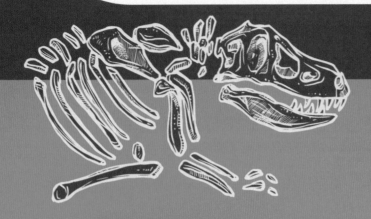

황의방 한국사
http://cafe.naver.com/hubhistory

최신 기출 문제
38회 ~29회

01. (가) 시대의 생활 모습으로 옳은 것은? [1점]

○○신문

제△△호   2018년 ○○월 ○○일

연천 전곡리 유적 발견 40주년, 그 고고학적 의의

올해는 경기도 연천 전곡리에서 (가) 시대의 주요 유물인 아슐리안형 주먹도끼가 발견된 지 40주년이 되는 해이다. 이 발견은 동아시아에는 찍개 문화만 존재하였고 주먹도끼 문화는 없었다는 모비우스(Hallam L. Movius)의 학설을 뒤집는 증거가 되었다. 이곳은 현재 사적 제268호로 지정되어 있다.

발굴 현장

① 거푸집을 이용하여 도구를 제작하였다.
② 지배자의 무덤으로 고인돌을 축조하였다.
③ 반달 돌칼을 이용하여 곡식을 수확하였다.
④ 가락바퀴와 뼈바늘을 이용하여 옷을 지었다.
⑤ 주로 동굴이나 강가의 막집에서 거주하였다.

02. 다음 사건이 일어난 시기를 연표에서 옳게 고른 것은? [2점]

여러 대인(大人)과 왕은 몰래 [연개소문을] 죽이고자 논의하였는데 일이 새어나갔다. [연개]소문은 부병(部兵)을 모두 모아놓고 마치 군대를 사열할 것처럼 꾸몄다. …… 손님이 이르자 모두 살해하니, 1백여 명이었다. [그리고] 말을 달려 궁궐로 들어가 왕을 시해하였다. …… [연개소문은] 왕제(王弟)의 아들인 장(臧)을 세워 왕으로 삼고 스스로 막리지가 되었다.

– 『삼국사기』 –

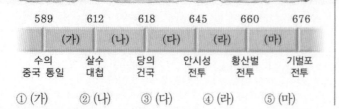

589	612	618	645	660	676
(가)	(나)	(다)	(라)	(마)	
수의 중국 통일	살수 대첩	당의 건국	안시성 전투	황산벌 전투	기벌포 전투

① (가)   ② (나)   ③ (다)   ④ (라)   ⑤ (마)

03. (가), (나) 나라에 대한 설명으로 옳은 것은? [3점]

(가) 동이 지역 중에서 가장 평탄하고 넓은 곳으로 토질은 오곡이 자라기에 알맞다. …… 12월에 지내는 제천 행사에는 연일 크게 모여서 마시고 먹으며 노래하고 춤추는데, …… 이때에는 형옥(刑獄)을 중단하고 죄수를 풀어 준다. 전쟁을 하게 되면 그때에도 하늘에 제사를 지내고, 소를 잡아서 그 발굽으로 길흉을 점친다.

– 『후한서』 –

(나) 그 나라의 넓이는 사방 2천 리인데, 큰 산과 깊은 골짜기가 많으며 사람들은 산골짜기에 의지하여 산다. …… 혼인에 있어서는 [신랑이] 신부의 집에 가서 살다가 자식을 낳아 장성한 뒤에야 남자의 집으로 돌아온다. …… 금과 은, 재물을 모두 써 성대하게 장례를 치르며, 돌을 쌓아 봉분을 만들고 소나무와 잣나무를 심는다.

– 『후한서』 –

① (가) – 여러 가(加)들이 별도로 사출도를 주관하였다.
② (가) – 박, 석, 김의 3성이 교대로 왕위를 계승하였다.
③ (나) – 10월에 무천이라는 제천 행사를 열었다.
④ (나) – 읍락 간의 경계를 중시하는 책화가 있었다.
⑤ (가), (나) – 제사장인 천군과 신성 지역인 소도가 있었다.

04. (가) 인물에 대한 설명으로 옳은 것은? [2점]

불교 인물 카드

(가)

• 생몰: 617년~686년
• 가계: 부(父) 담날, 자(子) 설총
• 주요 활동
  – 무애가를 지어 불교 대중화에 기여함.
  – 모든 진리는 한마음에서 나온다는 일심 사상을 주장함.

① 대승기신론소, 십문화쟁론을 저술하였다.
② 화랑도의 규범으로 세속 5계를 제시하였다.
③ 화엄일승법계도를 지어 화엄종을 정리하였다.
④ 인도와 중앙아시아를 여행하고 왕오천축국전을 지었다.
⑤ 당에서 귀국하여 황룡사 구층 목탑의 건립을 건의하였다.

05. (가), (나) 무덤 양식에 대한 설명으로 옳은 것은? [2점]

〈삼국 시대의 무덤〉

양식	(가)	(나)
구조	돌무지 / 봉토 / 나무덧널 / 나무널 나무로 덧널을 만들고 그 위에 돌을 쌓은 후 흙을 덮은 무덤이다.	봉토 / 널길 / 널방 돌로 널길과 널방을 만들고 그 위에 흙을 덮은 무덤이다.

① (가) – 모줄임 천장 구조로 되어 있다.
② (가) – 무덤의 둘레돌에 12지 신상을 새겼다.
③ (나) – 대표적인 무덤으로 황남대총이 있다.
④ (나) – 내부의 천장과 벽에 그림을 그리기도 하였다.
⑤ (가), (나) – 중국 남조의 영향을 받아 만들어졌다.

06. (가) 나라의 문화유산으로 옳은 것은? [2점]

(가) 의 왕인 김구해가 왕비와 세 명의 아들, 즉 큰 아들인 노종, 둘째 아들인 무덕, 막내 아들인 무력을 데리고 나라의 창고에 있던 보물을 가지고 와서 항복하였다. [법흥]왕이 예로써 대접하고 상등(上等)의 벼슬을 주었으며, 본국을 식읍으로 삼게 하였다. 아들인 무력은 벼슬이 각간(角干)에 이르렀다.
– 『삼국사기』 –

①   ②   ③

④   ⑤

07. (가), (나) 사이의 시기에 있었던 사실로 옳은 것은? [3점]

(가) [장수왕] 15년, 평양으로 도읍을 옮겼다.
– 『삼국사기』 –

(나) 고구려왕 거련이 몸소 군사를 거느리고 백제를 공격하였다. 백제왕 경(慶)이 아들 문주를 [신라에] 보내 구원을 요청하였다. 왕이 군사를 내어 구해 주려 하였으나 미처 도착하기도 전에 백제가 이미 [고구려에] 함락되었고, 경(慶) 역시 피살되었다.
– 『삼국사기』 –

① 광개토 대왕이 신라에 침입한 왜를 물리쳤다.
② 진흥왕이 화랑도를 국가 조직으로 개편하였다.
③ 소수림왕이 태학을 설립하고 율령을 반포하였다.
④ 개로왕이 고구려를 견제하고자 북위에 국서를 보냈다.
⑤ 근초고왕이 평양성을 공격하여 고국원왕을 전사시켰다.

08. (가)~(라)를 시행한 순서대로 옳게 나열한 것은? [2점]

삼국사기로 보는 통일 신라의 토지 제도

(가) 교서를 내려 문무 관료전을 지급하되 차등을 두었다.
(나) 내외(內外) 관료의 녹읍을 폐지하고, 해마다 조(租)를 차등있게 하사하고 이를 항식(恒式)*으로 삼았다.
(다) 처음으로 백성에게 정전을 나누어 주었다.
(라) 내외(內外) 관료에게 매달 지급하던 녹봉을 없애고 다시 녹읍을 주었다.

*항식(恒式): 항상 따라야 하는 형식이나 정해진 법식

① (가) – (나) – (다) – (라)   ② (가) – (다) – (라) – (나)
③ (나) – (라) – (가) – (다)   ④ (다) – (나) – (가) – (라)
⑤ (라) – (가) – (나) – (다)

09. 다음 검색창에 들어갈 왕에 대한 설명으로 옳은 것은? [1점]

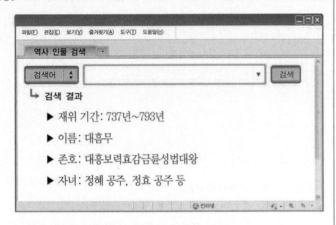

역사 인물 검색

검색 결과
▶ 재위 기간: 737년~793년
▶ 이름: 대흠무
▶ 존호: 대흥보력효감금륜성법대왕
▶ 자녀: 정혜 공주, 정효 공주 등

① 인안이라는 독자적 연호를 사용하였다.
② 장문휴를 보내 당의 등주를 공격하였다.
③ 수도를 중경 현덕부에서 상경 용천부로 옮겼다.
④ 대문예로 하여금 흑수 말갈을 정벌하게 하였다.
⑤ 고구려 유민을 이끌고 동모산에서 나라를 세웠다.

10. 교사의 질문에 대한 학생의 답변으로 옳은 것은? [2점]

지도와 같은 행정 구역을 마련한 국가의 지방 통치에 대해 발표해 볼까요?

① 경재소를 두어 유향소를 통제하였어요.
② 지방의 22담로에 왕족을 파견하였어요.
③ 전국의 주요 지역에 12목을 설치하였어요.
④ 지방관을 감찰하기 위해 외사정을 두었어요.
⑤ 관찰사를 보내어 관할 고을의 수령을 감독하였어요.

11. (가) 인물에 대한 설명으로 옳은 것은? [2점]

○ 넷째 아들 금강은 몸이 크고 지략이 많았다. (가) 이/가 특별히 그를 총애하여 왕위를 물려주려고 하였다. 그의 형 신검, 양검, 용검 등이 이를 알고서 걱정하고 번민하였다.

○ (가) 이/가 요청하여 말하기를, "늙은 신하가 멀리 바다를 건너 성군(聖君)의 교화에 투항하였으니, 바라건대 그 위엄에 기대어 역적인 아들을 베고자 할 뿐입니다."라고 하였다.

① 김흠돌의 반란을 진압하였다.
② 경주의 사심관으로 임명되었다.
③ 후당, 오월에 사신을 파견하였다.
④ 국호를 마진으로 바꾸고 철원으로 천도하였다.
⑤ 정계와 계백료서를 지어 관리의 규범을 제시하였다.

12. (가), (나) 사이의 시기에 있었던 사실로 옳은 것은? [2점]

(가) 쌍기가 처음으로 과거 제도의 실시를 건의하였고, 마침내 지공거가 되어 시(詩)·부(賦)·송(頌)·책(策)으로써 진사 갑과에 최섬 등 2인, 명경업(明經業)에 3인, 복업(卜業)에 2인을 선발하였다.

(나) 최승로가 상서하기를, "…… 지금 살펴보면 지방의 세력가들은 매번 공무를 핑계 삼아 백성을 침탈하므로 백성이 그 명을 감당하지 못합니다. 청컨대 외관(外官)을 두소서."라고 하였다.

① 국가 주도로 해동통보가 발행되었다.
② 인사 행정을 담당하던 정방이 폐지되었다.
③ 관학 진흥을 위해 전문 강좌인 7재가 개설되었다.
④ 호구의 정확한 파악을 위해 호패법이 실시되었다.
⑤ 처음으로 직관·산관 각 품의 전시과가 제정되었다.

13. (가) 군사 조직에 대한 설명으로 옳은 것은?   [3점]

오늘은 개경 환도 결정에 반대하여 봉기한 (가) 을/를 소개하는 시간입니다. 화면 속 자료에 대한 설명 부탁드립니다.

이 자료는 승화후 왕온을 왕으로 추대한 (가) 이/가 일본에 보낸 외교 문서를 일본 측에서 그 이전의 고려 국서와 비교하여 정리한 것입니다.

고려첩장불심조조

① 승려 출신으로 구성된 항마군이 있었다.
② 여진을 정벌하여 동북 9성 일대를 확보하였다.
③ 거란의 침입에 대비하는 과정에서 설치되었다.
④ 경대승이 신변 보호를 위해 만든 사병 조직이다.
⑤ 진도와 제주도로 근거지를 옮기면서 항쟁하였다.

14. (가), (나) 역사서에 대한 설명으로 옳은 것은?   [2점]

(가)	(나)
1145년(인종 23)에 김부식 등이 왕명을 받아 편찬한 책으로 본기 28권, 지 9권, 표 3권, 열전 10권으로 이루어져 있다.	1287년(충렬왕 13)에 이승휴가 펴낸 책으로 상권은 중국사, 하권은 우리나라 역사에 관한 내용으로 채워져 있다.

① (가) – 사초, 시정기 등을 바탕으로 실록청에서 편찬하였다.
② (가) – 불교사를 중심으로 고대의 민간 설화 등을 수록하였다.
③ (나) – 고조선의 건국 이야기가 수록되어 있다.
④ (나) – 유네스코 세계 기록 유산으로 등재되었다.
⑤ (가), (나) – 고구려 건국 시조의 일대기를 서사시 형태로 서술하였다.

15. (가) 기구에 대한 설명으로 옳은 것은?   [1점]

역사 용어 해설

(가)

1. 개요

　토지와 노비 문제를 해결하기 위해 설치된 임시 기구로, 불법적으로 빼앗긴 토지를 원래의 주인에게 돌려주거나 억울하게 노비가 된 자들을 본래 신분으로 되돌리기 위해 만들어졌다. 1269년(원종 10)에 처음 설치되었고, 이후 폐지와 설치를 거듭하였다.

2. 관련 사료

　신돈이 (가) 을/를 설치할 것을 정하고 스스로 판사(判事)가 되었다. …… 권세가와 부호 중에 빼앗았던 토지와 노비를 그 주인에게 돌려주는 자가 많아, 온 나라 사람들이 기뻐하였다.

① 원 간섭기에 첨의부로 격하되었다.
② 고려 말에 도평의사사로 명칭이 바뀌었다.
③ 소속 관원이 낭사와 함께 대간으로 불렸다.
④ 공민왕 때 내정 개혁의 일환으로 운영되었다.
⑤ 최씨 무신 정권의 최고 권력 기구로 활용되었다.

16. 다음 대화의 왕이 재위했던 시기의 사실로 옳은 것은? [2점]

신 서거정 등이 동국통감을 완성하여 바치나이다. 삼국 이하 여러 역사책에서 뽑아내고 중국 역사에서 가려내서 편년체로 기록하였습니다.

이 책은 진실로 만세에 남길 만한 것이다.

① 주자소가 설치되어 계미자가 주조되었다.
② 전통 한의학을 정리한 동의보감이 완성되었다.
③ 음악 이론 등을 집대성한 악학궤범이 간행되었다.
④ 세계 지도인 혼일강리역대국도지도가 제작되었다.
⑤ 한양을 기준으로 한 역법서인 칠정산 내편이 편찬되었다.

17. (가) 인물에 대한 설명으로 옳은 것은? [1점]

이 책은 (가) 이/가 태조 이성계에게 지어 바친 법전으로, 경제육전과 경국대전의 모체가 되었다고 평가받는다. 이 책에서 재상 중심의 정치를 강조한 (가) 은/는 도성의 축조 계획을 세우고, 새 궁궐의 이름을 경복궁이라고 짓는 등 국가의 기틀을 다지는 데 주도적인 역할을 하였다.

① 불씨잡변을 지어 불교를 비판하였다.
② 계유정난을 통해 정권을 장악하였다.
③ 일본에 다녀와서 해동제국기를 편찬하였다.
④ 기축봉사를 올려 명에 대한 의리를 내세웠다.
⑤ 성학십도에서 군주의 도를 도식으로 설명하였다.

18. (가), (나) 사이의 시기에 있었던 사실로 옳은 것은? [2점]

(가) [임금이] 전지하기를, "…… 지금 김일손이 찬수한 사초에 부도한 말로써 선대의 일을 거짓으로 기록하고 또한 그의 스승 김종직의 조의제문을 실었도다. …… 대간, 홍문관으로 하여금 형을 의논하여 아뢰도록 하라."라고 하였다.

(나) 대사헌 조광조 등이 아뢰기를, "…… 반정 때에 공이 있었다면 기록되어야 하겠으나, 이들은 또 그다지 공도 없습니다. 무릇 이들을 공신으로 중히 여기면 공(功)과 이(利)를 탐내게 되니 임금을 죽이고 나라를 빼앗는 일이 다 이것에서 비롯됩니다. 임금이 나라를 잘 다스리고자 한다면 먼저 이(利)의 근원을 막아야 합니다. ……"라고 하였다.

① 외척 간의 권력 다툼으로 윤임이 제거되었다.
② 인현 왕후가 폐위되고 남인이 권력을 장악하였다.
③ 공신 책봉에 불만을 품고 이괄이 반란을 일으켰다.
④ 이조 전랑 임명을 둘러싸고 사림이 동인과 서인으로 나뉘었다.
⑤ 폐비 윤씨 사사 사건의 전말이 알려져 김굉필 등이 처형되었다.

19. (가) 상인에 대한 설명으로 옳은 것은? [1점]

이곳은 조선 시대의 상점 터가 확인된 종로 피맛골 발굴 현장입니다. 조선 정부는 이 일대에 행랑을 지어 상가를 조성하고 (가) 에게 빌려 주었습니다. (가) 중에는 육의전 상인이 대표적이었습니다.

① 혜상공국을 통해 보호받았다.
② 금난전권이라는 특권을 부여받았다.
③ 전국에 송방이라는 지점을 설치하였다.
④ 책문 후시를 통해 대청 무역을 주도하였다.
⑤ 포구에서 중개 · 금융 · 숙박업 등에 주력하였다.

20. 밑줄 그은 '이 전쟁'의 영향으로 옳은 것은? [3점]

사진은 김준룡 장군 전승지 및 비입니다. 김준룡 장군은 이 전쟁이 일어나자 남한산성으로 피란한 국왕을 구하기 위해 근왕병을 이끌고 누르하치의 사위인 적장을 사살하는 등의 전공을 세웠습니다.

① 북방에 4군 6진이 개척되었다.
② 이종무에 의해 대마도가 정벌되었다.
③ 청에 당한 치욕을 갚자는 북벌론이 전개되었다.
④ 계해약조가 체결되어 세견선의 입항이 허가되었다.
⑤ 외적에 대비하기 위해 비변사가 처음으로 설치되었다.

21. 밑줄 그은 '이 법'에 대한 설명으로 옳은 것은? [2점]

> 좌의정 이원익의 건의로 이 법을 비로소 시행하여 백성의 토지에서 미곡을 거두어 서울로 옮기게 했는데, 먼저 경기에서 시작하고 드디어 선혜청을 설치하였다. …… 우의정 김육의 건의로 충청도에도 시행하게 되었으며 …… 황해도 관찰사 이언경의 상소로 황해도에도 시행하게 되었다.
>
> ─ 『만기요람』 ─

① 양반에게도 군포를 납부하게 하였다.
② 풍흉에 따라 9등급으로 나누어 전세를 부과하였다.
③ 어장세, 염전세, 선박세를 거두어 군사비로 충당하였다.
④ 재정 부족 문제를 해결하기 위해 지주에게 결작을 징수하였다.
⑤ 관청에 필요한 물품을 납부하는 공인이 등장하는 배경이 되었다.

22. 다음 그림이 그려진 시기에 볼 수 있는 모습으로 적절하지 않은 것은? [2점]

이 그림은 김득신이 그린 풍속화로 병아리를 물고 도망가는 고양이와 이에 놀란 닭, 긴 담뱃대로 이를 제지하려는 남성의 모습 등이 묘사되어 있다. 조용한 여염집에서 벌어진 소동을 그렸기 때문에 파적도(破寂圖)라 불리기도 한다.

① 생선을 팔고 상평통보를 받는 상인
② 장시에서 탈춤 공연을 벌이는 광대
③ 시사(詩社)를 조직하여 활동하는 중인
④ 직전법에 의해 수조권을 지급받는 관리
⑤ 고추, 인삼 등을 상품 작물로 재배하는 농민

23. 다음 사건이 일어난 시기를 연표에서 옳게 고른 것은? [2점]

> 방금 남연군방(南延君房)의 차지중사(次知中使)가 아뢴 바를 들으니, 덕산의 묘지에 서양놈들이 침입하여 무덤을 훼손한 변고가 있었다고 하니 아주 놀랍고 황송한 일이다. …… 조정에서 임기응변의 계책을 세웠다가 도신(道臣)의 장계가 올라오기를 기다려 논의하도록 하라.

1862	1866	1871	1876	1884	1894
(가)	(나)	(다)	(라)	(마)	
임술 농민 봉기	병인 양요	신미 양요	강화도 조약	갑신 정변	갑오 개혁

① (가) ② (나) ③ (다) ④ (라) ⑤ (마)

24. 다음 가상 인터뷰의 왕이 추진한 정책으로 옳은 것은? [3점]

팔순을 맞이하여 재위 기간의 치적을 쓰신 어제문업에는 어떤 내용이 있나요?

탕평, 청계천 준설 등 여섯 가지의 치적을 기록하였소.

① 집현전을 계승한 홍문관을 설치하였다.
② 국경을 정한 백두산 정계비를 건립하였다.
③ 왕실의 권위를 세우고자 경복궁을 중건하였다.
④ 역대 문물을 정리한 동국문헌비고를 편찬하였다.
⑤ 삼정의 문란을 해결하고자 삼정이정청을 설치하였다.

25. 밑줄 그은 '그'에 대한 설명으로 옳은 것은? [2점]

제시된 지도는 그가 연행사를 따라서 열하에 이른 경로를 나타낸 것입니다. 연암이라는 호를 쓴 그는 청에서 보고 들은 것을 여행기로 남겼습니다.

① 양명학을 연구하여 강화 학파를 형성하였다.
② 서얼 출신으로 규장각 검서관에 임명되었다.
③ 양반전에서 양반의 위선과 무능을 지적하였다.
④ 의산문답에서 중국 중심의 세계관을 비판하였다.
⑤ 우서에서 사농공상의 직업적 평등과 전문화를 내세웠다.

26. (가) 군사 조직에 대한 설명으로 옳은 것은? [2점]

> [왕이] 비망기로 전교하였다. "…… 적의 난리를 겪는 2년 동안 군사 한 명을 훈련시키거나 무기 하나를 수리한 것이 없이, 명의 군대만을 바라보며 적이 제 발로 물러가기만을 기다렸으니 불가하지 않겠는가. …… 과인의 생각에는 따로 (가) 을/를 설치하여 합당한 인원을 차출해서 장정을 뽑아 날마다 활을 익히기도 하고 조총을 쏘기도 하여 모든 무예를 훈련시키도록 하고 싶으니, 의논하여 처리하라."라고 하였다.

① 수원 화성에 외영을 두었다.
② 국경 지대인 양계에 설치되었다.
③ 후금과의 항쟁 과정에서 창설되었다.
④ 급료를 받는 상비군이 주축을 이루었다.
⑤ 응양군과 용호군으로 구성된 친위 부대였다.

27. 밑줄 그은 '이 조약'에 대한 설명으로 옳은 것은? [1점]

> S# 36. 궁궐 안
> 이 조약의 체결로 이루어진 공사(公使)의 부임에 대한 답례차 파견되었던 전권대신 민영익이 귀국하여 고종을 알현하고 있다.
>
> 고 종: 그 나라의 부강함은 천하제일이라던데, 경이 이번에 눈으로 보니 과연 그러하던가?
> 민영익: 곡식이 생산되는 땅이 많고 사람들이 모두 실제에 힘씁니다. 그래서 상무(商務)가 가장 왕성하니, 다른 나라와 비교가 되지 않습니다.
> 고 종: 대통령이 이번에 바뀌었다고 하던가?
> 민영익: 신이 귀국하기 전에는 미처 듣지 못하였습니다.

① 최혜국 대우 조항이 포함되었다.
② 천주교 선교를 인정하는 근거가 되었다.
③ 양곡의 수출을 허용하고 관세를 설정하지 않았다.
④ 스티븐스가 외교 고문으로 부임하는 계기가 되었다.
⑤ 부산, 원산, 인천에 개항장이 설치되는 결과를 가져왔다.

28. (가) 사건에 대한 설명으로 옳은 것은? [2점]

> **책으로 본 역사**
>
> 사학징의
>
> 사학징의(邪學懲義)는 1801년(순조 1)에 일어난 (가) 의 진행 과정에 대해 기록한 책이다. 형조와 포도청 등 정부 측 기록을 수집하여 정리한 이 책에는 정순 왕후의 명령에 따라 사학(邪學) 죄인들을 문초한 내용 등이 수록되어 있다.
>
> 처음으로   나가기

① 정여립의 모반 사건이 계기가 되었다.
② 최제우가 혹세무민의 죄로 처형되었다.
③ 홍경래 등의 봉기로 정주성이 점령되었다.
④ 이승훈, 정약용 등이 연루되어 처벌되었다.
⑤ 사건의 수습을 위해 박규수가 안핵사로 파견되었다.

29. 밑줄 그은 '이 운동'에 대한 탐구 활동으로 가장 적절한 것은? [3점]

> **학술 대회 안내**
>
> 우리 학회는 동비토록(東匪討錄)에 수록된 내용을 분석하여 이 운동의 역사적 의미를 조명하는 학술 대회를 개최하고자 합니다.
>
> ■발표 주제
> (1) 무장(茂長) 포고문에 나타난 보국안민 사상
> (2) 초토사 홍계훈이 올린 장계를 통해 본 조정의 입장
> (3) 청과 일본 군대의 조선 상륙과 청·일 전쟁의 전개 과정
>
> ■일시: 2018년 ○○월 ○○일 13:00~18:00
> ■장소: □□대학교 대강당

① 외규장각 도서의 약탈 과정을 살펴본다.
② 영국이 거문도를 불법 점령한 배경을 분석한다.
③ 아관 파천 이후 열강의 이권 침탈 사례를 조사한다.
④ 황토현 전투와 황룡촌 전투의 전개 과정을 알아본다.
⑤ 헤이그 만국 평화 회의에 파견된 특사의 활동 내용을 파악한다.

30. 다음 상황 이후에 전개된 사실로 옳은 것은? [2점]

> 대원군에게 군국사무를 처리하라는 명이 내려지자, 대원군은 궐내에 거처하면서 [통리]기무아문과 무위영·장어영을 폐지하고, 5영의 군제를 복구하고 군료(軍料)를 지급하도록 하였다. 그리고 난병(亂兵)에게 물러가라 명하고 대사령을 내렸다. 난병들은 대궐에서 물러나 사방으로 흩어졌다.
>
> ─『매천야록』─

① 전국 각지에 척화비가 건립되었다.

② 김기수가 수신사로 일본에 파견되었다.

③ 왕조의 통치 규범을 재정비한 대전통편이 편찬되었다.

④ 조선책략 유포에 반발하여 이만손 등이 영남 만인소를 올렸다.

⑤ 일본 공사관 경비병의 주둔을 인정한 제물포 조약이 체결되었다.

31. (가)~(마) 지역에서 있었던 사실로 옳은 것은? [2점]

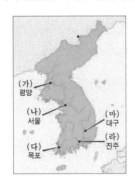

① (가) ─ 지주 문재철의 횡포에 맞선 소작 쟁의가 발생하였다.

② (나) ─ 상권 수호를 위해 황국 중앙 총상회가 조직되었다.

③ (다) ─ 김광제 등의 발의로 국채 보상 운동이 일어났다.

④ (라) ─ 토산품 애용을 위한 조선 물산 장려회가 발족되었다.

⑤ (마) ─ 백정에 대한 차별 철폐를 위해 조선 형평사가 창립되었다.

32. 다음 글이 작성된 이후의 사실로 옳지 <u>않은</u> 것은? [3점]

> 본 [덕원]부는 해안의 요충지에 위치해 있고 아울러 개항지입니다. 이곳을 빈틈없이 잘 운영해 나가는 방도는 인재를 선발하여 쓰는 데 있고 그 핵심은 가르치고 기르는 데 있습니다. 그래서 원산사(元山社)에 글방을 설치하였습니다.
>
> ─ 덕원 부사 정현석의 장계 ─

① 국한문 혼용체의 황성신문이 발간되었다.

② 교원 양성을 위해 한성 사범 학교가 설립되었다.

③ 헐버트, 길모어 등이 육영 공원 교사로 초빙되었다.

④ 근대 기술을 배우기 위해 청에 영선사 일행이 파견되었다.

⑤ 교육의 기본 방향을 제시한 교육 입국 조서가 반포되었다.

33. (가) 시기에 실시된 정책으로 옳은 것은? [2점]

> 이것은 고종이 국호를 (가) (으)로 고치고 새로운 연호를 선포한 이후 만들어진 여권입니다. 이 여권이 발행된 (가) 시기에는 황제 직속의 원수부가 설치되는 등 각종 개혁이 실시되었습니다.

① 양전 사업을 실시하고 지계를 발급하였다.

② 박문국을 설치하고 한성순보를 발행하였다.

③ 공사 노비법을 혁파하고 과거제를 폐지하였다.

④ 지방 행정 구역을 8도에서 23부로 개편하였다.

⑤ 개혁의 방향을 제시한 홍범 14조를 반포하였다.

34. 다음 인물에 대한 설명으로 옳은 것은? [2점]

이달의 인물

한글을 사랑한 ○○○

● 호: 한힌샘, 백천(白泉)

● 생몰: 1876년~1914년

● 주요 활동
  ─ 독립신문 교보원 활동
  ─ 국문동식회 조직
  ─ 국어문법, 말의 소리 저술

● 서훈: 1980년 건국 훈장 대통령장

① 잡지 한글을 간행하였다.

② 한글 맞춤법 통일안을 제정하였다.

③ 가갸날을 제정하고 기념식을 거행하였다.

④ 국문 연구소에서 한글 연구를 체계화하였다.

⑤ 조선어 학회 사건으로 구속되어 옥고를 치렀다.

35. 밑줄 그은 '이 단체'의 활동으로 옳은 것은? [1점]

이것은 광복 70주년을 기념하여 제작된 안창호 기념 메달입니다. 그가 양기탁 등과 함께 조직한 비밀 결사인 이 단체는 대성 학교, 오산 학교를 세워 인재를 양성하는 등 다양한 활동을 전개하였습니다.

앞면   뒷면

① 이륭양행에 교통국을 설치하였다.
② 태극 서관과 자기 회사를 운영하였다.
③ 일본의 황무지 개간권 요구를 저지하였다.
④ 중추원 개편을 통해 의회 설립을 추진하였다.
⑤ 만민 공동회를 열어 민권 신장을 추구하였다.

36. (가) 지역에서 있었던 민족 운동에 대한 설명으로 옳은 것은? [2점]

○○신문

제△△호   ○○○○년 ○○월 ○○일

이은숙의 회고록으로 본 국외 민족 운동

한국 독립운동사의 일면을 살펴볼 수 있는 책이 발간되었다. 이 책은 이회영의 아내이자 독립운동가로 파란만장한 삶을 살았던 이은숙이 일제 강점기에 겪은 일을 중심으로 기록한 수기이다. 이 책에는 국권 피탈 직후 (가) 지역으로 이주하여 독립운동에 헌신한 이회영 일가의 삶이 담겨 있으며, (가) 지역의 삼원보에 터를 잡고 신흥 강습소를 설립하는 과정이 잘 드러나 있다.

① 한인 자치 기구인 경학사를 설립하였다.
② 대조선 국민 군단을 조직하여 군사 훈련을 하였다.
③ 대한인 국민회를 중심으로 외교 활동을 전개하였다.
④ 유학생들이 중심이 되어 2·8 독립 선언서를 발표하였다.
⑤ 대한 광복군 정부가 세워져 무장 독립 투쟁을 준비하였다.

37. 밑줄 그은 '이 사건'이 일어난 시기를 연표에서 옳게 고른 것은? [1점]

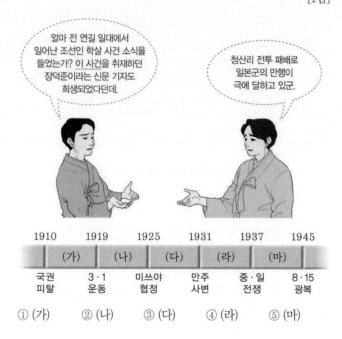

얼마 전 연길 일대에서 일어난 조선인 학살 사건 소식을 들었는가? 이 사건을 취재하던 장덕준이라는 신문 기자도 희생되었다던데.

청산리 전투 패배로 일본군의 만행이 극에 달하고 있군.

1910	1919	1925	1931	1937	1945
(가)	(나)	(다)	(라)	(마)	
국권 피탈	3·1 운동	미쓰야 협정	만주 사변	중·일 전쟁	8·15 광복

① (가)   ② (나)   ③ (다)   ④ (라)   ⑤ (마)

38. (가) 종교의 활동으로 옳은 것은? [2점]

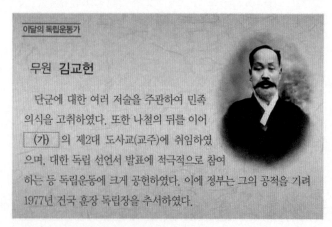

이달의 독립운동가

무원 김교헌

단군에 대한 여러 저술을 주관하여 민족 의식을 고취하였다. 또한 나철의 뒤를 이어 (가) 의 제2대 도사교(교주)에 취임하였으며, 대한 독립 선언서 발표에 적극적으로 참여하는 등 독립운동에 크게 공헌하였다. 이에 정부는 그의 공적을 기려 1977년 건국 훈장 독립장을 추서하였다.

① 사찰령 폐지 운동을 전개하였다.
② 개벽, 신여성 등의 잡지를 발행하였다.
③ 항일 단체인 중광단의 결성을 주도하였다.
④ 배재 학당을 세워 신학문 보급에 기여하였다.
⑤ 경향신문을 발행하여 민중 계몽을 위해 노력하였다.

39. 다음 취지서를 발표한 민족 운동에 대한 설명으로 옳은 것은?

[3점]

발기 취지서

우리의 운명을 어떻게 개척할까? …… 민중의 보편적 지식은 보통 교육으로도 가능하지만 심오한 지식과 학문은 고등 교육이 아니면 불가하며, 사회 최고의 비판을 구하며 유능한 인물을 양성하려면 최고 학부의 존재가 가장 필요하도다. …… 그러므로 우리는 이에 느낀 바 있어 감히 만천하 동포에게 향하여 민립 대학의 설립을 제창하노니, 형제 자매는 와서 찬성하고 나아가며 이루라.

① 근우회를 중심으로 진행되었다.
② 중국의 5·4 운동에 영향을 주었다.
③ 이상재 등이 주도하여 모금 활동을 전개하였다.
④ 어린이날을 제정하고 잡지 어린이 등을 발간하였다.
⑤ '배우자 가르치자 다 함께 브나로드' 등의 구호를 내세웠다.

40. 다음 검색창에 들어갈 민족 운동에 대한 설명으로 옳은 것은?

[1점]

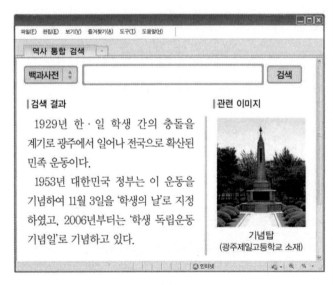

역사 통합 검색

백과사전 ▲▼ [　　　　　　] 검색

|검색 결과

1929년 한·일 학생 간의 충돌을 계기로 광주에서 일어나 전국으로 확산된 민족 운동이다.

1953년 대한민국 정부는 이 운동을 기념하여 11월 3일을 '학생의 날'로 지정하였고, 2006년부터는 '학생 독립운동 기념일'로 기념하고 있다.

|관련 이미지

기념탑
(광주제일고등학교 소재)

① 신간회에서 진상 조사단을 파견하였다.
② 순종의 인산일에 학생들의 주도로 전개되었다.
③ 대한민국 임시 정부가 수립되는 계기가 되었다.
④ 대한매일신보의 후원으로 전국적으로 확산되었다.
⑤ 일제가 이른바 문화 통치를 실시하는 배경이 되었다.

41. (가), (나) 인물의 활동으로 옳은 것은?

[2점]

옛 사람이 말하기를 나라는 멸망할 수 있으나 그 역사는 없어질 수 없다고 했으니, 이는 나라가 형체라면 역사는 정신이기 때문이다.

우리 조선의 역사는 세계사적·일원론적인 역사 법칙에 의해 다른 민족들과 거의 같은 궤도로 발전 과정을 거쳐 왔다.

(가)

(나)

① (가) – 한국독립운동지혈사에서 독립 투쟁 과정을 서술하였다.
② (가) – 유물 사관을 토대로 식민 사학의 정체성론을 반박하였다.
③ (나) – 진단 학회를 창립하여 실증주의 사학을 발전시켰다.
④ (나) – 독사신론을 발표하여 민족을 역사 서술의 중심에 두었다.
⑤ (가), (나) – 조선학 운동을 주도하며 여유당전서를 간행하였다.

42. (가) 인물의 활동으로 옳은 것은?

[2점]

이것은 한국 독립군과 한국 광복군의 총사령관으로서 항일 독립 전쟁을 이끈 [　(가)　]의 친필 일기입니다. 이 일기에는 광복 후 그의 활동과 과거 독립운동을 함께 했던 인물들에 대한 회상이 담겨져 있습니다.

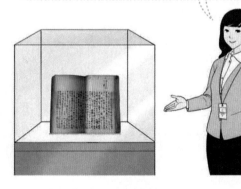

① 의열단을 조직하여 단장으로 활동하였다.
② 동양 척식 주식회사에 폭탄을 투척하였다.
③ 고종의 밀지를 받아 독립 의군부를 조직하였다.
④ 쌍성보 전투에서 한·중 연합 작전을 전개하였다.
⑤ 명동 성당 앞에서 이완용을 습격하여 중상을 입혔다.

43. 다음 두 의거를 일으킨 단체에 대한 설명으로 옳은 것은? [2점]

> ○ 오늘 아침 신년 관병식을 마치고 궁성으로 돌아가던 일왕의
> 행렬이 궁성 부근 앵전문(櫻田門) 앞에 이르렀을 때 군중 가운
> 데서 돌연 한인(韓人) 한 명이 뛰쳐나와 행렬을 향해 수류탄을
> 투척하였다.
>
> ─ 시보(時報) ─
>
> ○ 일왕의 생일인 천장절 기념식장에 폭탄을 투척하여 다수의 일본
> 군부 및 정계 요인에게 부상을 입혔던 한인(韓人) 윤(尹) 지사는
> 현장에서 체포된 뒤 일본군 헌병대 사령부로 압송되었다.
>
> ─ 상해보(上海報) ─

① 중·일 전쟁 발발 이후에 창설되었다.
② 김구의 주도로 상하이에서 조직되었다.
③ 조선 혁명 선언을 활동 지침으로 하였다.
④ 김익상, 김상옥 등이 단원으로 활동하였다.
⑤ 일제가 꾸며낸 105인 사건으로 해체되었다.

44. 밑줄 그은 '시기'에 있었던 사실로 옳은 것은? [2점]

> 이것은 태평양 전쟁이 전개되던 시기에 만들어진 포스터로, 애국반에
> 호적 미등재자가 없도록 하자는 수칙이 쓰여 있습니다. 특히 징병제의
> 대상자는 빠짐없이 호적에 등재할 것을 강조하고 있습니다.

① 회사령이 철폐되었다.
② 조선 태형령이 시행되었다.
③ 토지 조사 사업이 실시되었다.
④ 여자 정신 근로령이 공포되었다.
⑤ 제1차 조선 교육령이 발표되었다.

45. 다음 가상 인터뷰의 주인공에 대한 설명으로 옳은 것은? [3점]

> 선생께서는 광복에 대비하여 조선 건국 동맹을 결성하셨습니다. 광복 이후에는 어떤 활동을 하셨나요?

> 조선 건국 준비 위원회의 위원장을 맡아 완전한 독립 국가 건설을 위해 노력하였습니다.

① 좌우 합작 위원회의 주축이 되었다.
② 김규식과 함께 남북 협상에 참여하였다.
③ 재미 한인을 중심으로 흥사단을 설립하였다.
④ 정읍에서 남한만의 단독 정부 수립을 주장하였다.
⑤ 중국 국민당과 협력하여 조선 의용대를 창설하였다.

46. (가), (나) 사이의 시기에 있었던 사실로 옳은 것은? [2점]

> (가) 반민족 행위 특별 조사 위원회(반민 특위)가 본격적으로 친일
> 청산에 나서자, 친일 경력이 있던 일부 경찰과 친일파들은
> '공산당과 싸우는 애국지사를 잡아 간 반민 특위 위원은 공산당'
> 이라며 시위를 벌였다. 대통령은 특별 담화를 발표하고, 공산당과
> 내통했다는 구실로 반민 특위 소속 국회의원들을 구속하였다.
>
> (나) 자유당은 당시 대통령에 한하여 중임 제한을 적용하지 않는다는
> 내용을 골자로 하는 개헌을 추진하였다. 그해 11월, 개헌안은
> 의결 정족수에 1명이 부족하여 부결되었는데, 사사오입의 논리를
> 내세워 개헌안이 다시 통과된 것으로 번복하였다.

① 정부 형태가 내각 책임제로 바뀌었다.
② 장기 독재를 가능하게 한 유신 헌법이 공포되었다.
③ 평화 통일론을 주장한 진보당의 조봉암이 구속되었다.
④ 임시 수도 부산에서 대통령 직선제 개헌안이 통과되었다.
⑤ 여당 부통령 후보 당선을 위한 3·15 부정 선거가 자행되었다.

47. 밑줄 그은 '총선거'에 대한 설명으로 옳지 <u>않은</u> 것은? [1점]

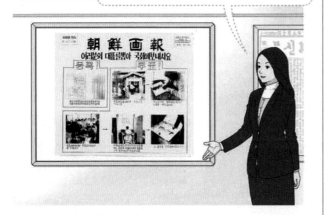

> 제시된 자료는 유엔 한국 임시 위원단이 지켜보는 가운데 실시된 총선거의 투표 방법 안내 포스터로, 선거인 등록부터 기표한 용지를 투표함에 넣는 것까지 매우 상세하게 알려주고 있습니다.

① 비례 대표제가 적용되었다.
② 우리나라 최초의 보통 선거였다.
③ 38도선 이남 지역에서만 실시되었다.
④ 제헌 국회를 구성하기 위한 선거였다.
⑤ 제주도의 일부 지역에서 선거가 무효 처리되었다.

48. 다음 뉴스에 보도된 사건 이후의 사실로 옳은 것을 〈보기〉에서 고른 것은? [3점]

> 어제 동대문 평화시장 재단사 전태일 씨가 분신하는 사건이 발생하였습니다. 이 과정에서 그는 노동자들의 열악한 근무 환경 실태를 고발하며 근로 기준법의 준수를 외쳤습니다.

─── 〈보 기〉 ───
ㄱ. 최저 임금법이 제정되었다.
ㄴ. 한·미 원조 협정이 체결되었다.
ㄷ. 연간 수출액 100억 달러가 달성되었다.
ㄹ. 제1차 경제 개발 5개년 계획이 추진되었다.

① ㄱ, ㄴ ② ㄱ, ㄷ ③ ㄴ, ㄷ ④ ㄴ, ㄹ ⑤ ㄷ, ㄹ

49. (가), (나) 인물이 대통령으로 재임했던 시기에 있었던 사실로 옳은 것을 〈보기〉에서 고른 것은? [2점]

인물로 보는 한국 현대사

(가)
• 경상남도 거제 출신
• 신민당, 통일 민주당 총재
• 민주화 추진 협의회 공동 의장
• 대한민국 제14대 대통령

(나)
• 전라남도 신안 출신
• 제7대 대통령 선거 신민당 후보
• 민주화 추진 협의회 공동 의장
• 대한민국 제15대 대통령

─── 〈보 기〉 ───
ㄱ. (가) – 남북 기본 합의서가 채택되었다.
ㄴ. (가) – 금융 실명제가 전격 시행되었다.
ㄷ. (나) – 6·15 남북 공동 선언이 발표되었다.
ㄹ. (나) – 미국과의 자유 무역 협정(FTA)이 체결되었다.

① ㄱ, ㄴ ② ㄱ, ㄷ ③ ㄴ, ㄷ ④ ㄴ, ㄹ ⑤ ㄷ, ㄹ

50. 다음 선언문을 발표한 민주화 운동에 대한 설명으로 옳은 것은? [2점]

> 이제 우리 국민은 그 어떠한 명분으로도 더 이상 민주화의 실현이 지연되어서는 안된다고 요구하고 있다. 분단을 이유로, 경제 개발을 이유로, 그리고 지금은 올림픽을 이유로 민주화를 유보하자는 역대 독재 정권의 거짓 논리에서 이제는 깨어나고 있다. …… 4·13 폭거가 무효임을 선언하는 우리 국민들의 행진은 이제 거스를 수 없는 역사의 대세가 되었다.

① 양원제 국회가 출현하는 결과를 가져왔다.
② 굴욕적인 한·일 국교 정상화에 반대하였다.
③ 신군부의 비상 계엄 확대가 원인이 되어 일어났다.
④ 관련 자료가 유네스코 세계 기록 유산으로 등재되었다.
⑤ 5년 단임의 대통령 직선제 개헌이 이루어지는 계기가 되었다.

01. (가) 시대에 대한 설명으로 옳은 것은? [1점]

◆ 우리 고장의 유적 ◆

부여 송국리 유적

부여 송국리 유적은 우리나라 (가) 시대를 대표하는 유적이다. 발굴 조사를 통해 목책(木柵)의 흔적과 100여 기 이상의 대규모 주거지가 발견되었다. 또한 '송국리식 토기'라고 불리는 민무늬 토기를 비롯하여 비파형 동검, 거푸집 등 다양한 유물이 출토되어 (가) 시대의 생활 모습을 보여주는 중요한 자료로 평가된다.

유적 전경

① 소를 이용한 깊이갈이가 일반화되었다.
② 반달 돌칼을 사용하여 곡물을 수확하였다.
③ 계급이 없는 평등한 공동체 생활을 하였다.
④ 사냥을 위해 슴베찌르개를 처음 제작하였다.
⑤ 정착 생활이 시작되면서 움집이 등장하였다.

02. 밑줄 그은 '이 나라'에 대한 설명으로 옳은 것은? [2점]

건국 이야기가 삼국유사에 실려 있는 이 나라에 대해 말해 보자.

기원전 2세기경에는 위만이 준왕을 몰아내고 왕이 되었어.

한반도 남부의 진국과 중국의 한 사이에서 중계 무역을 하기도 하였지.

① 신지, 읍차 등의 지배자가 있었다.
② 여러 가(加)들이 별도로 사출도를 다스렸다.
③ 제사장인 천군과 신성 지역인 소도가 있었다.
④ 읍락 간의 경계를 중요시하는 책화가 있었다.
⑤ 범금 8조를 통해 살인, 절도 등의 죄를 다스렸다.

03. (가) 나라에 대한 설명으로 옳은 것은? [2점]

문화재청이 올해 발굴 대상으로 선정한 경상남도 김해 원지리 고분군에 대한 발굴이 본격적으로 시작됩니다. 이 고분군은 김해 대성동 고분군과 함께 (가) 의 주요 유적입니다.

경상남도 김해 원지리 고분군 발굴 착수

① 지방의 22담로에 왕족을 파견하였다.
② 12월에 영고라는 제천 행사를 거행하였다.
③ 박, 석, 김의 3성이 교대로 왕위를 계승하였다.
④ 철이 많이 생산되어 낙랑, 왜 등에 수출하였다.
⑤ 집사부를 비롯한 14부를 두어 행정 업무를 분담하였다.

04. (가), (나) 사이의 시기에 있었던 사실로 옳은 것은? [3점]

(가) 백제왕이 병력 3만 명을 거느리고 평양성을 공격해 왔다. 왕이 출병하여 막다가 날아오는 화살에 맞아 서거하였다.

(나) 왕이 보병과 기병 5만 명을 보내 신라를 구원하게 하였다. (고구려군이) 남거성을 통해 신라성에 이르렀는데, 그곳에 왜적이 가득하였다. 고구려군이 도착하자 왜적이 퇴각하였다.

① 전진의 순도가 고구려에 불교를 전파하였다.
② 연개소문이 정변을 일으켜 권력을 장악하였다.
③ 이문진이 유기(留記)를 간추린 신집을 편찬하였다.
④ 관구검이 이끄는 위의 군대가 고구려를 공격하였다.
⑤ 장수왕이 평양으로 천도하고 남진 정책을 본격화하였다.

05. 다음 비석을 세운 왕이 시행한 정책으로 옳은 것은? [3점]

왕이 인민을 많이 얻어 …… 이리하여 영토를 순수(巡狩)하면서 민심을 (살피고) 노고를 위로하고자 한다.

적성(赤城)의 야이차에게 하교하시기를 …… 옳은 일을 하는 데 힘을 쓰다가 죽게 되었으므로 …… 이(利)를 허락하였다.

① 국학을 설립하여 유학을 교육하였다.

② 대가야를 정복하여 영토를 확장하였다.

③ 병부 등을 설치하여 지배 체제를 정비하였다.

④ 지방관을 감찰하기 위하여 외사정을 설치하였다.

⑤ 국호를 신라로 확정하고 왕이라는 칭호를 사용하였다.

06. (가)~(라)를 일어난 순서대로 옳게 나열한 것은? [2점]

(가) 의자왕은 당과 신라 군사들이 이미 백강과 탄현을 지났다는 소식을 듣고 장군 계백을 시켜 결사대 5천 명을 거느리고 황산으로 가서 신라 군사와 싸우게 하였다.

(나) 유인원과 신라왕 김법민은 육군을 거느려 나아가고, 유인궤와 부여융은 수군과 군량을 실은 배를 거느리고 …… 백강으로 가서 육군과 합세하여 주류성으로 갔다. 백강 어귀에서 왜의 군사를 만나 …… 그들의 배 4백 척을 불살랐다.

(다) 이근행이 군사 20만 명을 이끌고 매소성에 진을 쳤다. 신라군이 (이근행의 군사를) 공격하여 패주시키고, 말 3만여 필과 그 만큼의 다른 병기를 얻었다.

(라) 검모잠이 남은 백성들을 모아서 …… 당의 관리와 승려 법안 등을 죽이고 신라로 향하였다. …… 안승을 한성 안으로 맞아들여 받들어 왕으로 삼았다.

① (가) – (나) – (다) – (라)

② (가) – (나) – (라) – (다)

③ (나) – (가) – (라) – (다)

④ (나) – (다) – (가) – (라)

⑤ (다) – (라) – (나) – (가)

07. (가) 제도가 시행된 국가에 대한 설명으로 옳은 것은? [2점]

자네, 이번에 정말 당으로 떠나려고 하는가?

우리나라에는 (가) 이/가 있어서, 나는 아무리 큰 공을 세워도 신분적인 한계 때문에 관등이 아찬까지밖에 오르지 못한다네. 이런 현실이 답답하네.

① 제가 회의에서 나라의 중요한 일을 결정하였다.

② 상수리 제도를 실시하여 지방 세력을 견제하였다.

③ 중국 남조의 영향을 받아 벽돌무덤을 축조하였다.

④ 왕족인 부여씨와 8성의 귀족이 지배층을 이루었다.

⑤ 경당을 설치하여 청소년에게 글과 활쏘기를 가르쳤다.

08. (가) 왕에 대한 설명으로 옳은 것을 〈보기〉에서 고른 것은? [2점]

이곳은 산동반도의 등주성입니다. (가) 이/가 이 지역에 장문휴를 보내 당의 군대를 격파하였습니다.

〈보 기〉

ㄱ. 중경 현덕부에서 상경 용천부로 천도하였다.

ㄴ. 고구려 유민을 이끌고 동모산에서 건국하였다.

ㄷ. 인안(仁安)이라는 독자적인 연호를 사용하였다.

ㄹ. 대문예로 하여금 흑수 말갈을 정벌하게 하였다.

① ㄱ, ㄴ   ② ㄱ, ㄷ   ③ ㄴ, ㄷ

④ ㄴ, ㄹ   ⑤ ㄷ, ㄹ

09. 밑줄 그은 '탑'에 해당하는 사진 자료로 옳은 것은? [1점]

어느 날 무왕이 부인과 함께 사자사(師子寺)에 가려고 용화산 밑의 큰 못가에 이르렀는데, 미륵 삼존이 연못 가운데서 나타나므로 수레를 멈추고 절을 올렸다. 부인이 왕에게 말하기를, "모름지기 이곳에 큰 절을 지어 주십시오. 그것이 제 소원입니다."라고 하였다. 왕이 이를 허락하여 …… 미륵이 세 번 법회를 연 것을 본 따 법당과 탑과 낭무(廊廡)*를 각각 세 곳에 세우고, 절 이름을 미륵사라고 하였다.

- 『삼국유사』 -

* 낭무(廊廡): 건물 사이를 이어주는 복도

①  ② ③

④ ⑤

10. (가) 왕의 재위 기간에 있었던 사실로 옳은 것은? [2점]

이곳은 개성에 있는 (가) 의 무덤입니다. 그는 정계와 계백료서를 지어 관리들이 지켜야 할 규범을 제시하고, 후대 왕들이 지켜야 할 정책 방향을 담은 훈요 10조를 남겼다고 합니다.

① 12목에 지방관을 파견하였다.
② 서경을 북진 정책의 전진 기지로 삼았다.
③ 국자감에 7재라는 전문 강좌를 개설하였다.
④ 쌍기의 건의를 받아들여 과거제를 시행하였다.
⑤ 노비안검법을 시행하여 호족과 공신 세력을 견제하였다.

11. (가) 국가의 경제에 대한 설명으로 옳은 것은? [2점]

이 석상은 원성왕릉 앞에 세워진 무인상이다. 부리부리한 눈이나 이국적인 얼굴 윤곽과 복식은 흥덕왕릉 앞에 있는 무인상과 더불어 서역인의 모습을 하고 있다. 이는 당시 (가) 이/가 아라비아 등 서역과 활발하게 교류하였다는 주장을 뒷받침해 준다.

① 의창을 두어 빈민을 구제하였다.
② 솔빈부의 말이 특산물로 유명하였다.
③ 왜관을 설치하여 일본과 교역하였다.
④ 경시서를 통해 수도의 시전을 감독하였다.
⑤ 청해진을 중심으로 해상 무역이 전개되었다.

12. 다음 상황이 나타난 시기를 연표에서 옳게 고른 것은? [2점]

왕이 원(元) 연호의 사용을 중지시키면서 교서를 내렸다. "근래에 나라의 풍속이 크게 바뀌어 오직 권세만을 추구하게 되었으니, 기철 일당이 권세를 믿고 나라의 법도를 뒤흔드는 일이 벌어졌다. …… 법령을 다듬어 명확히 하고 기강을 정돈함으로써 조종(祖宗)이 세운 법을 회복하여 온 나라 백성들과 함께 새롭게 시작하고자 한다."

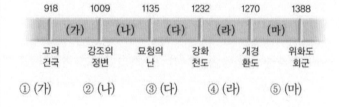

918		1009		1135		1232		1270		1388
	(가)		(나)		(다)		(라)		(마)	
고려 건국		강조의 정변		묘청의 난		강화 천도		개경 환도		위화도 회군

① (가) ② (나) ③ (다) ④ (라) ⑤ (마)

13. 다음 자료에 나타난 상황 이후의 사실로 옳은 것은? [3점]

정중부 등이 왕을 모시던 신하 20여 명을 살해하였다. 왕은 수문전(修文殿)에 앉아서 술을 마시며 영관(伶官)*들에게 음악을 연주하게 하였으며 밤중에야 잠이 들었다. 이고와 채원이 왕을 시해하려고 했으나 양숙이 막았다. …… 정중부가 왕을 협박하여 군기감으로 옮기고, 태자는 영은관으로 옮겼다.

* 영관(伶官): 음악을 맡아보던 벼슬아치

① 왕실의 외척인 이자겸이 난을 일으켰다.
② 윤관이 여진을 정벌하고 동북 9성을 쌓았다.
③ 공주 명학소에서 망이·망소이가 봉기하였다.
④ 김부식 등이 왕명으로 삼국사기를 편찬하였다.
⑤ 최충이 9재 학당을 세워 유학 교육을 실시하였다.

14. 교사의 질문에 대한 학생의 답변으로 옳은 것은? [1점]

이 우표에는 고려 현종 10년(1019)에 강감찬이 이끄는 고려군이 소배압의 10만 대군을 물리친 전투 장면이 그려져 있습니다. 이 전투에 대해 말해 볼까요?

① 개경까지 침입한 홍건적을 몰아냈어요.
② 몽골군의 침략을 처인성에서 물리쳤어요.
③ 쌍성총관부를 공격하여 철령 이북의 땅을 수복했어요.
④ 강동 6주의 반환 등을 요구한 거란의 침략을 격퇴했어요.
⑤ 내륙까지 쳐들어와 약탈하던 왜구를 황산에서 무찔렀어요.

15. (가) 지역에서 있었던 사실로 옳지 <u>않은</u> 것은? [2점]

답사 계획서

●주제: (가) 의 유적과 역사 인물을 찾아서
●일시: 2017년 ○○월 ○○일 09:00~17:00
●경로: 부근리 고인돌 → 홍릉 → 고려궁지 → 죽산 조봉암 선생 추모비

① 병자호란 때 김상용이 순절하였다.
② 프랑스군이 외규장각을 약탈하였다.
③ 정몽주가 이방원 세력에 의해 피살되었다.
④ 어재연이 이끄는 부대가 미국군에 맞서 싸웠다.
⑤ 조선왕조실록을 보관하던 사고(史庫)가 설치되었다.

16. (가)에 들어갈 문화유산으로 옳은 것은? [2점]

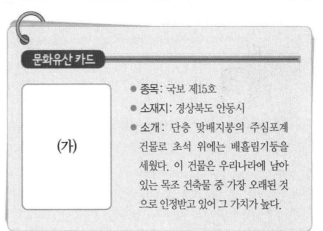

문화유산 카드

(가)

● 종목: 국보 제15호
● 소재지: 경상북도 안동시
● 소개: 단층 맞배지붕의 주심포계 건물로 초석 위에는 배흘림기둥을 세웠다. 이 건물은 우리나라에 남아 있는 목조 건축물 중 가장 오래된 것으로 인정받고 있어 그 가치가 높다.

①  봉정사 극락전
② 수덕사 대웅전
③  쌍계사 대웅전
④  화엄사 각황전
⑤ 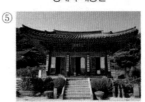 전등사 대웅전

17. 다음 자료의 화폐를 제작한 시기의 경제 상황으로 옳은 것은? [2점]

왕이 명령하기를, "백성들을 부유하게 하고 나라에 이익을 가져오게 하는 데 돈보다 중요한 것은 없다. …… 이제 금속을 녹여 돈을 주조하는 법을 제정하였으니, 주조한 돈 1만 5천 관(貫)을 여러 관리와 군인들에게 나누어 주어 이를 통용의 시초로 삼고 돈의 명칭을 해동통보라 하여라."라고 하였다.

① 모내기법이 전국적으로 확산되었다.
② 벽란도에서 국제 무역이 이루어졌다.
③ 계해약조를 맺어 일본과 교역을 하였다.
④ 시장을 감독하는 관청인 동시전이 있었다.
⑤ 감자, 고구마 등의 구황 작물이 재배되었다.

18. 밑줄 그은 '그'에 대한 설명으로 옳은 것은? [2점]

이것은 그의 행적을 새긴 비석으로 개성의 영통사에 있다. 고려 숙종의 동생인 그는 국청사를 중심으로 해동 천태종을 개창하고, 교종을 중심으로 선종을 통합하여 당시 불교계의 문제를 해결하려 하였다.

① 수심결을 지어 돈오점수를 강조하였다.
② 심성 도야를 강조한 유불 일치설을 주장하였다.
③ 법화 신앙에 중점을 둔 백련 결사를 주도하였다.
④ 이론의 연마와 실천을 함께 강조하는 교관겸수를 제창하였다.
⑤ 인도와 중앙아시아의 풍물을 기록한 왕오천축국전을 저술하였다.

19. (가)~(라)를 일어난 순서대로 옳게 나열한 것은? [3점]

(가) 왜적이 대거 침략해 왔다. 부산진이 함락되면서 첨사(僉使) 정발이 전사하였다. 이어 동래부가 함락되면서 부사 송상현도 전사하였다.
　　　　　　　　　　　　　　　　　　　　　　　－『선조수정실록』－
(나) 왜적이 총출동하여 추격하기에 한산 앞바다로 끌어냈다. 아군이 학익진을 펼쳐 …… 쳐부수니 왜적이 사기가 꺾이어 퇴각하였다. 여러 장수와 군졸들이 환호하며 뛸 듯이 기뻐하였다.
　　　　　　　　　　　　　　　　　　　　　　　－『선조실록』－
(다) 권율이 행주에서 왜적을 대파하고, 고산 현감 신경희를 보내어 승전 소식을 아뢰었다. …… 신경희가 아뢰기를, "…… 그 지역에는 돌이 많아 모든 군사들이 앞다투어 돌을 던져 싸움을 도왔습니다."라고 하였다.
　　　　　　　　　　　　　　　　　　　　　　　－『선조실록』－
(라) (이순신이) 노량에 도착하니 많은 왜적이 이르렀다. 불의에 진격하여 한참 혈전을 하던 중 이순신이 몸소 왜적에게 활을 쏘다가 왜적의 탄환에 가슴을 맞아 배 위에 쓰러졌다. …… 왜적이 마침내 대패하니 사람들은 모두 "죽은 이순신이 산 왜적을 물리쳤다."라고 하였다.
　　　　　　　　　　　　　　　　　　　　　　　－『선조실록』－

① (가) – (나) – (다) – (라)
② (가) – (나) – (라) – (다)
③ (나) – (가) – (라) – (다)
④ (나) – (다) – (가) – (라)
⑤ (다) – (라) – (나) – (가)

20. (가) 왕의 재위 기간에 있었던 사실로 옳은 것은? [1점]

이 책은 (가) 의 명에 의해 우리나라 약재와 중국 약재의 비교 연구, 각 지역에서 생산되는 약재에 대한 실태 조사, 향약채취월령 등을 바탕으로 편찬되었다. 또한 각 질병의 증상에 따른 치료 방법까지 수록되어 있어 우리 풍토에 알맞은 약재와 치료 방법을 종합적으로 정리한 의약서로 평가받고 있다.

향약집성방

① 세계 지도인 곤여만국전도가 전해졌다.
② 우리말 음운 연구서인 언문지가 저술되었다.
③ 홍길동전, 춘향전 등의 한글 소설이 등장하였다.
④ 최초로 100리 척을 사용한 동국지도가 제작되었다.
⑤ 한양을 기준으로 천체 운동을 계산한 칠정산이 편찬되었다.

21. (가)에 대한 설명으로 옳은 것을 <보기>에서 고른 것은? [2점]

하나, 나이가 많고 덕망과 학술을 지닌 1인을 여러 사람들이 도약정(都約正)으로 추대하고, 학문과 덕행을 지닌 2인을 부약정으로 삼는다. (가) 의 구성원 중에서 교대로 직월(直月)과 사화(司貨)를 맡는다. ……
하나, 세 가지 장부를 두어 (가) 에 가입하기를 원하는 자들, 덕업(德業)이 볼 만한 자들, 과실(過失)이 있는 자들을 각각의 장부에 기록한다. 이를 직월이 맡았다가 매번 모임이 있을 때 약정에게 알려서 각각 그 순위를 매긴다.
　　　　　　　　　　　　　　　　　　　　　　　－『율곡전서』－

〈보 기〉
ㄱ. 흥선 대원군에 의해 철폐되었다.
ㄴ. 지방 사족이 주요 직임을 맡았다.
ㄷ. 대성전을 세워 선현에 제사를 지냈다.
ㄹ. 풍속 교화와 향촌 자치의 역할을 하였다.

① ㄱ, ㄴ　　　② ㄱ, ㄷ　　　③ ㄴ, ㄷ
④ ㄴ, ㄹ　　　⑤ ㄷ, ㄹ

22. (가) 기구에 대한 설명으로 옳은 것은? [2점]

자네, 소식 들었나? 조광조가 대사헌에 제수되었다고 하네.

들었다네. 관리의 비리 감찰 등을 담당하는 (가) 의 장관이 되었으니, 의정부의 정승들도 함부로 대할 수 없겠군.

① 고려의 삼사와 같은 기능을 담당하였다.
② 왕명 출납을 맡은 왕의 비서 기관이었다.
③ 실록을 보관하고 관리하는 업무를 관장하였다.
④ 재신, 추밀 등으로 구성되어 법제를 논의하였다.
⑤ 5품 이하 관리 임명 과정에서 서경권을 행사하였다.

23. (가)에 들어갈 세시 풍속으로 옳은 것은? [1점]

> ### 세시 풍속 체험 프로그램
>
> (가) 은/는 24절기 중 열아홉 번째 절기로, 이날부터 겨울이 시작된다는 의미를 담고 있습니다. 이날을 맞이하여 다채로운 행사를 준비하였으니, 시민 여러분의 많은 참여 바랍니다.
>
> 1. 일시: 2017년 ○○월 ○○일 11:00~17:00
> 2. 장소: △△문화원 앞마당
> 3. 체험 프로그램
>   ■ 겨울을 나기 위한 김장 담그기
>   ■ 어르신의 보양을 위한 치계미(雉鷄米) 만들기
>
> △△문화원

① 단오   ② 입동   ③ 칠석   ④ 대보름   ⑤ 한가위

24. 다음 왕에 대한 설명으로 옳은 것은? [2점]

> 〈조사 보고서〉
>
> ### 국왕 중심의 통치 체제를 정비한 ○○
>
> 1. 즉위 과정 : 왕자의 난을 통해 개국 공신인 정도전 등을 몰아내고 왕위에 오름
> 2. 정책
>   - 사원의 토지와 노비를 몰수함
>   - 신문고를 설치하고 호패법을 시행함

① 어영청을 중심으로 북벌을 추진하였다.
② 경국대전을 완성하여 법령을 정비하였다.
③ 청과의 국경을 정하는 백두산정계비를 세웠다.
④ 초계문신을 선발하여 학문 연구에 힘쓰도록 하였다.
⑤ 의정부의 권한을 약화시키고 6조 직계제를 실시하였다.

25. 다음 상황이 전개된 이후의 사실로 옳은 것은? [3점]

> 왕의 이복동생인 연잉군이 노론의 지지를 업고 왕세제(王世弟)로 책봉되었다. 이어서 왕세제의 대리청정이 추진되었다. 이 과정에서 소론은 노론의 대신들이 왕을 위협하고 능멸하는 역적 행위를 하였다고 주장하였다. 왕은 이를 받아들여 김창집, 이이명, 이건명, 조태채 등 노론의 사대신(四大臣)을 처벌하였다.

① 폐비 윤씨 사사 사건의 관련자들이 화를 입었다.
② 자의 대비의 복상 문제로 기해 예송이 전개되었다.
③ 붕당 정치의 폐해를 경계하기 위한 탕평비가 세워졌다.
④ 외척 세력인 대윤과 소윤의 대립으로 사화가 일어났다.
⑤ 희빈 장씨 소생의 원자 책봉 문제로 환국이 발생하였다.

26. (가) 인물에 대한 설명으로 옳은 것은? [2점]

이 그림은 화성성역의궤에 수록된 거중기 전도이다. 거중기는 화성 건설에 참여했던 (가) 이/가 고안하였다. 그는 조선 후기의 실학자로 경세유표를 통해 국가 제도의 개혁 방향을 제시하였으며, 지방 행정의 개혁안을 담은 목민심서를 저술하였다.

① 양반전에서 양반의 위선과 무능을 비판하였다.
② 북학의를 저술하여 청의 문물 수용을 강조하였다.
③ 사람의 체질을 연구하여 사상 의학을 확립하였다.
④ 조선책략 유포에 반발하여 영남 만인소를 주도하였다.
⑤ 여전론을 통해 토지의 공동 소유와 공동 경작을 주장하였다.

27. 밑줄 그은 '방법'의 시행 내용으로 옳은 것을 〈보기〉에서 고른 것은? [2점]

> 왕이 명정전에 나아가 전·현직 대신을 비롯한 여러 신하들을 불러 양역의 변통 대책에 대해 논의하면서 말하였다.
> "호포나 결포가 모두 문제점이 있으니, 이제는 1필로 줄이는 것으로 온전히 돌아갈 것이다. 경들은 1필을 줄였을 때 생기는 세입 감소분을 대신할 방법을 강구하라."

〈 보 기 〉
ㄱ. 토지 1결당 쌀 2두의 결작을 부과하였다.
ㄴ. 양전 사업을 실시하여 지계를 발급하였다.
ㄷ. 선무군관에게 1년에 1필의 군포를 징수하였다.
ㄹ. 관리들에게 경기 지방에 한하여 과전을 지급하였다.

① ㄱ, ㄴ   ② ㄱ, ㄷ   ③ ㄴ, ㄷ
④ ㄴ, ㄹ   ⑤ ㄷ, ㄹ

28. 다음 가상 대화가 이루어진 시기의 경제 상황으로 옳지 않은 것은? [2점]

주상 전하께서 궁방과 중앙 각 관청 소속의 노비를 모두 혁파하라고 하교하셨다네.

이로 인한 재정 손실은 장용영에서 부담하는 것으로 결정되었다는군.

① 상평통보가 시장에서 유통되었다.
② 담배와 면화 등이 상품 작물로 재배되었다.
③ 송상, 만상이 대청 무역으로 부를 축적하였다.
④ 보부상이 장시를 돌아다니며 상업 활동을 하였다.
⑤ 관리가 직전법에 의해 토지의 수조권을 지급받았다.

29. (가) 인물에 대한 설명으로 옳은 것은? [2점]

하곡집 중 존언 부분

이 책은 (가) 의 글을 모아 펴낸 문집이다. 그는 학변(學辨), 존언(存言) 등의 글에서 심(心)과 이(理)를 구별하는 주자의 견해를 비판하였다. 또한 지(知)와 행(行)을 둘로 구분하는 것은 물욕에 가려진 것이라고 하면서 양지(良知)의 본체에서 보면 지와 행은 하나라고 주장하였다. 그의 학문은 스승인 박세채, 윤증과의 교류를 통해 심화되었다.

① 계유정난을 계기로 정계에서 축출되었다.
② 일본에 다녀와서 해동제국기를 편찬하였다.
③ 서얼 출신으로 규장각 검서관에 임용되었다.
④ 양명학을 연구하여 강화 학파 형성의 기초를 마련하였다.
⑤ 성학집요를 저술하여 군주가 수양해야 할 덕목을 제시하였다.

30. 밑줄 그은 '그'가 그린 그림으로 옳은 것은? [1점]

> 그의 자(字)는 사능이요, 호(號)는 단원이다. …… 산수, 인물, 꽃과 나무, 새와 짐승을 그려 신묘한 경지에 이르지 않은 것이 없었는데, 신선을 그린 것이 가장 뛰어났다. …… 도화서 화원으로 있었는데 매양 한 폭씩 올릴 때마다 왕의 마음에 들었다. …… 벼슬이 연풍 현감에 이르렀다.
> — 『이향견문록』 —

①

② ②

③

④

⑤

31. (가) 조약에 대한 설명으로 옳은 것은? [1점]

심행일기는 (가) 체결 당시 조선측 대표를 맡았던 신헌이 이 조약의 전말을 기록한 것으로, 구로다 기요타카 등 일본측 대표들과 벌였던 협상의 내용이 대화체로 상세하게 기록되어 있다. 운요호 사건을 계기로 시작된 양국 간 협상의 진행 과정을 살피는 데 중요한 문헌이다.

심행일기

① 거중조정의 조항을 포함하였다.
② 갑신정변이 원인이 되어 체결되었다.
③ 조약 체결에 항거하여 민영환이 자결하였다.
④ 천주교 포교의 자유를 인정하는 계기가 되었다.
⑤ 부산과 그 외 2곳의 항구가 개항되는 결과를 가져왔다.

32. (가)~(마)에 대한 설명으로 옳은 것은? [2점]

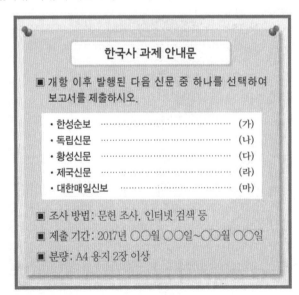

한국사 과제 안내문

■ 개항 이후 발행된 다음 신문 중 하나를 선택하여 보고서를 제출하시오.

- 한성순보 ··············· (가)
- 독립신문 ··············· (나)
- 황성신문 ··············· (다)
- 제국신문 ··············· (라)
- 대한매일신보 ··········· (마)

■ 조사 방법: 문헌 조사, 인터넷 검색 등
■ 제출 기간: 2017년 ○○월 ○○일~○○월 ○○일
■ 분량: A4 용지 2장 이상

① (가) - 정부에서 발행하는 순 한문 신문이었다.
② (나) - 국채 보상 운동을 적극적으로 후원하였다.
③ (다) - 외국인이 읽을 수 있도록 영문으로도 발행되었다.
④ (라) - 국권 피탈 후 총독부의 기관지로 전락하였다.
⑤ (마) - 최초로 상업 광고가 게재되었다.

33. (가) 교육 기관에 대한 설명으로 옳은 것은? [2점]

역사신문

제△△호　　　　　　　　1886년 ○○월 ○○일

정부 차원의 신식 학교 건립 예정

정부는 좌원(左院)과 우원(右院)으로 구성된 신식 학교인 (가) 을/를 건립할 예정이다. 관계자의 말에 따르면, 좌원에서는 양반 출신의 젊고 유능한 관리들을 특별히 선발하여 가르치고, 우원에서는 재주가 있고 똑똑한 인재들을 뽑아 공부시키기로 방침이 정해졌다고 한다. '영재를 기른다.'라는 의미의 교명이 붙여진 이 학교는 신학문을 가르치는 곳인 만큼 여러 사람들의 기대가 크다.

① 교육 입국 조서에 근거하여 세워졌다.
② 교원 양성을 목적으로 한 사범학교이다.
③ 전국의 부·목·군·현에 하나씩 설치되었다.
④ 미국인 헐버트, 길모어 등을 교사로 초빙하였다.
⑤ 장학 기금을 마련하기 위해 양현고를 설립하였다.

34. 밑줄 그은 '전쟁' 기간에 있었던 사실로 옳은 것을 〈보기〉에서 고른 것은? [3점]

자네, 소식 들었나? 일본이 전쟁을 일으키고 나서 한성을 장악하고 한·일 의정서 체결을 강요하였다네.

나도 들었네. 결국, 우리나라의 국외 중립 선언을 일본이 무시하였군.

〈보 기〉
ㄱ. 러시아가 절영도 조차를 요구하였다.
ㄴ. 일본이 독도를 불법적으로 편입하였다.
ㄷ. 고종이 러시아 공사관으로 거처를 옮겼다.
ㄹ. 메가타가 대한 제국의 재정 고문으로 부임하였다.

① ㄱ, ㄴ　　　② ㄱ, ㄷ　　　③ ㄴ, ㄷ
④ ㄴ, ㄹ　　　⑤ ㄷ, ㄹ

35. (가)에 해당하는 개혁의 내용으로 옳은 것은? [2점]

학술 대회 안내

우리 학회에서는 1894년에 동학 농민 운동이 전개되던 상황에서 군국기무처가 추진하였던 [(가)]의 성격과 의의를 조명하기 위해 학술 대회를 개최하고자 합니다.

■발표 주제
• 제1차 김홍집 내각의 구성과 역할
• 조혼 금지와 과부 재가 허용의 의미
• 과거제의 폐지와 관리 임용 제도의 변화

■일시: 2017년 ○○월 ○○일 13:00∼18:00
■장소: △△대학교 소강당

① 대한국 국제를 제정하였다.
② 신식 군대인 별기군을 창설하였다.
③ 황제 직속의 원수부를 설치하였다.
④ 청의 연호를 폐지하고 개국 기원을 사용하였다.
⑤ 의정부의 기능을 회복시키고 비변사를 혁파하였다.

36. (가) 운동에 대한 설명으로 옳은 것은? [1점]

이 사진은 산업 장려, 토산품 애용 등을 내세운 [(가)]을/를 효과적으로 선전·계몽하기 위해 월간으로 발행되었던 잡지의 표지입니다. 이 잡지는 1923년 11월에 창간되어 1924년 9월 통권 5호까지 간행되었습니다.

① 조선 형평사의 주도로 전개되었다.
② 평양에서 시작되어 전국으로 확산되었다.
③ 순종의 인산일을 기회로 삼아 추진되었다.
④ 일제가 회사령을 제정하는 계기가 되었다.
⑤ 김광제, 서상돈 등의 발의로 본격화되었다.

37. 다음 사건을 일으킨 단체에 대한 설명으로 옳은 것은? [3점]

김익상이 일본인 노동자로 행세하며 곧바로 조선 총독부에 들어가서 2층으로 올라가 비서과와 회계과를 향하여 폭탄을 던지니, 그 소리가 천지를 뒤흔들었다. ……
그는 우리나라 사람이 하는 여관에 들어가면 반드시 수색이 있을 것이라고 여겨 일본 요리점으로 갔다. 철공(鐵工)의 옷을 사서 변장하고 열차로 평양으로 가서 며칠을 보낸 다음 다시 북경으로 향하였다.

– 『기려수필』 –

① 105인 사건으로 해체되었다.
② 중·일 전쟁 발발 직후에 조직되었다.
③ 조선 혁명 선언을 활동 지침으로 삼았다.
④ 파리 강화 회의에 김규식을 대표로 파견하였다.
⑤ 고종의 밀지를 받아 결성된 비밀 무장 단체였다.

38. (가) 인물에 대한 설명으로 옳은 것은? [2점]

사진 속 역사 이야기

이 사진은 1920년 조선 체육회 창립을 기념하여 열린 '제1회 전조선야구대회'에서 [(가)]이/가 흰 두루마기를 입고 시구하는 모습이다. 그는 서재필 등과 함께 독립 협회를 조직하여 만민 공동회를 주도하고, 민립 대학 설립 운동을 이끄는 등 민족 운동 지도자로서 다양한 활동을 하였다. 1927년에 그가 세상을 떠나자 사회장으로 장례가 치러졌다.

① 대한민국 임시 정부 대통령으로 활동하였다.
② 일제의 침략 과정을 서술한 한국통사를 저술하였다.
③ 민족 단결을 내세운 신간회의 회장으로 추대되었다.
④ 새로운 국가 건설의 이념으로 삼균주의를 주창하였다.
⑤ 일제의 패망과 광복에 대비하여 조선 건국 동맹을 결성하였다.

39. (가), (나) 사건에 대한 설명으로 옳은 것은? [2점]

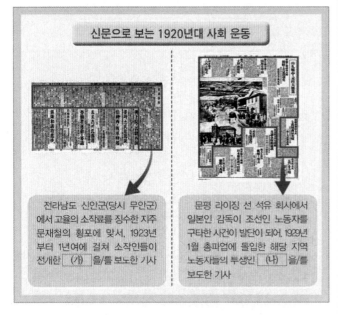

① (가) – 중국의 5·4 운동에 영향을 주었다.

② (가) – 혁명적 농민 조합을 중심으로 펼쳐졌다.

③ (나) – 대한민국 임시 정부 수립의 계기가 되었다.

④ (나) – 일본, 프랑스 등지의 노동 단체로부터 격려 전문을 받았다.

⑤ (가), (나) – 일제가 이른바 문화 통치를 실시하는 배경이 되었다.

40. (가) 무장 투쟁에 대한 탐구 활동으로 가장 적절한 것은? [2점]

이것은 1920년 10월, 백운평·완루구·어랑촌 등지에서 일본군에 맞서 싸운 (가) 당시 독립군들이 불렀던 노래 가사의 일부입니다. 독립군들의 비장한 각오를 잘 보여주고 있습니다.

> 하늘은 미워한다
> 배달족의 자유를 억탈하는 왜적 놈들을
> 삼천리 강산에 열혈이 끓어
> 분연히 일어나는 우리 독립군
> 맹세코 싸우고 또 싸우리니
> 성결한 전사를 하게 하소서
>
> – 「기전사가(祈戰死歌)」 –

① 조선 의용대가 참여한 전투에 대해 알아본다.

② 일본군에서 탈출한 학도병들의 활동을 정리한다.

③ 북로 군정서와 대한 독립군의 활약상을 조사한다.

④ 조선 혁명군이 흥경성에서 승리한 요인을 살펴본다.

⑤ 한국 독립군이 대전자령에서 수행한 작전을 찾아본다.

41. (가) 인물에 대한 설명으로 옳은 것은? [3점]

< 주제: (가) 의 저술 활동과 사상 >

> 조선상고사에서 역사를 '아(我)와 비아(非我)의 투쟁'으로 정의하였습니다.

> 이순신전과 을지문덕전 등을 집필하여 애국심을 고취하고자 하였습니다.

① 여유당전서를 간행하고 조선학 운동을 전개하였다.

② 서유견문을 집필하여 서양 근대 문명을 소개하였다.

③ 한국독립운동지혈사에서 독립 투쟁 과정을 서술하였다.

④ 독사신론을 발표하여 민족을 역사 서술의 중심에 두었다.

⑤ 조선사회경제사에서 식민 사학의 정체성 이론을 반박하였다.

42. 다음 요강이 발표된 이후에 볼 수 있는 모습으로 적절한 것은? [1점]

일본어 보급 운동 요강

Ⅰ. 취지

본 운동은 반도 민중으로 하여금 확고한 황국 신민됨의 신념을 견지하고 일체의 생활에 국민 의식을 발현시키기 위하여 모두 일본어를 해득케 하고 또 일상 생활 용어로서 이것을 상용케 하는 데에 있다.

Ⅱ. 운동 요목

1. 일본어 상용에 대한 정신적 지도

가. 황국 신민으로서 일본어를 말할 줄 아는 명예를 깨달아 알게 할 것

나. 일본 정신의 체득 상 일본어 상용이 절대로 필요한 이유를 이해하게 할 것

다. 대동아 공영권의 중핵인 황국 신민으로서 일본어의 습득 상용이 필수의 자격 요건임을 자각케 할 것

......

– 제44회 국민 총력 조선 연맹 지도 위원회 결정 사항 –

① 조선인에게 태형을 집행하는 헌병 경찰

② 일본 군수 공장에 강제 동원되는 여자 근로 정신대

③ 경성 제국 대학 설립 업무를 수행하는 조선 총독부 관리

④ 안창남의 고국 방문 비행을 환영하기 위해 상경하는 청년

⑤ 나운규가 제작한 영화 아리랑의 첫 상영을 준비하는 단성사 직원

43. 다음 검색창에 들어갈 종교에 대한 설명으로 옳은 것은? [2점]

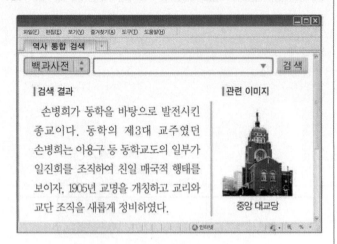

① 항일 무장 단체인 중광단을 결성하였다.
② 경향신문을 발간하여 민중 계몽에 기여하였다.
③ 배재 학당을 세워 신학문을 보급하고자 노력하였다.
④ 만주에서 의민단을 조직하여 독립 전쟁을 전개하였다.
⑤ 어린이 등의 잡지를 발간하여 소년 운동을 주도하였다.

44. (가) 부대에 대한 설명으로 옳은 것은? [2점]

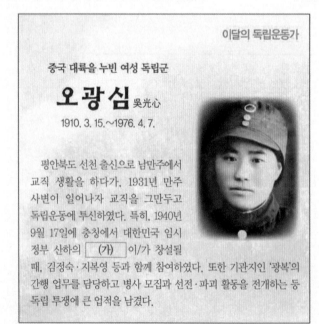

① 자유시 참변으로 큰 타격을 입었다.
② 미국과 연계하여 국내 진공 작전을 계획하였다.
③ 신흥 무관 학교를 설립하여 독립군을 양성하였다.
④ 중국 관내(關內)에서 결성된 최초의 한인 무장 부대였다.
⑤ 중국 호로군과 연합 작전을 통해 항일 전쟁을 전개하였다.

45. 밑줄 그은 '위원회'에 대한 설명으로 옳은 것은? [2점]

본 위원회는 합작 원칙에 합의하여 다음 사항을 알립니다.

첫째, 모스크바 3국 외상 회의 결정에 의하여 좌우 합작으로 민주주의 임시 정부를 수립할 것

……

셋째, 토지 개혁에 있어 몰수, 유조건 몰수, 체감 매상 대상 등으로 토지를 농민에게 무상으로 분여할 것

……

① 통일 정부 구성을 위한 남북 협상을 추진하였다.
② 유엔 감시하에 치러진 남북한 총선거에 참여하였다.
③ 여운형, 김규식 등 중도 세력을 중심으로 결성되었다.
④ 반민족 행위 처벌을 위한 특별 조사 위원회의 활동을 방해하였다.
⑤ 귀속 재산 처리법을 제정하여 일본인들이 남기고 간 재산을 처리하였다.

46. (가) 사건에 대한 설명으로 옳은 것은? [3점]

1948년 제주섬에서는 국제법이 요구하는, 문명 사회의 기본 원칙이 무시되었다. 특히, 법을 지켜야 할 국가 공권력이 법을 어기면서 민간인들을 살상하기도 했다. 토벌대가 재판 절차 없이 비무장 민간인들을 살상한 점, 특히 어린이와 노인까지도 살해한 점은 중대한 인권 유린이며 과오이다. 결론적으로 제주도는 냉전의 최대 희생지였다고 판단된다. 바로 이 점이 (가) 의 진상 규명을 50년 동안 억제해 온 요인이 되기도 했다.

― (가) 진상 조사 보고서(2003) ―

① 4·13 호헌 조치에 저항하며 일어났다.
② 장면의 민주당 정권이 들어서는 계기가 되었다.
③ 전개 과정에서 3·1 민주 구국 선언이 발표되었다.
④ 3·15 부정 선거에 항의하는 시위에서 비롯되었다.
⑤ 희생자들의 명예 회복을 위해 특별법이 제정되었다.

47. 다음 뉴스의 사건이 일어난 정부 시기의 경제 상황으로 옳은 것은? [1점]

오늘 서울에서는, 국교 정상화 추진을 위해 열리는 한·일 회담에 반대하는 시위가 일어났습니다. 여기서 학생과 시민들은 정부가 굴욕적 회담을 추진하고 있다고 거세게 비판하면서 '민족적 민주주의 장례식'을 거행하였습니다.

학생과 시민들, '민족적 민주주의 장례식' 거행

① 경제 협력 개발 기구(OECD)에 가입하였다.
② 칠레와 자유 무역 협정(FTA)이 체결되었다.
③ 금융 거래의 투명성을 확보하고자 금융 실명제가 실시되었다.
④ 세계 무역 기구(WTO)의 출범으로 시장 개방이 가속화되었다.
⑤ 자립 경제 구축을 내세운 제1차 경제 개발 5개년 계획이 진행되었다.

48. 다음 자료가 작성된 시기를 연표에서 옳게 고른 것은? [3점]

1. 파괴된 민주 헌정의 회복을 위해 대통령 자신이 개헌을 발의하되 민족 통일의 기초가 될 수 있는 완전한 민주 헌법으로 하여 이 헌법에 의해 자신의 거취를 지혜롭고 영예롭게 스스로 택함은 물론 앞으로 오고 올 모든 이 나라 집권자들의 규범으로 삼게 할 것

2. 긴급 조치로 구속된 민주 인사와 학생 전원을 무조건 급속히 석방할 것

......

4. 학원·종교계·언론계·정계의 사찰, 탄압을 중지하고 야비한 정보 정치의 수법인 이간, 중상, 분열 공작으로 이 이상 더 우리 사회의 불신 풍조와 배신의 습성을 조장시키지 말도록 할 것

......

개헌 청원 백만인 서명 운동 본부 장준하

1948	1952	1960	1972	1979	1987
(가)	(나)	(다)	(라)	(마)
대한민국 정부 수립	부산 정치 파동	4·19 혁명	7·4 남북 공동 성명	부·마 항쟁	6월 민주 항쟁

① (가) ② (나) ③ (다) ④ (라) ⑤ (마)

49. (가) 민주화 운동에 대한 설명으로 옳은 것은? [2점]

(가) 특별전

37년 전 그 날. 국민들의 민주화 요구를 묵살하고 비상 계엄령을 전국으로 확대한 신군부의 조치에 반대하여 도청과 금남로 일대에서 시위가 일어났습니다. 계엄군은 시민들에게 무차별적인 폭력을 자행하였습니다. 폭력의 진실을 세계에 알린 한 독일 언론인을 추모하며, 그가 남긴 자료를 전시하는 특별전을 개최합니다.

• 기간: 2017년 ○○월 ○○일~○○월 ○○일
• 장소: △△문화원

① 허정 과도 정부가 구성되는 계기가 되었다.
② 호헌 철폐와 독재 타도 등의 구호를 내세웠다.
③ 5년 단임의 대통령 직선제 개헌을 이끌어 냈다.
④ 전개 과정에서 시민군이 자발적으로 조직되었다.
⑤ 대통령 하야를 요구하는 대학 교수단의 시위 행진이 있었다.

50. (가) 정부의 통일 정책으로 옳은 것은? [2점]

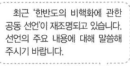

최근 '한반도의 비핵화에 관한 공동 선언'이 재조명되고 있습니다. 선언의 주요 내용에 대해 말씀해 주시기 바랍니다.

이 선언은 (가) 정부 시기에 남북 고위급 회담의 결과로 발표되었는데, 주요 내용에는 핵무기의 시험·생산·보유·사용의 금지, 핵에너지의 평화적 이용 등이 있습니다.

① 남북 기본 합의서를 채택하였다.
② 금강산 관광 사업을 시작하였다.
③ 경의선 복원 공사를 시작하였다.
④ 남북 조절 위원회를 설치하였다.
⑤ 제2차 남북 정상 회담을 개최하였다.

01. 밑줄 그은 '이 시대'의 생활 모습으로 옳은 것은? [1점]

이곳은 서울 암사동에 위치한 이 시대의 대표적인 유적지입니다. 당시에는 농경이 시작되고 정착 생활이 이루어지면서 움집에 거주하게 되었습니다.

① 빗살무늬 토기에 식량을 저장하였다.
② 소를 이용한 깊이갈이가 일반화되었다.
③ 명도전, 반량전 등의 화폐를 사용하였다.
④ 많은 인력을 동원하여 고인돌을 만들었다.
⑤ 거푸집을 이용하여 세형 동검을 제작하였다.

02. (가), (나) 나라에 대한 설명으로 옳은 것은? [2점]

○ (가) 은/는 고구려 개마대산의 동쪽에 있다. 동쪽은 넓은 바다에 맞닿아 있다. …… 북쪽은 읍루·부여와, 남쪽은 예맥과 접하여 있다. …… 사람이 죽으면 가매장을 하는데, 시신만 겨우 묻었다가 피부와 살이 썩어 없어지면 유골을 거두어 곽 안에 안치한다.

— 『삼국지』 동이전 —

○ (나) 은/는 남쪽으로는 진한에 접하였고 …… 동쪽으로는 큰 바다에 닿았으니 오늘날 조선의 동쪽이 모두 그 지역이다. …… 단궁이 그 땅에서 생산되며, 그 바다에서는 반어피가 나고 …… 또한 과하마가 난다.

— 『삼국지』 동이전 —

① (가) – 10월에 무천이라는 제천 행사를 열었다.
② (가) – 여러 가(加)들이 별도로 사출도를 주관하였다.
③ (나) – 신지, 읍차 등의 지배자가 있었다.
④ (나) – 읍락 간의 경계를 중시하는 책화가 있었다.
⑤ (가), (나) – 제사장인 천군과 신성 지역인 소도가 있었다.

03. 다음 검색창에 들어갈 왕의 업적으로 옳은 것은? [2점]

역사 인물 검색

검색어 ⇕ [_____▼] 검색

↳ 검색 결과
　　– 재위 기간: 412년~491년
　　– 이름은 거련(巨連)
　　– 광개토 대왕의 뒤를 이어 즉위함
　　– 도읍을 국내성에서 평양으로 옮김

① 수의 군대를 살수에서 크게 물리쳤다.
② 서안평을 공격하여 영토를 확장하였다.
③ 전진의 순도를 통해 불교를 수용하였다.
④ 백제의 한성을 공격하여 개로왕을 전사시켰다.
⑤ 당의 침략에 대비하여 천리장성을 축조하였다.

04. (가)~(마)에 대한 탐구 활동으로 적절하지 않은 것은? [3점]

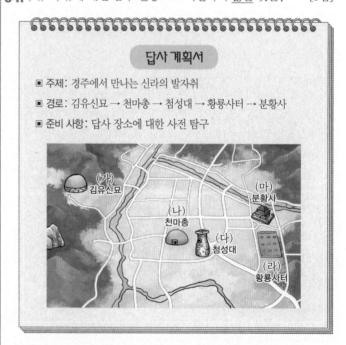

답사 계획서

■ 주제: 경주에서 만나는 신라의 발자취
■ 경로: 김유신묘 → 천마총 → 첨성대 → 황룡사터 → 분황사
■ 준비 사항: 답사 장소에 대한 사전 탐구

① (가) – 무덤 둘레돌에 12지 신상을 새긴 이유를 찾아본다.
② (나) – 돌무지 덧널무덤의 내부 구조와 특징을 검색한다.
③ (다) – 무구정광대다라니경의 발견 경위를 조사한다.
④ (라) – 9층 목탑을 건립하였던 목적을 파악한다.
⑤ (마) – 모전 석탑의 제작 방식을 알아본다.

05. (가), (나) 사이의 시기에 있었던 사실로 옳은 것은? [3점]

(가) 왕 16년 봄, 사비(일명 소부리라고 한다)로 도읍을 옮기고 국호를 남부여라고 하였다.
― 『삼국사기』 ―

(나) 왕 32년 가을, 신라를 습격하기 위해 왕이 직접 보병과 기병 50명을 거느리고 밤에 구천(狗川)에 이르렀는데, 신라 복병과 만나 싸우다가 신라군에게 살해되었다.
― 『삼국사기』 ―

① 지증왕이 우산국을 복속하였다.
② 근초고왕이 마한을 정벌하였다.
③ 고국원왕이 평양성에서 전사하였다.
④ 무령왕이 22담로에 왕족을 파견하였다.
⑤ 진흥왕이 한강 하류 지역을 차지하였다.

06. (가) 나라의 문화유산으로 옳은 것은? [2점]

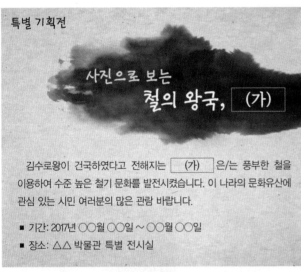

특별 기획전

사진으로 보는
철의 왕국, (가)

김수로왕이 건국하였다고 전해지는 (가) 은/는 풍부한 철을 이용하여 수준 높은 철기 문화를 발전시켰습니다. 이 나라의 문화유산에 관심 있는 시민 여러분의 많은 관람 바랍니다.

■ 기간: 2017년 ○○월 ○○일 ~ ○○월 ○○일
■ 장소: △△ 박물관 특별 전시실

① ② ③

④ ⑤

07. 교사의 질문에 대한 학생의 답변으로 옳은 것은? [2점]

이와 같은 중앙 통치 체제를 운영한 국가의 지방 통치에 대해 발표해 볼까요?

< 중앙 통치 체제 >
- 집사부, 병부, 위화부 등 총 14개의 중앙 부서 운영
- 집사부의 장관인 시중이 왕명을 받들어 국정 수행
- 감찰 기구인 사정부를 두어 관리의 비리 방지
- 중앙 교육 기관으로 국학 설치

① 전국의 주요 지역에 12목을 설치했어요.
② 경재소를 설치하여 유향소를 통제했어요.
③ 국경 지역인 양계에 병마사를 파견했어요.
④ 상수리 제도를 실시하여 지방 세력을 견제했어요.
⑤ 각 도에 관찰사를 보내 관할 고을의 수령을 감독했어요.

08. 밑줄 그은 '이 나라'의 경제 상황에 대한 설명으로 옳은 것은? [2점]

이 나라는 영주(營州)*에서 동쪽으로 2천 리 밖에 위치하며 …… 동쪽은 멀리 바다에 닿았고, 서쪽으로는 거란[契丹]이 있었다. …… 귀중히 여기는 것은 태백산의 토끼, 남해의 다시마, 책성의 된장, …… 막힐의 돼지, 솔빈의 말, 현주의 베, 옥주의 면, 용주의 명주, 위성의 철, 노성의 벼, 미타호의 붕어이다. …… 이 밖의 풍속은 고구려, 거란과 대개 같다.
― 『신당서』 ―

*영주(營州): 지금의 랴오닝성 차오양

① 신라도라는 교통로를 통해 신라와 교역하였다.
② 감자, 고구마 등의 구황 작물을 널리 재배하였다.
③ 해동통보를 발행하여 금속 화폐의 통용을 추진하였다.
④ 농사직설을 간행하여 우리 풍토에 맞는 농법을 정리하였다.
⑤ 삼포를 열어 일본과의 무역을 허용하고 계해약조를 체결하였다.

09. (가)에 들어갈 문화유산으로 옳은 것은? [1점]

문화유산 카드

(가)

- 종목: 국보 제57호
- 장소: 전라남도 화순군 쌍봉사
- 소개: 철감선사 도윤의 사리를 모신 팔각 원당형의 승탑으로 뛰어난 조형미를 갖추고 있다. 신라 하대 선종의 유행과 깊은 관련이 있는 문화유산이다.

①  ②  ③

④ ⑤

10. (가), (나) 인물의 활동으로 옳은 것은? [3점]

(가) 은/는 본래 신라의 왕자로서 도리어 제 나라를 원수로 삼아 심지어는 선조(先祖)의 화상(畵像)을 칼로 베었으니 그 행위가 매우 어질지 못하였다. (나) 은/는 신라의 백성으로서 신라의 녹을 먹으면서 세력을 키우다가 화(禍)를 일으킬 마음을 품고 (신라의) 도읍을 침범하여 임금과 신하를 살해하니 (그 행위가) 마치 짐승과 같았다. 참으로 천하의 으뜸가는 악인이로다. 그러므로 (가) 은/는 그 신하로부터 버림을 당하였고, (나) 은/는 그 아들에게서 화가 생겨났으니 모두 스스로 불러들인 것인데 누구를 원망한단 말인가.

— 『삼국유사』 —

① (가) – 완산주를 도읍으로 하여 후백제를 세웠다.
② (가) – 국호를 마진으로 바꾸고 철원으로 천도하였다.
③ (나) – 송악을 도읍으로 정하고 후고구려를 건국하였다.
④ (나) – 서경을 중시하여 북진 정책의 전진 기지로 삼았다.
⑤ (가), (나) – 황산 전투에서 왕건의 고려군에게 패배하였다.

11. 밑줄 그은 '왕'의 재위 기간에 있었던 사실로 옳은 것은? [2점]

중군(中軍) 김부식이 아뢰기를, "윤언이는 정지상과 결탁하여 생사를 함께하기로 맹세한 당(黨)이 되어 크고 작은 일마다 실제로 함께 의논하였습니다. 또한 임자년에 왕께서 서경으로 행차하실 때, 글을 올려 연호를 세우고 황제로 칭하기를 청하였습니다. …… 이는 모두 금나라를 격노하게 하여 이때를 틈타 방자하게도 자기 당이 아닌 사람을 처치하고 반역을 도모한 것이니 신하의 마음이 아니었습니다."라고 하였다.

— 『고려사』 —

① 원종과 애노가 사벌주에서 봉기하였다.
② 경순왕 김부가 경주의 사심관이 되었다.
③ 웅천주 도독 김헌창이 반란을 일으켰다.
④ 강조가 정변을 일으켜 김치양을 제거하였다.
⑤ 왕실의 외척인 이자겸이 권력을 독점하였다.

12. 교사의 질문에 대한 학생의 답변으로 옳은 것은? [1점]

이것은 국보 제41호 청주 용두사지 철당간으로, 그 명문에는 준풍(峻豊)이라는 연호가 있습니다. 이 연호를 사용한 왕은 관리의 공복을 제정하여 국왕 중심의 위계질서를 확립하였습니다. 이 왕의 또 다른 업적에 대해 발표해 볼까요?

① 흑창을 처음 설치하여 민생을 안정시켰어요.
② 국자감을 설립하여 유학 교육 진흥에 힘썼어요.
③ 노비안검법을 시행하여 호족 세력을 견제했어요.
④ 정계와 계백료서를 지어 관리의 규범을 제시했어요.
⑤ 전시과 제도를 마련하여 관리에게 토지를 지급했어요.

13. (가) 부대에 대한 설명으로 옳은 것은? [2점]

민영(閔瑛)은 사람됨이 호방하며 의협심이 있었다. 어려서부터 매와 개를 데리고 사냥하고 말을 달려 격구(擊毬)하는 것을 좋아하였으며, 벼슬을 구하지 않았다. 그의 부친 민효후가 동계 병마판관이 되어 적에 맞서 싸우다 사망하였다. 그는 이를 한스럽게 여겨 복수를 하여 부친의 치욕을 갚으려 하였다. 때마침 예종이 동쪽 오랑캐를 정벌하려 하자, 민영은 자청하여 _____(가)_____ 의 신기군에 편성되었다. …… 매번 군대의 선봉이 되어서 말을 타고 돌격하여 적군을 사로잡고 물리친 것이 한두 번이 아니었다.

— 민영 묘지명 —

① 경대승에 의해 설치된 숙위 기관이었다.
② 여진을 정벌하여 동북 9성 일대를 확보하였다.
③ 진도에서 제주도로 근거지를 옮겨 활동하였다.
④ 최씨 무신 정권의 권력 기반 강화를 위해 조직되었다.
⑤ 9주에 1정씩 배치되고 한주(漢州)에만 1정을 더 두었다.

14. 밑줄 그은 '그대'의 활동으로 옳은 것은? [2점]

역적 이의민이 선왕인 의종을 시해하고 백성을 괴롭히며 왕위를 엿보기까지 하였으므로 신이 제거하였습니다. 폐하께서는 낡은 것을 개혁하고 새로운 정치를 도모하시기 바랍니다.

그대가 올린 봉사 10조를 잘 읽어 보았소. 올린 대로 행하도록 하시오.

① 정방을 설치하여 인사권을 행사하였다.
② 교정별감이 되어 국정 전반을 장악하였다.
③ 처인성에서 몽골 장수 살리타를 사살하였다.
④ 전민변정도감의 책임자로서 개혁을 이끌었다.
⑤ 거란의 침입에 대비하여 개경에 나성을 축조하였다.

15. 다음 글이 작성된 시기의 사회 모습으로 가장 적절한 것은? [2점]

제주 만호 임숙(林淑)이 몹시 탐욕스러워 우리 백성들은 그 고통을 견딜 수가 없었습니다. 죄를 지어 정동행성에 갇혀 있던 그를 제주로 복귀시키려 하다니 도대체 우리가 무슨 죄가 있습니까? 이는 정동행성의 관리들이 임숙으로부터 뇌물을 받고 풀어 주었기 때문입니다. 그를 심문하여 처벌하지 않는다면 원의 조정에 고소할 것입니다.

① 만적이 개경에서 반란을 모의하였다.
② 독서삼품과를 실시하여 인재를 등용하였다.
③ 대각국사 의천이 해동 천태종을 개창하였다.
④ 지배층을 중심으로 변발과 호복이 유행하였다.
⑤ 최충이 9재 학당을 설립하여 유학 교육을 실시하였다.

16. (가), (나) 사이의 시기에 있었던 사실로 옳은 것은? [3점]

(가) 최영이 백관(百官)과 함께 철령 이북의 땅을 떼어 줄지 여부를 논의하자 관리들이 모두 반대하였다. 우왕은 홀로 최영과 비밀리에 요동을 공격할 것을 의논하였는데, 최영이 이를 권하였다.

(나) 배극렴 등이 왕위에 오르기를 권고하자 태조는 "예로부터 제왕의 흥기(興起)는 천명이 있지 않으면 불가하다. 나는 실로 부덕한 사람인데 어찌 감히 왕위를 감당하겠는가?"라며 결국 불응하였다. 신하들이 왕위에 오르기를 거듭 권하니 마침내 태조가 즉위하였다.

① 조준 등의 건의로 과전법이 제정되었다.
② 대표적 친원 세력인 기철이 숙청되었다.
③ 공주 명학소에서 망이·망소이가 봉기하였다.
④ 쌍성총관부를 공격하여 철령 이북의 땅을 수복하였다.
⑤ 백성의 억울함을 풀어 주기 위해 신문고가 설치되었다.

17. 밑줄 그은 '이 인물'의 활동으로 옳은 것은? [2점]

그림 속 역사 이야기

이 그림은 겸재 정선이 부채에 그린 '도산서원'으로, 조선 시대 서원의 고요하고 한적한 분위기를 실감나게 묘사하고 있다. 도산 서원은 <u>이 인물</u>의 학문과 덕행을 기리기 위한 공간으로, 그는 주자의 서간문에서 성리학의 핵심을 뽑아 주자서절요를 지었다.

① 최초의 서원인 백운동 서원을 건립하였다.
② 성호사설에서 한전론의 실시를 주장하였다.
③ 동호문답을 통해 다양한 개혁 방안을 제시하였다.
④ 군주의 도를 도식으로 설명한 성학십도를 저술하였다.
⑤ 가례집람을 지어 예학을 조선의 현실에 맞게 정리하였다.

18. (가) 인물에 대한 설명으로 옳은 것은? [2점]

세종 이래 정치와 교화가 나날이 새로워지고 예악(禮樂)이 제정되어 태평스런 시대를 빛내게 되자, 글 잘하고 절의를 지닌 선비들이 조정으로 모여들었다. …… 그때에 여러 왕자들이 다투어 빈객들을 맞아들였는데, 문인(文人)과 재사(才士)들이 모두 안평 대군에게 의탁하여 [(가)]에게는 이들보다 나은 인재들이 없었다. 한명회가 [(가)]을/를 찾아가 신임을 얻게 되자 은밀하게 계책을 올리기를, "세도(世道)에 변고가 있을 때에는 문인들이 쓸모가 없으니 모름지기 무사들과 결탁하소서."라고 하였다.
　　　　　　　　　　　　　　　 – 『연려실기술』 단종조 고사본말 –

① 계유정난을 통해 정권을 장악하였다.
② 불씨잡변을 지어 불교를 비판하였다.
③ 금위영을 설치하여 5군영 체제를 완성하였다.
④ 두 차례 왕자의 난을 통해 반대파를 제거하였다.
⑤ 삼군부를 부활시켜 군국 기무를 전담하게 하였다.

19. (가)에 들어갈 세시 풍속으로 옳은 것은? [1점]

세시 풍속 체험 프로그램 안내

강남 갔던 제비가 돌아와 새봄을 알린다는 [(가)]은/는 답청절(踏靑節)이라고도 하여 들판에 나가 꽃놀이를 하고 새 풀을 밟으며 봄을 즐기는 날입니다. 이날을 맞이하여 다채로운 행사를 준비하였으니 시민 여러분의 많은 참여 바랍니다.

1. 일시: 2017년 ○○월 ○○일 10:00 ~ 17:00
2. 장소: △△문화원 야외 체험장
3. 체험 프로그램
■ **노랑나비 날리기** – 이날 노랑나비를 보면 길하다는 속설에 따라 살아있는 노랑나비를 날려 보내기
■ **화전 만들기** – 진달래꽃으로 장식한 화전 부치기
■ **풀각시놀이** – 각시풀을 추려서 한쪽 끝을 실로 묶어 머리채를 만든 다음 나뭇가지에 묶어 인형처럼 가지고 놀기

△△문화원

① 단오　　　　　② 칠석　　　　　③ 대보름
④ 삼짇날　　　　⑤ 한가위

20. 밑줄 그은 '이 섬'에 대한 설명으로 옳은 것은? [2점]

□□□□신보

제△△호　　　　　　　　　　　　　　　○○○○년 ○○월 ○○일

울릉도 군수 심흥택 씨가 내부(內部)에 보고하되, 일본 관원이 본군에 도착하여 본군 소재 <u>이 섬</u>을 일본 속지(屬地)라 자칭하고 토지 면적과 호구(戶口) 수를 적어 갔다고 하더라. 이에 내부에서 지령하기를, 유람하는 길에 타국의 토지와 호구 정보를 적어 가는 것이 이상한 것은 아니지만, <u>이 섬</u>을 일본의 속지라고 하는 것은 이치에 맞지 않으니 보고한 내용이 매우 놀랍다고 하더라.

① 양헌수 부대가 프랑스군을 격퇴하였다.
② 일본이 러·일 전쟁 중에 불법적으로 편입하였다.
③ 러시아가 저탄소 설치를 위하여 조차를 요구하였다.
④ 네덜란드 상인인 하멜 일행이 표류하여 도착하였다.
⑤ 정약전이 섬의 어종을 조사하여 자산어보를 저술하였다.

21. 다음 시나리오에 등장하는 왕의 재위 기간에 있었던 사실로 옳은 것은? [3점]

> **S# 36. 궁궐 안**
>
> 왕이 승지와 사관을 내보내고 이조 판서 송시열과 단 둘이 은밀하게 대화하고 있다.
>
> **왕:** 저 오랑캐는 반드시 망하게 될 형편에 처할 것이오. 정예병 10만을 양성하여 기회를 보아 곧장 청으로 쳐들어가고자 하오. 그렇게 되면 중원의 의사(義士)와 호걸 중에 어찌 호응하는 자가 없겠소?
>
> **송시열:** 전하의 뜻이 이와 같으시니 우리나라뿐만 아니라 실로 천하 만대의 다행이옵니다.
>
> ⋮

① 신무기인 신기전이 개발되었다.
② 나선 정벌에 조총 부대가 동원되었다.
③ 국왕 친위 부대인 장용영이 조직되었다.
④ 최무선의 건의로 화통도감이 설치되었다.
⑤ 명의 요청으로 강홍립의 부대가 파병되었다.

22. 다음 가상 대화 이후에 전개된 사실로 옳은 것은? [2점]

서인이 주도한 반정 이후, 공신 책봉에 불만을 품은 이괄이 반란을 일으켰지만 다행히 진압되었다고 하네.

그런데 이괄의 잔당이 후금으로 도망쳐 새 왕을 헐뜯고 잘못된 정보를 퍼뜨렸다고 하니 뒷일이 걱정이야.

① 권율이 행주산성에서 왜군을 크게 물리쳤다.
② 김종서가 여진을 몰아내고 6진을 개척하였다.
③ 위훈 삭제를 주장한 조광조 일파가 축출되었다.
④ 기유약조의 체결로 일본과의 국교가 재개되었다.
⑤ 정묘호란이 일어나 정봉수가 용골산성에서 항쟁하였다.

23. (가)에 대한 설명으로 옳은 것은? [2점]

이 그림은 김육의 초상화로, 그는 (가) 의 시행에 크게 기여한 인물입니다. (가) 은/는 각 지방의 특산물을 징수하면서 나타난 방납의 폐단을 막고 백성들의 부담을 줄여주기 위해 실시되었습니다.

① 양반에게도 군포를 부과하였다.
② 풍흉에 관계없이 토지 1결당 쌀 4두를 거두었다.
③ 어세, 염세, 선세를 균역청에서 관할하게 하였다.
④ 관청에서 필요한 물품을 납부하는 공인의 등장 배경이 되었다.
⑤ 재정 부족 문제를 해결하기 위해 지주에게 결작을 부과하였다.

24. 밑줄 그은 '그'에 대한 설명으로 옳은 것은? [2점]

□□신문

제△△호   ○○○○년 ○○월 ○○일

담헌(湛軒), 소행성의 이름으로 다시 태어나다

한국천문연구원은 "국내 연구진이 발견한 새로운 소행성에 대해, 호가 담헌인 그의 인명을 헌정하여 국제천문연맹으로부터 최종 승인을 받았다."라고 밝혔다. 인명이 헌정된 이유는 그가 무한 우주론과 지전설 등을 주장한 조선 후기의 대표적인 과학자이자 실학자이기 때문이다.

담헌이 제작한 것으로 알려진 혼천의

① 기기도설을 참고하여 거중기를 설계하였다.
② 북학의에서 수레와 배의 이용을 강조하였다.
③ 양반전에서 양반의 위선과 무능을 지적하였다.
④ 의산문답에서 중국 중심의 세계관을 비판하였다.
⑤ 우서에서 사농공상의 직업적 평등과 전문화를 주장하였다.

25. (가)~(마) 지역에 대한 탐구 주제로 가장 적절한 것은? [3점]

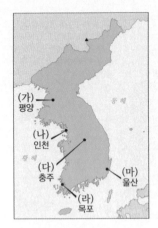

① (가) - 반구대 암각화로 보는 선사 시대 생활
② (나) - 고액 소작료에 반발한 암태도 소작 쟁의
③ (다) - 신립 장군이 배수의 진을 친 탄금대 전투
④ (라) - 신미양요의 발단이 된 제너럴 셔먼호 사건
⑤ (마) - 벽란도에서 이루어진 고려와 송의 국제 무역

26. (가) 기구에 대한 설명으로 옳지 <u>않은</u> 것은? [2점]

> 의정부와 별도로 [(가)] 을/를 설치하여 재신들 중 군무(軍務)를 아는 자로 당상을 삼아 …… 변방의 일에 대응하도록 하였다. …… 조정의 명령이 부득불 모두 [(가)] (으)로 돌아가지 않을 수 없게 되어, (의정부의) 찬성, 참찬은 신병 치료나 하는 자리가 되고 말았다.
> – 『연려실기술』 –

① 을묘왜변을 계기로 상설 기구화되었다.
② 흥선 대원군이 집권한 시기에 혁파되었다.
③ 임진왜란을 거치면서 조직과 기능이 확대되었다.
④ 세도 정치 시기에 외척 세력의 권력 기반이 되었다.
⑤ 어사대의 관원과 중서문하성의 낭사로 구성되었다.

27. 다음 조사 보고서의 제목으로 가장 적절한 것은? [1점]

> **조사 보고서 제출 안내**
> ▶ 주제: 숙종 때의 정치적 변화 양상
> ▶ 조사 방법: 숙종 재위 시기의 정치 변화에 한정하여 조사함
> ▶ 분량: A4 용지 3장 이내
> ▶ 제출 기한: 2017년 ○○월 ○○일 17시까지

① 이조 전랑 임명 문제와 동·서 분당
② 서인과 남인의 대립으로 인한 환국
③ 자의 대비의 복상 문제로 촉발된 기해예송
④ 세자 추승(追崇)을 둘러싼 시파와 벽파의 갈등
⑤ 외척 세력인 대윤과 소윤의 대립으로 일어난 을사사화

28. 밑줄 그은 '이 왕'의 업적으로 옳은 것을 〈보기〉에서 고른 것은? [2점]

이 책은 균역법을 처음으로 시행한 <u>이 왕</u>의 명에 의해 홍계희가 편찬한 것이다. 균역법의 제정 배경, 부족한 재정의 보충 방안을 확정하는 과정 등이 서술되어 있다. 특히 이 책에서는 양반 사대부들의 반대 여론에 대응하여, 균역법의 시행이 지극한 애민 정신을 바탕으로 하였음을 강조하고 있다.

균역사실

〈보 기〉
ㄱ. 속대전을 편찬하여 통치 체제를 정비하였다.
ㄴ. 붕당의 폐해를 경계하고자 탕평비를 세웠다.
ㄷ. 왕실의 권위를 세우고자 경복궁을 중건하였다.
ㄹ. 신해통공으로 시전 상인의 특권을 축소하였다.

① ㄱ, ㄴ   ② ㄱ, ㄷ   ③ ㄴ, ㄷ
④ ㄴ, ㄹ   ⑤ ㄷ, ㄹ

29. 교사의 질문에 대한 학생의 답변으로 가장 적절한 것은? [2점]

이 그림은 김홍도가 중인들의 시사(詩社) 광경을 그린 '송석원 시사야연도'입니다. 당시 중인들은 시사를 조직해 활발한 문예 활동을 전개하기도 하였습니다. 이 그림이 그려진 시기의 문화에 대해 발표해 볼까요?

① 성현 등이 악학궤범을 편찬하였습니다.
② 정철이 관동별곡, 사미인곡 등의 작품을 지었습니다.
③ 노래와 사설로 줄거리를 풀어 가는 판소리가 발달하였습니다.
④ 서거정이 역대 문학 작품을 선별하여 동문선을 편찬하였습니다.
⑤ 청주 흥덕사에서 금속 활자본인 직지심체요절을 간행하였습니다.

30. 다음 자료가 작성된 시기에 볼 수 있는 모습으로 적절하지 않은 것은? [2점]

> 이현과 종루 그리고 칠패,
> 이는 도성(한양)의 3대 시장이라네.
> 온갖 수공업자가 다 모여 있고 사람들은 분주한데,
> 수많은 화물이 값을 다투며 수레가 줄을 이었네.
> 봉성의 털모자, 연경의 비단실,
> 함경도의 마포, 한산의 모시,
> 쌀, 콩, 기장, 조, 피, 보리 ······
> 어떤 사람은 소에 실은 나무를 사려고 고삐를 끌기도 하고,
> 어떤 사람은 말 이빨을 보고 나이를 알려고 허리에 채찍을 꽂고 있으며,
> 어떤 사람은 눈을 껌뻑이며 말 중개인을 부르기도 하네.
>
> – 성시전도시 –

① 이앙법으로 벼농사를 짓는 농민
② 상평통보로 토지를 매매하는 양반
③ 공명첩을 통해 면역의 혜택을 받은 상민
④ 한강을 무대로 운송업에 종사하는 경강상인
⑤ 직전법에 의해 토지의 수조권을 지급받는 관리

31. 밑줄 그은 '이 사건'이 일어난 배경으로 옳은 것은? [1점]

김포 문수산성 장대가 151년 만에 복원되었습니다. 문수산성은 정족산성과 함께 이 사건의 주요 격전지 중 하나로, 서양 세력의 침입에 맞서 한성근 부대가 치열하게 항전한 곳입니다.

김포 문수산성 장대 복원

① 운요호가 강화도 초지진을 공격하였다.
② 오페르트가 남연군 묘 도굴을 시도하였다.
③ 조선 정부가 프랑스인 선교사들을 처형하였다.
④ 함경도 관찰사 조병식이 방곡령을 선포하였다.
⑤ 영국이 러시아를 견제하기 위해 거문도를 불법 점령하였다.

32. (가) 인물의 활동으로 옳은 것은? [2점]

이 사당은 위정 척사 운동을 주도한 (가) 의 위패를 모신 충청남도 청양의 모덕사입니다. 흥선 대원군의 하야와 고종의 친정(親政)을 요구하는 상소를 올렸던 그는 왜양일체론을 내세워 강화도 조약 체결에 반대하였습니다.

① 한국독립운동지혈사를 저술하였다.
② 봉오동 전투에서 일본군을 격파하였다.
③ 고종의 밀지를 받아 독립 의군부를 조직하였다.
④ 을사늑약 체결에 반대하여 태인에서 의병을 일으켰다.
⑤ 13도 창의군을 결성하여 서울 진공 작전을 전개하였다.

33. (가) 기구를 통해 추진된 정책으로 옳은 것은? [3점]

> **역사 용어 해설**
>
> **(가)**
>
> 고종 17년(1880)에 만들어진 개화 정책 총괄 기구이다. 개항 이후의 정세 변화에 대응하기 위하여 의정부, 6조와는 별도로 신설되었다. 소속 부서에 교린사, 군무사, 통상사 등의 12사를 두었다.

① 교원 양성을 위해 한성 사범 학교를 설립하였다.
② 외교 활동을 펼치기 위해 구미 위원부를 설치하였다.
③ 개혁의 기본 방향을 제시한 홍범 14조를 반포하였다.
④ 구(舊) 백동화를 제일은행권으로 교환하는 사업을 시행하였다.
⑤ 영선사를 파견하여 근대식 무기 제조 기술을 도입하고자 하였다.

34. 다음 책이 유포된 이후에 있었던 사실로 옳은 것은? [2점]

> 조선의 땅은 실로 아시아의 요충에 자리 잡고 있어 전략적으로 중요하므로 반드시 분쟁이 발생할 수밖에 없다. 조선이 위태로우면 동아시아의 정세가 날로 악화될 것이다. 러시아가 영토를 공략하고자 하면 반드시 조선으로부터 시작할 것이다. ……
>
> 그러므로 오늘날 조선의 제일 급선무는 러시아를 막는 것이다. 러시아를 막는 책략은 무엇인가. 중국을 가까이 하며[親中國], 일본과 관계를 공고히 하고[結日本], 미국과 연계하여[聯美國] 자강을 도모할 따름이다.

① 이만손 등이 영남 만인소를 올렸다.
② 김기수를 일본에 수신사로 파견하였다.
③ 어재연 장군이 광성보에서 항전하였다.
④ 박규수의 건의로 삼정이정청을 설치하였다.
⑤ 홍경래가 난을 일으켜 정주성 등을 장악하였다.

35. (가)에 들어갈 내용으로 옳은 것은? [2점]

> 〈역사 다큐멘터리 기획안〉
>
> ## 동학 농민 운동, 새로운 세상을 꿈꾸다
>
> ■ 기획 의도
> 19세기 말 제폭구민, 보국안민을 기치로 일어난 동학 농민 운동의 전개 과정을 사건의 발생 순서대로 제작하여 의미를 되새겨 본다.
>
> ■ 회차별 방송 내용
> – 1회. 파괴되는 만석보
> – 2회.   (가)
> – 3회. 전주성을 점령하고 전주 화약을 체결하는 농민군
>   ⋮

① 전라도 순창에서 체포되는 전봉준
② 황토현 전투에서 승리하는 농민군
③ 공주 우금치에서 패배하는 농민군
④ 논산에서 연합하는 남접과 북접 부대
⑤ 무력을 동원하여 경복궁을 점령하는 일본군

36. (가) 단체의 활동으로 옳은 것은? [1점]

① 일본의 황무지 개간권 요구를 저지하였다.
② 고종의 강제 퇴위 반대 운동을 전개하였다.
③ 민립 대학 설립을 위한 모금 활동을 벌였다.
④ 중추원 개편을 통해 의회 설립을 추진하였다.
⑤ 국제법상 교전 단체로 승인해 줄 것을 요청하였다.

37. 밑줄 그은 '사변' 이후 추진된 개혁의 내용으로 옳은 것은? [2점]

> 고등 재판소에서 심리한 피고 이희화를 교형에 처하도록 한 안건을 법부 대신이 상주하여 폐하께서 재가하셨다. 피고는 사변 때 대궐을 침범한 일본인들과 함께 아무런 직책도 없이 입궐하여 왕후 폐하가 시해당하시던 곤녕합에 들어갔다. 그리고 왕후 폐하가 시해당하신 뒤 얼마 안 되어 대군주 폐하 어전에 제멋대로 들어가서 대군주 폐하께서 결정하시지 않은 조칙문을 베껴 썼다. 위의 사실은 피고의 진술과 각 증거를 통해 명확히 밝혀졌다.
>
> – 『고종실록』 –

① 미국에 보빙사를 파견하였다.
② 신식 군대인 별기군을 창설하였다.
③ 박문국을 설치하여 한성순보를 발간하였다.
④ 청과 조·청 상민 수륙 무역 장정을 체결하였다.
⑤ 태양력을 채택하고 건양이라는 연호를 제정하였다.

38. (가)에 들어갈 민족 운동에 대한 설명으로 옳은 것은? [1점]

학술 대회 안내

우리 학회는 (가) 110주년을 맞이하여 일제의 경제 침탈에 맞서 거국적으로 전개되었던 (가) 을/를 조명하기 위한 학술 대회를 개최하고자 합니다.

기념비

■ 발표 주제
- 광문사 사장 김광제의 역할
- 논설 '단연보국채'의 내용과 영향
- 가족의 패물을 헌납한 조마리아의 애국 정신
- 통감부의 대응과 탄압

■ 일시: 2017년 ○○월 ○○일 13:00 ~ 18:00

■ 장소: △△대학교 대강당

① 평양에서 시작되어 전국으로 확산되었다.

② '조선 사람 조선 것' 등의 구호를 내세웠다.

③ 자작회, 토산 애용 부인회 등의 단체가 활동하였다.

④ 민족주의 진영과 사회주의 진영이 함께 준비하였다.

⑤ 대한매일신보 등 당시 언론이 적극적으로 참여하였다.

39. 다음 법령이 공포된 이후에 있었던 사실로 옳지 않은 것은? [3점]

제1조 국체를 변혁하거나 사유 재산 제도를 부인하는 것을 목적으로 결사를 조직하거나 또는 사정을 알고 이에 가입한 자는 10년 이하의 징역 또는 금고에 처한다. 전항의 미수죄도 처벌한다.

제2조 전조 제1항의 목적으로 그 목적이 되는 사항의 실행에 관하여 협의를 한 자는 7년 이하의 징역 또는 금고에 처한다.

① 박상진의 주도로 대한 광복회가 조직되었다.

② 전국적 조직인 조선 농민 총동맹이 결성되었다.

③ 민족 유일당 운동의 일환으로 신간회가 창립되었다.

④ 사회주의 세력의 활동 방향을 밝힌 정우회 선언이 발표되었다.

⑤ 노동 조건 개선을 요구하며 원산 노동자 총파업이 전개되었다.

40. 밑줄 그은 '이 단체'에 대한 설명으로 옳은 것은? [2점]

판결문

주문(主文)

피고 이승훈·윤치호·양기탁·임치정·안태국·유동열을 각각 징역 10년에 처한다.

이유(理由)

피고 이승훈은 …… 안창호·이갑 등과 함께 미국에 있는 이대위·김유순, 그리고 러시아에 있던 김성무 등과 이 단체를 조직하였다. 이들은 구(舊) 청국 영토 내에 있는 서간도에 무관 학교를 설립하고 청년의 군사 교육을 실시하였다. 그리고 일본과 미국 혹은 일본과 청국 사이에 갈등이 생기면 그 기회를 틈타 독립 전쟁을 일으켜 국권을 회복하고자 하였다.

⋮

① 농촌 계몽을 위해 브나로드 운동을 전개하였다.

② 일제가 조작한 105인 사건으로 조직이 해체되었다.

③ 단원인 이봉창이 일왕의 행렬에 폭탄을 투척하였다.

④ 독립 운동 자금 마련을 위해 독립 공채를 발행하였다.

⑤ 조선 총독부에 국권 반환 요구서를 발송하려 하였다.

41. (가)에 들어갈 내용으로 옳은 것은? [2점]

일제 강점기에 우리 민족 문화 수호를 위해 헌신하다 돌아가신 이윤재 선생님의 활동에 대해 말씀해 주세요.

이윤재 선생님은 우리말과 우리글을 지키기 위해 조선어 학회를 창립하여 (가) 에 참여하였습니다.

① 태극 서관 운영

② 국문 연구소 설립

③ 최초의 한글 신문 발행

④ 한글 맞춤법 통일안 제정

⑤ 개벽, 신여성 등의 잡지 간행

42. 밑줄 그은 '이 운동'에 대한 설명으로 옳은 것은?　　　[1점]

> **형평사 창립 대회**
>
> 공평은 사회의 근본이요 애정은 인류의 본성입니다. 이 운동은 우리들의 모욕적 칭호를 폐지하며, 교육을 장려하고, 참다운 인간이 되는 것을 목표로 하고 있습니다.

① 만세보를 발행하여 민중 계몽에 힘썼다.
② 조만식, 이상재 등의 주도로 시작되었다.
③ 백정에 대한 사회적 차별 철폐를 목적으로 하였다.
④ 일제가 이른바 문화 통치를 실시하는 계기가 되었다.
⑤ 고종의 인산(因山)을 기회로 삼아 대규모 시위를 전개하였다.

43. 다음 법령의 시행 결과로 옳지 <u>않은</u> 것은?　　　[2점]

> 제1조 토지의 조사 및 측량은 이 영(令)에 의한다.
> ⋮
> 제4조 토지의 소유자는 조선 총독이 정하는 기간 내에 그 주소, 성명 또는 명칭 및 소유지의 소재, 지목, 자번호, 사표, 등급, 지적, 결수를 임시 토지 조사 국장에게 신고하여야 한다. 다만, 국유지는 보관 관청에서 임시 토지 조사 국장에게 통지하여야 한다.
> 제5조 토지의 소유자 또는 임차인, 기타 관리인은 조선 총독이 정하는 기간 내에 그 토지의 사방 경계에 표지판을 세우되, 민유지에는 지목 및 자번호와 소유자의 성명 또는 명칭을, 국유지에는 지목 및 자번호와 보관 관청명을 기재하여야 한다.

① 조선 총독부의 재정 수입이 증대되었다.
② 지계아문이 설치되어 지계가 발급되었다.
③ 일본에서 한국으로의 농업 이민이 증가하였다.
④ 만주와 연해주로 이주하는 농민들이 늘어났다.
⑤ 동양 척식 주식회사의 보유 토지가 확대되었다.

44. 다음 자료에 대한 설명으로 옳은 것은?　　　[3점]

> 강도(强盜) 일본을 쫓아내려면 오직 혁명으로만 가능하며, 혁명이 아니고는 강도 일본을 쫓아낼 방법이 없는 바이다. …… 민중은 우리 혁명의 대본영(大本營)이다. 폭력은 우리 혁명의 유일한 무기이다. 우리는 민중 속에 가서 민중과 손을 잡아 끊임없는 폭력, 암살, 파괴, 폭동으로써 강도 일본의 통치를 타도하고 우리 생활에 불합리한 일체 제도를 개조하여 인류로써 인류를 압박하지 못하며 사회로써 사회를 약탈하지 못하는 이상적 조선을 건설할지니라.

① 민족 대표 33인이 선언에 참여하였다.
② 대한민국 임시 정부의 건국 강령이었다.
③ 의열단 단장인 김원봉의 요청으로 작성되었다.
④ 일본 유학생을 중심으로 도쿄에서 발표되었다.
⑤ 독립 청원을 위해 파리 강화 회의에 제출되었다.

45. (가)에 들어갈 내용으로 옳은 것은?　　　[2점]

보재(溥齋) 이상설 선생의 항일 투쟁

활동 지역	주요 활동
국내(서울)	을사늑약 체결 비판과 을사 5적 처단 상소
간도	서전서숙 설립과 민족 교육 실시
네덜란드 (헤이그)	만국 평화 회의에 파견되어 을사늑약의 부당성 폭로
미국	애국 동지 대표자 회의 참석과 국민회 결성에 기여
러시아 (연해주)	(가)
중국 (상하이)	신한 혁명당 결성과 외교 활동

① 승무 학교 설립과 무장 투쟁 준비
② 한인 애국단 결성과 항일 의거 활동
③ 권업회 조직과 대한 광복군 정부 수립
④ 한국 광복군 창설과 국내 정진군 훈련
⑤ 국민 대표 회의 참여와 대한민국 임시 정부 활동

46. 다음 협정이 적용된 시기 우리나라의 경제 상황으로 옳은 것은?
[2점]

> 대한민국 정부는 대한민국의 경제적 위기를 방지하며 국력 부흥을 촉진하고 국내 안정을 확보하기 위하여 미합중국 정부에 재정적, 물질적, 기술적 원조를 요청하였으며, 미합중국 의회는 …… 대한민국 국민에게 원조를 제공할 권한을 미합중국 대통령에게 부여하였고, 대한민국 정부 및 미합중국 정부는 대한민국 정부의 독립과 안전 보장에 합치되는 조건에 의한 그 원조의 재공이 …… 한국 국민과 미국 국민 간의 우호적 연대를 일층 강화할 것을 확신하므로 …… 아래와 같이 협정하였다. ……
>
> – 한·미 원조 협정 –

① 경부 고속 국도를 개통하였다.
② 경제 협력 개발 기구(OECD)에 가입하였다.
③ 제분·제당·면방직의 삼백 산업이 성장하였다.
④ 3저 호황으로 물가가 안정되고 수출이 증가하였다.
⑤ 대통령의 긴급 명령으로 금융 실명제를 실시하였다.

47. (가)~(다)의 전선을 전쟁이 진행된 순서대로 옳게 나열한 것은?
[1점]

① (가) – (나) – (다)
② (가) – (다) – (나)
③ (나) – (가) – (다)
④ (나) – (다) – (가)
⑤ (다) – (가) – (나)

48. (가) 부대에 대한 설명으로 옳은 것은?
[3점]

> 임시 대회에서 중국군과 합작하기로 결의한 뒤, ___(가)___ 의 총사령 지청천은 각 지방에 산재해 있는 독립군을 소집하였다. 그 결과 인원이 60명에 달하였다. 이를 일대(一隊)로 조직 편성하여 지린성 자위군 왕즈웨이[王之維]가 인솔하는 약 10만 군과 연합하여 싸우다가 헤이룽강으로 향하였고 …… 지청천은 아청[阿城]으로 약 400명의 독립군을 인솔하고 되돌아왔다.
>
> – 이규채 신문 조서 –

① 대전자령 전투에서 일본군을 상대로 승리를 거두었다.
② 간도 참변 이후 조직을 정비하고 자유시로 이동하였다.
③ 중국 관내(關內)에서 조직된 최초의 한인 무장 부대였다.
④ 남만주 지역에서 결성된 조선 혁명당의 군사 조직이었다.
⑤ 홍범도 부대와 연합하여 청산리에서 일본군과 교전하였다.

49. (가)에 들어갈 민주화 운동에 대한 설명으로 옳은 것은? [2점]

> 이곳은 이승만의 장기 독재에 저항하여 일어난 ___(가)___ 당시 희생된 김주열 열사의 묘소입니다. 3·15 부정 선거를 규탄하는 시위에 참가하였던 열사가 마산 앞바다에서 시신으로 발견되면서, 시위가 전국적으로 확산되었습니다.

① 장면 내각이 출범하는 배경이 되었다.
② 4·13 호헌 조치의 철폐를 요구하였다.
③ 굴욕적인 한·일 국교 정상화에 반대하였다.
④ 신군부의 계엄령 확대와 무력 진압에 항거하였다.
⑤ 3·1 민주 구국 선언을 통하여 유신 체제에 저항하였다.

50. 다음 선언을 발표한 정부의 통일 노력으로 옳은 것은? [2점]

> 1. 남과 북은 나라의 통일 문제를 그 주인인 우리 민족끼리 서로 힘을 합쳐 자주적으로 해결해 나가기로 하였다.
> 2. 남과 북은 나라의 통일을 위한 남측의 연합제 안과 북측의 낮은 단계의 연방제 안이 서로 공통성이 있다고 인정하고 앞으로 이 방향에서 통일을 지향시켜 나가기로 하였다.
>   ⋮

① 남북 조절 위원회를 구성하였다.
② 금강산 관광 사업을 실시하였다.
③ 남북 기본 합의서를 채택하였다.
④ 제2차 남북 정상 회담을 개최하였다.
⑤ 이산가족 고향 방문을 최초로 성사시켰다.

01. (가) 시대의 생활 모습으로 옳은 것은? [2점]

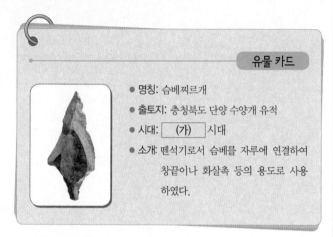

유물 카드

● 명칭: 슴베찌르개
● 출토지: 충청북도 단양 수양개 유적
● 시대: (가) 시대
● 소개: 뗀석기로서 슴베를 자루에 연결하여 창끝이나 화살촉 등의 용도로 사용하였다.

① 빗살무늬 토기를 제작하였다.
② 주로 동굴이나 강가의 막집에서 살았다.
③ 지배층의 무덤으로 고인돌을 축조하였다.
④ 반달 돌칼을 사용하여 곡물을 수확하였다.
⑤ 가락바퀴와 뼈바늘을 이용하여 옷을 만들었다.

02. 교사의 질문에 대한 학생의 답변으로 옳은 것은? [2점]

이 우표에는 구간(九干)이 구지봉에서 6개의 알을 맞이하고, 그중 한 알에서 수로가 나오는 장면이 그려져 있습니다. 이러한 건국 신화가 있는 나라에 대해 말해볼까요?

① 덩이쇠를 화폐처럼 사용하였습니다.
② 12월에 영고라는 제천 행사를 열었습니다.
③ 제가 회의에서 국가 중대사를 결정하였습니다.
④ 박, 석, 김의 3성이 교대로 왕위를 계승하였습니다.
⑤ 마한의 목지국을 압도하고 지역의 맹주로 발돋움하였습니다.

03. 밑줄 그은 '왕'의 업적으로 옳은 것은? [2점]

왕께서 불교를 일으키려 하시므로 저 이차돈도 불법(佛法)을 위해 목숨을 버리려 합니다. 하늘이시여, 상서로운 일을 백성에게 보여주소서.

① 병부와 상대등을 설치하였다.
② 중앙 관청을 22부로 확대하였다.
③ 거칠부에게 국사를 편찬하게 하였다.
④ 이사부를 보내 우산국을 복속시켰다.
⑤ 지방에 담로를 두고 왕족을 파견하였다.

04. (가), (나) 사이의 시기에 있었던 사실로 옳은 것은? [3점]

(가) 을지문덕이 우문술의 군사가 굶주린 기색이 있음을 보고 이들을 피곤하게 만들려고 매번 싸울 때마다 달아났다. 우문술이 하루에 일곱 번 싸워 모두 이기니, …… 드디어 동쪽으로 나아가 살수(薩水)를 건너 평양성에서 30리 떨어진 산에 진을 쳤다.
— 『삼국사기』 —

(나) 여러 장수가 급히 안시성을 공격하였다. …… 강하왕 도종이 무리를 독려하여 성의 동남 모퉁이에 흙산을 쌓아 침입하려고 하니, 성 안에서도 성벽을 높여서 막았다.
— 『삼국사기』 —

① 진흥왕이 대가야를 공격하여 멸망시켰다.
② 연개소문이 정변을 일으켜 권력을 장악하였다.
③ 장수왕이 백제를 공격하여 한성을 함락시켰다.
④ 계백이 이끄는 군대가 황산벌에서 결사 항전하였다.
⑤ 근초고왕이 평양성을 공격하여 고국원왕을 전사시켰다.

05. 다음 문화유산에 대한 설명으로 옳은 것을 〈보기〉에서 고른 것은?

[2점]

• 위치: 충청남도 공주시
• 소개: 1971년 송산리 6호분의 침수를 막기 위한 배수로 공사 중 도굴의 피해를 전혀 입지 않은 상태로 발견됨.

발굴 당시 모습

〈보 기〉

ㄱ. 모줄임 천장 구조로 되어 있다.
ㄴ. 중국 남조의 영향을 받아 조성되었다.
ㄷ. 고구려 장군총과 유사한 돌무지 무덤이다.
ㄹ. 무덤의 주인을 알 수 있는 묘지석이 출토되었다.

① ㄱ, ㄴ   ② ㄱ, ㄷ   ③ ㄴ, ㄷ
④ ㄴ, ㄹ   ⑤ ㄷ, ㄹ

06. (가) 국가의 경제에 대한 설명으로 옳은 것은?

[2점]

○○신문

제△△호   ○○○○년 ○○월 ○○일

쇼소인 소장 유물로 보는 고대 한·일 교류

쇼소인 소장 사하리 그릇과 청동 가위

일본 도다이 사 쇼소인의 유물 중에는 일본어로 '사하리'라고 통칭되는 금속제 그릇이 수백여 점 있다. 그중에는 뾰족한 침으로 바닥에 '위수내말(爲水乃末)'이라고 새긴 것도 있는데, '위수'는 사람 이름이고 '내말'은 ㅤ(가)ㅤ의 관등인 '나마'를 의미한다. 또한 청동 가위는 월지(안압지)에서 출토된 것과 매우 유사하여 ㅤ(가)ㅤ이/가 일본과 활발한 문화 교류를 하였음을 알 수 있다.

① 솔빈부의 말이 특산물로 유명하였다.
② 벽란도를 통해 송 상인과 교역하였다.
③ 청해진이 국제 무역 거점으로 번성하였다.
④ 빈민을 구제하기 위한 진대법을 시행하였다.
⑤ 토지의 비옥도를 6등급으로 나누어 전세를 부과하였다.

07. 밑줄 그은 '이 불상'으로 옳은 것은?

[3점]

국보 제78호인 이 불상은 반가의 자세로 깊은 생각에 잠긴 모습을 형상화한 것입니다. 6세기 중후반에 제작된 것으로 추정되며, 삼국 시대 금동 불상 중 대표적인 작품입니다.

①   ②    ③

④    ⑤

08. 다음 자료의 인물에 대한 설명으로 옳은 것은?

[1점]

묘지석 탁본

이것은 중국에서 발견된 백제 장군의 묘지석 탁본이다. 묘지문에는 그의 이름은 상지이고, 조상은 부여씨로부터 나왔는데 흑치 지방에 봉해졌기 때문에 이를 씨(氏)로 삼았으며, 그 가문은 대대로 달솔을 역임하였다고 쓰여 있다.

① 김흠돌의 반란을 진압하였다.
② 완산주에 도읍하고 나라를 세웠다.
③ 국호를 마진으로 바꾸고 철원으로 천도하였다.
④ 임존성에서 소정방이 이끄는 당군을 격퇴하였다.
⑤ 안승을 왕으로 받들어 나라를 다시 세우고자 하였다.

09. 다음에서 설명하는 문화유산을 지도에서 옳게 찾은 것은? [1점]

> 국보 제3호인 이 비석은 진흥왕 대의 영토 확장을 보여준다. 조선 후기 김정희에 의해 고증되기 전까지는 무학대사왕심비 등으로 알려져 있었다.

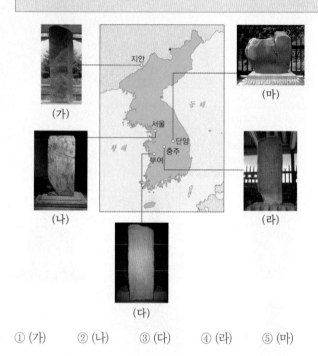

① (가)　　② (나)　　③ (다)　　④ (라)　　⑤ (마)

10. (가) 국가에 대한 설명으로 옳은 것은? [2점]

> 옛 고구려의 장수 대조영은
> 태백산의 남쪽 성에 자리를 잡을 수 있어서
> 측천무후 원년에
> 나라를 열어 ___(가)___ (이)라고 하였네.
> 우리 태조 8년에
> 그 나라 사람들이 서로 이끌어 개경에 와서 뵈니,
> 누가 변란을 미리 알고 먼저 귀부하였나?
> 예부경과 사정경이었다네.
>
> ─『제왕운기』─

① 골품에 따라 관등 승진의 제한이 있었다.
② 주자감을 설치하여 유교 경전을 교육하였다.
③ 독서삼품과를 마련하여 인재를 등용하고자 하였다.
④ 오경박사, 의박사, 역박사 등을 일본에 파견하였다.
⑤ 사회 질서를 유지하기 위해 범금 8조를 제정하였다.

11. 밑줄 그은 '왕'의 업적으로 옳은 것은? [2점]

> 왕이 명령하기를, "…… 경관(京官) 5품 이상은 각기 봉사를 올려 시정(時政)의 잘잘못을 논하라."라고 하였다. …… 최승로가 올린 글의 대략은 다음과 같다. "…… 이제 앞선 5대 조정(朝廷)의 정치와 교화에 대해서 본받을 만한 좋은 행적과 경계할 만한 나쁜 행적을 삼가 기록하여 조목별로 아뢰겠습니다. ……"
>
> ─『고려사절요』─

① 12목을 설치하고 지방관을 파견하였다.
② 관학 진흥을 위해 양현고를 설치하였다.
③ 왕권 강화를 위해 노비안검법을 실시하였다.
④ 신돈을 등용하고 전민변정도감을 설치하였다.
⑤ 빈민을 구제하기 위해 흑창을 처음 설치하였다.

12. (가)에 대한 고려의 대응으로 옳은 것은? [2점]

> ___(가)___ 의 병사가 귀주를 지나자 강감찬 등이 동교(東郊)에서 맞아 싸웠다. …… 아군이 추격하여 석천을 건너 반령에 이르니 시신이 들을 덮고 사로잡은 사람과 노획한 말·낙타, 갑옷·무기는 모두 헤아릴 수 없었다. 살아서 돌아간 자가 (십만여 명 중에서) 겨우 수천 명이니 ___(가)___ 이/가 패한 것이 이보다 심한 적이 없었다.
>
> ─『고려사』─

① 화포를 사용하여 진포에서 격퇴하였다.
② 별무반을 편성하여 동북 9성을 개척하였다.
③ 개경에 나성을 축조하여 침입에 대비하였다.
④ 이종무로 하여금 근거지를 정벌하게 하였다.
⑤ 도읍을 강화도로 옮겨 장기 항쟁을 준비하였다.

13. 다음 제도를 운영한 국가의 지방 통치에 대한 설명으로 옳은 것은? [2점]

> 6위를 설치하였다. …… 6위에 직원(職員)과 장수를 배치하였다. 그 후에 응양군과 용호군 2군을 설치하였는데, 2군은 6위보다 지위가 높았다.

① 전국을 5경 15부 62주로 나누었다.
② 특수 행정 구역으로 향, 부곡, 소가 있었다.
③ 지방 장관으로 욕살, 처려근지 등을 두었다.
④ 상수리 제도를 실시하여 지방 세력을 견제하였다.
⑤ 수도의 위치가 치우친 것을 보완하기 위해 5소경을 설치하였다.

14. (가) 지역에서 있었던 사실로 옳은 것은? [2점]

> 묘청 등이 왕에게 말하기를, "신들이 보건대 (가) 의 임원역은 음양가들이 말하는 대화세(大華勢)이니 만약 이곳에 궁궐을 세우고 옮기시면 천하를 병합할 수 있을 것이요, 금나라가 공물을 바치고 스스로 항복할 것이며, 36개 나라들이 모두 신하가 될 것입니다." 라고 하였다.
>
> — 『고려사』 —

① 망이·망소이가 난을 일으켰다.
② 정몽주가 이방원 세력에 의해 피살되었다.
③ 우리나라 최초의 근대 교육 기관이 설립되었다.
④ 몽골의 침입으로 황룡사 구층 목탑이 소실되었다.
⑤ 조만식 등을 중심으로 조선 물산 장려회가 발족되었다.

16. (가), (나) 사이의 시기에 있었던 사실로 옳은 것은? [3점]

> (가) 다루가치가 왕을 비난하면서 말하기를, "선지(宣旨)라 칭하고, 짐(朕)이라 칭하고, 사(赦)라 칭하니 어찌 이렇게 참람합니까?" 라고 하였다. …… 이에 (왕이) 선지를 왕지(王旨)로, 짐을 고(孤)로, 사를 유(宥)로, 주(奏)를 정(呈)으로 고쳤다.
>
> — 『고려사』 —
>
> (나) 대사도 기철, 태감 권겸, 경양 부원군 노책이 반역을 도모하다 처단되었으며 그들의 친족과 당여는 모두 도망쳤다.
>
> — 『고려사』 —

① 일본 원정을 위해 정동행성이 설치되었다.
② 경기 지역에 한하여 과전법이 실시되었다.
③ 김윤후가 처인성에서 살리타를 사살하였다.
④ 정중부 등이 정변을 일으켜 권력을 장악하였다.
⑤ 우왕이 요동 정벌을 위해 이성계를 파견하였다.

15. 다음 가상 대화가 이루어진 시기에 볼 수 있는 모습으로 적절한 것은? [1점]

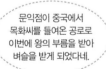
문익점이 중국에서 목화씨를 들여온 공로로 이번에 왕의 부름을 받아 벼슬을 받게 되었다네.

그가 준 목화씨를 장인인 정천익이 심어 재배에 성공하였다는군.

① 녹읍 폐지를 명하는 국왕
② 농상집요를 소개하는 관리
③ 당백전을 주조하는 관청 소속 장인
④ 공가를 받고 관청에 물품을 납부하는 공인
⑤ 고추, 담배 등을 상품 작물로 재배하는 농민

17. (가)에 대한 설명으로 옳은 것은? [2점]

이규보가 쓴 이 글은 최씨 무신 정권의 후원을 받아 제작된 (가) 의 조판 동기를 밝힌 것으로, 부처의 힘으로 외세를 물리치고자 하는 염원이 담겨 있습니다.

> 신통한 힘을 빌려 주어 완악한 오랑캐가 멀리 도망가서 다시는 우리 국토를 짓밟는 일이 없게 해 주십시오. 전쟁이 그치고 전국이 평안하며, …… 나라의 국운이 만세토록 유지되게 해 주소서.

① 자장의 건의로 만들어졌다.
② 현존하는 최고(最古)의 금속 활자본이다.
③ 유네스코 세계 기록 유산으로 등재되었다.
④ 현재 프랑스 국립 도서관에 보관되어 있다.
⑤ 불국사 삼층 석탑을 보수하는 과정에서 발견되었다.

18. 다음 인물의 활동으로 옳은 것은? [2점]

> 나는 충선왕을 수행하여 중국의 여러 지역을 다녔습니다. 또한 역옹패설을 저술하고 역사서인 사략을 편찬하였습니다.

① 고려에 성리학을 최초로 소개하였다.
② 9재 학당을 세워 유학 교육에 힘썼다.
③ 만권당에서 원의 학자들과 교유하였다.
④ 양명학을 연구하여 강화 학파를 형성하였다.
⑤ 성리학을 도식으로 설명한 성학십도를 저술하였다.

19. 다음 사건이 일어난 시기를 연표에서 옳게 고른 것은? [3점]

> 남쪽 지방에서 적도들이 벌떼처럼 일어났다. 그중 심한 것은 운문에 웅거한 김사미와 초전에 자리 잡은 효심인데, 이들은 유랑하는 무리들을 불러 모아 각 고을을 노략질하였다. 왕이 이를 근심하여 대장군 전존걸에게 장군 이지순 등을 이끌고 가서 남적을 토벌하도록 하였다.
>
> – 『고려사』 –

918		1009		1126		1170		1270		1388
	(가)		(나)		(다)		(라)		(마)	
고려 건국		강조의 정변		이자겸의 난		무신 정변		개경 환도		위화도 회군

① (가)　② (나)　③ (다)　④ (라)　⑤ (마)

20. (가)에 행해지던 풍습으로 가장 적절한 것은? [1점]

> **우리나라의 세시 풍속**
>
> ## 조상에 제사 지내고 성묘하는 날, (가)
>
> 1. 문헌 자료
>   병조에서 아뢰기를, "동지로부터 105일이 지나면, 세찬 바람과 심한 비가 있으니 (가) (이)라 부른다고 합니다. …… 원컨대, 지금부터 (가) 에는 밤낮으로 불과 연기를 일절 금지하고, 관리들이 순찰하게 하옵소서."라고 하였다.
>   – 『세종실록』 –
>
> 2. 관련 행사
>   '손 없는 날' 또는 '귀신이 꼼짝 않는 날'로 여겨 산소에 손을 대도 탈이 없다고 한다. 그래서 산소에 잔디를 새로 입히는 개사초 (改莎草)를 하거나, 비석 또는 상석을 세우거나 이장을 하였다.

① 진달래꽃으로 화전 부치기
② 새알심을 넣어 팥죽 만들기
③ 창포를 삶은 물로 머리 감기
④ 불을 사용하지 않고 찬 음식 먹기
⑤ 부스럼을 예방하기 위한 부럼 깨기

21. 다음 대화의 왕이 재위했던 시기의 사실로 옳은 것은? [2점]

> 우리나라에 서적이 매우 적어 유생들이 널리 볼 수 없는 것을 염려하는 바이다. 이에 주자소를 설치하고 민무질 등을 제조로 삼아 역대 사서와 경전을 간행하도록 하라.

> 전하의 뜻을 받들어 저희 신하들도 자원하는 마음으로 동철(銅鐵)을 내겠습니다.

① 집현전을 계승한 홍문관이 설치되었다.
② 전통 한의학을 정리한 동의보감이 간행되었다.
③ 강우량을 측정하기 위한 측우기가 제작되었다.
④ 역대 문물을 정리한 동국문헌비고가 편찬되었다.
⑤ 세계 지도인 혼일강리역대국도지도가 제작되었다.

22. (가) 인물에 대한 설명으로 옳은 것은? [3점]

> 이 글은 (가) 이/가 태조를 칭송한 문덕곡의 서문입니다. 그는 조선경국전을 편찬하는 등 조선 초 문물제도의 정비에 크게 기여하였으며, 재상 중심의 정치를 주장하였습니다.

> 전하께서 즉위하시자 큰 포부를 지녀 계획을 세우시고, 백성과 더불어 나라를 바로잡아 정치를 시작하시니 칭송할 만한 것이 많았다. 그 중요한 내용을 들자면, 언로를 열고 공신을 보전하셨으며 토지 제도를 바로잡고 예악을 제정하셨다.

① 불씨잡변을 지어 불교를 비판하였다.
② 계유정난을 계기로 정계에서 축출되었다.
③ 일본에 다녀와서 해동제국기를 편찬하였다.
④ 인재 등용을 위해 현량과 실시를 건의하였다.
⑤ 방납의 폐단을 줄이고자 수미법을 주장하였다.

23. (가) 기관에 대한 설명으로 옳은 것은? [1점]

> (가) 을/를 설치한 것은 당초에 학문을 하고 심신을 수양하는 선비들을 대우하기 위한 것이니, 따라서 향사(享祀)의 대상이 될 사람은 사표(師表)가 될 만한 사람이어야 합니다. 그런데 지금은 그렇지 않아서 선비라는 사람은 학문을 일삼지 않고, 향사할 사람은 당치 않은 인물이기도 하여 사원(祠院)은 많으나 사문(斯文)은 더욱 침체되니 실로 한심스럽습니다. …… 지금부터 새로 창설하는 곳에 대해서는, 모두 예조(禮曹)에 보고하여 조정에서 함께 의논해서 공론으로 허용된 후에 창설하도록 하는 것이 타당하겠습니다.

① 주세붕에 의해 처음 세워졌다.
② 좌수와 별감을 중심으로 운영되었다.
③ 중앙에서 교수와 훈도가 파견되었다.
④ 조광조를 비롯한 사림의 건의로 혁파되었다.
⑤ 매향 활동을 하면서 각종 불교 행사를 주관하였다.

24. 밑줄 그은 '왕'의 재위 기간에 있었던 사실로 옳은 것은? [2점]

> 왕이 이르시기를, "요즈음 일로 말하건대 임꺽정이 많은 죄를 짓고도 오래도록 법을 피하고 있는데 국가에서는 치욕만 당하고 쉽게 잡지 못하니, 이는 오로지 경외(京外)가 무비(武備)를 닦지 않았기 때문이다. 또한 뒷날 을묘년의 왜변과 같은 일이 있으면 어떻게 하려는지 모르겠으니 한심하구나."라고 하셨다.

① 자의 대비의 복상 문제로 예송이 전개되었다.
② 외척 간의 권력 다툼으로 을사사화가 발생하였다.
③ 김종직 등 사림이 중앙 정계에 진출하기 시작하였다.
④ 사림이 이조 전랑 임명을 둘러싸고 동인과 서인으로 나뉘었다.
⑤ 폐비 윤씨 사사 사건의 전말이 알려져 관련자들이 화를 입었다.

25. (가) 군사 조직에 대한 설명으로 옳은 것은? [2점]

> 저희 배가 나가사키로 향하던 중 풍랑을 만나 제주도에 표착해 두려움을 느꼈는데, 이렇게 같은 네덜란드 사람인 벨테브레이 당신을 만나니 안심이 됩니다.

> 조선 사람들은 우리 서양인이 화포를 잘 다룬다고 여기니, 하멜 자네는 한양에서 임진왜란 중에 설치된 (가) 에 배속되어 총포의 제조 및 조작법을 병사들에게 가르치게 될 것이네.

① 국경 지역인 양계에 배치되었다.
② 소속 군인에게 군인전이 지급되었다.
③ 포수, 사수, 살수의 삼수병으로 편제되었다.
④ 유사시에 향토 방위를 담당하는 예비군이었다.
⑤ 국왕의 친위 부대로 수원 화성에 외영을 두었다.

26. 다음 상황이 전개된 이후의 사실로 옳은 것은? [1점]

> 고금천하의 법 중에 군율보다 엄격한 것은 없습니다. 그런데 강홍립, 김경서 등은 중국 군대와 함께 적지에 깊숙이 들어가서 힘껏 싸우다 죽지 않고 도리어 투항을 청하여 적의 뜰에 무릎을 꿇었으니, 신하의 대의가 땅을 쓸듯이 완전히 없어졌습니다. …… 청컨대 강홍립 · 김경서의 가족들을 모조리 잡아서 구금하라고 명하심으로써 군율을 변경할 수 없다는 것을 분명히 보이소서.

① 김종서가 여진을 몰아내고 6진을 개척하였다.
② 조 · 명 연합군이 평양성 전투에서 승리하였다.
③ 정여립 모반 사건을 계기로 기축옥사가 일어났다.
④ 인조반정으로 서인이 정국의 주도권을 장악하였다.
⑤ 제한된 범위의 무역을 허용한 계해약조가 체결되었다.

27. (가) 왕이 실시한 정책으로 옳은 것은? [2점]

이 편지는 (가) 이/가 노론 벽파의 영수인 심환지에게 비밀리에 보낸 어찰이다. 이 편지에서 그는 "최근 벽파가 떨어져 나간다는 소문이 성행한다고 한다. 지금처럼 벽파가 뒤죽박죽 되었을 때에는 종종 이처럼 근거 없는 소문이 있을 수 있다."라고 언급하기도 하였다. 이와 같이 그는 국정 운영에 필요한 경우 부친인 사도 세자의 추숭(追崇)을 반대한 노론 벽파의 영수와도 수차례 편지를 교환하였다.

① 양전 사업을 실시하고 지계를 발급하였다.
② 속대전을 편찬하여 통치 체제를 정비하였다.
③ 청과의 경계를 정한 백두산 정계비를 세웠다.
④ 삼군부를 부활시켜 군국 기무를 전담하게 하였다.
⑤ 유능한 인재를 양성하기 위해 초계문신제를 시행하였다.

28. 다음 자료에 나타난 시기의 경제 상황으로 옳지 <u>않은</u> 것은? [2점]

평안도에서는 …… 설점(設店)한 이후에 간사한 백성들이 때를 틈타 이익을 다투어 사사로이 잠채(潛採)하고 있다. 설점한 고을이 아니더라도 잠채하지 않는 곳이 없다. 묘지나 논밭을 가리지 않고 굴을 뚫고 땅을 파헤쳐서, 마을이 소란스러워짐이 말로 다할 수 없다. 쌀값이 크게 오르고 도둑질이 끊이지 않으며, 농사를 짓던 농민들도 생업을 팽개치고 이익을 좇는다.

① 상평통보가 시장에서 유통되었다.
② 강희맹이 농서인 금양잡록을 저술하였다.
③ 보부상이 장시를 돌아다니며 활동하였다.
④ 송상, 만상이 대청 무역으로 부를 축적하였다.
⑤ 왜관에서 개시 무역과 후시 무역이 이루어졌다.

29. 다음 글이 작성된 당시의 문화에 대한 설명으로 옳은 것은? [3점]

관상대 위에 진열된 여러 기구들은 천문을 관측하는 혼천의와 비슷해 보였다. 뜰 한복판에 놓인 것들 중에는 나의 벗 정철조의 집에서 본 물건과 유사한 것도 있었다. …… 언젠가 홍대용과 함께 정철조의 집에 찾아 갔는데, 두 사람은 서로 황도와 적도, 남극과 북극을 화제로 대화를 나누었다. 더러 머리를 흔들기도 하고 혹 고개를 끄덕이기도 하였으나, 주장이 모두 심오하여 이해하기 어려웠기에 나는 잠이 들어 듣지 못하였다.

① 안견이 몽유도원도를 그렸다.
② 김시습이 금오신화를 저술하였다.
③ 성현 등이 악학궤범을 편찬하였다.
④ 한글 소설과 사설시조가 유행하였다.
⑤ 서예에서 조맹부의 송설체가 도입되었다.

30. 밑줄 그은 '이 사건'에 대한 설명으로 옳은 것은? [2점]

이 시집은 김삿갓으로 알려진 김병연의 시를 모은 것이다. 그는 서북민에 대한 차별에 저항하여 일어난 <u>이 사건</u> 당시 항복한 선천 부사 김익순을 비난하는 글을 썼다가, 후에 김익순이 자신의 조부임을 알고서 수치스러워 삿갓을 쓰고 방랑길에 올랐다고 한다.

① 백낙신의 탐학이 발단이 되었다.
② 집강소가 설치되는 결과를 가져왔다.
③ 보국안민, 제폭구민을 기치로 내걸었다.
④ 홍경래의 주도로 가산, 정주성 등을 점령하였다.
⑤ 사건의 수습을 위해 박규수가 안핵사로 파견되었다.

31. (가)에 대한 설명으로 옳은 것을 〈보기〉에서 고른 것은? [1점]

> 지난 을축년 영중추부사 이원익이 정승으로 있을 때에, ……
> (가) 의 관직 진출을 허용하도록 정하였습니다. 양첩 소생은
> 손자 대에 가서 허용하고, 천첩 소생은 증손 대에 가서 허용하며,
> 과거에 급제한 뒤에는 요직은 허용하되 청직은 허용하지 않는 것으로
> 임금님의 재가를 받았습니다. …… 지금부터는 전교하신 대로
> 재능에 따라 의망(擬望)*하는 것이 어떻겠습니까?
>
> *의망: 관직 후보자를 추천하는 것

〈보 기〉
ㄱ. 화척, 양수척 등으로 불렸다.
ㄴ. 수차례 통청 운동을 전개하였다.
ㄷ. 규장각 검서관에 등용되기도 하였다.
ㄹ. 차별 철폐를 위해 조선 형평사를 조직하였다.

① ㄱ, ㄴ ② ㄱ, ㄷ ③ ㄴ, ㄷ
④ ㄴ, ㄹ ⑤ ㄷ, ㄹ

32. (가)에 들어갈 내용으로 가장 적절한 것은? [2점]

> 시아버지 죽어 이미 상복 입었고
> 갓난아이 배냇물도 다 안 말랐는데
> 삼대의 이름이 군적에 모두 다 실렸으니
> 가서 억울함 호소해도 문지기는 호랑이요
> 이정(里正)은 호통치며 외양간 소 끌고 갔네.

 이 글은 군정의 문란으로 고통받는 백성의 삶을 표현한 애절양이란 시야.

 이러한 폐단을 해결하기 위해 흥선 대원군은 (가)

① 양반에게도 군포를 징수하는 호포제를 실시했어.
② 전세를 1결당 4~6두로 고정하는 영정법을 실시했어.
③ 현직 관리에게만 과전을 지급하는 직전법을 시행했어.
④ 봄에 곡식을 빌려주고 가을에 갚도록 하는 의창을 설치했어.
⑤ 기금을 모아 그 이자로 빈민을 구제하는 제위보를 마련했어.

33. 밑줄 그은 '이 사건'에 대한 설명으로 옳은 것은? [2점]

이 사건은 로저스 제독이 이끄는 미국 함대가 강화도를 침입하면서 시작되었습니다.

이 사건 당시 조선군은 미군에 맞서 죽음을 무릅쓰고 용감히 싸웠지만, 사진 속 '수'자 기를 빼앗기고 말았습니다.

① 운요호 사건이 원인이 되었다.
② 병인박해가 일어나는 계기가 되었다.
③ 톈진 조약이 체결되는 배경이 되었다.
④ 어재연 부대가 광성보에서 항전하였다.
⑤ 외규장각 도서가 약탈되는 피해를 입었다.

34. 다음 상황이 전개된 배경으로 가장 적절한 것은? [3점]

> 우리 고을에 흉년이 든 것은 일본 총영사께서도 잘 알고 계실
> 것입니다. 가난한 백성의 먹을 것이 없는 참상이 눈앞에 가득하니,
> 곡물 수출을 당분간 중지하지 않을 수 없습니다. …… 음력 을유년
> 12월 21일을 기점으로 한 달이 지난 이후부터는 쌀 수출이
> 금지되니 이러한 점을 귀국의 상민(商民)들에게 통지하여 주시기
> 바랍니다.

① 조·일 통상 장정이 체결되었다.
② 러시아가 절영도 조차를 시도하였다.
③ 일본이 황무지 개간권을 요구하였다.
④ 시전 상인들이 황국 중앙 총상회를 조직하였다.
⑤ 메가타의 주도로 화폐 정리 사업이 실시되었다.

35. 다음 조약 체결의 계기가 된 사건으로 옳은 것은? [2점]

> 제3관 조선국이 지불한 5만 원은 해를 당한 일본 관원의 유족 및 부상자에게 지급하여 특별히 돌보아 준다.
>
> ⋮
>
> 제5관 일본 공사관에 일본군 약간 명을 두어 경비를 서게 한다.
>
> 제6관 조선국은 대관(大官)을 특별히 파견하고 국서를 지어 일본국에 사과한다.

① 구식 군인들이 임오군란을 일으켰다.
② 영국이 거문도를 불법으로 점령하였다.
③ 고종이 러시아 공사관으로 거처를 옮겼다.
④ 전봉준이 이끄는 농민군이 전주성을 점령하였다.
⑤ 김옥균 등이 우정총국 개국 축하연을 기회로 정변을 일으켰다.

36. 다음 글이 작성된 시기를 연표에서 옳게 고른 것은? [2점]

> 제 의견은 청·러시아·일본 3국이 서로 조약을 체결하여 서양 스위스의 예에 따라 조선을 영세중립국으로 보장하는 것입니다. 그러면 설혹 뒷날 타국이 공벌(攻伐)하고자 해도 조선에서 길을 빌릴 수 없을 것입니다. 그리고 조선도 스스로 수천 명의 군대를 파견하여 국경을 지키면서, 각국과 평화 조약을 체결하여 통상을 한다면 영원히 큰 이익을 누릴 것입니다.
>
> — 독일 부영사 부들러 —

1876		1884		1894		1897		1904		1910
	(가)		(나)		(다)		(라)		(마)	
강화도 조약		갑신 정변		청·일 전쟁		대한 제국 수립		러·일 전쟁		국권 피탈

① (가)   ② (나)   ③ (다)   ④ (라)   ⑤ (마)

37. 다음 조서가 반포된 이후의 사실로 옳은 것은? [2점]

> 짐이 정부에 명하여 학교를 널리 세우고 인재를 양성하는 것은 너희들 신하와 백성의 학식으로 나라를 중흥시키는 큰 공로를 이룩하기 위해서이다. 너희는 임금에게 충성하고 나라를 사랑하는 마음으로 덕성, 체력, 지혜를 기르라. 왕실의 안전도 신하와 백성의 교육에 달려 있고, 나라의 부강도 신하와 백성의 교육에 달려 있다.

① 박문국이 설치되었다.
② 육영 공원이 세워졌다.
③ 조사 시찰단이 파견되었다.
④ 통리기무아문이 설치되었다.
⑤ 한성 사범학교가 건립되었다.

38. 다음 인물에 대한 설명으로 옳은 것은? [2점]

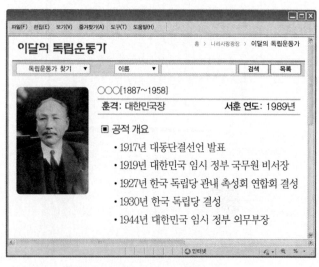

① 도쿄에서 일왕의 행렬에 폭탄을 투척하였다.
② 재미 한인을 중심으로 흥사단을 조직하였다.
③ 일본의 침략 과정을 서술한 한국통사를 저술하였다.
④ 새로운 국가 건설의 이념으로 삼균주의를 주창하였다.
⑤ 일제의 패망과 광복에 대비하여 조선 건국 동맹을 결성하였다.

39. (가)에 들어갈 내용으로 옳은 것은? [1점]

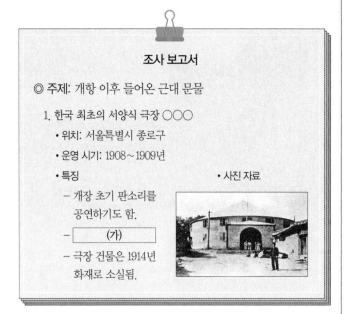

조사 보고서

◎ 주제: 개항 이후 들어온 근대 문물

1. 한국 최초의 서양식 극장 ○○○
   • 위치: 서울특별시 종로구
   • 운영 시기: 1908~1909년
   • 특징   • 사진 자료
     – 개장 초기 판소리를
       공연하기도 함.
     – [(가)]
     – 극장 건물은 1914년
       화재로 소실됨.

① 알렌의 건의로 만들어졌다.
② 나운규의 아리랑이 개봉되었다.
③ 신간회 창립 대회가 개최되었다.
④ 고종의 황제 즉위식이 거행되었다.
⑤ 은세계, 치악산 등의 신극이 공연되었다.

40. 다음 조약이 체결된 이후의 사실로 옳은 것은? [3점]

제1조 한국 정부는 시정 개선에 관해 통감의 지도를 받을 것.

제2조 한국 정부의 법령 제정 및 중요한 행정상 처분은 미리 통감의
      승인을 거칠 것.
      ⋮
제5조 한국 정부는 통감이 추천하는 일본인을 한국 관리에 임명할 것.

① 이만손 등이 영남 만인소를 올렸다.
② 최익현이 태인에서 의병을 일으켰다.
③ 독립 협회가 만민 공동회를 개최하였다.
④ 민영환이 조약 체결에 항거하여 순국하였다.
⑤ 13도 연합 의병이 서울 진공 작전을 전개하였다.

41. 다음 민족 운동의 배경으로 옳은 것을 〈보기〉에서 고른 것은? [2점]

정오가 가까워 오자 민족 대표들이 모여들기 시작하였다. 29인이 이 엄숙한 자리에 모였다. 33인 중 4인은 참석하지 못하였다. 정오가 되자 태화관의 정자 동쪽 처마에 태극기가 걸렸다. 일동은 근엄한 자세로 태극기를 향하여 경례하였다. '독립 선언서' 낭독을 생략하고 이종일이 선언서 백 장을 탁자 위에 놓고, 한용운이 일장의 식사(式辭)를 한 뒤에 그의 선창으로 '대한 독립 만세'를 외쳤다. 한편, 탑골 공원에 모인 학생들의 대한 독립 만세 소리는 천지를 진동하였다. 공원에 모였던 수천 명의 학생들은 길거리로 쏟아져 나갔다.

〈보 기〉
ㄱ. 대한 제국의 황제였던 순종이 사망하였다.
ㄴ. 사회주의 세력이 정우회 선언을 발표하였다.
ㄷ. 미국 대통령 윌슨이 민족 자결주의를 제창하였다.
ㄹ. 도쿄에서 유학생들이 2·8 독립 선언을 발표하였다.

① ㄱ, ㄴ   ② ㄱ, ㄷ   ③ ㄴ, ㄷ
④ ㄴ, ㄹ   ⑤ ㄷ, ㄹ

42. (가)의 활동으로 옳지 <u>않은</u> 것은? [2점]

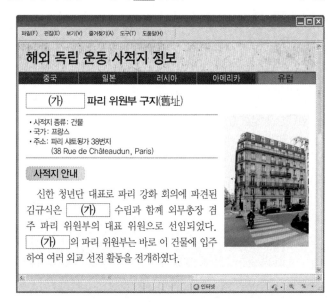

파일(F) 편집(E) 보기(V) 즐겨찾기(A) 도구(T) 도움말(H)

해외 독립 운동 사적지 정보

| 중국 | 일본 | 러시아 | 아메리카 | 유럽 |

[(가)] 파리 위원부 구지(舊址)

• 사적지 종류: 건물
• 국가: 프랑스
• 주소: 파리 샤토됭가 38번지
   (38 Rue de Châteaudun, Paris)

사적지 안내

신한 청년단 대표로 파리 강화 회의에 파견된 김규식은 [(가)] 수립과 함께 외무총장 겸 주 파리 위원부의 대표 위원으로 선임되었다. [(가)]의 파리 위원부는 바로 이 건물에 입주하여 여러 외교 선전 활동을 전개하였다.

○ 인터넷

① 국내 비밀 행정 조직으로 연통제를 두었다.
② 독립 의식을 고취하기 위해 독립신문을 간행하였다.
③ 독립운동 자금 마련을 위해 독립 공채를 발행하였다.
④ 대성 학교와 오산 학교를 세워 민족 교육을 전개하였다.
⑤ 임시 사료 편찬 위원회를 두고 한·일 관계 사료집을 발간하였다.

43. (가) 지역에서 일어난 민족 운동으로 옳은 것은?　　　　[1점]

> ## ○○신문
>
> 제△△호　　　　　　　　　　　　　　　2017년 ○○월 ○○일
>
> ### 한글 신문 '선봉'으로 본 고려인의 생활
>
> 1920~1930년대 [(가)] 지역에서 살던 고려인들의 모습을 보여주는 책이 발간되었다. 이 책은 [(가)] 지역에 거주하는 고려인들이 창간한 한글 신문인 '선봉'에 실린 기사를 분석하여 당시의 생활상을 보여주고 있다. 당시 이곳에는 신한촌 등 고려인 집단 거주 지역이 형성되었고, 고려인 교사를 양성하는 고려 사범 대학도 세워졌다. 또한 우리글로 쓰인 문학 작품과 우리말 연극, 영화, 라디오 방송도 제작되었다.

① 독립군 양성을 위해 신흥 강습소를 설립하였다.
② 대조선 국민 군단을 조직하여 군사 훈련을 하였다.
③ 권업회를 조직하고 대한 광복군 정부를 수립하였다.
④ 대한인 국민회를 중심으로 외교 활동을 전개하였다.
⑤ 민족 교육을 위해 서전서숙, 명동 학교 등을 건립하였다.

44. 다음 지역에 대한 탐구 활동으로 적절하지 않은 것은?　[2점]

> ### 〈답사 보고서〉
>
> ■ 주제: 우리 고장의 일제 강점기 군사 시설
> ■ 날짜: 2017년 ○○월 ○○일
> ■ 답사지 개관
> 　　우리 고장에는 삼별초의 마지막 근거지인 항파두리 항몽 유적이 있다. 한편 일제가 주민들을 강제 동원하여 건설한 군사 시설 등의 유적도 있는데, 대표적인 것으로 비행장과 격납고, 그리고 연합군의 상륙에 대비해 해안 절벽에 굴을 뚫어 만든 동굴 진지가 있다.
> ■ 유적지 사진
>
> 　
>
> 　알뜨르 비행장　　　　　송악산 해안 동굴 진지

① 탐라총관부가 설치된 목적을 살펴본다.
② 고산리 유적에서 출토된 유물을 알아본다.
③ 정약전이 자산어보를 저술한 지역을 찾아본다.
④ 김만덕의 빈민 구제 활동에 대한 기록을 조사한다.
⑤ 4·3 사건으로 많은 주민이 희생된 지역을 파악한다.

45. 밑줄 그은 '이 시기'의 일제 정책으로 옳은 것은?　　[2점]

이 건물은 난징 리지샹 위안소 구지(舊址) 진열관이다. 리지샹 위안소는 일제가 중·일 전쟁을 일으키고 침략 전쟁을 확대하던 이 시기에 운영되었다. 난징 대도심에 위치한 이곳은 개발이 예정되어 있었지만, 북한의 고(故) 박영심 할머니가 자신이 일본군 '위안부'로 끌려왔던 위안소임을 증언하면서 개발이 중단되었다. 이후 2015년 12월 일제의 전쟁 범죄를 알리고 평화를 기원하는 기념관으로 새로 개관하였다.

① 회사령을 제정하였다.
② 미곡 공출제를 시행하였다.
③ 조선 태형령을 시행하였다.
④ 미쓰야 협정을 체결하였다.
⑤ 토지 조사 사업을 실시하였다.

46. (가), (나) 독립군에 대한 설명으로 옳은 것은?　　[3점]

> 나는 광복군 총영에서 활동하였고, 1931년 국민부 산하 [(가)]의 총사령이 되었습니다. 이후 만주의 중국 의용군과 연합하여 한·중 연합군을 편성하였습니다.

> 나는 만주에서 의열단을 결성하였고, 중국 국민당 정부의 지원을 받아 1938년 조선 민족 전선 연맹 산하의 군사 조직인 [(나)]을/를 조직하였습니다.

① (가) - 자유시 참변으로 큰 타격을 입었다.
② (가) - 연합군의 일원으로 인도, 미얀마 전선에 파견되었다.
③ (나) - 대전자령 전투에서 일본군을 격퇴하였다.
④ (나) - 중국 관내(關內)에서 결성된 최초의 한인 무장 부대였다.
⑤ (가), (나) - 미군과 연계하여 국내 진공 작전을 계획하였다.

47. 다음 두 주장이 제기된 계기로 가장 적절한 것은? [1점]

> ○ 우리는 피로써 건립한 독립국과 정부가 이미 존재하였음을
> 다시 선언한다. 5천 년의 주권과 3천 만의 자유를 전취하기
> 위하여 자기의 정치 활동을 옹호하고 외래의 탁치 세력을 배격함에
> 있다.
>
> ○ 신탁 제도 역시 그 내용이 조선 독립을 달성하는 순서상 과도적
> 방도인 한 충분히 진보적 역할을 하는 것이며, 8월 15일 해방으로
> 부터의 위대한 일보 전진이다. 그것은 을사조약이나 위임 통치와는
> 전연 다른 것일 뿐 아니라 우리가 통상 이해하는 신탁과도 아주
> 판이할 것이다.

① 이승만 정부가 반공 포로를 석방하였다.
② 김구, 김규식 등이 남북 협상에 참석하였다.
③ 제헌 국회에서 반민족 행위 처벌법이 제정되었다.
④ 모스크바 3국 외상 회의의 결정 사항이 보도되었다.
⑤ 유엔이 한반도에서 인구 비례에 따른 총선거 실시를 결의하였다.

48. 밑줄 그은 '정부' 시기의 사회 모습으로 옳은 것은? [2점]

> 정부는 「경범죄처벌법」을 개정하여 '성별을 알아볼 수 없을 정도의
> 장발을 한 남자, 또는 미풍양속을 해하는 저속한 옷차림을 하거나
> 장식물을 달고 다니는 자'를 경범죄 유형으로 추가하였다. 정부는
> 이를 근거로 젊은이들의 장발과 미니스커트 착용을 대대적으로
> 단속하였다.

① 프로 야구단이 정식으로 창단되었다.
② 양성평등의 실현을 위해 호주제가 폐지되었다.
③ 농촌 근대화를 표방한 새마을 운동이 전개되었다.
④ 과외 전면 금지와 대학 졸업 정원제가 시행되었다.
⑤ 외환 위기 극복을 위해 금 모으기 운동이 전개되었다.

49. (가) 민주화 운동에 대한 설명으로 옳은 것을 〈보기〉에서 고른
것은? [3점]

> 이곳은 경찰청 인권보호센터로 예전에는 치안본부 산하 수사기관이
> 있었습니다. 이 건물 5층에서는 당시 대학생인 박종철 군이 고문
> 으로 사망하는 사건이 일어났습니다. 이 사건은 (가) 이 일어나는
> 중요한 계기가 되었습니다.

─〈보 기〉─
ㄱ. 계엄군의 무력 진압으로 시민들이 희생되었다.
ㄴ. 국민의 요구에 굴복하여 대통령이 하야하였다.
ㄷ. 호헌 철폐와 독재 타도 등의 구호를 내세웠다.
ㄹ. 5년 단임의 대통령 직선제 개헌을 이끌어 냈다.

① ㄱ, ㄴ   ② ㄱ, ㄷ   ③ ㄴ, ㄷ
④ ㄴ, ㄹ   ⑤ ㄷ, ㄹ

50. 다음 대회를 개최한 정부의 통일 노력으로 옳은 것은? [2점]

> 제24회 서울 올림픽 대회가 개막되었습니다. 12년 만에 동·서
> 양 진영이 함께 모인 이번 대회에는 159개국의 선수 8,000여 명이
> 참가하여 과거 어느 대회보다 수준 높은 경기가 펼쳐질 것으로
> 예상됩니다.

사상 최대 규모의 올림픽 대회 드디어 개막

① 남북 조절 위원회를 구성하였다.
② 남북 기본 합의서를 채택하였다.
③ 개성 공단 건설 사업을 실현하였다.
④ 7·4 남북 공동 성명을 발표하였다.
⑤ 분단 이후 최초로 남북 정상 회담을 성사시켰다.

01. 밑줄 그은 '이 시대'의 사회 모습으로 옳은 것은? [1점]

지도에 표시된 지역은 이 시대의 대표적인 유적지입니다. 이 시대에는 움집을 짓고 생활하였으며, 농경이 시작되면서 돌로 만든 농기구를 사용하였습니다.

봉산 지탑리
양양 오산리
서울 암사동
부산 동삼동
제주 고산리

① 반량전 등의 중국 화폐를 사용하였다.
② 대표적인 무덤으로 고인돌을 축조하였다.
③ 우경이 시작되어 깊이갈이가 가능해졌다.
④ 거푸집을 사용하여 세형 동검을 제작하였다.
⑤ 가락바퀴와 뼈바늘을 이용하여 옷을 만들었다.

02. (가) 나라에 대한 탐구 활동으로 가장 적절한 것은? [2점]

역사신문

제△△호   기원전 ○○○년 ○○월 ○○일

우거왕, 한(漢)의 침략에 맞서다

　　(가)　와/과 한(漢) 사이의 외교적 갈등이 지속되면서 한의 황제는 누선장군 양복, 좌장군 순체 등을 앞세워 5만 이상의 병력을 동원하여　(가)　을/를 침략하였다. 우거왕은 군사를 일으켜 왕검성에서 나와 누선장군 양복의 군대를 공격하였고, 양복은 군사를 잃고 산 속으로 도망쳤다. 이후 우거왕은 한의 지속적인 공격에도 불구하고 수개월 동안 왕검성을 지켜내고 있다.

① 임신서기석의 내용을 분석한다.
② 관산성 전투의 원인을 살펴본다.
③ 청해진이 설치된 배경을 알아본다.
④ 칠지도에 새겨진 명문의 내용을 찾아본다.
⑤ 위만 집권 이후 변화된 경제 상황을 조사한다.

03. (가), (나) 나라에 대한 설명으로 옳은 것은? [2점]

(가) 은력(殷曆) 정월에 하늘에 제사를 지내며 국중대회(國中大會)에서 연일 먹고 마시고 노래하고 춤추니, 이를 영고(迎鼓)라고 한다. 이때 형옥(刑獄)을 판단하여 죄수를 풀어주었다.

(나) 그 나라의 풍속은 산천을 중시하였으며, 산천마다 각각의 구분이 있어 함부로 서로 건너거나 들어갈 수 없었다. …… 읍락이 서로 침범하면 항상 생구(生口)·우마(牛馬)로 죄를 처벌하도록 하였는데, 이를 이름하여 책화(責禍)라고 한다.

① (가) - 여러 가(加)들이 별도로 사출도를 다스렸다.
② (가) - 특산물로 단궁, 과하마, 반어피 등이 있었다.
③ (나) - 제가 회의에서 나라의 중대사를 결정하였다.
④ (나) - 사회 질서의 유지를 위해 범금 8조를 만들었다.
⑤ (가), (나) - 제사장인 천군과 신성 지역인 소도가 있었다.

04. 밑줄 그은 '이 나라'의 문화유산으로 옳은 것은? [2점]

이 그림은 이 나라의 시조인 이진아시왕을 그린 것으로, 2016년 12월에 표준 영정으로 공식 지정되었다. 여러 사서에 기록된 건국 이야기에 따르면 김수로왕과 형제이기도 한 그는 현재의 고령 지역을 중심으로 하여 나라를 세웠다고 한다. 표준 영정의 관(冠)과 장신구 등은 고령에서 출토된 유물을 바탕으로 하였다.

① 　② 　③

④ 　⑤

05. 밑줄 그은 '왕'에 대한 설명으로 옳은 것은? [2점]

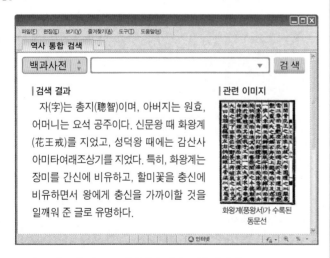

왕은 18세에 왕위에 올라 칭호를 영락대왕이라 하였다. 은택(恩澤)은 하늘까지 미쳤고 위무(威武)는 사해(四海)에 떨쳤다. …… 이에 비를 세워 그 공훈을 기록하여 후세에 전한다.

① 국내성에서 평양으로 도읍을 옮겼다.
② 낙랑군을 축출하여 영토를 확장하였다.
③ 전진의 순도를 통해 불교를 수용하였다.
④ 당의 침입에 대비하여 천리장성을 쌓았다.
⑤ 신라에 군대를 파견하여 왜를 격퇴하였다.

06. 다음 검색창에 들어갈 인물에 대한 설명으로 옳은 것은? [3점]

역사 통합 검색

백과사전

검색 결과
자(字)는 총지(聰智)이며, 아버지는 원효, 어머니는 요석 공주이다. 신문왕 때 화왕계(花王戒)를 지었고, 성덕왕 때에는 감산사 아미타여래조상기를 지었다. 특히, 화왕계는 장미를 간신에 비유하고, 할미꽃을 충신에 비유하면서 왕에게 충신을 가까이할 것을 일깨워 준 글로 유명하다.

관련 이미지
화왕계(풍왕서)가 수록된 동문선

① 진골 귀족 출신으로 화랑세기 등을 저술하였다.
② 외교 문서 작성에 능하여 청방인문표를 집필하였다.
③ 인도와 중앙아시아를 순례하고 왕오천축국전을 지었다.
④ 명망 높은 승려들의 전기를 정리한 해동고승전을 남겼다.
⑤ 한자의 음과 훈을 차용한 이두를 체계적으로 정리하였다.

07. (가), (나) 지역에 대한 설명으로 옳은 것을 〈보기〉에서 고른 것은? [2점]

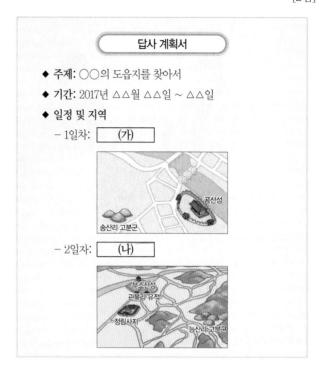

답사 계획서

◆ 주제: ○○의 도읍지를 찾아서
◆ 기간: 2017년 △△월 △△일 ~ △△일
◆ 일정 및 지역
 – 1일차: (가)
 – 2일차: (나)

〈보 기〉
ㄱ. (가) – 중국 남조의 영향을 받은 무령왕릉이 있다.
ㄴ. (가) – 목탑 양식을 계승한 미륵사지 석탑이 있다.
ㄷ. (나) – 국보로 지정된 금동 대향로가 출토된 곳이다.
ㄹ. (나) – 고구려에서 남하한 온조가 도읍으로 삼은 곳이다.

① ㄱ, ㄴ   ② ㄱ, ㄷ   ③ ㄴ, ㄷ
④ ㄴ, ㄹ   ⑤ ㄷ, ㄹ

08. 다음 문서를 제작한 국가의 경제 상황에 대한 설명으로 옳은 것은? [3점]

이 문서는 1933년 일본 도다이사(東大寺) 쇼소인(正倉院)에서 발견되었다. 이 문서에는 촌락마다 호(戶)의 등급과 변동 상황, 성별·연령별 인구의 규모가 파악되어 있으며, 논·밭의 면적 등이 기록되어 있다.

① 모내기법이 전국적으로 확산되었다.
② 빈민 구제를 위한 진대법이 실시되었다.
③ 시장을 감독하는 관청인 동시전이 있었다.
④ 감자, 고구마 등의 구황 작물이 재배되었다.
⑤ 우리 풍토에 맞는 농법을 기록한 농사직설이 편찬되었다.

09. (가)에 대한 설명으로 옳은 것은? [2점]

> (가) 에 대해 들어 보았나? 백제군과의 전투에서 이들이 큰 공을 세우고 있다고 하네.

> 들었네. 풍월도, 국선도라고도 하지. 김유신 장군을 비롯한 국가의 중요 인물들이 (가) 출신이라고 하네.

① 국학 내에 설치되었다.
② 경당에서 책을 읽고 활쏘기를 배웠다.
③ 진흥왕 때 국가적인 조직으로 정비되었다.
④ 귀족들로 구성되어 만장일치제로 운영되었다.
⑤ 유교 경전을 가르치기 위해 박사와 조교를 두었다.

10. 다음 사건이 일어난 시기를 연표에서 옳게 고른 것은? [1점]

> 살수(薩水)에 이르러 (적의) 군사가 강을 반쯤 건넜을 때 아군은 뒤에서 적군을 공격하여 우둔위장군(右屯衛將軍) 신세웅을 죽였다. …… 처음 적의 군대가 요하에 이르렀을 때에는 30만 5천여 명이었는데, 요동성으로 돌아갔을 때에는 겨우 2천 7백 명뿐이었다.
> – 『삼국사기』 –

589	618	645	660	668	676
(가)	(나)	(다)	(라)	(마)	
수의 중국 통일	당의 건국	안시성 전투	사비성 함락	평양성 함락	기벌포 전투

① (가) ② (나) ③ (다) ④ (라) ⑤ (마)

11. (가) 인물이 활동한 시기에 있었던 사실로 옳은 것은? [3점]

계원필경

이 책은 대학자이자 문장가인 (가) 의 문집이다. 저자가 일찍이 당(唐)에 있을 때 저술한 작품을 선별하여 모은 것으로, 총 20권으로 구성되어 있다.
특히, 권 11에 수록된 '격황소서(檄黃巢書)'는 '토황소격문'으로 널리 알려져 있는데, 난을 일으킨 황소가 이것을 읽다가 놀라서 자신도 모르게 평상에서 떨어졌다는 일화로 유명하다.

① 국가 주도로 건원중보가 발행되었다.
② 관료전이 지급되고 녹읍이 폐지되었다.
③ 원종과 애노의 난 등 농민 봉기가 일어났다.
④ 묘청 등이 중심이 되어 서경 천도를 주장하였다.
⑤ 의상이 화엄 사상을 바탕으로 교단을 형성하였다.

12. (가) 국가에 대한 설명으로 옳지 않은 것은? [1점]

특별전

문화유산을 통해 본 (가)

우리 학교 역사 동아리에서 (가) 의 문화유산 사진들을 모아 특별전을 마련하였습니다. 관심 있는 학생들의 많은 관람 바랍니다.

• 기간: 2017년 ○○월 ○○일 ~ ○○월 ○○일
• 장소: 본관 2층 역사 탐구실

① 전성기에 해동성국이라고도 불렸다.
② 중앙 6부의 명칭을 유교식으로 정하였다.
③ 인안, 대흥 등의 독자적 연호를 사용하였다.
④ 5경 15부 62주의 지방 행정 제도를 갖추었다.
⑤ 지방관을 감찰하기 위하여 외사정을 두었다.

13. (가) 인물에 대한 설명으로 옳은 것은? [2점]

◆ 문화유산 정보 ◆

(가) 산성

경상북도 기념물 제53호로 상주시 화북면 장암리에 위치한 석성(石城)이다. 완산주(지금의 전주)를 도읍으로 삼아 후삼국 중 한 나라를 세웠던 (가) 이/가 쌓았다고 전해지기 때문에 그의 이름을 따서 명명하였다. 이 산성 뿐만 아니라 상주 지역의 옛 성에는 그와 관계된 이야기가 많은데, 이는 사서에 그가 아자개의 아들로 상주 가은현 출신이라고 기록된 데에서 연유한다.

① 북한산에 순수비를 세웠다.
② 양길의 휘하에서 세력을 키웠다.
③ 중앙군으로 9서당을 설치하였다.
④ 후당, 오월에 사신을 파견하였다.
⑤ 송악에서 철원으로 도읍을 옮겼다.

14. (가), (나) 사이의 시기에 있었던 사실로 옳은 것은? [3점]

> (가) 혜종이 병으로 자리에 눕자 왕규는 다른 뜻을 품었다. 이에 정종이 은밀하게 왕식렴과 함께 변란에 대응할 계획을 세웠다. 왕규가 난을 일으키자, 왕식렴은 평양에서 군대를 거느리고 (개경으로) 들어와 지켰다.
>
> (나) 경종 원년 11월에 처음으로 직관(職官)·산관(散官)의 각 품의 전시과를 제정하였다. …… 자삼(紫衫) 이상은 18품으로 나누었다.

① 5도 양계의 지방 제도가 확립되었다.
② 민생 안정을 위해 흑창이 처음 설치되었다.
③ 노비안검법의 실시로 국가 재정이 확충되었다.
④ 전국에 12목이 설치되고 지방관이 파견되있다.
⑤ 관학 진흥을 위해 전문 강좌인 7재가 개설되었다.

15. 밑줄 그은 '경제 정책'으로 옳은 것은? [2점]

> 의천의 해동 천태종 개창을 지원한 왕에 대해 말씀해주시기 바랍니다.
>
> 예. 그는 윤관의 건의를 받아들여 별무반을 창설하였고, 재정 확보를 위해 주목할 만한 경제 정책도 실시하였습니다.

① 왜관을 설치하여 일본과 교역하였다.
② 과전법을 공포하여 전제를 개혁하였다.
③ 신돈을 등용하여 전민변정도감을 설치하였다.
④ 연분 9등법을 시행하여 수취 체제를 정비하였다.
⑤ 해동통보를 발행하여 화폐의 통용을 추진하였다.

16. (가) 역사서에 대한 설명으로 옳은 것은? [2점]

> 서울시는 보물 제723호 (가) 의 국보 승격을 문화재청에 신청하였다고 밝혔습니다. 이 책은 1145년 (인종 23)에 편찬된 정사(正史)로서 고대 삼국부터 통일신라까지의 역사를 기술하였습니다.
>
> 서울시, (가) 국보 승격 추진

① 남북국이라는 용어를 처음 사용하였다.
② 단군왕검의 건국 이야기가 수록되어 있다.
③ 김부식 등이 왕명으로 편찬한 기전체 사서이다.
④ 사초, 시정기 등을 바탕으로 실록청에서 편찬하였다.
⑤ 고구려 건국 시조의 일대기를 서사시 형태로 서술하였다.

17. 다음 글을 쓴 승려에 대한 설명으로 옳은 것은? [2점]

> 마음 밖에서 부처를 찾아 물결치듯이 흘러 다니다가 …… 자기의 본성을 보면, 이 성품에는 본래 번뇌가 없다. 번뇌가 없는 지혜의 성품은 본래 스스로 갖추어져 있어서 모든 부처와 털끝만큼도 다르지 않다. 이를 돈오(頓悟)라고 한다. …… 비록 본래의 성품이 부처와 다르지 않음을 깨달았지만 오랜 세월의 습기(習氣)는 갑자기 제거하기 어렵다. 따라서 그 깨달음에 의지해 닦고 점차 익혀 공(功)을 이루고, 오랫동안 성태(聖胎)를 기르면 성(聖)을 이루게 된다. 이를 점수(漸修)라고 한다.
>
> ─ 『수심결(修心訣)』 ─

① 무애가를 지어 불교 대중화에 힘썼다.
② 황룡사 구층 목탑의 건립을 건의하였다.
③ 교종을 중심으로 선종을 통합하려 하였다.
④ 수선사 결사를 제창하여 불교계를 개혁하고자 하였다.
⑤ 법화 신앙을 중심으로 강력한 항몽 투쟁을 표방하였다.

18. (가) 군사 조직에 대한 설명으로 옳은 것은? [2점]

원종의 개경 환도 결정에 반발하여 봉기한 (가) 에 대해 이야기해 보자.

이들은 배중손 등을 중심으로 왕족인 승화후 온을 왕으로 세우고, 근거지를 진도로 옮겨 저항하였어.

마지막 근거지인 제주도에서는 김통정의 지휘 아래 활동하였지.

① 국경 지대인 양계에 설치되었다.
② 거란의 침입에 대비하여 창설되었다.
③ 최씨 무신 정권의 군사적 기반이었다.
④ 신기군, 신보군, 항마군으로 구성되었다.
⑤ 유사시에 향토 방위를 맡는 예비군이었다.

19. 교사의 질문에 대한 학생의 답변으로 옳은 것은? [2점]

고려 시대에는 이와 같이 왕의 시호(諡號)가 '충(忠)'자로 시작되던 시기가 있었습니다. 이 시기에 있었던 사실에 대해 말해 볼까요?

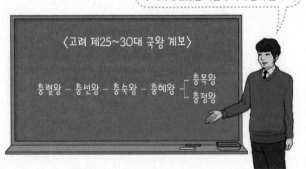

〈고려 제25~30대 국왕 계보〉

충렬왕 - 충선왕 - 충숙왕 - 충혜왕 - 충목왕
                                    충정왕

① 최초의 서원인 백운동 서원이 건립되었습니다.
② 서얼이 규장각 검서관에 등용되기도 하였습니다.
③ 변발과 호복이 지배층을 중심으로 유행하였습니다.
④ 세계 지도인 혼일강리역대국도지도가 제작되었습니다.
⑤ 망이·망소이가 가혹한 수탈에 저항하여 봉기하였습니다.

20. (가)와 관련된 세시 음식으로 가장 적절한 것은? [1점]

우리나라의 세시 풍속

일 년 중 밤이 가장 긴 날, (가)

1. 개관
   이날은 태양의 부활이라는 의미를 지니고 있어서 민간에서 '작은설' 혹은 '아세(亞歲)'라고 불렀다. 또 이날은 날씨가 춥고 밤이 길어 호랑이가 교미한다고 하여 '호랑이 장가가는 날'이라고도 하였다.

2. 문헌 자료
   관상감에서는 임금에게 (새해) 달력을 올린다. 그러면 임금은 백관에게 황색 표지 달력과 백색 표지 달력에 '동문지보(同文之寶)'를 찍어 하사하였다.

   －『동국세시기』－

①  송편
② 팥죽
③ 화전
④ 오곡밥
⑤ 수리취떡

21. 다음 정책을 시행한 왕의 업적으로 옳은 것은? [2점]

○ 왕 16년, 옛 땅의 회복을 논의하였다. 소다로(所多老)의 땅이 넓고 기름지며 적들이 오가는 요충지이기 때문에, 옛 터전의 북쪽인 회질가(會叱家)의 땅에다 벽성(壁城)을 설치하고, 남도(南道)의 민호(民戶)를 이주시켜 채우고 경원 도호부를 옮겨 판관과 토관을 두었다.

○ 왕 16년 2월, 함길도 감사 김종서가 경원·영북진 두 고을에 모두 판관을 둘 것을 청하니, 즉시 이조에 명을 내려 두 의정(議政)에게 동의를 얻어 문무가 구비된 자를 택하여 보고하게 하였다.

① 독창적인 문자인 훈민정음을 창제하였다.
② 조선의 기본 법전인 경국대전을 반포하였다.
③ 궁중 음악을 집대성한 악학궤범을 편찬하였다.
④ 균역법을 실시하여 군역의 부담을 줄이고자 하였다.
⑤ 현직 관리에게만 수조권을 지급하는 직전법을 실시하였다.

22. (가)에 대한 설명으로 옳은 것은? [2점]

8도의 부, 목, 군, 현에 파견되는 (가) 이/가 마땅히 해야 할 7사(七事)가 무엇인가?

농업과 양잠을 성하게 하는 일, 호구를 늘리는 일, 학교를 흥성하게 하는 일, 군정을 잘 다스리는 일, 부역을 고르게 하는 일, 소송을 간소화하는 일, 간사함과 교활함을 없애는 일입니다.

① 직역이 대대로 세습되었다.
② 지방의 행정·사법·군사권을 행사하였다.
③ 6조 직계제의 실시로 권한이 약화되었다.
④ 유향소의 우두머리로 향회에서 선출되었다.
⑤ 호장, 기관, 장교, 통인 등으로 분류되었다.

23. (가), (나) 사이의 시기에 있었던 사실로 옳은 것은? [2점]

(가) 생모 윤씨를 폐비하는 의논에 참여한 자와 (어머니에게) 존호(尊號)를 올려서는 안 된다고 주장한 자를 모두 중형으로 다스려, 죽은 자는 그 시체를 베고 가산을 몰수하였으며, 그 가족이나 친족은 연좌하였다. 살아 있는 자는 매[杖]로 때리며 심문한 후 멀리 귀양 보냈다.

(나) 유인숙은 윤임과 혼인을 맺고 음모를 꾸미며 속으로 권세를 잃을까 근심하였다. 내가 즉위하자 자기에게 불리하다고 여기고서 몰래 사부(師傅)를 불러다가 나의 현부(賢否)를 물었으며, …… 이것은 모두 몰래 다른 뜻을 품고 자기의 욕망을 이루려고 꾀한 것이니 죄가 종사에 관련되어 법으로 용서할 수가 없다. …… 이에 윤임·유관·유인숙 세 사람에게 사사(賜死)를 명한다.

① 서인이 반정을 일으켜 정권을 장악하였다.
② 위훈 삭제를 주장한 조광조 일파가 축출되었다.
③ 정여립 모반 사건을 계기로 동인이 피해를 입었다.
④ 효종이 죽자 자의대비의 복상 문제로 예송이 전개되었다.
⑤ 사림이 이조전랑 임명을 둘러싸고 동인과 서인으로 나뉘었다.

24. (가)~(라)의 문화유산을 제작된 순서대로 옳게 나열한 것은? [3점]

흙과 불의 예술, 우리나라 도자기

(가) (나) (다) (라)

① (가) – (나) – (다) – (라)
② (가) – (나) – (라) – (다)
③ (나) – (가) – (다) – (라)
④ (나) – (가) – (라) – (다)
⑤ (다) – (나) – (가) – (라)

25. 다음 문서에 대한 설명으로 옳은 것을 〈보기〉에서 고른 것은? [1점]

토지를 측량하여 기록한 대장으로 필지의 지번이 5결마다 천자문 순서에 따른 자호(字號)로 표기되었다. 또한 필지마다 측량 방향, 등급, 모양, 가로와 세로의 길이, 경작 여부, 소유자 명의 등이 기재되었다.

〈보 기〉
ㄱ. 대한 제국 때 처음으로 작성되었다.
ㄴ. 20년마다 작성하는 것이 원칙이었다.
ㄷ. 조세 부과의 근거 자료로 활용되었다.
ㄹ. 지계아문에서 토지 소유자에게 발급하였다.

① ㄱ, ㄴ   ② ㄱ, ㄷ   ③ ㄴ, ㄷ
④ ㄴ, ㄹ   ⑤ ㄷ, ㄹ

26. (가), (나) 기구에 대한 설명으로 옳은 것은? [3점]

나는 (가) 의 도사(都事)입니다. 반역죄, 강상죄를 저지른 죄인을 추국할 때 왕명을 받들어 죄인을 압송하고, 형을 집행하기도 합니다.

나는 (나) 의 주서(注書)입니다. 도승지의 지휘를 받아 문서의 기록과 관리를 담당하고, 매일 국왕을 수행하면서 날짜별로 그 언행을 기록합니다.

① (가) – 5품 이하의 관원에 대한 서경권을 가졌다.
② (가) – 왕에게 경서와 사서를 강론하는 경연을 주관하였다.
③ (나) – 정책을 심의·결정하면서 국정을 총괄하였다.
④ (나) – 왕명 출납을 담당하는 왕의 비서 기관이었다.
⑤ (가), (나) – 소속 관원을 대간이라고도 불렀다.

27. (가)~(라) 전투를 일어난 순서대로 옳게 나열한 것은? [2점]

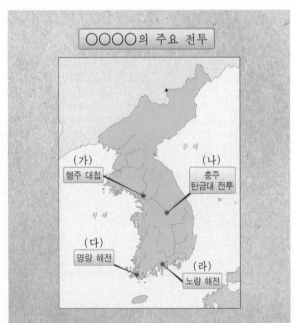

○○○○의 주요 전투

(가) 행주 대첩
(나) 충주 탄금대 전투
(다) 명량 해전
(라) 노량 해전

① (가) – (나) – (다) – (라)
② (가) – (나) – (라) – (다)
③ (나) – (가) – (다) – (라)
④ (나) – (가) – (라) – (다)
⑤ (다) – (나) – (가) – (라)

28. 밑줄 그은 '이 왕'의 재위 시기에 있었던 사실로 옳은 것은? [2점]

제시된 자료는 이 왕이 동생인 명안 공주에게 보낸 한글 편지입니다. 그의 재위 시기에는 경신환국 등 여러 차례 환국이 발생하였습니다.

① 나선 정벌에 조총 부대가 파견되었다.
② 청과의 경계를 정한 백두산정계비가 세워졌다.
③ 문신 재교육을 위한 초계문신제가 시행되었다.
④ 시전 상인의 특권을 축소하는 신해통공이 실시되었다.
⑤ 붕당 정치의 폐해를 경계하기 위해 탕평비가 건립되었다.

29. 다음 자료의 상황이 나타난 시기에 볼 수 있는 모습으로 적절하지 않은 것은? [2점]

전기수(傳奇叟)가 동대문 밖에 살고 있었다. 한글로 된 소설을 잘 읽었는데, 「숙향전」, 「소대성전」, 「심청전」, 「설인귀전」 같은 것들이었다. …… 전기수의 책을 읽는 솜씨가 뛰어나서 주위에 많은 사람들이 모였다. 그가 읽다가 아주 긴요하여 꼭 들어야 할 대목에 이르러 갑자기 읽기를 그치면 사람들은 그 다음 대목을 듣고 싶어서 앞다투어 돈을 던져 주었다. 이것이 이른바 요전법(邀錢法)이다.

– 『추재집』 –

*전기수(傳奇叟): 이야기 책을 전문적으로 읽어 주던 사람

① 벽란도에서 무역을 하는 송의 상인
② 관청에 필요한 물품을 납부하는 공인
③ 담배 등의 상품 작물을 재배하는 농민
④ 물주의 자금으로 광산을 경영하는 덕대
⑤ 여러 장시를 돌며 물품을 판매하는 보부상

30. (가)에 대한 설명으로 옳은 것은? [1점]

> **역사 용어 해설**
>
> (가)
>
> 고려 시대의 재인(才人)과 화척(禾尺)을 조선 초기에 하나로 합쳐서 부른 이름이다. 고려 시대의 재인과 화척은 유랑 생활을 하던 존재로 천인 취급을 받았다. 세종 때에는 천하게 여겨지던 재인이나 화척 대신 고려 시대 일반 백성을 일컬었던 (가) (이)라는 이름을 붙였다.

① 매매, 상속, 증여의 대상이 되었다.
② 장례원을 통해 국가의 관리를 받았다.
③ 사신을 수행하면서 통역을 담당하였다.
④ 일제 강점기에 형평 운동을 전개하였다.
⑤ 청요직 진출을 요구하는 상소를 집단으로 올렸다.

31. (가), (나) 사건에 대한 설명으로 옳은 것은? [2점]

> (가) 평서대원수는 급히 격문을 띄우노니 우리 관서(關西)의 부로 자제와 공사천민 모두 이 격문을 들으라. …… 심지어 권세 있는 집의 노비들도 관서 사람[西人]을 보면 반드시 평안도놈[平漢]이라 일컫는다. 관서 사람으로서 어찌 원통하고 억울하지 않겠는가. …… 이제 격문을 띄워 먼저 여러 고을의 수령에게 알리노니, 절대로 동요치 말고 성문을 활짝 열어 우리 군대를 맞이하라.
>
> (나) 임술년 2월 19일, 진주 백성 수만 명이 머리에 흰 수건을 두르고 손에는 나무 몽둥이를 들고 무리를 지어 진주 읍내에 모여 서리들의 가옥 수십 호를 불사르고 부수니, 그 움직임이 결코 가볍지 않았다.

① (가) – 황토현에서 관군에게 승리를 거두었다.
② (가) – 사건의 수습을 위해 박규수가 안핵사로 파견되었다.
③ (나) – 삼정이정청 설치의 계기가 되었다.
④ (나) – 지역 차별에 반발한 홍경래가 주도하여 봉기하였다.
⑤ (가), (나) – 남접과 북접이 연합하여 조직적으로 전개되었다.

32. (가) 인물에 대한 설명으로 옳지 않은 것은? [1점]

> 이 말은 고종의 즉위로 집권한 (가) 이/가 정치 개혁을 추진하는 과정에서 한 것으로 알려져 있습니다.

> **(가) 의 어록**
>
> ○ "나는 천리를 끌어다 지척을 삼겠으며 태산을 깎아 내려 평지를 만들고, 또한 남대문을 3층으로 높이려 하는데 여러 공들은 어찌시오?"
> ○ "진실로 백성에게 해되는 것이 있으면 비록 공자가 다시 살아난다 하더라도 나는 용서하지 않겠다."

① 왕의 친위 부대인 장용영을 설치하였다.
② 경복궁 중건을 위해 원납전을 징수하였다.
③ 대전회통을 편찬하여 통치 체제를 정비하였다.
④ 전국의 서원을 47개소만 남기고 모두 철폐하였다.
⑤ 환곡의 폐단을 바로잡기 위해 사창제를 실시하였다.

33. (가) 시기에 있었던 사실로 옳은 것을 〈보기〉에서 고른 것은? [3점]

〈외세의 침략적 접근과 조선의 대응〉

제너럴 셔먼호 사건 → (가) → 신미양요

> **〈보 기〉**
> ㄱ. 오페르트가 남연군 묘 도굴을 시도하였다.
> ㄴ. 양헌수 부대가 정족산성에서 프랑스군을 물리쳤다.
> ㄷ. 일본 군함 운요호가 강화도에 접근하여 무력 시위를 하였다.
> ㄹ. 조선책략 유포에 반발하여 이만손 등이 영남 만인소를 올렸다.

① ㄱ, ㄴ　　② ㄱ, ㄷ　　③ ㄴ, ㄷ
④ ㄴ, ㄹ　　⑤ ㄷ, ㄹ

34. 밑줄 그은 '거사'의 결과로 옳은 것은? [2점]

청의 군대 일부가 베트남으로 이동한 지금이야말로 민씨 일파를 몰아내고 청과의 사대 관계를 청산할 절호의 기회일세.

곧 우정총국 낙성 축하연이 열리니 그 때를 틈 타 거사를 감행하세.

① 미국에 보빙사가 파견되었다.
② 부산, 원산, 인천이 개항되었다.
③ 신식 군대인 별기군이 창설되었다.
④ 조선과 일본 사이에 한성 조약이 체결되었다.
⑤ 개화 정책을 추진하기 위해 통리기무아문이 설치되었다.

35. (가)~(다)를 체결된 순서대로 옳게 나열한 것은? [2점]

(가)	• 대한 정부는 대일본 정부가 추천한 외국인 1명을 외교 고문으로 삼아 외부(外部)에 용빙하여 외교에 관한 주요 사무는 일체 그의 의견을 물어서 시행해야 한다. • 대한 정부는 외국과 조약을 체결하거나 기타 중요한 외교 안건 즉 외국인에 대한 특권 양여와 계약 등의 문제 처리에 관해서는 미리 대일본 정부와 상의해야 한다.
(나)	제2조 러시아 제국 정부는 일본국이 한국에서 정치상, 군사상 및 경제상의 탁절(卓絕)한 이익을 갖는다는 것을 승인 하고, 일본 제국 정부가 한국에서 필요하다고 인정하는 지도, 보호 및 감리의 조치를 취함에 있어 이를 방해 하거나 간섭하지 않을 것을 약정한다.
(다)	제4조 제3국의 침해나 혹은 내란으로 인하여 대한 제국 황실의 안녕과 영토 보전에 위험이 있을 경우에 대일본 제국 정부는 …… 군사 전략상 필요한 지점을 정황에 따라 차지하여 이용할 수 있다.

① (가) – (나) – (다)
② (가) – (다) – (나)
③ (나) – (가) – (다)
④ (나) – (다) – (가)
⑤ (다) – (가) – (나)

36. (가), (나) 사이의 시기에 있었던 사실로 옳은 것은? [3점]

(가) 우리 정부는 왕명을 받들어 교정청을 설치하여 당상관 15명을 두고 먼저 폐정 몇 가지를 개혁하니, 이는 모두 동학당[東黨]이 호소한 일이다. 자주 개혁을 점진적으로 추진하여 일본인들의 개입을 막고자 하였다. …… 6월 16일 교정청에서 혁폐 조목을 의정하였다.

(나) 공사관은 즉시 베베르 공사가 묵고 있던 건물에 딸린 방 두 개를 왕에게 제공하였다. 그리고 왕의 위임을 받은 공사관 측은 조선 내의 모든 외국 대표들에게, 조선의 국왕이 현 정세가 불안하여 궁궐에 머무는 것이 자신의 생명에 위험하다고 판단하여 세자와 함께 러시아 공사관에 피신하기로 결정하였다고 알렸다.

① 조·미 수호 통상 조약이 체결되었다.
② 명성황후가 일본에 의해 시해되었다.
③ 영국이 거문도를 불법으로 점령하였다.
④ 13도 창의군이 서울 진공 작전을 전개하였다.
⑤ 고종이 환구단에서 황제 즉위식을 거행하였다.

37. 다음 인물에 대한 설명으로 옳은 것은? [1점]

○○○ 연보
• 1871 평양 출생
• 1898 만민 공동회 간부로 활약
• 1907 국채 보상 운동 주도 　　　 신민회 조직
• 1924 정의부 조직
• 1934 대한민국 임시 정부 국무위원으로 선임
• 1938 중국 장쑤 성에서 서거
• 1962 건국 훈장 대통령장 추서

① 조선어 학회 사건으로 구속되었다.
② 샌프란시스코에서 흥사단을 조직하였다.
③ 베델과 제휴하여 대한매일신보를 창간하였다.
④ 고종의 밀지를 받아 독립 의군부를 조직하였다.
⑤ 의열단의 활동 지침인 조선 혁명 선언을 집필하였다.

38. 밑줄 그은 '이 조약'의 체결에 대한 저항으로 옳지 <u>않은</u> 것은?

[2점]

우리 대황제 폐하께서 강경하신 성의(聖意)로 거절하기를 그치지 않으셨으니, <u>이 조약</u>이 성립되지 않는다는 것은, 생각하건대 이토 후작 스스로도 알고 간파하였을 것이다. 아, 저 개돼지만도 못한 소위 우리 정부의 대신이란 자들은 자기 일신의 영달과 이득이나 바라고 거짓 위협에 겁먹어 머뭇대거나 벌벌 떨며 나라를 팔아먹는 역적이 되는 것을 달갑게 여겨서 사천 년의 강토와 오백 년의 종묘사직을 남에게 들어 바치고, 이천만 백성을 남의 노예가 되도록 하였도다.

① 민영환, 조병세 등이 자결로써 항거하였다.
② 이상설이 매국노 처단을 요구하는 상소를 올렸다.
③ 고종이 헤이그 만국 평화 회의에 특사를 파견하였다.
④ 유생 출신 유인석이 이끄는 의병이 충주성을 점령하였다.
⑤ 나철, 오기호 등이 5적 처단을 위해 자신회를 조직하였다.

39. (가)~(마)에 대한 설명으로 옳은 것은?

[2점]

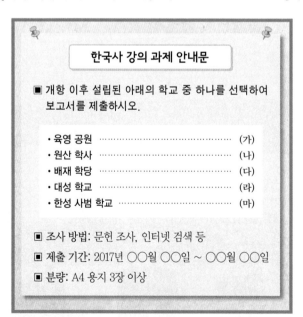

한국사 강의 과제 안내문

■ 개항 이후 설립된 아래의 학교 중 하나를 선택하여 보고서를 제출하시오.

- 육영 공원 ·· (가)
- 원산 학사 ·· (나)
- 배재 학당 ·· (다)
- 대성 학교 ·· (라)
- 한성 사범 학교 ································· (마)

■ 조사 방법: 문헌 조사, 인터넷 검색 등
■ 제출 기간: 2017년 ○○월 ○○일 ~ ○○월 ○○일
■ 분량: A4 용지 3장 이상

① (가) – 헐버트, 길모어 등 외국인이 교사로 초빙되었다.
② (나) – 교육 입국 조서 반포를 계기로 설립되었다.
③ (다) – 간도에 만들어진 민족 교육 기관이다.
④ (라) – 덕원 지방의 관민들이 합심하여 설립하였다.
⑤ (마) – 개신교 선교사가 선교 목적으로 세웠다.

40. 다음 자료에 해당하는 사업에 대한 설명으로 옳은 것은? [2점]

구(舊) 백동화(白銅貨) 교환에 관한 건

제1조 구 백동화 교환에 관한 사무는 금고(金庫)로 처리 하도록 하며 탁지부 대신이 이를 감독한다.
제2조 교환을 위해 제출한 구 백동화는 모두 화폐감정역 (貨幣鑑定役)이 감정하도록 한다. 화폐감정역은 탁지부 대신이 임명한다.
제3조 구 백동화의 백동 비율[品位]·무게[量目]·무늬 모양[印像]·형체가 정식 화폐[正貨] 기준을 충족할 경우, 1개 당 금 2전 5리로 새로운 화폐와 교환한다. 이 기준에 합당하지 않은 부정(不正) 백동화는 1개 당 금 1전의 가격으로 정부에서 사들인다. …… 단, 형태나 품질이 조악하여 화폐로 인정할 수 없는 것은 사들이지 않는다.

– 「관보」, 1905년 6월 29일 –

① 화폐 발행을 위해 전환국이 설치되었다.
② 재정 고문 메가타의 주도로 시행되었다.
③ 은본위제가 본격적으로 실시되는 배경이 되었다.
④ 황국 중앙 총상회가 중심이 되어 반대 운동을 전개하였다.
⑤ 함경도 관찰사 조병식이 방곡령을 선포하는 계기가 되었다.

41. 다음 회의가 개최된 시기를 연표에서 옳게 고른 것은? [2점]

역사신문

제△△호   ○○○○년 ○○월 ○○일

독립운동의 새로운 방향을 논의하는 회의 개최

임시 정부의 활동 노선에 대한 비판이 안팎에서 제기되는 가운데 대통령 이승만이 한국에 대한 국제 연맹의 위임 통치를 청원하였다는 사실이 알려지자, 그에 반대하여 신채호, 박용만 등이 임시 정부와 의정원의 해산을 요구하는 등 갈등이 깊어졌다. 이에 상하이에서는 지역 대표 또는 단체 대표로 인정된 130여 명의 독립운동가들이 모여 기존의 독립운동을 평가하고 반성하면서 임시 정부가 앞으로 나아갈 방향을 논의하는 회의를 개최하였다.

1910	1919	1931	1937	1941	1945
(가)	(나)	(다)	(라)	(마)	
국권 피탈	3·1 운동	만주 사변	중·일 전쟁	태평양 전쟁	8·15 광복

① (가)   ② (나)   ③ (다)   ④ (라)   ⑤ (마)

42. 밑줄 그은 '이 운동'의 표어로 적절한 것은? [1점]

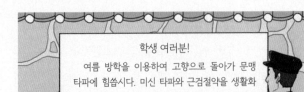

학생 여러분!
여름 방학을 이용하여 고향으로 돌아가 문맹 타파에 힘씁시다. 미신 타파와 근검절약을 생활화 하게 합시다. 1931년부터 본 신문사에서 주최한 이 운동이 올해로 2회를 맞이하였습니다. 뜻 있는 학생들의 많은 참여 바랍니다.

① 조선 사람 조선 것으로
② 잘살려면 어린이를 위하라
③ 한민족 1천만이 한 사람이 1원씩
④ 배우자 가르치자 다 함께 브나로드
⑤ 천차만별의 천시(賤視)를 철폐하자

43. 다음 방침이 결정된 이후 시행된 일제의 정책으로 옳은 것은? [2점]

- 조선인 지원병 제도를 채용하고 내선일체의 국방에 기여하게 한다. 단, 이것 때문에 조선인이 참정권을 확대하려는 의지를 갖지 않게 한다.
- 신사승경(神社崇敬)의 염(念)을 함양하여 일본의 국체 관념을 명징(明徵)하고 …… 사상 선도를 도모하는 등 황국 신민이라는 의식을 배양한다.

− 조선 통치에 관한 방침 −

① 조선인에 한하여 적용되는 조선 태형령을 시행하였다.
② 강압적 통치를 목적으로 헌병 경찰 제도를 실시하였다.
③ 회사 설립 시 총독의 허가를 받도록 하는 회사령을 공포하였다.
④ 독립운동 탄압을 위해 조선 사상범 예방 구금령을 제정하였다.
⑤ 근대적 토지 소유권 확립을 명분으로 토지 조사 사업을 실시하였다.

44. 다음 사건에 대한 탐구 활동으로 가장 적절한 것은? [2점]

4월 29일, 새벽에 윤군과 같이 김해산의 집에 가서 마지막으로 식탁을 같이하여 아침밥을 먹었다. …… 마침내 오후 한 시쯤이 되자 곳곳에서 허다한 중국 사람들이 술렁거리는 소리가 들려왔지만, 전하는 말이 달라 정확한 상황을 확인할 수 없었다. ……

오후 두세 시경에 다음과 같은 신문 호외가 터져 나왔다.
"홍커우 공원 일본인의 경축대 위에서 대량의 폭탄이 폭발하여 거류민단장 가와바다는 즉사하고, 시라카와 대장, 시게미츠 주중 공사, 우에다 중장, 노무라 중장 등 문무 대관이 모두 중상 ……"

① 자유시 참변이 일어난 원인을 조사한다.
② 신흥 무관 학교의 설립 배경을 파악한다.
③ 복벽주의를 내세운 단체의 활동을 정리한다.
④ 김구가 조직한 한인 애국단의 활동을 살펴본다.
⑤ 중광단을 중심으로 북로 군정서가 조직된 과정을 알아본다.

45. (가) 운동에 대한 설명으로 옳은 것은? [3점]

이달의 독립운동가

춘암 **박인호**

선생은 1908년 천도교 제4세 대도주가 된 후 동덕 여학교와 보성 학교 등을 운영하여 민족의식을 갖춘 인재를 양성하였다. 사회주의자들이 순종의 인산일을 기회로 (가) 을/를 준비할 때, 선생은 이들과 연계하여 '대한 독립 만세', '조선인 교육은 조선인 본위로' 등의 전단 수만 장을 인쇄할 수 있도록 지원하는 등 적극 참여하였다. 정부는 선생의 공적을 기려 1990년 건국 훈장 독립장을 추서하였다.

① 조선 노동 총동맹을 중심으로 전개되었다.
② 일제가 조작한 105인 사건으로 타격을 입었다.
③ 신간회 중앙 본부가 진상 조사단을 파견하였다.
④ 일제가 이른바 문화 통치를 실시하는 배경이 되었다.
⑤ 국내에서 민족 유일당 운동이 전개되는 계기가 되었다.

46. (가)~(다) 학생이 발표한 법령을 공포된 순서대로 옳게 나열한 것은? [2점]

〈주제: 일제 강점기 조선 교육령의 변천〉
○○모둠 발표

보통학교의 수업 연한을 4년으로 하고, 실업 교육을 위주로 하여 기능을 가르치는 데 목적을 두었습니다.

보통학교의 수업 연한을 6년으로 하고 사범 학교와 대학을 설치할 수 있게 하였습니다.

조선어를 선택 과목으로 바꾸었고, 조선인 학교의 명칭을 일본인 학교와 동일하게 하였습니다.

(가)   (나)   (다)

① (가) − (나) − (다)
② (가) − (다) − (나)
③ (나) − (가) − (다)
④ (나) − (다) − (가)
⑤ (다) − (가) − (나)

47. 밑줄 그은 '개헌'의 결과로 옳은 것은? [3점]

> 지난 29일 자유당 및 행정부의 헌법 파괴 행위를 규탄하고
> …… <u>개헌</u> 파동에 대한 우리의 견해와 결의를 재천명하고자
> 한다. 민의원 재적의원 203명의 3분의 2가 136명이냐 135명
> 이냐 하는 점에 관해서는 이와 같은 경우에 정확한 수학적 3분의
> 2선인 135.33…을 넘는 최소 인수(人數)인 136명이 의안 통과에
> 필요한 최저선이라는 데 세계 각국의 학설과 구미 선진 제국의
> 실지(實地)가 일치되고 있는 것이다. 더욱이 대한민국 헌법에
> 개헌안의 의결에는 재적 3분의 2 이상의 찬성이 있어야 한다고
> 명백히 규정되어 있는 만큼 거기서 0.33은 고사하고 0.001만
> 부족해도 이미 3분의 2에 미달임은 의문의 여지가 없다.

① 정부 형태가 내각 책임제로 바뀌게 되었다.
② 통일 주체 국민 회의에서 대통령이 선출되었다.
③ 5년 단임의 대통령이 직선제에 의해 선출되었다.
④ 국회에서 간접 선거 방식으로 대통령이 선출되었다.
⑤ 개헌 당시의 대통령에 한해 중임 제한이 철폐되었다.

48. 다음 정부 시기에 볼 수 있는 모습으로 적절한 것은? [1점]

〈사진으로 보는 ○○○ 정부〉

베트남 파병 경부 고속 도로 준공 유신 헌법 공포

① 농지 개혁법 제정 소식을 듣고 기뻐하는 농민
② 금융 실명제에 따라 신분증 제시를 요구하는 은행원
③ 외환 위기 극복을 위해 금모으기 운동에 참여하는 국민
④ 한·칠레 자유 무역 협정(FTA)의 비준을 보도하는 기자
⑤ 한·독 근로자 채용 협정에 의해 서독으로 파견되는 광부

49. 다음 자료에 해당하는 민주화 운동에 대한 설명으로 옳은 것은? [2점]

> **80만 광주 시민의 결의**
>
> • 이번 사태의 모든 책임은 과도 정부에 있다. 과도 정부는 모든 피해를 보상하고 즉각 물러나라!
> • 무력 탄압만 계속하는 명분 없는 계엄령을 즉각 해제하라!
> ……
> • 정부와 언론은 이번 광주 의거를 허위 조작, 왜곡 보도하지 말라!
> • 우리가 요구하는 것은 단지 피해 보상과 연행자 석방만이 아니다. 우리는 진정한 '민주 정부 수립'을 요구한다!

① 한·일 국교 정상화에 반대하여 일어났다.
② 4·13 호헌 조치에 국민들이 저항하며 시작되었다.
③ 3·15 부정 선거에 항의하는 시위에서 비롯되었다.
④ 관련 기록물이 유네스코 세계 기록유산으로 등재되었다.
⑤ 3·1 민주 구국 선언을 통해 긴급 조치 철폐 등을 요구하였다.

50. 밑줄 그은 '이 선언'이 발표된 결과로 옳은 것은? [2점]

> **POST CARD**
>
> 보고 싶은 조카에게
>
> 잘 지내니?
> 남북 통일에 대해 관심이 많다고 들었어. 분단의 고통을 해소하고, 민족의 지속적인 발전을 위해서도 통일은 꼭 필요하지.
> 이 사진은 분단 이후 처음으로 남북 정상이 2000년에 평양에서 만나는 역사적인 장면이란다.
>
> 두 정상은 회담 후에 <u>이 선언</u>을 발표하였지.
> 다음에 만나서 통일에 대해 더 이야기해 보자.
>
> 삼촌이
>
>

① 남북 기본 합의서가 채택되었다.
② 남북 조절 위원회가 설치되었다.
③ 남북한 유엔 동시 가입이 이루어졌다.
④ 남북한이 개성 공단 조성에 합의하였다.
⑤ 이산가족의 고향 방문이 처음으로 성사되었다.

01. (가) 시대에 대한 설명으로 옳은 것은? [1점]

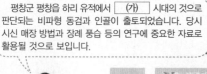

평창군 평창읍 하리 유적에서 (가) 시대의 것으로 판단되는 비파형 동검과 인골이 출토되었습니다. 당시 시신 매장 방법과 장례 풍습 등의 연구에 중요한 자료로 활용될 것으로 보입니다.

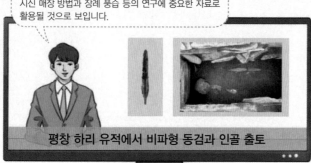

평창 하리 유적에서 비파형 동검과 인골 출토

① 빗살무늬 토기를 제작하기 시작하였다.
② 주로 동굴이나 강가의 막집에서 살았다.
③ 반달 돌칼을 사용하여 곡물을 수확하였다.
④ 계급이 없는 평등한 공동체 생활을 하였다.
⑤ 실을 뽑기 위해 가락바퀴를 처음 사용하였다.

02. (가), (나) 나라에 대한 설명으로 옳은 것은? [2점]

(가) 장사를 치를 때 큰 나무 곽을 만드는데, 길이가 십여 장(丈)이며 한 쪽을 열어 놓아 입구로 만든다. 죽은 자는 모두 가매장을 하는데 형체만 겨우 덮어 두었다가 피부와 살이 다 썩으면 곧바로 뼈를 거두어 곽 안에 둔다. 온 가족을 모두 한 곽에 넣으며, 살아있을 때의 모습과 같이 나무를 깎는데 죽은 사람의 수와 같다.
- 「삼국지」 동이전 -

(나) 그 나라의 동쪽에 큰 굴이 있는데, 수혈이라 부른다. 10월에는 온 나라 사람이 모두 모여 수신(隧神)을 맞아 나라의 동쪽 강가로 모시고 가서 제사를 지내는데, 나무로 만든 수신을 신의 자리에 모셔둔다. …… 그 나라의 풍속에 혼인을 할 때는 말로 미리 정한 다음, 여자 집에서는 본채 뒤에 작은 집을 짓는데 그 집을 서옥이라 부른다.
- 「삼국지」 동이전 -

① (가) - 신성 지역인 소도가 존재하였다.
② (가) - 여러 가(加)들이 별도로 사출도를 다스렸다.
③ (나) - 읍락 간의 경계를 중시하는 책화가 있었다.
④ (나) - 왕 아래 상가, 고추가 등의 대가들이 있었다.
⑤ (가), (나) - 철이 많이 생산되어 낙랑군과 왜에 수출하였다.

03. (가) 지역에서 있었던 사실로 옳은 것은? [2점]

답사 보고서

이름 ○○○

■ 주제: (가) 시/군의 불교 유적을 찾아서
■ 날짜: 2016년 △△월 △△일
■ 답사지: 관촉사, 개태사지

1. 관촉사

1) 관촉사 석조 미륵보살 입상

고려 시대에 조성된 가장 큰 석조 불상으로 흔히 '은진 미륵'이라 불린다. 고려 초 유행하던 불상 양식을 대표하는 작품이다.

① 주세붕이 백운동 서원을 설립하였다.
② 박상진의 주도로 대한 광복회가 결성되었다.
③ 백제와 신라 사이에 황산벌 전투가 벌어졌다.
④ 최무선이 화포를 사용하여 왜구를 격퇴하였다.
⑤ 남북한 경제 협력 사업의 일환으로 공단이 건설되었다.

04. 다음 연보에 해당하는 왕의 업적으로 옳은 것은? [2점]

○ 500년 즉위
○ 502년 순장을 금지하고 우경(牛耕)을 장려
○ 503년 신하들의 건의를 받아들여 국호를 '신라'로 확정하고 '왕'이라는 칭호 사용
○ 505년 이사부를 실직주의 군주로 삼음

① 유학 교육을 위해 국학을 설립하였다.
② 건원이라는 독자적인 연호를 사용하였다.
③ 인재를 등용하고자 독서삼품과를 시행하였다.
④ 시장을 관리하는 관청인 동시전을 설치하였다.
⑤ 자장의 건의로 황룡사 구층 목탑을 건립하였다.

05. 다음 전시회에 전시될 사진으로 적절한 것은?   [1점]

특별 사진전
사진으로 보는 고구려의 도교 문화

도교는 세시 풍속과 신앙, 예술 등 우리 전통 문화 형성에 적지 않은 영향을 미쳤습니다. 우리 ○○ 박물관에서는 고구려의 도교 문화를 살펴볼 수 있는 특별 사진전을 마련하였습니다. 관심 있는 분들의 많은 관람 바랍니다.

■ 기간: 2016년 △△월 △△일~△△일
■ 장소: ○○ 박물관

①

②

③

④

⑤

06. (가), (나) 사이의 시기에 있었던 사실로 옳은 것은?   [2점]

(가) 고구려가 침입해 와 한성을 포위하였다. 개로왕이 성문을 굳게 닫고 직접 방어하며, 태자 문주를 신라에 보내어 구원을 요청하였다. 문주가 신라 병력 1만 명을 얻어 돌아왔다. 고구려 군사는 비록 물러갔으나 한성이 파괴되고 개로왕이 사망하여, 마침내 문주왕이 즉위하였다. …… 10월에 웅진으로 도읍을 옮겼다.
– 「삼국사기」 –

(나) 봄에 도읍을 사비로 옮기고 국호를 남부여라고 하였다.
– 「삼국사기」 –

① 고흥이 서기를 편찬하였다.
② 무왕이 미륵사를 건립하였다.
③ 무령왕이 22담로에 왕족을 파견하였다.
④ 견훤이 금성을 습격해 경애왕을 살해하였다.
⑤ 복신과 도침 등이 부여풍을 왕으로 추대하였다.

07. 다음 상황 이후 고구려에서 있었던 사실로 옳은 것은?   [3점]

이 그림은 안시성에서의 전투 장면을 상상하여 그린 것입니다. 고구려는 당 태종의 침입으로 요동성, 백암성이 함락되는 위기를 맞았지만 안시성에서 이를 물리쳤습니다.

① 수의 침략군을 살수에서 격퇴하였다.
② 낙랑군을 몰아내고 영토를 확장하였다.
③ 전진의 순도를 통해 불교를 수용하였다.
④ 평양성에서 나 · 당 연합군에 항전하였다.
⑤ 연개소문이 정변을 일으켜 권력을 장악하였다.

08. 다음 가상 인터뷰의 (가)에 들어갈 대답으로 적절한 것은? [2점]

【인터뷰】
국왕과의 대화

기자 : 인재를 등용하기 위해 각별한 노력을 기울이셨다고 들었습니다. 그렇게 하신 특별한 이유가 있습니까?

왕 : 반란을 진압한 후, 정치를 바로잡기 위해서는 능력 있는 인재가 필요하다는 것을 절감했습니다. 그래서 널리 인재를 추천받아 안유와 을파소를 발탁하였습니다.

기자 : 한편 민생 안정을 위한 새로운 제도도 마련하셨는데요, 자세한 설명 부탁드립니다.

왕 : 사냥을 가는 길에 울고 있는 백성의 사연을 듣고 신하들에게 명령을 내려   (가)

① 병자에게 약을 지급하는 혜민국을 설치하였습니다.
② 백성들에게 곡식을 빌려주는 진대법을 마련하였습니다.
③ 호구를 정확하게 파악하기 위한 호패법을 시행하였습니다.
④ 강제로 노비가 된 자를 해방시키는 노비안검법을 실시하였습니다.
⑤ 기금을 모아 그 이자로 빈민을 구제하는 제위보를 운영하였습니다.

09. 다음 문화유산에 대한 탐구 활동으로 적절한 것은? [3점]

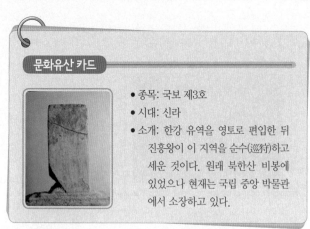

문화유산 카드

- 종목: 국보 제3호
- 시대: 신라
- 소개: 한강 유역을 영토로 편입한 뒤 진흥왕이 이 지역을 순수(巡狩)하고 세운 것이다. 원래 북한산 비봉에 있었으나 현재는 국립 중앙 박물관에서 소장하고 있다.

① 신라 왕을 매금왕이라 표현한 의미를 찾아본다.
② 신라의 수리 관개 시설 축조에 대하여 알아본다.
③ 비문의 내용을 검토한 김정희의 금석과안록을 살펴본다.
④ 고대 사회의 재산 소유와 상속에 관한 내용을 조사한다.
⑤ 신라의 요청을 받은 고구려가 왜를 격퇴하는 과정을 검색한다.

10. (가) 국가에 대한 설명으로 옳은 것은? [2점]

○○신문

△△△△년 △△월 △△일

한국-인도 공동 프로젝트 '허 왕후 기념 공원 새 단장 사업' 진행

인도 우타르프라데시 주의 차관이 김해시를 방문해 (가) 의 시조 김수로왕과 허황옥 왕후의 능을 둘러보았다. 이번 방문은 지난해 인도 총리의 방한 당시 가진 정상 회담에서 인도 아요디아 시에 있는 허 왕후 기념 공원을 양국이 함께 재정비하기로 한 데 따른 후속 절차의 일환이다.

① 지방을 9주 5소경 체제로 다스렸다.
② 경당을 설치하여 학문과 무예를 가르쳤다.
③ 사회 질서를 유지하기 위한 범금 8조를 두었다.
④ 제가 회의에서 나라의 중요한 일을 결정하였다.
⑤ 일부 왕족이 멸망 후 신라의 진골로 편입되었다.

11. 밑줄 그은 '이 시기'에 있었던 사실로 옳은 것은? [2점]

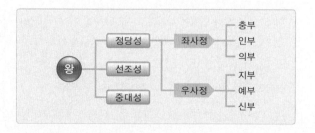

혜공왕이 피살되면서 무열왕 직계 자손의 왕위 계승이 끊기게 되었어.

맞아. 그 이후 방계 왕족 김양상이 선덕왕이 되었지. 왕위 쟁탈전이 치열해지는 이 시기 150여 년간은 왕위 교체가 잦아서 무려 20명의 왕이 등장하고 있어.

① 9산 선문 중 하나인 실상산문이 개창되었다.
② 국가 주도로 삼한통보, 해동통보가 발행되었다.
③ 관리들에게 관료전이 지급되고 녹읍이 폐지되었다.
④ 중국 화북 지방의 농법을 정리한 농상집요가 소개되었다.
⑤ 인간의 심성과 우주의 원리를 탐구하는 성리학이 전래되었다.

12. 다음과 같은 중앙 관제를 갖춘 국가에 대한 설명으로 옳은 것은? [1점]

왕 — 정당성 — 좌사정 — 충부 / 인부 / 의부
왕 — 선조성
왕 — 중대성 — 우사정 — 지부 / 예부 / 신부

① 한의 침략을 받아 멸망하였다.
② 9서당 10정의 군사 조직을 갖추었다.
③ 주자감을 두어 유학 교육을 실시하였다.
④ 외사정을 파견하여 지방관을 감찰하였다.
⑤ 청해진을 통하여 해상 무역을 전개하였다.

13. (가)에 들어갈 세시 풍속에 대한 설명으로 옳지 <u>않은</u> 것은?
[2점]

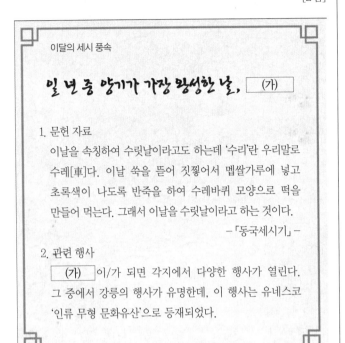

이달의 세시 풍속

일 년 중 양기가 가장 왕성한 날, (가)

1. 문헌 자료

이날을 속칭하여 수릿날이라고도 하는데 '수리'란 우리말로 수레[車]다. 이날 쑥을 뜯어 짓찧어서 멥쌀가루에 넣고 초록색이 나도록 반죽을 하여 수레바퀴 모양으로 떡을 만들어 먹는다. 그래서 이날을 수릿날이라고 하는 것이다.

− 「동국세시기」 −

2. 관련 행사

(가) 이/가 되면 각지에서 다양한 행사가 열린다. 그 중에서 강릉의 행사가 유명한데, 이 행사는 유네스코 '인류 무형 문화유산'으로 등재되었다.

① 앵두로 화채를 만들어 먹었다.
② 창포를 삶은 물로 머리를 감았다.
③ 들판에 쥐불을 놓으며 풍년을 기원했다.
④ 그네뛰기, 씨름 등의 민속놀이를 즐겼다.
⑤ 임금이 신하들에게 부채를 나누어 주었다.

14. (가) 왕이 실시한 정책으로 옳은 것은?
[1점]

(가) 은/는 호족을 통합하기 위해 많은 노력을 기울였어요.

(가) 의 정책

• 민생 안정: 취민유도 표방, 흑창 설치
• 관리 규범 제시: 「정계」, 「계백료서」
• 북진 정책: 서경 중시

① 기인 제도와 사심관 제도를 시행하였다.
② 도병마사를 설치하여 주요 문제를 논의하였다.
③ 쌍기의 건의를 받아들여 과거제를 도입하였다.
④ 전시과 제도를 마련하여 관리에게 토지를 지급하였다.
⑤ 백관의 공복을 제정하여 복색을 4등급으로 구분하였다.

15. (가) 인물에 대한 설명으로 옳은 것은?
[2점]

역 사 신 문

제△△호 ○○○○년 ○○월 ○○일

서경 천도를 주장하던 세력의 반란, 진압되다

'서경 임원역 지세가 궁궐을 짓기에 매우 좋은 땅'이라며 천도를 주장해 오던 (가) 이/가 서경에서 반란을 일으켰다. 그는 국호를 대위, 연호를 천개라고 칭하며 1년 여간 중앙 정부와 대치하였다. 그러나 반란 세력은 김부식이 이끄는 정부군에 의해 진압되었다.

① 불씨잡변을 저술하였다.
② 봉사 10조를 국왕에게 올렸다.
③ 무신 정권을 타도하고자 하였다.
④ 칭제 건원과 금국 정벌을 주장하였다.
⑤ 반정 공신의 위훈 삭제를 시도하였다.

16. 다음 서술형 평가의 답안에 들어갈 내용으로 적절하지 <u>않은</u> 것은?
[3점]

서술형 평가   ○학년 ○○반 이름: ○○○

◎ 밑줄 그은 상황을 개선하기 위해 고려에서 실시한 정책의 사례를 서술하시오.

11세기 중엽 최충의 문헌공도를 비롯한 사학이 들어섰다. 이곳에서 교육을 받은 학생들이 과거에서 좋은 성적을 거두자 사학은 더욱 번성하였다. 이에 반해 <u>관학 교육은 위축</u>되었다.

답안

① 중등 교육 기관으로 4부 학당을 설립하였다.
② 국자감에 전문 강좌인 7재를 두어 운영하였다.
③ 경사 6학을 중심으로 교육 제도를 정비하였다.
④ 장학 기금을 마련하기 위해 양현고를 설치하였다.
⑤ 청연각과 보문각을 설치하여 학문 연구를 장려하였다.

17. (가), (나) 역사서에 대한 설명으로 옳은 것은? [3점]

> (가) 이로 보건대 삼국의 시조가 모두 신비로운 데에서 탄생하였다고 하여 이상할 것이 없다. 이 책 머리에 기이(紀異)편을 싣는 까닭도 바로 여기에 있는 것이다.
>
> (나) 그 요점만을 추려 시(詩)로 읊는다면 살펴보시기에 편리하지 않겠습니까. …… 운(韻)을 넣어 읊조려서 좋은 것은 본보기로 삼고 나쁜 것은 경계의 대상으로 삼으며, 그 일에 따라 비평을 하였습니다.
>
> ┊
>
> 요동에 별개의 천지가 있으니
> 뚜렷이 중국과 구분되어 나누어져 있도다.

① (가) – 시정기, 사초 등을 토대로 편찬되었다.
② (가) – 청주 흥덕사에서 금속 활자본으로 간행되었다.
③ (나) – 유네스코 세계 기록 유산으로 등재되었다.
④ (나) – 조선 왕조의 역사가 기사본말체로 서술되었다.
⑤ (가), (나) – 단군의 건국 이야기가 수록되어 있다.

18. 밑줄 그은 '여러 개혁'의 내용으로 옳지 <u>않은</u> 것은? [2점]

> 신 이연종 아뢰옵니다. 변발을 하고 호복을 입는 것은 선왕의 제도가 아니오니, 전하께서는 그런 것을 본뜨지 마소서.

> 그대가 진정 충신이구나! 이제부터 과인은 변발을 풀고, 여러 개혁 조치를 통해 고려를 바로잡아 갈 것이다.

① 격하된 관제를 복구하였다.
② 정동행성 이문소를 폐지하였다.
③ 경기에 한하여 과전법을 시행하였다.
④ 기철을 비롯한 친원 세력을 숙청하였다.
⑤ 인사 행정을 담당하던 정방을 혁파하였다.

19. (가) 지역에 대한 탐구 활동으로 가장 적절한 것은? [2점]

![지도 - (가), 흥화진, 용주, 귀주, 통주, 철주, 곽주, 서경, 황해, 동해, 개경]

① 서희의 외교 교섭 결과에 대해 조사한다.
② 공민왕이 수복한 쌍성총관부의 위치를 파악한다.
③ 윤관의 여진 정벌과 관련된 척경입비도를 검색한다.
④ 궁예가 국호를 바꾸고 도읍을 옮긴 지역을 살펴본다.
⑤ 김윤후가 몽골 장수 살리타를 사살한 지역을 확인한다.

20. (가) 인물에 대한 설명으로 옳은 것은? [2점]

불교 인물 카드

(가)

• 생몰: 1055년~1101년
• 가계: 고려 제11대 왕인 문종의 넷째 아들
• 주요 활동
  – 개경 흥왕사에 설치된 교장도감에서 교장(教藏) 간행
  – 해동 천태종 개창

① 심성의 도야를 강조한 유불 일치설을 제창하였다.
② 법화 신앙을 중심으로 백련사 결사를 주도하였다.
③ 귀법사를 중심으로 활동하며 성상융회를 강조하였다.
④ 돈오점수를 주장하며 수행 방법으로 정혜쌍수를 내세웠다.
⑤ 이론 연마와 수행을 함께 강조하는 교관겸수를 주장하였다.

21. (가), (나) 국가의 지방 통치에 대한 설명으로 옳은 것은? [1점]

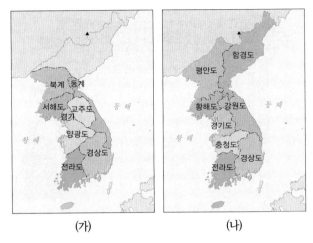

(가)   (나)

① (가) – 수령이 파견되지 않은 속현이 존재하였다.

② (가) – 지방 세력을 견제하기 위해 상수리 제도를 실시하였다.

③ (나) – 성종 때 12목을 설치하고 지방관을 파견하였다.

④ (나) – 호장, 부호장을 상층부로 하는 향리 제도를 처음 마련하였다.

⑤ (가), (나) – 관찰사를 파견하여 병마절도사, 수군절도사를 겸임 하게 하였다.

22. (가)에 들어갈 수 있는 문화유산으로 적절한 것을 〈보기〉에서 고른 것은? [2점]

15세기에는 궁궐과 관아, 성곽 등이 건축의 중심을 이루었습니다. 또한 이 시기에는 불교 건축물 중에서도 (가) 와/과 같이 뛰어난 문화유산이 만들어졌습니다.

(가)

〈보 기〉

ㄱ. 수덕사 대웅전

ㄴ. 해인사 장경판전

ㄷ. 법주사 팔상전

ㄹ. 원각사지 십층 석탑

① ㄱ, ㄴ   ② ㄱ, ㄷ   ③ ㄴ, ㄷ
④ ㄴ, ㄹ   ⑤ ㄷ, ㄹ

23. 다음 사건이 일어난 시기를 연표에서 옳게 고른 것은? [2점]

> 이종무를 삼군도체찰사로 명하여, 중군을 거느리게 하였다. …… 이종무로 하여금 경상·전라·충청의 3도 병선 2백여 척과 하번 갑사, 별패, 시위패 및 수성군영에 속해 있는 재인과 화척·한량인민·향리·일수양반 중에서 배 타는 데 능숙한 장정들을 거느리게 하였다. 왜구가 들어오는 길목을 지키고, 6월 8일에 각 도의 병선들이 함께 견내량에 모여서 기다리기로 약속하였다.

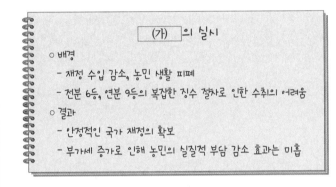

1392	1453	1510	1592	1636	1654
(가)	(나)	(다)	(라)	(마)	
조선 건국	계유 정난	삼포 왜란	임진 왜란	병자 호란	1차 나선정벌

① (가)   ② (나)   ③ (다)   ④ (라)   ⑤ (마)

24. (가)에 대한 설명으로 옳은 것은? [2점]

> **(가) 의 실시**
> ○ 배경
> - 재정 수입 감소, 농민 생활 피폐
> - 전분 6등, 연분 9등의 복잡한 징수 절차로 인한 수취의 어려움
> ○ 결과
> - 안정적인 국가 재정의 확보
> - 부가세 증가로 인해 농민의 실질적 부담 감소 효과는 미흡

① 과전 지급 대상을 현직 관리로 제한하였다.

② 선혜법이라는 이름으로 경기도에서 처음 실시하였다.

③ 부족한 재정을 충당하기 위해 선무군관포를 수취하였다.

④ 공인을 통해 각 관청에 필요한 물품을 공급하도록 하였다.

⑤ 풍흉에 관계없이 대부분 농지에서 1결당 4~6두의 전세를 거두었다.

25. (가) 붕당에 대한 설명으로 옳지 <u>않은</u> 것은? [3점]

> 김효원이 이조 전랑의 물망에 올랐을 때, 심의겸이 이전의 잘못을 지적하였다. 그 후에 심의겸의 동생 심충겸이 이조 전랑으로 천거되자, 이번에는 김효원이 나서 외척이라 하여 반대하였다. 이로 인해 양쪽으로 편이 갈라져 서로 배척하였는데, 김효원을 지지하는 사람들을 동인, 심의겸을 지지하는 사람들을 (가) (으)로 부르기 시작했다.

① 광해군을 축출한 인조반정으로 집권하였다.

② 이이와 성혼의 문인을 중심으로 형성되었다.

③ 정여립 모반 사건을 빌미로 기축옥사를 주도하였다.

④ 선조 때 왕세자 책봉 문제로 정치적 입지가 약화되었다.

⑤ 효종비의 사망 이후 전개된 예송의 결과 정국을 주도하였다.

26. 다음 대화 장면 속 왕의 재위 기간에 있었던 사실로 옳은 것은?
[3점]

이번에 붙잡힌 임꺽정 일당이 무엇 때문에 이토록 나라를 어지럽혔는지 알아보았는가?

황해도 지역의 백성들이 공동으로 이용하던 갈대밭을 권세가들에게 빼앗겼는데, 이것이 발단이라고 합니다.

① 여진족을 몰아내고 4군 6진을 설치하였다.
② 외척 간의 대립으로 을사사화가 발생하였다.
③ 기유약조 체결로 일본과의 국교가 재개되었다.
④ 안동 김씨의 세도 정치로 부정부패가 심화되었다.
⑤ 남인이 축출되고 노론과 소론이 정국을 주도하였다.

27. (가), (나)에 들어갈 내용으로 옳은 것은?
[1점]

조선 시대 삼사의 역할

사헌부	사간원	홍문관
(가)	(나)	- 왕의 자문에 응하였다. - 경연을 담당하였다.

① (가) - 화폐, 곡식의 출납과 회계를 맡았다.
② (가) - 왕명 출납과 군사 기밀을 담당하였다.
③ (나) - 실록을 보관하고 관리하는 업무를 관장하였다.
④ (나) - 재신과 추밀 등으로 구성되어 법제와 격식을 논의하였다.
⑤ (가), (나) - 왕의 관리 임명 과정에서 서경권을 행사하였다.

28. (가)에 대한 설명으로 옳은 것은?
[2점]

지금까지 (가) 에게 한성부 관할 구역의 난전을 단속할 수 있도록 허용했던 금난전권을 폐지한다. 다만, 이번 조치에서 육의전은 제외한다.

① 청과의 후시 무역을 주도하였다.
② 전국에 송방이라는 지점을 설치하였다.
③ 주로 왜관을 중심으로 무역 활동을 하였다.
④ 포구에서의 중개·금융·숙박업에 주력하였다.
⑤ 상권 수호를 위해 황국 중앙 총상회를 조직하였다.

29. 밑줄 그은 '이 법전'을 편찬한 왕의 업적으로 옳은 것은?
[2점]

이 법전은 경국대전과 속대전 및 여러 법령을 통합해 편찬한 것으로 규장각 검서관인 박제가, 유득공 등이 감인관으로 참여하기도 하였습니다.

① 왕권을 강화하기 위해 장용영을 설치하였다.
② 청과의 국경을 정하는 백두산정계비를 세웠다.
③ 동국문헌비고를 편찬하여 역대 문물을 정리하였다.
④ 삼정의 문란을 해결하고자 삼정이정청을 설치하였다.
⑤ 붕당 정치의 폐해를 극복하고자 탕평비를 건립하였다.

30. 다음 주장을 펼친 인물에 대한 설명으로 옳은 것은? [2점]

> 재물이 모자라는 것은 농사를 힘쓰지 않는 데에서 생긴다. 농사에 힘쓰지 않는 것은 여섯 가지 좀 때문이다. …… 첫째가 노비(奴婢)요, 둘째가 과업(科業)이요, 셋째가 벌열(閥閱)이요, 넷째가 기교(技巧)요, 다섯째가 승니(僧尼)요, 여섯째가 게으름뱅이[遊惰]이다.

① 전론에서 마을 단위 토지 분배와 공동 경작을 제안하였다.
② 우서에서 사농공상의 직업적 평등과 전문화를 강조하였다.
③ 반계수록에서 신분에 따라 토지를 차등 분배하자고 하였다.
④ 곽우록에서 자영농 몰락을 막기 위해 영업전 설정을 주장하였다.
⑤ 북학의에서 재물을 우물에 비유하여 절약보다 소비를 권장하였다.

31. 다음 상소가 올려진 직접적 계기로 옳은 것은? [2점]

> 미국으로 말하면 우리가 원래 잘 모르던 나라입니다. …… 만일 그들이 우리나라의 허점을 알고서 우리가 힘이 약한 것을 업신여겨 따르기 어려운 요구를 강요하고 비용을 떠맡긴다면 장차 어떻게 응대하겠습니까? …… 하물며 러시아와 미국과 일본은 모두 같은 오랑캐들이니 그 사이에 누가 더하고 덜하다는 차이를 두기 어렵습니다.

① 개항장에서 일본 화폐가 유통되었다.
② 조·미 수호 통상 조약이 체결되었다.
③ 제너럴 셔먼호가 평양 군민과 충돌하였다.
④ 영종도에 일본군이 상륙하여 약탈을 저질렀다.
⑤ 김홍집이 가지고 온 조선책략이 국내에 유포되었다.

32. 다음 편지가 작성된 시기를 연표에서 옳게 고른 것은? [2점]

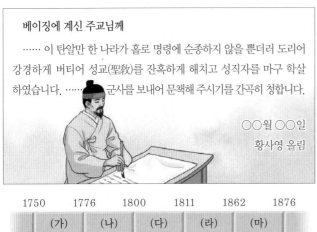

> **베이징에 계신 주교님께**
> …… 이 탄알만 한 나라가 홀로 명령에 순종하지 않을 뿐더러 도리어 강경하게 버티어 성교(聖敎)를 잔혹하게 해치고 성직자를 마구 학살하였습니다. …… 군사를 보내어 문책해 주시기를 간곡히 청합니다.
>
> ○○월 ○○일
> 황사영 올림

1750	1776	1800	1811	1862	1876
(가)	(나)	(다)	(라)	(마)	
균역법 실시	정조 즉위	순조 즉위	홍경래의 난	임술 농민 봉기	강화도 조약

① (가)　② (나)　③ (다)　④ (라)　⑤ (마)

33. 밑줄 그은 ㉠ 사건 이후의 사실로 옳은 것을 〈보기〉에서 고른 것은? [1점]

> 이곳은 흥선 대원군의 아버지 남연군의 묘입니다. ㉠한 독일 상인이 덕산까지 들어와 도굴을 시도한 사건이 발생한 곳이기도 합니다.

──〈보 기〉──
ㄱ. 전국 각지에 척화비가 건립되었다.
ㄴ. 어재연이 지키던 광성보가 함락되었다.
ㄷ. 외규장각의 의궤가 국외로 약탈되었다.
ㄹ. 양현수 부대가 정족산성에서 활약하였다.

① ㄱ, ㄴ　② ㄱ, ㄷ　③ ㄴ, ㄷ
④ ㄴ, ㄹ　⑤ ㄷ, ㄹ

34. 밑줄 그은 '사절단'에 대한 설명으로 옳은 것은? [3점]

> 이 그림은 미국 공사의 서울 부임에 답하여 파견된 사절단이 아서 대통령을 만나는 장면입니다.

① 보고 들은 내용을 해동제국기로 남겼다.
② 고종이 대한 제국을 선포한 이후 파견되었다.
③ 개화 반대 여론으로 인해 비밀리에 파견되었다.
④ 기기국에서 무기 제조 기술을 습득하고 돌아왔다.
⑤ 전권대신 민영익 및 홍영식, 서광범 등으로 구성되었다.

35. (가)~(라)에 들어갈 내용으로 적절한 것을 〈보기〉에서 고른 것은? [2점]

〈수행 평가 보고서〉

열강의 이권 침탈

이름 ○○○

1. 배경: 청·일 전쟁 및 아관 파천 이후 열강의 경제적 침탈이 더욱 심해졌다.
2. 주요 사례

국가	이권 침탈 내용
러시아	(가)
미국	(나)
영국	(다)
일본	(라)

──── 〈보 기〉 ────
ㄱ. (가) – 한성과 의주를 연결하는 전신 가설권
ㄴ. (나) – 운산 금광 채굴권
ㄷ. (다) – 두만강 유역과 울릉도의 삼림 채벌권
ㄹ. (라) – 경부선 철도 부설권

① ㄱ, ㄴ
② ㄱ, ㄷ
③ ㄴ, ㄷ
④ ㄴ, ㄹ
⑤ ㄷ, ㄹ

36. 다음 자료가 반포된 이후 실시된 정책으로 옳은 것은? [2점]

제1조 대한국은 세계 만국에 공인된 자주 독립한 제국이니라.
제2조 대한 제국의 정치는 이전에는 오백 년이 내려왔고 이후에는 만세토록 불변할 전제(專制)정치이니라.
제3조 대한국 대황제께서는 무한한 군권(君權)을 향유하시니 공법에 이른바 자립정체(自立政體)이니라.
⋮
제5조 대한국 대황제께서는 국내 육해군을 통솔하시며 편제를 정하시고 계엄(戒嚴)과 해엄(解嚴)을 명하시니라.

① 전국 8도를 23부로 개편하였다.
② 지계아문을 설치하여 지계를 발급하였다.
③ 건양 연호를 제정하고 태양력을 사용하였다.
④ 6조를 8아문으로 개편하고 과거제를 폐지하였다.
⑤ 군국기무처를 설치하여 근대적 개혁을 추진하였다.

37. (가) 신문에 대한 설명으로 옳은 것은? [3점]

[(가)] 창간사

그러므로 우리 조정에서도 박문국을 설치하고 관리를 두어 외국 소식을 폭넓게 번역하고 아울러 국내 일까지 실어, 나라 안에 알리는 동시에 여러 나라에 파분(派分)하기로 했다. …… 독자들의 견문을 넓히고 여러 가지 의문점을 풀어 주며 상리(商利)에도 도움을 주고자 한다. 중국과 서양의 관보, 신보를 우편으로 교신하는 것도 이런 뜻이다.

① 의병 운동을 호의적으로 보도하였다.
② 시일야방성대곡이라는 논설을 실었다.
③ 국채 보상 운동을 적극적으로 후원하였다.
④ 정부의 지원을 받았으며 영문으로도 발행되었다.
⑤ 순 한문 신문으로 열흘마다 발행하는 것이 원칙이었다.

38. 다음 취지서를 발표한 단체의 활동으로 옳은 것은? [2점]

나라의 독립은 오직 자강(自強)의 여하에 달려 있을 뿐이다. 우리나라가 예전부터 자강할 방법을 배우지 않아 인민이 저절로 우매해지고 국력이 쇠퇴의 길로 나아가, 마침내 오늘날의 어려운 처지에 이르러 끝내는 다른 나라의 보호를 받게 되었다. 이는 모두 자강할 방법에 뜻을 두지 않았기 때문이다. 이러함에도 불구하고 완고함과 게으름으로 말미암아 자강의 방도에 힘쓸 생각을 하지 않으면 끝내는 멸망에 다다를 뿐이니 …….

① 고종의 강제 퇴위 반대 운동을 전개하였다.
② 중추원 개편을 통한 의회 설립을 추진하였다.
③ 가갸날을 제정하고 기관지인 한글을 발행하였다.
④ 일본의 토지 약탈을 막고자 농광 회사를 설립하였다.
⑤ 대성 학교와 오산 학교를 세워 민족 교육을 실시하였다.

39. (가) 섬에 대한 설명으로 옳은 것은? [1점]

> 울릉 군수 심흥택이 보고한 내용입니다. 이번 달 4일 진시 즈음에 배 1척이 울릉군 내 도동포에 정박하였는데, 일본 관인 일행이 내려 말하길 ' (가) 이/가 지금 일본 영토가 된 까닭으로 시찰차 왔다' 하온 바 …… 이에 보고하오니 살펴주시기 바랍니다.

강원도 관찰사 서리 이명래

> 보고는 잘 받아보았다. (가) 이/가 일본의 영토라는 말은 전혀 근거 없는 것이니 그 섬의 형편과 일본인들이 어떻게 행동하는지를 다시 조사해서 보고하라.

참정 대신 박제순

① 하멜 일행이 표류하다 도착한 곳이다.
② 배중손이 이끄는 삼별초가 몽골군에 저항하였다.
③ 정제두가 양명학을 연구하며 학파를 형성하였다.
④ 러시아가 저탄소 설치를 명분으로 조차를 요구하였다.
⑤ 대한 제국이 칙령 제41호를 통해 관할 영토임을 명시하였다.

40. (가)~(마) 문화유산에 대한 설명으로 옳지 <u>않은</u> 것은? [2점]

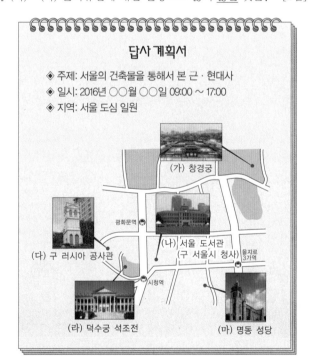

답사 계획서

◆ 주제: 서울의 건축물을 통해서 본 근 · 현대사
◆ 일시: 2016년 ○○월 ○○일 09:00 ~ 17:00
◆ 지역: 서울 도심 일원

(가) 창경궁
(나) 서울 도서관 (구 서울시 청사)
(다) 구 러시아 공사관
(라) 덕수궁 석조전
(마) 명동 성당

① (가) – 일제에 의해 동물원 등이 설치되었다.
② (나) – 일제 강점기 조선 총독부 청사로 이용되었다.
③ (다) – 을미사변 이후 고종이 피신하였다.
④ (라) – 제1차 미 · 소 공동 위원회가 개최되었다.
⑤ (마) – 6월 민주 항쟁 당시 시위대가 농성하였다.

41. 다음 자료에 대한 설명으로 옳은 것은? [2점]

> **제3장 건국**
> 1. 적의 일체 통치 기구를 국내에서 완전히 박멸하고 국가의 수도를 정하고 …… 국가의 정령이 자유로 행사되어 삼균 제도의 강령과 정책을 국내에 시행하기 시작하는 과정을 건국의 제1기라 함.
> 2. 삼균 제도를 골자로 한 헌법을 실시하여 정치와 경제와 교육의 민주적 시설로 실제상 균형을 도모하며 전국의 토지와 대생산 기관의 국유가 완성되고 전국 학령 아동의 전체가 고급 교육의 무료 수학이 완성되고 보통 선거 제도가 구속 없이 완전히 실시되어 …… 문화 수준이 제고 보장되는 과정을 건국의 제2기라 함.

① 신채호에 의해 작성되었다.
② 중국 충칭에서 발표되었다.
③ 조선 민족 혁명당의 강령이었다.
④ 국민 대표 회의 개최의 배경이 되었다.
⑤ 조선 건국 준비 위원회 설립의 계기가 되었다.

42. 다음 법령이 시행된 시기에 볼 수 있는 모습으로 적절한 것은? [1점]

> 제1조 치안 유지법의 죄를 범한 자에 대해 형의 집행 유예 언도가 있었을 경우 또는 소추를 필요로 하지 않기 때문에 공소를 제기하지 않은 경우에는 보호 관찰 심사회의 결의에 따라 본인을 보호 관찰에 부칠 수 있다. 본인이 형의 집행을 마치거나 또는 가출옥을 허락받았을 경우도 역시 같다.
> 제2조 보호 관찰에서는 본인을 보호하고 더 나아가 죄를 범할 위험을 방지하기 위해 그 사상 및 행동을 관찰하는 것으로 한다.

① 토지 조사령을 발표하는 총독부 관리
② 황국 신민 서사를 암송하고 있는 학생
③ 근우회가 개최한 강연회에서 연설하는 여성
④ 가게 앞을 청결히 하지 않아 태형을 당하는 상인
⑤ 조선 민립 대학 기성회 창립 총회에 참석하는 노인

43. (가)에 대한 설명으로 옳은 것은? [1점]

이 건물은 옛 중앙 학교 숙직실을 복원한 것입니다. 일본 도쿄 유학생 송계백은 중앙 학교 교사 현상윤을 찾아와 일본 유학생들의 거사 계획을 알리고 '2·8 독립 선언서'의 초안을 전달하였습니다. 현상윤은 이곳 숙직실에서 송진우 등과 향후 계획을 협의하였고, 이는 [(가)]이/가 추진되는 계기 중 하나가 되었습니다.

① 신간회로부터 진상 조사단이 파견되었다.
② 대한민국 임시 정부 수립의 계기가 되었다.
③ 동아일보의 적극적인 지원을 받아 진행되었다.
④ 순종의 인산일을 기해 대규모 시위가 계획되었다.
⑤ 한국인 학생과 일본인 학생 간의 충돌에서 비롯되었다.

44. 다음 법령 발표 이후에 있었던 사실로 옳지 <u>않은</u> 것은? [2점]

> 제1조 본 법령은 경작을 목적으로 하는 토지의 임대차에 적용한다.
> ⋮
> 제3조 임대인이 마름 등 소작지의 관리자를 둘 때에는 조선 총독이 정하는 바에 의하여 부윤, 군수 또는 도사에게 신청한다.
> ⋮
> 제7조 소작지의 임대차 기간은 3년 이하로 할 수 없다.
> ⋮
> 제19조 임대인은 임차인의 배신행위가 없는 한 임대차의 갱신을 거절할 수 없다. 단, 임대인에게 정당한 사유가 있을 경우에는 이 조항의 적용을 받지 않는다.

① 국민 징용령이 공포되었다.
② 국가 총동원법이 발표되었다.
③ 농촌 진흥 운동이 시작되었다.
④ 미곡 공출 제도가 시행되었다.
⑤ 학도 지원병 제도가 실시되었다.

45. (가), (나) 사이의 시기에 있었던 사실로 옳은 것은? [3점]

> (가) 독립군은 일본군의 맹공을 피하고, 전열을 정비하기 위해 러시아 스보보드니로 이동하였다. 그러나 이곳에서 서로 다른 계열의 독립군 사이에서 지휘권을 놓고 내분이 일어났다. 이때 러시아 적군(赤軍)은 독립군에게 무장 해제를 요구하였고, 이를 거부하는 독립군의 강제 해산 과정에서 수많은 독립군이 사망하거나 포로가 되었다.
>
> (나) 조선 총독부 경무국장 미쓰야와 중국 봉천성 경무처장 위전 사이에 독립군의 활동을 방해하기 위한 협정이 체결되었다. 그 내용은 만주 지역에서 활동하는 항일 한인 단체의 해산과 무기 몰수 그리고 지도자 체포 및 인도 등이었다.

① 조선 혁명군이 영릉가에서 일본군에 승리하였다.
② 대한민국 임시 정부 직할 부대로 참의부가 결성되었다.
③ 조선 민족 전선 연맹 산하에 조선 의용대가 조직되었다.
④ 일본의 사주를 받은 마적단이 훈춘 일본 영사관을 불태웠다.
⑤ 북로 군정서군 등 연합 부대가 청산리 일대에서 일본군에 승리하였다.

46. (가)~(다) 운동에 대한 설명으로 옳은 것은? [2점]

입어라, 조선 사람이 짠 것을. 먹어라, 조선 사람이 만든 것을. 써라, 조선 사람이 지은 것을.

공평은 사회의 근본이고 사랑은 인간의 본성이다. 모욕적인 칭호와 차별을 철폐하라. 금수의 생명을 빼앗는 자 우리만이 아니다.

어린이는 어른보다 더 새로운 사람입니다. 어린이를 결코 억박지르지 마십시오. 어린이를 어른보다 높이 대접하십시오.

(가)　　　　(나)　　　　(다)

① (가) - 통감부의 방해 등으로 실패하였다.
② (가) - 조만식, 이상재 등의 주도로 시작되었다.
③ (나) - 공사 노비법의 혁파에 영향을 주었다.
④ (나) - 평양에서 시작되어 전국적으로 확산되었다.
⑤ (다) - 대한매일신보의 후원을 받아 추진되었다.

47. (가), (나) 주장을 한 인물의 활동으로 옳지 <u>않은</u> 것은? [3점]

> (가) 이제 우리는 무기 휴회된 미·소 공동 위원회가 재개될 기색도 보이지 않으며, 통일 정부를 고대하나 여의케 되지 않으니, 우리는 남방만이라도 임시 정부, 혹은 위원회 같은 것을 조직하여 38도선 이북에서 소련이 철퇴하도록 세계 공론에 호소하여야 될 것이니 ……
>
> (나) 현시(現時)에 있어서 나의 유일한 염원은 3천만 동포와 손을 잡고 통일된 조국의 달성을 위하여 공동 분투하는 것뿐이다. …… 나는 통일된 조국을 건설하려다 38도선을 베고 쓰러질지언정 일신에 구차한 안일을 취하여 단독 정부를 세우는 데는 협력하지 아니하겠다.

① (가) - 국제 연맹에 위임 통치 청원을 시도하였다.
② (가) - 여운형과 함께 좌우 합작 위원회를 조직하였다.
③ (나) - 의거 활동을 전개하기 위해 한인 애국단을 결성하였다.
④ (나) - 분단을 막기 위해 평양에 가서 김일성 등과 회담하였다.
⑤ (가), (나) - 신탁 통치에 반대하는 운동을 전개하였다.

48. 다음 법령을 제정한 국회에 대한 설명으로 옳지 <u>않은</u> 것은? [2점]

> 제1조 일본 정부와 통모하여 한일 합병에 적극 협력한 자, 한국의 주권을 침해하는 조약 또는 문서에 조인한 자와 모의한 자는 사형 또는 무기 징역에 처하고 그 재산과 유산의 전부 혹은 2분의 1 이상을 몰수한다.
> ┊
> 제3조 일본 치하 독립운동자나 그 가족을 악의로 살상, 박해한 자 또는 이를 지휘한 자는 사형, 무기 또는 5년 이상의 징역에 처하고 그 재산의 전부 혹은 일부를 몰수한다.

① 우리나라 최초의 보통 선거를 통해 구성되었다.
② 대통령을 행정부 수반으로 규정한 헌법을 제정하였다.
③ 유상 매수, 유상 분배 원칙의 농지 개혁법을 통과시켰다.
④ 일제가 남긴 재산 처리를 위한 귀속 재산 처리법을 제정하였다.
⑤ 초대 대통령에 한해 중임 제한을 폐지하는 내용의 개헌안을 통과시켰다.

49. (가)에 들어갈 수 있는 사진으로 적절한 것을 <보기>에서 고른 것은? [2점]

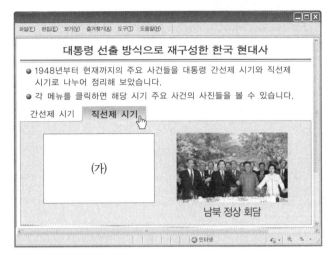

서울 올림픽 대회 | 인천 상륙 작전
7·4 남북 공동 성명 | 부·마 민주 항쟁

① ㄱ, ㄴ ② ㄱ, ㄷ ③ ㄴ, ㄷ ④ ㄴ, ㄹ ⑤ ㄷ, ㄹ

50. (가)~(다)를 발표된 순서대로 옳게 나열한 것은? [2점]

> (가) 국가의 미래요 소망인 꽃다운 젊은이를 야만적인 고문으로 죽여 놓고 그것도 모자라서 국민을 속이려 했던 현 정권에게 국민의 분노가 무엇인지 분명히 보여 주고, 국민적 여망인 개헌을 일방적으로 파기한 4·13 폭거를 철회시키기 위한 민주 장정을 시작한다.
>
> (나) 우리는 이제 3선 개헌을 감행하여 자유 민주에의 반역을 기도하는 어떤 명분이나 위장된 강변에도 현혹됨이 없이 헌정 20년간 모든 호헌 세력들이 공통된 신념과 결단 위에서 전 국민의 힘을 뭉쳐 단호히 이에 대처하려 한다.
>
> (다) 오늘로 3·1절 쉰일곱 돌을 맞으면서 우리는 1919년 3월 1일 전 세계에 울려 퍼지던 이 민족의 함성, 자주 독립을 부르짖던 그 아우성이 쟁쟁히 울려와서 이대로 앉아있는 것은 구국 선열들의 피를 땅에 묻어버리는 죄가 되는 것 같아 우리의 뜻을 모아 '민주 구국 선언'을 국내외에 선포하고자 한다.

① (가)-(나)-(다) ② (가)-(다)-(나) ③ (나)-(가)-(다)
④ (나)-(다)-(가) ⑤ (다)-(나)-(가)

01. 다음 전시회에 전시될 유물로 적절한 것을 〈보기〉에서 고른 것은?
[1점]

□□ 박물관 특별전

○○○ 시대 사람들
새로운 환경에 적응하다

약 1만 년 전 빙하기가 끝나면서 나타난 환경의 변화 속에서 ○○○ 시대 사람들은 새로운 도구와 기술을 개발하고 농경을 시작하였다. 이 시대 사람들의 생활 모습을 다양한 유물로 만나보자.

기간: 2016년 ○○월 ○○일 ~ ○○월 ○○일
장소: □□ 박물관 특별 전시실

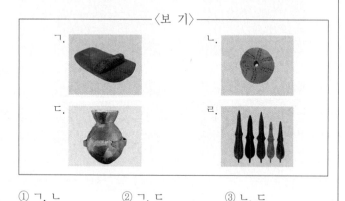

〈보 기〉

ㄱ. ㄴ. ㄷ. ㄹ.

① ㄱ, ㄴ
② ㄱ, ㄷ
③ ㄴ, ㄷ
④ ㄴ, ㄹ
⑤ ㄷ, ㄹ

02. 밑줄 그은 '왕'의 업적으로 옳은 것은?
[2점]

고구려가 군사를 동원하여 공격해 왔다. 왕이 이를 듣고 패하(浿河) 강가에 군사를 매복시키고 그들이 오기를 기다려 급히 치니 고구려 군사가 패하였다. 그 해 겨울, 왕이 태자와 함께 정병 3만 명을 거느리고 고구려에 침입하여 평양성을 공격하였다. 고구려왕 사유가 힘을 다해 싸우다가 화살에 맞아 사망하였다.

－「삼국사기」－

① 익산에 미륵사를 창건하였다.
② 신라를 공격하여 대야성을 함락시켰다.
③ 동진으로부터 전래된 불교를 수용하였다.
④ 사비로 천도하고 국호를 남부여로 고쳤다.
⑤ 고흥으로 하여금 서기를 편찬하게 하였다.

03. (가) 나라의 사회 모습으로 옳은 것은?
[2점]

○ (가) 은/는 장성(長城)의 북쪽에 있는데, 현토에서 천 리쯤 떨어져 있다. 남쪽은 고구려와, 동쪽은 읍루와, 서쪽은 선비와 접해 있고, 북쪽에는 약수(弱水)가 있다. 사방 2천 리가 되며, 호수(戶數)는 8만이다.
－「삼국지」 동이전 －

○ 온조는 하남 위례성에 도읍을 정하였다. …… 나라 이름을 백제로 고쳤다. 그 세계(世系)가 고구려와 함께 (가) 에서 나온 것이므로 이 때문에 (가) 을/를 성씨로 삼았다.
－「삼국사기」 －

① 신지, 읍차 등의 지배자가 있었다.
② 12월에 영고라는 제천 행사를 열었다.
③ 사회 질서를 유지하기 위한 범금 8조가 있었다.
④ 제사장인 천군과 신성 지역인 소도가 존재하였다.
⑤ 부족 간의 경계를 중요시하여 책화라는 제도가 있었다.

04. 다음 상황이 전개된 배경으로 옳은 것은?
[2점]

① 무령왕이 22담로에 왕족을 파견하였다.
② 장수왕이 수도를 국내성에서 평양으로 옮겼다.
③ 연개소문이 정변을 일으켜 권력을 장악하였다.
④ 진흥왕이 대가야를 병합하여 영토를 확장하였다.
⑤ 법흥왕이 병부를 설치하여 군사력을 강화하였다.

05. (가)에 들어갈 내용으로 가장 적절한 것은? [3점]

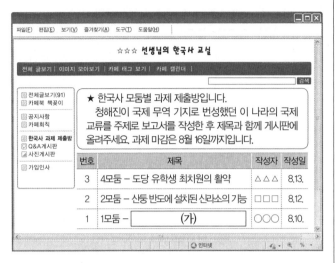

① 무역소를 통한 여진과의 교역 물품 분석
② 쇼토쿠 태자의 스승인 혜자의 생애와 활동
③ 당항성과 중국을 연결하는 해상 교통로 탐색
④ 당의 장안성과 상경 용천부의 도성 구조 비교
⑤ 칠지도 명문의 해석으로 알아 본 일본과의 관계

06. 밑줄 그은 '이 유물'로 옳은 것은? [1점]

> 1993년 ○○월 ○○일
>
> 부여 능산리 절터에 대한 발굴 조사 중에 생각지도 못한 문화 유산이 발굴되었다. 나성과 능산리 고분군 사이의 계단식 논에서 발견된 이 유물은 도교와 불교 사상이 함께 반영된 것으로, 아마도 왕실 의례에 사용된 것으로 추측된다. 비록 능산리 절은 백제의 멸망과 함께 사라졌지만 우리가 발굴한 유물들을 통해 찬란한 백제의 문화를 세상에 알릴 수 있을 것으로 생각하니 뿌듯하다.

①  ②  ③

④  ⑤

07. (가)~(다)의 문화유산을 제작된 순서대로 옳게 나열한 것은? [2점]

(가)    (나)    (다)

① (가) - (나) - (다)   ② (가) - (다) - (나)
③ (나) - (가) - (다)   ④ (나) - (다) - (가)
⑤ (다) - (나) - (가)

08. 다음 사건이 일어난 이후의 사실로 옳은 것은? [3점]

> 고구려의 대장 겸모잠(鉗牟岑: 검모잠)이 무리를 거느리고 반란을 일으켜 보장왕의 외손 안순(安舜: 안승)을 세워 왕으로 삼았다. 고간을 동주도행군총관으로, 이근행을 연산도행군총관으로 삼아 토벌케 하였다. 사평태상백 양방을 보내어 도망치고 남은 무리를 불러들이게 하였다. 안순이 겸모잠을 죽이고 신라로 달아났다.
>
> – 「신당서」 –

① 나·당 연합군이 백강에서 왜군을 물리쳤다.
② 복신과 도침 등이 주류성에서 군사를 일으켰다.
③ 계백이 이끄는 결사대가 신라군에 맞서 싸웠다.
④ 신라군이 당의 군대에 맞서 매소성에서 승리하였다.
⑤ 김춘추가 중국으로 건너가 군사 동맹을 성사시켰다.

09. 다음 자료에 해당하는 시기를 연표에서 옳게 고른 것은? [2점]

> ○ 3월에 서울과 지방의 관리에게 지급하던 월봉을 없애고, 다시 녹읍을 주었다.
> ○ 12월에 사벌주를 상주로 고치고, 1주 10군 30현을 거느리도록 하였다. …… 한산주를 한주로 고치고, 1주 1소경 27군 46현을 거느리도록 하였다.
>
> – 「삼국사기」 –

676	698	722	788	822	901
(가)	(나)	(다)	(라)	(마)	
삼국통일	발해건국	정전지급	독서삼품과실시	김헌창의난	후고구려건국

① (가) ② (나) ③ (다) ④ (라) ⑤ (마)

10. (가) 인물의 활동으로 옳은 것은? [2점]

> (가) 은/는 신라 사람으로 성은 김씨이고, 아버지는 제47대 헌안왕 의정이며 어머니는 헌안왕의 후궁이었는데, 그 성과 이름은 전하지 않는다. …… 일관(日官)이 아뢰기를, "이 아이는 중오일(重午日)에 출생하였고 나면서 이빨이 나고, 또한 이상한 빛이 있었으니 장차 국가에 이롭지 못할 것이므로 마땅히 이 아이를 키우지 마십시오."라고 하였다. 왕이 궁중의 사람을 시켜 그 집에 가서 죽이게 하였다. 그 사람이 포대기에서 아이를 꺼내 누각 아래로 던졌는데 유모가 몰래 받다가 실수하여 손가락으로 눈을 찔러 한 쪽 눈이 멀었다. …… 머리를 깎고 중이 되어 스스로 선종(善宗)이라 불렀다.
>
> — 「삼국사기」 —

① 웅천주를 기반으로 반란을 일으켰다.

② 훈요 10조에서 불교 숭상을 강조하였다.

③ 완산주를 도읍으로 후백제를 건국하였다.

④ 신라의 수도를 습격하여 경애왕을 죽게 하였다.

⑤ 국호를 마진으로 바꾸고 철원으로 도읍을 옮겼다.

11. 밑줄 그은 '이 왕'의 업적으로 옳은 것은? [2점]

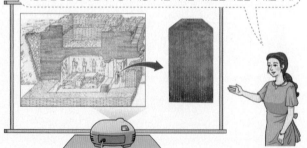

> 다음은 이 왕의 넷째 딸인 정효 공주의 무덤 그림과 그 안에서 발견된 묘지석의 사진입니다. 묘지석에 이 왕이 황상으로 표현되어 있고, 독자적 연호인 '대흥'이 사용된 점 등을 통해 발해가 당과 대등하다는 의식을 가졌음을 확인할 수 있습니다.

① 지린 성 동모산에서 나라를 세웠다.

② 3성 6부의 중앙 관제를 정비하였다.

③ 장문휴를 보내 당의 등주를 공격하였다.

④ 5경 15부 62주의 지방 행정 조직을 확립하였다.

⑤ 전성기를 이루어 당으로부터 해동성국이라 불렸다.

12. 밑줄 그은 '㉠'과 '㉡'에 해당하는 문화유산으로 옳은 것은? [2점]

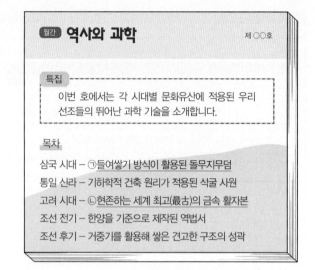

> 월간 **역사와 과학** 제 ○○호
>
> **특집**
> 이번 호에서는 각 시대별 문화유산에 적용된 우리 선조들의 뛰어난 과학 기술을 소개합니다.
>
> **목차**
> 삼국 시대 – ㉠들여쌓기 방식이 활용된 돌무지무덤
> 통일 신라 – 기하학적 건축 원리가 적용된 석굴 사원
> 고려 시대 – ㉡현존하는 세계 최고(最古)의 금속 활자본
> 조선 전기 – 한양을 기준으로 제작된 역법서
> 조선 후기 – 거중기를 활용해 쌓은 견고한 구조의 성곽

	㉠	㉡
①	장군총	팔만대장경
②	장군총	직지심체요절
③	천마총	팔만대장경
④	천마총	직지심체요절
⑤	무령왕릉	무구정광대다라니경

13. (가)~(다)에 대한 설명으로 옳지 <u>않은</u> 것은? [3점]

> **사료로 보는 ○○ 시대 토지 제도의 변천**
>
> (가) 경종 원년, 처음으로 직관(職官)과 산관(散官) 각 품의 전시과(田柴科)를 제정하였다.
> (나) 목종 원년, 문무 양반 및 군인의 전시과를 개정하였다.
> (다) 문종 30년, 양반전시과를 다시 고쳐 정하였다.

① (가) – 인품과 공복을 기준으로 하였다.

② (나) – 관직을 기준으로 토지를 지급하였다.

③ (다) – 현직 관리를 중심으로 토지를 지급하였다.

④ (가), (나) – 경기 지역으로 한정하여 토지를 지급하였다.

⑤ (가), (나), (다) – 지급된 토지에 대한 수조권을 인정하였다.

14. 밑줄 그은 '이 정책'으로 옳은 것은? [1점]

중앙의 5품 이상 관리에게 국정에 관한 의견을 받으셨는데, 구체적으로 어떻게 활용하실 계획인가요?

왕권을 강화하고 유교적 통치 체제를 확립하는 데 활용할 것이오. 특히, 최승로의 건의를 받아들여 이 정책을 실시할 것이오.

① 노비안검법을 실시하였다.
② 12목에 지방관을 파견하였다.
③ 인사권을 가진 정방을 폐지하였다.
④ 경순왕 김부를 경주의 사심관으로 삼았다.
⑤ 인재를 등용하기 위해 과거제를 도입하였다.

15. (가)~(라) 사건을 일어난 순서대로 옳게 나열한 것은? [3점]

> (가) 살례탑(살리타이)이 처인성을 공격하였다. 병란을 피해 성 안에 있던 한 승려가 활을 쏘아 살례탑을 죽였다.
>
> (나) 윤관이 아뢰기를, "신이 여진에게 패배한 까닭은 그들은 기병이고 우리는 보병이어서 상대가 되지 않았기 때문입니다."라고 하였다. 이에 건의하여 비로소 별무반을 만들었다.
>
> (다) 거란주(契丹主)가 직접 보병과 기병 40만 명을 거느리고 압록강을 건너 흥화진을 포위하자, 양규·이수화 등이 굳게 지키며 항복하지 않았다.
>
> (라) 왜구가 연산의 개태사를 도륙하고 원수 박인계가 패하여 죽으니, 최영이 이를 듣고 자신이 출격할 것을 요청하였다.

① (가) - (나) - (다) - (라)
② (가) - (나) - (라) - (다)
③ (나) - (가) - (다) - (라)
④ (나) - (가) - (라) - (다)
⑤ (다) - (나) - (가) - (라)

16. 다음 시나리오의 상황 이후에 전개된 사실로 옳은 것은? [2점]

> S# 17. 보현원으로 행차하는 길, 오문(五門) 앞
>
> 왕의 명으로 수박희를 행하던 중, 대장군 이소응이 상대를 이기지 못하고 도망가자 문신 한뢰가 이소응을 막아선다.
>
> 한뢰: (이소응의 뺨을 때리며) 대장군이란 자가 어찌 병사 한 명을 이기지 못하느냐?
>
> 이소응: (뺨을 맞고 계단 아래로 떨어져) 내가 젊은 문신에게 이런 수모를 당한단 말인가!
>
> 정중부: (성난 목소리로) 네 이놈 한뢰야! 이소응이 비록 무신이기는 하나 벼슬이 3품인데 어찌 이처럼 심하게 무욕하는 것이냐?

① 왕의 장인인 김흠돌이 반란을 도모하였다.
② 묘청이 칭제 건원과 금국 정벌을 주장하였다.
③ 의종이 왕위에서 쫓겨나 거제도로 추방되었다.
④ 이자겸이 왕실의 외척이 되어 권력을 독점하였다.
⑤ 김부식이 서경의 반란군을 진압하기 위해 출정하였다.

17. (가)에 들어갈 내용으로 옳은 것은? [2점]

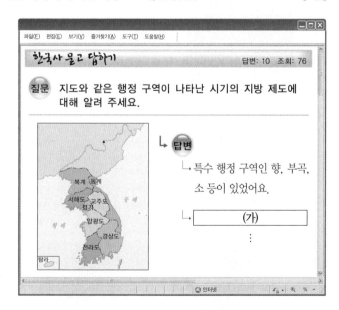

한국사 묻고 답하기   답변: 10 조회: 76

질문 지도와 같은 행정 구역이 나타난 시기의 지방 제도에 대해 알려 주세요.

답변
→ 특수 행정 구역인 향, 부곡, 소 등이 있었어요.
→ (가)

① 경재소를 설치하여 유향소를 통제하였어요.
② 전국의 모든 군현에 지방관을 파견하였어요.
③ 상수리 제도를 실시하여 지방 세력을 견제하였어요.
④ 5소경을 설치하여 수도의 편재성을 보완하고자 하였어요.
⑤ 국경 지대에 병마사를 파견하여 적의 침입에 대비하였어요.

18. (가)에 대한 설명으로 옳은 것은? [1점]

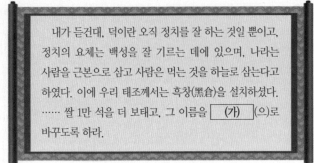

내가 듣건대, 덕이란 오직 정치를 잘 하는 것일 뿐이고, 정치의 요체는 백성을 잘 기르는 데에 있으며, 나라는 사람을 근본으로 삼고 사람은 먹는 것을 하늘로 삼는다고 하였다. 이에 우리 태조께서는 흑창(黑倉)을 설치하셨다. …… 쌀 1만 석을 더 보태고, 그 이름을 (가) (으)로 바꾸도록 하라.

① 재해가 발생하였을 때 설치한 임시 기구였다.
② 개경의 동쪽과 서쪽에 두어 환자를 치료하였다.
③ 흉년에 빈민에게 양식이나 종자 등을 빌려주었다.
④ 국학에 설치되어 관학 진흥을 위한 재정을 뒷받침하였다.
⑤ 전염병이 퍼지는 것을 막고 백성에게 약을 무료로 나눠주었다.

19. 다음 사진전에 전시될 사진으로 적절한 것을 〈보기〉에서 고른 것은? [2점]

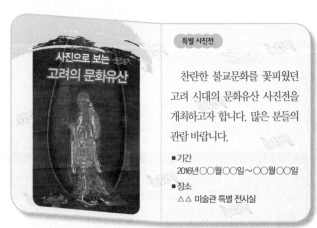

특별 사진전

사진으로 보는 고려의 문화유산

찬란한 불교문화를 꽃피웠던 고려 시대의 문화유산 사진전을 개최하고자 합니다. 많은 분들의 관람 바랍니다.

■ 기간
2016년○○월○○일~○○월○○일
■ 장소
△△ 미술관 특별 전시실

〈 보 기 〉

ㄱ. 금동 연가 7년명 여래 입상
ㄴ. 영주 부석사 소조 여래 좌상
ㄷ. 하남 하사창동 철조 석가여래 좌상
ㄹ. 금동 미륵보살 반가사유상

① ㄱ, ㄴ   ② ㄱ, ㄷ   ③ ㄴ, ㄷ
④ ㄴ, ㄹ   ⑤ ㄷ, ㄹ

20. (가) 지역에 대한 탐구 활동으로 가장 적절한 것은? [2점]

역사 동아리 답사 안내문

(가) 의 문화유산을 찾아서

유구한 역사와 전통이 살아 숨쉬는 우리 고장의 문화유산을 찾아가고자 합니다. 동아리 회원들의 많은 참여 바랍니다.

● 일시: 2016년 ○○월 ○○일 09:00 ~ 17:00
● 경로: 병산 서원 → 봉정사 → 법흥사지 칠층 전탑 → 도산 서원
● 문화유산 위치 안내

① 대몽 항쟁을 펼친 삼별초의 근거지를 파악한다.
② 홍건적의 침략 당시 공민왕이 피란한 지역을 찾아본다.
③ 인조가 피신하여 청군과 항전을 벌인 장소를 알아본다.
④ 양헌수가 이끈 부대가 프랑스군을 격퇴한 곳을 조사한다.
⑤ 북로 군정서군이 일본군에 대승을 거둔 전적지를 검색한다.

21. (가) 인물에 대한 설명으로 옳은 것은? [2점]

이곳은 기묘사화로 희생당한 (가) 의 위패를 모신 심곡 서원입니다. 중종에 의해 발탁된 그는 소격서 폐지 등 유교적 개혁 정치를 추진하였습니다. 하지만 위훈 삭제에 불만을 품은 훈구파의 반발로 사사되었습니다.

① 최초의 서원인 백운동 서원을 건립하였다.
② 양명학을 연구하여 강화 학파를 형성하였다.
③ 새로운 인사의 등용을 위해 현량과 실시를 주장하였다.
④ 동호문답을 저술하여 다양한 개혁 방안을 제시하였다.
⑤ 조선경국전을 편찬하여 재상 중심의 정치를 강조하였다.

22. (가)에 들어갈 내용으로 옳지 <u>않은</u> 것은? [2점]

조선 전기 부국 강병과 민생 안정을 위해 각 분야에서 전개된 다양한 노력에 대해 이야기해 볼까요?

강우량을 측정하는 측우기가 제작되었어요.

(가)

① 신무기인 신기전과 화차가 개발되었어요.
② 천체의 운행을 측정하는 혼천의가 제작되었어요.
③ 이덕무 등이 훈련 교범인 무예도보통지를 편찬하였어요.
④ 강희맹이 자신의 경험을 바탕으로 금양잡록을 저술하였어요.
⑤ 국산 약재와 치료 방법을 정리한 향약집성방이 간행되었어요.

23. 밑줄 그은 '왕'의 업적으로 옳은 것은? [1점]

왕이 이르기를, "양평군 허준은 일찍이 의방(醫方)을 찬집(撰集)하라는 선왕의 특명을 받아 몇 년 동안 자료를 수집하였고, 심지어 유배되어 옮겨 다니는 가운데서도 그 일을 쉬지 않고 하여 이제 비로소 책으로 엮어 올렸다. 이에 생각건대, 선왕 때 명하신 책이 과인이 계승한 뒤에 완성을 보게 되었으니, 내가 비감(悲感)한 마음을 금치 못하겠다. 허준에게 말 한 필을 직접 주어 그 공에 보답하고 속히 간행하도록 하라."라고 하였다.

① 명과 후금 사이에서 중립 외교를 펼쳤다.
② 탕평비를 세워 붕당 정치의 폐해를 경계하였다.
③ 초계문신제를 시행하여 문신들을 재교육하였다.
④ 6조 직계제를 처음 실시하여 왕권을 강화하였다.
⑤ 집현전을 설치하여 인재를 육성하고 편찬 사업을 추진하였다.

24. 밑줄 그은 '이 정책'에 대한 설명으로 옳은 것은? [2점]

2필 양역(良役)의 폐단이 나라를 망치는 근저가 된 지 오래되었습니다. 조종조(祖宗朝) 이래로 누차 변통시키는 계책을 강구하였지만, 지금에 이르도록 시일만 지체하면서 폐단은 날로 더욱 심해지니 ……. 급기야 임금께서 재차 궁궐 문에 임하시어 민정을 널리 물으셨지만, 호전(戶錢)·결포(結布)의 주장을 모두 행할 수 없게 되자 마침내 개연히 눈물을 흘리시며, "2필의 양역을 비록 다 혁파할 수는 없지만 1필로 줄이는 <u>이 정책</u>은 행하지 않을 수가 없다."라고 하교하시기에 이르렀습니다.

① 풍흉과 토지의 비옥도에 따라 차등 부과하였다.
② 선혜법이라는 이름으로 경기도에서 처음 시행되었다.
③ 육의전을 제외한 시전 상인의 금난전권 폐지를 가져왔다.
④ 공인이 등장하여 상품 화폐 경제가 발달하는 계기가 되었다.
⑤ 재정 부족 문제를 해결하기 위하여 지주에게 결작을 부과하였다.

25. 다음 자료의 상황이 나타난 시기의 경제 모습으로 옳은 것을 〈보기〉에서 고른 것은? [3점]

금점 5곳 가운데 두 곳의 금맥은 이미 다 되어 거의 철폐하기에 이르렀고, 세 곳의 금맥은 넉넉하고 많습니다. …… 총 인원은 일정하지 않아 세금을 걷는 수 역시 그에 따라 늘었다 줄었다 하는데, 가장 왕성하게 점을 설치하였을 때는 하루아침에 받는 세금이 수천여 냥이나 되며, 그 중 7백 냥은 화성부에 상납하고 50여 냥은 점 안의 소임 등의 급료 값으로 제하고, 1천 냥은 차인(差人)이 차지합니다.

― 〈보 기〉 ―
ㄱ. 해동통보가 주조되어 유통되었다.
ㄴ. 담배와 면화 등이 상품 작물로 재배되었다.
ㄷ. 시전을 감독하기 위해 경시서가 설치되었다.
ㄹ. 송상이 청과 일본 사이의 중계 무역으로 부를 축적하였다.

① ㄱ, ㄴ   ② ㄱ, ㄷ   ③ ㄴ, ㄷ
④ ㄴ, ㄹ   ⑤ ㄷ, ㄹ

26. 다음 설명에 해당하는 지도로 옳은 것은? [2점]

> 현재 남아 있는 동양 최고(最古)의 세계 지도로 1402년 김사형, 이무가 발의하고 이회가 실무를 맡아 제작하였다. 원의 세계 지도를 참고하였지만, 한반도와 일본 부분이 지나치게 소략해 한반도 지도와 일본 지도를 보강하여 제작하였다. 이 지도에는 아시아·유럽·아프리카 대륙과 주요 도시가 표시되어 있다.

①
혼일강리역대국도지도

②
지구전도

③
천하도

④
여지전도

⑤
곤여만국전도

27. 다음 자료에 해당하는 군사 조직에 대한 설명으로 옳은 것은? [2점]

> 주상께서 도감을 설치하여 군사를 훈련시키라고 명하시고 나를 도제조로 삼으시므로, 내가 청하기를, "당속미* 1천 석을 군량으로 하되 한 사람 당 하루에 2승씩 준다 하여 군인을 모집하면 응하는 자가 사방에서 모여들 것입니다."라고 하였다. …… 얼마 안 되어 수천 명을 얻어 조총 쏘는 법과 창칼 쓰는 기술을 가르치고 …… 또 당번을 정하여 궁중을 숙직하게 하고, 국왕의 행차가 있을 때 이들로써 호위하게 하니 민심이 점차 안정되었다.
>
> － 「서애집」－

*당속미(唐粟米): 명에서 들어온 좁쌀

① 정조 때 설치된 국왕의 친위 부대였다.
② 정미 7조약에 의해 강제로 해산되었다.
③ 포수, 사수, 살수의 삼수병으로 편제되었다.
④ 이종무의 지휘 아래 대마도 정벌에 참여하였다.
⑤ 양인개병의 원칙에 따라 의무병으로 구성되었다.

28. 다음 사건 이후에 전개된 사실로 옳은 것은? [3점]

① 외척 간의 대립으로 을사사화가 발생하였다.
② 인현왕후가 폐위되고 남인이 권력을 장악하였다.
③ 공신 책봉에 불만을 품고 이괄이 반란을 일으켰다.
④ 서인과 남인이 두 차례에 걸쳐 예송을 전개하였다.
⑤ 이조 전랑 임명을 둘러싸고 사림이 동인과 서인으로 나뉘었다.

29. (가)에 들어갈 내용으로 옳은 것을 〈보기〉에서 고른 것은? [2점]

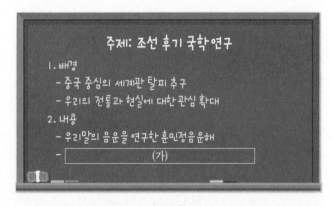

> 주제: 조선 후기 국학연구
> 1. 배경
> - 중국 중심의 세계관 탈피 추구
> - 우리의 전통과 현실에 대한 관심 확대
> 2. 내용
> - 우리말의 음운을 연구한 훈민정음운해
> - (가)

〈보 기〉

ㄱ. 남북국 시대론을 제시한 발해고
ㄴ. 전국의 지리 정보를 정리한 팔도지리지
ㄷ. 우리나라의 역사 지리를 정리한 아방강역고
ㄹ. 고조선부터 고려까지의 역사를 정리한 동국통감

① ㄱ, ㄴ ② ㄱ, ㄷ ③ ㄴ, ㄷ
④ ㄴ, ㄹ ⑤ ㄷ, ㄹ

30. (가)에 들어갈 세시 풍속으로 옳은 것은? [1점]

봄의 첫 걸음, [(가)] 전통 문화 축제

강남 갔던 제비가 돌아와 새봄을 알린다는 [(가)] 을/를 맞아 시민들이 참여할 수 있는 다채로운 행사를 마련하였습니다.

● 일자: 2016년 ○○월 ○○일
● 장소: △△ 전통 문화 센터

〈체험 1〉
■ 화전 만들기
 – 진달래꽃으로 장식한 화전 부치기

〈체험 2〉
■ 노랑나비 날려 보내기
 – 이 날 노랑나비를 보면 길하다는 풍습에 따라 시민들에게 행운을 드리고자 살아있는 노랑나비를 날려 보내기

① 백중 ② 칠석 ③ 대보름
④ 삼진날 ⑤ 한가위

---

31. 밑줄 그은 '이 사건'에 대한 설명으로 옳은 것은? [2점]

진중일기는 조선 후기 평안도 가산과 곽산 일대에서 일어난 이 사건의 진압 과정을 일기체로 기록한 것이다. 이 책에는 참여 세력에 대하여 "우군칙은 참모였으며, 이희저는 와주(窩主)요, 김창시는 선봉이었다. 그리고 김사용과 홍총각은 손과 발의 역할을 하였다. 그 졸개로는 의주로부터 개성에 이르는 지역 거의 대부분의 부호·대상(大商)이 망라되어 있었다."라고 기록되어 있다.

① 청의 군대에 의해 진압되었다.
② 선혜청과 일본 공사관을 공격하였다.
③ 몰락 양반 출신인 유계춘이 주도하였다.
④ 남접과 북접이 연합하여 조직적으로 전개하였다.
⑤ 세도 정치기의 수탈과 지역 차별에 반발하여 일어났다.

---

32. (가) 인물이 실시한 정책으로 옳지 않은 것은? [2점]

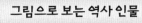

자료는 고종의 즉위로 권력을 장악한 [(가)] 이/가 쓴 편지이다. 그는 이양선(異樣船)의 접근에 대한 대응 방안으로 서리와 장교를 상인으로 위장시켜 서서히 동정을 살피라고 하고 있다. 이 편지를 통해 서양 세력의 침략적 접근에 대처하고자 했던 그의 통상 수교 거부 의지를 단편적으로나마 살펴볼 수 있다. 이러한 통상 수교 거부 의지는 신미양요 식후 그가 세운 척화비를 통해서도 확인할 수 있다.

① 속대전을 편찬하여 통치 체제를 정비하였다.
② 국가 재정 확충을 위해 호포제를 실시하였다.
③ 삼군부를 부활시켜 군국 기무를 전담하게 하였다.
④ 경복궁을 중건하여 왕실의 권위를 세우고자 하였다.
⑤ 사창제를 실시하여 환곡의 폐단을 시정하고자 하였다.

---

33. (가), (나) 인물의 활동으로 옳은 것은? [2점]

그림으로 보는 역사 인물

(가) 박지원의 손자인 나는 임술년에 농민 봉기가 일어났을 때 안핵사로 파견되어 탐관오리의 엄중 처벌과 삼정이정청의 설치를 요청하였소.

(나) 을사늑약이 체결되었다는 소식을 들은 나는 을사오적을 처벌하라는 상소를 올린 후 태인에서 의병을 일으켰으나 체포되어 쓰시마 섬으로 끌려갔소.

① (가) – 대동강으로 침입한 제너럴 셔먼호를 불태웠다.
② (가) – 북학의를 저술하여 청의 문물 수용을 주장하였다.
③ (나) – 대한 광복회를 조직하여 친일 부호를 처단하였다.
④ (나) – 조선책략 유포에 반발하여 영남 만인소를 주도하였다.
⑤ (가), (나) – 통상 개국론을 통해 문호 개방의 필요성을 주장하였다.

34. 다음 조약에 대한 설명으로 옳은 것은? [2점]

> 일본국 정부의 특명전권변리대신 육군중장 겸 참의 개척장관 구로다 기요타카와 특명부전권변리대신 의관 이노우에 가오루가 조선국 강화부에 와서 조선국 정부의 판중추부사 신헌과 부총관 윤자승과 함께 각기 받든 유지에 따라 의결한 조관을 아래에 열거한다.
>
> 제1관 조선국은 자주 국가로서 일본국과 평등한 권리를 보유한다.
>   ⋮
> 제7관 조선국 연해의 섬과 암초는 종전에 자세히 조사한 적이 없어 지극히 위험하므로 일본국 항해자가 수시로 해안을 측량하는 것을 허락하여 위치와 깊이를 재고 지도를 제작하여 ……

① 갑신정변이 원인이 되어 체결되었다.
② 조약 체결에 반대하여 민영환이 자결하였다.
③ 천주교의 포교를 허용하는 조항이 들어 있다.
④ 외국에 대한 최혜국 대우를 처음으로 규정하였다.
⑤ 부산 외 2곳의 항구가 개항되는 결과를 가져왔다.

35. (가), (나) 사절단에 대한 설명으로 옳은 것은? [3점]

> **〈개화 정책의 추진과 사절단 파견〉**
>
> ○ **(가)**
> - 대표: 김기수
> - 파견 시기: 1876. 4. ~ 1876. 6.
> - 활동: 신식 기관과 근대 시설 시찰
>   이토 히로부미 등 주요 인사와 만남
>
> ○ **(나)**
> - 대표: 김윤식
> - 파견 시기: 1881. 9. ~ 1882. 11.
> - 활동: 전기, 화학, 제련 등 선진 과학 기술과 외국어 학습
>   임오군란으로 1년여 만에 조기 귀국

① (가) – 에도 막부의 요청으로 파견되었다.
② (가) – 암행어사의 형태로 비밀리에 파견되었다.
③ (나) – 조·미 수호 통상 조약의 체결로 파견되었다.
④ (나) – 무기 제조 공장인 기기창 설립의 계기가 되었다.
⑤ (가), (나) – 고종이 대한 제국을 선포한 이후 파견되었다.

36. 다음 가상 일기가 쓰인 이후의 사실로 옳지 <u>않은</u> 것은? [1점]

> ○○○○년 ○○월 ○○일
> 드디어 내일 우정총국에서 개국 축하연이 열린다. 이 연회에는 개화 정책의 최고 책임자들과 각국 공사 및 영사, 귀빈들이 참석한다고 한다. 우정총국은 보빙사의 일원으로 미국을 방문한 홍영식이 미국의 우편 제도를 보고 돌아와 임금님께 건의해 만들어진 기구로, 근대적 우편 사무를 담당한다. 앞으로 편지를 쉽게 보내고 받게 된다고 생각하니 벌써부터 마음이 설렌다.

① 독립 협회가 만민 공동회를 개최하였다.
② 서울과 인천을 연결하는 철도가 개통되었다.
③ 함경도 덕원 주민들에 의해 원산 학사가 세워졌다.
④ 황실이 자본을 투자한 한성 전기 회사가 설립되었다.
⑤ 최초의 서양식 극장인 원각사에서 은세계가 공연되었다.

37. 다음 자료에 해당하는 민족 운동에 대한 설명으로 옳은 것은? [2점]

> **경고 아 부인 동포라**
>
> 우리가 함께 여자의 몸으로 규문에 처하와 삼종지의에 간섭할 사무가 없사오나, 나라 위하는 마음과 백성 된 도리에야 어찌 남녀가 다르리오. 들사오니 국채를 갚으려고 이천만 동포들이 석 달간 연초를 아니 먹고 대전을 구취한다 하오니, 족히 사람으로 흥감케 할지요 진정에 아름다움이라 …….

① 근우회의 주도로 전개되었다.
② 평양에서 시작되어 전국으로 확산되었다.
③ 조선 사람 조선 것 등의 구호를 내세웠다.
④ 러시아의 절영도 조차 요구를 저지시켰다.
⑤ 서상돈, 김광제 등의 발의로 본격화되었다.

38. (가) 기구에서 추진한 개혁으로 옳은 것은? [3점]

> 파리의 외무부 장관 각하께
>
> 일본군이 경복궁을 점령한 후, 조선 왕은 일본 공사 오토리의 요청에 따라 (가) 을/를 구성해야 했습니다. …… 이 기구는 의정부 영의정 김홍집이 총재를 겸임합니다. …… 새로운 기반 위에 중앙 정부를 조직한 후, (가) 은/는 활동을 계속했고 행정, 재정, 법률 분야에서 여러 개혁안을 차례로 채택했습니다. 개혁에 관한 목록도 동봉하는 바입니다.
>
> 주 조선 프랑스 공사 올림

① 건양이라는 연호를 제정하였다.
② 신식 군대인 별기군을 창설하였다.
③ 양전 사업을 실시하여 지계를 발급하였다.
④ 지방 행정 구역을 8도에서 23부로 개편하였다.
⑤ 공사 노비법을 혁파하고 과부의 재가를 허용하였다.

39. 다음 수행 평가의 보고서 제목으로 석설한 것을 〈보기〉에서 고른 것은? [2점]

> **수행 평가 안내**
>
> ● 주제: 일제 강점기 식민 사학을 극복하기 위한 노력
> ● 조사 내용: 한국사의 타율성과 정체성, 당파성 등을 강조한 식민 사학을 극복하기 위한 노력을 조사하여 보고서로 제출할 것
> ● 분량: A4 용지 3매
> ● 제출 기한: 2016년 ○○월 ○○일 ○○시까지

〈보 기〉
ㄱ. 이종휘, 동사를 저술하다
ㄴ. 신채호, 조선 상고사를 저술하다
ㄷ. 조선사 편수회, 조선사를 편찬하다
ㄹ. 백남운, 조선사회경제사를 저술하다

① ㄱ, ㄴ　　② ㄱ, ㄷ　　③ ㄴ, ㄷ
④ ㄴ, ㄹ　　⑤ ㄷ, ㄹ

40. 밑줄 그은 '의병'에 대한 설명으로 옳은 것은? [1점]

> 이 유물은 의암 유인석이 입던 평상복으로 등록 문화재 제661호로 지정되었다. 유인석은 위정척사 사상의 거두인 이항로의 문하로, 그가 복수보형*의 기치 아래 일으킨 <u>의병</u>은 제천·충주 등지에서 크게 기세를 떨쳤다.
>
> *복수보형(復讐保形): 국모의 원수를 갚고 전통을 보전함

① 단발령의 시행에 반발하여 봉기하였다.
② 해산 군인의 합류로 군사력이 강화되었다.
③ 봉오동에서 일본군을 상대로 승리를 거두었다.
④ 조선 총독부에 국권 반환 요구서를 발송하였다.
⑤ 국제법상 교전 단체로 승인해 줄 것을 요구하였다.

41. (가)에 들어갈 내용으로 옳은 것은? [2점]

○○○ 연보

1898년	경상남도 밀양 출생
1919년	의열단 조직
1926년	황푸 군관 학교 졸업
1935년	민족 혁명당 결성
1938년	(가)
1942년	한국광복군 제1지대장 취임
⋮	

① 하얼빈 역에서 이토 히로부미 사살
② 민족의식 고취를 위해 명동 학교 설립
③ 홍커우 공원에서 일본군 장성과 고관 처단
④ 조선 혁명군을 이끌고 영릉가 전투에서 승리
⑤ 중국 우한에서 군사 조직인 조선 의용대 창설

42. 다음 대화에 나타난 일제의 정책이 시행된 시기에 볼 수 있는 모습으로 적절한 것은? [1점]

창씨개명을 강요하여 우리의 성명을 바꾸게 하다니. 참 속상하구만.

그뿐 아닐세. 국민 징용령을 시행하여 광산이나 공장으로 끌고가 노예처럼 일을 시킨다는군.

① 태형을 집행하는 헌병 경찰
② 회사령을 공포하는 총독부 관리
③ 암태도 소작 쟁의에 참여하는 농민
④ 황국 신민 서사 암송을 강요받는 학생
⑤ 조선 민립 대학 기성회에 성금을 내는 상인

43. 다음 자료에 나타난 민족 운동에 대한 설명으로 옳은 것은? [3점]

> 어제 오전 8시에 돈화문을 떠나기 시작한 순종 황제의 인산 행렬이 황금정 거리에까지 뻗쳤다. 대여(大轝)가 막 관수교를 지나가시며 그 뒤에 이왕 전하, 이강 공 전하가 타신 마차가 지나는 오전 8시 40분경에 그 행렬 동편에 학생 수십 인이 활판으로 인쇄한 격문 수만 매를 뿌리며 조선 독립 만세를 불렀다. 이러한 소동 중에 바람에 날리는 격문이 이왕 전하 마차 부근에까지 날렸으며, 경계하고 있던 경관과 기마 경관대는 학생들과 충돌하였다. …… 현장에서 학생 30여 명이 체포되었고 …… 시내 장사동 247번지 부근에서도 시내 남대문통 세브란스 의학 전문 학생이 격문을 뿌리다가 현장에서 4명이 체포되었더라.

① 대한민국 임시 정부의 수립에 영향을 주었다.
② 신간회 중앙 본부가 진상 조사단을 파견하였다.
③ 민족주의 진영과 사회주의 진영이 함께 준비하였다.
④ 한국인 학생과 일본인 학생 간의 충돌이 발단이 되었다.
⑤ 일제 통치 방식이 이른바 문화 통치로 바뀌는 계기가 되었다.

44. 밑줄 그은 '이 단체'에 대한 설명으로 옳은 것은? [2점]

> 사진은 이봉창이 이 단체에 입단한 이후에 독립 운동에 헌신하겠다는 결의를 다지며 태극기 앞에서 찍은 것입니다. 그는 일왕의 행렬에 폭탄을 던져 일제 침략자들의 간담을 서늘하게 하였습니다.

① 김구에 의해 상하이에서 조직되었다.
② 조선 혁명 선언을 활동 지침으로 하였다.
③ 김상옥, 김익상 등이 단원으로 활동하였다.
④ 복벽주의를 내세우며 의병 전쟁을 준비하였다.
⑤ 신흥 무관 학교를 설립하여 독립군을 양성하였다.

45. 다음 자료가 발표된 시기를 연표에서 옳게 고른 것은? [2점]

> 1. 조선의 민주 독립을 보장한 삼상 회의 결정에 의하여 남북을 통한 좌우 합작으로 민주주의 임시 정부를 수립할 것
> ⋮
> 4. 친일파 민족반역자를 처리할 조례를 본 합작 위원회에서 입법 기구에 제안하여 입법 기구로 하여금 심리 결정하여 실시케 할 것
> ⋮
> 7. 전국적으로 언론, 집회, 결사, 출판, 교통, 투표 등 자유를 절대 보장하도록 노력할 것

1945.8.	1945.12.	1946.3.	1947.5.	1948.5.	1950.6.
(가)	(나)	(다)	(라)	(마)	
광복	모스크바 3국 외상 회의	제1차 미·소 공동 위원회	제2차 미·소 공동 위원회	5·10 총선거	6·25 전쟁

① (가) ② (나) ③ (다) ④ (라) ⑤ (마)

46. 다음 인물의 활동으로 옳은 것은? [2점]

> 【이달의 독립운동가】
> 민족의 계몽과 독립에 헌신한
> 남강(南岡) ○○○
> ● 생몰 연대: 1864년 ~ 1930년
> ● 주요 활동
> - 신민회 가입
> - 자기(磁器) 회사 설립
> - 태극 서관 경영
> - 105인 사건으로 옥고를 치름
> - 3·1 운동 당시 민족 대표 33인 중 기독교 측 대표로 활동
> ● 서훈 내용
> 1962년 건국 훈장 대한민국장 추서

① 민족 교육을 위해 오산 학교를 설립하였다.
② 대한민국 임시 정부의 대통령으로 활동하였다.
③ 서유견문을 집필하여 서양 근대 문물을 소개하였다.
④ 국문 연구소를 세워 한글의 문자 체계를 정리하였다.
⑤ 헤이그에서 열린 만국 평화 회의에 특사로 파견되었다.

47. 밑줄 그은 '계획'에 대한 설명으로 옳은 것은? [2점]

역 사 신 문

제△△호   ○○○○년 ○○월 ○○일

일제, 쌀 증산을 위한 계획 발표

조선에서 대대적으로 쌀 생산을 늘리겠다는 조선 총독부의 계획이 발표되었다. 조선 총독부는 일본에서 인구가 도시로 집중되면서 쌀 부족 현상이 나타나고, 도시에서 쌀 폭동까지 발생하자 본국의 쌀 생산 부족을 해결하기 위해 조선으로 눈길을 돌린 것이다. 일제는 이를 위해 관개 시설 확보, 종자 개량 및 개간 등의 정책을 추진할 예정이다.

① 농광 회사가 주도하여 추진하였다.
② 추진 과정에서 수리 조합 반대 운동이 일어났다.
③ 태평양 전쟁 이후 군량미 조달을 위해 시작되었다.
④ 하와이 노동 이민이 공식적으로 시작되는 배경이 되었다.
⑤ 함경도와 황해도에서 방곡령이 선포되는 결과를 가져왔다.

49. 다음 명령을 발동한 정부 시기에 있었던 사실로 옳은 것은? [1점]

대통령은 오늘 금융 실명 거래 및 비밀 보장에 관한 대통령 긴급재정경제명령을 발동하였습니다. 또한 특별 담화문을 통해 금융 실명제 실시 없이 이 땅의 부정부패를 원천적으로 봉쇄할 수 없음을 강조하였습니다.

대통령 긴급재정경제명령 발동

① 제1차 경제 개발 5개년 계획이 추진되었다.
② 경제 협력 개발 기구(OECD)에 가입하였다.
③ 미국과 자유 무역 협정(FTA)을 체결하였다.
④ 제2차 석유 파동으로 경제 불황이 심화되었다.
⑤ 원조 물자를 가공하는 삼백 산업이 발달하였다.

48. 다음 성명을 발표한 정부의 통일 정책으로 옳은 것은? [2점]

쌍방은 다음과 같은 조국 통일 원칙들에 합의를 보았다.
첫째, 통일은 외세에 의존하거나 외세의 간섭을 받음이 없이 자주적으로 해결하여야 한다.
둘째, 통일은 서로 상대방을 반대하는 무력행사에 의거하지 않고 평화적 방법으로 실현하여야 한다.
셋째, 사상과 이념·제도의 차이를 초월하여 우선 우리는 하나의 민족으로서 민족적 대단결을 도모하여야 한다.

① 남북 조절 위원회를 구성하였다.
② 금강산 관광 사업을 실시하였다.
③ 개성 공단의 설치에 합의하였다.
④ 최초로 남북 정상 회담을 개최하였다.
⑤ 한반도 비핵화 공동 선언을 채택하였다.

50. 다음 자료를 통해 알 수 있는 민주화 운동에 대한 설명으로 옳은 것은? [3점]

▲ 복원 전

▲ 복원 후

이 운동화는 이한열이 시위할 때 신었던 것으로, 최근 복원되었다. 당시 대학생이었던 이한열은 '호헌 철폐, 독재 타도' 등을 외치며 교문 앞에서 시위를 벌이던 중 전투 경찰이 쏜 최루탄에 맞아 쓰러져 사경을 헤매었다. 이에 분노한 많은 시민들이 거리에 나와 민주화를 요구하는 대규모 시위가 연일 계속되었다.

① 신군부의 비상 계엄 확대가 원인이 되었다.
② 3·15 부정 선거에 항의하는 시위에서 시작되었다.
③ 관련 자료가 유네스코 세계 기록 유산으로 등재되었다.
④ 5년 단임의 대통령 직선제 개헌이 이루어지는 계기가 되었다.
⑤ 국민들의 요구에 굴복하여 대통령이 하야하는 결과를 가져왔다.

01. (가) 시대의 사회 모습으로 옳은 것은? [1점]

충청북도 단양군 수양개 6지구 유적 발굴 조사에서 (가) 시대를 대표하는 주먹도끼, 찍개 등을 비롯한 15,000여 점의 유물이 출토 되었습니다. 특히, 대량 출토된 몸돌과 격지 등을 통해 이곳에서 석기 제작이 이루어졌음이 확인되었습니다.

단양군 수양개 6지구 유적에서 대량의 유물 출토

① 가락바퀴를 이용하여 실을 뽑았다.
② 주로 동굴이나 막집에서 거주하였다.
③ 지배자의 무덤으로 고인돌을 축조하였다.
④ 반달 돌칼을 사용하여 곡물을 수확하였다.
⑤ 빗살무늬 토기를 제작하여 식량을 저장하였다.

02. (가), (나) 나라에 대한 설명으로 옳은 것은? [2점]

초기 국가의 제천 행사에 대해 말해 볼까요?

(가) 은/는 10월에 동맹이라는 제천 행사를 열어 나라의 결속을 다졌어요.

(나) 은/는 해마다 5월과 10월에 제사를 지내고 노래와 춤을 즐겼습니다.

① (가) - 읍군, 삼로라고 불리는 군장이 있었다.
② (가) - 대가들이 사자, 조의, 선인 등을 거느렸다.
③ (나) - 읍락 간의 경계를 중시하는 책화가 있었다.
④ (나) - 제가(諸加)들이 별도로 사출도를 주관하였다.
⑤ (가), (나) - 도둑질한 자에게는 12배를 변상하게 하였다.

03. (가) 국가의 경제 생활에 대한 설명으로 옳은 것은? [2점]

이 유물에 대해 설명해 주세요.

대성동 고분군에서 출토된 (가) 의 판갑옷으로 당시 철기 제작 수준이 매우 높았음을 보여주고 있습니다.

① 수도에 동시전을 설치하였다.
② 집집마다 부경이라는 창고가 있었다.
③ 낙랑, 왜 등과 활발하게 교역하였다.
④ 빈민을 구제하기 위해 진대법을 시행하였다.
⑤ 단궁, 과하마, 반어피 등의 특산물이 있었다.

04. (가), (나) 사이의 시기에 있었던 사실로 옳은 것은? [2점]

(가) 전진 왕 부견이 사신과 승려 순도를 보내 불상과 경전을 보내왔다. 왕이 사신을 보내 사례하고 방물(方物)을 바쳤다. 태학을 세우고 자제를 교육시켰다.

(나) 왕이 군사 3만 명을 거느리고 백제를 침공하여 도읍 한성을 점령하고, 그 왕 부여 경을 죽이고 남녀 8천 명을 포로로 잡아 돌아왔다.

─ 「삼국사기」 ─

① 백제가 신라의 대야성을 함락하였다.
② 고구려가 신라에 침입한 왜를 격퇴하였다.
③ 신라가 병부를 설치하여 군사력을 강화하였다.
④ 고구려가 대방군을 축출하고 영토를 확장하였다.
⑤ 백제가 평양성을 공격하여 고구려 왕이 전사하였다.

05. (가) 왕의 활동으로 옳은 것은? [3점]

이 비석은 (가) 이/가 남한강 중상류 지역인 적성을 차지한 후 지역민의 공훈을 표창하고, 민심을 안정시키기 위해 세운 것입니다.

① 원광에게 걸사표를 짓게 하였다.
② 이사부를 보내 우산국을 복속시켰다.
③ 거칠부에게 국사를 편찬하도록 하였다.
④ 집사부를 설치하고 장관을 중시라고 하였다.
⑤ 국호를 신라로 정하고 왕의 칭호를 사용하였다.

06. 다음 상황 이후에 일어난 사실로 옳은 것은? [2점]

우리 백제군이 신라군과 연합하여 고구려를 공격하였다네.

고구려에 빼앗겼던 한강 유역을 드디어 되찾았다더군.

① 신라가 금관가야를 병합하였다.
② 고구려가 수도를 평양으로 옮겼다.
③ 백제가 관산성 전투에서 패배하였다.
④ 고구려가 영락이라는 연호를 사용하였다.
⑤ 백제가 동진으로부터 불교를 수용하였다.

07. 다음 사건이 일어난 시기를 연표에서 옳게 고른 것은? [2점]

손인사, 유인원과 신라왕 김법민은 육군을 거느려 나아가고, 유인궤와 별수(別帥) 두상과 부여 융은 수군과 군량을 실은 배를 거느리고 웅진강에서 백강으로 가서 육군과 합세하여 주류성으로 갔다. 백강 어귀에서 왜국 군사를 만나 네 번 싸워서 모두 이기고 그들의 배 4백 척을 불사르니 연기와 불꽃이 하늘로 오르고 바닷물은 붉은 빛을 띠었다.

- 「삼국사기」 -

612	645	660	668	675	698
(가)	(나)	(다)	(라)	(마)	
살수 대첩	안시성 전투	황산벌 전투	평양성 함락	매소성 전투	발해 건국

① (가)　② (나)　③ (다)　④ (라)　⑤ (마)

08. (가)에 해당하는 문화유산으로 옳은 것은? [1점]

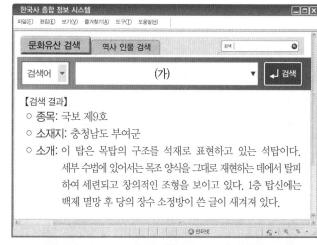

한국사 종합 정보 시스템
파일(F) 편집(E) 보기(V) 즐겨찾기(A) 도구(T) 도움말(H)

문화유산 검색　역사 인물 검색　검색

검색어　(가)　↵ 검색

【검색 결과】
○ 종목: 국보 제9호
○ 소재지: 충청남도 부여군
○ 소개: 이 탑은 목탑의 구조를 석재로 표현하고 있는 석탑이다. 세부 수법에 있어서는 목조 양식을 그대로 재현하는 데에서 탈피하여 세련되고 창의적인 조형을 보이고 있다. 1층 탑신에는 백제 멸망 후 당의 장수 소정방이 쓴 글이 새겨져 있다.

①
②
③
④
⑤

09. (가) 인물에 대한 설명으로 옳은 것은? [3점]

우리나라 화엄종의 개조(開祖), (가)

19세 때 경주 황복사로 출가하였으며, 당에 유학하여 지엄의 문하에서 화엄 사상을 공부하였다. 귀국한 후에는 낙산사와 부석사 등을 창건하였다. 화엄 사상을 바탕으로 조화를 강조하였으며, 지통과 표훈 등 많은 제자를 양성하였다.

① 화왕계를 지어 왕에게 조언하였다.
② 황룡사 구층 목탑의 건립을 왕에게 건의하였다.
③ 승려들의 전기를 기록한 해동고승전을 남겼다.
④ 현세에서 고난을 구제받고자 하는 관음 신앙을 강조하였다.
⑤ 종파 간의 사상적 대립을 해소하기 위해 십문화쟁론을 저술하였다.

10. 교사의 질문에 대한 학생의 답변으로 옳은 것을 〈보기〉에서 고른 것은? [2점]

(가)는 널방을 벽돌로 쌓고 그 위에 봉분을 만들었습니다. (나)는 돌로 널길과 널방 등을 만들고 그 위를 흙으로 덮었습니다. (가), (나) 무덤 양식의 특징에 대해 말해 볼까요?

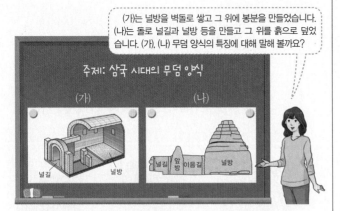

주제: 삼국 시대의 무덤 양식

(가)   (나)

〈보 기〉

ㄱ. (가) - 중국 남조의 영향을 받았습니다.
ㄴ. (가) - 무덤의 둘레돌에 12지 신상을 조각하였습니다.
ㄷ. (나) - 벽과 천장에 벽화를 그리기도 하였습니다.
ㄹ. (나) - 도굴이 어려워 금관, 유리잔 등 많은 껴묻거리가 출토되었습니다.

① ㄱ, ㄴ   ② ㄱ, ㄷ   ③ ㄴ, ㄷ
④ ㄴ, ㄹ   ⑤ ㄷ, ㄹ

11. 밑줄 그은 '왕'의 업적으로 옳은 것은? [2점]

여러 신하들이 왕의 유언에 따라 동해 입구의 큰 바위 위에서 장례를 치렀다. 왕이 변해 용이 되었다고 세상에 전하므로, 그 바위를 가리켜서 대왕석이라고 한다. 유조(遺詔)는 다음과 같다. "과인은 나라의 운이 어지럽고 전란의 시기를 맞이하여, 서쪽을 정벌하고 북쪽을 토벌하여 영토를 안정시켰고 배반하는 자들을 치고 협조하는 자들을 불러 마침내 멀고 가까운 곳을 평안하게 하였다. …… 죽고 나서 10일 뒤에 곧 고문(庫門) 바깥의 뜰에서 서국(西國)의 의식에 따라 화장(火葬)을 하라. 상복의 경중은 정해진 규정이 있으니, 장례를 될 수 있는 대로 검소하고 간략하게 하라."

– 「삼국사기」 –

① 백성에게 정전을 지급하였다.
② 국학을 설립하여 유학을 교육하였다.
③ 대가야를 정복하여 영토를 확장하였다.
④ 독서삼품과를 실시하여 인재를 등용하였다.
⑤ 나 · 당 전쟁에서 승리하여 삼국 통일을 이룩하였다.

12. 다음 상황이 나타난 시기의 사회 모습으로 옳은 것은? [1점]

청해진의 궁복이 자신의 딸을 왕비로 받아들이지 않은 것에 원한을 품고 반란을 일으켰다고 합니다.

반란을 진압할 대책을 마련해 보라.

① 지방의 22담로에 왕족이 파견되었다.
② 왕의 장인인 김흠돌이 반란을 일으켰다.
③ 무열왕의 직계 자손이 왕위를 세습하였다.
④ 계루부 등 5부 출신 귀족이 지배층을 형성하였다.
⑤ 지방에서 호족들이 반독립적인 세력으로 성장하였다.

13. (가) 국가의 문화유산으로 옳은 것은? [2점]

○○신문

〇〇〇〇년 〇〇월 〇〇일

러시아 연해주의 크라스키노 성 유적에 대해 한·러 공동 발굴을 실시한 결과 37, 40, 41구역에서 고구려의 영향을 받은 연화문 와당 등이 출토되었고, 온돌이 확인되었다. 이번 발굴로 (가) 이/가 고구려의 문화를 계승하였음을 다시 한번 알 수 있게 되었다.

연화문 와당

①
②
③
④
⑤

14. 밑줄 그은 '그'의 활동으로 옳은 것은? [2점]

그가 동생과 함께 봉사(封事)를 올리기를 "살펴보건대 적신 이의민은 성품이 사납고 잔인하여 윗사람을 업신여기고 아랫사람을 능멸하여 임금의 자리를 흔들고자 하였습니다. 재앙의 불길이 성하여 백성이 편히 살 수 없었습니다. 신 등이 폐하의 위엄과 정신에 힘입어 일거에 소탕하여 제거하였습니다. 원컨대 폐하께서는 옛 것을 개혁하고 새로운 것을 도모하셔서 태조의 바른 법을 한결 같이 따라 이를 행하여 빛나게 중흥하소서."라고 하였다.

－「고려사」－

① 교정별감이 되어 국정을 장악하였다.
② 왕권을 제약하던 기구인 정방을 폐지하였다.
③ 시무 28조를 올려 지방관 파견을 건의하였다.
④ 삼별초를 이끌고 진도로 이동하여 대몽 항쟁을 펼쳤다.
⑤ 전민변정도감의 책임자로 임명되어 권문세족을 견제하였다.

15. 교사의 질문에 대한 학생의 답변으로 옳은 것은? [3점]

(앞)   (뒤)

이 화폐는 우리나라 최초의 주화입니다. 뒷면에 '東國(동국)'이라는 글자를 새겨 넣은 것이 특징입니다. 이 화폐를 주조한 나라의 경제 상황에 대해 발표해 볼까요?

① 모내기법이 전국적으로 확산되었습니다.
② 감자, 고구마 등의 구황 작물이 재배되었습니다.
③ 3포가 개항되어 일본과의 교역이 이루어졌습니다.
④ 수도에 시전을 감독하는 경시서가 실치되었습니다.
⑤ 우리 풍토에 맞는 농법을 기록한 농사직설이 편찬되었습니다.

16. (가) 지역에서 있었던 사실로 옳은 것은? [2점]

백제 무왕의 꿈이 서려있는 (가)

우리 고장은 삼국 시대에 금마저라 불렸습니다. 백제역사유적지구인 왕궁리 유적과 미륵사지 유적은 유네스코 세계유산에 등재되었습니다. 무왕의 설화가 전해오는 우리 고장으로 오세요.

미륵사지 석탑 사리장엄구

■ 유적 안내 지도

① 조선 형평사 창립 대회가 개최되었다.
② 안승이 왕으로 봉해진 보덕국이 세워졌다.
③ 우리나라 최초의 근대적 조약이 체결되었다.
④ 조선 후기 만상의 근거지로 청과의 무역이 전개되었다.
⑤ 조만식 등을 중심으로 조선 물산 장려회가 발족되었다.

17. 밑줄 그은 '왕'의 재위 시기에 볼 수 있는 모습으로 적절한 것은?
[1점]

> 왕이 한림학사 쌍기를 지공거로 임명하고, 시(詩)·부(賦)·송(頌)과 시무책을 시험하여 진사를 뽑게 하였다. 위봉루에 친히 나가 급제자를 발표하여, 갑과에 최섬 등 2명, 명경 3명, 복업 2명을 합격시켰다.
>
> – 「고려사절요」 –

① 여진 정벌에 나서는 별무반의 군인
② 도병마사에서 회의하는 중추원 관리
③ 국자감에 7재의 개설을 명하는 국왕
④ 전시과에 따라 토지를 지급받는 관리
⑤ 노비안검법에 의해 양인으로 해방되는 노비

18. (가)~(마)에 해당하는 문화유산으로 옳지 <u>않은</u> 것은? [3점]

> ### □□ 박물관 문화 강좌
>
> 우리 박물관에서는 '고려 시대의 문화'라는 주제로 교양 강좌를 마련하였습니다. 관심 있는 분들의 많은 참여를 바랍니다.
>
> ◼ 강좌 내용 ◼
> 1강: 규모가 거대하고 인체 비례가 불균형한 불상 ········· (가)
> 2강: 맑고 투명한 비취색의 자기 ······················· (나)
> 3강: 원의 영향을 받아 제작된 석탑 ················· (다)
> 4강: 배흘림기둥과 주심포 양식의 목조 건축물 ··········· (라)
> 5강: 세계 최고(最古)의 금속 활자본 ············· (마)
> ●기간: ○○월 ○○일 ~ ○○일
> ●시간: 매주 수요일 오후 2시
> ●장소: □□ 박물관 강의실

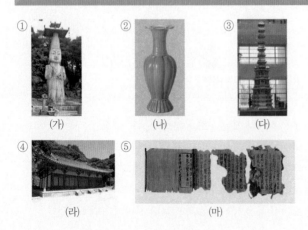

① (가) ② (나) ③ (다)
④ (라) ⑤ (마)

19. 다음 자료에 나타난 시기의 사회 모습으로 옳은 것을 〈보기〉에서 고른 것은?
[2점]

> 제국대장공주의 겁령구*였던 인후가 갑자기 재상이 되어 나라 전체에 권력을 행사하니, 원경이 인후의 권세에 기대고자 하여 아들을 인후의 딸에게 장가보냈다. 이때부터 인후의 일파가 되어 온갖 일들을 꾸며내어 나라에 해악이 되었다. …… 원경이 무략 장군 정동행중서성 도진무로 임명되어 금부(金符)를 찼다.
>
> – 「고려사」 –
>
> *겁령구: 원의 공주가 고려에 들어올 때 따라 온 시종

> ───────〈보 기〉───────
> ㄱ. 결혼도감을 통해 공녀가 징발되었다.
> ㄴ. 유교 사관에 입각한 삼국사기가 편찬되었다.
> ㄷ. 변발과 호복이 지배층을 중심으로 유행하였다.
> ㄹ. 망이·망소이가 가혹한 수탈에 저항하여 봉기하였다.

① ㄱ, ㄴ ② ㄱ, ㄷ ③ ㄴ, ㄷ
④ ㄴ, ㄹ ⑤ ㄷ, ㄹ

20. 다음 사건에 대한 탐구 활동으로 가장 적절한 것은? [2점]

> ## 역 사 신 문
> 제△△호   ○○○○년 ○○월 ○○일
>
> ### 개경의 궁궐이 불타고 왕이 피신하다
>
> 왕의 장인이자 외조부로서 권세가 하늘을 찌르던 ○○○이/가 난을 일으켰다. 그의 위세에 위협을 느끼던 내시 김찬, 상장군 최탁 등이 암살을 시도하였으나, 오히려 그의 일파인 척준경 등이 군사를 일으켜 반격하면서 난이 시작된 것이다. 이들이 궁궐에 불을 지르고 국왕이 변란을 피해 달아나면서 정국은 혼란에 빠졌다.

① 강화도로 천도하게 된 배경을 살펴본다.
② 강감찬이 나성 축조를 건의한 의도를 분석한다.
③ 만적이 개경에서 반란을 모의한 이유를 알아본다.
④ 금의 군신 관계 요구를 수용한 인물에 대해 조사한다.
⑤ 공민왕이 개혁 정책을 추진한 시기의 국제 정세를 파악한다.

21. 밑줄 그은 '그'에 대한 설명으로 옳은 것은? [2점]

> 처음에 그와 남은이 임금을 날마다 뵙고 요동을 공격하기를 권고하고 진도(陣圖)를 익히게 하는 고로 그 급함이 이와 같았다. 이에 앞서 좌정승 조준이 휴가를 청하여 집에 돌아가 있으니, 그와 남은이 조준의 집에 찾아가서 말하기를 "요동을 공격하는 일은 이미 결정되었으니 공은 다시 말하지 마십시오." 라고 하였다.

① 고려에 성리학을 처음 소개하였다.
② 만권당에서 원의 학자들과 교유하였다.
③ 황산 대첩을 승리로 이끌어 백성들의 지지를 얻었다.
④ 경제문감을 저술하여 재상 중심의 정치를 주장하였다.
⑤ 화약과 화포 제작을 위한 화통도감의 설치를 건의하였다.

22. (가)에 대한 설명으로 옳은 것은? [3점]

이곳은 도동 서원으로 김굉필의 위패를 모시고 있습니다. 김굉필은 조의제문이 빌미가 되어 일어난 사건 때 김종직의 제자라는 이유로 유배에 처해졌습니다. 이후 연산군 10년에 일어난 [(가)] (으)로 인해 많은 사람들이 피해를 입었을 때 그도 참형을 당했습니다.

① 폐비 윤씨 사사 사건이 원인이 되었다.
② 윤임 일파가 제거되는 결과를 가져왔다.
③ 이조 전랑을 둘러싼 동인과 서인의 갈등이 배경이 되었다.
④ 대비의 복상 문제가 붕당의 대립으로 확대되어 일어났다.
⑤ 희빈 장씨 소생의 원자 명호(名號) 문제로 인해 발생하였다.

23. (가)에 대한 설명으로 옳은 것은? [2점]

연조귀감

이 책은 1777년(정조 1)에 이진흥이 [(가)] 의 사적(事蹟)을 모아 정리한 것이다. 이 책에는 지방 이서(吏胥)층인 [(가)] 의 기원과 형성 과정, 그리고 행적을 밝히고 처우 개선을 요구하는 상소 등이 수록되었다.

① 신량역천으로 분류되었다.
② 매매, 상속, 증여의 대상이었다.
③ 고려 시대에는 화척이라 불렸다.
④ 수령을 보좌하며 행정 실무를 담당하였다.
⑤ 시전을 운영하며 관청의 수요품을 조달하였다.

24. 다음 인물의 활동으로 옳은 것은? [2점]

【이달의 인물】

칼을 찬 선비 남명(南冥)

조선 중기의 성리학자로 호는 남명이다. 그는 경의(敬義)를 배움의 바탕이라 하면서 '경(敬)'과 '의(義)'를 새긴 칼을 차고 다녔다고 한다. 성리학을 중시하면서도 천문·지리·의학·병학 등의 여러 분야에 능통하였다. 당대의 사람들은 그를 경상우도의 대표적인 학자로 칭송하였다.

① 노론의 영수로 북벌론을 주장하였다.
② 최초의 서원인 백운동 서원을 건립하였다.
③ 양명학을 체계적으로 연구하여 강화 학파를 형성하였다.
④ 성학집요를 저술하여 군주가 수양해야 할 덕목을 제시하였다.
⑤ 학문의 실천성을 강조하여 정인홍, 곽재우 등의 제자를 배출하였다.

25. (가)에 대한 설명으로 옳은 것은? [2점]

옛 집현전의 기능을 복구하여 대신할 수 있는 독립된 관청을 허락하여 주시옵소서.

경들의 논의를 들어보니 예문관에서 옛 집현전의 직제를 분리하여 (가) (으)로 이관하는 것이 좋겠다.

① 학술 기관으로 경연을 관장하였다.
② 수도의 행정과 치안을 맡아보았다.
③ 재상들이 합의하여 국정을 총괄하였다.
④ 왕명의 출납을 맡은 왕의 비서 기관이었다.
⑤ 대사간을 수장으로 하여 간쟁을 담당하였다.

26. 다음 글이 쓰인 이후의 사실로 옳은 것은? [2점]

일본국 우선봉장 사야가 삼가 조선국 절도사께 글을 올립니다.
본의 아니게 가토 기요마사의 우선봉장이 되어 3천 명의 병사를 이끌고 바다를 건너 조선으로 왔습니다. …… 인의의 나라를 도저히 공격할 수 없어 저는 전의를 잃고 말았습니다. …… 다만 저의 소원은 이 나라 예의문물의 아름다움과 의관풍속의 성함을 우러러보며 예의의 나라에서 성인의 백성이 되고자 합니다.

– 사야가, 강화서 –

① 이종무가 대마도를 정벌하였다.
② 국경 지역에 4군 6진이 개척되었다.
③ 사절 왕래를 위하여 북평관이 개설되었다.
④ 일본에 제한된 무역을 허용한 기유약조가 체결되었다.
⑤ 외적의 침입에 대비하기 위한 임시 기구로 비변사가 설치되었다.

27. 다음 정책을 실시한 왕의 업적으로 옳은 것은? [3점]

도성 안의 도랑이 막혀 물길이 넘쳐서 많은 여염집이 물에 잠겨 백성이 편히 살지 못하므로, 준천사(濬川司)를 설치하여 돌을 캐어다 높이 쌓고 도랑을 쳐서 잘 흘러가게 하였다. 이로 인해 마을 집들이 잠기지 않아서 모두 편히 지냈다. 신문고를 다시 설치하여 하정(下情)을 통하게 하였다.

① 대동법을 전국으로 확대 실시하였다.
② 왕의 친위 부대인 장용영을 설치하였다.
③ 명과 후금 사이에서 중립 외교를 추진하였다.
④ 백성들의 군역 부담을 줄여주고자 균역법을 시행하였다.
⑤ 청의 요청으로 나선 정벌을 위해 조총 부대를 파견하였다.

28. 다음 설명에 해당하는 문화유산으로 옳은 것은? [2점]

문화유산 카드
● 종목: 국보 제67호
● 소재지: 전라남도 구례군
● 소개: 정면 7칸, 측면 5칸의 다포계 중층 팔작지붕 건물이다. 현존하는 중층의 불전 중에서 가장 큰 규모로 내부 공간은 층의 구분 없이 통층(通層)으로 구성되어 웅장한 느낌을 준다. 임진왜란 때 소실되었으나 1702년(숙종 28)에 중건되어 현재에 이르고 있다.

①
법주사 팔상전

②
금산사 미륵전

③
화엄사 각황전

④
무량사 극락전

⑤
마곡사 대웅보전

29. 다음 자료에 나타난 사건에 대한 탐구 활동으로 가장 적절한 것은? [1점]

> 서양 오랑캐가 강화에 쳐들어왔는데 적의 형세가 더욱 커졌다. 순무사 이경하가 중군 이용희와 천총 양헌수를 선발하여 통진에 진을 치고 주둔하게 하였다. …… 10월 초하룻날 밤에 손돌목을 건너 정족산성으로 들어가 웅거하였다. 초삼일에 적이 성 아래에 가까이 쳐들어오니 양헌수는 힘을 내어 싸움을 독촉하여 한꺼번에 총포를 쏘아댔다. 적의 우두머리가 먼저 죽고 다른 오랑캐들도 쓰러져 죽자, 시체들을 수레에 싣고 달아났다.

① 운요호 사건의 결과를 알아본다.
② 오페르트 도굴 사건의 영향을 파악한다.
③ 외규장각 도서의 약탈 과정을 조사한다.
④ 조·미 수호 통상 조약의 내용을 검색한다.
⑤ 광성보 전투에서 어재연 장군의 활약을 살펴본다.

30. 다음 전시회에 전시될 그림으로 적절한 것은? [1점]

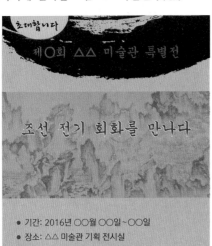

초대합니다
제○회 △△ 미술관 특별전
조선 전기 회화를 만나다

- 기간: 2016년 ○○월 ○○일~○○일
- 장소: △△ 미술관 기획 전시실

①  ②  ③

④  ⑤

31. 다음 다큐멘터리에서 볼 수 있는 장면으로 적절하지 <u>않은</u> 것은? [2점]

> ★ 다큐멘터리 기획안 ★
>
> **19세기의 정치 혼란과 사회 불안**
>
> 1. 기획 의도: 안동 김씨와 풍양 조씨 등 일부 외척 가문이 집권한 시기의 사회 모습을 통해 지배층의 부정부패가 끼치는 영향을 살펴본다.
> 2. 장면
> #1. 관직을 파는 대가로 뇌물을 받는 고관
> ……

① 농민 봉기의 진상을 조사하는 안핵사
② 환곡의 부담으로 마을을 떠나는 농민
③ 왕조 교체를 예언한 정감록을 읽는 양반
④ 임꺽정이 이끄는 도적떼에 가담하는 백성
⑤ 삼정이정청에서 개혁 방안을 논의하는 관료

32. 다음 글을 쓴 인물에 대한 설명으로 옳은 것은? [2점]

> 이미 문벌에 따라 사람을 기용하니, 사람이면 모두 오장(五臟)과 칠규(七竅)가 있는데 어느 어리석은 사람이 양반이나 중인이 되려고 하지 않고, 군보(軍保)의 천역(賤役)을 즐겨 지려 하겠는가? 실 한 가닥이나 쌀 한 톨을 납부하더라도 역명을 붙이니 사람들이 반드시 부끄럽게 여긴다.
> — 「우서(迂書)」 —

① 사농공상의 직업적 평등을 주장하였다.
② 기기도설을 참고하여 거중기를 설계하였다.
③ 사람의 체질을 연구하여 사상 의학을 확립하였다.
④ 북학의를 저술하여 수레와 배의 이용을 권장하였다.
⑤ 천체의 운행과 위치를 측정하는 혼천의를 제작하였다.

33. (가)에 들어갈 사건의 결과로 옳은 것은? [3점]

한국사 스피드 퀴즈

(가)

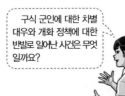

구식 군인에 대한 차별 대우와 개화 정책에 대한 반발로 일어난 사건은 무엇일까요?

① 청에 영선사가 파견되었다.
② 5군영이 2영으로 개편되었다.
③ 스티븐스가 외교 고문으로 임명되었다.
④ 개화 정책을 총괄하는 통리기무아문이 설치되었다.
⑤ 일본 공사관 경비병의 주둔을 인정한 제물포 조약이 체결되었다.

34. (가)~(다) 주장에 대한 설명으로 옳지 않은 것은? [3점]

> (가) 지금 국론이 두 가지 주장으로 맞서 있습니다. 서양의 적을
> 공격하는 것이 옳다고 말하는 것은 우리나라 쪽 사람의 주장
> 이고, 서양의 적과 화친하는 것이 옳다고 말하는 것은 적국 쪽
> 사람의 주장입니다. 전자를 따르면 나라 안의 전통이 보전되고,
> 후자를 따르면 인류가 금수의 지경에 빠질 것입니다.
>
> (나) 저들이 비록 왜인이라고 하지만 본질적으로 서양 오랑캐와 다를
> 것이 없습니다. 강화가 이루어지면 사악한 서적과 천주교가 다시
> 들어와 사악한 기운이 온 나라를 덮게 될 것입니다.
>
> (다) 미국으로 말하면 우리가 원래 잘 모르던 나라입니다. …… 만일
> 그들이 우리나라의 허점을 알고서 우리가 힘이 약한 것을 업신
> 여겨 따르기 어려운 요구를 강요하고 비용을 떠맡긴다면 장차
> 어떻게 응대하겠습니까?

① (가) – 이항로와 기정진 등이 대표적인 인물이다.
② (가) – 흥선 대원군의 통상 수교 거부 정책을 뒷받침하였다.
③ (나) – 강화도 조약의 체결에 반대하였다.
④ (나) – 단발령과 을미사변을 계기로 제기되었다.
⑤ (다) – 조선책략의 유포로 인해 일어났다.

35. 다음 글이 쓰인 배경으로 옳은 것은? [2점]

> 대저 우리나라가 아시아의 중립국이 된다면 러시아를
> 방어하는 큰 기틀이 될 것이고, 또한 아시아의 여러
> 대국들이 서로 보전하는 전략도 될 것이다. …… 이는
> 비단 우리나라만을 위한 것이 아니라 중국의 이익도
> 될 것이고 여러 나라가 서로 보전하는 대책도
> 될 것이니 무엇이 두려워서 하지 않겠는가.
> – 중립론 –

① 제1차 영·일 동맹이 체결되었다.
② 러시아가 삼국 간섭을 주도하였다.
③ 청·일 전쟁에서 일본이 승리하였다.
④ 영국군이 거문도를 불법으로 점령하였다.
⑤ 고종이 러시아 공사관으로 거처를 옮겼다.

36. 밑줄 그은 '개혁안'의 내용으로 옳은 것은? [1점]

> 전봉준이 이끄는 농민군이 전주성을 점령한 이후 전개한 활동에 대해 말씀해 주세요.

> 농민군은 정부에 사회 문제 해결을 위한 개혁안을 거듭 제시하였습니다.

① 탐관오리를 징계하여 쫓아낼 것
② 국가의 모든 재정을 호조에서 관할할 것
③ 의정부와 각 아문의 직무 권한을 명확히 할 것
④ 죄인 외의 친족에게 연좌율을 일체 적용하지 말 것
⑤ 외국에 의존하지 말고 관민이 협력하여 전제 황권을 공고히 할 것

37. (가) 단체에 대한 설명으로 옳은 것을 〈보기〉에서 고른 것은? [2점]

> 공공의 의견으로 [(가)]을/를 발기하여 영은문 유지에
> 독립문을 새로이 세우고 모화관을 새로 고쳐 독립관이라 하여
> 옛날의 치욕을 씻고 후인의 표준을 만들고자 함이요. 그 부근의
> 땅에 독립 공원을 이루어 그 문과 관을 보관하고자 하니 성대한
> 일이라 아니할 수 없는지라. 돌아보건대, 그 공역이 커서 큰 비용이
> 될 것이니 합치지 않으면 성취하기를 기약치 못할 것이요. 이에
> 알리니 밝게 헤아려 보조금을 뜻에 따라 내어 보내고, 본회 회원에 참가할
> 뜻이 있으면 그를 나타내 주기를 바라오.

〈보 기〉
ㄱ. 국채 보상 운동을 주도하였다.
ㄴ. 의회 설립 운동을 추진하였다.
ㄷ. 공화 정체의 근대 국가 수립을 목표로 하였다.
ㄹ. 민중 계몽을 위해 토론회와 강연회를 개최하였다.

① ㄱ, ㄴ
② ㄱ, ㄷ
③ ㄴ, ㄷ
④ ㄴ, ㄹ
⑤ ㄷ, ㄹ

38. 다음 활동을 전개한 단체에 대한 설명으로 옳은 것은? [2점]

> 남만주로 집단 이주하려고 기도하고, 조선 본토에서 상당한 재력이 있는 사람들을 그곳에 이주시켜 토지를 사들이고 촌락을 세워 새 영토로 삼고, 다수의 청년 동지들을 모집하고 파견하여 한인 단체를 일으키고, 학교를 세워 민족 교육을 실시하고 나아가 무관 학교를 설립하여 문무를 겸하는 교육을 실시하면서, 기회를 엿보아 독립 전쟁을 일으켜 구한국의 국권을 회복하고자 하였다.

① 민립 대학 설립 운동을 전개하였다.
② 일본의 황무지 개간권 요구를 철회시켰다.
③ 농촌 계몽을 위해 브나로드 운동을 전개하였다.
④ 고종의 강제 퇴위에 반대하는 시위를 주도하였다.
⑤ 계몽 서적을 출판하기 위해 태극 서관을 설립하였다.

39. 다음 퀴즈의 정답으로 옳은 것은? [1점]

1단계: 2010년 유네스코 인류무형 문화유산에 등재
2단계: '시치미를 뗀다.'는 말의 유래
3단계: 「오주연문장전산고」의 기록 "고려에서는 응방(鷹坊)을 두어 원에 세공(歲貢)하였다."

제시된 단계별 힌트를 종합하여 알 수 있는 민속놀이는 무엇일까요?

① 매사냥   ② 윷놀이   ③ 강강술래
④ 줄다리기   ⑤ 남사당놀이

40. 일제가 다음 대책을 마련한 배경으로 옳은 것은? [1점]

> 생각건대, 장래의 운동은 작년 봄 행해진 만세 소요 같은 어린애 장난 같은 것은 아닐 것이고, 근저(根底) 있고 실력 있는 조직적 운동일 것이라는 점을 오늘날 미리 깨닫지 않으면 안 된다. …… 우리들은 어떠한 방책으로 이 경향을 이용하여, 오히려 일선 병합(日鮮倂合)의 대정신, 대이상인 일선 동화(日鮮同化)로 돌아오게 할 수 있을까? 그렇지만 이 방책은 다른 것이 아니다. 위력을 동반한 문화 운동 이것뿐이다.
>
> — 사이토 마코토 —

① 광주 학생 항일 운동이 일어났다.
② 3·1 운동이 전국적으로 전개되었다.
③ 순종의 인산일을 기회로 만세 운동이 전개되었다.
④ 민족 유일당 운동의 일환으로 신간회가 결성되었다.
⑤ 정인보, 안재홍 등을 중심으로 조선학 운동이 전개되었다.

41. 다음 사건이 일어난 시기를 연표에서 옳게 고른 것은? [2점]

> 군사장(허위)은 미리 군비를 신속히 정돈하여 철통과 같이 함에 한 방울의 물도 샐 틈이 없는지라. 이에 전군에 명령을 전하여 일제히 진군을 재촉하여 동대문 밖으로 진군하였다. 대군은 긴 뱀의 형세로 천천히 전진하게 하고, 3백 명을 인솔하고 선두에 서서 동대문 밖 삼십 리 되는 곳에 나아가 전군이 모이기를 기다려 일거에 서울을 공격하여 들어가기로 계획하였다. 전군이 모여드는 시기가 어긋나고 일본군이 갑자기 진격하는지라. 여러 시간을 격렬히 사격하다가 후원군이 이르지 않으므로 그대로 퇴진하였더라.

1894	1899	1904	1905	1907	1910
(가)	(나)	(다)	(라)	(마)	
갑오 개혁	대한국 국제 반포	한·일 의정서	을사 늑약	정미 7조약	국권 피탈

① (가)   ② (나)   ③ (다)   ④ (라)   ⑤ (마)

42. 교사의 질문에 대한 답변으로 옳은 것은? [3점]

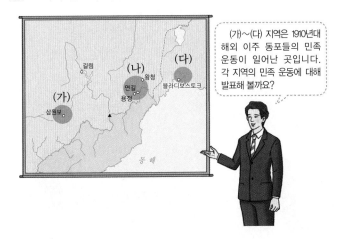

(가)~(다) 지역은 1910년대 해외 이주 동포들의 민족 운동이 일어난 곳입니다. 각 지역의 민족 운동에 대해 발표해 볼까요?

① (가) – 해조신문, 권업신문 등을 발간하였습니다.
② (가) – 독립군 양성을 위해 신흥 강습소를 세웠습니다.
③ (나) – 한인 자치 기구인 경학사를 결성하였습니다.
④ (나) – 대한인 국민회를 중심으로 외교 활동을 전개하였습니다.
⑤ (다) – 민족 교육을 위해 서전서숙, 명동 학교 등을 건립하였습니다.

43. 밑줄 그은 '독립군'에 대한 설명으로 옳은 것은? [2점]

> 오후 1시경 일본군의 전초 부대가 지나간 뒤 본대가 화물 자동차를 앞세우고 대전자령의 계곡으로 들어오기 시작했다. …… 독립군은 사격과 함께 바위를 굴려 일본군을 살상하고 자동차와 우마차를 파괴하거나 운행 불능의 상태에 빠뜨리며 적을 완전히 포위하여 고립시켰다. …… 독립군과 중국 호로군 부대는 절대적으로 유리한 지형에서 조직적으로 맹공을 퍼부었기 때문에, 매복에 걸려든 일본군은 중무기와 차량 등을 버리고 도주하고자 하였으나 결국 거의 궤멸되고 말았다.

① 지청천이 총사령관으로 부대를 지휘하였다.
② 자유시 참변으로 인하여 세력이 약화되었다.
③ 청산리 전투에서 일본군에게 대승을 거두었다.
④ 중국 관내에서 결성된 최초의 한인 무장 부대였다.
⑤ 미군의 지원을 받아 국내 진공 작전을 계획하였다.

44. 밑줄 그은 '시기'의 문화에 대한 설명으로 옳은 것은? [2점]

> ……
> 인생은 살기 어렵다는데
> 시가 이렇게 쉽게 씌어지는 것은
> 부끄러운 일이다.
>
> 육첩방은 남의 나라
> 창밖에 밤비가 속살거리는데
>
> 등불을 밝혀 어둠을 조금 내몰고
> 시대처럼 올 아침을 기다리는 최후의 나
>
> 나는 나에게 작은 손을 내밀어
> 눈물과 위안으로 잡은 최초의 악수
>
> - 윤동주 -

이 시는 일제가 중·일 전쟁을 일으킨 후 친일 단체를 만들어 침략 전쟁을 찬양하도록 강요하던 시기에 쓰여졌어.

친일 행위에 앞장서는 예술가도 많았는데, 일제에 저항하는 시를 쓰다니 훌륭한 시인이구나.

① 토월회가 발족되면서 신극 운동이 일어났다.
② 이육사가 잡지 문장을 통해 절정을 발표하였다.
③ 계몽적 성격의 창가인 경부철도가가 만들어졌다.
④ 나운규가 제작한 영화 아리랑이 처음 개봉되었다.
⑤ 문학의 사회적 실천을 강조한 신경향파가 등장하였다.

45. (가), (나) 사이의 시기에 있었던 사실로 옳은 것은? [2점]

> (가) 제1차 세계 대전기 일본의 급속한 공업화로 인하여 쌀값이 폭등하고 식량 사정이 악화되었다. 그로 인해 일본 각지에서 쌀 폭동이 일어났고, 그 대책으로 일제는 자국의 부족한 쌀을 한국에서 충당하기 위하여 산미 증식 계획을 추진하기 시작하였다.
>
> (나) 조선 노농 총동맹을 노동과 농민으로 분리하자는 의견이 있어 각지 세포 단체에 그 찬성 여부를 묻는 투표를 실시하였다. 투표 결과 분리에 찬성하는 의견이 대다수이므로 조선 노동 총동맹과 조선 농민 총동맹이 각각 조직되었다.

① 조선 농지령이 공포되었다.
② 국가 총동원법이 제정되었다.
③ 암태도 소작 쟁의가 일어났다.
④ 함경도에서 방곡령이 선포되었다.
⑤ 동양 척식 주식회사가 설립되었다.

46. (가) 단체에 대한 설명으로 옳은 것은? [1점]

> S# 31. 1923년 5월, 경성 지방 법원 형사부 제7호 법정
> (판사 앞에 여섯 명의 피고가 일본 경찰의 감시하에 서 있다. 피고의 양쪽으로 변호사와 검사가 앉아 있다.)
> 판 사: ㅤ(가)ㅤ의 단장인 김원봉이 보낸 폭탄을 받아서 던질 사람에게 전달하라는 부탁을 받은 적이 있는가?
> 피고1: 작년 9월 중순에 김원봉으로부터 사람이 와서 승낙한 적이 있다.
> 판 사: 지난 2월 3일에 김상옥의 지시로 남대문에서 폭탄과 권총, 불온 문서가 들어있는 트렁크를 찾아 왔는가?
> 피고2: 그렇소.
> 판 사: 종로 경찰서에 폭탄이 터졌을 때 김상옥이 찾아 왔는가?
> 피고3: 그렇소. 내가 볼 일이 있어 남대문에 갔다가 여덟 시 쯤 집에 오니 그가 와 있었소.

① 조선 혁명 선언을 활동 지침으로 하였다.
② 비밀 행정 조직으로 연통제를 실시하였다.
③ 고종의 밀지를 받아 결성된 비밀 단체이다.
④ 일제가 꾸며낸 105인 사건으로 해체되었다.
⑤ 단원인 이봉창이 일왕의 행렬에 폭탄을 던졌다.

47. 다음 문서를 접수한 정부 시기의 경제 상황으로 옳은 것은? [2점]

대한민국 외무부 장관 귀하

    귀하는 한국 정부가 월남 정부로부터 월남에 대한 한국 전투 부대 증파에 관한 요청을 접수하였다고 본인에게 통고하였습니다. 귀하는 또한 한국 정부가 헌법 절차에 따라 국회의 승인을 얻는 대로 1개 연대 전투 부대를 4월에, 1개 사단 병력을 7월에 각각 도착하게 하는 방식으로, 월남 정부에서 요청받은 원조를 월남 정부에 제공하기로 결정하였다고 진술하였습니다.
    ……

군사 협조
(1) 한국에 있는 한국군의 현대화 계획을 위하여 앞으로 수년에 걸쳐 상당량의 장비를 제공한다.
(2) 월남에 파견되는 추가 병력에 필요한 장비를 제공하는 한편, 파월 추가 병력에 따르는 모든 추가적 원화 경비를 부담한다.
    ……

① 제1차 경제 개발 5개년 계획이 추진되었다.
② 경제 협력 개발 기구(OECD)에 가입하였다.
③ 칠레와 자유 무역 협정(FTA)이 체결되었다.
④ 유상 매수, 유상 분배를 규정한 농지 개혁법이 제정되었다.
⑤ 금융 거래의 투명성을 확보하고자 금융 실명제가 실시되었다.

48. (가)~(라)를 일어난 순서대로 옳게 나열한 것은? [3점]

6 · 25 전쟁의 기록

(가)	(나)
스트러블 해군 제독의 지휘 아래 8개국 261척의 함정 등 대규모 선단이 집결하였다. 새벽 5시부터 상륙 부대가 배 20척에 나누어 타고 인천 상륙을 감행하였다.	북한군의 진격로를 차단하기 위해 한강 인도교와 한강 철교가 폭파되었다. 이로 인해 당시 한강 이북에 있던 각 부대의 퇴로와 서울 시민들의 피난길이 막혔다.

(다)	(라)
중국군의 이른바 신정 공세로 인해 국군과 유엔군은 서울을 빼앗기고 평택-삼척선으로 후퇴하여 그곳에 새로운 방어선을 구축하였다.	유엔군 사령관 리지웨이는 소련의 제의를 받아들여 북한과 중국에 휴전 회담을 제안하였다. 이것이 수용되어 개성에서 제차 휴전 회담이 열렸다.

① (가) - (나) - (다) - (라)
② (가) - (나) - (라) - (다)
③ (나) - (가) - (다) - (라)
④ (나) - (가) - (라) - (다)
⑤ (다) - (가) - (나) - (라)

49. (가) 민주화 운동에 대한 설명으로 옳은 것을 <보기>에서 고른 것은? [2점]

<보 기>
ㄱ. 4 · 13 호헌 조치의 철폐를 요구하였다.
ㄴ. 신군부 세력의 집권이 배경이 되었다.
ㄷ. 3 · 15 부정 선거에 항의하는 시위에서 시작되었다.
ㄹ. 대통령 중심제에서 의원 내각제로 변화되는 계기가 되었다.

① ㄱ, ㄴ   ② ㄱ, ㄷ   ③ ㄴ, ㄷ
④ ㄴ, ㄹ   ⑤ ㄷ, ㄹ

50. 밑줄 그은 '정부'의 통일 노력으로 옳은 것은? [2점]

정부에서는 외환 위기의 극복 과정에서 발생한 빈부 격차를 완화하기 위해 국민 기초 생활 보장 제도를 시행합니다. 이로 인해 소득이 최저 생계비에 미치지 못하는 국민에게 기본적인 생활을 보장하고 자활을 지원하는 제도적 틀이 마련되었습니다.

국민 기초 생활 보장 제도 시행

① 남북한 유엔 동시 가입을 성사시켰다.
② 통일의 3대 원칙을 명시한 7 · 4 남북 공동 성명을 발표하였다.
③ 최초의 이산가족 고향 방문과 예술 공연단 교환을 실현하였다.
④ 남북 정상 회담을 개최하고 6 · 15 남북 공동 선언을 채택하였다.
⑤ 남북한 정부 간 최초의 공식 합의서인 남북 기본 합의서를 교환하였다.

01. (가) 시대에 처음 등장한 모습으로 옳은 것은? [1점]

파일(F) 편집(E) 보기(V) 즐겨찾기(A) 도구(T) 도움말(H)

○○박물관 　　　　　　　　　　　　　　　검색

전/시/안/내

- 전시개요
- 상설전시실
- 기획전시실
- 야외전시실

■ 상설전시실

시대 개관

　(가)　 시대에는 농업 생산력이 향상되고 사유 재산 제도와 계급이 발생하였습니다. 이 시대의 대표적인 유적지로 부여 송국리, 여주 흔암리 등이 있습니다.

주요 전시물

○ 인터넷

① 가락바퀴를 이용하여 실을 뽑았다.
② 슴베찌르개를 이용하여 사냥을 하였다.
③ 거푸집을 사용하여 도구를 제작하였다.
④ 주로 동굴이나 강가의 막집에서 살았다.
⑤ 빗살무늬 토기를 이용하여 식량을 저장하였다.

02. (가), (나) 나라에 대한 설명으로 옳은 것은? [2점]

(가) 여자의 나이가 10살이 되기 전에 혼인을 약속하고, 신랑 집에서 맞이하여 장성할 때까지 기른다. (여자가) 성인이 되면 다시 여자 집으로 돌아가게 한다. 여자 집에서는 돈을 요구하는데, (신랑 집에서) 돈을 지불한 후에 다시 신랑 집으로 데리고 와서 아내로 삼는다. － 「삼국지」동이전 －

(나) 산천을 중요시하여 산과 내마다 각기 구분이 있어 함부로 들어가지 않는다. …… 읍락을 침범하면 벌로 노비나 소·말을 부과하였다. － 「삼국지」동이전 －

① (가) - 10월에 동맹이라는 제천 행사를 열었다.
② (가) - 여러 가(加)들이 별도로 사출도를 다스렸다.
③ (나) - 특산물로 단궁, 과하마, 반어피가 유명하였다.
④ (나) - 제사장인 천군과 신성 지역인 소도가 존재하였다.
⑤ (가), (나) - 철이 많이 생산되어 낙랑, 왜 등에 수출하였다.

03. (가) 시기에 있었던 사실로 옳은 것을 <보기>에서 고른 것은? [2점]

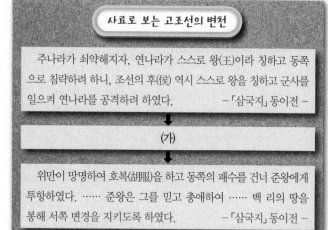

사료로 보는 고조선의 변천

주나라가 쇠약해지자, 연나라가 스스로 왕(王)이라 칭하고 동쪽으로 침략하려 하니, 조선의 후(侯) 역시 스스로 왕을 칭하고 군사를 일으켜 연나라를 공격하려 하였다. － 「삼국지」동이전 －

↓

(가)

↓

위만이 망명하여 호복(胡服)을 하고 동쪽의 패수를 건너 준왕에게 투항하였다. …… 준왕은 그를 믿고 총애하여 …… 백 리의 땅을 봉해 서쪽 변경을 지키도록 하였다. － 「삼국지」동이전 －

─〈보 기〉─

ㄱ. 연나라 장수 진개가 침략하였다.
ㄴ. 한나라 무제가 군대를 보내 왕검성을 공격하였다.
ㄷ. 부왕(否王) 등 강력한 왕이 등장하여 왕위를 세습하였다.
ㄹ. 조선상 역계경이 무리를 이끌고 진국(辰國)으로 남하하였다.

① ㄱ, ㄴ　　② ㄱ, ㄷ　　③ ㄴ, ㄷ
④ ㄴ, ㄹ　　⑤ ㄷ, ㄹ

04. 교사의 질문에 대한 학생의 답변으로 옳은 것은? [2점]

금동관　　판갑옷과 투구

이 유물은 고령 지산동 32호분에서 출토된 것입니다. 이러한 유물을 만든 나라에 대해서 발표해 보세요.

① 후기 가야 연맹을 주도하였습니다.
② 귀족 합의제인 화백 제도를 운영하였습니다.
③ 지방을 통제하기 위해 22담로를 설치하였습니다.
④ 대가(大加)들이 사자, 조의, 선인을 거느렸습니다.
⑤ 위화부 등 13부를 두고 행정 업무를 분담하였습니다.

05. (가) 국가에 대한 설명으로 옳은 것은? [2점]

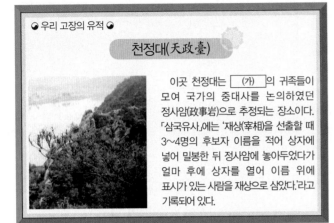

◉ 우리 고장의 유적 ◉

천정대(天政臺)

이곳 천정대는 □(가)□ 의 귀족들이 모여 국가의 중대사를 논의하였던 정사암(政事岩)으로 추정되는 장소이다. 「삼국유사」에는 '재상(宰相)을 선출할 때 3~4명의 후보자 이름을 적어 상자에 넣어 밀봉한 뒤 정사암에 놓아두었다가 얼마 후에 상자를 열어 이름 위에 표시가 있는 사람을 재상으로 삼았다.'라고 기록되어 있다.

① 골품에 따라 관직 승진에 제한이 있었다.
② 진대법을 실시하여 빈민에게 곡식을 빌려주었다.
③ 세속 5계를 규범으로 삼는 화랑도를 운영하였다.
④ 왕족인 부여씨와 8성의 귀족이 지배층을 이루었다.
⑤ 경당을 설치하여 청소년에게 글과 활쏘기를 가르쳤다.

06. 다음 상황이 나타난 시기를 연표에서 옳게 고른 것은? [3점]

(영류왕) 14년 당(唐)이 광주사마 장손사를 보내 수(隋) 병사의 유해가 묻힌 곳에 와서 제사 지내게 하고, (고구려가) 세운 경관(京觀)*을 허물어 버렸다. 봄 2월에 왕이 많은 사람들을 동원하여 동북의 부여성에서부터 동남의 바다에 이르기까지 천여 리에 걸쳐 장성(長城)을 축조하기 시작하였다.

－「삼국사기」－

*경관(京觀): 적의 유해를 묻은 곳에 세운 승전기념물

554		612		645		660		663		675
	(가)		(나)		(다)		(라)		(마)	
관산성 전투		살수 대첩		안시성 전투		황산벌 전투		백강 전투		매소성 전투

① (가)　② (나)　③ (다)　④ (라)　⑤ (마)

07. 밑줄 그은 '왕'의 재위 시기에 있었던 사실로 옳은 것은? [2점]

왕은 동생 대문예를 보내 흑수말갈 정벌을 추진하였어.

그리고 왕은 장문휴를 보내 당의 등주를 공격하여 당군을 격파하였지.

① 한성을 공격하여 개로왕을 전사시켰다.
② 사비로 천도하고 국호를 남부여로 바꾸었다.
③ 상대등과 병부를 설치하고 관등을 정비하였다.
④ 인안(仁安)이라는 독자적인 연호를 사용하였다.
⑤ 고구려 유민을 이끌고 지린 성 동모산에서 건국하였다.

08. 밑줄 그은 '이 종파'에 대한 설명으로 옳은 것은? [2점]

이것은 9산 선문의 하나인 희양산문을 개창한 지증 대사의 탑비와 승탑입니다. 비문에는 '도의가 당에서 돌아와 처음으로 선(禪)을 말하였고, 뒤를 이어 도윤, 범일, 무염 등이 당에서 선(禪)을 배우고 돌아왔다.'는 기록이 있어 신라 하대 이 종파의 수용 과정을 알 수 있습니다.

① 사직단에서 풍요를 기원하는 제사를 지냈다.
② 천명 사상을 통해 왕조 교체를 정당화하였다.
③ 시경, 서경, 역경 등을 주요 경전으로 삼았다.
④ 신선 사상과 결합하여 불로장생을 추구하였다.
⑤ 참선과 수행을 통해 깨달음을 얻고자 하였다.

09. (가), (나) 국가에 대한 설명으로 옳지 <u>않은</u> 것은? [2점]

① (가) – 담비 가죽과 인삼, 자기 등을 수출하였다.
② (가) – 벽란도를 통해 아라비아 상인과 무역하였다.
③ (나) – 청해진을 설치하여 해상 무역을 전개하였다.
④ (나) – 당에 신라방을 형성하여 활발히 교역하였다.
⑤ (가), (나) – 양국 사이에 교통로를 두어 왕래하기도 하였다.

10. 다음에서 설명하는 문화유산으로 옳은 것은? [1점]

> **문화유산 카드**
> ● 종목: 국보 제119호
> ● 소장: 국립 중앙 박물관
> ● 소개: 고구려 때 평양 동사(東寺)의 승려들이 만든 천불(千佛) 중 하나이다. 광배 뒷면에 연가(延嘉) 7년이라는 연대가 새겨져 있다. 얼굴은 갸름하고 두꺼운 법의를 입었으며, 옷자락이 좌우로 뻗쳐 있어 북위(北魏) 양식의 영향을 받은 것으로 보인다.

11. (가), (나) 제도에 대한 설명으로 옳은 것은? [2점]

> (가) 신라왕 김부가 와서 항복하자 신라국을 없애 경주라 하고, 김부를 경주의 사심(事審)으로 임명하여 부호장 이하 관직 등을 주관토록 하였다.
> – 「고려사」 –
>
> (나) 국초에 향리의 자제를 뽑아 개경에서 볼모로 삼고 또한 출신지의 일에 대한 자문에 대비하도록 하였는데, 이를 기인(其人)이라 하였다.
> – 「고려사」 –

① (가) – 후주 출신 쌍기의 건의로 도입되었다.
② (가) – 젊고 유능한 관리를 재교육하기 위해 시행되었다.
③ (나) – 5품 이상 문무 관리를 대상으로 마련되었다.
④ (나) – 좌수와 별감이라는 향임직을 두어 운영되었다.
⑤ (가), (나) – 지방 세력에 대한 통제를 목적으로 실시되었다.

12. 다음 상황 이후에 전개된 사실로 옳은 것은? [2점]

> 거란이 군사를 돌려 연주·위주에 이르자 강감찬 등이 숨었다가 공격하여 500여 급을 베었다. 2월에 거란군이 귀주를 지날 때 강감찬 등이 동쪽 교외에서 맞아 싸웠다. …… 아군이 기세를 타고 맹렬하게 공격하니 거란군이 패하여 달아났다. 아군이 쫓아가며 공격하니 석천을 건너 반령에 이르기까지 거란군의 시신이 들판에 널렸고, 사로잡은 포로와 획득한 말·낙타·갑옷·무기는 헤아릴 수 없이 많았다.
> – 「고려사」 –

① 거란에 의해 발해가 멸망하였다.
② 외침에 대비하여 광군이 조직되었다.
③ 서희의 활약으로 강동 6주를 획득하였다.
④ 거란을 배척하여 만부교 사건이 일어났다.
⑤ 압록강에서 도련포까지 천리장성을 축조하였다.

13. 다음 건의에 따라 추진된 정책으로 옳은 것은? [1점]

여진 완옌부와 싸워
패한 이유는 저들은 기병이고
우리는 보병이기 때문입니다. 이에 기병의
양성과 군량의 비축이 필요하옵니다.

경의 뜻을 알았으니,
기병을 포함한 새로운 부대를
만들어 보도록 하시오.

① 군사 조직을 9서당 10정으로 편성하였다.

② 별무반을 창설하여 군사력을 강화하였다.

③ 야별초를 확대하여 삼별초를 조직하였다.

④ 삼수병으로 구성된 훈련도감을 설치하였다.

⑤ 궁궐과 도성을 수비하기 위하여 5위를 운영하였다.

14. 다음 역사서에 대한 설명으로 옳은 것은? [2점]

> 구삼국사(舊三國史)를 얻어 동명왕본기(東明王本紀)를
> 보니 그 신이한 사적이 세상에 전하는 것보다 더하였다.
> 그러나 처음에는 믿지 못해 귀환(鬼幻)으로만 여겼는데,
> 세 번 반복하여 읽어서 점점 그 근원에 들어가니, 환(幻)이
> 아니고 성(聖)이며 귀(鬼)가 아니고 신(神)이었다. ……
> 이것을 기술하지 않으면 후인들이 장차 무엇을 볼 것인가.
>
> ─ 「동명왕편」 ─

① 고구려 계승 의식이 반영되었다.

② 현존하는 가장 오래된 역사서이다.

③ 남북국이라는 용어를 처음 사용하였다.

④ 연대순으로 기록하는 편년체로 서술되었다.

⑤ 단군 조선부터 고려까지의 역사를 기록하였다.

15. 다음 두 사건이 일어난 시기를 연표에서 옳게 고른 것은? [2점]

> ○ 동북면 병마사 간의대부 김보당이 동계(東界)에서 군사를
>   일으켜 …… 전왕(前王)을 복위시키고자 하였다. …… (김보당이)
>   장순석 등을 거제로 보내 전왕을 받들어 계림에 모시게 하였다.
>
> ○ 서경 유수 조위총이 군사를 일으켜 …… 동북 양계(兩界)의
>   여러 성들에 격문을 보내어 사람을 모았다. 겨울 10월 기미일에
>   중서시랑평장사 윤인첨을 보내 삼군(三軍)을 거느리고
>   조위총을 공격하게 하였다.
>
>   ─ 「고려사」 ─

1126	1135	1170	1232	1270	1351
(가)	(나)	(다)	(라)	(마)	
이자겸의 난	묘청의 난	무신 정변	강화 천도	개경 환도	공민왕 즉위

① (가) ② (나) ③ (다) ④ (라) ⑤ (마)

16. (가) 지역에서 일어난 사실로 옳지 않은 것은? [3점]

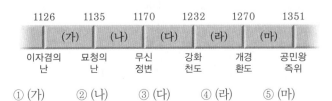

고려의 수도였던 (가) 의 만월대 유적에 대한 제7차 남북 공동 발굴 조사 결과 금속 활자가 발견되었습니다. 이것은 구텐베르크의 활자보다 앞선 것으로 추정됩니다.

만월대 유적에서 금속 활자 발견

① 최충헌의 사노 만적 등이 난을 도모하였다.

② 고려 말 정몽주가 이방원 세력에 의해 피살되었다.

③ 남북한 경제 협력 사업의 일환으로 공단이 건설되었다.

④ 조선 후기 송상이 근거지로 삼아 전국적으로 활동하였다.

⑤ 일제 강점기에 조만식 등이 물산 장려 운동을 시작하였다.

17. 밑줄 그은 '왕'의 업적으로 옳은 것은? [2점]

> # 역사신문
> 제△△호   ○○○○년 ○○월 ○○일
>
> ## 왕권 강화를 위한 개혁 단행
>
> 두 차례에 걸친 왕자의 난을 통하여 즉위한 왕은 6조 장관인 판서의
> 품계를 정2품으로 승격시켜 위상을 높여 주었다. 또한 6조에서
> 입안한 정책을 의정부 재상들의 심의를 거치지 않고 왕에게 직접
> 보고하여 처리하도록 하는 개혁을 전격적으로 단행하였다. 이번
> 개혁을 통해 왕권은 더욱 강해질 것으로 보인다.

① 동의보감을 편찬하여 보급하였다.

② 16세 이상의 남자들에게 호패를 발급하였다.

③ 경국대전을 완성하여 통치 체제를 정비하였다.

④ 한양을 기준으로 하는 역법서인 칠정산을 간행하였다.

⑤ 현직 관리에게만 수조권을 지급하는 직전법을 실시하였다.

18. 다음 대화 이후에 전개된 사실로 옳은 것은? [3점]

선왕(先王)의 나이 어린 동생이 즉위하셔서 대비께서 수렴청정을 한다고 하네.

그렇다면 대비와 윤원형 일파가 윤임 세력에 대한 반격에 나서겠군.

① 외척 간의 권력 다툼으로 을사사화가 발생하였다.
② 위훈 삭제 사건을 계기로 조광조 등이 제거되었다.
③ 김종직 등 사림이 중앙 정계에 진출하기 시작하였다.
④ 조의제문이 발단이 되어 사림 세력이 피해를 입었다.
⑤ 폐비 윤씨 사사 사건으로 관련자들이 화를 당하였다.

19. (가)에 들어갈 그림으로 옳은 것은? [1점]

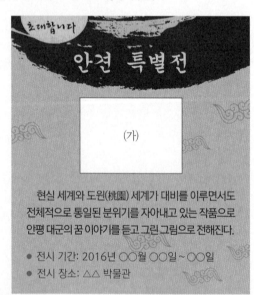

초대합니다

안견 특별전

(가)

현실 세계와 도원(桃園) 세계가 대비를 이루면서도 전체적으로 통일된 분위기를 자아내고 있는 작품으로 안평 대군의 꿈 이야기를 듣고 그린 그림으로 전해진다.

● 전시 기간: 2016년 ○○월 ○○일 ~ ○○일
● 전시 장소: △△ 박물관

① ② ③ ④ ⑤

20. (가)에 대한 설명으로 옳은 것은? [2점]

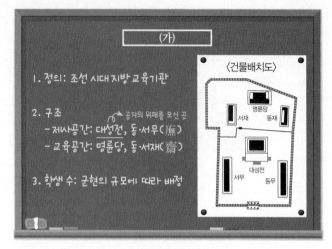

(가)

1. 정의: 조선 시대 지방 교육 기관

2. 구조 ← 공자의 위패를 모신 곳
 - 제사공간: 대성전, 동·서무(廡)
 - 교육공간: 명륜당, 동·서재(齋)

3. 학생 수: 군현의 규모에 따라 배정

〈건물배치도〉
명륜당 / 서재 / 동재 / 대성전 / 서무 / 동무

① 중앙에서 교수나 훈도가 파견되었다.
② 지방의 사림 세력이 주로 설립하였다.
③ 흥선 대원군 집권기에 대부분 철폐되었다.
④ 입학 자격은 소과 합격자를 원칙으로 하였다.
⑤ 유학부 외에 율학, 서학 등의 기술학부가 있었다.

21. 밑줄 그은 '이 전쟁' 이후에 일어난 사실로 옳지 않은 것은? [3점]

사진은 이 전쟁 당시 순절한 김상용을 기려 세운 순의비입니다. 그는 청이 쳐들어오자 왕명을 받아 종묘의 신위를 모시고 강화도로 피난했으나, 강화성이 함락되자 남문루에서 화약을 쌓아놓고 불을 붙여 순절하였습니다.

① 조총 부대가 나선 정벌에 동원되었다.
② 청을 정벌하자는 북벌 운동이 추진되었다.
③ 4군 6진을 설치하여 북방 영토를 개척하였다.
④ 소현 세자와 봉림 대군 등이 청에 인질로 끌려갔다.
⑤ 청과의 교류를 통해 서양의 과학 기술이 전래되었다.

22. 다음 자료를 통해 알 수 있는 시기의 경제 상황으로 옳지 않은 것은? [2점]

> 도성 안팎과 번화한 큰 도시의 파밭, 마늘밭, 배추밭, 오이밭은 10무(畝)의 땅에서 얻은 수확이 돈 수만을 헤아리게 된다. 서도 지방의 담배밭, 북도 지방의 삼밭, 한산의 모시밭, 전주의 생강밭, 강진의 고구마밭, 황주의 지황밭은 모두 상상등(上上等)의 논보다 그 이익이 10배에 달한다.
> － 「경세유표」 －

① 삼한통보, 해동통보가 발행되었다.
② 덕대가 광산을 전문적으로 경영하였다.
③ 모내기법의 확대로 이모작이 성행하였다.
④ 여러 장시가 하나의 유통망으로 연계되었다.
⑤ 국경 지대에서 개시 무역과 후시 무역이 이루어졌다.

23. (가)에 대한 설명으로 옳은 것은? [1점]

> 임진왜란 이후 에도 막부의 요청으로 조선이 파견한 사절단인 (가) 관련 기록물을 한국과 일본의 관련 단체들이 유네스코 세계 기록 유산으로 등재 신청할 계획입니다.

(가) 관련 기록물, 세계 기록 유산 등재 신청 추진

① 민영익, 홍영식, 서광범 등이 참여하였다.
② 하정사, 성절사, 천추사 등으로도 불리었다.
③ 조선의 문물을 일본에 전파하는 역할을 하였다.
④ 해국도지, 영환지략을 들여와 국내에 소개하였다.
⑤ 기기국에서 무기 제조 기술을 습득하고 돌아왔다.

24. 밑줄 그은 '비석'에 대한 탐구 활동으로 가장 적절한 것은? [1점]

> 목극등(穆克登)이 샘이 갈라지는 곳에 자리 잡고 말하기를, "이곳이 분수령이라 할 수 있다."라고 하며, 경계를 정하고 돌을 깎아 비석을 세웠다. 그 비문에는 '오라총관(烏喇總管) 목극등이 …… 국경을 조사하기 위해 여기에 이르러 살펴보니, 서쪽은 압록강이며 동쪽은 토문강이므로 분수령 위에다 돌에 새겨 표를 삼는다.'라고 쓰여져 있다.
> － 「만기요람」 －

① 간도 귀속 문제의 쟁점을 조사한다.
② 거문도 사건의 전개 과정을 파악한다.
③ 삼국 간섭이 발생한 원인을 찾아본다.
④ 청·일 전쟁이 일어난 배경을 알아본다.
⑤ 조·청 상민 수륙 무역 장정의 내용을 분석한다.

25. (가), (나)를 주장한 붕당에 대한 설명으로 옳은 것을 〈보기〉에서 고른 것은? [2점]

(가)
> 돌아가신 효종 대왕을 장자의 예로 대우하여 대왕대비의 복상(服喪) 기간을 3년으로 정하는 것이 마땅합니다.

(나)
> 아닙니다. 효종 대왕은 장자가 아니므로 1년으로 해야 합니다.

〈보 기〉
ㄱ. (가) － 인현 왕후의 복위를 주장하였다.
ㄴ. (가) － 주로 이황의 학통을 계승하였다.
ㄷ. (나) － 노론과 소론으로 갈라졌다.
ㄹ. (나) － 광해군의 중립 외교를 지지하였다.

① ㄱ, ㄴ ② ㄱ, ㄷ ③ ㄴ, ㄷ
④ ㄴ, ㄹ ⑤ ㄷ, ㄹ

26. (가) 왕에 대한 설명으로 옳은 것은? [3점]

태조영정모사도감의궤

> 세 차례의 환국을 통해 왕권을 강화한 (가) 은/는 양 난 이후의 국가 수취 체제를 정비하기 위해 대동법을 평안도와 함경도를 제외한 전국으로 확대 실시하였다. 또한, 국가 의례 복원의 일환으로 임진왜란 때 소실된 서울의 태조 영정을 새로 제작하였다. 이 의궤는 당시 전주 경기전의 태조 영정을 서울로 옮겨 모사(模寫)한 후 다시 돌려보낸 과정을 정리한 것이다.

① 금위영을 설치하여 5군영 체제를 확립하였다.
② 대전통편을 편찬하여 문물 제도를 정비하였다.
③ 붕당 정치의 폐해를 경계하고자 탕평비를 세웠다.
④ 농민 부담을 덜어주기 위하여 균역법을 실시하였다.
⑤ 육의전을 제외한 시전 상인의 금난전권을 폐지하였다.

27. 밑줄 그은 '이들'에 대한 설명으로 옳은 것을 〈보기〉에서 고른 것은? [2점]

이 책은 1858년 유림 단체인 달서정사에서 펴낸 것입니다. 책 이름의 '규(葵)'자는 해바라기를 뜻합니다. '해바라기가 해를 향하는 데는 본가지나 곁가지가 다름이 없듯이 이들의 충성심도 적자(嫡子)와 다를 바 없다.'는 선조(宣祖)의 말에서 따온 것이라고 합니다.

규사

〈보 기〉

ㄱ. 신량역천으로 분류되었다.
ㄴ. 통청 운동을 전개하였다.
ㄷ. 장례원을 통해 국가의 관리를 받았다.
ㄹ. 규장각 검서관에 등용되기도 하였다.

① ㄱ, ㄴ   ② ㄱ, ㄷ   ③ ㄴ, ㄷ
④ ㄴ, ㄹ   ⑤ ㄷ, ㄹ

28. (가)에 들어갈 문화유산으로 옳은 것은? [1점]

(가)

● 종목: 국보 제62호
● 소재지: 전라북도 김제시

이 건축물은 후백제 견훤이 유폐되었던 사찰 내에 있다. 임진왜란 때 소실된 것을 인조 13년 (1635)에 지은 것으로 17세기 이후의 대표적인 불교 건축물 중의 하나이다.

①
수덕사 대웅전

②
봉정사 극락전

③
법주사 팔상전

④
금산사 미륵전

⑤
부석사 무량수전

29. (가)에 대한 설명으로 옳은 것은? [2점]

○○신문

제△△호   ○○○○년 ○○월 ○○일

특집: 강화 학파의 발자취를 찾아서

이곳은 강화 학파의 태두인 정제두의 묘이다. 그는 심즉리 (心卽理), 치양지(致良知)를 주요 내용으로 한 (가) 을/를 연구하였으며, 강화도에서 후진 양성에 힘을 기울여 이광사 등 많은 제자를 길러냈다.

정제두의 묘(인천광역시 강화군)

① 지행합일을 중요시하였다.
② 정감록을 통해 왕조 교체를 예언하였다.
③ 마음속에 한울님을 모시는 시천주를 내세웠다.
④ 유교, 불교, 도교에 민간 신앙의 요소를 결합하였다.
⑤ 조상에 대한 제사를 거부하여 정부로부터 탄압을 받았다.

30. 다음 검색창에 들어갈 인물에 대한 설명으로 옳은 것은? [2점]

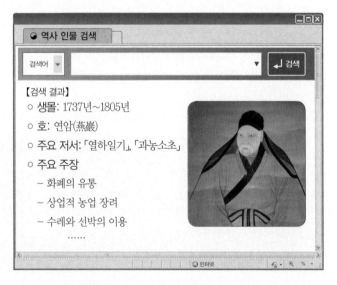

● 역사 인물 검색

검색어 ▼   ▼   ↵ 검색

【검색 결과】
○ 생몰: 1737년~1805년
○ 호: 연암(燕巖)
○ 주요 저서: 「열하일기」, 「과농소초」
○ 주요 주장
   – 화폐의 유통
   – 상업적 농업 장려
   – 수레와 선박의 이용
      ……

① 거중기를 제작하여 화성 축조에 활용하였다.
② 북한산의 진흥왕 순수비를 처음으로 고증하였다.
③ 북학의에서 절약보다 적절한 소비를 권장하였다.
④ 양반전을 지어 양반의 무능과 허례를 풍자하였다.
⑤ 사람의 체질을 연구하여 사상 의학을 주장하였다.

31. 밑줄 그은 ㉠, ㉡ 사이의 시기에 있었던 사실로 옳은 것은? [2점]

> ㉠조선 국왕이 프랑스 선교사들과 조선인 신도 다수를 처형하였다고 한다. …… 수일 내 우리 군대가 조선을 정복하기 위해 진군할 것이다.
>
> – 프랑스 대리 공사 벨로네의 서신

> ㉡이번 덕산 묘지에서 저지른 사건은 사람으로서 차마 할 수 없는 일이다. …… 따라서 우리나라 신하와 백성들은 있는 힘을 다하여 한마음으로 너희와 같은 하늘을 이고 살 수 없다는 것을 다짐할 뿐이다.
>
> – 영종진 첨사 신효철의 서신

① 미국 로저스 제독이 초지진을 점령하였다.
② 흥선 대원군이 전국 각지에 척화비를 건립하였다.
③ 일본 운요호가 강화도에 접근하여 무력 시위를 하였다.
④ 양헌수 부대가 정족산성에서 프랑스군을 물리쳤다.
⑤ 조선이 프랑스와 조약을 체결하고 천주교 포교를 허용하였다.

32. 다음 기사에 보도된 사건 이후의 사실로 옳은 것은? [3점]

○○신문

제△△호 　　　　　 ○○○○년 ○○월 ○○일

‖논설‖ 헤이그 국제 회의에 우뚝 선 대한 청년

헤이그에서 온 전보에 의하면 이위종은 국제 회의에서 기자들이 모인 가운데 을사늑약이 무효인 이유를 프랑스 어로 세 시간 동안이나 연설하였다고 한다. 이위종은 진정한 애국지사이며 출중한 인물이다. 오늘날 한국에 이러한 청년들이 수백 수천이 있어 각각 어깨 위에 대한 강토를 걸머지고 있으면 한국이 장차 국권을 회복할 것을 믿어 의심치 않는다.

① 고종이 국외 중립을 선언하였다.
② 김옥균 등 개화 세력이 정변을 일으켰다.
③ 군국기무처를 중심으로 개혁이 추진되었다.
④ 보안회가 일제의 황무지 개간권 요구를 철회시켰다.
⑤ 13도 창의군이 결성되어 서울 진공 작전을 전개하였다.

33. 밑줄 그은 '이 기구'에 대한 설명으로 옳은 것은? [2점]

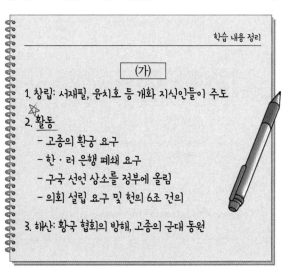

> 이것은 1907년 학부(學部) 안에 설치된 이 기구의 규칙과 활동, 참여자들의 의견 등을 알 수 있는 귀중한 자료입니다.

① 한성순보를 발행하였다.
② 기관지인 한글을 발행하였다.
③ 우리말 큰사전을 간행하였다.
④ 가갸날을 제정하고 기념식을 거행하였다.
⑤ 주시경, 지석영 등이 중심이 되어 활동하였다.

34. (가) 단체의 활동으로 옳은 것은? [1점]

학습 내용 정리

(가)

1. 창립: 서재필, 윤치호 등 개화 지식인들이 주도
2. 활동
   - 고종의 환궁 요구
   - 한·러 은행 폐쇄 요구
   - 구국 선언 상소를 정부에 올림
   - 의회 설립 요구 및 헌의 6조 건의
3. 해산: 황국 협회의 방해, 고종의 군대 동원

① 만세보를 발행하여 민중 계몽에 힘썼다.
② 만민 공동회를 열어 민권 신장을 추구하였다.
③ 대성 학교를 설립하여 교육 활동을 전개하였다.
④ 민립 대학 설립을 위한 모금 운동을 추진하였다.
⑤ 일본에게 진 빚을 갚자는 국채 보상 운동을 주도하였다.

35. (가), (나) 자료에 대한 설명으로 옳은 것은? [3점]

> (가) 조선의 땅은 실로 아시아의 요충에 자리 잡고 있어서 형세가
> 반드시 다툼을 불러올 것이다. …… 따라서 러시아가 땅을 공략
> 하고자 하면 반드시 조선으로부터 시작할 것이다. 러시아를
> 막을 수 있는 조선의 책략은 무엇인가.
>
> – 「조선책략」 –
>
> (나) 러시아는 본래 우리와 아무런 감정도 없습니다. …… 먼 나라와의
> 외교에 기대어 가까운 나라를 배척하는 잘못된 조치를 취했다가
> 헛소문이 먼저 퍼져 (러시아가) 이것을 이유로 틈을 만들어 전쟁의
> 단서를 찾는다면 장차 어떻게 구원할 수 있겠습니까.
>
> – 영남 만인소 –

① (가) – 일본의 개항 요구에 반대하였다.
② (가) – 미국과 외교 관계를 맺어야 한다고 제안하였다.
③ (나) – 러시아의 절영도 조차 요구를 반대하였다.
④ (나) – 청의 간섭을 벗어나기 위해 러시아와의 교섭을 건의하였다.
⑤ (가), (나) – 조선의 독자적인 영세 중립국 선언을 제시하였다.

36. (가)~(라)에 들어갈 내용으로 옳은 것을 〈보기〉에서 고른 것은? [2점]

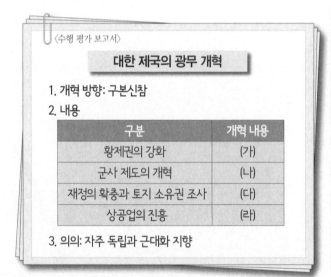

〈수행 평가 보고서〉

대한 제국의 광무 개혁

1. 개혁 방향: 구본신참
2. 내용

구분	개혁 내용
황제권의 강화	(가)
군사 제도의 개혁	(나)
재정의 확충과 토지 소유권 조사	(다)
상공업의 진흥	(라)

3. 의의: 자주 독립과 근대화 지향

───── 〈보 기〉 ─────

ㄱ. (가) – 대한국 국제를 반포하였다.
ㄴ. (나) – 신식 군대인 별기군을 창설하였다.
ㄷ. (다) – 토지를 측량하고 지계를 발급하였다.
ㄹ. (라) – 대동 상회, 장통 회사 등의 상회사를 설립하였다.

① ㄱ, ㄴ   ② ㄱ, ㄷ   ③ ㄴ, ㄷ
④ ㄴ, ㄹ   ⑤ ㄷ, ㄹ

37. 다음 자료에 해당하는 교육 기관에 대한 설명으로 옳은 것은? [2점]

> 덕원 부사 정현석이 장계를 올립니다. 신이 다스리는
> 이곳 읍은 해안의 요충지에 있고 아울러 개항지가 되어
> 소중함이 다른 곳에 비할 바가 아닙니다. 개항지를 빈틈
> 없이 운영해 나가는 방도는 인재를 선발하여 쓰는 데 달려
> 있고, 인재 선발의 요체는 교육에 있습니다. 그러므로
> 학교를 설립하고자 합니다.
>
> – 「덕원부계록」 –

① 최초로 설립된 여성 교육 기관이다.
② 교원 양성을 목적으로 한 사범학교이다.
③ 관민이 합심하여 만든 근대식 학교이다.
④ 교육 입국 조서 반포를 계기로 설립되었다.
⑤ 헐버트, 길모어 등 외국인 교사를 초빙하였다.

38. (가) 인물에 대한 설명으로 옳은 것은? [2점]

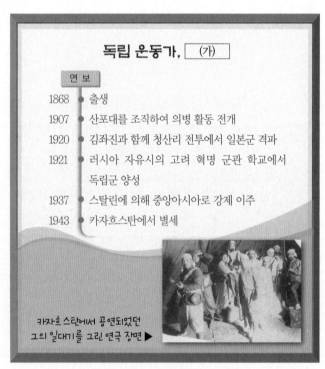

독립 운동가, (가)

연 보

1868	출생
1907	산포대를 조직하여 의병 활동 전개
1920	김좌진과 함께 청산리 전투에서 일본군 격파
1921	러시아 자유시의 고려 혁명 군관 학교에서 독립군 양성
1937	스탈린에 의해 중앙아시아로 강제 이주
1943	카자흐스탄에서 별세

▶ 카자흐스탄에서 공연되었던 그의 일대기를 그린 연극 장면

① 대한 광복회를 조직하여 친일파를 처단하였다.
② 황포 군관 학교에 입학하여 군사 훈련을 받았다.
③ 중국 국민당과 협력하여 조선 의용대를 결성하였다.
④ 의열단의 활동 강령인 조선 혁명 선언을 작성하였다.
⑤ 대한 독립군을 지휘하여 봉오동 전투를 승리로 이끌었다.

39.. (가)~(마) 지역에서 전개된 대한민국 임시 정부의 활동으로 옳은 것은?   [3점]

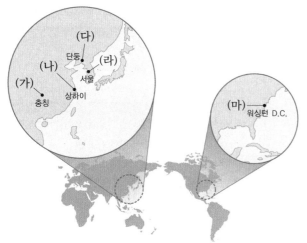

[대한민국 임시 정부의 활동 지역]

① (가) – 이륭양행에 교통국을 설치하여 국내와의 연락을 취하였다.
② (나) – 국민 대표 회의를 열어 독립운동의 방향을 논의하였다.
③ (다) – 삼균주의를 바탕으로 한 건국 강령을 발표하였다.
④ (라) – 임시 사료 편찬회를 두어 한일 관계 사료집을 간행하였다.
⑤ (마) – 의거 활동을 전개하기 위해 한인 애국단을 결성하였다.

40.. 다음 격문을 발표한 항일 운동에 대한 설명으로 옳은 것은?   [2점]

학생 대중아 궐기하자!

검거자를 즉시 우리들이 탈환하자!
……
교내에 경찰권 침입을 절대 반대하자!
교우회 자치권을 획득하자!
직원회에 생도 대표자를 참석시켜라!
조선인 본위의 교육 제도를 확립시켜라!
……

① 고종의 인산일을 계기로 일어났다.
② 중국의 5·4 운동에 영향을 주었다.
③ 형평사를 중심으로 진주에서 시작되었다.
④ 신간회에서 조사단을 파견하여 지원하였다.
⑤ 일제가 이른바 문화 통치를 실시하는 배경이 되었다.

41.. (가)에 들어갈 내용으로 가장 적절한 것은?   [2점]

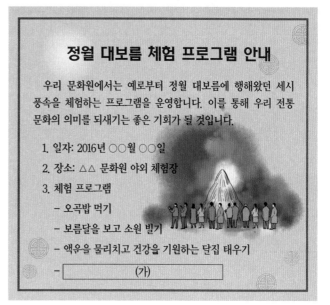

정월 대보름 체험 프로그램 안내

우리 문화원에서는 예로부터 정월 대보름에 행해왔던 세시 풍속을 체험하는 프로그램을 운영합니다. 이를 통해 우리 전통 문화의 의미를 되새기는 좋은 기회가 될 것입니다.

1. 일자: 2016년 ○○월 ○○일
2. 장소: △△ 문화원 야외 체험장
3. 체험 프로그램
   - 오곡밥 먹기
   - 보름달을 보고 소원 빌기
   - 액운을 물리치고 건강을 기원하는 달집 태우기
   - (가)

① 팥죽 쑤어 먹고 문에 뿌리기
② 어른에게 세배하고 떡국 먹기
③ 햇곡식을 빻아 송편 빚어 먹기
④ 진달래 꽃으로 화전 부쳐 먹기
⑤ 부스럼 예방을 위해 부럼 깨물기

42.. 다음 자료의 사회 운동에 대한 설명으로 옳은 것을 〈보기〉에서 고른 것은?   [1점]

소년 운동의 기초 조항

1. 어린이를 재래의 윤리적 압박으로부터 해방하여 그들에 대한 완전한 인격적 예우를 허(許)하게 하라.
2. 어린이를 재래의 경제적 압박으로부터 해방하여 만 14세 이하의 그들에 대한 무상 또는 유상의 노동을 폐(廢)하게 하라.
3. 어린이를 그들이 고요히 배우고 즐거이 놀기에 족(足)한 각양의 가정 또는 사회 시설을 행(行)하게 하라.

〈 보 기 〉
ㄱ. 김기전, 방정환 등이 주도하였다.
ㄴ. 서당 규칙이 제정되는 계기가 되었다.
ㄷ. 천도교 세력이 중심이 되어 추진하였다.
ㄹ. 대한매일신보의 지원을 받아 전국으로 확산되었다.

① ㄱ, ㄴ   ② ㄱ, ㄷ   ③ ㄴ, ㄷ
④ ㄴ, ㄹ   ⑤ ㄷ, ㄹ

43. (가)~(마) 지역에서 있었던 의거 활동으로 옳은 것은? [3점]

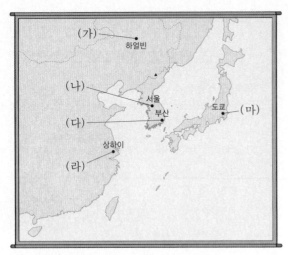

① (가) – 안중근이 이토 히로부미를 사살하였다.
② (나) – 박재혁이 경찰서에서 폭탄을 터뜨렸다.
③ (다) – 이봉창이 일왕의 행렬에 폭탄을 투척하였다.
④ (라) – 강우규가 사이토 총독 일행에게 폭탄을 던졌다.
⑤ (마) – 윤봉길이 일본군 장성과 고관들을 처단하였다.

44. 다음 법령이 시행된 시기에 볼 수 있는 모습으로 옳지 않은 것은? [1점]

> 제1조 소학교는 국민 도덕의 함양과 국민 생활에 필수적인 보통의 지능을 갖게 함으로써 충량한 황국 신민을 육성하는데 있다.
> ......
> 제13조 심상 소학교의 교과목은 수신, 국어, 산술, 국사, 지리, 이과, 직업, 도화, 수공, 창가, 체조이다. 조선어는 수의(隨意) 과목으로 한다.

① 태형을 집행하는 헌병 경찰
② 공출을 강요하는 면사무소 서기
③ 황국 신민 서사를 암송하는 학생
④ 창씨개명을 선동하는 친일 문학인
⑤ 신사 참배를 강요하는 일본인 교사

45. (가)~(라) 법령을 제정된 순서대로 옳게 나열한 것은? [2점]

(가)	제1조 회사의 설립은 조선 총독의 허가를 받아야 한다.
(나)	제4조 토지 소유자는 조선 총독이 정하는 기간 내에 주소, 씨명, 명칭 및 소유지의 소재, 지목, 자번호, 사표, 등급, 지적, 결수를 임시 토지 조사 국장에게 신고해야 한다.
(다)	제4조 정부는 전시에 국가 총동원상 필요할 때에는 칙령이 정하는 바에 따라 제국 신민을 징용하여 총동원 업무에 종사하게 할 수 있다.
(라)	제7조 ①소작지의 임대차 기간은 3년 이상이어야 한다. 다만, 영년작물의 재배를 목적으로 하는 임대차에 있어서는 7년 이상이어야 한다.

① (가) – (나) – (다) – (라)
② (가) – (나) – (라) – (다)
③ (나) – (가) – (라) – (다)
④ (나) – (다) – (가) – (라)
⑤ (다) – (라) – (나) – (가)

46. (가)에 들어갈 사진으로 옳지 않은 것은? [3점]

광복 이후 현대사의 흐름

8·15 광복 → 모스크바 3국 외상 회의 개최 → (가) → 5·10 총선거 실시

①  좌·우 합작 위원회 활동
② 제1차 미·소 공동 위원회 개최
③ 김구의 남북 협상 참석
④ 반민족 행위 특별 조사 위원회 활동
⑤ 유엔 한국 임시 위원단 방한

47. (가)~(마) 헌법의 내용으로 옳은 것은? [2점]

대한민국 헌법의 주요 변천 과정

구분	주요 특징
(가) 제헌 헌법(1948)	대통령 간선제
(나) 1차 개헌(1952)	대통령 직선제
(다) 3차 개헌(1960)	의원 내각제
(라) 6차 개헌(1969)	대통령 3선 연임 허용
(마) 9차 개헌(1987)	대통령 임기 5년 단임제

① (가) – 대통령을 통일 주체 국민 회의에서 선출하였다.
② (나) – 대통령의 임기를 7년 단임제로 하였다.
③ (다) – 민의원과 참의원의 양원제 국회를 운영하였다.
④ (라) – 대통령 선출 방식으로 간선제를 채택하였다.
⑤ (마) – 개헌 당시 대통령에 한해 중임 제한을 적용하지 않았다.

48. 다음 자료에 나타난 시기의 경제 상황으로 옳은 것은? [2점]

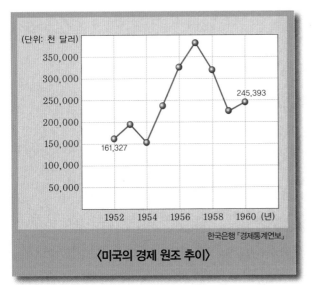

〈미국의 경제 원조 추이〉

① 제2차 석유 파동으로 경제 위기를 맞았다.
② 한·미 자유 무역 협정(FTA)이 체결되었다.
③ 제3차 경제 개발 5개년 계획이 시작되었다.
④ 삼백 산업 중심의 소비재 산업이 발달하였다.
⑤ 농촌 근대화를 목표로 새마을 운동이 추진되었다.

49. (가)에 들어갈 내용으로 옳은 것은? [2점]

① 6·29 민주화 선언이 발표되었습니다.
② 한·미 상호 방위 조약이 체결되었습니다.
③ 서독에 광부와 간호사가 파견되었습니다.
④ 남북한 동시 유엔 가입이 이루어졌습니다.
⑤ 경제 협력 개발 기구(OECD)에 가입하였습니다.

50. (가)에 대한 탐구 활동으로 적절하지 <u>않은</u> 것은? [2점]

① 안용복이 일본으로 건너간 배경을 조사한다.
② 대한 제국이 반포한 칙령 제41호의 내용을 분석한다.
③ 일본이 러·일 전쟁 때 불법으로 편입한 영토를 찾아본다.
④ 지증왕이 이사부를 보내 복속한 지역과 부속 도서를 살펴본다.
⑤ 러시아의 남하를 견제하기 위하여 영국이 점령한 장소를 알아본다.

○ 자신이 선택한 등급의 문제지인지 확인하시오.
○ 문제지에 성명과 수험 번호를 정확히 써넣으시오.
○ 답안지에 성명과 수험 번호를 써넣고, 또 수험 번호와 답을 정확히 표시하시오.
○ 시험 시간은 80분입니다.

---

01. (가) 시대에 대한 설명으로 옳은 것은? [1점]

> 이곳은 제주도 고산리 유적 발굴 현장입니다. 이 유적의 최하층에서 이른 민무늬 토기가 출토됨에 따라 (가) 시대가 기원전 8000년경부터 시작되었음을 알게 되었습니다. 이 외에도 화살촉, 갈돌, 갈판 등의 석기가 출토되었습니다.

① 널무덤과 독무덤을 만들었다.
② 권력을 가진 군장이 백성을 다스렸다.
③ 반량전, 명도전 등의 화폐를 사용하였다.
④ 정착 생활이 시작되면서 움집이 나타났다.
⑤ 우경이 시작되어 깊이갈이가 가능해졌다.

02. (가) 나라의 사회 모습으로 옳은 것은? [1점]

허리띠 고리(중국 지린 성 라오허선 촌 출토)

> 이것은 (가) 의 유물로 말 모양 장식이 있는 허리띠 고리이다. 이 유물에 장식되어 있는 말은 농사와 함께 목축을 중시한 이 나라의 특징적인 모습을 잘 보여준다. 이러한 특징은 마가(馬加) 등 주요 지배 세력의 명칭에서도 나타난다.

① 영고라는 제천 행사가 있었다.
② 민며느리제라는 혼인 풍습이 있었다.
③ 사회 질서를 유지하기 위해 8조법을 만들었다.
④ 대가들이 사자, 조의, 선인 등의 관리를 거느렸다.
⑤ 다른 부족의 영역을 침범하면 소나 말로 변상하였다.

---

03. 다음 비석에 대한 설명으로 옳지 않은 것은? [2점]

> 고(구)려 대왕의 조왕(祖王)께서 태자 공, 대사자 다우환노 등에게 명하여 이곳에 이르러 매금(寐錦)을 만나도록 하였다. …… 태자 공에게 명령하여 동이(東夷) 매금과 그 관리들에게 의복을 내리게 하였다.
>
> *매금(寐錦): 마립간을 뜻한다.

① 고구려의 관등명이 기록되어 있다.
② 고구려가 신라를 동이(東夷)로 칭하고 있다.
③ 한반도에서 발견된 유일한 고구려 비석이다.
④ 고구려가 남한강 유역까지 진출하였음을 보여준다.
⑤ 고구려가 신라의 요청으로 왜를 격퇴한 사실이 나타나 있다.

04. (가), (나) 사이의 시기에 있었던 사실로 옳은 것은? [3점]

> (가) 여러 신하들이 아뢰기를, "신들의 생각으로는 신(新)은 '덕업이 날로 새로워진다.'는 뜻이고, 라(羅)는 '사방(四方)을 망라한다.'는 뜻이므로 이를 나라 이름으로 삼는 것이 마땅하다고 여겨집니다." 라고 하였다. 왕이 이에 따랐다.
>
> (나) 백제의 왕인 명농이 가량(가야)과 함께 와서 관산성을 공격하였다. …… (신라의) 고간 도도가 급히 쳐서 백제 왕을 죽였다.

① 백제가 웅진으로 천도하였다.
② 백제가 대야성을 함락시켰다.
③ 고구려가 낙랑군을 축출하였다.
④ 신라가 금관가야를 복속시켰다.
⑤ 신라가 매소성에서 당군을 물리쳤다.

05. 다음 전쟁에 대한 설명으로 옳은 것을 〈보기〉에서 고른 것은? [2점]

○ 양제가 조서를 내려 고구려를 정벌하게 하였다. …… 군사가 모두 113만 3800명이었다. …… 군량을 운반하는 자는 군사 수의 배가 되었다.

○ 우중문의 군대가 오골성에 주둔하였다. …… 고구려에서 군사들을 출동시켜 군수품을 실은 수레를 습격하였다.

―〈보 기〉―

ㄱ. 을지문덕이 살수에서 승리를 거두었다.
ㄴ. 수를 멸망하게 한 원인 중 하나가 되었다.
ㄷ. 안시성의 군사와 백성들이 이세민의 대군을 격파하였다.
ㄹ. 평양에 설치된 안동도호부를 요동의 신성으로 축출하였다.

① ㄱ, ㄴ　　② ㄱ, ㄷ　　③ ㄴ, ㄷ
④ ㄴ, ㄹ　　⑤ ㄷ, ㄹ

06. (가) 신분에 대한 설명으로 옳은 것은? [2점]

이것은 무열왕의 8대손인 낭혜화상의 탑비입니다. 이 탑비에는 그의 아버지 범청이 진골에서 한 등급 떨어져 '득난(得難)'이 되었다는 기록이 있습니다. 득난은 (가) 을/를 달리 부르는 말로, 이 신분은 재능과 학식이 뛰어나도 17관등 중 제6관등인 아찬까지만 오를 수 있었습니다.

보령 성주사지 낭혜화상 탑비

① 지방의 주요 지역인 담로에 파견되었다.
② 성리학을 바탕으로 불교의 폐단을 비판하였다.
③ 화백 회의에 참여하여 국가의 중대사를 결정하였다.
④ 어려서부터 경당에 들어가 유학과 활쏘기를 배웠다.
⑤ 신라 말기 호족과 연계하여 사회 개혁을 추구하기도 하였다.

07. 밑줄 그은 '왕'의 업적으로 옳은 것은? [2점]

○ 왕이 교서를 내리기를, "김흠돌 등의 악이 쌓이고 죄가 가득 차자 그들이 도모하던 역모가 세상에 드러났다. …… 잔당들을 샅샅이 찾아 모두 죽여 삼사일 안에 죄수 우두머리들을 소탕하였다. 이제 요망한 무리들이 숙청되어 근심이 없게 되었으니 소집한 병사와 말들을 돌려보내도록 하라."라고 하였다.

○ 왕이 행차에서 돌아와 대나무로 피리를 만들어 월성의 천존고(天尊庫)에 간직하였다. 이 피리를 불면, 적병이 물러가고 병이 나으며, 가뭄에는 비가 오고 장마는 개며, 바람이 잦아들고 물결이 평온해졌으므로 이를 만파식적(萬波息笛)이라 부르고 국보로 삼았다.

① 우산국을 정벌하여 영토로 삼았다.
② 9주의 명칭을 중국식으로 바꾸었다.
③ 국학을 설립하여 유학을 교육하였다.
④ 병부 등을 설치하여 지배 체제를 정비하였다.
⑤ 인재를 등용하고자 독서삼품과를 실시하였다.

08. (가) 국가에 대한 설명으로 옳지 않은 것은? [2점]

○ 왕자 대봉예가 (당 조정에) 문서를 올려, (가) 이/가 신라보다 윗자리에 있기를 청하였다. 이에 대해 답하기를, "국명(國名)의 선후는 원래 강약에 따라 일컫는 것이 아니다. …… 마땅히 이전대로 할 것이다."라고 하였다.

○ 가탐의 「고금군국지」에 이르기를 " (가) 의 남해·압록·부여·책성 4부(府)는 모두 고구려의 옛 땅이고, 신라의 천정군에서 책성부까지는 39개의 역(驛)이 있다."라고 하였다.

① 전성기에 해동성국이라 불리었다.
② 5경 15부 62주의 지방 제도를 갖추었다.
③ 인안, 대흥 등의 독자적인 연호를 사용하였다.
④ 위화부 등 13부를 두고 행정 업무를 분담하였다.
⑤ 일본에 보낸 국서에 고려국왕이라는 명칭을 사용하였다.

09. (가)~(라) 문화유산에 대한 설명으로 옳은 것을 〈보기〉에서 고른 것은? [2점]

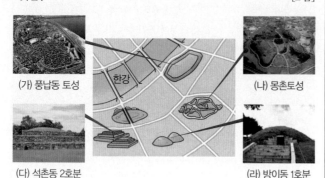

(가) 풍납동 토성 한강 (나) 몽촌토성

(다) 석촌동 2호분 (라) 방이동 1호분

〈보 기〉

ㄱ. (가) – 백제 도성 관련 유적으로 '대부(大夫)'라는 글자가 새겨진 토기가 발견되었다.

ㄴ. (나) – 인조가 청의 강요를 받아들여 군신 관계를 맺은 곳이다.

ㄷ. (다) – 돌무지무덤으로 백제 건국 세력이 고구려와 같은 계통임을 뒷받침하고 있다.

ㄹ. (라) – 돌무지덧널무덤으로 도굴이 어려워 많은 껴묻거리가 출토되었다.

① ㄱ, ㄴ
② ㄱ, ㄷ
③ ㄴ, ㄷ
④ ㄴ, ㄹ
⑤ ㄷ, ㄹ

10. (가) 인물에 대한 설명으로 옳은 것은? [3점]

(가) 이/가 완산주에 이르니 백성들이 환영하고 고마움을 표하였다. 그는 인심을 얻은 것을 기뻐하여 좌우에 이르기를, "신라의 김유신이 흙먼지를 날리며 황산을 거쳐 사비에 이르러 당의 군대와 함께 백제를 공격하여 멸망시켰다. 지금 내가 감히 완산에 도읍하여 의자왕의 오랜 울분을 씻지 않겠는가."라고 하였다.

① 지방을 5방으로 정비하였다.
② 후당, 오월에 사신을 파견하였다.
③ 중앙군으로 9서당을 설치하였다.
④ 광평성 등 각종 정치 기구를 마련하였다.
⑤ 국호를 마진으로 바꾸고 철원으로 천도하였다.

11. 다음 왕의 업적으로 옳은 것은? [1점]

이제 백성들을 위해 조(租)를 수확량의 10분의 1로 하여 지나친 세금 징수를 금하고, 가난한 백성을 위해 흑창을 설치하라.

① 12목에 처음으로 지방관을 파견하였다.
② 서경을 북진 정책의 전진 기지로 삼았다.
③ 쌍기의 건의를 받아들여 과거제를 실시하였다.
④ 전시과 제도를 마련하여 관리에게 토지를 지급하였다.
⑤ 권문세족을 견제하기 위해 전민변정도감을 설치하였다.

12. 다음 글이 수록된 역사서에 대한 설명으로 옳은 것은? [3점]

중국은 반고로부터 금(金)까지이고, 우리나라는 단군으로부터 본조(本朝)까지이온데, …… 흥망성쇠의 같고 다름을 비교하여 매우 중요한 점을 간추려 운(韻)을 넣어 읊고 거기에 비평의 글을 덧붙였나 이다.

요동에 따로 한 천지가 있으니 뚜렷이 중국과 구분되어 나누어져 있도다. ……

처음 누가 나라를 열고 풍운을 일으켰던가. 하느님[釋帝]의 손자 그 이름하여 단군이라.

① 조선 왕조의 역사를 백과사전식으로 기록하였다.
② 유교 사관에 입각하여 기전체 형식으로 서술되었다.
③ 사초, 시정기 등을 바탕으로 실록청에서 편찬하였다.
④ 불교사를 중심으로 고대의 민간 설화 등이 수록되었다.
⑤ 고조선부터 충렬왕 때까지의 역사를 서사시로 정리하였다.

13. (가), (나) 인물에 대한 설명으로 옳은 것을 <보기>에서 고른 것은? [2점]

(가)	(나)

국청사를 중심으로 해동 천태종을 개창하였으며, 수행 방법으로 교관겸수를 제시하였다.	수선사 결사를 통해 불교계를 개혁하고자 하였으며, 수행 방법으로 정혜쌍수를 제시하였다.

〈보 기〉

ㄱ. (가) – 무애가를 지어 불교의 대중화에 힘썼다.
ㄴ. (가) – 불교 경전에 대한 주석서를 모아 교장(敎藏)을 편찬하였다.
ㄷ. (나) – 화엄일승법계도를 지어 화엄 사상을 정리하였다.
ㄹ. (나) – 돈오점수를 바탕으로 한 꾸준한 수행을 강조하였다.

① ㄱ, ㄴ ② ㄱ, ㄷ ③ ㄴ, ㄷ
④ ㄴ, ㄹ ⑤ ㄷ, ㄹ

14. 다음 상황 이후에 전개된 사실로 옳은 것은? [2점]

> 정지상 등이 왕에게 아뢰기를, "대동강에 상서로운 기운이 있으니 신령스러운 용이 침을 토하는 형국으로, 천 년에 한 번 만나기 어려운 일입니다. 천심에 응답하고 백성들의 뜻에 따르시어 금을 제압하소서."라고 하였다.
> – 「고려사절요」 –

① 묘청이 서경에서 난을 일으켰다.
② 강감찬이 귀주에서 거란을 크게 물리쳤다.
③ 윤관이 여진을 정벌하고 동북 9성을 쌓았다.
④ 서희가 외교 담판을 벌여 강동 6주를 획득하였다.
⑤ 이자겸이 금의 사대 요구를 수용하자고 주장하였다.

15. 밑줄 그은 '이 기구'에 대한 설명으로 옳은 것은? [2점]

> ○ 문정공 유경이 김준과 함께 최의를 죽이고 권력을 왕실에 돌려준 후에도 이 기구가 없어지지 않았다. 권세가들이 사사롭게 부르던 이름을 그대로 계속 사용한 것은 탄식할 만한 일이다.
> – 「역옹패설」 –
>
> ○ 공민왕 5년 6월 왕이 교서를 내리기를, "이 기구는 권신에 의해 설치된 것으로, 조정에서 사람들에게 관작을 주는 본의와 어긋난다. 이제 이를 영구히 폐지할 것이다."라고 하였다.
> – 「고려사」 –

① 대간으로 불리기도 하였다.
② 원 간섭기에 첨의부로 격하되었다.
③ 고려 말에 도평의사사로 명칭이 바뀌었다.
④ 최우에 의해 설치되어 인사 행정을 처리하였다.
⑤ 중서문하성의 재신과 중추원의 추밀로 구성되었다.

16. (가)에 해당하는 문화유산으로 옳은 것은? [1점]

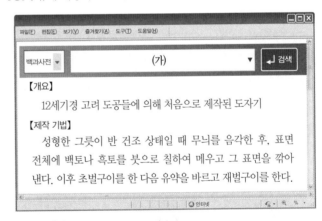

【개요】
12세기경 고려 도공들에 의해 처음으로 제작된 도자기

【제작 기법】
성형한 그릇이 반 건조 상태일 때 무늬를 음각한 후, 표면 전체에 백토나 흑토를 붓으로 칠하여 메우고 그 표면을 깎아낸다. 이후 초벌구이를 한 다음 유약을 바르고 재벌구이를 한다.

① 　② 　③

④ 　⑤

17. (가) 군사 조직에 대한 설명으로 옳은 것은? [2점]

역사 신문

제△△호 　　　　　　　　○○○○년 ○○월 ○○일

(가) , 일본에 외교 문서를 보내다

원종의 개경 환도 결정에 반발한 (가) 은/는 왕온을 왕으로 추대하고 근거지를 진도로 옮겨 남부 연안 지역을 점령하였다. 이들은 고려 정부를 자처하면서 일본에 외교 문서를 보내기도 하였다. 이러한 사실은 일본측 문서인 '고려첩장불심조조'를 통해 알 수 있다.

고려첩장불심조조
(高麗牒狀不審條條)

① 국경 지대인 양계에 설치되었다.
② 최씨 무신 정권의 군사적 기반이었다.
③ 후금과의 항쟁 과정에서 설치되었다.
④ 유사시에 향토 방위를 맡는 예비군이었다.
⑤ 거란의 침입에 대비하는 과정에서 설치되었다.

18. 다음 제도에 대한 설명으로 옳은 것을 〈보기〉에서 고른 것은? [2점]

공양왕 3년, 도평의사사에서 왕에게 글을 올려 과전을 지급하는 법을 정하기를 청하니, 왕이 이를 따랐다. …… 1품에서 산직(散職)까지를 나누어 18과(科)로 한다. …… 대체로 경성(京城)에 살면서 왕실을 보위하는 자는 시산(時散)을 따지지 않고 각각 등급에 따라 토지를 받는다.
－「고려사」－

〈보 기〉
ㄱ. 현직 관리에게 전지와 시지를 지급하였다.
ㄴ. 지급 대상 토지를 원칙적으로 경기 지역에 한정하였다.
ㄷ. 관리가 사망하면 유가족에게 수신전, 휼양전을 지급하였다.
ㄹ. 개국 공신에게 인품, 행실, 공로를 기준으로 토지를 지급하였다.

① ㄱ, ㄴ　　② ㄱ, ㄷ　　③ ㄴ, ㄷ
④ ㄴ, ㄹ　　⑤ ㄷ, ㄹ

19. (가)에 대한 설명으로 옳은 것은? [2점]

○ 올바른 것을 어기고 예의를 해침으로써 우리 고을 풍속을 무너뜨리는 자는 바로 하늘의 뜻을 거역하는 백성이다. 벌을 주지 않으려 해도 주지 않을 수 있겠는가? 이것이 바로 (가) 을/를 세우는 까닭이다.
－「퇴계집」－

○ (가) 에 가입하기를 원하는 자에게는 반드시 먼저 규약문을 보여 몇 달 동안 실행할 수 있는가를 스스로 헤아려 본 뒤에 가입하기를 청하게 한다. …… 약정(約正)은 여러 사람에게 물어서 좋다고 한 후에야 다음 모임에 참여하게 한다.
－「율곡전서」－

① 좌수, 별감을 두어 운영하였다.
② 문묘를 세워 선현에 제사를 지냈다.
③ 중앙에 설치되어 지방을 통제하였다.
④ 흥선 대원군에 의해 대폭 정리되었다.
⑤ 풍속 교화와 향촌 자치의 기능이 있었다.

20. 다음 대화를 통해 알 수 있는 사화에 대한 설명으로 옳은 것은? [3점]

① 김일손의 사초가 발단이 되었다.
② 대윤과 소윤의 권력 다툼이 계기가 되었다.
③ 도학 정치를 주장한 조광조 등이 제거되었다.
④ 위훈 삭제에 대한 훈구 세력의 반발이 원인이었다.
⑤ 동인이 남인과 북인으로 분열되는 결과를 가져왔다.

21. 밑줄 그은 '왕'의 재위 기간에 있었던 사실로 옳은 것은? [2점]

설총이 이두를 제작한 본뜻은 백성을 편리하게 하려 함이 아니겠느냐. 만일 그것이 백성을 편리하게 한 것이라면 지금의 언문(諺文)도 백성을 편리하게 하려는 것이다. 너희들이 설총은 옳다 하면서 왕이 하는 일은 그르다 하니 어찌된 것이냐. …… 내가 만일 언문으로 삼강행실(三綱行實)을 번역하여 민간에 반포하면 어리석은 백성이 모두 쉽게 깨달아서 충신·효자·열녀가 반드시 많이 나올 것이다.

① 청의 요청으로 조총 부대를 파견하였다.
② 법령을 정비하여 경국대전을 완성하였다.
③ 갑인자를 주조하여 활자 인쇄술을 발전시켰다.
④ 청과의 국경선을 정하는 백두산 정계비를 세웠다.
⑤ 군역의 부담을 줄여주기 위해 균역법을 시행하였다.

22. (가) 군사 조직에 대한 설명으로 옳은 것은? [2점]

역사 용어 사전

(가)

조선 후기 5군영 가운데 가장 먼저 설치된 것으로 훈국(訓局)이라고도 하였다. 정예 병사 양성과 기민 구제를 목적으로 양반, 공사천(公私賤) 등을 가리지 않고 병사를 모집하였다. 이들은 이전과는 달리 일정한 급료를 받고 모집된 상비군으로 직업 군인의 성격을 띠었다.

① 을묘왜변을 계기로 설치되었다.
② 순조가 즉위하면서 혁파되었다.
③ 국방상 요지인 영이나 진에 배치되었다.
④ 포수, 사수, 살수의 삼수병으로 편제되었다.
⑤ 응양군과 용호군으로 구성된 국왕의 친위 부대였다.

23. (가) 인물에 대한 설명으로 옳은 것은? [3점]

역사 통합 검색

검색어 ▾ (가) ▾ ↵ 검색

【내용】
○ 생몰 연대: 1607년~1689년
○ 호: 우암(尤庵), 우재(尤齋)
○ 활동
 – 윤휴를 사문난적이라 비판함.
 – 기축봉사를 올려 명에 대한 의리를 내세움.
 – 희빈 장씨의 소생을 원자(元子)로 정한 것을 비판하다 정권에서 밀려남.

○ 인터넷

① 집현전을 통한 유교 정치의 활성화를 꾀하였다.
② 도교 행사를 주관하던 소격서의 폐지를 주장하였다.
③ 호락논쟁에 참여하여 사람과 사물의 본성이 같다고 주장하였다.
④ 효종의 사망에 따른 자의대비의 복상 문제에 대해 기년설을 주장하였다.
⑤ 성호사설을 저술하여 자영농 육성을 위한 토지 제도 개혁론을 제시하였다.

24. 다음 상황 이후에 전개된 사실로 옳은 것은? [2점]

왜란 이후 경제적으로 막대한 타격을 받은 대마도주가 교역의 재개를 요청해 왔고, 에도 막부에서도 포로로 잡아간 조선인 일부를 보내 주면서 수교를 요청하였다. 이에 조선은 막부의 사정을 알아보고 전쟁 때 잡혀간 사람들을 데려오기 위하여 유정(사명대사)을 파견하였다.

① 신숙주가 일본에 다녀와 해동제국기를 썼다.
② 이종무가 왜구의 근거지인 대마도를 정벌하였다.
③ 계해약조가 체결되어 세견선의 입항이 허가되었다.
④ 조선 정부의 통제에 반발하여 3포 왜란이 일어났다.
⑤ 초량에 왜관이 설치되어 제한된 범위 내에서의 무역이 허용되었다.

25. (가) 왕의 업적으로 옳은 것은? [2점]

역사 신문

제△△호 ○○○○년 ○○월 ○○일

【특집】 주합루, 인재 양성의 산실

__(가)__ 이/가 창덕궁 후원에 세운 주합루에는 조선 왕의 어제(御製)·어필(御筆)과 도서(圖書)를 관리하고 정책 연구를 담당하는 기구가 있었다. 이 기구에서는 37세 이하의 당하관 중에서 뽑힌 문신들을 교육하였는데, 한 달에 두 번의 구술과 한 번의 필답으로 평가하였다. 이를 통해 배출된 대표적인 인물로는 정약용, 김조순 등이 있다.

주합루 전경

① 홍문관을 처음으로 설치하였다.
② 서얼 출신의 학자들을 검서관에 기용하였다.
③ 신진 인사를 등용하기 위해 현량과를 실시하였다.
④ 만권당을 설치하여 중국 학자들과 교류를 확대하였다.
⑤ 관학 진흥을 위해 국자감에 7재라는 전문 강좌를 개설하였다.

26. 다음 건의에 따라 실시된 제도에 대한 설명으로 옳은 것을 〈보기〉에서 고른 것은? [2점]

영의정 이원익이 아뢰기를, "각 고을에서 바치는 공물이 각 관청의 방납인에게 막혀, 물건 하나의 가격이 몇 배 또는 몇 십 배, 몇 백 배로 징수되어 그 폐해가 이미 고질화 되었고 특히 경기도가 심합니다. 지금 별도의 담당 관청을 설치하여 매년 봄·가을에 백성들에게서 쌀을 거두는데, 토지 1결마다 두 번에 걸쳐 각각 8두씩 거두어들이게 하고 담당 관청은 수시로 물가 시세를 보아 쌀을 방납인에게 지급하여 물건을 조달하도록 해야겠습니다."라고 하였다.

─────〈보 기〉─────
ㄱ. 공인이 등장하는 배경이 되었다.
ㄴ. 양반에게도 군포를 부과하였다.
ㄷ. 선혜청에서 관련 업무를 담당하였다.
ㄹ. 토지 소유자에게 결작을 부과하였다.

① ㄱ, ㄴ   ② ㄱ, ㄷ   ③ ㄴ, ㄷ
④ ㄴ, ㄹ   ⑤ ㄷ, ㄹ

27. 다음 소설이 쓰여진 시기에 볼 수 있는 모습으로 옳지 <u>않은</u> 것은? [1점]

허생은 만 금을 얻어 생각하기를 "저 안성은 기(畿)·호(湖)의 어우름이요, 삼남의 어귀렷다." 하고는 이에 머물러 살았다. 그리하여 대추, 밤, 감, 석류, 귤, 유자 등의 과실을 모두 두 배 값으로 사서 저장하였다. 허생이 과실을 몽땅 사들이자 온 나라가 잔치나 제사를 치르지 못하게 되었다. 그런지 얼마 아니 되어서 두 배 값을 받은 장사꾼들이 도리어 10배의 값을 치르고 되샀다.

① 풍속화를 그리는 화원
② 홍길동전을 읽고 있는 여인
③ 교정도감에서 회의를 하고 있는 관리
④ 시사(詩社)에서 자작시를 낭송하는 중인
⑤ 송파나루에서 산대놀이 공연을 벌이는 광대

28. (가)에 해당하는 작품으로 옳은 것은? [2점]

△△ 미술관 개관 10주년 기념

추사 김정희 특별전

〈대표 전시 작품〉

(가)

■ 기간: 2015년 ○○월 ○○일~○○일
■ 장소: △△미술관 기획 전시실

추사가 제주도에서 유배 생활을 하고 있던 중 제자 이상적이 청에서 귀한 책들을 구해다 준 것에 대한 답례로 그려준 작품이다.

①   ②

③    ④

⑤

29. (가) 화폐가 유통되던 시기의 경제 상황으로 옳지 <u>않은</u> 것은? [1점]

> 허적과 권대운 등이 (돈을 유통시키자고) 청하였다. 왕이 신하들에게 물으니, 신하들이 모두 그 편리함을 말하였다. 왕이 그대로 따르고, 호조·상평청·진휼청 등에 명하여 (가) 을/를 주조하되 돈 400문(文)을 은 1냥의 값으로 정하여 시중에 유통하게 하였다.
>
> – 「숙종실록」 –

① 벽란도에서 국제 무역이 성행하였다.
② 담배, 면화 등 상품 작물이 재배되었다.
③ 보부상이 장시를 돌아다니며 활동하였다.
④ 송상이 전국 여러 곳에 송방을 설치하였다.
⑤ 수리 시설의 확충으로 이앙법이 확산되었다.

30. (가)~(마) 문화유산에 대한 설명으로 옳지 <u>않은</u> 것은? [3점]

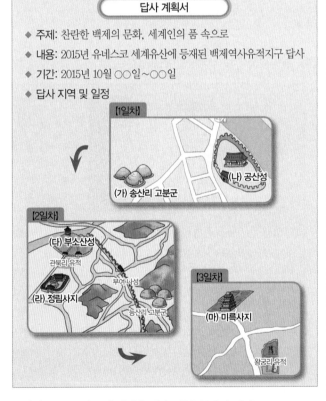

> **답사 계획서**
> ◆ 주제: 찬란한 백제의 문화, 세계인의 품 속으로
> ◆ 내용: 2015년 유네스코 세계유산에 등재된 백제역사유적지구 답사
> ◆ 기간: 2015년 10월 ○○일~○○일
> ◆ 답사 지역 및 일정
> [1일차] (가) 송산리 고분군 (나) 공산성
> [2일차] (다) 부소산성 관북리유적 (라) 정림사지 부여나성 능산리고분군
> [3일차] (마) 미륵사지 왕궁리유적

① (가) – 중국 남조의 영향을 받은 벽돌 무덤이 있다.
② (나) – 웅진 시기의 궁궐터가 남아 있다.
③ (다) – 왕궁의 배후 산성이었다.
④ (라) – 백제 금동 대향로가 출토되었다.
⑤ (마) – 금제 사리 봉안기가 발견되었다.

31. (가)~(라) 사건을 일어난 순서대로 옳게 나열한 것은? [3점]

> (가) 조선 주재 일본 공사인 미우라 고로가 일본 군대와 낭인들을 건청궁에 난입시켜 왕비를 시해하였다.
>
> (나) 시모노세키 조약 체결 직후, 러시아·프랑스·독일의 주일 공사가 외무성을 방문하여 하야시 타다스 외무 차관에게 랴오둥 반도를 청에 돌려줄 것을 요구하였다.
>
> (다) 심순택 등이 왕을 알현하여 여러 차례 황제로 즉위할 것을 진언하였고, 성균관 유생들의 상소도 이어지면서, 왕은 아홉 번의 사양 끝에 이를 수용하였다.
>
> (라) 러시아 장교 4명과 수병(水兵) 100여 명이 공사관 보호를 명목으로 한성에 들어왔고, 왕과 왕태자는 다음날 이른 아침 궁녀의 가마를 타고 위장하여 러시아 공사관으로 처소를 옮겼다.

① (가) – (나) – (다) – (라)   ② (가) – (나) – (라) – (다)
③ (나) – (가) – (다) – (라)   ④ (나) – (가) – (라) – (다)
⑤ (다) – (라) – (가) – (나)

32. (가) 신문에 대한 설명으로 옳은 것은? [2점]

박문국에서 (가) 이/가 발행되고 있다고 하네. 외국 소식까지 번역하여 기사를 싣는다고 하지?

그렇다네. 한 달에 세 번씩 발간되는데, 기사 가운데 절반 이상이 외국에 관한 것일 정도로 변화하는 세상의 형세를 잘 보여준다고 하네.

① 천도교의 기관지로 발행되었다.
② 정부가 발행하는 순한문 신문이었다.
③ 신문지법의 적용을 받아 폐간되었다.
④ 시일야방성대곡이라는 논설을 실었다.
⑤ 국채 보상 운동을 확산시키는 데 기여하였다.

33. (가) 사건에 대한 설명으로 옳은 것은? [2점]

전에는 개화당을 꾸짖는 자도 많이 있었으나, 오히려 개화가 이롭다는 것을 말하면 듣는 사람들도 감히 크게 꺾으려 들지는 않았다. 그런데 김옥균 등이 주도한 [(가)] 을/를 겪은 뒤부터 조야(朝野)에서 모두 말하기를, "이른바 개화당이라고 하는 자들은 충의를 모르고 외국인과 연결하여 나라를 팔고 종사(宗社)를 배반하였다."라고 하고 있다.

① 한성 조약이 체결되는 계기가 되었다.
② 구본신참을 개혁의 원칙으로 표방하였다.
③ 흥선 대원군이 청에 납치되는 원인이 되었다.
④ 부산, 원산, 인천이 개항되는 결과를 가져왔다.
⑤ 김윤식을 청에 영선사로 파견하는 배경이 되었다.

34. 밑줄 그은 '그들'에 대한 설명으로 옳은 것은? [1점]

<u>그들</u>의 통문에는 대개 "벌레같은 왜적들이 날뛰어 수도를 침범하고, 임금의 위태로움이 눈앞에 이르렀으니, …… 어찌 한심스럽지 않겠습니까? 그러므로 각 접(接)들은 힘을 합하여 왜적을 쳐야겠습니다."라고 적혀 있습니다. 그리고 녹두라고 불리는 자가 전라도 병력 수십만 명을 이끌고 공주 삼리에 이르러 진을 치고 보은의 병력과 서로 호응하고 있으므로 그 기세가 갑자기 확대되었습니다.

① 탁지부에서 국가 재정을 전담할 것을 주장하였다.
② 유계춘을 중심으로 봉기하여 진주성을 점령하였다.
③ 일본의 황무지 개간권 요구 반대 운동을 전개하였다.
④ 홍경래의 주도로 난을 일으켜 선천, 정주 등을 장악하였다.
⑤ 보국안민을 내세우며 우금치에서 관군 및 일본군에 맞서 싸웠다.

35. 밑줄 그은 '이 단체'에 대한 설명으로 옳은 것은? [2점]

미국에서 귀국한 안창호가 대한매일신보 주필인 양기탁과 함께 이 단체를 조직했다는군.

양기탁이 총감독을 맡고, 안창호가 신입 회원들의 자격을 심사하는 집행원을 맡았다고 하네.

① 연통제를 통해 독립 운동 자금을 모았다.
② 파리 강화 회의에 독립 청원서를 제출하였다.
③ 대성 학교와 오산 학교를 세워 민족 교육을 실시하였다.
④ 관민 공동회를 개최하여 정부에 헌의 6조를 건의하였다.
⑤ 고종 강제 퇴위 반대 운동을 주도하다가 통감부에 의해 해산되었다.

36. (가) 인물에 대한 설명으로 옳은 것은? [1점]

일본 미야기 현에 위치한 다이린 사(大林寺)에는 하얼빈 의거로 뤼순 감옥에 수감되었던 [(가)] 의 유묵비가 세워져 있다. 이 비석에 새겨진 글인 '위국헌신군인본분(爲國獻身軍人本分)'은 '나라를 위하여 몸을 바치는 것은 군인의 본분이다.'라는 뜻으로 그가 사형장으로 향하기 직전, 헌병 간수였던 지바 도시치의 간청으로 써 준 것이라고 한다. 지바 도시치는 고향으로 돌아와 세상을 떠날 때까지 그의 위패를 사찰에 모셔 두고 넋을 기렸다. 이는 그를 가까이에서 지켜보았던 한 일본인의 존경심이 어느 정도였는지 잘 보여준다.

① 일본 국왕이 탄 마차 행렬에 폭탄을 던졌다.
② 한국 침략의 원흉인 이토 히로부미를 사살하였다.
③ 대한제국의 외교 고문이었던 스티븐스를 저격하였다.
④ 명동 성당 앞에서 이완용을 습격하여 중상을 입혔다.
⑤ 홍커우 공원에서 일본군 장성과 고관들을 처단하였다.

37. 밑줄 그은 '만세 운동'에 대한 설명으로 옳은 것은? [2점]

사진은 고종의 인산(因山) 행렬 모습입니다. 손병희 등 종교계 인사들과 학생 대표들은 고종의 인산일을 즈음하여 많은 군중이 모일 것으로 예상하고 대규모 만세 운동을 추진하였습니다.

① 105인 사건의 원인이 되었다.
② 대한매일신보의 후원으로 전국적으로 확산되었다.
③ 일제가 이른바 문화 통치를 실시하는 계기가 되었다.
④ 연해주에서 대한 광복군 정부가 수립되는 배경이 되었다.
⑤ 시위를 준비하는 과정에서 사회주의자들이 대거 검거되었다.

38. 다음 가상 뉴스의 보도 내용이 나타난 시기를 연표에서 옳게 고른 것은? [3점]

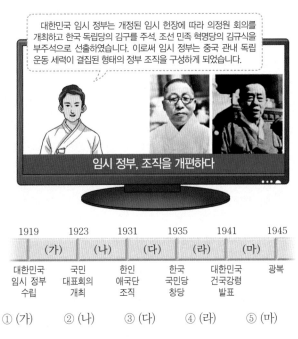

대한민국 임시 정부는 개정된 임시 헌장에 따라 의정원 회의를 개최하고 한국 독립당의 김구를 주석, 조선 민족 혁명당의 김규식을 부주석으로 선출하였습니다. 이로써 임시 정부는 중국 관내 독립 운동 세력이 결집된 형태의 정부 조직을 구성하게 되었습니다.

임시 정부, 조직을 개편하다

1919		1923		1931		1935		1941		1945
	(가)		(나)		(다)		(라)		(마)	
대한민국 임시 정부 수립		국민 대표회의 개최		한인 애국단 조직		한국 국민당 창당		대한민국 건국강령 발표		광복

① (가) ② (나) ③ (다) ④ (라) ⑤ (마)

39. (가) 단체에 대한 설명으로 옳은 것은? [2점]

오늘은 일제 강점기 항일 무장 단체를 소개하는 시간입니다. 이 자료에 대한 설명 부탁드립니다.

이것은 일제 경찰이 작성한 감시 대상 인물 카드 중 하나로 (가) 단원들의 사진이 실려 있습니다. 조선 총독부에 폭탄을 투척하였던 김익상과 단장인 김원봉의 모습이 눈에 띕니다.

① 중·일 전쟁 발발 직후에 조직되었다.
② 조선 혁명 선언을 활동 강령으로 삼았다.
③ 고종의 밀지를 받아 결성된 비밀 무장 단체였다.
④ 중국군과 함께 쌍성보 전투에서 큰 전과를 올렸다.
⑤ 미군의 지원을 받아 국내 진공 작전을 계획하였다.

40. (가) 종교에 대한 설명으로 옳은 것은? [2점]

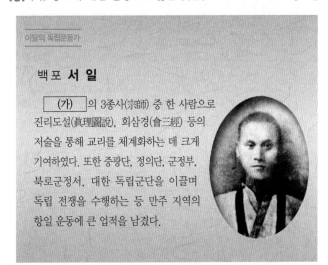

이달의 독립운동가

백포 서 일

(가) 의 3종사(宗師) 중 한 사람으로 진리도설(眞理圖說), 회삼경(會三經) 등의 저술을 통해 교리를 체계화하는 데 크게 기여하였다. 또한 중광단, 정의단, 군정부, 북로군정서, 대한 독립군단을 이끌며 독립 전쟁을 수행하는 등 만주 지역의 항일 운동에 큰 업적을 남겼다.

① 위정척사를 내세워 영남 만인소를 올렸다.
② 배재 학당을 세워 신학문 보급에 기여하였다.
③ 경향신문을 발행하여 민중 계몽을 위해 노력하였다.
④ 단군 숭배 사상을 전파하여 민족 의식을 고취하였다.
⑤ 어린이 등의 잡지를 발간하여 소년 운동을 주도하였다.

41. 밑줄 그은 '이곳'에서의 민족 운동으로 옳은 것은? [2점]

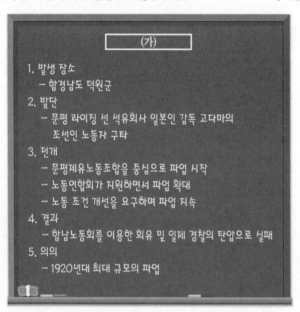

갤릭호를 타고 태평양을 건너 이곳에 온지도 10년이 넘었네. 사탕수수 밭에서 일하는 게 정말 힘들구먼

그래도 대한인 국민회가 독립 운동을 하면서 우리의 권익도 보호해 주고 있으니 위안이 되네.

① 권업회를 세우고 신문을 발행하였다.
② 한인 자치 기관인 경학사를 설치하였다.
③ 대조선 국민 군단을 결성하고 군사 훈련을 실시하였다.
④ 서전서숙, 명동 학교를 설립하여 민족 교육을 실시하였다.
⑤ 조선 청년 독립단을 조직하고 2·8 독립 선언서를 발표하였다.

42. (가) 사건에 대한 설명으로 옳은 것은? [3점]

(가)

1. 발생 장소
   - 함경남도 덕원군
2. 발단
   - 문평 라이징 선 석유회사 일본인 감독 고다마의 조선인 노동자 구타
3. 전개
   - 문평제유노동조합을 중심으로 파업 시작
   - 노동연합회가 지원하면서 파업 확대
   - 노동 조건 개선을 요구하며 파업 지속
4. 결과
   - 함남노동회를 이용한 회유 및 일제 경찰의 탄압으로 실패
5. 의의
   - 1920년대 최대 규모의 파업

① 암태도 소작 쟁의에 영향을 주었다.
② 비합법적 노동 조합을 중심으로 전개되었다.
③ 일본 상품의 관세가 철폐되는 계기가 되었다.
④ 조선 노농 총동맹이 창립되는 결과를 가져왔다.
⑤ 일본, 프랑스 등의 노동 단체로부터 격려 전문을 받았다.

43. 밑줄 그은 '이 단체'에 대한 설명으로 옳은 것은? [1점]

이 단체는 1927년 2월 '민족 유일당 민족 협동 전선'이라는 기치 아래 비타협적 민족주의 진영과 사회주의 진영이 제휴하여 창립한 단체이다. 창립 총회에서 이상재를 회장으로 선출하였고, 창립 10개월 만에 지회가 100개를 돌파할 정도로 성장하였다.

① 우리말 큰사전 편찬 사업을 추진하였다.
② 구미 위원부를 설치하여 외교 활동을 전개하였다.
③ 조소앙의 삼균주의를 기초로 기본 강령을 발표하였다.
④ 토지 개혁 실시를 포함한 좌·우 합작 7원칙을 제시하였다.
⑤ 광주 학생 항일 운동의 진상 보고를 위한 민중 대회를 계획하였다.

44. 다음 글을 쓴 인물에 대한 설명으로 옳은 것은? [2점]

내가 세상에 태어난 이후 목격한 최근의 역사는 힘써 볼 만한 일이다. 이에 갑자년(1864)부터 신해년(1911)에 이르기까지 3편 114장을 지어 통사(痛史)라 이름 하니 감히 정사(正史)를 자처하는 것은 아니다. 다행히 우리 동포들이 국혼(國魂)이 담겨 있는 것임을 인정하여 버리거나 내던지지 않기를 바랄 뿐이다.

① 조선사 편수회에 들어가 조선사 편찬에 참여하였다.
② 진단 학회에 참여하여 진단 학보 발간에 기여하였다.
③ 한국독립운동지혈사에서 독립 투쟁 과정을 서술하였다.
④ 독사신론을 발표하여 민족을 역사 서술의 중심에 두었다.
⑤ 조선사회경제사에서 식민주의 사학의 정체성 이론을 반박하였다.

45. 밑줄 그은 '이 운동'에 대한 설명으로 옳지 <u>않은</u> 것은? [2점]

사진은 이 운동을 홍보하기 위해 시가 행진을 하는 모습이다. 이 운동을 주도했던 단체는 창립 총회에서 다음의 활동 지침을 정하였다.

첫째, 조선인의 산업적 지능을 계발하여 산업을 장려한다.
둘째, 조선인의 산품(産品)을 애용하여 산업을 융성하게 한다.

① 일제의 회사령 폐지에 영향을 받았다.
② 김광제, 서상돈 등의 발의로 본격화되었다.
③ 평양에서 시작되어 전국적으로 확산되었다.
④ 산업 육성을 통한 민족의 실력 양성을 도모하였다.
⑤ 사회주의자들로부터 자본가의 이익만을 우선시한다고 비판받았다.

46. 밑줄 그은 '석도'에 대한 설명으로 옳은 것은? [2점]

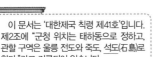

이 문서는 '대한제국 칙령 제41호'입니다. 제2조에 "군청 위치는 태하동으로 정하고, 관할 구역은 울릉 전도와 죽도, 석도(石島)로 한다."라고 기록되어 있습니다.

① 프랑스가 병인박해를 구실로 침략하였다.
② 영국이 러시아를 견제하기 위해 점령하였다.
③ 일본이 러·일 전쟁 중에 불법적으로 편입하였다.
④ 러시아가 저탄소 설치를 위해 조치를 요구하였다.
⑤ 일본이 안봉선 철도 부설권을 얻는 대가로 청에 귀속시켰다.

47. 다음 성명서가 발표되었던 시기를 연표에서 옳게 고른 것은? [3점]

......
2. 남북 제 정당 사회 단체 지도자는 우리 강토에서 외국 군대가 철거한 이후에 내전이 발생될 수 없다는 것을 확인하며, 또한 그들은 통일에 대한 조선 인민의 지망(志望)에 배치되는 어떠한 무질서의 발생도 용허(容許)하지 않을 것이다.
......
4. 천만여 명 이상을 망라한 남조선 제 정당 사회 단체들이 남조선 단독 선거를 반대하느니만큼 유권자 수의 절대 다수가 반대하는 남조선 단독 선거는 설사 실시된다 하여도 절대로 우리 민족의 의사를 표현하지 못할 것이며 다만 기만(欺瞞)에 불과한 선거가 될 뿐이다.

① (가) ② (나) ③ (다) ④ (라) ⑤ (마)

48. (가), (나) 사이의 시기에 있었던 경제 상황으로 옳은 것은? [2점]

(가) 저금리, 저유가, 저달러의 3저 호황으로 3년 동안 매년 10% 이상의 높은 경제 성장률을 기록하였다.

(나) 외환 위기로 인해 국제 통화 기금(IMF)으로부터 구제 금융 지원을 받았다. 이로 인해 국가 부도는 모면하였으나 기업 구조 조정, 대규모의 실업 등이 발생하였다.

① 경제 협력 개발 기구(OECD)에 가입하였다.
② 칠레와 자유 무역 협정(FTA)을 체결하였다.
③ 미국의 경제 원조로 소비재 산업이 발달하였다.
④ 제3차 경제 개발 계획으로 중화학 공업이 육성되었다.
⑤ 개성 공단 건설을 통해 남북 간 경제 교류가 이루어졌다.

49. 다음과 같은 헌법 개정의 결과로 옳은 것은? [2점]

개헌안에 대한 국회 표결 결과, 재적 의원 203명, 재석 의원 202명, 찬성 135표, 반대 60표, 기권 7표였다. 이것은 헌법 개정에 필요한 의결 정족수(재적 의원의 3분의 2 이상)인 136표에 1표가 부족한 135표 찬성이므로 부결된 것이었다. 그러나 자유당 간부회는 재적 의원 203명의 3분의 2는 135.333…이므로 이를 사사오입하면 135명이 개헌 정족수가 된다고 주장하였다. 이들은 이 주장을 자유당 의원 총회에서 채택하고, 국회에서 야당 의원들이 퇴장한 가운데 '번복 가결 동의안'을 상정하여 통과시켰다.

① 국회의원의 임기가 6년으로 정해졌다.
② 정부 형태가 내각 책임제로 바뀌게 되었다.
③ 초대 대통령에 한해 중임 제한이 철폐되었다.
④ 대통령이 국회의원의 3분의 1을 추천하게 되었다.
⑤ 임기 7년 단임의 대통령 간접 선거를 실시하게 되었다.

50. 다음 민주화 운동에 대한 설명으로 옳은 것은? [1점]

4월 13일에 대통령은 개헌에 대한 정치권의 합의가 이루어지지 않았다는 것을 구실로 헌법을 그대로 유지한 채 선거를 치르겠다고 발표하였다. 이에 반발한 시민들은 민주 헌법 쟁취 국민 운동 본부를 중심으로 '호헌 철폐, 독재 타도' 등의 구호를 외치며 시위를 전개하였다.

① 허정 과도 정부 성립의 배경이 되었다.
② 양원제 국회가 출현하는 결과를 가져왔다.
③ 신군부의 비상 계엄 확대에 반대하여 일어났다.
④ 관련 기록물이 유네스코 세계유산에 등재되었다.
⑤ 직선제 개헌을 약속한 6·29 민주화 선언을 이끌어냈다.

한국사능력검정시험 고급

38~29회

정답 및 해설

01. ⑤	02. ③	03. ①	04. ①	05. ④
06. ⑤	07. ④	08. ①	09. ③	10. ④
11. ③	12. ⑤	13. ⑤	14. ③	15. ④
16. ①	17. ①	18. ⑤	19. ②	20. ④
21. ④	22. ④	23. ②	24. ④	25. ②
26. ④	27. ①	28. ④	29. ③	30. ⑤
31. ②	32. ④	33. ①	34. ④	35. ②
36. ①	37. ②	38. ③	39. ④	40. ④
41. ①	42. ④	43. ②	44. ④	45. ①
46. ④	47. ①	48. ②	49. ③	50. ⑤

01. 답 ⑤

출제자의 눈

연천 전곡리에서 발견된 주먹도끼를 통해 구석기 시대임을 파악한다.

자료 속 힌트 연천 전곡리, 아슐리안형 주먹도끼

해설

자료에 제시된 주먹도끼(아슐리안형 주먹도끼)는 ㈎ 구석기 유물이다. 구석기인들은 사냥과 채집생활을 하였는데, 구석기의 대표적인 도구는 뗀석기로써 주먹도끼, 찍개, 팔매돌과 같은 사냥도구와 긁개, 밀개와 같은 조리도구 등이 있었다. 구석기인들은 대체로 먹이를 찾아 이동 생활을 하며 지냈으며 동굴이나 바위 그늘에서 생활하였는데, 후기에 이르러서는 담 자리 및 불 땐 자리가 발견됨에 따라 강가의 막집에서 거주하였음을 알 수 있다.

아슐리안형 주먹도끼

1978년 경기도 연천 전곡리에서 아슐리안형 주먹도끼가 미군병사에 의해 우연히 발견 발견되었는데, 이로 인하여 연천 전곡리가 구석기 유적지임이 확인되었다.

⑤ 구석기 시대 초기에 동굴이나 바위 그늘, 후기에는 막집에 일시적으로 거주하였다.

오답 check

① 후기 청동기·초기 철기 시대에 거푸집을 사용하여 우리 민족의 독자적인 청동기 문화를 만들었다.
② 고인돌은 청동기 시대의 대표적 무덤양식이다.
③ 반달돌칼은 청동기 시대에 벼를 수확하기 위한 추수도구이다.
④ 신석기 시대에는 가락바퀴와 뼈바늘을 사용하여 의복과 그물을 제작하는 등의 원시적 수공업이 발달하였다.

02. 답 ③

출제자의 눈

쿠데타로 정권을 잡은 연개소문을 통해 7세기 고구려의 정세를 확인할 수 있다.

자료 속 힌트

해설

자료는 연개소문의 정변을 나타낸 것이다.
수나라의 침략(612, 살수대첩)을 막아낸 고구려는 이어 건국된 당나라(618)의 침략을 대비하여 고구려는 천리장성을 축조하였는데(631~647, 부여성~비사성), 연개소문은 천리장성의 축조를 감독하면서 요동 지방의 군사력을 장악하여 정권을 잡을 수 있었다. 연개소문은 정변을 일으켜 당시 친당정책을 펼친 영류왕을 폐위시켰고, 보장왕을 옹립하였다. 연개소문은 대막리지로 승진하여 정권을 장악하였으며 당에 대하여 강경책을 추진하였다.

안시성 전투(645)

연개소문은 정변을 일으켜 보장왕을 옹립하고 정권을 장악하여 당에 대하여 강경책을 추진하였다. 결국 644년 당태종은 고구려 정벌을 선포하였고, 당 태종은 직접 대군을 이끌고 고구려를 침략하였다. 고구려는 요동성, 개모성, 비사성이 정복당하는 등 어려움을 겪었으나, 곧 양만춘은 안시성에서의 전투를 승리로 이끌며(645) 당군을 물리쳤다.

03. 답 ①

출제자의 눈

연맹국가의 풍속을 통해 부여와 고구려를 파악할 수 있다.

자료 속 힌트 12월, 소를 잡아서 그 발굽으로, 큰 산과 깊은 골짜기, [신랑이] 신부의 집에 가서 살다가

해설

㈎ 부여는 왕 아래에 가축의 이름을 딴 마가, 우가, 저가, 구가를 두었고, 각 가들은 저마다의 행정 구획인 사출도를 다스리고 있었다(5부족 연맹체). 부여는 12월에 영고라는 제천행사를 지냈으며, 순장, 연좌제, 1책 12법, 우제점법, 형사취수제 등이 있었다. 부여는 왕권이 미약하여 수해나 한해로 흉년이 들면 왕에게 책임을 묻기도 하였다.
㈏ 고구려는 부여 계통의 이주민인 주몽이 동가강 유역의 졸본(환인)지방에 건국하였다(기원전 37). 5부족 연맹체로 왕 밑의 상가·고추가 등 대가(독립족장)들이 사자·조의·선인 등 관리를 두었다. 고구려는 대부분 산악지대로 식량 부족 때문에 약탈 경제가 발달하였다. 법률이 엄격하여 중대한 범죄자는 제가회의를 통하여 사형에 처하고 그 가족을 노비로 삼기도 하였고, 데릴사위제의 혼인 풍속인 서옥제가 있었다. 10월에 제천행사인 동맹을 국동대혈에서 지냈다.
① 부여는 왕 아래에 가축의 이름을 딴 마가, 우가, 저가, 구가를 두었고, 각 가들은 저마다의 행정 구획인 사출도를 다스리고 있었다.

② 신라는 박·석·김의 3부족이 연맹하여 그 연맹장을 3부족에서 교대로 선출하게 될 때에 연맹장이란 의미에서 이사금을 칭하였다.

③ 동예는 10월에 무천이라는 제천행사를 성대하게 열었으며 단궁, 과하마, 반어피 등이 특산품으로 유명하였다.

④ 동예는 부족적 성격이 강하였기 때문에 부족의 영역을 침범하지 못하게 하는 책화라는 제도가 있었는데, 만약 다른 부족을 침범하게 되면 노비 또는 소나 말로 변상하게 하였다.

⑤ 삼한의 소도는 군장세력이 미치지 못하는 신성 지역으로 제사장인 천군이 따로 지배하였다.

참고 연맹국가의 특징

국가	특징
부여	5부족 연맹체(사출도), 영고(12월), 우제점법, 순장, 1책12법, 연좌제, 반농반목
고구려	5부족 연맹체, 동맹(10월, 국동대혈), 약탈 경제, 서옥제, 제가회의
동예	군장국가(읍군·삼로), 무천(10월), 책화, 족외혼, 해산물 풍부, 토지 비옥, 방직기술 발달, 특산품(단궁·과하마·반어피)
삼한	신지·견지(大족장), 읍차·부례(小족장), 5월·10월 계절제, 제정분리, 천군(제사장)이 소도 지배, 벼농사 중심, 변한의 철(화폐처럼 사용, 낙랑·왜 수출), 반움집

04. 답 ①

 출제자의 눈

자료를 통하여 원효를 파악하고 그의 활동을 알아본다.

자료 속 힌트 자(子) 설총, 무애가, 불교 대중화, 일심사상

해설

㈎ 원효는 당나라 유학길에 깨달음을 얻고 돌아와 불교의 대중화에 힘썼다. 원효는 불교의 사상적 이해의 기준을 확립하기 위하여 대승기신론소와 금강삼매경론을 저술하였고, 모든 것이 한마음에서 나온다는 일심사상(화쟁사상)을 바탕으로 종파 간의 사상적 대립을 조화하려 노력하였다. 또한, 불교의 분파 의식을 극복하기 위해 십문화쟁론을 저술하기도 하였다. 원효는 불교의 대중화를 위하여 자신이 직접 아미타 신앙을 전도하였고, 정토종을 보급하였으며, 법성종을 개창하였다. 또한, 불교의 대중화를 위하여 불교가요인 무애가를 지었고 아미타 신앙을 전도하였다.

① 원효는 불교의 사상적 이해의 기준을 확립하기 위하여 대승기신론소와 금강삼매경론을 저술하였다.

참고 원효(소성거사)

국가	특징
일체유심조	'모든 것이 마음에서 만들어 내는 것'이라는 깨달음
화쟁사상	일심사상, 십문화쟁론, 불교 이해(대승기신론소, 금강삼매경론)
불교의 대중화	아미타 신앙(정토종 보급), 법성종 개창, 무애가

② 원광은 세속 5계를 통해 화랑도의 행동 규범을 제시하였다.

③ 의상은 불교의 화엄경을 근본 경전으로 하여 화엄사상을 정립하였고, 화엄일승법계도를 남겼다.

④ 통일신라 혜초는 자신이 돌아본 인도와 중앙아시아 등 여러 나라의 풍물을 생생히 기록한 왕오천축국전을 남겼다.

⑤ 7세기 신라 선덕여왕 때 승려 자장은 황룡사 9층 목탑의 건립을 왕에게 건의하여 건립하였다(643).

05. 답 ④

 출제자의 눈

무덤 양식의 그림과 설명을 통해 돌무지덧널무덤과 굴식돌방무덤의 내용을 파악할 수 있다.

자료 속 힌트 돌무지, 나무덧널, 널길, 널방

해설

㈎ 돌무지덧널무덤. 돌무지덧널무덤은 도굴이 어려워 껴묻거리가 대부분은 보존되어 있으며, 벽화는 발견되지 않는다. 돌무지덧널무덤은 나무널을 만든 후 그 보다 큰 덧널을 만들고, 그 위에 돌을 쌓은 다음 봉분을 덮어 완성하였다. 대표적 고분으로는 천마총과 호우총, 황남대총 등이 있다.

㈏ 굴식돌방무덤. 굴식돌방무덤 양식은 돌로 1개 이상의 방을 만들고 그것을 통로로 연결하여 그 위에 흙으로 덮어 봉분을 만든 것으로, 일반적으로 앞방과 널방으로 구분하고 벽에 그림을 그려 넣기도 하였다. 천장은 모줄임 방식을 사용하였고, 도굴이 용이하여 부장품은 거의 존속하지 않는다.

④ 굴식돌방무덤은 앞방과 널방으로 구분하고 벽에 그림을 그려 넣기도 하였는데 고구려 강서고분의 사신도가 대표적이다.

① 굴식돌방무덤의 천장은 모줄임 방식을 사용하였다.

② 통일신라는 굴식돌방무덤을 만들었으며 봉토 주위를 둘레돌로 두르고 12지 신상을 조각하는 독특한 양식을 볼 수 있는데 김유신 묘가 대표적이다.

③ 황남대총은 서역유물이 발견된 신라의 돌무지덧널무덤으로 당시 신라와 서역인과의 교류사실을 알 수 있다.

⑤ 무령왕릉은 널방을 벽돌로 쌓은 벽돌무덤으로, 이곳에서 무령왕과 왕비의 무덤을 알리는 지석이 발견되어 당시 백제가 중국 남조와 교류했음을 알 수 있다.

참고 고대 고분 양식

국가	특징
고구려	장군총(돌무지무덤), 강서고분(굴식돌방무덤), 무용총(굴식돌방무덤)
백제	석촌동고분(돌무지무덤), 송산리고분(굴식돌방무덤), 무령왕릉(벽돌무덤), 능산리고분(굴식돌방무덤)
신라	천마총(돌무지덧널무덤), 호우총(돌무지덧널무덤)
통일신라	김유신묘(굴식돌방무덤), 성덕대왕릉(굴식돌방무덤)
발해	정혜공주묘(굴식돌방무덤), 정효공주묘(벽돌무덤)

06. 답 ⑤

자료 속 힌트 김구해, 무력, [법흥]왕

해설

김구해가 신라의 법흥왕에게 투항하는 내용을 통하여 ㈎ 김해의 금관가야를 나타내고 있음을 알 수 있다. 3C경 김해 지역에서 연맹국가로 발전하였던 금관가야는 제철 기술이 뛰어났으며, 낙랑과 왜의 규슈지방을 연결하는 해상 중계 무역이 번성하였다. 금관가야는 신라 법흥왕에 의하여 연맹국가 단계에서 멸망하였다(532).
⑤ 판갑옷은 옛 가야 연맹체의 중심지인 김해와 고령 등지에서 출토되었다.

참고 가야의 유적 및 유물

국가	특징
고분	김해의 대성동 고분(금관가야), 고령의 지산동 고분(대가야)
유물	금동관, 철제 무기와 갑옷, 수레형토기, 철 장식 등
문헌	가락국기(고려 문종, 현존X), 삼국유사(충렬왕, 일연)

오답 check

① 고구려의 연가7년명 금동여래입상은 평양의 승려들이 천불(千佛)을 조성하여 세상에 유포시키고자 만든 것으로, 광배 뒤에 연가(延嘉) 7년을 새겨 놓았다.
② 백제의 금동대향로는 신선들이 사는 이상 세계를 형상화하였고, 용과 봉황, 연꽃, 그리고 신선이 산다고 하는 삼신산의 74개 봉우리를 표현하였는데, 백제의 도교적 성격을 엿볼 수 있다.
③ 신라 호우총에서 출토된 호우명 그릇으로 바닥에 "廣開土地好太王"이라는 글씨가 새겨져 있어 당시 신라와 고구려의 활발했던 교류사실을 살펴볼 수 있다.
④ 백제 4세기 근초고왕은 일본의 큐슈 지방에까지 진출하여 왜의 왕에게 칠지도를 하사하는 등 활발한 대외 활동을 전개하였다.

07. 답 ④

자료 속 힌트 장수왕, 평양, 백제를 공격, 백제왕 경(慶)

해설

㈎ 장수왕의 평양성 천도(427). 장수왕은 평양으로 수도를 천도하여 본격적인 남진 정책을 추진하였다(427).
㈏ 장수왕의 백제 공격(475). 거련은 장수왕의 휘(본명)이고, 경은 개로왕의 휘이다.

장수왕과 개로왕

고구려 장수왕은 평양으로 천도하여 남진정책을 추진하였는데, 한강 전 지역을 포함하여 죽령 일대에서 남양만을 연결하는 선까지 세력을 넓혔고 백제는 웅진으로 천도한 후 나제동맹을 강화하였다(493). 백제의 개로왕은 고구려의 남진 정책을 견제하기 위해 중국 북조의 북위에 국서를 보내 원병을 요청하기도 하였으나(472), 장수왕의 공격으로 아차산성에서 전사하였다(475).

④ 백제의 개로왕은 북조의 북위에 국서를 보내 원병을 요청하였다(472).

오답 check

① 고구려 광개토대왕은 보병과 기병 5만을 보내 신라에 침입한 왜를 격퇴하였다(400).
② 6세기 신라 진흥왕은 인재를 양성하기 위하여 청소년 집단이었던 화랑도를 국가적인 조직으로 개편하였다.
③ 4세기 고구려 소수림왕은 전진의 승려 순도가 가져온 불상과 경문을 받아들여 불교를 공인하여 사상을 통합하였다.
⑤ 4세기 백제 근초고왕은 황해도 지역을 놓고 고구려와 대결하였는데 평양성까지 진격하여 고구려 고국원왕을 전사시켰다(371).

08. 답 ①

자료 속 힌트 관료전을 지급, 녹읍을 폐지, 정전을 나누어, 녹봉을 없애고 다시 녹읍을

해설

㈎ 통일신라 신문왕은 왕권을 강화하기 위하여 문무 관리에게 관료전을 지급하였다(687).
㈏ 통일신라 신문왕은 귀족 세력의 기반이 되었던 녹읍을 폐지하여 왕권을 강화하였다(689).
㈐ 신라 성덕왕은 농민에게 정전을 지급하여 국가의 토지지배권을 강화하였다(722).
㈑ 경덕왕 때 귀족 세력이 강성해져 진골 귀족에게 다시 녹읍을 지급하였다(757).

통일신라의 토지제도 변화

신라 초기 (식읍·녹읍 지급)	→	신문왕 (687. 관료전 지급)	→	성덕왕 (722. 정전 지급)	→	경덕왕 (757. 녹읍 부활)

- 식읍 : 국가에서 왕족, 공신 등에게 지급한 토지와 가호(조세수취권 + 노동력 징발권)
- 녹읍 : 관료 귀족에게 지급한 일정 지역의 토지(조세수취권 + 노동력 징발권)
- 관료전 : 관료에게 관직 복무의 대가로 수조권을 지급한 토지(조세수취권만 지급)
- 정전 : 국가에서 백성에게 지급한 토지(국가의 토지 지배권 강화)

09. 답 ③

출제자의 눈

대흠무, 정혜·정효 공부 등을 통하여 발해 문왕의 재위 시기임을 짐작할 수 있다.

자료 속 힌트 대흠무, 정혜공주, 정효공주

해설

대흠무(발해 문왕)와 그의 딸 정혜공주·정효공주 등을 통하여 발해 문왕을 파악할 수 있다. 발해는 건국 초부터 당·신라와 적대관계였으나 문왕(737~793) 때 친선관계로 변화하였다. 문왕은 당과 친선관계를 체결하여 상설 교통로를 개설하였는데, 중국도와 신라도를 통하여 이를 짐작할 수 있다. 문왕은 수도를 중경에서 상경으로 천도하였으며, 중국과 대등한 위치에 있음을 알리기 위하여 대흥이라는 독자적인 연호를 사용하여 그 세력을 과시하였다.
③ 발해 문왕 때 통치의 편의를 위해 수도를 중경에서 상경으로 천도하였다.

참고 발해의 발전

왕	내용
고왕	대조영, 길림성의 동모산에서 건국(698), '천통'
무왕	북만주 일대 장악, 요서·산둥 지방 공격(장문휴의 수군), 돌궐·일본과 연결하여 당·신라 견제, '인안'
문왕	당과 친선 관계, 중경에서 상경으로 천도, 신라도, 주자감 설치, '대흥'
선왕	대부분의 말갈족 복속, 요동 진출, 해동성국, 15부 62주 정비, '건흥'

오답 check

① 발해는 무왕 때 인안이라는 독자적인 연호를 사용하여 국가의 강대함을 나타내었다.
② 발해 무왕은 일본과 유대를 강화하여 신라를 견제하고 당을 공격하기 위해 장문휴의 수군으로 하여금 당의 요서지방과 산둥 반도에 위치한 등주(덩저우)를 공격하였다.
④ 당은 흑수 말갈을 이용하여 발해를 견제하고자 하였고, 발해 무왕은 동생 대문예로 하여금 정벌케 하였다.
⑤ 발해 고왕(대조영)은 길림성의 동모산에서 발해를 건국하였다(698).

10. 답 ④

출제자의 눈

지도의 9주와 설명을 통해 통일신라의 행정구역임을 확인할 수 있다.

해설

통일신라 신문왕은 전국을 9주 5소경으로 나누어 지방 행정구역을 정비하였다.

참고 통일신라의 통치체제

구분	특징
중앙	집사부(시중) 아래 13부, 사정부(감찰 기구), 국학 설치
지방	9주, 5소경(수도의 지역적 치우침 보완), 향·부곡 설치 외사정 파견(지방관 감찰), 상수리 제도(지방세력을 일정기간 서울에 거주하게 하던 지방세력 견제책)
군사	9서당(중앙군, 민족 융합 도모), 10정(지방군, 9주에 배치)

④ 통일신라 문무왕은 지방관을 감찰하기 위한 제도로 외사정을 파견하였다.

오답 check

① 조선 전기 경재소는 지방의 실세인 유향소를 통제하였던 기구였다.
② 6세기 백제 무령왕은 지방에 대한 통제를 강화하기 위하여 지방에 22담로를 설치하여 왕족을 파견하는 등 통치 체제를 정비하였다.
③ 고려 성종은 지방의 12목에 목사를 파견하여 중앙 집권을 공고히 하였다(983).
⑤ 조선의 8도에는 관찰사가 파견되었는데 감찰권, 행정권, 사법권, 군사권을 가진 중요한 직책으로 종2품 이상의 현직 및 퇴직 관료 중에서 임용하였다.

11. 답 ③

출제자의 눈

후백제의 내용을 통하여 견훤을 추론할 수 있다.

자료 속 힌트 금강, 신검, 성군(聖君)의 교화에 투항

해설

㈎ 견훤은 전라도 지방의 군사력과 호족 세력을 통합하여 완산주(전주)에 도읍을 정하고 후백제를 건국하였다(900). 후백제는 충청도 남부와 전라도 일대를 장악하였고, 우세한 경제력을 바탕으로 군사적 우위를 확보하게 되었으며, 중국의 오월 및 일본과 외교 관계를 수립하여 국제적으로 지위를 인정받고자 했다.

후백제의 멸망

후백제의 견훤이 왕위를 넷째 아들 금강에게 물려주려 하자 첫째 신검이 반란을 일으켜 금강을 죽였다. 이후 견훤은 아들 신검에 의해 금산사에 3달간 유폐되었다가 탈출하여 왕건에 투항하였고(935), 이듬해 후백제는 멸망하였다(936).

③ 후백제의 견훤은 중국과의 외교 관계를 수립하였고 각국에 외교 사절을 파견하였으며 오월(吳越), 거란, 후당(後唐)과 외교활동을 전개하였다.

오답 check

① 김흠돌의 난은 신문왕이 즉위하던 해에 왕(신문왕)의 장인 김흠돌이 일으킨 모역사건으로 이 사건을 계기로 귀족들의 대대적인 숙청이 일어나 왕권이 전제화되었다.
② 고려 태조는 사심관과 기인제도를 활용하여, 지방 호족을 견제하고 지방 통치를 보완하려 하였다.

④ 후고구려 궁예는 도읍을 철원으로 옮기면서 국호를 마진으로 바꾸었다.
⑤ 고려 태조는 정계와 계백료서를 통하여 임금에 대한 신하들의 도리를 강조하였다.

12. 답 ⑤

자료를 분석하여 고려 광종과 성종의 업적을 파악할 수 있다.

자료 속 힌트 쌍기, 과거 제도의 실시, 최승로, 외관(外官)

해설
(가) 고려의 과거 제도는 광종 때 쌍기의 건의로 시행되었다(958). 문과에는 한문학 시험인 제술과와 유교 경전 시험인 명경과로 구성되어 있었는데 제술과가 명경과보다 중시 되었다. 과거제도는 법적으로 양인 이상이면 응시 가능하였지만 실제로는 귀족이나 향리의 자제가 응시하였다.
(나) 고려 성종은 최승로의 시무28조를 채택하였다. 고려 성종은 오랜 폐단을 없애고 국정 전반을 쇄신하기 위하여 5품 이상의 관리들로 하여금 정책을 비판하거나 건의하는 글을 올리게 하였는데, 최승로의 건의를 채택하여 정치에 반영하였다.
⑤ 고려 경종은 인품과 관품을 고려하여 지급한 시정전시과를 시행하였다(976).

오답 check
① 고려 숙종 때에는 삼한통보, 해동통보, 해동중보 등 동전을 만들었으나 널리 유통되지 못하였다.
② 공민왕은 왕권을 제약하고 신진 사대부의 등용을 억제하고 있던 정방을 폐지하여 인사권을 회복하였다.
③ 고려 예종은 국자감을 국학으로 개칭하고, 국학 내에 전문 강좌인 7재를 설치하였다(국학7재).
④ 조선 태종은 양전 사업과 호구 파악에 노력을 기울였고 호패법을 실시하였다.

13. 답 ⑤

몽골 항쟁의 대화와 일본에 보낸 외교문서의 내용을 통해 삼별초를 파악할 수 있다.

자료 속 힌트 개경 환도, 승화후 왕온, 일본에 보낸 외교문서

해설
고려 정부가 몽골과 강화하여 개경으로 환도하자, (가) 삼별초의 지도자 배중손은 강화도에서 왕족인 승화후 온을 왕으로 추대하고 항전을 계속하였다. 삼별초는 강화도에서 진도로 이동하여 용장성을 중심으로 서남해 지역을 장악하였고(배중손,1270~1271), 진도로 이동한 삼별초는 일본에 국서(고려첩장불심조조,1271)를 보내 대몽 연합을 구축할 것을 제의하기도 하였다.

고려첩장불심조조(高麗牒狀不審條條)

1270년 몽골과 강화한 고려정부와 이에 반대한 삼별초의 정부로 나뉘게 되는데, 삼별초의 진도 정부가 일본에 국서를 보내 대몽 연합을 구축할 것을 제의하였다. 일본은 성격이 다른 두 주체의 외교문서에 대해 이해가 되지 않는 점들을 조목별로 정리하였는데 이것이 고려첩장불심조조(1271)이다.

---

⑤ 진도(배중손,1270~1271)와 제주도(김통정,1271~1273)를 거치며 항쟁을 계속하였으나 여몽연합군에 의해 진압을 당하면서 삼별초의 항쟁은 막을 내린다.

오답 check
① 고려 숙종 때 윤관의 별무반은 기병인 신기군, 승병인 항마군, 보병인 신보군으로 편성한 특수부대로 광범위한 계층을 망라한 군사조직이었다.
② 고려 예종 때 윤관이 별무반을 이끌고 동북9성을 개척하였다(1107).
③ 고려 정종은 광군사를 설치하여 광군 30만 명을 편성하였고 거란의 침입에 항전하였다. 광군은 지방 호족 중심으로 구성한 농민 예비군으로 훗날 주현군으로 재편되었다.
④ 경대승은 정중부를 제거하고, 신변 보호를 위한 사병 집단인 도방을 설치하였다.

14. 답 ③

사진과 내용을 통해 고려시대 역사서를 알아본다.

자료 속 힌트 인종, 김부식, 왕명, 본기, 충렬왕, 이승휴, 상권, 하권

해설
(가) 삼국사기. 인종 때 김부식이 왕명에 의해 편찬한 삼국사기(1145)는 기전체 서술방법으로 쓰여진 역사서로, 현존하는 우리나라 최고(最古)의 역사서이다. 삼국사기는 왕에 관한 기록인 본기, 신하에 관한 기록인 열전, 제도나 풍습에 관한 지, 연표 등으로 구성된 기전체의 역사서이며, 합리적 유교 사관에 입각하여 서술된 서적으로 신라 계승 의식이 반영되어 있다.
(나) 제왕운기. 이승휴가 편찬한 제왕운기(1287)는 우리나라의 역사를 단군에서부터 서술하면서 우리 역사를 중국사와 대등하게 파악하는 자주성을 나타내었다.
③ 제왕운기에는 단군신화가 수록되어 있다.

참고 고려시대 역사서

구분	특징
중기	김부식의 삼국사기(현존 최고 역사서, 유교적 합리주의, 기전체, 신라 계승 의식)
후기	동명왕편(이규보, 영웅 서사시), 해동고승전(각훈, 삼국 시대의 승려 30여 명의 전기 수록), 삼국유사(일연, 불교사를 중심으로 서술, 단군을 민족의 시조로 파악), 제왕운기(이승휴, 우리 역사를 단군으로부터 서술, 자주성)

① 조선왕조실록(태조~철종)은 한 국왕이 죽으면 다음 국왕 때 실록청을 설치하여 편년체로 편찬하였다.

② 충렬왕 때에 일연이 편찬한 삼국유사는 불교사를 중심으로 고대의 민간 설화나 전래 기록을 수록하는 등 우리 고유의 문화와 전통을 중시하였으며, 단군을 우리 민족의 시조로 여겨 단군의 건국 이야기를 수록하는 등 자주적 역사의식이 나타난다.

④ 제왕운기는 유네스코 세계 기록 유산으로 등재되지 않았다.

⑤ 고려 무신 집권기 편찬한 이규보의 동명왕편은 고구려 건국의 영웅인 동명왕의 업적을 칭송한 일종의 영웅 서사시로서, 고구려의 계승 의식을 반영하고 고구려의 전통을 노래하였다.

15. 답 ④

출제자의 눈

공민왕의 개혁정치의 내용을 통해 전민변정도감을 파악할 수 있다.

자료 속 힌트 임시 기구, 불법적으로 빼앗긴 토지, 신돈

해설

공민왕은 (가) 전민변정도감을 설치하고 승려 신돈을 등용하여 권문세족이 부당하게 빼앗은 토지와 노비를 본래의 소유주에게 돌려주거나 양민으로 해방시켰다(1366).

참고 공민왕의 개혁정치

구분	특징
반원 정책	친원 세력(기철) 숙청, 정동행성 이문소 폐지, 관제 복구, 몽골풍 금지, 쌍성총관부를 공격하여 철령 이북 수복(유인우), 요동 지방 공략
왕권 강화	정방 폐지(신진 사대부 등용), 전민변정도감 설치(신돈 등용) 성균관을 순수한 유교 교육 기관으로 개편

④ 전민변정도감은 공민왕 때 내정을 개혁하기 위한 왕권강화 기구였다.

① 원간섭기인 충렬왕 때 중서문하성과 상서성이 첨의부로 통합·격하되었다.

② 도병마사는 재신과 추밀이 모여 고려의 국방 문제를 담당하는 국가 최고의 회의기구로써 임시적인 회의 기구로 구성되었으나 고려 후기 충렬왕 때 도평의사사(도당)로 개편되면서 고성원이 확대되고 국정 전반에 걸친 주요사항을 담당하는 최고 정무 기관으로 발전하게 되었다.

③ 고려시대 어사대의 관원과 중서문하성의 낭사는 대간권을 가지고 있었다. 어사대는 정치의 잘잘못을 논하고 관리의 비리를 감찰하고 탄핵하는 기구이다.

⑤ 최충헌은 무신 정권 최고의 권력 기구인 교정도감을 설치하여 정치 기구를 총괄하였다(1209).

16. 답 ③

출제자의 눈

대화를 통해 서거정과 조선 성종을 파악할 수 있다.

자료 속 힌트 서거정, 동국통감, 편년체

해설

대화에서 서거정이 동국통감을 왕에게 올리는 내용을 통하여 조선 성종임을 파악할 수 있다.

동국통감은 성종 때 서거정 등이 왕명으로 편찬한 역사서로써 고조선부터 고려 말까지의 역사를 편찬하였는데, 삼국사절요와 고려사절요를 참고하였다. 최초의 관찬통서로 단군을 우리 민족시조로 파악하였으며, 연도 중심의 시간 순으로 편찬한 편년체의 서술 방식으로 구성되어 있다.

③ 성종 때에 성현은 음악의 원리와 역사, 악기, 무용, 의상 및 소도구까지 정리하여 악학궤범을 편찬하였다(1493).

참고 조선 성종

구분	특징
법전	경국대전의 편찬을 마무리하여 완성·반포(1485)
홍문관	집현전 계승, 왕의 정치적 자문, 경연 담당(왕과 신하의 정책 토론·심의)
토지제도	관수관급제 시행(국가가 직접 수조권 행사, 국가의 토지 지배권 강화)
편찬 사업	동국여지승람, 동국통감, 삼국사절요, 동문선, 악학궤범, 국조오례의, 해동제국기 등

① 조선 태종 때에는 주자소를 설치하고 구리로 계미자를 주조하였다.

② 광해군 때에 허준은 동의보감을 저술(1610)하여 의학 발전에 큰 공헌을 하였다.

④ 태종 때 만든 혼일강리역대국도지도(1402)는 현존하는 동양 최고(最古)의 세계 지도이다.

⑤ 세종 때 우리나라 역사상 처음으로 서울을 기준으로 천체 운동을 계산한 칠정산이라는 역법서를 만들었다.

17. 답 ①

출제자의 눈

조선경국전과 설명을 통해 삼봉 정도전을 파악할 수 있다.

자료 속 힌트 태조 이성계, 경제육전, 경국대전, 재상 중심의 정치

해설

자료는 조선 태조 이성계에게 (가) 삼봉 정도전이 바친 조선경국전이다. 정도전은 조선경국전과 경제문감을 저술하여 민본적 통치규범을 마련하였고, 성리학을 국가의 통치이념으로 확립시켜 재상 중심의 정치를 주장하였다. 정도전은 재상 중심의 합리적인 관료 지배체제를 이상적으로 꿈꾸었고 민본사상을 강조하였다.

① 정도전은 불씨잡변을 저술하여 불교를 비판하였다.

오답 check

② 조선 초 나이 어린 단종이 즉위하면서 왕권이 크게 약화되었고, 김종서, 황보인 등 재상에게 정치의 실권이 넘어가자 수양대군은 정변을 일으킨 후 정권을 잡았다(1453. 계유정난).

③ 해동제국기는 성종의 명을 받아 신숙주가 일본의 정치·외교·사회·풍속·지리 등을 종합적으로 정리하여 기록한 책이다(1471).

④ 송시열의 기축봉사(1649)는 시무 및 유학의 정치적 이상을 13개 조로 올린 것으로 효종 때 북벌의 합당함을 제시·표방하였다.

⑤ 이황은 성학십도를 저술하여 군주 스스로 성학을 따라야 할 것을 강조하였다.

18. 답 ⑤

출제자의 눈

사료를 통하여 조선시대 사화를 파악할 수 있다.

자료 속 힌트 김일손, 김종직의 조의제문, 조광조

해설

(가) 무오사화(1498. 연산군). 김종직의 제자인 김일손이 김종직의 조의제문(弔義帝文)을 사초에 삽입하였는데, 이를 두고 훈구파는 세조가 단종으로부터 왕위를 빼앗은 일을 비방한 것이라 하여 연산군에게 고하였다. 연산군은 김일손 등을 심문하고 이와 같은 죄악은 김종직이 선동한 것이라 하여, 이미 죽은 김종직의 관을 파헤쳐 그 시체의 목을 베었는데, 이가 무오사화였다.

(나) 기묘사화(1519. 중종). 조광조는 중종 때 중용된 사림파로 왕도정치의 실현을 위해 경연과 언론 기능의 강화, 현량과 실시, 성리학 이외의 사상과 학문 배척 등 개혁을 추진하였다. 하지만, 위훈삭제 문제로 인한 공신들의 반발로 조광조를 비롯한 대부분의 사림 세력은 정계에서 밀려나게 되었다.

⑤ 연산군 때 폐비윤씨 사건을 원인으로 하여 사림들을 탄압하였다(1504. 갑자사화)

참고 조선전기의 사화

사화	시기	내용
무오사화	연산군(1498)	김종직의 조의제문
갑자사화	연산군(1504)	윤비 폐출 사건
기묘사화	중종(1529)	조광조 개혁정치(현량과, 위훈삭제)
을사사화	명종(1545)	외척 간 왕권 다툼

오답 check

① 을사사화(1545)는 명종 때 외척 간의 왕위 계승의 다툼으로 사림이 피해를 본 사건으로, 명종의 외척세력인 윤원형(소윤)일파가 인종의 외척세력인 윤임(대윤)일파를 역적으로 몰아 대거 숙청하고 정국을 주도하게 된다.

② 장희빈의 소생인 윤(경종)의 세자 책봉을 둘러싸고 서인인 송시열 등이 반대하다 사사되었고 인현왕후가 폐출되면서(민씨폐출) 남인이 집권하였다(기사환국. 1689. 숙종).

③ 서인의 반정으로 왕이 된 인조 때의 공신인 이괄이 2등 공신으로 된 것에 불만을 품고 반란을 일으켰다(1624. 이괄의 난).

④ 16세기 선조 때 사림 세력 내에서 이조전랑직의 대립이 발생하여 동인과 서인으로 분당되었다.

19. 답 ②

출제자의 눈

유적지와 설명을 통하여 조선시대 시전상인을 파악할 수 있다.

자료 속 힌트 조선시대의 상점, 육의전 상인

해설

조선의 (가) 시전상인은 관허상인으로서 왕실이나 관청에 물품을 공급하며, 그 대가로 특정 상품에 대한 독점 판매권을 부여받았고, 정부는 시전상인에게 금난전권(난전금지 권한)을 주었다. 조선후기에는 이에 대한 폐단이 발생하기도 하여 시전상인들의 불법적인 상행위를 통제하기 위하여 경시서를 두기도 하였다.

오답 check

① 혜상공국은 개항 이후 보부상 보호기관으로 설치되었고(1883), 황국협회에 이속되었다가(1893) 1904년에 혁파되었다.

③ 개성에서 활동하던 송상은 전국에 송방(松房)이라는 지점을 설치하여 활동 기반을 강화하였다. 주로 인삼을 재배·판매하고 대외무역에도 깊이 관여하여 부를 축적하였다.

④ 조선시대 만상은 책문후시를 통하여 청나라와의 사무역을 하였다.

⑤ 조선시대 포구상인은 포구 등지에서 중개업, 금융업, 숙박업 등의 상행위를 하였다.

20. 답 ③

출제자의 눈

자료의 설명을 통해 남한산성에서 항전했던 병자호란을 추론할 수 있다.

자료 속 힌트 남한산성, 누르하치

해설

후금은 국호를 청이라 고치고 조선에 군신관계를 맺자고 요구하였다. 조선에서 별다른 반응을 보이지 않자 청 태종은 12만의 대군을 이끌고 침입해 병자호란을 발발하였다(1636). 인조는 남한산성으로 피난하여 청군에 대항하였으나, 청의 12만 대군이 남한산성을 포위했으며, 조정은 40여 일간 항전하였다.

김준룡은 조선중기의 무신으로 병자호란이 일어나자 포위당한 남한산성으로 진군하였고, 청 태조의 부마 백양고라(白羊高羅) 등 많은 적병을 사살하였다.

참고 병자호란(1636, 청)

구분	내용
배경	후금은 국호를 청이라 고치고 조선에 군신관계 요구, 청 침입(12만)
전개	남한산성 피난, 남한산성 포위
갈등	조정에서 주화론과 척화론의 대립·갈등
결과	청에 항복(1637. 삼전도 굴욕), 군신관계, 소현세자·봉림대군 납치

③ 병자호란 이후 효종 때에는 소중화사상이 팽배해져 명에 대한 의리를 지키고 청 사상을 배척하며 청을 벌해야한다는 북벌 운동이 전개되었다.

① 세종 때에는 김종서와 최윤덕을 보내 여진을 토벌하고 4군과 6진을 설치하여 압록강과 두만강을 경계로 하는 오늘날과 같은 국경선을 확정하였다.

② 세종 때(1419) 이종무는 병선 227척, 병사 1만 7,000명을 이끌고 대마도를 토벌하여 왜구의 근절을 약속받고 돌아왔다.

④ 세종 때 무역량을 제한하는 조치를 취하였는데, 세견선은 1년에 50척, 세사미두는 쌀과 콩을 합하여 200석으로 제한하였다 (1443, 계해약조).

⑤ 비변사는 16세기 중종 때 북쪽의 여진과 남쪽의 왜구의 침략이 증가하자 삼포왜란 이후(1510) 이를 효율적으로 대처하기 위하여 변방을 담당하는 임시기구로 창설하였다.

21. 답 ⑤

자료를 분석하여 대동법을 도출하고 시행의 결과를 파악한다.

자료 속 힌트   이원익의 건의로, 경기에서 시작, 선혜청, 김육의 건의로 충청도에서 시행

해설

자료는 대동법의 시행을 나타낸다. 대동법은 광해군 때 이원익, 한백겸의 주장으로 선혜청을 설치하고 1608년 처음으로 경기도에서 실시하였다. 이후, 1623년 인조 때 조익의 주장으로 강원도에서 실시하였고, 1651년 효종 때 김육의 주장으로 충청도와 전라도에서 시행된 이후로 숙종 때 전국으로 확대 실시되었다(1708).

참고 대동법(광해군.1608 ~ 숙종.1708)

구분	내용
배경	방납의 폐단, 농촌경제의 파탄, 농민의 이탈
내용	토지 1결당 미곡 12두 부과(공납의 전세화), 쌀·삼베나 무명, 동전 등으로 납부(조세의 금납화), 지주들의 반발로 전국적 시행에 100여 년 소요
영향	공인 등장 → 상품 수요 증가, 상품 화폐 경제 발달 → 장시 발달 → 도고 성장

⑤ 대동법 실시 이후 공인이라는 어용상인이 나타나 관청에서 공가를 미리 받아 필요한 물품을 사서 납부하였다.

① 고종 때 흥선대원군은 종래 상민에게만 징수하던 군포를 양반에게도 징수하는 호포제를 실시하여 군정을 바로잡고 조세 부담을 공평히 하여 민생을 안정시키고자 노력하였다.

② 세종은 조세 제도를 좀 더 체계적으로 운영하기 위하여 풍흉의 정도에 따라 조세를 부과하는 연분 9등법으로 바꾸고, 조세 액수를 1결당 최고 20두에서 최하 4두를 차등 있게 내도록 하였다.

③④ 영조는 균역법의 시행으로 감소된 재정부분에 대하여 지주에게 결작이라고 하여 토지 1결당 미곡 2두를 부담시키고, 선무군관포 및 어장세, 선박세 등 잡세 수입으로 보충하게 하였다.

22. 답 ④

풍속화인 파적도를 통하여 조선후기 사회를 파악할 수 있다.

자료 속 힌트   김득신, 풍속화, 파적도

해설

조선 후기에는 상공업의 발달과 농업 생산력의 증대를 배경으로 문화면에서 새 기운이 나타났다. 서당 교육이 보급되고 서민의 경제적·신분적 지위가 향상됨에 따라 판소리, 탈춤, 한글소설 등의 서민 문화가 대두하였다.

참고 서민 문화의 발달

구분	내용
판소리	서민 문화의 중심, 19세기 후반 신재효가 판소리 사설의 창작·정리
탈춤	탈놀이(향촌)·산대놀이(도시에서 성행)·사회적 모순 풍자
한글소설	홍길동전, 춘향전, 별주부전, 심청전, 장화홍련전
사설시조	서민들의 솔직한 감정 표현, 남녀 간의 사랑, 현실 비판
한문학	정약용(삼정 문란을 비판하는 한시), 시사 조직(중인·서민층), 풍자 시인 등장 박지원(양반전·허생전·호질, 양반 사회 풍자)

④ 세조는 현직 관리에게만 수조권을 지급하는 제도인 직전법을 시행하였다(1466).

① 조선후기 숙종 때에는 상평통보를 전국적으로 유통시켜(1678) 18세기에는 세금과 소작료도 동전으로 대납할 수 있게 되었다.

② 조선후기 서민의 경제적·신분적 지위가 향상됨에 따라 판소리, 탈춤, 한글소설 등의 서민 문화가 대두하였다.

③ 조선후기 중인층을 중심으로 시사를 조직하여 문학 활동을 전개하며 자신들의 사회적 지위를 높이기도 하였다.

⑤ 조선후기 담배와 고추 등의 상품작물이 재배되었다.

23. 답 ②

덕산의 묘지를 파헤친 서양의 세력을 통하여 오페르트도굴미수 사건을 도출할 수 있다.

자료 속 힌트   덕산의 묘지에 서양놈들이 침입하여 무덤을 훼손

해설

독일 상인 오페르트는 1868년 조선에 통상을 요구하였으나 거부당하자 충청남도 덕산에 있는 흥선대원군의 아버지인 남연군의 묘를 도굴하여 부장품을 미끼로 통상조약을 체결하려 하였으나 도굴 도중 발각되어 도주하였다. 이 사건으로 인하여 유생들은 서양인은 오랑캐라는 존화양이론을 주장하였으며, 흥선대원군의 통상수교 거부 의지가 강화되었다.

24. 답 ④

대화의 내용을 통해 영조를 파악할 수 있다.

자료 속 힌트 팔순, 탕평, 청계천 준설

해설

영조는 탕평교서를 발표하여 탕평책을 시행하여 정국을 안정시키려 하였다. 또한, 준천사(濬川司)를 설치하여 청계천 준설 사업을 추진하여 홍수 시 범람을 방지하였고(1760), 신문고를 부활시켜 백성들의 억울한 일을 직접 해결하고자 하였다.

참고 영조의 개혁정치	
구분	내용
개혁	탕평책(탕평교서), 탕평파에게 권력 집중(붕당자체 제거시도), 이조전랑의 후임자 천거 및 3사 관원의 선발 관행 폐지, 서원의 대폭 정리, 균역법, 도성 방위 체제 정비, 가혹한 형벌 폐지, 엄격한 삼심제, 속대전 편찬
한계	강력한 왕권을 바탕으로 다툼을 억누른 일시적 탕평

④ 영조 때 홍봉한이 편찬한 동국문헌비고는 우리나라의 역대 문물을 정리한 한국학 백과사전이다.

오답 check

① 홍문관은 성종 때 집현전을 대체하여 설치된 기구로 왕의 정치 자문 역할도 하였고, 경연과 서연을 담당하였는데, 정승을 비롯한 주요 관리도 다수 경연에 참여하였다.
② 숙종 때 백두산정계비를 설치하고 방비를 철저히 하였다(1712).
③ 고종 때 흥선대원군은 경복궁을 중건하여 실추된 왕권을 확립하고자 하였다.
⑤ 철종 때 임술 농민 봉기 당시의 민심 안정을 위하여 정부는 삼정이정청을 설치하여 삼정의 문란을 시정할 것을 약속하였다(1862).

25. 답 ③

출제자의 눈

지도와 설명을 통하여 연암 박지원을 파악할 수 있다.

자료 속 힌트 연행사, 연암

해설

자료에서 설명하는 연행사는 조선후기 청나라에 파견된 사신단을 지칭하는 것으로 청나라의 도읍인 연경에 간 사신이라는 의미로 사용되었다. 연암 박지원은 청에 다녀와 열하일기를 저술하고 상공업의 진흥을 강조하면서 수레와 선박의 이용, 화폐 유통의 필요성 등을 주장하였다. 농업에서도 영농 방법의 혁신, 상업적 농업의 장려, 수리 시설의 확충 등을 통하여 농업 생산력을 높이는 데 관심을 기울였다.

③ 박지원은 양반전, 허생전, 호질 등을 저술하여 양반 문벌제도의 비생산성을 비판하였다.

오답 check

① 18세기 초 정제두는 양명학을 체계적으로 연구하여 학파로 발전시켰다.
② 정조는 유득공, 이덕무, 박제가, 서이수 등의 서얼 출신을 규장각 검서관으로 등용하는 등 능력을 발휘할 수 있게 하였다.
④ 홍대용은 의산문답을 통해 지전설을 주장하여 중국이 세계의 중심이라는 생각을 비판하였다.
⑤ 유수원은 우서를 저술하여 상공업의 진흥과 기술의 혁신을 강조하고, 사농공상의 직업 평등과 전문화를 주장하였다.

26. 답 ④

자료를 분석하여 조선후기 중앙군인 훈련도감을 파악할 수 있다.

자료 속 힌트 명의 군대만을 바라보며, 활, 조총

해설

조선후기의 중앙군은 5군영으로 편제되었는데 자료는 (가) 훈련도감의 설명이다. 임진왜란 때 왜군의 조총 부대에 대항하기 위하여 기존의 활과 창으로 무장한 부대 외에 조총으로 무장한 부대인 훈련도감을 만들었는데, 훈련도감은 포수, 사수, 살수의 삼수병으로 편제되었다.

④ 훈련도감의 군인들은 수도를 방위하였으며, 장기간 근무를 하고 일정한 급료를 받는 상비군으로서 의무병이 아닌 직업 군인의 성격을 가진 군인이었다.

오답 check

① 정조는 친위 부대인 장용영을 설치하여 왕권을 뒷받침하는 군사적 기반을 갖추었다.
② 양계는 고려시대 군사행정구역인 북계와 동계로 중앙에서 병마사를 파견하였고, 그 아래 국방의 요지에 진을 설치하였다.
③ 인조 때 후금과의 항쟁 과정에서 국방력 강화를 위하여 어영청, 총융청, 수어청 등이 설치되었다.
⑤ 고려의 중앙군인 2군은 국왕의 친위부대로 응양군, 용호군으로 구성하였다.

27. 답 ①

출제자의 눈

보빙사 민영익을 통해 조미수호통상조약을 도출할 수 있다.

자료 속 힌트 공사(公使)의 부임에 대한 답례차 파견, 민영익, 대통령

해설

조미수호통상 조약 체결 이후에 민영익을 전권대사로 하여 최초의 구미사절단인 보빙사를 파견하였다(1883).

1880년 2차 수신사 김홍집에 의해 조선책략이 국내로 유포된 이후 개화파는 미국과의 수교를 적극 지지하였고, 조선은 미국과의 통상 조약을 체결하였다(조미수호통상조약,1882). 이 조약은 서양과 맺은 최초의 조약으로 불평등 조약이었으며 거중 조정 규정과 영사 재판에 의한 치외법권을 규정하였다. 또한, 최혜국 대우를 규정하였고, 관세에 대한 내용도 체결하였다. 조미수호통상조약의 최혜국 대우는 대표적인 불평등 조항이며, 열강의 이권 침탈의 빌미가 되었다.

 오답 check

② 조선은 프랑스와 조프통상조약(1886)을 체결하여 천주교의 포교권을 인정하였다.
③ 조미수호통상조약에는 관세의 내용이 포함되어 있다.
④ 제1차 한일협약(한·일협정서,1904.8)에 근거하여 일본인 메가타가 재정고문으로, 미국인 스티븐스가 외교고문으로 파견되었다.
⑤ 강화도조약으로 부산(1876), 원산(1880), 인천(1883) 등 3개 항구의 개항이 이루어졌다.

28. 답 ④

출제자의 눈
자료 속 천주교 박해의 내용을 분석하여 신유박해를 도출할 수 있다.

자료 속 힌트   정순 왕후, 사학(邪學) 죄인

해설
사학징의(邪學懲義)는 1801년(순조) (가) 천주교 박해에 관한 정부 기록을 수집하여 정리한 책이다. 저자와 저작연대는 미상이다. 저작시기는 신유박해가 일어난 직후로 추정된다.
④ 신유박해(1801)는 순조가 즉위하고 집권한 노론 벽파 세력이 남이 시파를 탄압하기 위하여 천주교 신자를 박해한 사건으로 당시 남인 세력이었던 이승훈, 정약종 등은 사형을 당하고, 정약용, 정약전 등은 유배를 당하였다.

 오답 check

① 동인은 정여립 모반 사건의 처리 문제를 두고 남인과 북인으로 분당되었다.
② 정부는 혹세무민의 죄로 동학 교조 최제우를 처형하였다(1864).
③ 홍경래의 난은 삼정의 문란을 배경으로 순조 때 일어났다(1811).
⑤ 진주 농민봉기(1862) 당시 박규수가 안핵사로 파견하여 활동하였는데 삼정이정청의 설치를 주장하였다.

29. 답 ④

출제자의 눈
학술 대회의 내용을 통하여 동학 농민운동을 파악할 수 있다.

자료 속 힌트   보국안민, 청일 전쟁

해설
전봉준이 이끄는 동학농민군은 보국안민, 제폭구민의 기치를 내걸고, 고부와 태인에서 봉기하여 황토현에서 관군을 물리치고, 장성 황룡촌 전투에서 승리하여 전주를 점령하였다(1894.4.전주성 점령). 이후 정부와 전주화약을 체결한 후 농민군은 자치 개혁기구인 집강소를 설치하였다. 동학농민운동 전개 과정에서 정부는 일본 측에 군대의 철수를 요구하였으나 묵살당하고, 오히려 일본이 경복궁을 장악(6.21)하기에 이른다. 이어 일본은 청과의 전쟁을 도발하였다(6.23).

 오답 check

① 프랑스는 병인박해의 구실로 병인양요(1866)를 일으켰는데, 이 시기에 프랑스 군인들이 강화도의 외규장각 문화재를 비롯하여 서적과 병기들을 약탈하여 갔다.
② 1885년 러시아의 한반도 남하를 견제한다는 구실로 영국은 거문도를 해밀턴 항이라 명명하고 불법 점령한 후 포대를 설치하였다.
③ 아관파천(1896) 시기부터 러시아의 이권 침탈이 심해졌고, 일본, 미국, 프랑스, 독일 등도 최혜국 조항을 근거로 철도 부설권, 광산 채굴권, 삼림 채벌권 등 중요한 이권을 빼앗아 가기 시작하였는데, 이에 독립협회를 창설하여 열강의 이권침탈에 대항하였다.
⑤ 1907년 6월 고종은 이상설, 이준, 이위종을 헤이그에서 개최되는 제2회 만국 평화 회의에 특사로 파견하여 을사늑약의 불법성과 일제의 무력적 침략 행위의 부당성을 전 세계에 호소하여 국제적인 압력으로 이를 파기하려 하였다.

30. 답 ⑤

출제자의 눈
임오군란의 내용을 파악하고 이후 체결된 조약을 도출하여야 한다.

자료 속 힌트   [통리]기무아문과 무위영·장어영을 폐지, 난병(亂兵)에게 물러가라 명하고

해설
임오군란은 민씨 정권이 일본인 군사 고문을 초빙하여 훈련과 교육을 시킨 별기군(신식 군대)을 우대하고, 구식 군대를 차별 대우한 데 대한 불만에서 폭발한 것이다(1882). 임오군란(1882)의 결과 청은 흥선대원군을 압송하고, 고문을 파견하여 조선의 내정을 간섭하였다. 또한, 조청상민수륙무역장정을 체결하였고 이후 청의 상인들이 개항장을 벗어나 내륙까지 진출하여 직접 무역할 있게 되어 국내에서 청과 일본 상인간의 경쟁적 경제 침탈이 심화되는 계기가 된다.

참고 임오군란 이후 체결된 조약

대상	조약	내용
일본	제물포 조약	일본정부에 배상금 지불, 일본 공사관의 경비병 주둔
	수호조규 속약	일본인에 대한 거류지 제한이 50리로 확대
청	상민수륙무역장정	청 상인의 통상 특권 허용, 청과 일본 양국 상인간의 경쟁적 경제 침탈이 심화되는 계기
	고문파견	마젠창(내정), 묄렌도르프(외교), 위안스카이(군사) 고문 파견

⑤ 임오군란(1882)의 결과 조선은 일본과 제물포 조약을 체결하여 일본 정부에 배상금을 물고, 일본 공사관의 경비병 주둔을 인정하였다.

 오답 check

① 신미양요 직후 흥선대원군은 척화비를 전국 각지에 세우고 서양과의 통상 수교를 단호히 거부하였다(1871).
② 고종 때 일본에 수신사를 2차례 파견하였다[1차(1876, 김기수), 2차(1880, 김홍집)].
③ 정조는 통치규범을 재정리하기 위하여 대전통편을 편찬하였다.
④ 1880년대 조선책략이 국내에 유포되어 이만손이 영남만인소를 올려 개화를 반대하였다(위정척사사상).

31. 답 ②

출제자의 눈

지도를 통하여 각 지역의 역사를 추론한다.

해설

② (나) 서울. 황국중앙총상회는 1898년 서울에서 창립된 시전상인의 단체로 외국상인의 불법적인 내륙 상업 활동을 엄단하여 민족적 권익을 수호하면서 그 속에서 시전상인의 독점적 이익을 수호하고 유지하려하였다.

오답 check

① 전남 신안군 암태도. 식민 지주 문재철과 이를 비호하는 일제에 대항에 대항하여 사회주의 청년 서태석을 중심으로 시작한 소작료 인하를 요구한 암태도 소작쟁의는 1923년 8월부터 1924년 8월까지 약 1년여의 소작료 인하 운동을 전개하여 소작료를 40%로 인하하였다.
③ (마) 대구. 국채보상운동은 서상돈, 김광제 등이 국채 보상금을 모금하기 위해 대구에서 개최한 국민 대회를 계기로 시작되었다(1907).
④ (가) 평양과 (나) 서울. 물산장려운동은 평양에서 조선물산장려회가 조직되어 처음 시작되었으며 서울에서 조선물산장려회가 조직(1923)됨으로써 활기를 띠게 되었으나 일제의 방해로 성과는 거둘 수 없었다. 물산장려운동은 '내 살림 내 것으로', '조선 사람 조선 것'의 구호를 통해 1920년대 실력 양성 운동의 일환으로 전개된 토산품 애용 운동이었다.
⑤ (라) 진주. 백정들은 진주에서 이학찬을 중심으로 조선 형평사를 창립하고 형평운동을 전개하였다(1923).

32. 답 ④

출제자의 눈

자료를 통하여 원산학사의 설립을 파악할 수 있다.

자료 속 힌트 [덕원]부, 원산사(元山社)에 글방

해설

원산학사(1883)는 개화파 인물들의 권유에 따라 정현석이 중심이 되어 덕원 주민들과 함께 설립하였다. 우리나라 최초의 근대적 사립학교였으며 외국어, 자연과학, 국제법 등 근대 학문과 무술을 가르쳤다.

④ 조선은 1881년 청에 영선사를 파견하였는데, 김윤식과 유학생들을 청국에 유학시켜 근대 무기 제조법, 군사훈련법, 자연 과학 등을 배우게 하였다.

 오답 check

① 남궁억이 발간한 황성신문(1898~1910)은 지식층 및 유생을 대상으로 한 민족주의 신문으로 국한문 혼용의 형식으로 제작되었다. 을사늑약 이후 황성신문의 주필 장지연은 시일야방성대곡이라는 격렬한 항일 언론을 펴 을사늑약을 규탄하고 민족적 항쟁을 호소하였는데, 이로 인해 80일간 정간되기도 하였다.
②⑤ 고종은 교육입국조서를 발표하고, 한성 사범학교를 설립하였으며, 외국어 학교 관제를 공포하여 신교육을 실시하였다(1895).
③ 육영공원(1886)은 최초의 관립 학교로 헐버트와 길모어를 초빙하여 상류층 자제들에게 영어, 수학, 지리, 정치 등 근대 학문을 교육하였다.

참고 근대 교육의 시작

구분	내용
원산학사(1883)	최초의 근대적 사립학교
동문학(1883)	영어 강습 기구, 통역관 양성
육영공원(1886)	최초 관립학교, 상류층 자제에게 근대 학문 교육, 미국인 교사 헐버트와 길모어 초빙)

33. 답 ①

출제자의 눈

여권 사진과 설명으로 통해 대한제국을 파악할 수 있다.

자료 속 힌트 고종이 국호를, 연호를 선포, 황제 직속의 원수부

해설

자료에 제시된 대한국국제를 통하여 당시 정부는 (가) 대한제국(1897~1910)이며 광무개혁에 대한 설명임을 파악할 수 있다.

참고 광무개혁

구분	내용
정치	대한국 국제 반포(1899), 전제 군주 체제 강화, 23부 → 13도, 중추원(황제 자문기구) 설정
경제	양지아문(1898)·지계아문(1901) 설치, 지계(地契) 발급, 근대적 공장과 회사 설립, 신식 화폐 발행 장정(1901) 제정, 금 본위제(백동화 발행), 도량형 통일
사회	실업학교 및 기술 교육 기관 설립, 근대 시설 확충, 고등 재판소를 평리원(平理院)으로 개칭, 순회 재판소 설치
군사	원수부 설치(황제가 육·해군 통솔), 서울의 시위대와 지방의 진위대 군사 수 증강, 무관학교 설립
외교	북간도에 이범윤을 간도 관리사(북변도관리)로 파견(1902), 울릉도를 울릉군으로 승격, 독도를 관할 구역에 포함

① 대한제국은 광무개혁의 일환으로 지계아문(1901)을 통해 양전 사업을 실시하여 최초의 토지 소유권 증명서인 지계(地契)를 발급하였다.

② 조선의 관보로써 최초의 신문인 한성순보(1883~1884)는 박영효 등 개화파의 영향으로 박문국에서 10일에 한 번 발행하였다. 한성순보는 정부 관료를 대상으로 하였던 순 한문 신문으로 개화 정책의 취지를 설명하였고, 국내외 정세를 소개하는 데 힘썼다.

③ 갑오개혁(1894) 때 노비제도와 과거제가 폐지되었다.

④ 제2차 갑오개혁 당시 지방 8도를 23부 337군으로 개편하였다.

⑤ 제2차 갑오·을미개혁은 군국기무처를 폐지하고 김홍집과 박영효의 연립 내각(친일 내각)을 구성하여 홍범 14조를 발표하며 추진하였다.

34. 답 ④

출제자의 눈

자료를 통하여 주시경(1876~1914)을 파악하고 그의 활동을 학습하여야 한다.

자료 속 힌트 백천, 국어문법

해설

④ 주시경은 최초의 국어 연구 기관으로 대한제국 때 국문연구소(1907)를 설립하여 국문 정리 및 국문 연구 활동을 하였다. 주시경은 대한국어문법과 같은 문법서도 편찬하였다.

오답 check

①③ 이윤재, 최현배 등은 조선어연구회(1921)를 조직하여 한글날(가갸날)을 제정하였고 잡지(한글)를 간행하였다.

②⑤ 조선어학회(1931)는 한글 교육에 힘써 한글 교재를 출판하기도 하였으며, 회원들이 각 지방을 순회하면서 한글을 보급하는 데 앞장섰다. 한글 맞춤법 통일안과 표준어를 제정하고 한글의 연구와 보급에 크게 기여하였다. 이어서 우리말 큰 사전의 편찬에 착수하였으나, 일제의 방해로 성공하지 못하였다(1942. 조선어학회사건).

참고 국어기관

기관	활동
국문연구소(1907)	최초 국어연구기관. 주시경, 유길준, 지석영
조선어연구회(1921)	한글날(가갸날) 제정, 잡지(한글) 간행
조선어학회 (1931~1942)	한글맞춤법 통일한 제정, 표준어제정, 우리말 큰 사전 편찬 착수(성공X), 조선어학회 사건으로 해체

35. 답 ②

출제자의 눈

애국계몽운동 단체인 신민회(1907~1911)의 활동을 알아본다.

자료 속 힌트 안창호, 양기탁, 대성학교, 오산학교

해설

자료의 내용을 통해 1907년에 창설된 애국계몽운동 단체인 신민회를 파악할 수 있다.

참고 신민회의 활동(1907 ~ 1911)

구분	내용
성립	안창호, 양기탁 등이 중심. 민족 운동가들의 항일 비밀 결사
목표	국권 회복과 공화 정체의 근대 국민 국가 건설
국내 활동	공개적으로 실력 양성 운동 전개 → 민족주의 교육 실시(대성학교; 평양, 오산학교; 정주 설립), 민족 산업 육성(자기 회사, 태극 서관 설립)
국외 활동	장기적인 항일 투쟁을 위해 독립 운동 기지 건설(남만주의 삼원보), 신흥 강습소 설립
해산	105인 사건(1911)

② 신민회는 자기회사와 태극서관 등을 설립하여 운영하여 독립 자금을 마련하였다.

오답 check

① 영국인 조지 루이스 쇼는 대한민국 임시정부의 주요 거점인 만주의 단둥지방에서 이륭양행이라는 무역회사를 운영하면서 군자금을 모집하여 대한민국 임시정부에 지원하였다.

③ 일본의 황무지 개간권 요구에 대항하여 송수만, 원세성이 중심이 되어 항일 운동 단체인 보안회(1904)를 서울에서 조직하여 활동하였고, 일본의 요구를 철회시켰다.

④ 독립협회는 1898년 중추원관제를 반포하여 의회 설립운동을 추진하였다.

⑤ 독립협회는 만민공동회와 관민공동회를 개최하여 헌의6조를 결의하였다.

36. 답 ①

출제자의 눈

신흥강습소의 내용을 통하여 서간도를 찾을 수 있다.

자료 속 힌트 이회영 일가, 삼원보, 신흥강습소

해설

경술국치 이후 신민회 등 독립운동단체들이 (가) 서간도에 독립운동 기지인 삼원보를 건설하였다. 이회영, 이시영 등의 신민회 및 대종교 인사가 중심이 되어 경학사(1911)를 설립하였는데, 최초의 자치 기구로서 한인의 이주와 정착, 경제력 향상과 항일 의식 고취 등을 목표로 활동하였으며, 신흥 강습소를 설치하였다. 신흥강습소(1911)는 교육 인재 양성과 무관 양성을 목표로 하여 서간도에 설립하였고, 신흥무관학교의 명칭은 1919년 이후 사용하였다.

① 경학사(1911)는 이회영, 이시영 등의 신민회·대종교 인사가 중심이 되어 만주 지역에 설립한 최초의 자치 기구로서 한인의 이주와 정착, 경제력 향상과 항일 의식 고취 등을 목표로 활동하였으며, 신흥 강습소를 설치하였다.

오답 check

② 박용만이 하와이에 대조선 국민군단을 조직하여 군사훈련을 실시하였다(1914).

③ 대한인국민회는 1910년 안창호, 박용만, 이승만 등이 미주에서 조직하였으며, 조선의 독립을 주장하는 외교 활동도 활발히 전개하였다.

④ 일본에 유학 중이던 학생들이 조선 청년 독립단을 조직하여 도쿄에서 2월 8일 독립선언서와 결의문을 발표하고 만세운동을 전개하였다(2·8독립선언, 1919).

⑤ 대한광복군정부는 연해주의 블라디보스토크에서 이상설과 이동휘를 정·부통령으로 추대하여 독립군의 무장 항일 운동의 터전을 마련하였을 뿐 아니라 임시정부 탄생의 계기를 만들었다.

37. 답 ②

출제자의 눈

대화를 통해 청산리 대첩 직후인 간도참변을 파악할 수 있다.

자료 속 힌트 조선인 학살 사건, 청산리 전투 패배

해설

대화의 내용을 통해 청산리 전투의 패배로 인한 일제의 간도 참변을 파악할 수 있다(1920.10. 경신참변). 일제는 봉오동·청산리 전투에서 패배에 대한 보복으로 독립군 소탕의 핑계를 두어 간도 지역의 독립군은 물론, 만주에 사는 한국인을 무차별 학살하는 간도 참변을 일으켰다(1920.10~1921.5. 주민 10,000여 명 학살).

38. 답 ③

출제자의 눈

무원 김교헌 선생의 활동을 통하여 대종교를 파악할 수 있다.

자료 속 힌트 단군, 나철의 뒤를 이어

해설

무원 김교헌(1868~1923)은 대종교의 제2대 교주로 3종사 중 한 분이며, 일제 강점기의 독립운동가이다. 대종교의 3종사는 백포 서일, 홍암 나철, 무원 김교헌 선생이다.
나철, 오기호 등이 1909년 창시한 ㈎ 대종교는 단군숭배 사상을 통하여 민족의식을 높였고, 만주에서 중광단(1911)이라는 단체를 만들어 독립운동을 전개하였으며, 후에는 북로군정서(1919. 김좌진)로 개칭하여 더욱 조직화하였다.

참고 대종교

구분	내용
창시	나철, 오기호 등이 단군 신앙을 발전시켜 창시(1909)
활동	만주 지역 항일 무장 투쟁
발전	중광단(1911.대종교) → 북로군정서(1918. 김좌진)

③ 중광단(1911)은 대종교 신자들을 중심으로 조직되어 무오독립선언서(1918)를 발표하였으며, 김좌진의 북로군정서군으로 개편되었다.

오답 check

① 한용운은 한국 불교를 일본 불교에 예속시키려는 총독부 정책(1911.사찰령)에 맞서 조선불교유신회를 조직(1921)하여 민족 종교의 전통을 지키려고 노력하였다.

② 민족종교인 천도교는 3·1운동 이후 제2의 3·1 운동을 계획하여 자주독립 선언문을 발표하였으며 개벽, 어린이, 학생, 신여성 등의 잡지를 간행하여 민중의 자각과 근대 문물의 보급에 기여하였다.

④ 배재학당은 1885년 미국 선교사(개신교) 아펜젤러가 세운 한국 최초의 근대식 중등교육기관이다.

⑤ 경향신문(1906~1910)은 천주교계 주간신문으로 프랑스 신부 드망즈(안세화)가 발간하여 민족성을 강조하였다.

39. 답 ③

출제자의 눈

민립대학 발기 취지서를 통해 1920년대 전개된 민립대학설립운동을 파악할 수 있다.

자료 속 힌트 최고 학부의 존재, 민립 대학의 설립을 제창

해설

조선교육회는 일제의 우민화 교육에 맞서 고등교육 기관을 설립하여 우수한 인재를 양성하는 것이 중요하다고 판단하여 총독부에 대학설립을 요구하였다. 총독부가 이를 묵살하자 이상재를 중심으로 민립대학 기성회를 조직(1922)하여 우리 손으로 대학을 설립하려는 민립대학설립운동을 전개하였다. 이 운동은 '한민족 일천만이 한사람 1원씩'의 구호를 내세워 각 지역의 유지들과 사회단체의 후원으로 한때 순조롭게 진행되었으나, 일제가 경성제국대학을 설립하여 (1924) 조선인의 불만을 무마하려고 하였고, 자연재해로 모금이 어려워져 결국 좌절되었다

③ 1920년대 이상재를 중심으로 민립대학 기성회를 조직(1922)하여 우리 손으로 대학을 설립하려는 민립 대학 설립 운동을 전개하였다.

오답 check

① 근우회(1927)는 여성계의 민족유일당으로 여성 노동자의 권익 옹호와 새 생활 개선을 내세우며 조직하였다.

② 1919년 전개한 우리민족의 3·1운동은 중국의 5·4운동에 영향을 주었다.

④ 천도교 소년회는 어린이들에 대한 부모의 각성을 촉구하기 위해 전국을 돌며 강연을 했으며, 1922년 5월 1일 어린이날을 제정하였고, 잡지 '어린이'를 발간하였다.

⑤ 1930년대 초반 동아일보가 추진한 농촌계몽운동인 브나로드 운동이 전개되었다.

40. 답 ①

출제자의 눈

자료를 통해 광주학생항일운동을 파악할 수 있다.

자료 속 힌트 1929년 한일 학생 간의 충돌을 계기로 광주

해설

제시된 자료는 1929년에 일어난 광주 학생 항일 운동과 관련된 것이다. 광주학생들의 폭행사건에 대하여 신간회의 광주지회에서는 진상조사단을 파견하였고, 이 사건이 세상에 공개되었다. 곧이어, 학생들의 투쟁에 일반 국민들이 가세하여 전국적인 규모의 항일 투쟁으로 확대되었고, 만주 지역의 민족 학교 학생들과 일본 유학생들까지 궐기하였다. 광주 학생 항일 운동은 약 5개월 동안 전국의 각급학교 학생 54,000여 명이 참여 하였다. 광주학생항일운동은 학생과 시민들이 합세한 3·1 운동 이후 최대의 항일 민족 운동이었다.
① 1929년에 일어난 광주학생들의 폭행사건에 대하여 신간회(1927)의 광주지회에서는 진상조사단을 파견하였다.

오답 check

② 1926년 순종의 인산일을 기화로 학생들이 6·10 만세 운동을 전개하였다.
③ 1919년 3·1운동 직후 독립운동의 구심점 역할을 수행할 지도부의 필요성을 절감하였기에 상하이에 대한민국 임시정부를 수립하였다.
④ 국채보상운동은 대한매일신보·황성신문·제국신문 등의 언론기관이 동참하였다.
⑤ 일제는 3·1운동을 계기로 이른바 문화 통치라는 기만적인 식민 통치로 우리민족을 분열을 야기하였다.

41. 답 ①

일제강점기 국학운동을 통하여 박은식 선생과 백남운 선생을 파악할 수 있다.

자료 속 힌트 나라가 형체라면 역사는 정신, 세계사적 일원론적인 역사 법칙

해설

㈎ 박은식의 '한국통사' 서문을 나타낸 것이다. 박은식은 '나라는 형이요, 역사는 정신'이라고 하여 우리의 민족정신을 '혼'으로 파악하였으며, 혼이 담겨 있는 민족사의 중요성을 강조하였다.
㈏ 백남운의 사회경제 사학의 내용을 나타낸 것이다. 일제강점기 백남운은 조선사회경제사, 조선봉건사회경제사 등을 저술하여 일제 식민 사관을 비판하였다.
① ㈎ 박은식은 한국독립운동지혈사를 저술하여 일제의 침략과 독립운동의 역사를 정리하였다.

오답 check

② ㈏ 백남운은 유물사관에 입각하여 세계사적 발전 법칙을 한국사에 적용하였다.
③ 손진태, 이윤재 등은 진단학회(1934)를 조직하여 한국사 연구에 힘썼다(실증사학).
④ 신채호는 대한매일신보에 독사신론을 발표하여 근대 민족주의 역사학의 방향을 제시하였다(1908).
⑤ 정인보, 문일평, 안재홍 등이 1934년 여유당전서의 간행을 계기로 조선학운동을 전개하였다.

42. 답 ④

유물과 설명을 통해 지청천의 활동을 파악할 수 있다.

자료 속 힌트 한국독립군과 한국광복군의 총사령관

해설

자료는 ㈎ 지청천에 대한 설명이다. 지청천은 한국독립군 총사령관과 한국광복군 총사령관을 역임하였다.
④ 1930년대 초반 지청천은 혁신의회 한국독립당의 산하 부대인 한국독립군의 총사령관으로 활동하였는데 북만주 일대에서 중국 호로군과 연합 작전을 전개하여 쌍성보 전투(1932), 대전자령 전투(1933) 등을 전개하여 대승하였다.

오답 check

① 의열단은 김원봉이 만주 길림에서 비밀 결사로 조직(1919)하였고 활발한 활동을 전개하였다.
② 의열단원 나석주는 동양척식 주식회사와 조선식산은행에 폭탄을 투척한 후 다수의 일본인을 처단하였다(1926).
③ 독립의군부(1912)는 유생 의병장 출신의 임병찬이 전제 군주제를 복구하자는 복벽주의(復辟主義)를 추구하여 조직하였다.
⑤ 이재명은 명동성당에서 벨기에 황제 레오폴트 2세 추도식을 마치고 나오는 이완용을 찔러 복부와 어깨에 중상을 입히고 체포되었다(1909).

43. 답 ②

이봉창 의거와 윤봉길 의거를 통하여 한인 애국단을 파악할 수 있다.

자료 속 힌트 일왕의 행렬, 수류탄을 투척, 천장절 기념식장에 폭탄을 투척

해설

사료는 이봉창 의거(1932.1)와 윤봉길 의거(1932.4)를 각각 나타내고 있다.

참고 한인애국단(1931)

구분	내용
조직	1931년 상하이에서 김구가 중심이 되어 조직
이봉창	도쿄에서 일본 국왕에게 폭탄 투척(1932.1).
윤봉길	상하이 홍커우 공원에서 일본의 전승 축하식장을 폭파(1932.4), 일본군 장성과 고관 처단
영향	중국 국민당 총통 장제스는 윤봉길 의거 극찬, 이후 대한민국 임시정부에 대한 지원 강화

오답 check

① 중일전쟁은 1937년에 발발하였고, 한인애국단은 1931년 김구가 상하이에서 창설하였다.
③ 신채호는 의열단 김원봉의 요청을 받아 의열단 행동 강령인 조선혁명선언을 작성하였다(1923).

④ 의열단 소속의 김익상은 조선총독부에 폭탄을 투척하였고(1921), 김상옥은 종로 경찰서에 폭탄 투척하였다(1923).
⑤ 데라우치 총독 암살미수사건을 날조한 일제는 이른바 105인 사건을 일으켜 신민회를 해산시켰다(1911).

44. 답 ④

애국반, 징용령 등을 통해 일제의 민족말살정책 및 병참기지화 정책을 파악할 수 있다.

자료 속 힌트 태평양 전쟁이 전개, 애국반, 징병제

해설

일제는 1939년 국민 징용령을 실시하여 100만여 명의 한국 청년들을 강제 징용하여 탄광, 철도 건설, 군수 공장 등에 동원하였다. 이 시기에 일제는 지원병, 징병, 징용, 정신대 등으로 인적 자원을 수탈하였고, 양곡공출제, 식량배급제, 금속공출제 등으로 군량미와 무기원료를 수탈하였다.

참고 민족말살통치(1931~1945)

구분	내용
정치	황국신민화 강요, 황국신민의 서사암송, 신사 참배·궁성 요배·일본식 성명 강요, 학술 언론 단체 해산
경제	병참기지화, 인적 수탈(국가총동원법, 지원병제, 징병제, 징용제, 정신대), 물적 수탈(전쟁물자·식량공출, 식량배급제), 산미증식재개, 가축증식계획
교육	우리말 사용 금지, 학도 군사 훈련, 조선어 조선역사 조선 지리 과목 폐지

④ 일제는 국가총동원법(1938)을 제정하고 징병제(1944)를 실시하였고, 여자 정신근로령(1944)을 시행하는 등의 인적 수탈을 자행하였다.

오답 check

① 1920년대 일본 자본가들의 조선 침투를 수월하게 하기 위하여 총독부는 회사령을 철폐하여 회사 성립을 허가제에서 신고제로 변경하였다.
② 조선태형령은 일제가 한국인을 억압하고 통제하기 위하여 1912년에 제정하고, 1920년에 폐기하였다.
③ 1910년대 일제는 토지조사사업으로 한반도의 토지를 약탈하였다.
⑤ 일제는 제1차 조선교육령(1911)을 시행하였는데 보통학교는 6년에서 4년으로 단축하여 시행하였다.

45. 답 ①

대화를 통하여 여운형 선생을 파악하고 그의 활동을 알아본다.

자료 속 힌트 조선 건국 동맹, 조선 건국 준비 위원회

해설

1945년 건국준비위원회는 광복 당시 최초의 정치 단체로 친일 세력을 제외한 여운형(중도 좌파)이 조선건국동맹을 모체로 안재홍(중도 우파)등과 함께 발족하여 활동하였다.

① 1946년 이승만의 정읍발언에 대항하여 여운형(중도좌파)은 김규식(중도우파)과 함께 좌우합작위원회를 결성하여 합작운동을 추진하였고, 좌우합작7원칙을 발표하였다(1946.10).

참고 좌·우합작 운동(1946~1947)

구분	내용
배경	이승만의 정읍발언, 남북 분단방지의 필요성, 중도우파(김규식)와 중도좌파(여운형) 합작
추진	좌·우합작위원회 결성(1946.7) → 좌·우합작7원칙 발표(1946.10) → 미군정의 남조선 과도입법의원(1946.12) 설치
실패	주도 세력들의 불참(좌우의 대립), 미군정의 편파적인 우익 지원, 좌우합작 운동의 중심세력인 여운형의 암살(1947.7)

오답 check

② 김구는 김규식과 함께 북한의 평양을 방문하여 남북 협상을 개최하였다(1948.4).
③ 흥사단은 안창호가 샌프란시스코에서 기독교인 중심으로 조직하여 군인 양성과 외교 및 교민 교화에 노력하였다(1913).
④ 제1차 미소공동위원회가 결렬된 후 이승만은 정읍 발언을 통해 남한만의 단독 정부 수립을 주장하였다(1946.6).
⑤ 중·일 전쟁(1937) 직후 중국 국민당 정부의 도움을 받아, 조선 민족혁명당의 김원봉이 한커우에서 조선의용대를 결성하였다(1938).

46. 답 ④

반민특위 활동과 사사오입 개헌 사이에 있었던 제1공화국의 사건을 파악한다.

자료 속 힌트 반민족 행위 특별 조사 위원회, 사사오입의 논리

해설

(가) 반민특위의 활동(1948~1949). 제헌국회는 일제 잔재의 청산을 위해 친일파를 처벌하기 위한 반민족행위처벌법을 공포하고, 반민족행위특별조사위원회를 구성하여 활동하였다.

참고 반민족행위처벌법(1948.9)

구분	내용
반민법	제헌국회의 반민족행위처벌법(반민법) 제정, 반민족행위특별조사위원회 구성(1948.10)
반민특위	박흥식, 노덕술, 최린, 최남선, 이광수 등 친일 인사 구속 조사
정부반응	이승만 정부의 비협조, 친일파의 방해
결과	총 680여 건의 조사에 40명만 재판(12명 시형선고, 형집행정지·감형·집행유예 등 모두 석방)

(나) 자유당 정권이 추진하였던 사사오입 개헌 사건이다(1954).

참고 사사오입 개헌(1954)

구분	내용
배경	대통령 3선 금지 조항(초대 대통령에 한하여 중임제한) 폐지 내용의 개헌안 제출
전개	표결 결과 1표가 부족하여 부결, 자유당의 사사오입 논리로 개헌안 통과
내용	야당은 민주당을 창당하여 저항, 신익희가 선거 도중 사망, 대통령과 부통령에 각각 이승만, 장면 당선(1956, 제3대 대통령선거)

④ 1952년 발췌개헌은 대통령 정부통령 직선제, 양원제 국회, 국회의 국무위원 불신임제 등을 골자로 하는 개헌안을 무력으로 통과시킨 것이다.

 오답 check

① 1960년 4·19 혁명으로 이승만 정권은 몰락하였고, 장면이 집권한 내각책임제의 제2공화국이 열렸다.

② 1972년 유신 헌법의 공포로 인하여 통일주체국민회의에서 대통령을 간접 선거로 선출하였으며, 임기 6년에 중임제한을 폐지하여 대통령 장기 집권의 발판을 마련하였다(제4공화국).

③ 조봉암은 1956년 진보당을 창당하여 정당 활동을 하다가 1958년 1월 국가보안법 위반으로 체포되어 대법원에서 사형선고를 받고 1959년에 처형되었다.

⑤ 자유당 정권은 1960년 부통령에 이기붕을 당선시키기 위하여 부정 선거를 자행하였다(1960. 3·15부정선거).

47. 답 ①

출제자의 눈

우리나라 최초의 선거인 1948년 5·10 총선거를 확인할 수 있다.

자료 속 힌트 유엔 한국 임시 위원단, 총선거

해설

김구의 한국독립당, 김규식 등의 중도파, 공산주의자들은 선거를 불참한 상태에서 유엔의 결의에 따른 남한만의 단독 선거가 실시되었고, 무소속이 가장 많이 당선되었으나 이승만의 독립 촉성 계열과 한민당 계열이 압승을 거두었으며, 198명의 국회의원이 선출되어 제헌국회가 구성되었다.(1대 국회의원, 임기 2년)

① 우리나라는 1963년 제6대 총선거 이후 비례대표제가 시행되었다.

 오답 check

②④ 5·10 총선거는 우리나라에서 시행한 최초의 보통선거였고, 제헌국회를 구성하기 위한 총선거였다.

③ 유엔은 소총회에서 남한만의 총선거에 의한 단독 정부수립을 결의하였고(1948.2), 5월 10일 남한의 총선거가 진행되었다.

⑤ 제주도 4·3사건(1948)으로 인하여 제주도의 무고한 주민들이 희생되었고 2개 선거구의 투표가 무산되었다(초대 국회의원 2석 공석).

48. 답 ②

출제자의 눈

전태일 분신사건을 통하여 1970년대 이후 상황을 파악할 수 있다.

자료 속 힌트 전태일씨가 분신

해설

자료는 전태일 분신사건을 나타낸 것이다(1970). 서울 동대문 평화시장에서 일하던 재단사 전태일은 대통령에게 편지를 쓰고 자기 몸에 기름을 붓고 불을 붙여 분신하였다. 이 사건을 계기로 노동자의 요구가 구체적이고 본격적으로 나타나기 시작하였다.

전태일 분신사건
1970년 10월 8일 전태일은 평화시장(주) 관리사무실을 찾아가 사업주 대표들과 임금·노동시간·노동환경의 개선, 그리고 노동조합 결성을 지원 등을 협의하였으나, 이후 이행되지 않자 11월 13일 근로기준법 화형식을 하기로 결의하고, 플래카드를 준비해 노동환경 개선을 요구하며 시위를 벌였다. 경찰의 방해로 시위가 무위로 끝나갈 즈음, 전태일은 온몸에 휘발유를 붓고 불을 붙여 분신자살하였다.

ㄴ. 한미원조협정은 1948년 12월 10일 한미 정부 간에 체결된 미국 원조 관련 협정이다.

ㄹ. 제1차 경제 개발 5개년 계획(1962~1966)은 1962년 시행되었다.

오답 check

ㄱ. 최저임금법은 근로자에 대한 최저임금을 보장하여 근로자의 생활안정을 기하기 위하여 제정된 법률로 1986년에 최초로 제정되었다.

ㄷ. 박정희 정부 때 수출 100억 달러를 달성하였다(1977).

49. 답 ③

출제자의 눈

자료를 통하여 김영삼 정부와 김대중 정부를 파악할 수 있다.

자료 속 힌트 신민당 총재, 제14대 대통령, 제15대 대통령

해설

(가) 김영삼 정부(1993~1998).

구분	내용
정책	공직자 재산 등록, 금융 실명제 실시(1993), 쌀시장 개방(1994.우루과이라운드), 지방 자치제 전면 실시, 수출 1,000억 달러 돌파(1995), WTO출범(1995.농산물 수입 자유화) OECD가입(1996)
역사바로 세우기	조선총독부 건물 철거(1995), 국민학교를 초등학교로 개칭(1996), 12·12사태를 군사 반란으로 규정, 5·18 민주화운동 진상 조사(전두환·노태우 구속·기소)
외환위기	외환 부족으로 경제 위기, 국제통화기금(IMF)의 지원 요청(1997)

(나) 김대중 정부(1998~2003).

구분	내용
수립	최초의 평화적 여·야 정권 교체, 국민의 정부
정책	외채 상환(노사정 위원회 설치, 기업의 구조 개혁 시도, 벤처기업 육성)
대북정책	햇볕정책(금강산 관광 시작, 1998), 제1차 남북정상회담(2000, 6 ·15 남북공동선언 발표)

ㄴ. 금융실명제는 1993년 (가) 김영삼 정부에서 실시하였다.

ㄷ. 최초의 남북 정상회담은 2000년 (나) 김대중 정부에서 추진하였고 6·15 남북공동선언을 발표하였다.

🔍 오답 check

ㄱ. 노태우 정부는 1991년 남북기본합의서를 채택하였다.

ㄹ. 대한민국과 미국 간 한·미 자유 무역 협정을 체결(2007.4)하였다(노무현 정부).

50. 답 ⑤

6·10 국민 대회 선언문을 통하여 1987년 6월 민주항쟁을 파악할 수 있다.

🔗 자료 속 힌트   올림픽을 이유로 민주화를 유보하자, 4.13 폭거가 무효

해설

1987년 1월, 박종철 고문치사사건이 일어났고, 민중의 헌법 개정 여론이 확산되자 전두환 정부는 4·13 호헌 조치를 발표하였다. 이에 대하여 야당과 재야의 연합 기구인 '민주 헌법 쟁취 국민운동본부'가 박종철 고문치사 규탄과 호헌 철폐를 위한 국민 대회를 전국 주요 도시에서 개최하였다. 이러한 시위는 범국민적 반독재 민주화 투쟁으로 발전하게 되었다(6월 민주항쟁).

⑤ 6월 민주항쟁의 결과 전두환 정권은 민주 정의당의 차기 대통령 후보로 내정된 노태우를 통해 6·29선언을 발표하였고, 5년 단임의 대통령 직선제로 개헌하게 되었다(1987.10).

🔍 오답 check

① 양원제 국회는 1차 개헌(발췌개헌, 1952)과 4·19혁명 직후인 3차 개헌(1960)이다.

② 박정희 정부의 한일회담 추진은 시민과 학생들의 대일 굴욕 외교 반대에 부딪혀 이른바 6·3항쟁을 유발시켰다(1964).

③ 1980년 전두환의 신군부는 비상계엄을 전국으로 확대하였고 (5.17), 광주 지역에서는 비상계엄 철회 및 민주화를 열망하는 시민들의 요구가 5·18 민주화 운동으로 이어졌다(1980).

④ 1980년 5·18 광주 민주화 운동 기록물은 유네스코 세계기록유산으로 등재되었다(2011).

01. ②	02. ⑤	03. ④	04. ①	05. ②
06. ②	07. ②	08. ⑤	09. ①	10. ②
11. ⑤	12. ⑤	13. ③	14. ④	15. ③
16. ①	17. ②	18. ④	19. ①	20. ⑤
21. ④	22. ⑤	23. ②	24. ⑤	25. ②
26. ⑤	27. ②	28. ⑤	29. ④	30. ①
31. ②	32. ①	33. ④	34. ④	35. ④
36. ②	37. ③	38. ②	39. ④	40. ②
41. ④	42. ⑤	43. ⑤	44. ②	45. ③
46. ⑤	47. ⑤	48. ④	49. ④	50. ①

01. 답 ②

출제자의 눈

송국리 유적과 관련한 내용과 설명을 통해 청동기 시대를 파악할 수 있다.

자료 속 힌트 부여 송국리, 민무늬 토기, 비파형 동검, 거푸집

해설

부여 송국리 유적은 청동기시대의 돌널무덤이 발견되었고, 요령식 동검, 청동 끌, 돌칼, 돌화살촉 등 지배자의 유물들이 출토되었다. 청동기 시대에는 조, 보리, 콩, 벼농사를 지었으며, 비파형동검, 반달돌칼, 미송리식토기, 민무늬토기 등이 도구로 사용되었다. 청동기 시대에는 계급이 분화되어 부족을 지배하는 족장(군장)이 등장하였으며, 군장이 죽으면 고인돌을 만들어 장례를 치렀다.
② 반달돌칼은 청동기 시대에 벼를 수확하기 위한 추수도구이다.

오답 check

① 고려시대 소를 이용한 깊이갈이가 일반화되어 농업 생산량이 증가하였다.
③ 구석기와 신석기시대에는 계급이 없는 평등한 사회였다.
④ 슴베찌르개는 주로 구석기 시대에 사용되었다.
⑤ 신석기 시대에는 조·피·수수 등 농경의 시작으로 정착 생활이 가능하게 되었다.

02. 답 ⑤

출제자의 눈

대화를 통하여 위만조선(고조선)을 파악할 수 있다.

자료 속 힌트 위만이 준왕을 몰아내고, 중계무역

해설

위만조선은 철기 문화의 본격적인 수용을 하였고, 중앙 정치 조직을 정비하는 등 당시의 사회는 발전하게 되었다. 철제 문화를 바탕으로

영토를 확장한 위만조선은 지리적 이점을 이용하여, 동방의 예, 남방의 진과 중국의 한 사이의 직접교역을 차단하는 등 중계 무역으로 경제적 이득을 독점하기도 하였는데 이 때문에 경제적·군사적으로 한과 대립하게 되었다.

참고 위만 조선

구분	내용
성립	군사 1,000여명과 위만이 입국, 고조선 서쪽 변경 수비, 준왕을 몰아내고 즉위(BC.194)
사회	철기 문화의 본격적 수용, 활발한 정복 사업
경제	중계 무역(예, 진과 중국 한 사이 직접교역 차단)
멸망	한 무제 공격·지배층의 내분(BC. 108)

⑤ 고조선은 8조법을 두어 질서를 유지하였으며 그 중 3개조의 내용만 전해진다.

오답 check

① 삼한은 대족장인 신지·견지, 소족장인 읍차·부례 등의 지배자가 지배하였다.
② 부여는 왕 아래에 가축의 이름을 딴 마가, 우가, 저가, 구가를 두었고, 각 가들은 저마다의 행정 구획인 사출도를 다스리고 있었다.
③ 삼한은 제정분리 사회였기 때문에 제사장인 천군이 신성시 되는 소도를 따로 지배하였고 소도에는 군장세력이 미치지 못하였다.
④ 동예는 족외혼이 엄격하게 이루어 졌으며 부족적 성격이 강하여 책화라는 제도가 있었다.

03. 답 ④

출제자의 눈

김해의 대성동 고분을 통하여 금관가야를 파악할 수 있다.

자료 속 힌트 김해 대성동 고분

해설

김해 대성동 고분을 통해 금관가야를 파악할 수 있다. 가야는 3C경 김해의 금관가야가 연맹국가로 발전하면서 6가야 연맹체로 성립한다. 제철 기술이 뛰어났으며, 낙랑과 왜의 규수지방을 연결하는 해상 중계 무역이 번성하였다.
④ 삼한 중 변한에서는 철이 많이 생산되어 낙랑이나 왜에 수출이 활발하였다.

오답 check

① 6세기 백제 무령왕은 지방에 대한 통제를 강화하기 위하여 지방에 22담로를 설치하여 왕족을 파견하는 등 통치 체제를 정비하였다.
② 부여는 사냥이 시작되는 12월에 영고라는 제천행사를 지냈는데, 백성들이 춤과 노래를 즐겼으며 죄수를 풀어주기도 하였으며 전쟁 시에도 제천행사를 지냈다.
③ 신라 초기에는 3개의 성씨인 박·석·김씨가 교대로 왕위를 계승하였다.
⑤ 통일신라 신문왕은 집사부 아래에 위화부를 비롯한 13부를 두고 행정 업무를 분담하게 하였다.

04. 답 ①

삼국의 항쟁과정을 통하여 4C 삼국의 정세를 파악할 수 있다.

자료 속 힌트 백제왕이, 평양성을 공격, 서거, 보병과 기병 5만, 신라를 구원

해설

(가) 4세기 백제 근초고왕은 황해도 지역을 놓고 고구려와 대결하였 는데 평양성까지 진격하여 고구려 고국원왕을 전사시켰다(371).

(나) 4세기 말에서 5세기 초에 활동한 고구려 광개토대왕은 보병과 기 병 5만을 보내 신라에 침입한 왜를 격퇴하였다(400).

참고 4c~5c 고구려의 발전

고구려 왕	특징
소수림왕 (371~384)	불교(372), 태학(372), 율령 (373)
광개토대왕 (391~413)	요동·만주 정복, 신라에 침입한 왜 격퇴(광개토 대왕릉 비), 영락
장수왕 (413~491)	남북조와 교류, 남진정책(평양 천도, 427), 한강장악(중 원고구려비)

① 4세기 고구려 소수림왕은 전진의 승려 순도가 가져온 불상과 경 문을 받아들여 불교를 공인하여 사상을 통합하였다(372).

오답 check

② 7세기 연개소문은 정변을 일으켜 당시 친당정책을 펼친 영류왕을 폐위시켰고, 반대 귀족 세력을 숙청하였다. 이후 보장왕을 옹립 하고 정권을 장악하여 당에 대하여 강경책을 추진하였다(642).

③ 6세기 영양왕 때에 이문진이 신집 5권을 편찬하였다(600).

④ 3세기 고구려 동천왕은 중국과 낙랑의 연결을 차단하기 위하여 서안평을 공격하였으나 위나라 관구검의 침입을 받아 수도가 함 락되는 등 요하강 동쪽으로 세력이 위축되었다.

⑤ 5세기 고구려 장수왕은 평양성으로 수도를 천도하여 본격적인 남 진 정책을 추진하였다(427).

05. 답 ②

신라의 비석을 통하여 신라 진흥왕을 파악할 수 있다.

자료 속 힌트 영토를 순수(巡狩), 적성(赤城)

해설

자료는 북한산 순수비와 단양적성비로 신라의 영토 확장의 모습을 나타내고 있다. 신라는 한강을 장악함에 따라 당항성을 통하여 중국 과 직접 교역이 가능해졌고, 그에 따라 경제적인 기반도 강화되었으 며, 함경도 지역까지 진출하는 등 영토를 확장하여 삼국 경쟁의 주 도권을 신라가 장악하게 된다. 또한, 화랑도를 국가적인 조직으로 개편하여 공인하였고, 개국이라는 연호를 사용하였다.

진흥왕의 단양적성비와 순수비

단양적성비(551.한강상류), 북한산 순수비(555.한강 하류), 창녕비(561. 대가야 정복), 황초령비(568.함경도 진출), 마운령비(568.함경도 진출)

② 6세기 신라 진흥왕은 고구려 지배하에 있었던 한강 유역을 장악 하고, 남으로는 고령의 대가야를 정복하여 낙동강 서쪽을 장악하 는 등 영토를 확장하였다(562).

오답 check

① 통일신라 신문왕은 국학을 설치하여 유교이념을 확립하려하였다 (682).

③ 6세기 법흥왕은 병부를 설치하여 통치 질서를 확립하였다.

④ 7세기 신라 문무왕은 지방관을 감찰하기 위한 제도로 외사정을 파견하였다.

⑤ 6세기 신라 지증왕은 국호를 신라로 바꾸고, 왕의 칭호도 마립간 에서 왕으로 고쳤다.

06. 답 ②

삼국 통일 전쟁을 통해 시대를 순서대로 나열할 수 있다.

자료 속 힌트 계백, 황산, 백강, 매소성, 검모잠

해설

(가) 황산벌 전투(660). 7세기 의자왕 때 계백의 결사대는 황산벌 전 투에서 김유신에 맞서 싸웠으나 패배하였다.

(나) 백(촌)강 전투(663). 왜의 수군이 백제부흥운동을 지원하여 백강 입구까지 왔으나 나·당 연합군에게 패하였다.

(다) 매소성 전투(675). 당은 웅진 도독부(공주), 안동 도호부(평양), 계림 도독부(경주)를 설치하고 한반도 전체를 지배하려는 야욕을 보이자 신라는 당과의 전쟁을 시작하게 된다. 신라는 남침해 오던 당의 20만 대군을 매소성에서 격파하여 전쟁의 승기를 잡았다.

(라) 고구려 부흥운동(670~674). 고구려 멸망 이후 검모잠, 고연무 등은 보장왕의 서자 안승을 왕으로 추대하여 한성(황해도 재령) 과 오골성을 근거지로 군사를 일으켜 고구려 부흥운동을 전개하 였다. 안승이 신라에 의해 보덕국왕으로 임명된 것은 674년의 일 이다.

07. 답 ②

신라 6두품의 대화를 통해 신라를 도출할 수 있다.

자료 속 힌트 당으로 떠나려고, 관등이 아찬까지밖에

해설

자료의 신라 6두품의 대화이다. 6두품은 대족장 출신으로 득난(得 難)이라고 불렸고 행정·학문·종교 분야에서 활약하였으나 6등급

아찬까지만 승진이 가능하였다. 신라 말에는 귀족들의 정권 다툼과 대토지 소유의 확대로 백성의 생활이 어려워졌고, (가) 골품제를 비판하던 6두품은 반신라 세력으로 성장하게 되었고, 호족 세력과 결탁하여 중앙정부에 대항하였다.

② 통일신라는 지방 세력을 일정 기간 서울에 와서 거주하게 하던 상수리제도를 시행하였는데 이는 지방 세력을 견제하기 위한 정책이었으며, 고려시대 기인 제도로 계승되었다.

🔍**오답** check

① 고구려의 제가회의는 귀족들의 회의로 국가 중대사를 결정하였다.

③ 무령왕릉은 널방을 벽돌로 쌓은 벽돌무덤으로 이곳에서 무령왕과 왕비의 무덤을 알리는 지석이 발견되어 당시 백제가 중국 남조와 교류했음을 알 수 있다.

④ 백제는 부여씨와 진씨, 해씨, 국씨, 목씨, 사씨, 연씨, 백씨, 협씨 등 8성의 귀족으로 이루어졌다.

⑤ 고구려 장수왕은 지방에 사립학교인 경당을 건립하여 청소년들에게 한학과 무술을 교육하였다.

08. 답 ⑤

출제자의 **눈**

등주성과 장문휴를 통해 발해 무왕의 활동을 파악할 수 있다.

자료 속 **힌트** 산둥반도의 등주성, 장문휴

해설

자료는 8세기 전반 발해 (가) 무왕 때를 나타내고 있다. 당은 신라를 이용하여 발해를 견제하였으며, 발해의 영향력을 비교적 덜 받던 흑수말갈을 조종하여 발해에 대항하도록 하였다. 이에 발해는 일본과 유대를 강화하여 신라를 견제하고 당을 공격하기 위해 장문휴의 수군으로 하여금 당의 요서지방과 산둥 반도에 위치한 등주(덩저우)를 공격하게 하였다(732).

참조 발해의 발전

시기	내용
고왕	대조영, 길림성의 동모산에서 건국(698), '천통'
무왕	북만주 일대 장악, 요서·산둥 지방 공격(장문휴의 수군), 돌궐·일본과 연결하여 당·신라 견제, '인안'
문왕	당과 친선 관계, 중경에서 상경으로 천도, 신라도, 주자감 설치, '대흥'
선왕	대부분의 말갈족 복속, 요동 진출, 해동성국, 15부 62주 정비, '건흥'

ㄷ. 8세기 발해의 무왕은 인안이라는 독자적인 연호를 사용하였다.

ㄹ. 당은 신라를 이용하여 발해를 견제하였으며, 발해의 영향력을 비교적 덜 받던 흑수말갈을 조종하여 발해에 대항하도록 하였다. 이에 발해의 무왕은 동생 대문예로 하여금 흑수말갈을 정벌하게 하였다.

🔍**오답** check

ㄱ. 발해 문왕 때 통치의 편의를 위해 수도를 중경에서 상경으로 천도하였다.

ㄴ. 발해 고왕(대조영)은 길림성의 동모산에서 발해를 건국하였다(698).

09. 답 ①

출제자의 **눈**

사료의 내용을 통해 미륵사의 창건 내용을 파악할 수 있다.

자료 속 **힌트** 무왕, 미륵사

해설

자료는 미륵사의 창건 내용이 담긴 삼국유사의 일부이다. 미륵사는 7세기 백제 무왕 때 국가의 중흥을 위하여 세워졌던 사찰이며, 미륵사지 석탑은 무왕 때 건립한 탑이다.

① 미륵사지 석탑은 목탑에서 석탑으로 가는 과도기적 석탑으로 목탑의 모습을 많이 시니고 있는데, 원래 동탑과 서탑으로 이루어져있으나 현재 서탑만 일부 현존하고 있다. 2009년 발굴 작업에서 사리 장엄구, 금제 사리 봉안기, 은제 사리합 등 유물 500여 점 등이 발견되었고, 현재는 원상의 탑을 복원하는 작업 중이다.

🔍**오답** check

② 경주에 있는 신라 다보탑은 다보여래의 사리를 모셔 세운 탑으로 8세기 경덕왕 때 건립하였다.

③ 중국 지린성에 위치한 영광탑은 당의 영향을 받은 벽돌탑(전탑)이다.

④ 7세기 백제 무왕 때 건립한 것으로 추정되는 부여의 정림사지 5층 석탑은 목탑 형식의 미륵사지 석탑을 계승한 탑으로 안정적인 모습을 보여준다.

⑤ 경주 분황사 모전석탑은 신라의 석탑 중 현존하는 가장 오래된 것으로 7세기 신라 선덕여왕 때 건립하였는데 벽돌모양으로 다듬어 전탑형식으로 만든 석탑의 형식을 취하고 있다.

10. 답 ②

출제자의 **눈**

고려 태조 왕건왕릉의 사진과 설명을 통해 고려 태조 왕건을 파악할 수 있다.

자료 속 **힌트** 정계, 계백료서, 훈요10조

해설

자료는 개성시 개풍군 해선리에 있는 고려 태조 (가) 왕건의 릉(왕건왕릉)이다. 고려 태조 왕건과 신혜왕후 유씨를 함께 묻은 단봉 합장릉으로, 송악산의 지맥인 만수산 등성이에 자리잡고 있다. 원래 이름은 현릉(顯陵)이며, 왕건릉이라고도 한다.

참고 태조 왕건의 정책(918~943)

구분	내용
민생안정	세율 1/10로 경감, 흑창 설치(빈민구제)
왕권강화	정계·계백료서 등 관리지침서 제시, 훈요10조 제시
호족통합	관리 등용, 역분전 지급, 혼인 정책, 사성정책, 호족의 자치권 인정, 사심관 제도, 기인 제도
북진정책	서경(평양) 중시, 청천강에서 영흥만까지의 국경선 확보
민족융합	발해·신라·후백제 유민 적극 수용, 문화 수용

② 고려 태조 왕건은 북진 정책을 추진하여 서경(평양)을 중시하였고, 북진 정책의 전진 기지로 개발하였다.

🔍 오답 check

① 고려 성종은 지방의 12목에 목사를 파견하여 중앙 집권을 공고히 하였다(983).
③ 고려 예종은 국자감을 국학으로 개칭하고, 국학 내에 전문 강좌인 7재를 설치하였다(국학7재).
④ 고려의 과거 제도는 광종 때 쌍기의 건의로 시행되었다(958).
⑤ 고려 광종은 노비안검법을 시행하여 호족 세력을 약화시켰고, 국가 재정을 확충하였다(956).

11. 답 ⑤

출제자의 눈

원성왕, 흥덕왕 등을 통하여 통일신라를 파악할 수 있다.

🧭 자료 속 힌트 원성왕릉, 흥덕왕릉, 아라비아

해설

자료는 (가) 통일신라 원성왕릉 앞 무인상을 나타내고 있다. 신라는 통일 이후 당항성을 통하여 당과의 관계가 긴밀해지면서 무역이 번성하였고 공무역 및 사무역도 발달하게 되었다. 또한, 국제 무역항인 울산항이 번성하여 이슬람 상인과 무역을 하기도 하였고 일본과는 처음에는 교류를 제한하다가 8세기에 활발한 교역을 하였다. 신라는 당과의 무역의 확대로 산둥 반도와 양쯔 강 하류에 신라인의 거주지인 신라방(신라촌)을 형성하였고, 신라인을 다스리는 신라소, 여관인 신라관, 사원인 신라원(법화원) 등을 설치하였다.
⑤ 신라 말 흥덕왕 때 장보고는 전남 완도에 청해진을 설치(828)하여 해적을 소탕하였으며, 남해와 황해의 해상 무역권을 장악하였다.

🔍 오답 check

① 고려 성종은 민생안정정책으로 의창제도를 마련하여 빈민을 구제하였다.
② 발해 솔빈부의 말은 주요한 수출품으로 인기가 많았다.
③ 조선시대 일본과는 동래에 설치한 왜관을 중심으로 무역하였다.
④ 고려전기의 상업은 도시를 중심으로 발달하였는데 경시서를 두어 상행위를 감독하였다.

12. 답 ⑤

출제자의 눈

공민왕의 반원정책을 통해 고려후기 시기를 파악할 수 있다.

🧭 자료 속 힌트 원(元) 연호의 사용을 중지, 기철

해설

공민왕은 즉위 후 기철을 비롯한 친원 세력을 숙청하고, 내정 간섭 기구인 정동행성이문소의 폐지, 원의 간섭으로 격하된 관제의 복구, 몽골 풍속 금지 등을 실시하였다.

참고 공민왕의 개혁정치(1351~1374)

구분	개혁
반원정책	친원 세력(기철) 숙청, 정동행성 이문소 폐지, 관제 복구, 몽골풍 금지, 쌍성총관부 공격하여 철령 이북 수복(유인우), 요동 지방 공략
왕권강화	정방 폐지(신진 사대부 등용), 전민변정도감 설치(신돈 등용), 성균관을 순수한 유교 교육 기관으로 개편

13. 답 ③

🧭 자료 속 힌트 정중부, 살해

해설

자료는 무신정변이다(1170). 고려 의종은 보현원(普賢院)에 못을 만들고 놀이하는 곳으로 삼아 자주 거동하여 향락을 일삼았다. 1170년 8월 정중부 등이 이곳에서 문신들을 살해한 후 개경으로 이동하여 의종을 폐위시키고 정권을 장악하였는데 이것이 무신정변의 시작이었다.
③ 고려 무신 집권기 공주 명학소에서 망이·망소이는 신분 해방을 주장하며 봉기하였다(1176).

참고 무신 집권기의 봉기

구분	내용
귀족	김보당의 난(무신정권 타도, 의종 복위 주장), 조위총의 난(서경에서 반란, 많은 농민 가세, 반무신정권의 봉기)
양민	망이·망소이의 봉기(공주 명학소), 김사미·효심의 봉기(운문·초전), 이연년 형제의 난(백제 부흥운동)
천민	전주 관노의 난, 만적의 난(최충헌의 사노비, 신분 해방 운동)

🔍 오답 check

① 고려 인종 때 이자겸은 십팔자위왕(十八字爲王)을 유포하여 왕위 찬탈을 시도하였다(1126).
② 고려 예종 때 윤관은 별무반을 이끌고 여진을 정벌하여 동북 9성을 쌓았다(1107).
④ 고려 인종 때 김부식이 왕명에 의해 편찬한 삼국사기(1145)는 기전체 서술방법으로 쓰여진 역사서로 합리적 유교 사관에 입각하여 서술된 서적으로 신라 계승 의식이 반영되어 있다.
⑤ 고려 문종 때 최충은 9재 학당을 세워 유학 교육에 힘썼고, 9재 학당에서 교육을 받은 학생들이 과거에서 좋은 성적을 거두자 최

충의 문헌공도가 번성하게 되었다. 사학이 융성하게 되자 정부는 관학 진흥책을 시행하였다.

14. 답 ④

귀주대첩을 통하여 고려 대외 관계의 변화를 파악할 수 있다.

자료 속 힌트 고려 현종, 강감찬, 소배압의 10만 대군

해설

자료에서 고려 현종, 강감찬, 소배압 등을 통해 강감찬의 귀주대첩을 파악할 수 있다.

④ 거란은 고려 현종의 입조약속 불이행과 강동6주의 반환을 거부한 것에 대하여 불만을 품고 소배압이 10만 대군을 끌고 재차 침략하였는데(1018.거란 3차 침입), 귀주에서 강감찬이 지휘하는 고려군에게 섬멸되었다(1019.귀주대첩).

오답 check

① 고려 말 홍건적의 2차 침입 때 개경까지 내려왔으나 이성계가 대적하였다(1361).

② 몽골군이 고려에 침입하였는데 김윤후가 처인성(용인)에서 몽골 장수 살리타를 사살하여 퇴각하게 하였다(몽골의 2차 침입.1232).

③ 고려 말 공민왕은 유인우 등을 보내 무력으로 쌍성총관부를 공격하여 철령 이북의 땅을 수복하였다(1356).

⑤ 고려 말 황산(남원)에서 이성계는 적장(왜구) 가운데 나이가 어리고 용맹한 아지발도를 사살하는 등 선두에 나서서 전투를 독려하여 아군보다 10배나 많은 적군을 섬멸케 했다(1380).

15. 답 ③

제시된 지도의 유적지를 통해 강화도의 역사를 파악할 수 있다.

자료 속 힌트 부근리 고인돌, 고려 궁지, 조봉암 선생 추모비

해설

• 부근리 고인돌은 북방식 무덤인데 우리나라 고인돌 중에서 가장 큰 것 중 하나이며, 길이 7.1m, 너비 5.5m에 50톤 무게의 돌이다. 이 무덤의 주인은 2,500명 이상을 거느린 막강한 족장으로 추정되고 있다.

• 고려 궁지는 고려시대 궁궐의 구조를 추측할 수 있는 유적지이다.

• 홍릉은 고려 제23대 고종(1192~1259)의 능이다.

• 조봉암 추모사업회 주관으로 강화군 강화읍 갑곳리 강화역사관 입구 진해공원에 추모비를 건립하였다. 조봉암 선생은 강화도 출생이다.

구분	내용
고대	고인돌 유적지(유네스코 세계 문화유산 지정), 마니산 참성단 (단군이 하늘에 제사, 초제)
고려	고려 궁지(궁궐의 구조 추측)
조선	양명학(강화학파, 정제두, 가학의 형태로 계승 발전), 외규장각, 정족산성(1866, 병인양요, 양헌수), 광성보(1871, 신미양요, 어재연, 미국), 강화도 조약(1876, 불평등 조약)

③ 정몽주가 피살되었던 선죽교는 개성에 있다.

오답 check

① 김상용은 병자호란 때 왕족을 시종하고 강화로 피란하였다가 (1636) 이듬해 강화성이 함락되자 화약에 불을 질러 자결하였다.

② 프랑스는 병인박해의 구실로 병인양요(1866)를 일으켰는데, 이 시기에 프랑스 군인들이 강화도의 외규장각 문화재를 비롯하여 서적과 병기들을 약탈하여 갔다.

④ 미국 함대가 강화도에 침입하여 초지진, 덕진진 등을 점령하자 어재연 등이 이끄는 조선의 수비대가 광성보와 갑곶 등에서 이를 격퇴시켰다(1871.신미양요).

⑤ 조선왕조실록은 5대 사고(史庫) 중 하나였던 강화도의 마니산 사고에 보관하였다.

16. 답 ①

고려시대 안동지역의 주심포 양식을 통해 고려시대 봉정사 극락전을 파악할 수 있다.

자료 속 힌트 안동, 주심포, 목조 건축물 중 가장 오래된 것

해설

① 고려 전기에는 주로 주심포 양식이 유행하였는데, 지붕의 무게를 기둥에 전달하면서 건물을 치장하는 장치인 공포가 기둥 위에만 짜여져 있는 양식으로 대개 기둥이 굵고 배흘림 양식으로 나타난다. 13세기 이후에 지은 일부 건물이 지금까지 남아 있는데 경북 안동 봉정사 극락전은 가장 오래 된 목조 건축물로 잘 알려져 있다.

오답 check

② 충남 예산 수덕사 대웅전은 균형 잡힌 외관과 잘 짜여진 각 부분의 치밀한 배치로 고려시대 건축의 단아하면서도 세련된 특성을 잘 드러내고 있다.

③ 조선후기 충남 논산 쌍계사 대웅전은 장식성이 강한 사원으로 18세기 대표적 사원이다.

④ 18세기 전남 구례 화엄사 각황전은 2층의 외관과 단층 내관의 구조로 되어있다(1702).

⑤ 전등사 대웅전은 인천 강화군 길상면 온수리 전등사에 있는 조선시대 불전이다. 전등사는 조선후기 산성과 사고(史庫)를 수호하는 임무를 지닌 중요한 사찰이었으며 대웅전은 다포계 팔작지붕이다.

17. 답 ②

출제자의 눈

해동통보를 통하여 고려 숙종을 파악할 수 있다.

자료 속 힌트 해동통보

해설

고려 숙종 때에는 삼한통보, 해동통보, 해동중보 등 동전을 만들었으나 널리 유통되지 못하였다. 활구(은병)은 의천의 건의로 주조한 화폐로 우리나라 지형을 본떠서 은1근으로 만든 고가의 화폐로 은병 하나의 값은 포 100여 필이나 되었다.

② 고려는 도시와 지방의 상업 활동이 전기보다 활발해져 시전 규모도 확대되고 업종별 전문화가 나타났다. 개경의 상권은 점차 도성 밖으로 확대되었으며, 예성강 하구의 벽란도를 비롯한 항구들이 교통로와 산업의 중심지로 발달하였다.

참고 고려전기 무역활동

대상	내용
송	가장 큰 비중, 비단·서적·자기 등 수입, 종이·인삼 등 수출
거란·여진	수입(은), 수출(농기구·식량)
일본	수입(수은·황), 수출(식량·인삼·서적)
아라비아	아라비아 상인들이 수은·향료·산호 등 판매, 고려(Corea)의 이름이 서방에 알려짐

오답 check

① 조선후기 농업 경제가 발전하여 이앙법(모내기법) 등의 기술이 전국적으로 확대되었다.
③ 세종 때 무역량을 제한하는 조치를 취하였는데, 세견선은 1년에 50척, 세사미두는 쌀과 콩을 합하여 200석으로 제한하였다 (1443, 계해약조).
④ 6세기 신라 지증왕 때에는 무역이 급격하게 발달하여 시장을 감독하는 관청인 동시전을 설치하였다.
⑤ 조선후기 정부는 구황방법을 제시하였고, 고구마와 감자 같은 구황작물의 재배를 권장하였다.

18. 답 ④

출제자의 눈

자료 속 교관겸수의 내용을 통해 의천을 파악할 수 있다.

자료 속 힌트 숙종의 동생, 국청사, 천태종, 교종을 중심으로 선종을 통합

해설

문종의 왕자로서 승려가 된 의천(1055~1101)은 흥왕사를 근거지로 삼아 화엄종을 중심으로 교종을 통합 하려 하였으며, 선종을 통합하기 위하여 국청사를 창건하여 천태종을 창시하였다. 또한, 대장경의 보완을 위하여 신편제종교장총록을 편찬하였으며, 이를 바탕으로 속장경(교장)을 간행하였다. 숙종에게 화폐의 필요성을 건의하여 활구(은병)를 주조하였으나 유통은 활발하지 못하였다.

④ 의천은 교종 중심에서 선종을 통합하려 노력하였고, 이를 뒷받침할 사상적 바탕으로 이론의 연마와 실천의 양면 모두를 강조하는 교관겸수를 제창하였다.

오답 check

① 수심결(修心訣)은 고려 중기의 승려 지눌이 지은 책이다. 지눌은 명리에 집착하는 당시 불교계의 타락상을 비판하였다.
② 혜심은 유불일치설을 주장하였고, 심성의 도야를 강조하여 성리학을 수용의 사상적 토대를 마련하였다.
③ 요세는 자신의 행동에 대한 진정한 참회를 강요하는 법화 신앙에 중점을 둔 백련결사 운동을 전개하였다.
⑤ 통일신라 혜초는 자신이 돌아본 인도와 중앙아시아 등 여러 나라의 풍물을 생생히 기록한 왕오천축국전을 남겼다.

19. 답 ①

출제자의 눈

임진왜란의 전개과정을 통하여 순서를 파악할 수 있다.

자료 속 힌트 부산진, 정발, 송상현, 한산, 학익진, 권율이 행주, (이순신이) 노량에 도착

해설

(가) 임진왜란의 시작(1592.4). 일본의 전국 시대 혼란을 수습한 도요토미 히데요시는 철저한 준비 끝에 20만 대군으로 조선을 침략해 왔는데, 이를 임진왜란이라 한다. 침략 직후 부산진에는 정발, 동래성에서는 송상현이 분전하였으나 패하였다.
(나) 한산도 대첩(1592.7). 이순신 장군이 이끄는 연합함대가 적을 한산도 앞 바다로 유인하여 학익진을 펼쳐 100여척의 적선을 격파하였고, 왜의 수군에 큰 타격을 주어 제해권을 잡았다.
(다) 권율의 행주 대첩(1593.2). 권율은 병사를 이끌고 행주산성에 진지를 구축하였고 3만의 적군은 행주산성으로 진군하였다. 관군은 화살이 다해 투석전을 폈는데 이때 부녀자들까지 동원되어 관민이 일치단결해 싸웠다. 적군이 버리고 간 적의 시체가 200구가 넘었고, 타다 남은 시체는 그 수를 헤아릴 수 없었다. 이것이 임진왜란 3대첩의 하나인 행주대첩이다.
(라) 이순신의 노량해전(1598.11). 노량 앞바다에서 이순신이 이끄는 조선 수군이 일본 수군과 벌인 마지막 해전으로 이 해전을 끝으로 7년간의 전쟁이 끝났고, 이순신도 이때 적의 유탄에 맞아 전사하였다.

20. 답 ⑤

출제자의 눈

향약집성방을 통하여 세종의 업적을 파악할 수 있다.

자료 속 힌트 향약집성방, 우리 풍토에 알맞은 약재와 치료 방법

해설

(가) 세종 때 우리 약재와 치료 방법을 정리하여 향약집성방을 편찬하였다.

⑤ 세종 때 우리나라 역사상 처음으로 서울을 기준으로 천체 운동을 계산한 칠정산이라는 역법서를 만들었다.

대상	내용
유교정치	왕도정치(유교적 민본 사상), 청백리 재상 등용
민생안정	전분6등법(토지비옥도), 연분9등법(풍흉에 따른 조세 부과)
대외안정	4군 6진 개척, 대마도 정벌
민족문화	훈민정음 창제, 용비어천가
과학기구	혼의, 간의, 혼천의, 자격루(물시계), 앙부일구(해시계), 측우기
농업발전	농사직설(우리 풍토에 맞는 농법서)
의학서적	향약집성방(국산 약재 및 예방법), 의방유취(동양 의학 最古의 의서)
예법서적	효행록, 삼강행실도(충신, 효자, 열녀)
역법서적	칠정산 내외편 [중국 수시력과 아라비아 회회력 참고]
불교서적	월인천강지곡, 석보상절
음악	악기 개량(박연), 여민락, 정간보
활자 주조	경자자, 갑인자, 식자판 조립(인쇄)

오답 check

① 선조 때 이광정은 세계 지도인 곤여만국전도를 유입하였다.
② 조선후기 언어에 대한 연구가 진전되었는데 순조 때 유희는 언문지(1824)를 편찬하여 음운 연구에 기여하였다.
③ 조선후기 홍길동전, 춘향전, 심청전 등의 한글 소설이 등장하였다.
④ 영조 때 정상기는 동국지도를 제작하였는데, 최초로 100리척을 사용하여 정확하고 과학적인 지도 제작에 공헌하였다.

21. 답 ④

출제자의 눈

자료 속 제시된 4대 덕목을 통해 향약을 파악할 수 있다.

자료 속 힌트 덕업(德業)이 볼 만한 자, 과실(過失)이 있는자, 약정

해설

자료는 덕업상권, 과실상규 등의 내용을 통해 율곡전서의 내용 중 (개) 향약에 대한 내용이다. 약정은 향약 간부를 말한다. 향약은 전통적 미풍양속에 유교 윤리를 가미하여 교화와 질서 유지에 알맞도록 구성한 것으로, 중종 때 조광조가 처음 시행한 이후 전국적으로 확산되었다. 향약은 향촌의 자치규약으로 향촌 사회의 질서 유지와 함께 치안까지 담당하는 등 향촌의 자치 기능을 맡았다.

참고 향약

목적	내용
전래	중국의 여씨향약으로부터 전래, 향촌의 자치규약
형성	전통적 공동 조직과 미풍양속을 계승(삼강오륜 중심, 유교 윤리 가미)
덕목	덕업상권, 과실상규, 예속상교, 환난상휼
장점	향촌 자치 기능(풍속 교화, 치안 유지), 사림의 농민 통제와 지위 강화
단점	토호와 향반이 지방민을 수탈하는 배경 제공

ㄴ. 지방 사족은 향촌 사회를 그들 중심으로 운영하기 위해 향약 조직을 만들었는데 향약이 보급됨에 따라 향촌에서의 양반의 지위는 더욱 강화되었다.
ㄹ. 향약은 전통적 미풍양속에 유교 윤리를 가미하여 향촌의 교화와 질서 유지에 알맞도록 구성하였다.

오답 check

ㄱ. 흥선대원군은 붕당의 온상으로 인식되어 온 전국 600여 개소의 서원 가운데 47개소만 남긴 채 모두 철폐하였다.
ㄷ. 조선의 향교는 중등 교육을 담당하였던 관립 교육기관으로 향교의 대성전은 문묘(文廟)의 정전(正殿)으로 공자를 비롯한 성현의 위패를 모시는 전각을 말하는데 봄·가을에 제향(祭享)을 올린다.

22. 답 ⑤

출제자의 눈

대화를 통하여 조선시대 관리 비위감찰 기구인 사헌부를 파악할 수 있다.

자료 속 힌트 관리의 비리 감찰 등을 담당

해설

(개) 사헌부는 관리의 비리를 감찰하거나 중대한 사건을 재판하였던 기관이다. 조선시대 법을 다루는 사법 기관으로 형조·한성부·사헌부 등이 있었으며 이를 가리켜 삼법사(三法司)라 하였다. 사헌부의 장관은 대사헌이다.
⑤ 조선에서는 관리의 비리를 감찰하던 사헌부와 정사를 비판하던 사간원을 일컬어 양사라고 하였는데 이들 역시 대간의 권한이 있었다. 대간제도는 왕의 잘못을 비판하는 간쟁, 잘못된 왕명은 시행하지 않고 돌려보내는 봉박, 관리 임명과 법령의 개정이나 폐지 등에 동의하는 권한인 서경권을 말하며, 이러한 권한은 고관은 물론이고 왕이라도 함부로 침해할 수 없었다.

오답 check

① 고려의 삼사는 화폐와 곡식의 출납을 담당하였다.
② 조선의 승정원은 왕명 출납을 담당하였다.
③ 춘추관은 왕조실록 등의 역사서 편찬과 보관을 담당하였다.
④ 고려시대 도병마사와 식목도감은 재신과 추밀이 모여 국방과 법의 제정 등을 다루던 최고의 회의기구이다.

23. 답 ②

출제자의 눈

자료의 내용을 통해 입동에 대하여 학습한다.

자료 속 힌트 겨울이 시작된다는 의미

해설

입동(立冬)은 24절기 중 열아홉 번째 절기로 이날부터 겨울이 시작된다고 한다. 양력으로는 11월 7일 또는 8일 무렵, 음력으로는 10월

에 든다. 서리가 내린다는 상강(霜降) 후 약 15일, 첫눈이 내린다는 소설(小雪) 전 약 15일에 든다.

입동 무렵이면 밭에서 무와 배추를 뽑아 김장을 하기 시작한다. 입동에는 햇곡식으로 시루떡을 하고, 곡물을 저장하는 곳간과 마루 그리고 소를 기르는 외양간에 고사를 지냈다. 입동에는 치계미(雉鷄米)라고 하는 미풍양속도 있었는데, 입동(立冬), 동지(冬至), 제석(除夕)날에 일정 연령 이상의 노인들을 모시고 음식을 준비하여 대접하는 것을 치계미라 하였다.

 오답 check

① 단오(5.5)에는 수리떡을 만들어 먹었으며 창포에 머리감기, 쑥과 익모초 뜯기, 부적 만들어 붙이기, 대추나무 시집보내기, 단오 비녀 꽂기 등의 풍속과 함께 그네뛰기·격구·씨름·석전(石戰)·활쏘기 등을 즐겼다.

③ 칠석(7.7)에는 가정에 따라서는 무당을 찾아가 칠성 맞이 굿을 한다. 또 밭작물의 풍작을 위해 밭에 나가서 밭제를 지내기도 한다. 칠석날 처녀들은 별을 보며 바느질 솜씨가 좋아지기를 빌고 서당의 학동들은 별을 보며 시를 짓거나 글공부를 잘할 것을 빌었다.

④ 정월대보름(1.15)에는 달에 소원을 빌었고, 달맞이, 쥐불놀이, 달집태우기, 다리밟기, 부럼깨기, 귀밝이술 마시기 등을 즐겼다.

⑤ 한가위(추석)는 음력 8월 15일로 가배라고도 한다. 추석에는 차례를 지내고, 성묘를 돌아봤으며 씨름, 강강술래, 소싸움 등의 민속놀이를 즐겼다. 또한, 송편, 토란국, 닭찜을 만들어 먹었다.

24. 답 ⑤

출제자의 눈

사료의 내용을 통하여 태종 이방원의 정책을 알아본다.

자료 속 힌트 왕자의 난을 통해, 왕위에 오름, 신문고를 설치, 호패법

해설

두 차례에 걸친 왕자의 난을 통하여 개국 공신 세력을 몰아내고 왕위에 오른 태종 이방원은 왕권을 강화하기 위하여 언론 기관인 사간원을 독립시켜 대신들을 견제하였고, 사병을 없애 왕이 군사 지휘권을 장악하면서 친위 군사를 늘렸다. 또한, 양전 사업과 호구 파악에 노력을 기울였으며, 호패법을 실시하였고, 사원의 토지를 몰수하고, 억울한 노비를 조사하여 해방시켰다.

참고 태종(1400~1418)의 정책

구분	특징
왕권 강화	도평의사사 폐지, 의정부 설치(6조직계제 시행), 사간원 독립(대신 견제), 사원전 몰수, 사병 철폐, 양전사업
제도 정비	호패법 실시(1413), 신문고 설치, 억울한 노비 해방, 서얼차대법(서얼의 관직 진출 제한)과 재가금지법 제정

⑤ 태종은 왕권을 강화하고 국왕 중심의 통치 체제를 강화하기 위하여 6조 직계제를 실시하였다.

오답 check

① 인조 때 후금과의 항쟁 과정에서 국방력 강화를 위하여 어영청, 총융청, 수어청 등을 설치하였다.

② 세조 때에 시작한 경국대전의 편찬을 성종 때 마무리하여 반포(1485)함으로써 이후 조선 사회의 기본 통치 방향과 이념을 제시하여 조선왕조의 통치 체제가 확립되었다.

③ 숙종 때 백두산정계비를 설치하고 간도지역의 방비를 철저히 하였다(1712).

④ 정조가 시행한 초계문신제도는 37세 이하의 당하관 중에 재능 있는 문신들을 뽑아 재교육 시키는 제도로 인물 선정은 의정부에서, 교육은 규장각에서 하였다. 정조는 선정된 인물들을 대상으로 직접 강의하고 시험도 직접 보아 인재를 등용하였다.

25. 답 ③

자료 속 힌트 연잉군, 왕세제(王世弟), 대리청정

해설

자료는 경종 때 상황으로 영조의 대리청정 문제를 나타내고 있다. 조선후기 경종 때 왕세제(연잉군)가 왕을 대신하여 정무를 처리(대리청정)하는 문제로 노론과 소론 사이의 대립이 격화되었다. 이후 영조가 왕으로 즉위하여 개혁정책을 추진하였다.

참고 영조의 개혁정치

목적	내용
개혁	탕평책(탕평교서), 탕평파에게 권력 집중(붕당자체 제거시도), 이조전랑의 후임자 천거 및 3사 관원의 선발 관행 폐지, 서원의 대폭 정리, 균역법, 도성 방위 체제 정비, 가혹한 형벌 폐지, 엄격한 삼심제, 속대전 편찬
한계	강력한 왕권을 바탕으로 다툼을 억누른 일시적 탕평

③ 영조는 즉위 직후 탕평 교서를 발표하고 탕평비를 건립하는 등 정국을 안정시키려 하였다.

오답 check

① 연산군 때 폐비윤씨 사건을 원인으로 하여 사림들을 탄압하였다(1504. 갑자사화).

② 현종 때 효종의 상에 대한 자의대비의 복제 문제로 남인은 3년, 서인은 1년설을 주장하였다(1659, 기해예송).

④ 을사사화(1545)는 명종 때 외척 간의 왕위 계승의 다툼으로 사림이 피해를 본 사건으로, 명종의 외척세력인 윤원형(소윤)일파가 인종의 외척세력인 윤임(대윤)일파를 역적으로 몰아 대거 숙청하고 정국을 주도하게 되었다.

⑤ 숙종 때 장희빈의 소생인 균(경종)의 세자 책봉을 둘러싸고 서인인 송시열 등이 반대하다 사사되었고 인현왕후가 폐출되면서(민씨폐출) 남인이 집권하였다(기사환국, 1689).

26. 답 ⑤

출제자의 눈

자료의 내용을 분석하여 정약용을 도출할 수 있다.

자료 속 힌트 거중기, 조선후기 실학자, 경세유표, 목민심서

해설

㈎ 정약용은 과학과 기술의 중요성을 확신하고 인간이 다른 동물보

다 뛰어난 것은 기술 때문이라고 보고, 기술의 발달이 인간 생활을 풍요롭게 한다고 믿었다. 그리하여 스스로 많은 기계를 제작하거나 설계하여 과학 기술의 발전을 이룩하였다. 정약용은 서양 선교사가 중국에서 펴낸 기기도설을 참고하여 거중기를 만들었고, 수원 화성을 쌓을 때에 거중기를 사용하여 공사 기간을 단축하고 공사비를 줄이는 데 크게 공헌하였다.

정약용의 여전론

정약용은 토지 개혁으로 균전론과 한전론을 모두 반대하며 여전론을 주장하였고, 후에 정전제를 현실에 맞게 실시할 것을 주장하였는데, 여전론은 마을 단위의 공동 농장제도로써, 마을의 토지를 공동 소유, 공동 경작하고, 수확량에 따라 분배하자는 것이다. 다시 말해 여전론은 여(閭)라는 공동구역을 설정하고 그 안에서 여장의 지휘아래 공동생산을 하고 수확량은 각자의 노동량만큼 가져가게 한다는 이론이다.

⑤ 정약용은 여전론을 주장하였고, 후에 이를 수정하여 정전제를 주장하였다.

 오답 check

① 박지원은 양반전, 허생전, 호질 등을 저술하여 양반 문벌제도의 비생산성을 비판하였다.
② 중상학파 박제가는 청에 다녀온 후 북학의를 저술하여 청의 문물을 적극적으로 수용할 것을 제창하였다.
③ 고종 때 이제마는 동의수세보원에서 사람의 체질을 구분하여 치료하는 방법을 소개하였다.
④ 1880년대 조선책략이 국내에 유포되었는데 이만손은 영남만인소를 올려 개화를 반대하였다.

27. 답 ②

 출제자의 눈

자료에 등장한 양역의 폐단을 통하여 균역법의 시행을 파악할 수 있다.

자료 속 힌트   이제는 1필로 줄이는 것

해설

영조는 1년에 군포 1필만 부담하는 균역법을 시행하였는데, 감소된 재정에 대하여는 지주에게 결작미를 부담시켰다(1750). 또한, 탕평교서를 발표하여 정국을 안정시키려 하였고, 가혹한 형벌의 폐지·삼심제 등을 시행하는 등 민생안정과 산업진흥을 위한 개혁을 추진하였으며 속대전을 편찬하고 법전 체계를 정리하여 제도와 권력 구조 개편에 힘썼다.

참고 균역법(1750)

구성	내용
배경	불합리한 군포의 차별 징수, 백골징포·황구첨정·인징·족징 등의 폐단이 자행
내용	1년에 군포 1필만 부담하면 되는 균역법 시행(영조,1750)
보충	감소된 재정은 지주에게 결작(토지 1결당 미곡 2두) 부담, 선무군관포, 어장세, 선박세 등 잡세 수입으로 보충
결과	일시적 경감, 지주는 농민에게 결작 부담 강요

ㄱ. 영조는 1년에 군포 1필만 부담하는 균역법을 시행하였는데, 감소된 재정에 대하여는 지주에게 결작미를 부담시켰다(1750).

ㄷ. 균역법의 시행으로 감소된 재정을 보충하기 위해 일부 상류층에게 선무군관이라는 칭호를 주고 군포1필을 납부하게 하였다.

 오답 check

ㄴ. 대한제국은 광무개혁의 일환으로 지계아문(1901)을 통해 양전사업을 실시하여 최초의 토지 소유권 증명서인 지계(地契)를 발급하였다.
ㄹ. 과전법 체제 아래에서 과전은 전직 관리와 현직 관리에게 관등에 따라 경기 지역의 토지에 한하여 수조권 지급하였는데, 받은 사람이 죽거나 반역을 하면 국가에 반환하도록 정해져 있었다.

28. 답 ⑤

출제자의 눈

공노비 해방의 내용을 통하여 세도정치 시기인 순조 때임을 파악할 수 있다.

자료 속 힌트   관청 소속의 노비를 모두 혁파

해설

임진왜란 이후 조선은 납속책과 공명첩 등으로 신분간의 이동이 활발하였는데, 양반의 수는 더욱 늘어나고, 상민과 노비의 수는 갈수록 줄어들었다. 특히 부를 축적한 농민들은 지위를 높이거나 역의 부담을 모면하려고 양반 신분을 사거나 족보를 위조하여 양반으로 행세하는 경우가 많았다. 또한, 18세기 후반에는 공노비의 노비안이 도망과 합법적인 신분 상승으로 이름만 있을 뿐 신공을 받아 낼 수 없게 되자, 순조 때에 중앙 관서의 노비 6만6000여 명을 해방(1801)시켜 노비의 수가 감소하기도 하였다.

참고 노비제도의 변천

시기	내용
고려~조선전기	일천즉천, 노비 수 증가(국가 재정 감소)
조선후기	노비추쇄법 폐지(정조), 노비종모법(영조), 노비 수 감소(국가 재정 증가)
순조 이후	공노비 해방(약 6만 6천여 명.1801.순조.국가 재정 확충), 노비 세습 금지(1886.고종)
갑오개혁(1894)	사노비 해방, 평등 사회(법제화)

⑤ 세조는 현직 관리에게만 수조권을 지급하는 제도인 직전법을 시행하였다(1466).

오답 check

① 조선후기 상평통보는 인조 때 발행하여 숙종 때 전국적으로 유통되었다.
② 조선후기 담배와 고추 등의 상품작물이 재배되었다.
③ 조선후기 개성에서 활동하던 송상 및 의주에서 활동하던 만상 등이 활발하게 상행위를 하였다.
④ 조선후기 전국의 장시를 돌아다니며 생산자와 소비자를 이어주는 상인인 보부상은 그들은 자신들의 이익을 지키고 단결을 위하여 보부상단을 조직하기도 하였다.

29. 답 ④

자료 속 힌트   하곡, 존언(存言), 지와 행은 하나

해설

자료는 양명학의 내용으로 ㈎ 정제두를 나타내고 있다. 하곡은 정제두의 호이다.

참고 **양명학**

구분	내용
학파	정제두는 거처를 강화도로 옮겨 후진 양성에 힘썼으며, 이들로 인하여 강화학파를 형성
계승	학파 대부분은 정권에서 소외된 소론이었기 때문에 정계에 반영되기는 어려웠고, 집안의 후손과 인척을 중심으로 하여 가학(家學)의 형태로 계승
사상	심즉리(心卽理) 사상이 양명학의 바탕이며 앎과 행함은 분리되어 있는 것이 아니라 앎은 행함을 통하여 성립한다는 지행합일설(知行合一說)과 인간은 상하 존비의 차별이 없다는 치양지설(致良知說)
영향	강화 학파는 실학자들과도 영향을 주고받았고, 한 말 이후에는 국학자인 박은식, 정인보 등이 계승

④ 18세기 초 정제두는 양명학을 체계적으로 연구하여 강화도에서 강화학파를 형성하였다.

오답 check

① 조선 초 나이 어린 단종이 즉위하면서 왕권이 크게 약화되었고, 김종서, 황보인 등 재상에게 정치의 실권이 넘어가자 수양대군은 정변을 일으킨 후 정권을 잡았다(1453. 계유정난).
② 해동제국기는 성종의 명을 받아 신숙주가 일본의 정치·외교·사회·풍속·지리 등을 종합적으로 정리하여 기록한 책이다(1471).
③ 정조 때에는 유득공, 이덕무, 박제가 등 서얼 출신이 규장각 검서관으로 등용되어 제각기 능력을 발휘하기도 하였다.
⑤ 이이는 성학집요를 저술하여 현명한 신하가 군주에게 성학을 가르쳐 그 기질을 변화시켜야 한다는 것을 강조하였다.

30. 답 ①

자료 속 힌트   단원, 도화서 화원

해설

김홍도는 산수화, 기록화, 신선도 등을 많이 그렸지만, 정감어린 풍속화를 그린 것으로 유명하다. 그는 밭갈이, 추수, 씨름, 서당 등에서 자신의 일에 몰두하는 사람들의 특징을 소탈하고 익살스러운 필치로 묘사하였다. 이런 그림에서 18세기 후반의 생활상과 활기찬 사회의 모습을 살필 수 있다. 김홍도는 정조 때 연풍 현감에 제수되어 벼슬하였는데(1791) 3년 만에 파직 당하였다.

① 김홍도의 무동

오답 check

② 15세기 강희안의 고사관수도
③ 16세기 신사임당의 초충도
④ 18세기 정선의 진경산수화인 인왕제색도
⑤ 18세기 신윤복의 혜원전신첩 중 상춘야흥

31. 답 ⑤

자료 속 힌트   운요호 사건을 계기로 시작된 양국 간 협상

해설

1875년 운요호 사건을 빌미로 일본은 조선에 개항을 요구하여 포함의 위협 하에 1876년 ㈎ 강화도 조약을 체결하게 된다. 우리나라 최초의 근대적 조약으로서 부산(1876), 원산(1880), 인천(1883) 등 3개 항구의 개항이 이루어 졌으며, 치외법권과 해안 측량권 등을 규정한 불평등 조약이었다. 이 조약으로 일본의 정치, 경제, 군사적 침략의 발판이 마련되었고, 이후 서양 열강과 조약을 맺게 되는 선례가 되었다.

참고 **강화도조약**

조항	조약 내용	일본의 목적
1관	조선국은 자주의 나라이며 일본국과 평등한 권리를 가진다.	청의 간섭 배제, 조선 침략 의도
4관	조선국은 부산 외에 두 곳(인천, 원산)의 항구를 개항하고 일본인이 와서 통상을 하도록 허가한다.	경제(부산), 정치(인천), 군사(원산)적 거점 확보, 주권 침해 조항
7관	조선국 연해의 도서와 암초는 조사하지 않아 위험하므로 일본국의 항해자가 자유롭게 해안을 측량하도록 허가한다.	
10관	일본국 국민이 조선국에서 죄를 범하거나 조선국 국민에게 관계되는 사건일 때는 모두 일본국 관원이 심판한다.	일본인에 대한 치외법권 보장, 불평등 조항

⑤ 강화도조약으로 부산(1876), 원산(1880), 인천(1883) 등 3개 항구의 개항이 이루어 졌다.

오답 check

① 1882년 체결한 조미수호통상조약에는 거중 조정 규정이 있었다.
② 갑신정변(1884)의 결과 한성조약(1884)과 톈진조약(1885)을 체결하게 되었다.
③ 민영환은 외교권 상실에 울분을 금치 못하여 자결로써 을사늑약에 항거 하였다.
④ 1886년 조프통상조약의 체결로 프랑스는 조선에서 천주교 포교의 자유를 얻었다.

32. 답 ①

출제자의 눈

자료를 분석하여 구한 말 민족 언론의 활동을 알아본다.

해설

(가) 조선의 관보로써 최초의 신문인 한성순보(1883~1884)는 박영효 등 개화파의 영향으로 박문국에서 10일에 한 번 발행하였다. 한 성순보는 정부 관료를 대상으로 하였던 순 한문 신문으로 개화 정 책의 취지를 설명하였고, 국내외 정세를 소개하는 데 힘썼다.

(나) 우리나라 최초의 민간 신문이자 일간지인 독립신문(1896~1899) 은 서재필이 창간하였고, 시민층을 대상으로 하였던 신문으로 한 글판과 영문판으로 발행하였다.

(다) 남궁억이 발간한 황성신문(1898~1910)은 지식층 및 유생을 대 상으로 한 민족주의 신문으로 국한문 혼용어 형식으로 제작되었 다. 일제의 침략 정책과 매국노를 규탄하였으며, 일제가 황무지 의 개간권을 요구하였을 때 그의 부당성을 지적하였고, 보안회를 지원하였다. 을사늑약 이후 황성신문의 주필 장지연은 시일야방 성대곡이라는 격렬한 항일 언론을 펴 을사늑약을 규탄하고 민족 적 항쟁을 호소하였는데, 이로 인해 80일간 정간되기도 하였다.

(라) 이종일이 창간한 제국신문(1898~1910)은 일반 서민층 및 부녀 자 대상의 신문으로써 민중 계몽과 자주 독립 의식을 고취시켰 고, 순 한글 형식으로 제작되었다.

(마) 대한매일신보(1904~1910)는 영국인 신분을 활용하여 일본인 출 입금지 간판을 설치하는 등 일제의 간섭에서 어느 정도 벗어 날 수 있었으므로 의병 운동에 대해 호의적인 기사를 많이 다루었 고, 13도 창의군의 내용도 적극적으로 수록하였다.

① 한성순보는 정부 관료를 대상으로 하였던 순 한문 신문이었다.

오답 check

② 서상돈·김광제 등이 대구에서 시작한 국채보상운동(1907)은 전 국으로 확산되는데, 대한매일신보·황성신문·제국신문 등의 언론 기관도 동참하였다.

③ 독립신문은 한글판과 영문판으로 발행하였다.

④ 이인직이 만세보를 인수하여 창간한 이완용 내각의 기관지는 대 한신문(1907)이다.

⑤ 한성주보(1886~1888)는 한성순보를 계승한 신문으로써 박문국 에서 매주 한 번 간행하였다. 국한문 혼용의 형태로서 만들어졌 으며, 최초의 상업 광고를 게재하였다.

33. 답 ④

출제자의 눈

자료를 분석하여 최초의 근대교육 관립학교인 육영공원을 파악할 수 있다.

 자료 속 힌트 영재를 기른다. 신학문을 가르치는 곳

해설

(가) 육영공원은 1886년에 정부가 설립한 최초의 근대 교육 기관으로 1894년까지 존속하였다.

참고 근대 교육의 시작

구분	내용
원산학사(1883)	최초의 근대적 사립학교
동문학(1883)	영어 강습 기구, 통역관 양성
육영공원(1886)	최초 관립학교, 상류층 자제에게 근대 학문 교육, 미국인 교사 헐버트와 길모어 초빙)

④ 육영공원은 미국인 교사 헐버트와 길모어를 초빙하여 상류층 자 제를 대상으로 영어, 수학, 정치학 등의 근대 교육을 실시하였다.

오답 check

①② 고종은 갑오개혁의 일환으로 1895년 교육입국조서를 발표하 여 한성사범학교를 설립하였다.

③ 향교는 지방의 중등교육기관으로 성현에 대한 제사와 유생들의 교육, 지방민의 교화를 위하여 부·목·군·현에 각각 하나씩 설립 하였다.

⑤ 고려 예종 때 양현고라는 장학 재단을 두어 관학의 경제 기반을 강화하였다.

34. 답 ④

출제자의 눈

대화를 통해 대한제국의 국권피탈과정을 파악할 수 있다.

자료 속 힌트 한일의정서 체결, 국외 중립선언을 일본이 무시

해설

대화에서 한일의정서의 체결(1904.2)과 대한제국의 국외 중립선언 (1904.1)을 무시하는 내용을 통해 러일전쟁 중의 상황임을 파악할 수 있다. 러일전쟁은 1904년 2월부터 1905년 9월까지 계속되었다.

한·일의정서(1904.2)

러일전쟁 중 일본이 한반도를 세력권에 넣기 위하여 강제로 한일 의정 서를 체결하였다. 이로 인하여 대한제국의 국외 중립이 무너지고 러시 아와의 조약이 폐기되었으며, 일본은 필요한 군사적 요지와 시설을 마 음대로 사용할 수 있게 되었다. 또한, 우리나라는 일본의 동의 없이는 제3국과 조약을 체결할 수 없는 처지에 놓이게 되었고, 일본의 충고를 받아들여야만 하였다. 경제면에서는 황무지를 개척할 수 있는 권리도 포함 되어있어서, 우리 영토에 대한 침탈을 예고하고 있었다.

ㄴ. 일본은 러·일 전쟁을 틈타 독도를 불법적으로 자신의 영토로 편 입한 뒤에 지금까지 억지 주장을 하고 있다.

ㄹ. 제1차 한일협약(한·일협정서,1904.8)에 근거하여 일본인 메가 타가 재정고문으로, 미국인 스티븐스가 외교고문으로 파견되었다.

오답 check

ㄱ. 러시아가 절영도의 조차를 요구하자 독립협회는 만민공동회를 배경으로 구국 운동 상소운동(1898)을 전개하여 러시아의 요구 를 좌절시켰다.

ㄷ. 삼국간섭 이후 러시아를 등에 업은 친러파와 러시아 공사 베베 르 등이 신변 보호 명목으로 고종을 러시아 공사관으로 옮겼다 (1896.아관파천).

35. 답 ④

자료를 분석하여 제1차 갑오개혁(1894.7~1894.12)의 내용을 파악할 수 있다.

자료 속 힌트 군국기무처가 추진, 조혼 금지와 과부재가 허용, 과거제 폐지

해설

동학농민운동이 일어난 후 일본은 1894년 6월 주한 공사 오토리 게이스케를 통하여 내정개혁안 5개조를 제시하고 이를 시한부로 시행할 것을 촉구하였다. 김홍집 내각은 개혁을 추진하기 위하여 초정부적 회의 기관인 군국기무처를 설치(1894.6)하고 ㈎ 제1차 갑오개혁을 추진하였다.

참고 제1차 갑오개혁(1894. 7 ~ 1894. 12)

구분		내용
정치	업무 구분	왕실 사무(궁내부)와 국정(의정부)의 분리, 내각이 정치적 실권 소유(전제 왕권 제한)
	8아문	의정부 권한 집중, 6조를 8아문으로 변경
	연호 사용	청 연호 폐지, 조선의 개국기원 사용
	기타	경무청(근대적 경찰 사무) 설치, 과거 제도 폐지
경제	재정 일원화	탁지아문에서 국가의 모든 재정 사무 관장
	기타	은 본위 화폐제도, 조세의 금납제, 도량형 개정
사회	신분제 철폐	양반과 평민의 계급 타파, 공·사 노비 제도 폐지, 인신 매매 금지
	봉건제 타파	조혼 금지, 과부 개가 허용, 고문·연좌제 폐지

④ 제1차 갑오개혁 당시 청의 연호를 폐지하고 조선의 개국기원을 사용하였다.

오답 check

① 대한제국은 1899년 대한국 국제를 반포하여 전제 황권을 지향하는 전제 군주제를 추구하였다.
② 민씨정부는 신식군대인 별기군(1881~1882)을 창설하였다.
③ 대한제국은 광무개혁 당시 원수부를 설치하고 시위대, 진위대를 강화하였다.
⑤ 고종 때 흥선대원군은 비변사를 폐지하고 의정부와 삼군부의 기능을 부활시켜 각각 정치와 군사의 최고 기관으로 삼아 왕권을 강화하려 하였다.

36. 답 ②

사진과 설명을 통해 1920년대 물산장려운동을 파악할 수 있다.

자료 속 힌트 토산품 애용, 1923년

해설

제시된 자료는 민족자본 육성을 위한 조선 물산장려회의 ㈎ 물산장려운동이다. 물산장려운동은 '내 살림 내 것으로', '조선 사람 조선 것'의 구호를 통해 1920년대 실력 양성 운동의 일환으로 전개된 운동이었다.

참고 물산장려운동

구분	내용
전개	평양에서 처음 시작(1920.조만식), 서울에서 조선물산장려회(1923) 조직, 전국으로 확산
활동	'내 살림 내 것으로', 토산품 애용·근검·저축·생활 개선·금주·금연 운동
결과	일본 기업에 열세, 상인·자본가의 농간으로 상품가격이 상승, 사회주의계의 비판

② 일제강점기 토산품 애용을 통한 민족 산업 육성과 민족 경제 자립을 목표로 한 물산장려운동은 1920년 평양에서 시작하였고 1923년 서울에 조선물산장려회가 세워지는 등 확산되었다.

오답 check

① 백정들은 진주에서 이학찬을 중심으로 조선 형평사를 창립하고 형평운동을 전개하였다(1923).
③ 1926년 순종의 인산일을 기화로 학생들이 6·10 만세 운동을 전개하였다.
④ 일제는 한국인의 회사설립을 억제하고 민족 자본의 성장을 저지하기 위하여 회사 설립 시 총독부의 허가를 받도록 하는 회사령(1910~1920)을 공포하였다.
⑤ 서상돈·김광제 등이 대구에서 시작한 국채보상운동(1907)은 전국으로 확산되는데, 대한매일신보·황성신문·제국신문 등의 언론 기관도 동참하였다.

37. 답 ③

김익상 의거를 통하여 의열단을 파악할 수 있다.

자료 속 힌트 김익상, 조선총독부, 폭탄을 던지니

해설

자료는 김익상 의거를 나타내고 있다. 의열단 소속의 김익상은 1921년 조선 총독부에 폭탄을 투척하였다.

참고 의열단(1919)

구분	내용
결성	만주 지린성(길림), 김원봉, 비밀 결사
목표	조선총독부·경찰서·동양척식주식회사 등 식민 기구의 파괴, 조선총독부 고위관리와 친일파 처단
강령	신채호의 조선혁명선언(1923)
변화	일부 단원은 황푸군관학교 입학(군사·정치 훈련), 중국 국민당정부의 지원 아래 조선혁명간부학교(1932)를 세워 운영, 민족혁명당 결성(1935), 조선민족전선연맹 결성(1937)

③ 신채호는 김원봉의 요청을 받아 의열단 행동 강령인 조선혁명선언을 작성하였다(1923).

오답 check

① 데라우치 총독 암살미수사건을 날조한 이른바 105인 사건으로 신민회가 해산되었다(1911).

② 중일전쟁은 1937년에 발발하였고 의열단은 1919년에 조직되었다.

④ 대한민국 임시정부는 파리에서 신한 청년 당원으로 외교활동을 하던 김규식을 외교 총장으로 임명하여, 파리 강화 회의에서 우리 민족의 독립을 주장하게 하였다.

⑤ 독립의군부는 유생 의병장 출신의 임병찬이 고종의 밀명을 받아 유생과 의병을 규합하여 조직하였다(1912).

38. 답 ③

자료 속 힌트 독립협회를 조직, 민립대학설립운동

해설

자료에서 독립협회 조직, 민립대학설립운동 등의 내용을 통하여 이상재 선생을 파악할 수 있다.

참고 월남(月南) 이상재(1850~1927)

구분	내용
1850	충청남도 서천 출신
1881	신사유람단의 수행원으로 유길준·윤치호 등 26명과 함께 파견
1896	서재필, 윤치호 등과 독립협회 조직
1914	조선기독교청년회 전국연합회 조직
1922	조선교육회 창설(회장 취임), 조선민립대학기성회 조직(회장)
1927	신간회 조직(창립회장), 고령과 노환으로 사망

오답 check

① 이승만은 임시정부 제1대 대통령, 박은식은 임시정부 제2대 대통령으로 활동하였다.

② 박은식은 우리의 민족정신을 '혼'으로 파악하여 한국통사를 저술하였다.

④ 대한민국 임시정부는 조소앙의 삼균주의에 바탕을 둔 건국 강령 발표하였는데(1941), 보통선거·의무교육·토지국유화·토지분배·생산 기관의 국유화 등의 건국 목표를 세웠다.

⑤ 조선 건국 동맹은 여운형 등이 중심이 되어 좌·우익을 망라하여 1944년 조직한 좌우 합작 단체이다.

39. 답 ④

출제자의 눈

신문을 통해 암태도 소작쟁의와, 원산노동자 총파업을 파악할 수 있다.

자료 속 힌트 문재철, 1923년, 소작인, 1929년, 총파업

해설

(가) 암태도 소작쟁의(1923~1924). 식민 지주 문재철과 이를 비호하는 일제에 대항에 대항하여 사회주의 청년 서태석을 중심으로 시작한 소작료 인하를 요구한 암태도 소작쟁의는 1923년 8월부터 1924년 8월까지 약 1년여의 소작료 인하 운동을 전개하여 소작료를 40%로 인하하였다.

(나) 원산 노동자 총파업(1929). 원산의 라이징선 석유 회사의 일본인 감독이 한국인 노동자를 구타한 사건을 계기로 3,000여 명이 참가한 원산 노동자 총파업은 일제 강점기 노동 운동에서 가장 규모가 큰 것이었다. 이 파업은 일제가 폭압적으로 탄압하는 상황에서 조선 노동자들이 단결하여 조직적으로 파업을 진행시키면서 투쟁하였고, 항일 투쟁 정신을 고취시켰다. 이로 인하여 노동자 파업이 전국 각지에서 전개되게 되었다.

오답 check

① 1919년 3·1운동은 중국의 5·4운동에 영향을 주었다.

② 소작쟁의는 1930년대 이후 사회주의와 연계 아래 비합법적 조직인 혁명적 농민 조합을 중심으로 전개되었으며, 항일 민족 운동의 성격을 띠면서 더욱 격렬하게 전개되었다.

③ 1919년 3·1운동 이후 독립운동의 구심점 역할을 수행할 지도부의 필요성을 절감하였기에 상하이에 대한민국 임시정부를 수립하였다.

⑤ 일제는 1919년 우리 민족석 저항인 3·1운동을 비인간적이고 무자비한 방법으로 탄압하였고, 이에 대한 국제 여론이 악화되자 가혹한 식민 통치를 은폐하기 위하여 1910년대의 헌병 무단 통치를 기만적인 문화 통치로 바꾸어 시행하였는데, 이 시기 일제는 친일파를 양성하는 등 민족 분열에 열을 올렸다.

40. 답 ③

출제자의 눈

자료의 내용을 분석하여 청산리 대첩을 파악할 수 있다.

자료 속 힌트 1920년 10월, 일본군에 맞서 싸운

해설

기전사가는 (가) 청산리 대첩 당시 독립군들이 불렀던 독립군가이다. 봉오동 전투 이후 김좌진의 북로군정서군을 비롯한 홍범도의 대한독립군, 국민회군, 의민단, 서로군정서군 등 여러 독립군은 청산리에서 일본군의 대부대를 맞이할 준비를 갖추었다. 일본군은 독립군의 완전 소탕을 위해 만주 진입을 하려고 하였으나 중국이 거부하자 마적들을 매수하여 훈춘사건을 조작하여 대부대를 만주로 보내 독립군을 포위하였고, 6일간 10여 차례의 전투에서 일본군을 상대하여 승리하였다.

무장 독립투쟁의 전개

삼둔자전투 → 봉오동전투(1920.6) → 훈춘 사건 → 청산리대첩(1920.10) → 간도참변(1920.10) → 대한 독립군단 조직(1920) → 자유시참변(1921) → 3부 설립(1923~1925) → 미쓰야협정(1925) → 3부통합운동(1929) → 만주사변(1931) → 한중연합작전(1931~1934) → 한국광복군 조직(1940)

③ 김좌진이 이끌던 북로군정서군을 중심으로 여러 독립군의 연합부대는 청산리 일대에서 일본군을 대파하였다.

오답 check

① 조선의용대는 조선민족혁명당의 김원봉이 한커우에서 결성하였다(1938).

② 임시정부의 김구, 지청천 등은 신흥 무관학교 출신의 독립군과 중국 각지에서 활동하던 청년들, 일본군을 탈출한 학도병들 까지도 합류시켜 충칭에서 광복군을 창설하였다(1940).
④ 국민부 계열의 조선혁명군(양세봉. 1929)은 남만주 일대에서 중국 의용군과 연합 작전을 전개하여 흥경성 전투(1933) 등에서 일본군을 크게 격파하였다.
⑤ 혁신의회 계열의 한국독립군은 북만주 일대에서 중국호로군과 연합 작전을 전개하여 쌍성보(1932)·대전자령 전투(1933) 등을 전개하였다.

41. 답 ④

자료 속 힌트　조선상고사, 아(我)와 비아(非我)의 투쟁

해설

(가) 신채호는 화랑도의 낭가사상을 중시하였으며, 민족주의사학자로 독립운동의 일환으로 역사를 연구하였다. 신채호는 주로 고대사 연구에 치중하여 '조선상고사', '조선사연구초' 등을 저술하여 주체적으로 한국사를 정리함으로써 민족주의 역사학의 기반을 확립하였다.

참고　신채호의 사관 정리

시기	내용
구한말	독사신론, 이순신전, 을지문덕전, 이태리건국삼걸전, 최도통전등 저술, 민족주의 사학
1910년대	단군조선의 문화와 정치사 서술, 만주 중심의 역사체제
1920년대 이후	조선사연구초, 조선상고사(我와 非我의 투쟁, 정신사 중심 역사파악, 비타협적·저항적 민족주의 선언, 독립운동의 방향 제시, 민족주의 사학의 기반 마련) 등

④ 대한매일신보에 독사신론을 발표하여 근대 민족주의 역사학의 방향을 제시하였다.

오답 check

① 정인보, 문일평, 안재홍 등이 1934년 여유당전서의 간행을 계기로 조선학운동을 전개하였다.
② 유길준은 서양의 여러 나라를 돌아보면서 보고 들은 역사, 지리, 산업, 정치, 풍속 등을 기록하여 1895년 서유견문을 저술하였는데 24편으로 이루어졌다.
③ 박은식은 한국독립운동지혈사을 저술하여 일제의 침략과 독립운동의 역사를 정리하였다.
⑤ 백남운은 사적유물론을 바탕으로 한국사에 대한 체계적·법칙적 이해를 최초로 시도하였으며, 조선사회경제사, 조선봉건사회경제사 등을 저술하였다.

42. 답 ②

자료 속 힌트　황국 신민됨, 국민총력 조선연맹

해설

일제는 1938년 국가총동원령을 제정하여 전쟁 수행에 필요한 인적, 물적 자원을 총동원하는 것은 물론 한민족의 생존과 문화까지 말살하려 하였고, 국민정신총동원조선연맹(1938)을 조직하여 총독부의 시책을 강요하였으며, 곧이어 국민총력조선연맹으로 개칭하여 국민총력운동을 강요하였다. 이 시기에 일제는 지원병, 징병, 징용, 정신대 등으로 인적 자원을 수탈하였고, 양곡공출제, 식량배급제, 금속공출제 등으로 군량미와 무기원료를 수탈하였고, 100만여 명의 청년들을 강제 징용하여 탄광, 철도 건설, 군수 공장 등에 동원하였다.

참고　민족말살통치(1931~1945)

구분	내용
정치	황국신민화 강요, 황국신민의 서사암송, 신사 참배·궁성 요배·일본식 성명 강요, 학술 언론 단체 해산
경제	병참기지화, 인적 수탈(국가총동원법, 지원병제, 징병제, 징용제, 정신대), 물적 수탈(전쟁물자·식량공출, 식량배급제), 산미증식재개, 가축증식계획
교육	우리말 사용 금지, 학도 군사 훈련, 조선어 조선역사 조선 지리 과목 폐지

② 일제는 1939년 국민 징용령을 실시하여 100만여 명의 한국 청년들을 강제 징용하여 탄광, 철도 건설, 군수 공장 등에 동원하였다. 이 시기에 일제는 지원병, 징병, 징용, 정신대 등으로 인적·물적 자원을 수탈하였다.

오답 check

① 조선태형령은 일제가 한국인을 억압하고 통제하기 위하여 1912년에 제정하고, 1920년에 폐지하였다.
③ 1920년대 일제는 민립대학설립운동을 방해할 목적으로 경성제국대학을 설립하였다(1924).
④ 안창남은 동아일보의 후원을 받아 1922년 고국방문 비행에 성공하였다.
⑤ 나운규는 영화 아리랑을 제작하여 1926년 단성사에서 개봉하였다.

43. 답 ⑤

자료 속 힌트　동학의 제3대 교주였던 손병희, 1905년 교명을 개칭

해설

동학의 3대 교주 손병희는 동학을 천도교로 개창하였으며, 손병희의 사위였던 방정환은 1921년 서울에 천도교 소년회를 만들었다. 천도교 소년회는 어린이들에 대한 부모의 각성을 촉구하기 위해 전국을 돌며 강연을 하였다.
⑤ 천도교 소년회는 1922년 5월 1일 어린이날을 제정하였고, 잡지 '어린이'를 발간하였다.

🔍오답 check

① 나철, 오기호 등이 1909년 창시한 대종교는 단군숭배 사상을 통하여 민족의식을 높였고, 만주에서 중광단(1911)이라는 단체를 만들어 독립운동을 전개하였으며, 후에는 북로군정서(1919)로 개칭하여 더욱 조직화하였다.

② 경향신문(1906~1910)은 천주교계 주간신문으로 프랑스 신부 드망즈(안세화)가 발간하여 민족성을 강조하였다.

③ 배재학당은 1885년 미국 선교사(개신교) 아펜젤러가 세운 한국 최초의 근대식 중등교육기관이다.

④ 방우룡, 김연군 등의 천주교도들은 만주에서 항일 운동 단체인 의민단을 조직(1919)하여 무력 투쟁에 나서기도 하였다.

44. 답 ②

출제자의 눈

자료 속의 내용을 통하여 한국광복군을 파악할 수 있다.

자료 속 힌트 1940년, 충칭에서 대한민국 임시 정부 산하

해설

한국광복군은 대한민국 임시정부가 지청천을 총사령관으로 하여 충칭에서 창설하였다(1940). 1941년 일본이 태평양 전쟁을 일으키자, 대한민국 임시정부는 일본과 독일에 선전 포고를 하고 한국광복군을 미얀마·인도 등의 전선에 연합군 일원으로 참전시켰다.

참고 한국광복군의 활동

구분	내용
창설	김구, 지청천(총사령관) 등이 충칭에서 창설
군사력	김원봉의 조선의용대 흡수(1942), 연합군의 일원으로 대일 전쟁에 참전
연합작전	대일·대독 선전포고문 발표(1941), 미얀마와 인도 전선 파견, 포로 심문, 암호문 번역, 선전 전단의 작성, 회유 방송 등 활동하였으며, 영국군과의 작전(1943) 수행
국내진입	미군(OSS부대)과 연합하여 특수 훈련 실시, 비행대 편성, 일본의 무조건 항복으로 실패

② 한국광복군은 총사령관인 지청천, 부대장인 이범석 등을 중심으로 중국에 주둔한 미군(OSS부대)과 연합하여 국내 정진군의 특수 훈련을 실시하며 국내 진공 작전을 계획하였으나 일본의 패망으로 실행에 옮겨지지 못하였다.

🔍오답 check

① 대한독립군단은 소련 적색군(적군)의 배신으로 자유시에서 피해를 입었다(1921. 자유시 참변).

③ 신민회(1907~1911)는 무장투쟁의 필요성을 제기하여 국외에 독립 운동 기지를 건설(남만주, 삼원보)하였고, 이후에는 신흥 강습소 등을 세우는 등 독립 전쟁의 터전을 마련하였다. 신흥강습소(1911)는 교육 인재 양성과 무관 양성을 목표로 하여 서간도에 설립하였고, 신흥무관학교의 명칭은 1919년 이후 사용하였다.

④ 중·일 전쟁(1937) 직후 중국 국민당 정부의 도움을 받아 조선민족혁명당의 김원봉이 중국 관내(한커우)에서 최초의 한인 무장부대인 조선의용대를 결성하였다(1938).

⑤ 혁신의회 계열의 한국독립군(지청천)은 북만주 일대에서 중국 호로군과 연합 작전을 전개하여 대전자령 전투(1933) 등에서 일본 군을 크게 격파하였다.

45. 답 ③

출제자의 눈

좌우합작운동의 내용을 통해 좌우합작위원회를 파악할 수 있다.

자료 속 힌트 모스크바 3국 외상 회의 결정, 좌우합작으로 민주주의 임시정부를 수립

해설

자료는 좌우 합작 위원회가 제시한 좌우 합작 7원칙(1946.10)이다. 중도파인 여운형, 김규식 등이 주도한 좌우 합작 운동은 좌우를 아우르는 통일 정부 수립을 지향하였으며 한때 미군정의 지원을 받았다. 그러나 보수 우파인 한국 민주당과 급진 좌파인 조선 공산당 등의 반대로 결국 실패하였다.

참고 좌·우합작 운동(1946~1947)

구분	내용
배경	이승만의 정읍발언, 남북 분단방지의 필요성, 중도우파(김규식)와 중도좌파(여운형) 합작
추진	좌·우합작위원회 결성(1946.7) → 좌·우합작7원칙 발표(1946.10) → 미군정의 남조선 과도입법의원(1946.12) 설치
실패	주도 세력들의 불참(좌우의 대립), 미군정의 편파적인 우익 지원, 좌우합작 운동의 중심세력인 여운형의 암살(1947.7)

③ 김규식(중도우파)과 여운형(중도좌파)은 좌우합작위원회를 결성하여 합작운동을 추진하였다.

🔍오답 check

① 김구, 김규식, 김일성, 김두봉 등은 남한만의 선거로 단독 정부가 수립되면 남북의 분단이 계속될 것을 우려하여 남북한이 협상을 통해서 총선거를 통한 통일 정부를 수립하자고 주장하였다(남북협상,1948.4)

② 우리나라 최초의 선거인 5·10 총선거는 1948년에 시행되었고 좌우합작운동은 1947년에 마무리되었다.

④ 반민족 행위 특별 조사 위원회는 1948년 제1공화국 당시 제헌국회의 친일파 청산 활동이다.

⑤ 1949년 일제가 남긴 재산을 처리하기 위하여 귀속재산처리법이 제정되었다.

46. 답 ⑤

자료 속 힌트 1948년 제주, 국가 공권력이 법을 어기면서 민간인들을 살상

해설

자료는 1948년 남한만의 단독선거 대하여 반대한 (개) 제주도 4.3 사건이다. 제주도에서는 단독 선거에 대한 반대와 미군 철수 등의 구호를 내걸고 시위가 일어났으며, 주민들은 총파업에 들어갔다

(1947). 미군정은 경찰과 우익 단체(서북청년회) 등을 동원하여 무력으로 탄압하였고 군경의 초토화 작전으로 2만~3만 여명의 무고한 제주도 주민들이 희생되었다.

⑤ 1993년 제주도 의회에 '4·3 특별위원회'가 설치되었고 2000년 1월 여야의원 공동 발의로 '제주 4·3사건 특별법'이 국회에서 통과되었다.

🔍 오답 check

① 전두환 정부의 4·13 호헌 조치에 반대하여 1987년 6월 민주항쟁이 전개되었다.

② 1960년 4·19 혁명으로 이승만 정권은 몰락하였고, 장면이 집권한 내각책임제의 제2공화국이 열렸다.

③ 윤보선, 김대중, 문익환 등 재야인사들이 명동 성당에서 긴급조치의 철폐, 박정희 정권 퇴진, 민족 통일 운동을 추구할 것 등을 요구하는 3·1 민주구국선언을 발표하였다(1976).

④ 1960년 3·15 부정 선거에 항의하는 시위가 확대되어 4.19혁명이 전개되었다.

47. 답 ⑤

출제자의 눈

한일국교 정상화에 반대하는 6·3항쟁을 통해 제3공화국(1963~1972)인 박정희 정부를 파악할 수 있다.

📍 자료 속 힌트 국교 정상화, 한일 회담에 반대하는 시위

해설

박정희 정부는 경제 개발에 필요한 자본을 확보하기 위하여 일본과의 국교 정상화를 추진하였다. 중앙정보부장 김종필과 일본 외상 오히라는 '무상3억 달러, 정부 차관 2억 달러, 민간 상업 차관 1억 달러 이상' 등의 대일 청구권과 경제 협력 자금 공여에 합의하였으나 재일 동포 문제와 문화재 반환 문제가 해결되지 않았고, 독도 문제는 언급하지도 않았다. 한일 회담의 추진은 시민과 대학생들의 대일 굴욕 외교 반대에 부딪혀 이른바 6·3항쟁을 유발시켰다(1964). 그러나 정부는 계엄령을 선포한 후 한·일 협정을 체결하였다(한일협정. 1965.8.15).

⑤ 제1차 경제 개발 5개년 계획은 군사정부 당시인 1962년에 시행되어 제3공화국인 1966년까지 계속되었다.

🔍 오답 check

① 김영삼 정부는 경제 협력 개발 기구(OECD)에 가입하였다(1996).

② 2004년 칠레와 자유무역협정이 체결되었다(노무현 정부).

③ 김영삼 정부는 투명한 금융거래를 위해 금융 실명제를 시행하였다(1993).

④ 김영삼 정부는 세계무역기구인 WTO에 가입하여 경제 발전을 추진하였다(1995).

48. 답 ④

출제자의 눈

유신헌법을 통해 시기를 도출할 수 있다.

📍 자료 속 힌트 헌법, 긴급조치, 개헌 청원 백만인 서명운동

해설

자료는 유신헌법에 반대하는 개헌청원 백만인 서명운동이다. 1972년 7·4 남북공동성명을 발표한 직후 박정희 정부는 강력하고도 안정된 정부가 필요하다는 명분으로 비상계엄을 발령하고 10월 유신을 선포하였다.

참고 유신체제(1972~1979)

구분	내용
독재 체제	민주주의의 기본 원리를 무시한 권위주의 독재체제의 성립
대통령 권한	국회 해산권, 법관 인사권, 대법원장 임명권, 긴급조치권, 국회의원 1/3 지명권
대통령 임기	임기 6년, 중임제한 폐지
간접 선거	통일주체국민회의에서 대통령을 간접 선거로 선출

49. 답 ④

출제자의 눈

광주 민주화운동의 특별전을 통해 민주항쟁을 학습한다.

📍 자료 속 힌트 신군부의 조치에 반대, 도청과 금남로 일대에서 시위, 계엄군

해설

1980년 전두환의 신군부는 비상계엄을 전국으로 확대하였고(5.17), 광주 지역에서는 비상계엄 철회 및 민주화를 열망하는 시민들의 요구가 ㉮ 5.18 광주 민주화 운동으로 이어졌다(1980). 이 때 민주주의 헌정 체제의 회복을 요구하는 시민들과 진압군 사이에 충돌이 일어났으며, 이 과정에서 무고한 시민들도 다수 살상되어 국내외에 큰 충격을 안겨 주었다.

④ 시민들의 자발적 참여로 이루어진 광주 민화주화 운동은 1980년대 이후 급격하게 발전한 반독재 민주화 운동의 밑거름이 되었고, 군부 독재에 저항하는 민중 의식의 표출이었다.

🔍 오답 check

① 1960년 4·19 혁명 후, 사태 수습을 위해 허정을 내각 수반으로 하는 과도정부가 구성되었다.

② 1987년 박종철 고문치사 규탄과 호헌 철폐를 위한 국민 대회를 전국 주요 도시에서 개최하였다(6월 민주항쟁).

③ 전두환 정권은 민주 정의당의 차기 대통령 후보로 내정된 노태우를 통해 6·29선언을 발표하였고, 5년 단임의 대통령 직선제로 개헌하게 되었다(1987.10).

⑤ 1960년 서울 시내 대학 교수들이 이승만 대통령의 하야를 요구하는 시국 선언문을 채택·발표하며 국회 앞까지 행진하였고(4.25), 결국 이승만 정부는 무너지게 되었다(4·19혁명).

50. 답 ①

출제자의 눈

대화를 통해 노태우 정부(1988~1993)임을 확인할 수 있다.

자료 속 힌트 한반도의 비핵화에 관한 동동선언

해설

한반도의 비핵화에 관한 공동선언(1991.12.31.)은 (가) 노태우 정부에서 채택하였다(화해, 불가침, 민족 내부의 교류).

참고 노태우 정부(1988~1993)

구분	내용
집권	여소야대 정국 → 거대 여당(민주정의당, 통일민주당, 신민주공화당의 3당 합당) 창당
정책	5공 비리 특별위원회 개설(제5공화국 비리·광수 민수화운동의 진실 규명), 전국민 의료보험 실시(1989)
외교	제24회 서울 올림픽 개최(1988), 남북한 UN 동시 가입(1991), 남북기본합의서 체결(1991), 한반도 비핵화 공동선언, 북방외교[소련(1990)·중국(1992) 등과 외교 관계 수립]

① 1991년 노태우 정부는 남북 기본 합의서를 채택하여 남북한의 상호 화해와 불가침을 선언하였고 교류와 협력을 하기로 하였다.

오답 check

② 1998년 김대중 정부는 금강산 관광 시작 등 대북 화해 협력 정책에 노력하였다.
③ 2000년 김대중 정부는 남북한은 경의선 연결에 합의하였다.
④ 남북 조절 위원회는 1972년 7·4 남북 공동 성명을 실천하기 위해 박정희 정부에서 설치되었다.
⑤ 노무현 대통령은 2007년 10월 평양을 방문하여 제2차 남북 정상회담을 진행하였고 남과 북은 10·4 남북공동선언(평화 번영을 위한 선언)에 합의하였다.

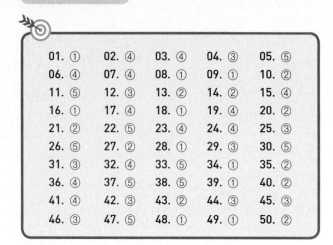

01. ①	02. ④	03. ④	04. ③	05. ⑤
06. ④	07. ④	08. ①	09. ①	10. ②
11. ⑤	12. ③	13. ②	14. ②	15. ④
16. ①	17. ④	18. ①	19. ④	20. ④
21. ②	22. ⑤	23. ④	24. ④	25. ③
26. ⑤	27. ②	28. ①	29. ③	30. ⑤
31. ③	32. ④	33. ⑤	34. ①	35. ④
36. ④	37. ⑤	38. ⑤	39. ①	40. ④
41. ④	42. ③	43. ②	44. ③	45. ③
46. ③	47. ⑤	48. ①	49. ①	50. ②

01. 답 ①

암사동 유적지, 움집 등을 통해 신석기 시대를 도출할 수 있다.

 암사동, 농경이 시작, 정착, 움집

해설

서울 암사동 유적은 신석기 시대의 대표적인 유적지로 1925년 한강 대홍수로 처음 유적지가 발견되었고, 1967년부터 1980년대까지 여러 차례 발굴되었다. 신석기 취락을 형성한 것으로 추정되는 집터와 빗살무늬토기, 돌도끼, 돌화살촉, 긁개 등의 생활도구와 돌낫, 돌보습과 같은 농기구 등의 석기가 출토되었다.
① 신석기 시대 진흙으로 그릇을 빚어 불에 구워서 만든 빗살무늬를 입힌 토기를 사용하여 음식물을 조리하거나 저장하였다.

참고 신석기 시대

구분	내용
생활	간석기, 활·창으로 동물 사냥, 어로(그물)
경제	농경(조, 피, 수수) 시작, 의복·그물 제작(가락바퀴, 뼈바늘)
사회	평등사회, 혈연 바탕의 씨족사회(부족사회로 발전)
토기	이른민무늬 토기, 덧무늬 토기, 빗살무늬 토기
움집	대부분 강가나 바닷가, 반지하, 원형이나 모가 둥근 네모 바닥, 중앙 화덕, 4~5명 정도 거주

오답 check

② 고려시대 소를 이용한 깊이갈이가 일반화되어 농업 생산량이 증가하였다.
③ 명도전, 오수전, 반량전, 붓 등은 철기시대에 중국과 교류했던 사실을 증명한다.
④ 고인돌은 청동기 시대의 대표적 무덤양식이다.
⑤ 후기 청동기·초기 철기 시대에 거푸집을 사용하여 우리 민족의 독자적인 청동기 문화를 만들었다.

02. 답 ④

사료를 분석하여 옥저와 동예를 도출할 수 있다.

 가매장, 단궁, 반어피, 과하마

해설

㈎ 옥저는 어물과 소금 등 해산물이 풍부하였고, 토지가 비옥하여 농경이 발달하였으나, 고구려의 압박으로 공물을 납부 하였다. 풍속으로는 가족 공동 묘와 민며느리제가 있었다.
㈏ 동예는 매년 10월에는 무천이라는 제천 행사를 열었으며, 족외혼이 엄격하게 이루어 졌고, 부족적 성격이 강하였기 때문에 다른 부족을 침범하게 되면 노비 또는 소나 말로 변상하였던 책화라는 제도가 있었다.

참고 연맹국가의 특징

국가	특징
옥저	군장국가(읍군·삼로), 민며느리제, 가족공동묘, 해산물 풍부, 토지 비옥
동예	군장국가(읍군·삼로), 무천(10월), 책화, 족외혼, 해산물 풍부, 토지 비옥, 방직기술 발달, 특산품(단궁·과하마·반어피)

④ 동예는 족외혼이 엄격하게 이루어 졌으며 부족적 성격이 강하여 책화라는 제도가 있었다.

오답 check

① 동예는 10월에 무천이라는 제천행사를 성대하게 열었다.
② 부여는 왕 아래에 가축의 이름을 딴 마가, 우가, 저가, 구가를 두었고, 각 가들은 저마다의 행정 구획인 사출도를 다스리고 있었다.
③ 삼한은 대족장인 신지·견지, 소족장인 읍차·부례 등의 지배자가 지배하였다.
⑤ 삼한은 제정분리 사회였기 때문에 제사장인 천군이 신성시 되는 소도를 따로 지배하였고 소도에는 군장세력이 미치지 못하였다.

03. 답 ④

출제자의 눈
자료를 통하여 광개토대왕의 아들 장수왕(長壽王)에 대한 내용을 파악할 수 있다.

자료속 힌트 도읍을 국내성에서 평양으로 옮김

해설

자료의 왕은 고구려 장수왕(412 ~ 491)에 관련한 설명이다. 고구려 장수왕은 평양으로 천도(427)하여 남진정책을 추진하였는데, 한강 전 지역을 포함하여 죽령 일대에서 남양만을 연결하는 선까지 세력을 넓혔고 백제의 비유왕과 신라의 눌지마립간은 나제동맹을 체결하여 고구려에 대항하였다(433). 이후, 백제의 개로왕은 고구려의 남진 정책을 견제하기 위해 중국 북조의 북위에 국서를 보내 원병을 요청하기도 하였으나(472) 장수왕의 연이은 공격으로 아차산성에서 전사하였고, 백제의 수도 한성이 함락되었다(475).

④ 5세기 고구려 장수왕은 백제의 개로왕을 전사시킴으로써 백제의 수도 한성을 함락시켰다(475).

참고 5세기 고구려 장수왕(413 ~ 491)

구분	특징
외교 정책	중국 남북조와 각각 교류, 유연과도 통교
남진 정책	평양 천도(427), 백제 한성 함락(개로왕 전사, 475)
영토 확장	한강 유역 장악, 죽령 일대에서 남양만을 연결하는 선까지 세력 확대
중원고구려비	충주 건립(삼국의 관계 파악)
교육기관	지방에 경당 건립(무예, 한학 교육)
광개토대왕릉비	광개토대왕의 업적을 기념하기 위해 건립(중국 지린성), 고구려의 영역 확장 과정과 사회상 및 동북아시아의 정세를 파악

오답 check

① 7세기 수나라의 양제는 113만의 대군을 이끌고 고구려에 침략하였으나 을지문덕이 살수에서 대항하여 대승리를 이루어냈다(612, 살수대첩).
② 고구려 3세기 동천왕은 서안평을 공격하였으나 위나라의 침입을 받았고, 4세기 미천왕은 서안평을 점령하였다(311).
③ 4세기 소수림왕 때에는 전진의 순도가 불상과 경문을 가져와 사상을 통합하기 위하여 불교를 공인하였다.
⑤ 7세기 고구려의 천리장성은 부여성에서 비사성까지 축조하였는데, 영류왕 때에 건립하기 시작하여 보장왕 때 완공되었다(631~647).

04. 답 ③

출제자의 눈

경주의 유적지를 통하여 신라의 문화를 파악할 수 있다.

해설

⑴ 김유신묘. 통일신라는 굴식돌방무덤을 만들었으며 봉토 주위를 둘레돌로 두르고 12지 신상을 조각하는 독특한 양식을 볼 수 있는데 김유신 묘가 대표적이다.
⑷ 천마총. 경주 황남동의 천마총은 돌무지덧널무덤으로 천마도가 출토되었다.
⑸ 첨성대. 7세기 선덕여왕 때에 천문관측을 위하여 첨성대를 축조하였다.
⑷ 황룡사. 7세기 신라 선덕여왕(632~647) 때 승려 자장은 황룡사 9층 목탑의 건립을 왕에게 건의하여 경주에 건립하였다(643).
⑸ 분황사. 경주 분황사 모전석탑은 신라의 석탑 중 현존하는 가장 오래된 것으로 7세기 신라 선덕여왕 때 건립(634)하였는데 벽돌 모양으로 다듬어 전탑형식으로 만든 석탑의 형식을 취하고 있다. 당시 9층으로 건립된 것으로 추정하고 있으나, 현재는 3층까지만 남아있다.

오답 check

③ 신라 중대 건립한 석가탑은 2층 기단에 3층 탑신부를 올린 통일 신라 석탑의 전형으로 전체의 균형이 잘 잡힌 뛰어난 작품이다(751). 1966년 도굴꾼들에 의해 석탑이 훼손된 탑을 복원하기 위해 탑신부를 해체했는데, 이 과정에서 현존하는 세계에서 가장 오래 된 목판 인쇄물인 무구정광대다라니경을 발견할 수 있었다. 또한, 2013년 복원 작업에서는 사리보관함과 금동불 입상이 추가로 발견되었다.

05. 답 ⑤

출제자의 눈

6세기 백제 성왕의 활동을 통하여 백제와 신라의 항쟁 과정을 파악할 수 있다.

자료 속 힌트 사비로 도읍을 옮기고, 신라군에게 살해

해설

⑴ 사비 천도(538). 6세기 백제 성왕은 대외 진출이 수월한 사비(부여)로 천도하고 국호를 남부여로 개칭하였다.
⑷ 관산성 전투(554). 신라 진흥왕(540~576)은 일방적으로 나제동맹을 결렬하고 백제를 공격하여 한강 유역을 장악하였다(553). 이에 백제는 일본 및 대가야와 연합하여 신라를 공격하였으나 패하였고, 관산성(충북 옥천) 전투에서 백제의 성왕은 전사하게 되었다(554).
⑤ 6세기 신라 진흥왕(540~576)은 나제동맹을 일방적으로 결렬하고 백제를 공격하여 한강 유역을 점령하였다(553).

오답 check

① 6세기 신라 지증왕(500~514)은 이사부를 보내 우산국(울릉도)을 복속시켜 세력을 확장하였다(512).
② 4세기 백제는 근초고왕(346~375) 때에 크게 발전하여 마한 세력을 완전히 정복(369)하였고 전라도 남해안에 이르렀다.
③ 4세기 백제 근초고왕(346~375)은 황해도 지역을 놓고 고구려와 대결하였는데 평양성까지 진격하여 고구려 고국원왕을 전사시켰다(371).
④ 6세기 백제 무령왕(501~523)은 지방에 대한 통제를 강화하기 위하여 지방에 22담로를 설치하여 왕족을 파견하는 등 통치 체제를 정비하였다.

06. 답 ④

출제자의 눈

자료를 분석하여 철의 나라 가야를 파악할 수 있다.

자료 속 힌트 철, 김수로

해설

철의 왕국, 김수로의 건국 등을 통하여 가야임을 파악할 수 있다. 3세기 경 김해의 금관가야가 연맹국가로 발전하면서 6가야 연맹체로 성립하였다. 제철 기술이 뛰어났으며, 낙랑과 왜의 규수지방을 연결하는 해상 중계 무역이 번성하였다. 5세기 초 고구려군의 공격으로 전기가야 연맹은 낙후하고 고령의 대가야 중심인 후기 가야 시대로 전환되게 된다. 금관가야와 대가야는 연맹 왕국 단계에서 금관가야는 신라 법흥왕, 대가야는 신라 진흥왕에게 각각 멸망당하였다.

참고 가야의 유적 및 유물

구분	특징
고분	김해의 대성동 고분(금관가야), 고령의 지산동 고분(대가야)
유물	금동관, 철제 무기와 갑옷, 수레형토기, 철 장식 등
문헌	가락국기(고려 문종, 현존X), 삼국유사(충렬왕, 일연)

④ 판갑옷은 옛 가야 연맹체의 중심지인 김해와 고령 등지에서 출토되었다.

오답 check

① 칠지도는 근초고왕이 일본 왕에게 하사한 것으로 날개에 글을 새겨 넣은 일곱 개의 날을 가진 칼이다. 당시 백제와 왜의 긴밀한 관계를 알 수 있는데, 현재 일본의 이소노카미 신궁(石上神宮)에 보관되어 있다.

② 고려 초기에는 광주 춘궁리 철불(하남 하사창동 철조석가여래좌상) 같은 대형 철불이 많이 조성되었다.

③ 신라 경덕왕은 자신의 아버지인 성덕왕을 추모하기 위하여 성덕대왕 신종을 주조하기 시작하였고, 그의 아들 혜공왕이 완성하였다(771).

⑤ 신라 호우총에서 출토된 호우명 그릇으로 바닥에 "廣開土地好太王"이라는 글씨가 새겨져 있어 당시 신라와 고구려의 활발했던 교류사실을 살펴볼 수 있다.

07. 답 ④

출제자의 눈

자료를 통하여 통일신라의 통치체제임을 추론할 수 있다.

자료 속 힌트 집사부, 사정부, 국학

해설

자료는 통일신라의 중앙 통치 체제를 나타내고 있다. 통일신라는 집사부 아래에 위화부를 비롯한 13부를 두고 행정 업무를 분담하게 하였고, 왕명을 출납하고 기밀을 관장하던 집사부의 장관인 시중의 기능을 강화시켰으며, 귀족 세력인 상대등 세력을 약화시켜 왕권을 강화하였다. 또한, 신문왕은 국학을 설치하여 유교이념을 확립하려하였다(682).

④ 신라는 지방 세력을 견제하기 위하여 상수리 제도를 시행하였는데, 이는 지방 세력을 일정 기간 서울에 와서 거주하게 하던 것으로 지방 세력 견제책이다. 상수리 제도는 고려시대의 기인 제도로 계승된다.

참고 상수리제도와 기인제도

제도	시기	내용
상수리제도	통일신라	지방세력을 일정기간 서울에 와서 거주하게 하던 것으로 지방세력 견제책
기인제도	고려	지방 향리의 자제를 기인으로 삼아 지방세력을 견제한 것으로 일종의 인질정책

오답 check

① 고려 성종은 지방의 중요지역에 12목을 설치하고 지방관인 목사를 파견하여 중앙 집권을 공고히 하였다(983).

② 조선 전기에 설치된 경재소는 지방의 실세인 유향소를 통제하던 기구였다.

③ 고려의 북방의 국경 지역에는 동계와 북계의 양계를 설치하여 병마사를 파견하였다.

⑤ 조선시대 관찰사는 전국 8도에 파견되었는데 감찰권, 행정권, 사법권, 군사권을 가진 중요한 직책으로 종2품 이상의 현직 및 퇴직 관료 중에서 임용하였다.

08. 답 ①

출제자의 눈

자료의 내용을 분석하여 발해를 도출할 수 있다.

자료 속 힌트 영주, 솔빈의 말, 풍속은 고구려

해설

자료는 발해의 지리적 특징과 풍속을 나타낸 것이다. 대조영을 중심으로 한 고구려 유민은 말갈족을 규합한 이후 만주 동부 지역으로 이동하여 길림성의 돈화시 동모산 기슭에 발해를 건국하였다(698). 발해는 소수의 고구려 유민이 다수의 말갈족을 지배하여 구성하였고, 고구려와 말갈 사회의 전통적 생활모습을 유지하며 생활하였다.

참고 발해의 발전

왕	내용
고왕	대조영, 길림성의 동모산에서 건국(698), '천통'
무왕	북만주 일대 장악, 요서·산동 지방 공격(장문휴의 수군), 돌궐·일본과 연결하여 당·신라 견제, '인안'
문왕	당과 친선 관계, 중경에서 상경으로 천도, 신라도, 주자감 설치, '대흥'
선왕	대부분의 말갈족 복속, 요동 진출, 해동성국, 15부 62주 정비, '건흥'

① 발해는 신라와 신라도를 통하여 무역을 하기도 하였다.

오답 check

② 조선후기 18세기 영조 때 일본에서 고구마가, 19세기 헌종 때 청에서 감자가 전래되어 재배하기 시작하였다.

③ 고려 숙종 때에는 삼한통보, 해동통보, 해동중보 등 동전을 만들었으나 널리 유통되지 못하였다.

④ 조선 세종 때 정초와 변효문 등이 왕명에 의하여 편찬한 농사직설은 우리나라 풍토에 맞는 씨앗의 저장법, 토질의 개량법, 모내기법 등 농민의 실제 경험을 종합하여 편찬하였다(1429).

⑤ 조선 세종 때 무역량을 제한하는 조치를 취하였는데, 세견선은 1년에 50척, 세사미두는 쌀과 콩을 합하여 200석으로 제한하였다(1443, 계해약조).

09. 답 ①

자료를 통하여 통일신라 시대의 승탑을 파악할 수 있다.

자료 속 힌트   쌍봉사, 사리, 팔각 원당형의 승탑

해설

자료의 설명은 쌍봉사 철감선사 승탑이다. 삼국의 통일 전후에 전래된 선종은 신라 말기에 유행한다. 불교의 분파 중 실천적 경향을 띤 선종이 널리 퍼지면서 승려의 사리를 봉안하는 승탑이 유행하였는데, 쌍봉사 철감선사 승탑은 팔각원당형을 기본형으로 삼고 있는 특징을 보인다.

① 전남 화순에 있는 통일신라 시대의 쌍봉사 철감선사 승탑이다.

오답 check

② 경주에 있는 신라 다보탑은 다보여래의 사리를 모셔 세운 탑으로 8세기 경덕왕 때 건립하였다.
③ 발해의 상경의 절터에서 발견된 석등은 석조 미술의 대표로 꼽힌다.
④ 전남 구례 화엄사 각황전 앞에 있는 석등은 통일신라시대의 석등이다.
⑤ 고려시대 다각다층탑을 대표하는 오대산 월정사 8각9층 석탑은 송의 영향을 받았다.

10. 답 ②

사료의 주인공의 활동을 통하여 후삼국의 정세를 파악할 수 있다.

자료 속 힌트   신라의 왕자, 선조의 화상을 칼로 베었으니

해설

자료는 삼국유사의 일부로 (가) 궁예, (나) 견훤에 대한 설명이다.

(가) 궁예는 신라 왕족의 후예로서 북원(원주)의 도적 집단 양길의 수하로 있다가 독립하여 송악(개성)에 도읍을 정하고 후고구려를 건국하였다(901). 궁예는 부석사에 있던 신라왕의 화상을 칼로 훼손하면서 반신라 감정을 드러냈고, 정권 말기에는 미륵불의 화신임을 내세우면서 백성들을 현혹하였다.
(나) 견훤은 전라도 지방의 군사력과 호족 세력을 통합하여 완산주(전주)에 도읍을 정하고 후백제를 건국하였다(900). 견훤은 신라의 수도 경주를 침공하여 경애왕을 살해(927)하는 등 반신라 정책을 내세우며 후백제를 발전시켰다.

구분		내용
후백제	건국	완산주(전주)에 도읍을 정하고 후백제 건국(900)
	발전	충청도 남부와 전라도 일대 장악, 우세한 경제력으로 군사적 우위 확보, 중국의 오월 및 일본과 외교 관계 수립
	한계	반신라 정책 고수(경애왕 살해. 927), 지나친 조세 수취, 호족 포섭 실패
후고구려	발전	송악(개성) 도읍, 강원도·황해도·경기도 장악, 국호 변경(마진 → 태봉), 새로운 신분제도 모색
	한계	지나친 조세 수취, 전제 정치(미륵 신앙), 궁예 축출

② (가) 궁예는 도읍을 철원으로 옮기면서 국호를 마진으로 바꾸었다가 다시 태봉(泰封)으로 바꾸었다.

오답 check

① (나) 견훤은 전라도 지방의 군사력과 호족 세력을 통합하여 완산주(전주)에 도읍을 정하고 후백제를 건국하였다.
③ (가) 궁예는 신라 왕족의 후예로서 송악(개성)에 도읍을 정하고 후고구려를 건국하였다.
④ 고려 태조 왕건은 북진 정책을 추진하여 서경(평양)을 중시하였고, 북진 정책의 전진 기지로 개발하였다.
⑤ 후백제의 신검(견훤의 子)은 황산에서 왕건에게 항복하였고, 후백제는 멸망하였다(936).

11. 답 ⑤

서경천도 운동을 통하여 고려 인종(1122~1146)을 파악할 수 있다.

자료 속 힌트   김부식, 정지상, 연호, 황제

해설

자료에서 김부식이 묘청을 비판하는 내용을 통해 1135년(인종 13)에 있었던 묘청의 서경 천도 운동을 파악할 수 있다. 묘청은 고려가 윤관이 쌓은 9성의 반환 이후 금의 군신 관계 요구를 수락(1125, 이자겸)하는 등 집권세력이 보수화되자 칭제 건원과 금국정벌론을 내세워 서경 천도 운동을 일으켰다.

⑤ 고려 인종 때 이자겸은 반대파를 제거하고 척준경과 난을 일으켜 권력을 장악하려 하였다(1126, 이자겸의 난).

오답 check

① 원종과 애노의 난은 신라 하대 9세기 진성여왕의 재위기간에 일어났다(889).
② 고려 태조 왕건은 항복한 신라의 마지막 왕인 경순왕을 경주의 사심관으로 삼고 그 지방의 자치를 감독하게 하였다(935).
③ 헌덕왕 때 웅천주(공주) 도독 김헌창은 아버지인 김주원이 왕위를 계승하지 못한데 불만을 품고 국호를 장안, 연호를 경운이라고 하여 반란을 일으켰으나 실패하였다(822).
④ 강조의 정변은 서북면 도순검사 강조가 김치양의 반란을 진압한 후 목종을 폐위시키고 대량원군(현종)을 왕으로 옹립한 사건이다(1009).

12. 답 ③

자료 속 힌트 준풍, 공복을 제정

해설

고려 광종은 공신의 자제를 우선적으로 등용하던 종래의 관리 등용 제도를 억제하고 새로운 관리 선발을 위해 과거 제도를 시행하였으며 지배층의 위계질서를 확립하기 위해 백관의 공복을 제정하였다. 또한, 주현 단위로 공물과 부역을 책정하여 징수는 주현공부법을 시행하여 국가의 수입 기반을 확대하였으며 왕실의 권위를 높이기 위하여 황제의 칭호 및 광덕·준풍과 같은 독자적인 연호도 사용하였고, 개경을 황도, 서경을 서도로 칭하는 등 자주적 위상을 높였다.

참고 광종의 개혁 정치(949~975)

구분	내용
왕권 강화	노비안검법(956), 과거제(958, 문반 선발), 칭제건원(황제 칭호, 광덕·준풍 등 연호 사용), 공신·호족세력 숙청
체제 정비	백관공복제(위계질서 확립), 주현공부법(949), 제위보 설치(963)

③ 고려 광종은 노비안검법을 시행하여 호족 세력을 약화시켰고, 국가 재정을 확충하였다(956).

오답 check

① 태조는 빈민을 구제하기 위하여 고구려의 진대법을 계승한 흑창을 설치하였다.

② 고려 성종은 유학교육의 진흥을 위하여 국자감을 정비하였다(992).

④ 고려 태조는 정계와 계백료서를 통하여 임금에 대한 신하들의 도리를 강조하였다.

⑤ 고려 경종은 인품과 관품을 고려하여 지급한 시정전시과를 시행하였다(976).

13. 답 ②

자료 속 힌트 예종, 신기군

해설

12세기 초 여진족은 부족을 통합하며 고려의 국경까지 남하하여 고려군과 자주 충돌을 빚었다. 여진과의 1차 접촉에서 패한 뒤 윤관은 숙종에게 특수부대인 (가) 별무반을 편성할 것을 건의하였고, 숙종은 윤관의 건의를 받아들여 별무반을 조직하였다. 별무반은 기병인 신기군, 승병인 항마군, 보병인 신보군으로 편성한 특수부대로 광범위한 계층을 망라한 군사조직이었다. 윤관은 여진족을 북방으로 몰아내고 동북 지방 일대에 9개의 성을 쌓았으나(1107), 여진족의 침입

이 계속되고, 거란과의 대치 상황을 고려하여 여진에게 해마다 조공을 바치겠다는 약속을 받고 예종 때 돌려주었다(1109).

② 예종 때 윤관은 별무반을 이끌고 여진을 정벌하여 동북 9성을 쌓았다(1107).

오답 check

① 고려 무신정권 시대의 경대승은 정중부를 제거하고, 신변 보호를 위한 사병 집단인 도방을 설치하였다.

③ 고려 정부가 몽골과 강화하여 개경으로 환도하자, 강화도에서 항전하던 삼별초는 화의에 반발하여 진도(배중손)와 제주도(김통정)를 거치며 끝까지 항전하였으나, 여몽연합군에 의하여 진압되었다(1270~1273, 삼별초의 항쟁).

④ 최우가 조직한 삼별초는 공적 임무를 띤 최씨 정권의 사병조직이었고, 몽골에 끝까지 항전하였다.

⑤ 신라 신문왕은 중앙군으로 9서당을 편성하고 지방에는 10정을 두었다.

14. 답 ②

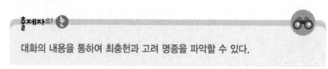

자료 속 힌트 역적 이의민, 봉사 10조

해설

제시된 대화는 이의민을 제거한 최충헌과 봉사 10조의 건의를 받은 명종의 내용을 나타낸 것이다. 최씨무신 정권의 최충헌은 집권 당시의 혼란을 극복하기 위하여 조세제도의 개혁, 토지겸병의 금지, 승려들의 고리대업 금지 등을 내용으로 하는 봉사10조와 같은 개혁 책을 제시하였으나, 실질적인 개혁은 미비하였다.

② 최충헌은 최씨 정권의 반대 세력을 제거하고 국정을 총괄하는 최고의 정치 기구인 교정도감을 설치하여 권력 기구를 총괄하였으며, 교정도감의 장관인 교정별감은 최씨 가문이 세습하였다.

참고 무신정권의 권력기구

집권자	권력기구	집권자	권력기구
정중부	중방	최충헌	도방, 교정도감, 문신 등용
경대승	도방	최우	삼별초, 정방, 서방
이의민	중방		

오답 check

① 최우(1219~1249)는 교정도감을 통하여 정치권력을 행사하였고 독자적인 인사기구인 정방을 설치하여 모든 관직에 대한 인사권을 장악하였다(1225).

③ 몽골군이 고려에 침입하였는데 김윤후가 처인성(용인)에서 몽골 장수 살리타를 사살하여 퇴각하게 하였다(몽골의 2차 침입,1232).

④ 공민왕은 전민변정도감을 설치하고, 승려 신돈을 등용하여 권문세족이 부당하게 빼앗은 토지와 노비를 본래의 소유주에게 돌려주거나 양민으로 해방시켰다(1366).

⑤ 거란과의 전쟁이 끝난 후 고려는 강감찬의 건의로 개경에 나성을 쌓아 도성의 수비를 강화하였다(1029).

15. 답 ④

자료 속 힌트 정동행성, 원의 조정

해설

13세기부터 시작된 원간섭기 고려는 원에 공녀를 바치기 위해 결혼도감을 설치하여 고려의 처녀들을 공녀로 보냈으며, 고려 사회 내에서는 원의 영향을 받아 몽골어, 몽골식 의복(호복), 몽골식 머리(변발), 몽골식 성명 등을 사용하는 몽골풍이 궁중과 지배층을 중심으로 널리 퍼졌다. 원의 내정 간섭으로 고려는 자주성에 심각한 손상을 입었고, 원의 압력과 친원파의 책동으로 인해 정치는 비정상적으로 운영되었다.

참고 원 간섭기 고려의 변화

구분	내용
영토상실	쌍성총관부(철령이북), 동녕부(서경), 탐라총관부(제주도)
관제변화	2성(중서문하성, 상서성) → 첨의부 6부(이부·예부 → 전리사 / 호부 → 판도사 / 병부 → 군부사 / 형부 → 전법사 / 공부 → 폐지) 도병마사 → 도평의사사 / 중추원 → 밀직사
용어격하	짐 → 고 / 폐하 → 전하 / 태자 → 세자 / ~ 조, ~ 종 → 충○왕
내정간섭	정동행성, 이문소, 다루가치, 순마소, 만호부, 심양왕
자원수탈	결혼도감(공녀), 응방(매)

④ 고려 원 간섭기에 변발, 호복, 조혼 등의 풍습이 유행하였다.

오답 check

① 고려 무신집권기 최충헌의 사노비였던 만적은 신분차별에 항거하였다(1198).
② 신라 원성왕 때 독서삼품과를 마련하였는데 국학의 졸업생을 성적에 따라 3등급으로 나누어 관리를 채용하려 하였다.
③ 11세기에 활동한 의천은 흥왕사를 근거지로 삼아 화엄종을 중심으로 교종을 통합 하려 하였으며, 선종을 통합하기 위하여 국청사를 창건하여 천태종을 창시하였다.
⑤ 고려 문종(1046~1083) 때 최충은 9재 학당을 세워 유학 교육에 힘썼고, 9재 학당에서 교육을 받은 학생들이 과거에서 좋은 성적을 거두자 최충의 문헌공도가 번성하게 되었다

16. 답 ①

자료 속 힌트 최영, 우왕, 태조가 즉위

해설

(가) 최영의 요동정벌. 명은 철령 이북 땅을 요구하며, 철령위 설치를 통보하였다(1388). 이에 우왕은 최영과 이성계를 시켜 요동 정벌을 단행하였다.

(나) 이성계의 조선 건국. 고려 말 급진 개혁파는 창왕을 몰아내고 공양왕을 세우면서 정치적 실권을 잡았고 역성혁명을 반대하던 정몽주를 비롯한 온건 개혁파를 제거하였다. 이로써 이성계는 공양왕에게 왕위를 물려받아 조선을 건국하게 되었다(1392).

① 과전법은 공양왕 때 신진사대부의 경제적 기반을 마련하기 위하여 이성계가 추진하였다(1391).

오답 check

② 고려 말 공민왕은 즉위 후 기철을 비롯한 친원 세력을 숙청하고(1356), 내정 간섭기구인 정동행성이문소의 폐지 등의 개혁정치를 추진하였다.
③ 고려 무신 집권기 공주 명학소에서 망이·망소이는 신분 해방을 주장하며 봉기하였다(1176).
④ 고려 말 공민왕은 유인우 등을 보내 무력으로 쌍성총관부를 공격하여 철령 이북의 땅을 수복하였다(1356).
⑤ 조선 태종은 억울한 일을 당한 백성의 억울함을 풀어주려 신문고를 설치하였으나 활용빈노는 낮았다(1401).

17. 답 ④

자료 속 힌트 도산서원, 주자서절요

해설

이 작품은 겸재 정선이 퇴계 이황에 대한 깊은 존경을 담아 그려낸 한 폭의 부채 그림으로 도산서원의 모습을 빠짐없이 묘사하고 있다. 도산서원은 퇴계 이황이 마련했던 도산서당이 이황의 타계 후 국가로부터 공인을 받아 서원으로 승격한 서원이다. 서원으로 승격한 후 영남 지역 선비들의 학문적 근거지 역할을 하며 수많은 문인과 학자들을 배출하였고 조선시대 최고의 교육기관으로 자리 잡았다.

참고 서원

구분	내용
시점	주세붕의 백운동 서원(1543.중종)
기능	향촌에서의 사림의 지위를 강화
역할	선현의 제사와 교육(후진 양성)
발전	이황의 건의로 소수서원(백운동서원)으로 사액, 토지·노비 하사, 면세 특권

④ 이황은 성학십도를 저술하여 군주 스스로 성학을 따라야 할 것을 강조하였다.

오답 check

① 서원은 중종 때 풍기군수 주세붕이 세운 백운동 서원이 시점이다(1543).
② 이익은 백과사전인 성호사설을 저술하여 천지·만물·경사·인사·시문의 5개 부문을 정리하였고 한전론을 주장하였다.
③ 이이는 동호문답을 저술하여 다양한 개혁방안을 제시하였다.
⑤ 가례집람은 조선시대 김장생이 저술한 가례(家禮)에 관련된 예법서로 주자가례를 기본으로 하여 고례(古禮)와 여러 학자의 예설(禮說)을 주석으로 붙여 완성하였다.

18. 답 ①

조선 세종 이후 정세변화를 통하여 수양대군의 내용을 도출할 수 있다.

🔍 자료 속 힌트   안평 대군, 한명회

해설

자료의 (가)는 수양대군이다. 조선 초 나이 어린 단종이 즉위하면서 왕권이 크게 약화되었고, 김종서, 황보인 등 재상에게 정치의 실권이 넘어가자 수양대군은 정변을 일으킨 후 정권을 장악하였다(1453, 계유정난). 수양대군은 김종서와 황보인을 제거하고, 안평대군을 정계에서 축출하고 사사하였고 이후 왕위에 올랐다(1455, 세조).

① 단종 때 수양대군은 계유정난을 일으켜 실권을 장악한 후 왕으로 즉위하였다(세조).

🔍 오답 check

② 태조 때 정도전은 불씨잡변을 저술하여 불교를 비판하였다.

③ 숙종 때 금위영이 설치되어 17세기 말 5군영 체제가 갖추어졌다.

④ 두 차례의 왕자의 난을 통해 반대파를 제거하고 왕위에 앉은 태종은 왕권강화를 위해 부단히 노력하였다.

⑤ 고종 때 흥선대원군은 비변사를 폐지하고 의정부와 삼군부의 기능을 부활시켜 각각 정치와 군사의 최고 기관으로 삼아 왕권을 강화하려 하였다.

19. 답 ④

자료를 통하여 민족 명절인 삼짇날을 알아본다.

🔍 자료 속 힌트   강남 갔던 제비가 돌아와, 화전 부치기

해설

④ 삼짇날(3.3)은 강남에 간 제비가 돌아와 추녀 밑에 집을 짓는 때로 진달래꽃으로 화전을 만들어 먹었다.

🔍 오답 check

① 단오(5.5)에는 수리떡을 만들어 먹었으며 창포에 머리감기, 쑥과 익모초 뜯기, 부적 만들어 붙이기, 대추나무 시집보내기, 단오 비녀 꽂기 등의 풍속과 함께 그네뛰기·격구·씨름·석전(石戰)·활쏘기 등을 즐겼다.

② 칠석(7.7)에는 가정에 따라서는 무당을 찾아가 칠성 맞이 굿을 한다. 또 밭작물의 풍작을 위해 밭에 나가서 밭제를 지내기도 한다. 칠석날 처녀들은 별을 보며 바느질 솜씨가 좋아지기를 빌고 서당의 학동들은 별을 보며 시를 짓거나 글공부를 잘 할 것을 빌었다.

③ 정월 대보름은 1월 15일로 달에 소원을 빌었고, 달맞이, 쥐불놀이, 다리밟기, 부럼깨기, 달집태우기 등의 민속놀이를 즐겼다.

⑤ 한가위(추석)는 음력 8월 15일로 가배라고도 한다. 추석에는 차례를 지내고, 성묘를 돌아봤으며 씨름, 강강술래, 소싸움 등의 민속놀이를 즐겼다. 또한, 송편, 토란국, 닭찜을 만들어 먹었다.

참고 민족 명절과 풍습

명절	일자	풍습
대보름	1월15일	달맞이, 쥐불놀이, 다리밟기, 부럼깨기, 달집태우기, 귀밝이술 마시기
삼짇날	3월3일	화전놀이, 화전(진달래꽃) 만들어 먹기
단오	5월5일	창포에 머리감기, 쑥과 익모초 뜯기, 수리떡 먹기, 대추나무 시집보내기, 그네뛰기·격구·씨름·석전(石戰)·활쏘기 등 민속놀이
칠석	7월7일	칠성맞이 굿, 밭제, 별보며 글짓기, 걸교제(바느질 솜씨 늘기 기원)
한가위	8월15일	차례, 성묘, 민속놀이

20. 답 ②

울릉도 군수의 활동을 통해 우리 고유의 영토인 독도를 파악할 수 있다.

🔍 자료 속 힌트   울릉도 군수, 섬을 일본의 속지하고 하는 것은 이치에 맞지 않으니

해설

자료에서 설명하고 있는 곳은 우리 고유 영토인 대한민국 경상북도 울릉군 울릉읍 독도리에 대한 설명이다.

② 일제는 러일전쟁 중 군사적 목적을 위해 조선 정부 몰래 시마네 현에 불법 편입하였고(1905.1), 을사늑약 후에 우리 정부에 알렸다.

🔍 오답 check

① 프랑스는 병인박해의 구실로 병인양요(1866)를 일으켰는데, 양헌수 부대가 강화도의 정족산성에서 활약하였다.

③ 러시아가 저탄소(석탄 저장고) 설치를 위해 절영도의 조차를 요구하자, 독립협회는 만민공동회를 배경으로 러시아의 요구를 좌절시켰다(1898).

④ 제주도에 표착한 하멜 일행은 15년 동안 억류되었다가 네덜란드로 돌아가 하멜 표류기를 지어 조선의 사정을 서양에 전하였다(1653).

⑤ 정약전은 신유박해 때 유배를 당하였으며, 흑산도 근해의 어류학에 대하여 자산어보를 저술하였다.

21. 답 ②

송시열

자료 속 힌트 이조판서 송시열, 오랑캐, 청으로 쳐들어가고자

해설

자료에서 청을 공격하고자하는 내용을 통하여 효종 때 전개한 북벌 운동임을 파악할 수 있다. 송시열(1607~1689)은 17세기에 활동하던 성리학자로서 대의명분을 존중하고, 민생 안정을 강조하는 경향을 보였던 학자적 관료이다. 호란 이후 효종 때에는 소중화사상이 팽배해져 명에 대한 의리를 지키고 청 사상을 배척하며 청을 벌해야한다는 북벌 운동이 전개되었는데 효종은 청에 반대하는 입장을 강하게 내세웠던 송시열, 송준길, 이완 등을 높이 등용하여 군대를 양성하고 성곽을 수리하는 등 북벌을 준비하였다.

송시열의 기축봉사

효종 때 소중화사상이 팽배해져 명에 대한 의리를 지키고 청 사상을 배척하며 청을 벌해야한다는 북벌 운동이 전개되었다. 송시열은 시무 및 유학의 정치적 이상을 13개조의 내용에 담은 기축봉사(1649)를 올려 북벌의 합당함을 제시·표방하였고, 군대를 양성하고 성곽을 수리하는 등 북벌을 준비하였다.

② 조선 효종 때 청이 러시아 정벌을 요청하였고 변급(1654), 신유 (1658)등 2차례 조총부대를 출병시켜 혼동강 유역에서 승리하였다(나선정벌).

오답 check

① 신기전은 화살대의 윗부분에 약통을 부착하여 로켓처럼 날아갈 수 있도록 제작된 로켓추진 화살로 세종 때 제작되었다(1448). 대신기전·산화신기전·중신기전·소신기전 등이 있다.
③ 정조는 친위 부대인 장용영을 설치하여 왕권을 뒷받침하는 군사적 기반을 갖추었다.
④ 고려 말 최무선의 건의로 화통도감을 설치하고, 진포(군산)에서 최초로 화포를 사용하였다(1380).
⑤ 후금의 위협을 받은 명이 조선에 원병을 요구하였고 광해군은 어쩔 수 없이 강홍립을 도원수로 삼아 원병을 파병하였다.

22. 답 ⑤

인조반정과 이괄의 내용을 통하여 국내외 정세를 추론할 수 있다.

자료 속 힌트 서인이 주도한 반정, 이괄이 반란

해설

자료는 인조반정 이후 이괄의 난(1624)에 대한 내용을 나타내고 있다. 이괄은 인조반정 이후 서인 사이에서 논공행상에 불만을 품고 반란을 일으켰는데 이괄은 후금으로 도주하여 조선의 친명배금 정책을 알렸다. 이로 인하여 후금을 자극하기도 하여 호란이 발생하였다.

참조 정묘호란(1627, 후금)

구분	내용
배경	서인의 친명배금 정책
전개	광해군 복수 명분으로 후금 침입, 의주를 거쳐 황해도 평산까지 진격, 인조는 강화도 피난, 의주의 이립과 철산(용골산성)의 정봉수의 활약
결과	후금의 군대는 보급로가 끊어지자 강화를 제의, 조선과 후금의 형제관계 체결

⑤ 정묘호란 때 정봉수는 철산의 용골산성에서 큰 전과를 거두었다.

오답 check

① 임진왜란 당시 전라 순찰사 권율이 서울 수복을 위해 북상하다가 행주산성에서 왜적을 크게 쳐부수어 승리하였고, 왜군의 재차 북상을 막았다(1593, 행주대첩).
② 세종 때에는 김종서와 최윤덕을 보내 여진을 토벌하고 4군과 6진을 설치하여 압록강과 두만강을 경계로 하는 오늘날과 같은 국경선을 확정하였다.
③ 중종 때 위훈삭제 문제로 기묘사화가 발생하였다(기묘사화,1519).
④ 임진왜란 이후 광해군은 일본과 기유약조를 맺어 동래부의 부산포에 다시 왜관을 설치하고, 제한된 범위 내에서 교섭을 허용하였다(1609, 세견선 20척, 세사미두 100석).

23. 답 ④

김육의 건의를 통하여 시행한 대동법을 파악할 수 있다.

자료 속 힌트 김육, 방납의 폐단

해설

조선후기 방납의 폐해가 나타나 이를 방지하기 위한 제도로 (가) 대동법이 시행되었는데, 공납을 현물 대신 쌀, 포, 돈으로 대납하는 대동법은 광해군 때 선혜청을 설치하고 처음으로 경기도에서 시행(1608)되었다가 인조 때 조익의 주장으로 강원도에서 실시(1623)하였다. 이후 효종 때 김육의 주장으로 충청도와 전라도에서 시행(1651)되었고 숙종 때 전국적으로 확대 실시되었다(1708).

참조 대동법(광해군,1608 ~ 숙종,1708)

구분	내용
배경	방납의 폐단, 농촌경제의 파탄, 농민의 이탈
내용	토지 1결당 미곡 12두 부과(공납의 전세화), 쌀·삼베나 무명, 동전 등으로 납부(조세의 금납화), 지주들의 반발로 전국적 시행에 100여 년 소요
영향	공인 등장 → 상품 수요 증가, 상품 화폐 경제 발달 → 장시 발달 → 도고 성장

④ 조선후기 대동법의 시행 이후 공인이라는 어용상인이 나타나 관청에서 공가를 미리 받아 필요한 물품을 사서 납부하였다.

오답 check

① 고종 때 흥선대원군은 종래 상민에게만 징수하던 군포를 양반에게도 징수하는 호포제를 실시하여 군정을 바로잡고 조세 부담을 공평히 하여 민생을 안정시키고자 노력하였다.

② 인조는 영정법을 시행하여 풍년이건 흉년이건 관계없이 전세를 토지 1결당 미곡 4두로 고정시켰다(1635).

③⑤ 영조는 균역법의 시행으로 감소된 재정부분에 대하여 지주에게 결작이라고 하여 토지 1결당 미곡 2두를 부담시키고, 선무군관포 및 어장세, 선박세 등 잡세 수입으로 보충하게 하였다.

24. 답 ④

출제자의 눈

혼천의를 통해 중상주의 실학자 담헌 홍대용을 파악할 수 있다.

자료 속 힌트 담헌, 혼천의, 무한 우주론, 지전설

해설

중상학파 홍대용은 임하경륜, 의산문답 등을 저술하였고 성리학의 극복이 부국강병의 근본이라고 강조하였으며, 기술의 혁신, 문벌제도의 철폐 등을 주장하였다.

④ 홍대용은 지전설을 주장하였으며, 의산문답을 통해 지전설을 주장하여 중국이 세계의 중심이라는 생각을 비판하였다.

홍대용의 무한 우주론

천체가 운행하는 것이나 지구가 자전하는 것은 그 세가 동일하니 분리해서 설명할 필요가 없다. … 칠정(태양, 달, 화성, 수성, 목성, 금성, 토성)이 수레바퀴처럼 자전함과 동시에 맷돌을 돌리는 나귀처럼 둘러싸고 있다.

오답 check

① 정약용은 서양 선교사가 중국에서 펴낸 기기도설을 참고하여 거중기를 만들었다.

② 박제가는 청에 다녀온 후 북학의를 저술하여 청의 문물을 적극적으로 수용할 것을 제창하였다.

③ 박지원은 양반전, 허생전, 호질 등을 저술하여 양반 문벌제도의 비생산성을 비판하였다.

⑤ 유수원은 우서를 저술하여 상공업의 진흥과 기술의 혁신을 강조하고, 사농공상의 직업 평등과 전문화를 주장하였다.

25. 답 ③

출제자의 눈

지도에서 제시한 지역을 통해 문화유산을 학습할 수 있다.

해설

③ ㈐ 신립은 충주에서 배수진을 치고 대항하였다(탄금대전투.1592.4). 신립은 충주 탄금대에 배수진을 쳤으나, 앞에 논이 많아 말을 달리기에 불편하였다. 왜군은 부대를 나누어 본진은 충주성에 돌입하고, 당황한 신립은 충주성으로 급히 말을 달렸으나 군대의 전열이 미처 정비되기도 전에 성안의 왜군이 나팔소리를 신호로 일제히 출격하여 조선의 관군은 대패하였고, 신립은 강물에 몸을 던져 자결하였다.

오답 check

① ㈑ 울산광역시 울주군에 있는 반구대 암각화는 신석기 말에서 청동기시대로 제작시기가 추정되는 유적으로 사냥과 고기잡이의 성공과 풍성한 수확을 바라며 새겼다.

② 암태도는 전라남도 신안군 암태면에 있는 섬으로 목포에서 서쪽으로 28.5km에 위치한 섬이다. 암태도 소작쟁의는 1923년 8월부터 1924년 8월까지 약 1년여의 소작료 인하 운동을 전개하여 소작료를 40%로 인하하였다.

④ 고종 때 미국 상선 제너럴셔먼호가 평양 근처에서 통상을 요구하며 약탈을 자행하다가 평양의 관민에 의하여 침몰되었다(1866).

⑤ 벽란도는 경기도 개풍군 서면의 예성강 하류에 있었던 하항이다. 고려의 국제 무역항으로 이슬람 상인이 왕래하였던 교통로와 산업의 중심지였다.

26. 답 ⑤

출제자의 눈

의정부와 겸임하는 내용을 통하여 조선의 비변사를 파악할 수 있다.

자료 속 힌트 의정부, 군무(軍務)를 아는 자로 당상

해설

조선은 의정부와 별도로 ㈎ 비변사가 운영되었다. 비변사는 16세기 여진과 왜구에 대비하기 위해 임시 기구로 설치하였으나 임진왜란 때 실질적 최고 기구로 변화하였다. 전란이 끝난 뒤에도 폐허의 복구와 사회·경제적 변동에 효율적으로 대처하고 붕당 간의 이해관계를 조정하기 위해 비변사의 구성과 기능은 그대로 유지되었다. 하지만, 비변사의 구성원이 3정승을 비롯한 고위 관원으로 확대되었고, 그 기능도 군사문제 뿐 아니라 외교·재정·사회·인사문제 등 거의 모든 정무를 총괄하였다.

참고 비변사 변천

시기	변화
중종	임시기구(1510.삼포왜란)
명종	상설기구(1555.을묘왜변)
선조	중요 핵심기구(1592.임진왜란)
19C	최고 권력기구(세도정치기)
고종	비변사폐지(1865.흥선대원군)

⑤ 고려의 관제 중 어사대의 관원과 중서문하성의 낭사는 대간의 권한을 가지고 있었는데 왕이나 고위 관리의 활동을 지원하거나 제약하여 정치 운영에 견제와 균형을 이루었다.

27. 답 ②

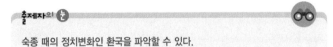

출제자의 눈

숙종 때의 정치변화인 환국을 파악할 수 있다.

자료 속 힌트   숙종 때의 정치적 변화

해설

숙종 때 정국을 주도하는 붕당과 선세하는 붕당이 서로 교체됨으로써 정국이 급격하게 전환하는 환국이 나타나기 시작하였고, 이로써 특정 붕당이 정권을 독점하는 일당 전제화의 추세로 변질되어 갔다.

참고 환국

구분	내용
경신환국(1680)	영의정 허적(남인)이 군사용 천막을 허락없이 사용한 사건이 발단. 서인은 허적의 서자 허견 등이 복창군을 왕으로 옹립하려 한다고 모함하여 남인을 몰락시키고 서인이 집권
기사환국(1689)	장희빈의 소생인 균(경종)의 세자 책봉을 둘러싸고 서인인 송시열 등이 반대하다 쫓겨나고(민씨폐출) 남인이 집권
갑술환국(1694)	남인이 인현왕후 민씨의 복위 문제로 서인을 무고하다 도리어 축출되어 서인(노론)이 집권

② 숙종은 편당적인 인사 관리로 일관하여 환국이 일어나는 빌미를 제공하였다.

오답 check

① 16세기 선조 때 사림 세력 내에서 이조전랑직의 대립이 발생하여 동인과 서인으로 분당되었다.
③ 효종의 상 때 자의대비의 복제 문제로 남인은 3년, 서인은 1년설을 주장하였다(1659, 현종. 기해예송).
④ 영조 때 사도세자 사건을 계기로 시파와 벽파로 분열되었는데, 영조의 덕이 없음을 비난하고 사도세자의 죽음은 지나치다는 입장의 시파와 사도세자의 성실하지 못함을 비난하고 사도세자의 죽음은 당연하다는 입장의 벽파로 나뉘었다.
⑤ 을사사화(1545)는 명종 때 외척 간의 왕위 계승의 다툼으로 사림이 피해를 본 사건으로, 명종의 외척세력인 윤원형(소윤)일파가 인종의 외척세력인 윤임(대윤)일파를 역적으로 몰아 대거 숙청하고 정국을 주도하게 되었다.

28. 답 ①

출제자의 눈

자료를 통하여 균역법을 시행한 영조를 파악할 수 있다.

자료 속 힌트   균역사실, 균역법

해설

자료는 균역법에 관련한 것으로 영조는 1년에 군포 1필만 부담하는 균역법을 시행하였는데, 감소된 재정에 대하여는 지주에게 결작미를 부담시켰다(1750). 또한, 탕평교서를 발표하여 정국을 안정시키려 하였고, 가혹한 형벌의 폐지·삼심제 등을 시행하는 등 민생안정과 산업진흥을 위한 개혁을 추진하였으며 속대전을 편찬하고 법전 체계를 정리하여 제도와 권력 구조 개편에 힘썼다.

참고 영조의 개혁정치

구분	내용
개혁	탕평책(탕평교서), 탕평파에게 권력 집중(붕당자체 제거시도), 이조전랑의 후임자 천거 및 3사 관원의 선발 관행 폐지, 서원의 대폭 정리, 균역법, 도성 방위 체제 정비, 가혹한 형벌 폐지, 엄격한 삼심제, 속대전 편찬
한계	강력한 왕권을 바탕으로 다툼을 억누른 일시적 탕평

ㄱ. 영조는 속대전을 편찬하고 법전 체계를 정리하여 제도와 권력 구조 개편에 힘썼다.
ㄴ. 영조는 즉위 직후 탕평 교서를 발표하고 탕평비를 건립하는 등 정국을 안정시키려 하였다.

오답 check

ㄷ. 고종 때 흥선대원군은 실추된 왕실의 존엄성을 회복하기 위해 임진왜란 때 불타버린 경복궁을 중건하였다(1865~1868).
ㄹ. 정조는 6의전을 제외한 나머지 시전상인들의 금난전권을 철폐하여 사상들의 자유로운 상업 활동을 허용 하였다(1791. 신해통공).

29. 답 ③

출제자의 눈

중인들의 문예 활동을 통하여 조선후기의 상황을 파악할 수 있다.

자료 속 힌트   시사(詩社), 중인, 문예 활동

해설

조선후기 중인들은 대규모의 소청 운동도 전개하였으나 실패하였고, 중인층과 서민층의 문학 창작 활동이 활발해지면서 서울 주변 지역에서 시사를 조직하여 문학 활동을 전개하며 자신들의 사회적 지위를 높이기도 하였다. 김삿갓, 정수동 같은 풍자 시인들이 활동하였다.

구분	내용
판소리	서민 문화의 중심, 19세기 후반 신재효가 판소리 사설의 창작·정리
탈춤	탈놀이(향촌)·산대놀이(도시에서 성행)·사회적 모순 풍자
한글소설	홍길동전, 춘향전, 별주부전, 심청전, 장화홍련전
사설시조	서민들의 솔직한 감정 표현, 남녀 간의 사랑, 현실 비판
한문학	정약용(삼정 문란을 비판하는 한시), 시사 조직(중인·서민층), 풍자 시인 등장 박지원(양반전·허생전·호질, 양반 사회 풍자)

③ 조선후기에는 판소리, 탈춤, 산대놀이, 가면극, 민화 등의 서민 문화가 대두하였다.

🔍오답 check

① 성종 때에 성현은 음악의 원리와 역사, 악기, 무용, 의상 및 소도구까지 정리하여 악학궤범을 편찬하였다(1493).

② 관동별곡(1580)은 선조 때 정철이 강원도 관찰사로 부임하여 관동팔경 등을 두루 유람한 후 산수·풍경·풍속 및 자신의 소감 등을 읊은 노래이며, 사미인곡(1588)은 충신연주(忠臣戀主)의 정을 남녀간의 애정에 비유한 가사이다.

④ 동문선은 1478년 성종의 명으로 서거정 등이 중심이 되어 편찬한 우리나라 역대 시문선집이다. 서거정은 동문선을 편찬하여 민족의 자주 의식을 표출하였다.

⑤ 직지심체요절은 청주 흥덕사에서 백운 경한 스님에 의해 금속활자로 1377년에 2권으로 간행되었는데 현존하는 세계 最古의 금속 활자로 공인받고 있다.

30. 답 ⑤

 출제자의 눈

성시전도시를 통하여 조선후기의 정세를 파악할 수 있다.

🧭 자료 속 힌트 이현, 종루, 칠패, 수많은 화물

해설

성시(城市, 한양)전도시는 18세기 성시전도라는 그림을 보면서 시를 지었다고 해서 성시전도시라 불린다. 자료에서 이현, 종루, 칠패 등이 번성한 내용을 통하여 조선후기임을 파악할 수 있다. 조선후기에는 이현·칠패·송파 등에서 상행위를 했던 난전(사상)이 많아짐에 따라 정조는 6의전을 제외한 나머지 시전상인(관상)들의 금난전권을 철폐하여 사상들의 자유로운 상업 활동을 허용 하였다(1791, 신해통공).

⑤ 조선 초 세조는 관리의 토지 세습 등을 지급할 토지가 부족하게 되자 국가 재정확보의 목적과 중앙 집권화의 일환으로 직전법을 시행하였다.

🔍오답 check

① 조선후기 농업 경제가 발전하여 이앙법(모내기법) 등의 기술이 전국적으로 확대되었다.

② 조선 숙종 때에는 상평통보를 전국적으로 유통시켜(1678) 18세기에는 세금과 소작료도 동전으로 대납할 수 있게 되었다.

③ 임진왜란 직후 납속책과 공명첩을 시행하여 국가 재정을 확보하려 하였다.

④ 조선시대 한양을 근거지로 하는 경강상인은 운송업 및 도매업에 종사하면서 조선후기 거상으로 성장하였다.

31. 답 ③

 출제자의 눈

자료의 사진과 설명을 통하여 병인양요를 파악할 수 있다.

🧭 자료 속 힌트 문수산성, 정족산성, 한성근

해설

프랑스는 병인박해 때 선교사의 처형을 구실로 7척의 군함을 이끌고 강화읍을 점령하였다(1866, 병인양요). 대원군의 군은 항전 의지로 인하여 문수산성의 한성근과 정족산성의 양헌수 부대가 프랑스군을 격퇴시켰다. 이 과정 중에 프랑스 군인들은 강화도에서 외규장각의 문화재를 비롯하여 각종 서적과 병기들을 약탈하여 갔다.

외규장각도서

2010년 G20 서울정상회의 기간 이명박 전대통령과 니콜라스 사르코지 프랑스 대통령이 5년 단위 갱신이 가능한 대여 방식의 반환에 합의함으로써 2011년 4월 임대형식으로 국내로 반환되었다.

③ 흥선대원군이 러시아의 남하를 견제하기 위하여 프랑스 선교사 등을 이용하여 교섭하려다 실패하였고 9명의 프랑스 선교사와 8천명의 교도를 처형하였다(1866, 병인박해).

🔍오답 check

① 일본은 군함 운요호를 조선 연해에 파견하였고, 강화도의 초지진 포대는 운요호에 경고 사격을 하였다(1875).

② 독일 상인 오페르트는 1868년 조선에 통상을 요구하였으나 거부당하자 충청남도 덕산에 있는 흥선대원군의 아버지인 남연군의 묘를 도굴하여 부장품을 미끼로 통상조약을 체결하려 하였으나 도굴 도중 발각되어 도주하였다.

④ 방곡령은 일본 상인의 농촌 시장 침투와 지나친 곡물의 반출을 막기 위해 내린 조치였다(1889, 조병식).

⑤ 러시아의 한반도 남하를 견제한다는 구실로 영국은 거문도를 해밀턴 항이라 명명하고 불법 점령한 후 포대를 설치하였다(1885, 거문도 사건).

32. 답 ④

 출제자의 눈

모덕사의 사진과 설명을 통해 애국지사 최익현의 활동을 파악할 수 있다.

🧭 자료 속 힌트 위정척사운동, 왜양일체론

해설

(가) 최익현은 조선 말 위정척사사상가의 대표자로 일본이 운요호사 건을 빌미로 강화도 조약의 체결을 요구하였을 때 유생들과 함께 왜양일체론, 개항 불가론을 들어 개항 반대 운동을 전개하였다. 이후 흥선대원군이 경복궁의 중건, 만동묘와 서원의 철폐를 대거 단행하자 최익현은 그 시정을 건의하여 고종에게 상소를 올려 흥선 대원군이 물러나고 고종이 친정을 선포하였다.

④ 최익현은 1906년 전북 태인에서 의병을 이끌고 순창에 입성하여 관군과 대치하게 되었을 때, "왜적이 아닌 동족을 죽이는 일은 차마 못하겠다." 라고 하여 싸움을 중단하고 포로가 되었고, 일본군에 의하여 대마도에 유배되어 순국하였다.

 오답 check

① 박은식은 한국독립운동지혈사을 저술하여 일제의 침략과 독립운동의 역사를 정리하였다.

② 홍범도의 대한독립군이 이끌었던 봉오동전투는 1920년 6월에 있었고 대승을 거두었다.

③ 독립의군부(1912)는 유생 의병장 출신의 임병찬이 전제 군주제를 복구하자는 복벽주의(復辟主義)를 추구하여 조직하였다.

⑤ 이인영·허위 등 양반 유생 의병장의 주도로 13도 창의군을 창설하여 서울 진공작전을 추진하였다(1908.1).

33. 답 ⑤

출제자의 눈

자료의 내용을 통하여 통리기무아문을 도출한 후 조선의 개화정책을 추론할 수 있다.

자료 속 힌트　1880, 개화 총괄 기구

해설

조선의 민씨 정부는 개화 정책의 일환으로 근대 문물을 수입하기 위하여 1880년 (가) 통리기무아문을 설치하였고 그 아래에 12사를 두어 외교·군사·산업 등의 업무를 분담하게 하였다.

⑤ 조선은 1881년 청에 영선사를 파견하였는데, 김윤식과 유학생들을 청국의 톈진에 유학시켜 근대 무기 제조법, 군사훈련법, 자연과학 등을 배우게 하였다.

참고 개항 후 추진된 정부의 개화 정책

구분	내용
수신사	김기수(1876, 일동기유 저술) 2차 김홍집(1880, 황준헌 조선책략 유입)
조사시찰단 (일.1881)	일본의 정부·산업·군사시설 시찰, 귀국 후 박문국·전환국 설치
영선사 (1881.청.김윤식)	근대 무기 제조·군사 훈련법 습득, 정부의 재정 부족으로 1년 만에 귀국, 귀국 후 기기창(무기제조) 설치
보빙사 (1883.미국.민영익)	미국 푸우트 공사 파견의 답례로 파견된 최초의 구미 사절단, 조미수호통상조약 체결 후 파견, 미국 순방, 일부는 유럽시찰(유길준)

 오답 check

① 교육입국의 정신에 따라 정부는 소학교, 중학교 등의 각종 관립 학교를 세웠는데 한성사범학교를 설립하였으며(1895), 외국어 학교 관제를 공포하여 신교육을 실시하였다.

② 미국 워싱턴 D.C.에 구미위원부를 설치하였는데 대한민국 임시 정부의 외교 사무소로써 미국이나 유럽을 중심으로 한국의 독립 문제를 국제 여론화하는 데 노력하였다(1919).

③ 제2차 갑오개혁(1894.12~1895.7)은 군국기무처를 폐지하고 김홍집과 박영효의 연립 내각(친일 내각)을 구성하여 홍범 14조를 발표하며 추진하였다.

④ 일본의 화폐정리 사업은 1905년 일본 재정고문 메가타에 의해 시행되었다.

34. 답 ①

출제자의 눈

조선책략의 유포 이후의 국내 정세를 추론할 수 있다.

자료 속 힌트　親中國, 結日本, 聯美國

해설

자료는 황쭌셴의 조선책략이다. 1880년 2차 수신사 김홍집에 의해 조선책략이 국내로 유포된 이후 개화파는 미국과의 수교를 적극 지지하였고, 보수적 유생들은 이에 반발하여 서양의 통상 요구에 대해 통상 반대론으로 맞섰으며, 이듬해에 영남 유생들이 이만손을 중심으로 영남 만인소를 올려 서양 열강과의 수교를 반대하였으나, 결국 조선은 미국과의 통상조약을 체결하였다(조미수호통상조약,1882).

조미수호통상조약의 체결
제2차 수신사 김홍집(조선책략 유입. 1880) 1. 러시아 남하 견제(친중국, 결일본, 연미방) 2. 서양 기술 도입(개화 정책)

위정척사파(개화반대운동)	개화파
1. 영남만인소(이만손) 2. 만언척사상소(홍재학)	조미수호통상조약 체결(1882)

 오답 check

② 1차 수신사 파견(1876). 강화도 조약 이후 일본의 개화사상과 문물을 시찰하기 위하여 김기수 일행이 일본을 다녀왔다. 김기수는 일동기유를 저술하여 근대 문물을 소개하였다.

③ 미국 함대가 강화도에 침입하여 초지진, 덕진진 등을 점령하자 어재연 등이 이끄는 조선의 수비대가 광성보와 갑곶 등에서 이를 격퇴시켰다(1871.신미양요).

④ 철종 때 임술 농민 봉기 당시의 민심 안정을 위하여 정부는 삼정 이정청을 설치하여 삼정의 문란을 시정할 것을 약속하였다(1862).

⑤ 순조 때 홍경래의 난은 세도 정치의 폐해와 서북민에 대한 차별 대우 등이 원인이 되어 봉기하였다(1811).

35. 답 ②

출제자의 눈

자료를 통하여 동학농민운동의 전개과정을 확인할 수 있다.

자료 속 힌트 동학농민운동, 제폭구민, 보국안민, 만석보, 전주 화약

해설

자료에서 만석보를 통하여 고부 농민 봉기(1894.1)와 전주화약(1894.5)을 파악할 수 있다. 전봉준이 이끄는 동학농민군은 보국안민, 제폭구민의 기치를 내걸고, 고부와 태인에서 봉기하여 황토현에서 관군을 물리치고, 장성 황룡촌 전투에서 승리하여 전주를 점령하였다(1894.4.전주성 점령). 이후 정부와 전주화약을 체결(1894.5.8.)한 후 농민군은 자치 개혁기구인 집강소를 설치하였다.

② 동학농민군은 고부와 태인에서 봉기하여 황토현에서 관군을 격파하였다(1894.4).

동학농민운동의 전개 (정리)

조병갑의 횡포 → 전봉준이 고부 관아 점령(전봉준) → 안핵사 이용태가 동학농민 탄압 → '보국안민, 제폭구민'(사발통문) → 백산봉기(전봉준. 손화중. 김개남) → 4대 강령 발표 → 황토현,황룡촌 전투 → 전주성 점령(4.27) → 청군 파견(아산만.5.5) → 일본 군대 파병(인천.5.6) → 전주화약 체결(5.8) → 집강소 설치 → 교정청 설치(6.11) → 일본의 철병 거부 → 일본의 경복궁 장악(6.21) → 청일 전쟁(6.23) → 군국기무처의 설치(6.25) → 갑오개혁(7월) → 연합부대의 논산 집결(11월. 전봉준, 손병희, 최시형) → 우금치 전투 패배(11.9. 조일연합군) → 지도자들 처형 (12월)

오답 check

①③ 동학농민군은 공주 우금치 전투(1894.11)에서 조일연합군에게 패배하였고 전봉준, 손화중, 김개남 등의 지도부와 농민군들이 체포되었다(1894.12).

④ 전봉준의 남접 부대와 손병희의 북접 부대는 반외세의 기치를 내걸고 논산에서 연합하여 집결하였고, 영동과 옥천을 거쳐 공주로 진격하였다(1894.11).

⑤ 정부는 일본 측에 군대의 철수를 요구하였으나 묵살당하고, 오히려 일본이 경복궁을 장악(6.21)하였다.

36. 답 ④

출제자의 눈

자료의 내용을 통하여 독립협회의 활동을 파악할 수 있다.

자료 속 힌트 서재필, 만민공동회, 헌의6조

해설

아관파천 이후 열강이 이권 침탈을 심화되자 자유 민주주의적 개혁 사상을 민중에게 보급하고 국민의 힘으로 자주독립 국가를 건설하기 위하여 서재필, 윤치호, 이상재, 남궁억 등 개혁적 정부 관료와 다양한 계층이 참여하여 독립협회를 창립하였다(1896.7).

참고 독립협회의 활동

구분	내용
국권	독립문 건립, 독립신문 발간, 고종의 환궁 요구(1897.2), 자주 독립 수호, 러시아의 절영도조차 요구 저지, 러시아의 군사교련단과 재정고문단을 철수시킴, 한·러은행 폐쇄
민권	신체·재산권 보호 운동(1898.3), 언론·집회의 자유권 쟁취 운동 전개(1898.10)
자강 개혁	헌의 6조 채택(관민공동회, 국권수호·민권보장·국정개혁), 박정양 진보 내각 설립(의회 설립운동) → 중추원 관제(관선 25명, 민선 25명) 반포
해산	보수 세력의 개혁 정치에 대한 반발로 인하여 황국협회를 세워 만민공동회를 탄압

④ 독립협회는 1898년 중추원관제를 반포하여 의회 설립운동을 추진하였다.

오답 check

① 일본의 황무지 개간권 요구에 대항하여 보안회(1904)를 조직하여 활동하였고 일본의 요구를 철회시켰다.

② 대한자강회(1906)는 일제가 취한 고종황제의 강제 퇴위와 그 밖의 정미7조약 등의 반대 운동을 주도하였다.

③ 1920년대 이상재를 중심으로 민립대학 기성회를 조직(1922)하여 우리 손으로 대학을 설립하려는 민립 대학 설립 운동을 전개하였다.

⑤ 13도창의군은 서울 진공을 전후하여 의병은 서울 주재 각 영사관에 의병을 국제법상의 교전단체로 승인해 줄 것을 요구하는 서신을 발송하여 스스로 독립군임을 내세웠다(1908).

37. 답 ⑤

출제자의 눈

고종실록의 내용을 통해 을미사변을 파악할 수 있다.

자료 속 힌트 왕후 폐하가 시해

해설

자료는 을미사변의 내용이다. 1895년 삼국간섭으로 조선에서는 친러 세력이 급증하였고, 일본은 친러파를 제거하고 친일 내각을 수립하고자 명성황후를 시해한 을미사변을 일으켰다. 일본은 친러파를 축출하고 친일적 내각인 제4차 김홍집 내각을 성립하여 개혁을 추진하였다.

을미사변(1895.8.20)

명성황후가 경복궁에서 조선주재 일본 공사 미우라가 지휘하는 일본 낭인들에게 살해된 사건이다. 일본이 조선을 침략하는 데 가장 큰 걸림돌인 명성황후 민씨를 살해하였다.

⑤ 조선은 을미사변 이후 태양력 사용, 연호 제정(건양), 소학교 설치, 친위대(중앙군)·진위대(지방군) 설치, 단발령 실시, 우편사무재개, 종두법 실시 등의 내용을 담은 을미개혁을 추진하였다.

① 조미수호통상 조약 체결 이후에 민영익을 전권대사로 하여 최초의 구미사절단인 보빙사를 파견하였다(1883).

② 민씨정부는 신식군대인 별기군을 창설하였다(1881).

③ 조선의 관보로써 최초의 신문인 한성순보(1883~1884)는 박영효 등 개화파의 영향으로 박문국에서 10일에 한 번 발행하였다.

④ 임오군란 이후 청과 조청상민수륙무역장정(1882)을 체결하여 청 상인들의 통상 특권을 허용하게 되었다.

38. 답 ⑤

출제자의 눈

국채보상 기념비와 설명을 통해 국채보상운동을 파악할 수 있다.

자료 속 힌트 110주년, 가족의 패물은 헌납, 통감부

해설

자료는 대구에 있는 국채보상 기념비의 사진과 설명이다. 일제는 1905년 화폐정리 사업을 일방적으로 단행하였고, 식민지 지배에 필요한 시설(철도 및 근대적 문물 도입 등)을 설치하기 위해서 대한제국에 막대한 차관을 강제로 제공하였다. 결국 대한제국의 재정이 일제에 경제적으로 예속되는 결과를 가져왔는데(국채1,300만원), 국채 보상 운동(1907)은 이러한 경제적 예속을 극복하려는 경제적 구국 운동이었다.

참고 국채보상운동(1907)

구분	내용
배경	화폐정리사업 이후 일제의 차관 제공, 정부의 상환 곤란
목적	국민의 힘으로 국채를 상환하려는 운동
전개	대구에서 시작(서상돈), 전국 확대(서울에 국채 보상 기성회 조직), 금주·금연운동, 여성들의 패물 납부 등
특징	대한매일신보, 황성신문, 제국신문 등 언론 기관의 참여
결과	양기탁 구속(횡령 누명), 일제의 강제차관 공급(1908, 2,000 만원)

오답 check

①② 물산장려운동은 '내 살림 내 것으로', '조선 사람 조선 것'의 구호를 통해 1920년대 실력 양성 운동의 일환으로 전개된 토산품 애용 운동이었다. 평양에서 처음 시작되었으며 서울에서 조선 물산 장려회가 조직(1923)됨으로써 활기를 띠게 되었으나 일제의 방해로 성과는 거둘 수 없었다.

③ 물산장려운동은 자작회(1922), 토산애용부인회, 자작자급회, 조선상품소비조합 등 다양한 단체가 결성되어 참여하였다.

④ 1920년대 민족유일당 운동의 결실로 신간회가 결성되었다(1927).

39. 답 ①

출제자의 눈

자료의 내용을 분석하여 치안유지법(1925)을 도출할 수 있다.

자료 속 힌트 국체를 변혁, 사유재산 제도를 부인

해설

1920년대 사회주의 운동이 일어나자, 일제는 이를 탄압하기 위해 국내 치안 유지를 빙자해 1925년 치안유지법을 제정·공포 하였는데, 이는 우리 민족의 독립 운동을 억압하려는 수단이었다. 치안유지법은 '일본의 국체 및 정체의 변혁과 사유 재산을 부인하는 자는 징역 10년에 처한다.'라는 등 총독부가 식민 체제를 부인하는 반정부·반체제 운동 또는 사유 재산제를 부인하는 사회주의 단체의 조직과 활동을 금지하고 탄압하는 법이다.

① 대구에서 박상진에 의해 군대식으로 비밀리에 결성된 대한광복회(1915)는 의병 출신자를 비롯하여 신교육을 받은 인사들이 참여하였다.

오답 check

② 조선 노동 총동맹은 1927년 농민·노동 운동의 단체로 각기 분화되었는데 조선 노동 종동맹과 조선 농민 총농맹으로 분리되었다.

③ 1926년 6·10 만세운동은 민족주의계와 사회주의계의 갈등을 극복하는 계기가 되었고, 이는 민족유일당 운동으로 이어져 신간회 결성(1927)에 영향을 주었다.

④ 사회주의 계열의 단체인 정우회(1926)는 조선공산당의 표면 단체로 분파 투쟁의 청산, 사상 단체의 통일, 경제 투쟁에서 정치 투쟁으로의 전환 등을 주장하였고, 비타협적 민족주의 세력과 사회주의 세력 간의 협동체인 신간회 창립의 중요한 계기가 되었다.

⑤ 원산의 한 석유 회사의 일본인 감독이 한국인 노동자를 구타한 사건을 계기로 3,000여 명이 참가한 원산 노동자 총파업은 일제 강점기 노동 운동에서 가장 규모가 큰 것이었다(1929).

40. 답 ②

출제자의 눈

일제가 판결한 내용을 통해 애국계몽운동 단체인 신민회의 활동을 파악할 수 있다.

자료 속 힌트 이승훈, 양기탁, 서간도에 무관 학교

해설

자료의 내용을 통해 1907년에 창설된 신민회를 파악할 수 있다.

참고 신민회의 활동(1907 ~ 1911)

구분	내용
성립	안창호, 양기탁 등이 중심, 민족 운동가들의 항일 비밀 결사
목표	국권 회복과 공화 정체의 근대 국민 국가 건설
국내 활동	민족주의 교육 실시(대성학교; 평양, 오산학교; 정주 설립), 민족 산업 육성(자기 회사, 태극 서관 설립)
국외 활동	장기적인 항일 투쟁을 위해 독립 운동 기지 건설(남만주의 삼원보), 신흥 강습소 설립
해산	105인 사건(1911)

② 일제가 날조한 데라우치 총독 암살미수사건에 연루되어 이른바 105인 사건으로 신민회가 해산되었다(1911).

check

① 1930년대 초반 동아일보가 추진한 농촌계몽운동인 브나로드 운동이 전개되었다.

③ 김구의 한인애국단 소속인 이봉창은 도쿄에서 일본 국왕에게 폭탄을 투척하였다(1932.1).

④ 대한민국 임시정부는 애국공채(독립공채)를 발행하여 자금을 모으기도 하였고, 1인당 1원씩의 인구세를 징수, 국민 의연금을 모으기도 하였다.

⑤ 독립의군부(1912)는 일본의 총리대신과 조선 총독에게 국권 반환 요구서를 제출하였고, 전제 군주제를 복구하자(복벽주의, 復辟主義)는 전국적인 의병 봉기를 계획하였으나 사전에 발각되어 활동이 중단되었다.

41. 답 ④

 출제자의 눈

대화의 내용을 통해 조선어학회(1931~1942)의 활동을 도출할 수 있다.

🔍 자료 속 힌트 이윤재, 조선어학회

해설

조선어학회는 한글 교육에 힘써 한글 교재를 출판하기도 하였으며, 회원들이 각 지방을 순회하면서 한글을 보급하는 데 앞장섰다. 한글 맞춤법 통일안과 표준어를 제정하고 한글의 연구와 보급에 크게 기여하였다. 이어서 우리말 큰 사전의 편찬에 착수하였으나, 일제의 방해로 성공하지 못하였다.

참고 국어기관

기관	활동
국문연구소(1907)	최초 국어연구기관. 주시경, 유길준, 지석영
조선어연구회(1921)	한글날(가갸날) 제정, 잡지(한글) 간행
조선어학회 (1931~1942)	한글맞춤법 통일한 제정, 표준어제정, 우리말 큰 사전 편찬 착수(성공X), 조선어학회 사건으로 해체

※ **조선어학회 사건(1942)**: 우리말 큰 사전 편찬을 준비하던 회원 30명을 일제가 치안유지법 위반으로 검거한 사건. 체포 후 고문으로 이윤재, 한징 등이 옥사하였고 11명이 실형을 선고받았다. 이 사건으로 인하여 조선어학회에서 추진하던 우리말 큰 사전 편찬 사업을 완성하지 못하였다.

🔍 오답 check

① 신민회(1907~1911)는 자기회사와 태극서관 등을 설립하여 운영하여 독립 자금을 마련하였다.

② 국문연구소(1907)는 주시경, 지석영을 중심으로 설립되어 국어 문법의 정리와 국어의 이해 체계의 확립이 이루어졌다. 유길준의 조선문전(대한문전), 지석영의 신정국문, 주시경의 대한국어문법 등과 같은 문법서도 편찬하였다.

③ 우리나라 최초의 민간 신문이자 한글신문은 독립신문(1896~1899)으로 서재필이 창간하였다.

⑤ 민족종교인 천도교는 3·1운동 이후 제2의 3·1 운동을 계획하여 자주독립 선언문을 발표하였으며 개벽, 어린이, 학생, 신여성 등의 잡지를 간행하여 민중의 자각과 근대 문물의 보급에 기여하였다.

42. 답 ③

 출제자의 눈

형평사 창립 대회의 그림을 통해 일제강점기 형평운동을 파악할 수 있다.

🔍 자료 속 힌트 형평사, 공평, 모욕적 칭호

해설

일제강점기 백정들은 진주에서 이학찬을 중심으로 조선 형평사를 창립하고(1923), 평등한 대우를 요구하는 형평운동을 전개하였다.

참고 형평운동(1920년대)

기관	활동
배경	백정들의 사회적 신분 차별(호적 기록, 붉은 점을 찍어 차별, 보통학교 입학 통지서에 신분 기재)
활동	이학찬 중심, 조선 형평사 창립(1923. 진주)
변화	1928년 신분 해방 운동을 넘어 민족 해방 운동의 성격

🔍 오답 check

① 만세보(1906~1907)는 오세창이 발간하였고 여성교육과 여권 신장에 관심을 기울였으며 일진회를 공격했던 천도교계 신문이었다.

② 1920년 조만식 등의 민족 자본가를 중심으로 평양에서 조선 물산 장려회가 발족되었고, 점차 확대되어 1923년 서울에도 조선 물산 장려회가 조직되었다.

④ 일제는 1919년 3·1운동을 계기로 이른바 문화 통치라는 기만적인 식민통치로 변경하여 우리민족을 분열을 야기하였다.

⑤ 우리 민족은 고종의 인산일을 기하여 1919년 3월 1일 평화적인 만세운동을 시작하였으나 일제는 무자비하게 탄압하였다.

43. 답 ②

 출제자의 눈

토지조사령을 통하여 조선총독부의 토지조사사업을 추론할 수 있다.

🔍 자료 속 힌트 토지의 조사 및 측량, 조선 총독, 임시 토지 조사 국장

해설

자료는 일제의 토지조사령(1912)이다. 일제는 1910년대에 토지조사령을 발표하여 토지조사사업을 실시하였는데, 표면상 근대적 소유권이 인정되는 토지제도를 확립한다고 선전하였으나, 실제로는 한국인 토지의 약탈, 토지세의 안정적인 확보, 그리고 지주층을 회유하기 위한 것이었다.

참고 토지조사사업(1912~1918)

구분	내용
목적	근대적 토지 소유제도 확립의 명분, 토지조사령(1912), 소작인의 경작권 부정
방법	복잡한 구비 서류, 기한부 신고제
약탈	미신고 농토, 공공 기관 토지, 마을·문중 토지 등 총독부가 차지(일본 토지 회사나 일본인에 헐값으로 불하)
결과	과세지 면적 증가(총독부의 지세 수입 급증), 지주의 권한 강화, 소작농의 권리 약화(도지권 상실),

② 대한제국은 광무개혁의 일환으로 지계아문(1901)을 통해 양전 사업을 실시하여 최초의 토지 소유권 증명서인 지계(地契)를 발급하였다.

44. 답 ③

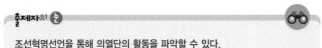

조선혁명선언을 통해 의열단의 활동을 파악할 수 있다.

🧭 자료 속 힌트 강도 일본, 폭력은 우리 혁명의 유일한 무기

해설

자료는 신채호의 조선혁명선언(1923)으로 의열단의 행동강령이다. 의열단은 김원봉이 만주 길림에서 비밀 결사로 조직(1919)하였다. 이들은 조선총독부·경찰서·동양척식주식회사 등 식민지배 기구의 파괴 및 조선총독부 고위관리와 친일파처단을 목표로 1920년대 활발한 독립운동을 전개하였다.

참고 의열단(1919)

구분	내용
결성	만주 지린성(길림), 김원봉, 비밀 결사
목표	조선총독부·경찰서·동양척식주식회사 등 식민 기구의 파괴, 조선총독부 고위관리와 친일파 처단
강령	신채호의 조선혁명선언(1923)
변화	일부 단원은 황푸군관학교 입학(군사·정치 훈련), 중국 국민당정부의 지원 아래 조선혁명간부학교(1932)를 세워 운영, 민족혁명당 결성(1935), 조선민족전선연맹 결성(1937)

③ 조선혁명선언(1923)은 의열단의 행동 강령으로 김원봉의 요청을 받아 신채호가 작성하였다.

🔍 오답 check

① 1919년 민족 대표 33인이 태화관에서 기미독립선언서를 낭독하였다.
② 대한민국 임시정부는 조소앙의 삼균주의에 바탕을 둔 건국 강령 발표하였다(1941).
④ 일본에 유학 중이던 학생들이 조선 청년독립단을 조직하여 도쿄에서 2월 8일 독립선언서와 결의문을 발표하고 만세운동을 전개하였다(2·8독립선언, 1919).
⑤ 상해의 신한청년당(1918)은 김규식을 파리강화회의에 민족대표로 파견하여 한국인의 독립열의를 전달하였다(1919.2).

45. 답 ③

독립운동가 보재(溥齋) 이상설(1870~1917)의 활동 사항을 알아본다.

🧭 자료 속 힌트 서전서숙, 만국평화회의, 신한 혁명당

해설

자료는 보재 이상설 선생의 주요 활동 사항을 정리한 것이다. 이상설의 활동은 다음과 같다.

참고 보재(溥齋) 이상설(1870~1917)의 활동

구분	내용
1905	을사조약 폐기 요구 상소운동
1906	북간도에 서전서숙을 설립
1907	제2회 만국 평화 회의에 특사로 파견
1910	성명회 조직
1911	연해주에 독립운동을 위한 권업회 결성
1914	대한광복군 정부 수립(정통령 역임)

③ 1905년 이후 이주 한인이 급증하여 여러 곳에 한인 집단촌이 형성되었으며, 국내에서의 의병운동에 호응하여 연해주 블라디보스토크의 신한촌이 의병운동의 중심지가 되었다. 1911년에는 유인석, 이상설 등이 국권회복을 목적으로 권업회를 조직하였다.

🔍 오답 check

① 숭무학교(崇武學校)는 1910년 이근영·조병하 등이 멕시코 메리다 중심지에 건립한 한인무관양성학교이다.
② 대한민국 임시정부 활동의 침체를 극복하기 위하여 1931년 상하이에서 김구는 한인애국단을 조직하게 되었다.
④ 한국광복군(1940)은 총사령관인 지청천, 부대장인 이범석 등을 중심으로 중국에 주둔한 미군(OSS부대)과 연합하여 국내 정진군의 특수 훈련을 실시하며 국내 진공 작전을 계획하였으나 일본의 패망으로 실행에 옮겨지지 못하였다.
⑤ 대한민국 임시정부에서 개조파와 창조파 및 현상유지파로 분열되어 1923년에 국민대표회의가 개최되었다. 이상설 선생은 1917년 순국하였다.

46. 답 ③

1950년대 한미 원조 협정을 통하여 전후 국내 정세를 파악할 수 있다.

🧭 자료 속 힌트 대한민국 정부, 미합중국, 대한민국 국민에게 원조

해설

한미원조협정은 한국의 경제적 안정과 국력 부흥을 위하는 목적 아래 미국 정부가 한국 정부에게 제공할 재정적·기술적 원조와 관련된 원칙·기준 등을 명문화한 한미 정부 간의 협정이다(1948.12).
③ 1950년대 후반부터 한국정부는 미국의 무상원조로 밀, 면, 설탕을 공급받아, 제분공업, 제당공업과 섬유공업 등 삼백 산업을 성장시켰고, 시멘트와 비료 등의 생산도 늘어갔다(이승만 정부).

🔍 오답 check

① 박정희 정부 때 경부 고속도로를 개통하였다(1970).
② 김영삼 정부는 경제 협력 개발기구(OECD)에 가입하였다(1996).
④ 1980년대 중후반 저금리, 저유가, 저달러의 3저 호황기가 있었다(전두환 정부). 당시에는 국제 유가의 하락, 달러 가치의 하락, 금리의 하락으로 물가가 안정되고 수출이 크게 늘어나 무역 수지가 흑자로 변화하였다.

⑤ 김영삼 정부는 투명한 금융거래를 위해 금융 실명제를 시행하였다(1993).

47. 답 ⑤

출제자의 눈

지도를 통해 한국전쟁의 경과를 파악할 수 있다.

해설

⑺ 국군과 유엔군의 최대 북진선(1950.11). 국군과 유엔군의 최대 북진은 1950년 11월까지 계속되었다.

⑻ 중국군 최대 남진선(1951.1~1951.3). 1950년 10월 중국군의 불법 개입으로 인하여 서울이 다시 함락되고(1951.1.4.후퇴) 이후 1951년 3월 서울을 재탈환하였다.

⑼ 국군과 유엔군의 최후 방어선(1950.8~1950.9). 1950년 6월 25일 북한의 남침 이후 3일 만에 북한군에게 서울을 점령당하였다(6.28). 우리 정부는 그 해 8월 낙동강 방어선을 구축하였고, 치열한 접전이 계속되었다.

한국 전쟁의 전개 과정

① 북한의 남침(1950.6.25): 3일 만에 북한군이 서울 점령 → 유엔군의 참전(1950.7.) → 낙동강을 사이에 두고 치열한 공방전 전개

② 국군과 유엔군의 반격: 인천 상륙 작전으로 전세 반전(1950.9.15.) → 압록강까지 진격(1950.10.)
 ※ 국군과 유엔군의 최대 북진은 1950년 11월까지 계속되었다.

③ 중국군의 개입(1950.11): 서울 함락(1951.1.4.후퇴) → 서울재탈환(1951.3.) → 38도선 일대 교착 상태(1951.3.~1951.6.) → 소련이 유엔에 휴전 제의(1951.6.)

④ 휴전회담 개최(1951.7.): 이승만 정부의 휴전반대, 범국민 휴전반대 운동 → 반공 포로 석방(1953. 6.18) → 휴전 협정 체결(1953.7.27.) → 한·미 상호 방위조약 체결(1953.10.)

48. 답 ①

출제자의 눈

한중연합작전을 통해 한국독립군을 파악할 수 있다.

 자료 속 힌트 중국군과 합작, 지청천

해설

일제가 만주 사변(1931)을 일으키고 괴뢰 정권인 만주국을 수립하자, 만주 지역을 근거로 무장 항일 운동을 전개하던 독립군은 보다 큰 위협을 받게 되었고, 중국내에서도 반일 감정이 고조되어 한·중 연합 작전을 전개하게 되었다.

혁신의회 한국독립당의 산하 부대인 ⑺ 한국독립군(총사령관 지청천)은 북만주 일대에서 중국 호로군과 연합 작전을 전개하여 쌍성보 전투(1932), 대전자령 전투(1933) 등을 전개하여 대승하였다.

한·중 연합작전(1930년대 전반)

한국독립당(한국독립군) + 중국 호로군
 ⇒ 쌍성보 전투(1932), 대전자령 전투(1933)

조선혁명당(조선혁명군) + 중국 의용군
 ⇒ 영릉가 전투(1932), 흥경성 전투(1933)

① 혁신의회 계열의 한국독립군은 중국 호로군과 연합 작전을 전개하여 대전자령 전투(1933) 등에서 일본군을 크게 격파하였다.

오답 check

② 자유시로 이동한 대한독립군단은 소련 적색군(적군)의 배신으로 피해를 입었다(1921, 자유시 참변).

③ 중·일 전쟁(1937) 직후 중국 국민당 정부의 도움을 받아 조선민족혁명당의 김원봉이 중국 관내(한커우)에서 최초의 한인 무장부대인 조선의용대를 결성하였다(1938).

④ 양세봉을 총사령관으로 조직한 조선혁명군(1929)은 국민부 산하 부대로 남만주 일대에서 중국 의용군과 연합 작전을 전개하여 영릉가 전투(1932) 및 흥경성 전투(1933) 등에서 승리하였다.

⑤ 김좌진이 이끌던 북로군정서군을 중심으로 여러 독립군의 연합부대는 청산리 일대에서 6일간 10여 차례의 전투를 통해 일본군을 대파하였다(1920).

49. 답 ①

출제자의 눈

김주열 열사와 3·15 부정선거의 내용을 통하여 1960년 4·19혁명을 파악할 수 있다.

자료 속 힌트 이승만의 장기 독재, 김주열 열사, 3·15 부정선거

해설

이승만 정부는 부정과 부패, 장기 집권으로 민심을 잃은 상태에서 이승만과 이기붕을 각각 대통령, 부통령으로 당선시키고자 1960년 3월 15일 대대적인 부정선거를 자행하게 되었고, 이에 대항하여 학생과 시민들이 중심이 되어 민주화 운동이 전개되었다. 이승만 정부는 계속해서 확산되는 시위를 해산시키기 위해 계엄령을 선포하고 군대를 동원하였는데, 계엄령 아래에서도 서울 시내 대학 교수들이 이승만 대통령의 하야를 요구하는 시국 선언문을 채택·발표하며 국회 앞까지 행진하였고, 결국 이승만 정부는 무너지게 되었다.

4·19 혁명의 전개과정

마산의 부정 선거 항의 시위(1960.3.15. 경찰 무력 진압) → 최루탄이 눈에 박힌 김주열 학생의 시신 발견(4.11) → 시위 전국 확산 → 시위 군중을 향한 경찰의 발포로 사상자 증가(4.19) → 계엄령 선포 → 대학 교수들의 시국 선언(4.25) → 이승만 대통령 사임 표명(4.26) → 국회에 대통령 사임서 제출(4.27)

① 1960년 4·19 혁명으로 이승만 정권은 몰락하였고, 장면이 집권한 내각책임제의 제2공화국이 열렸다(1960.8~1961.5)

오답 check

② 전두환 정부의 4·13 호헌 조치에 반대하여 1987년 6월 민주항쟁이 전개되었다.

③ 박정희 정부의 대일 굴욕 외교 반대 항쟁인 6·3항쟁은 1964년에 있었다.

④ 1980년 전두환의 신군부는 비상계엄을 전국으로 확대하였고 (5.17), 광주 지역에서는 비상계엄 철회 및 민주화를 열망하는 시민들의 요구가 5·18 민주화 운동으로 이어졌다(1980).

⑤ 윤보선, 김대중, 문익환 등 재야인사들이 명동 성당에서 긴급조치의 철폐, 박정희 정권 퇴진, 민족 통일 운동을 추구할 것 등을 요구하는 3·1 민주구국선언을 발표하였다(1976).

50. 답 ②

출제자의 눈

2000년 6·15 남북 공동 선언을 통해 김대중 정부를 파악할 수 있다.

자료 속 힌트 우리 민족끼리, 남측의 연합제 안과 북측의 낮은 단계의 연방제 안

해설

제시된 자료는 2000년에 남북이 협의한 6·15 남북 공동 선언으로 분단 이후 처음으로 남북 정상이 평양에서 만나 합의한 것이다(김대중 정부).

참고 **김대중 정부(1998 ~ 2003)**

구분	내용
수립	최초의 평화적 여·야 정권 교체, 국민의 정부
정책	외채 상환(노사정 위원회 설치, 기업의 구조 개혁 시도, 벤처기업 육성)
대북정책	햇볕정책(금강산 관광 시작, 1998), 제1차 남북정상회담 (2000, 6·15 남북공동선언 발표)

② 김대중 정부는 금강산 관광 시작(1998) 등 대북 화해 협력 정책에 노력하였다(햇볕 정책).

오답 check

① 남북 조절 위원회는 1972년 7·4 남북 공동 성명을 실천하기 위해 박정희 정부에서 설치하였다.

③ 1991년 남북 기본 합의서를 채택하여 남북한의 상호 화해와 불가침을 선언하였고 교류와 협력을 하기로 하였다(노태우 정부).

④ 노무현 대통령은 2007년 10월 평양을 방문하여 제2차 남북 정상회담을 진행하였고 남과 북은 10·4 남북공동선언(평화 번영을 위한 선언)에 합의하였다.

⑤ 남북 이산가족 고향 방문단 및 예술 공연단의 교환 방문이 성사되었다(1985. 전두환 정부).

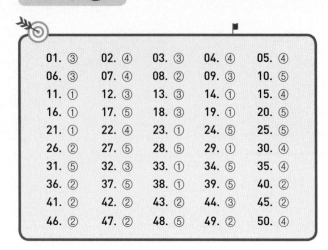

01. ③	02. ④	03. ③	04. ④	05. ④
06. ③	07. ④	08. ②	09. ③	10. ⑤
11. ①	12. ④	13. ③	14. ①	15. ④
16. ①	17. ⑤	18. ②	19. ①	20. ⑤
21. ②	22. ④	23. ①	24. ⑤	25. ②
26. ②	27. ⑤	28. ⑤	29. ①	30. ④
31. ⑤	32. ③	33. ①	34. ⑤	35. ④
36. ⑤	37. ⑤	38. ⑦	39. ①	40. ④
41. ②	42. ④	43. ②	44. ③	45. ②
46. ②	47. ②	48. ⑤	49. ②	50. ④

01. 답 ②

떼석기의 사진과 설명을 통해 구석기 시대를 확인할 수 있다.

자료 속 힌트 슴베찌르개, 단양 수양개, 떼석기

해설

(가) 구석기의 대표적인 도구는 떼석기로써 주먹도끼, 찍개, 팔매돌과 같은 사냥도구와 긁개, 밀개와 같은 조리도구 등이 있었다.

참고 구석기 시대(약 70만 년 전)

구분	내용
경제	떼석기, 동물의 뼈 도구, 사냥 및 고기잡이(주먹도끼, 뼈도구, 슴베찌르개)
생활	동굴·바위그늘, 후기에는 강가의 막집, 고래와 물고기 등을 새긴 조각품
장례	인골 발견(원시적 장례 풍습): 흥수아이(청원 흥수굴)
유적	경기도 연천 전곡리, 충남 공주 석장리

② 구석기인들은 대체로 먹이를 찾아 이동 생활을 하며 지냈으며 동굴이나 바위 그늘에서 생활하였는데, 후기에 이르러서는 담 자리 및 불 땐 자리가 발견됨에 따라 강가의 막집에서 거주하였음을 알 수 있다.

오답 check

① 신석기 시대의 대표적인 토기인 빗살무늬 토기는 신석기 중기 이후에 출현하게 되며, 전국 각지에 널리 분포되어 있다.
③ 청동기시대에는 정치권력과 경제력을 가진 군장이 등장하였으며, 이들의 무덤인 고인돌을 통해 당시 부족장의 권력을 가늠할 수 있다.
④ 반달돌칼은 청동기 시대에 벼를 수확하기 위한 추수도구이다.
⑤ 신석기 시대에는 가락바퀴와 뼈바늘을 사용하여 의복과 그물을 제작하는 등의 원시적 수공업이 발달하였다.

02. 답 ①

우표와 설명을 통하여 금관가야를 도출할 수 있다.

자료 속 힌트 구지봉, 6개의 알, 수로

해설

설명은 가야의 김수로왕 건국 설화를 나타내고 있다. 가야는 3C경 김해의 금관가야가 연맹국가로 발전하면서 6가야 연맹체로 성립하였다.

가야의 김수로

김수로(金首露)는 A.D. 42년, 다른 다섯 명의 아이와 함께 알에서 태어났다. 아직 나라의 이름이 있지 않았고 임금과 신하의 호칭 또한 없었던 곳에서 A.D. 44년 가야를 세웠다. 수로왕비 허황옥(許黃玉)은 멀리 아유타국(阿踰陀國)에서 왔는데, 부부가 합심하여 나라를 다스리고 백성의 사랑을 듬뿍 받았다.

① 가야는 낙랑과 왜의 규수지방을 연결하는 해상 중계 무역이 번성하였고, 제철 기술이 뛰어나 무역에서 철을 화폐처럼 사용되기도 하였다.

오답 check

② 부여에서는 수렵사회의 전통을 보여주는 영고라는 제천행사가 있었는데 12월에 열렸다.
③ 고구려는 중대한 범죄자는 귀족회의인 제가회의를 통하여 사형에 처하고 그 가족을 노비로 삼기도 하였다.
④ 신라 초기에는 3개의 성씨인 박·석·김씨가 교대로 왕위를 계승하였다.
⑤ 한강유역에서 발전한 마한의 백제국은 목지국을 압도하고 가장 강력한 세력으로 성장하였다.

03. 답 ①

이차돈의 순교를 통해 6세기 신라 법흥왕을 파악할 수 있다.

자료 속 힌트 불교, 이차돈, 불법

해설

자료는 이차돈의 순교를 가상의 현실로 꾸민 것이다. 6세기 신라의 법흥왕은 이차돈의 순교를 통하여 불교를 공인하였고(527) 건원이라는 신라 최초의 연호를 사용하였으며(536), 불교식 왕명을 사용하여 자주국가와 왕실의 권위를 높였다.

① 6세기 신라 법흥왕은 병부를 설치하여 군사권을 장악하였고, 율령을 반포하여 백관의 공복제정, 골품제도 등을 정비하여 국가 통치 질서를 확립하였다. 또한, 신라 최고 관직인 상대등을 설치하여 화백회의를 주관하게 하였다.

오답 check

② 6세기 백제 성왕은 5부와 5방 제도를 정비하고, 22부의 실무관청을 설치하는 등 중앙 관청과 지방제도를 정비하여 중앙 집권화에 노력하였다.

③ 6세기 신라 진흥왕은 거칠부에게 국사를 편찬하도록 하였다.

④ 6세기 신라 지증왕은 이사부를 보내 우산국(울릉도)을 복속시켜 세력을 확장하였다(512).

⑤ 6세기 백제 무령왕은 지방에 대한 통제를 강화하기 위하여 지방에 22담로를 설치하여 왕족을 파견하는 등 통치 체제를 정비하였다.

04. 답 ②

출제자의 눈

살수대첩과 안시성 전투를 통하여 7세기 고구려와 수·당의 전쟁을 파악할 수 있다.

자료 속 힌트 을지문덕, 살수(薩水), 안시성, 흙산

해설

(가) 살수대첩(612). 수나라의 양제는 113만의 대군을 이끌고 고구려에 침략하였으나 을지문덕이 살수에서 대항하여 대승리를 이루어냈다.

(나) 안시성전투(645). 644년 당태종은 고구려 정벌을 선포하였다. 당 태종은 직접 대군을 이끌고 고구려를 침략했고, 고구려는 요동성, 개모성, 비사성이 정복당하는 등 어려움을 겪었으나, 곧 이은 안시성에서의 전투를 승리로 이끌며 당군을 물리쳤다.

② (가) 살수대첩 이후 연개소문은 정변(642)을 일으켜 보장왕을 옹립하고 정권을 장악하여 당에 대하여 강경책을 추진하였다.

오답 check

① 6세기 신라 진흥왕은 이사부를 시켜 고령의 대가야를 정복하였다(562). (가) 이전의 사실이다.

③ 5세기 고구려 장수왕은 백제의 개로왕을 전사시킴으로써 백제의 수도 한성을 함락시켰다(475). (가) 이전의 사실이다.

④ 7세기 백제 의자왕 때 계백의 결사대는 황산벌 전투에서 김유신에 맞서 싸웠으나 패배하였다(660). (나) 이후의 사실이다.

⑤ 4세기 백제 근초고왕은 황해도 지역을 놓고 고구려와 대결하였는데 평양성까지 진격하여 고구려 고국원왕을 전사시켰다(371). (가) 이전의 사실이다.

05. 답 ④

출제자의 눈

무덤 양식의 구조와 왕릉 내부의 모습을 통하여 무령왕릉을 추론할 수 있다.

자료 속 힌트 공주시, 송산리, 배수로 공사

해설

무령왕릉은 1971년 송산리 고분군의 배수로 공사 중에 우연히 발견되었기 때문에 고구려나 백제의 다른 무덤과는 달리(훼손 없이) 완전한 형태로 세상에 빛을 보게 되었다.

무령왕릉
무령왕릉은 중국 남조의 영향을 크게 받아 연꽃 등 우아하고 화려한 백제 특유의 무늬를 새긴 벽돌로 무덤 내부를 쌓았다. 무덤의 주인공이 무령왕과 왕비임을 알리는 지석이 발견되어 연대를 확실히 알 수 있는 무덤이기도 하다. 왕과 왕비의 장신구와 금관 장식, 귀고리, 팔찌 등 3,000여 점의 부장품이 출토되어 백제 미술의 귀족적 특성을 알 수 있는 대표적인 무덤이다.

ㄴ. 백제 무령왕릉은 중국 남조의 영향을 크게 받아 연꽃 등 우아하고 화려한 백제 특유의 무늬를 새긴 벽돌로 무덤 내부(널방)를 쌓았다.

ㄹ. 무령왕릉에서는 무덤의 주인공이 무령왕과 왕비임을 알리는 지석이 발견되어 연대를 확실히 알 수 있는 무덤이다.

오답 check

ㄱ. 굴식돌방무덤의 천장은 모줄임 방식을 사용하였다. 벽돌무덤에서는 모줄임 천장 구조가 나타나지 않는다.

ㄷ. 장군총은 대표적인 고구려 초기의 돌무지무덤이다. 자료는 벽돌무덤 양식인 무령왕릉이다.

06. 답 ③

출제자의 눈

신라의 관등인 나마와 안압지 등을 통하여 신라를 도출할 수 있다.

자료 속 힌트 도다이사 쇼소인, 위수내말, 나마, 월지(안압지)

해설

일본의 도다이사 쇼소인은 신라 장적 민정문서와 신라의 많은 유물들이 발견된 곳이다. 자료에서 신라의 11관등인 '나마', 안압지 등을 통하여 (가) 신라를 파악할 수 있다.

일본의 도다이사 쇼소인(정창원)
정창원(正倉院)은 일본의 나라(奈良)현 도다이사(東大寺)에 있는 왕실의 유물 창고이다. 이 곳에서는 신라와 당을 중심으로 하는 외래문물과 일본에서 제작된 보물 등을 보관하고 있다. 당시의 신라와의 교역물품으로 각종의 금속제가반과 숟가락, 동경, 인삼 등의 약용품 등이 있고, 민정문서와 같은 통일신라시대 유물과 안압지 유물 등에 대한 관련성을 확인할 수 있다는데 중요한 의미가 있다.

③ 신라 말 흥덕왕 때 장보고는 완도에 청해진을 설치(828)하여 해적을 소탕하였으며, 남해와 황해의 해상 무역권을 장악하였다.

오답 check

① 발해 솔빈부의 말은 주요한 수출품으로 인기가 많았다.

② 벽란도는 고려의 국제 무역항으로 이슬람 상인이 왕래하였던 교통로와 산업의 중심지였다.

④ 고구려 2세기 고국천왕 때 을파소를 국상으로 채용하여 진대법

을 실시하였다(194).

⑤ 조선전기 세종 때에 토지 비옥도에 따라 조세를 부과하는 전분 6 등법을 실시하였다.

07. 답 ④

불상의 설명을 통해 금동미륵보살 반가사유상을 파악할 수 있다.

자료 ➔ 힌트 국보 78호, 반가, 삼국 시대 금동 불상

해설

삼국 시대에는 불교가 성행함에 따라 미륵보살 반가상이 많이 만들어졌다. 이중에도 탑 모양의 관을 쓰고 있는 금동 미륵보살 반가상과 삼산관(三山冠)을 쓰고 있는 금동 미륵보살 반가상이 널리 알려져 있다. 이는 일본 목조미륵보상반가사유상에 크게 영향을 주기도 하였다.

④ 국보 제78호인 삼국시대 금동미륵보살 반가사유상이다.

오답 check

① 이불병좌상은 발해 동경 용원부의 절터에서 발굴된 것으로 고구려 양식을 계승한 것이다.

② 금동 관음보살 좌상은 원나라 라마교 불상의 영향을 받은 고려시대 문화유산이다.

③ 고려시대 광추 춘궁리 철불(하남 하사창동 철조석가여래좌상)이다.

⑤ 고구려의 연가7년명 금동여래입상이다.

08. 답 ④

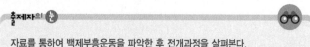

자료를 통하여 백제부흥운동을 파악한 후 전개과정을 살펴본다.

자료 ➔ 힌트 백제 장군, 상지, 흑치, 달솔

해설

자료 속 주인공은 백제 장수 흑치상지를 나타내고 있다. 백제 멸망 이후 흑치상지, 복신, 도침 등은 주류성과 임존성에서 군사를 일으켜 백제 왕자 풍을 왕으로 추대하여 백제부흥운동을 전개하였다(660~663). 이들은 200여개의 성을 회복하였고, 사비성과 웅진성의 당군을 공격하며 저항했으나 결국 부흥운동은 실패하였다. 비슷한 시기 왜의 수군이 백제 부흥을 지원 했으나 나·당 연합군에게 패하여 돌아가게 된다.

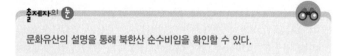

참고 백제·고구려 부흥운동

구 분	내용
백제 부흥 (660~663)	복신·도침(주류성), 흑치상지(임존성)가 왕자 풍을 왕으로 추대하여 추진, 왜가 지원 했으나 실패
고구려 부흥 (670~674)	검모잠(한성), 고연무(오골성)가 보장왕의 서자 안승을 왕으로 추대하여 추진, 신라가 지원 했으나 실패

④ 흑치상지는 당의 소정방(蘇定方)이 의자왕과 여러 왕자를 사로잡고 당나라 군사를 풀어서 제멋대로 약탈하자, 이에 분개하여 임존성을 근거지로 부흥운동을 전개하였다. 부흥군은 곧 3만 명으로 늘어나 한때 소정방의 군사를 물리치고 200여 성(城)을 되찾아 기세를 떨쳤다.

오답 check

① 7세기 신문왕은 즉위하던 해에 일어난 왕(신문왕)의 장인 김흠돌이 일으킨 모역 사건을 계기로 귀족 세력을 숙청하면서 왕권을 전제화하기 시작하였다.

② 견훤은 전라도 지방의 군사력과 호족 세력을 통합하여 완산주(전주)에 도읍을 정하고 후백제를 건국하였다(900).

③ 후고구려는 도읍을 철원으로 옮기면서 국호를 마진으로 바꾸었다.

⑤ 고구려 멸망 이후 검모잠, 고연무 등은 보장왕의 서자 안승을 왕으로 추대하여 한성(황해도 재령)과 오골성을 근거지로 군사를 일으켜 고구려 부흥운동을 전개하였다(670~674).

09. 답 ②

문화유산의 설명을 통해 북한산 순수비임을 확인할 수 있다.

자료 ➔ 힌트 진흥왕, 김정희, 무학대사왕심비

해설

자료는 6세기 신라 진흥왕이 세운 북한산 순수비에 대한 설명이다.

② 진흥왕은 고구려 지배하에 있었던 한강 하류를 장악하고 북한산비(555)를 세웠다. 북한산비는 무학대사비로 알려져 있었으나 조선후기 김정희가 금석학을 연구하여 북한산비가 진흥왕순수비임을 밝혔다(금석과안록).

오답 check

① (가)는 고구려 광개토대왕릉비로 중국 길림성 근처에 있다. 광개토대왕릉비는 아버지의 업적을 기리기 위하여 장수왕이 건립하였다(414).

③ (다) 백제의 사택지적비(654)는 부여 박물관이 소장하고 있다. 비문의 내용은 사택지적이란 사람이 늙어가는 것을 탄식하여 불교에 귀의하고 사찰을 건립했다는 것이다.

④ (라) 중원고구려비는 고구려 장수왕이 한강 유역을 점령한 후 충주에 건립하였다.

⑤ (마) 단양적성비(551)는 신라 진흥왕이 한강 상류 지역을 점령하고 세운 비석이다.

10. 답 ②

자료를 분석하여 발해를 파악한 후 국가의 특징을 알아본다.

자료 속 힌트　고구려의 장수 대조영

해설

발해 고왕(대조영)은 길림성의 동모산에서 (가) 발해를 건국하였다 (698).

참고 **발해의 발전**

시기	내용
고왕	대조영, 길림성의 동모산에서 건국(698), '천통'
무왕	북만주 일대 장악, 요서·산동 지방 공격(장문휴의 수군), 돌궐·일본과 연결하여 당·신라 견제, '인안'
문왕	당과 친선 관계, 중경에서 상경으로 천도, 신라도, 주자감 설치, '대흥'
선왕	대부분의 말갈족 복속, 요동 진출, 해동성국, 15부 62주 정비, '건흥'

② 발해 문왕 때 최고 교육기관인 주자감을 설치하였다.

오답 check

① 능력보다 신분을 중시하였던 골품제는 신라의 신분제도이다.
③ 신라 원성왕(785~798)은 최초의 관리 선발 제도인 독서삼품과를 시행하여 왕권을 강화하려 하였으나 진골 귀족의 반발과 골품제의 모순으로 실패하였다.
④ 백제에서는 5경 박사와 의박사, 역박사를 두어 유교경전과 기술학을 교육하였고, 일본에 파견하기도 하였다.
⑤ 고조선은 8조법을 두어 질서를 유지하였으며 그 중 3개조의 내용만 현재까지 전해진다.

11. 답 ①

최승로의 5대 왕의 평가를 통하여 고려 성종을 파악할 수 있다.

자료 속 힌트　최승로, 5대 조정(朝廷)

해설

자료는 최승로의 시무 28조 중 일부 내용으로 고려 태조에서 경종까지 역대 5대 왕의 치적을 평가하여 교훈으로 삼도록 하였다. 고려 성종은 최승로의 건의를 받아들여 유교정치를 시행하였다.

참고 **고려 성종의 정책**

구분	내용
배경	최승로의 시무 28조 채택으로 유교 정치 시행
유교진흥	불교 행사(연등회·팔관회) 폐지, 국자감 정비(992), 경학박사·의학박사 파견하여 교육
체제정비	2성 6부, 12목에 목사 파견(지방관 파견), 과거제도 정비, 강동 6주 설치
사회시설	의창(흑창을 확대·개편), 상평창(물가 조절), 화폐발행(건원중보), 노비환천법

① 고려 성종은 지방의 12목에 목사와 경학박사·의학박사를 파견하여 중앙집권화와 유교교육을 진흥시켰다.

오답 check

② 고려 예종 때 양현고라는 장학 재단을 두어 관학의 경제 기반을 강화하였다.
③ 고려 광종은 노비안검법을 시행하여 호족 세력을 약화시켰고, 국가 재정을 확충하였다(956).
④ 공민왕은 전민변정도감을 설치하고, 승려 신돈을 등용하여 권문세족이 부당하게 빼앗은 토지와 노비를 본래의 소유주에게 돌려주거나 양민으로 해방시켰다(1366).
⑤ 태조는 빈민을 구제하기 위하여 고구려의 진대법을 계승한 흑창을 설치하였다.

12. 답 ③

귀주대첩을 통하여 고려 대외 관계의 변화를 파악할 수 있다.

자료 속 힌트　귀주, 강감찬

해설

자료는 강감찬의 귀주대첩이다. (가) 거란은 고려 현종의 입조약속 불이행과 강동6주의 반환을 거부한 것에 대하여 불만을 품고 소배압이 10만 대군을 끌고 재차 침략하였는데(1018,거란 3차 침입), 귀주에서 강감찬이 지휘하는 고려군에게 섬멸되었다(1019,귀주대첩).
③ 거란의 3차 침입 이후 고려는 개경에 나성을 쌓아 도성의 수비를 강화하였다(1029).

오답 check

① 고려 말 최무선의 건의로 화통도감을 설치하고, 진포(군산)에서 최초로 화포를 사용하여 왜구를 격퇴하였다(1380).
② 예종 때 윤관은 별무반을 이끌고 여진을 정벌하여 동북 9성을 쌓았다(1107).
④ 세종 때(1419) 이종무는 병선 227척, 병사 1만 7,000명을 이끌고 대마도를 토벌하여 왜구의 근절을 약속받고 돌아왔다.
⑤ 최우는 몽골과의 장기 항전을 대비하기 위하여 강화도로 천도하였다(1232,고종).

13. 답 ②

자료 속 힌트 6위, 2군

해설

자료는 고려의 중앙군인 2군 6위에 대한 설명이다. 고려는 국왕의 친위부대인 2군과 수도와 국경 방위부대인 6위를 중앙군으로 구성하였다.

참고 **고려의 중앙군**

구성		내용
구성	2군	국왕의 친위부대, 응양군, 용호군의 2군
	6위	수도와 국경 방위, 좌우위·신호위·흥위위(수도·국경), 금오위(경찰 업무), 천우위(儀仗 업무), 감문위(궁성 수비) 등 6위
특징		직업 군인으로 군적에 등록, 군인전 지급, 역의 세습, 군공을 통해 무신으로 신분 상승 가능

② 고려 특수행정구역의 향·부곡민은 농업, 소민은 수공업에 종사하였는데, 이들은 일반 양민에 비해 무거운 세금 부담을 지고 있었으며 향·소·부곡민은 거주 이전의 자유가 원칙적으로 없었다.

오답 check

① 발해 선왕은 전국을 5경 15부 62주로 정비하여 통치하였다.
③ 욕살과 처려근지 등은 고구려의 지방 장관이다.

고구려의 욕살과 처려근지

고구려는 지방통치조직을 대성(大城)·성(城)·소성(小城)의 3단계로 구획하고, 여기에 중앙관리를 파견하였는데, 이 중 대성의 장관을 욕살(褥薩)이라고 하였다. 욕살의 임무는 행정과 군사의 양면을 관장하는 군정적 책임을 지니고 있었다. 욕살 이외의 고구려의 지방관으로는 성을 다스리는 처려근지(處閭近支)와 소성을 다스리는 가라달(可邏達) 등이 있었다.

④ 통일신라는 지방 세력을 일정 기간 서울에 와서 거주하게 하던 상수리제도를 시행하였는데 이는 지방 세력을 견제하기 위한 정책이었다.
⑤ 통일신라는 전국의 요지에 5소경을 설치하여 수도 금성(경주)이 지역적으로 치우친 것 보완하고 지방의 균형 있는 발전을 도모하였다.

14. 답 ⑤

자료 속 힌트 묘청, 궁궐을 세우고, 금나라가 공물을 바치고 스스로 항복

해설

사료는 묘청이 인종에게 올린 상소문으로 (가) 서경(평양) 천도운동과 관련이 있다.

참고 **묘청의 서경천도운동(1135년)**

1. 배경: 중앙 귀족의 보수 세력(개경파)과 지방의 신진 개혁 세력(서경파) 사이의 대립
2. 전개: 묘청 세력은 서경에서 국호를 대위국, 연호를 천개, 군대를 천견충의군라고 칭하며 반란을 일으켰으나, 김부식의 관군에 의해 약 1년 만에 진압되었다.
3. 결과: 반란군 억압을 위해 무신 천시 풍조(숭문천무), 서경 지위 격하 (분사제도와 3경제도 폐지)

구 분	개 경 파	서 경 파
중심 세력	김부식 중심, 보수적 관리	묘청·정지상 중심, 개혁적 관리
사상 경향	사대적 유교 정치사상	풍수지리설, 자주적 전통 사상
대외 정책	금에 대한 사대 정책	서경 천도, 금국 정벌, 칭제 건원(자주적)
역사 의식	신라 계승 의식	고구려 계승 의식
대내 정책	유교 이념 충실, 사회 질서 확립	왕권 강화, 혁신적 제도 개혁

⑤ 1920년 조만식 등의 민족 자본가를 중심으로 평양에서 조선 물산 장려회가 발족되었고, 점차 확대되어 1923년 서울에도 조선 물산 장려회가 조직되었다.

오답 check

① 고려 무신집권기 공주 명학소의 망이·망소이는 신분 해방을 주장하며 봉기하였다(1176).
② 정몽주가 피살되었던 선죽교는 개성에 있다.
③ 원산에 설립한 원산학사(1883)는 덕원 주민들이 개화파 인물들의 권유에 따라 설립한 우리나라 최초의 근대적 사립학교였으며 외국어, 자연과학, 국제법 등 근대 학문과 무술을 가르쳤다.
④ 신라 상대였던 7세기 신라 선덕여왕(632~647) 때 승려 자장은 황룡사 9층 목탑의 건립을 왕에게 건의하여 경주에 건립하였다(643).

15. 답 ②

자료 속 힌트 문익점, 목화씨

해설

고려 말 공민왕 때 문익점은 목화씨를 가져와 목화 재배를 성공하였다(1363).
② 고려 말에 이암이 원나라의 농서인 농상집요를 국내에 소개하였다.

오답 check

① 7세기 신라 신문왕은 녹읍을 폐지하고 관료전을 지급하였는데, 이로 인하여 국가재정의 확보와 왕권의 강화를 동시에 실현하였

다.

③ 고종 때 흥선대원군은 경복궁 중건을 위하여 당백전을 발행하였다(1866).

④ 조선후기 대동법의 시행 이후 공인이라는 어용상인이 나타나 관청에서 공가를 미리 받아 필요한 물품을 사서 납부하였다.

⑤ 조선후기 장시가 점차 증가하여 상품의 유통이 활발해짐에 따라 농민은 인삼과 담배, 쌀, 목화, 채소, 약초 등을 재배하여 팔았다.

16. 답 ①

 출제자의 눈

원간섭기의 시작과 공민왕의 개혁정치의 내용을 통하여 원 간섭기 시기를 파악할 수 있다.

 자료 속 힌트   다루가치, 짐을 고(孤)로, 기철, 처단

해설

(가) 고려 정부가 몽골과 강화를 맺고 개경으로 환도(1270)한 이후 원 간섭기의 시작을 알리는 것이다. 원 간섭기 원은 다루가치라는 감찰관을 파견하여 고려의 내정을 간섭하였다.

(나) 공민왕의 반원 개혁 정치를 나타낸 것이다. 공민왕은 즉위 후 기철을 비롯한 친원 세력을 숙청하고(1356), 내정 간섭기구인 정동행성의 폐지, 원의 간섭으로 격하된 관제의 복구, 몽골 풍속 금지 등을 실시하였다.

(가)와 (나) 사이의 시기는 원 간섭기를 나타내는 것이다.

참고 원 간섭기 고려의 변화

구분	내용
영토상실	쌍성총관부(철령이북), 동녕부(서경), 탐라총관부(제주도)
관제변화	2성(중서문하성, 상서성) → 첨의부 6부(이부·예부 → 전리사 / 호부 → 판도사 / 병부 → 군부사 / 형부 → 전법사 / 공부 → 폐지) 도병마사 → 도평의사사 / 중추원 → 밀직사
용어격하	짐 → 고 / 폐하 → 전하 / 태자 → 세자 / ~ 조, ~ 종 → 충O왕
내정간섭	정동행성, 이문소, 다루가치, 순마소, 만호부, 심양왕
자원수탈	결혼도감(공녀), 응방(매)

① 정동행성은 일본정벌을 위해 고려에 설치(1280)한 관서로 일본 원정 실패 이후에 원은 정동행성은 계속 유지하여 내정 간섭 기구로 삼았고, 정동행성의 부속관서로 이문소를 설치하였다.

 오답 check

② 과전법은 공양왕 때 신진사대부의 경제적 기반을 마련하기 위하여 이성계가 추진하였다(1391).

③ 1232년 몽골군이 고려에 침입하였는데 김윤후가 처인성(용인)에서 몽골 장수 살리타를 사살하여 퇴각하게 하였다(몽골의 2차 침입).

④ 1170년 8월 정중부 등이 보현원에서 문신들을 살해한 후 개경으로 이동하여 정권을 장악하였다(무신정변).

⑤ 고려 말 명은 철령위 설치를 통보하였고 이에 우왕은 최영과 이성계를 시켜 요동 정벌을 단행하였다(1388).

17. 답 ③

 출제자의 눈

대장경 판각에 대한 기록과 대장경의 설명을 통해 팔만대장경을 파악할 수 있다.

자료 속 힌트   최씨 무신 정권, 조판, 부처의 힘으로 외세를 물리치고자

해설

자료의 기록은 이규보의 동국이상국집에 실려 있는 대장경을 새겨낼 때의 기도문인 '대장각판군신기고문(1237)'이다. (가) 팔만대장경(재조대장경)은 국보 제32호로, 고려가 몽골의 침입을 부처의 힘으로 막아내고자 수기 승통의 총괄하에 진행되었다.

③ 고려 고종23년(1236) 강화에서 조판에 착수하여 고종 38년(1251) 완성한 고려의 대장경은 2007년 세계기록유산으로 지정되어 현재는 합천 해인사에 보관되어 있다.

오답 check

① 7세기 신라 선덕여왕 때 승려 자장은 황룡사 9층 목탑의 건립을 왕에게 건의하여 건립하였다(643).

② 직지심체요절은 청주 흥덕사에서 백운 경한 스님에 의해 금속활자로 1377년에 2권으로 간행되었는데 현존하는 세계 最古의 금속 활자로 공인받고 있다.

④ 직지심체요절은 1887년 프랑스 대리공사 콜랭드 플랑시가 프랑스로 유출하였고 현재 프랑스 국립도서관이 소장하고 있다.

⑤ 8세기 초에 제작된 세계에서 가장 오래된 목판 인쇄물인 무구정광대다라니경은 불국사 3층 석탑에서 발견되었다.

18. 답 ③

출제자의 눈

초상화와 설명으로 통하여 고려 말 성리학자인 이제현을 파악할 수 있다.

자료 속 힌트   충선왕, 역옹패설, 사략

해설

자료는 고려 말 성리학자인 이제현을 나타내고 있다.

③ 충선왕 때 활동한 성리학자인 이제현은 원의 수도에 설립된 만권당에서 원의 학자들과 교류하면서 성리학에 대한 이해를 심화하였다. 그는 귀국한 후에 이색 등에게 영향을 주어 성리학 전파에 이바지하였다. 또한, 공민왕 때 역사서인 사략을 비롯한 여러 권의 사서를 저술(1357)하였고, 역옹패설과 같은 한문학과 한시 등을 저술하여 현실을 풍자하였다.

오답 check

① 고려 충렬왕 때 활동한 안향은 성리학을 고려에 소개하였다.

② 고려 문종 때 활동한 최충은 9재 학당을 세워 유학 교육에 힘썼고, 해동공자라는 칭송을 들었다.

④ 18세기 초 정제두는 양명학을 체계적으로 연구하여 강화도에서 강화학파를 형성하였다.

⑤ 이황은 성학십도를 저술하여 군주 스스로 성학을 따라야 할 것을 강조하였다.

19. 답 ④

출제자의 눈

김사미·효심의 난을 통해 무신 집권기 양민 층의 봉기임을 확인할 수 있다.

자료 속 힌트 김사미, 효심, 고려사

해설

김사미·효심의 난(1193)은 무신집권 당시에 있었던 하층민의 봉기를 나타낸 것이다. 운문(청도)과 초전(울산)을 중심으로 전개되었으며 신라 부흥을 표방하였다. 김사미 세력과 효심 세력이 연합하여 일으킨 가장 큰 규모의 무신 집권기 농민 봉기였다(1193).

참고 무신 집권기의 봉기

배경	백성에 대한 중앙 통제력 약화, 집권층의 농장 확대로 수탈 강화
귀족	김보당의 난(무신정권 타도, 의종 복위 주장) 조위총의 난(서경에서 반란, 많은 농민 가세, 반무신정권의 봉기)
양민	망이·망소이의 봉기(공주 명학소), 김사미·효심의 봉기(운문·초전), 이연년 형제의 난(백제 부흥운동)
천민	전주 관노의 난, 만적의 난(최충헌의 사노비, 신분 해방 운동)

20. 답 ④

출제자의 눈

자료를 통하여 민족 명절인 한식을 알아본다.

자료 속 힌트 동지로부터 105일, 손 없는 날

해설

④ (가) 한식은 동지로부터 105일째 되는 날이며, 한식이라는 명칭은 이날에는 불을 피우지 않고 찬 음식을 먹는다는 옛 습관에서 나온 것으로, 한식날 나라에서는 종묘와 각 능원에 제향하고, 민간에서는 여러 가지 주과(酒果)를 마련하여 차례를 지내고 성묘를 하였으며, 농가에서는 이날 농작물의 씨를 뿌렸다.

오답 check

① 삼짇날(3.3)은 강남에 간 제비가 돌아와 추녀 밑에 집을 짓는 때로 진달래꽃으로 화전을 만들어 먹었다.
② 동지(양12.22)에는 팥죽을 쑤어 새알심을 만들어 먹고, 또 사당에 차례를 지냈다.
③ 단오(5.5)에는 수리떡을 만들어 먹었으며 창포에 머리감기, 쑥과 익모초 뜯기, 부적 만들어 붙이기, 대추나무 시집보내기, 단오 비녀 꽂기 등의 풍속과 함께 그네뛰기·격구·씨름·석전(石戰)·활쏘기 등을 즐겼다.
⑤ 정월대보름(1.15)에는 달에 소원을 빌었고, 달맞이, 쥐불놀이, 달집태우기, 다리밟기, 부럼깨기, 귀밝이술 마시기 등을 즐겼다.

참고 민족 명절과 풍습

명절	일자	풍습
대보름	1월15일	달맞이, 쥐불놀이, 다리밟기, 부럼깨기, 달집태우기, 귀밝이술 마시기
삼짇날	3월3일	화전놀이, 화전(진달래꽃) 만들어 먹기
단오	5월5일	창포에 머리감기, 쑥과 익모초 뜯기, 수리떡 먹기, 대추나무 시집보내기, 그네뛰기·격구·씨름·석전(石戰)·활쏘기 등 민속놀이
동지	양12월22일	밤이 가장 긴 날. 팥죽 먹기. 차례 지내기
한식	동지후105일	찬 음식을 먹기. 차례·성묘하기. 농작물의 씨 뿌리기

21. 답 ⑤

출제자의 눈

대화를 통하여 조선 태종을 도출할 수 있다.

자료 속 힌트 주자소, 민무질

해설

조선 태종 때에는 주자소를 설치하고 구리로 계미자를 주조하였다. 민무질은 태종 이방원의 처남이다. 태종은 왕권을 강화하고 국왕 중심의 통치 체제를 강화하기 위하여 6조 직계제를 실시하였으며, 언론 기관인 사간원을 독립시켜 대신들을 견제하였고, 사병을 없애 이를 삼군부에 소속시켜 왕이 군사 지휘권을 장악하면서 친위 군사를 늘렸다.

참고 태종(1400~1418)의 정책

구분	특징
왕권 강화	도평의사사 폐지, 의정부 설치(6조직계제 시행), 사간원 독립(대신 견제), 사원전 몰수, 사병 철폐, 양전사업
제도 정비	호패법 실시(1413), 신문고 설치, 억울한 노비 해방, 서얼차대법(서얼의 관직 진출 제한)과 재가금지법 제정

⑤ 태종 때 만든 혼일강리역대국도지도(1402)는 현존하는 동양 최고(最古)의 세계 지도이다.

오답 check

① 홍문관은 성종 때 집현전을 대체하여 설치된 기구로 왕의 정치 자문 역할도 하였고, 경연과 서연을 담당하였는데, 정승을 비롯한 주요 관리도 다수 경연에 참여하였다.
② 광해군 때에 허준은 동의보감을 저술(1610)하여 의학 발전에 큰 공헌을 하였다.
③ 세종 때 세계 최초로 측우기를 만들어 전국 각지의 강우량을 측정하였다(1441).
④ 영조 때 홍봉한이 편찬한 동국문헌비고는 우리나라의 역대 문물을 정리한 한국학 백과사전이다.

22. 답 ①

출제자의 눈

문덕곡의 설명을 통해 삼봉 정도전을 파악할 수 있다.

자료 속 힌트

해설

제시된 자료는 문덕곡(1393)이다. 문덕곡은 태조 때 정도전이 지은 송도가(頌禱歌, 기쁜 일을 축하하는 노래)로 삼봉집에 전한다. 정도전은 조선경국전과 경제문감을 저술하여 민본적 통치규범을 마련하였고, 성리학을 국가의 통치이념으로 확립시켜 재상 중심의 정치를 주장하였다. 정도전은 재상 중심의 합리적인 관료 지배체제를 이상적으로 꿈꾸었고 민본사상을 강조하였다.

① 정도전은 불씨잡변을 저술하여 불교를 비판하였다.

오답 check

② 단종 때 수양대군은 계유정난을 일으켜 반대파를 몰아내고 실권을 장악한 후 왕으로 즉위하였다(세조).

③ 해동제국기는 성종의 명을 받아 신숙주가 일본의 정치·외교·사회·풍속·지리 등을 종합적으로 정리하여 기록한 책이다(1471).

④ 조선 중종 때 조광조의 개혁정치에 의해 현량과가 실시되었다.

⑤ 방납의 폐단을 개선하는 방법으로 이이와 유성룡 등은 쌀로 공물을 대신 거두자는 수미법을 주장하기도 하였다.

23. 답 ①

출제자의 눈

자료의 내용을 통해 성리학의 발전과 더불어 설립된 서원을 파악할 수 있다.

자료 속 힌트   학문을 하고 심신을 수양, 선비들을 대우, 향사(享祀)

해설

(가) 서원은 선현을 제사하고, 향촌에서의 교육을 통해 후진을 양성하던 기구로써 향촌에서의 사림의 지위를 강화시켜 주었다.

참고 서원

구분	내용
시점	주세붕의 백운동 서원(1543.중종)
기능	향촌에서의 사림의 지위를 강화
역할	선현의 제사와 교육(후진 양성)
발전	이황의 건의로 소수서원(백운동서원)으로 사액, 토지·노비 하사, 면세 특권

① 서원은 중종 때 풍기군수 주세붕이 세운 백운동 서원이 시점이다 (1543).

오답 check

② 유향소는 좌수와 별감을 선출하여 자율적 규약을 만들고, 수시로 향회를 소집하여 백성을 교화하며 고을의 풍속을 바로잡았다.

③ 중등교육기관인 4부학당과 향교에는 그 규모와 지역에 따라 중앙에서 교관인 교수 또는 훈도를 파견하였다.

④ 소격서는 도교 행사를 담당하는 기관으로 조선시대 사림이 집권하면서 폐지되었다.

⑤ 고려 시대의 향도는 미륵 신앙을 바탕으로 하여 위기가 닥쳤을 때에 미륵을 만나 구원을 받고자 하는 염원에서 향나무를 땅에 묻는 매향활동을 하였다.

24. 답 ②

출제자의 눈

임꺽정의 난을 통해 조선 명종을 도출할 수 있다.

자료 속 힌트   임꺽정, 을묘년의 왜변과 같은 일

해설

16세기 명종 때에는 수취 체제의 문란으로 인하여 임꺽정의 난 등이 발생하였다(1559).

> **임꺽정의 난(1559.명종)**
>
> 16세기에는 수취 체제의 문란으로 인하여 농민 생활이 악화되어 각 지방에서 유민이 증가하였다. 유민 중 일부는 도적이 되어 양반과 중앙 정부에 바치는 물품을 빼앗기도 하였으며, 이들이 도성에까지 출현하는 사건이 일어나기도 하였다. 그 중에서 명종 때 황해도와 경기도 일대에서 활동한 임꺽정은 대표적인 인물이었다.

② 을사사화(1545)는 명종 때 외척 간의 왕위 계승의 다툼으로 사림이 피해를 본 사건으로, 명종의 외척세력인 윤원형(소윤)일파가 인종의 외척세력인 윤임(대윤)일파를 역적으로 몰아 대거 숙청하고 정국을 주도하게 되었다.

오답 check

① 현종 때 효종의 왕위 계승에 대한 정통성과 관련하여 두 차례의 예송이 발생하면서 서인과 남인 사이에 대립이 격화되었다.

③ 연산군 때 김일손이 김종직의 조의제문을 사초에 포함시켜 사림들이 화를 입었다(1498.무오사화).

④ 선조 때 사림이 집권하면서 이조전랑직의 대립이 발생하여 동인과 서인으로 나뉘게 되었다.

⑤ 연산군 때 폐비윤씨 사건을 원인으로 하여 사림들을 탄압하였다 (1504.갑자사화).

25. 답 ③

출제자의 눈

벨테브레이와 하멜의 대화를 통해 훈련도감을 도출할 수 있다.

자료 속 힌트   나가사키로 향하던, 제주도에 표착, 같은 네덜란드 사람인 벨테브레이, 임진왜란 중에 설치

해설

자료는 벨테브레이와 하멜의 대화로 벨테브레이의 대화를 통해 (가) 훈련도감을 파악할 수 있다. 인조 때 제주도에 표류한 벨테브레이는

조선 무과에 급제하여 ㈎ 훈련도감에 소속되어 서양식 대포의 제조법과 조종법을 가르쳐 주었고(1628), 조선 여성과 혼인하여 1남 1녀를 두었으며 박연이라는 이름을 사용하였다. 또한, 제주도에 표착한 하멜 일행은 15년 동안 억류되었다가 네덜란드로 돌아가 하멜 표류기를 지어 조선의 사정을 서양에 전하였다(1653).

③ 훈련도감은 왜군의 조총에 대항하기 위하여 조직한 군대로 기존의 활과 창으로 무장한 부대 외에 조총으로 무장한 부대로 구성하여 포수·사수·살수의 삼수병으로 편제되었다. 훈련도감의 군병은 장기간 근무를 하고 일정한 급료를 받는 상비군으로서, 의무병이 아닌 직업 군인의 성격을 가진 군인이었다.

🔍오답 check

① 고려의 북방의 국경 지역에는 동계와 북계의 양계를 설치하여 병마사를 파견하였다. 국방상 요지로써 양계의 밑에 진을 설치하였고, 주진군을 주둔시켰다.

② 고려의 중앙군은 군적에 올라 군인전을 지급받았고 궁궐의 수비와 수도 방위를 담당하였다.

④ 임진왜란 중 편제된 속오군은 진관 체제를 기본으로 하였고, 위로는 양반에서부터 아래로는 천민인 노비까지 편제되었다(양천혼성군).

⑤ 정조는 친위 부대인 장용영을 설치하여 왕권을 뒷받침하는 군사적 기반을 갖추었다.

26. 답 ④

강홍립이 후금에 투항하는 내용을 통해 광해군의 중립외교를 알 수 있다.

🧭자료 속 힌트   강홍립, 투항을 청하여

해설

사료는 강홍립이 후금에 투항하는 상황을 나타내고 있다. 임진왜란 이후 즉위한 광해군은 전후 복구에 힘을 쏟을 당시 후금의 위협을 받은 명이 조선에 원병을 요구하였고 광해군은 어쩔 수 없이 원병을 파병하였다. 광해군은 강홍립을 도원수로 삼아 1만 3,000명의 군대를 이끌고 명을 지원하게 하되, 적극적으로 나서지 말고 상황에 따라 대처하도록 명령하였고 광해군의 밀명을 받은 조선군 사령관 강홍립은 후금에 항복하였다. 광해군은 중립 정책을 택함으로써, 결국 전쟁에 휘말리지 않게 하였다.

④ 광해군 때 서인세력인 이귀, 김자점, 이괄 등이 반정을 주도하여 인조를 즉위시켰다(1623.인조반정).

🔍오답 check

① 세종 때에는 김종서와 최윤덕을 보내 여진을 토벌하고 4군과 6진을 설치하여 압록강과 두만강을 경계로 하는 오늘날과 같은 국경선을 확정하였다.

② 선조 때 유성룡은 명나라 군대와 함께 연합하였고, 조·명 연합군은 평양성을 탈환하였다(1593).

③ 선조 때 정여립의 모반사건으로 일어난 기축옥사는 서인인 정철이 주도하였다.

⑤ 세종 때 무역량을 제한하는 조치를 취하였는데, 세견선은 1년에 50척, 세사미두는 쌀과 콩을 합하여 200석으로 제한하였다(1443, 계해약조).

27. 답 ⑤

비밀 편지의 내용을 통해 정조를 파악할 수 있다.

🧭자료 속 힌트   부친인 사도 세자의 추숭

해설

자료는 정조가 좌의정 등 고위직을 역임한 심환지에게 비밀리에 보낸 어찰의 내용이다(정조 어찰첩, 1796~1800). 자료에서 부친인 사도세자의 추숭 등의 내용을 통해 정조를 파악할 수 있다.

참고 정조의 개혁정치

구분	내용
배경	왕의 권력과 정책 뒷받침, 시파·벽파의 갈등 경험 후 강한 탕평책 추진
개혁	영조 때의 척신·환관제거, 노론·소론의 일부와 남인계열 중용, 초계문신제, 규장각 설치, 장용영 설치, 화성 건립, 수령의 권한 대폭 증대, 서얼·노비 차별 완화, 신해통공

⑤ 정조 때 시행한 초계문신제도는 37세 이하의 당하관 중에 재능 있는 문신들을 뽑아 재교육 시키는 제도로 인물 선정은 의정부에서, 교육은 규장각에서 선정된 인물들을 대상으로 정조가 직접 강의하고 시험도 직접 보아 인재를 등용하였다.

🔍오답 check

① 대한제국은 광무개혁의 일환으로 지계아문(1901)을 통해 양전사업을 실시하여 최초의 토지 소유권 증명서인 지계(地契)를 발급하였다.

② 영조는 속대전을 편찬하고 법전 체계를 정리하여 제도와 권력 구조 개편에 힘썼다.

③ 숙종 때 백두산정계비를 설치하고 방비를 철저히 하였다(1712).

④ 고종 때 흥선대원군은 비변사를 폐지하고 의정부와 삼군부의 기능을 부활시켜 각각 정치와 군사의 최고 기관으로 삼아 왕권을 강화하려 하였다.

28. 답 ②

순조실록의 내용을 통하여 조선후기 광산의 발전을 파악할 수 있다.

🧭자료 속 힌트   설점(設店), 잠채(潛採)

해설

자료는 조선후기 광산의 발전을 내용으로 하는 순조실록의 일부이다. 청과의 무역으로 은의 수요가 늘어나면서 은광의 개발이 활기를 띠었다. 그리하여 17세기 말에는 거의 70개소의 은광이 개발되었고, 18세기 말에는 상업 자본이 채굴과 제련이 쉬운 사금 채굴에 몰리면서 금광의 개발도 활발해졌다.

② 금양잡록은 성종 때 강희맹이 편찬한 농법서로 금양(경기도 시흥)지방을 중심으로 경기 지방의 농사법을 정리하였다.

① 조선후기 숙종 때에는 상평통보를 전국적으로 유통시켜(1678) 18세기에는 세금과 소작료도 동전으로 대납할 수 있게 되었다.
③ 조선후기 전국의 장시를 돌아다니며 생산자와 소비자를 이어주는 상인인 보부상이 활동하였다.
④ 조선후기 개성에서 활동하던 송상은 전국에 송방(松房)이라는 지점을 설치하여 활동 기반을 강화하였고, 만상은 의주 상인으로 중국으로부터 비단, 약재, 문방구 등을 수입하였다.
⑤ 조선후기 공무역인 개시와 사무역인 후시가 성행하였다.

29. 답 ④

홍대용이 활동하였던 내용을 통하여 조선후기를 도출할 수 있다.

자료 속 힌트 혼천의, 홍대용

해설

조선후기 홍대용은 지전설을 주장하였으며, 의산문답을 통해 지전설을 주장하여 중국이 세계의 중심이라는 생각을 비판하였다.
조선후기에는 상공업의 발달과 농업 생산력의 증대를 배경으로 문화면에서 새 기운이 나타났다. 서당 교육이 보급되고 서민의 경제적·신분적 지위가 향상됨에 따라 판소리, 탈춤, 한글소설 등의 서민문화가 대두하였다.

참고 조선후기 문화의 발달

구분	내용
판소리	서민 문화의 중심, 19세기 후반 신재효가 판소리 사설의 창작·정리
탈춤	탈놀이(향촌) · 산대놀이(도시에서 성행) · 사회적 모순 풍자
한글소설	홍길동전, 춘향전, 별주부전, 심청전, 장화홍련전
사설시조	서민들의 솔직한 감정 표현, 남녀 간의 사랑, 현실 비판
한문학	정약용(삼정 문란을 비판하는 한시), 시사 조직(중인·서민층), 풍자 시인 등장 박지원(양반전·허생전·호질, 양반 사회 풍자)

④ 한글소설과 사설시조는 조선후기에 유행하였다.

① 몽유도원도는 15세기 안견의 작품으로 현실세계와 이상세계를 동시에 그려내었다.
② 금오신화는 15세기 김시습(1435~1493)이 지은 한문 소설집이다.
③ 성종 때에 성현은 악학궤범을 편찬하였다(1493).
⑤ 고려후기에는 송설체(조맹부체)가 유행했는데, 이암이 뛰어났다.

30. 답 ④

자료의 내용을 통해 세도정치기 발생한 홍경래의 난을 파악할 수 있다.

자료 속 힌트 김삿갓, 서북민에 대한 차별

해설

조선후기 중인층과 서민층의 동호인들이 모여 시사를 조직하였는데 김삿갓, 정수동 같은 풍자 시인들이 활동하였다. 자료의 사진은 김립시집으로 김삿갓(김병연)의 시문집이다. 자료의 내용은 홍경래의 난(1811)으로 삼정의 문란과 매관매직의 성행 등의 세도 정치의 폐해와 서북민에 대한 차별 대우 등이 원인이 되어 몰락한 양반 출신인 홍경래의 지휘 하에 영세 농민, 중소 상인, 광산 노동자 등이 합세하여 일으킨 봉기였다.
④ 홍경래의 난은 처음 가산에서 봉기하여 선천, 정주 등을 별다른 저항 없이 점거하였으며, 한때는 청천강 이북 지역을 거의 장악하였으나 5개월 만에 평정되었다.

① 경상 우병사 백낙신의 수탈에 견디다 못한 농민들이 몰락 양반 출신의 유계춘 등을 중심으로 봉기하였다(1862. 임술농민봉기).
② 집강소는 동학농민운동 때 폐정 개혁을 위한 농민들의 자치 기구로 1894년 5월에 설치하였다.
③ 동학농민군은 보국안민, 제폭구민의 기치를 내걸고, 고부와 태인 등에서 봉기하였다.
⑤ 진주 농민봉기 당시 박규수가 안핵사로 파견하여 활동하였다.

31. 답 ③

청요직 진출의 어려움을 통하여 서얼(중인)에 대한 내용임을 파악할 수 있다.

자료 속 힌트 양첩 소생, 천첩 소생, 청직은 허용하지 않는 것

해설

양반의 첩에게서 태어난 (가) 서얼은 중인과 같은 신분적 처우를 받았으므로 중서라고도 불리었다. 이들은 성리학적 명분론에 의해 사회적으로 차별을 받았고, 문과에 응시하는 것이 금지되었으나 간혹 무반 직에 등용되기도 하였으며, 정조 때에는 유득공, 이덕무, 박제가 등 서얼 출신이 규장각 검서관으로 등용되어 제각기 능력을 발휘하기도 하였다. 이들은 철종 때 수차례에 걸쳐 집단으로 상소하여 관직 진출의 제한을 없애 줄 것을 요구하기도 하였으나 실패하였고, 결국 납속책 등을 이용하여 관직에 진출하였다.
ㄴ. 조선후기 서얼들은 청요직 진출을 요구하는 통청운동을 전개하였다.
ㄷ. 정조 때에는 유득공, 이덕무, 박제가 등 서얼 출신이 규장각 검서관으로 등용되어 제각기 능력을 발휘하기도 하였다.

ㄱ. 화척, 양수척은 고려시대 천민을 나타내는 것으로 조선시대 재인과 함께 백정이라고 개칭하였다.

ㄹ. 일제강점기 백정들은 진주에서 이학찬을 중심으로 조선 형평사를 창립하고 형평운동을 전개하였다(1923).

32. 답 ①

자료 속 힌트 군정의 문란, 애절양, 흥선대원군

해설

자료는 군정의 문란을 나타낸 한시인 애절양이다. 양난 이후 지방의 감영이나 병영까지도 독자적으로 군포를 징수하면서 장정 한 명에게 이중 삼중으로 군포를 부담시키는 경우가 많았다(백골징포, 황구첨정, 인징, 족징 등). 군역의 부담이 과중해지자, 농민은 도망가거나 노비나 양반으로 신분을 바꾸어 군역을 피하는 경향이 더욱 심해졌다.

① 고종 때 흥선대원군은 종래 상민에게만 징수하던 군포를 양반에게도 징수하는 호포제를 실시하여 군정을 바로잡고 조세 부담을 공평히 하여 민생을 안정시키고자 노력하였다.

참고 흥선대원군의 개혁 정치(1863~1873)

구분	내용
왕권강화	당파·지방색·신분을 가리지 않고 능력에 따라 인재 등용, 비변사 폐지, 의정부·삼군부 부활, 대전회통·육전조례 편찬, 서원철폐(국가 재정 확충), 경복궁중건(원납전·당백전), 양전 사업(은결 색출), 호포제·사창제 실시
민생안정	전정(양전사업, 은결색출), 군정(호포법=동포제), 환곡(사창제)

오답 check

② 인조는 영정법을 시행하여 풍년이건 흉년이건 관계없이 전세를 토지 1결당 미곡 4두로 고정시켰다(1635).

③ 세조는 관리의 토지 세습 등을 지급할 토지가 부족하게 되자 국가 재정확보의 목적과 중앙 집권화의 일환으로 직전법을 시행하였다.

④ 고려 성종은 민생안정책으로 의창제도를 마련하여 빈민을 구제하였다.

⑤ 고려 광종은 제위보를 설치하여 빈민 구제에 힘썼다(963).

33. 답 ④

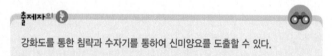

자료 속 힌트 미국 함대, 강화도, '수'자 기

해설

④ 제너럴셔먼호 사건을 구실로 1871년 미국의 로저스 제독은 5척의 군함을 가지고 강화도를 공격하는 신미양요를 발발하였다. 당시 흥선대원군은 병인양요 이래 국방력을 더욱 강화하고 있는 상태였다. 미국 함대가 강화도에 침입하여 초지진, 덕진진 등을 점령하자 어재연 등이 이끄는 조선의 수비대가 광성보와 갑곶 등에서 이를 격퇴시켰다.

참고 신미양요

구분	내용
배경	병인양요 직전 제너럴셔먼호 사건(1866)을 구실로 로저스 제독의 미국 군함 5척이 강화도 공격
과정	미군의 강화도 침입, 초지진·덕진진 등 점령, 어재연의 조선 수비대가 광성보와 갑곶에서 격퇴
결과	미국은 수자기를 포함한 많은 문화재를 싣고 40여일 만에 퇴각

오답 check

① 운요호 사건의 결과로 조선은 포함의 위협 하에 일본과 강화도 조약을 맺어 문호를 개방하게 되었다(1876).

②⑤ 프랑스는 조선의 천주교 탄압인 병인박해의 구실로 강화도를 침공하는 병인양요(1866)를 일으켰는데, 이 시기에 프랑스 군인들이 강화도의 외규장각 문화재를 비롯하여 서적과 병기들을 약탈하여 갔다.

③ 갑신정변(1884)의 결과 한성조약(1884)과 톈진조약(1885)을 체결하게 되었다.

34. 답 ①

자료 속 힌트 곡물 수출은 당분간 중지, 쌀 수출이 금지

해설

개항 이후 곡물의 일본 유출이 늘어나면서 곡물 가격의 폭등 현상이 나타났고, 여기에 흉년이 겹쳐 도시 빈민과 영세 농민의 생활은 악화되었다. 이에 함경도 관찰사 조병식은 방곡령을 내리게 되었는데(1889) 곧, 외교 문제로 번졌다. 일본 측은 방곡령을 실시하기 1개월 전에 지방관이 일본에 통고해야 한다는 규정 위반을 구실로 조선 측을 강압하여 결국 방곡령을 철회하도록 하였다.

① 조선은 일본과 1883년에 조일통상장정을 체결하여 관세부과 규정과 방곡령시행 규정, 그리고 최혜국 대우를 규정함으로써 치외법권을 인정하게 되었다.

오답 check

② 러시아가 절영도의 조차를 요구하자 독립협회는 만민공동회를 배경으로 구국 운동 상소운동(1898)을 전개하여 러시아의 요구를 좌절시켰다.

③ 일본의 황무지 개간권 요구에 대항하여 보안회(1904)를 조직하여 활동하였고 일본의 요구를 철회시켰다.

④ 황국중앙총상회는 1898년 서울에서 창립된 시전상인의 단체로 외국상인의 불법적인 내륙 상업 활동을 엄단하여 민족적 권익을 수호하면서 그 속에서 시전상인의 독점적 이익을 수호하고 유지하려하였다.

⑤ 일본의 화폐정리 사업은 1905년 일본 재정고문 메가타에 의해 시행되었다.

35. 답 ①

출제자의 눈

제물포 조약을 통해 임오군란(1882)의 내용을 도출할 수 있다.

자료 속 힌트 일본 공사관에 일본군, 경비

해설

자료는 임오군란의 결과로 일본과 체결한 제물포 조약의 내용이다.
① 임오군란은 민씨 정권이 일본인 군사 고문을 초빙하여 훈련과 교육을 시킨 별기군(신식 군대)을 우대하고, 구식 군대를 차별 대우한 데 대한 불만에서 폭발한 것이다(1882). 임오군란(1882)의 결과 조선은 일본과 제물포 조약을 체결하여 일본정부에 배상금을 물고, 일본 공사관의 경비병 주둔을 인정하게 되었다.

참고 임오군란 이후 체결된 조약

대상	조약	내용
일본	제물포 조약	일본정부에 배상금 지불, 일본 공사관의 경비병 주둔
	수호조규 속약	일본인에 대한 거류지 제한이 50리로 확대
청	상민수륙무역장정	청 상인의 통상 특권 허용, 청과 일본 양국 상인간의 경쟁적 경제 침탈이 심화되는 계기
	고문파견	마젠창(내정), 묄렌도르프(외교), 위안스카이(군사) 고문 파견

오답 check

② 러시아의 한반도 남하를 견제한다는 구실로 영국은 거문도를 해밀턴 항이라 명명하고 불법 점령한 후 포대를 설치하였다(거문도 사건, 1885).
③ 삼국간섭 이후 러시아를 등에 업은 친러파와 러시아 공사 베베르 등이 신변 보호 명목으로 고종을 러시아 공사관으로 옮겼다(1896.아관파천).
④ 전봉준이 이끄는 동학농민군은 보국안민, 제폭구민의 기치를 내걸고, 고부와 태인에서 봉기하여 황토현에서 관군을 물리치고, 장성 황룡촌 전투에서 승리하여 전주를 점령하였다(1894.4. 전주성 점령).
⑤ 1884년 개화당 세력은 우정국 개국 축하연을 이용하여 정변을 일으키고 14개조의 정강을 발표하였다.

36. 답 ②

출제자의 눈

중립론의 내용을 통하여 당시의 국제 정세를 파악할 수 있다.

자료 속 힌트 영세 중립국, 독일 부영사 부들러

해설

거문도사건(1885) 직후 독일인 부영사관 부들러와 유길준은 열강이 보장하는 한반도의 중립론을 정부에 건의하였으나, 당시의 긴박한 국제 정세와 민씨 정권의 반대 등으로 실현되지는 못하였다.

갑신정변 직후 국제 정세

정부의 친러경향 → 조러통상조약(1884,베베르) → 영국의 거문도사건 (1885~1887,러시아견제 구실) → 조러비밀협정 추진(1886) → 조러육로통상조약(1888,두만강운항권)

37. 답 ⑤

출제자의 눈

고종이 반포한 교육입국조서를 통하여 근대 교육을 파악할 수 있다.

자료 속 힌트 짐이 정부에 명하여 학교를 널리 세우고 인재를 양성

해설

자료는 고종이 반포한 교육입국 조서이다. 갑오개혁에 의해 근대적 교육 제도가 마련되었고, 이어서 "국가의 부강이 국민의 교육에 있다"라는 내용의 교육입국 조서가 반포되었다(1895).
⑤ 교육입국의 정신에 따라 정부는 소학교, 중학교 등의 각종 관립 학교를 세웠는데 한성사범학교를 설립하였으며(1895), 외국어 학교 관제를 공포하여 신교육을 실시하였다.

참고 근대 교육의 시작

구분	내용
원산학사(1883)	최초의 근대적 사립학교
동문학(1883)	영어 강습 기구, 통역관 양성
육영공원(1886)	최초 관립학교, 상류층 자제에게 근대 학문 교육, 미국인 교사 헐버트와 길모어 초빙)

오답 check

① 서울에 설치한 박문국(1883)은 근대적 인쇄술을 도입하여 출판을 담당하였던 기구로 최초의 신문인 한성순보(1883~1884)를 10일에 한 번 발행하였다.
② 육영공원은 1886년에 정부가 설립한 최초의 근대 교육 기관으로 1894년까지 존속하였다. 육영공원은 미국인 교사 헐버트와 길모어를 초빙하여 상류층 자제를 대상으로 영어, 수학, 정치학 등의 근대 교육을 실시하였다.
③④ 조선은 근대 문물을 수입하기 위하여 1880년 통리기무아문을 설치하였고 이듬해인 1881년 일본에 조사시찰단을 파견하였다.

38. 답 ④

출제자의 눈

사진과 활동 내용을 통하여 소앙(素昂) 조용은 선생의 활동을 파악할 수 있다.

자료 속 힌트 대동단결선언, 한국 독립당

해설

독립운동가 조용은의 호는 소앙이다.
④ 대한민국 임시정부는 조소앙의 삼균주의에 바탕을 둔 건국 강령 발표하였는데(1941), 보통선거·의무교육·토지국유화·토지분배·생산 기관의 국유화 등의 건국 목표를 세웠다.

삼균주의
삼균이란 개인과 개인, 민족과 민족, 국가와 국가 사이의 균등을 말하는 것으로, 개인과 개인 사이의 균등은 정치·경제·교육을 통하여, 민족과 민족사이의 균등은 민족 자결을 통해 이룩되며, 국가과 국가 사이의 균등은 식민 정책과 자본제국주의를 배격하고 침략전쟁 행위를 금지해야 하며, 이에 따라 국가가 간섭하거나 침탈행위를 하지 않아야 이룩된다는 것을 말한다.

오답 check

① 이봉창은 도쿄에서 일본 국왕에게 폭탄을 투척하였다(1932.1). 일본 국왕 폭살 의거는 비록 실패로 끝났지만 항일 민족 운동의 활력소가 되었다. 이 사건의 보복으로 일제는 이른바 상하이 사변을 일으켰다.
② 흥사단은 안창호가 샌프란시스코에서 기독교인 중심으로 조직하여 군인 양성과 외교 및 교민 교화에 노력하였다(1913).
③ 박은식은 우리의 민족정신을 '혼'으로 파악하여 한국통사를 저술하였다.
⑤ 조선 건국 동맹은 여운형 등이 중심이 되어 좌·우익을 망라하여 1944년 조직한 좌우 합작 단체이다.

39. 답 ⑤

출제자의 눈

사진 자료와 한국 최초의 연극장을 통하여 원각사를 파악할 수 있다.

자료 속 힌트 최초의 서양식 극장

해설

⑤ 이인직에 의해 우리나라 최초의 서양식 극장인 원각사(1908)가 세워졌고, 은세계, 치악산 등의 작품이 공연되었다.

오답 check

① 광혜원은 우리나라 최초의 근대식 병원으로 알렌과 조선 정부와의 공동 출자로 1885년 2월 개원하였으나 설립 직후인 1885년 3월에 제중원으로 개칭하였다.
② 나운규는 영화 아리랑을 제작하여 1926년 단성사에서 개봉하였다.
③ 서울기독교청년회관에서 1927년 2월 신간회 창립대회가 개최되었다.
④ 고종은 환구단에서 황제 즉위식을 거행하고 황제라 칭하고, 국호를 대한제국(大韓帝國), 연호를 광무(光武)로 정하여 자주 국가임을 내외에 선포하였다(1897.10.12.).

40. 답 ⑤

출제자의 눈

통감의 권한이 강화되는 내용을 통하여 한일신협약(정미 7조약)을 확인할 수 있다.

자료 속 힌트 통감의 지도, 통감이 추천하는 일본인을 한국 관리에 임명

해설

자료는 한·일신협약(정미7조약, 1907)이다. 순종이 즉위한 직후 일제는 한일 신협약을 강제로 체결하여 통감의 권한을 강화하였고, 우리 정부의 각 부에 일본인 차관을 두어 행정부를 장악하여 내정을 간섭하였다.
⑤ 일제는 한일신협약(정미7조약)을 강요한 후 강제로 군대(시위대)를 해산하였다. 이로 인하여 정미의병이 본격적으로 전개되었다.

참고	정미의병
구분	**내용**
배경	고종의 강제 퇴위, 군대 해산
확산	의병의 전투력 강화, 전국으로 확산(의병 전쟁화)
전개	서울 진공 작전(1908.1): 이인영, 허위 등 유생 의병장의 주도로 13도 창의군 결성(총대장 이인영, 경기도 양주에 1만 여명 집결) → 부친상으로 이인영 낙향, 허위체포, 일본의 반격으로 실패
탄압	일본의 남한 대토벌 작전(1909.9)
한계	봉건적 유생 층의 지도 노선으로 결속력 약화(신돌석·홍범도 부대는 독자적 투쟁), 무력적 열세, 국제적 고립 상태에서 진행(외교권 피탈)

오답 check

① 1880년대 조선책략이 국내에 유포되었는데 이만손은 영남만인소를 올려 개화를 반대하였다.
② 최익현은 1906년 전북 태인에서 의병을 이끌고 순창에 입성하여 관군과 대치하게 되었을 때, "왜적이 아닌 동족을 죽이는 일은 차마 못하겠다."라고 하여 싸움을 중단하고 포로가 되었고, 일본군에 의하여 대마도에 유배되어 순국하였다.
③ 독립협회(1896~1899)는 만민공동회와 관민공동회를 개최하여 헌의6조를 결의하였다.
④ 민영환은 외교권 상실에 울분을 금치 못하여 자결로써 을사늑약에 항거 하였다(1905).

41. 답 ⑤

출제자의 눈

제시된 설명을 통하여 우리 민족의 3·1운동을 파악할 수 있다.

자료 속 힌트 민족 대표, 33인, 태화관, 독립 선언서, 탑골 공원

해설

자료는 3·1운동에 대한 내용이다. 우리 민족은 고종의 인산일을 기하여 1919년 3월 1일 평화적인 만세운동을 시작하였으나 일제는 무자비하게 탄압하였다.

참고 3·1운동의 배경

일시	내용
1917	레닌의 약소민족 해방 지원 약속(사회주의의 유입)
1918	윌슨의 민족자결주의(파리강화회의), 무오독립선언(길림의 민족지도자 39인)
1919.1	고종의 의문사(독살설 유포), 파리강화회의 김규식 파견(신한청년단)
1919.2	2·8독립선언(도쿄 유학생, 조선청년독립단)
1919.3	3·1운동

🔍 **오답 check**

ㄱ. 1926년 순종의 인산일을 기화로 학생들이 6·10 만세 운동을 전개하였다.

ㄴ. 사회주의 계열의 단체인 정우회(1926)는 조선공산당의 표면 단체로 분파 투쟁의 청산, 사상 단체의 통일, 경제 투쟁에서 정치 투생으로의 선환 등을 주장하였고, 비타협적 민족주의 세력과 사회주의 세력 간의 협동체인 신간회 창립(1927)의 중요한 계기가 되었다.

42. 답 ④

출제자의 눈

파리 강화 회의에 파견된 김규식과 파리 위원부 등을 통하여 대한민국임시정부의 활동을 도출할 수 있다.

🧭 **자료 속 힌트** 파리 강화 회의, 김규식

해설

1919년 3·1운동 이후 독립운동의 구심점 역할을 수행할 지도부의 필요성을 절감하였기에 상하이에 ㈎ 대한민국 임시정부를 수립하였다.

④ 민족 교육 추진을 위하여 신간회 소속의 안창호는 평양에 대성학교(1908), 이승훈은 정주에 오산학교(1907) 등을 설립하여 인재를 양성하였다.

🔍 **오답 check**

① 대한민국 임시정부는 연통제와 교통국을 설치하여 군자금을 모집하였다.

② 대한민국 임시정부는 상하이에서 기관지로 독립신문을 간행하여 배포하였다.

③ 대한민국 임시정부는 애국공채(독립공채)를 발행하여 자금을 모았고, 1인당 1원씩의 인구세를 징수하는 등 국민 의연금을 모으기도 하였다.

⑤ 대한민국 임시정부는 사료편찬소를 두어 한일관계 사료집을 간행하였다.

43. 답 ③

출제자의 눈

고려인, 신한촌 등을 통하여 연해주 지역의 독립운동을 도출할 수 있다.

🧭 **자료 속 힌트** 고려인, 신한촌

해설

우리 민족은 1910년대 (가) 연해주의 블라디보스토크에 신한촌을 건설하였고, 많은 수의 동포들이 연해주로 이주하여 생활하였다.

참고 연해주 지역의 우리 민족

시기	내용
1900년대	러시아가 변방 개척을 위해 조선인의 연해주 이주를 허용, 토지 제공 → 한인 집단촌 형성(1905, 한민회, 한민 학교, 해조신문)
1910년대	13도의군(1910, 유인석, 한말 의병 통합체), 성명회(1910, 한일 강제 병합의 부당성 규탄), 권업회(1911, 국권회복 목적, 권업신문), 대한광복군정부(1914, 이상설·이동휘를 정·부통령), 대한국민의회(1919, 손병희)
1920년대	자유시 침변(1921) → 소련 적색군에게 무장 해제 당함 → 민족운동 약화
1930년대	소련 당국에 의해 중앙아시아로 강제이주(1937.스탈린의 정책 변화)

③ 연해주에서는 유인석, 이상설, 이종호 등이 국권회복을 목적으로 권업회를 조직하였다(1911).

🔍 **오답 check**

① 신흥강습소(1911)는 교육 인재 양성과 무관 양성을 목표로 하여 서간도에 설립하였고, 신흥무관학교의 명칭은 1919년 이후 사용하였다.

② 박용만은 하와이에서 대조선국민군단을 조직(1914)하여 군사훈련을 실시하였다.

④ 대한인국민회는 1910년 안창호, 박용만, 이승만 등이 미주에서 조직하였으며, 조선의 독립을 주장하는 외교 활동도 활발히 전개하였다.

⑤ 서전서숙은 이상설이 북간도에 설립하였고(1906), 명동학교는 김약연이 북간도에 설립하였다(1908).

44. 답 ③

출제자의 눈

사진과 내용을 통해 제주도의 역사를 파악할 수 있다.

🧭 **자료 속 힌트** 삼별초, 항파두리

해설

• 삼별초 최후의 항쟁지 항파두리성은 강화도에서 진도로, 다시 제주도로 건너와 몽고에 저항한 삼별초가 머물던 군사기지이다.

• 알뜨르 비행장은 일제강점기 때 일본군이 비행기를 숨겨두었던 제주특별자치도의 격납고 시설이다.

• 제주 송악산 해안 일제 동굴 진지는 태평양 전쟁 말기 일제가 제주특별자치도 서귀포시 송악산 해안에 구축한 일본 해군 자살 특공부대 시설이다.

참고 제주도의 주요 역사

	6·10만세운동
고려	삼별초의 대몽항쟁 전개(1271~1273, 김통정), 탐라총관부 설치(원 간섭기)
조선	벨테브레이가 귀화하여 훈련도감에서 훈련지도(1628), 하멜 표착(1653, 우리나라를 최초로 서양에 소개, 하멜표류기), 김만덕(관기출신 거상, 제주 빈민구제)
일제강점기	알뜨르 비행장(일본군이 비행기를 은닉했던 격납고 시설)
현대	제주도 4·3사건(이승만 정부)

③ 정약전은 신유박해 때 유배를 당하였으며, 그 지역의 어류를 조사한 자산어보를 저술하였다.

🔍 오답 check

① 탐라총관부는 원 간섭기에 제주도를 원나라가 관할하기 위한 목적으로 설치한 것으로 영토 침범의 야욕을 드러낸 것이다.
② 한경 고산리는 제주도의 신석기 시대 대표 유적지이다.
④ 제주도의 김만덕은 재산을 기부하여 흉년에 빈민을 구휼하였다.
⑤ 1948년 4월 3일 제주도에서는 단독 선거에 대한 반대와 미군 철수 등의 구호를 내걸고 대규모 시위가 일어났으나 미군정은 경찰과 우익 단체(서북청년회) 등을 동원하여 무력으로 탄압하였다.

45. 답 ②

 출제자의 눈

일본군 위안소를 통하여 중일전쟁(1937)년 이후의 정세를 추론하여야 한다.

🧭 자료 속 힌트 중·일 전쟁, 일본군 '위안부'

해설

일제는 중일전쟁(1937) 이후 대륙침략을 강행하면서 한반도를 대륙 침략의 병참 기지로 삼으려 하였다. 1938년에는 국가 총동원령을 제정하여 전쟁 수행에 필요한 인적, 물적 자원을 총동원하는 것은 물론 한민족의 생존과 문화까지 말살하려 하였다.

참고 민족말살통치(1931~1945)

구분	내용
정치	황국신민화 강요, 황국신민의 서사암송, 신사 참배·궁성 요배·일본식 성명 강요, 학술 언론 단체 해산
경제	병참기지화, 인적 수탈(국가총동원법, 지원병제, 징병제, 징용제, 정신대), 물적 수탈(전쟁물자·식량공출, 식량배급제), 산미증식재개, 가축증식계획
교육	우리말 사용 금지, 학도 군사 훈련, 조선어 조선역사 조선 지리 과목 폐지

② 미곡공출제는 민족말살 통치 시기인 1930년대 이후 일제의 전시 수탈 정책이다.

🔍 오답 check

① 일제는 한국인의 회사설립을 억제하고 민족 자본의 성장을 저지하기 위하여 회사 설립 시 총독부의 허가를 받도록 하는 회사령을 공포하였다(1910~1920).

③ 조선태형령은 일제가 한국인을 억압하고 통제하기 위하여 1912년에 제정하고, 1920년에 폐기하였다.
④ 일제는 독립군을 탄압하기 위하여 만주의 군벌 장쭤린과 총독부 경무국장인 미쓰야와의 사이에 현상금을 건 미쓰야 협정을 체결하였다(1925).
⑤ 일제는 1910년대에 토지조사령(1912)을 발표하여 토지조사사업을 실시하였다.

46. 답 ④

 출제자의 눈

사진과 설명을 통해 양세봉과 김원봉의 활동을 파악할 수 있다.

🧭 자료 속 힌트 국민부 산하, 중국 의용군과 연합, 의열단 결성, 조선민족 전선 연맹 산하

해설

(가) 조선혁명군, 국민부 계열의 조선혁명군(양세봉)은 남만주 일대에서 중국 의용군과 연합 작전을 전개하여 영릉가(1932)·흥경성 전투(1933) 등에서 일본군을 크게 격파하였다.
(나) 조선의용대, 조선의용대는 중일 전쟁 직후 중국 국민당 정부의 도움을 받아, 조선 민족 혁명당의 김원봉이 한커우에서 결성하였다(1938).

참고 조선의용대(1938)

구분	내용
결성	조선민족혁명당(김원봉)이 중·일 전쟁 직후 조직, 중국국민당 정부군과 항일전쟁 전개
활동	정보 수집 및 후방 교란 등 중국군 작전을 보조하는 부대로 중국 여러 지역에서 항일 투쟁
변화	충칭에 남은 조선의용대와 지도부는 임시 정부의 한국광복군에 합류(1942), 지도부를 제외한 대부분 세력이 중국공산당이 활동하는 화북 지방으로 이동(조선의용대 화북지대 결성)

④ 조선민족혁명당의 김원봉이 한커우에서 조선의용대를 결성하였다(1938).

🔍 오답 check

① 대한독립군단은 소련 적색군(적군)의 배신으로 자유시에서 피해를 입었다(1921, 자유시 참변).
② 1941년 일본이 태평양 전쟁을 일으키자, 대한민국 임시정부는 일본과 독일에 선전 포고를 하고 한국광복군을 미얀마인도 등의 전선에 연합군 일원으로 참전시켰다.
③ 혁신의회 계열의 한국독립군(지청천)은 북만주 일대에서 중국 호로군과 연합 작전을 전개하여 대전자령 전투(1933) 등에서 일본군을 크게 격파하였다.
⑤ 한국광복군(1940)은 총사령관인 지청천, 부대장인 이범석 등을 중심으로 중국에 주둔한 미군(OSS부대)과 연합하여 국내 정진군의 특수 훈련을 실시하며 국내 진공 작전을 계획하였으나 일본의 패망으로 실행에 옮겨지지 못하였다.

47. 답 ④

자료 속 힌트　외래의 탁치 세력을 배격, 신탁제도 역시, 진보적 역할

해설

자료는 반탁·신탁 운동의 내용이다. 미국, 영국, 소련의 3국 외상이 모스크바에 모여 회의(1945.12)를 진행한 결과가 국내에 전해지자 김구는 신탁통치 반대 국민총동원위원회를 결성하였고, 이승만은 대한독립촉성국민회를 결성하는 등 우익 세력을 중심으로 전국적으로 신탁 통치 반대 운동이 치열하게 전개 되었으며 좌익 세력들은 찬탁 운동을 전개 하였다.

참고 모스크바 3국 외상 회의(1945.12.미·영·소)

구분	내용
결정	한국에 임시민주정부수립(미·소 공동위원회 설치), 미·영·중·소에 의한 최고 5년간의 한반도 신탁통치 결정
영향	우익(반탁), 찬탁(좌익), 정부수립 후 결정(중도) 등 대립의 격화
결과	모스크바 3국회의 결정사항은 실행 못함

④ 모스크바 3국 외상회의(1945.12)에서 신탁통치를 결정한 직후 우익세력은 반탁운동을 전개하였고, 좌익세력은 찬탁운동을 전개하였다.

오답 check

① 1953년 6월 18일 이승만 정부는 반공 포로를 석방하였다.
② 김구, 김규식 등이 북한의 평양을 방문하여 남북 협상을 개최하였다(1948.4)
③ 제헌국회는 친일파를 처벌하고 민족정기를 바로잡기 위하여 반민족 행위 처벌법(반민법)을 제정하여 공포하였다(1948.9).
⑤ 미국은 한반도 문제를 유엔에 상정하였고, 유엔 총회에서 유엔 감시 아래 남북한 총선거를 실시하기로 결정하였다(1947.11).

48. 답 ③

자료 속 힌트　장발을 한 남자, 미니스커트 착용을 대대적으로 단속

해설

자료는 1973년 유신체제 하에서 신설된 경범죄처벌법상 과다노출 조항이다. 1972년 7·4 남북공동성명을 발표한 직후 박정희 정부는 강력하고도 안정된 정부가 필요하다는 명분으로 비상계엄을 발령하고 10월 유신을 선포하였다.

참고 유신체제(1972~1979)

구분	내용
독재 체제	민주주의의 기본 원리를 무시한 권위주의 독재체제의 성립
대통령 권한	국회 해산권, 법관 인사권, 대법원장 임명권, 긴급조치권, 국회의원 1/3 지명권
대통령 임기	임기 6년, 중임제한 폐지
간접 선거	통일주체국민회의에서 대통령을 간접 선거로 선출

③ 1970년 박정희 정부는 근면, 자조, 협동을 바탕으로 한 새마을 운동을 전개하였다.

오답 check

① 전두환 정부 때 프로야구가 출범하였다(1982).
② 노무현 정부 때 호주제가 폐지되었다(2005).
④ 1980년 전두환이 이끌었던 신군부의 국가보위비상대책위원회는 교육개혁의 조치로 과외를 금지하였다.
⑤ 외환 위기극복을 위하여 구조조정, 부실기업의 정리 등을 추진하였으며, 금모으기 운동 등으로 2001년 김대중 정부는 외채를 상환하였다.

49. 답 ⑤

자료 속 힌트　박종철, 고문으로 사망

해설

1987년 민중의 헌법 개정 여론이 확산되자 전두환 정부는 4·13 호헌 조치를 발표하였다. 이에 민중은 박종철 고문치사 규탄과 호헌 철폐를 위한 국민 대회를 전국 주요 도시에서 개최하였다. 이러한 시위는 범국민적 반독재 민주화 투쟁으로 발전하게 되었고(6월 민주항쟁), 결국 정부는 6·29선언을 발표하였다.

6월 민주항쟁의 전개

박종철 고문치사 사건(1987.1) → 정부의 4·13 호헌조치 발표(1987.4.13.) → 연세대 학생 이한열 후송(1987.6.9) → 민주헌법쟁취 국민운동본부의 박종철 고문치사 규탄과 호헌 철폐를 위한 국민 대회 개최(1987.6.10) → 범국민적 반독재 민주화 투쟁으로 발전 → 6·29 선언 → 5년 단임의 대통령 직선제 개헌(1987.10)

ㄷ. 1987년 박종철 고문치사 규탄과 호헌 철폐를 위한 국민 대회를 전국 주요 도시에서 개최하였다.
ㄹ. 전두환 정권은 민주 정의당의 차기 대통령 후보로 내정된 노태우를 통해 6·29선언을 발표하였고, 5년 단임의 대통령 직선제로 개헌하게 되었다(1987.10).

오답 check

ㄱ. 1980년 전두환의 신군부는 비상계엄을 전국으로 확대하였고(5.17), 광주 지역에서는 비상계엄 철회 및 민주화를 열망하는 시민들의 요구가 5·18 민주화 운동으로 이어졌다(1980).

ㄴ. 1960년 4·19 혁명의 결과로 인하여 당시 이승만 대통령은 하야
하였다(1960.4.26.).

50. ②

제24회 서울 올림픽의 내용을 통해 노태우 정부(1988~1993)임을 확인할 수
있다.

🧭 **자료** 속 **힌트** 제24회 서울 올림픽 대회

해설

자료는 제24회 서울 올림픽(1988)과 관련한 사진으로 노태우 정부
때 개최되었다.

참고 **노태우 정부(1988~1993)**

구분	내용
집권	여소야대 정국 → 거대 여당(민주정의당, 통일민주당, 신민주공화당의 3당 합당) 창당
정책	5공 비리 특별위원회 개설(제5공화국 비리·광주 민주화운동의 진실 규명), 전국민 의료보험 실시(1989)
외교	제24회 서울 올림픽 개최(1988), 남북한 UN 동시 가입(1991), 남북기본합의서 체결(1991), 한반도 비핵화 공동선언, 북방외교[소련(1990)·중국(1992) 등과 외교 관계 수립]

② 1991년 남북 기본 합의서를 채택하여 남북한의 상호 화해와 불가
침을 선언하였고 교류와 협력을 하기로 하였다(노태우 정부).

🔍 **오답** check

① 남북 조절 위원회는 1972년 7·4 남북 공동 성명을 실천하기 위
해 박정희 정부에서 설치하였다.
③ 개성공단 조성은 2000년 남북이 합의하여 2002년에 착공되었다
(김대중 정부).
④ 1972년 남과 북은 자주 통일, 평화 통일, 민족적 대단결의 3대 통
일 원칙을 발표하였다(박정희 정부, 7·4남북공동성명).
⑤ 2000년 분단 이후 처음으로 남북 정상이 평양에서 만나 6·15 남
북 공동 선언을 합의하였다(김대중 정부).

01. ⑤	02. ⑤	03. ①	04. ②	05. ⑤
06. ⑤	07. ②	08. ③	09. ③	10. ①
11. ③	12. ⑤	13. ④	14. ③	15. ⑤
16. ③	17. ④	18. ③	19. ③	20. ②
21. ①	22. ②	23. ②	24. ⑤	25. ③
26. ④	27. ③	28. ②	29. ①	30. ④
31. ③	32. ①	33. ①	34. ④	35. ⑤
36. ②	37. ④	38. ②	39. ①	40. ②
41. ②	42. ④	43. ④	44. ④	45. ⑤
46. ①	47. ⑤	48. ⑤	49. ④	50. ④

01. 답 ⑤

출제자의 눈

지도와 설명을 통해 신석기 시대를 확인할 수 있다.

 자료 속 힌트 제주 고산리, 움집, 농경이 시작, 돌로 만든 농기구

해설

제주 한경 고산리는 신석기 대표 유적지이다. 이곳에서 다량의 석기와 토기파편 등 신석기 유물이 발굴되었다. 신석기 시대에는 조·피·수수 등 농경의 시작으로 정착 생활이 가능하게 되었다.
⑤ 신석기 시대에는 가락바퀴와 뼈바늘을 사용하여 의복과 그물을 제작하는 등의 원시적 수공업이 발달하였다.

참고 신석기 시대

구분	내용
생활	간석기, 활·창으로 동물 사냥, 어로(그물)
경제	농경(조, 피, 수수) 시작, 의복·그물 제작(가락바퀴, 뼈바늘)
사회	평등사회, 혈연 바탕의 씨족사회(부족사회로 발전)
토기	이른민무늬 토기, 덧무늬 토기, 빗살무늬 토기
움집	대부분 강가나 바닷가, 반지하, 원형이나 모가 둥근 네모 바닥, 중앙 화덕, 4~5명 정도 거주

오답 check

① 명도전, 오수전, 반량전, 붓 등은 철기시대에 중국과 교류했던 사실을 증명한다.
② 청동기시대에는 정치권력과 경제력을 가진 군장이 등장하였으며, 이들의 무덤인 고인돌을 통해 당시 부족장의 권력을 가늠할 수 있었다.
③ 고려시대 소를 이용한 깊이갈이가 일반화되어 농업 생산량이 증가하였다.
④ 후기 청동기·초기 철기 시대에 거푸집을 사용하여 우리 민족의 독자적인 청동기 문화를 만들었다.

02. 답 ⑤

출제자의 눈

자료를 통하여 고조선과 한나라의 전쟁을 파악할 수 있다.

자료 속 힌트 우거왕, 한(漢)의 침략, 왕검성

해설

고조선의 마지막왕인 우거왕을 통하여 ㈎ 고조선을 파악할 수 있다. 고조선은 요령 지방을 중심으로 성장하여 한반도 대동강 유역까지 발전하였다. 철제 문화를 바탕으로 영토를 확장한 위만조선은 지리적 이점을 이용하여, 동방의 예, 남방의 진과 중국의 한 사이의 직접 교역을 차단하는 등 중계 무역으로 경제적 이득을 독점하였다. 이 때문에 고조선은 경제적·군사적으로 한과 대립하게 되었고, 급기야 한나라가 고조선을 침입하였다.

참고 고조선의 발전

시기	내용
B.C.2333	단군조선의 건국
B.C.4C	고조선은 연과 대립할 만큼 강성
B.C.3C	부왕과 준왕과 같은 왕이 등장. 왕위 세습
B.C.194	위만조선의 시작
B.C.108	한 무제 공격·지배층의 내분으로 멸망

⑤ 우거왕은 위만의 손자로 고조선의 마지막 왕이다. 위만조선의 성장에 불안을 느낀 한나라의 무제는 대규모 침략을 하였다. 고조선은 약 1년간에 걸친 장기전과 지배층의 내분으로 인하여 왕검성이 함락되어 멸망하게 되었다(BC108).

오답 check

① 임신서기석은 신라 화랑과 관련된 비석으로 612년에 작성된 것으로 추정하고 있다.
② 6세기 백제 성왕은 한강유역을 신라 진흥왕에게 빼앗기게 되고 관산성 전투에서 전사하게 되었다(554).
③ 신라 말 흥덕왕 때 장보고는 완도에 청해진을 설치(828)하여 해적을 소탕하였으며, 남해와 황해의 해상 무역권을 장악하였다.
④ 칠지도는 근초고왕이 일본 왕에게 하사한 것으로 날개에 글을 새겨 넣은 일곱 개의 날을 가진 칼이다. 당시 백제와 왜의 긴밀한 관계를 알 수 있는데, 현재 일본의 이소노카미 신궁(石上神宮)에 보관되어 있다.

칠지도(七枝刀)의 명문(銘文)

泰和四年 五月十六日 丙午正陽 造百鍊 七支刀 生辟百兵 宜供供侯王 ○○○○作
先世以來 未有此刀 百濟王世子 奇生聖音 故爲倭王旨造 傳示後世
태화 4년 5월 16일 병오일 오후에 백 번이나 단련한 철로 된 칠지도를 ○○○○가 만들었다. 모든 적병을 물리칠 수 있으니 제후국의 왕(侯王)에게 주기에 알맞다. 지금까지 이런 칼이 없었는데 백제 왕세자 기생성음이 일부러 왜왕을 위하여 정교하게 만들었으니 후세에 전하여 보이라.

03. 답 ①

출제자의 눈

사료의 영고와 책화 등의 내용을 통하여 연맹국가인 부여와 동예를 파악할 수 있다.

자료 속 힌트 영고(迎鼓), 책화(責禍)

해설

(가) 부여는 사냥이 시작되는 12월에 영고라는 제천행사를 지냈는데, 백성들이 춤과 노래를 즐겼으며 죄수를 풀어주기도 하였으며 전쟁 시에도 제천행사를 지냈다.

(나) 동예는 부족적 성격이 강하였기 때문에 부족의 영역을 침범하지 못하게 하는 책화라는 제도가 있었는데, 만약 다른 부족을 침범하게 되면 노비 또는 소나 말로 변상하게 하였다.

참고 연맹국가의 특징

국가	특징
부여	5부족 연맹체(사출도), 영고(12월), 우제점법, 순장, 1책12법, 연좌제, 반농반목
고구려	5부족 연맹체, 동맹(10월, 국동대혈), 약탈 경제, 서옥제, 제가회의
동예	군장국가(읍군·삼로), 무천(10월), 책화, 족외혼, 해산물 풍부, 토지 비옥, 방직기술 발달, 특산품(단궁·과하마·반어피)
삼한	신지·견지(大족장), 읍차·부례(小족장), 5월·10월 계절제, 제정분리, 천군(제사장)이 소도 지배, 벼농사 중심, 변한의 철(화폐처럼 사용, 낙랑·왜 수출), 반움집

① (가) 부여는 왕 아래에 가축의 이름을 딴 마가, 우가, 저가, 구가를 두었고, 각 가들은 저마다의 행정 구획인 사출도를 다스리고 있었다.

오답 check

② (나) 동예는 단궁, 과하마, 반어피 등이 특산품으로 유명하였다.
③ 고구려는 중대한 범죄자는 제가회의를 통하여 사형에 처하고 그 가족을 노비로 삼기도 하였다.
④ 고조선은 8조법을 통하여 국가를 통치하였다.
⑤ 삼한은 제정분리 사회였기 때문에 제사장인 천군이 신성시 되는 소도를 따로 지배하였고 소도에는 군장세력이 미치지 못하였다.

04. 답 ②

출제자의 눈

자료 속 김수로왕과 관련된 내용을 통하여 가야임을 파악할 수 있다.

자료 속 힌트 김수로왕과 형제, 고령 지역

해설

금관가야의 김수로왕과 형제, 고령 등을 통해 대가야의 왕임을 파악할 수 있다. 이진아시왕은 금관가야의 시조 수로왕의 형이다. 42년경 경북 고령지방을 중심으로 대가야국을 세웠다.

참고 가야의 유적 및 유물

구분	특징
고분	김해의 대성동 고분(금관가야), 고령의 지산동 고분(대가야)
유물	금동관, 철제 무기와 갑옷, 수레형토기, 철 장식 등
문헌	가락국기(고려 문종, 현존X), 삼국유사(충렬왕, 일연)

② 판갑옷은 옛 가야 연맹체의 중심지인 김해와 고령 등지에서 출토되었다.

오답 check

① 고구려의 연가7년명 금동여래입상은 평양의 승려들이 천불(千佛)을 조성하여 세상에 유포시키고자 만든 것으로, 광배 뒤에 연가(延嘉) 7년을 새겨 놓았다.
③ 신라 호우총에서 출토된 호우명 그릇으로 바닥에 "廣開土地好太王"이라는 글씨가 새겨져 있어 당시 신라와 고구려의 활발했던 교류사실을 살펴볼 수 있다.
④ 백제 무령왕릉에서 발견된 돌짐승인 석수이다.
⑤ 경주 황남동 천마총에서 출토된 천마도는 자작나무 껍질을 겹쳐서 만든 말의 배 가리개에 하늘을 나는 천마를 그려 넣은 것으로 신라의 힘찬 화풍을 보여준다.

05. 답 ⑤

출제자의 눈

지도에 표시된 지역과 비석의 내용을 통해 광개토대왕릉비임을 파악할 수 있다.

자료 속 힌트 영락대왕

해설

자료의 비석은 고구려의 광개토대왕릉비로 중국 길림성 근처에 있다. 광개토대왕릉비는 아버지의 업적을 기리기 위하여 장수왕이 건립하였다(414). 4세기 말 정치적 안정을 이룬 고구려는 광개토대왕 때에 대규모 정복사업을 단행하였다.

참고 광개토대왕(391~413)

구분	특징
영토확장	숙신(여진)과 비려(거란) 정벌, 만주 일대 장악, 후연(선비)을 공격하여 요동 확보
삼국항쟁	백제 굴복(396,아신왕), 한강 이북 확보, 동예 통합, 신라에 침입한 왜 격퇴(광개토대왕릉비)
자주성	연호(영락)와 태왕의 호칭 사용

⑤ 고구려 광개토대왕은 보병과 기병 5만을 보내 신라에 침입한 왜를 격퇴하였다(400).

① 5세기 고구려 장수왕은 평양성으로 수도를 천도하여 본격적인 남진 정책을 추진하였다(427).
② 4세기 고구려 미천왕은 낙랑군(313)과 대방군(314)을 축출하였다.
③ 4세기 고구려 소수림왕은 전진의 승려 순도가 가져온 불상과 경문을 받아들여 불교를 공인하여 사상을 통합하였다.
④ 7세기 고구려의 천리장성은 부여성에서 비사성까지 축조하였는데, 영류왕 때에 건립하기 시작하여 보장왕 때 완공되었다(631~647).

06. 답 ⑤

자료의 내용을 통하여 원효의 아들인 설총을 파악할 수 있다.

자료 속 힌트 아버지는 원효, 화왕계

해설

설총은 유교 경전에 조예가 깊어 유교적 도덕 정치를 강조하였는데 화왕계를 저술하여 신문왕에게 바쳤으며 이두를 정리하여 한문 교육에 공헌하였다. 원효, 강수, 설총 등이 발전시킨 통일신라의 불교와 유교 문화는 일본 하쿠호 문화에 영향을 주었다.
⑤ 이두는 한자를 우리말의 순서로 쓴 글로 설총이 정리하였다.

① 통일신라 김대문은 화랑들의 전기를 모아 화랑세기를 편찬하였다.
② 강수는 청방인문표를 작성하였는데 당나라에 갇혀있던 김인문을 석방하여 줄 것을 요청한 외교문서이다.
③ 통일신라 혜초는 자신이 돌아본 인도와 중앙아시아 등 여러 나라의 풍물을 생생히 기록한 왕오천축국전을 남겼다.
④ 각훈이 왕명에 의해 편찬한 해동고승전에는 삼국시대의 승려 30여 명의 전기가 수록되었다.

07. 답 ②

공산성과 부소산성을 통해 옛 백제의 도읍지를 파악하여야 한다.

해설

(가) 공산성은 공주를 방어하기 위해 축성된 산성으로 백제 때에는 웅진성으로 불렸다. 송산리 고분군은 백제 웅진 시기의 고분이다.

공주 송산리 고분군

공주 송산리 고분군은 백제 웅진 시기의 굴식돌방무덤(1~5호분)과 벽돌무덤 등으로 구성되어 있다. 벽돌무덤은 6호분과 무령왕릉(7호분)이 있는데, 6호분의 널방 벽에는 7개의 등자리와 사신도, 일월도 등의 벽화가 그려져 있다.

(나) 부소산성은 백제 성왕이 웅진(공주)에서 사비(부여)로 도읍을 옮긴 후 백제가 멸망할 때까지 백제의 도읍이었던 곳으로, 당시에는 사비성이라 불렸다. 부여 능산리 고분은 사비시대의 굴식돌방무덤이다.

부여 능산리 고분

부여 능산리 고분은 굴식돌방무덤으로 규모는 작지만 세련된 고분으로 사신도가 출토되었다. 능산리 고분군에서 발견된 금동대향로는 신선들이 사는 이상 세계를 형상화하였고, 용과 봉황, 연꽃, 그리고 신선이 산다고 하는 삼신산의 74개 봉우리를 표현하였는데, 백제의 도교적 성격을 엿볼 수 있다.

ㄱ. (가) 공주에 있는 무령왕릉은 널방을 벽돌로 쌓은 벽돌무덤으로 이곳에서 무령왕과 왕비의 무덤을 알리는 지석이 발견되어 당시 백제가 중국 남조와 교류했음을 알 수 있다.
ㄷ. 발견된 금동대향로는 (나) 부여 능산리 고분군에서 발견되었다.

ㄴ. 익산의 미륵사지 석탑은 사비성 시대인 7세기 백제 무왕 때 건립한 탑으로 추정하고 있는데 목탑에서 석탑으로 가는 과도기적 석탑으로 목탑의 모습을 많이 지니고 있다.
ㄹ. 온조가 도읍으로 삼은 곳은 한성이다. 서울 풍납동 토성은 백제 시대의 토성 터로 백제의 첫 왕성인 위례성으로 추정하고 있다.

08. 답 ③

사진과 설명을 통해 신라 민정문서를 파악할 수 있다.

자료 속 힌트 도다이사(東大寺) 쇼소인(正倉院), 촌락, 기록

해설

민정문서는 통일신라 때 서원경(청주)의 4개 촌의 장적으로, 당시 촌락의 경제 상황과 국가의 세무 행정을 알 수 있는 자료이다. 토착 세력인 촌주에 의하여 3년마다 작성하였는데, 조세·공물·역의 징수를 위한 국가의 자료로 활용하였다.

참고 민정문서

구분	내용
발견	1933년 일본 도다이사 쇼소인. 통일신라 시원경(청주)의 4개 촌 장적 발견
작성	지역 촌주가 매년 변동 사항을 조사하고, 3년마다 작성
내용	촌락의 토지 크기, 인구 수, 소와 말의 수, 토산물 등을 파악하는 문서 작성, 사람의 다소에 따라 9등급, 연령과 성별에 따라 6등급으로 구분.
목적	국가의 조세, 공물, 부역 징수를 위한 자료로 활용

③ 6세기 신라 지증왕 때에는 무역이 급격하게 발달하여 시장을 감독하는 관청인 동시에 동시전을 설치하였다.

① 조선후기 농업 경제가 발전하여 이앙법(모내기법) 등의 기술이 전국적으로 확대되었다.

② 고구려 2세기 고국천왕 때 을파소를 국상으로 채용하여 진대법을 실시하였다(194).

④ 조선후기 18세기 영조 때 일본에서 고구마가, 19세기 헌종 때 청에서 감자가 전래되어 재배하기 시작하였다.

⑤ 조선전기 세종 때에는 농업 생산력을 높이기 위하여 농사직설과 같은 농서를 간행·보급하였다.

09. 답 ③

대화를 통하여 화랑도의 내용을 파악할 수 있다.

🧭 자료 속 힌트   풍월도, 국선도, 김유신

📝 해설

풍월도, 국선도 등의 단어를 통하여 (가) 화랑도를 파악할 수 있다.

참고 신라의 화랑도

구분	내용
기원	원시 사회의 청소년 집단에서 기원, 진흥왕 때 공인
구성	화랑(지도자)과 낭도(귀족~평민)로 구성, 화랑의 총책임(국선)
활동	전통적 사회 규범 학습, 명산대천을 찾아다니며 제천 의식 거행, 사냥과 전쟁 학습
기능	계층 간의 대립과 갈등을 조절·완화
규율	원광의 세속 5계(사군이충, 사친이효, 교우이신, 임전무퇴, 살생유택)

※ 최치원은 낭랑비서에서 '나라에 현묘한 도가 있으니 풍류라 한다.'라고 하여 화랑도를 풍류도, 풍월도라고 나타내었다.

③ 화랑도는 6세기 신라 진흥왕 때 국가적인 조직으로 개편하여 공인하였고, 활동을 장려하여 조직이 확대되었다. 진평왕 때 원광은 세속5계를 가르치며 청소년들의 마음가짐과 행동의 규범을 제시하였고, 국가가 필요로 하는 인재를 양성하였다.

① 통일신라 신문왕은 국학을 설치하여 유교이념을 확립하려하였다(682).

② 고구려 장수왕은 지방에 사립학교인 경당을 건립하여 청소년들에게 한학과 무술을 교육하였다.

④ 신라의 귀족회의인 화백회의는 만장일치제로 운영하였다.

⑤ 8세기 신라 경덕왕 때 체제 정비 국학을 태학으로 변경하고, 박사와 조교를 두어 유교교육을 강화하였다.

10. 답 ①

삼국사기의 기록을 통하여 7세기 고구려의 상황을 파악할 수 있다.

🧭 자료 속 힌트   살수(薩水), 요하, 30만 5천여 명, 2천 7백 명

📝 해설

수나라의 문제에 이어 양제는 113만의 대군을 이끌고 침략하여 왔으나 을지문덕이 살수(청천강)에서 수나라에 대항하여 대승을 이끈다(612. 살수대첩). 이후 수나라는 계속된 고구려 원정과 패배로 인하여 국력의 소모가 컸고, 결국 내란으로 멸망하였다(618).

11. 답 ③

계원필경의 토황소격문을 통해 신라 6두품 출신 최치원을 파악할 수 있다.

🧭 자료 속 힌트   계원필경, 토황소격문

📝 해설

자료는 신라 말 6두품 출신의 (가) 최치원을 설명하고 있다. 통일 이후 신라와 당의 문화 교류가 활발해지면서 도당 유학생의 활동이 활발하였는데, 그 중 최치원은 빈공과에 급제하여 활동하였으며 계원필경을 저술하였다. 귀국 후 진성여왕에게 유교 정치 이념과 과거 제도 등의 내용이 담긴 시무 10조를 건의하였으나 진골귀족들의 반대로 시행되지 못하였다(894).

③ 원종과 애노의 난은 신라 하대 9세기 진성여왕의 재위기간에 일어났다(889).

① 고려 성종 때에는 상업 활동이 활발해짐에 따라 화폐인 건원중보를 발행하여 경제를 육성시키려 하였다(996).

② 신문왕은 녹읍을 폐지하고 관료전을 지급하였는데, 이로 인하여 국가재정의 확보와 왕권의 강화를 동시에 실현하였다.

④ 고려 인종 때 묘청은 칭제 건원과 금국정벌론을 내세워 서경 천도 운동을 전개하였다(1135).

⑤ 의상은 불교의 화엄경을 근본 경전으로 하여 화엄사상을 정립하였고, 화엄일승법계도를 남겼다.

12. 답 ⑤

사진과 설명을 통하여 발해를 파악할 수 있다.

📝 해설

영광탑, 돌사자상, 치미 등을 통하여 (가) 발해의 문화임을 파악할 수 있다.

발해의 문화
• 영광탑. 중국 지린성에 위치한 영광탑은 당의 영향을 받은 벽돌탑(전탑)이다. • 돌사자상. 발해 정혜공주 묘 에서 출토된 돌사자상은 매우 힘차고 생동감이 있다. • 치미. 발해의 치미는 고구려의 치미와 매우 유사한 형태로 발해가 고구려를 계승한 것을 증명하고 있다.

⑤ 통일 신라는 지방관을 감찰하기 위한 제도로 외사정을 파견하였다.

🔍 **오답 check**

① 발해 선왕 때 중국인들은 발해를 보며 해동성국이라고 칭송하였다.
② 발해의 통치체제는 당의 3성 6부 제도를 모방하였으나, 명칭과 구성은 독자적으로 편성하여 운영하였다.
③ 발해 무왕 때는 인안, 문왕 때는 대흥 등의 연호를 사용하여 국가의 위상을 높였다.
④ 발해 선왕은 5경 15부 62주를 정비하여 통치하였다.

13. 답 ④

산성의 유래를 통하여 후백제의 견훤을 파악할 수 있다.

📍 **자료 속 힌트** 완산주(지금의 전주)를 도읍, 후삼국, 아자개의 아들

해설

자료의 산성은 경상북도 상주시 장암리의 북쪽에 있는 장바위산 정상부를 에워 싼 테뫼식 산성으로 ㈎ 견훤이 쌓았다고하여 견훤산성이라 불린다.

참고 후백제(900.견훤)	
구분	내용
건국	완산주(전주)에 도읍을 정하고 후백제 건국(900)
발전	충청도 남부와 전라도 일대 장악, 우세한 경제력으로 군사적 우위 확보, 중국의 오월 및 일본과 외교 관계 수립
한계	반신라 정책 고수(경애왕 살해. 927), 지나친 조세 수취, 호족 포섭 실패

④ 후백제의 견훤은 중국과의 외교 관계를 수립하였고 각국에 외교 사절을 파견하였으며 오월(吳越), 거란, 후당(後唐)과 외교활동을 전개하였다.

🔍 **오답 check**

① 북한산비는 신라 진흥왕이 한강 유역을 점령하고 새 영토를 순행한 뒤 세운 순수비로 555년에 세워졌다.
② 궁예는 신라 왕족의 후예로서 북원(원주)의 도적 집단 양길의 수하로 있다가 독립하여 송악(개성)에 도읍을 정하고 후고구려를 건국하였다(901).
③ 신라 신문왕은 중앙군으로 9서당을 편성하고 지방에는 10정을 두었다.
⑤ 후고구려는 도읍을 철원으로 옮기면서 국호를 마진으로 바꾸었다.

14. 답 ③

고려 혜종과 경종을 통해 고려 초기 왕들의 정책을 알아본다.

📍 **자료 속 힌트** 혜종, 왕규, 경종 원년

해설

사료는 왕규의 난과 시정전시과의 시행을 나타낸 것으로 혜종(945) 이후부터 경종(976) 이전까지의 상황을 묻는 것이다. 혜종, 정종, 광종, 경종 등이 들어갈 수 있다.

㈎ 왕규의 난. 혜종 때에는 왕자와 외척들과의 왕위 계승다툼이 일어나 왕권이 매우 불안정하게 되었다. 광주의 호족 왕규는 자신의 외손자 광주원군을 왕위에 올리려다 실패하였다(945, 왕규의 난).
㈏ 시정전시과의 시행(976). 고려 경종은 인품과 관품을 고려하여 지급한 시정전시과를 시행하였다.
③ 고려 광종은 노비안검법을 시행하여 호족 세력을 약화시켰고, 국가 재정을 확충하였다(956).

🔍 **오답 check**

① 고려 현종 때 전국을 5도 양계, 경기로 크게 나누고, 그 안에 3경, 4도호부, 8목을 비롯하여 군·현·진 등을 설치하였다(1018).
② 태조는 빈민을 구제하기 위하여 고구려의 진대법을 계승한 흑창을 설치하였다.
④ 고려 성종은 지방의 12목에 목사를 파견하여 중앙 집권을 공고히 하였다(983).
⑤ 고려 예종 때 관학진흥책으로 국자감을 재정비하여 7재라는 전문 강좌를 설치하였다.

15. 답 ⑤

대화를 통하여 고려 숙종의 내용을 파악할 수 있다.

📍 **자료 속 힌트** 의천, 윤관의 건의, 별무반 창설

해설

12세기 초 여진과의 1차 접촉에서 패한 뒤 윤관은 숙종에게 특수부대인 별무반을 편성할 것을 건의하였고, 숙종은 윤관의 건의를 받아들여 별무반을 조직하였다(1104). 별무반은 기병인 신기군, 승병인 항마군, 보병인 신보군으로 편성한 특수부대였다.

⑤ 숙종 때에는 삼한통보, 해동통보, 해동중보 등 동전을 만들었으나 널리 유통되지 못하였다.

활구(은병)
활구는 우리나라 지형을 본떠서 은1근으로 만든 고가의 화폐로 의천(문종의 왕자)이 고려 숙종에게 화폐의 필요성을 건의하여 주조하였으나 자급자족적인 경제 구조로 인하여 유통은 활발하지 못하였다. 당시 활구(은병) 하나의 값은 포 100여 필이나 되었다.

오답 check

① 조선시대 일본과는 동래에 설치한 왜관을 중심으로 무역하였다.

② 공양왕 때 권문세족의 토지를 몰수·재분배하여, 신진 사대부의 경제적 기반을 마련하기 위하여 과전법을 실시하였다(1391).

③ 공민왕은 승려 신돈을 등용하여 전민변정도감을 설치하였고 권문세족이 부당하게 빼앗은 토지와 노비를 본래의 소유주에게 돌려주거나 양민으로 해방시켰다(1366).

④ 조선 세종은 토지비옥도(전분6등법)와 풍흉(연분9등법)에 따른 조세 부과 기준을 만들어 조세를 차등 있게 내도록 하는 등 민생 안정에 힘을 쏟았다.

16. 탑 ③

출제자의 눈

고려 인종 때의 설명을 통해 삼국사기를 추론할 수 있다.

자료 속 힌트 인종, 정사(正史), 삼국부터 통일신라까지의 역사

해설

인종 때 김부식이 왕명에 의해 편찬한 (가) 삼국사기(1145)는 기전체 서술방법으로 쓰여진 역사서로, 현존하는 우리나라 최고(最古)의 역사서이다. 삼국사기는 왕에 관한 기록인 본기, 신하에 관한 기록인 열전, 제도나 풍습에 관한 지, 연표 등으로 구성된 기전체의 역사서이며, 합리적 유교 사관에 입각하여 서술된 서적으로 신라 계승 의식이 반영되어 있다.

③ 삼국사기는 인종 때 김부식이 왕명에 의해 편찬하였다.

오답 check

① 18세기 실학자 유득공은 발해고(1784)에서 최초로 남북국 시대를 주장하여 민족의 자주성을 높였고, 고대사 연구의 시야를 만주 지방까지 확대시킴으로써 한반도 중심의 협소한 사관을 극복하는 데 힘썼다.

② 충렬왕 때에 일연이 편찬한 삼국유사는 불교사를 중심으로 고대의 민간 설화나 전래 기록을 수록하는 등 우리 고유의 문화와 전통을 중시하였으며, 단군을 우리 민족의 시조로 여겨 단군의 건국 이야기를 수록하는 등 자주적 역사의식이 나타난다.

④ 조선왕조실록은 사관이 국왕 앞에서 기록한 사초, 각 관청의 문서를 모아 만든 시정기를 중심으로, 승정원일기, 의정부등록, 비변사등록, 일성록(정조 이후) 등을 보조 자료로 하여 종합, 정리하여 편년체로 편찬하였다.

⑤ 이규보의 동명왕편은 고구려 건국의 영웅인 동명왕의 업적을 칭송한 일종의 영웅 서사시로서, 고구려의 계승 의식을 반영하고 고구려의 전통을 노래하였다.

17. 탑 ④

출제자의 눈

수심결(修心訣)을 통해 고려 무신집권기에 활동한 지눌을 파악할 수 있다.

자료 속 힌트 돈오(頓悟), 점수(漸修), 수심결(修心訣)

해설

수심결(修心訣)은 고려 중기의 승려 지눌이 지은 책이다. 지눌은 명리에 집착하는 당시 불교계의 타락상을 비판하였다. 그는 송광사를 중심으로 승려 본연의 자세로 돌아가 독경과 선 수행, 노동에 고루 힘쓰자는 개혁 운동인 수선사 결사를 제창하였다. 지눌은 선과 교학이 근본에 있어 둘이 아니라는 사상 체계인 정혜쌍수를 사상적 바탕으로 철저한 수행을 선도하였다. 지눌은 내가 곧 부처라는 깨달음을 위한 노력과 함께, 꾸준한 수행으로 깨달음의 확인을 아울러 강조한 돈오점수를 주장하였다.

④ 고려 무신집권기에 활동한 지눌은 송광사를 중심으로 수선사 결사를 제창하였다.

오답 check

① 원효는 불교의 대중화를 위하여 불교가요인 무애가를 지었고 아미타 신앙을 전도하였다.

② 신라 선덕여왕(632~647) 때 승려 자장은 황룡사 9층 목탑의 건립을 왕에게 건의하여 건립하였다(643).

③ 의천은 선종을 통합하기 위하여 교관겸수를 내세웠고 국청사를 창건하여 천태종을 창시하였다.

⑤ 요세는 자신의 행동에 대한 진정한 참회를 강요하는 법화 신앙에 중점을 둔 백련결사 운동을 전개하였다.

18. 탑 ③

출제자의 눈

대화를 통하여 고려의 삼별초를 파악할 수 있다.

자료 속 힌트 원종의 개경 환도, 배중손, 승화후 온, 진도, 제주도, 김통정

해설

고려 정부가 몽골과 강화하여 개경으로 환도하자, (가) 삼별초의 지도자 배중손은 강화도에서 왕족인 승화후 온을 왕으로 추대하고 항전을 계속하였다. 삼별초는 강화도에서 진도로 이동하여 용장성을 중심으로 서남해 지역을 장악하였고(배중손,1270~1271), 제주도(김통정,1271~1273)를 거치며 항쟁을 계속하였으나 여몽연합군에 의해 진압을 당하면서 삼별초의 항쟁은 막을 내린다.

삼별초
최우는 강화도 천도 직후, 도둑을 단속하기 위해 야별초를 구성하였고, 이후 군사의 수가 많아져 좌별초와 우별초로 나누어 구성하였고, 몽골의 포로로 잡혀있다 탈출한 자들로 구성된 신의군과 함께 삼별초라 하였다.

③ 삼별초(최우)는 공적 임무를 띤 최씨 정권의 사병조직이었다.

오답 check

① 고려의 국방상 요지로써 양계의 밑에 진을 설치하였고 그곳에 주진군을 주둔시켰다.

②⑤ 고려 정종은 광군사를 설치하여 광군 30만 명을 편성하였고 거란의 침입에 항전하였다. 광군은 지방 호족 중심으로 구성한 농민 예비군으로 훗날 주현군으로 재편되었다.

④ 고려 숙종 때 윤관의 별무반은 기병인 신기군, 승병인 항마군, 보병인 신보군으로 편성한 특수부대로 광범위한 계층을 망라한 군사조직이었다.

19. 답 ③

 출제자의 눈

제25대~제30대 고려의 왕을 통하여 원 간섭기 시기를 파악할 수 있다.

해설

원간섭기 고려는 원에 공녀를 바치기 위해 결혼도감을 설치하여 고려의 처녀들을 공녀로 보냈으며, 고려 사회 내에서는 원의 영향을 받아 몽골어, 몽골식 의복(호복), 몽골식 머리(변발), 몽골식 성명 등을 사용하는 몽골풍이 궁중과 지배층을 중심으로 널리 퍼졌다. 원의 내정 간섭으로 고려는 자주성에 심각한 손상을 입었고, 원의 압력과 친원파의 책동으로 인해 정치는 비정상적으로 운영되었다.

참고 원 간섭기 고려의 변화

구분	내용
영토상실	쌍성총관부(철령이북), 동녕부(서경), 탐라총관부(제주도)
관제변화	2성(중서문하성, 상서성) → 첨의부 6부(이부·예부 → 전리사 / 호부 → 판도사 / 병부 → 군부사 / 형부 → 전법사 / 공부 → 폐지) 도병마사 → 도평의사사 / 중추원 → 밀직사
용어격하	짐 → 고 / 폐하 → 전하 / 태자 → 세자 / ~ 조, ~ 종 → 충O왕
내정간섭	정동행성, 이문소, 다루가치, 순마소, 만호부, 심양왕
자원수탈	결혼도감(공녀), 응방(매)

③ 고려 원 간섭기에 변발, 호복, 조혼 등의 풍습이 유행하였다.

 오답 check

① 서원은 중종 때 풍기군수 주세붕이 세운 백운동 서원이 시점이다 (1543).

② 정조 때에는 유득공, 이덕무, 박제가 등 서얼 출신이 규장각 검서관으로 등용되어 제각기 능력을 발휘할 수 있었다.

④ 태종 때 만든 혼일강리역대국도지도(1402)는 현존하는 동양 최고(最古)의 세계 지도이다.

⑤ 고려 무신 집권기 공주 명학소에서 망이·망소이는 신분 해방을 주장하며 봉기하였다(1176).

20. 답 ②

 출제자의 눈

자료를 통하여 민족 명절인 동지를 알아본다.

자료 속 힌트 일 년 중 밤이 가장 긴 날, 작은 설, 밤이 길어

해설

㈎ 동지는 양력 12월 22일 경으로 밤이 가장 긴 날이다. 동지에는 팥죽을 쑤어 새알심을 만들어 먹고, 또 사당에 차례를 지냈다.

 오답 check

① 추석(8.15)에는 차례를 지내고, 성묘를 돌아봤으며 씨름, 강강술래, 소싸움 등의 민속놀이를 즐겼다. 또한, 송편, 토란국, 닭찜을 만들어 먹었다.

③ 삼짇날(3.3)은 강남에 간 제비가 돌아와 추녀 밑에 집을 짓는 때로 진달래꽃으로 화전을 만들어 먹었다.

④ 정월대보름(1.15)에는 달에 소원을 빌었고, 달맞이, 쥐불놀이, 달집태우기, 다리밟기, 부럼깨기, 귀밝이술 마시기, 오곡밥 등을 즐겼다.

⑤ 단오(5.5)에는 수리떡을 만들어 먹었으며 창포에 머리감기, 쑥과 익모초 뜯기, 부적 만들어 붙이기, 대추나무 시집보내기, 단오 비녀 꽂기 등의 풍속과 함께 그네뛰기·격구·씨름·석전(石戰)·활쏘기 등을 즐겼다.

참고 민족 명절과 풍습

명절	일자	풍습
대보름	1월15일	달맞이, 쥐불놀이, 다리밟기, 부럼깨기, 달집태우기, 귀밝이술 마시기
삼짇날	3월3일	화전놀이, 화전(진달래꽃) 만들어 먹기
단오	5월5일	창포에 머리감기, 쑥과 익모초 뜯기, 수리떡 먹기, 대추나무 시집보내기, 그네뛰기·격구·씨름·석전(石戰)·활쏘기 등 민속놀이
한가위	8월15일	차례, 성묘, 민속놀이
동지	양12월22일	밤이 가장 긴 날, 팥죽 먹기, 차례 지내기

21. 답 ①

 출제자의 눈

사민정책과 토관제도를 통하여 4군 6진의 개척을 추론할 수 있다.

자료 속 힌트 민호(民戶)를 이주시켜, 토관을 두었다, 김종서

해설

세종 때에는 김종서와 최윤덕을 보내 여진을 토벌하고 4군과 6진을 설치하여 압록강과 두만강을 경계로 하는 오늘날과 같은 국경선을 확정하였다. 또한, 남방의 백성을 북방으로 이주시키는 사민 정책을 실시하여 국경 지대를 공고히 하였고, 토착민을 토관으로 임명하는 토관제도를 추진하여 민심을 안정시켰다.

참고 4군 6진 개척

구분	내용
배경	세종 때 여진 토벌, 4군(최윤덕) 6진(김종서) 개척
회유책	여진의 귀순장려(관직 및 토지와 주택 지급), 무역소(경성, 경원)
사민정책	삼남 지방 주민을 북방으로 이주(면세 혜택)
토관제도	국경지대 일부 군·현에는 수령을 파견하지 않고, 토착민을 토관으로 임명

① 세종은 정음청을 설치하고 집현전 학자들과 연구하여 훈민정음을 창제한 후 반포하였다(1446).

오답 check

② 조선의 대법전인 경국대전은 세조 때 편찬하기 시작하여, 성종 때 완성·반포하였다.

③ 성종 때에 성현은 음악의 원리와 역사, 악기, 무용, 의상 및 소도구까지 정리하여 악학궤범을 편찬하였다(1493).

④ 군역의 부담을 시정하고자 영조 때 균역법을 시행하였는데 농민은 1년에 군포를 1필만 부담하게 되었다(1750).

⑤ 세조는 현직 관리에게만 수조권을 지급하는 제도인 직전법을 시행하였다(1466).

22. 답 ②

출제자의 눈

대화를 통하여 수령칠사를 파악할 수 있다.

해설

자료는 수령 7사를 나타낸 것으로 (가) 수령의 근무성적을 평가한 것으로 인사고과에 반영되었다. 조선 시대에는 전국을 8도로 나누었고, 그 아래 부·목·군·현에는 수령을 파견하였다. 수령의 임명 품계는 문무관리 종2품 당상관에서 종6품 참상관까지에 걸쳐 있었으며, 수령에 임용되려면 문과·무과·음과 중 하나를 통과해야 하였다. 지방관인 수령은 출신지역으로 임명하지 않는 상피제를 적용하였고 5년으로 그 임기를 제한하였다.

② 수령은 행정권, 사법권, 군사권 등을 행사하였다.

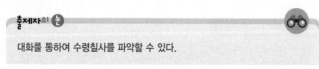

수령7사

농상성(農桑盛, 농사는 잘 돌봤는가), 사송간(詞訟簡, 송사를 줄였는가), 간활식(奸猾息, 간활한 풍속을 줄였는가), 호구증(戶口增, 호구를 증가시켰는가), 학교흥(學校興, 교육에 힘썼는가), 군정수(軍政修, 군정을 잘 다스렸는가), 부역균(賦役均, 부역을 공평히 부과했는가)

오답 check

①⑤ 지방의 행정실무를 담당하였던 향리는 직역이 세습되었고 향리의 우두머리는 호장이라 하였다.

③ 6조직계제는 6조에서 의정부를 거치지 않고 곧바로 사안을 국왕에게 올려 재가를 받아 시행하는 제도로 의정부의 기능은 약화되었고 왕권은 강화되었으며, 태종과 세조 때 시행하였다.

④ 유향소는 좌수와 별감을 선출하여 자율적 규약을 만들고, 수시로 향회를 소집하여 백성을 교화하며 고을의 풍속을 바로잡았다.

23. 답 ②

출제자의 눈

사화(士禍)를 통하여 조선 전기의 상황을 파악할 수 있다.

자료 속 힌트 윤씨를 폐비하는 의논, 윤임

해설

제시된 사료는 (가) 갑자사화와 (나) 을사사화이다. 이를 통하여 그 사이에 있었던 중종, 인종, 명종 때의 사건이 들어갈 수 있음을 파악할 수 있다.

(가) 갑자사화(1504,연산군). 성종의 비 윤씨는 질투가 심하여 어긋난 행동을 많이 하였다는 이유로 1479년(성종 10) 폐출되었다가 1480년 사사(賜死)되었다. 훗날 폐비윤씨의 생모 신씨가 폐비의 폐출·사사의 경위를 임사홍에게 알렸고, 임사홍은 연산군에게 밀고하면서 사건이 확대되어 연산군이 공신들을 탄압하여 화를 입은 사건이다.

(나) 을사사화(1545,명종). 명종 때 외척 간의 왕위 계승의 다툼으로 사림이 피해를 본 사건으로, 명종의 외척세력인 윤원형(소윤)일파가 인종의 외척세력인 윤임(대윤)일파를 역적으로 몰아 대거 숙청하고 정국을 주도하게 되었다.

참고 조선전기의 사화

사화	시기	내용
무오사화	연산군(1498)	김종직의 조의제문
갑자사화	연산군(1504)	윤비 폐출 사건
기묘사화	중종(1529)	조광조 개혁정치(현량과, 위훈삭제)
을사사화	명종(1545)	외척 간 왕권 다툼

② 중종 때 위훈삭제 문제로 인한 공신들의 반발로 조광조를 비롯한 대부분의 사림 세력은 정계에서 밀려나게 되었다(1519,기묘사화).

오답 check

① 광해군 때 서인세력인 이귀, 김자점, 이괄 등이 반정을 주도하여 인조를 즉위시켰다(1623,인조반정).

③ 선조 때 동인은 정여립 모반 사건(1589)으로 인하여 피해를 입었다.

④ 현종 때 효종의 왕위 계승에 대한 정통성과 관련하여 두 차례의 예송이 발생하였다.

⑤ 선조 때 사림 세력 내에서 이조전랑직의 대립이 발생하여 동인과 서인으로 분당되었다.

24. 답 ③

해설

㈎ 13세기 중엽 청자상감운학무늬 매병

㈏ 삼국시대 가야의 기마 인물형 토기

㈐ 15세기 분청사기 조화어문 편병

㈑ 18세기 조선의 백화 철화 포도문 항아리

자기의 변화
11c 순수청자 → 12 ~ 13c 상감 청자 → 15c 이후 분청사기 → 16c 백자 유행 → 조선후기 청화백자

25. 답 ③

자료 속 힌트 토지를 측량, 대장, 필지

해설

조선은 20년 마다 양전 사업을 실시하고 토지 대장인 양안을 작성하였는데, 이는 호조에서 담당하였다. 양 난 이후 경작지의 황폐화와 양안의 소실로 인하여 세금 징수에 큰 부담이 되었는데, 이에 정부는 개간을 권장하면서 서둘러 경작지를 확충하고자 하였고, 양안에서 빠진 은결을 찾아내어 전세의 수입원을 증대시키려는 의도에서 양전 사업도 서둘렀다.

오답 check

ㄱ. ㄹ. 대한제국은 광무개혁의 일환으로 지계아문(1901)을 통해 양전 사업을 실시하여 최초의 토지 소유권 증명서인 지계(地契)를 발급하였다.

26. 답 ④

자료 속 힌트 반역죄, 추국, 도승지, 국왕을 수행

해설

㈎ 의금부는 국왕 직속의 상설 사법기관으로 대역·모반죄 등 왕권 안위에 관계된 중죄 등을 처결하였다. 의금부는 경국대전에 규정된 정규 관청으로 왕명으로 열리는 비정규 임시 특별 재판기구인 국청과는 구분된다.

㈏ 승정원은 왕명의 출납을 담당하는 국왕의 비서 기구로 도승지 이하 6명의 승지가 6조를 각각 분담하여 담당하였다.

① 5품 이하 관리의 등용에는 사헌부와 사간원(양사, 대간제도)에서 신분 및 경력을 조회하여 관리 임명 등의 동의를 하게 했던 서경을 거치도록 하였다.

② 홍문관은 성종 때 집현전을 대체하여 설치된 기구로 왕의 정치 자문 역할도 하였고, 경연과 서연을 담당하였다.

③ 의정부는 조선의 최고 관부로서 재상(3정승)들의 합의를 통해 정책을 결정하고 심의하는 기구로 조선의 국정을 총괄하였다.

⑤ 조선의 삼사는 언론기관으로 대간권(서경·간쟁·봉박권)을 행사하였으며 왕이라도 함부로 막을 수 없었다.

27. 답 ③

해설

㈎ 권율의 행주 대첩(1593.2). 권율은 병사를 이끌고 행주산성에 진지를 구축하였고 3만의 적군은 행주산성으로 진군하였다. 관군은 화살이 다해 투석전을 폈는데 이때 부녀자들까지 동원되어 관민이 일치단결해 싸웠다. 적군이 버리고 간 적의 시체가 200구가 넘었고, 타다 남은 시체는 그 수를 헤아릴 수 없었다. 이것이 임진왜란 3대첩의 하나인 행주대첩이다.

㈏ 신립의 탄금대전투(1592.4). 신립은 충주 탄금대에 배수진을 쳤으나, 앞에 논이 많아 말을 달리기에 불편하였다. 왜군은 부대를 나누어 본진은 충주성에 돌입하고, 당황한 신립은 충주성으로 급히 말을 달렸으나 군대의 전열이 미처 정비되기도 전에 성안의 왜군이 나팔소리를 신호로 일제히 출격하여 조선의 관군은 대패하였고, 신립은 강물에 몸을 던져 자결하였다.

㈐ 이순신의 명량대첩(1597.9). 정유재란 당시 이순신의 군중에 남아 있던 쓸만한 전선은 겨우 13척에 불과하였다. 133척의 일본 전선이 명량으로 진입하였을 때 이순신은 일자진(一字陣)을 형성해 맞섰고, 방향을 바꾸어 흐르기 시작한 조류는 조선 수군에게 유리하게 되어 일본군을 향해 맹렬하게 공격하자 일본 수군은 패퇴하였다.

㈑ 이순신의 노량해전(1598.11). 노량 앞바다에서 이순신이 이끄는 조선 수군이 일본 수군과 벌인 마지막 해전으로 이 해전을 끝으로 7년간의 전쟁이 끝났고, 이순신도 이때 적의 유탄에 맞아 전사하였다.

28. 답 ②

자료 속 힌트 경신환국, 여러 차례 환국

해설

자료는 경신환국을 나타내고 있다. 숙종 때 정국을 주도하는 붕당과 견제하는 붕당이 서로 교체됨으로써 정국이 급격하게 전환하는 환국이 나타나기 시작하였고, 이로써 특정 붕당이 정권을 독점하는 일당 전제화의 추세로 변질되어 갔다.

환국
• 경신환국(1680, 숙종6). 남인인 영의정 허적이 군사용 천막을 허락 없이 사용한 사건으로 왕의 불신을 사고 서인과의 갈등이 깊어졌다. 이에 서인은 허적의 서자 허견 등이 복창군을 왕으로 옹립하려 한다고 모함하여 남인이 몰락하고 서인이 집권하였다.
• 기사환국(1689, 숙종15). 장희빈의 소생인 균(경종)의 세자 책봉을 둘러싸고 서인인 송시열 등이 반대하다 사사되었고 인현왕후가 폐출되면서(민씨폐출) 남인이 집권하였다.
• 갑술환국(1694, 숙종20). 서인 김춘택 등이 인현왕후 민씨의 복위운동을 전개하였고, 남인이 서인을 무고하다 도리어 축출되어 소론(서인)이 집권하였다. 이후 서인은 노론과 소론으로 분리된 후 노론이 정국을 이끌어간다.

② 18세기 숙종 때 청의 요구에 따라 조선 정부는 박권을 조선 대표로 보내 청의 대표 목극등과 간도를 둘러싼 국경문제를 협의하였다. 그 결과 백두산정계비를 세워 조선과 청국과의 국경을 압록강과 토문강을 경계로 하였다(숙종 38년, 1712).

오답 check

① 효종 때 청이 러시아 정벌을 요청하였고 변급(1654), 신유(1658) 등 2차례(효종 때) 조총부대를 출병시켜 승리 하였다(나선정벌).

③ 정조 때 시행한 초계문신제도는 37세 이하의 당하관 중에 재능 있는 문신들을 뽑아 재교육 시키는 제도로 정조가 직접 강의하고 시험도 직접 보았다.

④ 정조는 6의전을 제외한 나머지 시전상인들의 금난전권을 철폐하여 사상들의 자유로운 상업 활동을 허용 하였다(1791,신해통공).

⑤ 영조는 즉위 직후 탕평 교서를 발표하고 탕평비를 건립하는 등 정국을 안정시키려 하였다.

29. 답 ①

한글 소설의 발달을 통해 조선후기 상황을 추론할 수 있다.

자료 속 힌트 한글로 된 소설

해설

추재집(秋齋集)은 조선후기의 여항시인인 조수삼의 문집이다. 한글로 된 소설을 전기수가 읽어 주는 내용을 통해 조선후기 한글 서민문화의 발달을 파악할 수 있다. 조선후기에는 상공업의 발달과 농업 생산력의 증대를 배경으로 문화면에서 새 기운이 나타났다. 서당 교육이 보급되고 서민의 경제적·신분적 지위가 향상됨에 따라 판소리, 탈춤, 한글소설 등의 서민 문화가 대두하였다.

참고 조선후기 문화의 발달

구분	내용
판소리	서민 문화의 중심, 19세기 후반 신재효가 판소리 사설의 창작·정리
탈춤	탈놀이(향촌) · 산대놀이(도시에서 성행) · 사회적 모순 풍자
한글소설	홍길동전, 춘향전, 별주부전, 심청전, 장화홍련전
사설시조	서민들의 솔직한 감정 표현, 남녀 간의 사랑, 현실 비판
한문학	정약용(삼정 문란을 비판하는 한시), 시사 조직(중인·서민층), 풍자 시인 등장 박지원(양반전·허생전·호질, 양반 사회 풍자)

① 벽란도는 고려의 국제 무역항으로 이슬람 상인이 왕래하였던 교통로와 산업의 중심지였다.

오답 check

② 대동법 실시 이후 공인이라는 어용상인이 나타나 관청에서 공가를 미리 받아 필요한 물품을 사서 납부하였다.

③ 조선후기에는 일부 농민은 인삼·담배·쌀·목화·채소·약재 등과 같은 상품 작물을 재배해 높은 수익을 올렸다.

④ 조선후기의 광산 경영은 경영 전문가인 덕대가 출현하여 활동하였다.

⑤ 조선시대 전국의 장시를 돌아다니며 생산자와 소비자를 이어주는 상인인 보부상이 활동하였다.

30. 답 ④

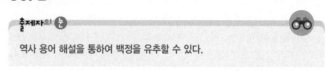

역사 용어 해설을 통하여 백정을 유추할 수 있다.

자료 속 힌트 재인(才人), 화척(禾尺), 고려시대 일반 백성

해설

고려시대 양민은 농사에 종사하는 농민층이 주류를 이루었다. 농민들은 농업 이외에 국가에서 지정한 특수 임무를 수행하지 않았으므로 '별도의 의무가 없는 사람'의 의미로 (가) 백정이라 하였다. 고려 시대의 백정은 일반 농민을 말하는 것이며, 도축 업자를 뜻하는 조선시대의 천민이었던 백정과는 구별된다.

④ 일제강점기 백정들은 진주에서 이학찬을 중심으로 조선 형평사를 창립하고(1923), 평등한 대우를 요구하는 형평운동을 전개하였다.

참고 형평운동(1920년대)

구분	내용
배경	백정들의 사회적 신분 차별(호적 기록, 붉은 점을 찍어 차별, 보통학교 입학 통지서에 신분 기재)
활동	이학찬 중심, 조선 형평사 창립(1923. 진주)
변화	1928년 신분 해방 운동을 넘어 민족 해방 운동의 성격

① 천민인 노비는 매매, 상속, 증여의 대상이었다.
② 장례원은 노비와 관련된 문제를 전담하여 처리하였다.
③ 중인층인 역관은 사신을 수행하며 통역을 담당하였고, 외국과의 무역에 참여하여 부를 축적하였다.
⑤ 조선후기 서얼들은 청요직 진출을 요구하는 통청운동을 전개하였다.

31. 답 ③

출제자의 눈

세도정치기 발생한 홍경래의 난과 임술농민봉기의 전개과정을 알아본다.

자료 속 힌트   관서(關西), 평안도놈(平漢), 임술년, 진주 백성

해설

(가) 홍경래의 난(1811). 홍경래의 난은 세도 정치의 폐해와 서북민에 대한 차별 대우 등이 원인이 되어 봉기한 것이다. 몰락 양반인 홍경래와 영세 농민, 중소 상인, 광산 노동자 등이 합세하여 청천강 이북 지역을 거의 장악하기도 하였으나 5개월 만에 평정되었다.
(나) 임술농민봉기(1862). 철종 때 경상 우병사 백낙신의 수탈에 견디다 못한 농민들이 몰락 양반 출신의 유계춘 등을 중심으로 봉기하였다. 임술 농민 봉기는 진주를 중심으로 확산되었는데, 농민들은 탐관오리와 토호의 탐학에 저항하여 한때 진주성을 점령하기도 하였다. 이를 계기로 농민의 항거는 북쪽의 함흥으로부터 남쪽의 제주에 이르기까지 전국적으로 퍼졌다.
③ 철종 때 임술 농민 봉기 당시의 민심 안정을 위하여 정부는 삼정이정청을 설치하여 삼정의 문란을 시정할 것을 약속하였다(1862).

① 동학농민군은 고부와 태인에서 봉기하여 황토현에서 관군을 격파하였다(1894.4).
② (나) 진주 농민봉기 당시 박규수가 안핵사로 파견하여 활동하였다.
④ (가) 홍경래의 난은 세도 정치의 폐해와 서북민에 대한 차별 대우 등이 원인이 되어 봉기하였다.
⑤ 동학농민운동 당시 반봉건·반외세의 기치를 내걸고 전봉준의 남접 부대와 손병희·최시형이 이끄는 북접 부대가 연합하여 논산에 집결하였다(1894).

32. 답 ①

출제자의 눈

사료와 설명을 통하여 흥선대원군의 개혁 정치를 파악할 수 있다.

자료 속 힌트   고종의 즉위로 집권, 천리를 끌어다 지척을 삼겠으며

해설

(가) 흥선대원군은 세도정치의 폐해를 타파하기 위하여 왕권을 강화하고, 민생을 안정시키기 위한 개혁 정책을 시행하였다.

참고   흥선대원군의 개혁 정치(1863~1873)

구분	내용
왕권강화	당파·지방색·신분을 가리지 않고 능력에 따라 인재 등용, 비변사 폐지, 의정부·삼군부 부활, 대전회통·육전조례 편찬, 서원철폐(국가 재정 확충), 경복궁중건(원납전·당백전), 양전 사업(은결 색출), 호포제·사창제 실시
민생안정	전정(양전사업, 은결색출), 군정(호포법=동포제), 환곡(사창제)

① 정조는 친위 부대인 장용영을 설치하여 왕권을 뒷받침하는 군사적 기반을 갖추었다.

② 흥선대원군은 경복궁 중선에 필요한 새정을 충당하기 위하여 원납전을 강제로 징수하였다.
③ 흥선대원군은 통치체제의 정비를 위하여 이전 법전인 대전통편을 보완하여 대전회통을 편찬하였다.
④ 흥선대원군은 붕당의 온상으로 인식되어 온 전국 600여 개소의 서원 가운데 47개소만 남긴 채 모두 철폐하였다.
⑤ 흥선대원군은 고리대로 변질되어 가장 폐단이 심했던 환곡제를 향촌민들이 자치적으로 운영하는 사창제로 개혁하여 농민들의 부담을 경감시켰다.

33. 답 ①

출제자의 눈

자료를 통해 통상수교 거부정책의 전개 과정을 유추할 수 있다.

해설

• 제너럴 셔먼호사건. 미국 상선 제너럴셔먼호가 평양에서 약탈과 난동을 부리다 당시의 평안도 관찰사 박규수에 의해 소각되었다(1866).
• 제너럴셔먼호사건(1866)을 구실로 미국은 5척의 군함으로 강화도를 공격하는 신미양요를 발발하였다(1871).

사건	내용
병인박해 (1866)	프랑스 세력으로 러시아 견제 시도 → 교섭 실패 → 상소 → 9명의 프랑스 선교사와 8천명의 교도 처형
제너럴셔먼호사건 (1866)	평양에서 통상 요구(미 상선) → 평양 관민에게 격침됨
병인양요 (1866)	문수산성의 한성근과 정족산성의 양헌수 부대가 프랑스군을 격퇴, 외규장각 문화재·서적·병기 등 약탈
오페르트도굴사건 (1868)	독일의 통상요구 → 오페르트의 남연군 묘 도굴 미수 → 통상수교 거부 의지강화
신미양요 (1871)	제너럴셔먼호 사건을 구실로 미군함 5척 강화도 침입 → 초지진·덕진진 등 점령, 어재연의 조선 수비대가 광성보와 갑곶에서 격퇴
척화비(1871)	신미양요 직후 전국에 건립, 통상 거부 의지 천명, 위정척사 정신 반영

ㄱ. 독일 상인 오페르트는 1868년 조선에 통상을 요구하였으나 거부당하자 충청남도 덕산에 있는 흥선대원군의 아버지인 남연군의 묘를 도굴하여 부장품을 미끼로 통상조약을 체결하려 하였으나 도굴 도중 발각되어 도주하였다.

ㄴ. 프랑스는 병인박해의 구실로 병인양요(1866)를 일으켰는데, 양헌수 부대가 정족산성에서 활약하였다.

오답 check

ㄷ. 일본은 군함 운요호를 조선 연해에 파견하였고, 강화도의 초지진 포대는 운요호에 경고 사격을 하였다(1875).

ㄹ. 1880년대 조선책략이 국내에 유포되어 이만손이 영남만인소를 올려 개화를 반대하였다.

34. 답 ④

출제자의 눈

대화를 통해 갑신정변을 추론할 수 있다.

자료 속 힌트 청의 군대, 우정총국, 축하연

해설

대화에서 제시하고 있는 사건은 갑신정변이다. 1884년 갑신정변의 주도 세력이었던 급진 개화파는 정변을 통해 근대 국가를 수립하려 하였다. 개화당 세력은 우정국 개국 축하연을 이용하여 정변을 일으키고 14개조의 정강을 발표하였다.

④ 갑신정변(1884)의 결과 한성조약(1884)과 텐진조약(1885)을 체결하게 되었다.

갑신정변의 결과
- 한성조약(조일,1884) : 일본에 배상금 지불, 공사관 신축비용 부담
- 텐진조약(청일,1885) : 양국 군대의 공동 철수, 조선에 군대 파병시 상대국에 사전 통보(훗날 청일전쟁의 빌미)

오답 check

① 조미수호통상 조약 체결 이후에 민영익을 전권대사로 하여 최초의 구미사절단인 보빙사를 파견하였다(1883).

② 강화도조약으로 부산(1876), 원산(1880), 인천(1883) 등 3개 항구의 개항이 이루어 졌다.

③ 민씨정부는 신식군대인 별기군을 창설하였다(1881).

⑤ 조선의 민씨 정부는 개화 정책의 일환으로 근대 문물을 수입하기 위하여 1880년 통리기무아문을 설치하였다.

35. 답 ⑤

출제자의 눈

제시된 조약의 내용을 통해 국권 피탈 과정을 파악할 수 있다.

자료 속 힌트 대일본 정부, 외교고문, 러시아, 군사 전략상 필요한 지점

해설

(가) 제1차 한·일협약(=한·일협정서, 1904.8. 고문통치). 러·일 전쟁이 일본에 유리하게 전개되자, 일본은 한국 식민지화 계획안을 확정하고 강제로 체결하였는데, 이 문서에 근거하여 일본인 메가타가 재정고문으로, 미국인 스티븐스가 외교고문으로 파견되었다.

(나) 포츠머스 강화 조약(1905.9). 러·일 전쟁에서 승리한 일본이 미국에 중재를 요청하여 러시아와 체결한 것으로서 한국에서의 독점적 지배권을 국제적으로 인정받았다.

(다) 한·일의정서(1904.2). 러일전쟁 중 일본이 한반도를 세력권에 넣기 위하여 강제로 한일 의정서를 체결하였다. 이로 인하여 대한제국의 국외 중립이 무너지고 러시아와의 조약이 폐기되었으며, 일본은 필요한 군사적 요지와 시설을 마음대로 사용할 수 있게 되었다.

36. 답 ②

출제자의 눈

동학농민운동과 아관파천을 통하여 당시의 정세를 파악할 수 있다.

자료 속 힌트 교정청, 동학당(東黨), 베베르 공사, 러시아 공사관에 피신

해설

- 교정청 설치(1894). 동학농민운동 당시 온건개화파들도 국정 전반에 걸친 개혁의 필요성으로 일본이 강압한 내정 개혁안을 뿌리치고 자주적인 내정개혁을 꾀하고자 왕의 명을 받아 1894년 6월에 교정청을 설치하였다.

- 아관파천(1896). 삼국간섭 이후 러시아를 등에 업은 친러파와 러시아 공사 베베르 등이 신변 보호 명목으로 고종을 러시아 공사관으로 옮겼다.

② 일본은 친러파를 제거하고 친일 내각을 수립하고자 명성황후를 살해한 을미사변을 일으켰다(1895).

① 조선은 조미수호통상조약을 체결하였는데 서양과 맺은 최초의 조약이었으나 불평등 조약이었다(1882).

③ 러시아의 한반도 남하를 견제한다는 구실로 영국은 거문도를 해 밀턴 항이라 명명하고 불법 점령한 후 포대를 설치하였다(1885).

④ 13도창의군은 서울 진공을 전후하여 의병은 서울 주재 각 영사관 에 의병을 국제법상의 교전단체로 승인해 줄 것을 요구하는 서신 을 발송하여 스스로 독립군임을 내세웠다(1908).

⑤ 고종은 환구단에서 황제 즉위식을 거행하고 황제라 칭하고, 국호 를 대한제국(大韓帝國), 연호를 광무(光武)로 정하여 자주 국가 임을 내외에 선포하였다(1897).

37. 답 ③

출제자의 눈

설명을 통해 양기탁 선생을 파악할 수 있다.

해설

자료는 우강 양기탁 선생의 주요 활동 사항을 연보로 정리한 것이 다. 양기탁의 활동은 다음과 같다.

참고 **우강(雩岡) 양기탁(1871-1938)의 활동**

시기	활동
1896	독립협회 가입, 만민공동회 간부(1898)
1904	보안회 참여, 황무지 개척권 요구 반대 운동, 대한협동회 조직, 영국인 기자 배델과 제휴하여 대한매일신보 발행
1907	신민회 조직, 국채 보상운동 참여, 국채보상금 횡령 누명(무죄 출감)
1920	동아일보 창간 때 편집고문에 취임
1924	지청천·김동삼 등과 정의부를 조직
1926	고려혁명당 결성(위원장 취임, 정의부의 무장투쟁 지원)
1934	대한민국 임시정부 의정원 회의에서 법무 담당 국무위원 선임
1935	조선민족혁명당 참여(대일전선통일 노력)
1938	장쑤성에서 선도(仙道)를 닦다가 서거

오답 check

① 조선어학회(1931~1942)는 한글 교육에 힘써 한글 교재를 출판 하였으며, 한글 맞춤법 통일안과 표준어를 제정하고 한글의 연구 와 보급에 크게 기여하였다. 이윤재, 한징 등이 참여하였다.

② 흥사단은 안창호가 샌프란시스코에서 기독교인 중심으로 조직하 여 군인 양성과 외교 및 교민 교화에 노력하였다(1913).

④ 독립의군부는 유생 의병장 출신의 임병찬이 고종의 밀명을 받아 유생과 의병을 규합하여 조직하였다(1912).

⑤ 신채호는 김원봉의 요청을 받아 의열단 행동 강령인 조선혁명선 언을 작성하였다(1923).

38. 답 ④

출제자의 눈

사료를 분석하여 을사늑약을 파악하고 이에 맞선 우리 민족의 대응을 알아본다.

자료 속 힌트 대황제 폐하, 조약이 성립되지 않는다, 이토 후작

해설

1905년 을사늑약이 체결되자 최익현, 신돌석 등이 을사의병을 일으 켰고 조병세·안병찬 등은 상소운동, 민영환·조병세 등은 자결로써 일본에 대항하는 등 민족운동을 전개하였다.

참고 **을사늑약 반대 운동**

구분	내용
지사	상소운동(조병세·이상설·안병찬, 최익현), 항일순국(민영환· 조병세),
의거	나철, 오기호(을사 5적 암살단), 장인환, 전명운(스티븐스 처 단, 1908), 안중근(이토 히로부미 처단, 1909), 이재명(이완용 습격, 1909)
언론	항일언론운동(장지연), 무효선언(고종, 대한매일신보)
외교	고종의 특사파견(헤이그 특사, 워싱턴 특사 헐버트)

④ 을미의병(1895) 때 유생 출신 유인석은 제천·충주 등지에서 봉 기하여 충주성을 점령하였다.

오답 check

① 민영환, 조병세 등은 외교권 상실에 울분을 금치 못하여 자결로 써 을사늑약에 항거 하였다.

② 이상설, 최익현 등은 을사늑약에 서명한 대신들의 처벌과 강제로 체결된 조약의 폐기를 황제에게 요구하는 상소운동을 벌였다.

③ 1907년 고종은 을사늑약의 부당성을 국제 사회에 알리고자 헤이 그에 이상설, 이준, 이위종 등을 특사로 파견하였다.

⑤ 자신회(自新會, 1907)는 나철, 오기호가 중심이 되어 조직한 단 체로 을사늑약 체결에 협조했던 박제순·이지용·이근택·이완용· 권중현 등의 을사오적을 처단하기 위해 결성한 항일단체이다.

39. 답 ①

출제자의 눈

자료를 통하여 근대 교육기관의 특징을 학습하여야 한다.

해설

㈎ 육영공원. 육영공원은 1886년에 정부가 설립한 최초의 근대 교 육 기관으로 1894년까지 존속하였다. 육영공원은 미국인 교사 헐버트와 길모어를 초빙하여 상류층 자제를 대상으로 영어, 수 학, 정치학 등의 근대 교육을 실시하였다.

㈏ 원산학사. 원산학사(1883)는 덕원 주민들이 개화파 인물들의 권 유에 따라 설립한 우리나라 최초의 근대적 사립학교였으며 외국 어, 자연과학, 국제법 등 근대 학문과 무술을 가르쳤다.

㈐ 배재학당. 배재학당은 1885년 미국 선교사(개신교) 아펜젤러가 세운 한국 최초의 근대식 중등교육기관이다.

⒜ 대성학교. 안창호는 1908년에 평양에 대성학교를 설립하여 계몽운동(실력양성)에 앞장섰다.
⒨ 한성사범학교. 고종은 갑오개혁의 일환으로 1895년 교육입국조서를 발표하여 한성사범학교를 설립하였다.

오답 check

② 교육입국조서의 반포 계기로 설립된 것은 ⒨ 한성사범학교이다.
③ 간도에 만들어진 민족교육기관은 신흥강습소로 신민회가 교육인재 양성과 무관 양성을 목표로 하여 설립하였다(1911).
④ 덕원 지방의 주민들이 설립한 것은 ⒝ 원산학사이다.
⑤ 미국 선교사(개신교)가 세운 중등교육기관은 ⒟ 배재학당이다.

40. 답 ②

출제자의 눈

자료를 분석하여 화폐정리사업을 도출한 후 내용을 파악한다.

자료 속 힌트 구(舊) 백동화(白銅貨), 교환, 탁지부, 1905년

해설

일본의 화폐정리 사업은 1905년 일본 재정고문 메가타에 의해 시행되었다. 화폐정리 사업은 대한제국의 통화를 일본 화폐로 강제 교환하는 것으로 대한제국의 재정 및 화폐, 금융을 지배하려 하였다. 화폐 정리 사업으로 인하여 단기적으로는 시중 화폐의 품귀 현상이 빚어져서 국내 물가가 폭락하는 사태가 발생하였고, 국내에서 자본이 유통되지 않아 화폐부족현상(금융공황)이 발생하기도 하였다.

참고 화폐정리사업(1905. 메가타)

시기	활동
내용	대한제국 화폐를 일본 화폐로 교환, 탁지부 주관, 1주일간 한시적 교환
원칙	상태에 따른 차등 교환, 소액 화폐 교환 거부
결과	화폐부족현상(금융공황), 상공업자와 금융기관에 큰 타격

오답 check

① 전환국은 화폐주조기관으로 1883년에 설치되었다.
③ 제1차 갑오개혁(1894.7~1894.12) 때 은본위 화폐 제도의 채택 등의 조치가 있었다.
④ 황국중앙총상회는 1898년 서울에서 창립된 시전상인의 단체로 외국상인의 불법적인 내륙 상업 활동을 엄단하여 민족적 권익을 수호하면서 그 속에서 시전상인의 독점적 이익을 수호하고 유지하려하였다.
⑤ 방곡령은 일본 상인의 농촌 시장 침투와 지나친 곡물의 반출을 막기 위해 내린 조치였다(1889. 조병식).

41. 답 ②

출제자의 눈

자료를 분석하여 대한민국 임시정부 내의 국민대표회의를 확인하고 당시 정세를 파악할 수 있다.

자료 속 힌트 독립운동의 새로운 방향을 논의, 임시정부, 앞으로 나아갈 방향을 논의하는 회의를 개최

해설

1920년대 초반 대한민국 임시정부는 연통제와 교통국의 조직망이 일제에 의해 발각되어 자금난에 시달리는 등 어려운 사정이 많았다. 또한, 이승만이 미국 윌슨에게 보낸 위임 통치 청원은 여러 독립운동가들의 분노를 유발하였고, 임시정부에 비판적이었던 신채호 등 중국 관내 세력과 만주, 연해주 등지의 무장 세력들은 독립운동 전선의 통일과 독립운동의 방향 전환을 위해 국민대표회의를 열자고 주장하였다. 하지만, 대립 해소의 실패로 대회가 결렬되고 임시정부 요인들은 분열되었고, 이승만 대통령이 탄핵되면서 대통령제가 폐지되고 김구를 중심으로 국무령제를 채택하여 운영하였다(1925).

참고 국민대표회의(1923)

구분	내용
개조파 (외교독립론)	안창호는 현행 임시정부의 조직을 개편하여 독립운동의 중심 역할을 맡아야 한다는 입장이었다. 실력양성, 자치운동, 외교활동 등을 강조하여 활동해야 한다고 주장하였다.
창조파 (무장투쟁론)	박용만, 박은식, 이동휘, 신채호 등은 임시정부를 해체하고, 연해주에 새로운 조선 공화국 수립하자는 입장을 주장하였다.
현상유지파	이동녕과 김구는 현행 임시정부를 그대로 유지하자는 입장이었다.

42. 답 ④

출제자의 눈

브나로드 운동을 통해 1930년대 초반의 농촌 계몽 운동을 파악할 수 있다.

자료 속 힌트 문맹 타파, 1931년, 신문사에서 주최

해설

자료는 동아일보가 전개한 브나로드 운동(1931~1934)을 나타낸 것이다. 일제의 식민 교육으로 문맹자가 급증하자 우리 민족은 언론사를 중심으로 농촌 계몽운동을 전개하였고, 학생, 지식 청년, 문화 단체 등이 계몽운동을 시작하였다.

구분	내용
문자보급운동 (1929~1934)	조선일보는 "아는 것이 힘, 배워야 산다."라는 표어 아래 민중 문화의 향상을 위한 문자보급 운동을 시작, '한글원본' 등의 교재 배포
브나로드운동 (1931~1934)	동아일보는 브나로드 운동을 전개, 문맹자에게 우리 글을 가르치면서 미신 타파, 구습 제거, 근검절약 등 생활 개선을 꾀하려는 계몽운동

오답 check

① 1920년대 물산장려운동은 일제의 관세 철폐에 대항하여 민족 자본을 지키기 위해 시행한 국산품 애용운동이었다.
② 소년운동은 1920년대 천도교 소년회(1921)가 추진하였는데 어린이날을 제정(1922.방정환)하였고 잡지 어린이를 발간하였다.
③ 1920년대 이상재를 중심으로 민립대학 기성회를 조직(1922)하여 우리 손으로 대학을 설립하려는 민립 대학 설립 운동을 전개하였다.
⑤ 백정들은 진주에서 이학찬을 중심으로 조선 형평사를 창립하고 형평운동을 전개하였다(1923).

43. 답 ④

출제자의 눈

지원병 제도 및 황국 신민 등의 내용을 통해 1930년대 일제의 민족 말살 통치를 파악할 수 있다.

 자료 속 힌트   지원병 제도, 내선일체, 국방, 황국 신민

해설

일제는 만주사변(1931)과 중일전쟁(1937) 등의 대륙침략을 강행하면서 한반도를 대륙 침략의 병참 기지로 삼으려 하였다. 1938년에는 국가 총동원령을 제정하여 전쟁 수행에 필요한 인적, 물적 자원을 총동원하는 것은 물론 한민족의 생존과 문화까지 말살하려 하였다.

참고 **민족말살통치(1931~1945)**

구분	내용
정치	황국신민화 강요, 황국신민의 서사암송, 신사 참배·궁성 요배·일본식 성명 강요, 학술 언론 단체 해산
경제	병참기지화, 인적 수탈(국가총동원법, 지원병제, 징병제, 징용제, 정신대), 물적 수탈(전쟁물자·식량공출, 식량배급제), 산미증식재개, 가축증식계획
교육	우리말 사용 금지, 학도 군사 훈련, 조선어 조선역사 조선 지리 과목 폐지

④ 일제는 조선 사상범보호관찰령(1936)과 사상범예방구금령(1941)을 제정하여 주민 생활을 통제하였고, 국민 정신 총동원 조선연맹(1938)을 조직하여 10호 단위의 애국반을 두어 모든 조선인을 가입시키고 총독부의 시책을 강요하였다.

오답 check

① 조선태형령은 일제가 한국인을 억압하고 통제하기 위하여 1912년에 제정하고, 1920년에 폐기하였다.
② 1910년대 국권을 강탈한 일제는 조선 총독부를 설치하고 강력한 헌병 무단 경찰 통치를 실시하였다.
③ 일제는 한국인의 회사설립을 억제하고 민족 자본의 성장을 저지하기 위하여 회사 설립 시 총독부의 허가를 받도록 하는 회사령을 공포하였다(1910~1920).
⑤ 일제는 1910년대에 토지조사령(1912)을 발표하여 토지조사사업을 실시하였고 우리 민족의 토지를 약탈하였다.

44. 답 ④

출제자의 눈

홍커우 공원 의거를 통하여 윤봉길 의사를 파악할 수 있다.

 자료 속 힌트   4월, 홍커우 공원, 일본인의 경축대

해설

상하이 사변(1932)에서 승리한 일본이 상하이 홍커우 공원에서 전승 축하식을 거행하자 한인애국단 소속의 윤봉길은 식장을 폭파하였고, 많은 일본군 장성과 고관들을 처단하였다. 이후 중국 국민당 정부는 중국군관학교에 한인 특별반을 설치하는 등 대한민국 임시정부에 대한 지원을 강화하였고 중국 영토 내의 우리 민족의 무장 독립 투쟁을 승인하는 등 임시정부를 적극 지원하는 계기가 되었다.

참고 **한인애국단(1931)**

구분	내용
조직	1931년 상하이에서 김구가 중심이 되어 조직
이봉창	도쿄에서 일본 국왕에게 폭탄 투척(1932.1.)
윤봉길	상하이 홍커우 공원에서 일본의 전승 축하식장을 폭파(1932.4.), 일본군 장성과 고관 처단
영향	중국 국민당 총통 장제스는 윤봉길 의거 극찬, 이후 대한민국 임시정부에 대한 지원 강화

④ 임시정부 활동의 침체를 극복하기 위하여 김구는 1931년 상하이에서 한인애국단을 결성하여 이봉창, 윤봉길과 같은 애국투사를 양성하였다.

오답 check

① 대한독립군단은 소련 적색군(적군)의 배신으로 자유시에서 피해를 입었다(1921, 자유시 참변).
② 신민회는 교육 인재 양성과 무관 양성을 목표로 하여 서간도에 신흥강습소(1911)를 설립하였고, 신흥무관학교의 명칭은 1919년 이후 사용하였다.
③ 독립의군부(1912)는 유생 의병장 출신의 임병찬이 전제 군주제를 복구하자는 복벽주의(復辟主義)를 추구하여 조직하였다.
⑤ 중광단(1911)은 대종교 신자들을 중심으로 조직되어 무오독립선언서(1918)를 발표하였으며, 김좌진의 북로군정서군으로 개편되었다.

45. 답 ⑤

자료 속 힌트 천도교 제4대 대도주, 순종의 인산일을 기회로

해설

자료는 천도교의 제4대 교주인 박인호 선생을 설명한 것이며 (가)는 6·10 만세 운동을 나타내고 있다. 순종의 인산일을 기화로 1926년 학생들의 주도하여 6·10만세운동을 전개하였는데 사회주의계 및 종교 단체 등이 만세운동을 추진하던 중, 사회주의계의 기획은 사전 발각되어 종교 지도자와 사회 지도자가 체포되었고, 학생들의 주도로 순종의 장례 행렬을 따라가며 만세운동을 전개하게 되었다.

> **춘암 박인호(1855 ~ 1940)**
>
> 박인호는 1908년 천도교의 도통(道統)을 계승하여 제4대 대도주(교주)가 되었고 1919년 3·1운동 때는 손병희를 도와 천도교계 독립투사들과의 연락에 힘쓰며 민족대표 48인 중의 한 사람이 되었다. 이후 동덕학교를 창립하였고 1990년 건국훈장 독립장이 추서되었다.

⑤ 1926년 6·10 만세운동은 민족주의계와 사회주의계의 갈등을 극복하는 계기가 되었고, 이는 민족유일당 운동으로 이어져 신간회 결성(1927)에 영향을 주었다.

오답 check

① 조선 노농 총동맹(1924)은 1927년에 농민·노동 운동의 단체로 각기 분화되었는데 조선 노동 총동맹과 조선 농민 총동맹으로 분리되었다.
② 일제가 날조한 데라우치 총독 암살미수사건에 연루되어 이른바 105인 사건으로 신민회가 해산되었다(1911).
③ 신간회 광주지회에서는 광주항생항일운동(1929) 당시 진상 조사단을 파견하여 지원하였다.
④ 일제는 1919년 3·1운동을 계기로 이른바 문화 통치라는 기만적인 식민통치로 우리민족을 분열을 야기하였다.

46. 답 ①

자료 속 힌트 보통학교, 4년, 6년, 조선어를 선택과목

해설

자료의 대화는 일제강점기 조선교육령의 내용으로 일제의 차별적인 식민 교육 정책을 나타내고 있다.

> **참고 일제의 식민 교육정책(조선교육령의 변화)**
>
> | 구분 | 내용 |
> |---|---|
> | 제1차 (1911) | 일본어 학습 강요, 우민화 교육, 보통·실업·전문 교육, 보통학교(4년), 사립학교 규칙(1911), 지리·역사·한글 교육 금지, 서당규칙(1918.허가제) |
> | 제2차 (1922) | 한국인 대학입학 허용(1924. 경성제국대학), 보통학교(6년), 고등보통학교(5년), 조선어·역사·지리 교육 허용 |
> | 제3차 (1938) | 내선일체 일선동조론 강요, 심상소학교(보통학교·소학교 통합), 중학교(고등보통학교 개편), 국민학교령(1941.4년제) |
> | 제4차(1 943) | 전시 비상 조치령, 전시 교육 체제, 학도 동원본부, 학도근로령, 조선어·역사 과목 폐지 |

47. 답 ⑤

자료 속 힌트 자유당, 개헌, 수학적 3분의 2, 135.33…,

해설

자료는 1954년 자유당 정권이 추진하였던 사사오입 개헌 사건이다.

> **참고 사사오입 개헌(1954)**
>
> | 구분 | 내용 |
> |---|---|
> | 배경 | 대통령 3선 금지 조항(초대 대통령에 한하여 중임제한) 폐지 내용의 개헌안 제출 |
> | 전개 | 표결 결과 1표가 부족하여 부결, 자유당의 사사오입 논리로 개헌안 통과 |
> | 내용 | 야당은 민주당을 창당하여 저항, 신익희가 선거 도중 사망, 대통령과 부통령에 각각 이승만, 장면 당선(1956, 제3대 대통령선거) |
>
> 국회의원 총원 203명의 2/3는 135.333...이다. 따라서 136표 이상이 되어야 통과가 된다. 초대 대통령에 한하여 중임 제한 철폐에 대한 개헌안의 개표 결과 135표가 나와 부결되기에 이른다. 하지만, 이틀 뒤 자유당은 '사사오입'이라는 수학적 논리를 들고 나와 소수점 아래의 수는 반올림법에 의해 버려야 한다고 주장. 고로 135표는 가결된다하여 부정하게 통과시킨 사건을 일컫는다.

⑤ 사사오입 개헌 사건은 이승만의 장기 집권을 위하여 초대 대통령에 한하여 3선 금지조항의 철폐(초대 대통령에 한하여 중임 제한 철폐)를 골자로 한 개헌안을 수학적 논리로 부당하게 통과시킨 것으로 개헌안이 부당하게 통과되어 적용되었다.

오답 check

① 1960년 4·19 혁명 이후 장면이 집권한 내각책임제의 제2공화국이 열렸다(1960.8~1961.5).
② 1972년 유신 헌법 아래에서는 통일주체국민회의에서 대통령을 간접 선거로 선출하였으며, 임기 6년에 중임제한을 폐지하여 대통령 장기 집권의 발판을 마련하였다(제4공화국).
③ 1987년 6월 민주항쟁의 결과 정부는 6·29선언을 발표하였고, 5년 단임의 대통령 직선제로 개헌하게 되었다(1987.10).
④ 1948년 제헌 헌법은 국회에서 대통령 간접선거(임기4년, 1회 중임가능), 단원제 국회 등을 내용으로 하였다.

48. 답 ⑤

출제자의 눈

주요 사건을 통해 박정희 정부(제3·4공화국, 1963 ~ 1979)를 도출할 수 있다.

해설

자료는 박정희 정권이 집권할 당시의 사건들을 나열한 것으로 베트남파병(1964~1973), 경부고속도로 준공(1970), 유신헌법 공포(1972) 등의 사건이 있었다.

⑤ 박정희 정부는 1963년 서독에 광부와 간호사를 파견하여 약 3천만 달러의 차관을 제공받았다.

오답 check

① 농지개혁법은 1949년에 제정되었으나 정부의 재정상의 문제로 1950년에 실시되었다(이승만 정부).

② 김영삼 정부는 투명한 금융거래를 위해 금융 실명제를 시행하였다(1993).

③ 외환 위기극복을 위하여 구조조정, 부실기업의 정리 등을 추진하였으며, 금모으기 운동 등으로 2001년 김대중 정부는 외채를 상환하였다.

④ 2004년 칠레와 자유무역협정이 체결되었다(노무현 정부).

49. 답 ④

출제자의 눈

광주 민주화운동의 결의를 통해 민주항쟁을 학습한다.

 자료 속 힌트 과도정부, 계엄령을 즉각 해제

해설

1980년 전두환의 신군부는 비상계엄을 전국으로 확대하였고(5.17), 광주 지역에서는 비상계엄 철회 및 민주화를 열망하는 시민들의 요구가 5.18 민주화 운동으로 이어졌다(1980). 이 때 민주주의 헌정 체제의 회복을 요구하는 시민들과 진압군 사이에 충돌이 일어났으며, 이 과정에서 무고한 시민들도 다수 살상되어 국내외에 큰 충격을 안겨 주었다.

④ 5·18 광주 민주화 운동 기록물은 유네스코 세계기록유산으로 등재되었다.

오답 check

① 한일 국교 정상화를 대일 굴욕 외교라고 하여 전개한 반대 운동인 6·3항쟁은 1964년에 있었다.

② 전두환 정부의 4·13 호헌 조치에 반대하여 1987년 6월 민주항쟁이 전개되었다.

③ 1960년 3·15 부정 선거에 항의하는 시위가 확대되어 4.19혁명이 전개되었다.

⑤ 윤보선, 김대중, 문익환 등 재야인사들이 명동 성당에서 긴급조치의 철폐, 박정희 정권 퇴진, 민족 통일 운동을 추구할 것 등을 요구하는 3·1 민주구국선언을 발표하였다(1976).

50. 답 ④

출제자의 눈

가상의 편지를 통해 2000년 6·15 남북 공동 선언을 파악할 수 있다.

자료 속 힌트 남북정상이 2000년에 평양에서 만나는 역사적인 장면

해설

2000년 6·15 남북 공동 선언은 분단 이후 처음으로 남북 정상이 평양에서 만나 합의하여 발표한 것으로 남과 북은 경제 협력을 통해 민족의 신뢰를 구축하기로 합의하여 이산가족이 만나는 등 남북 간의 긴장 완화와 화해·협력이 진전되었다. 김대중 정부(1998~2003)에서 실현하였다.

④ 개성공단 조성은 2000년 남북이 합의하여 2002년에 착공되었다(김대중 정부).

오답 check

① 노태우 정부에서 남북기본합의서가 채택되었다(1991).

② 남북 조절 위원회는 1972년 7·4 남북 공동 성명을 실천하기 위해 박정희 정부에서 설치하였다.

③ 노태우 정부에서 남북한이 유엔에 동시 가입하였다(1991).

⑤ 전두환 정부 때 남북 이산가족 고향 방문단 및 예술 공연단의 교환 방문이 최초로 성사되었다(1985).

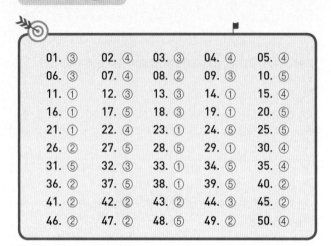

01. ③	02. ④	03. ③	04. ④	05. ④
06. ③	07. ④	08. ②	09. ③	10. ⑤
11. ①	12. ④	13. ③	14. ①	15. ④
16. ①	17. ⑤	18. ③	19. ①	20. ⑤
21. ①	22. ④	23. ①	24. ⑤	25. ②
26. ②	27. ④	28. ⑤	29. ①	30. ④
31. ⑤	32. ④	33. ①	34. ⑤	35. ④
36. ④	37. ⑤	38. ①	39. ⑤	40. ②
41. ①	42. ④	43. ②	44. ③	45. ②
46. ②	47. ②	48. ⑤	49. ②	50. ④

01. 답 ③

출제자의 눈

평창 유적의 비파형 동검을 통하여 청동기 시대를 유추할 수 있다.

자료 속 힌트 비파형 동검

해설

(가) 청동기 시대에는 조, 보리, 콩, 벼농사를 지었으며, 비파형동검, 반달돌칼, 미송리식토기, 민무늬토기 등이 도구로 사용되었다. 청동기 시대에는 계급이 분화되어 부족을 지배하는 족장(군장)이 등장하였으며, 군장이 죽으면 고인돌을 만들어 장례를 치렀다.
③ 반달돌칼은 청동기 시대에 벼를 수확하기 위한 추수도구이다.

오답 check

① 신석기 시대 진흙으로 그릇을 빚어 불에 구워서 만든 빗살무늬를 입힌 토기를 사용하여 음식물을 조리하거나 저장하였다.
② 구석기 시대 초기에 동굴이나 바위 그늘, 후기에는 막집에 일시적으로 거주하였다.
④ 구석기와 신석기시대에는 계급이 없는 평등한 사회였다.
⑤ 신석기 시대에는 가락바퀴와 뼈바늘을 사용하여 의복과 그물을 제작하는 등의 원시적 수공업이 발달하였다.

02. 답 ④

출제자의 눈

가족공동묘와 서옥제를 통하여 옥저와 고구려를 파악할 수 있다.

자료 속 힌트 가매장, 가족을 모두 한 곽에, 수혈, 10월, 서옥

해설

(가) 옥저는 어물과 소금 등 해산물이 풍부하였고, 토지가 비옥하여 농경이 발달하였으나, 고구려의 압박으로 공물을 납부 하였다. 풍속으로는 가족 공동 묘와 민며느리제가 있었다.

(나) 고구려는 중대한 범죄자는 제가회의를 통하여 사형에 처하고 그 가족을 노비로 삼기도 하였고 매년 10월에는 동맹이라는 제천 행사를 국동대혈(수혈)에서 지냈다. 또한, 혼인풍습으로 서옥제가 있었는데, 남녀가 혼인을 하면 신부 집 뒤꼍에 서옥이라는 집을 짓고 살다가, 자식을 낳아 장성하면 신부를 데리고 자기 집으로 갔다.
④ 고구려는 왕 밑에 독립적 부족장인 상가 및 고추가 등을 두었고, 각기 사자, 조의, 선인 등의 관리를 거느리고 있었다.

오답 check

① 삼한은 제정분리 사회였기 때문에 제사장인 천군이 신성시 되는 소도를 따로 지배하였고 소도에는 군장세력이 미치지 못하였다.
② 부여는 왕 아래에 가축의 이름을 딴 마가, 우가, 저가, 구가를 두었고, 각 가들은 저마다의 행정 구획인 사출도를 다스리고 있었다.
③ 동예는 부족적 성격이 강하였기 때문에 부족의 영역을 침범하지 못하게 하는 책화라는 제도가 있었는데, 만약 다른 부족을 침범하게 되면 노비 또는 소나 말로 변상하게 하였다.
⑤ 삼한 중 변한에서는 철이 많이 생산되어 낙랑이나 왜에 수출이 활발하였다.

참고 연맹국가의 특징

국가	특징
부여	5부족 연맹체(사출도), 영고(12월), 우제점법, 순장, 1책12법, 연좌제, 반농반목
고구려	5부족 연맹체, 동맹(10월, 국동대혈), 약탈 경제, 서옥제, 제가회의
옥저	군장국가(읍군·삼로), 민며느리제, 가족공동묘, 해산물 풍부, 토지 비옥
동예	군장국가(읍군·삼로), 무천(10월), 책화, 족외혼, 해산물 풍부, 토지 비옥, 방직기술 발달, 특산품(단궁·과하마·반어피)
삼한	신지·견지(大족장), 읍차·부례(小족장), 5월·10월 계절제, 제정분리, 천군(제사장)이 소도 지배, 벼농사 중심, 변한의 철(화폐처럼 사용, 낙랑·왜 수출), 반움집

03. 답 ③

출제자의 눈

고려시대에 제작된 관촉사석조미륵보살 입상을 통해 논산을 추론할 수 있다.

자료 속 힌트 관촉사 석조 미륵보살 입상

해설

고려 시대 불상은 대체로 조형미가 다소 부족한 것이 많았는데 (가) 논산 관촉사 석조 미륵보살 입상이나 안동 이천동 석불처럼 향토적 아름다움과 소박한 아름다움이 잘 드러난 거대한 불상이 만들어지기도 하였으며, 사람이 많이 다니는 길목에 조성되었다.
③ 7C 백제의 계백과 신라의 김유신 사이에서 전개되었던 황산벌 전투(660)는 논산시 연산면 일대로 알려져 있다.

오답 check

① 이황의 건의로 소수 서원으로 사액받았던 주세붕의 백운동서원은 경북 영주시 순흥면에 위치하고 있다.

② 박상진이 대구에서 결성된 대한광복회(1915)는 전국적인 조직으로 발전하였다.

④ 고려 말 최무선의 건의로 화통도감을 설치하고, 진포(군산)에서 최초로 화포를 사용하였다(1380).

⑤ 개성공단 조성은 2000년 남북이 합의하여 2002년에 착공되었다(김대중 정부).

04. 답 ④

출제자의 눈

우경과 우산국 정벌을 통해 6세기 신라 지증왕을 파악할 수 있다.

자료 속 힌트   우경(牛耕), 국호를 '신라', '왕'이라는 칭호, 이사부

 해설

6세기 신라 지증왕은 국호를 신라로 바꾸고, 왕의 칭호도 마립간에서 왕으로 고쳤으며 지증왕은 노동력의 확보를 위하여 순장을 금지하였다(502). 또한, 우경을 실시하였으며, 이사부를 보내 우산국(울릉도)을 복속(512)시켜 세력을 확장하였다.

④ 6세기 신라 지증왕 때에는 무역이 급격하게 발달하여 시장을 감독하는 관청인 동시전을 설치하였다.

 오답 check

① 7세기 신라 신문왕은 유교 정치 이념의 확립을 위하여 국학을 설립하여 유교 경전을 교육하였다.

② 6세기 신라 법흥왕은 건원이라는 신라 최초의 연호를 사용하였다(536).

③ 신라 원성왕 때 독서삼품과를 마련하였는데 국학의 졸업생을 성적에 따라 3등급으로 나누어 관리를 채용하려 하였다.

⑤ 7세기 신라 선덕여왕 때 승려 자장은 황룡사 9층 목탑의 건립을 왕에게 건의하여 건립하였다(643).

05. 답 ④

출제자의 눈

특별 사진전의 내용을 통해 도교와 관련된 고구려의 문화를 학습하여야 한다.

자료 속 힌트   고구려의 도교 문화

해설

고구려 강서고분에서 발견되는 사신도(四神圖)는 청룡도(동쪽), 백호도(서쪽), 주작도(남쪽), 현무도(북쪽)가 있는데 이는 도교의 방위신으로 죽은 자의 영혼을 악귀로부터 수호한다는 4신을 그린 것으로 사후 세계를 지켜 주리라는 믿음이 나타낸 것이다.

④ 고구려 강서고분에서 발견된 현무도이다.

 오답 check

① 고려시대 13세기 전반의 상형청자인 청자 인물형 주전자이다.

② 백제의 금동대향로는 신선들이 사는 이상 세계를 형상화하였고, 용과 봉황, 연꽃, 그리고 신선이 산다고 하는 삼신산의 74개 봉우리를 표현하였는데, 백제의 도교적 성격을 엿볼 수 있다.

③ 백제의 산수무늬 벽돌은 자연과 더불어 살고자 하는 당시 사람들의 생각을 표현하였다.

⑤ 조선시대 18세기 김홍도의 작품으로 군선도 8첩병풍이다.

06. 답 ③

출제자의 눈

사료를 분석하여 5세기 ～ 6세기 삼국의 정세를 파악할 수 있다.

자료 속 힌트   웅진으로 도읍을 옮겼다. 국호를 남부여라

해설

(가) 백제 문주왕은 계속된 고구려의 남진으로 인하여 웅진(공주)으로 천도하였다(475).

(나) 6세기 성왕은 대외 진출이 수월한 사비(부여)로 천도하고 국호를 남부여로 개칭하였으며(538), 백제의 중흥을 꾀하였다.

참고 백제의 시대구분

위례성(한성) 시대				웅진성 시대			사비성 시대
고이왕	근초고왕	침류왕	비유왕 개로왕	문주왕	동성왕	무령왕	성왕
3C	4C			5C			6C

③ 6세기 백제 무령왕은 지방에 대한 통제를 강화하기 위하여 지방에 22담로를 설치하여 왕족을 파견하는 등 통치 체제를 정비하였다.

 오답 check

① 4세기 백제 근초고왕은 박사 고흥으로 하여금 백제의 역사서인 書記(서기)를 편찬하게 하였다.

② 익산 미륵사는 백제 무왕 때 건립하였다.

④ 견훤은 신라의 수도 경주를 침공하여 경애왕을 살해(927)하는 등 반신라 정책을 내세우며 후백제를 발전시켰다.

⑤ 복신·흑치상지·도침은 왕자 풍을 왕으로 추대하고 주류성과 임존성에서 군사를 일으켜 백제 부흥운동을 전개하였다(660~663).

07. 답 ④

출제자의 눈

안시성 전투를 통해 7세기 고구려의 정세를 파악할 수 있다.

자료 속 힌트   안시성, 전투

해설

자료는 당 태종과 고구려의 양만춘과의 전투를 나타내고 있다. 연개소문은 정변(642)을 일으켜 보장왕을 옹립하고 정권을 장악하여 당에 대하여 강경책을 추진하였다. 결국 644년 당태종은 고구려 정벌을 선포하였고, 당 태종은 직접 대군을 이끌고 고구려를 침략하였다. 고구려는 요동성, 개모성, 비사성이 정복당하는 등 어려움을 겪었으나, 곧 양만춘은 안시성에서의 전투를 승리로 이끌며(645) 당군을 물리쳤다.

④ 나당연합군이 고구려를 공격하여 고구려의 수도인 평양성을 함락시키면서 고구려는 멸망하였다(668).

오답 check

① 7세기 수나라의 양제는 113만의 대군을 이끌고 고구려에 침략하였으나 을지문덕이 살수에서 대항하여 대승리를 이루어냈다(612,살수대첩).
② 4세기 고구려 미천왕은 낙랑군을 축출하였다(313).
③ 4세기 고구려 소수림왕 때에는 전진의 순도가 불상과 경문을 가져와 사상을 통합하기 위하여 불교를 공인하였다(372).
⑤ 7세기 연개소문은 정변을 일으켜 보장왕을 옹립하고 정권을 장악하여 당에 대하여 강경책을 추진하였다(642).

08. 답 ②

출제자의 눈

을파소를 발탁하여 민생안정을 추구한 내용을 통해 고국천왕을 파악할 수 있다.

자료 속 힌트 을파소

해설

2세기 후반 고구려 고국천왕 때에는 부족적 성격을 지니고 있던 5부를 행정적 성격의 5부로 개편하고, 족장들을 중앙 귀족으로 편입하는 등 중앙 집권화에 노력하였다. 또한, 형제 상속으로 되어 있었던 왕위 계승도 부자 상속으로 변경하며 왕권을 강화하려 노력하였고 을파소를 국상으로 기용하여 빈민을 구제하기 위한 진대법을 실시하였다(194).

오답 check

① 고려 예종 때 혜민국을 두어 의약을 전담하게 하였다(1112).
③ 조선 태종은 양전 사업과 호구 파악에 노력을 기울였고 호패법을 실시하였다(1413).
④ 고려 광종은 노비안검법을 시행하여 호족 세력을 약화시켰고, 국가 재정을 확충하였다(956).
⑤ 고려 광종은 제위보를 설치하여 빈민 구제에 힘썼다(963).

09. 답 ③

출제자의 눈

문화유산의 설명을 통해 북한산 순수비임을 확인할 수 있다.

자료 속 힌트 진흥왕, 순수(巡狩), 북한산

해설

자료는 6세기 신라 진흥왕이 세운 북한산 순수비이다. 진흥왕은 고구려 지배하에 있었던 한강 하류를 장악하고 북한산비(555)를 세웠다. 북한산비는 무학대사비로 알려져 있었으나 조선후기 김정희가 금석학을 연구하여 북한산비가 진흥왕순수비임을 밝혔다(금석과안록).

오답 check

① 장수왕의 중원고구려비에는 매금(寐錦)왕이 출현하는데 신라 매금은 신라의 왕을 일컫는 말이다.
② 영천 정제비를 통해 저수지 축조를 위한 신라의 인력 동원 내용을 파악할 수 있다.
④ 신라 영일 냉수리비는 지방민들 사이에 벌어진 재산 분쟁에 대한 처결 내용을 적은 것이다.
⑤ 광개토대왕이 신라 내물마립간을 후원하여 왜구를 토벌한 내용은 광개토대왕릉비를 통하여 알 수 있다(400).

참고 신라의 비석 정리

신라 비석	내용
영일 냉수리비 (503. 지증왕)	재산 분쟁에 관한 판결을 명시하였으며 신라의 옛 국가명인 '사라(斯羅)' 등의 명칭과 지명, 나마 등의 관등명이 기록되어 있다.
울진 봉평비 (524. 법흥왕)	신라가 동해안 북쪽 방면으로 세력을 확장하여 울진 지방을 신라의 영토로 편입할 때 신라 울진 주민들의 저항에 대해 '6부 회의'를 열고 대인을 파견하여 처벌하는 내용이 기록되어 신라 법흥왕 때 율령이 존재하였음을 증명하고 있다.
영천 정제비 (536. 법흥왕)	저수지 축조를 위해 7,000명을 동원했다는 내용이 새겨져 있어 당시의 노동력 동원 체계를 짐작할 수 있다.
단양 적성비 (551. 진흥왕)	진흥왕 초기 신라가 죽령을 넘어 남한강(단양 적성) 지역을 점령하고 세운 비석으로 적성을 공격한 장수들 및 공을 세운 자들을 포상하고 신라에 충성하는 자는 포상하겠다는 내용이 기록되어 있다. 관직명과 율령과 조세 관련 용어 등이 등장한다.
남산 신성비 (591. 진평왕)	경주 남산 신성을 쌓을 때 '3년 이내에 성이 무너지면 처벌한다'는 서약과 부역 동원 내용이 기록되어 있다.

10. 답 ⑤

출제자의 눈

신문의 내용 중 김해, 김수로왕 등을 통해 금관가야를 추론할 수 있다.

자료 속 힌트 김해, 김수로왕

해설

3C경 김해의 ㈎ 금관가야가 연맹국가로 발전하면서 6가야 연맹체로 성립하였다. 제철 기술이 뛰어났으며, 낙랑과 왜의 규수지방을 연결하는 해상 중계 무역이 번성하였다. 5C초 고구려군의 공격으로 전기가야 연맹은 낙후하고 고령의 대가야 중심인 후기 가야 시대로 전환되게 되었다. 금관가야와 대가야는 연맹 왕국 단계에서 금관가야는 신라 법흥왕, 대가야는 신라 진흥왕에게 각각 멸망당하였다.
⑤ 가야의 일부 왕족은 신라의 귀족으로 편입되기도 하였다.

① 통일신라 신문왕은 전국을 9주 5소경으로 나누어 지방 행정구역을 정비하였다.

② 고구려 장수왕은 지방에 사립학교인 경당을 건립하여 청소년들에게 한학과 무술을 교육하였다.

③ 고조선은 8조법을 두어 질서를 유지하였으며 그 중 3개조의 내용만 전해진다.

④ 고구려는 중대한 범죄자는 제가회의를 통하여 사형에 처하고 그 가족을 노비로 삼기도 하였다.

11. 답 ①

선덕왕, 왕위 쟁탈전 등을 통하여 신라 말 정세를 파악할 수 있다.

🧭 자료 속 힌트 혜공왕 피살, 선덕왕, 왕위 쟁탈전

해설

신라 말에는 귀족들의 정권 다툼과 대토지 소유의 확대로 백성의 생활이 어려워졌고, 호족과 6두품 세력들은 결탁하여 중앙정부에 대항하였다.

① 실천적인 경향을 가지고 있던 선종은 신라 말 진골과 대립하고 있던 호족 세력의 환영을 받게 되어 널리 확산되었고, 각 지방에 9개의 선종 사원인 9산 선문을 성립하게 되었다.

9산	개조	중심사찰
가지산파	도의	장흥 보림사
실상산파	홍척	남원 실상사
동리산파	혜철	곡성 대안사
사자산파	도윤	영월 흥녕사
성주산파	무염	보령 성주사
희양산파	도현	문경 봉암사
사굴산파	범일	강릉 굴산사
봉림산파	현욱	창원 봉림사
수미산파	이엄	해주 광조사

② 고려 숙종 때에는 삼한통보, 해동통보, 해동중보 등 동전을 만들었으나 널리 유통되지 못하였다.

③ 7세기 신라 신문왕은 녹읍을 폐지하고 관료전을 지급하였는데, 이로 인하여 국가재정의 확보와 왕권의 강화를 동시에 실현하였다.

④ 고려 말에 이암이 원나라의 농서인 농상집요를 소개하였다.

⑤ 고려 충렬왕 때 안향은 성리학을 고려에 소개하였다.

12. 답 ③

중앙통치제제인 3성 6부를 통하여 발해를 파악할 수 있다.

해설

발해 문왕은 당과 친선 관계를 체결하면서 당의 제도인 3성6부를 받아들여 중앙 통치 체제를 정비하였다.

시기	내용
고왕	대조영, 길림성의 동모산에서 건국(698), '천통'
무왕	북만주 일대 장악, 요서·산둥 지방 공격(장문휴의 수군), 돌궐·일본과 연결하여 당·신라 견제, '인안'
문왕	당과 친선 관계, 중경에서 상경으로 천도, 신라도, 주자감 설치, '대흥'
선왕	대부분의 말갈족 복속, 요동 진출, 해동성국, 15부 62주 정비, '건흥'

③ 발해 문왕 때 최고 교육기관인 주자감을 설치하였다.

① 고조선의 성장에 불안을 느낀 한나라의 무제는 대규모 침략을 해왔고, 약 1년간에 걸친 장기전과 지배층의 내분으로 왕검성은 함락되어 고조선은 멸망하게 되었다(BC108).

② 통일신라 신문왕은 9서당 10정을 편성하여 군제를 개편하였다.

④ 통일 신라는 지방관을 감찰하기 위한 제도로 외사정을 파견하였다.

⑤ 신라 말 흥덕왕 때 장보고는 완도에 청해진을 설치(828)하여 해적을 소탕하였으며, 남해와 황해의 해상 무역권을 장악하였다.

13. 답 ③

자료를 통하여 민족 명절인 단오를 알아본다.

🧭 자료 속 힌트 수레바퀴 모양으로 떡, 수릿날, 강릉

해설

㈎ 단오(5.5)에는 수리취떡, 준치국, 도미찜, 앵두화채 등을 만들어 먹었으며 창포에 머리감기, 쑥과 익모초 뜯기, 부적 만들어 붙이기, 대추나무 시집보내기, 단오 비녀 꽂기 등의 풍속과 함께 그네뛰기·격구·씨름·석전(石戰)·활쏘기 등을 즐겼다.

명절	일자	풍습
설날	1월1일	차례, 세배, 씨름 등 민속놀이
대보름	1월15일	달맞이, 쥐불놀이, 다리밟기, 부럼깨기, 달집태우기, 귀밝이술 마시기
삼짇날	3월3일	화전놀이, 화전(진달래꽃) 만들어 먹기
단오	5월5일	창포에 머리감기, 쑥과 익모초 뜯기, 수리떡 먹기, 대추나무 시집보내기, 그네뛰기·격구·씨름·석전(石戰)·활쏘기 등 민속놀이
칠석	7월7일	칠성맞이 굿, 밭제, 별보며 글짓기, 걸교제(바느질 솜씨 늘기 기원)
한가위	8월15일	차례, 성묘, 민속놀이
동지	양12월22일	밤이 가장 긴 날. 팥죽 먹기. 차례 지내기
한식	동지후105일	찬 음식을 먹기. 차례·성묘하기. 농작물의 씨 뿌리기

③ 정월대보름(1.15)에는 달에 소원을 빌었고, 달맞이, 쥐불놀이, 달집태우기, 다리밟기, 부럼깨기, 귀밝이술 마시기 등을 즐겼다.
⑤ 조선 말기까지 공조(工曹)에서 단오 부채를 만들어 임금에게 바치면 임금은 이것을 궁중의 재상들과 시종들에게 하사하였다.

14. 답 ①

자료 속 힌트   흑창, 정계, 계백료서

해설

제시된 자료는 (가) 고려 태조 왕건의 훈요10조의 내용이다. 태조는 개국 공신과 지방 호족을 관리로 등용하였고, 역분전을 지급하여 경제적 기반도 마련하여 주었다. 또한, 지방의 유력한 호족과는 혼인을 통하여 관계를 다졌고, 지방 호족의 자치권도 인정하는 등의 왕권강화를 꾀하였다.
① 고려 태조는 사심관과 기인제도를 활용하여, 지방 호족을 견제하고 지방 통치를 보완하려 하였다.

오답 check

② 도병마사는 고려 현종 때 제도화되었고, 성종 때 성립되었다.
③ 고려의 과거 제도는 광종 때 쌍기의 건의로 시행되었다(958).
④ 고려 경종은 인품과 관품을 고려하여 지급한 시정전시과를 시행하였다(976).
⑤ 광종은 관리의 복색을 관등에 따라 구분해서 입게 하여 지배층의 위계질서를 확립하였다(960).

15. 답 ④

자료 속 힌트   서경 천도, 대위, 천개, 김부식

해설

(가) 묘청은 고려가 윤관이 쌓은 9성의 반환 이후 금의 군신 관계 요구를 수락(1125, 이자겸)하는 등 집권세력이 보수화되자 칭제 건원과 금국정벌론을 내세워 서경 천도 운동을 일으켰다(1135).

참고 **묘청의 서경천도운동(1135년)**
1. 배경: 중앙 귀족의 보수 세력(개경파)과 지방의 신진 개혁 세력(서경파) 사이의 대립
2. 전개: 묘청 세력은 서경에서 반란(국호-대위, 연호-천개, 군대-천견충의군)
3. 결과: 김부식의 관군에 의해 약 1년 만에 진압, 숭문천무 현상, 서경의 지위 하락

구분	개 경 파	서 경 파
중심세력	김부식 중심, 보수적 관리	묘청·정지상 중심, 개혁적 관리
사상경향	사대적 유교 정치사상	풍수지리설, 자주적 전통 사상
대외정책	금에 대한 사대 정책	서경천도, 금국 정벌, 칭제건원
역사의식	신라 계승 의식	고구려 계승 의식
대내정책	유교 이념 충실, 사회 질서 확립	왕권 강화, 혁신적 제도 개혁

 오답 check

① 정도전은 불씨잡변을 저술하여 불교를 비판하였다.
② 최충헌은 집권 당시의 혼란을 극복하기 위하여 조세제도의 개혁, 토지겸병의 금지, 승려들의 고리대업 금지 등을 내용으로 하는 봉사10조와 같은 개혁 책을 제시하였으나, 실질적인 개혁은 미비하였다.
③ 묘청의 서경천도 운동은 고려전기 문벌귀족 집권기에 발생하였다.
⑤ 위훈 삭제 문제로 인한 공신들의 반발로 조광조를 비롯한 대부분의 사림 세력은 정계에서 밀려나게 되었다(1519.기묘사화).

16. 답 ①

출제자의 눈

최충의 9재학당의 내용을 통해 고려시대 관학 진흥 정책을 짐작할 수 있다.

자료 속 힌트   최충, 문헌공도, 관학 교육

해설

고려 문종 때 최충은 9재 학당을 세워 유학 교육에 힘썼고, 9재 학당에서 교육을 받은 학생들이 과거에서 좋은 성적을 거두자 최충의 문헌공도가 번성하게 되었다. 사학이 융성하게 되자 정부는 관학 진흥책을 시행하였다.

참고 **관학 진흥 정책**

명절	풍습
관학	중앙의 국자감(국학), 지방의 향교(지방 관리·서민 자제 교육)
사학융성	최충의 문헌공도(9재학당)를 비롯한 사학 12도 융성 → 관학 교육의 위축 초래
관학진흥	숙종(서적포), 예종(국학7재, 양현고, 청연각·보문각,) 인종(경사6학), 충렬왕(섬학전, 국학의 성균관 개칭), 공민왕(성균관을 유교 교육 기관으로 개편)

① 조선의 4부 학당은 중앙에 설치되었던 중등 교육기관이었다.

오답 check

② 고려 예종은 국자감을 국학으로 개칭하고, 국학 내에 전문 강좌인 7재를 설치하였다(국학7재).
③ 고려 인종은 국학의 7재를 정비하여 경사 6학으로 바꾸고 유학 교육을 강화하였다.
④ 고려 예종 때 양현고라는 장학 재단을 두어 관학의 경제 기반을 강화하였다.
⑤ 고려 예종은 청연각·보문각·천장각·임천각 등 도서관 및 학문 연구소를 설치하여 학문을 연구하였다.

17. 답 ⑤

출제자의 눈
삼국유사와 제왕운기를 통하여 고려의 역사의식을 파악할 수 있다.

자료 속 힌트 삼국의 시조, 기이(紀異)편, 시(詩), 요동

해설

(가) 삼국유사. 삼국유사는 충렬왕 때에 일연이 편찬하였다. 불교사를 중심으로 고대의 민간 설화나 전래 기록을 수록하는 등 우리 고유의 문화와 전통을 중시하였으며, 단군을 우리 민족의 시조로 여겨 단군의 건국 이야기를 수록하였다.

(나) 제왕운기. 이승휴가 편찬한 제왕운기(1287)는 우리나라의 역사를 단군에서부터 서술하면서 우리 역사를 중국사와 대등하게 파악하는 자주성을 나타내었다.

오답 check

① 조선왕조실록은 사관이 국왕 앞에서 기록한 사초, 각 관청의 문서를 모아 만든 시정기를 중심으로, 승정원일기, 의정부등록, 비변사등록, 일성록(정조 이후) 등을 보조 자료로 하여 종합, 정리하여 편년체로 편찬하였다.

② 직지심체요절은 청주 흥덕사에서 백운 경한 스님에 의해 금속활자로 1377년에 2권으로 간행되었는데 현존하는 세계 最古의 금속 활자로 공인받고 있다.

③ 제왕운기는 유네스코 세계 기록유산으로 등재되지 않았다.

④ 삼국유사는 사건마다 원인과 결과를 구분하여 편찬한 기사본말체로 편찬하였다.

18. 답 ③

출제자의 눈
이연종의 상소를 통해 고려 말 공민왕의 개혁정치를 짐작할 수 있다.

자료 속 힌트 이연종, 변발, 호복

해설

자료 속 대화는 고려 말 이연종이 공민왕에게 상소하는 내용이다. 공민왕은 즉위 후 기철을 비롯한 친원 세력을 숙청하고, 내정 간섭 기구인 정동행성이문소의 폐지 등의 개혁정치를 추진하였다.

참고 공민왕의 개혁정치	
구분	개혁
반원정책	친원 세력(기철) 숙청, 정동행성 이문소 폐지, 관제 복구, 몽골풍 금지, 쌍성총관부 공격하여 철령 이북 수복(유인우), 요동 지방 공략
왕권강화	정방 폐지(신진 사대부 등용), 전민변정도감 설치(신돈 등용), 성균관을 순수한 유교 교육 기관으로 개편

③ 과전법은 공양왕 때 신진사대부의 경제적 기반을 마련하기 위하여 이성계가 추진하였다(1391).

19. 답 ①

출제자의 눈
강동 6주를 통해 거란의 1차 침입을 파악할 수 있다.

해설

지도는 고려시대 (가) 강동 6주를 나타낸 것이다. 거란의 소손녕은 송과의 교류를 끊을 것과 아울러 고려가 차지하고 있는 옛 고구려의 영토를 요구하며 80만 대군을 이끌고 고려를 침략해 왔다(993, 거란 1차 침입). 이에 맞서 서희는 외교 담판으로 고려가 고구려의 후예임을 인정받음과 동시에 압록강 동쪽의 강동6주를 획득하여 영토를 확장하였고(994, 성종), 송과의 단교 및 거란과의 교류를 약속하였다.

오답 check

② 공민왕은 유인우 등을 보내 무력으로 쌍성총관부를 공격하여 철령 이북의 땅을 수복하였다(1356).

③ 예종 때 윤관은 별무반을 이끌고 여진을 정벌하여 동북 9성을 쌓았다(1107).

④ 후고구려의 궁예는 도읍을 철원으로 옮기면서 국호를 마진으로 바꾸었다.

⑤ 1232년 몽골군이 고려에 침입하였는데 김윤후가 처인성(용인)에서 몽골 장수 살리타를 사살하여 퇴각하게 하였다(몽골의 2차 침입).

20. 답 ⑤

출제자의 눈
자료를 분석하여 의천의 활동을 알아본다.

자료 속 힌트 교장도감, 교장(教藏), 천태종

해설

11세기에 활동한 (가) 의천은 흥왕사를 근거지로 삼아 화엄종을 중심으로 교종을 통합 하려 하였으며, 선종을 통합하기 위하여 국청사를 창건하여 천태종을 창시하였다. 교종 중심에서 선종을 통합하려 노력하였고, 이를 뒷받침할 사상적 바탕으로 이론의 연마와 실천의 양면 모두를 강조하는 교관겸수를 제창하였다.

오답 check

① 혜심은 유불일치설을 주장하였고, 심성의 도야를 강조하여 성리학을 수용의 사상적 토대를 마련하였다.

② 요세는 자신의 행동에 대한 진정한 참회를 강요하는 법화 신앙에 중점을 둔 백련결사 운동을 전개하였다.

③ 균여는 귀법사를 창건하여 화엄종을 신봉하며, 분열된 종파 수습에 노력하였다.

균여의 화엄사상
성상융회(性相融會) 사상은 공(空)을 뜻하는 성(性)과 색(色)을 뜻하는 상(相)을 원만하게 융합시키는 이론으로 화엄사상 속에 법상종의 사상을 융합해 교종내의 대립 해소를 위하여 주창한 통합 사상이다.

④ 지눌은 선과 교학이 근본에 있어 둘이 아니라는 사상 체계인 정혜 쌍수와 내가 곧 부처라는 깨달음을 위한 노력과 함께 꾸준한 실천과 수행을 강조한 돈오점수를 주장하였다.

참고 고려의 불교 개혁 운동

구분	지 눌	요 세	혜 심
결사운동	수선사결사 (1204, 조계종)	백련사결사 (1208, 천태종)	결사운동(조계종)
내용	정혜쌍수·돈오점수 (선교일치)	법화신앙, 자신의 행동 참회	유·불일치설, 심성도야 강조
특징	대몽항쟁에 기여	사회의 교화노력	성리학 수용의 사상적 토대
지지세력	지방민, 개혁적 승려	지방민	유학자

21. 답 ①

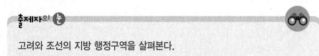

고려와 조선의 지방 행정구역을 살펴본다.

해설

(가) 5도 양계. 고려는 현종 때 전국을 5도 양계로 나누었는데, 양계는 군사지역으로 병마사가 파견되었고, 군사요충지에는 진을 설치하였다. 5도는 일반 행정 단위로 중앙에서 안찰사를 파견하였고, 도내의 지방을 순찰하였다. 도에는 주와 군, 현이 설치되었고 각각의 지방관이 파견되었지만, 지방관이 파견된 주현 보다 지방관이 파견되지 않은 속현이 더 많아 주현을 통제하여 간접적으로 속현을 통제하였다.

(나) 8도. 조선의 8도는 태종 때 확정되었다(1413). 조선은 전국을 8도로 나누었고 중앙에서 관찰사를 파견하였는데, 관찰사는 수령을 지휘·감독하고 백성의 생활을 살피기 위한 감찰관이었다. 그 아래 부·목·군·현에는 수령을 파견하였고, 수령은 행정권·사법권·군사권을 행사하였다.

오답 check

② 신라는 지방 세력을 견제하기 위하여 상수리 제도를 시행하였다.
③ 고려 성종은 지방의 12목에 목사와 경학박사·의학박사를 파견하여 중앙집권화와 유교교육을 진흥시켰다.
④ 고려 성종 때 지방에 향리 제도를 두었는데, 지방 중소 호족을 향리로 편입하여 중앙에서 직접 통제하였다(983).
⑤ 조선의 관찰사는 전국 8도에 파견되었는데 감찰권, 행정권, 사법권, 군사권을 가진 중요한 직책으로 종2품 이상의 현직 및 퇴직 관료 중에서 임용하였다.

22. 답 ④

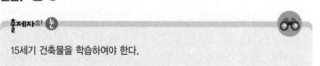

15세기 건축물을 학습하여야 한다.

해설

ㄴ. 경상남도 합천군 가야산에 있는 해인사 장경판전은 13세기에 제작된 팔만대장경을 봉안하기 위해 지어진 목판 보관용 건축물이다. 주불전 뒤 언덕 위에 세워진 단층 목조건물로 15세기에 건립된 것으로 추정된다.
ㄹ. 세조는 지금의 탑골공원에 원각사를 창건하고 대리석으로 10층 석탑을 만들었다.

오답 check

ㄱ. 충남 예산 수덕사 대웅전은 균형 잡힌 외관과 잘 짜여진 각 부분의 치밀한 배치로 고려시대 건축의 단아하면서도 세련된 특성을 잘 드러내고 있다.
ㄷ. 17세기 건축물인 법주사 팔상전은 충북 보은에 있다.

23. 답 ①

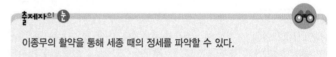

이종무의 활약을 통해 세종 때의 정세를 파악할 수 있다.

자료 속 힌트 이종무, 왜구, 병선

해설

조선은 왜구의 약탈이 계속되자, 이를 강력히 응징하기 위하여 왜구의 소굴인 대마도를 토벌하였다. 왜구의 소굴인 대마도에 대한 토벌은 조선 초(이종무)에 이루어졌다. 1419년(세종 원년) 이종무는 병선 227척, 병사 1만 7,000명을 이끌고 대마도를 토벌하여 왜구의 근절을 약속받고 돌아왔다.

24. 답 ⑤

전세의 내용을 통해 영정법의 시행을 추론할 수 있다.

자료 속 힌트 전분 6등, 연분 9등

해설

인조는 (가) 영정법을 시행하여 풍년이건 흉년이건 관계없이 전세를 토지 1결당 미곡 4두로 고정시켰다(1635). 농민들의 전세 부담을 줄여주고자 추진한 영정법은 이전보다 전세가 다소 낮아졌으나, 대다수의 농민에게 크게 도움이 되지 못하였다. 전세를 납부할 때에 여러 명목의 수수료, 운송비, 자연 소모에 대한 보충비용 등이 함께 부과되었는데, 그 액수가 전세액보다 훨씬 많아 때로는 전세액의 몇 배가 되기도 하였다. 결국 농민들의 부담이 더욱 증가하게 되었다.

영정법		
과전법 (여말선초)	전분6등법, 연분9등법(세종)	영정법(인조)
토지1결당 30두	→ 토지1결당4~20두 (풍흉기준)	→ 토지1결당 4두 (풍흉X, 전세의 정액화) 수수료, 운송비, 보충비 등 징수

① 세조는 현직 관리에게만 수조권을 지급하는 제도인 직전법을 시행하였다(1466).
② 공납을 현물 대신 쌀, 포, 돈으로 대납하는 대동법은 광해군 때 선혜청을 설치하고 처음으로 경기도에서 시행(1608)되었다가 숙종 때 전국으로 확대 실시되었다(1708).
③ 영조는 균역법의 시행으로 감소된 재정부분에 대하여 지주에게 결작이라고 하여 토지 1결당 미곡 2두를 부담시키고, 선무군관포 및 어장세, 선박세 등 잡세 수입으로 보충하게 하였다.
④ 대동법 실시 이후 공인이라는 어용상인이 나타나 관청에서 공가를 미리 받아 필요한 물품을 사서 납부하였다.

25. 답 ⑤

출제자의 눈

이조전랑의 문제를 통해 선조 때 시작된 붕당정치를 확인할 수 있다.

자료 속 힌트 김효원, 이조 전랑, 심의겸

해설

16세기 사림이 집권하면서 사림 세력 내의 이조전랑직의 대립이 발생하였다. 갈등이 심화되면서 왕실의 외척이자 기성 사림의 신망을 받던 심의겸 중심의 세력이 (가) 서인으로, 당시 신진 사림의 지지를 받던 김효원 중심의 세력은 동인으로 발전하였고, 이에 사림은 동인과 서인으로 나뉘어 정국을 이끌어 가게 되었다.

참고 동인과 서인의 분당

구 분	동인(김효원세력)	서인(심의겸 세력)
개혁성향	개혁에 적극적(신진 사림)	개혁에 소극적(기성 사림)
학 통	이황 계열(주리론), 조식·서경덕	이이 계열(주기론), 성혼
사상경향	자기 수양을 통한 부패 방지, 원칙 중시	제도 개혁을 통한 부국 안민, 현실 중시

⑤ 갑인예송은 효종 비(인선왕후)의 상 때 인조의 계비인 자의대비가 적장자에 준하는 상복을 입을 것인지를 둘러싸고 벌어졌던 논쟁으로 서인은 9개월, 남인은 1년을 주장하였는데, 남인의 주장이 받아 들여졌다.

① 광해군 때 서인세력인 이귀, 김자점, 이괄 등이 반정을 주도하여 인조를 즉위시켰다(1623.인조반정).
② 서인은 이이와 성혼의 문인이 가담함으로써 비로소 붕당의 모습을 갖추었다.
③ 정여립의 모반사건으로 일어난 기축옥사는 서인인 정철이 주도하였다.
④ 선조 때 왕세자 책봉 문제를 둘러싸고 건저의 문제가 거론되었는데 서인의 입지가 약화되는 결과를 낳았다.

26. 답 ②

출제자의 눈

임꺽정의 난을 통하여 사회상을 파악할 수 있다.

자료 속 힌트 임꺽정, 황해도 지역

해설

임꺽정의 난(1559.명종). 16세기에는 수취 체제의 문란으로 인하여 농민 생활이 악화되어 각 지방에서 유민이 증가하였다. 유민 중 일부는 도적이 되어 양반과 중앙 정부에 바치는 물품을 빼앗기도 하였는데 명종 때 황해도와 경기도 일대에서 활동한 임꺽정은 대표적인 인물이었다.
② 을사사화(1545)는 명종 때 외척 간의 왕위 계승의 다툼으로 사림이 피해를 본 사건이다. 명종의 외척세력인 윤원형(소윤)일파가 인종의 외척세력인 윤임(대윤)일파를 역적으로 몰아 대거 숙정하고 정국을 주도하게 되었다.

① 세종 때에는 김종서와 최윤덕을 보내 여진을 토벌하고 4군과 6진을 설치하여 압록강과 두만강을 경계로 하는 오늘날과 같은 국경선을 확정하였다.
③ 광해군 때는 일본과 기유약조를 맺어 동래부의 부산포에 다시 왜관을 설치하고, 제한된 범위 내에서 교섭을 허용하였다(1609, 세견석 20척, 세사미두 100석).
④ 정조 사후에 왕의 외척 세력인 안동 김씨가 권력을 독점하여 행사하는 세도정치가 출현하게 되었다.
⑤ 숙종 때의 편당적인 인사 관리로 인해 환국이 발생하였고, 이후 노론과 소론이 정국을 주도하였다.

27. 답 ⑤

출제자의 눈

자료에서 제시된 내용을 통해 조선의 삼사의 내용을 학습하여야 한다.

해설

(가) 사헌부. 사헌부는 관리의 비리를 감찰하거나 중대한 사건을 재판하였던 기관이다. 조선시대 법을 다루는 사법 기관으로 형조·한성부·사헌부 등이 있었으며 이를 가리켜 삼법사(三法司)라 하였다.
(나) 사간원. 사간원은 왕의 잘못을 논하는 간쟁과 논박을 하며 정사를 비판하는 업무를 담당하였다.

참고 조선의 삼사

구분	내용
구성	사헌부(관리의 비리 감찰), 사간원(왕에게 간쟁과 논박을 하며 정사를 비판), 홍문관(문필 활동을 하면서 언론 기능을 담당)
대간권	간쟁권(왕의 잘못을 비판하는 권한), 봉박권(잘못된 왕명은 시행하지 않고 돌려보냈던 권한), 서경권(관리 임명과 법령의 개정이나 폐지 등에 동의하거나 거부하는 권한)
신분 보장	3사의 언론은 고관들은 물론이고 왕이라도 함부로 막을 수 없었음

오답 check

① 고려의 삼사는 화폐와 곡식의 출납에 대한 회계를 담당하였다.
② 승정원은 왕명의 출납을 담당하는 국왕의 비서 기구로 도승지 이하 6명의 승지가 6조를 각각 분담하여 담당하였다.
③ 춘추관은 왕조실록 등의 역사서 편찬과 보관을 담당하였다.
④ 고려시대 도병마사와 식목도감은 재신과 추밀이 모여 국방과 법의 제정 등을 다루던 최고의 회의기구이다.

28. 답 ⑤

출제자의 눈

정조 때 시행한 신해통공의 내용을 통해 시전상인을 파악할 수 있다.

자료 속 힌트   금난전권을 폐지

해설

조선의 (가) 시전 상인은 왕실이나 관청에 물품을 공급하며 그 대가로 특정 상품(6의전)에 대한 독점 판매권을 부여받았고, 정부는 시전상인에게 금난전권(난전금지 권한)을 주었는데, 이에 대한 폐단이 발생하기도 하였다. 조선후기에는 이현·칠패·송파 등에서 상행위를 했던 난전(사상)이 많아짐에 따라 정조는 6의전을 제외한 나머지 시전상인(관상)들의 금난전권을 철폐하여 사상들의 자유로운 상업 활동을 허용 하였다(1791, 신해통공).
⑤ 황국중앙총상회는 1898년 서울에서 창립된 시전상인의 단체로 외국상인의 불법적인 내륙 상업 활동을 엄단하여 민족적 권익을 수호하면서 그 속에서 시전상인의 독점적 이익을 수호하고 유지하려하였다.

오답 check

① 조선시대 만상은 책문후시를 통하여 청나라와의 사무역을 하였다.
② 개성의 송상은 전국적 유통망인 송방을 설치하였고 주로 인삼 재배와 유통에 관여하였다.
③ 동래의 내상은 대일본 무역을 주도하였고 주로 유황과 구리를 수입하였다.
④ 객주와 여각은 상품을 위탁 매매하는 중간 상인으로 금융, 창고, 숙박업에도 종사하였다.

29. 답 ①

출제자의 눈

대전통편을 통해 정조를 파악한 후 정책을 파악할 수 있다.

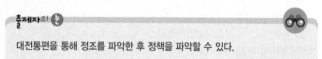
자료 속 힌트   규장각 검서관, 박제가, 유득공

해설

정조는 유득공, 이덕무, 박제가, 서이수 등의 서얼 출신을 규장각 검서관으로 등용하는 등 능력을 발휘할 수 있게 하였다. 정조는 기존의 법전 체제를 유지하여 경국대전에 속대전을 통합하는 작업을 시작하였고, 대전통편을 편찬하여 왕조의 통치 규범을 재정리하였다.

① 정조는 친위 부대인 장용영을 설치하여 왕권을 뒷받침하는 군사적 기반을 갖추었다.

오답 check

② 숙종 때 청의 요구에 따라 조선 정부는 청의 대표 목극등과 간도를 둘러싼 국경문제를 협의하였고, 그 결과 백두산정계비를 세워 조선과 청국과의 국경을 압록강과 토문강을 경계로 하였다 (1712).
③ 영조 때 홍봉한이 편찬한 동국문헌비고는 우리나라의 역대 문물을 정리한 한국학 백과사전이다.
④ 철종 때 임술 농민 봉기 당시의 민심 안정을 위하여 정부는 삼정 이정청을 설치하여 삼정의 문란을 시정할 것을 약속하였다(1862).
⑤ 영조는 즉위 직후 탕평 교서를 발표하고 탕평비를 건립하는 등 정국을 안정시키려 하였다.

30. 답 ④

출제자의 눈

성호사설 속 육두론을 통해 이익(1681~1763)의 활동을 확인할 수 있다.

자료 속 힌트   여섯 가지 좀

해설

농업 중심 개혁론을 더욱 발전시키고 이를 대표하는 사람은 18세기 전반에 주로 활약한 이익으로 곽우록, 성호사설 등을 저술하였다. 이익은 한 가정의 생활을 유지하는 데 필요한 규모의 토지를 영업전으로 정한 다음에 영업전은 법으로 매매를 금지하고, 나머지 토지만 매매를 허용하자는 한전론을 주장하였다. 또한, 나라를 좀먹는 여섯 가지의 폐단인 노비 제도, 과거 제도, 양반 문벌제도, 사치와 미신, 승려, 게으름 등을 지적하여 고치도록 하였으며 동전 부족현상의 부정적인 문제를 제기하여 폐전론을 주장하기도 하였다.

오답 check

① 정약용은 여전론을 주장하였고 이후에 이를 수정하여 정전제를 주장하였다.
② 유수원은 우서를 저술하여 상공업의 진흥과 기술의 혁신을 강조하고, 사농공상의 직업 평등과 전문화를 주장하였다.
③ 중농학파 실학자인 유형원은 일생 동안 농촌에 묻혀 살면서 학문 연구에 몰두하여 반계수록을 저술하였다.
⑤ 18세기 실학자인 박제가는 청에 다녀온 후 북학의를 저술하여 청의 문물을 적극적으로 수용할 것을 주장하였다.

31. 답 ⑤

출제자의 눈

영남만인소를 통하여 미국과 관련된 역사적 사실을 파악할 수 있다.

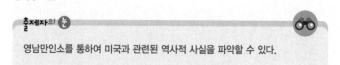
자료 속 힌트   미국, 잘 모르던 나라, 모두 같은 오랑캐들

사료는 영남만인소로서 이만손 중심의 유생들이 서양 열강과의 수교를 반대하여 올린 상소문이다. 1880년 조선책략이 국내에 유포된 이후 통상 개화론자를 계승한 개화파는 미국과의 수교를 적극 지지하였지만, 보수적 유생들은 이에 반발하여 위정척사 운동을 전개하였고, 서양의 통상 요구에 대해 통상 반대론으로 맞섰다.

참고 조미수호통상조약의 체결

제2차 수신사 김홍집(조선책략 유입. 1880)
1. 러시아 남하 견제(친중국, 결일본, 연미방)
2. 서양 기술 도입(개화 정책)

⇩ ⇩

위정척사파(개화반대운동)
1. 영남만인소(이만손)
2. 만언척사상소(홍재학)

개화파
조미수호통상조약 체결(1882)

⑤ 1880년 2차 수신사 김홍집은 일본에서 황쭌센의 조선책략을 가져와 국내에 소개하였다.

오답 check

① 조일 수호조규부록(1876.8)에서는 조선 국내에서 일본 외교관의 여행 자유, 개항장에서의 일본 거류민의 거주 지역 설정(10리 제한)과 일본 화폐 유통 등을 허용하였다.
② 조미수호통상조약(1882)은 서양과 맺은 최초의 조약으로 불평등조약이었으며 거중 조정 규정과 영사 재판에 의한 치외법권을 규정하였다. 또한, 최혜국 대우를 규정하였고, 관세에 대한 내용도 체결하였다. 조선책략 유입의 배경이 아닌 결과이다.
③ 미국 상선 제너럴셔먼호가 평양에서 약탈과 난동을 부리다 당시의 평안도 관찰사 박규수에 의해 소각되었다(1866).
④ 일본은 군함 운요호를 조선 연해에 파견하였고, 강화도의 초지진 포대는 운요호에 경고 사격을 하였다. 이것을 빌미로 조선은 포함의 위협 하에 일본과 강화도 조약을 맺어 문호를 개방하게 되었다(1876, 포함외교).

32. 답 ③

출제자의 눈

황사영 백서사건을 통하여 신유박해에 대해 살펴본다.

자료 속 힌트 베이징, 주교, 황사영

해설

황사영 백서사건을 통하여 조선 정부가 천주교를 탄압한 신유박해를 설명하고 있다. 신유박해(1801)로 인하여 천주교 전래에 앞장섰던 실학자 및 많은 수의 양반 계층이 교회를 떠나게 되었다. 황사영은 군대를 동원하여 조선에서 신앙의 자유를 보장받게 해달라는 서신을 북경에 있는 주교에게 보내려다 발각되었다.

황사영 백서사건

충북 제천군에서 포교활동을 하던 황사영(1775~1801)은 신유박해가 일어나자 박해의 전말을 비단에 적어 베이징 주재 주교에 보고하려다 발각된 사건을 일컫는다. 내용은 신유박해의 내용과 조선 교회의 재건을 위해 서양의 여러 나라로 하여금 재원(財源)을 지원해주도록 요청하는 내용이다. 또한, 천주교 포교의 자유를 얻기 위한 방책으로 조선을 청나라의 한 성(省)으로 편입시켜 감독하게 할 것과 서양의 배 수백 척과 군대 5~6만 명을 조선에 보내어 무력으로 조정을 굴복하게 하여 천주교를 공인하게 하는 방안 등을 제시하였다.

33. 답 ①

출제자의 눈

설명을 통하여 오페르트 도굴미수사건을 파악할 수 있다.

자료 속 힌트 남연군의 묘, 독일 상인

해설

독일 상인 오페르트는 1868년 조선에 통상을 요구하였으나 거부당하자 충청남도 덕산에 있는 흥선대원군의 아버지인 남연군의 묘를 도굴하여 부장품을 미끼로 통상조약을 체결하려 하였으나 도굴 도중 발각되어 도주하였다. 이 사건으로 인하여 유생들은 서양인은 오랑캐라는 존화양이론을 주장하였으며, 흥선대원군의 통상수교 거부 의지가 강화되었다.
ㄱ. 흥선대원군은 전국에 척화비를 세우고 통상수교 거부정책을 확고하게 유지하였다(1871).
ㄴ. 미국 함대가 강화도에 침입하여 초지진, 덕진진 등을 점령하자 어재연 등이 이끄는 조선의 수비대가 광성보와 갑곶 등에서 이를 격퇴시켰다(1871. 신미양요).

오답 check

ㄷ. ㄹ. 1866년 프랑스는 병인박해 때 선교사의 처형을 구실로 침략을 했다. 프랑스의 극동함대 사령관 로즈 제독이 이끄는 7척의 군함은 강화읍을 점령하고 서울로 진격하려 하였다. 대원군의 군은 항전 의지로 인하여 문수산성의 한성근과 정족산성의 양헌수 부대가 프랑스군을 격퇴시켰는데, 당시 프랑스 군인들은 강화도에서 외규장각의 문화재를 비롯한 각종 서적과 병기들을 약탈하여 갔다.

34. 답 ⑤

출제자의 눈

자료의 사절단 내용을 통하여 보빙사를 파악할 수 있다.

자료 속 힌트 미국, 사절단

해설

자료는 보빙사 파견을 나타낸 것이다. 1883년 조선은 미국 측의 푸트 공사 파견에 대한 답례로 민영익을 전권대사로 하여 최초의 구미 사절단인 보빙사를 보내 미국을 순방하게 하였다. 사절단은 대부분 개화에 뜻을 둔 젊은이들로 구성되었고 보빙사 중 일부(유길준)는 유럽을 시찰하러 떠나기도 하였다.

오답 check

① 해동제국기는 성종의 명을 받아 신숙주가 일본의 정치·외교·사회·풍속·지리 등을 종합적으로 정리하여 기록한 책이다(1471).

② 고종은 환구단에서 황제 즉위식을 거행하고 황제라 칭하고, 국호를 대한제국(大韓帝國), 연호를 광무(光武)로 정하여 자주 국가임을 내외에 선포하였다(1897.10.12.).

③ 조선은 조사시찰단을 암행어사의 형태로 비밀리에 파견하였다(1881).

④ 조선은 1881년 청에 영선사를 파견하였는데, 김윤식과 유학생들을 청국의 텐진에 유학시켜 근대 무기 제조법, 군사훈련법, 자연과학 등을 배우게 하였다.

35. 답 ④

출제자의 눈

아관파천 이후 열강의 이권침탈 내용을 학습하여야 한다.

해설

열강들의 이권 침탈은 아관파천(1896) 시기부터 두드러져 러시아가 이권을 차지하면서 일본, 미국, 프랑스, 독일 등도 최혜국 조항을 근거로 철도 부설권, 광산 채굴권, 삼림 채벌권 등 중요한 이권을 빼앗아 갔다.

참고 열강의 이권 침탈

시기	활동
러시아	경원·종성 광산 채굴권, 경원 양산 채굴권, 압록강·두만강·울릉도 삼림 채벌권
미국	운산 광산 채굴권, 전등·전차 부설권, 경인선 철도 부설권
일본	직산 광산 채굴권, 경부선 부설권
독일	당현 광산 채굴권
프랑스	경의선 철도 부설권
영국	은산 광산 채굴권

오답 check

ㄱ. 서울과 의주를 연결하는 전신은 청에 의해서 1885년에 가설되었다.

ㄷ. 두만강 삼림 채벌권은 영국이 아닌 러시아에 의해 침탈되었다.

36. 답 ②

출제자의 눈

대한국국제 통해 대한제국의 내용을 파악할 수 있다.

자료 속 힌트 대한제국, 대한국, 대황제

해설

자료는 대한국국제이다. 대한제국(1897~1910)에서 시행한 광무개혁은 다음과 같다.

참고 광무개혁

구분	내용
정치	대한국 국제 반포(1899), 전제 군주 체제 강화, 23부 → 13도, 중추원(황제 자문기구) 설정
경제	양지아문(1898)·지계아문(1901) 설치, 지계(地契) 발급, 근대적 공장과 회사 설립, 신식 화폐 발행 장정(1901) 제정, 금 본위제(백동화 발행), 도량형 통일
사회	실업학교 및 기술 교육 기관 설립, 근대 시설 확충, 고등 재판소를 평리원(平理院)으로 개칭, 순회 재판소 설치
군사	원수부 설치(황제가 육·해군 통솔), 서울의 시위대와 지방의 진위대 군사 수 증강, 무관학교 설립
외교	북간도에 이범윤을 간도 관리사(북변도관리)로 파견(1902), 울릉도를 울릉군으로 승격, 독도를 관할 구역에 포함

② 대한제국은 광무개혁의 일환으로 지계아문(1901)을 통해 양전 사업을 실시하여 최초의 토지 소유권 증명서인 지계(地契)를 발급하였다.

오답 check

① 제2차 갑오개혁 당시 지방 8도를 23부 337군으로 개편하였다.

③ 1895년 을미개혁 당시 기존의 개국 연호를 폐지하고 건양이라는 연호를 사용하였다.

④ 제1차 갑오개혁에서는 왕실과 정부 사무를 분리하여 왕권을 축소하고 의정부와 8아문의 권한을 강화하였다.

⑤ 김홍집 내각은 개혁을 추진하기 위하여 초정부적 회의 기관인 군국기무처를 설치하고, 정치·경제·사회·문화 등 국가의 주요 정책에 대한 자주적인 개혁을 추진하였다(1894).

37. 답 ⑤

출제자의 눈

한성순보(1883~1884)의 창간사를 통해 언론의 활동 사항을 알아본다.

자료 속 힌트 신문, 박문국

해설

조선의 관보로써 최초의 신문인 (가) 한성순보(1883~1884)는 박영효 등 개화파의 영향으로 박문국에서 10일에 한 번 발행하였다. 한성순보는 정부 관료를 대상으로 하였던 순 한문 신문으로 개화 정책의 취지를 설명하였고, 국내외 정세를 소개하는 데 힘썼다.

오답 check

① 대한매일신보(1904~1910)는 영국인 신분을 활용하여 일본인 출입금지 간판을 설치하는 등 일제의 간섭에서 어느 정도 벗어 날 수 있었으므로 의병 운동에 대해 호의적인 기사를 많이 다루었고, 13도 창의군의 내용도 적극적으로 수록하였다.

② 황성신문의 주필 장지연은 시일야방성대곡이라는 격렬한 항일 언론을 펴 을사늑약을 규탄하고 민족적 항쟁을 호소하였는데, 이로 인해 80일간 정간되기도 하였다.

③ 국채보상운동에는 대한매일신보·황성신문·제국신문 등의 언론기관도 동참하였다.

④ 우리나라 최초의 민간 신문이자 일간지인 독립신문(1896~1899)은 서재필이 창간하였다.

38. 답 ①

출제자의 눈

자료의 대한자강회 취지서를 통해 애국 계몽 활동을 파악할 수 있다.

자료 속 힌트   오직 자강(自强), 자강할 방법

해설

대한자강회(1906)는 헌정 연구회를 모체로 하고 사회단체와 언론기관을 주축으로 하여 창립한 애국계몽운동 단체였다. 전국 각지에 지회를 설치하고 월보의 간행과 연설회의 개최 등을 통해 국권회복을 위한 실력 양성 운동을 전개하였고, 고종의 강제 퇴위 반대 운동을 주도하다가 일제의 탄압으로 해체되었다(1907.8).

오답 check

② 독립협회는 1898년 중추원관제를 반포하여 의회 설립운동을 추진하였다.

③ 이윤재, 최현배 등은 조선어연구회(1921)를 조직하여 한글날(가갸날)을 제정하였고 잡지(한글)를 간행하였다.

④ 일본의 황무지 개간권 요구에 대항하여 송수만, 원세성이 중심이 되어 항일 운동 단체인 보안회(1904)를 서울에서 조직하여 활동하였고, 일본의 요구를 철회시켰다.

⑤ 민족 교육 추진을 위하여 신민회의 안창호는 평양에 대성학교(1908), 이승훈은 정주에 오산학교(1907) 등을 설립하여 인재를 양성하였다.

참고 구한말 애국계몽운동

단체	내용
헌정연구회 (1905)	독립 협회 계승, 의회 설립, 입헌정치체제 수립, 일진회에 대항하다 해산
대한자강회 (1906)	헌정연구회의 계승, 고종 강제퇴위 반대운동을 전개하다 해산 → 대한협회로 계승
신민회 (1907~1911)	안창호, 양기탁 등이 중심, 비밀 결사, 공화 정체, 민족주의 교육 실시(대성학교;평양, 오산학교;정주 설립), 민족 산업 육성(자기 회사, 태극 서관 설립), 장기적인 항일 투쟁을 위해 독립 운동 기지 건설(남만주의 삼원보), 신흥 강습소 설립

39. 답 ⑤

출제자의 눈

대화의 내용을 통하여 독도를 파악할 수 있다.

자료 속 힌트   울릉군, 일본 관인 일행, 섬

해설

자료에서 설명하고 있는 곳은 우리 고유 영토인 대한민국 경상북도 울릉군 울릉읍 독도리에 대한 설명이다. 1906년 일본관리들로부터 '(가) 독도가 이제 일본영토가 되었다'는 말을 들은 울도군수 심흥택의 보고를 접한 강원도 관찰사 이명래는 이 일을 의정부에 보고하였는데, '본군(本郡, 울도군) 소속 독도'라 하여 일본의 불법 편입에 대한 부당성을 지적하였다.

⑤ 대한제국은 칙령 제41호(1900.10.27.)를 통하여 황제의 재가를 받아 울릉도를 울도로 개칭하고 도감을 군수로 승격하였다. 또한 울도군의 관할구역을 '울릉전도 및 죽도, 석도(石島,독도)'로 명시하여 독도를 관할하고 있음을 천명하고 있다.

오답 check

① 17세기 하멜 일행이 우리나라 제주도에 표류해 왔다.

② 고려 정부가 몽골과 강화하여 개경으로 환도하자 삼별초의 배중손은 강화도와 진도에서 항전을 계속하였다(1270~1271).

③ 18세기 초 정제두는 양명학을 체계적으로 연구하여 강화도에서 강화학파를 형성하였다.

④ 러시아가 절영도의 조차를 요구하자 독립협회는 만민공동회를 배경으로 구국 상소운동(1898)을 전개하여 러시아의 요구를 좌절시켰다.

40. 답 ②

출제자의 눈

자료 속 답사 지역을 통해 문화유산을 학습할 수 있다.

해설

(가) 창경궁은 성종 때 건축된 세조·덕종·예종의 왕후 거처로써 임란 때 소실되어 광해군 때 재건되었다. 일제에 의해 동물원·식물원으로 운영되었고(1909), 창경원으로 격하되었다(1911).

(나) 서울 도서관은 일제강점기인 1926년에 준공되어 서울시청사 건물로 사용되었다가 리모델링하여 2012년 도서관으로 개관하였다.

(다) 구 러시아 공사관. 삼국간섭(1895) 이후 러시아를 등에 업은 친러파와 러시아 공사 베베르 등이 신변 보호 명목으로 고종을 러시아 공사관으로 옮겼다.

(라) 덕수궁 석조전은 르네상스식 건축 양식으로 1900년에 착공하여 1909년에 완공되었다. 광복 직후에는 미소공동위원회 개최장소(1946)로 사용되었다.

(마) 명동성당은 1887에 건축을 시작하여 1898에 완공한 고딕양식의 건물이며, 프랑스 신부 코스트와 주교 블랑에 의해 건축되었다.

오답 check

② 1925년 건립된 조선총독부신청사에 대한 설명이다.

시기	활동
1910	1907년 건립한 통감부 건물(남산 왜성대)을 총독부로 사용
신청사	경복궁 내에 조선총독부 신청사 착공(1916), 완공(1925)
1995	김영삼 정부에서 조선총독부 건물 철거(역사바로세우기)

41. 답 ②

조소앙의 삼균주의를 내용으로 한 대한민국 임시정부의 건국강령임을 확인할 수 있다.

자료 속 힌트 삼균 제도의 강령, 실제상 균형

해설

1940년 임시정부는 충칭에서 민족주의 3개 정당을 한국독립당으로 합당하고, 위원장은 김구가 추대되어 행정부가 강력한 지도력을 발휘할 수 있는 주석중심제의 체제로 개헌하였으며, 한국광복군을 창설하였다. 1941년에는 조소앙이 삼균주의에 바탕을 둔 건국강령을 발표하였고, 1942년에는 사회주의 계열의 조선민족혁명당 인사들이 임시정부에 참여하였으며 조선독립동맹과노 통일 전선의 결성을 협의하는 등 활발한 활동을 전개하였다.

오답 check

① 조선혁명선언(1923)은 의열단의 행동 강령으로 김원봉의 요청을 받아 신채호가 작성하였다.
③ 자료는 대한민국 임시정부의 건국강령이다.
④ 대한민국 임시정부에서 개조파와 창조파 및 현상유지파로 분열되어 1923년에 국민대표회의가 개최되었다.
⑤ 1945년 8월 15일 건국준비위원회는 친일 세력을 제외한 좌·우익을 망라하여 조직한 광복 당시 최초의 정치 단체로 여운형(중도좌파)이 조선건국동맹을 모체로 안재홍(중도 우파)등과 함께 발족하였고, 본격적인 건국 작업에 착수하였다.

42. 답 ②

조선 사상범보호관찰령을 통하여 1930년대 후반 일제의 민족 말살 통치를 파악할 수 있다.

자료 속 힌트 보호 관찰, 사상 및 행동을 관찰

해설

자료는 일제가 1936년 제정한 조선 사상범보호관찰령이다. 일제는 이 법을 제정하여 주민 생활을 통제하였다.

구분	내용
정치	황국신민화 강요, 황국신민의 서사암송, 신사 참배·궁성 요배·일본식 성명 강요, 학술 언론 단체 해산
경제	병참기지화, 인적 수탈(국가총동원법, 지원병제, 징병제, 징용제, 정신대), 물적 수탈(전쟁물자·식량공출, 식량배급제), 산미증식재개, 가축증식계획
교육	우리말 사용 금지, 학도 군사 훈련, 조선어 조선역사 조선 지리 과목 폐지

② 1930년대 후반 일제는 민족말살 정책의 일환으로 학교에서 황국신민서사의 암송을 강요하였다.

오답 check

① 일제는 1910년대에 토지조사령(1912)을 발표하여 토지조사사업을 실시하였고 우리의 토지를 약탈하였다.
③ 1920년대 민족유일당 운동의 결실로 신간회와 근우회를 결성하게 되었다(1927).
④ 조선태형령은 일제가 한국인을 억압하고 통제하기 위하여 1912년에 제정하고, 1920년에 폐기하였다.
⑤ 1920년대 조선교육회는 민립대학 기성회를 조직(1922)하여 우리 손으로 대학을 설립하려는 민립대학설립운동을 전개하였다.

43. 답 ②

2·8 독립선언서를 통해 이후 국내에서 전개한 3·1운동을 추론할 수 있다.

자료 속 힌트 도쿄 유학생, 2·8 독립선언서

해설

일본에 유학 중이던 학생들이 조선 청년독립단을 조직하여 도쿄에서 2월 8일 독립선언서와 결의문을 발표하고 만세운동을 전개하였다(2·8독립선언, 1919). 이것은 국내에서 독립 운동을 모색하던 인사들에게 커다란 자극이 되었고, 1919년 (가) 3·1 만세 운동이 전개되었다.

일시	내용
1917	레닌의 약소민족 해방 지원 약속(사회주의 유입)
1918	윌슨의 민족자결주의(파리강화회의), 무오독립선언(길림의 민족지도자 39인)
1919.1	고종의 의문사(독살설 유포), 파리강화회의 김규식 파견(신한청년단)
1919.2	2·8독립선언(도쿄 유학생, 조선청년독립단)
1919.3	3·1운동

② 1919년 3·1운동 이후 독립운동의 구심점 역할을 수행할 지도부의 필요성을 절감하였기에 상하이에 대한민국 임시정부를 수립하였다.

① 1919년 3·1만세 운동 당시에 신간회(1927)는 존재하지 않았다. 신간회는 진상조사단을 파견하여 광주학생 항일운동을 지원하였다.
③ 1930년대 초반 동아일보가 추진한 농촌계몽운동인 브나로드 운동이 전개되었다.
④ 1926년 순종의 인산일을 기화로 학생들이 6·10 만세 운동을 전개하였다.
⑤ 광주학생항일운동(1929)은 나주에서 광주까지의 통학 열차 안에서 일본 남학생들이 한국 여학생을 희롱하는 사건을 계기로 시작되었다.

44. 답 ③

출제자의 눈

총독부가 제정한 조선 농지령을 통하여 1930년대 이후의 정세를 파악할 수 있다.

자료 속 힌트 토지의 임대차, 조선 총독

해설

자료의 조선농지령(1934)은 일제의 수탈정책인 농촌 진흥운동의 일환으로 소작쟁의에 대한 분쟁법이다.
③ 조선총독부는 1932년 이후 농촌진흥정책이라는 이름 아래 마을마다 부락진흥회를 결성하고 식민 간행물과 강연, 야학 등을 통해 우리의 민족운동인 농촌계몽운동을 방해하였다.

오답 check

① 일제는 1939년 국민 징용령을 실시하여 100만여 명의 한국 청년들을 강제 징용하여 탄광, 철도 건설, 군수 공장 등에 동원하였다. 이 시기에 일제는 지원병, 징병, 징용, 정신대 등으로 인적 자원을 수탈하였고, 양곡공출제, 식량배급제, 금속공출제 등으로 군량미와 무기원료를 수탈하였다.
② 1930년대 후반부터 일제는 국가총동원법(1938)을 제정하고 징병제(1944)를 실시하였다.
④ 미곡공출제는 민족말살 통치 시기인 1930년대 이후 일제의 전시 수탈 정책이다.
⑤ 일제는 1943년 학도 지원병제를 실시하여 약 4,500명을 전쟁터로 내보냈다.

45. 답 ②

출제자의 눈

자유시 참변과 미쓰야 협정을 통해 1920년대 전반의 정세를 파악할 수 있다.

자료 속 힌트 스보보드니, 적군(赤軍), 독립군이 사망하거나 포로, 미쓰야, 협정

해설

(가) 자유시 참변(1921. 6). 대한독립군단은 소련 적색군(적군)의 배신으로 자유시에서 피해를 입었다(1921).

(나) 미쓰야 협정. 일제는 독립군을 탄압하기 위하여 만주의 군벌 장쭤린과 총독부 경무국장인 미쓰야와의 사이에 현상금을 건 미쓰야 협정을 체결하였다(1925).

무장 독립투쟁의 전개
삼둔자전투 → 봉오동전투(1920.6) → 훈춘 사건 → 청산리대첩(1920.10) → 간도참변(1920.10) → 대한 독립군단 조직(1920) → 자유시참변(1921) → 3부 설립(1923~1925) → 미쓰야협정(1925) → 3부통합운동(1929) → 만주사변(1931) → 한중연합작전(1931~1934) → 한국광복군 조직(1940)

② 참의부(1923)는 1920년대 만주 지역 3개의 자치정부 중의 하나이다. 대한통의부에서 탈퇴한 백광운을 중심으로 임시정부 산하의 남만주 군정부인 육군주만 참의부를 조직하여 압록강 건너편을 관할하였다.

오답 check

① 조선혁명군은 국민부 산하 부대로 남만주 일대에서 중국 의용군과 연합 작전을 전개하여 영릉가(1932)·흥경성 전투(1933) 등에서 승리하였다.
③ 조선의용대는 중·일 전쟁 직후 중국 국민당 정부의 도움을 받아, 조선 민족 혁명당의 김원봉이 한커우에서 결성하였다(1938).
④⑤ 1920년 일본군은 독립군의 완전 소탕을 위해 만주 진입을 하려고 하였으나 중국이 거부하자 마적들을 매수하여 훈춘사건을 조작하였다. 이후 일제는 대부대를 만주로 보내 독립군을 포위하였는데 6일간 10여 차례의 청산리 전투에서 대패하였다.

46. 답 ②

출제자의 눈

물산장려운동, 형평운동, 소년운동 등을 통해 1920년대 우리 민족의 활동을 파악할 수 있다.

해설

(가) 물산장려운동. 물산장려운동은 '내 살림 내 것으로', '조선 사람 조선 것'의 구호를 통해 1920년대 실력 양성 운동의 일환으로 전개된 토산품 애용 운동이었다. 평양에서 처음 시작되었으며 서울에서 조선 물산 장려회가 조직(1923)됨으로써 활기를 띠게 되었으나 일제의 방해로 성과는 거둘 수 없었다.

(나) 형평운동. 백정들은 진주에서 이학찬을 중심으로 조선 형평사를 창립하고(1923), 평등한 대우를 요구하는 형평운동을 전개하였다. 1928년의 형평 운동은 신분 해방 운동을 넘어서 민족 해방 운동의 성격까지 내포하게 되었다.

(다) 소년운동. 손병희의 사위였던 방정환은 1921년 서울에 천도교 소년회를 만들었다. 천도교 소년회는 어린이들에 대한 부모의 각성을 촉구하기 위해 전국을 돌며 강연을 했으며, 1922년 5월 1일 어린이날을 제정하였고, 잡지 '어린이'를 발간하였다.

② 1920년 조만식 등의 민족 자본가를 중심으로 평양에서 조선 물산 장려회가 발족되었고, 점차 확대되어 1923년 서울에도 조선 물산 장려회가 조직되었다.

① 통감부는 1906년부터 1910년까지 존속하였으며, 1920년대 당시는 조선총독부가 통치하였다.

③ 제1차 갑오개혁(1894)에서는 공·사 노비 제도를 폐지하였다.

④ 평양에서 시작된 운동은 (가) 물산장려운동이다.

⑤ 영국인 베델과 양기탁이 설립한 대한매일신보는 1904년부터 1910년까지 활동하였다. 대한매일신보는 국채보상운동을 적극적으로 지원하였다(1907).

47. 답 ②

출제자의 눈

이승만과 김구의 활동을 학습하여야 한다.

자료 속 힌트　남방만이라도, 위원회, 조직, 3천만 동포, 단독 정부를 세우는 데는 협력하지 아니하겠다.

해설

(가) 이승만의 정읍 발언(1946.6). 제1차 미소공동위원회가 결렬된 후 이승만은 정읍 발언을 통해 남한만의 정부 수립을 주장하였다.

(나) 김구의 삼천만 동포에 읍고 함(1948.2). 유엔은 소총회에서 임시위원단이 접근할 수 있는 남한만의 총선거에 의한 단독 정부수립을 결의하였고(1948.2), 보수 우익 세력의 단독 정부수립 움직임에 대한 반발이 컸다. 이에 김구, 김규식, 김일성, 김두봉 등은 남한만의 선거로 단독 정부가 수립되면 남북의 분단이 계속될 것을 우려하여 남북한이 협상을 통해서 총선거를 통한 통일 정부를 수립하자고 주장하였다(1948.3).

② 1946년에는 이승만의 정읍발언에 반대하여 김규식(중도우파)과 여운형(중도좌파)은 좌우합작위원회를 결성하여 합작운동을 추진하였고, 좌우합작7원칙을 발표하였다(1946.10).

참고　좌·우합작 운동(1946~1947)

구분	내용
배경	이승만의 정읍발언, 남북 분단방지의 필요성, 중도우파(김규식)와 중도좌파(여운형) 합작
추진	좌·우합작위원회 결성(1946.7) → 좌·우합작7원칙 발표(1946.10) → 미군정의 남조선 과도입법의원(1946.12) 설치
실패	주도 세력들의 불참(좌우의 대립), 미군정의 편파적인 우익 지원, 좌우합작 운동의 중심세력인 여운형의 암살(1947.7)

① 이승만이 미국 윌슨에게 보낸 위임 통치 청원은 여러 독립운동가들의 분노를 유발하였다.

③ 대한민국 임시정부 활동의 침체를 극복하기 위하여 1931년 상하이에서 김구는 한인애국단을 조직하게 되었다.

④ 김구, 김규식 등이 북한의 평양을 방문하여 남북 협상을 개최하였다(1948.4)

⑤ 모스크바 3국 외상회의(1945.12)에서 신탁통치를 결정한 직후 우익세력은 반탁운동을 전개하였다.

48. 답 ⑤

출제자의 눈

반민법을 통하여 제헌 국회의 활동을 파악할 수 있다.

자료 속 힌트　일본 정부와 통모, 사형, 무기, 일본 치하

해설

자료는 반민족행위 처벌법(1948.9)을 나타내고 있다. 제헌국회는 일제 잔재의 청산을 위해 친일파를 처벌하기 위한 반민족행위처벌법을 공포하고, 반민족행위특별조사위원회를 구성하여 활동하였다. 하지만 이승만 정부의 비협조와 정부 및 경찰 요직에 자리 잡은 친일파의 방해로 인해 반민 특위는 해체되었다(1949.8.31.).

참고　반민족행위처벌법(1948.9)

구분	내용
반민법	제헌국회의 반민족행위처벌법(반민법) 제정, 반민족행위특별조사위원회 구성(1948.10)
반민특위	박흥식, 노덕술, 최린, 최남선, 이광수 등 친일 인사 구속 조사
정부반응	이승만 정부의 비협조, 친일파의 방해
결과	총 680여 건의 조사에 40명만 재판(12명 시형선고, 형집행정지·감형·집행유예 등 모두 석방)

⑤ 1954년 11월에 있었던 사사오입 사건은 제3대 국회의원들이 진행하였다.

① 김구의 한국독립당, 김규식 등의 중도파, 공산주의자 등이 선거를 불참한 상태에서 유엔의 결의에 따른 남한 단독 선거가 실시되었다(1948.5.10).

② 제헌국회는 헌법을 제정하였는데 대통령 중심의 단원제 국회와 임기 4년의 대통령 간선제를 골자로 하였다(1948.7.17).

③ 제헌국회에서 추진한 농지 개혁은 유상 매수, 유상 분배의 자본주의적 방법으로 추진되었다.

④ 제헌국회에서 1949년 일제가 남긴 재산을 처리하기 위하여 귀속재산처리법이 제정되었다.

49. 답 ②

출제자의 눈

한국 현대사의 사진 자료를 통해 헌법의 변천을 파악할 수 있다.

자료 속 힌트　대통령, 직선제

해설

대한민국 헌법의 개헌 과정은 다음과 같다.

개헌	내용
제헌(1948)	대통령 간선제, 단원제 국회, 국회에서 대통령 간접선거(임기4년, 1회 중임가능)
1차(1952)	발췌개헌(대통령 중심제, 임기 4년 중임제, 직선제, 부통령제, 양원제 국회)
2차(1954)	사사오입 개헌(초대 대통령의 중임 제한 철폐, 부통령의 대통령 승계, 직선제)
3차(1960)	4.19 혁명(내각 책임제, 양원제, 사법권의 민주화, 경찰 중립화, 지방차지의 민주화)
4차(1960)	소급 특별법의 제정(부정축재자 처벌 등 소급법 근거 마련, 상기 형사사건 처리를 위한 특별재판서와 특별검찰부 설치)
5차(1962)	5.16 군사 정변(대통령 중심제, 임기 4년 중임제, 직선제, 단원제 국회)
6차(1969)	3선개헌(대통령의 3선 연임 허용, 직선제, 국회의원의 국무위원 겸직 허용, 대통령 탄핵소추 요건 강화)

개헌	내용
7차(1972)	유신 헌법(대통령 중심제, 대통령의 권한 강화, 임기 6년 중임제한 철폐, 간선제, 통일주체국민회의 신설, 국회권한 조정, 헌법개정절차 일원화)
8차(1980)	12.12 사태(대통령 중심제, 연좌제 금지, 임기 7년 단임제, 간선제, 대통령 선거인단에 의해 선출, 구속적부심 부활, 헌법개정절차 일원화)
9차(1987)	6월 민주항쟁(대통령 중심제, 임기 5년 단임제, 직선제, 비상 조치권 및 국회해산권 폐지로 대통령 권한 조정)

ㄱ. 노태우 정부는 제24회 서울 올림픽 대회를 개최하였다(1988). 당시는 대통령 직신제 시기이다.

ㄷ. 박정희 정부는 자주 통일, 평화 통일, 민족적 대단결의 3대 원칙을 성명하였다(1972. 7·4남북공동성명). 당시는 대통령 직선제 시기이다.

🔍 오답 check

ㄴ. 1950년 9월 15일. 국군과 유엔군은 맥아더 유엔군 총사령관의 인천 상륙 작전으로 전세를 반전시켰다. 당시는 대통령 간선제 시기이다.

ㄹ. 1970년대 후반 전개되었던 YH무역노동운동의 과잉 진압을 비판하던 신민당 총재인 김영삼이 국회에서 제명되었고, 이를 기화로 부마항쟁이 전개되었다(1979). 당시는 유신체제로 대통령 간선제 시기이다.

50. 답 ④

출제자의 눈

민주화 운동을 통해 시기를 구분할 수 있다.

자료 속 힌트 4·13 폭거, 3선 개헌, 민주 구국 선언

해설

⑺ 6월 민주항쟁(1987). 1987년 1월 박종철 고문치사사건이 일어났고, 민중의 헌법 개정 여론이 확산되자 전두환 정부는 4·13 호헌 조치를 발표하였다. 야당과 재야의 연합 기구인 '민주 헌법 쟁취 국민운동본부'가 박종철 고문치사 규탄과 호헌 철폐를 위한 국민 대회를 전국 주요 도시에서 개최하였고 이러한 시위는 범국민적 반독재 민주화 투쟁으로 발전하게 되었다(6월 민주항쟁).

⑷ 3선 개헌. 경제 성장에 힘입어 제6대 대통령 선거에서 재선(1967)한 박정희는 변칙적으로 3선 개헌안을 통과시켰다(1969).

⑸ 3·1 민주구국선언(1976). 윤보선, 김대중, 문익환, 김승훈, 함석헌 등 재야 인사들이 명동 성당에서 긴급조치의 철폐, 박정희 정권 퇴진, 민족 통일 운동을 추구할 것 등을 요구하는 3·1 민주구국선언을 발표하였다.

■ 본문 14~25쪽

01. ①	02. ⑤	03. ②	04. ②	05. ③
06. ④	07. ②	08. ④	09. ③	10. ⑤
11. ②	12. ②	13. ④	14. ②	15. ⑤
16. ③	17. ⑤	18. ④	19. ③	20. ②
21. ③	22. ⑤	23. ①	24. ⑤	25. ④
26. ①	27. ③	28. ②	29. ②	30. ④
31. ⑤	32. ①	33. ①	34. ⑤	35. ④
36. ③	37. ⑤	38. ⑤	39. ④	40. ①
41. ⑤	42. ④	43. ③	44. ①	45. ③
46. ①	47. ②	48. ①	49. ②	50. ④

01. 답 ①

출제자의 눈

자료 속 빙하기 이후 농경의 시작을 통하여 신석기 시대임을 파악할 수 있다.

자료 속 힌트 빙하기가 끝나, 농경을 시작

해설

신석기 시대에는 조·피·수수 등 농경의 시작으로 정착 생활이 가능하게 되었으며, 가락바퀴와 뼈바늘을 사용하여 의복과 그물을 제작하는 등의 원시적 수공업이 발달하였다. 또한, 진흙으로 그릇을 빚어 불에 구워서 만든 빗살무늬를 입힌 토기를 사용하여 음식물을 조리하거나 저장하였다.

ㄱ. 신석기 시대에는 갈돌과 갈판을 사용하여 간석기를 만들었다.
ㄴ. 가락바퀴는 신석기 시대에 출현하여 원시적인 수공업을 시작했음을 알 수 있다.

참 신석기 시대

구분	내용
생활	간석기, 활·창으로 동물 사냥, 어로(그물)
경제	농경(조, 피, 수수) 시작, 의복·그물 제작(가락바퀴, 뼈바늘)
사회	평등사회, 혈연 바탕의 씨족사회(부족사회로 발전)
토기	이른민무늬 토기, 덧무늬 토기, 빗살무늬 토기
움집	대부분 강가나 바닷가, 반지하, 원형이나 모가 둥근 네모 바닥, 중앙 화덕, 4~5명 정도 거주

오답 check

ㄷ. 미송리식 토기는 청동기 시대의 토기이다.
ㄹ. 비파형 동검은 청동기 시대의 유물이다.

02. 답 ⑤

출제자의 눈

사료 속 평양성 전투를 통하여 백제 근초고왕을 파악할 수 있다.

자료 속 힌트 고구려에 침입, 평양성 공격, 고구려왕 사유, 사망

해설

사료는 근초고왕과 고국원왕의 평양성 전투이다. 백제 근초고왕은 마한을 통합하고 요서·산둥·규슈지방까지 진출하였고, 북으로는 황해도 지역을 놓고 고구려와 대결하였는데 평양성까지 진격하여 고구려 고국원왕을 전사시켰다(371). 사유(斯由)는 고국원왕의 휘(諱, 이름)이다.

⑤ 4세기 백제 근초고왕은 박사 고흥으로 하여금 백제의 역사서인 書記(서기)를 편찬하게 하였다.

오답 check

① 익산 미륵사는 백제 무왕 때 건립하였다(544).
② 7세기 백제 의자왕은 고구려 군사와 연합해 신라의 교통 요충지인 당항성을 공격하였고, 이후 대야성 등을 공격하여 40여개의 성을 빼앗았다(642).
③ 백제 침류왕은 동진의 마라난타를 통하여 불교를 수용한 후 공인하였다(384).
④ 6세기 백제의 성왕은 대외 진출이 수월한 사비(부여)로 천도하며(538), 국호를 남부여로 개칭하였다.

03. 답 ②

출제자의 눈

사료를 분석하여 연맹왕가인 부여를 도출한 후 풍습을 알아본다.

자료 속 힌트 장성(長城)의 북쪽, 남쪽은 고구려, 백제

해설

(가)는 부여를 나타내고 있다. 부여는 5부족 연맹체로서 왕 아래에 가축의 이름을 딴 마가, 우가, 저가, 구가를 두었고, 각 가들은 저마다의 행정 구획인 사출도를 다스리고 있었다. 또한, 왕권이 미약하여 수해나 한해로 흉년이 들면 왕에게 책임을 묻기도 하였다. 법으로는 4조목의 법이 있었는데, 남의 물건을 훔쳤을 때에는 물건 값의 12배를 배상하게 하는 1책 12법이 있었다.

② 부여에서는 수렵사회의 전통을 보여주는 영고라는 제천행사가 있는데 12월에 열렸다.

오답 check

① 삼한은 대족장인 신지·견지, 소족장인 읍차·부례 등의 지배자가 지배하였다.
③ 고조선은 8조법을 두어 질서를 유지하였으며 그 중 3개조의 내용만 전해진다.
④ 삼한의 소도는 군장세력이 미치지 못하는 신성 지역으로 제사장인 천군이 따로 지배하였다.

⑤ 동예는 부족적 성격이 강하였기 때문에 부족의 영역을 침범하지 못하게 하는 책화라는 제도가 있었는데, 만약 다른 부족을 침범하게 되면 노비 또는 소나 말로 변상하게 하였다.

04. 답 ②

출제자의 눈
대화를 통해 나제동맹 당시를 추론한 후 나제동의 체결 배경을 알아본다.

자료 속 힌트 화친, 우리 비유왕, 마립간

해설
백제 사신의 대화 속 비유왕을 통하여 신라왕이 눌지마립간임을 파악 할 수 있다. 장수왕은 평양으로 수도를 천도(427)하여 본격적인 남진 정책을 추진하는데, 이에 백제의 비유왕과 신라의 눌지마립간은 나제동맹을 체결하여 고구려에 대항하였다(433).

나제동맹(433)
눌지마립간은 백제의 비유왕과 동맹을 체결하여 고구려의 간섭을 배제하고자 하였고, 455년에 고구려가 백제를 공격하자 나제동맹에 입각해 군사를 파견하여 백제를 지원하기도 하였다.

오답 check
① 6세기 백제 무령왕은 지방에 대한 통제를 강화하기 위하여 지방에 22담로를 설치하여 왕족을 파견하는 등 통치 체제를 정비하였다.
③ 7세기 연개소문은 정변을 일으켜 보장왕을 옹립하고 정권을 장악하여 당에 대하여 강경책을 추진하였다.
④ 6세기 신라 진흥왕은 대가야를 정복하고 창녕비를 설치하였다(561).
⑤ 6세기 법흥왕은 병부의 설치, 율령의 반포, 17관등 및 공복을 제정하는 등의 통치 질서를 확립하였다.

05. 답 ③

출제자의 눈
장보고의 활동을 통하여 통일신라의 상황을 파악할 수 있다.

자료 속 힌트 청해진, 최치원, 신라소

해설
통일신라의 장보고는 완도에 청해진을 설치(828)하여 해적을 소탕하였으며, 남해와 황해의 해상 무역권을 장악하였다.
③ 신라는 한강을 장악함에 따라 당항성을 통하여 중국과 직접 교역이 가능해졌고, 그에 따라 경제적인 기반도 강화되었다.

장보고의 활동
① 해적 소탕: 완도에 청해진을 설치(828)하여 해적을 소탕하고 남해와 황해의 해상 무역권을 장악
② 법화원 건립: 중국 산둥성 적산촌에 법화원이라는 사찰 건립(적산법화원)
③ 장보고의 난(846): 자신의 딸을 왕비로 삼으려다 실패, 청해진을 중심으로 반란, 중앙 귀족들이 장보고 암살

오답 check
① 조선시대 여진과는 국경 지역에 설치한 무역소를 통하여 교역하였다.
② 고구려 영양왕 때 혜자는 일본 쇼토쿠 태자의 스승이 되었다.
④ 발해는 당의 장안성을 모방하여 상경의 궁궐터에는 외성을 쌓고, 남북으로 넓은 주작대로를 내어 그 안에 궁궐과 사원을 세웠다.
⑤ 칠지도는 백제 근초고왕이 일본 왕에게 하사한 것으로 날개에 글을 새겨 넣은 일곱 개의 날을 가진 칼이다.

06. 답 ④

출제자의 눈
자료를 통하여 백제 능산리 고분에서 발견된 금동대향로를 파악할 수 있다.

자료 속 힌트 부여 능산리 절터, 도교와 불교 사상

해설
부여 능산리 고분은 사비시대의 굴식돌방무덤으로 규모는 작지만 세련된 고분으로 사신도가 출토되었다. 또한, 능산리 고분군에서 발견된 금동대향로는 신선들이 사는 이상 세계를 형상화하였고, 용과 봉황, 연꽃, 그리고 신선이 산다고 하는 삼신산의 74개 봉우리를 표현하였는데, 백제의 도교적 성격을 엿볼 수 있다.

오답 check
① 고령 지산동 32호에서 출토된 가야 금동관
② 신라 금령총에서 출토된 기마인물형 토기
③ 신라 호우총에서 에서 출토된 호우명 그릇
⑤ 백제 무령왕릉에서 발견된 석수

07. 답 ②

출제자의 눈
고대 유적을 통하여 시대를 구분하여야 한다.

해설
㈎ 경주 분황사 모전석탑은 신라의 석탑 중 현존하는 가장 오래된 것으로 7세기 신라 선덕여왕 때 건립(634)하였는데 벽돌모양으로 다듬어 전탑형식으로 만든 석탑의 형식을 취하고 있다. 당시 9층으로 건립된 것으로 추정하고 있으나, 현재는 3층까지만 남아있다.
㈏ 신라 말 불교의 분파 중 실천적 경향을 띤 선종이 널리 퍼지면서 승려의 사리를 봉안하는 승탑이 유행하였는데, 쌍봉사 철감선사 승탑은 팔각원당형을 기본형으로 삼고 있는 특징을 보인다(868).
㈐ 신라 중대 건립한 석가탑은 2층 기단에 3층 탑신부를 올린 통일 신라 석탑의 전형으로 전체의 균형이 잘 잡힌 뛰어난 작품이다(751). 1966년 도굴꾼들에 의해 석탑이 훼손된 탑을 복원하기 위해 탑신부를 해체했는데, 이 과정에서 현존하는 세계에서 가장 오래 된 목판 인쇄물인 무구정광대다라니경을 발견할 수 있었다. 또한, 2013년 복원 작업에서는 사리보관함과 금동불 입상이 추가로 발견되었다.

08. 답 ④

출제자의 눈

고구려 부흥운동의 전개를 통하여 시대 상황을 추론할 수 있다.

자료 속 힌트 고구려, 검모잠, 안승

해설

고구려 멸망 이후 검모잠·고연무 등은 보장왕의 서자 안승을 왕으로 추대하여 한성(황해도 재령)과 오골성을 근거지로 군사를 일으켰다. 안승은 당의 군대와의 대처 방안의 의견대립으로 검모잠을 죽이고 신라로 망명하였다(670). 신라 문무왕은 금마저(익산)에 보덕국을 세워 안승을 왕으로 임명하였다(674).
④ 매소성 전투는 나당전쟁 중에 있었던 사실로 당나라 20만 대군을 매소성에서 격파하여 신라가 전쟁의 승기를 잡았다(675).

삼국통일의 과정

수·당 침입 → 나·당연합 → 백제 멸망(660) → 백제 부흥운동 (660~663) → 고구려 멸망(668) → 당의 도독부 설치 → 고구려 부흥운동(670~674) → 나·당전쟁 → 삼국 통일(676)

오답 check

① 왜의 수군이 백제부흥운동을 지원하여 백강입구까지 왔으나 나·당 연합군에게 패하였다(663. 백촌강 전투).
② 복신·흑치상지·도침은 왕자 풍을 왕으로 추대하고 주류성과 임존성에서 군사를 일으켜 백제 부흥운동을 전개하였다 (660~663).
③ 7C 의자왕 때 계백의 결사대는 황산벌 전투에서 김유신에 맞서 싸웠으나 패배하였다(660).
⑤ 진덕여왕 때 친당외교를 전개하였고 김춘추는 나당연합을 결성하였다(648).

09. 답 ③

출제자의 눈

자료를 분석하여 경덕왕(742~765)의 집권 시기를 찾아야 한다.

자료 속 힌트 다시 녹읍을 주었다. 상주, 한주

해설

신라 말 왕권이 다시 약화되고, 귀족 세력이 강화되면서 경덕왕 때에는 관료전을 폐지하고 다시 녹읍을 부활하였다(757). 또한, 경덕왕 때에는 주·군·현의 명칭과 행정체계를 대대적으로 정비하였는데 사벌주는 상주(尙州)로 이름을 바꾸고 10군 30현을 소속시켰고, 삽량주는 양주로 바꾸고 1소경 12군 34현을 소속시켰다(757).

10. 답 ⑤

출제자의 눈

삼국사기의 내용을 분석하여 궁예를 파악하고 그의 활동을 파악하여야 한다.

자료 속 힌트 김씨, 한 쪽 눈이 멀었다, 머리를 깎고 중이 되어, 선종(善宗)

해설

자료는 삼국사기의 일부로 ㈎ 궁예에 대한 설명이다. 궁예는 신라 왕족의 후예로서 북원(원주)의 도적 집단 양길의 수하로 있다가 독립하여 송악(개성)에 도읍을 정하고 후고구려를 건국하였다(901). 후고구려는 국호를 마진으로 바꾸었다가 다시 태봉(泰封)으로 바꾸었고, 연호는 무태(武泰)로 하였다.
⑤ 후고구려는 도읍을 철원으로 옮기면서 국호를 마진으로 바꾸었다.

태봉의 광평성 체제

태봉은 최고중앙관서로 광평성(廣評省)을 설치하여 내정을 총괄하게 하였고, 장관으로 광치내(匡治奈)를 두었다. 광평성은 태봉 멸망 후에 고려의 정치기구로 이어졌다.

오답 check

① 헌덕왕 때 웅천주(공주) 도독 김헌창은 아버지인 김주원이 왕위를 계승하지 못한데 불만을 품고 국호를 장안, 연호를 경운이라고 하여 반란을 일으켰으나 실패하였다(822).
② 고려 태조 왕건은 후대의 왕들에게 지켜야 할 정책 방향을 훈요 10조를 통하여 제시하였다.
③ 견훤은 전라도 지방의 군사력과 호족 세력을 통합하여 완산주(전주)에 도읍을 정하고 후백제를 건국하였다(900).
④ 후백제 견훤은 신라를 침공하여 경애왕을 살해하였다(927).

11. 답 ②

출제자의 눈

정효공주 묘지명에 기록을 통하여 발해 문왕의 정책을 파악할 수 있다.

자료 속 힌트 정효 공주의 무덤, 황상, 대흥

해설

정효공주 묘지(墓誌)에는 아버지 문왕을 황상(皇上)·성인(聖人)·대왕(大王) 등으로 표현하였다.
② 발해 문왕은 당과 친선 관계를 체결하면서 당의 제도인 3성6부를 받아들여 중앙 통치 체제를 정비하였다.

오답 check

① 발해의 고왕(대조영)은 길림성의 돈화시 동모산 기슭에 발해를 건국하였다(698).

③ 발해 무왕은 장문휴의 수군으로 하여금 당의 요서지방과 산둥 지방을 공격하였다(732).

④ 선왕은 건흥이라는 독자적인 연호를 사용하였고, 5경 15부 62주를 정비하였다.

⑤ 발해 선왕 때 중국인들은 발해를 보며 해동성국이라고 칭송하기도 하였다.

12. 답 ②

출제자의 눈

자료에서 제시하고 있는 각 시대에 맞는 문화유산을 찾아본다.

해설

㉠ 돌무지무덤. 돌을 계단식으로 정밀하게 7층까지 쌓아올린 형태의 돌무지무덤은 만주 길림(지안) 일대에 1만 2,000여 기가 무리를 이루고 있으며, 무덤의 외부를 보호하기 위한 돌(호석)과 주위에 딸린무덤(배총)이 있는 것이 특징이다. 장군총은 대표적인 고구려 초기의 돌무지무덤이다.

㉡ 직지심체요절은 청주 흥덕사에서 백운 경한 스님에 의해 금속활자로 1377년에 2권으로 간행되었는데 현존하는 세계 最古의 금속활자로 공인받고 있다.

오답 check

① 팔만대장경은 고종 때 몽골의 침략을 막아내기 위한 염원으로 간행하였다(1236 ~ 1251).

③④ 천마총은 신라의 돌무지덧널무덤이다.

⑤ 무령왕릉은 백제의 벽돌무덤이고, 무구정광대다라니경은 8세기 초에 제작된 세계에서 가장 오래된 목판 인쇄물로서 불국사 3층 석탑에서 발견되었다.

팔만대장경(재조대장경)은 국보 제32호로, 고려가 몽골의 침입을 부처의 힘으로 막아내고자 수기 승통의 총괄하에 진행되었다. 고려 고종23년(1236) 강화에서 조판에 착수하여 고종 38년(1251) 완성한 고려의 대장경은 2007년 세계기록유산으로 지정 되어 현재는 합천 해인사에 보관되어 있다.

13. 답 ④

출제자의 눈

제시한 자료를 통해 고려시대 전시과의 변천을 파악해야 한다.

자료 속 힌트 전시과(田柴科)를 제정, 개정, 다시 고쳐 정하였다.

해설

전시과는 고려는 국가에 봉사하는 대가로 관료에게 토지를 나누어주는 전시과 제도를 운영하였다. 국가는 문무 관리로부터 군인, 한인에 이르기까지 18등급으로 나누어 곡물을 수취할 수 있는 전지와 땔감을 얻을 수 있는 시지를 주었는데 지급된 토지는 수조권만 지급했던 토지였다.

④ 과전법은 전·현직 관리에게 관등에 따라 경기 지역의 토지에 한하여 수조권 지급하였다(공양왕. 1391).

14. 답 ②

출제자의 눈

대화를 통하여 성종을 파악할 수 있고, 그의 유교정치를 알아본다.

자료 속 힌트 국정에 관한 의견, 최승로의 건의

해설

대화는 최승로가 성종에게 올린 시무 28조를 나타낸 것으로 성종은 최승로의 건의를 채택하여 정치에 반영하였다.

구분	내용
배경	최승로의 시무 28조 채택으로 유교 정치 시행
유교진흥	불교 행사(연등회·팔관회) 폐지, 국자감 정비(992), 경학박사·의학박사 파견하여 교육
체제정비	2성 6부, 12목에 목사 파견(지방관 파견), 과거제도 정비, 강동 6주 설치
사회시설	의창(흑창을 확대·개편), 상평창(물가 조절), 화폐발행(건원중보), 노비환천법

오답 check

① 고려 광종은 노비안검법을 시행하여 호족 세력을 약화시켰고, 국가 재정을 확충하였다(956).

③ 공민왕은 왕권을 제약하고 신진 사대부의 등용을 억제하고 있던 정방을 폐지하여 인사권을 회복하였다.

④ 고려 태조는 사심관과 기인제도를 활용하여, 지방 호족을 견제하고 지방 통치를 보완하려 하였다.

⑤ 고려의 과거 제도는 광종 때 쌍기의 건의로 시행되었다(958).

15. 답 ⑤

출제자의 눈

외침과 관련된 고려시대 대외항쟁의 흐름을 정리한다.

자료 속 힌트 살리타이, 처인성, 윤관, 별무반, 흥화진, 양규, 왜구, 최영

해설

(가) 1232년 몽골군이 고려에 침입하였는데 김윤후가 처인성(용인)에서 몽골 장수 살리타를 사살하여 퇴각하게 하였다(몽골의 2차 침입).

(나) 12C 초 윤관의 건의로 별무반 편성. 윤관은 숙종에게 특수부대인 별무반을 편성할 것을 건의하였고, 숙종은 윤관의 건의를 받아들여 별무반을 조직하였다(1104). 별무반은 기병인 신기군, 승병인 항마군, 보병인 신보군으로 편성한 특수부대였다.

(다) 거란의 성종은 강조의 정변을 구실로 강동6주를 넘겨줄 것을 요구하며 고려에 침략하였다(1010). 한때, 개경이 함락되기도 하였으나 양규의 선전으로 흥화진 전투에서 승리하였으며, 거란군은 고려 현종의 친교 약속을 받고 퇴각하였다.

(라) 최영은 연산 개태사에 침입한 왜구에게 원수 박인계가 패배하자 출정하여 홍산(부여)에서 왜구를 크게 무찔렀으며, 그 공으로 철원부원군에 봉해졌다(1376).

16. 답 ③

출제자의 눈

시나리오 속 정중부 및 무신들의 분노를 통하여 보현원 사건(무신정변)의 경과를 파악할 수 있다.

자료 속 힌트 보현원, 정중부, 무신

해설

가상의 시나리오는 보현원 사건이다(1170). 고려 의종은 보현원(普賢院)에 못을 만들고 놀이하는 곳으로 삼아 자주 거동하여 향락을 일삼았다. 1170년 8월 정중부 등이 이곳에서 문신들을 살해한 후 개경으로 이동하여 의종을 폐위시키고 정권을 장악하였는데 이것이 무신정변의 시작이었다.

오답 check

① 김흠돌의 난은 신문왕이 즉위하던 해에 왕(신문왕)의 장인 김흠돌이 일으킨 모역사건으로 이 사건을 계기로 귀족들의 대대적인 숙청이 일어나 왕권이 전제화되었다.

② 묘청은 칭제 건원과 금국정벌론을 내세워 서경 천도 운동을 전개하였다(1135).

④ 11세기 경원 이씨(이자겸) 가문은 왕실의 외척이 되어 80여 년간 정치적 실권을 행사하였다.

⑤ 인종 때 김부식은 관군을 이끌고 묘청의 난을 약1년 만에 진압하였다.

17. 답 ⑤

출제자의 눈

고려의 지방 행정구역을 살펴본다.

자료 속 힌트 지방 제도, 향, 부곡, 소

해설

지도는 고려의 지방행정구역을 나타내고 있다. 고려는 현종 때 전국을 5도 양계로 나누었는데, 양계는 군사지역으로 병마사가 파견되었고, 군사요충지에는 진을 설치하였다. 5도는 일반 행정 단위로 중앙에서 안찰사를 파견하였고, 도내의 지방을 순찰하였다. 도에는 주와 군, 현이 설치되었고 각각의 지방관이 파견되었지만, 지방관이 파견된 주현 보다 지방관이 파견되지 않은 속현이 더 많아 주현을 통제하여 간접적으로 속현을 통제하였다.

참고 **고려의 행정 조직**

구분	내용
일반	5도(안찰사) 밑에 주·군·현설치, 주현(지방관 파견)보다 속현(지방관 파견되지 않음)이 더 많음
군사	동계·북계의 양계(병마사) 밑에 진(국방상 요지) 설치
특수	향·부곡·소 등은 일반 양민에 비해 더 많은 세금 부담, 이주 금지

오답 check

① 조선시대 경재소는 중앙 정부와 수령 사이의 연락 기능을 담당하였다.

② 조선은 전국의 주민을 국가가 직접 지배하기 위하여 모든 군현에 지방관을 파견하였다.

③ 통일신라는 지방 세력을 일정 기간 서울에 와서 거주하게 하던 상수리제도를 시행하였는데 이는 지방 세력을 견제하기 위한 정책이었다.

④ 통일신라는 전국의 요지에 5소경을 설치하여 수도 금성(경주)이 지역적으로 치우친 것 보완하고 지방의 균형 있는 발전을 도모하였다.

18. 답 ③

 출제자의 눈

자료 속 흑창이 개편되는 상황을 통하여 빈민구제 기관인 의창을 파악할 수 있다.

 자료 속 힌트   태조, 흑창(黑倉), 바꾸도록 하라

해설

고려의 사회 제도 중에는 평시에 곡물을 비치하였다가 흉년에 빈민을 구제하는 (가) 의창이 있었는데, 이는 성종 때 흑창을 개칭한 것으로 고구려의 진대법과 유사한 것이었다.

🔍오답 check

① 고려 예종 때에는 각종 재해가 발생하였을 시에 구제도감이나 구급도감을 임시 기관으로 설치하여 백성의 구제에 힘썼다.
② 문종 때에는 가난한 백성이 의료 혜택을 받도록 개경에 동서대비원을 설치하여 환자 진료 및 빈민 구휼을 담당하게 하였다.
④ 고려 예종 때 양현고라는 장학 재단을 두어 관학의 경제 기반을 강화하였다.
⑤ 고려 예종 때 혜민국을 두어 의약을 전담하게 하였다.

19. 답 ③

출제자의 눈

자료를 통해 불교와 관련된 고려의 문화유산을 알아본다.

자료 속 힌트   불교문화, 고려 시대

해설

자료의 수월관음도를 통하여 고려후기 원간섭기 시기를 추정할 수 있다. 수월관음도는 고려후기 14세기의 작품으로 비단 바탕에 채색을 한 그림이다.
ㄴ. 고려시대 영주 부석사 소조아미타여래좌상(국보 제45호)
ㄷ. 고려시대 하남 하사창동 철조석가여래좌상(보물 제332호)

🔍오답 check

ㄱ. 고구려 연가7년명 금동여래입상(국보 제119호)
ㄹ. 삼국시대 금동미륵보살반가사유상(국보 제83호)

20. 답 ②

 출제자의 눈

유적지의 자취를 통하여 안동지역을 찾을 수 있고 그 곳의 역사적 사실을 파악한다.

 자료 속 힌트   도산 서원

해설

(가) 안동에는 고려 시대 주심포 양식인 봉정사극락전과 향토미를 나타내는 이천동 여래입상, 통일신라 탑의 법흥사지 7층 전탑, 이황의 도산서원 등의 문화재가 있으며, 유네스코 세계 문화유산으로 지정될 정도로 아름다운 한국의 전통 마을을 간직하고 있다.
② 고려 공민왕 때 북방에서 홍건적이 침입해 오자 공민왕은 복주(안동)으로 피난하였다.

놋다리 밟기

홍건적이 쳐들어오자 공민왕은 노국대장공주와 함께 안동으로 피난하였다. 왕비가 강을 건널 때 안동의 부녀자들이 모두 나와 사람으로 다리를 놓아 건너게 하였다고 전해진다. 그 후 안동 지방의 부녀자들이 정월 대보름에 이를 재연한 것이 풍속이 되었다.

 🔍오답 check

① 고려 정부가 몽골과 강화하여 개경으로 환도하자, 강화도에서 항전하던 삼별초는 화의에 반발하여 진도(배중손)와 제주도(김통정)를 거치며 끝까지 항전하였으나, 여몽연합군에 의하여 진압되었다(1270~1273. 삼별초의 항쟁).
③ 병자호란 당시 인조는 남한산성으로 피난하여 청군에 40여 일간 항전하였다.
④ 프랑스는 병인박해의 구실로 병인양요(1866)를 일으켰는데, 양헌수 부대가 정족산성에서 활약하였다.
⑤ 김좌진이 이끌던 북로군정서군을 중심으로 여러 독립군의 연합 부대는 청산리 일대에서 6일간 10여 차례의 전투를 통해 일본군을 대파하였다(1920).

21. 답 ③

 출제자의 눈

심곡서원의 사진과 기묘사화, 위훈삭제 등을 통하여 조광조와 관련된 내용을 파악할 수 있다.

 자료 속 힌트   기묘사화, 소격서 폐지, 개혁정치, 위훈 삭제

해설

(가) 조광조는 중종 때 중용된 사림파로 왕도 정치의 실현을 위해 언론 기능의 강화 등 급진적 개혁을 추진하여 훈구파를 견제하려 하였다. 하지만, 위훈 삭제 문제로 인한 공신들의 반발로 조광조를 비롯한 대부분의 사림 세력은 정계에서 밀려나게 되었다(1519. 기묘사화).

조광조의 개혁정치

1. 현량과의 실시(사림등용 – 훈구 견제)
2. 불교, 도교 행사 폐지(소격서 폐지, 성리학적 질서 강요)
3. 소학 교육 장려(성리학적 질서 강요)
4. 방납의 폐단 시정(수미법 건의)
5. 경연 강화(왕도정치)
6. 위훈 삭제 추진(훈구파 견제)
7. 향약 시행(향촌자치 시도)

① 서원은 중종 때 풍기군수 주세붕이 세운 백운동 서원이 시점이다 (1543).
② 18세기 초 정제두는 양명학을 체계적으로 연구하여 강화학파를 형성하였다.
④ 이이는 동호문답을 저술하여 다양한 개혁방안을 제시하였다.
⑤ 정도전은 조선경국전과 경제문감을 저술하여 민본적 통치규범을 마련하였고, 성리학을 국가의 통치이념으로 확립시켜 재상 중심의 정치를 주장하였다.

22. 답 ③

출제자의 눈
조선 전기 문화에 대한 전반적인 이해를 하여야 한다.

🧭 자료 속 힌트 조선 전기, 부국강병, 민생 안정

해설

조선 초 세종 때를 전후한 이 시기의 과학 기술은 우리나라 역사상 특기할 정도로 뛰어났다. 당시의 집권층은 부국강병과 민생 안정을 위하여 과학기술이 중요하다고 인식하였고 과학 기술은 국가적 지원을 받아 크게 발전하였다. 세종 때 세계 최초로 강우량을 측정할 수 있는 측우기와 해시계인 앙부일구, 칠정산 등의 역법서를 편찬하였다.
③ 조선후기 정조 때 무예와 관련하여 병법서인 무예도보통지를 편찬하였다.

무예도보통지(1790)

정조 때 이덕무, 박제가, 백동수 등이 왕명에 따라 편찬한 종합 무예서로 24기의 전투 기술을 중심으로 한 실전 훈련서이다. 당시의 무예와 병기에 관하여 종합적인 조감을 할 수 있는 중요한 가치를 지니고 있다.

🔍 오답 check

① 조선 초기에 만든 화포는 사정거리가 최대 1,000보에 이르렀으며, 세종 때 만든 바퀴가 달린 화차인 신기전은 화살 100개를 연속 발사할 수 있었다.
② 세종 때 천체 관측 기구로 혼의와 간의, 혼천의를 제작하고, 시간 측정 기구로 물시계인 자격루(1434)와 해시계인 앙부일구 등이 만들었다.
④ 금양잡록은 성종 때 강희맹이 편찬한 농서로 금양(경기도 시흥)지방을 중심으로 경기 지방의 농사법을 정리하였다.
⑤ 세종 때 우리 약재와 치료 방법을 정리하여 향약집성방을 편찬하였다.

23. 답 ①

출제자의 눈
허준이 활동하였던 당시를 통하여 광해군 집권 시기를 파악하여야 한다.

🧭 자료 속 힌트 허준, 의방(醫方), 책

해설

17세기 초에 전란으로 질병이 만연하자 광해군은 허준으로 하여금 동의보감을 편찬하게 하였다(1610). 동의보감은 우리의 전통 한의학을 체계적으로 정리한 것으로, 우리나라뿐만 아니라 중국과 일본에서도 간행되어 뛰어난 의학서로 인정되고 있다.
① 광해군은 대내적으로 전쟁의 뒷수습을 위한 정책을 실시하면서 대외적으로는 명과 후금 사이에서 신중한 중립 외교 정책으로 대처하였다.

광해군의 중립외교

1. 후금의 건국: 후금은 명에 대하여 전쟁을 포고하였고 명은 후금을 공격하는 한편, 조선에 원군을 요청하였다.
2. 광해군의 중립외교: 광해군은 대내적으로 전쟁의 뒷수습을 위한 정책을 실시하면서 대외적으로는 명과 후금 사이에서 신중한 중립 외교 정책으로 대처하였다. 임진왜란 때 명의 도움을 받은 조선은 명의 후금 공격 요구를 거절할 수 없었고, 새롭게 성장하는 후금과 적대 관계를 맺을 수도 없었다. 광해군은 강홍립을 도원수로 삼아 1만 3,000명의 군대를 이끌고 명을 지원하게 하되, 적극적으로 나서지 말고 상황에 따라 대처하도록 명령하였다. 결국 조명 연합군은 후금군에게 패하였고, 광해군의 밀명을 받은 조선군 사령관 강홍립은 후금에 항복하였다. 이후에도 명의 원군 요청은 계속되었지만, 광해군은 이를 적절히 거절하면서 후금과 친선을 꾀하는 중립적인 정책을 취하였다.

🔍 오답 check

② 영조는 즉위 직후 탕평 교서를 발표하고 탕평비를 건립하는 등 정국을 안정시키려 하였다.
③ 정조 때 시행한 초계문신제도는 37세 이하의 당하관 중에 재능 있는 문신들을 뽑아 재교육 시키는 제도로 정조가 직접 강의하고 시험도 직접 보았다.
④ 태종은 왕권을 강화하고 국왕 중심의 통치 체제를 강화하기 위하여 6조 직계제를 실시하였다.
⑤ 조선 세종은 궁중 안에 정책 연구 기관으로 집현전을 설치하여 유교 정치를 실현하려 하였다.

24. 답 ⑤

출제자의 눈
자료에 등장한 양역의 폐단을 통하여 균역법의 시행을 파악할 수 있다.

🧭 자료 속 힌트 2필 양역(良役)의 폐단, 1필로 줄이는

해설

양난 이후 지방의 감영이나 병영까지도 독자적으로 군포를 징수하면서 장정 한 명에게 이중 삼중으로 군포를 부담시키는 경우가 많았다. 균역법은 과중한 군역의 부담을 시정하고자 영조 때 시행된 것으로 농민은 1년에 군포 1필만 부담하게 되었다(1750). 균역법의 시행으로 감소된 재정은 지주에게 결작이라고 하여 토지 1결당 미곡 2두를 부담시키고, 선무군관포 및 어장세, 선박세 등 잡세 수입으로 보충하게 하였다.

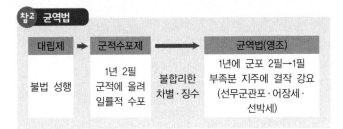

참고 균역법

대립제	▶	군적수포제	→	균역법(영조)
불법 성행		1년 2필 군적에 올려 일률적 수포	불합리한 차별·징수	1년에 군포 2필→1필 부족분 지주에 결작 강요 (선무군관포·어장세· 선박세)

 오답 check

① 세종은 토지비옥도(전분6등법)와 풍흉(연분9등법)에 따른 조세 부과 기준을 만들어 조세를 차등 있게 내도록 하는 등 민생안정에 힘을 쏟았다.

② 광해군 때 이원익, 한백겸의 주장으로 선혜청을 설치하고 처음으로 경기도에서 대동법을 시행하였다(1608).

③ 조선 정조는 6의전을 제외한 나머지 시전상인들의 금난전권을 철폐하여 사상들의 자유로운 상업 활동을 허용 하였다(1791. 신해 통공).

④ 대동법 실시 이후 공인이라는 어용상인이 나타나 관청에서 공가를 미리 받아 필요한 물품을 사서 납부하였다.

25. 답 ④

출제자의 눈

점(店)의 활동을 통하여 조선후기임을 추론한 후, 당시의 산업 발전에 대하여 알아본다.

자료 속 힌트 세금, 늘었다 줄었다, 점, 세금이 수천여 냥

해설

사료는 조선후기 광산의 발전을 나타내고 있다. 청과의 무역으로 은의 수요가 늘어나면서 은광의 개발이 활기를 띠었다. 그리하여 17세기 말에는 거의 70개소의 은광이 개발되었고, 18세기 말에는 상업 자본이 채굴과 제련이 쉬운 사금 채굴에 몰리면서 금광의 개발도 활발해졌다. 조선후기 민간 수공업자의 작업장은 흔히 점(店)으로 불리어 철기 수공업체는 철점, 사기 수공업체는 사기점이라 하였다.

ㄴ. 조선후기 담배와 목화 등의 상품작물이 재배되었다.

ㄹ. 개성에서 활동하던 송상은 전국에 송방(松房)이라는 지점을 설치하여 활동 기반을 강화하였다. 주로 인삼을 재배·판매하고 대외 무역에도 깊이 관여하여 부를 축적하였다.

오답 check

ㄱ. 고려 숙종 때에는 삼한통보, 해동통보, 해동중보 등 동전을 만들었으나 널리 유통되지 못하였다.

ㄷ. 고려전기의 상업은 도시를 중심으로 발달하였는데 경시서를 두어 상행위를 감독하였다.

26. 답 ①

출제자의 눈

지도의 설명을 통해 동양 최고(最古)의 세계 지도를 파악할 수 있다.

자료 속 힌트 현재 남아 있는 동양 최고(最古)의 세계지도, 한반도 지도와 일본 지도를 보강하여 제작

해설

조선 초기 태종 때 세계 지도인 혼일강리역대국도지도를 만들었다(1402). 이 지도의 필사본이 일본에 현존하고 있는데, 지금 남아 있는 세계 지도 중 동양에서는 가장 오래 된 것이다. 우리나라를 사실보다 크게 그려 진취적인 세계관을 반영하고 있다.

오답 check

② 1834년 김정호가 제작한 지구전후도(지구전도)이다.

③ 조선 중기 이후 제작되어 민간에서 사용되었던 지도로서 중국 중심의 세계관을 표현한 관념도이다.

④ 19세기 초 바다와 산맥을 채색한 세계지도로 남북아메리카를 제외한 구대륙지도이다.

⑤ 선조 때 이광정은 세계 지도인 곤여만국전도를 유입하였다.

27. 답 ③

출제자의 눈

서애집을 통하여 임진왜란 중 창설된 훈련도감을 도출할 수 있다.

자료 속 힌트 도감을 설치, 군사를 훈련, 조총 쏘는 법, 창칼 쓰는 기술, 국왕, 호위, 서애집

해설

자료는 유성룡의 서애집 일부로 임진왜란 중 휴전 당시에 훈련도감을 설치할 것을 건의하고 있는 장면이 묘사되어 있다. 훈련도감은 왜군의 조총에 대항하기 위하여 조직한 군대로 기존의 활과 창으로 무장한 부대 외에 조총으로 무장한 부대로 구성하여 포수·사수·살수의 삼수병으로 편제되었다. 훈련도감의 군병은 장기간 근무를 하고 일정한 급료를 받는 상비군으로서, 의무병이 아닌 직업 군인의 성격을 가진 군인이었다.

오답 check

① 정조는 친위 부대인 장용영을 설치하여 왕권을 뒷받침하는 군사적 기반을 갖추었다.

② 일제는 1907년 대한제국의 시위대와 진위대를 해산하였다.

④ 세종 때(1419) 이종무는 병선 227척, 병사 1만 7,000명을 이끌고 대마도 섬을 토벌하여 왜구의 근절을 약속받고 돌아왔다.

⑤ 훈련도감은 중앙군으로 의무병이 아닌 직업군인이었다.

28. 답 ②

출제자의 눈

송시열과 숙종의 자료를 통하여 발생한 기사환국을 파악할 수 있다.

자료 속 힌트 희빈 장씨, 원자, 송시열의 관작을 삭탈

해설 ----

대화에서 희빈 장씨, 원자, 송시열 관직 삭탈 등을 통하여 기사환국임을 파악할 수 있다.

② 숙종 때 장희빈의 소생인 균(경종)의 세자 책봉을 둘러싸고 서인인 송시열 등이 반대하다 사사되었고 인현왕후가 폐출되면서(민씨폐출) 남인이 집권하였다(기사환국. 1689).

🔍 오답 check

① 을사사화(1545)는 명종 때 외척 간의 왕위 계승의 다툼으로 사림이 피해를 본 사건으로, 명종의 외척세력인 윤원형(소윤)일파가 인종의 외척세력인 윤임(대윤)일파를 역적으로 몰아 대거 숙청하고 정국을 주도하게 된다.

③ 서인의 반정으로 왕이 된 인조 때의 공신인 이괄이 2등 공신으로 된 것에 불만을 품고 반란을 일으켰다(1624).

④ 현종 때 효종의 왕위 계승에 대한 정통성과 관련하여 두 차례의 예송이 발생하면서 서인과 남인 사이에 대립이 격화되었다.

⑤ 16세기 선조 때 사림 세력 내에서 이조전랑직의 대립이 발생하여 동인과 서인으로 분당되었다.

29. 답 ②

🔖 출제자의 눈

제시된 자료를 통하여 조선후기 국학 연구를 위한 노력을 알아본다.

🧭 자료 속 힌트   조선후기 국학, 중국 중심의 세계관 탈피, 우리의 전통, 우리말

해설 ----

조선후기 실학의 발달과 함께 민족의 전통과 현실에 대한 관심이 깊어지면서 우리의 역사, 지리, 국어 등을 연구하는 국학이 발달하였다.

ㄱ. 18C 실학자 유득공은 발해고(1784)에서 최초로 남북국 시대를 주장하여 민족의 자주성을 높였다.

ㄷ. 정약용은 역사지리서인 아방강역고를 저술하여 백제의 한성 도읍지와 발해의 역사 등을 고증하였다(1811).

참고 역사 연구

시기	역사서(저자)	내용
18C	동사강목 (안정복)	고조선에서 고려 말까지 역사, 삼한정통론, 편년체
	발해고 (유득공)	발해사 연구, 연구 시야를 만주 지방까지 확대(영토의식 확대)
	동사 (이종휘)	고구려와 발해 역사, 기전체, 한반도 중심의 협소한 사관 극복
	연려실기술 (이긍익)	조선의 정치와 문화 정리, 실증적·객관적 정리, 기사본말체
19C	해동역사 (한치윤)	고조선에서 고려까지의 역사, 외국자료(중국·일본사) 인용, 기전체
	금석과안록 (김정희)	무학대사비로 알려진 북한산비가 진흥왕 순수비임을 밝힘, 금석학연구

🔍 오답 check

ㄴ. 조선 성종 때 양성지가 팔도지리지(1478)를 편찬하였으나 현존하지 않는다.

ㄹ. 동국통감은 성종 때 서거정 등이 왕명으로 편찬한 역사서로써 고조선부터 고려 말까지의 역사를 편찬하였는데, 삼국사절요와 고려사절요를 참고하였다(1485).

30. 답 ④

🔖 출제자의 눈

자료를 통하여 민족 명절인 삼짇날을 알아본다.

🧭 자료 속 힌트   본, 화전, 진달래꽃

해설 ----

삼짇날(3.3)은 강남에 간 제비가 돌아와 추녀 밑에 집을 짓는 때로 진달래꽃으로 화전을 만들어 먹었다.

🔍 오답 check

① 백중(7.15)은 세벌김매기가 끝난 후 여름철 휴한기에 휴식을 취하는 날로 음식과 술을 나누어 먹으며 백중놀이를 즐기면서 하루를 보내던 농민명절을 뜻한다. 백중(7.15)은 백종(百種)·중원(中元), 또는 망혼일(亡魂日)이라고도 한다.

② 칠석(7.7)에는 가정에 따라서는 무당을 찾아가 칠성 맞이 굿을 한다. 또 밭작물의 풍작을 위해 밭에 나가서 밭제를 지내기도 한다. 칠석날 처녀들은 별을 보며 바느질 솜씨가 좋아지기를 빌고 서당의 학동들은 별을 보며 시를 짓거나 글공부를 잘할 것을 빌었다.

③ 정월대보름(1.15)에는 달에 소원을 빌었고, 달맞이, 쥐불놀이, 달집태우기, 다리밟기, 부럼깨기, 귀밝이술 마시기 등을 즐겼다.

⑤ 한가위(추석)는 음력 8월 15일로 가배라고도 한다. 추석에는 차례를 지내고, 성묘를 돌아봤으며 씨름, 강강술래, 소싸움 등의 민속놀이를 즐겼다. 또한, 송편, 토란국, 닭찜을 만들어 먹었다.

참고 민족 명절과 풍습

명절	일자	풍습
설날	1월1일	차례, 세배, 씨름 등 민속놀이
대보름	1월15일	달맞이, 쥐불놀이, 다리밟기, 부럼깨기, 달집태우기, 귀밝이술 마시기
연등회	2월15일	불교행사
삼짇날	3월3일	화전놀이, 화전(진달래꽃) 만들어 먹기
단오	5월5일	창포에 머리감기, 쑥과 익모초 뜯기, 수리떡 먹기, 대추나무 시집보내기, 그네뛰기·격구·씨름·석전(石戰)·활쏘기 등 민속놀이
유두	6월6일	동쪽으로 흐르는 물에 머리감기
칠석	7월7일	칠성맞이 굿, 밭제, 별보며 글짓기, 걸교제(바느질 솜씨 늘기 기원)
한가위	8월15일	차례, 성묘, 민속놀이
팔관회	가을	개경 11월15일, 서경 10월15일, 불교행사, 토착신앙
동지	양12월22일	밤이 가장 긴 날. 팥죽 먹기. 차례 지내기
한식	동지후105일	찬 음식을 먹기. 차례·성묘하기. 농작물의 씨 뿌리기

31. 답 ⑤

진중일기를 통하여 홍경래의 난의 경과를 알아본다.

자료 속 힌트   조선 후기, 평안도 가산, 곽산

해설

진중일기는 홍경래의 난을 진압하는 과정을 일기체로 기록한 책이다(1811). 홍경래의 난은 세도 정치의 폐해와 서북민에 대한 차별 대우 등이 원인이 되어 봉기한 것이다. 몰락 양반인 홍경래와 영세 농민, 중소 상인, 광산 노동자 등이 합세하여 청천강 이북 지역을 거의 장악하기도 하였으나 5개월 만에 평정되었다.

홍경래의 격문

평서대원수는 급히 격문을 띄우노니 … 그러나 조정에서는 관서를 버림이 분토와 다름없다. 심지어 권문의 노비들도 서토의 사람을 보면 반드시 평안도 놈이라 한다. 서토에 있는 자 어찌 억울하고 원통하지 않은 자 있겠는가. … 지금, 임금이 나이가 어려 권세 있는 간신배가 그 세를 날로 떨치고 김조순·박종경의 무리가 국가 권력을 오로지 갖고 노니 어진 하늘이 재앙을 내린다.

「순조실록」

오답 check

① 홍경래의 난은 조선 관군이 진압하였다.
② 임오군란 당시 군인들은 선혜청 창고인 도봉소를 습격·파괴(도봉소 사건)하는 한 편, 일본인 교관을 죽이고 일본 공사관을 습격하였다(1882).
③ 경상 우병사 백낙신의 수탈에 견디다 못한 농민들이 몰락 양반 출신의 유계춘 등을 중심으로 봉기하였다(1862. 임술농민봉기).
④ 동학농민운동 당시 전봉준의 남접 부대와 손병희·최시형의 북접 부대가 연합하여 논산에 집결한 후 공주로 진격하였다.

32. 답 ①

편지 속 내용을 통하여 흥선대원군을 파악한 후 그의 정책을 알아본다.

자료 속 힌트   고종의 즉위, 통상 수교 거부 의지, 신미양요, 척화비

해설

(가)는 고종의 아버지 흥선대원군이다. 흥선대원군의 개혁정치는 다음과 같다.

참고 흥선대원군의 개혁 정치

구분	내용
왕권강화	당파·지방색·신분을 가리지 않고 능력에 따라 인재 등용, 비변사 폐지, 의정부·삼군부 부활, 대전회통·육전조례 편찬, 서원철폐(국가 재정 확충), 경복궁중건(원납전·당백전), 양전 사업(은결 색출), 호포제·사창제 실시
민생안정	전정(양전사업, 은결색출), 군정(호포법=동포제), 환곡(사창제)

① 영조는 속대전을 편찬하고 법전 체계를 정리하여 제도와 권력 구조 개편에 힘썼다.

속대전(1746)

영조 때 김재로 등이 경국대전을 보완하여 법전을 정리하였다. 당시의 경국대전 체제는 그대로 유지하였고 수정된 내용(대체로 형법)을 수록하였다.

33. 답 ①

박규수와 최익현의 활동 사항을 알아본다.

자료 속 힌트   박지원의 손자, 안핵사, 을사늑약, 태인에서 의병, 대마도 심

해설

(가) 박규수. 박지원의 손자로 양반 출신인 그는 청에 왕래하며 개화사상을 품었다. 진주 민란 때에는 안핵사로 파견하여 활동하였고, 평안도 관찰사로 부임했을 때 제너럴셔먼호를 불태우기도 하였다. 청나라의 양무운동 이후에 견학을 다녀온 후에 그는 개화사상에 심취하여 오경석, 유홍기 등에게 영향을 주게 되고, 많은 개화 세력을 형성한 개화사상의 선각자였다.

(나) 최익현. 최익현은 1906년 전북 태인에서 의병을 이끌고 순창에 입성하여 관군과 대치하게 되었을 때, "왜적이 아닌 동족을 죽이는 일은 차마 못하겠다." 라고 하여 싸움을 중단하고 포로가 되었고, 일본군에 의하여 대마도 섬에 유배되어 순국하였다.

오답 check

② 18세기 실학자인 박제가는 청에 나녀온 후 북학의를 저술하여 청의 문물을 적극적으로 수용할 것을 주장하였다.
③ 박상진이 대구에서 결성된 대한광복회(1915)는 전국적인 조직으로 발전하였다.
④ 1880년대 조선책략이 국내에 유포되었는데 이만손은 영남만인소를 올려 개화를 반대하였다.
⑤ (나) 최익현은 위정척사사상가로 1870년대에는 왜양일체론(倭洋一體論)을 주장하며 개항을 반대하였다.

참고 위정척사운동

시기	1860년대	1870년대	1880년대	1890년대
운동	통상 반대	개항 반대	개화 반대	항일 의병
주도	이항로 기정진	최익현 유인석	홍재학 이만손	유인석 기우만
주장	척화주전론	왜양일체론	영남 만인소	을미의병

34. 답 ⑤

자료 속 힌트 일본국, 조선국 강화부, 의결한 조관, 조선국은 자주 국가, 해안을 측량

해설

1875년 운요호 사건을 빌미로 일본은 조선에 개항을 요구하여 포함의 위험 하에 1876년 강화도 조약을 체결하게 되었다.

참고 강화도조약

조항	조약 내용	일본의 목적
1관	조선국은 자주의 나라이며 일본국과 평등한 권리를 가진다.	청의 간섭 배제, 조선 침략 의도
4관	조선국은 부산 외에 두 곳(인천, 원산)의 항구를 개항하고 일본인이 와서 통상을 하도록 허가한다.	경제(부산), 정치(인천), 군사(원산)적 거점 확보, 주권 침해 조항
7관	조선국 연해의 도서와 암초는 조사하지 않아 위험하므로 일본국의 항해자가 자유롭게 해안을 측량하도록 허가한다.	
10관	일본국 국민이 조선국에서 죄를 범하거나 조선국 국민에게 관계되는 사건일 때는 모두 일본국 관원이 심판한다.	일본인에 대한 치외법권 보장, 불평등 조항

오답 check

① 조선은 갑신정변(1884)의 결과로 인하여 한성조약(1884)과 톈진 조약(1885)을 체결하게 되었다.
② 민영환은 외교권 상실에 울분을 금치 못하여 자결로써 을사늑약에 항거 하였다.
③ 1886년 조프통상조약의 체결로 프랑스는 조선에서 천주교 포교의 자유를 얻었다.
④ 조선은 조미수호통상조약(1882)의 체결로 인하여 미국에 최혜국대우를 규정하였다.

35. 답 ④

자료 속 힌트 김기수, 근대 시설 시찰, 김윤식, 1년여 만에 조기 귀국

해설

(가) 1차 수신사 파견(1876). 강화도 조약 이후 일본의 개화사상과 문물을 시찰하기 위하여 김기수 일행이 일본을 다녀왔다. 김기수는 일동기유를 저술하여 근대 문물을 소개하였다.
(나) 영선사 파견(1881). 조선은 1881년 청에 영선사를 파견하였는데, 김윤식과 유학생들을 청국의 톈진에 유학시켜 근대 무기 제조법, 군사훈련법, 자연 과학 등을 배우게 하였다.
④ 영선사는 정부의 재정 부족으로 1년 만에 중도 귀국하게 되었고, 귀국 후 서울에 근대식 무기제조창인 기기창을 설치하였다.

오답 check

① 에도막부는 도쿠가와 이에야스가 일본은 통일하고 에도(도쿄)에 수립한 무신 정권으로 1603년부터 1867년까지 존속하였다.
② 조선은 조사시찰단을 암행어사의 형태로 비밀리에 파견하였다(1881).
③ 조미수호통상조약은 1882년에 체결되었고, 영선사는 1881년에 파견되었다.
⑤ 대한제국은 러시아 공사관에서 환궁한 고종이 1897년 국내·외에 선포한 국가이다.

36. 답 ③

자료 속 힌트 우정총국, 개국 축하연, 홍영식, 근대적 우편 사무

해설

일기 내용의 우정총국, 개국 축하연 등의 내용을 통하여 갑신정변 전날의 상황임을 파악할 수 있다(1884).
③ 원산학사(1883)는 덕원 주민들이 개화파 인물들의 권유에 따라 설립한 우리나라 최초의 근대적 사립학교였으며 외국어, 자연과학, 국제법 등 근대 학문과 무술을 가르쳤다.

참고 근대 교육의 시작

구분	내용
원산학사(1883)	최초의 근대적 사립학교
동문학(1883)	영어 강습 기구. 통역관 양성
육영공원(1886)	최초 관립학교, 상류층 자제에게 근대 학문 교육, 미국인 교사 헐버트와 길모어 초빙)

오답 check

① 독립협회(1896~1899)는 만민공동회와 관민공동회를 개최하여 헌의6조를 결의하였다.
② 경인선은 1899년에 공사가 시작되어 1900년에 개통되었다.
④ 한성전기회사는 1898년 1월 설립한 한국 최초의 전기회사로 1909년까지 존속하였다.
⑤ 이인직에 의해 우리나라 최초의 서양식 극장인 원각사(1908)가 세워졌고, 은세계, 치악산 등의 작품이 공연되었다.

37. 답 ⑤

자료 속 힌트 국채, 이천만 동포, 연초를 아니 먹고

해설 --

자료는 국채보상운동 당시 부인들이 쓴 '경고 아 부인동포라'라는 제목의 격문 전문이다.

일제가 1905년 화폐정리 사업을 강제적으로 단행한 결과 대한제국의 국채가 늘어나게 되었다. 1907년 국채보상운동은 이러한 경제적 예속을 극복하려는 경제적 구국 운동이었다.

⑤ 국채보상운동은 서상돈·김광제 등이 대구에서 시작하여 전국으로 확산되었는데, 대한매일신보·황성신문·제국신문 등의 언론 기관도 동참하였다.

오답 check

① 1920년대 민족유일당 운동의 결실로 신간회와 근우회를 결성하게 되었다(1927).

②③ 물산장려운동은 '내 살림 내 것으로', '조선 사람 조선 것'의 구호를 통해 1920년대 실력 양성 운동의 일환으로 전개된 토산품 애용 운동이었다. 평양에서 처음 시작되었으며 서울에서 조선 물산 장려회가 조직(1923)됨으로써 활기를 띠게 되었으나 일제의 방해로 성과는 거둘 수 없었다.

④ 러시아가 절영도의 조차를 요구하자 독립협회는 만민공동회를 배경으로 구국 운동 상소운동(1898)을 전개하여 러시아의 요구를 좌절시켰다.

38. 답 ⑤

출제자의 눈

자료를 분석하여 제1차 갑오개혁(1894.7~1894.12)의 내용을 파악할 수 있다.

자료 속 힌트 일본군이 경복궁을 점령한 후, 김홍집, 개혁안

해설 --

동학농민운동이 일어난 후 일본은 1894년 6월 주한 공사 오토리 게이스케를 통하여 내정개혁안 5개조를 제시하고 이를 시한부로 시행할 것을 촉구하였다. 김홍집 내각은 개혁을 추진하기 위하여 초정부적 회의 기관인 (가) 군국기무처를 설치(1894.6)하고 자주적인 개혁을 추진하였다.

참고 제1차 갑오개혁(1894. 7 ~ 1894. 12)

구분		내용
정치	업무 구분	왕실 사무(궁내부)와 국정(의정부)의 분리, 내각이 정치적 실권 소유(전제 왕권 제한)
	80아문	의정부 권한 집중, 6조를 80아문으로 변경
	연호 사용	청 연호 폐지, 조선의 개국기원 사용
	기타	경무청(근대적 경찰 사무) 설치, 과거 제도 폐지
경제	재정 일원화	탁지아문에서 국가의 모든 재정 사무 관장
	기타	은 본위 화폐제도, 조세의 금납제, 도량형 개정
사회	신분제 철폐	양반과 평민의 계급 타파, 공·사 노비 제도 폐지, 인신 매매 금지
	봉건제 타파	조혼 금지, 과부 개가 허용, 고문·연좌제 폐지

오답 check

① 1895년 을미개혁 당시 기존의 개국 연호를 폐지하고 건양이라는 연호를 사용하였다.

② 민씨정부는 신식군대인 별기군을 창설하였고, 일본인 군사 고문을 초빙하여 훈련과 교육을 담당하게 하였다(1881).

③ 대한제국은 광무개혁의 일환으로 지계아문(1901)을 통해 양전 사업을 실시하여 최초의 토지 소유권 증명서인 지계(地契)를 발급하였다.

④ 제2차 갑오개혁 당시 지방 8도를 23부 337군으로 개편하였다.

39. 답 ④

출제자의 눈

일제강점기 식민사관에 대항하였던 국학자들의 연구 활동을 알아본다.

자료 속 힌트 일제 강점기, 타율성, 정체성, 식민 사학을 극복

해설 --

일제강점기 민족 사학자들은 한국사를 왜곡하는 일제 식민 사관에 맞서 우리 역사의 주체적 발전을 밝히고 올바른 민족사를 찾는 데 주력하여 민족주의 사학, 사회 경제 사학, 실증 사학을 연구하여 발전시켰다.

ㄴ. 일제강점기 신채호는 주로 고대사 연구에 치중하여 조선상고사, 조선사연구초 등을 저술하여 주체적으로 한국사를 정리함으로써 민족주의 역사학의 기반을 확립하였다.

ㄹ. 일제강점기 백남운은 조선사회경제사, 조선봉건사회경제사 등을 저술하여 일제 식민 사관을 비판하였다.

참고 일제강점기의 국학 연구

구분	내용
민족주의 사학	박은식(혼사상, 한국통사·한국독립운동지혈사), 신채호(낭가사상, 조선상고사·조선사연구초), 정인보(얼사상, 조선사연구), 문일평(심사상, 역사학 대중화), 정인보·문일평·안재홍(조선학운동)
사회경제 사학	백남운(사적유물론, 정체성론 비판, 조선사회경제사·조선봉건사회경제사)
실증사학	손진태, 이윤재(실증사학, 진단학회, 진단학보)

오답 check

ㄱ. 조선후기 이종휘는 동사에서 고구려 역사를 연구하였다.

ㄷ. 일제강점기 조선총독부가 설립한 조선사편수회(1925)는 한국사 왜곡 단체로 일제의 식민사관을 토대로 우리 민족정신의 말살과 식민 통치를 합리화하려 한국사를 왜곡하였고, 조선사를 편찬하였다.

40. 답 ①

출제자의 눈

유인석을 통하여 을미의병(1895)의 경과를 파악할 수 있다.

자료 속 힌트 유인석, 국모의 원수

해설

최초의 항일 의병인 을미의병은 명성황후 시해사건(을미사변)와 단발령을 계기로 일어났다. 의병은 위정척사 사상을 가진 유생들이 대부분 주도하였고, 농민들과 동학 농민군의 잔여 세력이 가담하여 전국적으로 확대되었다. 을미의병 당시 유생 출신 유인석은 제천·충주 등지에서 봉기하여 충주성을 점령하였다.

① 최초의 항일 의병인 을미의병은 명성황후 시해사건(을미사변)와 단발령을 계기로 일어났다(1895).

참고 을미의병(1895)

구분	내용
배경	명성황후 시해 사건(을미사변)과 단발령
세력	위정척사 사상의 유생들이 주도(문석봉, 유인석, 이소응), 일반 농민·동학 농민군의 잔여 세력 가담
해산	아관파천 후 단발령 철회, 고종의 의병 해산 권고 조칙으로 자진 해산

오답 check

② 1907년 정미의병은 해산 당한 군인들이 의병에 합류하면서 체계화되었고, 조직화된 일종의 군인의 모습을 갖추게 되었다.

③ 홍범도의 대한독립군이 이끌었던 봉오동전투는 1920년 6월에 있었고, 대승을 거두었다.

④ 독립의군부(1912)는 일본의 총리대신과 조선 총독에게 국권 반환 요구서를 제출하였고, 전제 군주제를 복구하자(복벽주의, 復辟主義)는 전국적인 의병 봉기를 계획하였으나 사전에 발각되어 활동이 중단되었다.

⑤ 13도창의군은 서울 진공을 전후하여 의병은 서울 주재 각 영사관에 의병을 국제법상의 교전단체로 승인해 줄 것을 요구하는 서신을 발송하여 스스로 독립군임을 내세웠다(1908).

41. 답 ⑤

출제자의 눈

자료를 분석하여 김원봉의 활동 사항을 알아본다.

자료 속 힌트 의열단 조직, 황푸 군관 학교, 민족 혁명당

해설

자료 속 인물은 김원봉이다. 김원봉은 만주 길림에서 비밀 결사로 의열단을 조직(1919)하였고, 황푸군관학교에 입학하여 군사·정치 교육을 받았다. 또한, 중국 국민당 정부의 지원 아래 조선혁명 간부학교(1932)를 세워 운영하였으며 민족혁명당을 결성하였다(1935).

⑤ 조선 민족혁명당의 김원봉이 한커우에서 조선의용대를 결성하였다(1938).

참고 조선의용대(1938)

구분	내용
결성	조선민족혁명당(김원봉)이 중·일 전쟁 직후 조직, 중국국민당 정부군과 항일전쟁 전개
활동	정보 수집 및 후방 교란 등 중국군 작전을 보조하는 부대로 중국 여러 지역에서 항일 투쟁
변화	충칭에 남은 조선의용대와 지도부는 임시 정부의 한국광복군에 합류(1942), 지도부를 제외한 대부분 세력이 중국공산당이 활동하는 화북 지방으로 이동(조선의용대 화북지대 결성)

오답 check

① 간도와 연해주에서 의병으로 활약하던 안중근은 만주 하얼빈 역에서 한국 침략의 원흉인 초대 통감 이토 히로부미를 처단하였다(1909).

② 명동학교는 1908년 만주에서 김약연이 설립하였다.

③ 한인애국단 소속의 윤봉길은 홍커우 공원에서 많은 일본군 장성과 고관들을 처단하였다(1932).

④ 양세봉을 총사령관으로 조직한 조선혁명군(1929)은 국민부 산하 부대로 남만주 일대에서 중국 의용군과 연합 작전을 전개하여 영릉가 전투(1932) 및 흥경성 전투(1933) 등에서 승리하였다.

42. 답 ④

출제자의 눈

대화를 통하여 일제강점기의 시대를 구분할 수 있다.

자료 속 힌트 창씨개명을 강요, 징용령

해설

대화에서 창씨개명, 징용령(1939) 등을 통하여 1930년대 후반 전쟁에 광분한 일제를 파악할 수 있다. 일제는 1939년 국민 징용령을 실시하여 100만여 명의 한국 청년들을 강제 징용하여 탄광, 철도 건설, 군수 공장 등에 동원하였다. 이 시기에 일제는 지원병, 징병, 징용, 정신대 등으로 인적 자원을 수탈하였고, 양곡공출제, 식량배급제, 금속공출제 등으로 군량미와 무기원료를 수탈하였다.

④ 1930년대 후반 일제는 민족말살 정책의 일환으로 학교에서 황국신민서사의 암송을 강요하였다.

참고 민족말살통치 (1931~1945)

구분	내용
정치	황국신민화 강요, 황국신민의 서사암송, 신사 참배·궁성 요배·일본식 성명 강요, 학술 언론 단체 해산
경제	병참기지화, 인적 수탈(국가총동원법, 지원병제, 징병제, 징용제, 정신대), 물적 수탈(전쟁물자·식량공출, 식량배급제), 산미증식재개, 가축증식계획
교육	우리말 사용 금지, 학도 군사 훈련, 조선어 조선역사 조선 지리 과목 폐지

오답 check

① 조선태형령은 일제가 한국인을 억압하고 통제하기 위하여 1912년에 제정하고, 1920년에 폐지하였다.

② 일제는 한국인의 회사설립을 억제하고 민족 자본의 성장을 저지하기 위하여 회사 설립 시 총독부의 허가를 받도록 하는 회사령을 공포하였다(1910~1920).

③ 암태도 소작쟁의는 1923년 8월부터 1924년 8월까지 약 1년여의 소작료 인하 운동을 전개하여 소작료를 40%로 인하하였다.

⑤ 1920년대 조선교육회는 민립대학 기성회를 조직(1922)하여 우리 손으로 대학을 설립하려는 민립대학설립운동을 전개하였다.

43. 답 ③

출제자의 눈

자료를 분석하여 6·10 만세운동의 경과를 파악할 수 있다.

🧭 자료 속 힌트　순종 황제의 인산 행렬, 학생, 조선 독립 만세

해설

1926년 순종의 인산일을 기화로 학생들이 중심이 되어 6·10 만세운동이 일어났다. 6·10 만세 운동은 조선 공산당과 천도교 청년회 등 사회주의 계열과 민족주의 일부가 연합하여 주도하였다. 이 과정에서 학생들은 항일 민족 운동의 구심체로서 자신들의 역할을 자각하였다.

③ 1926년 6·10 만세운동은 민족주의계와 사회주의계의 갈등을 극복하는 계기가 되었다.

참고 3·1운동(1919)과 6·10만세운동(1926)

	3·1운동	6·10만세운동
계기	고종의 인산일	순종의 인산일
참여	학생, 지식인, 농민, 상공업자 등	학생, 시민 등(종교 및 사회 지도자 사전 체포)
영향	대한민국임시정부 수립, 국내외 만세운동 전개	민족유일당 운동

🔍 오답 check

① 1919년 3·1운동 이후 독립운동의 구심점 역할을 수행할 지도부의 필요성을 절감하였기에 상하이에 대한민국 임시정부를 수립하였다.

② 신간회 광주지회에서는 광주항생항일운동(1929) 당시 진상 조사단을 파견하여 지원하였다.

④ 광주학생항일운동(1929)은 광주학생들의 폭행사건을 기화로 전개한 학생운동에 일반 국민들이 가세하여 민족 차별 중지, 식민지 교육 제도 철폐 등을 요구하며 전개한 3·1 운동 이후 최대의 항일 민족 운동이었다.

⑤ 일제는 1919년 3·1운동을 계기로 이른바 문화 통치라는 기만적인 식민통치로 우리민족을 분열을 야기하였다.

44. 답 ①

출제자의 눈

이봉창 의사를 통해 한인애국단의 활동을 파악할 수 있다.

🧭 자료 속 힌트　이봉창, 일왕의 행렬에 폭탄

해설

① 대한민국 임시정부 활동의 침체를 극복하기 위하여 김구는 1931년 상하이에서 한인애국단을 결성하여 이봉창, 윤봉길과 같은 애국지사를 양성하였다.

한인애국단의 활동

· 이봉창 의거(1932.1)
한인애국단 소속의 이봉창은 도쿄에서 일본 국왕에게 폭탄을 투척하였다. 일본 국왕 처단 의거는 비록 실패로 끝났지만, 항일민족운동이 활력소가 되었고 우리 민족에게는 희망이었으며, 일제에게는 두려움을 안겨주었다. 이 사건을 계기로 이른바 상하이 사변이 있어났다.

· 윤봉길 의거(1932.4)
상하이 사변(1932)에서 승리한 일본이 상하이 홍커우 공원에서 전승 축하식을 거행하자 한인애국단 소속의 윤봉길은 식장을 폭파하였고, 많은 일본군 장성과 고관들을 처단하였다. 거사는 국제적으로 큰 관심사가 되어 한국 독립 운동의 의기를 드높였으며, 특히 만보산사건 이후 한국의 독립 운동에 냉담하던 중국인들에게 큰 감명을 주었다. 중국의 장제스는 중국의 1억 인구가 해내지 못한 일을 한국의 한 청년이 해내었다고 감탄하였으며, 이후 중국군관학교에 한인 특별반을 설치하는 등 대한민국 임시정부에 대한 지원을 강화하였고, 결과 중국 국민당 정부가 중국 영토 내의 우리 민족의 무장 독립 투쟁을 승인하는 등 임시정부를 적극 지원하는 계기가 되었다. 또한, 세계에 한국인의 독립 의지를 천명하였고, 한국광복군이 탄생될 수 있었다.

🔍 오답 check

② 신채호는 김원봉의 요청을 받아 의열단 행동 강령인 조선혁명선언을 작성하였다(1923).

③ 의열단 소속의 김익상은 조선총독부에 폭탄을 투척하였고(1921), 김상옥은 종로 경찰서에 폭탄 투척하였다(1923).

④ 독립의군부(1912)는 유생 의병장 출신의 임병찬이 전제 군주제를 복구하자는 복벽주의(復辟主義)를 추구하여 조직하였다.

⑤ 신민회는 만주에 신흥강습소(신흥무관학교)를 세우는 등 독립 전쟁의 터전을 마련하였다.

45. 답 ③

출제자의 눈

자료를 분석하여 좌우합작위원회(1946.7~1947.7)의 활동 당시의 시대를 파악할 수 있다.

🧭 자료 속 힌트　좌우 합작, 합작 위원회, 입법 기구

해설

자료는 제시된 자료는 좌우 합작 위원회가 제시한 좌우 합작 7원칙(1946.10)이다. 중도파인 여운형, 김규식 등이 주도한 좌우 합작 운동은 좌우를 아우르는 통일 정부 수립을 지향하였으며 한때 미군정의 지원을 받았다. 그러나 보수 우파인 한국 민주당과 급진 좌파인 조선 공산당 등의 반대로 결국 실패하였다.

참고 좌·우합작 운동(1946~1947)

구분	내용
배경	이승만의 정읍발언, 남북 분단방지의 필요성, 중도우파(김규식)와 중도좌파(여운형) 합작
추진	좌·우합작위원회 결성(1946.7) → 좌·우합작7원칙 발표(1946.10) → 미군정의 남조선 과도입법의원(1946.12) 설치
실패	주도 세력들의 불참(좌우의 대립), 미군정의 편파적인 우익 지원, 좌우합작 운동의 중심세력인 여운형의 암살(1947.7)

46. 답 ①

출제자의 눈

남강(南岡) 이승훈 선생의 활동 사항을 알아본다.

자료 속 힌트 남강(南岡), 자기(磁器) 회사, 태극 서관, 105인 사건, 기독교

해설

이승훈은 신민회의 활동에 참여하였고, 1907년 정주에 오산학교를 설립하여 계몽운동(실력양성)에 앞장섰다. 또한, 105인 사건에 연루되어 옥고를 치렀고, 1919년에는 민족 대표 33인에 참여하여 태화관에서 독립선언서를 낭독하였다.

남강(南岡) 이승훈(1864 ~ 1930)

1887년.	유기공장 설립
1901년.	평양·서울·인천을 왕래하며 사업에 성공해 국내 굴지의 부호로 성장
1907년.	평양에서 안창호의 교육진흥론 청강 후 신민회에 가담. 중등교육기관인 오산학교 설립 후 교장 취임
1911년.	안악사건에 연루(제주도 유배), 105인 사건으로 제주도에서 서울로 압송
1912년.	윤치호 등과 함께 징역 10년을 선고받고 1915년 가출옥, 출옥 직후 세례를 받고 장로가 되었고 평양신학교에 입학
1919년.	민족대표 33인의 한 사람으로 3·1 운동의 기독교대표로 참가
1920년.	징역 3년 형을 선고받고 마포형무소에서 복역, 1922년 가출옥
1924년.	김성수의 간청으로 동아일보사 사장에 취임. 1년 동안 경영, 물산장려운동·민립대학설립운동 등 가담

오답 check

② 대한민국 임시정부의 대통령은 이승만, 박은식 등이 역임하였다.
③ 유길준은 서양의 여러 나라를 돌아보면서 보고 들은 역사, 지리, 산업, 정치, 풍속 등을 기록하여 1895년 서유견문을 저술하였는데 24편으로 이루어졌다.
④ 주시경은 최초의 국어 연구 기관으로 국문연구소(대한제국, 1907)를 설립하여 국문 정리 및 국문 연구 활동을 하였다.
⑤ 1907년 6월 고종은 이상설, 이준, 이위종을 헤이그에서 개최되는 제2회 만국 평화 회의에 특사로 파견하여 을사늑약의 불법성과 일제의 무력적 침략 행위의 부당성을 전 세계에 호소하여 국제적인 압력으로 이를 파기하려 하였다.

47. 답 ②

출제자의 눈

역사신문을 통해 일제강점기 산미증식계획(1920~1934)을 알아본다.

자료 속 힌트 쌀 증산, 조선총독부, 관개 시설, 종자 개량

해설

자료는 1920년대 산미증식계획(1920~1934)과 관련이 있다. 산미증식계획은 1차 세계대전 후 일본 내의 이촌향도현상이 진행되면서 쌀값이 폭등하게 된 것을 기화로 한다. 부족한 식량을 한반도에서 착취하려 시작한 것이 산미증식계획이다. 산미증식계획으로 인한 수리 조합비, 품종 개량비, 비료 대금 등 증산 비용을 대부분 농민들이 부담하게 되어 몰락하게 되었고, 쌀 수탈로 지주의 이익은 오히려 증대하여 식민지 지주제 강화가 강화되었다.
② 일제가 산미증식계획을 실시하자 수리조합 반대운동이 전개되었다.

조선 산미증식계획 요강(1926)

일본 내에서의 쌀 소비는 연간 6599만 석이다. 일본 내 생산고는 약 5800만 석을 넘지 못한다. … 따라서 지금 미곡 증식 계획을 수립하여 일본 제국의 식량 문제를 해결하는 데 도움을 주는 것은 진실로 국책상 급무라고 믿는다.

– 조선 총독부 –

오답 check

① 우리 민족은 자주적인 황무지 개간을 위하여 서울에 농광회사를 설립(1904)하였고, 일본의 황무지 개간권 요구를 저지하였다.
③ 일제가 진주만을 습격한 태평양 전쟁은 1941년 발생하였고 산미증식 계획은 1934년에 중단되었다.
④ 대한 제국의 후원으로 1903년에 하와이로 공식 이민이 이루어졌고, 일제에 의하여 하와이 이민이 금지된 1905년 말까지 7,000여 명이 하와이로 이주하여 가혹한 노동에 시달렸으며, 사탕수수 농장에서 일하면서 대한민국 임시정부의 재정을 지원하였다.
⑤ 방곡령은 일본 상인의 농촌 시장 침투와 지나친 곡물의 반출을 막기 위해 내린 조치였다(1889).

48. 답 ①

출제자의 눈

7·4남북공동성명(1972)을 파악한 후 박정희 정부의 정책을 알아본다.

자료 속 힌트 통일 원칙, 자주적, 평화적, 민족적 대단결

해설

자료는 1972년 7월 4일 오전 10시에 남북이 공동으로 발표한 7·4 남북 공동 성명이다. 남과 북은 자주 통일, 평화 통일, 민족적 대단결의 3대 통일 원칙에 합의하였고, 통일 문제를 협의하기 위한 남북 조절 위원회의 설치에 합의하여 남북 대화가 시작되었다.

오답 check

② 김대중 정부는 금강산 관광 시작(1998) 등 대북 화해 협력 정책에 노력하였다(햇볕 정책).

③ 개성공단 조성은 2000년 남북이 합의하여 2002년에 착공되었다 (김대중 정부).

④ 2000년 분단 이후 처음으로 남북 정상이 평양에서 만나 6·15 남북 공동 선언을 합의하였다(김대중 정부).

⑤ 노태우 정부는 한반도의 비핵화에 관한 공동선언(1991.12.31)을 채택하였다.

49. 답 ②

 출제자의 눈

금융 실명제를 통하여 김영삼 정부(1993~1998)의 정책을 알아본다.

자료 속 힌트 대통령 긴급재정경제명령, 금융 실명제

해설

김영삼 정부는(제14대 대통령) 5·16군사정변 이후 33년 만에 세운 문민정부로 의미가 크다.

② 1996년 우리 정부는 경제 협력 개발기구(OECD)에 가입하였다 (김영삼 정부).

참고 김영삼 정부(1993 ~ 1998)

구분	내용
문민정부	5·16이후 33년 만에 민간인 대통령 선출
정책	공직자 재산 등록, 금융 실명제 실시(1993), 쌀시장 개방 (1994.우루과이라운드), 지방 자치제 전면 실시, 수출 1,000억 달러 돌파(1995), WTO출범(1995.농산물 수입 자유화) OECD가입(1996)
역사바로 세우기	조선총독부 건물 철거(1995), 국민학교를 초등학교로 개칭(1996), 12·12사태를 군사 반란으로 규정, 5·18 민주화 운동 진상 조사(전두환·노태우 구속·기소)
외환위기	외환 부족으로 경제 위기, 국제통화기금(IMF)의 지원 요청(1997)

오답 check

① 제1차 경제 개발 5개년 계획(1962~1966)은 군사정부 당시인 1962년에 시행되었다.

③ 2007년 4월 대한민국과 미국 간 한미 자유 무역 협정(FTA)을 체결하였다(노무현 정부).

④ 1978년 제2차 석유파동으로 경제 불황이 심화되었다(박정희 정부).

⑤ 1950년대 후반부터 한국정부는 미국의 무상원조로 밀, 면, 설탕을 공급받아, 제분공업, 제당공업과 섬유공업 등 삼백 산업을 성장시켰고, 시멘트와 비료 등의 생산도 늘어갔다(이승만 정부).

50. 답 ④

 출제자의 눈

이한열 열사를 통해 1987년 6월 민주항쟁을 파악할 수 있다.

자료 속 힌트 이한열, 호헌 철폐, 독재 타도, 민주화, 대규모 시위

해설

자료는 이한열 열사에 대한 내용으로 6월 민주항쟁을 나타내고 있다. 1987년 민중의 헌법 개정 여론이 확산되자 전두환 정부는 4·13 호헌 조치를 발표하였다. 이에 민중은 박종철 고문치사 규탄과 호헌 철폐를 위한 국민 대회를 전국 주요 도시에서 개최하였다. 이러한 시위는 범국민적 반독재 민주화 투쟁으로 발전하게 되었고(6월 민주항쟁), 결국 정부는 6·29선언을 발표하였다.

④ 6월 민주항쟁으로 인하여 5년 단임의 대통령 직선제를 골자로 한 개헌이 이루어졌다(1987.10).

6월 민주항쟁의 전개
박종철 고문치사 사건(1987.1) → 정부의 4·13 호헌조치 발표(1987.4.13.) → 연세대 학생 이한열 후송(1987.6.9) → 민주헌법쟁취 국민운동본부의 박종철 고문치사 규탄과 호헌 철폐를 위한 국민 대회 개최(1987.6.10) → 범국민적 반독재 민주화 투쟁으로 발전 → 6·29 선언 → 5년 단임의 대통령 직선제 개헌(1987.10)

오답 check

① 1980년 전두환의 신군부는 비상계엄을 전국으로 확대하였고 (5.17), 광주 지역에서는 비상계엄 철회 및 민주화를 열망하는 시민들의 요구가 5·18 민주화 운동으로 이어졌다(1980).

② 1960년 3·15 부정 선거에 항의하는 시위가 확대되어 4.19혁명이 전개되었다.

③ 1980년 5·18 광주 민주화 운동 기록물은 유네스코 세계기록유산으로 등재되었다.

⑤ 1960년 4·19 혁명의 결과로 인하여 당시 이승만 대통령은 하야하였다(1960.4.26.).

한국사능력검정시험 31회 고급 — 정확하고 자세한 정답 및 해설

📚 본문 26~37쪽

01. ②	02. ②	03. ③	04. ②	05. ③
06. ③	07. ③	08. ⑤	09. ④	10. ②
11. ⑤	12. ⑤	13. ③	14. ①	15. ④
16. ②	17. ⑤	18. ⑤	19. ②	20. ④
21. ④	22. ①	23. ④	24. ②	25. ①
26. ④	27. ④	28. ③	29. ③	30. ①
31. ④	32. ①	33. ③	34. ④	35. ④
36. ①	37. ④	38. ⑤	39. ①	40. ②
41. ⑤	42. ②	43. ①	44. ②	45. ③
46. ①	47. ①	48. ⑤	49. ⑤	50. ④

01. 답 ②

출제자의 눈

뗀석기의 사진 등을 통하여 구석기 시대의 사회 모습을 파악할 수 있다.

자료 속 힌트 단양군 수양개, 주먹도끼, 찍개

해설

② (가) 구석기인들은 대체로 먹이를 찾아 이동 생활을 하며 지냈으며 동굴이나 바위 그늘에서 생활하였는데, 후기에 이르러서는 담 자리 및 불 땐 자리가 발견됨에 따라 강가의 막집에서 거주하였음을 알 수 있다.

참고 구석기 시대(약 70만 년 전)

구분	내용
경제	뗀석기, 동물의 뼈 도구, 사냥 및 고기잡이(주먹도끼, 뼈도구, 슴베찌르개)
생활	동굴·바위그늘, 후기에는 강가의 막집, 고래와 물고기 등을 새긴 조각품
장례	인골 발견(원시적 장례 풍습): 흥수아이(청원 흥수굴)
유적	경기도 연천 전곡리, 충남 공주 석장리

오답 check

① 신석기 시대에는 가락바퀴와 뼈바늘을 사용하여 의복과 그물을 제작하는 등의 원시적 수공업이 발달하였다.

③ 청동기시대에는 정치권력과 경제력을 가진 군장이 등장하였으며, 이들의 무덤인 고인돌을 통해 당시 부족장의 권력을 가늠할 수 있었다.

④ 반달돌칼은 청동기 시대에 벼를 수확하기 위한 추수도구이다.

⑤ 신석기 시대의 대표적인 토기인 빗살무늬 토기는 신석기 중기 이후에 출현하게 되며, 전국 각지에 널리 분포되어 있다.

02. 답 ②

출제자의 눈

제시한 제천행사를 통하여 고구려와 삼한의 사회를 파악할 수 있다.

자료 속 힌트 10월에 동맹, 5월과 10월에 제사

해설

10월에 동맹이라는 제천행사를 통하여 (가) 고구려를 파악할 수 있다. 고구려는 제천 행사를 국동대혈(수혈)에서 지냈다. (나)에서는 계절제를 통하여 삼한을 추론할 수 있다. 삼한에서는 해마다 씨를 뿌리고 난 5월 수릿날과 추수시기인 10월에 계절제(상달제)를 열어 하늘에 제사를 지냈다.

② 고구려는 왕 밑에 독립적 부족장인 상가 및 고추가 등을 두었고, 각기 사자, 조의, 선인 등의 관리를 거느리고 있었다.

참고 고구려와 삼한

국가	특징
고구려	5부족 연맹체(상가, 고추가), 동맹(10월, 국동대혈), 제가회의, 서옥제, 약탈경제
삼한	군장국가(신지·견지·읍차·부례), 계절제(5월, 10월), 두레, 반움집, 귀틀집, 제정분리사회(천군, 소도), 변한(철)

오답 check

① 옥저와 동예의 각각의 읍락은 읍군이나 삼로 등의 군장이 지배하였다.

③ 동예는 부족의 영역을 침범하지 못하게 하는 책화라는 제도가 있었다.

④ 부여는 왕 아래에 가축의 이름을 딴 마가, 우가, 저가, 구가를 두었고, 각 가들은 저마다의 행정 구획인 사출도를 다스리고 있었다.

⑤ 부여에는 남의 물건을 훔쳤을 때에 물건 값의 12배를 배상하게 하는 1책 12법이 있었다.

03. 답 ③

출제자의 눈

자료의 김해의 대성동 고분군, 판갑옷 등을 통하여 금관가야를 파악할 수 있다.

자료 속 힌트 대성동 고분군, 판갑옷, 철기

해설

3C경 김해의 (가) 금관가야가 연맹국가로 발전하면서 6가야 연맹체로 성립한다. 제철 기술이 뛰어났으며, 낙랑과 왜의 규수지방을 연결하는 해상 중계 무역이 번성하였다.

오답 check

① 6세기 신라 지증왕 때에는 무역이 급격하게 발달하여 시장을 감독하는 관청인 동시전을 설치하였다.

② 고구려에는 집집마다 조그만 창고가 있는데 이름을 부경이라 한다.

④ 고구려 2세기 고국천왕 때 을파소를 국상으로 채용하여 진대법을 실시하였다(194).

⑤ 동예는 단궁, 과하마, 반어피 등이 특산품으로 유명하였다.

04. 답 ②

출제자의 눈

사료를 분석하여 소수림왕과 장수왕 사이의 고구려 상황을 파악한다.

자료 속 힌트 순도, 불상과 경전, 태학, 한성을 점령, 부여 경을 죽이고

해설

㈎ 고구려 소수림왕(371 ~ 384). 고구려 소수림왕 때에는 전진의 순도가 불상과 경문을 가져와 사상을 통합하기 위하여 불교를 공인하였다(372).

㈏ 고구려 장수왕(413 ~ 491). 장수왕은 평양으로 수도를 천도(427)하여 본격적인 남진 정책을 추진하는데, 이에 백제의 비유왕과 신라의 눌지마립간은 나제동맹을 체결하여 고구려에 대항하였다(433). 이후 장수왕은 백제의 개로왕을 전사시킴으로써 백제의 수도 한성을 함락시켰다(475). 부여 경은 개로왕의 휘(諱)이다.

② 고구려 광개토대왕은 보병과 기병 5만을 보내 신라에 침입한 왜를 격퇴하였다(400).

참고 4c~5c 고구려의 발전

고구려 왕	특징
소수림왕 (371~384)	불교(372), 태학(372), 율령 (373)
광개토대왕 (391~413)	요동·만주 정복, 신라에 침입한 왜 격퇴(광개토 대왕릉비), 영락
장수왕 (413~491)	남북조와 교류, 남진정책(평양 천도, 427), 한강장악(중원고구려비)

오답 check

① 7세기 백제 의자왕은 고구려 군사와 연합해 신라의 교통 요충지인 당항성을 공격하였고, 이후 대야성을 공격하였다(642).

③ 법흥왕은 병부를 설치하여 통치 질서를 확립하였다.

④ 4세기 고구려 미천왕은 대방군(314)을 축출하였다.

⑤ 4세기 백제 근초고왕은 황해도 지역을 놓고 고구려와 대결하였는데 평양성까지 진격하여 고구려 고국원왕을 전사시켰다(371).

05. 답 ③

출제자의 눈

단양적성비를 통하여 6세기 신라 진흥왕의 활동 사항을 파악할 수 있다.

자료 속 힌트 남한강, 적성

해설

진흥왕은 고구려 지배하에 있었던 한강 유역을 장악하고 단양적성비와 4개의 진흥왕 순수비를 건립하였다.

③ 6세기 신라 진흥왕은 거칠부에게 국사를 편찬하도록 하였다.

진흥왕의 단양적성비와 순수비

단양적성비(551.한강상류), 북한산 순수비(555.한강 하류), 창녕비(561.대가야 정복), 황초령비(568.함경도 진출), 마운령비(568.함경도 진출)

오답 check

① 신라 진평왕(579~632) 때에 수나라에 원광을 통하여 걸사표(611)를 보내 고구려 원정을 청하기도 하였다.

② 신라 6C 지증왕은 이사부를 보내 우산국(울릉도)을 복속시켜 세력을 확장하였다(512).

④ 7c 진덕여왕은 집사부를 정비하였고, 장관을 중시라고 하였다(651).

⑤ 6세기 신라 지증왕은 국호를 사로국에서 신라로 바꾸고, 왕의 칭호도 마립간에서 왕으로 고쳤다.

06. 답 ③

출제자의 눈

대화를 통하여 백제 성왕과 신라의 지증왕이 연합하여 한강을 일시 회복하였던 사실을 알 수 있다.

자료 속 힌트 백제군, 신라군과 연합, 한강 유역, 되찾았다

해설

6세기 백제 성왕은 고구려의 내정이 불안한 틈을 타서 신라와 연합하여 공격하였으며, 한강 유역을 일시적으로 수복하였으나(551), 신라 진흥왕이 나제동맹을 결렬하고 공격하여 한강 유역을 빼앗기게 되었다(553).

③ 6세기 백제 성왕은 한강유역을 신라 진흥왕에게 빼앗기게 되고 관산성 전투에서 전사하였다(554).

참고 나제동맹의 성립과 결렬

구 분	신라	백제
성립(433)	눌지왕	비유왕
강화(493, 결혼동맹)	소지왕	동성왕
결렬(553, 진흥왕의 공격)	진흥왕	성 왕

오답 check

① 신라 법흥왕 때 김해의 금관가야를 정복하여 신라의 영토를 확장하였다(532).

② 장수왕은 평양으로 수도를 천도하여 본격적인 남진 정책을 추진하였다(427).

④ 4세기 광개토대왕은 영락이라는 연호와 태왕의 호칭을 사용하는 등 대외적으로 강국으로서의 면모를 보여 국가의 위신을 높였다.

⑤ 침류왕은 동진의 마라난타를 통하여 불교를 수용한 후 공인하였다(384).

07. 답 ③

백촌강 전투를 통하여 백제 부흥운동을 파악할 수 있다.

자료 속 힌트 ☞ 신라왕 김법민, 백강, 주류성, 왜

해설

백제 부흥운동이 한창일 무렵 왜의 수군이 백제 부흥운동을 지원하여 백강입구까지 왔으나 나·당 연합군에게 패하였다(663. 백촌강 전투). 신라왕 김법민은 문무왕이다.

참고 백제·고구려 부흥운동

구분	내용
백제 부흥 (660~663)	복신·도침(주류성), 흑치상지(임존성)가 왕자 풍을 왕으로 추대하여 추진, 왜가 지원 했으나 실패
고구려 부흥 (670~674)	검모잠(한성), 고연무(오골성)가 보장왕의 서자 안승을 왕으로 추대하여 추진, 신라가 지원 했으나 실패

08. 답 ⑤

출제자의 눈

자료를 통하여 목탑 양식을 계승한 고대의 석탑을 찾아본다.

자료 속 힌트 ☞ 부여, 석탑, 목조 양식

해설

7C 백제 무왕 때 건립한 것으로 추정되는 부여의 정림사지 5층 석탑은 목탑 형식의 미륵사지 석탑을 계승한 탑으로 안정적인 모습을 보여준다.

⑤ 백제 부여의 정림사지 5층 석탑

정림사지 5층 석탑(국보 제9호)과 평제탑

부여 정림사지 오층석탑의 하부에는 당나라 소정방이 백제를 멸한 기념으로 새긴 글(평제기공문)로 인해 오랜 기간 동안 '평제탑'으로 불렸다. 그러나 1942년 일본인 후지사와 가즈오가 절터 발굴조사 중에 발굴한 기와조각에 '태평팔년무진정림사대장당초(太平八年戊辰定林寺大藏當草)'란 명문이 적혀 있어 고려 현종 19년(태평 8년)에 정림사로 불리웠음을 알게 되었고 이후 '정림사지'와 '정림사지 오층석탑'으로 불리게 되었다.

오답 check

① 통일신라 구례의 화엄사 4사자 3층 석탑
② 신라중대 경주의 불국사 3층 석탑(석가탑)
③ 신라 말 양양의 진전사지 3층 석탑
④ 신라중대 경주의 감은사지 3층 석탑

09. 답 ④

출제자의 눈

자료의 내용을 통하여 신라의 당나라 유학 승려인 의상을 도출할 수 있다.

자료 속 힌트 ☞ 화엄종, 당에 유학, 부석사

해설

(가) 의상은 모든 존재가 상호 의존적인 관계(一卽多 多卽一)가 있으면서 서로 조화를 이루고 있다는 화엄 사상을 정립하였고, 화엄일승법계도를 남겼다. 또한, 의상은 화엄사상을 바탕으로 교단을 형성하였고, 부석사 등 많은 사원을 건립하였다. 의상은 아미타 신앙과 함께 현세에서 고난을 구제받고자하는 관음 신앙을 설파하여 불교를 일반인에게 널리 알렸다.

오답 check

① 설총은 화왕계를 저술하는 등 유교 경전에 조예가 깊었다.
② 7세기 신라 선덕여왕 때 승려 자장은 황룡사 9층 목탑의 건립을 왕에게 건의하여 건립하였다(643).
③ 각훈이 왕명에 의해 편찬한 해동고승전에는 삼국시대의 승려 30여 명의 전기가 수록되었다.
⑤ 원효는 불교의 분파 의식을 극복하기 위해 십문화쟁론을 저술하였다.

참고 통일신라의 승려

승려	활동
원효	대승기신론소, 금강삼매경론, 십문화쟁론, 일심사상(화쟁사상), 아미타신앙(불교 대중화, 정토종 보급), 법성종 개창
의상	화엄사상(화엄일승법계도, 일즉다다즉일), 관음 신앙(현세 고난 구제), 부석사 건립
기타	원측(유식 불교), 혜초(왕오천축국전), 자장(황룡사 9층 목탑건립)

10. 답 ②

출제자의 눈

자료를 통하여 벽돌무덤과 굴식돌방무덤을 파악할 수 있다.

자료 속 힌트 ☞ 널방, 벽돌, 널길, 널방

해설

(가) 벽돌무덤. 무령왕릉은 널방을 벽돌로 쌓은 벽돌무덤으로, 이곳에서 무령왕과 왕비의 무덤을 알리는 지석이 발견되어 당시 백제가 중국 남조와 교류했음을 알 수 있다.
(나) 굴식돌방무덤. 굴식돌방무덤은 돌로 널방을 짜고 그 위에 흙으로 덮어 봉분을 만든 것으로 강서고분, 무용총, 각저총 등이 있다.
ㄱ. 백제 무령왕릉은 당시 백제가 중국 남조와 교류했음을 알 수 있다.
ㄷ. 고구려 강서고분에는 현무도와 같은 벽화가 그려져 있으며, 백제 송산리 6호분의 벽돌무덤 내부 널방 벽에는 7개의 등자리와 사신도, 일월도 등의 벽화가 그려져 있다.

ㄴ. 통일신라는 굴식돌방무덤을 만들었으며 봉토 주위를 둘레돌로 두르고 12지 신상을 조각하는 독특한 양식을 볼 수 있는데 김유신 묘가 대표적이다.

ㄹ. 신라는 거대한 돌무지덧널무덤을 많이 만들었으며 도굴이 어려워 부장품의 대부분은 보존되어 있다.

참고 고대국가의 고분

국가		양식	고분	특징
고구려		돌무지	장군총	돌을 정밀하게 쌓은 계단 형태
		굴식돌방	강서고분, 무용총	사신도, 수렵도
백제	한성	돌무지	석촌동고분	고구려 계통의 건국세력 증명
	웅진	굴식돌방	송산리고분	규모가 큼, 사신도 출토
		벽돌	무령왕릉	남조의 영향, 지석(매지권)
	사비	굴식돌방	능산리고분	규모 축소, 사신도 출토
신라		돌무지덧널	천마총,호우총	신라 대표 무덤, 부장품 보존
통일신라		굴식돌방	김유신묘	둘레돌, 12지 신상
		화장법	문무왕릉	호국적 성격

※ 백제의 벽돌무덤은 송산리 6호분과 무령왕릉(송산리 7호분)이 있는데, 송산리 6호분의 널방 벽에는 7개의 등자리와 사신도, 일월도 등의 벽화가 그려져 있다.

11. 답 ⑤

사료를 분석하여 화장장을 치르고 해룡으로 부활한 신라의 문무왕을 찾을 수 있다.

자료 속 힌트 동해, 장례, 용이 되었다, 화장(火葬)

해설

문무왕 때에 이르러 고구려를 멸망시키고(668), 나당 전쟁을 끝낸 후 삼국을 통일하였으며(676), 우이방부, 선부 등의 중앙관제를 새로이 설치하였다.

문무대왕릉(대왕암)

문무왕은 화장한 뒤 동해에 묻을 것을 유언하였는데, 해룡(海龍)이 되어 외침을 막겠다고 하였다.

오답 check

① 신라 성덕왕은 농민에게 정전을 지급하여 국가의 토지지배권을 강화하였다(722).
② 통일신라 신문왕은 국학을 설치하여 유교이념을 확립하려하였다(682).
③ 신라 진흥왕은 대가야를 정복하고 창녕비를 설치하였다(561).
④ 신라 원성왕 때 독서삼품과를 마련하였는데 국학의 졸업생을 성적에 따라 3등급으로 나누어 관리를 채용하려 하였다.

12. 답 ⑤

대화를 통하여 청해진의 장보고를 파악한 후 당시 상황을 추론한다.

자료 속 힌트 청해진, 궁복, 반란

해설

신라 말 흥덕왕 때 장보고는 완도에 청해진을 설치(828)하여 해적을 소탕하였으며, 남해와 황해의 해상 무역권을 장악하였다.

⑤ 신라 말 중앙 정부는 통제력을 상실하였으며, 지방에서는 호족이라는 새로운 세력이 성장하였다.

참고 장보고의 활동

구분	내용
해적소탕	청해진 설치(828.흥덕왕, 완도), 해적 소탕(남해·황해의 해상무역권 장악)
사찰건립	중국 산동에 법화원 건립(적산법화원), 일본 최초의 대사인 '엔닌'이 당에서 위험에 처했을 때 그의 귀국에 도움
반란(846)	자신의 딸을 왕비로 삼으려다 실패(846.문성왕, 장보고 암살)

오답 check

① 6세기 백제 무령왕은 지방에 대한 통제를 강화하기 위하여 지방에 22담로를 설치하여 왕족을 파견하는 등 통치 체제를 정비하였다.
② 7세기 신문왕은 즉위하던 해에 일어난 왕(신문왕)의 장인 김흠돌이 일으킨 모역 사건을 계기로 귀족 세력을 숙청하면서 왕권을 전제화하기 시작하였다.
③ 674년 김춘추(태종 무열왕)가 왕위에 오르면서 무열왕계 진골만이 왕위를 세습할 수 있었다.
④ 고구려 1세기 태조왕 때에 계루부 고씨가 왕위를 독점 세습하였다.

13. 답 ③

신문 기사를 통해 발해임을 파악할 수 있다.

자료 속 힌트 한·러 공동 발굴, 고구려의 영향, 와당, 온돌

해설

(가) 발해는 고구려를 계승한 국가임을 표방하였는데, 일본에 보낸 국서를 보면 무왕 때에는 '고구려의 옛 땅을 회복하고, 전통을 이어 받았다.', 문왕 때에는 '고려국왕' 등으로 표현하였고, 고려 또는 고려국왕이라는 명칭을 사용하였다. 또한, 고구려 문화의 유사성이 이를 뒷받침하고 있는데, 상경에서 온돌이나, 고구려 양식의 기와가 발견되고 있으며, 굴식돌방무덤양식인 정혜공주 묘 또한 고구려의 고분 양식이다.
③ 발해 상경 석등

오답 check

① 고구려 연가7년명 금동여래입상 ② 백제 금동대향로
④ 신라 쌍봉사 철감선사 승탑 ⑤ 고구려 장군총

14. 답 ①

사료를 분석하여 최충헌의 봉사 10조를 파악할 수 있다.

🧭 자료 속 힌트 봉사(封事), 적신 이의민, 제거, 개혁

해설

최충헌은 집권 당시의 혼란을 극복하기 위하여 조세제도의 개혁, 토지겸병의 금지, 승려들의 고리대업 금지 등을 내용으로 하는 봉사10조와 같은 개혁 책을 제시하였으나, 실질적인 개혁은 미비하였다.
① 최충헌은 무신 정권 최고의 권력 기구인 교정도감을 설치하여, 도방, 정방, 서방 등의 기구를 총괄하였다.

교정도감
최충헌은 최씨 정권의 반대 세력을 제거하고 국정을 총괄하는 최고의 정치 기구인 교정도감을 설치하여, 도방·정방·서방 등의 기구를 총괄하였으며, 교정도감의 장관인 교정별감은 최씨 가문이 세습하였다.

🔍 오답 check

② 공민왕은 왕권을 제약하고 신진 사대부의 등용을 억제하고 있던 정방을 폐지하여 인사권을 회복하였다.
③ 고려 성종은 최승로의 건의(시무 28조)를 채택하여 유교정치를 시행하였다.
④ 고려 정부가 몽골과 강화하여 개경으로 환도하자, 강화도에서 항전하던 삼별초는 화의에 반발하여 진도(배중손)를 거쳐 항전하였다.
⑤ 공민왕은 전민변정도감을 설치하고, 승려 신돈을 등용하여 권문세족이 부당하게 빼앗은 토지와 노비를 본래의 소유주에게 돌려주거나 양민으로 해방시켰다(1366).

15. 답 ④

출제자의 눈

건원중보를 발행한 고려 성종의 활동 사항을 알아본다.

🧭 자료 속 힌트 우리나라 최초의 주화, 동국(東國)

해설

고려 성종 때에는 상업 활동이 활발해짐에 따라 화폐인 건원중보를 발행하여 경제를 육성시키려 하였다(996).
④ 고려전기의 상업은 도시를 중심으로 발달하였는데 경시서를 두어 상행위를 감독하였다.

고려의 화폐

화폐	발행
건원중보	성종
삼한통보	숙종
해동통보	숙종
은병(활구)	숙종
쇄 은	충렬왕
저화(지폐)	공양왕

🔍 오답 check

① 조선후기 농업 경제가 발전하여 이앙법(모내기법) 등의 기술이 전국적으로 확대되었다.
② 조선후기 18세기 영조 때 일본에서 고구마가, 19세기 헌종 때 청에서 감자가 전래되어 재배하기 시작하였다.

③ 조선은 대마도 도주의 간청을 받아들여 남해안의 부산포, 제포(진해), 염포(울산) 등 3포를 개방하여 무역을 허용하고, 제한된 범위 내에서 교역을 허락하였다(1426, 삼포개항. 세종).
⑤ 조선전기 세종 때에는 농업 생산력을 높이기 위하여 농사직설과 같은 농서를 간행·보급하였다.

16. 답 ②

백제의 미륵사지를 통하여 전라북도 익산을 도출한 후 익산의 역사적 사실을 파악한다.

🧭 자료 속 힌트 금마저, 왕궁리, 미륵사지 유적

해설

전북익산
목탑의 형태를 지닌 미륵사지 석탑(금제 사리봉안기 발견), 백제부흥운동(660~663), 신라 문무왕이 금마저(익산)에 보덕국을 세워 안승을 왕으로 임명(674).

🔍 오답 check

① 백정들은 진주에서 이학찬을 중심으로 조선 형평사를 창립하고 형평운동을 전개하였다(1923).
③ 조선은 일본과 최초의 근대적 조약이자 불평등 조약인 강화도 조약을 맺어 문호를 개방하게 되었다(1876).
④ 의주 상인인 만상은 중국으로부터 비단, 약재, 문방구 등을 수입하였다.
⑤ 1920년 조만식 등의 민족 자본가를 중심으로 평양에서 조선 물산 장려회가 발족되었고, 점차 확대되어 1923년 서울에도 조선 물산 장려회가 조직되었다.

17. 답 ⑤

출제자의 눈

고려사절요의 내용을 통해 고려 광종의 과거제도 시행을 파악할 수 있다.

🧭 자료 속 힌트 쌍기, 지공거, 진사

해설

고려 광종은 공신의 자제를 우선적으로 등용하던 종래의 관리 등용 제도를 억제하고 새로운 관리 선발을 위해 과거 제도를 시행하였으며 이어서 지배층의 위계질서를 확립하기 위해 백관의 공복을 제정하였다. 광종은 노비안검법을 시행하였고 왕실의 권위를 높이기 위하여 황제의 칭호 및 광덕·준풍과 같은 독자적인 연호도 사용하였다.

노비안검법(956)
광종은 왕권을 강화하기 위하여 후삼국 시대의 혼란기에 불법적으로 노비가 된 자를 조사하여 양인으로 해방시켜 주는 노비안검법을 시행하였다. 이로 인하여 호족 세력의 경제적·군사적 기반은 약화되었고 국가의 재정은 확대되었다.

오답 check

① 숙종 때 윤관의 별무반은 기병인 신기군, 승병인 항마군, 보병인 신보군으로 편성한 특수부대로 광범위한 계층을 망라한 군사조직이었다.

② 도병마사는 현종 때 제도화되었고, 성종 때 성립되었다.

③ 고려 예종은 국자감을 국학으로 개칭하고, 국학 내에 전문 강좌인 7재를 설치하였다(국학7재).

④ 고려 경종은 인품과 관품을 고려하여 지급한 시정전시과를 시행하였다(976).

18. 답 ⑤

출제자의 눈

자료의 내용을 통하여 고려시대 문화재를 알아본다.

해설

⑺ 논산의 관촉사 석조미륵보살입상, 안동의 이천동 석불. 향토적 아름다움과 소박한 아름다움이 잘 드러난 거대한 불상이다.

⑷ 고려청자. 고려자기는 신라와 발해의 전통과 기술을 토대로 송의 자기 기술을 받아들여 귀족 사회의 전성기인 11세기에 독자적인 경지를 개척하였다.

⑸ 경천사 10층 석탑. 고려 후기 원간섭기인 충목왕 때 세워진 경천사 10층 석탑은 원의 영향을 받았다(1348).

⑷ 영주 부석사 무량수전, 안동 봉정사 극락전. 고려 전기에는 주로 주심포 양식이 유행하였는데, 공포가 기둥 위에만 짜여져 있는 양식으로 대개 기둥이 굵고 배흘림 양식으로 나타나며 13세기 이후에 지은 일부 건물이 지금까지 남아 있다.

⑻ 직지심체요절. 공민왕 때 저술한(1372) '직지심체(直指心體)'를 우왕 때 청주 흥덕사에서 백운 경한 스님에 의해 금속활자로 1377년에 2권으로 간행되었다.

⑤ 8세기 초에 제작된 세계에서 가장 오래된 목판 인쇄물인 무구정광대다라니경은 불국사 3층 석탑에서 발견되었다.

오답 check

① 논산의 관촉사 석조미륵보살입상

② 12세기 고려(인종) 청자 참외모양 병

③ 경천사 10층 석탑

④ 영주 부석사 무량수전

19. 답 ②

출제자의 눈

권문세족의 횡포를 총하여 원간섭기를 도출할 수 있다.

자료 속 힌트   제국대장공주, 재상, 정동행중서성, 원의 공주, 시종

해설

제국대장공주는 충렬왕의 비(妃)로 사료는 고려 말 원간섭기의 상황을 나타내는 것이다. 원간섭기 고려는 원에 공녀를 바치기 위해 결혼도감을 설치하여 고려의 처녀들을 공녀로 보냈으며, 고려 사회 내에서는 원의 영향을 받아 몽골어, 몽골식 의복(호복), 몽골식 머리

(변발), 몽골식 성명 등을 사용하는 몽골풍이 궁중과 지배층을 중심으로 널리 퍼졌다.

오답 check

ㄴ. 인종 때 김부식이 왕명에 의해 편찬한 삼국사기(1145)는 기전체 서술방법으로 쓰여진 역사서로, 현존하는 우리나라 최고(最古)의 역사서이다.

ㄹ. 고려 무신 집권기 공주 명학소에서 망이·망소이는 신분 해방을 주장하며 봉기하였다(1176).

20. 답 ④

출제자의 눈

왕의 장인이 궁궐을 불태운 것을 통하여 이자겸의 난을 파악할 수 있다.

자료 속 힌트   개경의 궁궐이 불타, 왕의 장인이자 외조부, 척준경

해설

자료는 이자겸의 난이다(1126). 대표적인 문벌 귀족이었던 이자겸은 금에 타협적인 모습을 보였고, 이에 이자겸의 반대 세력들이 왕을 중심으로 결집하였다. 이자겸은 반대파를 제거하고 척준경과 난을 일으켜 권력을 장악하려 하였으나, 이자겸이 척준경에 의하여 몰려나고 척준경도 탄핵을 받아 축출됨으로써 이자겸의 세력은 몰락하게 되었다.

④ 이자겸은 자신의 정권 유지를 위해 금의 군신 관계 요구를 수락하였다(1125).

이자겸의 난
이자겸·척준경의 반란[십팔자위왕(十八字爲王)설 유포] → 이자겸·척준경의 불화 → 척준경이 이자겸 제거 → 척준경은 탄핵으로 제거

오답 check

① 최우는 몽골과의 장기 항전을 대비하기 위하여 강화도로 천도하였다(1232).

② 거란의 3차 침입 이후 고려는 개경에 나성을 쌓아 도성의 수비를 강화하였다(1009~1029).

③ 고려 무신집권기 최충헌의 사노비였던 만적은 신분차별에 항거하였다(1198).

⑤ 공민왕은 중국의 원·명 교체기를 활용하여 반원정책을 추진하였다.

21. 답 ④

출제자의 눈

태조 때 추진한 요동정벌의 내용을 통하여 정도전을 파악할 수 있다.

자료 속 힌트   남은, 요동을 공격, 진도(陣圖), 조준

정도전은 훌륭한 재상을 선택하여, 재상에게 정치의 실권을 부여하여 위로는 임금을 받들어 올바르게 인도하고, 아래로는 백관을 통괄하고 만민을 다스리는 중책을 부여하자고 주장하였다. 정도전은 조선경국전과 경제문감을 저술하여 민본적 통치규범을 마련하고, 재상 중심의 정치를 주장하였다. 또한, 불씨잡변을 통하여 불교를 비판하였으며, 성리학을 통치 이념으로 확립시켰다.

오답 check

① 충렬왕 때 안향은 성리학을 고려에 소개하였다.
② 만권당은 충선왕 때 연경에 설치하였고, 이제현은 만권당에서 성리학을 연구하였다.
③ 고려 말 황산(남원)에서 이성계는 적장(왜구) 가운데 나이가 어리고 용맹한 아지발도를 사살하는 등 선두에 나서서 전투를 독려하여 아군보다 10배나 많은 적군을 섬멸케 했다(1380).
⑤ 고려 말 최무선의 건의로 화통도감을 설치하고, 진포(군산)에서 최초로 화포를 사용하였다(1380).

22. 답 ①

출제자의 눈

무오사화 이후 연산군 때 발생한 사화를 통하여 갑자사화를 도출할 수 있다.

자료 속 힌트 조의제문, 이후 연산군 10년, 사림들이 피해

해설

연산군 때 폐비윤씨 사건을 원인으로 하여 사림들을 탄압하였는데(1504) 이것이 (가) 갑자사화이다.

무오사화와 갑자사화
① 무오사화(1498,연산군): 김일손 등의 사림이 훈구에게 화를 입은 사건으로, 김종직의 제자인 김일손이 사초에 삽입한 김종직의 조의제문(弔義帝文)이 발단
② 갑자사화(1504,연산군): 윤비 폐출 사건(윤씨 폐출·사사 사건)

오답 check

② 을사사화(1545)는 명종 때 외척 간의 왕위 계승의 다툼으로 사림이 피해를 본 사건이다.
③ 16세기 선조 때 사림이 집권하면서 사림 세력 내의 이조전랑직의 대립이 발생하였다.
④ 현종 때 차남으로 왕위를 이은 효종의 왕위 계승에 대한 정통성과 관련하여 2차례의 예송논쟁이 전개되었다.
⑤ 숙종 때 장희빈의 소생인 균의 세자 책봉을 둘러싸고 서인인 송시열등이 반대하였으나, 결국 쫓겨 나고 남인이 집권한 기사환국이 발생하였다(1689).

23. 답 ④

출제자의 눈

연조귀감을 통하여 조선후기 중인들의 생활을 파악할 수 있다.

자료 속 힌트 이서(吏胥) 층, 연조귀감

해설

연조귀감(掾曹龜鑑)은 조선후기 이진흥이 (가) 향리들의 사적을 집약하여 정리한 책이다(1777).
④ 향리는 토착 세력으로서 수령을 보좌하면서 행정실무를 담당하였다.

오답 check

① 신량역천인은 신분은 양인이지만 천한 역을 담당 했던 신분으로 칠반천역이라고도 한다.
② 천민인 노비는 매매, 상속, 증여의 대상이었다.
③ 고려시대에 화척이라 불리었던 신분은 천민인 백정이다.
⑤ 조선의 시전상인은 관허상인으로서 왕실이나 관청에 물품을 공급하며, 그 대가로 특정 상품에 대한 독점 판매권을 부여받았다.

24. 답 ⑤

출제자의 눈

남명 조식 선생을 도출하여 그의 활동 사항을 알아본다.

자료 속 힌트 남명(南冥), 칼을 차고 다녔다, 경상우도

해설

노장 사상에 포용적이었던 조식은 북인 계열로 학문의 실천성을 강조 하였고, 조식과 함께 남명학파를 형성하였다. 절의를 중시하였고 부국강병을 주장하였으며 정인홍, 곽재우 등의 의병장을 배출하는 등 개혁적인 성향을 지녔다.

오답 check

① 서인 계열의 송시열은 노론의 영수가 되어 북벌론을 주장하였다.
② 서원은 1543년(중종38) 풍기군수 주세붕이 세운 백운동 서원이 시점이다.
③ 18세기 초 정제두는 양명학을 체계적으로 연구하여 강화학파를 형성하였다.
④ 이이는 성학집요를 저술하여 현명한 신하가 군주에게 성학을 가르쳐 그 기질을 변화시켜야 한다는 것을 강조하였다.

25. 답 ①

출제자의 눈

대화를 통하여 홍문관을 파악한 후 기능을 알아본다.

자료 속 힌트 집현전의 기능을 복구

해설

자료는 (가) 홍문관을 나타내고 있다.

홍문관
성종 때 집현전을 대체하여 설치된 기구로 옥당, 옥서, 영각 등으로 불리었고, 사헌부, 사간원과 함께 삼사로 일컬어졌다. 홍문관은 왕의 정치 자문 역할도 하였고, 경연과 서연을 담당하였는데, 왕과 대신들이 참여하는 학술 세미나인 경연을 주최하였고, 정책 자문과 정책 협의를 통해 정책을 결정하였으며, 정승을 비롯한 주요 관리도 다수 경연에 참여하였다.

오답 check

② 한성부는 수도 한성의 행정 및 치안을 담당하였다.
③ 의정부는 조선의 최고 관부로서 재상(3정승)들의 합의를 통해 정책을 결정하고 심의하는 기구로 조선의 국정을 총괄하였다.
④ 승정원은 왕명의 출납을 담당하는 국왕의 비서 기구로 도승지 이하 6명의 승지가 6조를 각각 분담하여 담당하였다.
⑤ 사간원은 왕의 잘못을 논하는 간쟁과 논박을 하며 정사를 비판하는 업무를 담당하였다.

26. 답 ④

출제자의 눈

자료의 내용을 통하여 임진왜란의 경과를 파악할 수 있다.

자료 속 힌트 일본국 우선봉장 사야가, 가토 기요마사

해설

일본 적장 사야가는 임진왜란 때 경상도 병마절도사 박진에게 귀순하였고, 귀화한 후 김충선이라는 이름으로 활동하였다. 자료는 선조 때 발발한 임진왜란의 상황을 나타내고 있다.
④ 광해군 때는 일본과 기유약조를 맺어 동래부의 부산포에 다시 왜관을 설치하고, 제한된 범위 내에서 교섭을 허용하였다(1609, 세견선 20척, 세사미두 100석).

오답 check

① 세종 때 이종무는 왜구의 근거지인 대마도를 정벌하였다(1419).
② 세종 때에는 김종서와 최윤덕을 보내 여진을 토벌하고 4군과 6진을 설치하여 압록강과 두만강을 경계로 하는 오늘날과 같은 국경선을 확정하였다.
③ 태종 때 국경 지방인 경성과 경원에 무역소를 두고 북평관을 설치하는 등 국경 무역을 허락하였다(1406).
⑤ 비변사는 16세기 중종 때 북쪽의 여진과 남쪽의 왜구의 침략이 증가하자 삼포왜란 이후(1510) 이를 효율적으로 대처하기 위하여 변방을 담당하는 임시기구로 창설되었다.

27. 답 ④

출제자의 눈

청계천 준설사업과 신문고의 부활을 통해 영조의 개혁정치 시기임을 파악할 수 있다.

자료 속 힌트 준천사(濬川司), 신문고를 다시 설치

해설

영조는 준천사(濬川司)를 설치하여 청계천 준설 사업을 추진하여 홍수시 범람을 방지하였고(1760), 신문고를 부활시켜 백성들의 억울한 일을 직접 해결하고자 하였다.
④ 영조는 균역법을 시행하여 1년에 군포 1필만 부담하게 하였다(1750).

오답 check

① 대동법은 광해군 때 경기도에 시험적으로 시행되었다가 숙종 때 전국적으로 확대되었다.
② 정조는 친위 부대인 장용영을 설치하여 왕권을 뒷받침하는 군사적 기반을 갖추었다.
③ 광해군은 명의 요구를 적절히 거절하면서 후금과 친선을 꾀하는 중립적인 정책을 취하였다.
⑤ 조선 효종 때 청이 러시아 정벌을 요청하였고 변급(1654), 신유(1658)등 2차례(효종 때) 조총부대를 출병시켜 승리 하였다(나선정벌).

28. 답 ③

출제자의 눈

자료를 통해 조선후기 건축물을 파악할 수 있다.

자료 속 힌트 구례, 다포, 내부, 통층(通層)

해설

17세기의 건축으로는 금산사 미륵전, 화엄사 각황전, 법주사 팔상전 등을 대표로 꼽을 수 있는데, 제시된 자료에서 전남 구례, 팔작지붕, 임진왜란 때 소실되어 숙종 때 중건 등을 통하여 화엄사 각황전임을 파악할 수 있다.

오답 check

① 17세기 충북 보은의 법주사 팔상전
② 17세기 전북 김제의 금산사 미륵전
④ 조선시대 충남부여 무량사 극락전
⑤ 17세기 충남 공주의 마곡사 대웅보전

29. 답 ③

출제자의 눈

정족산성 전투를 통해 병인양요를 파악한 후 경과를 알아본다.

자료 속 힌트 서양 오랑캐, 강화, 양헌수, 정족산성

해설

프랑스는 병인박해 때 선교사의 처형을 구실로 7척의 군함을 이끌고 강화읍을 점령하였다. 대원군의 군은 항전 의지로 인하여 문수산성의 한성근과 정족산성의 양헌수 부대가 프랑스군을 격퇴시켰다. 이 과정 중에 프랑스 군인들은 강화도에서 외규장각의 문화재를 비롯하여 각종 서적과 병기들을 약탈하여 갔다.

외규장각도서

2010년 G20 서울정상회의 기간 이명박 전대통령과 니콜라스 사르코지 프랑스 대통령이 5년 단위 갱신이 가능한 대여 방식의 반환에 합의함으로써 2011년 4월 임대형식으로 국내로 반환되었다.

오답 check

① 운요호 사건의 결과로 조선은 포함의 위협 하에 일본과 강화도 조약을 맺어 문호를 개방하게 되었다(1876).
② 독일 상인인 오페르트의 남연군묘 도굴 미수사건은 1868년에 있었다.
④ 1882년 조미수호통상조약을 체결하였다.
⑤ 제너럴셔먼호사건을 구실로 미국은 5척의 군함으로 강화도를 공격하는 신미양요를 발발하였다(1871).

30. 답 ①

출제자의 눈

조선전기의 서화를 알아본다.

해설

① 15세기 문인 화가인 강희안은 시적 정서가 흐르는 낭만적인 그림을 많이 그렸다. 그의 대표작인 고사관수도는 간결하고 과감한 필치로 인물의 내면세계를 느낄 수 있게 표현하였다.

오답 check

② 18c 정선의 금강전도
③ 18c 강세황의 영통골 입구도
④ 18c 신윤복의 단오풍정
⑤ 19c 김정희의 세한도

31. 답 ④

출제자의 눈

외척 가문에 의한 정치가 이루어진 내용을 통해 세도정치를 파악할 수 있다.

자료 속 힌트 19세기의 정치, 안동 김씨, 풍양 조씨, 외척 가문이 집권한 시기

해설

자료는 60여 년간 안동 김씨나 풍양 조씨 등 왕의 외척 세력이 권력을 독점하였던 세도정치를 나타내고 있다. 세도 정치 시기에는 관직이 매매되는 등 비리가 만연하였으며 탐관오리들의 부당한 조세 수탈이 심각한 문제로 대두하였다.

④ 16세기 명종 때에는 수취 체제의 문란으로 인하여 임꺽정의 난 등이 발생하였다(1559).

임꺽정의 난(1559.명종)

16세기에는 수취 체제의 문란으로 인하여 농민 생활이 악화되어 각 지방에서 유민이 증가하였다. 유민 중 일부는 도적이 되어 양반과 중앙 정부에 바치는 물품을 빼앗기도 하였으며, 이들이 도성에까지 출현하는 사건이 일어나기도 하였다. 그 중에서 명종 때 황해도와 경기도 일대에서 활동한 임꺽정은 대표적인 인물이었다.

오답 check

① 진주 농민봉기 당시 박규수가 안핵사로 파견하여 활동하였다.
② 전정 · 군정 · 환곡 등의 문란은 세도정치 당시 극에 달해있었다.
③ 세도정치 시기 예언사상, 정감록 등이 유행하였다.
⑤ 철종 때 임술 농민 봉기 당시의 민심 안정을 위하여 정부는 삼정이정청을 설치하여 삼정의 문란을 시정할 것을 약속하였다(1862).

32. 답 ①

출제자의 눈

양반문벌의 비판을 내용으로 한 우서를 통하여 유수원을 추론할 수 있다.

자료 속 힌트 문벌, 우서

해설

유수원(1694~1755)은 우서를 저술하여 상공업의 진흥과 기술의 혁신을 강조하고, 사농공상의 직업 평등과 전문화를 주장하였으며 선대제 수공업을 주장하였다. 또한, 상민이 생산자를 고용하여 생산과 판매를 주관하여 효율성을 늘일 것을 주장하였다.

오답 check

② 정약용은 서양 선교사가 중국에서 펴낸 기기도설을 참고하여 거중기를 만들었다.
③ 고종 때 이제마는 동의수세보원에서 사람의 체질을 구분하여 치료하는 방법을 소개하였다.
④ 박제가는 청에 다녀온 후 북학의를 저술하여 청의 문물을 적극적으로 수용할 것을 제창하였다.
⑤ 홍대용은 지구가 우주의 중심이 아니라는 무한우주론을 주장하였다.

33. 답 ⑤

출제자의 눈

자료를 통하여 임오군란을 파악하고 경과를 살펴본다.

자료 속 힌트 구식 군인에 대한 차별 대우

해설

(가) 임오군란은 민씨 정권이 일본인 군사 고문을 초빙하여 훈련과 교육을 시킨 별기군(신식 군대)을 우대하고, 구식 군대를 차별 대우한 데 대한 불만에서 폭발한 것이다(1882).

참고 임오군란 이후 체결된 조약

대상	조약	내용
일본	제물포 조약	일본정부에 배상금 지불, 일본 공사관의 경비병 주둔
	수호조규 속약	일본인에 대한 거류지 제한이 50리로 확대
청	상민수륙무역장정	청 상인의 통상 특권 허용, 청과 일본 양국 상인간의 경쟁적 경제 침탈이 심화되는 계기
	고문파견	마젠창(내정), 묄렌도르프(외교), 위안스카이(군사) 고문 파견

오답 check

① 조선은 1881년 청에 영선사를 파견하였는데, 김윤식과 유학생들을 청국의 톈진에 유학시켜 근대 무기 제조법, 군사훈련법, 자연과학 등을 배우게 하였다.
② 고종 때 중앙군을 무위영, 장어영의 2영으로 통합·개편하였다.
③ 제1차 한일협약(한·일협정서,1904.8)에 근거하여 일본인 메가타가 재정고문으로, 미국인 스티븐스가 외교고문으로 파견되었다.
④ 조선은 근대 문물을 수입하기 위하여 1880년 통리기무아문을 설치하였다.

34. 답 ④

출제자의 눈

개화기 위정척사운동의 전개과정을 알아본다.

자료 속 힌트

해설

(가) 이항로의 척사상소. 1860년대 통상반대 운동으로 이항로(척화주전론), 기정진 등이 있었다.
(나) 최익현의 왜양일체론. 1870년대 위정척사가들은 개항을 반대하였으며, 최익현과 유인석 등이 주도했다.
(다) 이만손의 영남만인소. 1880년대 개화반대운동으로 조선책략이 유포되어 일어났다. 홍재학, 이만손(영남만인소) 등의 상소가 일었다.
④ 1890년대 문석봉, 이소응 등은 항일 의병 운동을 전개하였다.

오답 check

①② 1860년대 이항로, 기정진 등은 대원군의 통상수교 거부정책을 지지하였다.
③ 1870년대 양반 유생들은 왜양일체론, 개항 불가론을 들어 개항 반대 운동을 전개하였다.
⑤ 1880년대 조선책략의 유포 결과 상소운동이 발생하였다.

35. 답 ④

출제자의 눈

중립론의 내용을 통하여 당시의 국제 정세를 파악할 수 있다.

자료 속 힌트 아시아의 중립국이 된다면, 중립론

해설

거문도사건(1885) 직후 유길준은 열강이 보장하는 한반도의 중립론을 정부에 건의하였으나, 당시의 긴박한 국제 정세와 민씨 정권의 반대 등으로 실현되지는 못하였다.
④ 1885년 러시아의 한반도 남하를 견제한다는 구실로 영국은 거문도를 해밀턴 항이라 명명하고 불법 점령한 후 포대를 설치하였다.

갑신정변 직후 국제 정세

정부의 친러경향 → 조러통상조약(1884,베베르) → 영국의 거문도사건(1885~1887,러시아견제 구실) → 조러비밀협정 추진(1886) → 조러육로통상조약(1888,두만강운항권)

오답 check

① 제1차 영·일 동맹은 1902년 1월에 체결되었는데 일본이 청에서의 영국 이권을 승인하고 그 대신 영국은 한국에서의 일본의 특수 이익을 승인한다는 것을 내용으로 하고 있다.
② 러시아는 프랑스, 독일과 함께 일본에 요동 반도의 반환을 요구하였고, 일본은 이에 응하였다(1895,삼국간섭).
③ 시모노세키 조약(1895.4)은 청일전쟁의 결과로 청과 일본이 체결한 조약으로 청은 요동 반도와 타이완을 일본에 할양하고 배상금을 지불한다는 내용의 조약이었다.
⑤ 삼국간섭 이후 고종이 러시아 공사관으로 거처를 옮겼다(1896, 아관파천).

36. 답 ①

출제자의 눈

대화를 통하여 동학농민운동의 경과를 살펴본다.

자료 속 힌트 전봉준, 전주성을 점령한 이후

해설

대화의 내용은 동학농민군이 요구한 폐정 개혁안 12개조를 나타내고 있는 것이다. 동학농민군이 요구한 폐정 개혁안 12개조에는 반봉건·반침략·반외세적인 성격이 담겨있다.

폐정 개혁안 12개조
1. 동학교도는 정부와의 원한을 씻고 서정에 협력한다.
2. 탐관오리는 그 죄상을 조사하여 엄징한다.
3. 횡포한 부호를 엄징한다.
4. 불량한 유림과 양반의 무리를 징벌한다.
5. 노비 문서를 불태울 것
6. 칠반천인의 대우를 개선하고 백정이 쓰는 평양갓을 없앤다.
7. 청상과부의 재혼을 허가할 것
8. 무명의 잡세는 일절 폐지한다.
9. 관리채용에는 지벌을 타파하고 인재를 등용한다
10. 왜와 통하는 자는 엄하게 징벌한다.
11. 공사채를 물론하고 기왕의 것을 무효로 한다.
12. 토지는 균등히 나누어 경작한다.

🔍 오답 check

② 갑신정변의 14개조 정강에서는 모든 재정은 호조에서 관할할 것을 명시하였다.

③ 제2차 갑오개혁의 홍범 14조에서는 의정부 및 각 아문의 직무, 권한을 명백히 할 것을 명시하였다.

④ 제1차 갑오개혁 당시 고문과 연좌제의 폐지 등을 실시하였다.

⑤ 독립협회의 헌의 6조에서는 외국인에게 의지하지 말고 관민이 합심하여 황제권을 공고히 할 것을 명시하였다.

37. 답 ④

 출제자의 눈

자료를 분석하여 독립협회의 활동을 알아본다.

🧭 자료 속 힌트 독립문, 독립관

해설

(가) 독립협회는 국민의 성금을 모아 청 사신이 왕래하였던 영은문이 있던 자리에 자주독립의 상징인 독립문을 세웠다(1896).

ㄴ. 독립협회는 1898년 중추원관제를 반포하여 의회 설립운동을 추진하였다.

ㄹ. 독립협회는 강연회와 토론회의 개최, 신문과 잡지의 발간 등을 통하여 민중에게 근대적 지식과 국권, 민권 사상을 고취하였다.

영은문과 모화관
모화관은 중국 명나라 사신을 접대했던 장소를 말하며 영은문은 중국 사신단이 왕래하였던 문으로 모화관 앞에 세워진 문을 말하는데, 모두 중국 사신단을 사대의 예로 대우한 것이다.

🔍 오답 check

ㄱ. 국채보상운동은 서상돈, 김광제 등이 국채 보상금을 모금하기 위해 대구에서 개최한 국민 대회를 계기로 시작되었다(1907).

ㄷ. 신민회(1907~1911)는 실력 양성을 통한 국권 회복과 공화정체의 국민 국가 수립을 궁극의 목표로 하였다.

38. 답 ⑤

 출제자의 눈

애국계몽운동 단체인 신민회의 활동을 알아본다.

🧭 자료 속 힌트 남만주, 한인단체, 무관학교, 교육을 실시

해설

자료의 내용을 통해 1907년에 창설된 신민회를 파악할 수 있다.

참고 **신민회의 활동(1907 ~ 1911)**

구분	내용
성립	안창호, 양기탁 등이 중심. 민족 운동가들의 항일 비밀 결사
목표	국권 회복과 공화 정체의 근대 국민 국가 건설
국내 활동	민족주의 교육 실시(대성학교; 평양, 오산학교; 정주 설립), 민족 산업 육성(자기 회사, 태극 서관 설립)
국외 활동	장기적인 항일 투쟁을 위해 독립 운동 기지 건설(남만주의 삼원보), 신흥 강습소 설립
해산	105인 사건(1911)

🔍 오답 check

① 1920년대 조선교육회는 민립대학 기성회를 조직(1922)하여 우리 손으로 대학을 설립하려는 민립대학설립운동을 전개하였다.

② 일본의 황무지 개간권 요구에 대항하여 보안회(1904)를 조직하여 활동하였고 일본의 요구를 철회시켰다.

③ 1930년대 초반 동아일보가 추진한 농촌계몽운동인 브나로드 운동이 전개되었다.

④ 대한자강회(1906)는 일제가 취한 고종황제의 강제 퇴위와 그 밖의 정미7조약 등의 반대 운동을 주도하였다.

39. 답 ①

 출제자의 눈

자료의 내용을 분석하여 매사냥을 파악한다.

🧭 자료 속 힌트 유네스코 인류 무형문화재, 응방(鷹坊)

해설

유네스코는 2010년 살아있는 인류 유산으로 매사냥을 등재하였다. 고려후기 원간섭기에 매사냥을 통하여 '시치미를 떼다'라는 말이 유래되었다. 또한, 원은 고려의 매를 징발하기도 하였는데 이를 위해 응방이라는 특수 기관을 설치하기도 하였다.

시치미
매의 주인을 밝히기 위해 이름이나 주소를 매의 꽁니 위 털 속에 매어두는 네모진 뿔

40. 답 ②

출제자의 눈

일제의 기만적 문화통치 방식으로 변화된 원인을 파악한다.

자료 속 힌트 봄에 행해진 만세소요, 위력을 동반한 문화 운동

해설

자료는 사이토 총독의 조신 민족 운동에 대한 대책(1920)으로 일제 통치방식의 변화를 나타내고 있다. 1919년 우리 민족적 저항인 3·1 운동을 비인간적이고 무자비한 방법으로 탄압하였고, 이에 대한 국제 여론이 악화되자 가혹한 식민 통치를 은폐하기 위하여 1910년대의 헌병 무단 통치를 기만적인 문화 통치로 바꾸어 시행하였다.

오답 check

① 광주학생항일운동(1929)은 나주에서 광주까지의 통학 열차 안에서 일본 남하생들이 한국 여학생을 희롱하는 사건을 계기로 시작되었다.

③ 1926년 순종의 인산일을 기화로 학생들이 6·10 만세 운동을 전개하였다.

④ 1920년대 민족유일당 운동의 결실로 신간회가 결성되었다 (1927).

⑤ 정인보, 문일평, 안재홍 등은 1934년 여유당전서의 간행을 계기로 조선학 운동을 전개하였다.

41. 답 ⑤

출제자의 눈

서울진공작전을 통하여 정미의병을 파악할 수 있다.

자료 속 힌트 군사장(허위), 서울을 공격

해설

자료는 1907년 정미의병을 나타내고 있다. 정미의병은 일제에 의해 강제로 해산 당한 군인들이 의병에 합류하면서 체계화되었고, 조직화된 일종의 군인의 모습을 갖추게 되었다. 이후 더욱 조직화되어 이인영·허위 등 유생 의병장의 주도로 13도 창의군을 창설(평민 의병장 지휘 부대는 합류할 수 없었던 한계가 있었다)하여 1908년 서울 진공작전도 추진하였지만, 결정적인 시기에 총대장 이인영의 부친상을 당하여 낙향하게 되고, 결국 작전은 실패로 돌아가게 된다.

42. 답 ②

출제자의 눈

1910년대 해외 독립운동을 파악하여야 한다.

해설

② (가) 남만주의 삼원보에 독립군 양성을 위해 신흥강습소를 설치하였고, 서전서숙, 명동학교, 경학사 등을 세워 독립운동을 전개하였다.

참고 **서간도의 대표적 독립운동 기지**

구분	내용
삼원보	신민회 등 독립운동단체들이 간도에 독립운동 기지인 삼원보 건설
경학사(1911)	이회영, 이시영, 최초의 자치 기구, 신흥 강습소 설치
부민단(1912)	경학사 해체 이후 부민단 조직, 백서 농장 조직 (1917)
서로군정서(1919)	한족회가 상하이 임시정부와 연합하여 서로군정서로 개편

오답 check

① (다) 연해주의 블라디보스토크에서는 한인 자치기구로 한민회(1905)가 설치되었고 한민 학교를 설립하고 해조신문(1908)과 권업신문 등을 발행하여 언론활동을 전개하였다.

③ (가) 남만주의 삼원보에 이회영, 이시영 등의 신민회 및 대종교 인사가 중심이 되어 경학사(1911)를 설립하였다.

④ 대한인국민회는 1910년 안창호, 박용만, 이승만 등이 미주에서 조직하였으며, 조선의 독립을 주장하는 외교 활동도 활발히 전개하였다.

⑤ (가) 남만주의 삼원보에 서전서숙(이상설), 명동학교(김약연) 등 민족 교육 사립학교 건립이 이루어졌다.

43. 답 ①

출제자의 눈

한국독립군의 활동을 찾아본다.

자료 속 힌트 대전자령, 독립군, 중국 호로군

해설

일제가 만주 사변(1931)을 일으키고 괴뢰 정권인 만주국을 수립하자, 만주 지역을 근거로 무장 항일 운동을 전개하던 독립군은 보다 큰 위협을 받게 되었고, 중국내에서도 반일 감정이 고조되어 한·중 연합 작전을 전개하게 되었다.
혁신의회 한국독립당의 산하 부대인 한국독립군(총사령관 지청천)은 북만주 일대에서 중국 호로군과 연합 작전을 전개하여 쌍성보 전투(1932), 대전자령 전투(1933) 등을 전개하여 대승하였다.

오답 check

② 대한독립군단은 적색군(적군)의 배신으로 자유시에서 피해를 입었다(1921).

③ 김좌진이 이끌던 북로군정서군을 중심으로 여러 독립군의 연합 부대는 청산리 일대에서 6일간 10여 차례의 전투를 통해 일본군을 대파하였다.

④ 조선 민족혁명당의 김원봉이 한커우에서 조선의용대를 결성하였다(1938).

⑤ 1945년 대한민국 임시정부의 김구는 미군과 한국광복군을 연계하여 국내 진공 작전을 계획하였으나 일본의 패망으로 실행에 옮겨지지 못하였다.

한·중 연합작전(1930년대 전반)
한국독립당(한국독립군) + 중국 호로군 ⇒ 쌍성보 전투(1932), 대전자령 전투(1933) 조선혁명당(조선혁명군) + 중국 의용군 ⇒ 영릉가 전투(1932), 흥경성 전투(1933)

44. 답 ②

출제자의 눈

윤동주의 시를 통하여 일제 강점기를 파악할 수 있다.

⊘ 자료 속 힌트 윤동주, 중·일 전쟁을 일으킨 후

해설

자료는 1942년 윤동주의 '쉽게 쓰여진 시'이다. 당시 일제의 민족 말살통치와 병참 기지화 정책으로 우리 민족에 대하여 억압과 수탈을 자행하고 있었다.

② 이육사는 계속된 항일 독립운동으로 인하여 체포되어 1944년 북경 감옥에서 생을 마쳤다. 황혼, 청포도, 절정, 광야, 꽃 등의 작품을 남겼고, 잡지 문장(1939~1941)을 창간하였다.

윤동주
윤동주는 명동소학교, 용정 대성중학교, 연희전문학교, 일본 릿쿄대학, 도지샤대학 등을 졸업하였고, 1943년 항일운동의 혐의를 받고 일경에 검거되어 1945년 일본의 후쿠오카형무소에서 생을 마쳤다. 서시, 자화상, 또 다른 고향, 별 헤는 밤, 쉽게 쓰여진 시 등의 작품을 남겼으며, 일제 말기의 암흑기 시대를 살면서도 순수하게 살아가고자 하는 내면의 의지를 노래하였다.

🔎 오답 check

① 일제강점기 신파극이 유행하였는데 토월회는 1923년에 발족되었다.

③ 경부철도가는 최남선이 1908년에 지은 창가이다.

④ 나운규의 아리랑은 1926년 단성사에서 개봉한 영화이다.

⑤ 1920년대 중반에는 순수 예술을 표방하여 문학이 현실과 생활을 반영을 강조하는 신경향파 문학이 등장하였으며, 1925년에 카프(KAPF)라고 하는 단체를 조직하였다.

45. 답 ③

출제자의 눈

산미증식계획과 노동·농민 운동을 통해 1920년대 일제 강점기의 상황을 추론할 수 있다.

⊘ 자료 속 힌트 산미 증식 계획, 조선 노동 총동맹, 조선 농민 총동맹

해설

(가) 산미증식계획(1920~1934)은 1차 세계대전 후 일본 내의 이촌향도현상이 진행되면서 쌀값이 폭등하게 된 것을 기화로 한다. 부족한 식량을 한반도에서 착취하려 시작한 것이 산미증식계획이다.

(나) 1927년 조선 노농 총동맹은 농민·노동 운동의 단체로 각기 분화되었는데 조선 노동 총동맹과 조선 농민 총동맹으로 분리되었다.

농민·노동 단체의 변화
조선노농공제회 (1920) ↗ 조선노농총동맹 (1924) → 조선노동총동맹 (1927) ↘ 조선노농총동맹 → 조선농민총동맹

③ 암태도 소작쟁의는 1923년 8월부터 1924년 8월까지 약 1년여의 소작료 인하 운동을 전개하여 소작료를 40%로 인하하였다.

🔎 오답 check

① 조선농지령(1934)은 일제의 수탈정책인 농촌 진흥운동의 일환으로 소작쟁의에 대한 분쟁법이다.

② 일제는 국가총동원령(1938)을 제정하여 전쟁 수행에 필요한 인적, 물적 자원을 총동원하는 것은 물론 한민족의 생존과 문화까지 말살하려 하였다.

④ 방곡령은 일본 상인의 농촌 시장 침투와 지나친 곡물의 반출을 막기 위해 내린 조치였다(1889. 조병식).

⑤ 동양척식주식회사는 일본이 대한제국을 약탈하기 위하여 1908년에 설립되었다.

46. 답 ①

출제자의 눈

김상옥 의거를 통하여 의열단을 도출할 수 있다.

⊘ 자료 속 힌트 1923년, 단장인 김원봉, 김상옥, 종로 경찰서, 폭탄

해설

자료에서는 김상옥 의거를 나타낸 것이다. 김상옥은 의열단 소속으로 종로 경찰서에 폭탄 투척하였고 많은 수의 일본 경찰과 교전하여 처단하였다(1923).

의열단은 김원봉이 만주 길림에서 비밀 결사로 조직(1919)하였는데, 조선총독부·경찰서·동양척식주식회사 등 식민지배 기구의 파괴 및 조선총독부 고위관리와 친일파처단을 목표로 1920년대 활발한 독립운동을 하였다.

① 신채호의 조선혁명선언(1923)은 의열단의 행동 강령으로 김원봉의 요청을 받아 조선혁명선언을 작성하였다.

🔎 오답 check

② 대한민국 임시정부는 연통제와 교통국을 통하여 독립자금을 모금하였다.

③ 독립의군부는 유생 의병장 출신의 임병찬이 고종의 밀명을 받아 유생과 의병을 규합하여 조직하였다(1912).

④ 데라우치 총독 암살미수사건에 연루되어 이른바 105인 사건으로 신민회가 해산되었다(1911).

⑤ 김구의 한인애국단 소속인 이봉창은 도쿄에서 일본 국왕에게 폭탄을 투척하였다(1932.1).

47. 답 ①

출제자의 눈

브라운 각서를 통하여 박정희 정부의 정책을 파악할 수 있다.

자료 속 힌트 대한민국, 월남 정부, 한국 전투 부대 증파, 한국군의 현대화

해설

자료는 박정희 정부가 체결한 브라운 각서를 나타낸 것이다(1966). 박정희 정부는 국군을 베트남에 파견하는 대가로 미국으로 부터 한국군 현대화를 위한 장비와 경제 원조를 제공받기로 하고 약 5만 5천여 명을 파병하였다.

> 브라운 각서: 한국군의 현대화, 한국인의 안전보장, 경제 발전 지원의 선행 요구

① 제1차 경제 개발 5개년 계획(1962~1966)은 군사정부 당시인 1962년에 시행되었다.

오답 check

② 1996년 우리 정부는 경제 협력 개발기구(OECD)에 가입하였다 (김영삼 정부).
③ 2004년 칠레와 자유무역협정이 체결되었다(노무현 정부).
④ 농지개혁법은 1949년에 제정되었으나 정부의 재정상의 문제로 1950년에 실시되었다.
⑤ 김영삼 정부는 투명한 금융거래를 위해 금융 실명제를 시행하였다 (1993).

48. 답 ③

출제자의 눈

자료를 통하여 한국전쟁(6·25전쟁)의 경과를 알아본다.

자료 속 힌트 인천상륙, 한강 인도교와 한강 철교가 폭파, 중국군, 서울을 빼앗기고, 휴전 회담을 제안

해설

㈎ 1950년 9월 15일. 국군과 유엔군은 맥아더 유엔군 총사령관의 인천 상륙 작전으로 전세를 반전시켰다.
㈏ 1950년 6월 27일. 이승만 정부는 한강인도교를 폭파하였다.
㈐ 1951년 1월 4일. 1950년 10월 중공군의 참전으로 인하여 우리 국군은 후퇴하였고 1월 4일 서울이 함락되었다.
㈑ 1953년 7월 27일. 판문점에서 국제 연합군 총사령관 클라크와 북한군 최고 사령관 김일성, 중공 인민 지원군 사령관 펑더화이가 최종적으로 서명함으로써 휴전협정이 체결되었다.

49. 답 ⑤

출제자의 눈

경무대 시위를 통하여 4·19혁명의 경과를 도출할 수 있다.

자료 속 힌트 경무대, 시위, 대학 교수단이 시국 선언, 대통령, 하야 성명

해설

㈎ 4·19 혁명은 이승만 독재 정권에 대항하였던 민주화 운동이었다. 이승만 정부는 이기붕을 부통령으로 당선시키고자 1960년 3월 15일 대대적인 부정선거를 자행하게 되었고, 이에 대항하여 학생과 시민들이 중심이 되어 민주화 운동이 전개되었다. 이승만 정부는 계속해서 확산되는 시위를 해산시키기 위해 계엄령을 선포하고 군대를 동원하였는데, 계엄령 아래에서도 서울 시내 대학 교수들이 이승만 대통령의 하야를 요구하는 시국 선언문을 채택·발표하며 국회 앞까지 행진하였고, 결국 이승만 정부는 무너지게 되었다.
ㄹ. 1960년 4·19 혁명으로 이승만 정권은 몰락하였고, 장면이 집권한 내각책임제의 제2공화국이 열렸다(1960.8~1961.5)

오답 check

ㄱ. 전두환 정부의 4·13 호헌 조치에 반대하여 1987년 6월 민주항쟁이 전개되었다.
ㄴ. 1980년 신군부가 비상계엄을 전국으로 확대하였고 이에 반대하여 5·18 광주 민주화 운동이 전개되었다.

50. 답 ④

출제자의 눈

국민기초생활 보장 제도의 시행을 통하여 김대중 정부의 정책을 알아본다.

자료 속 힌트 외환 위기의 극복 과정, 국민 기초 생활 보장 제도

해설

김대중 정부는 생활이 어려운 계층의 최저 생활을 보장하는 목적으로 국민기초 생활보장법을 1999년에 제정하였고, 2000년에 시행하였다.

참고 김대중 정부(1998 ~ 2003)

구분	내용
수립	최초의 평화적 여·야 정권 교체, 국민의 정부
정책	외채 상환(노사정 위원회 설치, 기업의 구조 개혁 시도, 벤처기업 육성)
대북정책	햇볕정책(금강산 관광 시작, 1998), 제1차 남북정상회담(2000, 6·15 남북공동선언 발표)

④ 2000년 6·15 남북 공동 선언은 분단 이후 처음으로 남북 정상이 평양에서 만나 합의한 것이다(김대중 정부).

오답 check

① 노태우 정부는 적극적인 북방외교 정책을 전개하여 남북이 국제 연합에 동시 가입하게 되는 성과를 올렸다(1991).
② 박정희 정부는 자주 통일, 평화 통일, 민족적 대단결의 3대 원칙을 성명하였다(1972. 7·4남북공동성명).
③ 남북 이산가족 고향 방문단 및 예술 공연단의 교환 방문이 성사되었다(1985. 전두환 정부).
⑤ 노태우 정부는 1991년 남북기본합의서를 채택하였다.

■ 본문 38~49쪽

01. ③	02. ③	03. ②	04. ①	05. ④
06. ②	07. ④	08. ⑤	09. ②	10. ③
11. ⑤	12. ⑤	13. ②	14. ①	15. ③
16. ④	17. ②	18. ①	19. ⑤	20. ①
21. ③	22. ①	23. ③	24. ①	25. ③
26. ①	27. ④	28. ④	29. ①	30. ④
31. ④	32. ⑤	33. ⑤	34. ①	35. ②
36. ②	37. ③	38. ⑤	39. ④	40. ④
41. ⑤	42. ②	43. ①	44. ④	45. ②
46. ④	47. ③	48. ④	49. ③	50. ⑤

01. 답 ③

출제자의 눈

반달돌칼 및 비파형 동검을 통하여 청동기 시대를 유추할 수 있다.

자료 속 힌트 사유 재산 제도, 계급, 송국리, 흔암리

해설

반달돌칼, 비파형 동검, 사유재산 제도, 계급 발생, 부여 송국리, 여주 흔암리 등을 통하여 (가) 청동기임을 파악할 수 있다. 청동기 시대에는 조, 보리, 콩, 벼농사를 지었으며, 비파형동검, 미송리식토기, 민무늬토기 등이 도구로 사용되었다.
③ 후기 청동기 시대에 거푸집을 사용하여 우리 민족의 독자적인 청동기 문화를 만들었다.

오답 check

① 가락바퀴는 신석기 시대에 출현하여 원시적인 수공업을 시작했음을 알 수 있다.
② 슴베찌르개는 주로 구석기 시대에 사용되었다.
④ 구석기 시대 초기에 동굴이나 바위 그늘, 후기에는 막집에 일시적으로 거주하였다.
⑤ 신석기 시대의 대표적인 토기인 빗살무늬 토기는 신석기 중기 이후에 출현하게 되며, 전국 각지에 널리 분포되어 있다.

02. 답 ③

출제자의 눈

옥저와 동예의 풍습을 통하여 연맹국가 단계의 옥저와 동예를 도출할 수 있다.

자료 속 힌트 여자, 혼인을 약속, 신랑 집, 돈을 지불한 후, 읍락을 침범, 노비나 소·말

해설

(가) 옥저의 민며느리제. 옥저는 어물과 소금 등 해산물이 풍부하였

고, 토지가 비옥하여 농경이 발달하였으나, 고구려의 압박으로 공물을 납부 하였으며, 가족 공동 묘가 있었다.
(나) 동예의 책화. 동예는 매년 10월에는 무천이라는 제천 행사를 열었으며, 족외혼이 엄격하게 이루어 졌고, 부족적 성격이 강하였기 때문에 다른 부족을 침범하게 되면 노비 또는 소나 말로 변상하였던 책화라는 제도가 있었다.
③ 동예는 단궁·과하마·반어피 등의 특산품이 유명하였다.

참고 연맹국가의 특징

국가	특징
옥저	군장국가(읍군·삼로), 민며느리제, 가족공동묘, 해산물 풍부, 토지 비옥
동예	군장국가(읍군·삼로), 무천(10월), 책화, 족외혼, 해산물 풍부, 토지 비옥, 방직기술 발달, 특산품(단궁·과하마·반어피)

오답 check

① 고구려는 매년 10월에 동맹이라는 제천 행사를 국동대혈(수혈)에서 지냈다.
② 부여는 왕 아래에 가축의 이름을 딴 마가, 우가, 저가, 구가를 두었고, 각 가들은 저마다의 행정 구획인 사출도를 다스리고 있었다.
④ 삼한의 소도는 군장세력이 미치지 못하는 신성 지역으로 제사장인 천군이 따로 지배하였다.
⑤ 삼한 중 변한에서는 철이 많이 생산되어 낙랑이나 왜에 수출이 활발하였다.

03. 답 ②

출제자의 눈

자료를 분석하여 단군조선의 시대를 파악할 수 있다.

자료 속 힌트 고조선, 연나라를 공격, 위만이 망명

해설

첫 번째 사료는 초기 단군 조선의 내용으로 고조선은 기원전 4세기경 요서 지방을 경계로 하여 연과 대립할 만큼 강성하였다.
두 번째 사료는 기원전 2c 위만이 입국하였던 상황을 나타내고 있다.
ㄱ. 고조선은 연나라 진개의 공격을 받아 서쪽 영토를 상실하였다(BC.283. 위만조선 이전)
ㄷ. 단군조선은 BC.3C 경 부왕, 준왕과 같은 왕이 등장하여 왕위 세습하였으며, 그 밑에 상·대부·장군 등의 관직도 두었다(위만조선 이전).

오답 check

ㄴ. 고조선은 한 무제의 공격을 받아 멸망하였다(BC.108).
ㄹ. 고조선 말엽의 상황이다.

연과 한의 고조선 침공

• 연의 공격: 연나라 장수 진개의 공격을 받아 요동지역을 상실하여 위축되기도 하였다(BC.283).
• 역계경: 역계경은 고조선의 대신으로 위만의 손자 우거왕이 한 무제의 침략을 받기 전 모종의 건의를 하였으나 무시당하자 진국으로 망명하였다.

04. 답 ①

출제자의 눈

유물과 설명을 통하여 대가야를 파악하여야 한다.

자료 속 힌트 고령 지산동, 금동관, 판갑옷

해설

고령의 지산동 고분은 경북 고령지방에 있으며 대가야에 대한 설명이다. 출토된 가야의 유물은 금동관, 철제 무기와 갑옷, 수레형토기, 철 장식 등 다수의 유물이 있다.

참고 가야의 유적 및 유물

구분	특징
고분	김해의 대성동 고분(금관가야), 고령의 지산동 고분(대가야)
유물	금동관, 철제 무기와 갑옷, 수레형토기, 철 장식 등
문헌	가락국기(고려 문종, 현존X), 삼국유사(중렬왕, 일연)

① 5세기 초반 고구려군의 공격을 받아 5세기 후반 대가야 중심의 후기 가야 연맹이 형성되었다.

오답 check

② 신라의 귀족회의인 화백회의는 만장일치제로 운영하였다.

③ 6세기 백제 무령왕은 지방에 대한 통제를 강화하기 위하여 지방에 22담로를 설치하여 왕족을 파견하는 등 통치 체제를 정비하였다.

④ 고구려는 왕 밑에 독립적 부족장인 상가 및 고추가 등을 두었고, 각기 사자, 조의, 선인 등의 관리를 거느리고 있었다.

⑤ 통일신라는 집사부 아래에 위화부를 비롯한 13부를 두고 행정 업무를 분담하게 하였다.

05. 답 ④

출제자의 눈

천정대의 역사를 통해 고대 귀족회의를 파악할 수 있다.

자료 속 힌트 귀족, 정사암(政事岩)

해설

천정대는 백제의 귀족들이 정치를 하였던 정사암으로 추정되는 장소이다. 호암사에 정사암이란 바위가 있었는데, 국가에서 재상을 뽑을 때 후보자 3~4명의 이름을 써서 상자에 넣어 바위 위에 두면, 얼마 뒤에 열어 보아 이름 위에 도장이 찍혀 있는 자를 재상으로 삼았다. 이 때문에 정사암이란 이름이 생기게 되었다.

④ 백제는 부여씨와 진씨, 해씨, 국씨, 목씨, 사씨, 연씨, 백씨, 협씨 등 8성의 귀족으로 이루어졌다.

오답 check

① 능력보다 신분을 중시하였던 골품제는 신라의 신분제도이다.

② 고구려 2세기 고국천왕 때 을파소를 국상으로 채용하여 진대법을 실시하였다(194).

③ 신라의 원광은 세속 5계를 통해 화랑도의 행동 규범을 제시하였다.

⑤ 고구려 장수왕은 지방에 사립학교인 경당을 건립하여 청소년들에게 한학과 무술을 교육하였다.

06. 답 ②

출제자의 눈

살수대첩 이후 고구려의 정세를 파악한다.

자료 속 힌트 영류왕, 장성(長城)을 축조, 시작

해설

사료는 살수대첩 이후 고구려가 축조하기 시작한 천리장성을 나타낸 것이다.

고구려의 천리장성

고구려의 천리장성은 당의 침략에 대비하여 영류왕 때에 건립하기 시작하여 보장왕 때 완공되었다(631~647). 북쪽으로는 부여성(농안)에서 남쪽으로는 비사성(대련)까지 이르는 성곽을 쌓았는데 연개소문은 천리장성의 축조를 감독하면서 요동 지방의 군사력을 장악하여 정권을 잡을 수 있었다.

07. 답 ④

출제자의 눈

대화를 통하여 발해 무왕의 대외 관계를 파악할 수 있다.

자료 속 힌트 동생 대문예, 흑수말갈 정벌, 장문휴

해설

동생 대문예, 흑수말갈, 장문휴, 등주 등을 통하여 발해 무왕 때임을 알 수 있다. 8세기 전반 당은 신라를 이용하여 발해를 견제하였으며, 발해의 영향력을 비교적 덜 받던 흑수말갈을 조종하여 발해에 대항하도록 하였다. 이에 발해는 일본과 유대를 강화하여 신라를 견제하고 당을 공격하기 위해 장문휴의 수군으로 하여금 당의 요서지방과 산둥 반도에 위치한 등주(덩저우)를 공격하게 하였다(732).

④ 8세기 발해의 무왕은 인안이라는 독자적인 연호를 사용하였다.

오답 check

① 5세기 고구려 장수왕은 백제의 개로왕을 전사시킴으로써 백제의 수도 한성을 함락시켰다.

② 6세기 백제 성왕은 대외 진출이 수월한 사비(부여)로 천도하고 국호를 남부여로 개칭하였다(538).

③ 6세기 신라 법흥왕은 병부의 설치, 율령의 반포, 17관등 및 공복을 제정하는 등의 통치 질서를 확립하였다.

⑤ 7세기 발해 대조영은 길림성의 동모산에서 발해를 건국하였다(698).

08. 답 ⑤

출제자의 눈

신라 말 개창한 9산 선문을 통하여 선종의 특징을 알아본다.

자료 속 힌트 9산 선문, 도의

해설

통일 전후에 전래된 선종은 귀족세력의 분열과 지방 세력의 성장과 함께 신라 말기에 유행한다. 실천적인 경향을 가지고 있던 선종은 당시 진골과 대립하고 있던 호족 세력의 환영을 받게 되어 널리 확산되었다. 선종은 독자적인 세력을 구축 하고자하는 지방 호족의 이념적 중심이 되었으며, 지방 호족과 결탁하여 각 지방에 9개의 선종 사원인 9산 선문을 성립하게 된다.

참고 신라 말 9산 선문

9산	개조	중심사찰
가지산파	도의	장흥 보림사
실상산파	홍척	남원 실상사
동리산파	혜철	곡성 대안사
사자산파	도윤	영월 흥녕사
성주산파	무염	보령 성주사
희양산파	도헌	문경 봉암사
사굴산파	범일	강릉 굴산사
봉림산파	현욱	창원 봉림사
수미산파	이엄	해주 광조사

오답 check

① 사직단은 조선시대 토지와 곡식의 신에게 제사를 지낸 곳으로 도교적 성격이 나타난다.
② 천명사상은 은 왕조를 멸망시킨 중국 주나라의 사상이다.
③ 유교는 사서(대학·논어·맹자·중용)와 삼경(시경·서경·역경)을 경전으로 삼고 있다.
④ 도교는 신선사상과 결합하여 불로장생 및 현세 구복을 추구하였다.

천명사상

• 이념: 주(周)나라가 은(殷)나라 멸망을 합리화하고 정통성 확보를 위해 만든 지배 이념이다.
• 내용: 천명을 받은 탕왕은 하(夏)를 멸하고 은을 개국하여 천하를 통치하였지만 은나라 주왕(紂王)의 실정으로 은나라는 하늘의 신임을 잃고, 주나라의 문왕(文王)이 마침내 천명을 받았다. 이 같은 논리는 주나라의 은 정벌과 통치를 합리화하고, 은나라 유민을 포섭·회유하려했던 목적이 작용한 것이다.

09. 답 ②

출제자의 눈

남북국 시대의 국제정세를 알아본다.

해설

그림에서 상경, 동경, 중경, 남경, 서경 등을 통하여 (가) 발해의 5경임을 파악할 수 있으며, (나) 통일신라의 수도인 금성을 표시 해 주었기 때문에 남북국 시대임을 파악할 수 있다.
② 벽란도는 고려의 국제 무역항으로 이슬람 상인이 왕래하였던 교통로와 산업의 중심지였다.

오답 check

① 발해의 대표적인 수출품은 모피, 인삼 등 토산물과 불상, 자기 등의 수공업품이었고, 수입품으로는 귀족들의 수요품인 비단이나 책등이 있었다.
③ 신라 말 흥덕왕 때 장보고는 완도에 청해진을 설치(828)하여 해적을 소탕하였으며, 남해와 황해의 해상 무역권을 장악하였다.
④ 중국의 산둥반도와 양쯔강 하류에는 신라인의 집단 거주지인 신라방(촌), 신라소, 신라원, 신라관 등이 설치되기도 하였다.
⑤ 발해는 신라와 신라도를 통하여 무역을 하기도 하였다.

10. 답 ③

출제자의 눈

문화 해설을 통하여 고구려 연가7년명 금동여래입상을 파악할 수 있다.

자료 속 힌트 고구려, 천불(千佛), 연가(延嘉) 7년

해설

자료는 고구려의 연가7년명 금동여래입상을 나타내고 있다. 연가7년명 금동여래입상은 평양의 승려들이 천불(千佛)을 조성하여 세상에 유포시키고자 만든 것으로, 광배 뒤에 연가(延嘉) 7년을 새겨 놓았다.

오답 check

① 이불병좌상은 발해 동경 용원부의 절터에서 발굴된 것으로 고구려 양식을 계승한 것으로 여겨진다.
② 백제의 금동 정지원명 석가여래 삼존입상은 정지원이 죽은 처를 위해 헌납한 내용이 담겨 있다.
④ 익산 왕궁리 5층 석탑에서 발견된 금동 여래입상이다.
⑤ 신라의 경주 구황동 금제여래좌상이다.

11. 답 ⑤

출제자의 눈

사료를 통하여 고려 태조 왕건의 정책을 파악할 수 있다.

자료 속 힌트 신라왕 김부, 사심(事審)으로 임명, 향리의 자제, 기인(其人)

해설

(가) 사심관제도. 개국 공신이나 유력 호족을 자신의 출신지에 사심관으로 파견해 지방 향리를 추천하고 감독하는 등 지방 세력을 견제하기 위한 정책이었다. 김부는 경순왕의 휘(諱)이다.

(나) 기인제도, 지방 향리의 자제를 기인으로 삼아 지방 세력을 견제한 것으로, 통일 신라의 상수리 제도를 계승한 일종의 인질 정책이다.
⑤ 태조 왕건은 사심관과 기인제도를 활용하여, 지방 호족을 견제하고 지방 통치를 보완하려 하였다.

오답 check
① 고려의 과거 제도는 광종 때 쌍기의 건의로 시행되었다(958).
② 정조는 유능한 인재를 재교육하는 초계문신제도를 실시하였다.
③ 고려시대 5품 이상의 관료는 음서와 공음전의 혜택을 누렸다.
④ 조선시대 유향소는 수령을 보좌하고 향리를 감찰하며, 향촌 사회의 풍속을 바로 잡기 위한 기구였다.

12. 답 ⑤

출제자의 눈

귀주대첩을 통하여 고려 대외 관계의 변화를 파악할 수 있다.

자료 속 힌트 강감찬, 거란군, 귀주

해설

자료는 강감찬의 귀주대첩이다. 거란은 고려 현종의 입조약속 불이행과 강동6주의 반환을 거부한 것에 대하여 불만을 품고 소배압이 10만 대군을 끌고 재차 침략하였는데(1018.거란 3차 침입), 귀주에서 강감찬이 지휘하는 고려군에게 섬멸되었다(1019.귀주대첩).
⑤ 거란의 3차 침입 이후 북쪽 국경의 일대에 천리장성[덕종(1033)~정종(1044), 압록강~도련포]을 쌓아 거란과 여진의 침략을 대비하였다.

오답 check
① 고려 태조 때 발해는 귀족세력의 내분과 거란의 침략으로 멸망하였다(926. 대인선).
② 고려 정종은 광군사를 설치하여 광군 30만 명을 편성하였고 거란의 침입에 항전하였다.
③ 고려 성종 때 서희는 외교 담판으로 거란과 교류를 약속하고, 고려가 고구려의 후예임을 인정받음과 동시에 압록강 동쪽의 강동6주를 획득하였다(994).
④ 만부교 사건은 태조 때에 있었다.

> **만부교 사건(942):** 거란이 친교관계를 위해 고려에 사신을 보내 낙타 50필을 보내자 태조는 발해를 멸망시킨 나라와 친할 수 없다하여 사신은 섬으로 유배 보내고, 낙타는 만부교 밑에 가두어 굶어 죽게 하였다.

13. 답 ②

출제자의 눈

대화를 통하여 고려전기 여진의 침략을 파악할 수 있다.

자료 속 힌트 여진, 기병을 포함한 새로운 부대

해설

12세기 초 여진족은 부족을 통합하며 고려의 국경까지 남하하여 고려군과 자주 충돌을 빚었다. 여진과의 1차 접촉에서 패한 뒤 윤관은 숙종에게 특수부대인 별무반을 편성할 것을 건의하였고, 숙종은 윤관의 건의를 받아들여 별무반을 조직하였다. 별무반은 기병인 신기군, 승병인 항마군, 보병인 신보군으로 편성한 특수부대로 광범위한 계층을 망라한 군사조직이었다.

오답 check
① 통일신라 신문왕은 9서당 10정을 편성하여 군제를 개편하였다.
③ 고려시대 강화도 천도이후 최우는 삼별초를 조직하였다.
④ 조선 선조 때인 임진왜란의 휴전기간 중에 훈련도감을 설치하여 포수, 사수, 살수의 삼수병을 양성하였다.
⑤ 조선전기 중앙군은 5위로 궁월과 서울을 수비하였다.

삼별초
최우는 강화도 천도 직후, 도둑을 단속하기 위해 야별초를 구성하였고, 이후 군사의 수가 많아져 좌별초와 우별초로 나누어 구성하였고, 몽골의 포로로 잡혀있다 탈출한 자들로 구성된 신의군과 함께 삼별초라 하였다.

14. 답 ①

출제자의 눈

동명왕편의 내용을 알아본다.

자료 속 힌트 동명왕본기, 동명왕편

해설

고려 후기에는 사회가 혼란하여 가면서 자주적이고 민족적인 역사 의식이 대두하기 시작한다. 고려 무신 집권 당시 이규보의 동명왕편은 고구려 건국의 영웅인 동명왕의 업적을 칭송한 일종의 영웅 서사시로서, 고구려의 계승 의식을 반영하고 고구려의 전통을 노래하였다.

오답 check
② 인종 때 김부식이 왕명에 의해 편찬한 삼국사기(1145)는 현존하는 우리나라 최고(最古)의 역사서이다.
③ 18C 실학자 유득공은 발해고(1784)에서 최초로 남북국 시대를 주장하여 민족의 자주성을 높였다.
④ 조선왕조실록은 편년체로서 연월(연도)을 중심으로 편찬하였고, 태조에서 철종 때까지의 실록을 편찬하였다.
⑤ 동사강목은 고조선에서 고려 말까지의 역사를 안정복이 저술한 것으로 우리 역사의 독자적 정통론을 세워 이를 체계화하였다.

참고 고려시대 역사서

시기	내용
중기	김부식의 삼국사기(현존 최고 역사서, 유교적 합리주의, 기전체, 신라 계승 의식)
후기	동명왕편(이규보, 영웅 서사시), 해동고승전(각훈, 삼국 시대의 승려 30여 명의 전기 수록), 삼국유사(일연, 불교사를 중심으로 서술, 단군을 민족의 시조로 파악), 제왕운기(이승휴, 우리 역사를 단군으로부터 서술, 자주성)

15. 답 ③

출제자의 눈

사료를 통하여 무신집권기의 봉기를 파악할 수 있다.

자료 속 힌트 김보당, 조위총

해설

첫 번째 사료는 김보당의 난(1173)으로 무신정권의 타도를 주장하였던 김보당은 의종을 복위하려 하였다(1173). 두 번째 사료는 조위총의 난(1174)으로 서경 유수 조위총이 무신 정권에 반발하여 서경에서 반란을 일으켰을 때(1174)에 많은 농민이 가세하였으며, 난이 진압된 뒤에도 농민 항쟁이 여러 해 동안 계속되었다. 모두 무신집권기(1170~1270)에 일어난 봉기이다.

참고 무신 집권기의 봉기

구분	내용
귀족	김보당의 난(무신정권 타도, 의종 복위 주장), 조위총의 난(서경에서 반란, 많은 농민 가세, 반무신정권의 봉기)
양민	망이·망소이의 봉기(공주 명학소), 김사미·효심의 봉기(운문·초전), 이연년 형제의 난(백제 부흥운동)
천민	전주 관노의 난, 만적의 난(최충헌의 사노비, 신분 해방 운동)

16. 답 ⑤

출제자의 눈

자료를 통하여 직지심체요절을 도출한 후 개성을 알아본다.

자료 속 힌트 고려의 수도, 금속활자, 구텐베르크의 활자보다 앞선 것

해설

직지심체요절은 공민왕 때 저술한(1372) '직지심체(直指心體)'를 우왕 때 청주 흥덕사에서 백운 경한 스님에 의해 금속활자로 1377년에 2권으로 간행되었다. 1887년 프랑스 대리공사인 '콜랭드 쁠랑시'가 프랑스로 가져간 뒤 골동품 수집가에게 넘겼다. 현재 프랑스 파리국립도서관에서 보관하고 있다.

직지심체(直指心體)

직지심체(直指心體)는 '직지인심견성성불(直指人心見性成佛)'이라는 오도(悟道)의 명구에서 따온 것이다. 그 뜻은 자기의 마음을 올바로 가지면서 참선하여 도를 깨친다면 마음 밖에 부처가 있는 것이 아니라 자기의 마음이 바로 부처가 됨을 뜻한다.

⑤ 물산장려운동은 평양에서 시작되어 서울을 거쳐 전국으로 확산되었다.

오답 check

① 무신집권자인 최충헌의 사노비였던 만적이 주도한 신분해방운동이었다(1198).
② 정몽주가 피살되었던 선죽교는 개성에 있다.
③ 개성공단 조성은 2000년 남북이 합의하여 2002년에 착공되었다.

④ 개성에서 활동하던 송상은 전국에 송방(松房)이라는 지점을 설치하여 활동 기반을 강화하였다.

17. 답 ②

출제자의 눈

사료의 내용을 통하여 태종 이방원의 정책을 알아본다.

자료 속 힌트 왕자의 난, 6조, 왕에게 직접 보고, 왕권은 더욱 강해질 것

해설

두 차례에 걸친 왕자의 난을 통하여 개국 공신 세력을 몰아내고 왕위에 오른 태종 이방원은 왕권을 강화하고 국왕 중심의 통치 체제를 강화하기 위하여 6조 직계제를 실시하였으며, 언론 기관인 사간원을 독립시켜 대신들을 견제하였고, 사병을 없애 왕이 군사 지휘권을 장악하면서 친위 군사를 늘렸다. 또한, 양전 사업과 호구 파악에 노력을 기울였으며, 호패법을 실시하였고, 사원의 토지를 몰수하고, 억울한 노비를 조사하여 해방시켰다.

참고 호패법

구분	내용
시행	태종 13년(1413)에 처음 실시
대상	16세 이상 양반에서 천민까지의 모든 남자
신분	호패는 신분에 따라 사용되는 재료와 기재 내용이 다름
목적	왕권의 강화를 꾀함과 동시에 농민의 향촌 이탈을 방지하여 국가 재정을 확보

오답 check

① 광해군 때에 허준은 동의보감을 저술(1610)하여 의학 발전에 큰 공헌을 하였다.
③ 조선의 대법전인 경국대전은 세조 때 편찬하기 시작하여, 성종 때 완성·반포하였다.
④ 세종 때 우리나라 역사상 처음으로 서울을 기준으로 천체 운동을 계산한 칠정산이라는 역법서를 만들었다.
⑤ 세조는 현직 관리에게만 수조권을 지급하는 제도인 직전법을 시행하였다(1466).

18. 답 ①

출제자의 눈

대화를 통하여 을사사화를 도출할 수 있다.

자료 속 힌트 수렴청정, 윤원형, 윤임

해설

을사사화(1545)는 명종 때 외척 간의 왕위 계승의 다툼으로 사림이 피해를 본 사건으로, 명종의 외척세력인 윤원형(소윤)일파가 인종의 외척세력인 윤임(대윤)일파를 역적으로 몰아 대거 숙청하고 정국을 주도하게 된다.

오답 check

② 위훈 삭제 문제로 인한 공신들의 반발로 조광조를 비롯한 대부분의 사림 세력은 정계에서 밀려나게 되었다(1519.기묘사화).

③④ 김일손이 김종직의 조의제문을 사초에 포함시켜 사림들이 화를 입었다(1498.무오사화).

⑤ 연산군 때 폐비윤씨 사건을 원인으로 하여 사림들을 탄압하였다(1504.갑자사화).

참고 조선전기의 사화

사화	시기	내용
무오사화	연산군(1498)	김종직의 조의제문
갑자사화	연산군(1504)	윤비 폐출 사건
기묘사화	중종(1529)	조광조 개혁정치(현량과, 위훈삭제)
을사사화	명종(1545)	외척 간 왕권 다툼

19. 답 ⑤

출제자의 눈

특별 전시회의 내용을 통하여 몽유도원도를 알아본다.

 자료 속 힌트 안견, 안평대군의 꿈

해설

15세기 화원 출신인 안견은 역대 화가들의 기법을 체득하여 독자적인 경지를 개척 하였는데, 안평대군의 꿈을 구현한 그의 대표작인 '몽유도원도'는 자연스러운 현실 세계와 환상적인 이상 세계를 능숙하게 처리하고 대각선적인 운동감을 활용하여 구현한 걸작이다. 현재 일본 덴리(天理)대학 중앙도서관에 소장되어 있다.

몽유도원도

정유년 4월 20일 밤에 바야흐로 자리에 누우니, 정신이 아른하여 잠이 깊이 들어 꿈도 꾸게 되었다. "박팽년과 함께 어느 산 아래 도착했네.… 완강하게 거부하는 듯한 바위틈을 벗어나 한참을 들어가니 깊은 골짜기가 나오고 길이 여러 갈래로 갈라지지 않겠나.… 깍아지른 듯한 절벽 옆으로 경치가 얼마나 황홀하던지 혼이 쏙 빠지는 것 같았네.… 바람벽처럼 치솟아 있는 산속에 구름과 안개는 자욱하게 내려앉아 있고, 그 사이로 붉은 노을처럼 핀 복숭아꽃을 상상해 보게. 그 아름다움을 어찌 말로 표현할 수 있겠는가.…" 그리하여 안견에게 명하여 내 꿈을 그림으로 그리게 하였다.

 오답 check

① 18c 정선의 금강전도
② 15c 강희안의 고사관수도
③ 18c 강세황의 영통골 입구도
④ 19c 조희룡의 매화초옥도

20. 답 ①

출제자의 눈

자료를 통하여 향교를 도출한 후 내용을 알아본다.

 자료 속 힌트 조선시대, 지방교육기관, 대성전

해설

조선의 (가) 향교는 중등 교육을 담당하였던 관립 교육기관으로써 성현에 대한 제사와 유생의 교육, 지방민의 교화를 위해 부·목·군·현에 각각 하나씩 설립되었다.

참고 향교

구분	내용
교육	지방의 중등교육기관으로 성현에 대한 제사와 유생들의 교육, 지방민의 교화를 위하여 부·목·군·현에 가가 하나씩 설립
입학	8세 이상의 양인 남성이면 입학이 가능. 인구 비례에 따라 책정
교육	규모와 지역에 따라 중앙에서 교관인 교수(종6품)와 훈도(정9품)를 파견하여 교육
시험	매년 2차례 시험을 실시하여 성적 우수자는 생원·진사 시험 초시를 면제 해 주었으며, 성적 미달자는 군역을 수행
구성	대성전·문묘·명륜당·재(齋), 재(齋)는 동재(양반 기숙사)와 서재(평민 기숙사)로 분리 구성

 오답 check

② 서원은 선현을 제사하고, 향촌에서의 교육을 통해 후진을 양성하던 기구로써 향촌에서의 사림의 지위를 강화시켜 주었다.

③ 흥선대원군은 양반들의 근거지인 서원을 47개소만 남기고 철폐하였다.

④ 성균관의 입학 자격은 15세 이상의 소과(생원시, 진사시)합격자를 원칙으로 하였다.

⑤ 고려 국자감에는 국자학, 태학, 사문학과 같은 유학부가 있었고, 율학, 서학, 산학 등의 기술학부가 있었다.

21. 답 ③

출제자의 눈

제시된 자료를 통하여 병자호란을 파악할 수 있다.

 자료 속 힌트 청, 강화성이 함락

해설

후금은 국호를 청이라 고치고 조선에 군신관계를 맺자고 요구하였다. 조선에서 별다른 반응을 보이지 않자 청 태종은 12만의 대군을 이끌고 침입해 병자호란을 발발하였다(1636). 인조는 남한산성으로 피난하여 청군에 대항하였으나, 청의 12만 대군이 남한산성을 포위했으며, 조정은 40여일간 항전하였다.

③ 세종 때에는 김종서와 최윤덕을 보내 여진을 토벌하고 4군과 6진을 설치하여 압록강과 두만강을 경계로 하는 오늘날과 같은 국경선을 확정하였다.

구분	내용
배경	후금은 국호를 청이라 고치고 조선에 군신관계 요구, 청 침입(12만)
전개	남한산성 피난, 남한산성 포위
갈등	조정에서 주화론과 척화론의 대립·갈등
결과	청에 항복(1637. 삼전도 굴욕), 군신관계, 소현세자·봉림대군 납치

🔍오답 check

① 조선 효종 때 청이 러시아 정벌을 요청하였고 변급(1654), 신유(1658)등 2차례(효종 때) 조총부대를 출병시켜 승리 하였다(나선정벌).
② 효종 때에는 소중화사상이 팽배해져 명에 대한 의리를 지키고 청 사상을 배척하며 청을 벌해야한다는 북벌 운동이 전개되었다.
④ 병자호란의 결과 청과 군신 관계를 맺고 명과의 관계를 단절하게 되었으며, 청은 소현세자와 봉림대군을 인질로 잡아갔다.
⑤ 군신관계를 맺은 병자호란 이후 청과 교역이 활발해 지면서 선진 문물이 전래되기도 하였다.

22. 답 ①

출제자의 눈

제시된 경세유표를 통하여 조선후기의 상황을 도출할 수 있다.

자료 속 힌트 밭, 담배, 삼, 이익이 10배, 경세유표

해설

자료는 상품 작물을 재배하는 조선 후기의 상황이다. 농민들은 시장에 팔기 위한 작물을 재배하여 가계 수입을 증가시켰다. 장시가 점차 증가하여 상품의 유통이 활발해짐에 따라, 농민은 인삼과 담배, 쌀, 목화, 채소, 약초 등을 재배하여 팔았다. 또한, 상공업의 발달에 따라 전국적으로 장시가 크게 늘어났다.
① 고려 숙종 때에는 삼한통보, 해동통보, 해동중보 등 동전을 만들었으나 널리 유통되지 못하였다.

🔍오답 check

② 조선후기 광산 경영은 경영 전문가인 덕대가 출현하여 활동하였다.
③ 조선후기 이앙법의 확산되어 벼와 보리의 이모작으로 단위 면적당 생산량을 증가시켜 소득을 증대하였다.
④ 조선후기 상행위의 발달로 여러 장시가 하나의 유통망으로 연계되었다.
⑤ 조선후기 공무역인 개시와 사무역인 후시가 성행하였다.

23. 답 ③

출제자의 눈

임진왜란 이후 일본에 파견한 조선통신사에 대하여 알아본다.

자료 속 힌트 임진왜란 이후, 에도 막부, 조선이 파견한 사절단

해설

일본은 조선의 선진 문화를 받아들이고, 에도 막부의 쇼군(將軍)이 바뀔 때마다 그 권위를 국제적으로 인정받기 위하여 조선에 사절의 파견을 요청하였다. 통신사는 외교 사절로서 뿐만 아니라, 조선의 선진 문화를 일본에 전파하는 역할도 하였다.

참고 조선 후기 통신사

구분	내용
파견	1607년부터 1811년까지 12회에 걸쳐 통신사라는 이름으로 사절을 파견
행렬	통신사 일행은 적을 때에는 300여 명, 많을 때에는 400 ~ 500명이나 되었고, 일본에서는 국빈으로 예우
영향	일본은 이들을 통하여 조선의 선진 학문과 기술을 학습

🔍오답 check

① 조미수호통상 조약 체결 이후에 민영익을 전권대사로 하여 최초의 구미사절단인 보빙사를 파견하였다(1883).
② 조선이 중국에 보낸 사절단으로 하정사(정월 초하루), 성절사(황제·황후 생일), 천추사(황태자 생일) 등이 있었다.
④ 오경석은 역관 출신으로서 위원의 해국도지, 서계여의 영환지략 등을 국내에 소개하였다.
⑤ 김윤식과 유학생들이 청 텐진에 유학하였던 영선사는 근대 무기 제조법, 군사훈련법, 자연 과학 등을 습득하였다. 귀국 후 근대식 무기 제조 공장인 기기창을 설치하였다.

24. 답 ①

출제자의 눈

만기요람의 내용을 통하여 간도 문제를 파악할 수 있다.

자료 속 힌트 목극등(穆克登), 서쪽은 압록강, 동쪽은 토문강

해설

숙종 때 청의 요구에 따라 조선 정부는 청의 대표 목극등과 간도를 둘러싼 국경문제를 협의하였고, 그 결과 백두산정계비를 세워 조선과 청국과의 국경을 압록강과 토문강을 경계로 하였다(1712). 동위 토문에 대한 해석이 간도 귀속여부에 중요한 핵심인데, 토문강은 중국 송화강 상류임에도 불구하고 중국은 두만강이라고 주장을 하고 있다.

백두산정계비 설치(숙종 38년, 1712)

西爲鴨綠, 東爲土門, 故於分水嶺, 勒石爲記. 康熙 五十一年 五月十五日 [서쪽은 압록강, 동쪽은 토문강으로 경계를 삼고, 물이 나뉘는 고개 위에 돌을 새겨 기록한다. 강희 51년(1712) 5월 15일].

🔍오답 check

② 러시아의 한반도 남하를 견제한다는 구실로 영국은 거문도를 해밀턴 항이라 명명하고 불법 점령한 후 포대를 설치하였다(1885, 거문도 사건).

③ 시모노세키 조약으로 요동 반도와 타이완을 일본이 할양받았으나 러시아, 프랑스, 독일 등의 삼국간섭으로 청에 반환하였다 (1895.5).

청일 전쟁 이후 국제 정세
청일전쟁(1894) → 시모노세키 조약(1895) → 삼국간섭(러·프·독) → 국내 친러 세력 득세 → 을미사변 → 을미개혁

④ 청과 일본은 조선에 군대를 파견할 경우 상대국에 사전 통보 할 것 등을 내용으로 한 톈진조약을 체결하였는데(1885), 훗날 청일전쟁(1894)의 빌미로 작용하게 되었다.
⑤ 조청상민수륙무역장정(1882)의 체결 이후 청 상인의 내지 통상이 허용되었다.

25. 답 ③

 출제자의 눈

대화를 통하여 현종 때 전개된 1차 예송논쟁인 기해예송을 파악할 수 있다.

 자료 속 힌트 돌아가신 효종, 대왕대비의 복상(服喪), 3년, 1년

해설

자료는 기해예송이다. 현종 재위 시기인 1659년 효종이 사망하자 인조의 계비인 자의대비가 적장자에 준하는 상복을 입을 것인지를 둘러싸고 벌어졌던 논쟁이다. (가) 남인은 3년, (나) 서인은 1년을 주장하였다.
ㄴ. (가) 남인은 이황의 학통을 계승하였다.
ㄷ. (나) 서인은 노론과 소론으로 분화되었다.

참고 예송논쟁

	기해예송(1659)	갑인예송(1674)
원인	효종의 상 때 자의 대비 복제 문제	효종 비의 상 때 자의대비 복제 문제
서인	1년설(기년설)	9개월설(대공설)
남인	3년설	1년설(기년설)
채택	서인(1년설)	남인(1년설)

 오답 check

ㄱ. 갑술환국(1694, 숙종20) 당시 서인 김춘택 등이 인현왕후 민씨의 복위운동을 전개하였고, 남인이 서인을 무고하다 도리어 축출되어 (나) 소론(서인)이 집권하였다.
ㄹ. 선조의 뒤를 이어 광해군이 즉위하면서 북인이 집권하게 되었고 광해군의 중립외교를 지지하였다.

26. 답 ①

 출제자의 눈

전국적으로 시행한 대동법을 통하여 숙종임을 파악할 수 있다.

 자료 속 힌트 세 차례의 환국, 대동법, 전국, 확대 실시

해설

조선후기 방납의 폐해가 나타나 이를 방지하기 위한 제도로 대동법이 시행되었는데, 공납을 현물 대신 쌀, 포, 돈으로 대납하는 대동법은 광해군 때 선혜청을 설치하고 처음으로 경기도에서 시행(1608)되었다가 인조 때 조익의 주장으로 강원도에서 실시(1623)하였고, 효종 때 김육의 주장으로 충청도와 전라도에서 시행(1651)된 이후로 (가) 숙종 때 전국으로 확대 실시된다(1708).
① 숙종 때 금위영이 설치되어 17세기 말 5군영 체제가 갖추어졌다.

 오답 check

② 정조는 기존의 법전 체제를 유지하여 경국대전에 속대전을 통합하는 작업을 시작하였고, 대전통편을 편찬하여 왕조의 통치 규범을 재정리하였다.
③ 영조는 즉위 직후 탕평 교서를 발표하고 탕평비를 건립하는 등 정국을 안정시키려 하였다.
④ 군역의 폐단을 시정하기 위해 균역법이 시행되었고, 농민은 1년에 군포 1필만 부담하면 되었다(영조,1750).
⑤ 정조는 6의전을 제외한 나머지 시전상인(관상)들의 금난전권을 철폐하여 사상들의 자유로운 상업 활동을 허용 하였다(1791, 신해통공).

27. 답 ④

출제자의 눈

규사를 통하여 서얼(중인)에 대한 내용임을 파악할 수 있다.

자료 속 힌트 1858년, 적자(嫡子)와 다를 바 없다.

해설

규사는 철종 때 이이와 조광조를 추앙하는 단체인 대구의 달서정사에서 역대 서얼에 관계되는 사실을 모아 편찬한 서적이다. 양반의 첩에게서 태어난 서얼은 중인과 같은 신분적 처우를 받았으므로 중서라고도 불리었다. 이들은 성리학적 명분론에 의해 사회적으로 차별을 받았다.
ㄴ. 조선후기 서얼들은 청요직 진출을 요구하는 통청운동을 전개하였다.
ㄹ. 정조는 유득공, 이덕무, 박제가, 서이수 등의 서얼 출신을 규장각 검서관으로 등용하는 등 능력을 발휘할 수 있게 하였다.

통청
조선시대 홍문관의 관원은 모두 문명(文名)과 덕행(德行)이 있는 자를 임명하였으므로 청관(淸官)이라 했는데, 그 후보자를 추천하거나 비준하는 일을 통청이라 한다.

오답 check

ㄱ. 조선시대 신량역천인은 신분은 양인이지만 천한 역을 담당 했던 신분으로 칠반천역이라고도 한다.

신량역천(칠반천인)
수군(해군), 조례(관청의 잡역 담당), 나장(형사 업무 담당), 일수(지방 고을 잡역), 봉수군(봉수 업무), 역졸(역에 근무), 조졸(조운 업무) 등 힘든 일에 종사한 일곱 가지 부류를 말한다.

ㄷ. 장례원은 노비와 관련된 문제를 전담하여 처리하였다.

28. 답 ④

자료 속 힌트 김제, 견훤이 유폐되었던 사찰, 17세기

해설

④ 자료에서 제시한 김제, 후백제, 견훤의 유폐, 17세기 불교 건축물 등을 통하여 17세기 전북 김제의 금산사 미륵전을 파악할 수 있다.

오답 check

① 충남 예산 수덕사 대웅전은 균형 잡힌 외관과 잘 짜여진 각 부분의 치밀한 배치로 고려시대 건축의 단아하면서도 세련된 특성을 잘 드러내고 있다.
② 고려전기 경북 안동 봉정사 극락전은 가장 오래 된 건물로 알려져 있다.
③ 17세기 건축물인 법주사 팔상전은 충북 보은에 있다.
⑤ 팔작지붕의 영주 부석사 무량수전은 균형 잡힌 외관과 잘 짜여진 각 부분의 치밀한 배치로 고려시대 건축의 단아하면서도 세련된 특성을 잘 드러내고 있다.

29. 답 ①

출제자의 눈

강화학파를 통하여 양명학을 파악할 수 있다.

자료 속 힌트 강화학파, 정제두, 심즉리(心卽理), 치양지(致良知)

해설

18세기 초에 정제두는 몇몇 소론 학자들이 명맥을 이어가던 양명학을 체계적으로 연구하였다.

참고 양명학

구분	내용
학파	정제두는 거처를 강화도로 옮겨 후진 양성에 힘썼으며, 이들로 인하여 강화학파를 형성
계승	학파 대부분은 정권에서 소외된 소론이었기 때문에 정계에 반영되기는 어려웠고, 집안의 후손과 인척을 중심으로 하여 가학(家學)의 형태로 계승
사상	심즉리(心卽理) 사상이 양명학의 바탕이며 앎과 행함은 분리되어 있는 것이 아니라 앎은 행함을 통하여 성립한다는 지행합일설(知行合一說)과 인간은 상하 존비의 차별이 없다는 치양지설(致良知說)
영향	강화 학파는 실학자들과도 영향을 주고받았고, 한 말 이후에는 국학자인 박은식, 정인보 등이 계승

오답 check

② 정감록에는 '이씨가 망하고 정씨가 새로운 나라를 세운다'는 내용의 예언사상이 나타나 있다.
③ 동학은 모든 사람이 평등하다는 시천주(侍天主)와 인내천(人乃天) 사상을 강조하였다.

④ 동학의 교리는 유·불·선의 주요 내용이 바탕이 되었고, 주문과 부적 등 민간 신앙의 요소들이 결합되었다.
⑤ 천주교는 제사의 금지와 평등사상 등으로 정부의 탄압을 받았다.

천주교 탄압

천주교는 17세기에 중국 베이징의 천주당을 방문한 우리나라 사신들에 의하여 서학으로 소개되었고, 천주교가 신앙으로 받아들여진 것은 18세기 후반이었다. 천주교는 유교 제사 의식 거부와 모든 사람이 평등하다는 주장으로 왕권에 도전한다는 명분으로 조선 정부로부터 탄압을 받았다.

30. 답 ④

자료 속 힌트 연암(燕巖), 열하일기, 과농소초

해설

박지원은 청에 다녀와 열하일기를 저술하고 상공업의 진흥을 강조하면서 수레와 선박의 이용, 화폐 유통의 필요성 등을 주장하고, 양반전, 허생전, 호질 등을 저술하여 양반 문벌제도의 비생산성을 비판하였다. 농업에서도 영농 방법의 혁신, 상업적 농업의 장려, 수리시설의 확충 등을 통하여 농업 생산력을 높이는 데 관심을 기울였다. 박지원 등의 북학파 실학사상은 19세기 후반 박규수, 오경석, 유홍기 등의 개화사상으로 이어졌다.

오답 check

① 정약용은 수원 화성을 쌓을 때에 거중기를 사용하여 공사 기간을 단축하고 공사비를 줄이는 데 크게 공헌하였다.
② 김정희는 금석과안록을 지어 북한산비가 진흥왕순수비임을 밝혔다.
③ 박제가는 생산과 소비와의 관계를 우물물에 비유하면서 생산을 자극하기 위해서는 절약보다 소비를 권장해야 한다고 주장하였다.
⑤ 고종 때 이제마는 동의수세보원에서 사람의 체질을 구분하여 치료하는 방법을 소개하였다.

31. 답 ④

자료 속 힌트 프랑스 선교사, 처형, 조선을 정복, 덕산 묘지에서 저지른 사건

해설

㉠은 1866년에 있었던 병인박해의 설명이고, ㉡은 1868년에 있었던 오페르트 도굴 미수 사건이다.

참고 통상수교 거부정책

사건	내용
병인박해 (1866)	프랑스 세력으로 러시아 견제 시도 → 교섭 실패 → 상소 → 9명의 프랑스 선교사와 8천명의 교도 처형
제너럴셔먼호사건 (1866)	평양에서 통상 요구(미 상선) → 평양 관민에게 격침됨
병인양요 (1866)	문수산성의 한성근과 정족산성의 양헌수 부대가 프랑스군을 격퇴, 외규장각 문화재·서적·병기 등 약탈
오페르트도굴사건 (1868)	독일의 통상요구 → 오페르트의 남연군 묘 도굴 미수 → 통상수교 거부 의지강화
신미양요 (1871)	제너럴셔먼호 사건을 구실로 미군함 5척 강화도 침입 → 초지진·덕진진 등 점령, 어재연의 조선 수비대가 광성보와 갑곶에서 격퇴
척화비(1871)	신미양요 직후 전국에 건립, 통상 거부 의지 천명, 위정척사 정신 반영

오답 check

① 제너럴셔먼호사건(1866)을 구실로 미국의 로저스 제독은 5척의 군함으로 강화도를 공격하는 신미양요를 발발하였다(1871).
② 흥선대원군은 전국에 척화비를 세우고 통상수교 거부정책을 확고하게 유지하였다(1871).
③ 일본은 군함 운요호를 조선 연해에 파견하였고, 강화도의 초지진 포대는 운요호에 경고 사격을 하였다. 이것을 빌미로 조선은 포함의 위협 하에 일본과 강화도 조약을 맺어 문호를 개방하게 되었다(1876, 포함외교).
⑤ 1886년 조프통상조약의 체결로 프랑스는 조선에서 천주교 포교의 자유를 얻었다.

32. 답 ⑤

출제자의 눈

헤이그 특사파견의 결과를 파악하여야 한다.

자료 속 힌트 헤이그 국제 회의, 이위종, 을사늑약이 무효인 이유

해설

자료는 헤이그 특사 파견의 내용이다. 1907년 6월 고종은 이상설, 이준, 이위종을 헤이그에서 개최되는 제2회 만국 평화 회의에 특사로 파견하여 을사늑약의 불법성과 일제의 무력적 침략 행위의 부당성을 전 세계에 호소하여 국제적인 압력으로 이를 파기하려 하였다. 이 결과 일제는 헤이그 특사 파견을 빌미로 고종을 강제로 퇴위시켰다.
⑤ 정미의병(1907) 때 총대장 이인영, 군사장 허위를 주축으로 하여 유생 의병장의 주도로 1만 여명의 전국 의병 연합 부대인 13도 창의군을 편성하게 되었고 서울 진공 작전을 전개하였다.

1907년 정세 변화
헤이그 특사 파견 → 고종 강제 퇴위 → 정미 7조약, 군대해산 → 정미 의병 전개

오답 check

① 대한제국은 러시아와 일본의 전쟁에 휘말리지 않기 위하여 국외 중립선언을 하였다(1904.1).
② 김옥균은 일본의 메이지 유신을 본받아 급진적 개혁을 추진하였는데, 우정국 개국 축하연을 이용한 갑신정변(1884)으로 표출되었다.
③ 김홍집 내각은 개혁을 추진하기 위하여 초정부적 회의 기관인 군국기무처를 설치하고, 정치·경제·사회·문화 등 국가의 주요 정책에 대한 자주적인 개혁을 추진하였다(1894).
④ 일본의 황무지 개간권 요구에 대항하여 보안회(1904)를 조직하여 활동하였고 일본의 요구를 철회시켰다.

33. 답 ⑤

출제자의 눈

1907년 국학자들의 활동을 알아본다.

자료 속 힌트 국문연구안, 1907년

해설

자료는 1907년 국문연구소를 나타낸 것이다. 국문연구소는 주시경, 지석영을 중심으로 설립되어 국어 문법의 정리와 국어의 이해 체계의 확립이 이루어졌다. 유길준의 조선문전(대한문전), 지석영의 신정국문, 주시경의 대한국어문법 등과 같은 문법서도 편찬하였다.

참고 국어기관

기관	활동
국문연구소(1907)	최초 국어연구기관. 주시경, 유길준, 지석영
조선어연구회(1921)	한글날(가갸날) 제정, 잡지(한글) 간행
조선어학회 (1931~1942)	한글맞춤법 통일한 제정, 표준어제정, 우리말 큰 사전 편찬 착수(성공X), 조선어학회 사건으로 해체

※ **조선어학회 사건(1942)**: 우리말 큰 사전 편찬을 준비하던 회원 30명을 일제가 치안유지법 위반으로 검거한 사건. 체포 후 고문으로 이윤재, 한징 등이 옥사하였고 11명이 실형을 선고받았다. 이 사건으로 인하여 조선어학회에서 추진하던 우리말 큰 사전 편찬 사업을 완성하지 못하였다.

오답 check

① 조선의 관보로써 최초의 신문인 한성순보(1883~84)는 박영효 등 개화파의 영향으로 박문국에서 10일에 한 번 발행하였다.
②④ 이윤재, 최현배 등은 조선어연구회(1921)를 조직하여 한글날(가갸날)을 제정하였고 잡지(한글)를 간행하였다.
③ 조선어학회는 우리말 큰 사전의 편찬에 착수하였으나, 일제의 방해로 성공하지 못하였다(1942, 조선어학회사건).

34. 답 ②

출제자의 눈

독립협회의 활동 사항을 알아본다.

자료 속 힌트 서재필, 윤치호, 고종의 환궁요구, 헌의 6조, 황국협회

해설

독립협회의 활동은 다음과 같다.

참고 독립협회의 활동

구분	내용
국권	독립문 건립, 독립신문 발간, 고종의 환궁 요구(1897.2), 자주 독립 수호, 러시아의 절영도조차 요구 저지, 러시아의 군사교련단과 재정고문단을 철수시킴, 한·러은행 폐쇄
민권	신체·재산권 보호 운동(1898.3), 언론·집회의 자유권 쟁취 운동 전개(1898.10)
자강 개혁	헌의 6조 채택(관민공동회, 국권수호·민권보장·국정개혁), 박정양 진보 내각 설립(의회 설립운동) → 중추원 관제(관선 25명, 민선 25명) 반포
해산	보수 세력의 개혁 정치에 대한 반발로 인하여 황국협회를 세워 만민공동회를 탄압

오답 check

① 만세보(1906~1907)는 오세창이 발간하였고 여성교육과 여권 신장에 관심을 기울였으며 일진회를 공격했던 천도교계 신문이었다.
③ 안창호는 1907년 양기탁 등과 함께 신민회를 창설하였고, 1908년에는 평양에 대성학교를 설립하는 등 계몽운동(실력양성)에 앞장섰다.
④ 1920년대 조선교육회는 민립대학 기성회를 조직(1922)하여 우리 손으로 대학을 설립하려는 민립대학설립운동을 전개하였다.
⑤ 국채보상운동은 서상돈, 김광제 등이 국채 보상금을 모금하기 위해 대구에서 개최한 국민 대회를 계기로 시작되었다(1907).

35. 답 ②

출제자의 눈

1880년대 국내외 정세를 파악할 수 있다.

자료 속 힌트 조선책략, 영남 만인소

해설

(가)는 황쭌셴의 조선책략 (나)는 이만손의 영남만인소이다.
1880년 2차 수신사 김홍집에 의해 조선책략이 국내로 유포된 이후 개화파는 미국과의 수교를 적극 지지하였고, 보수적 유생들은 이에 반발하여 서양의 통상 요구에 대해 통상 반대론으로 맞섰으며, 이듬해에 영남 유생들이 이만손을 중심으로 영남 만인소를 올려 서양 열강과의 수교를 반대하였으나, 결국 조선은 미국과의 통상조약을 체결하였다(조미수호통상조약, 1882).

조미수호통상조약의 체결

제2차 수신사 김홍집(조선책략 유입, 1880)
1. 러시아 남하 견제(친중국, 결일본, 연미방)
2. 서양 기술 도입(개화 정책)

⇩ ⇩

위정척사파(개화반대운동)
1. 영남만인소(이만손)
2. 만언척사상소(홍재학)

개화파
조미수호통상조약 체결(1882)

오답 check

① 1870년대 위정척사사상가들이 왜양일체론, 개항 불가론을 들어 개항 반대 운동을 전개하였다.
③ 러시아가 저탄소(석탄 저장고) 설치를 위해 절영도의 조차를 요구하자, 독립협회는 만민공동회를 배경으로 러시아의 요구를 좌절시켰다.
④ 위정척사파는 서양세력과의 교섭을 반대하였다.
⑤ 거문도사건 직후 유길준은 열강이 보장하는 한반도의 중립론을 정부에 건의하였으나, 당시의 긴박한 국제 정세와 민씨 정권의 반대 등으로 실현되지는 못하였다.

36. 답 ②

출제자의 눈

자료를 통해 대한제국의 광무개혁의 내용을 파악할 수 있다.

해설

자료는 대한제국(1897~1910)에서 실시한 광무개혁의 내용이다.

참고 광무개혁

구분	내용
정치	대한국 국제 반포(1899), 전제 군주 체제 강화, 23부 → 13도, 중추원(황제 자문기구) 설정
경제	양지아문(1898)·지계아문(1901) 설치, 지계(地契) 발급, 근대적 공장과 회사 설립, 신식 화폐 발행 장정(1901) 제정, 금 본위제(백동화 발행), 도량형 통일
사회	실업학교 및 기술 교육 기관 설립, 근대 시설 확충, 고등 재판소를 평리원(平理院)으로 개칭, 순회 재판소 설치
군사	원수부 설치(황제가 육·해군 통솔), 서울의 시위대와 지방의 진위대 군사 수 증강, 무관학교 설립
외교	북간도에 이범윤을 간도 관리사(북변도관리)로 파견(1902), 울릉도를 울릉군으로 승격, 독도를 관할 구역에 포함

오답 check

ㄴ. 민씨정부는 신식군대인 별기군(1881~1882)을 창설하였다.
ㄹ. 1880년대 평양에 대동 상회, 서울에 장통 회사 등의 상회사가 나타나기 시작하였다.

37. 답 ③

덕원부계록을 통하여 원산학사를 파악할 수 있다.

자료 속 힌트 덕원, 개항지, 교육, 학교

해설

원산학사(1883)는 개화파 인물들의 권유에 따라 정현석이 중심이
되어 덕원 주민들과 함께 설립하였다. 우리나라 최초의 근대적 사립
학교였으며 외국어, 자연과학, 국제법 등 근대 학문과 무술을 가르
쳤다.

오답 check

① 이화학당은 1886년 서울에 스크랜튼이 설립한 최초의 여자 사립
  학교였다.
②④ 고종은 갑오개혁의 일환으로 1895년 교육입국조서를 발표하
  여 한성사범학교를 설립하였다.
⑤ 육영공원은 1886년에 정부가 설립한 최초의 근대 교육 기관으로
  1894년까지 존속하였다. 육영공원은 미국인 교사 헐버트와 길모
  어를 초빙하여 상류층 자제를 대상으로 영어, 수학, 정치학 등의
  근대 교육을 실시하였다.

38. 답 ⑤

홍범도의 일대기를 통하여 활동 사항을 파악한다.

자료 속 힌트 의병활동, 김좌진과 함께 청산리 전투

해설

1920년 독립군 부대들의 활발한 국내 진입 작전에 시달리던 일본군
이 두만강을 건너 독립군을 추격하였으나 삼둔자에 매복해 있던 독
립군에게 섬멸 당하였다(삼둔자 전투). 보복을 위해 독립군의 본거
지인 봉오동까지 기습해 온 일본군을 (가) 홍범도의 대한독립군, 안무
의 국민회독립군, 최진동의 군무도독부군의 연합부대가 공격하여
대승을 거두었다(1920.6).

오답 check

① 박상진이 대구에서 결성된 대한광복회(1915)는 전국적인 조직으
  로 발전하였다.
② 의열단의 단원들은 황푸군관학교에 입학하여 군사·정치 교육을
  받았고, 중국 국민당 정부의 지원 아래 조선혁명 간부학교(1932)
  를 세워 운영하였다.
③ 조선 민족혁명당의 김원봉이 한커우에서 조선의용대를 결성하였
  다(1938).
④ 신채호의 조선혁명선언(1923)은 의열단의 행동 강령으로 김원봉
  의 요청을 받아 조선혁명선언을 작성하였다.

39. 답 ②

대한민국 임시정부의 활동을 알아본다.

해설

제시된 자료는 대한민국 임시정부의 활동지역이다.
(가) 충칭. 대한민국 임시정부는 조소앙의 삼균주의에 바탕을 둔 건국
  강령 발표하였다(1941).
(나) 상하이. 대한민국 임시정부에서 개조파와 창조파 및 현상유지파
  로 분열되어 1923년에 국민대표회의가 개최되었다.

참고 국민대표회의(1923)

구분	내용
개조파 (외교독립론)	안창호는 현행 임시정부의 조직을 개편하여 독립운동의 중심 역할을 맡아야 한다는 입장이었다. 실력양성, 자치운동, 외교활동 등을 강조하여 활동해야 한다고 주장하였다.
창조파 (무장투쟁론)	박용만, 박은식, 이동휘, 신채호 등은 임시정부를 해체하고, 연해주에 새로운 조선 공화국 수립하자는 입장을 주장하였다.
현상유지파	이동녕과 김구는 현행 임시정부를 그대로 유지하자는 입장이었다.

(다) 단둥. 영국인 조지 루이스 쇼는 만주의 단둥지방에서 이륭양행이
  라는 무역회사를 운영하면서 군자금을 모집하여 대한민국 임시
  정부에 지원하기도 하였다.
(라) 서울. 연통제와 교통국을 통하여 연락을 담당하였다.
(마) 워싱턴DC. 미국 워싱턴 DC.에 구미위원부를 설치하였는데 대한
  민국 임시정부의 외교 사무소로써 미국이나 유럽을 중심으로 한
  국의 독립 문제를 국제 여론화하는 데 노력하였다(1919).

오답 check

① 만주의 이륭양행이 교통국 역할을 하였다.
③ 대한민국 건국강령인 조소앙의 삼균주의는 충칭에서 발표하였다.
④ 임시정부는 상하이에서 기관지로 독립신문을 간행하여 배포하
  고, 사료편찬소를 두어 한일관계 사료집을 간행하였다.
⑤ 임시정부 활동의 침체를 극복하기 위하여 김구는 1931년 상하이
  에서 한인애국단을 결성하여 이봉창, 윤봉길과 같은 애국투사를
  양성하였다.

40. 답 ④

광주학생항일운동의 내용을 통하여 당시의 국내 사정을 파악할 수 있다.

자료 속 힌트 학생 대중, 검거자, 조선인 본위의 교육

제시된 자료는 1929년에 일어난 광주 학생 항일 운동과 관련된 것이다. 광주학생들의 폭행사건에 대하여 신간회의 광주지회에서는 진상조사단을 파견하였고, 이 사건이 세상에 공개되었다. 곧이어, 학생들의 투쟁에 일반 국민들이 가세하여 전국적인 규모의 항일 투쟁으로 확대되었고, 만주 지역의 민족 학교 학생들과 일본 유학생들까지 궐기하였다. 광주 학생 항일 운동은 약 5개월 동안 전국의 각 급 학교 학생 54,000여 명이 참여 하였다. 광주학생항일운동은 학생과 시민들이 합세한 3·1 운동 이후 최대의 항일 민족 운동이었다.

 오답 check

①⑤ 우리 민족은 고종의 인산일을 기하여 1919년 3월 1일 평화적인 만세운동을 시작하였으나 일제는 무자비하게 탄압하였다. 일제는 3·1 운동에 대한 국제 여론이 악화되자 가혹한 식민 통치를 은폐하기 위하여 1910년대의 헌병 무단 통치를 기만적인 문화 통치로 바꾸어 시행하였다.

② 1919년 3·1운동은 중국의 5·4운동, 인도의 비폭력·불복종 운동 등에 영향을 주었다.

③ 백정들은 진주에서 이학찬을 중심으로 조선형평사를 창립하고 형평운동을 전개하였다(1923).

41. 답 ⑤

 출제자의 눈

정월 대보름의 민족 명절에 대하여 알 수 있다.

해설

우리의 명절 정월 대보름은 1월 15일로 달에 소원을 빌었고, 달맞이, 쥐불놀이, 다리밟기, 부럼깨기, 달집태우기 등의 민속놀이를 즐겼다.

오답 check

① 동지(양12.22)에는 팥죽을 쑤어 새알심을 만들어 먹고, 또 사당에 차례를 지냈다.

② 설날(1.1)에는 차례를 지내고 세배를 하였으며, 씨름 등 민속놀이를 즐겼다.

③ 추석(8.15)에는 차례를 지내고, 성묘를 돌아봤으며 씨름, 강강술래, 소싸움 등의 민속놀이를 즐겼다. 또한, 송편, 토란국, 닭찜을 만들어 먹었다.

④ 삼진날(3.3)은 강남에 간 제비가 돌아와 추녀 밑에 집을 짓는 때로 진달래꽃으로 화전을 만들어 먹었다.

42. 답 ②

출제자의 눈

천도교소년회의 활동을 통하여 소년운동을 파악할 수 있다.

자료 속 힌트 소년 운동, 어린이, 인격적 예우, 노동을 폐(廢)

해설

손병희의 사위였던 방정환은 1921년 서울에 천도교 소년회를 만들었다. 천도교 소년회는 어린이들에 대한 부모의 각성을 촉구하기 위해 전국을 돌며 강연을 했으며, 1922년 5월 1일 어린이날을 제정하였고, 잡지 '어린이'를 발간하였다.

 오답 check

ㄴ. 일제 식민지 교육을 거부하던 학생들은 개량한 서당에서 민족교육을 받았는데 일제는 이를 탄압하기 위하여 서당규칙을 제정하였다(1918).

ㄹ. 국채보상운동(1907)에는 대한매일신보·황성신문·제국신문 등의 언론기관도 동참하였다.

43. 답 ①

 출제자의 눈

일제강점기 당시 동아시아 지역에서 우리 독립운동을 파악할 수 있다.

해설

(가) 하얼빈. 간도와 연해주에서 의병으로 활약하던 안중근은 만주 하얼빈 역에서 한국 침략의 원흉인 초대 통감 이토 히로부미를 처단하였다(1909).

(나) 서울. 대한노인단 소속의 강우규는 서울에서 사이토 총독을 저격하였으나 실패하였다(1919).

(다) 부산. 의열단 소속의 박재혁이 부산 경찰서에 폭탄을 투척하였다(1920).

(라) 상하이. 침략 전쟁에 승리한 일제가 상하이 훙커우 공원에서 전승 축하식을 거행하자 한인애국단에서는 윤봉길을 보내 식장을 폭파하게 하였고, 많은 일본군 장성과 고관들을 처단하였다(1932).

(마) 도쿄. 김구의 한인애국단 소속인 이봉창은 도쿄에서 일본 국왕에게 폭탄을 투척하였다(1932.1).

44. 답 ①

 출제자의 눈

조선 교육령을 통하여 당시의 식민 통치 상황을 알 수 있다.

자료 속 힌트 황국 신민을 육성, 심상소학교, 조선어는 수의(隨意) 과목

해설

자료는 제3차 조선교육령으로 일제의 차별적인 식민 교육 정책을 나타내고 있다.

구분	내용
교육	내선일체와 일선동조론을 강조하였으며, 보통학교와 소학교를 심상소학교로, 고등 보통학교를 중학교로 개편하였다.
국민학교	소학교를 황국신민학교라는 뜻의 4년제 국민학교로 변경하여 시행(국민학교령. 1941).

※ 초등학교 개칭: 1996년 김영삼 정부에서 역사바로세우기의 일환으로 초등학교로 개칭하였다.

① 조선태형령은 일제가 한국인을 억압하고 통제하기 위하여 1912년에 제정하고, 1920년에 폐기하였다.

오답 check

②③④⑤ 1930년대 일제는 민족말살 정책의 일환으로 황국 신민화를 강요하였고, 학교에서는 황국 신민의 서사를 암송 시켰으며 신사 참배를 강요하였다. 일본식 이름으로의 개명을 강요하였고, 양곡공출제, 식량배급제, 금속공출제 등으로 군량미와 무기원료를 수탈하였다.

45. 답 ②

출제자의 눈

일제의 식민지 정책의 내용을 순서대로 나열할 수 있다.

자료 속 힌트 회사의 설립, 허가, 토지 소유자, 신고, 국가 총동원, 소작지, 임대차 기간

해설

㈎ 회사령(1910~1920). 일제는 한국인의 회사설립을 억제하고 민족 자본의 성장을 저지하기 위하여 회사 설립 시 총독부의 허가를 받도록 하는 회사령을 공포하였다.

㈏ 토지조사령(1912). 일제는 1910년대에 토지조사령을 발표하여 토지조사사업을 실시하였다.

㈐ 국가총동원령(1938). 일제는 국가총동원령을 제정하여 전쟁 수행에 필요한 인적, 물적 자원을 총동원하는 것은 물론 한민족의 생존과 문화까지 말살하려 하였다.

㈑ 조선농지령(1934). 일제의 수탈정책인 농촌 진흥운동의 일환으로 소작쟁의에 대한 분쟁법이다.

46. 답 ④

출제자의 눈

광복 이후 현대사의 흐름을 파악한다.

해설

• 광복(1945.8.15.). 일제강점기 민족의 독립을 되찾기 위한 노력은 모든 영역에 걸쳐서 전개되었으며, 무장 투쟁, 외교활동, 민족 문화 수호 운동 또는 민족 실력 양성 운동 등의 방식으로 활발하게 독립운동을 전개한 결과 광복을 맞이하게 되었다.

• 모스크바 3국 외상회의(1945.12). 광복 이후 38도선을 경계로 한반도가 이념적으로 분단되고, 남과 북에 미군과 소련군의 군정이 실시되는 가운데, 미국, 영국, 소련의 3국 외상은 모스크바에서 회의를 열어 한반도 문제를 협의하게 되었다.

• 5·10총선거(1948.5.10.). 김구의 한국독립당, 김규식 등의 중도파, 공산주의자들은 선거를 불참한 상태에서 유엔의 결의에 따른 남한 단독 선거가 실시되었고, 무소속이 가장 많이 당선되었으나 이승만의 독립 촉성 계열과 한민당 계열이 압승을 거두었다.

④ 제헌국회는 친일파를 처벌하고 민족정기를 바로잡기 위하여 반민족 행위 처벌법(반민법)을 제정하여 공포하였으며, 반민족 행위 특별 조사 위원회를 구성하였다(1948.10).

오답 check

① 이승만이 정읍에서 남한만의 단독정부 수립을 주장한 발언에 반대하여 중도우파 김규식과 중도좌파 여운형은 좌우합작위원회를 결성(1946.7)하여 합작운동을 추진하였고, 좌우합작7원칙을 발표하였다(1946.10).

② 서울에서 제1차 미·소 공동 위원회가 개최되었다(1946.3).

③ 김구, 김규식, 김일성, 김두봉 등은 남한만의 선거로 단독 정부가 수립되면 남북의 분단이 계속될 것을 우려하여 남북한이 협상을 통해서 총선거를 통한 통일 정부를 수립하자고 주장하였다(남북협상,1948.4)

⑤ 8개국 대표로 구성된 위원단은 총선거의 감시 목적으로 내한하였다(1948.1).

47. 답 ③

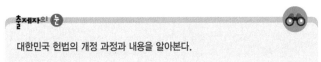

출제자의 눈

대한민국 헌법의 개정 과정과 내용을 알아본다.

해설

대한민국 헌법의 개헌 과정은 다음과 같다.

참고 공화국 개헌의 과정

개헌	내용
제헌(1948)	대통령 간선제, 단원제 국회, 국회에서 대통령 간접선거 (임기4년, 1회 중임가능)
1차(1952)	발췌개헌(대통령 중심제, 임기 4년 중임제, 직선제, 부통령제, 양원제 국회)
2차(1954)	사사오입 개헌(초대 대통령의 중임 제한 철폐, 부통령의 대통령 승계, 직선제)
3차(1960)	4.19 혁명(내각 책임제, 양원제, 사법권의 민주화, 경찰 중립화, 지방차지의 민주화)
4차(1960)	소급 특별법의 제정(부정축재자 처벌 등 소급법 근거 마련, 상기 형사사건 처리를 위한 특별재판서와 특별 검찰부 설치)
5차(1962)	5.16 군사 정변(대통령 중심제, 임기 4년 중임제, 직선제, 단원제 국회)
6차(1969)	3선개헌(대통령의 3선 연임 허용, 직선제, 국회의원의 국무위원 겸직 허용, 대통령 탄핵소추 요건 강화)
7차(1972)	유신 헌법(대통령 중심제, 대통령의 권한 강화, 임기 6년 중임제한 철폐, 간선제, 통일주체국민회의 신설, 국회권한 조정, 헌법개정절차 일원화)
8차(1980)	12.12 사태(대통령 중심제, 연좌제 금지, 임기 7년 단임제, 간선제, 대통령 선거인단에 의해 선출, 구속적부심 부활, 헌법개정절차 일원화)
9차(1987)	6월 민주항쟁(대통령 중심제, 임기 5년 단임제, 직선제, 비상 조치권 및 국회해산권 폐지로 대통령 권한 조정)

③ 1960년 허정 과도정부는 내각책임제와 양원제(민의원, 참의원)를 골자로 하는 헌법을 개정하고 총선거를 실시하였다.

 오답 check

① 유신 헌법 아래에서는 통일주체국민회의에서 대통령을 간접 선거로 선출하였다.
② 제8차 개헌 당시 대통령의 임기는 7년 단임제가 되었다.
④ 경제 성장에 힘입어 제6대 대통령 선거에서 재선(1967)한 박정희는 변칙적으로 3선 개헌안을 통과시켰다(1969).
⑤ 전두환 정권은 민주 정의당의 차기 대통령 후보로 내정된 노태우를 통해 6·29선언을 발표하였고, 5년 단임의 대통령 직선제로 개헌하게 되었다(1987.10).

48. 답 ④

출제자의 눈

1950년대 경제 발전의 그래프를 통하여 전후 국내 정세를 파악할 수 있다.

자료 속 힌트 1954~1958, 미국의 경제 원조

해설 -----

1950년대 후반부터 한국정부는 미국의 무상원조로 밀, 면, 설탕을 공급받아, 제분공업, 제당공업과 섬유공업 등 삼백 산업을 성장시켰고, 시멘트와 비료 등의 생산도 늘어갔다(이승만 정부).

오답 check

① 1978년 제2차 석유파동으로 경제 불황이 심화되었다(박정희 정부).
② 2007년 4월 대한민국과 미국 간 한미 자유 무역 협정(FTA)을 체결하였다(노무현 정부).
③ 중화학 공업화 정책은 1972년부터 시작된 제3차 경제 개발 계획 시기에 추진되어 1976년까지 이어졌다(박정희 정부).
⑤ 1970년에 시작된 새마을 사업은 근면, 자조, 협동을 바탕으로 한 지역 사회 개발 운동으로 전개되었다(박정희 정부).

49. 답 ③

출제자의 눈

제3공화국의 경제 발전에 대하여 알 수 있다.

자료 속 힌트 월남 파병, 한일 협정, 제3공화국

해설 -----

제시된 자료를 통하여 제3공화국 박정희 정부임을 파악할 수 있다.

박정희 정부
1. 제5대 대통령: 박정희가 윤보선을 제치고 당선(1963)
2. 경제 제일주의: 경제성장 우선정책 추구, 경제는 급성장하였으나 민주주의는 억압
3. 한·일 국교정상화(1965): 미국의 수교 요구, 경제 개발에 필요한 자본 확보(김종필-오히라 메모) → 6·3항쟁 → 계엄령 선포 후 한일 협정체결(무상 3억 달러, 유상 3억 달러 지급)
4. 베트남 파병(1965~1973): 국군을 베트남에 파견하는 대가로 미국은 한국군 현대화를 위한 장비와 경제 원조 제공(브라운 각서 1966), 약 5만 5천여 명 파병
5. 서독에 광부와 간호사 파견(1963)

오답 check

① 전두환 정권은 민주 정의당의 차기 대통령 후보로 내정된 노태우를 통해 6·29선언을 발표하였고, 5년 단임의 대통령 직선제로 개헌하게 되었다(1987.10).
② 한미 상호방위조약(1953.10), 우리민족의 휴전 반대 입장을 외면하는 미국에 대해 보장책을 요구하자 어떠한 외부의 침략에도 상호 협조하고 대항한다는 내용의 방위 조약이 체결되었다.
④ 노태우 정부는 적극적인 북방외교 정책을 전개하여 남북이 국제 연합에 동시 가입하게 되는 성과를 올렸다(1991).
⑤ 김영삼 정부는 경제 협력 개발 기구(OECD)에 가입하였다(1996).

50. 답 ⑤

출제자의 눈

사진과 설명을 통하여 독도를 파악할 수 있다.

자료 속 힌트 동남쪽으로 87.4km, 우산과 무릉 두 섬

해설 -----

자료에서 설명하고 있는 곳은 우리 고유 영토인 대한민국 경상북도 울릉군 울릉읍 독도리에 대한 설명이다.
⑤ 러시아의 한반도 남하를 견제한다는 구실로 영국은 거문도를 해밀턴 항이라 명명하고 불법 점령한 후 포대를 설치하였다(거문도 사건, 1885).

오답 check

① 숙종 때 안용복은 울릉도에 출몰하는 일본 어민들을 쫓아내고, 일본에 건너가 울릉도와 독도가 조선의 영토임을 확인받고 돌아왔다.
② 대한제국은 칙령 제 41호를 통하여 울릉도를 울릉군으로 승격시키고, 독도를 관할 구역에 포함하였다.
③ 일제는 러일전쟁 중(1905.1) 군사적 목적을 위해 조선 정부 몰래 시마네 현에 불법 편입하였고, 을사늑약 후에 우리 정부에 알렸다.
④ 6세기 신라 지증왕은 이사부를 보내 우산국(울릉도)을 복속시켜 세력을 확장하였다(512).

■ 본문 50~61쪽

01. ④	02. ①	03. ⑤	04. ④	05. ①
06. ⑤	07. ③	08. ④	09. ②	10. ②
11. ②	12. ⑤	13. ④	14. ①	15. ④
16. ①	17. ②	18. ③	19. ⑤	20. ①
21. ③	22. ④	23. ⑤	24. ⑤	25. ②
26. ②	27. ③	28. ⑤	29. ①	30. ④
31. ④	32. ②	33. ①	34. ⑤	35. ③
36. ⑤	37. ③	38. ⑤	39. ②	40. ①
41. ③	42. ⑤	43. ⑤	44. ③	45. ②
46. ③	47. ⑤	48. ①	49. ⑤	50. ⑤

01. 답 ④

출제자의 눈

제시된 자료를 통하여 신석기 시대를 파악할 수 있다.

자료 속 힌트 이른민무늬 토기, 기원전 8000년경, 갈돌, 갈판

해설

제주 한경 고산리는 신석기 대표 유적지이다. 이곳에서 다량의 석기와 토기파편 등 신석기 유물이 발굴되었다. 신석기인들은 조,피,수수 등의 농경을 시작하여 바닷가나 강가에 움집을 짓고 거주생활을 하였다. 신석기 시대의 움집은 반지하 형태로 바닥은 원형, 또는 모서리가 둥근 네모 형태로 되어 있으며, 중앙에는 화덕을 설치하여 취사와 난방을 하였다.

오답 check

① 철기 시대에 독무덤과 널무덤 등이 만들어졌다.
② 청동기시대에는 정치권력과 경제력을 가진 군장이 등장하였으며, 이들의 무덤인 고인돌을 통해 당시 부족장의 권력을 가늠할 수 있었다.
③ 명도전, 오수전, 반량전, 붓 등은 철기시대에 중국과 교류했던 사실을 증명한다.
⑤ 고려시대 소를 이용한 깊이갈이가 일반화되어 농업 생산량이 증가하였다.

02. 답 ①

출제자의 눈

자료 속 반농반목을 통하여 부여를 도출한 후 풍속을 파악한다.

자료 속 힌트 농사, 목축, 마가(馬加)

해설

부여는 왕 아래에 가축의 이름을 딴 마가, 우가, 저가, 구가를 두었고, 각 가들은 저마다의 행정 구획인 사출도를 다스리고 있었다. 부여는 12월에 영고라는 제천행사를 지냈다.

오답 check

② 옥저는 민며느리제라는 혼인풍습이 있었는데, 남녀가 혼인할 것을 약속하고 여자가 어렸을 때 남자 집에 가서 성장한 후, 남자가 여자 집에 예물을 치르고 혼인을 하는 것을 말한다.
③ 고조선은 8조법을 두어 질서를 유지하였으며 그 중 3개조의 내용만 현재까지 전해진다.
④ 고구려는 왕 밑에 독립적 부족장인 상가 및 고추가 등을 두었고, 각기 사자, 조의, 선인 등의 관리를 거느리고 있었다.
⑤ 동예는 부족적 성격이 강하였기 때문에 다른 부족을 침범하게 되면 노비 또는 소나 말로 변상하였던 책화라는 제도가 있었다.

참고 연맹국가의 특징

국가	특징
부여	5부족 연맹체(사출도), 영고(12월), 우제점법, 순장, 1책12법, 연좌제, 반농반목
고구려	5부족 연맹체, 동맹(10월), 국동대혈), 약탈 경제, 서옥제(데릴사위제), 제가회의
옥저	군장국가(읍군·삼로), 민며느리제, 가족공동묘, 해산물 풍부, 토지 비옥
동예	군장국가(읍군·삼로), 무천(10월), 책화, 족외혼, 해산물 풍부, 토지 비옥, 방직기술 발달, 특산품(단궁·과하마·반어피)

03. 답 ⑤

출제자의 눈

비석의 내용과 지도의 충주를 통해 중원고구려비를 파악할 수 있다.

자료 속 힌트 고(구)려 대왕, 매금(寐錦)

해설

자료는 중원고구려비이다. 장수왕은 평양으로 수도를 천도(427)하여 본격적인 남진 정책을 추진하는데, 백제의 개로왕을 전사시켜 수도 한성을 함락시키고, 한강 전 지역을 포함하여 죽령 일대에서 남양만을 연결하는 선까지 세력을 넓혔다. 이러한 역사적 사실은 중원고구려비에 기록되어 있다. 고구려 금석문에서 나타나는 신라매금은 신라의 왕을 일컫는 말이다.

중원고구려비

5월중 고구려 대왕이 상왕공(上王公)과 함께 신라 매금(寐錦)을 만나 영원토록 우호를 맺기 위해 중원(中原)에 왔으나, 신라 매금이 오지 않아 실행되지 못하였다. … 매금의 의복을 내리고 … 고구려 당주(幢主)인 하부 발위사자 금노(錦奴)로 하여금 신라 영토 내의 여러 주민들을 모아 내지(内地)인 우벌성 부근으로 이주하게 하였다.

- 고구려의 관등명: 대사자(大使者), 대형(大兄), 당주(幢主) 등
- 고구려의 천하관: 고구려가 신라를 동이(東夷)라 호칭, 종주국으로서 의복 하사 등을 통해 5세기경 고구려의 강대함을 알 수 있다.

⑤ 광개토대왕이 신라 내물마립간을 후원하여 왜구를 토벌한 내용은 광개토대왕릉비를 통하여 알 수 있다(400).

🔍 오답 check

① 중원고구려비에는 대사자(大使者), 발위사자(拔位使者), 대형(大兄), 당주(幢主) 등 고구려의 관등명이 기록되어있다.
② 고구려는 신라는 매금, 동이 등으로 낮추어 칭하였다.
③④ 중원고구려비는 장수왕이 한강 유역을 점령한 후 충주에 건립하였다.

04. 답 ④

🔖 출제자의 눈 👓

6세기 신라 지증왕과 진흥왕의 사료를 통해 백제와 신라의 관계를 파악할 수 있다.

🧭 자료 속 힌트 신(新), 라(羅), 나라 이름, 관산성 공격

해설

㉮ 지증왕(500 ~ 514)은 국호를 사로국에서 신라로 바꾸고, 왕의 칭호도 마립간에서 왕으로 고쳤다. 신라는 '덕업일신 망라사방(德業日新 網羅四方)'에서 유래한 국호로, 왕의 덕이 날로 새로워져 사방의 영역을 망라한다는 뜻을 가지고 있다.
㉯ 관산성 전투(554). 명농은 백제 성왕(523 ~ 554)의 이름이다. 신라 진흥왕(540 ~ 576)은 일방적으로 나제동맹을 결렬하고 백제를 공격하여 한강 유역을 장악하였다(553). 이에 백제는 일본 및 대가야와 연합하여 신라를 공격하였으나 패하였고, 관산성(충북 옥천) 전투에서 백제의 성왕은 전사하게 되었다(554).

• 도도: 진흥왕 때 김무력의 비장으로 있으면서 관산성을 공략한 백제군을 공격하여 백제의 성왕을 전사시켰다.

④ 신라 법흥왕 때 김해의 금관가야를 정복하여 신라의 영토를 확장하였다(532).

🔍 오답 check

① 백제 문주왕은 계속된 고구려의 남진으로 인하여 웅진(공주)으로 천도하였다(475).
② 7세기 백제 의자왕은 고구려 군사와 연합해 신라의 교통 요충지인 당항성을 공격하였고, 이후 대야성을 공격하였다(642).
③ 4c 미천왕은 낙랑군을 축출하였다(313).
⑤ 신라가 당나라 20만 대군을 매소성에서 격파하여 전쟁의 승기를 잡았다(675. 나당전쟁).

05. 답 ①

🔖 출제자의 눈 👓

자료를 분석하여 살수대첩을 파악할 수 있다.

🧭 자료 속 힌트 양제, 고구려, 정벌, 우중문

해설

수나라의 문제에 이어 양제는 113만의 대군을 이끌고 침략하여 왔으나 을지문덕이 살수(청천강)에서 수나라에 대항하여 대승을 이끈다(612. 살수대첩). 이후 수나라는 계속된 고구려 원정과 패배로 인하여 국력의 소모가 컸고, 결국 내란으로 멸망하였다(618).

을지문덕의 오언시(與隋將于仲文詩)
神策究天文(신기한 계책은 천문에 통달했고) 妙算窮地理(묘한 계략은 땅의 이치를 알았도다) 戰勝功旣高(전투마다 이겨 공이 이미 높았으니) 知足願云止(만족을 알았으면 돌아가는 것이 어떠리)

🔍 오답 check

ㄷ. 양만춘은 안시성에서의 전투를 승리로 이끌며(645) 당나라 군대를 물리쳤다.
ㄹ. 신라와의 전투(나당전쟁)에서 참패한 당은 676년 2월에 한반도를 포기한 채 도호부의 출정본부를 요동성으로 옮겼다.

06. 답 ⑤

🔖 출제자의 눈 👓

제시된 설명과 낭혜화상 비석을 통하여 신라 6두품을 파악할 수 있다.

🧭 자료 속 힌트 낭혜화상의 탑비, 득난(得難), 아찬까지만

해설

㉮는 6두품을 나타낸다. 6두품은 대족장 출신으로 득난(得難)이라고 불렸고 행정·학문·종교 분야에서 활약하였으나 6등급 아찬까지만 승진이 가능하였다.
⑤ 골품제를 비판하던 6두품은 반신라 세력으로 성장하게 되었고, 호족 세력과 결탁하여 중앙정부에 대항하였다.

최치원의 성주사지혜화상백월보광탑비
최치원의 사산비명(四山碑銘)의 하나인 성주사지혜화상백월보광탑비에 나타난 주인공 낭혜화상은 진골에서 6두품으로 강등되기도 하였다. 낭혜화상(朗慧和尙)은 태종 무열왕 김춘추의 8대손으로 그의 아버지 범청이 김헌창의 반란에 연루되어 진골에서 신분이 득난(得難)으로 강등되었다.

🔍 오답 check

① 담로는 백제의 지방행정구역으로 백제 무령왕이 설치하여 왕족을 파견하였다.
② 신진사대부는 성리학적 교양과 실무 능력을 갖춘 학자적 관료들로 불교를 비판하였다.
③ 신라는 국가 중대사에 대하여는 귀족회의로 결정하였는데, 최고 관직인 상대등이 화백회의를 주관하였으며 성골 및 진골 등의 중앙귀족이 참여하였다.
④ 고구려 장수왕은 지방에 사립학교인 경당을 건립하여 청소년들에게 한학과 무술을 교육하였다.

07. 답 ③

출제자의 눈

김흠돌의 난과 만파식적을 동하여 신문왕을 도출한 후 정책을 학습한다.

자료 속 힌트 김흠돌, 역모, 숙청, 만파식적(萬波息笛)

해설

첫 번째 사료는 김흠돌의 모역 사건을 나타낸 것이고, 두 번째 사료는 만파식적 이야기이다. 모두 신문왕과 관련이 있다.
김흠돌의 난은 신문왕이 즉위하던 해에 왕(신문왕)의 장인 김흠돌이 일으킨 모역사건으로 이 사건을 계기로 귀족들의 대대적인 숙청이 일어나 왕권이 전제화되었다. 또한, 만파식적은 삼국유사에 수록된 것으로 신문왕의 왕권강화를 나타내는 것이다.
③ 신문왕은 유교 정치 이념의 확립을 위하여 국학을 설립하여 유교 경전을 교육하였다.

참고 신문왕의 정책

목적	내용
왕권 강화	귀족 세력 숙청(김흠돌의 난), 관료전 지급(687), 녹읍 폐지(689)
체제 정비	국학 설립(682), 9주 5소경, 예작부·공작부 설치(698), 집사부 이하 14관부 완성, 시위부 확대·강화, 9서당 10정 편성

오답 check

① 6세기 신라 지증왕은 이사부를 보내 우산국(울릉도)을 복속시켜 세력을 확장하였다(512).
② 경덕왕 때 9주의 명칭을 상주·양주·강주·웅주·전주·무주·한주·삭주·명주 등의 중국식 한자 이름으로 개칭하였다.
④ 법흥왕은 병부를 설치하여 통치 질서를 확립하였다.
⑤ 신라 원성왕 때 독서삼품과를 마련하였는데 국학의 졸업생을 성적에 따라 3등급으로 나누어 관리를 채용하려 하였다.

08. 답 ④

출제자의 눈

자료를 분석하여 발해를 파악한 후 국가의 특징을 알아본다.

자료 속 힌트 왕자 대봉예, 신라보다 윗자리, 고구려의 옛 땅, 19개의 역(驛)

해설

(가)는 발해를 나타내고 있다. 첫 번째 사료는 쟁장사건으로 발해왕자 대봉예가 당에 사신으로 파견되었을 때 사신의 위치를 두고 신라와 다투었던 사건을 나타낸 것이고(897), 두 번째 사료는 신라도를 나타낸 것이다.
④ 통일신라는 집사부 아래에 위화부를 비롯한 13부를 두고 행정 업무를 분담하게 하였다.

쟁장사건

발해왕자 대봉예가 당에 사신으로 파견되었을 때 사신의 위치를 두고 신라와 다투었던 사건을 말한다(897). 대봉예는 최치원의 '사불허북국거상표(謝不許北國居上表)'에 발해 왕자로 기록되어 있고, 어느 왕의 아들인지는 확실하지 않다.

신라도(新羅道) 39개의 역(驛)

삼국사기에 인용된 가탐의 고금군국지(古今郡國志)에 따르면, "발해국의 남해·압록·부여·책성의 4부는 모두 고구려의 옛 땅이다. 신라 천정군에서 책성까지 39역이 있다."라고 하였다. 발해와 신라의 상설교통로인 신라도에 있던 39개의 역을 나타내는 것이다.

오답 check

① 발해 선왕 때 중국인들은 발해를 보며 해동성국이라고 칭송하기도 하였다.
② 발해 선왕은 전국을 5경 15부 62주로 정비하여 통치하였다.
③ 발해 무왕 때는 인안, 문왕 때는 대흥 등의 연호를 사용하여 국가의 위상을 높였다.
⑤ 발해는 건국 초기부터 일본에 보낸 국서에 고려 또는 고려국왕이라는 명칭을 사용하는 등 고구려를 계승한 국가임을 표방하였다.

09. 답 ②

출제자의 눈

서울의 지도를 통하여 백제 한성시대의 문화유산을 알아본다.

해설

(가) 풍납동 토성. 초기 백제시기의 성곽으로 풍납토성은 원래는 둘레 4km의 토성이었으나 1925년 홍수로 인하여 현재는 약 2.7km 가량만 남아있다. 풍납리식 민무늬토기·신라식 토기들과 그물추·물레·가락바퀴(방추차)·기와 등 선사시대부터 삼국시대에 이르는 유물들이 출토되어, 백제 이전부터 사람이 살았던 곳임을 알게 되었다.
(나) 몽촌토성. 서울 송파구에 위치한 초기 백제의 토성으로 면적은 약 6만 7천여 평이고 성벽은 흙을 다져 만든 후 목책으로 보강되었으며 2중 3중의 방어시설이 갖추어진 토성이다. 철제도구와 다량의 토기들이 출토되었으며, 토기 중에 원통형 토기와 중국 자기가 출토되었다.
(다) 석촌동 2호분. 한성이 도읍지였던 시기의 백제 석촌동 돌무지무덤은 백제 건국의 주도 세력이 고구려와 같은 계통이었다는 건국 이야기의 내용을 뒷받침하고 있다.
(라) 방이동 1호분. 서울특별시 송파구 방이동 일대의 구릉지대에 위치하며 모두 8기로 구성된 백제고분으로 널리 알려져 있다. 제1호분은 굴식돌방무덤이며 봉분의 크기는 지름 12m, 높이 2.2m이다. 1973년 주민에 의해 토기 3점이 신고 되었다.

오답 check

ㄴ. 인조가 항복한 삼전도는 서울 송파구 삼전동에 있던 한강 상류의 나루터로 지도의 (다) 위에 있는 석촌 호수 쪽에 위치하고 있다.
ㄹ. (라) 방이동 1호분은 굴식돌방무덤으로 축조되었다.

10. 답 ②

출제자의 눈

사료는 완산주에 도읍한 후백제를 나타낸 것으로 견훤을 파악할 수 있다.

자료 속 힌트 완산주, 백제, 도읍

해설

㈎ 견훤은 전라도 지방의 군사력과 호족 세력을 통합하여 완산주(전주)에 도읍을 정하고 후백제를 건국하였다(900). 충청도 남부와 전라도 일대를 장악한 후백제는 대외 활동에도 적극적이었는데, 중국과의 외교 관계를 수립하였고 각국에 외교 사절을 파견하였으며 오월(吳越), 거란, 후당(後唐)과 외교활동을 전개하였다. 견훤은 신라의 수도 경주를 침공하여 경애왕을 살해(927)하는 등 반신라 정책을 내세우며 후백제를 발전시켰으나, 지나친 조세 수취로 민심을 잃었고, 호족을 포섭하는데 실패하는 등의 한계를 가지고 있었다.

오답 check

① 백제 성왕은 5부와 5방 제도를 정비하고, 22부의 실무관청을 설치하는 등 중앙 관청과 지방제도를 정비하여 중앙 집권화에 노력하였다.
③ 신라 신문왕은 중앙군으로 9서당을 편성하고 지방에는 10정을 두었다.
④ 후고구려(태봉)는 최고중앙관서로 광평성(廣評省)을 설치하여 내정을 총괄하게 하였다.
⑤ 궁예는 영토가 확장됨에 따라 도읍을 철원으로 옮기면서 국호를 마진으로 바꾸었다가 다시 태봉(泰封)으로 바꾸었고, 연호는 무태(武泰)로 하였다.

태봉의 광평성 체제

태봉은 최고중앙관서로 광평성(廣評省)을 설치하여 내정을 총괄하게 하였고, 장관으로 광치내(匡治奈)를 두었다. 광평성은 태봉 멸망 후에 고려의 정치기구로 이어졌다.

11. 답 ②

출제자의 눈

제시된 자료를 통하여 고려 태조 왕건의 정책을 알아본다.

자료 속 힌트 조(租), 10분의 1, 흑창

해설

고려 태조 왕건의 정책은 다음과 같다.

태조 왕건의 정책

〈 민생안정 정책 〉
조세 제도를 합리적으로 조정하여 세율을 1/10로 경감하였으며 빈민을 구제하기 위하여 흑창을 설치하기도 하였다.

〈 호족통합 정책 〉
개국 공신과 지방 호족을 관리로 등용하였고, 역분전을 지급하여 경제적 기반도 마련하여 주었다. 또한, 지방의 유력한 호족과는 혼인을 통하여 관계를 다졌고, 지방 호족의 자치권도 인정하는 등의 왕권강화를 꾀하였다.

〈 왕권강화 정책 〉
정계와 계백료서를 통해 임금에 대한 신하들의 도리를 강조하였고, 후대의 왕들에게도 지켜야 할 정책 방향을 훈요10조를 통하여 제시하였다. 사심관과 기인제도를 활용하여, 지방 호족을 견제하고 지방 통치를 보완하려 하였다.

〈민족융합 정책〉
발해가 거란에 멸망했을 때 고구려계 유민들을 비롯한 많은 이들이 고려로 망명해 왔는데. 태조는 발해·신라·후백제의 유민들을 적극 수용하였고 적재적소에 이들을 임명하여 민족의 완전한 통합을 꾀하였다.

〈 북진 정책 〉
고구려의 옛 땅을 찾고자 강력한 북진 정책을 추진하여 서경(평양)을 중시하였고, 북진 정책의 전진 기지로 개발하였다. 이 결과로 청천강에서 영흥만까지의 국경선을 확보할 수 있었다.

오답 check

① 고려 성종은 지방의 중요지역에 12목을 설치하고 지방관인 목사를 파견하여 중앙 집권을 공고히 하였다(983).
③ 고려의 과거 제도는 광종 때 쌍기의 건의로 시행되었다(958).
④ 고려 경종은 인품과 관품을 고려하여 지급한 시정전시과를 시행하였다(976).
⑤ 공민왕은 전민변정도감을 설치하고 승려 신돈을 등용하여 권문세족이 부당하게 빼앗은 토지와 노비를 본래의 소유주에게 돌려주거나 양민으로 해방시켰다(1366).

12. 답 ⑤

출제자의 눈

자료를 분석하여 제왕운기를 파악한 후 내용을 알아본다.

자료 속 힌트 중국, 우리나라, 비교, 단군

해설

이승휴가 편찬한 제왕운기(1287)는 우리나라의 역사를 단군에서부터 서술하면서 우리 역사를 중국사와 대등하게 파악하는 자주성을 나타내었다.

제왕운기

… 요동에 또 하나의 천하가 있으니, 중국의 왕조와 뚜렷이 구분된다. 큰 파도가 출렁이며 3면을 둘러쌌고, 북으로는 대륙으로 면면히 이어졌다. 가운데에 사방 천리 땅 여기가 조선이니, 강산의 형승은 천하에 이름났도다. …

①③ 조선왕조실록에 대한 설명이다.

참고 조선왕조실록(태조~철종)

목적	내용
실록	국왕이 죽으면 다음 국왕 때 춘추관을 중심으로 실록청을 설치하여 편찬
편찬	사관이 국왕 앞에서 기록한 사초와 각 관청의 문서를 모아 만든 시정기를 중심으로, 승정원일기·의정부등록·비변사등록·일성록(정조 이후) 등을 보조 자료로 하여 종합·정리하여 편년체로 편찬
평가	1997년 유네스코 세계 기록문화유산으로 지정

② 인종 때 김부식이 왕명에 의해 편찬한 삼국사기(1145)는 기전체 서술방법으로 쓰여진 역사서로 합리적 유교 사관에 입각하여 서술된 서적으로 신라 계승 의식이 반영되어 있다.

④ 삼국유사(1281)는 충렬왕 때에 일연이 편찬한 역사서로 불교사를 중심으로 고대의 민간 설화나 전래 기록을 수록하는 등 우리 고유의 문화와 전통을 중시하였으며, 단군을 우리 민족의 시조로 여겨 단군의 건국 이야기를 수록하였다.

13. 답 ④

출제자의 눈

자료를 분석하여 의천과 지눌의 활동을 알아본다.

🧭 **자료 속 힌트** 국청사, 천태종, 교관겸수, 수선사 결사, 정혜쌍수

해설

⑴ 의천. 11세기에 활동한 의천은 흥왕사를 근거지로 삼아 화엄종을 중심으로 교종을 통합 하려 하였으며, 선종을 통합하기 위하여 국청사를 창건하여 천태종을 창시하였다. 교종 중심에서 선종을 통합하려 노력하였고, 이를 뒷받침할 사상적 바탕으로 이론의 연마와 실천의 양면 모두를 강조하는 교관겸수를 제창하였다.

의천의 교단 통합 운동

정원 법사는 "관(觀)을 배우지 않고 경(經)만 배우면 오주(五周)의 인과를 들었더라도 삼중의 성덕을 통하지 못하며, 경을 배우지 않고 관만 배우면 삼중(三重)의 성덕을 깨쳐도 오주의 인과는 분별하지 못한다. 그러므로 관도 배우지 않을 수 없고, 경도 배우지 않을 수 없다."고 하였다. 내가 교와 관에 마음을 오로지 두는 까닭은 그의 가르침에 감복하였기 때문이다.

「대각국사 문집」

⑵ 지눌. 12세기에 활동한 지눌은 선과 교학이 근본에 있어 둘이 아니라는 사상 체계인 정혜쌍수를 사상적 바탕으로 철저한 수행을 선도하였다. 지눌은 내가 곧 부처라는 깨달음을 위한 노력과 함께, 꾸준한 수행으로 깨달음의 확인을 아울러 강조한 돈오점수를 주장하였다.

지눌의 권수정혜결사문

… 마땅히 명예와 이익을 버리고 산림에 은둔하여 같은 모임을 맺자. 항상 선을 익히고 지혜를 고르는 데 힘쓰고, 예불하고 경전을 읽으며 힘들여 일하는 것에 이르기까지 각자 맡은 바 임무에 따라 경영한다. 인연에 따라 성품을 수양하고 평생을 호방하게 고귀한 이들의 드높은 행동을 좇아 따른다면 어찌 통쾌하지 않겠는가?

ㄴ. 의천은 흥왕사의 주지로 있으면서 요나라·송나라·일본 등에서 불교서적을 수집하고 고려의 고서도 모았으며, 흥왕사에 교장도감을 설치하고 교장(속장경)을 편찬하였다.

ㄹ. 지눌은 선과 교학이 근본에 있어 둘이 아니라는 사상 체계인 정혜쌍수와 내가 곧 부처라는 깨달음을 위한 노력과 함께 꾸준한 실천과 수행을 강조한 돈오점수를 주장하였다.

🔍 오답 check

ㄱ. 원효는 불교의 대중화를 위하여 불교가요인 무애가를 지었고 아미타 신앙을 전도하였다.

ㄷ. 의상은 불교의 화엄경을 근본 경전으로 하여 화엄사상을 정립하였고, 화엄일승법계도를 남겼다.

14. 답 ①

출제자의 눈

정지상의 상소를 통하여 묘청의 서경천도운동을 파악할 수 있다.

🧭 **자료 속 힌트** 정지상, 금을 제압

해설

사료는 정지상이 인종에게 올린 상소문으로 묘청의 서경천도운동과 관련이 있다.

참고 묘청의 서경천도운동(1135년)

1. 배경: 중앙 귀족의 보수 세력(개경파)과 지방의 신진 개혁 세력(서경파) 사이의 대립
2. 전개: 묘청 세력은 서경에서 반란(국호-대위, 연호-천개, 군대-천견충의군)
3. 결과: 김부식의 관군에 의해 약 1년 만에 진압, 숭문천무 현상, 서경의 지위 하락

구분	개경파	서경파
중심세력	김부식 중심, 보수적 관리	묘청·정지상 중심, 개혁적 관리
사상경향	사대적 유교 정치사상	풍수지리설, 자주적 전통 사상
대외정책	금에 대한 사대 정책	서경천도, 금국 정벌, 칭제건원
역사의식	신라 계승 의식	고구려 계승 의식
대내정책	유교 이념 충실, 사회 질서 확립	왕권 강화, 혁신적 제도 개혁

🔍 오답 check

② 거란의 소배압은 10만 대군을 끌고 침략하였는데, 귀주에서 강감찬이 지휘하는 고려군에게 섬멸되었다(1019. 귀주대첩).

③ 예종 때 윤관은 별무반을 이끌고 여진을 정벌하여 동북 9성을 쌓았다(1107).

④ 성종 때 거란을 몰아내고 강동 6주를 설치하여 북방을 견고하게
   하였다(994).
⑤ 이자겸은 자신의 정권 유지를 위해 금의 군신 관계 요구를 수락하
   였다(1125).

15. 답 ④

 출제자의 눈

무신정권 이후 인사 권력 기구였던 정방을 파악할 수 있다.

🧭 자료 속 힌트 김준, 최의, 공민왕, 영구히 폐지

해설

사료의 기구는 무신정권기에 설치된 정방으로 인사권을 담당하였
다. 최우(1219~1249)는 교정도감을 통하여 정치권력을 행사하였고
독자적인 인사기구인 정방을 설치하여 모든 관직에 대한 인사권을
장악하였다(1225). 이후 공민왕은 왕권을 제약하고 신진 사대부의
등용을 억제하고 있던 정방을 폐지하여 인사권을 회복하였다.
④ 최우는 문무백관의 인사 행정을 담당하는 정방을 통하여 인사권
   을 장악하였다.

🔍 오답 check

① 고려의 대간은 어사대의 관원(대관)과 중서문하성의 낭사(간관)
   로 구성되어 왕권을 견제하고 관리들을 감사·탄핵하던 제도로써
   간쟁권과 봉박권, 서경권을 행사하였다.
② 원간섭기인 충렬왕 때 중서문하성과 상서성의 6부가 첨의부로
   격하되었다.
③ 도병마사는 충렬왕 때 도평의사사로 개편(1279)되어 구성원이
   확대되고 국정 전반에 걸친 주요사항을 담당하는 최고 정무 기관
   으로 발전하게 된다.
⑤ 도병마사는 재신과 추밀이 모여 고려의 국방 문제를 담당하는 국
   가 최고의 회의기구로써 임시적인 회의 기구로 구성되었다.

16. 답 ①

 출제자의 눈

12세기 고려의 독창적 자기인 삼강청자를 파악할 수 있다.

🧭 자료 속 힌트 12세기, 백토나 흑토를 붓으로 칠, 유약

해설

12세기 중엽에 고려의 독창적 기법인 상감법이 개발되어 자기에 활
용되었다. ㈎ 상감청자는 무늬를 훨씬 다양하고 화려하게 넣을 수
있었기 때문에 청자의 새로운 경지를 열었는데 상감청자는 강화도
에 도읍한 13세기 중엽까지 주류를 이루었고, 원간섭기 이후에는 원
으로부터 북방 가마의 기술이 도입되어 청자의 빛깔은 점차 퇴조해
갔다.
① 고려, 청자상감운학무늬매병(보물 제558호)

자기의 변화
11c 순수청자 → 12 ~ 13c 상감 청자 → 15c 이후 분청사기 → 16c 백자 유행

🔍 오답 check

② 5세기 신라 토우장식장경호(국보 제195호)
③ 조선 초, 청화백자 매죽문호(국보 제219호)
④ 백자철사포도문호(국보 제107호)
⑤ 12세기 고려(인종) 청자 참외모양 병(국보 94호)

17. 답 ②

 출제자의 눈

고려첩장불심조조를 통하여 삼별초의 항쟁을 파악할 수 있다.

🧭 자료 속 힌트 일본, 외교문서, 개경 환도, 진도, 고려첩장불심조조

해설

고려 정부가 몽골과 강화하여 개경으로 환도하자, 삼별초의 지도자
배중손은 강화도에서 왕족인 승화후 온을 왕으로 추대하고 항전을
계속하였다. 삼별초는 강화도에서 진도로 이동하여 용장성을 중심
으로 서남해 지역을 장악하였고(배중손,1270~1271), 진도로 이동
한 삼별초는 일본에 국서(고려첩장불심조조,1271)를 보내 대몽 연
합을 구축할 것을 제의하기도 하였다. 삼별초는 제주도(김통
정,1271~1273)를 거치며 항쟁을 계속하였으나 여몽연합군에 의해
진압을 당하면서 삼별초의 항쟁은 막을 내린다.

고려첩장불심조조(高麗牒狀不審條條)
1270년 몽골과 강화한 고려정부와 이에 반대한 삼별초의 정부로 나뉘게 되는데, 삼별초의 진도 정부가 일본에 국서를 보내 대몽 연합을 구축할 것을 제의하였다. 일본은 성격이 다른 두 주체의 외교문서에 대해 이해가 되지 않는 점들을 조목별로 정리하였는데 이것이 고려첩장불심조조(1271)이다.

② 최우는 강화도 천도 직후, 도둑을 단속하기 위해 야별초를 구성
   하였고, 이후 군사의 수가 많아져 좌별초와 우별초로 나누어 구
   성하였고, 몽골의 포로로 잡혀있다 탈출한 자들로 구성된 신의군
   과 함께 삼별초라 하였다.

🔍 오답 check

① 고려의 북방의 국경 지역에는 동계와 북계의 양계를 설치하여 병
   마사를 파견하였다. 국방상 요지로써 양계의 밑에 진을 설치하였
   고, 주진군을 주둔시켰다.
③ 후금과의 항쟁 과정에서 국방력 강화를 위하여 어영청, 총융청,
   수어청 등을 설치하였다.
④⑤ 고려 정종은 광군사를 설치하여 광군 30만 명을 편성하였고 거
   란의 침입에 항전하였다. 광군은 지방 호족 중심으로 구성한 농
   민 예비군으로 훗날 주현군으로 재편되었다.

18. 답 ③

출제자의 눈

자료를 분석하여 과전법을 도출한 후 제도의 특성을 알아본다.

자료 속 힌트 공양왕, 과전을 지급, 산직(散職)까지

해설

자료는 공양왕 때 시행한 과전법을 나타내고 있다. 고려 말 공양왕 때 이성계는 위화도 회군 후 권력을 장악하고 신진사대부의 경제적 기반을 마련하고 국가의 재정 기반 확보와 권문세족의 경제적 기반을 무너뜨리기 위해 과전법을 시행하였다(1391).

참고 과전법(1391. 공양왕)

목적	내용
배경	국가의 재정기반 확보, 신진사대부의 경제적 기반 마련
운영	전·현직 관리 지급, 경기 토지(수조권), 원칙적 국가 반환
예외	수신전(부인의 수절), 휼양전(아버지 사망 시 자녀), 공신전 (공신)

오답 check

ㄱ. 전시과는 곡물을 수취할 수 있는 전지와 땔감을 얻을 수 있는 시지를 주었는데 지급된 토지는 수조권만 지급하였다.

ㄹ. 전시과 제도는 전·현직 관리들을 대상으로 관직과 인품을 고려하여 수조권을 지급하였다.

19. 답 ⑤

출제자의 눈

고을 풍속을 바로잡는 기능을 통하여 향약을 파악할 수 있다.

자료 속 힌트 고을 풍속, 규약문, 약정(約正)

해설

자료의 (가)는 향약을 나타내고 있다. 향약은 전통적 미풍양속에 유교 윤리를 가미하여 교화와 질서 유지에 알맞도록 구성한 것으로, 중종 때 조광조가 처음 시행한 이후 전국적으로 확산되었다. 향약은 향촌의 자치규약으로 향촌 사회의 질서 유지와 함께 치안까지 담당하는 등 향촌의 자치 기능을 맡았다.

참고 향약

목적	내용
전래	중국의 여씨향약으로부터 전래, 향촌의 자치규약
형성	전통적 공동 조직과 미풍양속을 계승(삼강오륜 중심, 유교 윤리 가미)
덕목	덕업상권, 과실상규, 예속상교, 환난상휼
장점	향촌 자치 기능(풍속 교화, 치안 유지), 사림의 농민 통제와 지위 강화
단점	토호와 향반이 지방민을 수탈하는 배경 제공

오답 check

① 유향소는 좌수와 별감을 선출하여 자율적 규약을 만들고, 수시로 향회를 소집하여 백성을 교화하며 고을의 풍속을 바로잡았다.

② 향교는 지방의 중등교육기관으로 성현에 대한 제사와 유생들의 교육, 지방민의 교화를 위하여 부·목·군·현에 각각 하나씩 설립하였다.

③ 경재소는 중앙 정부와 수령 사이의 연락 기능을 담당하였다.

④ 흥선대원군은 붕당의 온상으로 인식되어 온 전국 600여 개소의 서원 가운데 47개소만 남긴 채 모두 철폐하였다.

20. 답 ①

출제자의 눈

김종직의 조의제문을 통하여 무오사화를 파악할 수 있다.

자료 속 힌트 사화, 김종직, 항우

해설

김종직의 제자인 김일손이 김종직의 조의제문(弔義帝文)을 사초에 삽입하였는데, 이를 두고 훈구파는 세조가 단종으로부터 왕위를 빼앗은 일을 비방한 것이라 하여 연산군에게 고하였다. 연산군은 김일손 등을 심문하고 이와 같은 죄악은 김종직이 선동한 것이라 하여, 이미 죽은 김종직의 관을 파헤쳐 그 시체의 목을 베었는데, 이가 무오사화였다(1498).

김종직의 조의제문(弔義帝文)

항우가 초나라 의제를 폐위시켜 죽인 사건에서 의제를 추모한 글로써 항우는 세조를, 의제는 단종을 비유한 것이라고 하여 훈구세력이 사림 세력을 공격하였다.

오답 check

② 을사사화(1545)는 명종 때 외척 간의 왕위 계승의 다툼으로 사림이 피해를 본 사건으로, 명종의 외척세력인 윤원형(소윤)일파가 인종의 외척세력인 윤임(대윤)일파를 역적으로 몰아 대거 숙청하고 정국을 주도하게 된다.

③④ 위훈 삭제 문제로 인한 공신들의 반발로 조광조를 비롯한 대부분의 사림 세력은 정계에서 밀려나게 되었다(1519. 기묘사화).

⑤ 동인은 정여립 모반 사건(1589) 등을 계기로 온건파인 남인과 급진파인 북인으로 나뉘었다.

21. 답 ③

출제자의 눈

한글 창제의 내용을 통해 세종대왕을 파악할 수 있다.

자료 속 힌트 백성을 편리, 언문(諺文), 삼강행실(三綱行實)

해설

사료는 훈민정음의 창제 당시 반대하는 신하들에 대하여 반박하는 세종대왕의 일화이다(1444). 세종은 정음청을 설치하고 집현전 학자들과 연구하여 훈민정음을 창제한 후 반포하였다(1446). 한글은 누구나 쉽게 배우고 쓸 수 있으며, 자기의 의사를 마음대로 표현할 수 있을 뿐만 아니라, 글자를 만드는 원리가 매우 과학적인 뛰어난 문자이다. 한글은 유네스코에서 지정한 세계 기록 유산으로 그 가치가 매우 뛰어나다.

③ 세종 때에는 구리로 갑인자를 주조하였는데, 이는 글자 모습이 아름답고 인쇄에 편리하게 만들어졌다.

오답 check

① 효종 때 청이 러시아 정벌을 요청하였고 변급(1654), 신유(1658) 등 2차례(효종 때) 조총부대를 출병시켜 승리 하였다(나선정벌).

② 성종은 세조 때에 시작한 경국대전의 편찬을 마무리하여 반포함으로써 이후 조선 사회의 기본 통치 방향과 이념을 제시하였다.

④ 숙종 때 백두산정계비를 설치하고 방비를 철저히 하였다(1712).

⑤ 영조는 균역법을 시행하여 1년에 군포 1필만 부담하게 하였다(1750).

22. 답 ④

출제자의 눈

자료를 분석하여 훈련도감을 파악할 수 있다.

자료 속 힌트 5군영, 가장 먼저 설치, 일정한 급료, 직업 군인

해설

임진왜란 때 왜군의 조총 부대에 대항하기 위하여 기존의 활과 창으로 무장한 부대 외에 조총으로 무장한 부대인 ㉮ 훈련도감을 만들었는데, 훈련도감은 포수, 사수, 살수의 삼수병으로 편제되었다. 이들은 수도를 방위하였으며, 장기간 근무를 하고 일정한 급료를 받는 상비군으로서 의무병이 아닌 직업 군인의 성격을 가진 군인이었다.

참고 조선후기 중앙군(5군영)의 변화

창설	5군영
선조	훈련도감
인조	어영청·총융청·수어청
숙종	금위영

오답 check

① 명종 때 을묘왜변(1555)을 거치면서 비변사가 상설기구가 되면서 국방을 담당하게 되었다.

② 훈련도감은 고종 때 군제 개혁으로 별기군을 설치한 후 폐지되었다(1882).

③ 조선의 지방군이었던 영진군은 초기에 의무병인 정군들이 국방상 요지인 영(營)이나 진(鎭)에 소속되어 복무하였으며, 일부는 교대로 수도에서 복무하였다.

⑤ 고려의 중앙군인 2군은 국왕의 친위부대로 응양군, 용호군으로 구성하였다.

23. 답 ④

출제자의 눈

희빈 장씨의 소생의 문제를 통하여 송시열을 파악할 수 있다.

자료 속 힌트 우암(尤庵), 희빈 장씨의 소생, 비판

해설

㉮ 송시열(1607~1689)은 17세기에 활동하던 성리학자로서 대의명분을 존중하고, 민생 안정을 강조하는 경향을 보였으며, 효종은 청에 반대하는 입장을 강하게 내세웠던 송시열, 송준길, 이완, 임경업 등을 높이 등용하여 군대를 양성하고 성곽을 수리하는 등 북벌을 준비하기도 하였다. 송시열은 숙종 때 장희빈의 소생인 균의 세자 책봉을 시기상조라 반대하다 사사되었다.

④ 송시열은 서인으로 기해예송(1659) 당시 1년설(기년설)을 주장하였다.

송시열의 기축봉사

효종 때 소중화사상이 팽배해져 명에 대한 의리를 지키고 청 사상을 배척하며 청을 벌해야한다는 북벌 운동이 전개되었다. 송시열은 시무 및 유학의 정치적 이상을 13개조의 내용에 담은 기축봉사(1649)를 올려 북벌의 합당함을 제시·표방하였고, 군대를 양성하고 성곽을 수리하는 등 북벌을 준비하였다.

오답 check

① 조선 세종은 궁중 안에 정책 연구 기관으로 집현전을 설치하여 유교 정치를 실현하려 하였다.

② 소격서는 도교 행사를 담당하는 기관으로 조광조가 개혁정치를 추진하면서 폐지를 주장하였다. 이후 사림이 집권하면서 폐지되었다.

③ 낙론은 서울·경기 지역의 노론 세력으로 인간과 사물의 본성이 같다고 주장하였으며 주기론 중심에 주리론을 수용한 탄력적인 성리학을 추구하였고 이간 중심으로 전개하였다.

⑤ 이익은 백과사전인 성호사설을 저술하여 천지·만물·경사·인사·시문의 5개 부문을 정리하였다.

24. 답 ⑤

출제자의 눈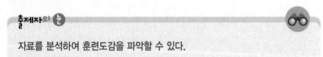

17세기 조선과 일본의 관계를 알아본다.

자료 속 힌트 왜란 이후, 대마도주, 에도 막부, 유정(사명대사)

해설

자료는 임진왜란 직후에 있었던 일본과의 포로교환의 내용을 나타낸 것이다. 조선은 막부의 사정을 알아보고 전쟁 때 잡혀간 사람들을 데려오기 위하여 유정(사명대사)을 파견하여 일본과 강화하고 조선인 포로 3,500여 명을 데려왔다(1604).

⑤ 광해군 때는 일본과 기유약조를 맺어 동래부의 부산포에 다시 왜관을 설치하고, 제한된 범위 내에서 교섭을 허용하였다(1609, 세견석 20척, 세사미두 100석).

참고 일본과의 관계

사건	내용
3포 개항(1426,세종8)	부산포·제포·염포를 개항. 제한된 무역
계해약조(1443,세종25)	무역량 제한, 세견석 1년에 50척, 세사미두 200석 제한
삼포왜란(1510,중종)	비변사 설치(임시기구), 3포 폐쇄
임신약조(1512,중종)	세견석 25척, 세사미두 100석, 제포 개항
을묘왜변(1555,명종)	일본과 교류 일시 단절
임진왜란(1592,선조)	비변사 기능 강화
기유약조(1609,광해군)	부산에 왜관설치. 세견석 20척, 세사미두 100석

오답 check

① 해동제국기는 성종의 명을 받아 신숙주가 일본의 정치· 외교·사회·풍속·지리 등을 종합적으로 정리하여 기록한 책이다(1471).
② 세종 때 이종무는 왜구의 근거지인 대마도를 정벌하였다(1419).
③ 세종 때 무역량을 제한하는 조치를 취하였는데, 세견선은 1년에 50척, 세사미두는 쌀과 콩을 합하여 200석으로 제한하였다 (1443, 계해약조).
④ 중종 때 삼포왜란(1510)이 일어나 비변사를 설치하였고 3포를 폐쇄하였다.

25. 답 ②

출제자의 눈

주합루의 규장각을 통하여 정조의 정책을 파악할 수 있다.

자료 속 힌트 주합루, 37세 이하의 당하관, 교육, 정약용

해설

창덕궁 후원의 주합루 1층은 규장각, 2층은 열람실로 사용하였다.
㈎ 정조는 붕당의 비대화를 막고 자신의 권력과 정책을 뒷받침하기 위하여 인재를 육성하였는데, 규장각을 창덕궁 후원에 설치(1776)하여 강력한 정치 기구로 육성시켰다. 규장각은 본래 역대 왕의 글과 책을 수집, 보관하기 위한 왕실 도서관의 기능을 가지는 기구로 설치되었으나 정조는 여기에 비서실의 기능과 문한 기능을 통합적으로 부여하고, 과거 시험의 주관과 문신 교육의 임무까지 부여하였다.
② 정조 때에는 유득공, 이덕무, 박제가 등 서얼 출신이 규장각 검서관으로 등용되어 제각기 능력을 발휘하기도 하였다.

초계문신제도

37세 이하의 당하관 중에 재능 있는 문신들을 뽑아 재교육 시키는 제도, 인물 선정은 의정부에서, 교육은 규장각에서 선정된 인물들을 대상으로 정조가 직접 강의하고, 시험도 직접 봄

오답 check

① 성종 때 집현전을 대체하여 홍문관을 설치하였는데 왕의 정치 자문 역할도 하였고 경연과 서연을 담당하였다.
③ 조선 중종 때 조광조의 개혁정치에 의해 현량과가 실시되었다.
④ 고려 충선왕 때 연경에 학문 연구소인 만권당을 설치하여 학문연구에 힘썼다.

⑤ 고려 예종 때 관학진흥책으로 국자감을 재정비하여 7재라는 전문 강좌를 설치하였다.

26. 답 ②

출제자의 눈

자료에서 표현하고 있는 방납의 폐단을 통하여 대동법을 파악할 수 있다.

자료 속 힌트 공물, 방납, 쌀

해설

조선후기 방납의 폐해가 나타나면서 농민의 부담은 더욱 커져 갔으며, 이에 따른 농민의 토지 이탈은 농촌 경제의 파탄으로 이어졌다. 이를 방지하기 위한 제도로 대동법이 시행되었는데, 공납을 현물 대신 쌀, 포, 돈으로 대납하는 대동법은 경기도에 시험적으로 시행되었다가 전국적으로 확대되었다.
ㄱ. 대동법 실시 이후 공인이라는 어용상인이 나타나 관청에서 공가를 미리 받아 필요한 물품을 사서 납부하게 되면서 공인이 시장에서 많은 물품을 구매하게 되었다.
ㄷ. 광해군 때 이원익, 한백겸의 주장으로 선혜청을 설치하고 처음으로 경기도에서 대동법을 시행하였다(1608).

참고 대동법(광해군.1608 ~ 숙종.1708)

구분	내용
배경	방납의 폐단, 농촌경제의 파탄, 농민의 이탈
내용	토지 1결당 미곡 12두 부과(공납의 전세화), 쌀·삼베나 무명, 동전 등으로 납부(조세의 금납화), 지주들의 반발로 전국적 시행에 100여 년 소요
영향	공인 등장 → 상품 수요 증가, 상품 화폐 경제 발달 → 장시 발달 → 도고 성장

오답 check

ㄴ. 고종 때 흥선대원군은 종래 상민에게만 징수하던 군포를 양반에게도 징수하는 호포제를 실시하여 군정을 바로잡고 조세 부담을 공평히 하여 민생을 안정시키고자 노력하였다.
ㄹ. 균역법의 시행으로 감소된 재정은 지주에게 결작이라고 하여 토지 1결당 미곡 2두를 부담시켰다.

27. 답 ③

출제자의 눈

도고의 폐해를 통하여 조선후기의 경제 상황을 파악할 수 있다.

자료 속 힌트 허생, 두 배 값, 10배의 값

해설

허생전은 조선후기에 발생한 한문소설로 양반 사회를 비판하였다.
③ 최충헌은 무신 정권 최고의 권력 기구인 교정도감을 설치하여, 도방, 정방, 서방 등의 기구를 총괄하였다(1209).

박지원의 양반 비판

양반층이 중심이 된 한문학도 실학의 유행과 함께 사회의 부조리한 현실을 예리하게 비판하였다. 박지원은「양반전」,「허생전」,「호질」,「민옹전」등의 한문 소설을 써서 양반 사회의 허구성을 지적하며 실용적 태도를 강조하였고, 현실을 올바르게 표현할 수 있는 문체로 혁신할 것을 주장하기도 하였다.

 오답 check

① 조선후기에 유행한 풍속화는 당시 사람들의 생활 정경과 일상적인 모습을 생동감 있게 나타내어 회화의 폭을 확대하였다.
② 조선후기 홍길동전, 춘향전, 심청전 등의 한글 소설이 등장하였다.
④ 조선후기 중인들은 서울 주변 지역에서 시사를 조직하여 문학 활동을 전개하며 자신들의 사회적 지위를 높이기도 하였다.
⑤ 조선후기 산대놀이는 산대라는 무대에서 공연되던 가면극이 민중 오락으로 정착되어 도시의 상인이나 중간층의 지원으로 성행한 것이다.

28. 답 ⑤

 출제자의 눈

추사 김정희의 서화작품을 알아본다.

자료 속 힌트 김정희, 제주도에서 유배

해설

조선후기 김정희는 우리 서예 발전의 성과를 바탕으로 고금의 필법을 두루 연구하여 굳센 기운과 다양한 조형성을 가진 추사체를 창안하여 서예의 새로운 경지를 열었다. 또한, 김정희는 금석과안록을 지어 북한산비가 진흥왕순수비임을 밝혔고 세한도를 그려 한국 전통 회화를 발전시켰다.
⑤ 김정희의 세한도

오답 check

① 신사임당의 초충도 8곡병(가지와 방아개비)
② 김홍도의 을묘년화첩(총석정)
③ 강세황의 영통골입구도(영통동구도)
④ 정선의 인왕제색도

29. 답 ①

 출제자의 눈

자료를 통하여 상평통보가 유통되었던 조선후기 경제 상황을 알아본다.

자료 속 힌트 허적, 돈을 유통, 숙종실록

해설

1678년(숙종 4년) 영의정 허적, 좌의정 권대운 등이 ㈎ 상평통보의 주조를 다시 주장하여 서울 일대와 서북 일부 지역에 유통케 하였고, 법화(法貨)로 채택하였다.

화폐의 전국적 유통

조선 정부는 화폐의 유통에 힘써 인조 때 동전을 주조(상평통보, 1633)하여 개성을 중심으로 통용시켜 그 쓰임새를 살펴보고, 효종 때에는 서울 및 일부 지방에 유통시켰다(1649). 18세기 후반부터는 세금과 소작료도 동전으로 대납할 수 있게 하였다(1678, 숙종 때 전국적 유통).

① 벽란도는 고려의 국제 무역항이었다.

 오답 check

② 조선후기 담배와 목화 등의 상품작물이 재배되었다.
③ 조선시대 전국의 장시를 돌아다니며 생산자와 소비자를 이어주는 상인인 보부상이 활동하였다.
④ 조선시대 개성에서 활동하던 송상은 전국에 송방(松房)이라는 지점을 설치하여 활동 기반을 강화하였다. 주로 인삼을 재배·판매하고 대외 무역에도 깊이 관여하여 부를 축적하였다.
⑤ 조선후기 이앙법의 확산되어 벼와 보리의 이모작으로 단위 면적당 생산량을 증가시켜 소득을 증대하였다.

30. 답 ④

 출제자의 눈

역사지구 답사를 통하여 백제의 문화를 알아본다.

해설

㈎ 송산리 고분군. 송산리 고분군에서 발견된 벽돌무덤 양식인 백제의 무령왕릉을 확인할 수 있다.
㈏ 공산성. 공산성은 공주를 방어하기 위해 축성된 산성으로 백제 때에는 웅진성으로 불렸다.
㈐ 부소산성. 부소산성은 백제 성왕이 웅진에서 사비로 도읍을 옮긴 후 백제가 멸망할 때까지 백제의 도읍이었던 곳으로, 당시에는 사비성이라 불렸다.
㈑ 정림사지. 7C 백제 무왕 때 건립한 것으로 추정되는 부여의 정림사지 5층 석탑은 목탑 형식의 미륵사지 석탑을 계승한 백제의 대표적인 석탑으로 안정적인 모습을 보여준다.
㈒ 미륵사지. 미륵사(544)와 미륵사지석탑은 무왕 때 건립하였다.

오답 check

④ 능산리 고분군에서 발견된 금동대향로는 신선들이 사는 이상 세계를 형상화하였고, 용과 봉황, 연꽃, 그리고 신선이 산다고 하는 삼신산의 74개 봉우리를 표현하였는데, 백제의 도교적 성격을 엿볼 수 있다.

31. 답 ④

사료를 분석하여 각 시대를 구분할 수 있다.

자료 속 힌트　왕비를 시해, 랴오둥 반도, 황제로 즉위, 러시아 공사관

해설

(가) 을미사변(1895). 1895년 삼국간섭으로 조선에서는 친러 세력이 급증하였고, 일본은 친러파를 제거하고 친일 내각을 수립하고자 명성황후를 살해한 을미사변을 일으켰다.

(나) 삼국간섭(1895). 러시아는 프랑스, 독일과 함께 일본에게 요동 반도의 반환을 요구하였고 일본은 이에 응하였다(삼국간섭).

(다) 대한제국(1897). 고종은 환구단에서 황제 즉위식을 거행하고 황제라 칭하고, 국호를 대한제국(大韓帝國), 연호를 광무(光武)로 정하여 자주 국가임을 내외에 선포하였다(1897.10.12.). 고종은 곧바로 토지 조사와 지계 발급을 시행하는 광무개혁을 실시하였다.

(라) 아관파천(1896). 삼국간섭(1895) 이후 러시아를 등에 업은 친러파와 러시아 공사 베베르 등이 신변 보호 명목으로 고종을 러시아 공사관으로 옮겼다.

청일 전쟁 이후 국제 정세
청일전쟁(1894) → 시모노세키 조약(1895) → 삼국간섭(1895. 러·프·독) → 국내 친러 세력 득세 → 을미사변 → 을미개혁 → 아관파천(1896) → 대한제국 선포(1897)

32. 답 ②

대화를 통하여 우리나라 최초의 관보인 한성순보(1883~1884)를 파악할 수 있다.

자료 속 힌트　박문국, 한 달에 세 번씩 발간

해설

조선의 관보로써 최초의 신문인 (가) 한성순보(1883~1884)는 박영효 등 개화파의 영향으로 박문국에서 10일에 한 번 발행하였다. 한성순보는 정부 관료를 대상으로 하였던 순 한문 신문으로 개화 정책의 취지를 설명하였고, 국내외 정세를 소개하는 데 힘썼다.

오답 check

① 만세보(1906~1907)는 오세창이 발간하였고 여성교육과 여권 신장에 관심을 기울였으며 일진회를 공격했던 천도교계 신문이었다.

③ 일제는 신문지법과 보안법을 만들어 민족 신문을 탄압하였고(1907), 반일 보도를 차단하기 위해 사전 검열을 받게 하였다. 한성순보는 신문지법의 적용을 받지 않았다.

④ 황성신문의 주필 장지연은 시일야방성대곡이라는 격렬한 항일 언론을 펴 을사늑약을 규탄하고 민족적 항쟁을 호소하였는데, 이로 인해 80일간 정간되기도 하였다.

⑤ 국채보상운동에는 대한매일신보·황성신문·제국신문 등의 언론 기관도 동참하였다.

33. 답 ①

윤치호 일기를 통하여 갑신정변을 도출할 수 있다.

자료 속 힌트　개화당, 김옥균, 외국인과 연결

해설

(가) 갑신정변(1884)의 주도 세력이었던 급진 개화파는 정변을 통해 근대 국가를 수립하려고 하였다. 개화당 세력은 우정국 개국 축하연을 이용하여 정변을 일으키고 14개조의 정강을 발표하였다. 개화당은 정치면으로는 청과의 사대관계 폐지·경찰제도 실시·내각 중심제, 경제면으로는 지조법의 개혁·재정의 호조관할, 사회면으로는 인민평등권·능력에 따른 인재등용 등의 내용을 개혁 정강으로 내세웠으나 청국의 개입으로 개화당 정부는 3일 만에 끝이 난다.

갑신정변의 결과
• 한성조약(조-일,1884): 일본에 배상금 지불, 공사관 신축비용 부담 • 텐진조약(청-일,1885): 양국 군대의 공동 철수, 조선에 군대 파병시 상대국에 사전 통보(훗날 청일전쟁의 빌미)

오답 check

② 고종은 러시아 공사관에서 환궁한 뒤 대한제국을 선포(1897)하고 구본신참의 개혁을 추진하였다.

③ 청은 1882년 임오군란을 진압하고 흥선대원군을 군란의 책임자로 몰아 청에 압송하였다.

④ 강화도조약으로 부산(1876), 원산(1880), 인천(1883) 등 3개 항구의 개항이 이루어 졌다.

⑤ 조선은 1881년 청에 영선사를 파견하였는데, 김윤식과 유학생들을 청국의 텐진에 유학시켜 근대 무기 제조법, 군사훈련법, 자연과학 등을 배우게 하였다.

34. 답 ⑤

농민군의 공주 연합을 통하여 동학농민운동을 파악할 수 있다.

자료 속 힌트　통문, 왜적, 접(接), 녹두, 공주

해설

그들의 통문은 동학농민군의 '사발통문'을 나타낸 것이다. 사발통문은 동학농민운동과 관련이 있다.

> 우리가 의를 들어 여기에 이르렀음은 그 본의가 결코 다른 데 있지 아니 하고, 창생을 도탄 중에서 건지고 국가를 반석 위에다 두자 함이라. 안 으로는 탐학한 관리의 머리를 베고, 밖으로는 횡포한 강적의 무리를 쫓아 내몰고자 함이라.
> 「사발통문」

⑤ 전봉준이 이끄는 동학농민군은 보국안민, 제폭구민의 기치를 내걸고, 고부와 태인에서 봉기하여 황토현에서 관군을 물리치고, 장성 황룡촌 전투에서 승리하여 전주를 점령하였다(1894. 4. 전주성 점령).

 오답 check

① 독립협회의 헌의 6조 중 3조의 내용으로 재정은 탁지부에서 전담하여야 한다고 결의하였다.

② 경상 우병사 백낙신의 수탈에 견디다 못한 농민들이 몰락 양반 출신의 유계춘 등을 중심으로 봉기하였다(1862. 임술 농민봉기).

③ 일본의 황무지 개간권 요구에 대항하여 송수만, 원세성이 중심이 되어 항일 운동 단체인 보안회(1904)를 서울에서 조직하여 활동하였고, 일본의 요구를 철회시켰다.

④ 순조 때 홍경래의 난은 세도 정치의 폐해와 서북민에 대한 차별 대우 등이 원인이 되어 봉기하였다(1811).

35. 답 ③

 출제자의 눈

대화를 통하여 신민회를 파악한 후 단체의 활동을 알아본다.

자료 속 힌트 안창호, 양기탁

해설

1907년 안창호와 양기탁에 의해 창설된 신민회를 나타내고 있다. 신민회의 활동 사항은 다음과 같다.

참고 **신민회의 활동(1907 ~ 1911)**

구분	내용
성립	안창호, 양기탁 등이 중심, 민족 운동가들의 항일 비밀 결사
목표	국권 회복과 공화 정체의 근대 국민 국가 건설
국내 활동	공개적으로 실력 양성 운동 전개 → 민족주의 교육 실시(대성학교; 평양, 오산학교; 정주 설립), 민족 산업 육성(자기 회사, 태극 서관 설립)
국외 활동	장기적인 항일 투쟁을 위해 독립 운동 기지 건설(남만주의 삼원보), 신흥 강습소 설립
해산	105인 사건(1911)

오답 check

① 대한민국 임시정부는 연통제와 교통국을 통하여 독립자금을 모금하였다.

② 대한민국 임시정부는 김규식을 파리 강화회의에 파견하여 우리 민족의 독립을 주장하였다(1919. 독립청원서 제출).

④ 독립협회는 만민공동회와 관민공동회를 개최하여 헌의6조를 결의하였다.

⑤ 대한자강회(1906)는 일제가 취한 고종황제의 강제 퇴위와 그 밖의 정미7조약 등의 반대 운동을 주도하였다.

36. 답 ②

출제자의 눈

자료를 분석하여 독립운동가 안중근을 파악할 수 있다.

자료 속 힌트 하얼빈 의거, 뤼순 감옥

해설

간도와 연해주에서 의병으로 활약하던 ㈎ 안중근은 만주 하얼빈 역에서 한국 침략의 원흉인 초대 통감 이토 히로부미를 처단하였다(1909). 이토 히로부미는 을사늑약 이후 통감정치를 추진해 왔다.

위국헌신군인본분(爲國獻身軍人本分)

위국헌신군인본분은 안중근 의사가 1910년 3월 뤼순 감옥에서 남긴 유묵 중 하나로, 안의사의 수감 당시 간수로 복무 한 지바도시치에게 주었다. 평소 안중근의 인품에 감복을 받은 지바 도시치는 안중근의 사형 집행 이후 안의사의 위패를 사찰에 모시고 넋을 기렸다. 1980년 지바도시치 가문은 유묵을 우리나라에 기증하였다.

 오답 check

① 김구의 한인애국단 소속인 이봉창은 도쿄에서 일본 국왕에게 폭탄을 투척하였다(1932.1).

③ 장인환과 전명운 의사는 통감부의 한국 통치를 찬양한 미국인 외교 고문 스티븐스를 샌프란시스코에서 처단하였다(1908).

④ 이재명은 명동성당에서 벨기에 황제 레오폴트 2세 추도식을 마치고 나오는 이완용을 찔러 복부와 어깨에 중상을 입히고 체포되었다(1909).

⑤ 한인애국단 소속의 윤봉길은 홍커우 공원에서 많은 일본군 장성과 고관들을 처단하였다(1932).

37. 답 ③

출제자의 눈

제시된 설명을 통하여 우리 민족의 3·1운동을 파악할 수 있다.

자료 속 힌트 고종의 인산(因山), 대규모 만세 운동

해설

우리 민족은 고종의 인산일을 기하여 1919년 3월 1일 평화적인 만세 운동을 시작하였으나 일제는 무자비하게 탄압하였다. 이후 비폭력적 독립운동의 한계를 반성하면서 무장독립운동을 활성화하기 위해 간도와 연해주 지역에 수많은 독립군 단체를 조직하였고, 독립운동의 구심점 역할을 수행할 지도부의 필요성을 절감하였기에 상하이에 대한민국 임시정부를 수립하였다.

③ 1919년 우리 민족적 저항인 3·1운동을 비인간적이고 무자비한 방법으로 탄압하였고, 이에 대한 국제 여론이 악화되자 가혹한 식민 통치를 은폐하기 위하여 1910년대의 헌병 무단 통치를 기만적인 문화 통치로 바꾸어 시행하였다.

오답 check

① 데라우치 총독 암살미수사건에 연루되어 이른바 105인 사건으로 신민회가 해산되었다(1911).
② 서상돈·김광제 등이 대구에서 시작한 국채보상운동(1907)은 전국으로 확산되는데, 대한매일신보·황성신문·제국신문 등의 언론기관도 동참하였다.
④ 연해주의 블라디보스토크에서는 이상설과 이동휘를 정·부통령으로 하여 대한광복군 정부(1914)를 수립함으로써 독립군의 무장 항일 운동의 터전을 마련하였다.
⑤ 6·10 만세운동(1926). 조선학생과학연구회를 비롯한 학생들과 사회주의계 및 종교 단체 등이 만세운동을 추진하던 중, 사회주의계의 기획은 사전 발각되어 종교 지도자와 사회 지도자가 체포되었고, 학생들이 만세운동을 전개하였다.

참고 3·1운동(1919)과 6·10만세운동(1926)

	3·1운동	6·10만세운동
계기	고종의 인산일	순종의 인산일
참여	학생, 지식인, 농민, 상공업자 등	학생, 시민 등(종교 및 사회 지도자 사전 체포)
영향	대한민국임시정부 수립, 국내 외 만세운동 전개	민족유일당 운동

38. 답 ⑤

출제자의 눈
부주석제를 도입한 대한민국 임시정부 통하여 시대를 구분할 수 있다.

자료 속 힌트 대한민국 임시정부, 김구를 주석, 김규식을 부주석

해설
자료에서 주석에 백범 김구, 부주석에 우사 김규식으로 정하였다는 것에서 대한민국 임시정부의 5차 개헌임을 유추할 수 있다. 대한민국 임시정부는 광복을 대비하기 위하여 강력한 주석과 부주석 중심의 임시정부를 구성하였다(1944).

참고 임시정부의 헌정 변화

개헌	내용
임정 헌장(1919.4.)	임시의정원 중심, 의장(이동녕), 국무총리(이승만), 내무총장(안창호)
1차 개헌(1919.9. 이승만)	대통령 정치 체제, 3권 분립, 민족 운동 통할, 외교활동
2차 개헌(1925.3. 김구)	국무령 중심의 내각 책임 지도제, 임시정부 내부 혼란 수습
3차 개헌(1927.3.)	국무 위원 중심 집단 지도 체제, 좌익, 우익 대립 통합
4차 개헌(1940.10. 김구)	주석 중심제, 대일 항전
5차 개헌(1944.4. 김구, 김규식)	주석·부주석 중심제, 광복 대비

39. 답 ②

출제자의 눈
항일 무장 단체 의열단을 파악한 후 그들의 활동을 알아본다.

자료 속 힌트 항일 무장 단체, 김익상, 김원봉

해설
대화에서 제시된 사진과 일제강점기, 김익상, 김원봉 등의 단어를 통하여 (가) 의열단을 확인할 수 있다.

참고 의열단(1919)

구분	내용
결성	만주 지린성(길림), 김원봉, 비밀 결사
목표	조선총독부·경찰서·동양척식주식회사 등 식민 기구의 파괴, 조선총독부 고위관리와 친일파 처단
강령	신채호의 조선혁명선언(1923)
변화	일부 단원은 황푸군관학교 입학(군사·정치 훈련), 중국 국민당정부의 지원 아래 조선혁명간부학교(1932)를 세워 운영, 민족혁명당 결성(1935), 조선민족전선연맹 결성(1937)

② 신채호의 조선혁명선언(1923)은 의열단의 행동 강령으로 김원봉의 요청을 받아 조선혁명선언을 작성하였다.

오답 check
① 의열단은 김원봉이 만주 길림에서 비밀 결사로 조직(1919)하였고 활발한 활동을 전개하였다.
③ 독립의군부는 유생 의병장 출신의 임병찬이 고종의 밀명을 받아 유생과 의병을 규합하여 조직하였다(1912).
④ 혁신의회 계열의 한국독립군은 북만주 일대에서 중국호로군과 연합 작전을 전개하여 쌍성보(1932)·대전자령 전투(1933) 등을 전개하였다.
⑤ 한국광복군(1940)은 총사령관인 지청천, 부대장인 이범석 등을 중심으로 중국에 주둔한 미군(OSS부대)과 연합하여 국내 정진군의 특수 훈련을 실시하며 국내 진공 작전을 계획하였으나 일본의 패망으로 실행에 옮겨지지 못하였다.

40. 답 ④

출제자의 눈
백포 서일의 생애를 통하여 대종교의 활동을 알아본다.

자료 속 힌트 서일, 3종사, 중광단, 북로군정서

해설
서일 선생의 활동 사항은 다음과 같다. (가) 대종교의 3종사는 백포 서일, 홍암 나철, 무원 김교헌 선생이다.

서일(1881~1921)
1910년   경술국치 이후 국내에서 만주로 이주, 항일 투쟁
1911년   중광단 조직. 민족정신과 한학 교육, 간도에 명동중학교 설립
1912년   대종교 입교
1918년   무오독립선언 발표
1919년   중광단을 토대로 군사적 행동을 위하여 정의단 조직. 이후 북로군정서로 개편하면서 총재에 취임
1920년   김좌진과 함께 청산리전투에서 활약
1921년   국민회군, 도독부군, 의군부, 광복단 등을 통합하여 대한독립군단을 조직하고 총재에 취임

④ 나철, 오기호 등이 민족 신앙을 발전시켜 1909년 창시한 대종교는 단군숭배 사상을 통하여 민족의식을 높였다.

참고 대종교

구분	내용
창시	나철, 오기호 등이 단군 신앙을 발전시켜 창시(1909)
활동	만주 지역 항일 무장 투쟁
발전	중광단(1911.대종교) → 북로군정서(1918. 김좌진)

오답 check

① 1880년대 조선책략이 국내에 유포되어 이만손이 영남만인소를 올려 개화를 반대하였다.
② 배재학당은 1885년 미국 선교사(개신교) 아펜젤러가 세운 한국 최초의 근대식 중등교육기관이다.
③ 경향신문(1906~1910)은 천주교계 주간신문으로 프랑스 신부 드망즈(안세화)가 발간하여 민족성을 강조하였다.
⑤ 손병희의 사위였던 방정환은 1921년 서울에 천도교 소년회를 만들었다. 천도교 소년회는 어린이들에 대한 부모의 각성을 촉구하기 위해 전국을 돌며 강연을 했으며, 1922년 5월 1일 어린이날을 제정하였고, 잡지 '어린이'를 발간하였다.

41. 답 ③

출제자의 눈
국외로 이주한 우리 민족 동포들의 활동을 통하여 하와이의 독립활동을 파악할 수 있다.

자료 속 힌트   사탕수수, 대한인 국민회

해설
대한제국의 후원으로 1903년에 하와이(미주)로 공식 이민이 이루어졌고, 일제에 의하여 하와이 이민이 금지된 1905년 말까지 7,000여명이 하와이로 이주하여 가혹한 노동에 시달렸으며, 사탕수수 농장에서 일하면서 대한민국 임시정부의 재정을 지원하였다.
③ 박용만은 하와이에서 대조선 국민군단을 조직(1914)하여 군사훈련을 실시하였으며, 국내 조직으로는 조선국민회를 설립(1915)하였다.

오답 check

① 연해주에서는 유인석, 이상설, 이종호 등이 국권회복을 목적으로 권업회를 조직하였다(1911).

② 이회영은 신민회, 대종교 인사 등과 함께 만주 지역에 최초의 자치기구인 경학사(1911)를 설립하였고, 한인의 이주와 정착, 경제력 향상과 항일 의식 고취 등을 목표로 활동하였다.
④ 서전서숙은 이상설이 북간도에 설립하였다(1906).
⑤ 일본에 유학 중이던 학생들이 조선 청년독립단을 조직하여 도쿄에서 2월 8일 독립선언서와 결의문을 발표하고 만세운동을 전개하였다(2·8독립선언, 1919).

42. 답 ⑤

출제자의 눈
자료를 분석하여 원산 노동자 총파업을 파악할 수 있다.

자료 속 힌트   함경남도 덕원군, 석유회사, 일본인 감독, 구타, 1920년대, 파업

해설
원산 노동자 총파업(1929). 원산의 한 석유 회사의 일본인 감독이 한국인 노동자를 구타한 사건을 계기로 3,000여 명이 참가한 원산 노동자 총파업은 일제 강점기 노동 운동에서 가장 규모가 큰 것이었다. 이 파업은 일제가 폭압적으로 탄압하는 상황에서 조선 노동자들이 단결하여 조직적으로 파업을 진행시키면서 투쟁하였고, 항일 투쟁 정신을 고취시켰다. 이로 인하여 노동자 파업이 전국 각지에서 전개되게 되었다.
⑤ 원산노동자연합회는 전국 각지의 노동조합·청년단체·농민단체 등이 물심양면으로 후원하였으며, 일본·중국·프랑스·소련의 노동단체들의 격려와 후원이 있었다.

오답 check

① 식민 지주 문재철과 이를 비호하는 일제에 대항에 대항하여 사회주의 청년 서태석을 중심으로 시작한 소작료 인하를 요구한 암태도 소작쟁의는 1923년 8월부터 1924년 8월까지 약 1년여의 소작료 인하 운동을 전개하여 소작료를 40%로 인하하였다.
② 농민·노동운동은 사회주의 사상의 영향을 받아 1930년대 적색 노동조합을 조직하여 점차 비합법적이고 항일 투쟁적인 성격으로 변화하게 되었다.
③ 일본 상품의 수출을 증대시키기 위하여 일본 상품에 대하여 관세를 철폐(1923)하여 수출입에 있어서 대일 의존도가 심화되었다. 이에 대항하여 국내에서는 물산 장려 운동이 일어나기도 하였다.
④ 조선노농총동맹은 1924년에 결성되었다.

43. 답 ⑤

출제자의 눈
민족유일당 운동의 결실인 신간회를 파악할 수 있다.

자료 속 힌트   1927년, 민족유일당, 민족주의, 사회주의, 제휴

해설
1920년대 민족유일당 운동을 전개하였고 그의 결실로 신간회를 창립하였다(1927).

구분	내용
창립	일제강점기 최대의 합법 항일운동 단체(전국 143개의 지회)
활동	민중대회·전국 순회강연(농민·노동자층 확대), 노동·소작쟁의, 광주학생운동에 조사단 파견
해소	민족주의 계열 내에 타협적 노선 등장, 코민테른의 노선변화

오답 check

① 조선어학회(1931)는 우리말 큰 사전의 편찬에 착수하였으나, 일제의 방해로 성공하지 못하였다(1942. 조선어학회사건).
② 이승만은 미국 워싱턴 D.C.에 구미위원부를 설치하였는데 대한민국 임시정부의 외교 사무소로써 미국이나 유럽을 중심으로 한국의 독립 문제를 국제 여론화하는 데 노력하였다(1919).
③ 대한민국 임시정부의 건국강령은 1941년에 발표하였으며 개인과 개인, 민족과 민족, 국가와 국가 사이의 균등을 지칭하는 조소앙의 삼균주의에 바탕을 두고 있다.
④ 1946년 김규식(중도우파)과 여운형(중도좌파)은 좌우합작위원회를 결성하여 합작운동을 추진하였고, 좌우합작7원칙을 발표하였다(1946.10).

44. 답 ③

출제자의 눈

한국통사 서문을 통하여 박은식을 파악한 후 그의 활동을 알아본다.

자료 속 힌트   역사, 통사(痛史), 국혼(國魂)

해설

자료는 한국통사의 서문이다. 박은식은 구한말에는 유교구신론을 주장하였다. 박은식은 역사를 '혼'으로 파악하여 혼이 담겨 있는 민족사의 중요성을 강조하였다.

구분	내용
구한말	주자학 중심의 유학 비판, 양명학과 사회 진화론을 조화시킨 대동사상 주장(대동교 창설)
일제강점기	조선광문회 조직(역사·지리·고전 등 정리·간행), 동제사 조직(1912), 대동보국단 결성(1915), 무오독립선언서 발표(길림, 민족지도자 39인), 국민대표회의(1923, 창조파) 참여
임정 활동	임시정부 제2대 대통령
저서	한국통사(우리 민족의 수난 정리), 한국독립운동지혈사(항일 민족 투쟁정리), 연개소문전, 안중근전

③ 박은식은 한국독립운동지혈사을 저술하여 일제의 침략과 독립운동의 역사를 정리하였다.

오답 check

① 일제 강점기 조선총독부가 설립한 조선사편수회(1925)는 한국사 왜곡 단체로 일제의 식민사관을 토대로 우리 민족정신의 말살과 식민 통치를 합리화하려 한국사를 왜곡하였고, 조선사를 편찬하였다.

② 손진태, 이윤재 등은 진단학회(1934)를 조직하여 한국사 연구에 힘썼다.
④ 신채호는 독사신론을 연재하여 민족주의 사학의 발판을 마련하였다(1908).
⑤ 백남운은 조선사회경제사, 조선봉건사회경제사 등을 저술하여 일제 식민 사관을 비판하였다.

45. 답 ②

출제자의 눈

자료를 통하여 조선물산장려운동을 파악할 수 있다.

자료 속 힌트   산업을 장려, 조선인의 산품(産品)을 애용

해설

자료는 일제강점기였던 1920년대 국산품을 애용하자는 운동인 물산 장려운동을 나타낸 것이다.

구분	내용
전개	평양에서 처음 시작(1920.조만식), 서울에서 조선물산장려회(1923) 조직, 전국으로 확산
활동	'내 살림 내 것으로', 토산품 애용·근검·저축·생활 개선·금주·금연 운동
결과	일본 기업에 열세, 상인·자본가의 농간으로 상품가격이 상승, 사회주의계의 비판

② 국채보상운동은 서상돈, 김광제 등이 국채 보상금을 모금하기 위해 대구에서 개최한 국민 대회를 계기로 시작되었다(1907).

오답 check

① 1920년 회사령이 폐지되어 신고제로 전환됨에 따라 민족 기업이 많이 설립되었다.
③④ 민족의 실력양성 운동의 일환이었던 물산장려운동은 평양에서 시작되었다.
⑤ 사회주의계 인사들은 자본가 계급 일부의 이익만을 추구한다고 비판하였다.

46. 답 ③

출제자의 눈

대한제국의 칙령을 통하여 독도를 파악할 수 있다.

자료 속 힌트   대한제국 칙령 제41호, 울릉 전도, 죽도, 석도

해설

자료의 석도는 우리 고유의 영토인 독도를 나타내는 것이다. 대한제국은 칙령 제41호(1900.10.27.)를 통하여 황제의 재가를 받아 울릉도를 울도로 개칭하고 도감을 군수로 승격하였다. 또한 울도군의 관할구역을 '울릉전도 및 죽도, 석도(石島,독도)'로 명시하여 독도를 관할하고 있음을 천명하고 있다.

③ 독도는 삼국 시대부터 우리의 영토였으나 일본이 러·일 전쟁을 틈타 불법적으로 자신의 영토로 편입한 뒤에 지금까지 억지 주장을 하고 있다.

① 프랑스는 병인박해를 구실로 프랑스의 군함을 보내 강화도를 점령하고 서울로 진격하려 하였다(1866).

② 러시아의 한반도 남하를 견제한다는 구실로 영국은 거문도를 해밀턴 항이라 명명하고 불법 점령한 후 포대를 설치하였다(거문도 사건. 1885).

④ 러시아가 저탄소(석탄 저장고) 설치를 위해 절영도의 조차를 요구하자, 독립협회는 만민공동회를 배경으로 러시아의 요구를 좌절시켰다(1898).

⑤ 일본은 남만주의 철도(안봉선) 부설권 및 푸순 탄광 채굴권을 얻는 대신 간도 영유권을 청에게 주어 청의 영토로 인정하는 간도 협약을 체결히였다(1909).

47. 답 ⑤

자료를 분석하여 남북협상을 파악한 후 자료의 시대 상황을 구분한다.

 자료 속 힌트 남북 제 정당 사회단체 지도자, 남조선 단독 선거

해설

자료는 1948년 4월 김구와 김규식이 통일국가 수립을 목적으로 추진하였던 남북협상을 나타내고 있다.

참고 남북 협상(1948)

구분	내용
배경	김구, 김규식, 김일성, 김두봉 등은 남한만의 선거로 단독 정부가 수립되면 남북의 분단이 계속될 것을 우려하여 남북한이 협상을 통해서 통일 정부를 수립하자고 주장하였다.
전개	김구, 김규식 등이 북한을 방문하여 남북 협상을 개최하였다.
협의회	남북한 제 정당 사회단체 지도자 협의회를 열어 공동 성명을 발표하였다.
내용	남한 단독 선거 반대와 조선 정치회의를 구성한 후 총선거를 통한 통일 정부를 수립하자는 내용이 담겨있다.

48. 답 ①

자료를 분석하여 현대의 경제 변화를 알아본다.

 자료 속 힌트 3저 호황, IMF, 구제 금융 지원

해설

(가) 3저 호황(전두환 정부). 1980년대 중후반 저금리, 저유가, 저달러의 3저 호황기가 있었다. 당시에는 국제 유가의 하락, 달러 가치의 하락, 금리의 하락으로 물가가 안정되고 수출이 크게 늘어나 무역 수지가 흑자로 변화하였다.

(나) 외환위기(김영삼 정부). 1997년 한국 경제는 외환 부족과 금융권 부실 등으로 위기를 맞아 국제통화기금(IMF)에 구제 금융을 요청하였고, 국가의 위기는 넘겼으나 국제 통화 기금의 관리를 받게 되었다.

① 1996년 우리 정부는 경제 협력 개발기구(OECD)에 가입하였다(김영삼 정부).

② 2004년 칠레와 자유무역협정이 체결되었다(노무현 정부).

③ 1950년대 후반 한국정부는 미국의 무상원조로 밀, 면, 설탕을 공급받아 제분공업·제당공업·섬유공업 등 삼백 산업을 성장시켰고, 시멘트와 비료 등의 생산도 늘어갔다(이승만 정부).

④ 중화학 공업화 정책은 1972년부터 시작된 제3차 경제 개발 계획 시기에 추진되어 1976년까지 이어졌다(박정희 정부).

⑤ 개성공단 조성은 2000년 남북이 합의하여 2002년에 착공되었다(김대중 정부).

49. 답 ③

자료를 통하여 사사오입 개헌 사건을 알아본다.

 자료 속 힌트 헌법 개정, 자유당, 사사오입

해설

자료는 1954년 자유당 정권이 추진하였던 사사오입 개헌 사건이다.

참고 사사오입 개헌(1954)

구분	내용
배경	대통령 3선 금지 조항(초대 대통령에 한하여 중임제한) 폐지 내용의 개헌안 제출
전개	표결 결과 1표가 부족하여 부결, 자유당의 사사오입 논리로 개헌안 통과
내용	야당은 민주당을 창당하여 저항, 신익희가 선거 도중 사망, 대통령과 부통령에 각각 이승만, 장면 당선(1956, 제3대 대통령선거)

국회의원 총원 203명의 2/3는 135.333...이다. 따라서 136표 이상이 되어야 통과가 된다. 초대 대통령에 한하여 중임 제한 철폐에 대한 개헌안의 개표 결과 135표가 나와 부결되기에 이른다. 하지만, 이틀 뒤 자유당은 '사사오입'이라는 수학적 논리를 들고 나와 소수점 아래의 수는 반올림법에 의해 버려야 한다고 주장. 고로 135표는 가결된다하여 부정하게 통과시킨 사건을 일컫는다.

① 1972년 유신 헌법 아래에서는 통일주체국민회의에서 대통령을 간접 선거로 선출하였으며, 임기 6년에 중임제한을 폐지하여 대통령 장기 집권의 발판을 마련하였다(제4공화국).

② 1960년 4·19 혁명으로 이승만 정권은 몰락하였고, 장면이 집권한 내각책임제의 제2공화국이 열렸다.

④ 유신 헌법 아래에서는 대통령이 국회 해산권과 법관 인사권 및 대법원장 임명권을 가지며 국회의원의 1/3을 지명할 수 있는 권한을 가졌다(제4공화국).

⑤ 제8차 개헌(1980.10)을 추진하여 7년 단임의 대통령을 간접 선거로 선출하는 헌법을 공포하였다.

50. 답 ⑤

🧭 **자료 속 힌트** 4월 13일, 헌법을 그대로 유지, 호헌 철폐, 독재 타도

해설 --

전두환 정부는 4 · 13 호헌 조치를 발표하였고, 야당과 재야의 연합 기구인 '민주 헌법 쟁취 국민운동본부'가 박종철 고문치사 규탄과 호헌 철폐를 위한 국민 대회를 전국 주요 도시에서 개최하였다. 이러한 시위는 범국민적 반독재 민주화 투쟁으로 발전하게 되었고(6월 민주항쟁), 결국 전두환 정권은 민주 정의당의 차기 대통령 후보로 내정된 노태우를 통해 6 · 29 선언을 발표하였고, 5년 단임의 대통령 직선제로 개헌하게 되었다(1987.10).

🔍 **오답 check**

① 1960년 4 · 19 혁명 후, 사태 수습을 위해 허정을 내각 수반으로 하는 과도정부가 구성되었다.

② 1952년 발췌개헌으로 대통령 정부통령 직선제, 양원제 국회, 국회의 국무위원 불신임제 등을 골자로 하는 개헌안을 무력으로 통과시켰다.

③④ 1980년 전두환의 신군부는 비상계엄을 전국으로 확대하였고(5.17), 광주 지역에서는 비상계엄 철회 및 민주화를 열망하는 시민들의 요구가 5 · 18 민주화 운동으로 이어졌다(1980). 이 때 민주주의 헌정 체제의 회복을 요구하는 시민들과 진압군 사이에 충돌이 일어났으며, 이 과정에서 무고한 시민들도 다수 살상되어 국내외에 큰 충격을 안겨 주었다. 5 · 18 광주 민주화 운동 기록물은 유네스코 세계기록유산으로 등재되었다.

한국사능력검정시험 고급

부록

Ⅰ 출제 빈도가 높은 주요 지역 및 궁

[출제 빈도가 높은 주요 지역]

1 평북 의주

- 미송리식 토기 발굴(1959)
- 고려. 이성계가 위화도에서 회군(1388)
- 조선. 임란 때 선조의 피난(1592)
- 조선. 중국과 무역상인 의주의 만상
- 일제 강점기. 경의선 철도 부설(1906. 일본의 경제적 침략)

2 함남 원산

- 신라. 6C 진흥왕의 영토 확장
- 고려. 공민왕의 영토 회복
- 개항(1880, 원산). cf.〉 1883년 인천·부산 개항
- 최초 근대식 사립학교인 원산학사 설립(1883)
- 서울과 연결되는 철도인 경원선 부설(1914)
- 원산 노동자 총파업(1929)

3 평남 평양

- 고구려 장수왕이 수도를 정하고 적극적으로 남하정책 추진(427)
- 고려. 광종(개경-황도, 서경-서도)
- 고려. 묘청이 도읍지를 옮기려다 김부식 등의 반대에 부딪치자
  봉기(1135, 대위국·천개)
- 고려. 원종 때 동녕부 설치(1270)
- 조선. 홍경래의 난(1811)
- 미국 상선 제너럴셔먼호가 관민에 의해 불살라 짐(1866, 대동강,
  평안감사 박규수)
- 근대식 학교인 대성학교 설립(1908, 안창호)
- 평양의 여교사가 주도하여 송죽회 창립(1913, 독립 자금 모집)
- 조만식이 물산장려운동 주도(1920)

4 인천 강화도

- 고인돌 유적지. 유네스코 세계 문화유산 지정
- 마니산 참성단. 단군이 하늘에 제사(초제)
- 양명학 연구(강화학파, 정제두, 가학의 형태로 계승 발전)
- 정족산성(1866, 병인양요, 양헌수)
  광성보(1871, 신미양요, 어재연, 미국). 강화도 조약(1876)

5 경기 수원

- 18세기에 완공된 동·서양의 군사시설 이론을 잘 배합시킨 화성

6 충북 충주

- 중원고구려비(5C 장수왕)

7 충북 단양

- 단양적성비(551, 진흥왕, 한강 상류 점령)

8 충북 청주

- 신라 민정문서(서원경),
  직지심체요절 인쇄(1377, 흥덕사, 현 프랑스국립 도서관 소장)

9 충북 보은

- 법주사 팔상전(1624, 목조 5층탑),
  보은 집회(1893, 교조 신원 운동)

10 충남 서산

- 서산 마애삼존불상

11 충남 예산

- 수덕사 대웅전, 오페르트 도굴사건(1868, 남연군묘 도굴미수)

12 충남 공주

- 고구려 장수왕의 공격을 받아 백제가 천도한 곳(475, 백제 문주왕),
- 중국 남조의 영향을 받아 만든 무령왕릉
- 김헌창의 난(822, 장안·경운)
- 망이, 망소이의 난(1170, 공주명학소)

13　충남 부여

- 백제 성왕이 천도(538)하고, 국호를 남부여로 개칭
- 사택지적비(654)
- 정림사지 5층 석탑

14　충남 논산

- 관촉사 석조 미륵보살 입상(향토미, 소박미)
- 동학의 남접·북접 부대 논산에 집결(1894, 반외세)

15　전북 군산

- 일제 강점기, 쌀 수탈의 전초 기지

16　전북 익산

- 목탑의 형태를 지닌 미륵사지 석탑(금제 사리봉안기 발견)
- 백제부흥운동(660~663)

17　전북 정읍

- 동학농민운동(1894)
- 을사늑약에 반대한 의병활동(1905, 최익현, 태인)

18　전남 여수

- 러시아 견제를 구실로 영국이 거문도 불법 점령(1885, 거문도 사건)

19　전남 진도

- 삼별초의 대몽항쟁 전개(1270~1271, 배중손)

20　전남 완도

- 장보고의 청해진 설치(해상무역 장악)

21　강원 평창

- 오대산, 월정사 8각 9층 탑
- 소설 '메밀꽃 필 무렵'의 배경(이효석)
- 2018년 동계올림픽 개최지

22　경북 영주

- 부석사소조아미타여래좌상(통일신라 양식계승)

23　경북 안동

- 이천동 석불, 공민왕이 홍건적의 침입 때 피신(1361), 봉정사 극락전(주심포 양식)

24　경북 상주

- 원종·애노의 난(889)

25　대구

- 국채보상운동 전개(1907, 김광제, 서상돈)

26　경북 경주

- 황금보검(중앙아시아에서 유행하던 칼이 경주에서 발견 - 서양과 교류사실 증명)
- 불국사 3층 석탑(742, 석가탑. 무구정광대다라니경 발견)
- 황룡사 9층 목탑(임란 때 소실)
- 분황사 모전석탑(선덕여왕, 신라 最古의 석탑)
- 경주 역사유적지구(불교 발달과 관련된 유적·유물 소장)

27　울산

- 통일신라, 이슬람 상인의 왕래

28　경남 합천

- 해인사, 팔만대장경판(1236~1251, 강화에서 조판). 유네스코 세계기록유산

29　부산

- 동래(일본과의 무역항)

30　경남 진주

- 고대 가야(연맹체 단계에서 멸망)
- 임술 농민 봉기, 경상도 우병사 백낙신의 수탈(1862)
- 천민(백정) 계급의 형평운동(1923)

31 경남 거제도

- 6·25 전쟁 때 포로수용소 설치

32 제주도

- 삼별초의 대몽항쟁 전개(1271~1273, 김통정)
- 원 간섭기, 탐라총관부 설치
- 벨테브레이가 귀화하여 훈련도감에서 훈련지도(1628)
- 하멜 표착(1653), 우리나라를 최초로 서양에 소개(하멜표류기)
- 김만덕, 관기출신 거상, 제주 빈민구제
- 4·3 사건(1948, 남한의 단독정부 수립 반대)

33 요서

- 백제, 근초고왕 요서 진출(4C)
- 발해, 무왕의 당나라 공격(732, 요서·산둥 진출)

34 요동

- 고구려, 미천왕의 요동 진출(4C)
- 고구려와 당의 전쟁(7C)
- 안시성 전투(645, 양만춘)
- 삼국간섭(1895, 러·프·독 → 일)

35 만주

- 고구려, 유리왕이 졸본에서 국내성으로 천도(A.D. 3)
- 고구려, 광개토대왕릉비(414)
- 장군총, 각저총
- 안중근 의거(1909, 북만주 하얼빈)
- 의열단 조직(1919, 김원봉)

36 간도

- 청의 목극등과 협의 지역(1712, 백두산정계비)
- 봉오동·청산리 전투(1920)
- 용정 대성중학교(1920년대 초)
- 소설 '토지'의 배경(박경리)

37 연해주

- 신한촌 건설
- 13도의군(1910), 성명회(1910), 권업회(1911),
  대한광복군정부(1914), 대한국민의회(1919)

38 대마도

- 이종무의 정벌(1419, 세종 원년)
- 최익현의 순국 장소(1906)

[출제 빈도가 높은 주요 궁]

1 경복궁

- 창건(태조), 소실(임란 때 소실 후 창덕궁이 약 300여 년간 본궁), 중건(1865~68, 흥선대원군)
- 근정전(정령반포) – 왕이 신하들의 조하를 받거나 정령을 반포하는 본궁
- 사정전(편전) – 왕이 정사를 보고 문신들과 함께 경전을 강론하는 곳
- 경회루(누각) – 국빈의 접대나 왕의 연회장소로 사용된 연못 안에 조성된 누각
- 건청궁 – 왕과 왕비가 거처한 곳, 최초의 전기 설비(1887), 명성황후 시해 장소

2 창덕궁

- 임란 전(별궁) – 왕궁 밖에서 국왕이 피서, 피한, 요양 등의 목적으로 머물던 별궁
- 임란 후(본궁) – 경복궁의 복원 전까지 조선의 본궁 역할
- 갑신정변 – 고종과 명성황후가 급진파에 의해 (경우궁에서 창덕궁으로) 납치된 장소
- 인정전(정령반포) – 경복궁의 근정전 역할
- 희정당(편전) – 경복궁의 사정전 역할
- 주합루(누각) – 정조 때 도서관으로 창건 (1층 규장각, 2층 열람실 겸 주합루)

3 종묘

- 조선시대 역대 왕의 위패가 모셔져 있는 곳. (왕·왕비, 추존 왕·왕비의 신주가 모셔져 있는 곳)

4 창경궁

- 성종 때 건축된 세조·덕종·예종의 왕후 거처
- 임란 때 소실되어 광해군 때 재건
- 일제에 의해 동물원, 식물원으로 운영(1909)
- 일제에 의해 창경원으로 격하 됨(1911)

5 덕수궁

- 조선 초 월산대군(성종의 형)의 집
- 임란 후 – 의주에서 귀궁한 선조의 임시 거처
- 광해군 – 창덕궁이 완성된 후 이궁하였고, 이곳을 경운궁이라 칭함
  – 인목대비 유폐장소
- 고종 – 아관파천에서 황궁한 곳, 1907년 순종 양위 후 덕수궁이라 칭함
- 근·현대 – 미소공동위원회 개최장소(1946)
  – 전화 설치(1896)
  – 석조전 건축(1909, 르네상스 양식)
  – 국립 현대미술관 운영(~1986)

6 경희궁(경덕궁)

- 인조 때 창덕궁과 창경궁 소실(인조반정, 이괄의 난) 이후 본궁 역할.

7 운현궁

- 흥선대원군의 집권 당시의 저택(개혁 논의 장소)

[기출 및 예상 문제]

01 (가) 지역에 대한 탐구 활동으로 적절하지 않은 것은?
[중급 13회36번]

> **보기**
>
> - 국내의 기근으로 말미암아 재상 유성룡이 건의하여, 요동에 공문을 보내어 압록강의 (가) 에 시장을 열어 교역하게 하니 이것이 중강 개시의 시초였다. 「만기요람」
> - 홍삼은 당초 역관들의 경비 충당을 위해 설정된 것이었으나, 그 기능이 한 번 변하여 (가) 의 만상이 중국과 무역하는 상품이 되고, 두 번 변하여 사민들의 생업을 위한 상품이 되었으며, 세 번 변하여 정부의 주요 재원이 되었다. 「비변사록」

① 미송리식 토기가 발굴된 지역을 조사한다.
② 고려와 거란이 영토 분쟁을 벌인 지역을 알아본다.
③ 일제 강점기 경의선 철도 부설의 목적을 살펴본다.
④ 이성계가 위화도에서 군대를 돌린 이유를 알아본다.
⑤ 영국이 러시아 견제를 위해 불법 점령한 지역을 조사한다.

해설

(가)는 의주의 만상을 나타내고 있다. 의주에서는 미송리식 토기가 발굴되었고(1959), 고려 말 이성계가 위화도에서 회군하였다(1388). 조선 선조는 임란 때 의주로 피난하였으며(1592), 의주의 만상은 대중국 무역 상인이었다. 또한, 일제 강점기에는 일제가 경의선 철도를 부설하여 경제적 침략을 본격화하였다(1906).
⑤ 1885년 거문도(전남 여수) 사건

오답 check

① 의주 미송리동굴 ② 강동6주 ③ 서울~의주 ④ 신의주 섬

답 ⑤

02 (가)~(마) 무역항에 대한 설명으로 옳지 않은 것은?
[고급 17회12번]

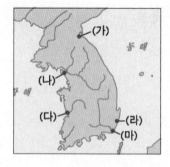

① (가) – 조선 초에 무역소를 설치하여 여진과 교역하였다.
② (나) – 조선 말에 강화도 조약으로 개항장이 설치되었다.
③ (다) – 일제 강점기에 쌀 수탈의 전초 기지였다.
④ (라) – 통일 신라 시기에 이슬람 상인이 드나들었다.
⑤ (마) – 조선 후기에 일본과 개시 무역이 이루어졌다.

해설

지도에 표시된 항구는 각각 (가) 원산, (나) 인천, (다) 군산, (라) 울산, (마) 부산이다.
① 조선 초에는 경원, 회령에 무역소를 설치하여 여진과 교역하였다.

오답 check

② 강화도 조약으로 부산(1876), 원산(1880), 인천(1883) 등 세항구의 개항이 이루어졌다. ③ 일제는 군산을 쌀 수탈의 무역항으로 사용하였다. ④ 통일신라의 울산항을 통하여 이슬람 상인이 왕래하였다. ⑤ 부산 동래상인

답 ①

03 다음은 역사반의 연구 내용이다. 연구 내용이 장소와 어울리지 않는 것은?

> **〈 우리의 역사를 찾아서 〉**
>
> 1. 지정 장소 : 원산·함흥 일대
> 2. 연구 내용
>   (가) 진흥왕의 영토 확장
>   (나) 고려 공민왕의 자주 정책과 영토 회복
>   (다) 1883년 주민들이 설립한 우리나라 최초의 근대적 사립학교
>   (라) 을사조약에 반대한 최익현 의병 부대의 활약
>   (마) 1929년 노동자 총파업과 이후 노동 운동의 변화
> 3. 보고서 작성

① (가)　　　② (나)　　　③ (다)
④ (라)　　　⑤ (마)

해설

자료는 원산과 함흥 일대의 역사적 사건을 조명한 것이다. (라)는 전북 정읍시 태인이다.

오답 check

최익현은 태인에서 의병(1905)을 이끌고 순창에 입성하여 관군과 대치하게 되었을 때, "왜적이 아닌 동족을 죽이는 일은 차마 못하겠다." 라고 하여 싸움을 중단하고 포로가 되었으며, 일본군에 의하여 쓰시마 섬에 유배되어 순절(1906)하였다.

답 ④

04 지도에 표시된 지역과 관련된 설명으로 옳은 것은?
[중급 13회47번]

① 신라의 5소경 중 서원경이었다.
② 피라미드형으로 쌓은 장군총이 있다.
③ 프랑스군이 천주교 탄압을 구실로 침입하였다.
④ 묘청이 풍수지리 사상을 바탕으로 천도를 추진하였다.
⑤ 정조가 개혁 정치를 실현하기 위해 건설한 신도시이다.

해설

지도에 표시된 지역은 서경으로 고구려 장수왕이 남진을 위해 수도를 이곳으로 천도하였으며(427), 고려에는 묘청이 도읍지를 옮기려다 김부식 등의 반대에 부딪치자 봉기하기도 하였다. 또한, 원종 때는 동녕부가 설치되었으며, 근대에는 제너럴셔먼호사건이 있었다. 1908년에는 안창호가 근대식 학교인 대성학교를 설립하였고, 1913년에는 평양 여교사가 주도하여 송죽회를 창립하여 독립 자금 모집 활동을 전개하기도 하였으며, 1920년에는 조만식이 물산장려운동을 주도하기도 한 곳이다.

오답 check

① 청주 ② 만주 집안 지역 ③ 강화도(병인양요) ⑤ 수원

답 ④

05 (가)~(마) 문화유산에 대한 설명으로 옳지 않은 것은?
[중급 16회30번]

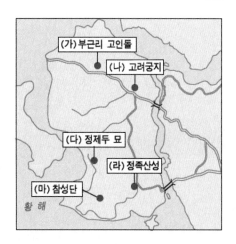

① (가) - 유네스코 세계 문화유산이다.
② (나) - 몽골 침략 때 천도하여 세운 궁궐의 터이다.
③ (다) - 북학파를 대표하는 인물의 무덤이다.
④ (라) - 병인양요 때 프랑스군을 물리친 곳이다.
⑤ (마) - 단군이 하늘에 제사를 지냈다고 전해지는 곳이다.

해설

강화도 유적지에 대한 문제. 18세기 초 정제두는 몇몇 소론 학자들이 명맥을 이어가던 양명학을 체계적으로 연구하였다. 그는 거처를 강화도로 옮겨 후진 양성에 힘썼으며, 이들로 인하여 강화학파가 형성되었다.
(가) 유네스코 문화유산(강화 고인돌유적)
(나) 몽골 침입 시 강화도 천도
(다) 양명학 연구 강화학파. 가학의 형태로 계승
(라) 병인양요 양헌수
(마) 마니산 초제

답 ③

06 밑줄 그은 '이 지역'과 관련한 설명으로 옳은 것을 〈보기〉에서 고른 것은?

1933년 일본 도다이사[東大寺] 쇼소인[正倉院]에서 발견된 민정(촌락) 문서는 **이 지역**의 4개 촌락에 대한 장적 문서로, 각 촌의 면적, 인구수, 전답 면적, 삼밭, 뽕나무, 잣나무, 호두나무, 소, 말 등의 수가 기록되어 당시 촌락의 경제 상황과 국가의 세무 행정을 알 수 있는 자료이다.

보기

ㄱ. 최초의 근대적 사립학교가 설립되었다.
ㄴ. 고려 시대에 「직지심체요절」이 인쇄되었다.
ㄷ. 프랑스군에 의해 외규장각 도서가 약탈된 곳이다.
ㄹ. 구한말 국채보상운동이 처음 시작된 곳이다.

① ㄱ   ② ㄴ   ③ ㄷ
④ ㄱ, ㄴ   ⑤ ㄴ, ㄹ

해설

자료의 이곳은 서원경(청주)이다. 청주에서는 신라 민정문서가 별견되었고(서원경), 흥덕사에서는 1377년 직지심체요절을 인쇄하였다(現 프랑스국립도서관 소장).
ㄴ 청주 흥덕사

오답 check

ㄱ 원산학사 ㄷ 강화도 ㄹ 대구

답 ②

07 (가), (나) 지역과 관련된 설명으로 옳은 것을 〈보기〉에서 고른 것은? [중급 16회5번]

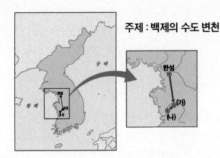

주제 : 백제의 수도 변천

<보기>

ㄱ. (가) – 목탑의 형태를 지닌 미륵사지 석탑이 있다.
ㄴ. (가) – 고구려 장수왕의 공격을 받아 천도한 곳이다.
ㄷ. (나) – 성왕이 천도하고 국호를 남부여로 고친 곳이다.
ㄹ. (나) – 중국 남조의 영향을 받아 만든 무령왕릉이 있다.

① ㄱ, ㄴ   ② ㄱ, ㄷ   ③ ㄴ, ㄷ
④ ㄴ, ㄹ   ⑤ ㄷ, ㄹ

해설 ....

(가)는 웅진성으로 지금의 공주, (나)는 사비성으로 지금의 부여를 나타내고 있다.
백제의 문주왕은 5세기경에 고구려의 남진 정책으로 인하여 웅진(공주)으로 천도하게 되면서 대외 팽창활동은 위축되고, 중국과 일본에 대한 무역활동도 침체되었으며 경제적 어려움이 더하게 되어 왕권은 약화되었다.
6세기 성왕은 대외 진출이 수월한 사비(부여)로 천도하여(538) 국호를 남부여로 개칭하였고, 백제의 중흥을 꾀하였다. 성왕은 5부와 5방 제도를 정비하고 22부의 실무관청을 설치하는 등 중앙관청과 지방제도를 정비하여 중앙 집권화에 노력하였다.

오답 check

ㄱ 익산   ㄹ (가) 공주

답 ③

08 지도의 A 지역에 대한 답사를 위한 사전 탐구 활동으로 적절한 것은?

① 공민왕 때 수복한 영토 지역을 알아본다.
② 안용복이 활약했던 지역을 찾아본다.
③ 몽골의 침입 시기에 고려가 천도했던 지역을 알아본다.
④ 삼국 간섭의 결과 청에 반환된 지역을 알아본다.
⑤ 서희가 획득한 강동 6주의 위치를 알아본다.

해설 ....

지도의 가 지역은 요동 반도이다. 일본은 청일 전쟁의 승리로 요동 반도를 획득하였으나 1895년 독일, 프랑스, 러시아 등의 삼국 간섭으로 청에 반환하였다.

오답 check

① 철령 이북 ② 독도 ③ 강화도 ⑤ 압록강 동쪽 지역

답 ④

09 밑줄 그은 ㉠에 해당하는 지역을 도에서 찾은 것은? [중급 11회33번]

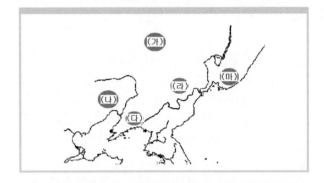

– 박경리의 소설 '토지'의 무대가 되었던 곳 중의 하나
– 청의 대표 목극등과의 협의지역
– 윤동주 시인이 다녔던 용정 대성 중학교

① (가)   ② (나)   ③ (다)
④ (라)   ⑤ (마)

해설 ....

해외 항일 독립운동 지역을 묻는 문제. 소설 토지의 무대가 되었고 대성중학교가 있었던 지역은 (라) 간도지역이다. 중국으로 이주한 동포들이 길림성 연변조선족자치주를 형성하였고, 이곳 우리 동포들은 1920년 초 용정에 대성중학교를 설립하였다.
(라) 북간도

오답 check

(가) 북만주 (나) 요서 (다) 요동 (마) 연해주

답 ④

10 (가), (나)의 역사적 사실이 일어났던 지역을 지도에서 골라 옳게 연결한 것은?

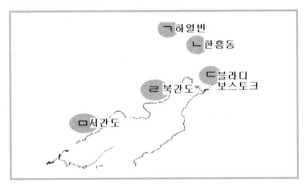

(가) 봉오동과 청산리 일대에서 독립군에 패배한 일본군은 그에 대한 보복으로 이 지역의 동포들을 무차별 학살하는 만행을 저질렀다.

(나) 민족 항일 운동의 근거지로 신한촌이 건설되었고, 대한광복군 정부가 수립되었으나 곧 해산되었다.

① (가) - ㄱ, (나) - ㅁ
② (가) - ㄴ, (나) - ㄷ
③ (가) - ㄹ, (나) - ㄱ
④ (가) - ㄹ, (나) - ㄷ
⑤ (가) - ㄴ, (나) - ㅁ

해설

(가)는 1920년에 일제가 자행한 간도참변이다. 일본군이 봉오동·청산리 전투에서 패배에 대한 보복으로 독립군 소탕의 핑계를 두어 간도 지역의 독립군 및 한국인을 무차별 학살하는 간도참변을 일으켰다.
(나)는 신한촌이 건설된 러시아의 블라디보스토크 지역이다. 1914년 연해주의 블라디보스토크에서 이상설과 이동휘를 정·부통령으로 하여 대한광복군정부를 수립함으로써 독립군의 무장 항일운동의 터전이 마련되었을 뿐 아니라, 임시정부 탄생의 계기를 만들었다.

답 ④

11 (가)~(마) 지역에서 있었던 사실로 옳지 않은 것은?
[고급 16회38번]

① (가) - 삼별초가 대몽 항쟁을 벌였다.
② (나) - 장보고가 청해진을 설치하였다.
③ (다) - 영국이 불법으로 점령하였다.
④ (라) - 병인박해를 구실로 프랑스군이 침략하였다.
⑤ (마) - 6·25 전쟁 때 포로수용소가 설치되었다.

(라) 한산도. 이순신은 임진왜란이 발발하자 거북선을 이용한 사천·당포 전투와 한산도 전투 등 연승을 거두어 남해의 제해권을 장악하였다. 특히, 한산도 전투에서는 왜군을 한산도 앞 바다로 유인하여 학익진을 펼쳐 100여척의 적선을 격파하였다.
④ 프랑스는 병인박해 때의 선교사 처형을 구실삼아 프랑스 군함 7척으로 강화도를 침략했다.

답 ④

12 (가)~(다) 의병장에 대한 설명으로 옳지 않은 것은?
[고급 15회28번]

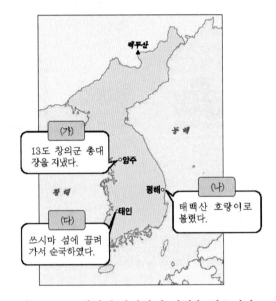

① (가) - 고종 퇴위에 반발하여 의병을 일으켰다.
② (나) - 평민 출신으로 을사조약 체결에 항거하였다.
③ (다) - 고종의 친정을 요구하여 흥선 대원군의 하야를 이끌어냈다.
④ (가), (나) - 일제의 남한 대토벌 작전으로 인해 만주로 이동하였다.
⑤ (가), (다) - 위정척사 사상을 지닌 유생 출신이었다.

해설

지도에 표시된 의병장은 각각 (가) 이인영, (나) 신돌석, (다) 최익현이다.
(가) 고종 황제의 강제 퇴위와 군대 해산을 계기로 이인영, 허위 등 유생의병장이 주도하여 13도창의군을 편성하게 된다.
(나) 종래 의병장은 대체로 유생들이었는데, 을사의병(1905)부터 평민의병장(신돌석)이 나타나 의병운동의 새로운 양상을 보여 주었다.
(다) 최익현은 태인에서 의병(1905)을 이끌고 순창에 입성하여 관군과 대치하게 되었을 때, "왜적이 아닌 동족을 죽이는 일은 차마 못하겠다."라고 하여 싸움을 중단하고 포로가 되었으며, 일본군에 의하여 쓰시마 섬에 유배되어 순절(1906)하였다.
④ 활발하게 전개되던 (가) 의병을 진압하기 위해 일본군은 잔인한 남한대토벌작전(1909)을 전개한다. (나) 을사의병은 해당사항이 없다.

답 ④

13 보고서의 (가)~(마) 사진 가운데 고려 시대의 문화재로 옳지 않은 것은?
[중급 15회13번]

① (가) ② (나) ③ (다)
④ (라) ⑤ (마)

해설

(다) 충북 보은의 법주사 팔상전(목조 5층탑)은 금산사 미륵전, 화엄사 각황전, 법주사 팔상전 등과 함께 17C 조선의 대표 건축물로써, 모두 규모가 큰 다층 건물로 내부는 하나로 통하는 구조로 되어 있는데, 불교의 사회적 지위 향상과 양반 지주층의 경제적 성장을 반영하고 있다.
① (가) 고려 후기, 충남 예산의 수덕사 대웅전 ② (나) 고려 전기, 강원 평창 오대산에 있는 월정사 8각9층 석탑으로 송의 영향을 받아 건축되었다. ④ (라) 고려 몽골 항쟁 시기에 강화에서 대장도감을 설치하여 조판한 팔만대장경으로(1236~1251), 유네스코 세계기록유산으로 등재되어 현재는 경남 합천 해인사에 보관하고 있다. ⑤ (마) 12C 고려, 경북 영주 부석사 소조아미타여래좌상으로 통일신라 양식을 계승하여 만들어진 불상이다.

답 ③

14 밑줄 그은 ㉠을 지도에서 옳게 찾은 것은?
[고급 17회27번]

제1차 역사 동아리 답사

주제 : 조선의 궁궐을 찾아서
1997년 세계 문화유산에 등재된 ㉠ <u>이 궁궐</u>은 태종 때에 창건되어 가장 오랜 기간 동안 왕들이 거처한 곳입니다. 임진왜란으로 폐허가 된 후에 재건과 중건 과정을 거쳤으며, 정조 때에는 후원의 부용지를 중심으로 부용정, 주합루, 서향각이 세워졌습니다. 또한 일제 강점기에는 순종이 여생을 보낸 궁이기도 합니다.

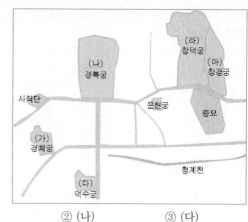

① (가) ② (나) ③ (다)
④ (라) ⑤ (마)

해설

(라) 창덕궁은 임란 전에 왕궁 밖에서 국왕이 피서, 피한, 요양 등의 목적으로 머물던 별궁으로 사용되었으나, 임란 후에는 경복궁의 복원 전까지 조선의 본궁 역할을 하였다. 또한, 갑신정변 때는 고종과 명성황후가 급진파에 의해 납치된 장소이기도 하다.

답 ④

15 문화유산 해설사가 안내하는 궁궐에 대한 설명으로 옳은 것은?
[중급 13회18번]

임진왜란 때 불탄 것을 흥선 대원군이 중건하였습니다.

① 부속 건물로 규장각이 있습니다.
② 갑신정변 때 고종이 머물렀습니다.
③ 조선 역대 왕의 위패가 모셔져 있습니다.
④ 한때 동물원으로 운영된 적이 있었습니다.
⑤ 조선 시대 한양에서 처음 지어진 궁궐이었습니다.

해설

경복궁은 조선 태조가 창건하여 조선의 본궁 역할을 하였으나, 임란 때 소실 후 창덕궁이 약 300여 년간 본궁 역할을 하였다. 19C 흥선 대원군이 집권한 후 실추된 왕실의 존엄성을 회복하기 위해 임진왜란 때 불타버린 경복궁을 중건하였다(1865~1868).

오답 check

① 정조 때 도서관으로 창건한 창덕궁 주합루(1층 규장각, 2층 주합루) ② 갑신정변 때 급진개화파는 고종과 명성황후를 경우궁에서 창덕궁으로 이어하였다. ③ 종묘 ④ 창경궁은 1909년 일제에 의해 동물원, 식물원으로 운영되었으며, 창경원으로 격하시켰다(1911).

답 ⑤

16 (가)~(마) 문화유산에 대한 설명으로 옳지 않은 것은?
[고급 13회14번]

① (가) – 황제의 집무실 용도로 석조전을 지은 곳이다.
② (나) – 미·소 공동 위원회가 개최된 곳이다.
③ (다) – 서원 철폐 등의 개혁을 논의한 곳이다.
④ (라) – 정조의 개혁을 뒷받침해 준 규장각이 있는 곳이다.
⑤ (마) – 일제가 격을 낮추기 위해 동물원을 만든 곳이다.

해설

미·소공동위원회가 개최된 곳은 (가) 덕수궁이다.
① (가) 덕수궁 석조전(1909), 르네상스양식 ③ (다) 운현궁은 대원군의 집권당시의 거처로써 개혁을 논의한 곳이다. ④ (라) 정조 때 도서관으로 창건한 창덕궁 주합루(1층 규장각, 2층 주합루) ⑤ (마) 창경궁은 1909년 일제에 의해 동물원, 식물원으로 운영되었으며, 창경원으로 격하시켰다(1911).

답 ②

17 다음 엽서의 앞면에 들어갈 사진으로 옳은 것은?
[고급 15회38번]

… 앞면 사진 속의 건물은 천주교 신자인 김범우의 집터에 고딕 양식으로 1898년에 지어진 거야. 이곳은 건축물의 역사·문화적 가치도 크지만, 1970년대 이후 독재 정권에 항거하는 집회가 열린 곳으로도 아주 유명해. …

해설

명동성당은 19세기 말 고딕양식의 건물이며, 프랑스 신부 코스트와 주교 블랑에 의해 건축되었다.
② 명동성당

오답 check

① 조선총독부 ③ 덕수궁 석조전(르네상스양식) ④ 구 러시아공관
⑤ 동양척식주식회사

답 ②

18 다음 설명에 해당하는 근대 건축물로 옳은 것은?
[중급 17회37번]

· 르네상스 양식의 석조 건물로 고종이 편전이나 침전으로 사용하였다.
· 1946년에 열린 미·소 공동 위원회의 회의장으로 사용되었고, 6·25 전쟁 이후 국립 중앙 박물관, 궁중 유물 전시관으로 사용되기도 하였다.

①  ②

③  ④

⑤

해설

덕수궁 석조전은 르네상스 양식으로 건축 되어졌다(1909). 1896년 덕수궁에 전화가 처음 설치되었으며(1896), 미소공동위원회의 개최 장소로 사용되기도 하였다(1946). 1986년까지 국립 현대미술관으로 운영되어졌다.
⑤ 덕수궁 석조전

오답 check

① 한국은행 본관 ② 구 배제학당 ③ 명동성당(고딕양식) ④ 구 러시아공관

답 ⑤

19 (가)~(마)에 대한 설명으로 옳지 않은 것은? ^[중급 16회39번]

① (가) - 서양식 무기를 제조한 기관이다.
② (나) - 최초의 근대식 병원이다.
③ (다) - 최초로 설립된 민간 은행이다.
④ (라) - 한성순보를 발행한 기관이다.
⑤ (마) - 화폐를 주조하던 기관이다.

해설

(다) 우정총국은 지금의 우체국이다. 근대적인 우편 업무는 우정국의 설립으로 시작되었지만 우정국 개국 축하연을 이용한 갑신정변으로 중단되었다가 을미개혁으로 다시 시작되었다.
③ 한국 최초의 은행은 조선은행으로, 1896년 6월 전·현직 관료가 발기하여 주식을 공모, 설립한 민간은행이다. 1899년 10월 영업의 부진으로 정리하고 1900년 한흥은행으로 개칭하여 재출발하였으나 1901년 1월 폐점하였다.

오답 check

① 1883년 영선사의 건의로 기기창이 건립된다. ② 1885년 알렌에 의해 만들어진 근대식 병원으로 제중원으로 개칭한다. ④ 박문국 (1883) ⑤ 전환국(1883)

답 ③

20 1909년에 (가)~(마)의 건물 앞에서 나눈 대화의 내용으로 적절하지 않은 것은? ^[고급 11회39번]

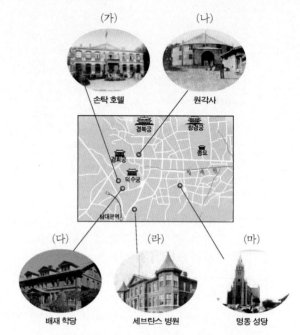

① (가) - 이 호텔을 세운 사람은 독일 여성이래.
② (나) - 저기서 '아리랑'이라는 영화를 상영하고 있어.
③ (다) - 이 학교에서는 선교사가 학생들을 가르쳐.
④ (라) - 이곳에서는 서양 의사들이 환자를 치료한대.
⑤ (마) - 여기에는 프랑스 신부님이 계시대.

해설

(나) 원각사는 1908년 종로에 세워진 한국 최초의 서양식 사설 극장으로 '은세계'를 처음 상영하였다.
② 아리랑은 1926년 단성사에서 개봉하였다.

오답 check

① (가) 손탁 호텔은 1902년 독일여성 손탁이 중구 정동에 세운 서양식 호텔이다. ③ (다) 배제학당은 1885년 미국 선교사 아펜젤러가 세운 한국 최초의 근대식 중등교육기관이다. ④ (라) 세브란스 병원은 1904년 제중원 원장인 에비슨이 세브란스로부터 설립 기금을 기부 받아 설립하였다. ⑤ (마) 명동성당은 19세기 말 고딕양식의 건물이며, 프랑스 신부 코스트와 주교 블랑에 의해 건축되었다.

답 ②

Ⅱ 유네스코지정 세계유산 (2016년 기준)

1 세계 유산

- 해인사 장경판전(1995)
- 종묘(1995)
- 석굴암과 불국사(1995)
- 창덕궁(1997)
- 수원화성(1997)
- 고창·화순·강화의 고인돌 유적(2000)
- 경주 역사 지구(2000)
- 제주 화산섬과 용암 동굴(2007)
- 조선 왕릉(2009)
- 한국의 역사마을(하회와 양동. 2010)
- 남한산성(2014)
- 백제역사유적지구(2015)

2 인류 무형구전 및 무형 유산 걸작

- 종묘제례(宗廟祭禮) 및 종묘제례악(宗廟祭禮樂)(2001)
- 판소리(2003)
- 강릉단오제(2005)
- 처용무(2009)
- 강강술래(2009)
- 제주 칠머리당 영등굿(2009)
- 남사당놀이(2009), 영산재(2009)
- 대목장(大木匠)·한국의 전통 목조 건축(2010)
- 매사냥, 살아있는 인류 유산(2010)
- 가곡(歌曲)·국악 관현반주로 부르는 서정적 노래(2010)
- 줄타기(2011)
- 택견·한국의 전통 무술(2011)
- 한산(韓山) 모시짜기(2011)
- 아리랑·한국의 서정민요(2012)
- 김장·김치를 담그고 나누는 문화(2013)
- 농악(2014)
- 줄다리기(2001)

3 세계 기록 유산

- 조선왕조실록(1997)
- 훈민정음(해례본)(1997)
- 불조직지심체요절 하권(2001)
- 승정원일기(2001)
- 고려대장경판 및 제경판(2007)
- 조선왕조의궤(2007)
- 동의보감(2009)
- 1980년 인권기록유산 5·18 광주 민주화운동 기록물(2011)
- 일성록(2011)
- 새마을운동 기록물(2013)
- 난중일기(2013)
- 한국의 유교책판(2015)
- KBS특별생방송 '이산가족을 찾습니다' 기록물(2015)

조선 왕조 왕릉 현황

	능호	묘호	사적	소재지
1대	건원릉	태조	193호	경기도 구리시 인창동(동구릉)
	제릉	신의고황후		개성시 판문군 상도리
	정릉	선덕고황후	208호	서울시 성북구 정릉 2동
2대	후릉	정종		개성시 판문군 영정리
		정안왕후		
3대	헌릉	태종	194호	서울시 서초구 내곡동 산 13-1
		원경왕후		
4대	영릉	세종	195호	경기도 여주군 능서면 왕대리
		소헌왕후		
5대	현릉	문종	193호	경기도 구리시 인창동(동구릉)
		현덕왕후		
6대	장릉	단종	196호	강원도 영월군 영월읍 영흥리
	사릉	정순왕후	209호	경기도 남양주시 진건면 사릉리
7대	광릉	세조	197호	경기도 남양주시 진접읍 부평리
		정희왕후		
추존	경릉	덕종	198호	경기도 고양시 덕양구 용두동
		소혜왕후		
8대	창릉	예종	198호	경기도 고양시 덕양구 용두동
		안순왕후		
	공릉	장순왕후	205호	경기도 파주시 조리읍 봉일천리
9대	선릉	성종	199호	서울시 강남구 삼성동
	순릉	정현왕후		
	단릉	공혜왕후	205호	경기도 파주시 조리읍 봉일천리
10대	연산군묘	연산군	362호	서울시 도봉구 방학동
		군부인 신씨		
11대	정릉	중종	199호	서울시 강남구 삼성동
	온릉	단경왕후	210호	경기도 양주군 장흥면 일영리
	희릉	장경왕후	200호	경기도 고양시 덕양구 원당동
	태릉	문정왕후	201호	서울시 노원구 공릉동
12대	효릉	인종	200호	경기도 고양시 덕양구 원당동
		인성왕후		
13대	강릉	명종	201호	서울시 노원구 공릉동
		인순왕후		
14대	목릉	선조	193호	경기도 구리시 인창동
		의인왕후		
		인목왕후		
15대	광해군묘	광해군	363호	경기도 남양주시 진건면 송릉리
		군부인 유씨		
추존	장릉	원종	202호	경기도 김포시 풍무동
		인헌왕후		
16대	장릉	인조	203호	경기도 파주시 탄현면 갈현리
	휘릉	인열왕후		
		장렬왕후	193호	경기도 구리시 인창동(동구릉)
17대	영릉	효종	195호	경기도 여주군 능서면 왕대리
		인선왕후		
18대	숭릉	현종	193호	경기도 구리시 인창동(동구릉)
		명성왕후		

	능호	묘호	사적	소재지
19대	명릉	숙종	198호	경기도 고양시 덕양구 용두동(서오릉)
		인현왕후		
		인원왕후		
	익릉	인경왕후	198호	경기도 고양시 덕양구 용두동(서오릉)
20대	의릉	경종	204호	서울시 성북구 석관동
		선의왕후		
	혜릉	단의왕후	193호	경기도 구리시 인창동(동구릉)
21대	원릉	영조	193호	경기도 구리시 인창동(동구릉)
		정순왕후		
	홍릉	정성왕후	198호	경기도 고양시 덕양구 용두동(서오릉)
추존	영릉	진종	205호	경기도 파주시 조리읍 봉일천리
		효순소황후		
추존	융릉	장조	206호	경기도 화성시 태안읍 안녕리
		헌경의황후		
22대	건릉	정조	206호	경기도 화성시 태안읍 안녕리
		효의선황후		
23대	인릉	순조	194호	서울시 서초구 내곡동
		순원숙황후		
초존	원릉	문조	193호	경기도 구리시 인창동(동구릉)
		신정익황후		
24대	경릉	헌종	193호	경기도 구리시 인창동(동구릉)
		효현성황후		
		효정성황후		
25대	예릉	철종	200호	경기도 고양시 덕양구 원당동
		철인장황후		
26대	홍릉	고종	207호	경기도 남양주시 금곡동
		명성태황후		
27대	유릉	순종	207호	경기도 남양주시 금곡동
		순명효황후		
		순정효황후		

IV 고려 및 조선의 봉작 및 관직표

1 고려 및 조선의 봉작표

품계		고려		조선						
		문반	무반	내명부	종친	종친처	문관	문관처	무관	무관처
1품	정	–	–	빈	현록대부 흥록대부	부부인	대광보국숭록대부 보국숭록대부	정경부인	숭록대부	정경부인
	종	승록대부	표기 대장군	귀인	소덕대부 가덕대부	군부인	숭록대부 숭정대부	정경부인	숭록대부 숭정대부	정경부인
2품	정	흥록대부	보국 대장군	소의	숭헌대부 승헌대부	현부인	정헌대부 자헌대부	정부인	정헌대부 자헌대부	정부인
	종	정봉대부	진국 대장군	숙의	중의대부 정의대부	현부인	가의대부 가선대부	정부인	가의대부 가선대부	정부인
3품	정	정의대부	관국 대장군	소용	명선대부 창선대부	신부인	통정대부 통훈대부	숙부인	절충장군 어모장군	숙부인
	종	통의대부	운마 대장군	숙용	보신대부 자신대부	신인	중직대부 중훈대부	숙인	건공장군 보공장군	숙인
4품	정	대중대부	중무장군 장무장군	소원	선휘대부 광휘대부	혜인	봉정대부 봉열대부	영인	진위장군 소위장군	영인
	종	중대부	선위장군 명위장군	숙원	봉성대부 광성대부	혜인	조산대부 조봉대부	영인	정략장군 선략장군	영인
5품	정	중산대부 조의대부	정원장군 영원장군	상궁 상의	통직장 병직장	온인	통덕랑 통선랑	공인	의충위 의교위	공인
	종	조청대부 조산대부	유기장군 유격장군	상복 상식	근절랑 신절랑	온인	봉직랑 봉훈랑	공인	현신교위 창신교위	공인
6품	정	조의랑 승의랑	요무장군 요무부위	상침 상공	집순랑 종순랑	순인	승의랑 승훈랑	선인	돈용교위 진용교위	선인
	종	봉의랑 통직랑	진위교위 진무부위	상정 상기			선교랑 선무랑	선인	여절교위 병절교위	선인
7품	정	조청랑 선덕랑	치과교위 치과부위	전빈 전의			무공랑	안인	적순부위	안인
	종	선의랑 조산랑	익위교위 익마부위	전설 전제			계공랑	안인	분순부위	안인
8품	정	급사랑 징사랑	선절교위 선절부위	전찬 전식			통사랑	단인	승의부위	단인
	종	승봉랑 승무랑	어모교위 어모부위	전등 전채			승사랑	단인	수의부위	단인
9품	정	유림랑 등사랑	인용교위 인용부위	주궁 주상			종사랑	유인	효력부위	유인
	종	문림랑 장사랑	배융교위 배융부위	주치 주우			장사랑	유인	전력부위	유인

품계		고려				조선					
		중서 문하성	상서 도성	상서 6부	어사대	의정부	6조	홍문관	내시부	외관	지방군관
1품	정					영의정 좌우의정		(영사)			
	종	문하시중 중서령	상서령	(판사)		좌우찬성					
2품	정	평장사	복야			좌우참찬	판서	(대제학)			
	종	정당문학 참지정사	지성사				참판	(제학)	상선	관찰사	병사
3품	정	상시		상서	판사 대부		참의 참지	부제학 직제학	상다	목사 대도호부사	수사
	종	작문하	승	지부사			참의	전한	상약	도호부사	절제사
4품	정	간의대부		시랑		사인		응교	상전		우후
	종	급사중 중서사인			지사 중승			부응교	상책	군수	첨절제사만호
5품	정		낭중	낭중		검상	정랑	교리	상호		
	종	기거주 기거랑			잡단 시어사			부교리	상노	도사 현령	
6품	정	보궐	원외랑	원외랑	전중 시어사		좌랑	수찬	상세		
	종	습유			감찰어사		별제	부수찬	상촉	현감 교수	절제도위
7품	정							박사	상원		
	종	문하록사 중서주서	도사						상설		
8품	정					사록		저작	상세		
	종								상문		
9품	정							정자	상변		
	종								상원		훈도역승

역대 연호

국 호	왕 명	기 간	연 호
고구려	광개토대왕	391~412	영락(永樂)
	?	?	건흥(建興)
신 라	법흥왕	536~550	건원(建元)
	진흥왕	551~567	개국(開國)
	진흥왕	568~571	대창(大昌)
	진흥왕	572~583	홍제(鴻濟)
	진평왕	584~633	건복(建福)
	선덕여왕	634~647	인평(仁平)
	진덕여왕	647~650	태화(太和)
발 해	고왕	699~719	천통(天統)
	무왕	719~737	인안(仁安)
	문왕	737~793	대흥(大興)
	성왕	794~795	중흥(中興)
	강왕	795~809	정력(正曆)
	정왕	809~813	영덕(令德)
	희왕	813~818	주작(朱雀)
	간왕	818	태시(太始)
	선왕	818~830	건흥(建興)
	이진	830~858	함화(咸和)
마 진	궁예	904~905	무태(武泰)
	궁예	905~910	성책(聖册)
태 봉	궁예	911~913	수덕만세(水德萬歲)
	궁예	914~917	정개(政開)
고 려	태조	918~933	천수(天授)
	광종	950~951	광덕(光德)
	광종	960~963	준풍(峻豊)
대 위	묘청	1135	천개(天開)
조 선	고종	1896~1897	건양(建陽)
대 한 제 국	고종	1897~1907	광무(光武)
	순종	1907~1910	융희(隆熙)

고구려　　　삼국사기 B.C. 37~668　　왕 조

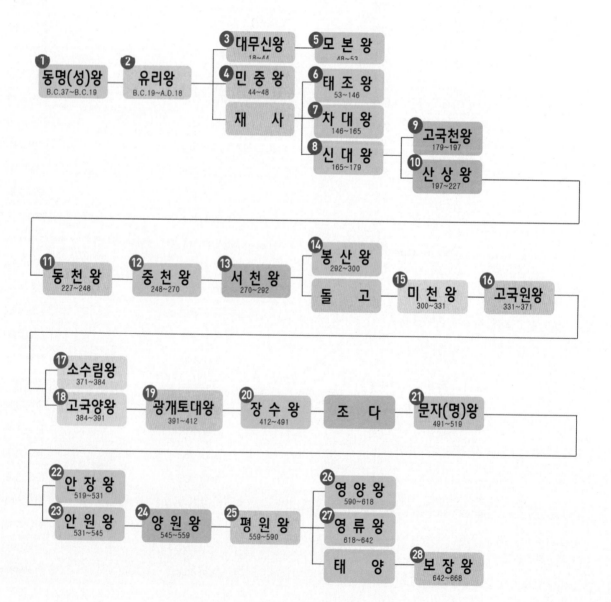

❶ 동명(성)왕
B.C.37~B.C.19

❷ 유리왕
B.C.19~A.D.18

❸ 대무신왕
18~44

❹ 민 중 왕
44~48

재　사

❺ 모 본 왕
48~53

❻ 태 조 왕
53~146

❼ 차 대 왕
146~165

❽ 신 대 왕
165~179

❾ 고국천왕
179~197

❿ 산 상 왕
197~227

⓫ 동 천 왕
227~248

⓬ 중 천 왕
248~270

⓭ 서 천 왕
270~292

⓮ 봉 산 왕
292~300

돌　고

⓯ 미 천 왕
300~331

⓰ 고국원왕
331~371

⓱ 소수림왕
371~384

⓲ 고국양왕
384~391

⓳ 광개토대왕
391~412

⓴ 장 수 왕
412~491

조　다

㉑ 문자(명)왕
491~519

㉒ 안 장 왕
519~531

㉓ 안 원 왕
531~545

㉔ 양 원 왕
545~559

㉕ 평 원 왕
559~590

㉖ 영 양 왕
590~618

㉗ 영 류 왕
618~642

태　양

㉘ 보 장 왕
642~668

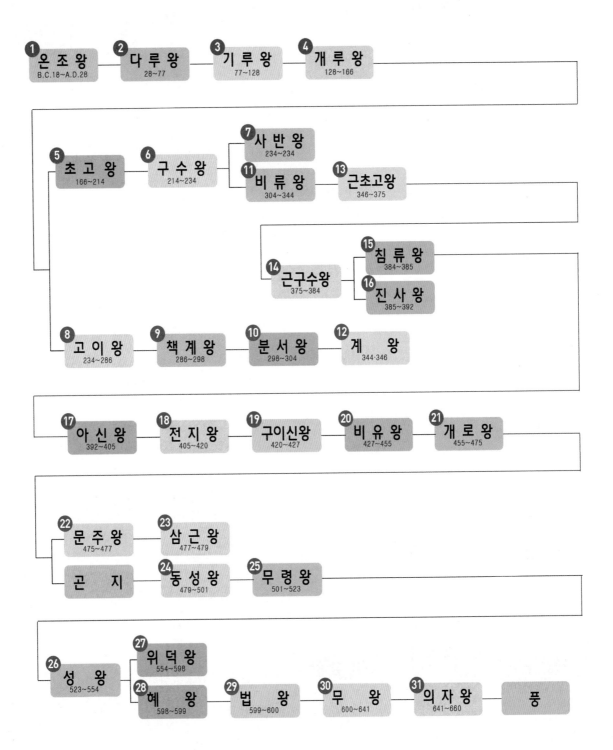

① 온 조 왕 B.C.18~A.D.28
② 다 루 왕 28~77
③ 기 루 왕 77~128
④ 개 루 왕 128~166

⑤ 초 고 왕 166~214
⑥ 구 수 왕 214~234
⑦ 사 반 왕 234~234
⑪ 비 류 왕 304~344
⑬ 근초고왕 346~375

⑭ 근구수왕 375~384
⑮ 침 류 왕 384~385
⑯ 진 사 왕 385~392

⑧ 고 이 왕 234~286
⑨ 책 계 왕 286~298
⑩ 분 서 왕 298~304
⑫ 계 왕 344·346

⑰ 아 신 왕 392~405
⑱ 전 지 왕 405~420
⑲ 구이신왕 420~427
⑳ 비 유 왕 427~455
㉑ 개 로 왕 455~475

㉒ 문 주 왕 475~477
㉓ 삼 근 왕 477~479
곤 지
㉔ 동 성 왕 479~501
㉕ 무 령 왕 501~523

㉖ 성 왕 523~554
㉗ 위 덕 왕 554~598
㉘ 혜 왕 598~599
㉙ 법 왕 599~600
㉚ 무 왕 600~641
㉛ 의 자 왕 641~660
풍

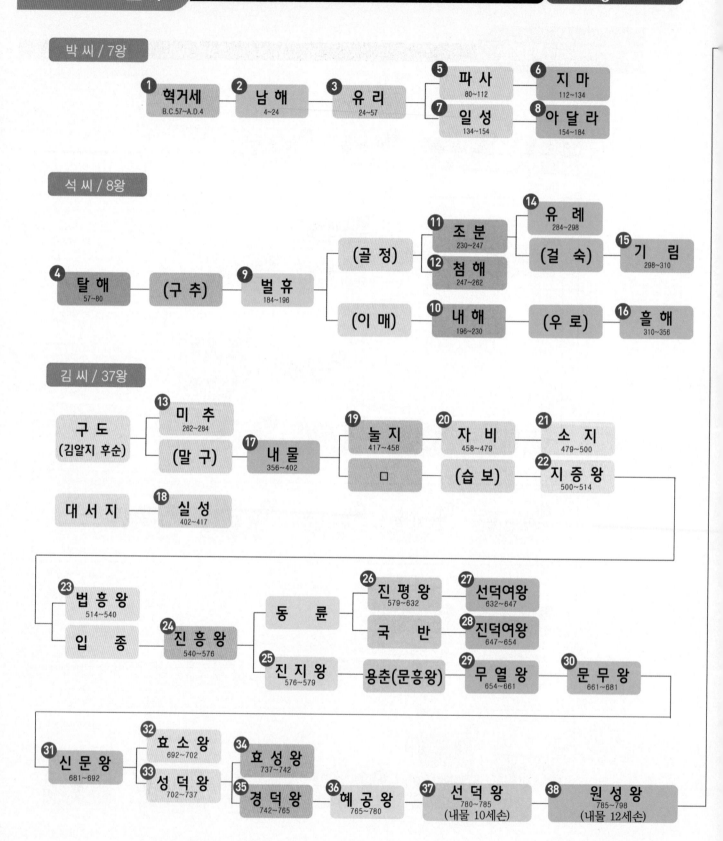

신라

삼국사기 B.C. 57~935

왕 조

박 씨 / 7왕

① 혁거세 B.C.57~A.D.4 — ② 남 해 4~24 — ③ 유 리 24~57 — ⑤ 파 사 80~112 — ⑥ 지 마 112~134
⑦ 일 성 134~154 — ⑧ 아 달 라 154~184

석 씨 / 8왕

④ 탈 해 57~80 — (구 추) — ⑨ 벌 휴 184~196 — (골 정) — ⑪ 조 분 230~247 — ⑭ 유 례 284~298 — (걸 숙) — ⑮ 기 림 298~310
⑫ 첨 해 247~262
(이 매) — ⑩ 내 해 196~230 — (우 로) — ⑯ 흘 해 310~356

김 씨 / 37왕

구 도 (김알지 후순) — ⑬ 미 추 262~284
(말 구) — ⑰ 내 물 356~402 — ⑲ 눌 지 417~458 — ⑳ 자 비 458~479 — ㉑ 소 지 479~500
□ — (습 보) — ㉒ 지 증 왕 500~514

대 서 지 — ⑱ 실 성 402~417

㉓ 법 흥 왕 514~540
입 종 — ㉔ 진 흥 왕 540~576 — 동 륜 — ㉖ 진 평 왕 579~632 — ㉗ 선 덕 여 왕 632~647
국 반 — ㉘ 진 덕 여 왕 647~654
㉕ 진 지 왕 576~579 — 용춘(문흥왕) — ㉙ 무 열 왕 654~661 — ㉚ 문 무 왕 661~681

㉛ 신 문 왕 681~692 — ㉜ 효 소 왕 692~702
㉝ 성 덕 왕 702~737 — ㉞ 효 성 왕 737~742
㉟ 경 덕 왕 742~765 — ㊱ 혜 공 왕 765~780 — ㊲ 선 덕 왕 780~785 (내물 10세손) — ㊳ 원 성 왕 785~798 (내물 12세손)

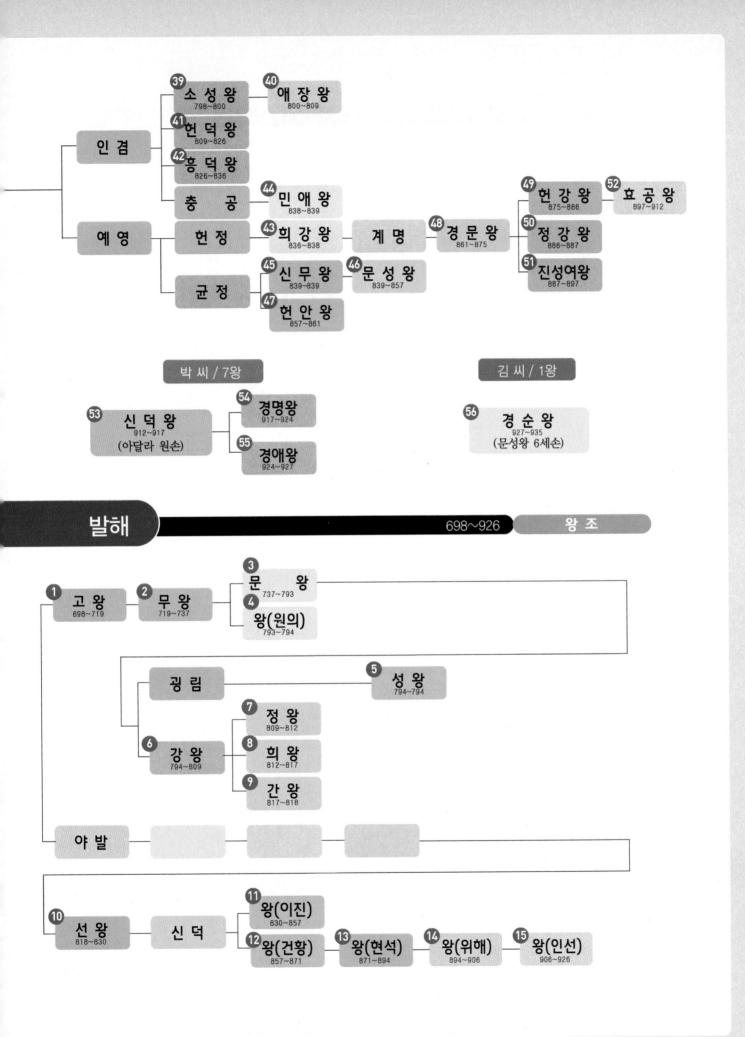

인 겸

③⁹ 소 성 왕
798~800

④⁰ 애 장 왕
800~809

④¹ 헌 덕 왕
809~826

④² 흥 덕 왕
826~836

충 공

④⁴ 민 애 왕
838~839

예 영

헌 정

④³ 희 강 왕
836~838

계 명

④⁸ 경 문 왕
861~875

④⁹ 헌 강 왕
875~886

⁵² 효 공 왕
897~912

⁵⁰ 정 강 왕
886~887

⁵¹ 진성여왕
887~897

균 정

④⁵ 신 무 왕
839~839

④⁶ 문 성 왕
839~857

④⁷ 헌 안 왕
857~861

박 씨 / 7왕

⁵³ 신 덕 왕
912~917
(아달라 원손)

⁵⁴ 경 명 왕
917~924

⁵⁵ 경 애 왕
924~927

김 씨 / 1왕

⁵⁶ 경 순 왕
927~935
(문성왕 6세손)

발해 · 698~926 · 왕 조

① 고 왕
698~719

② 무 왕
719~737

③ 문 왕
737~793

④ 왕(원의)
793~794

굉 림

⑤ 성 왕
794~794

⑥ 강 왕
794~809

⑦ 정 왕
809~812

⑧ 희 왕
812~817

⑨ 간 왕
817~818

야 발

⑩ 선 왕
818~830

신 덕

⑪ 왕(이진)
830~857

⑫ 왕(건황)
857~871

⑬ 왕(현석)
871~894

⑭ 왕(위해)
894~906

⑮ 왕(인선)
906~926

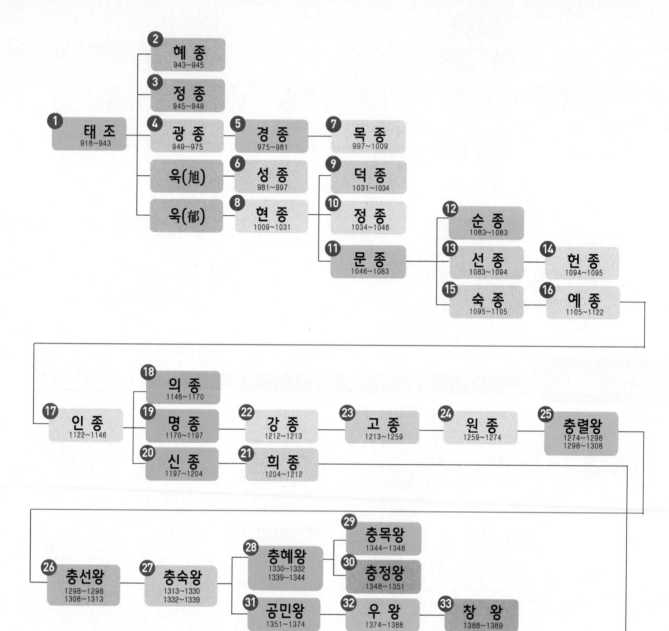

❶ 태 조 918~943

❷ 혜 종 943~945

❸ 정 종 945~949

❹ 광 종 949~975

❺ 경 종 975~981

❼ 목 종 997~1009

욱(旭)

❻ 성 종 981~997

욱(郁)

❽ 현 종 1009~1031

❾ 덕 종 1031~1034

❿ 정 종 1034~1046

⓫ 문 종 1046~1083

⓬ 순 종 1083~1083

⓭ 선 종 1083~1094

⓮ 헌 종 1094~1095

⓯ 숙 종 1095~1105

⓰ 예 종 1105~1122

⓱ 인 종 1122~1146

⓲ 의 종 1146~1170

⓳ 명 종 1170~1197

⓴ 신 종 1197~1204

㉑ 희 종 1204~1212

㉒ 강 종 1212~1213

㉓ 고 종 1213~1259

㉔ 원 종 1259~1274

㉕ 충렬왕 1274~1298 1298~1308

㉖ 충선왕 1298~1298 1308~1313

㉗ 충숙왕 1313~1330 1332~1339

㉘ 충혜왕 1330~1332 1339~1344

㉙ 충목왕 1344~1348

㉚ 충정왕 1348~1351

㉛ 공민왕 1351~1374

㉜ 우 왕 1374~1388

㉝ 창 왕 1388~1389

㉞ 공양왕 1389~1392 (신종 7세손)

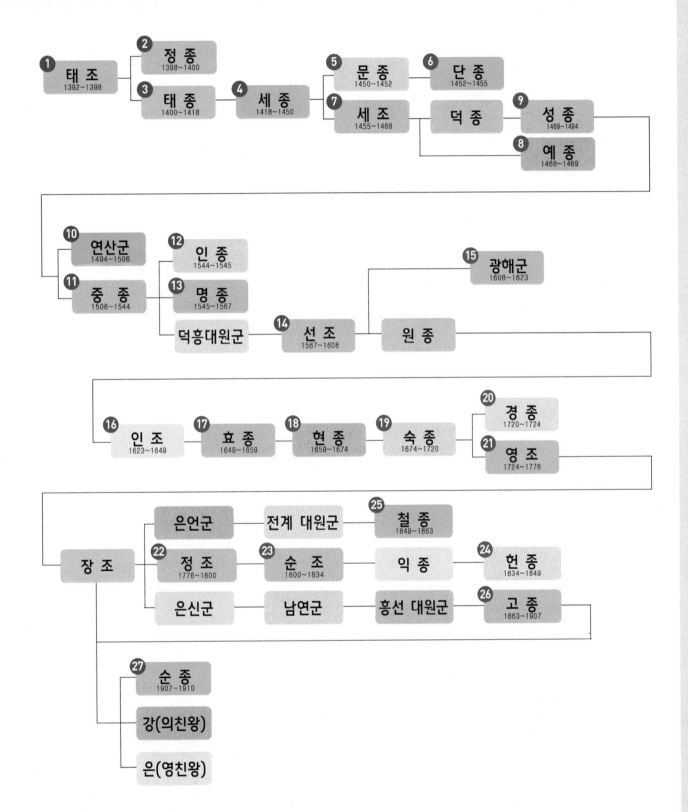

① 태 조 1392~1398
② 정 종 1398~1400
③ 태 종 1400~1418
④ 세 종 1418~1450
⑤ 문 종 1450~1452
⑥ 단 종 1452~1455
⑦ 세 조 1455~1468
덕 종
⑨ 성 종 1469~1494
⑧ 예 종 1468~1469

⑩ 연산군 1494~1506
⑪ 중 종 1506~1544
⑫ 인 종 1544~1545
⑬ 명 종 1545~1567
덕흥대원군
⑭ 선 조 1567~1608
⑮ 광해군 1608~1623
원 종

⑯ 인 조 1623~1649
⑰ 효 종 1649~1659
⑱ 현 종 1659~1674
⑲ 숙 종 1674~1720
⑳ 경 종 1720~1724
㉑ 영 조 1724~1776

장 조
은언군
전계 대원군
㉕ 철 종 1849~1863
㉒ 정 조 1776~1800
㉓ 순 조 1800~1834
익 종
㉔ 헌 종 1834~1849
은신군
남연군
흥선 대원군
㉖ 고 종 1863~1907

㉗ 순 종 1907~1910
강(의친왕)
은(영친왕)

VII   연표

1865	경복궁 중건(~1872)
1866	병인박해, 병인양요
1871	신미양요
1875	운요호 사건
1876	강화도 조약 맺음
1879	지석영, 종두법 실시
1881	조사 시찰단 및 영선사 파견
1882	임오군란
	미국, 영국, 독일 등과 통상 조약 체결
1883	한성 순보 발간, 전환국 설치,
	원산 학사 설립, 태극기 사용
1884	우정국 설치, 갑신정변
1885	거문도 사건, 배재 학당 설립
	서울·인천 간 전신 개통, 광혜원 설립
1886	육영 공원, 이화 학당 설립
1889	함경도에 방곡령 실시
1894	동학 농민 운동, 갑오개혁
1894	청·일 전쟁(~1895)
1895	을미사변, 유길준, 서유견문 지음
1896	아관 파천, 독립 신문 발간,
	독립 협회 설립
1897	대한 제국 성립
1898	만민 공동회 개최
1899	경인선 개통

1900

1900	만국 우편 연합 가입
1902	서울·인천 간 장거리 전화 개통
1903	YMCA 발족
1904	한·일 의정서 맺음
1905	경부선 개통, 을사조약, 천도교 성립
1906	통감부 설치
1907	국채 보상 운동, 헤이그 특사 파견,
	고종 황제 퇴위, 군대 해산, 신민회 설립
1908	의병, 서울 진공 작전
1909	일본, 청과 간도를 안봉선과 교환
	안중근, 이토 히루부미 처단
	나철, 대종교 창시
1910	국권 피탈
1912	토지 조사령 공포
1914	대한 광복군 정부 수립
1916	박중빈, 원불교 창시
1919	3·1 운동
1920	김좌진, 청산리 대첩
	조선 일보·동아 일보 창간
1922	어린이날 제정
1926	6·10 만세 운동

1927	신간회 조직
1929	광주 학생 항일 운동
1931	만주 사변
1932	이봉창, 윤봉길 의거
1933	한글 맞춤법 통일안 제정
1934	진단 학회 조직
1936	손기정, 베를린 올림픽 대회 마라톤
	우승
1937	중·일 전쟁
1938	한글 교육 금지
1939	제2차 세계 대전(~1945) 발발
1940	민족 말살 정책 강화
	한국광복군 결성
1942	조선어 학회 사건
1943	카이로 회담
1945	포츠담 선언, 일본 항복, 유엔 성립
1945	8·15 광복
1946	제1차 미·소 공동 위원회 개최
1947	유엔 한국 임시 위원단 구성
1948	5·10 총선거 실시, 대한민국 정부 수립
1949	농지개혁법 제정
1950	6·25 전쟁
1950	유엔, 한국 파병 결의
1953	휴전 협정 조인
	제1차 통화 개혁 실시
	(2.15.대통령 긴급 명령 13호)
1957	우리말 큰사전 완간
1960	4·19 혁명, 장면 내각 성립
1961	5·16 군사 정변
1962	제1차 경제 개발 5개년 계획(~1966)
	공용 연호 서기로 변경
	제2차 통화 개혁 실시
1963	박정희 정부 성립
1964	미터법 실시
1965	한·일 협정 조인
1966	한·미 행정 협정 조인
1967	5·3 대통령 선거, 6·8 국회 의원 선거
	제2차 경제 개발 5개년 계획
1968	1·21 사태, 국민 교육 헌장 선포
1970	새마을 운동 제창, 경부 고속 국도 개통
1971	4·27 대통령 선거
	5·25 국회 의원 선거
1972	제3차 경제 개발 5개년 계획(~1976)
	7·4 남북 공동 성명, 남북 적십자 회담,
	10월 유신
1973	6·23 평화 통일 선언

1973	전세계 유류 파동(10월)
1974	북한 땅굴 발견
1975	대통령 긴급 조치 9호 발표
1976	판문점 도끼 만행 사건
1977	제4차 경제 개발 5개년 계획(~1981), 수출 100억 달러 달성
1978	자연 보호 헌장 선포
1979	10·26 사태
1980	5·18 민주화 운동
1981	전두환 정부 성립, 수출 200억 달러 달성
1982	정부, 일본에 역사 교과서 왜곡 내용 시정 요구
1983	KAL기 피격 참사, 아웅산 사건 KBS, 이산 가족 찾기 TV 생방송
1984	L.A. 올림픽에서 종합순위 10위 차지
1985	남북 고향 방문단 상호 교류
1986	서울 아시아 경기 대회
1987	6월 민주 항쟁
1988	한글 맞춤법 고시, 노태우 정부 성립, 제24회 서울 올림픽 대회
1989	동구권 국가와 수교
1990	소련과 국교 수립
1991	남북한 유엔 동시 가입
1992	중국과 국교 수립
1993	김영삼 정부 성립, 대전 엑스포, 금융 실명제 실시
1994	북한, 김일성 사망
1995	지방 자치제 실시, 구총독부 건물 해체(~1996)
1998	김대중 정부 성립

2000

2000	제1차 남북 정상 회담, 6·15 남북 공동 선언 아시아·유럽 정상 회의(ASEM) 개최
2002	한·일 월드컵 대회 개최 제14회 부산 아시아 경기 대회 개최
2003	노무현 정부 출범
2007	제2차 남북 정상 회담, 10·4 남북 공동 선언
2008	이명박 정부 출범
2013	박근혜 정부 출범